# Grundrechte

W0176469

# Grundrechte

## sowie Grundzüge der Verfassungsbeschwerde

von

**Dr. jur. Rolf Schmidt**

**10. Auflage 2008**

Schmidt, Rolf: Grundrechte (sowie Grundzüge der Verfassungsbeschwerde)

Am Aufbau von Klausuren orientierte Studienliteratur im Öffentlichen Recht

10. völlig neu bearbeitete und aktualisierte Auflage – Grasberg bei Bremen 2008

ISBN 978-3-86651-044-9; Preis 19,80 EUR

© Copyright 2008:  Dieses Buch ist urheberrechtlich geschützt. Die dadurch begründeten Rechte, insbesondere die des Nachdrucks, der Entnahme von Abbildungen und Prüfungsschemata, der Funksendung, der Wiedergabe auf photomechanischem oder ähnlichem Wege und der Speicherung in Datenverarbeitungsanlagen bleiben, auch bei nur partieller Verwertung, dem Verlag Dr. Rolf Schmidt GmbH vorbehalten. Zuwiderhandlungen sind strafbar.

Autor:  Dr. Rolf Schmidt c/o Verlag Dr. Rolf Schmidt GmbH

Druck:  Druckhaus Pinkvoss GmbH, 30519 Hannover

Verlag:  Dr. Rolf Schmidt GmbH, Wörpedorfer Ring 40, 28879 Grasberg bei Bremen
Tel. (04208) 895 299; Fax (04208) 895 308; www.verlag-rolf-schmidt.de
E-Mail: verlagrs@t-online.de

Für Verbraucher erfolgt der deutschlandweite Bezug über den Verlag versandkostenfrei.

# Vorwort

Die ungebrochene Nachfrage nach dem Studienbuch zu den Grundrechten und den Grundzügen der Verfassungsbeschwerde ist eine erfreuliche Bestätigung dafür, dass die vom Autor vorgenommene Kombination von deduktiver und induktiver Lernmethode den Bedürfnissen der Studierenden gerecht wird. Zahlreiche Rückmeldungen aus dem Leserkreis haben dies bestätigt.

Die konzeptionelle Besonderheit des Buches besteht darin, dass in den jeweiligen Abschnitten der Stoff zunächst abstrakt erläutert und danach anhand von Beispielsfällen konkretisiert wird. Dadurch erhält der Leser nicht nur das notwendige materiell-rechtliche Wissen, sondern auch die Befähigung, das Erlernte im Rahmen einer Prüfungsarbeit gutachterlich umzusetzen. Weiteres Merkmal der Darstellung ist, dass komplexe Rechtsfragen nicht auf ein unzulässiges Maß reduziert oder gar übergangen werden, nur um eine (nicht gegebene) Einfachheit zu suggerieren, sondern dass der Stoff mit Bezug auf den Aufbau von Klausuren so aufbereitet wird, dass der Leser einen Einblick in die tatsächlichen Erwartungen bei Prüfungsarbeiten erhält.

Dem entspricht der Umfang des dargebotenen Stoffes, der sich aus der Kombination von **lehrbuchartiger Darstellung**, zahlreichen **Beispiels- und Übungsfällen** sowie **Zusammenfassungen**, **Prüfungsschemata**, hervorgehobenen **Lerndefinitionen** und **Klausurhinweisen** ergibt. Dadurch werden sowohl das Lernen im Grundstudium als auch die Examensvorbereitung deutlich erleichtert.

Die Neuauflage berücksichtigt Gesetzgebung, Rechtsprechung und Literatur bis Ende 2007. Sie beinhaltet auch (mit Aktenzeichen und Datum zitierte) Gerichtsentscheidungen, die zum Zeitpunkt der Drucklegung noch nicht in den juristischen Fachzeitschriften veröffentlicht waren, gleichwohl aber häufig zur Grundlage von Leistungsnachweisen gemacht werden.

Kritik und Verbesserungsvorschläge sind weiterhin willkommen und werden unter *rs@jura-institut.de* erbeten.

*Dr. Rolf Schmidt*

# Inhaltsverzeichnis

# Abkürzungsverzeichnis

| | |
|---|---|
| a.A. | anderer Ansicht |
| a.a.O | am angegebenen Ort |
| a.F. | alte(r) Fassung |
| abl. | ablehnend (-e, -er) |
| Abl. | Amtsblatt |
| Abs. | Absatz |
| AcP | Archiv für die civilistische Praxis (Zeitschrift) |
| AFG | Arbeitsförderungsgesetz |
| AG | Aktiengesellschaft; Ausführungsgesetz |
| AGG | Allgemeines Gleichbehandlungsgesetz v. 14.8.2006 |
| AGLMBG | Ausführungsgesetz zum Lebensmittel- und Bedarfsgegenständegesetz |
| AgrarR | Agrarrecht |
| AGVwGO | Ausführungsgesetz zur Verwaltungsgerichtsordnung |
| AktG | Aktiengesetz |
| allg. | allgemein (-e, -er) |
| Alt. | Alternative |
| Anm. | Anmerkung |
| AO oder AO 1977 | Abgabenordnung |
| AöR | Archiv des öffentlichen Rechts (zitiert nach Bänden und Jahrgang) |
| Art. | Artikel |
| AsylVfG | Asylverfahrensgesetz |
| AtomG | Atomgesetz |
| AtVfV | Atomrechtliche Verfahrensordnung |
| AufenthG | Aufenthaltsgesetz (früher: AuslG) |
| Aufl. | Auflage |
| AuslG | Ausländergesetz (jetzt: AufenthG) |
| AWG | Außenwirtschaftsgesetz |
| | |
| Bad.-Württ. | Baden-Württemberg, baden-württembergisch |
| BAföG | Bundesausbildungsförderungsgesetz |
| BAG | Bundesarbeitsgericht |
| BÄO | Bundesärzteordnung |
| BauGB | Baugesetzbuch |
| BauGBMaßnG | Maßnahmengesetz zum Baugesetzbuch |
| BauNVO | Baunutzungsverordnung |
| BauO | Bauordnung (eines Bundeslandes) |
| BauR | Baurecht, Zeitschrift für das gesamte öffentliche und private Baurecht |
| Bay | Bayern |
| BayVBl. | Bayerische Verwaltungsblätter |
| BayVerfGH | Bayerischer Verfassungsgerichtshof |
| BayVGH | Bayerischer Verwaltungsgerichtshof |
| BBauG | Bundesbaugesetz, aufgehoben und ersetzt durch das BauGB |
| BBergG | Bundesberggesetz |
| BBG | Bundesbeamtengesetz |
| Bbg. | Brandenburg, brandenburgisch |
| Bd. | Band |
| BDG | Bundesdisziplinargesetz |
| BDSG | Bundesdatenschutzgesetz |
| Berl. | Berlin |
| BFH | Bundesfinanzhof |
| BFHE | Sammlung der Entscheidungen des Bundesfinanzhofes |
| BGB | Bürgerliches Gesetzbuch |
| BGBl | Bundesgesetzblatt Teil I-III |
| BGH | Bundesgerichtshof |
| BGH LM | Nachschlagewerk des Bundesgerichtshofes, herausgegeben von Lindemaier-Möhring |
| BGHZ | Entscheidungen des Bundesgerichtshofes in Zivilsachen |
| BGSG | Bundesgrenzschutzgesetz (seit dem 1.1.2005: BundesPolG) |
| BHO | Bundeshaushaltsordnung |
| BImSchG | Bundesimmissionsschutzgesetz |
| BKA | Bundeskriminalamt |
| BND | Bundesnachrichtendienst |
| BNotO | Bundesnotarordnung |
| BPersVG | Bundespersonalvertretungsgesetz |

| | |
|---|---|
| BR | Bundesrat |
| BR-Dr. | Bundesratdrucksache (Nummer und Jahrgang) |
| Bran. | Brandenburg, brandenburgisch |
| BRAO | Bundesrechtsanwaltsordnung |
| Brem | Bremen, bremisch |
| BRRG | Beamtenrechtsrahmengesetz |
| BSE | Bovine Spongiforme Enzephalopathie („Rinderwahnsinn") |
| BSeuchenG | Bundesseuchengesetz (ersetzt durch das Infektionsschutzgesetz) |
| BSG | Bundessozialgericht |
| BSHG | Bundessozialhilfegesetz |
| BSGE | Entscheidungen des Bundessozialgerichts |
| bspw. | beispielsweise |
| BT-Dr. | Drucksache des Deutschen Bundestages (Wahlperiode und Nummer) |
| BT-Prot. | Stenographische Berichte der Verhandlungen des Deutschen Bundestages (Wahlperiode und Seite) |
| Buchholz | Sammel- und Nachschlagewerk der Rechtsprechung des BVerwG (zitiert mit Gliederungsziffer, §, Entsch-Nr.) |
| BundesPolG | Bundespolizeigesetz (vor dem 1.7.2005: Bundesgrenzschutzgesetz) |
| BVerfG | Bundesverfassungsgericht |
| BVerfGE | Entscheidungssammlung des Bundesverfassungsgerichts |
| BVerfGG | Gesetz über das Bundesverfassungsgericht |
| BVerwG | Bundesverwaltungsgericht |
| BVerwGE | Entscheidungssammlung des Bundesverwaltungsgerichts |
| BW | Baden-Württemberg, baden-württembergisch |
| | |
| CR | Computer und Recht (Zeitschrift) |
| | |
| DAR | Deutsches Autorecht (Zeitschrift) |
| DB | Der Betrieb (Zeitschrift) |
| ders. | derselbe |
| dgl. | dergleichen |
| DJT | Deutscher Juristentag |
| DÖD | Der Öffentliche Dienst (Zeitschrift) |
| DÖV | Die Öffentliche Verwaltung (Zeitschrift) |
| DRiG | Deutsches Richtergesetz |
| DRiZ | Deutsche Richterzeitung |
| Drs. | Drucksache |
| DStR | Deutsches Steuerrecht (Zeitschrift) |
| DtZ | Deutsch-Deutsche Rechts-Zeitschrift |
| DV | Die Verwaltung (Zeitschrift) |
| DVBl | Deutsches Verwaltungsblatt (Zeitschrift) |
| | |
| EA | Vertrag zur Gründung der Europäischen Atomgemeinschaft in der seit dem 1.5.1999 vom EuGH benutzten Zitierweise (davor: EAG-Vertrag) |
| EAGV | siehe EA |
| EDV | Elektronische Datenverarbeitung |
| EG | Europäische Gemeinschaft(en) |
| EG | Vertrag zur Gründung der Europäischen Gemeinschaft in der seit dem 1.5.1999 vom EuGH benutzten Zitierweise (davor: EGV) |
| EGGVG | Einführungsgesetz zum Gerichtsverfassungsgesetz |
| EGMR | Europäischer Gerichtshof für Menschenrechte |
| EGKSV | siehe KS |
| EGV | siehe EG |
| EinlALR | Einleitung des Preußischen Allgemeinen Landrechts |
| EMRK | Europäische Menschenrechtskonvention |
| Erl. | Erläuterungen |
| EU | Europäische Union |
| EuGH | Gerichtshof der Europäischen Gemeinschaften |
| EuGRZ | Europäische Grundrechtezeitung |
| EUV | Vertrag über die Europäische Union |
| EuZW | Europäische Zeitschrift für Wirtschaftsrecht |
| EV | Vertrag zwischen der Bundesrepublik Deutschland und der Deutschen Demokratischen Republik über die Herstellung der Einheit Deutschlands – Einigungsvertrag - |
| EWG | Europäische Wirtschaftsgemeinschaft |
| EWGV | EWG-Vertrag |

| | |
|---|---|
| f. | folgende(r/s) |
| ff. | fortfolgende |
| FeV | Fahrerlaubnis-Verordnung (BGBl I, 1998, S. 2214 ff.) |
| FGG | Gesetz über die freiwillige Gerichtsbarkeit |
| FGO | Finanzgerichtsordnung |
| FlurbG | Flurbereinigungsgesetz |
| Fn. | Fußnote |
| Fs/Fs. | Festschrift |
| FStrG | Bundesfernstraßengesetz |
| | |
| GBO | Grundbuchordnung |
| GemO | Gemeindeordnung |
| GemSOGB | Gemeinsamer Senat der Obersten Gerichtshöfe des Bundes |
| GewArch | Gewerbearchiv |
| GewO | Gewerbeordnung |
| GG | Grundgesetz |
| ggü | gegenüber |
| GjS | Gesetz über die Verbreitung jugendgefährdender Schriften |
| GKG | Gerichtskostengesetz |
| GmbH | Gesellschaft mit beschränkter Haftung |
| GmbHG | Gesetz betreffend die Gesellschaft mit beschränkter Haftung |
| GMBl | Gemeinsames Ministerialblatt |
| GO | Gemeindeordnung |
| GPSG | Geräte- und Produktsicherheitsgesetz |
| GVBl | Gesetz- und Verordnungsblatt |
| GSOBG | Gemeinsamer Senat der Obersten Gerichtshöfe des Bundes |
| GVG | Gerichtsverfassungsgesetz |
| GWB | Gesetz gegen Wettbewerbsbeschränkung |
| | |
| h.L. | herrschende Lehre |
| h.M. | herrschende Meinung |
| Hamb. | Freie und Hansestadt Hamburg, hamburgisch |
| HandwO | Handwerksordnung |
| Hess. | Hessen, hessisch |
| Hrsg. | Herausgeber |
| HGB | Handelsgesetzbuch |
| HRG | Hochschulrahmengesetz |
| Hs. | Halbsatz |
| HSOG | Hessisches Gesetz über die öffentliche Sicherheit und Ordnung |
| HdbStR | Handbuch des Staatsrechts, herausgegeben von Isensee / Kirchhof, 1987 ff. |
| | |
| i.d.F. | in der Fassung |
| IRG | Gesetz über die Internationale Rechtshilfe in Strafsachen |
| ISchG | Infektionsschutzgesetz |
| i.S.e. | im Sinne eine (r) oder (s) |
| i.V.m. | in Verbindung mit |
| | |
| JA | Juristische Arbeitsblätter (Zeitschrift) |
| JöR | Jahrbuch des Öffentlichen Rechts der Gegenwart |
| JR | Juristische Rundschau (Zeitschrift) |
| JuSchG | Jugendschutzgesetz |
| Jura | Juristische Ausbildung (Zeitschrift) |
| JuS | Juristische Schulung (Zeitschrift) |
| JZ | Juristenzeitung (Zeitschrift) |
| | |
| KDVG | Kriegsdienstverweigerungsgesetz |
| KDVNG | Kriegsdienstverweigerungs-Neuordnungsgesetz |
| KrW-/AbfG | Kreislaufwirtschafts- und Abfallgesetz |
| KS | Vertrag zur Gründung der Europäischen Gemeinschaft für Kohle und Stahl (Atomgemeinschaft in der seit dem 1.5.1999 vom EuGH benutzten Zitierweise); davor: EGKSV |
| KStZ | Kommunale Steuerzeitschrift |
| | |
| LadenschlussG | Gesetz über den Ladenschluss |
| LAG | Lastenausgleichsgesetz |
| LBG | Landesbeamtengesetz |
| LBO | Landesbauordnung |
| LHO | Landeshaushaltsordnung |

| | |
|---|---|
| lit. | Buchstabe |
| Lit. | Literatur |
| LKV | Landes- und Kommunalverwaltung (Zeitschrift) |
| LFGB | Lebensmittel-, Bedarfsgegenstände- und Futtermittelgesetzbuch (früher: LMBG) |
| LMBG | Lebensmittel- und Bedarfsgegenständegesetz (jetzt: LFGB) |
| LottStV | Lotteriestaatsvertrag |
| LS | Leitsatz |
| Ls. | Leitsatz |
| LuftVG | Luftverkehrsgesetz |
| | |
| m.w.N. | mit weiteren Nachweisen |
| MDR | Monatsschrift des Deutschen Rechts (Zeitschrift) |
| MEPolG | Musterentwurf eines einheitlichen Polizeigesetzes des Bundes und der Länder |
| MRK | (Europäische) Konvention zum Schutze der Menschenrechte und Grundfreiheiten |
| MeckVor | Mecklenburg-Vorpommern, mecklenburg-vorpommersch |
| | |
| n.F. | neue Fassung/neue Folge |
| Nds. | Niedersachsen, niedersächsisch |
| NJ | Neue Justiz (Zeitschrift) |
| NJOZ | Neue Juristische Online-Zeitschrift |
| NJW | Neue Juristische Wochenschrift (Zeitschrift) |
| NKVwGO | Nomos-Kommentar zur VwGO (herausgegeben von Sodan/Ziekow), Losebl. |
| NRW | Nordrhein-Westfalen, nordrhein-westfälisch |
| NuR | Natur und Recht (Zeitschrift) |
| NVwZ | Neue Zeitschrift für Verwaltungsrecht |
| NVwZ-RR | Neue Zeitschrift für Verwaltungsrecht-Rechtsprechungsreport |
| NWVBl | Nordrhein-Westfälische Verwaltungsblätter (Zeitschrift) |
| NZV | Neue Zeitschrift für Verkehrsrecht |
| | |
| OBG | Ordnungsbehördengesetz |
| OLG | Oberlandesgericht |
| ÖPNV | Öffentlicher Personennahverkehr |
| OVG | Oberverwaltungsgericht |
| OVGE | Rechtsprechungssammlung der Oberverwaltungsgerichte Münster und Lüneburg |
| OWiG | Gesetz über Ordnungswidrigkeiten |
| | |
| PAG | Polizeiaufgabengesetz |
| PBefG | Personenbeförderungsgesetz |
| POG | Polizeiorganisationsgesetz |
| POR | allgemeines Polizei- und Ordnungsrecht |
| PostG | Postgesetz |
| PostumwG | Gesetz zur Umwandlung der Unternehmen der Deutschen Bundespost in die Rechtsform der Aktiengesellschaft |
| Preuß. | Preußen, preußisch |
| Preuß. ALR | Allgemeines Landrecht für die preußischen Staaten vom 5.2.1794 |
| ProdSG | Produktsicherheitsgesetz |
| | |
| Rhl.Pfl. | Rheinland-Pfalz, rheinland-pfälzisch |
| Rdnr. | Randnummer |
| RIW | Recht der Internationalen Wirtschaft (Zeitschrift) |
| Rspr. | Rechtsprechung |
| RuStAG | Reichs- und Staatsangehörigkeitsgesetz |
| RVO | Reichsversicherungsordnung |
| | |
| Saarl. | Saarland, saarländisch |
| Sachs. | Freistaat Sachsen |
| Sächs | sächsisch |
| S. | Satz oder Seite |
| s. | siehe |
| s.o./u. | siehe oben/unten |
| Schl.-Holst. | Schleswig-Holstein, schleswig-holsteinisch |
| SG | Sozialgericht |
| SGB | Sozialgesetzbuch (die römischen Ziffern bezeichnen das jeweilige Buch) |
| SGG | Sozialgerichtsgesetz |
| SOG | Gesetz über die öffentliche Sicherheit und Ordnung |
| Sp. | Spalte |
| st. Rspr. | ständige Rechtsprechung |

| | |
|---|---|
| StabG | Stabilitätsgesetz |
| StGB | Strafgesetzbuch |
| StGH | Staatsgerichtshof |
| StPO | Strafprozessordnung |
| StuW | Steuer und Wirtschaft (Zeitschrift) |
| StVG | Straßenverkehrsgesetz |
| StVO | Straßenverkehrsordnung |
| StVollzG | Strafvollzugsgesetz |
| StVZO | Straßenverkehrs-Zulassungsordnung |
| | |
| TA | Technische Anleitung (Luft, Lärm) |
| Thür. | Thüringen |
| ThürVBl | Thüringische Verwaltungsblätter |
| TierSG | Tierseuchengesetz |
| tw | teilweise |
| TVG | Tarifvertragsgesetz |
| | |
| UIG | Umweltinformationsgesetz |
| UmwG | Umwandlungsgesetz |
| UZwG | Gesetz über den unmittelbaren Zwang bei Ausübung öffentlicher Gewalt durch Vollzugsbeamte des Bundes |
| | |
| VBlBW | Verwaltungsblätter für Baden-Württemberg |
| VereinsG | Gesetz zur Regelung des öffentlichen Vereinsrechts |
| VerfGH | Entscheidungssammlung des Bayerischen Verfassungsgerichtshofes |
| VerfGH | Verfassungsgerichtshof |
| VerfR | Verfassungsrecht |
| VersG | Versammlungsgesetz |
| VersR | Versicherungsrecht (Zeitschrift) |
| VerwArch | Verwaltungsarchiv (zitiert nach Bänden und Jahrgang) |
| VerwR | Verwaltungsrecht |
| VG | Verwaltungsgericht |
| VGH | Verwaltungsgerichtshof |
| vgl. | vergleiche |
| Voraufl. | Vorlauflage (Schmidt, Verwaltungsrechtliche Rechtsbehelfe, 2. Aufl. 1998) |
| VR | Verwaltungsrundschau (Zeitschrift) |
| VVDStRL | Veröffentlichungen der Vereinigung der Deutschen Staatsrechtslehrer |
| VVG | Gesetz über den Versicherungsvertrag |
| VwGO | Verwaltungsgerichtsordnung |
| VwGO-ÄndG | Änderungsgesetz zur Verwaltungsgerichtsordnung |
| VwVfG | Verwaltungsverfahrensgesetz |
| VwVG | Verwaltungsvollstreckungsgesetz |
| VwZG | Verwaltungszustellungsgesetz |
| | |
| WaffG | Waffengesetz |
| Währungsvertrag | Vertrag über die Schaffung einer Währungs-, Wirtschafts- und Sozialunion zwischen der Bundesrepublik Deutschland und der Deutschen Demokratischen Republik |
| WaStrG | Bundeswasserstraßengesetz |
| WBO | Wehrbeschwerdeordnung |
| WDO | Wehrdisziplinarordnung |
| WHG | Wasserhaushaltsgesetz |
| WirtschR | Wirtschaftsrecht (Zeitschrift) |
| WissR | Wissenschaftsrecht Wissenschaftsverwaltung Wissenschaftsförderung (Zeitschrift) |
| WiVerw | Wirtschaft und Verwaltung, Vierteljahresbeilage zum Gewerbearchiv |
| WPflG | Wehrpflichtgesetz |
| WRV | Weimarer Reichsverfassung |
| | |
| ZAR | Zeitschrift für Ausländerrecht und Ausländerpolitik |
| ZBR | Zeitschrift für Beamtenrecht |
| ZDG | Zivildienstgesetz |
| ZfBR | Zeitschrift für deutsches und internationales Baurecht |
| ZG | Zeitschrift für Gesetzgebung |
| ZHR | Zeitschrift für das gesamte Handelsrecht und Wirtschaftsrecht |
| ZPO | Zivilprozessordnung |
| ZRP | Zeitschrift für Rechtspolitik |
| zust. | zustimmend (-e, -er) |

# Lehrbücher, Grundrisse und Kommentare

**Benda, E./Maihofer, W./Vogel, H.-J. (Hrsg.):** Handbuch des Verfassungsrechts der Bundesrepublik Deutschland, 2. Auflage 1994

**Dolzer, R./Vogel, K.:** Bonner Kommentar zum Grundgesetz, 12 Bände (Loseblatt), Stand: 2007

**Dreier, H.:** Grundgesetz. Kommentar, Bd. I, 2. Auflage 2004

**Friauf, K. H./Höfling, W.:** Berliner Kommentar zum Grundgesetz, Loseblatt, Stand: 2007

**Herdegen, M.:** Europarecht, 8. Auflage 2006

**Isensee, J./Kirchhof, P.:** Handbuch des Staatsrechts der Bundesrepublik Deutschland, Band I, 3. Auflage 2003; Band II, 2. Auflage 1998; Band III, 2. Auflage 1996; Band IV, 2. Auflage 1999; Band V, 2. Auflage 2000; Band VI, 1989; Band VII 1993; Band VIII 1995; Band IV 1997

**Jarass, H. D./Pieroth, B.:** Grundgesetz für die Bundesrepublik Deutschland. Kommentar, 9. Auflage 2007

**Mangoldt, von, H./Klein, F./Starck, C.:** Das Bonner Grundgesetz – Kommentar. 3 Bände, 5. Auflage 2005

**Maunz, T./Dürig, G.:** Grundgesetz. Kommentar, 5 Bände (Loseblatt), Stand: 2006

**Maurer, H.:** Staatsrecht I, 5. Auflage 2007; Allgemeines Verwaltungsrecht, 16. Auflage 2006

**Merten, D./Papier, H.-J.:** Handbuch der Grundrechte in Deutschland und Europa, Bd. I, 2004; Bd. II. 2006

**Möllers, Martin H.W.:** Polizei und Grundrechte, 2006

**Münch v., I./Kunig, P.:** Grundgesetz – Kommentar, 5. Auflage 2000

**Pieroth, B./Schlink, B.:** Grundrechte, 23. Auflage 2007

**Sachs, M.:** Grundgesetz. Kommentar, 3. Auflage 2003

**Schmidt, R.:** Staatsorganisationsrecht, 8. Auflage 2008; Bremisches Polizeigesetz (Kommentar), 1. Auflage 2006; Allgemeines Verwaltungsrecht, 11. Auflage 2007; Besonderes Verwaltungsrecht I, 11. Auflage 2007; Besonderes Verwaltungsrecht II, 11. Auflage 2007; Verwaltungsprozessrecht, 11. Auflage 2007; Staatliches Informationshandeln und Grundrechtseingriff, 2004; Fälle zum Polizei- und Ordnungsrecht, 2. Auflage 2007

**Schmidt-Bleibtreu, B./Klein, F.:** Kommentar zum Grundgesetz, 10. Auflage 2004

**Seidel, G.:** Handbuch der Grund- und Menschenrechte auf staatlicher, europäischer und universeller Ebene, 1996

**Stern, K.:** Das Staatsrecht der Bundesrepublik Deutschland, Band I, 2. Auflage 1984; Band II, 1980; Band III/1, 1988; Band III/2, 1994; Band V 2000

**Umbach, D.C./Clemens, T.:** Grundgesetz. Mitarbeiterkommentar und Handbuch, 2 Bände 2002

**Wassermann, R. (Hrsg.):** Kommentar zum Grundgesetz für die Bundesrepublik Deutschland (Reihe Alternativkommentare), Stand: 2002

Weitere Literatur, insbesondere Aufsatzliteratur, ist in den Fußnoten angegeben.

# 1. Teil – Allgemeine Grundrechtslehren

Die Prüfung von Grundrechten beinhaltet nicht nur die spezifischen Besonderheiten der einzelnen Grundrechte, sondern auch allgemeine, für alle Grundrechte gleichermaßen geltende Problemkreise. Eine Auseinandersetzung mit den materiellen Problemen der einzelnen Grundrechte ist daher erst dann sinnvoll, wenn die Grundbegriffe und Grundstrukturen der Grundrechte und die Technik der Grundrechtsprüfung sicher beherrscht werden. Die Vermittlung dieses Wissens ist Gegenstand des 1. Teils dieses Buches. Die einzelnen Grundrechte werden im 2. Teil erläutert und die Prüfung der Verfassungsbeschwerde ist Inhalt des 3. Teils.

## A. Stellung der Grundrechte in der Rechtsordnung

Gemäß Art. 1 III GG handelt es sich bei den Grundrechten des Grundgesetzes um unmittelbar geltendes Recht, das alle Staatsgewalten bindet. Die im Grundgesetz enthaltenen Grundrechte bilden also zusammen mit dem übrigen Verfassungsrecht, d.h. dem Staatsorganisationsrecht, die Spitze der (innerstaatlichen) Rechtsordnung; sie sind somit insbesondere gegenüber den einfachen Gesetzen **höherrangiges Recht**. Abzugrenzen sind die Grundrechte des Grundgesetzes zum einen von denen der Landesverfassungen, zum anderen aber auch von denen des Völkerrechts, insbesondere von denen der Europäischen Menschenrechtskonvention (EMRK) und des Europäischen Gemeinschaftsrechts. Diese Unterscheidung ist deshalb wichtig, weil nur die Grundrechte des Grundgesetzes, nicht jedoch die internationalen Grundrechte, Maßstab für eine Prüfung durch das BVerfG sein können.

## I. Verhältnis zu den Grundrechten der Landesverfassungen

Grundrechte sind nicht nur im Grundgesetz, sondern auch in den Landesverfassungen enthalten. Das führt zu der Frage nach deren Verhältnis zueinander. Soweit bei Grundrechten der Landesverfassungen Beschränkungen vorgesehen sind, die über diejenigen von Grundrechten des Grundgesetzes hinausgehen, sind diese Beschränkungen entgegenstehendes Recht und gem. Art. 31 GG nichtig. Inhaltsgleiche und inhaltlich weiter gefasste Grundrechte sind jedoch (ggf. gem. Art. 142 GG) gültig.[1]

> **Hinweis für die Fallbearbeitung:** Die Grundrechtsnormen des Grundgesetzes und diejenigen der Landesverfassungen schützen jedoch jeweils nur dasselbe Grundrecht.[2] Daraus folgt, dass in der Fallbearbeitung landesrechtliche Grundrechte i.d.R. nicht gesondert zu prüfen sind.

## II. Verhältnis zum Völkerrecht/zur EMRK

Die **allgemeinen Regeln des Völkerrechts** sind gem. Art. 25 GG Bestandteil des Bundesrechts, gehen den Gesetzen, d.h. dem einfachen Bundesrecht und dem gesamten Landesrecht einschließlich dessen Verfassungen vor und erzeugen unmittelbar Rechte und Pflichten für die Bewohner des Bundesgebiets.[3] Sie stehen also im Rang unter dem Grundgesetz, aber über den Landesverfassungen und dem einfachen Bundesrecht. Man spricht von **Zwischenrecht**. Unter *allgemeine Regeln* des Völkerrechts sind solche Regeln zu verstehen, die von einer weitaus größeren Zahl der Staaten – nicht notwendigerweise von der Bundesrepublik Deutschland – anerkannt werden.[4]

---

[1] Vgl. BVerfGE **96**, 345, 364; *Stern*, StaatsR III/2, S. 1472 ff.; *von Münch*, in: von Münch/Kunig, GG, Vorb. Art. 1-19 Rn 37 ff.
[2] BVerfGE **22**, 267, 271.
[3] Vgl. *Hesse*, Grundzüge des Verfassungsrechts, Rn 101; BFH NJW **2001**, 2199.
[4] BVerfGE **46**, 342, 367 ff.

**Andere Regeln des Völkerrechts** bedürfen dagegen einer speziellen Transformation, um innerstaatliche Geltung zu erlangen. Soweit es sich um völkerrechtliche Verträge handelt, die die politischen Beziehungen des Bundes regeln oder sich auf Gegenstände der Bundesgesetzgebung beziehen, geschieht dies durch die in Art. 59 II GG vorgeschriebene Zustimmung der gesetzgebenden Körperschaften (Bundestag und Bundesrat). Die **EMRK**, die 1950 als multilateraler Vertrag im Rahmen des Europarats geschlossen wurde und den Zweck verfolgt, auf dem Vertragsgebiet die Einhaltung der Menschenrechte zu gewährleisten, ist ein solcher völkerrechtlicher Vertrag. Kraft gesetzlicher Übernahme kommt ihr der Rang eines **einfachen Bundesgesetzes** zu.[5]

5  Daraus folgt, dass die EMRK in ihrem Rang *unterhalb* der Grundrechte des Grundgesetzes steht. Allerdings ist es ständige Rspr. des BVerfG, dass Inhalt und Entwicklungsstand der **EMRK** bei der **Auslegung des Grundgesetzes** zu berücksichtigen seien. Darüber hinaus sei bei der Auslegung der Grundrechte des Grundgesetzes die Rechtsprechung des **Europäischen Gerichtshofs für Menschenrechte** (EGMR) in Straßburg zu beachten, auch wenn eine mit § 31 BVerfGG vergleichbare Bestimmung fehle.[6]

6  Müssen demnach nationale Behörden und Gerichte bei der Auslegung des nationalen einfachen Rechts die EMRK beachten (die nationalen Gesetze also EMRK-konform auslegen), sollte ein Verstoß gegen die EMRK eigentlich nicht vorkommen. Sollte dennoch ein Verstoß gegen die EMRK gerügt werden, gewinnt die EMRK zusätzliche Bedeutung dadurch, dass der umfassende Schutz persönlicher Freiheit von jedem Einzelnen eingeklagt werden kann: Nach Art. 19 ff. EMRK entscheidet der EGMR über Individualbeschwerden, mit denen jeder Bürger eines Vertragsstaates nach Erschöpfung des innerstaatlichen Rechtswegs eine Verletzung der EMRK rügen kann. Stellt der EGMR daraufhin einen **Verstoß gegen die EMRK** fest, ist – aus völkerrechtlicher Sicht – der verurteilte Staat **zur Abhilfe** bzw. ggf. zur Entschädigung verpflichtet (Art. 46 I EMRK; Zwangsmittel zur Durchsetzung von Urteilen des EGMR sind nicht vorgesehen). Diesem Postulat ist das BVerfG jedoch wiederum entgegengetreten.[7] Darauf wird im Rahmen des allgemeinen Persönlichkeitsrechts, dessen Verletzung erfolgreich von Caroline von Monaco vor dem EGMR[8] gerügt wurde, zurückzukommen sein. Vgl. dazu Rn 285.

## III. Verhältnis zum Recht der Europäischen Union

7  Die Frage nach dem Verhältnis zwischen den Grundrechten des Grundgesetzes und denen der Europäischen Union (EU)[9] kann nur dann beantwortet werden, wenn man die unterschiedlichen Rechtskreise kennt: Innerhalb der Bundesrepublik Deutschland gelten die Grundrechte des Grundgesetzes. Über deren Beachtung wacht das BVerfG. Anders stellt sich die Situation auf europäischer Ebene dar. Die EU verfügt erst seit Ende 2000 über einen geschriebenen, wenn auch für die Mitgliedstaaten unverbindlichen, Grundrechtekatalog in Form der **EU-Grundrechtecharta**. Diese gilt gemäß ihrem Art. 51 I S. 1 „für Organe und Einrichtungen der Union unter Einhaltung des Subsidiaritätsprinzips und für die Mitgliedstaaten ausschließlich bei der Durchführung des Rechts der Union". Direkte Adressaten der EU-Grundrechtecharta können also allein die europäischen Institutionen sein sowie nationale Stellen, sofern sie EU-Recht anwenden. Eine Ausdehnung der Grundrechtswirkung auf einzelstaatliches Vorgehen bei der Umsetzung europäischer Richtlinien hingegen lässt sich nicht legitimieren, was jedoch nicht heißt, dass die EU-Grundrechtecharta nicht bei

---

[5] BVerfG NJW **2004**, 3407 ff.; BVerfGE **74**, 358, 370.
[6] Vgl. BVerfGE **111**, 307, 317 ff.; **82**, 106, 115; **75**, 1, 19; **74**, 358, 370; **63**, 343, 33.
[7] BVerfGE **111**, 307, 317 ff.
[8] Vgl. EGMR NJW **2004**, 2647 ff. (mit Bespr. v. *Lenski*, NVwZ **2005**, 50; *Breuer*, NVwZ **2005**, 412).
[9] Zur unterschiedlichen Bedeutung der Begriffe „Europäische Union" und „Europäische Gemeinschaft(en)" vgl. ausführlich *R. Schmidt*, Staatsorganisationsrecht, Rn 327 ff.

der Auslegung innerstaatlicher Normen herangezogen werden könnte.[10] Keinesfalls dürfen europäische „Grundrechte" jedoch Leistungsansprüche an Dritte – Mitgliedstaaten oder Unternehmen – begründen.

Die Europäische Grundrechtecharta ist das Ergebnis jahrelanger Bestrebungen, den einheitlichen europäischen Grundrechtsschutz zu stärken. Zuvor verfügte die Europäische Union noch nicht über einen geschriebenen Grundrechtekatalog. Die Aufnahme eines Grundrechtekatalogs ist bei Abschluss der drei Gründungsverträge zu den Europäischen Gemeinschaften EGV (bzw. EWG), EAG und EGKS nicht etwa „vergessen" worden; vielmehr erschien die Aufnahme von Grundrechten nicht erforderlich, da die Vertragsparteien von einem ausreichenden Grundrechtsschutz in den Mitgliedstaaten ausgingen.[11] Diese Vorstellung erwies sich im Laufe der Zeit aber als fehlerhaft. Denn mit den Grundsatzentscheidungen des EuGH „van Gend & Loos"[12] und „Costa/Enel"[13] wurde zunächst die unmittelbare Anwendbarkeit des Europäischen Gemeinschaftsrechts in den Mitgliedstaaten und anschließend der Anwendungsvorrang des Europäischen Gemeinschaftsrechts vor nationalem Recht statuiert. Von nun an galt, dass das Europäische Gemeinschaftsrecht im Kollisionsfall Vorrang vor dem nationalen Recht, einschließlich des Verfassungsrechts, genießt. Dies hatte zur Folge, dass die nationalen Grundrechte keinen ausreichenden Schutz mehr vor Rechtsakten der Gemeinschaftsorgane[14] entfalteten. Die Gemeinschaftsorgane, die durch die Übertragung von Zuständigkeiten in vielen Bereichen in die Rolle der Staatsgewalt hineingewachsen sind und mit ihren Rechtsakten zunehmend auch in die Rechtspositionen der Bürger in den Mitgliedstaaten eingreifen, unterliegen demnach keinerlei Grundrechtsbindung nach dem Grundgesetz. Dieses Grundrechtsdefizit hat zu erheblichen Widerständen der nationalen Verfassungsgerichte geführt. So hat z.B. das BVerfG in der sog. **Solange-I-Entscheidung** einige Maßstäbe aufgestellt, die den Grundrechtsschutz deutscher Bundesbürger sicherstellen sollen. Wird demnach Europäisches Gemeinschaftsrecht durch nationale Exekutivakte vollzogen, erfolgt die Überprüfung der nationalen Rechtsanwendungsakte am Maßstab des Grundgesetzes, solange das Gemeinschaftsrecht keinen dem deutschen Grundrechtsstandard vergleichbaren Grundrechtskatalog etabliert hat.[15] Diese Solange-Rechtsprechung hat dazu geführt, dass der EuGH sukzessive eigenständige Grundrechte entwickelt hat, die zunächst als „allgemeine Rechtsgrundsätze, die den Rechtsordnungen der Mitgliedstaaten gemeinsam sind", ermittelt wurden.[16] Später hat sich der EuGH bei der Etablierung von Gemeinschaftsgrundrechten insbesondere auf die EMRK gestützt. Das BVerfG hat darauf reagiert und seit seiner **Solange-II-Entscheidung** Gemeinschaftshandlungen grundsätzlich **nicht** mehr am Maßstab des Grundgesetzes geprüft, solange auf Gemeinschaftsebene, insbesondere durch die Rechtsprechung des EuGH, ein dem deutschen Standard entsprechender Grundrechtsschutz besteht. Entfalle dieser, erfolge die Überprüfung wieder am Maßstab des Grundgesetzes und falle in die Prüfungskom-

8

---

[10] Zwar ist dieser Standpunkt mit Blick auf die Unverbindlichkeit der EU-Grundrechtecharta nicht ganz unproblematisch, da sich aber auch der EuGH jüngst zur Beachtlichkeit der Charta bekannt hat (vgl. EuGH NVwZ **2006**, 1033 ff. mit Bespr. v. *Szczekalla*, NVwZ **2006**, 1019 ff.), sollte sie auch über die Frage nach der Rechtmäßigkeit von EG-Richtlinien hinaus als Auslegungshilfe herangezogen werden (vgl. zum Anwendungsvorrang des EG-Rechts sogleich sowie ausführlich *R. Schmidt*, Staatsorganisationsrecht, Rn 234, 355).
[11] Vgl. *Kenntner*, ZRP **2000**, 423.
[12] EuGH Slg I **1963**, 1 ff.
[13] EuGH Slg I **1964**, 1251 ff.
[14] Zu den Rechtsakten der Gemeinschaftsorgane zählen die Akte des sog. **Sekundärrechts**. Das sind gem. Art. 249 EG Verordnungen, Richtlinien und Entscheidungen der EG. Vgl. auch hierzu ausführlich *R. Schmidt*, Staatsorganisationsrecht, Rn 327 ff.
[15] BVerfGE **37**, 271, 285 (Solange I).
[16] EuGH Slg I **1969**, 419 ff. (Stauder). Zu den vom EuGH entwickelten (ungeschriebenen) Gemeinschaftsgrundrechten gehören der Gleichheitsgrundsatz, der Schutz der Privatsphäre, die Vereinigungsfreiheit, die Religions- und Bekenntnisfreiheit, die Eigentumsfreiheit, die Berufsfreiheit, die Achtung des Familienlebens, der Grundsatz des rechtlichen Gehörs, die Unverletzlichkeit der Wohnung, die Meinungsfreiheit und die Rechtsweggarantie.

petenz des BVerfG.[17] Das BVerfG hat aber in ständiger Rechtsprechung betont, dass der vom EuGH postulierte Grundrechtsschutz auf Gemeinschaftsebene dem des Grundgesetzes im Wesentlichen entspricht.[18]

Die Heranziehung der EMRK durch den EuGH hat später durch Art. 6 II EUV in der Fassung nach dem Amsterdamer Vertrag eine ausdrückliche normative Bestätigung gefunden.[19] Gleichwohl war der Ruf nach einem geschriebenen Grundrechtekatalog nicht verstummt. Nachdem auch der EuGH bestätigte, dass der Beitritt der EU/EG zur EMRK einer Änderung der Gründungsverträge und einer entsprechenden Ratifikation in den Mitgliedstaaten bedurft hätte, beides aber gerade nicht stattfand, beschloss der Europäische Rat im Juni 1999 in Köln, ein sachverständiges Gremium mit der Ausarbeitung einer Europäischen Grundrechtecharta zu beauftragen. Dieser „Konvent" erarbeitete daraufhin in erstaunlicher Kürze eine Grundrechtecharta, die im Rahmen der Regierungskonferenz von Nizza am 7.12.2000 verabschiedet wurde. Sie gilt gem. ihres Art. 51 I S. 1 „für Organe und Einrichtungen der Union unter Einhaltung des Subsidiaritätsprinzips und für die Mitgliedstaaten ausschließlich bei der Durchführung des Rechts der Union".

In der **Europäischen Verfassung**, die am 18.6.2004 verabschiedet wurde, wird ausdrücklich die **unmittelbare Geltung der Europäischen Grundrechtecharta** auch für innerstaatliche Stellen bei der Ausführung rein nationalen Rechts angeordnet. Da die EU-Verfassung jedoch aufgrund ablehnender Referenden in Frankreich und in den Niederlanden vorerst **gescheitert** ist, fehlt der EU-Grundrechtecharta nach wie vor die rechtliche Verbindlichkeit. Daher muss auch vorliegend auf die bisherige Rechtslage eingegangen werden.

**9** Nach der gegenwärtigen Rechtslage achtet die EU jedenfalls gem. § 6 II EUV die Grundrechte, wie sie in der EMRK gewährleistet sind und wie sie sich aus den gemeinsamen Verfassungsüberlieferungen der Mitgliedstaaten ergeben. Die Entwicklung und nähere Ausformung dieser Grundrechte liegen also nach wie vor in den Händen des EuGH. Da dieser europäische Grundrechtsstandard (jedenfalls nach hiesigem Grundrechtsverständnis) dem deutschen jedoch nicht immer ebenbürtig ist, muss folglich der Frage nachgegangen werden, an welchen Grundrechten Akte der deutschen öffentlichen Gewalt, die aufgrund von sekundärem Gemeinschaftsrecht ergehen, zu messen sind, wenn der konkrete Rechtsakt nicht den Standard deutscher Grundrechte erreicht. An den europäischen oder an den deutschen? Und welches Gericht besitzt die Letztentscheidungskompetenz, der EuGH oder das BVerfG? Da dieser gesamte Fragenkomplex jedoch bereits ausführlich bei *R. Schmidt*, Staatsorganisationsrecht, Rn 358 ff. behandelt ist, wird insoweit auf die dortige Darstellung verwiesen. Dort finden sich auch Antworten auf die Frage nach der prozessualen Durchsetzung von möglichen Verletzungen der EU-Grundrechte sowie Hinweise für die Fallbearbeitung. Zum Einfluss des Europarechts auf die deutsche Rechtsordnung vgl. *R. Schmidt*, Staatsorganisationsrecht, Rn 327 ff. und 761 ff.

---

[17] BVerfGE **73**, 339, 378 ff. (Solange II). Vgl. auch BVerfGE **89**, 155 ff. (Maastricht), BVerfG NJW **2001**, 1267 (zur Vorlagepflicht nach Art. 234 EGG) und BVerfG DVBl **2007**, 821 ff. (Kooperationsverhältnis zwischen BVerfG und EuGH).
[18] Vgl. BVerfG NJW **2001**, 2323 (Schutz von Urheberrechten); BVerfGE **102**, 147, 161 ff. (Verfassungskonformität der Bananenmarktordnung); BVerfG DVBl **2007**, 821 ff. (Kooperationsverhältnis zwischen BVerfG und EuGH). Vgl. dazu auch *Gündisch*, NVwZ **2000**, 1125 f.; *Odendahl*, JA **2001**, 283 ff.; *Schmid*, NVwZ **2001**, 249 ff.; *Nickel*, JZ **2001**, 625 ff.
[19] Zum Verhältnis Europäische Grundrechtecharta/EMRK vgl. *Tettinger*, NJW **2001**, 1010, 1011.

# B. Allgemeine Grundrechtslehren (Grundrechtsfunktionen)

## I. Die subjektiv-rechtlichen Funktionen der Grundrechte

Historisch gesehen sind die Grundrechte als **Abwehrrechte** des Bürgers gegen den Staat konzipiert. Das hat den Hintergrund, dass der Staat das sog. Gewaltmonopol besitzt. Nur er ist Inhaber legitimer Gewalt. Das bedeutet, dass der Staat auch unter Ausübung körperlicher Gewalt die Einhaltung seiner Anordnungen und Gesetze erzwingen kann. Er ist unter bestimmten Voraussetzungen zum Eingriff in die persönliche Sphäre seiner Bürger befugt, insbesondere in Freiheit und Eigentum. Gleichwohl muss in einem demokratischen Staatswesen die Staatsgewalt rechtlich geordnet sein, kann also nicht willkürlich ausgeübt werden und ist bestimmten staatlichen Institutionen vorbehalten. Die Grenze staatlichen Eingreifens bilden die Grundrechte als Abwehrrechte. In dieser Funktion stellen sie rechtliche Vorkehrungen zum Schutz vor freiheitsverkürzenden staatlichen Maßnahmen dar. Auch schützen sie vor sachlich nicht gerechtfertigten Ungleichbehandlungen. **10**

Das moderne Verständnis der Grundrechte beschränkt sich aber nicht auf die Abwehr staatlichen Handelns, sondern erstreckt sich, da der Einzelne zunehmend von staatlichen Leistungen abhängig wird, auch auf Leistungsansprüche gegenüber dem Staat. Man spricht in diesem Zusammenhang von Leistungsgrundrechten (Teilhaberechte, soziale Grundrechte). **11**

Die Grundrechte lassen sich daher entsprechend ihrer rechtlichen Wirkung in drei Gruppen einteilen, in Abwehr-, Leistungs- und Gleichheitsrechte. Darüber hinaus fungieren sie als Mitwirkungsrechte. **12**

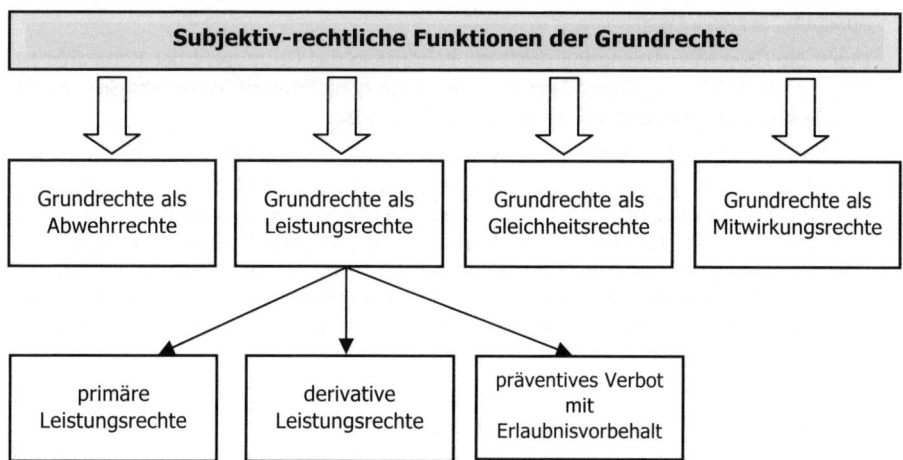

## 1. Grundrechte als Abwehrrechte (*status negativus*)

Sind also die Grundrechte überwiegend als Abwehrrechte des Bürgers gegenüber dem Staat konzipiert, dienen sie dazu, „die Freiheit des Einzelnen vor Eingriffen der öffentlichen Gewalt zu sichern"[20]. Daher werden sie üblicherweise als **Freiheits**- bzw. **Abwehrgrundrechte** bezeichnet. **13**

> **Beispiele:** Art. 2 I GG schützt die allgemeine Handlungsfreiheit und das allgemeine Persönlichkeitsrecht; Art. 4 GG schützt die Glaubens- und Gewissensfreiheit; Art. 5 I GG schützt die Meinungs-, Informations-, Presse-, Rundfunk- und Filmfreiheit; Art. 5 III

---

[20] BVerfGE **7**, 198, 204 (Lüth); **50**, 290, 337 (Mitbestimmung); **68**, 193, 205 (Innungen).

GG schützt die Kunst- und Wissenschaftsfreiheit; Art. 6 GG schützt die Ehe und die Familie; Art. 7 GG enthält schulbezogene Grundrechte; Art. 8 GG schützt die Versammlungsfreiheit; Art. 9 schützt die Vereinigungs- und Koalitionsfreiheit; Art. 10 GG schützt das Brief-, Post- und Fernmeldegeheimnis; Art. 12 GG schützt die Berufswahl und die Berufsausübung; Art. 14 GG schützt das Eigentum.

> **Hinweis für die Fallbearbeitung:** Die Abwehr belastenden, d.h. freiheitsverkürzenden staatlichen Handelns ist primär mit verwaltungsrechtlichen Rechtsbehelfen zu erreichen. Besteht das fragliche Handeln in einem Verwaltungsakt, sind Widerspruch und Anfechtungsklage statthaft (vgl. §§ 68 ff. und 42 I Var. 1 VwGO). Besteht das belastende Handeln in einem schlicht-hoheitlichen Handeln, ist die allgemeine Leistungsklage einschlägig. Wird ein generelles Verbot mit einem Genehmigungsvorbehalt verknüpft, kann aus dem Grundrecht ein Anspruch auf Erteilung der Genehmigung folgen. Vgl. dazu ausführlich Rn 17 ff. Schließlich kann die Verletzung eines Grundrechts einen Folgenbeseitigungsanspruch nach sich ziehen. Ist der Rechtsweg erschöpft oder steht ein solcher nicht offen, kommt die Individualverfassungsbeschwerde (Art. 93 I Nr. 4a, §§ 13 Nr. 8a, 90 ff. BVerfGG) in Betracht. Bei der Begründetheit des jeweiligen Rechtsbehelfs ist bei der möglichen Verletzung eines Freiheitsgrundrechts zunächst zu prüfen, ob ein Eingriff in den Schutzbereich des Grundrechts vorliegt, dann, ob das Grundrecht einschränkbar ist, und schließlich, ob die einschränkende staatliche Maßnahme ihrerseits verfassungsrechtlich gerechtfertigt ist. Vgl. dazu ausführlich Rn 112 ff. (allgemeine Grundrechtsprüfung) und die Ausführungen zu den jeweiligen Grundrechten.

**Beispiel:** Die zuständige Ordnungsbehörde ist der Auffassung, dass der gewerbetreibende G aufgrund wiederholten Vorenthaltens und Veruntreuens von Sozialversicherungsbeiträgen (vgl. § 266a StGB) unzuverlässig sei, und untersagt ihm die weitere Ausübung seines Gewerbes.

Durch die Gewerbeuntersagung greift die Behörde in das Grundrecht der Berufsfreiheit (Art. 12 I S. 1 GG) ein. Dieser Eingriff ist nur dann gerechtfertigt, wenn das Grundrecht einschränkbar ist und es den konkreten Eingriff zulässt.

Die Einschränkbarkeit des Grundrechts ist Art. 12 I S. 2 GG zu entnehmen. Ob es den Eingriff zulässt, ist eine Frage der verfassungsrechtlichen Rechtfertigung des Eingriffs. Minimalvoraussetzung ist das Vorliegen einer Rechtsgrundlage. Diese ist § 35 I GewO zu entnehmen, der für anzeige-, aber nicht genehmigungspflichtige[21] Gewerbe eine Gewerbeuntersagung wegen Unzuverlässigkeit vorsieht. Ob die Gewerbeuntersagung in Anbetracht der Bedeutung des Art. 12 I S. 1 GG rechtmäßig ist, muss unter strikter Wahrung des Grundsatzes der Verhältnismäßigkeit beantwortet werden. Vgl. dazu näher Rn 154 ff.

## 2. Grundrechte als Leistungsrechte (*status positivus*)

14  In einer modernen Industriegesellschaft beruhen die Lebensbedingungen nicht auf der ausschließlichen Selbstversorgung, sondern auf einem Fremd-versorgt-Werden. Der Einzelne ist in gewissem Maße von staatlichen Leistungen abhängig. Diese Abhängigkeit gilt es durch die Grundrechte abzusichern. Die Grundrechte fungieren daher nicht nur als Abwehrrechte des Bürgers gegen staatliche Eingriffe (*status negativus*[22]), sondern können auch als Leistungs- bzw. Teilhaberechte (*status positivus*) und Mitwirkungsrechte (*status activus*) fungieren. Man spricht von **Leistungsgrundrechten** bzw. **sozialen Grundrechten**. Zu beachten ist jedoch, dass die Grundrechte unter Berücksichtigung von Wortlaut und Funktion überwiegend nicht als An-

---

[21] Vgl. dazu ausführlich *R. Schmidt*, BesVerwR II, Rn 1123 ff.
[22] Die Statuslehre wurde - wie die Drei-Elemente-Lehre - begründet von *Georg Jellinek*, System der subjektiven öffentlichen Rechte, 2. Aufl. 1919, S. 87, 94 ff.

spruchsgrundlagen konzipiert sind und dass sich nur bei einigen Grundrechten (und grundrechtsgleichen Rechten) aus dem Wortlaut oder dem Inhalt bereits ein Leistungs- und Teilhabeanspruch des Bürgers (**Leistungsrechte i.e.S.**[23] oder **primäre Leistungsrechte**[24]) ergibt.

> **Beispiele**: Art. 1 I S. 2, 1. HS GG (Anspruch auf Menschenwürde); Art. 6 IV GG (Anspruch der Mutter auf Schutz und Fürsorge der Gemeinschaft); Art. 6 V GG (Anspruch nichtehelicher Kinder auf Gleichstellung mit ehelichen); Art. 7 IV GG (Anspruch auf Errichtung von Privatschulen); Art. 16a I GG (Anspruch auf politisches Asyl); Art. 17 GG (Petitionsrecht); Art. 19 IV GG (Rechtsschutzgarantie gegen Maßnahmen der Exekutive); Art. 2 I, 20 III GG (Rechtsschutzgarantie im Privatrecht; Anspruch auf faires Verfahren); Art. 33 II GG (Anspruch auf Berücksichtigung des Leistungsprinzips im Beamtenrecht[25]); Art. 101 I S. 2 GG (Anspruch auf den gesetzlichen Richter); Art. 103 I GG (Anspruch auf rechtliches Gehör)

Die Zurückhaltung des Grundgesetzes bei der Gewährung von sozialen Grundrechten (zumeist in Verbindung mit dem Sozialstaatsprinzip) hat den Hintergrund, dass Leistungsansprüche zu erheblichen finanziellen Belastungen des Staates führen können, die Budgethoheit aber dem Parlament unterliegt. Gäbe es z.B. ein grundgesetzlich garantiertes Recht auf Arbeit, müsste der Staat sämtliche Vorkehrungen treffen, um jedem Einzelnen einen Arbeitsplatz zu garantieren. Dies wäre mit erheblichen finanziellen Aufwendungen verbunden, was eine Zurückdrängung anderer Aufgaben zur Folge hätte.[26] Um den freiheitlichen Charakter der Verfassung zu wahren, lassen sich deshalb – bis auf die genannten Beispiele – subjektive Leistungsrechte aus den Grundrechten grundsätzlich nicht ableiten.[27]

**15**

> **Beispiele:**
> **(1)** K begehrt vom Bundesland L die Erstattung von Schulkosten, die sie aufbringen musste, um ihrer blinden Tochter den Besuch eines staatlich anerkannten privaten Aufbaugymnasiums für Blinde zu ermöglichen. Die zuständige Behörde hat zwar einen Anspruch auf Ersatz der Kosten der Heimunterbringung zugesprochen. Einen weitergehenden Anspruch gestützt auf das **Sozialstaatsprinzip** bzw. auf **soziale Grundrechte** hat sie aber abgelehnt. Nach Erschöpfung des Verwaltungsrechtswegs erhebt K Verfassungsbeschwerde vor dem BVerfG. Ist die Beschwerde erfolgreich? Von der Zulässigkeit ist auszugehen.
>
> Für das Leistungsbegehren der K müsste eine Anspruchsgrundlage gegeben sein. In Betracht kommt das in Art. 20 I, 28 I S. 1 GG u.a. normierte Sozialstaatsprinzip i.V.m. den sozialen Grundrechten. Allerdings ist zu beachten, dass das Sozialstaatsprinzip in erster Linie eine verfassungsgestaltende Grundentscheidung im Sinne einer Staatszielbestimmung, eine Auslegungsregel für sonstige Rechtsnormen und in bestimmten Grenzen eine nur objektiv-rechtliche Verpflichtung des Staates und seiner Organe bzw. Untergliederungen darstellt. Zwar verpflichtet das Sozialstaats-

---

[23] *Pieroth/Schlink*, Rn 60 f.

[24] *Jarass*, in: Jarass/Pieroth, GG, Vorb. vor Art. 1 Rn 2.

[25] Der Beamte hat ein subjektives Recht auf fehlerfreie Anwendung des Art. 33 II GG (sowie der nachgebildeten Vorschriften des Bundes- und Landesrechts); vgl. VG Stuttgart NVwZ **2000**, 959; VG Lüneburg NJW **2001**, 767; BVerwGE **116**, 359 ff. (Tragen eines Kopftuchs als Eignungsmangel im Beamtenrecht). Zum Beamtenrecht vgl. ausführlich *R. Schmidt*, BesVerwR I, Rn 663 ff.

[26] Ein anderer Weg, dem Recht auf Arbeit nachzukommen, bestünde etwa darin, dass sich der Staat die Verfügungsbefugnis über die Arbeitsplätze verschaffte. Dies würde aber faktisch zur Abschaffung des Art. 12 I GG führen.

[27] Vgl. BVerfGE **33**, 303, 331 (numerus clausus); *Wernsmann*, Jura **2001**, 106, 111. Sofern in den *Landes*verfassungen weitergehende soziale Grundrechte anzutreffen sind (etwa ein Recht auf Arbeit), stellen diese keine einklagbaren Rechte dar, sondern lediglich Staatszielbestimmungen. Zu Begriff und Funktion von Staatszielbestimmungen vgl. die entsprechenden Ausführungen bei *R. Schmidt*, Staatsorganisationsrecht, Rn 314.

prinzip den Staat, für eine gerechte Sozialordnung zu sorgen[28] und Fürsorge für Hilfsbedürftige zu leisten[29]. Das Sozialstaatsprinzip begründet aber grundsätzlich noch keine unmittelbaren subjektiven Ansprüche. Vielmehr verpflichtet es als Staatszielbestimmung den Gesetzgeber zur näheren Ausgestaltung.[30] Nur dann, wenn der Gesetzgeber seine verfassungsrechtliche Pflicht zu sozialer Aktivität willkürlich verletzt, kann dem Einzelnen hierdurch ein verfolgbarer Anspruch erwachsen.

Vorliegend ist eine willkürliche Verletzung der verfassungsrechtlichen Pflicht zu sozialer Aktivität nicht zu erkennen. Eine Verpflichtung des Landes auf Erstattung weitergehender Schulkosten ist daher zu verneinen.

**(2)** Die im Bundesland X ansässigen A-Automobilwerke befinden sich in wirtschaftlichen Schwierigkeiten. Um die Arbeitsplätze in der Region zu sichern, beantragen sie eine Subvention. Fraglich ist, ob sie einen Anspruch auf Leistungsgewährung haben. Wenn man unterstellt, dass für den vorliegenden Fall kein Subventionsgesetz existiert, aus dem ein Anspruch hergeleitet werden könnte, kommen als Anspruchsgrundlage nur noch Grundrechte in Betracht. Die Herleitung von Leistungsansprüchen unmittelbar aus Grundrechten ist aber insofern problematisch, als Leistungsrechte nur im Rahmen des Möglichen und nach umfassender Abwägung mit öffentlichen (Finanzen) und privaten Interessen (Belastungen Dritter) gewährleistet werden und daher grundsätzlich der Konkretisierung und Aktualisierung durch den einfachen Gesetzgeber bedürfen (sog. Vorbehalt des Möglichen bzw. Kapazitätsvorbehalt)[31].

Für den vorliegenden Fall kommt es demnach zunächst darauf an, ob im Haushaltsplan Mittel für diese Zwecke bereitgestellt sind. Da dem Haushaltsplan aber keine Außenwirkung entnommen werden kann, lässt sich aus ihm unmittelbar auch kein subjektives öffentliches Recht ableiten. Wenn sich also – wie regelmäßig im Fall des Erst-Beantragenden – kein Gleichbehandlungsanspruch aus Art. 3 I GG herleiten lässt (siehe dazu sogleich), besteht für die A-Werke kein Anspruch auf Leistungsgewährung.

**(3)** Eine Gruppe von Künstlern (K) plant die szenische Darstellung der „Legende vom toten Soldaten" von Bertolt Brecht anlässlich des 60. Jahrestags des Endes des 2. Weltkriegs im Plenarsaal des Deutschen Bundestags. Der Bundestagspräsident lehnt mit Verweis auf die Hausordnung das Gesuch ab. K ist der Meinung, einen Anspruch auf Nutzung zu haben, weil sie sich auf die Kunstfreiheit berufen könne und im Übrigen der Plenarsaal auch in der Vergangenheit künstlerischen Veranstaltungen zur Verfügung gestellt worden sei.

Unterstellt, dass sich aus der Hausordnung kein Anspruch ergeben kann, kommt ein solcher aus Art. 5 III GG (Kunstfreiheit) in Betracht. Jedoch begründen Freiheitsgrundrechte in erster Linie Abwehrrechte, keine Leistungsrechte. Die Besonderheit eines Freiheitsrechts kann es aber mit sich bringen, dass das Grundrecht nur im Zusammenhang mit einer staatlichen Gewährung ausgeübt werden kann. Zu nennen ist z.B. das aus Art. 12 I S. 1 GG resultierende Recht auf Hochschulzugang. In Fällen dieser Art leitet sich aus dem jeweils betroffenen Freiheitsrecht i.V.m. Art. 3 I GG ein grundrechtliches Teilhaberecht ab.

Die geplante, an Bertold Brechts „Legende vom toten Soldaten" anknüpfende, szenische Darstellung ist Kunst i.S.d. Art. 5 III GG. Daraus folgt aber noch nicht, dass der Bundestag die Kunstaktion gerade in der von K gewünschten Form unterstützen und dafür Räume des Reichstagsgebäudes zur Verfügung stellen müsste. Denn Art. 5 III GG enthält in erster Linie ein Freiheitsrecht für alle

---

[28] BVerfGE **22**, 180, 204.
[29] BVerfGE **40**, 121, 133.
[30] BVerfGE **1**, 97, 105; **8**, 274, 329; **36**, 73, 84.
[31] Vgl. BVerfGE **33**, 303, 333; *Schmidt-Preuß*, Kollidierende Privatinteressen, S. 66.

Kunstschaffenden und alle an der Darbietung und Verbreitung von Kunstwerken Beteiligten, das sie vor Eingriffen der öffentlichen Gewalt in den künstlerischen Bereich schützt. Darüber hinaus stellt diese Grundrechtsnorm als objektive Wertentscheidung für die Freiheit der Kunst dem modernen Staat, der sich - im Sinne einer Staatszielbestimmung - auch als Kulturstaat versteht, die Aufgabe, ein freiheitliches Kunstleben zu erhalten und zu fördern. Daraus folgt aber kein Anspruch des Einzelnen auf eine bestimmte Form der Förderung.[32]

K kann daher nicht gem. Art. 5 III GG verlangen, dass ihr die Räume des Reichstagsgebäudes zur Verfügung gestellt werden.

Können Ansprüche auf Zulassung weder aus einfachem Recht noch aus Grundrechten hergeleitet werden, bleibt nur ein Anspruch auf ermessensfehlerfreie Entscheidung.

Art. 40 GG ist Ausdruck der Parlamentsautonomie. Zum Schutz der Räume des Bundestags gegen Eingriffe von Exekutive und Judikative begründet Art. 40 II GG eigenständige Kompetenzen des Bundestagspräsidenten, in dessen Hände Art. 40 II S. 1 GG das dem Parlament zustehende Hausrecht gelegt hat. Die Ausübung dieses Rechts muss der verfassungsrechtlichen Funktion des Bundestags Rechnung tragen und dient infolgedessen einem hochrangigen öffentlichen Interesse. Das dem Bundestagspräsidenten eingeräumte Ermessen darüber, wie Räume des Parlaments funktionsgerecht zu nutzen sind, ist auch von den Fachgerichten und vom BVerfG zu achten.

Unbeschadet des zuletzt behandelten Falls gilt aber im Grundsatz, dass ein Anspruch auf Leistung besteht, wenn der Staat Leistungen *bereits anderen gewährt hat*. Denn gem. Art. 3 I GG ist der Staat zur Gleichbehandlung verpflichtet und darf ohne sachlichen Grund Dritte nicht von der Leistungsgewährung ausschließen (**derivatives Leistungsrecht bzw. Teilhaberecht**).    **16**

**Beispiele:**

**(1)** Die im Bundesland X ansässigen A-Werke befinden sich in wirtschaftlichen Schwierigkeiten. Um die Arbeitsplätze in der Region zu sichern, gewährt X ihnen – in Übereinstimmung mit dem Haushaltsplan – eine Beihilfe. Die ebenfalls in X ansässigen und sich in einer ebenso schwierigen Lage befindenden B-Automobilwerke wollen aus Gründen der Gleichbehandlung ebenfalls subventioniert werden.

In diesem Beispiel findet sich die Konstellation der bei *R. Schmidt*, BesVerwR I, Rn 545 ff. beschriebenen Partizipationserzwingungsklage in Form der Konkurrentengleichstellungsklage. Wenn man unterstellt, dass die an die A-Werke gewährte Subvention unter Kapazitätsvorbehalt (Vorbehalt des Möglichen) stand und das Kontingent bereits erschöpft ist, wird eine auf Art. 12 I i.V.m. 3 I GG gestützte Klage mit dem Ziel, ebenfalls in den Genuss der Begünstigung zu kommen, mangels Klagebefugnis unzulässig sein, da es nichts mehr zu verteilen gibt.[33] Die Klagebefugnis entfällt aber auch bei einem noch nicht erschöpften Kontingent, wenn die B-Werke selbst die Förderungsvoraussetzungen nicht erfüllen. Erfüllen sie diese allerdings, wäre eine Verpflichtungsklage unter dem Aspekt der Ermessensreduzierung auf Null (aus Art. 3 I GG abgeleitete Selbstbindung der Verwaltung[34]) zulässig und möglicherweise auch begründet. Die Begründetheit hängt davon ab, ob eine Selbstbindung der Verwaltung tatsächlich besteht und der Kläger auf Fortbestand der Leistungsgewährung vertrauen durfte. Dies wird auch - mit Blick auf das Haushaltsrecht der Legislative - nur in Ausnahmefällen anzunehmen sein.[35]

---

[32] So ausdrücklich BVerfG NJW **2005**, 2843 f.
[33] Vgl. BVerwGE **30**, 191, 197.
[34] Vgl. dazu sehr anschaulich BVerwG NVwZ **1998**, 273; VGH Mannheim NVwZ **1991**, 1199.
[35] BVerwG NVwZ **1998**, 273, 274 f.; VGH Mannheim NVwZ **1991**, 1119.

**(2)** Im obigen Beispiel (3) von Rn 15 hinsichtlich der künstlerischen Nutzung des Plenarsaals des Deutschen Bundestags folgt der geltend gemachte Anspruch nach Auffassung des BVerfG auch nicht aus Art. 3 I GG i.V.m. Art. 40 II S. 1 GG und der Hausordnung des Bundestags, da Willkür nicht erkennbar sei. Das Ermessen des Bundestagspräsidenten sei nicht durch frühere Gewährungen in der Weise eingeschränkt, dass nur die Erlaubnis der in Frage stehenden Kunstaktion ermessensfehlerfrei wäre.[36]

**17** Gelegentlich kann ein Grundrecht auch ein Leistungsrecht sein, obwohl es in seiner Rechtsfolge eigentlich eine Abwehrfunktion darstellt. Das hat folgenden Hintergrund: Die Grundrechte in ihrer Funktion als Freiheitsrechte gewähren dem Bürger einen Anspruch auf freie Entfaltung seiner Persönlichkeit. Der Gesetzgeber kann dem Bürger ein Tätigwerden nur innerhalb der von den Grundrechten vorgesehenen Möglichkeit materiellrechtlich verbieten. Er darf allerdings ein Tätigwerden vorweg daraufhin kontrollieren, ob es dem materiellen Recht entspricht. Bei Einhaltung dieser Voraussetzung kann das Verbot nicht aufrechterhalten werden. Der Bürger hat aus dem Abwehrrecht einen Anspruch auf Genehmigung eines Vorhabens. Ist die Genehmigung *formell* ein begünstigender Verwaltungsakt, stellt sie *materiell* lediglich das wieder her, was dem Bürger grundrechtlich erlaubt ist. Umgekehrt stellt die Versagung einen Eingriff in die subjektiven Rechte des Bürgers dar. Die Kontrollerlaubnis ist also **ein (präventives) Verbot mit Erlaubnisvorbehalt**. Dieser Erlaubnisvorbehalt ermöglicht der Behörde die rechtzeitige Nachprüfung, ob sich die beabsichtigte Tätigkeit *materiell* im Bereich des gesetzlich Erlaubten oder Verbotenen hält.

**Beispiel 1:** Art. 12 I S. 1 GG gewährt u.a. die Gewerbefreiheit. Allerdings steht dieses Grundrecht im Interesse der Allgemeinheit unter einem Schrankenvorbehalt (vgl. Art. 12 I S. 2 GG). Eine solche Schrankenregelung stellt z.B. § 2 GastG[37] dar. Demnach kann der Gesetzgeber (präventiv) die Tätigkeit daraufhin kontrollieren, ob die Schranken einschlägig sind, d.h. ob der Gewerbetreibende zuverlässig ist. Diese Prüfung erfolgt anhand von § 4 GastG. Zeigt das Prüfungsverfahren, dass die Voraussetzungen für das bestimmte Gaststättengewerbe vorliegen, hat der Anspruchsteller einen Anspruch auf die Genehmigung (§§ 2, 3 GastG i.V.m. Art. 12 I S. 1 GG). Der Genehmigungsvorbehalt soll sicherstellen, dass von den Vorhaben keine Gefahren für die Allgemeinheit ausgehen. Die rechtstechnische Einkleidung macht aus dem Abwehrrecht ein Leistungsrecht.

**Beispiel 2[38]:** Cannabis gehört zu den Betäubungsmitteln, deren Anbau nach dem Betäubungsmittelgesetz erlaubnispflichtig und die nur unter den gesetzlich beschriebenen Voraussetzungen verkehrsfähig sind (vgl. §§ 3, 5 I BtMG). Beantragt A beim Bundesgesundheitsamt die Erlaubnis zum Anbau von indischem Hanf in kleinen Mengen und trägt dazu vor, dass er sich zum Glauben der jamaikanischen Rastas bekenne, für die das Rauchen von Marihuana eine kultische Handlung darstelle, und dass der Anbau von Hanf deshalb von seinem Grundrecht auf ungestörte Religionsausübung geschützt sei, ist fraglich, ob Art. 4 I, II GG zum Vorliegen eines Ausnahmetatbestands zwingt.

Das Grundrecht des A auf ungestörte Religionsausübung könnte bei der Auslegung der Ausnahmebestimmungen der §§ 3, 5 I BtMG dazu führen, dass ein anderer, im öffentlichen Interesse liegender Zweck i.S.v. § 3 II BtMG anzunehmen und daher A die Genehmigung zu erteilen ist. Dem steht aber wiederum die durch Art. 2 II GG geschützte Volksgesundheit entgegen, die ohne Zweifel ebenfalls Verfassungsrang genießt. Die Entscheidung des Bundesgesundheitsamts wäre also nur dann rechtmäßig, wenn der

---

[36] BVerfG NJW **2005**, 2843, 2844. Zum Anspruch auf Nutzung öffentlicher Sachen vgl. ausführlich *R. Schmidt*, BesVerwR I, Rn 811 ff.

[37] Zur Föderalismusreform, die mit Wirkung zum 1.9.2006 u.a. die Gesetzgebungskompetenzen beeinflusst hat, vgl. Rn 635.

[38] Nach BVerwGE **112**, 314 ff.

Schutz der Volksgesundheit Vorrang vor der ungestörten Religionsausübung genösse. Vgl. dazu Rn 195.

## 3. Grundrechte als Gleichheitsrechte

Die dritte Kategorie von Grundrechten bilden die sog. Gleichheitsgrundrechte. Diese zielen primär auf ein relatives Verhalten des Staates. Dem Staat soll es grundsätzlich verwehrt sein, sich in bestimmten Fällen anders zu verhalten, als er sich bereits in gleichgelagerten Fällen verhalten hat. Wenn er sich aber in bestimmten Fällen anders verhält, darf er nicht unzulässige Differenzierungskriterien verwenden oder sonst ohne ausreichende Legitimation eine Ungleichbehandlung vornehmen. Diese **Nicht-diskriminierungs**- oder **Gleichbehandlungsfunktion** findet sich primär bei den Gleichheitsgrundrechten. Das sind Art. 3 I GG und die besonderen Gleichheitsgrund-rechte der Art. 3 II, Art. 3 III S. 1 und 2, Art. 6 V, Art. 33 I-III, Art. 38 und Art. 21 GG. Ein solcher Anspruch auf Gleichbehandlung besteht in erster Linie bei der Leis-tungsvergabe. Zwar besteht dort grundsätzlich nur ein Anspruch auf ermessensfehler-freie Entscheidung, der Gleichbehandlungsgrundsatz kann aber bei gegebener Sach-lage aus der Ermessensentscheidung eine gebundene Entscheidung machen, sich also im Einzelfall *faktisch* zu einem Anspruch auf staatliches Handeln konkretisieren.

18

Wenn die Behörde in den fiktiven Fällen A, B und C von ihrer Berechtigung zum Einschrei-ten rechtmäßigerweise Gebrauch gemacht hat und in solchen Fällen auch künftig tätig bleiben will, darf sie im **gleichgelagerten Fall** D ebenfalls nicht untätig bleiben. Eine Abweichung von der bisherigen Verwaltungspraxis ist nur dann zulässig, wenn sich Sach-gründe finden lassen, warum künftig anders verfahren werden soll. Unter Umständen können dann eine Härtefallregelung und/oder eine Übergangsregelung erforderlich wer-den. Zu beachten ist jedoch, dass sich eine Ermessensreduzierung auf Null insbesondere im Bereich eines Leistungsanspruchs des Bürgers gegenüber der Verwaltung ergeben kann. Verwaltungsprozessual ist die Verpflichtungsklage einschlägig. Vgl. dazu *R. Schmidt*, VerwProzR, Rn 310 ff.

**Beispiel:** Alle Parteien sollen grundsätzlich formal gleich behandelt werden.[39] Das ist zwar nicht direkt dem Wortlaut des Art. 21 GG zu entnehmen, ergibt sich aber zwin-gend aus der Gründungsfreiheit und dem daraus folgenden Mehrparteiensystem. § 5 PartG konkretisiert diese verfassungsrechtliche Vorgabe. Stellt danach ein Träger öf-fentlicher Gewalt (etwa eine Gemeinde) den Parteien Einrichtungen zur Verfügung (et-wa die Stadthalle zur Abhaltung eines Parteitags) oder gewährt er andere öffentliche Leistungen, sollen die Parteien gleich behandelt werden. Für den Fall, dass einer be-stimmten Partei bereits die Stadthalle einer Gemeinde zur Verfügung gestellt wurde, folgt für die Gemeinde im Grundsatz die Pflicht, dass sie ihre Stadthalle auch anderen Parteien zur Verfügung stellen muss.[40]

**Hinweis für die Fallbearbeitung:** Die gutachtentechnische Prüfung des *allge-meinen Gleichheitssatzes* (Art. 3 I GG) stellt sich anders dar als die bei Freiheits-rechten, da er keinen Schutzbereich hat: Zunächst ist festzustellen, dass eine tat-sächliche Gleich- oder Ungleichbehandlung vorliegt. Sodann ist zu prüfen, ob diese Gleich- bzw. Ungleichbehandlung sachlich gerechtfertigt ist. Die Gleich- bzw. Un-gleichbehandlung ist nicht sachlich gerechtfertigt, wenn sie willkürlich oder unver-hältnismäßig erfolgte.
Bei *besonderen Gleichheitsrechten* (etwa Art. 3 II oder III GG) kann man wie bei Freiheitsgrundrechten verfahren. Denn dadurch, dass in diesem Zusammenhang der Schutz nur bestimmten Personen zusteht, kann durchaus von einem „Schutzbe-reich" gesprochen werden.

---

[39] BVerfGE **8**, 51, 64 f.; **69**, 257, 268; **82**, 322, 337; NWVerfGH NVwZ **2000**, 666, 667.
[40] Vgl. dazu ausführlich *R. Schmidt*, Staatsorganisationsrecht, Rn 380 ff.

> Sind schließlich durch eine staatliche Maßnahme sowohl Freiheits- als auch Gleichheitsgrundrechte betroffen, sind diese grundsätzlich *nebeneinander anwendbar*. (gutachtentechnisch sollten dann die Freiheitsrechte vor den Gleichheitsrechten geprüft werden). Lediglich wenn der Schwerpunkt des staatlichen Handelns eindeutig im Bereich der Ungleichbehandlung liegt, können Freiheitsrechte von Gleichheitsrechten verdrängt werden.

**19**   Aber auch Freiheitsrechte können eine Nichtdiskriminierungsfunktion einnehmen, wenn man davon ausgeht, dass ein grundrechtlich geschütztes Verhalten nicht Anknüpfungspunkt diskriminierenden Handelns sein darf.

**Beispiele:**

**(1)** Die sachlich nicht gerechtfertigte Ungleichbehandlung verschiedener Religionsgemeinschaften stellt nicht nur einen Verstoß gegen den Gleichbehandlungsgrundsatz, sondern auch einen Eingriff in den Schutzbereich der Religionsfreiheit des Art. 4 GG dar.[41]

**(2)** Die selektive Förderung (d.h. Subventionierung) von Zeitungen stellt nicht nur eine Verletzung des Art. 3 I GG, sondern auch eine Beeinträchtigung der durch Art. 5 I S. 2 GG geschützten Pressefreiheit dar.[42]

### 4. Grundrechte als Mitwirkungsrechte (*status activus*)

**20**   Die Funktion der Grundrechte beschränkt sich nicht nur auf Abwehr, Leistung und Gleichheit, sondern erstreckt sich auch auf die Mitwirkung an der staatlichen Willensbildung. Der Einzelne hat das Recht, sich im und für den Staat zu betätigen (sog. *status activus*).

**Beispiele:**

**(1)** Gem. Art. 33 II GG hat jeder Deutsche nach seiner Eignung, Befähigung und fachlichen Leistung gleichen Zugang zu jedem öffentlichen Amt.

**(2)** Gem. Art. 38 I S. 1 und II GG hat jeder Deutsche grundsätzlich das Recht, zu wählen und sich wählen zu lassen.

> **Hinweis für die Fallbearbeitung:** Die Prüfung eines Grundrechts in seiner Funktion als Mitwirkungsrecht unterscheidet sich nicht von der Prüfung eines Grundrechts als Abwehrrecht. Es ist also zunächst die Eröffnung des Schutzbereiches zu prüfen, sodann der Eingriff in denselben festzustellen und schließlich die verfassungsrechtliche Rechtfertigung des Eingriffs zu untersuchen.

## II. Die objektiv-rechtlichen Funktionen der Grundrechte

**21**   Grundrechte verleihen nicht nur Individualansprüche, sondern sind zugleich Bestandteil der objektiven Rechtsordnung.[43] Das bedeutet zum einen, dass der Staat die Grundrechte unabhängig von ihrem individualrechtlichen Charakter bei allen seinen Entscheidungen stets berücksichtigen muss. So besteht insbesondere eine Verpflichtung des Staates, sich schützend vor die Grundrechte zu stellen (sog. **staatliche Schutzpflicht**). Zum anderen folgt aus der objektiven Grundrechtsdimension, dass in bestimmten Fällen die Grundrechte auch zwischen Privaten gelten (sog. **Ausstrahlungswirkung** oder **Drittwirkung** der Grundrechte). Diese Aspekte werden im Folgenden erörtert. Des Weiteren wird der Frage nach der Geltung der Grundrechte im Verwaltungsprivatrecht und in der Fiskalverwaltung sowie im (abzulehnenden)

---

[41] Vgl. BVerfGE **93**, 1, 15 ff. (Kruzifix).
[42] Vgl. BVerfGE **80**, 124, 133 ff. (Staatliche Presseförderung).
[43] Vgl. grundlegend BVerfGE **7**, 198, 203 ff. (Lüth). Vgl. auch *Brohm*, NJW **2001**, 1 ff.

Sonderrechtsverhältnis nachzugehen sein. Schließlich werden die Einrichtungsgarantien erörtert.

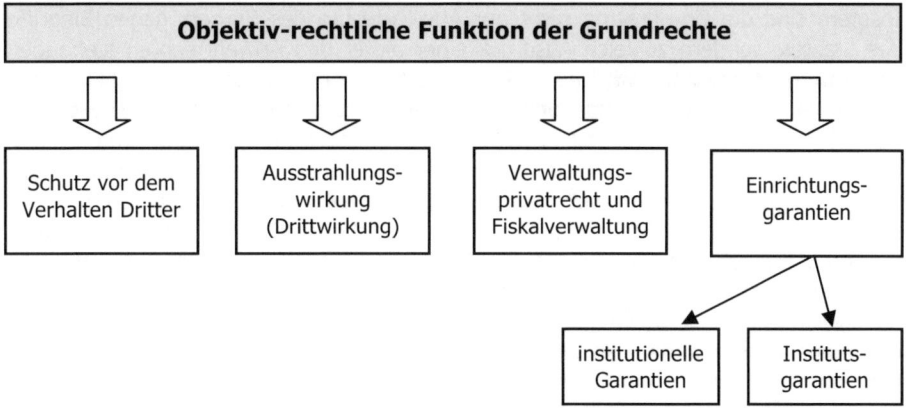

### 1. Staatliche Schutzpflicht (insb. Schutz vor dem Verhalten Dritter)

Aus einigen Grundrechten ergibt sich die Pflicht des Staates, die grundgesetzlich **22** gewährten Rechtsgüter vor Beeinträchtigungen durch private Dritte, durch nichtdeutsche staatliche Stellen oder durch Naturgewalten zu schützen. Insbesondere der Schutz vor dem Verhalten Dritter wird immer wieder betont.

> **Beispiel[44]:** Der Staat ist durch das Grundrecht auf Versammlungsfreiheit (Art. 8 I GG) gehalten, die Grundrechtsausübung möglichst vor Störungen und Ausschreitungen Dritter zu schützen und behördliche Maßnahmen primär gegen die Störer zu richten, um die Durchführung der (friedlichen und angemeldeten) Versammlung zu ermöglichen. Der Staat darf nicht dulden, dass friedliche Demonstrationen einer bestimmten politischen Richtung (hier: von Rechtsextremisten) durch gewalttätige Gegendemonstrationen verhindert werden. Gewalt von „links" ist keine verfassungsrechtlich hinnehmbare Antwort auf eine Bedrohung der rechtsstaatlichen Ordnung von „rechts".
>
> Allerdings hat auch die staatliche Schutzpflicht ihre Grenzen. So darf die Versammlungsbehörde bzw. die Polizei gegen die Versammlung selbst etwa dann vorgehen, wenn mit hinreichender Wahrscheinlichkeit feststeht, dass der Staat wegen der Erfüllung vorrangiger staatlicher Aufgaben und gegebenenfalls trotz Heranziehung externer Polizeikräfte nicht in der Lage wäre, die Versammlung vor Störungen Dritter zu schützen. Vorausgesetzt sind aber Tatsachen, die die Annahme rechtfertigen, dass die Gefahr auf andere Weise nicht abgewehrt und die Störung auf andere Weise nicht beseitigt werden kann und die Verwaltungsbehörde nicht über ausreichende eigene, eventuell durch Amts- und Vollzugshilfe ergänzte Mittel und Kräfte verfügt, um die gefährdeten Rechtsgüter wirksam zu schützen. Vgl. dazu im Einzelnen Rn 603 ff.

Da sich eine Schutzverpflichtung ansonsten insbesondere aus Art. 2 II S. 1 GG ergibt, sei auf die Ausführungen bei Rn 310 ff. verwiesen.

### 2. Ausstrahlungswirkung (Drittwirkung)

Gemäß Art. 1 III GG verpflichten die Grundrechte grundsätzlich nur den Staat, nicht **23** die Bürger. Diese sind keine Grundrechtsadressaten und können die Grundrechte daher auch nicht verletzen.[45] Gleichwohl ist seit langem anerkannt, dass die Grund-

---

[44] Vgl. BVerfG NVwZ **2006**, 1049 f. mit Bezug auf BVerfGE **69**, 315, 355 ff. (Brokdorf).
[45] Vgl. auch *Hager*, JuS **2006**, 769, 770 f.; *Schnapp/Kaltenborn*, JuS **2000**, 937, 939 f.; *Jarass*, in: Jarass/Pieroth, GG, Art. 1 Rn 24; vgl. aber die Regelung des Art. 9 III S. 2 GG und die Ausführungen bei Rn 700 ff.

rechte mittelbar in das Privatrecht hineinwirken.[46] Denn das Grundgesetz stellt keine wertneutrale Ordnung dar, sondern gibt als verfassungsrechtliche Grundentscheidung zugleich auch objektive Prinzipien für die Ordnung des politischen Gemeinwesens vor. Insofern sind die Grundrechte nicht nur Abwehrrechte des Bürgers gegen Eingriffe des Staates, sondern zugleich Ausdruck einer hinter den Abwehrrechten stehenden **objektiven Wertordnung**. Diese gilt für alle Bereiche des Rechts als Richtlinie und Impuls. Aufgrund dieser Doppelfunktion der Grundrechte als Abwehrrechte wie auch als objektive Wertvorgaben muss ein Richter bei jeder Entscheidung kraft Verfassungsgebots prüfen, ob und inwieweit das anzuwendende Gesetz (insbesondere dort normierte Generalklauseln und unbestimmte Rechtsbegriffe) grundrechtlich beeinflusst ist. Unterlässt er dies, verletzt er die Grundrechte in ihrer Funktion als objektive Wertordnung; darüber hinaus greift er mit seinem Urteil als Hoheitsakt zugleich in das Grundrecht des Bürgers auf allgemeine Handlungsfreiheit ein, die nicht durch eine rechtswidrige Gesetzesanwendung beeinträchtigt werden darf. Insofern kann der betroffene Bürger gegen ein solches Urteil sogar mit der Verfassungsbeschwerde vorgehen.[47]

**24**  Demzufolge gelten die Grundrechte in ihrer Funktion als objektive Wertvorgaben auch *mittelbar* zwischen Privaten (sog. **mittelbare Drittwirkung der Grundrechte**): Der objektive Rechtsgehalt der Grundrechte wirkt über das Medium der Vorschriften, die das einzelne Rechtsgebiet unmittelbar beherrschen. Das gilt insbesondere für die Generalklauseln und sonstigen auslegungsfähigen und auslegungsbedürftigen Begriffe.

> **Beispiele:** Erfasst werden insbesondere die Auslegung und Anwendung der §§ 133, 157, 242, 826 BGB, §§ 1 und 26 II GWB, § 24 UrhG, §§ 22, 23 KUG, § 3 UWG. Zur Drittwirkungsproblematik vgl. ausführlich Rn 105.

### 3. Verwaltungsprivatrecht und Fiskalverwaltung

**25**  Die öffentliche Verwaltung ist nicht stets verpflichtet, sich der öffentlich-rechtlichen Handlungsform zu bedienen. In bestimmten Fällen hat sie die Wahlfreiheit, d.h. sie kann wählen, ob sie öffentlich-rechtlich oder privatrechtlich tätig sein will. Die Wahlfreiheit bezieht sich sowohl auf die Organisationsform der Einrichtung als auch auf die Ausgestaltung des Leistungs- bzw. Benutzungsverhältnisses (sog. doppelte Wahlfreiheit der Verwaltung). Nimmt die Verwaltung genuine, d.h. *öffentlich-rechtliche* Aufgaben in Privatrechtsform wahr, spricht man von **Verwaltungsprivatrecht**. Ist die (Wirtschafts-)Verwaltung demgegenüber im Beschaffungs- und Investitionswesen (Bedarfsdeckungsgeschäfte, Auftragsvergabe = *fiskalische Hilfsgeschäfte*) oder erwerbswirtschaftlich (Betrieb von Staatsbrauereien, staatliches Weingut, Kieswerke = *erwerbswirtschaftliche Betätigung*) tätig, handelt sie *nicht unmittelbar* hoheitlich, sondern nimmt als eine den Privatrechtssubjekten gleichgeordnete juristische Person am Privatrechtsverkehr teil. Man spricht dann von **Fiskalverwaltung**. Die Verwaltung tritt in diesen Fällen rechtlich nicht anders auf als ein privater Unternehmer. Maßgebend sind die Normen des Privatrechts; im Streitfall sind dann die ordentlichen Gerichte zuständig. Problematisch ist in diesem Bereich die Bindung der Exekutive an die Grundrechte. Da dieser Komplex sachlich aber die Grundrechtsbindung der drei Staatsgewalten betrifft, wird auf die Ausführungen bei Rn 87 ff. verwiesen.

### 4. Einrichtungsgarantien

**26**  Aus dem Wortlaut einiger Grundrechte ergibt sich nicht nur, dass sie subjektive Rechte gewähren, sondern auch, dass sie den Bestand bestimmter Rechtseinrichtungen

---

[46] Vgl. nur BVerfGE **7**, 198, 204 ff. (Lüth); *von Münch*, in: von Münch/Kunig, GG, Vorb. Art. 1–19 Rn 28 ff.
[47] BVerfGE **7**, 198, 203 (Lüth). Vgl. auch *Brohm*, NJW **2001**, 1 ff.

garantieren. In diesen Fällen ist der Staat dazu verpflichtet, die Ausübung des betreffenden Grundrechts im Rahmen des Möglichen umfassend zu fördern, ggf. eine entsprechende Organisation zu schaffen und zu erhalten und rechtswidrige Beeinträchtigungen zu unterlassen. Terminologisch ist zwischen Institutsgarantie und institutioneller Garantie zu unterscheiden:

Unter **Institutsgarantie** versteht man die Verbürgung eines Rechtsinstituts des *Privatrechts* durch die Grundrechte.[48]  **27**

**Beispiele:**

(1) Art. 2 I GG gewährleistet die Privatautonomie und Vertragsfreiheit als solche.

(2) Art. 6 I GG gewährleistet über das Recht, eine Ehe zu schließen, hinaus, dass Ehe und Familie als Rechtsinstitut bestehen.

(3) Art. 7 IV GG gewährleistet nicht nur das Recht des Einzelnen, eine Privatschule zu errichten, sondern auch, dass die Einrichtung Privatschule als solche nicht abgeschafft werden darf und dass sie der Staat unter dem Vorbehalt des Möglichen fördern muss.

(4) Art. 9 III GG gewährleistet die Koalitionsfreiheit, d.h. die Freiheit, Arbeitgeber- und Arbeitnehmerverbände zu gründen und zu unterhalten.

(5) Art. 14 I GG garantiert das Eigentum und das Erbrecht als Rechtsinstitute.

(6) Umstritten ist dagegen, ob sich aus Art. 6 I GG auch eine Garantie der elterlichen Sorge ergeben kann oder ob Art. 5 I S. 2 GG die freie Presse als Institution gewährleistet.[49]

Zu beachten ist jedoch, dass die Institutsgarantie keine zusätzlichen Rechte verschafft. Sie ist aber im Rahmen der Prüfung eines Grundrechts als Abwehrrecht bedeutsam. Wenn also z.B. eine durch Gesetzesvorbehalt mögliche und im Übrigen verfassungsrechtlich gerechtfertigte staatliche Maßnahme derart in die Eigentumsfreiheit eines Bürgers eingreift, dass sie nur noch eine Rechtsstellung übrig lässt, die die Bezeichnung „Eigentum" nicht mehr verdient, ist die Institutsgarantie des Art. 14 I GG verletzt. Die Institutsgarantie bildet somit die letzte Grenze für einen, wenn auch im Übrigen gerechtfertigten, Eingriff. Sie ist in der Fallbearbeitung aus Zweckmäßigkeitsgesichtspunkten bei der Angemessenheit (dazu Rn 179 f.) zu prüfen.  **28**

**Institutionelle Garantien** entziehen demgegenüber *öffentlich-rechtliche* Einrichtungen der Disposition des Gesetzgebers.[50]  **29**

**Beispiele:**

(1) Art. 7 III S. 1 GG garantiert den Religionsunterricht an öffentlichen Schulen mit Ausnahme der bekenntnisfreien Schulen.[51]

(2) Art. 33 V GG garantiert das Berufsbeamtentum.

(3) Umstritten ist, ob Art. 5 III S. 1 Var. 2 GG die Universität in ihrer traditionellen Gestalt garantiert.[52] Zumindest sollte der Wissenschaftsfreiheit die institutionelle Garantie entnommen werden, dass der Staat die baulichen, personellen und organisatorischen Mittel zur Verfügung stellt, damit das Grundrecht nicht ausgehöhlt wird. Vgl. dazu auch Rn 538b.

---

[48] *von Münch*, in: von Münch/Kunig, GG, Vorb. Art. 1-19 Rn 23.
[49] Dafür *Degenhart*, in: Bonner Kommentar, Art. 5 I u. II Rn 88 f.; kritisch BVerfGE **93**, 85, 95.
[50] Vgl. dazu *Heimann*, NVwZ **2002**, 935 ff.; *Holzke*, NVwZ **2002**, 903 ff.
[51] *von Münch*, in: von Münch/Kunig, GG, Vorb. Art. 1-19 Rn 23.
[52] Dafür *Oppermann*, HdbStR VI, S. 837 f. und wohl auch BVerfGE **35**, 79; kritisch *Pieroth/Schlink*, Rn 72 mit dem Argument, dass die Universität in Art. 5 III GG anders als z.B. das Berufsbeamtentum in Art. 33 V GG überhaupt nicht genannt sei.

**30**  Institutionelle Garantien ergeben sich auch außerhalb von Grundrechten, und zwar aus den Art. 28 II GG (kommunale Selbstverwaltung) und Art. 7 I GG in seiner Funktion als staatliche Garantie der Schulaufsicht.

- **Art. 28 II GG** garantiert, dass es generell Gemeinden und Kreise als Untergliederungen der Bundesländer geben muss, ohne den konkreten Bestand einer Gemeinde festzuschreiben. Darüber hinaus ist der Kernbereich der kommunalen Selbstverwaltung der gesetzgeberischen Disposition entzogen.

- **Art. 7 I GG** garantiert die staatliche Schulaufsicht. Damit ist nicht nur die staatliche Aufsicht über alle Schulen sichergestellt, sondern auch gleichzeitig eine Rechtsgrundlage für den Staat zum Erlass von Aufsichtsmaßnahmen gegenüber der jeweiligen Schule geschaffen.

## III. Grundrechte als Maßstab für Auslegung und Gestaltung des Rechts

**31**  Einzelne Grundrechte enthalten in ihrer objektiv-rechtlichen Funktion vor allem objektive Wertentscheidungen der Verfassung für das gesamte staatliche und gesellschaftliche Leben. Die Gesamtheit der Grundrechte bildet eine **objektive Wertordnung**.[53] Das bedeutet, dass die Grundrechte über ihre klassischen Wirkungen (Abwehrrechte, Leistungsrechte, Mitwirkungsrechte) hinausgehen, insbesondere Wirkungen zeigen für

⇨ die Auslegung des einfachen Rechts, gerade auch des Privatrechts,
⇨ den Schutz, den der Staat den Bürgern gewähren muss und den die Bürger vom Staat fordern können,
⇨ und die Einräumung von Teilhabe an staatlichen Einrichtungen, Leistungen und Verfahren.

**32 -35**  Bei der Funktion der Grundrechte als Vorgaben für die Wirksamkeit bzw. für die Auslegung und Anwendung des einfachen Rechts ist vor allem der Regelungsgehalt der Art. 1 III und Art. 20 III GG zu beachten. Nach diesen Bestimmungen ist die Gesetzgebung von Bund und Ländern verpflichtet, keine grundgesetzwidrigen Gesetze zu erlassen. Ähnliches gilt auch für die Exekutive in Bund und Ländern bezüglich des Erlasses von Rechtsverordnungen und Satzungen. Darüber hinaus müssen die Exekutive und die Judikative bei der Anwendung und Auslegung einfachen Rechts die Grundrechte beachten (Art. 1 III GG), was zu einer **grundrechtskonformen Auslegung** des einfachen Rechts zwingt:

**Beispiel:** Mitglieder der NPD verteilen Flugblätter in einer Fußgängerzone. Der vorbeikommende Polizist P untersagt dies mit der Begründung, dass das Verteilen von Flugblättern einer landesstraßenrechtlichen Sondernutzungserlaubnis bedürfe und eine solche nicht vorliege. Daher sei das Verteilen nicht erlaubt und einzustellen.

Ob das Verteilen von Flugblättern in Fußgängerzonen erlaubnisfrei oder erlaubnispflichtig ist, richtet sich danach, ob es im Rahmen des sog. Gemeingebrauchs liegt oder eine Sondernutzung darstellt. Liegt es im Rahmen des sog. Gemeingebrauchs, ist eine Genehmigung nicht erforderlich. Die Verfügung des P wäre rechtswidrig.

Gemeingebrauch liegt vor, wenn das Verhalten im Rahmen der öffentlich-rechtlichen Zweckbestimmung, der Widmung, liegt. Demgegenüber spricht man von Sondernutzung, wenn der Gebrauch über den Widmungszweck hinausgeht.

Fußgängerzonen dienen im Allgemeinen nicht nur der Fortbewegung und dem Einkaufen, sondern auch dem Flanieren und der Kommunikation. Steht jedoch der kommerzielle Charakter einer Handlung im Vordergrund, liegt eine Sondernutzung vor. Das

---

[53] Vgl. dazu VG Berlin NJW **2001**, 983, 985.

Verteilen von **Handzetteln** zu Zwecken **gewerblicher Werbung** stellt daher grds. eine zulassungspflichtige Sondernutzung dar und ist nicht vom (zulassungsfreien) Gemeingebrauch umfasst.[54] Steht jedoch die **politische, religiöse und künstlerische Kommunikation** im Vordergrund, ist der Begriff des Gemeingebrauchs vor dem Hintergrund der Art. 4 und 5 I, III GG (bei politischen Parteien tritt Art. 21 GG hinzu) **weit auszulegen**. So hat das BVerfG entschieden, dass die sog. kommunikative Begegnung grundsätzlich zum Gemeingebrauch zähle, da die Straße den Charakter eines erweiterten Lebensraums für die Allgemeinheit besitze.[55] Auch das OLG Köln hat entschieden, dass eine Fußgängerzone nicht nur zum Aufsuchen der Geschäfte und der Fortbewegung im Allgemeinen diene, sondern auch die Möglichkeit zum kommunikativen Gebrauch umfasse. Als Teil des so erlaubten kommunikativen Verkehrs bestehe damit grundsätzlich für jedermann das Recht, auf dem der Öffentlichkeit zur Verfügung gestellten Raum seine Meinung zu äußern.[56]

Im vorliegenden Fall steht die Ideologie im Vordergrund. Ein kommerzieller Charakter ist nicht ersichtlich. Legt man also die Vorschriften des Landesstraßengesetzes so aus, dass das Verteilen der Flugblätter durch die Mitglieder der NPD eine Sondernutzung darstellt, ist die Verfügung des P wegen Verstoßes gegen Art. 5 I GG rechtswidrig, weil sie dann die Bedeutung des Art. 5 I GG verkennt. Wie gesehen, ist aber auch eine Auslegung möglich, die das nicht-kommerzielle Verteilen von Flugblättern in einer Fußgängerzone als zulassungsfreien Gemeingebrauch qualifiziert, weil sie den Widmungszweck von Fußgängerzonen in Orientierung an Art. 5 I GG auch auf den sog. kommunikativen Verkehr erstreckt (sog. **verfassungskonforme Auslegung**). P hätte also die straßenrechtlichen Vorschriften grundrechtskonform auslegen müssen. Da er die Bedeutung des Art. 5 I GG verkannt hat, war die Verfügung rechtswidrig.

## IV. Grundrechtsschutz durch Organisation und Verfahren

Quer zur subjektiv-rechtlichen und zur objektiv-rechtlichen Funktion der Grundrechte liegt deren organisations- und verfahrensrechtliche Dimension. Das Verwaltungs- bzw. Gerichtsverfahren muss so gestaltet sein, dass **keine Gefahr für eine Entwertung der materiellrechtlichen Grundrechtsposition besteht**.[57] Dies hat vor allem für das Verwaltungsverfahren Bedeutung.[58] Als Grundrechte unter Verfahrensvorbehalt werden insbesondere angesehen:

36

- **Art. 4 GG:** Das Verfahren zur Anerkennung als Kriegsdienstverweigerer hat die Regelung des Art. 4 III GG zu beachten.[59]

- **Art. 16 a GG:** Das Verfahren zur Anerkennung als politisch Verfolgter hat die Regelung des Art. 16 a GG zu beachten.

- **Art. 2 II S. 1 GG:** Die staatliche Schutzpflicht hat Eingang zu finden in Genehmigungsverfahren bei gefährlichen Anlagen (Kraftwerke o.ä.). Eine Verletzung der verfahrensrechtlichen Dimension des Grundrechts und somit der staatlichen Schutzpflicht kommt in Betracht, wenn die Genehmigungsbehörde solche Verfahrensvorschriften außer Acht lässt, die der Gesetzgeber zur Erfüllung seiner Pflicht zum Schutz der in Art. 2 II S. 1 GG genannten Rechtsgüter erlassen hat. Keinesfalls dürfen daher die Gerichte bei der Überprüfung von Genehmigungsbescheiden ohne weiteres davon ausgehen, dass ein klagebefugter Dritter zur Geltendmachung von Verfahrensfehlern in der Regel nicht befugt ist.[60]

---

[54] BVerwGE **35**, 326 ff.
[55] BVerfG NVwZ **1992**, 52, 53. Vgl. auch *Limpens*, JA **2001**, 592 ff.
[56] OLG Köln NVwZ **2000**, 350, 351. Zu den Grenzen vgl. *R. Schmidt*, BesVerwR I, Rn 853.
[57] BVerfGE **63**, 131, 143 (Gegendarstellung).
[58] BVerfGE **53**, 30, 65 ff. (Mülheim Kärlich).
[59] BVerfGE **69**, 1, 24 (Kriegsdienstverweigerungs-Neuordnungsgesetz).
[60] BVerfGE **53**, 30, 64 ff. (Mülheim Kärlich).

**37**  Aber auch die anderen Grundrechte müssen bei der Ausgestaltung des Verwaltungsverfahrens und des Gerichtsverfahrens so berücksichtigt werden, dass dem Einzelnen zur Verwirklichung seiner Grundrechtsgewährleistungen eine effektive Verfahrensbeteiligung ermöglicht wird.[61]

- So muss das Verfahren bei der Auswertung einer Videoüberwachung öffentlicher Plätze das Grundrecht auf informationelle Selbstbestimmung sichern.[62]

- Auch Vorschriften über die Zwangsvollstreckung sind wegen Art. 14 I GG so auszulegen, dass das Vermögen des Schuldners nicht über Bedarf durch die Vollstreckung „verschleudert" wird.[63]

- Das Verfahren zur Indizierung einer als Kunstwerk anzusehenden Schrift als jugendgefährdend hat bei der Frage, ob von ihr eine jugendgefährdende Wirkung ausgeht, eine Abwägung mit der Kunstfreiheit des Art. 5 III S. 1 Var. 1 GG vorzusehen.[64]

- Bei Prüfungsverfahren zu berufsspezifischen Prüfungen besteht zwar grundsätzlich ein nicht weiter gerichtlich überprüfbarer Beurteilungsspielraum der Prüfer.[65] Allerdings besteht unter dem Aspekt der Chancengleichheit und des Willkürverbots (Art. 3 I GG) ein Anspruch auf ein faires Prüfungsverfahren.[66]

- Bei Beamtenernennungsverfahren gem. Art. 33 II GG ist das Leistungsprinzip richtungweisend.[67] Die Nichteinhaltung von rechtssatzmäßigen **Verfahrensbestimmungen** zum Auswahlprozess, der die Bestenauslese gewährleisten soll, macht die Auswahlentscheidung rechtswidrig.

**38**  Fraglich ist, ob sich aus der verfahrensrechtlichen Dimension der Grundrechte ein **subjektives öffentliches und damit einklagbares Recht** auf angemessenen Schutz durch Organisation und Verfahren ergeben kann. Dies wird überwiegend bejaht. Aus dem Erfordernis, den objektiven Funktionen der Grundrechte auch eine subjektive Komponente zuzuordnen, und der als fließend angesehenen Grenze zwischen objektiv-rechtlichem Gehalt der Grundrechte und deren Funktion als Leistungs- und Teilhaberechte folge, dass unter bestimmten Voraussetzungen ein einklagbarer Anspruch auf den Ausbau von Verfahrenspositionen bestehen müsse. Dieser Anspruch bestehe darin, in einem fairen Verfahren die individuelle Position geltend zu machen und durchzusetzen.[68]

---

[61] St. Rspr. vgl. nur BVerfGE **17**, 108, 114 ff. (Hirnkammerluftfüllung); **42**, 212, 219 f. (Durchsuchung); **46**, 325, 334 f. (Zwangsversteigerung zum Schleuderpreis).
[62] Zur Videoüberwachung öffentlicher Plätze bzw. Flächen vgl. Rn 270 ff.
[63] BVerfGE **46**, 325, 334 f.; vgl. auch BVerfGE **51**, 150, 156 ff. (Zwangsversteigerung II).
[64] BVerfGE **83**, 130, 136 ff. (Josefine Mutzenbacher).
[65] Vgl. dazu ausführlich *R. Schmidt*, AllgVerwR, Rn 283 ff.
[66] BVerfGE **84**, 34, 49 (Juristische Prüfung); **84**, 59, 77 (Medizinische Prüfung); **88**, 40, 59 (Zulassung einer privaten Grundschule).
[67] BVerfG NJW **1990**, 501 (Verfahren bei Beamtenernennungen). Vgl. dazu auch VG Stuttgart NVwZ **2000**, 959; VG Lüneburg NJW **2001**, 767 sowie *R. Schmidt*, BesVerwR I, Rn 663 ff.
[68] Vgl. BVerfGE **33**, 303, 329 ff. (numerus clausus); **109**, 13, 23 (Auslieferung ins Ausland); *Hill*, HdbStR VI, S. 1321 ff.

# V. Grundrechtsfähigkeit und Grundrechtsmündigkeit

**Grundrechtsfähigkeit** bedeutet die Fähigkeit, Träger von Grundrechten zu sein.[69]    **39**

Kategorisch muss zwischen der Grundrechtsfähigkeit natürlicher Personen und der   **40**
Grundrechtsfähigkeit juristischer Personen unterschieden werden.

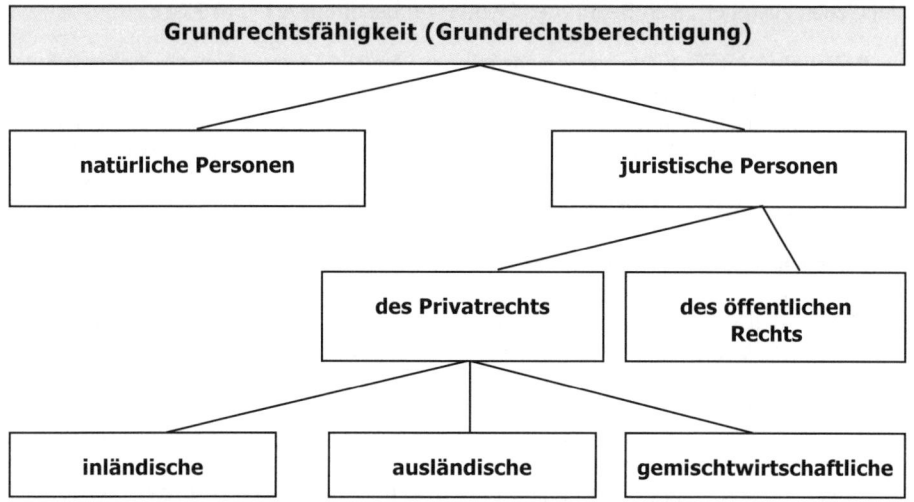

> **Hinweis für die Fallbearbeitung:** Die Grundrechtsfähigkeit ist eine Frage des
> materiellen Verfassungsrechts und somit eine Frage der Begründetheit eines ge-
> richtlichen Verfahrens (z.B. einer Verfassungsbeschwerde). Die Grundrechtsfähig-
> keit wird allerdings auch schon für die Zulässigkeit eines gerichtlichen Verfahrens
> bedeutsam: Zum Beispiel kann eine Verfassungsbeschwerde nur von einem Grund-
> rechtsfähigen erhoben (vgl. Rn 1021) und nur gegen einen Grundrechtsverpflichte-
> ten (also gegen denjenigen, der an das Grundrecht gem. Art. 1 III GG gebunden
> ist) gerichtet werden (vgl. ebenfalls Rn 1021).[70]

## 1. Grundrechtsfähigkeit natürlicher Personen

Das Grundgesetz unterscheidet zwischen Grundrechten, die für jedermann (sog.   **41**
*Jedermannsrechte*), und solchen, die nur für Deutsche gelten (sog. *Deutschenrechte*).

Als **Jedermannsrechte** werden solche Grundrechte und grundrechtsgleiche Rechte   **42**
bezeichnet, die keine Einschränkungen im Adressatenkreis (Berechtigtenkreis) vorsehen. Man erkennt sie an den im Grundgesetz verwendeten Bezeichnungen wie „jeder", „jedermann", „alle Menschen" oder „niemand".

> **Beispiele:** Art. 2 I (freie Entfaltung der Persönlichkeit), Art. 2 II S. 1 (Recht auf Leben
> und körperliche Unversehrtheit), Art. 3 I (allgemeiner Gleichheitssatz; Willkürverbot),
> Art. 3 III (Diskriminierungsverbot), Art. 4 III S. 1 (Recht auf Kriegsdienstverweige-
> rung), Art. 5 I S. 1 (Meinungsfreiheit), Art. 9 III (Koalitionsfreiheit), Art. 12 II (Schutz
> vor Zwangsarbeit), Art. 33 III S. 2 (Schutz vor Benachteiligung aus religiösen oder
> weltanschaulichen Gründen), Art. 101 I S. 2 (Recht auf den gesetzlichen Richter),
> Art. 103 III (Strafklageverbrauch), Art. 17 (Petitionsrecht)

---

[69] *von Münch*, in: von Münch/Kunig, GG, Vorb. Art. 1-19 Rn 7. Vgl. auch BVerwG NVwZ **2001**, 1399.
[70] *Pieroth/Schlink*, Rn 106.

**43**     Das Gleiche gilt, wenn Grundrechte sachlich ohne Begrenzung in persönlicher Hinsicht gewährt werden.

> **Beispiele:** Art. 4 I (Glaubensfreiheit), Art. 5 III (Kunst- und Wissenschaftsfreiheit), Art. 6 I (Ehe und Familie), Art. 13 I (Wohnung), Art. 14 I (Eigentum und Erbrecht)

**44**     **Deutschenrechte** (**Bürgerrechte**) sind demgegenüber solche Grundrechte, die nur Deutschen zustehen. Den Begriff des Deutschen bestimmt Art. 116 I GG.

> **Beispiele:** Art. 8 I (Versammlungsfreiheit), Art. 9 I (Vereinigungsfreiheit), Art. 11 (Recht auf Freizügigkeit im gesamten Bundesgebiet), Art. 12 I (Recht, Beruf, Arbeitsplatz und Ausbildungsstätte frei zu wählen), Art. 16 I (Schutz vor Entzug der deutschen Staatsangehörigkeit), Art. 16 II (Schutz vor Auslieferung), Art. 20 IV (politisches Widerstandsrecht), Art. 33 I (gleiche Rechte und Pflichten), Art. 33 II (gleicher Zugang zu öffentlichen Ämtern) und Art. 33 III S. 1 (Unabhängigkeit der Bekleidung öffentlicher Ämter von der Religion). Ein Deutschenrecht ist auch das Grundrecht der allgemeinen, unmittelbaren, freien, gleichen und geheimen Wahl aus Art. 38 I S. 1. Das geht zwar nicht direkt aus dem Wortlaut der Vorschrift hervor, ergibt sich aber aus Art. 20 II: Wahlen sind Ausdruck der Volkssouveränität und ein Recht des Staatsvolkes der Bundesrepublik Deutschland. Dieses Staatsvolk umfasst aber nur Deutsche.[71]

**45**     Für **Ausländer** (bezüglich Bürger der EU vgl. Rn 48) gelten die Deutschenrechte nicht, weil anderenfalls die ausdrückliche Entscheidung des Grundgesetzes unterlaufen würde, bestimmte Grundrechte nur deutschen Staatsbürgern zu gewähren.[72] Ausländer genießen aber selbstverständlich Schutz über **Art. 2 I GG**, da dieses Grundrecht als Auffangtatbestand verstanden wird, der die Freiheit allgemein, also stets dann schützt, wenn kein spezielles Freiheitsgrundrecht einschlägig ist.[73]

> **Beispiel:** Der aus dem Irak stammende A bittet in der Bundesrepublik Deutschland um politisches Asyl. Die zuständige Behörde verbindet mit der vorläufigen Aufenthaltsgestattung die Beschränkung gem. § 56 AsylVerfG, dass A sich für die Dauer des Asylverfahrens lediglich innerhalb des räumlichen Zuständigkeitsbereichs der Behörde bewegen darf. A ist der Auffassung, durch den Verwaltungsakt in seinen Grundrechten verletzt zu sein.
>
> In sachlicher Hinsicht ist das Grundrecht auf Freizügigkeit (Art. 11 GG) betroffen. In persönlicher Hinsicht ist dieses Grundrecht aber nur auf Deutsche anwendbar. A ist Staatsangehöriger des Irak, sodass er nicht Träger des Grundrechts aus Art. 11 GG sein kann. Möglicherweise liegt aber ein Eingriff in Art. 2 I GG (allgemeine Handlungsfreiheit) vor. Insbesondere bei Ausländern, die nicht Träger von Deutschengrundrechten sein können, wird allgemein angenommen, dass sie sich wenigstens auf das Auffanggrundrecht aus Art. 2 I GG berufen können. A kann sich daher auf Art. 2 I GG berufen. Fraglich ist, ob Art. 2 I GG auch verletzt ist. In das Grundrecht der allgemeinen Handlungsfreiheit wird eingegriffen, wenn eine Aufenthaltsbeschränkung erlassen wird. Die Aufenthaltsbeschränkung könnte jedoch verfassungsrechtlich gerechtfertigt sein. Sie beruht auf § 56 AsylVerfG. Diese Vorschrift müsste zur „verfassungsmäßigen Ord-

---

[71] *Pieroth/Schlink*, Rn 108. Das BVerfG hat deshalb die Zuerkennung des Wahlrechts an Ausländer und Staatenlose für unzulässig erklärt. Das gilt aufgrund der Homogenitätsklausel des Art. 28 I S. 1 GG auch für die Länder (vgl. BVerfGE **83**, 37 ff. und 60; a.A. *Meyer*, HdbStR II, S. 272 ff.). Etwas anderes gilt aber auf Kommunalebene, da dort keine Parlamente gewählt werden, sondern im Rahmen der örtlichen Gemeinschaft Organe der kommunalen Selbstverwaltung (vgl. Art. 28 I S. 3 GG). Diesbezüglich sind auch EU-Bürger wahlberechtigt.

[72] BVerfG NVwZ **2000**, 1281 (Grundrechtsschutz für Ausländervereine).

[73] BVerfG NVwZ **2000**, 1281 (Grundrechtsschutz für Ausländervereine); BVerfGE **35**, 382, 399 (Palästinenser); **78**, 179, 196 f. (Heilpraktiker); *Stern*, StR III/1, S. 1041; a.A. *Erichsen*, HdbStR VI, S. 1205 ff.

nung" gehören. Hiervon kann ausgegangen werden.[74] Auch davon, dass die Behörde die Vorschrift verhältnismäßig angewendet hat, kann ausgegangen werden.[75] Die Maßnahme der Behörde ist deshalb verfassungsrechtlich gerechtfertigt.

Von der Geltung der Grundrechte ist die des einfachen Rechts zu unterscheiden. **46**

**Beispiel:** Ausländer können sich nicht auf Art. 8 I und 9 I GG berufen (s.o.). Die Versammlungs- und Vereinigungsfreiheit wird ihnen aber gem. Art. 11 EMRK, § 1 I VersG und § 1 VereinsG gewährt. Jedoch hat die EMRK (wie das VersG und das VereinsG) lediglich den Rang eines einfachen Bundesgesetzes. Verbote und Beschränkungen gem. §§ 14 und 15 VersG, die über die in Art. 8 II und 9 II GG genannten Schranken hinausgehen, verstoßen also nicht gegen Art. 8 I bzw. 9 I GG. Unproblematisch ist daher auch das Verbot politischer Betätigung gem. § 47 AufenthaltsG.

Darüber hinaus haben Ausländer über Art. 2 I GG Anspruch darauf, dass ihnen der **47** Staat die Regeln des objektiven Verfassungsrechts zur Verfügung stellt. Ausländer können also die Einhaltung des Rechtsstaatsprinzips (insbesondere Verhältnismäßigkeit, ermessensfehlerfreie Entscheidung, Vertrauensschutz) einklagen. Darüber hinaus gelten für diesen Personenkreis unbestrittenermaßen die justiziellen Grundrechte aus Art. 19 IV, 101 I und 103 I GG.

Bezüglich der Bürger aus anderen **Mitgliedstaaten der EU** ist umstritten, ob sie sich **48** auf Deutschengrundrechte berufen können.

**Beispiel[76]:** Der belgische Unternehmer U stellt Einbauschränke her. Als er von einem Hauseigentümer in Aachen den Auftrag erhält, in dessen Wohnzimmer eine Schrankwand aus Naturholz einzubauen, verlangt die hiesige Handwerkskammer, dass er sich dort registrieren lässt. U, der schon in Belgien registriert ist, sieht nicht ein, sich noch einmal in Deutschland registrieren zu lassen. Kann er sich unter Bezugnahme auf Art. 12 I GG gegen die nach seiner Ansicht unverhältnismäßige Inanspruchnahme seiner Person zur Wehr setzen?

⇨ *Für* die Anwendbarkeit der Deutschengrundrechte auch auf Bürger anderer EU-Staaten sprechen das allgemeine Diskriminierungsverbot des Art. 12 I EG und die besonderen Diskriminierungsverbote der Grundfreiheiten (etwa Art. 39 und 49 EG). Diese Vorschriften, die wegen des Anwendungsvorrangs und des effet-utile-Prinzips des EG-Rechts[77] auch bei der Auslegung von Grundrechten des Grundgesetzes berücksichtigt werden müssen, ordnen eine Gleichstellung aller EU-Bürger an und fordern für diese das gleiche Schutzniveau innerhalb der Gemeinschaft.

Art. 12 I GG müsste demnach europarechtskonform ausgelegt werden mit der Folge, dass *alle* EU-Bürger, und damit auch U, sich (u.a.) auf Art. 12 I GG berufen können. Folgt man dieser Auffassung, kann sich auch U zur Durchsetzung seines Abwehranspruchs uneingeschränkt auf Art. 12 I GG berufen.

⇨ *Gegen* eine Anwendbarkeit des Art. 12 I GG auf Bürger anderer EU-Staaten spricht aber die ausdrückliche verfassungstextliche Begrenzung des Art. 12 I GG auf Deutsche.[78]

Folgt man diesem Wortlautargument, kann sich U jedenfalls auf den auf Ausländer unstreitig anwendbaren Art. 2 I GG berufen. Bei der Auslegung dieses Grundrechts

---

[74] In der Klausur wäre eine nähere Prüfung angezeigt. So müsste geprüft werden, ob die Regelung des § 56 AsylVerfG abstrakt gesehen geeignet, erforderlich und angemessen ist (zum Grundsatz der Verhältnismäßigkeit vgl. dazu ausführlich Rn 169 ff.).
[75] Auch hier wäre in der Klausur unter dem Aspekt der Verhältnismäßigkeit eine nähere Prüfung angezeigt.
[76] Nach EuGH DVBl **2001**, 114.
[77] Vgl. dazu *R. Schmidt*, Staatsorganisationsrecht, Rn 354 ff.
[78] So *Gubelt*, in: von Münch/Kunig, GG, Art. 12 Rn 5; *Scholz*, in: Maunz/Dürig, GG, Art. 12 Rn 97; *Tettinger*, in: Sachs, GG, Art. 12 Rn 19 f.; *Wieland*, in: Dreier, GG, Art. 12 Rn 66.

müssten wegen der genannten Diskriminierungsverbote und des effet-utile-Prinzips dann aber die strengen Maßstäbe des Art. 12 I GG herangezogen werden, sodass sich im Ergebnis derselbe (juristische) Grundrechtsschutz wie bei Art. 12 I GG ergibt.

Gegen diese Lösung lässt sich wiederum einwenden, dass Unionsbürger durch den Wortlaut des Art. 12 I GG abgehalten werden könnten, sich auf das Grundrecht zu berufen, sodass die Verweisung auf Art. 2 I GG trotz desselben juristischen Schutzniveaus nicht die gleiche praktische Wirksamkeit besitze. Denn das effet-utile-Prinzip fordert nicht nur eine juristische, sondern auch eine faktische Gleichstellung aller EU-Bürger.[79]

Gleichgültig, welcher Auffassung man sich anschließt, ist der verfassungsändernde Gesetzgeber berufen, in den Wortlaut der Deutschengrundrechte auch die Bürger anderer EU-Staaten aufzunehmen.

**49**    Die Grundrechtsfähigkeit natürlicher Personen beginnt mit der **Vollendung der Geburt** und endet mit dem **Tod**, der richtigerweise dann angenommen wird, wenn die Gehirnfunktionen irreversibel ausgeschaltet sind.[80] Von diesem Zeitpunkt geht auch der einfache Gesetzgeber aus, vgl. § 3 II Nr. 2 TPG. Problematisch ist der Bereich vor der Geburt und nach dem Tod. Bezüglich des noch **ungeborenen Menschen** (*nasciturus*) wurden vom BVerfG zunächst der Schutz des Art. 2 II S. 1 GG (Recht auf Leben und körperliche Unversehrtheit)[81] und später die Menschenwürde des Art. 1 I GG[82] angenommen. Dabei hat das Gericht offen gelassen, ob der *nasciturus* Grundrechtsfähigkeit besitzt oder ob er mangels Grundrechtsträgerfähigkeit „nur" von den objektiven Normen der Verfassung in seinem Recht auf Leben geschützt wird. Denn die Grundrechtsnormen enthielten nicht nur subjektive Abwehrrechte des Einzelnen gegen den Staat, sondern sie verkörperten zugleich eine objektive Wertordnung, die alle staatliche Gewalt binde. Ob und gegebenenfalls in welchem Umfang der Staat zu rechtlichem Schutz des noch ungeborenen Lebens von Verfassungs wegen verpflichtet sei, könne deshalb schon aus dem objektiv-rechtlichen Gehalt der grundrechtlichen Normen erschlossen werden.[83] Jedenfalls sei der *nasciturus* ab dem 14. Tag nach der Empfängnis (Nidation) objektiv-rechtlich dem Schutz des Art. 2 II S. 1 GG unterstellt.[84]

**50**    Nach dieser Rechtsprechung spielt es also keine Rolle, ob man dem *nasciturus* eine Grundrechtsfähigkeit zuspricht, da der Staat jedenfalls schon objektiv-rechtlich verpflichtet ist, sich schützend und fördernd vor das noch ungeborene Leben zu stellen.

**51**    Geht man dennoch von der (grundsätzlichen) Grundrechtsfähigkeit des *nasciturus* aus, ist klar, dass nur solche Grundrechte in Betracht kommen, deren Regelungsgehalt der *nasciturus* auch sinnvollerweise ausüben kann. So kann er sich nicht auf die Meinungsfreiheit gem. Art. 5 I GG berufen (Gleiches gilt auch für Art. 8 I, 9 und 12 I GG), wohl aber auf das Recht auf Leben und körperliche Unversehrtheit gem. Art. 2 II S. 1 GG sowie auf die Menschenwürde gem. Art. 1 I S. 1 GG und die Verpflichtung des Staates, sie zu achten (Art. 1 I S. 2 GG).

**52**    Fraglich ist auch, von welchem Zeitpunkt an von einem ungeborenen Menschen gesprochen werden kann. Diese Frage hat das BVerfG ebenfalls offen gelassen. Es kön-

---

[79] Vgl. *Wernsmann*, Jura **2000**, 657, 662; *Kluth*, Jura **2001**, 371.

[80] *Heun*, JZ **1996**, 213 ff.; *Seewald*, VerwArch **1997**, 199, 209; a.A. *Höfling*, JZ **1995**, 26, 31.

[81] BVerfGE **39**, 1, 36 f. (Schwangerschaftsabbruch I).

[82] BVerfGE **88**, 203, 251 f. (Schwangerschaftsabbruch II).

[83] BVerfGE **39**, 1, 41 f. Für Grundrechtsfähigkeit *Kunig*, Jura **1991**, 415 ff.; *Höfling*, in: Sachs, GG, Art. 1 Rn 51.

[84] BVerfGE **39**, 1, 37 (Schwangerschaftsabbruch I).

ne dahinstehen, ob, wie es Erkenntnisse der medizinischen Anthropologie nahe legten, menschliches Leben bereits mit der Verschmelzung von Ei und Samenzelle entstehe, wenn jedenfalls der Eingriff während eines Zeitpunktes stattfinde, von dem ab der Begriff der Schwangerschaft benutzt werde. Dies sei der Zeitraum von der Einnistung der befruchteten Eizelle in der Gebärmutter (Nidation) bis zum Beginn der Geburt.[85] Nach dieser Rechtsprechung ist der **Schutz der Art. 1 I GG und Art. 2 II S. 1 GG jedenfalls vom Zeitpunkt der Nidation an gegeben**.

Die Rechtsprechung des BVerfG wird teilweise als widersprüchlich kritisiert. Wenn das Gericht einerseits die Tötung ungeborenen Lebens auch jenseits der medizinischen Indikation für zulässig halte[86], andererseits demselben Leben „unantastbare" Menschenwürde zuspreche, verstricke es sich in einen Widerspruch.[87]  **53**

**Tote** sollen nach dem **Mephisto-Beschluss** des BVerfG[88] aus Art. 1 I GG in Bezug  **54**
auf solche Grundrechte grundrechtsberechtigt sein, die nicht an die Eigenschaft eines *lebenden* Menschen anknüpfen. Dem Beschluss lag folgender Sachverhalt zugrunde:

> Der Verleger des Buches „Mephisto Roman einer Karriere" von Klaus Mann erhob Verfassungsbeschwerde gegen das von dem Adoptivsohn und Alleinerben des verstorbenen Schauspielers und Intendanten Gustaf Gründgens gegen ihn erwirkte Verbot, das fragliche Buch zu vervielfältigen, zu vertreiben und zu veröffentlichen.

> Der Autor, der im Jahre 1933 aus Deutschland ausgewandert war, hatte den Roman 1936 im Querido-Verlag, Amsterdam, veröffentlicht. Nach seinem Tode im Jahre 1949 war der Roman 1956 im Aufbauverlag in Ost-Berlin erschienen. Der Roman schildert den Aufstieg des hochbegabten Schauspielers Hendrik Höfgen, der seine politische Überzeugung verleugnet und alle menschlichen und ethischen Bindungen abstreift, um im Pakt mit den Machthabern des nationalsozialistischen Deutschlands eine künstlerische Karriere zu machen. Der Roman stellt die psychischen, geistigen und soziologischen Voraussetzungen dar, die diesen Aufstieg möglich machen.

> Der Romanfigur Hendrik Höfgen hat der Schauspieler Gustaf Gründgens als Vorbild gedient. Gründgens war in den zwanziger Jahren, als er noch an den Hamburger Kammerspielen tätig war, mit Klaus Mann befreundet und mit dessen Schwester Erika verheiratet, von der er nach kurzer Zeit wieder geschieden wurde. Zahlreiche Einzelheiten der Romanfigur des Hendrik Höfgen – seine äußere Erscheinung, die Theaterstücke, an denen er mitwirkte, die zeitliche Reihenfolge seiner Auftritte, der Aufstieg zum Preußischen Staatsrat und zum Generalintendanten der Preußischen Staatstheater - entsprechen dem äußeren Erscheinungsbild und dem Lebenslauf von Gründgens. Auch an Personen aus der damaligen Umgebung von Gründgens lehnt sich der Roman an.

Das Gericht meinte, dass es mit dem verfassungsverbürgten Verbot der Unverletzlich-  **55**
keit der Menschenwürde unvereinbar sei, wenn der Mensch, dem Würde kraft seines Personseins zukomme, in diesem allgemeinen Achtungsanspruch auch nach seinem Tode herabgewürdigt oder erniedrigt werden dürfe.[89] Diese Auffassung ist nicht ganz unproblematisch, weil es letztlich regelmäßig um die Erben geht, die sich auf die Grundrechte des Verstorbenen berufen, um (zivilrechtliche) Unterlassungs- oder Schadensersatzansprüche (bzw. „Lizenzgebühren") geltend zu machen. Hintergründig geht es also um Interessen der (lebenden) Erben. Wenn überhaupt, sollte die Grundrechtsberechtigung Verstorbener nur hinsichtlich des allgemeinen Persönlichkeits-

---

[85] BVerfGE **88**, 203, 251 (Schwangerschaftsabbruch II).
[86] Vgl. BVerfGE **39**, 1, 49 f. (Schwangerschaftsabbruch I); **88**, 203, 254 ff. (Schwangerschaftsabbruch II).
[87] *Ipsen*, Grundrechte, Rn 213, allerdings mit der unzutreffenden Darstellung, das BVerfG habe in E **39**, 1, 41 die Grundrechtsfähigkeit des *nasciturus* angenommen.
[88] BVerfGE **30**, 173 ff. (Mephisto). Bestätigt in BVerfG NJW **2001**, 594 (Willy-Brandt-Gedenkmünze) und in BVerfG NJW **2006**, 3409 ff. (Marlene Dietrich).
[89] BVerfGE **30**, 173, 194 (Mephisto).

rechts und nicht auch hinsichtlich anderer Grundrechte angenommen werden.[90] Vgl. dazu Rn 271 und 283. Auf keinen Fall aber kann der Persönlichkeitsschutz Verstorbener weiter gehen als der von lebenden Personen.[91]

**56** **Fazit:** Nach dieser Rechtsprechung endet die in Art. 1 I GG aller staatlichen Gewalt auferlegte Verpflichtung, dem Einzelnen Schutz vor Angriffen auf seine Menschenwürde zu gewähren, also nicht mit dem Tod. Für die Persönlichkeit des Einzelnen, die zu seinen Lebzeiten durch das allgemeine Persönlichkeitsrecht aus Art. 2 I i.V.m. 1 I GG geschützt wird, bedeutet dies, dass sie postmortalen Schutz durch Art. 1 I GG genießt (sog. **postmortaler Persönlichkeitsschutz**). Das betrifft insbesondere das Recht am eigenen Bild, eine besondere Erscheinungsform des allgemeinen Persönlichkeitsrechts (dazu Rn 271). Dieses kann aufgrund der Vererbbarkeit des allgemeinen Persönlichkeitsrechts nach dem Ableben des Grundrechtsträgers von den Erben geltend gemacht werden. Diese können, da das allgemeine Persönlichkeitsrecht nicht nur ideelle, sondern auch kommerzielle Interessen umfasst, Abwehransprüche, Bereicherungs- und ggf. Schadensersatzansprüche gegen denjenigen geltend machen, der unbefugt, d.h. ohne Einwilligung der Erben, Bildnisse des Verstorbenen (etwa zu Werbezwecken) verwendet.[92] Vgl. dazu Rn 271 und 283.

## 2. Grundrechtsfähigkeit juristischer Personen des Privatrechts

**57** In erster Linie sind *natürliche* Personen grundrechtsberechtigt. Diese individuelle Grundrechtsberechtigung bleibt auch bestehen, wenn sich natürliche Personen zu Personenmehrheiten zusammenschließen. Mitglieder einer Personenmehrheit können also individuell und voneinander unabhängig Verfassungsbeschwerde erheben. Fraglich ist lediglich, ob dieses Recht auch der Personenmehrheit als solcher zusteht. Diese Frage beantwortet Art. 19 III GG. Nach dieser Verfassungsbestimmung gelten die Grundrechte auch für inländische juristische Personen, soweit sie ihrem Wesen nach auf diese anwendbar sind.[93]

> **Hinweis für die Fallbearbeitung:** Relevant wird Art. 19 III GG immer dann, wenn eine überindividuelle Organisation geltend macht, in *ihren* Grundrechten verletzt zu sein. Hinsichtlich der Fallbearbeitung muss unterschieden werden:
>
> ⇨ In *materieller* Hinsicht erlangt die Grundrechtsberechtigung juristischer Personen Bedeutung beim Eingreifen des Schutzbereichs eines bestimmten Grundrechts (Prüfungspunkt: „Personaler Schutzbereich" oder „Träger des Grundrechts"). Denn nur wenn sich die juristische Person in personeller Hinsicht auf das als verletzt gerügte Grundrecht berufen kann, ist eine Verletzung dieses Grundrechts denkbar.
>
> ⇨ In *prozessualer* Hinsicht wird man die Zulässigkeit (d.h. die Partei- bzw. Beteiligtenfähigkeit) eines Rechtsbehelfs (bspw. einer Verfassungsbeschwerde) nur dann annehmen können, wenn die Organisation grundrechtsberechtigt in Bezug auf das als verletzt gerügte Grundrecht ist.
>
> Die Lösung dieser Ungewissheiten hängt gemäß der Normstruktur des Art. 19 III GG von drei Voraussetzungen ab:
>
> **(1)** Bei der Organisation muss es sich um eine „juristische Person" handeln.
> **(2)** Das im konkreten Fall in Rede stehende Grundrecht muss „seinem Wesen nach" auf die juristische Person anwendbar sein.
> **(3)** Die juristische Person muss eine „inländische" sein.

---

[90] Unzutreffend ist die Kritik von *Pieroth/Schlink*, Rn 119. Denn dass Tote nicht ihre Meinung äußern oder an Versammlungen teilnehmen können, liegt auf der Hand.
[91] BVerfG NJW **2001**, 594, 595 (Willy-Brandt-Gedenkmünze).
[92] Vgl. näher BVerfG NJW **2006**, 3409 ff. (Marlene Dietrich).
[93] Beachte aber die Besonderheiten bei den Art. 4 I, II und 9 III GG.

Den Begriff der **juristischen Person** hat das einfache Recht geprägt. Er bezieht sich auf Organisationen und Personenmehrheiten, denen das Privatrecht oder das öffentliche Recht die Fähigkeit zuspricht, Träger von Rechten und Pflichten zu sein (sog. Rechtsfähigkeit).[94] Dazu gehört auch die Fähigkeit, klagen zu können und verklagt zu werden (sog. Partei- oder Beteiligtenfähigkeit). **58**

> **Beispiele:** Juristische Personen des Privatrechts sind die Aktiengesellschaft (§ 1 AktG), die Gesellschaft mit beschränkter Haftung (§ 13 GmbHG), die Kommanditgesellschaft auf Aktien (§ 278 AktG), die Genossenschaft (§ 17 GenG), der Versicherungsverein auf Gegenseitigkeit, der rechtsfähige und nun auch der nichtrechtsfähige Verein (§§ 21 und 54 BGB)[95] und die Stiftung (§ 80 BGB).

Zu den juristischen Personen im Sinne von Art. 19 III GG gehören nicht nur die o.g. juristischen Personen des Privatrechts, sondern auch die sonstigen Personenmehrheiten des Privatrechts, soweit sie zumindest **teilrechtsfähig** sind, d.h. zumindest teilweise (partiell) als eigene Rechtspersönlichkeit auftreten.[96] Das entspricht zwar nicht dem Wortlaut des Art. 19 III GG. Würde man aber nur juristischen Personen im formalen Sinne die Grundrechtsträgereigenschaft zuerkennen, hätte es der einfache Gesetzgeber in der Hand, durch Formung des Gesellschaftsrechts die Reichweite der Grundrechte für Personenmehrheiten zu bestimmen. Daher ist lediglich die Vergleichbarkeit einer Vereinigung mit den Grundstrukturen einer juristischen Person zu fordern. Dabei ist insbesondere die Fähigkeit zur *eigenständigen Willensbildung* und zu *eigenem Handeln* von Bedeutung.[97] **59**

> **Beispiele:** Zu den juristischen Personen i.S.v. Art. 19 III GG gehören demnach auch die Gesellschaft bürgerlichen Rechts (§ 705 BGB)[98], die offene Handelsgesellschaft (§§ 105, 124 I HGB) und die Kommanditgesellschaft (§ 161 II HGB). Zum „nichtrechtsfähigen Verein" (§ 54 BGB) vgl. bereits oben.

> **Gegenbeispiele:** Die Fähigkeit zur eigenständigen Willensbildung und zu eigenem Handeln fehlt bei sog. schlichten Personenmehrheiten. Das ist bspw. anzunehmen bei einem „Kegelclub", einem „Streichquartett" oder bei der Belegschaft eines Betriebs, sodass hinsichtlich dieser Personenmehrheiten (jedenfalls solange sie keine GbR darstellen) die Grundrechtsfähigkeit fehlt.

Voraussetzung für die Grundrechtsfähigkeit einer juristischen Person im Sinne von Art. 19 III GG ist darüber hinaus, dass das betreffende Grundrecht **seinem Wesen nach** auf die juristische Person anwendbar ist. Ob das der Fall ist, hängt entscheidend von der Frage ab, ob die von dem Grundrecht geschützten Tätigkeiten auch von einer juristischen Person selbst ausgeübt werden können.[99] Dies ist anzunehmen, wenn sich die juristische Person in einer mit einer natürlichen Person vergleichbaren **grundrechtstypischen Gefährdungslage** befindet.[100] Das betreffende Grundrecht darf also **weder an die physische Existenz natürlicher Personen noch an die natürlichen Eigenschaften des Menschen** anknüpfen. **60**

---

[94] Vgl. dazu *K. Schmidt*, NJW **2001**, 993 ff.; *Schoch*, Jura **2001**, 201, 202.
[95] Nach dem Grundsatzurteil des BGHZ **146**, 341 ff. ist auch der „nichtrechtsfähige Verein" rechtsfähig. § 50 II ZPO, der bestimmt, dass auch der nichtrechtsfähige Verein vor den Zivilgerichten verklagt werden kann, ist damit gegenstandslos. Als „nichtrechtsfähige Vereine" wurden z.B. **Parteien** und **Gewerkschaften** organisiert. Diese Organisationen sind jetzt also „rechtsfähig". Der Betriebsrat besitzt eine Teilrechtsfähigkeit auf dem Gebiet des Betriebsverfassungsrechts.
[96] Vgl. BVerfGE **10**, 89, 99; **20**, 283, 290; **53**, 1, 13; *Schoch*, Jura **2001**, 201, 202.
[97] *Jarass*, in: Jarass/Pieroth, GG, Art. 19 Rn 16; *Krüger*, in: Sachs, GG, Art. 19 Rn 60.
[98] Vgl. dazu das bereits erwähnte Grundsatzurteil BGHZ **146**, 341 ff.; dem folgend BGH NJW **2002**, 1207; BFH NZG **2002**, 741; OLG Düsseldorf NZM **2003**, 237.
[99] BVerfGE **42**, 212, 219 (Durchsuchung); **105**, 252, 265 (Glykolwein).
[100] BVerfGE **45**, 63, 79 f.; **61**, 82, 101; **95**, 220, 242; BVerfG NJW **1996**, 584; *Schoch*, Jura **2001**, 201, 203.

**Beispiele fehlender Grundrechtsfähigkeit:**

(1) Der juristischen Person im Sinne des Art. 19 III GG fehlt es an der Menschenwürde. Daher ist auch die Berufung auf das allgemeine Persönlichkeitsrecht ausgeschlossen (str.).[101] Gleiches gilt hinsichtlich des Lebens und der körperlichen Unversehrtheit. Art. 1 I S. 1 und Art. 2 II S. 1 GG sind also nicht anwendbar.

(2) Auch das Grundrecht auf Freiheit der Person (Art. 2 II S. 2 GG, Art. 104 I GG) knüpft an die natürliche Eigenschaft des Menschen.

(3) Gleiches gilt für das Grundrecht auf Ehe und Familie (Art. 6 I GG).

(4) Auch stehen die Gleichberechtigung von Mann und Frau und sonstige Rechte aus Art. 3 II, III GG nur natürlichen Personen zu.

(5) Schließlich seien das Elternrecht (Art. 6 II GG) und das Asylrecht (Art. 16a I GG) genannt.

**Gegenbeispiele:**

(1) Dagegen sind Beruf und Eigentum ohne weiteres auch bei juristischen Personen denkbar und auch gängige Praxis. Art. 12 I, 14 I und subsidiär Art. 2 I GG sind also auch auf juristische Personen i.S.v. Art. 19 III GG anwendbar.[102]

(2) Gleiches gilt für die Meinungsfreiheit (Art. 5 I GG)[103], die Pressefreiheit (Art. 5 I 2 GG)[104], die Rundfunkfreiheit (Art. 5 I 2 GG)[105], die Versammlungsfreiheit (Art. 8 I GG), die Vereinigungsfreiheit (Art. 9 I GG[106]), die Koalitionsfreiheit (Art. 9 III GG), das Wohnungsgrundrecht (Art. 13 GG)[107] und das Brief-, Post- und Fernmeldegeheimnis (Art. 10 GG)[108].

(3) Auch die Ausübung der Religions- bzw. Glaubensfreiheit (Art. 4 I u. II GG) ist denkbar, wenn sich der Zweck der Personenmehrheit auf eine religiöse oder weltanschauliche Tätigkeit bezieht, obwohl Glaube und Gewissen an sich nur natürliche Personen haben können.[109] Schließlich ist der allgemeine Gleichheitssatz (Art. 3 I GG) zu nennen.[110] Im Übrigen sei auf die Ausführungen zu den jeweiligen Grundrechten verwiesen.

61  Schließlich muss es sich bei der betreffenden Personenmehrheit um eine **inländische** Personenmehrheit handeln. Ob eine Personenmehrheit inländisch oder ausländisch ist, richtet sich nach ihrem *Sitz* (sog. Sitztheorie). Maßgeblich ist dabei das tatsächliche Aktionszentrum, nicht die formale, d.h. satzungsmäßige Bestimmung.[111] Eine auf dem Bundesgebiet agierende Unterorganisation einer ausländischen Gesamtorganisa-

---

[101] Der BGH bejaht teilweise die Anwendbarkeit des allgemeinen Persönlichkeitsrechts auf juristische Personen des Privatrechts (BGHZ **81**, 75 ff.; **98**, 94 ff.); auch das BVerfG hat juristischen Personen das Recht am gesprochenen Wort zuerkannt (BVerfGE **106**, 28 ff.). Das ist abzulehnen, weil dadurch die Anknüpfung des allgemeinen Persönlichkeitsrechts an die natürlichen Eigenschaften des Menschen aufgeweicht wird. Einige Fallgruppen stehen aber schon per se außerhalb des Schutzbereichs, so z.B. das Recht am eigenen Bild. Auch das Recht auf informationelle Selbstbestimmung knüpft an die natürliche Eigenschaft des Menschen an und sollte daher juristischen Personen verwehrt werden (anders *Wilms/Roth*, JuS **2004**, 577 ff.).

[102] Vgl. nur BVerfGE **115**, 276, 300 ff.; **105**, 252, 265; **102**, 197, 203; **97**, 228, 253; **97**, 12, 25; **95**, 173, 181; **85**, 97, 104.

[103] Vgl. dazu BVerfG-K NVwZ **2000**, 1281 ff.

[104] BVerfGE **80**, 124, 131.

[105] BVerfGE **95**, 28, 34 f.; **95**, 220, 234; **97**, 298, 310.

[106] BVerfG NVwZ **2000**, 1281. Zur strittigen Frage, ob die kollektive Vereinigungsfreiheit unmittelbar aus Art. 9 I GG oder über Art. 19 III GG hergeleitet wird, vgl. Rn 710.

[107] BVerfGE **76**, 83, 88.

[108] BVerfGE **100**, 313, 356.

[109] BVerfGE **105**, 279, 293; BVerfGE **99**, 100, 118. Vgl. auch BVerfGE **102**, 370, 383. Hat die Gesellschaft aber im Wesentlichen nur eine wirtschaftliche Zielsetzung, scheidet Art. 4 I GG von vornherein aus.

[110] BVerfGE **95**, 267, 317; **95**, 335, 367 u. 389.

[111] BVerfGE **21**, 207, 208; Vgl. auch BFH NJW **2001**, 2199; OLG Zweibrücken NJW-RR **2001**, 341; *Rüfner*, HdbStR V, S. 512 f.; *Quarisch*, HdbStR V S. 686 f.; *Jarass*, in: Jarass/Pieroth, GG, Art. 19 Rn 15; *Schoch*, Jura **2001**, 201, 203.

tion (Beispiel: Scientology) kann sich – sofern sie (etwa aufgrund einer Vereinsregistereintragung gem. § 21 BGB i.V.m. §§ 55 ff. BGB) rechtlich selbstständig ist, auf Grundrechte berufen. Dieser Umstand genügt für die Anerkennung als inländische juristische Person i.S.v. Art. 19 III GG.[112]

Ausländische juristische Personen können sich aber (wie jede rechts- bzw. teilrechtsfähige Personenmehrheit) auf die sog. Justizgrundrechte (Art. 19 IV, 101 I S. 2 und Art. 103 I GG) berufen.[113]
**62**

Hinsichtlich juristischer Personen und (teil-)rechtsfähiger Personenmehrheiten aus anderen **EU-Mitgliedstaaten** ist der bereits genannte Anwendungsvorrang des EU-Rechts zu beachten. Das Diskriminierungsverbot des Art. 12 EG und das Recht auf Freizügigkeit der Arbeitnehmer innerhalb der Gemeinschaft (Art. 39 EG) zwingen zu einer gemeinschaftsrechtskonformen Auslegung des Art. 19 III GG. Das Merkmal „inländisch" ist demnach so zu verstehen, dass auch juristische Personen mit Sitz im EU-Gebiet erfasst werden.[114] In Anlehnung an das zu den Deutschengrundrechten Gesagte wird der verfassungsändernde Gesetzgeber aber auch hier letztlich nicht umhinkommen, eine Klarstellung im Verfassungstext vorzunehmen.
Unabhängig von dem Anwendungsbereich des Art. 19 III GG gilt aber, dass Mitglieder deutscher Nationalität, auch wenn sie ausländischen Personenmehrheiten angehören, in jedem Fall aus dem betreffenden individuellen Grundrecht berechtigt sind.
**63**

Studien- und prüfungsrelevant ist auch der umgekehrte Fall, nämlich die Frage, ob sich eine inländische juristische Person auf **Deutschengrundrechte** berufen kann, wenn die **Vereinigung von Ausländern beherrscht** wird.
**64**

> **Beispiel:** Drei Libanesen betreiben in Hamburg eine Diskothek (Konzession nach § 2 I GastG[115]) in der Rechtsform einer GmbH und lassen dort den Handel mit Drogen zu. Nachdem die Behörde sie mehrmals erfolglos aufgefordert hat, den Drogenhandel in ihrer Diskothek zu unterbinden, entzieht sie der GmbH die Erlaubnis gem. § 15 GastG i.V.m. § 4 I Nr. 1 GastG und erlässt eine auf § 15 II GewO gestützte Stilllegungsverfügung. Könnte sich die GmbH auf Art. 12 I GG berufen?

Bei Grundrechten, die nur Deutschen zustehen, ist ihrem Wesen entsprechend zu verlangen, dass die Vereinigung nicht von Ausländern beherrscht wird.[116] Anderenfalls würden die betreffenden Grundrechte individuell handelnden Ausländern nicht zustehen, wohl aber kollektiv handelnden.[117]
**65**

> Im obigen **Beispiel** gilt: Art. 12 I GG ist seinem Wesen nach auf eine GmbH anwendbar. Da Art. 12 I GG aber nur auf Deutsche anwendbar ist, die o.g. GmbH jedoch von Libanesen getragen wird, besteht insoweit keine Grundrechtsträgereigenschaft der GmbH. Die GmbH kann sich daher nicht auf Art. 12 I GG berufen. Ihr verbleibt nur das Grundrecht aus Art. 2 I GG (allgemeine Handlungsfreiheit).[118]

---

[112] Wie hier *Jarass*, in: Jarass/Pieroth, GG, Art. 19 Abs. 17; *Quarisch*, in: HdbStR V, S. 686; VGH München NVwZ **2003**, 998, 999. Anders *Werner*, Scientology im Spiegel des Rechts, **2002**, S. 411.
[113] BVerfGE **21**, 362, 373; **64**, 1, 11; *Schoch*, Jura **2001**, 201, 203.
[114] *Schoch*, Jura **2001**, 201, 203. Vgl. auch *Ehlers*, Jura **2001**, 266, 273 und *Kluth*, Jura **2001**, 371.
[115] Zur Föderalismusreform, wonach seit dem 1.9.2006 auch das Gaststättenrecht der Gesetzgebungskompetenz der Länder unterfällt, vgl. Rn 635.
[116] BVerfG NVwZ **2000**, 1281, 1282; *Bergmann*, in: Seifert/Hömig, GG, Art. 9 Rn 2; *Löwer*, in: v. Münch/Kunig, GG, Art. 9 Rn 7 f.; *Huber*, in: v. Mangoldt/Klein/Starck, GG, Art. 19 Rn 118; *Jarass*, in: Jarass/Pieroth, GG, Art. 19 Rn 17; *Isensee*, in: HdbStR V, § 118 Rn 49 f.; *Krüger*, in: Sachs, GG, Art. 19 Rn 51; *Dreier*, in: Dreier, GG, Art. 19 Rn 32; *Quarisch*, in: HdbStR V, § 120 Rn 60 f.; *Schoch*, Jura **2001**, 201, 203; *v. Mutius*, in: Bonner Kommentar, Art. 19 Rn 59; *Stern*, StaatsR III/1 1148.
[117] Diesen Aspekt verkennt *Schoch*, Jura **2001**, 201, 203.
[118] In diesem Sinne auch BVerfG-K NVwZ **2000**, 1281, 1282 zu Art. 9 I GG.

### 3. Grundrechtsfähigkeit jur. Personen des öffentlichen Rechts

66 Juristische Personen des öffentlichen Rechts sind Körperschaften, Stiftungen und Anstalten des öffentlichen Rechts. Hinzu kommen die Beliehenen.[119]

67 **Körperschaften des öffentlichen Rechts** sind durch staatlichen Hoheitsakt ins Leben gerufene, mitgliedschaftlich verfasste, aber vom Wechsel der Mitglieder unabhängige Rechtsträger zur Erfüllung hoheitlicher Aufgaben.

> **Beispiele:** Bund, Länder und Gemeinden; Rechtsanwaltskammern (vgl. §§ 60 ff., 176 I BRAO); Hochschulen (Art. 5 III S. 1 GG, § 58 I HRG); Landesärztekammern, Handwerksinnungen und -kammern (§§ 53, 90 HandwO); Industrie- und Handelskammern (§ 3 I IHKG); Träger der Sozial- und Rentenversicherung (z.B. AOK[120] oder Deutsche Rentenversicherung Bund[121]); Kassenärztliche Vereinigung nach §§ 77 ff. SGB V; Jagdgenossenschaften (§ 9 BJagdG); Landwirtschaftskammern; Studierendenschaften; Religionsgesellschaften, soweit sie durch Verfassung und Mitgliederzahl die Gewähr der Dauer bieten und den Status als Körperschaften des öffentlichen Rechts anerkannt bekommen haben[122]

68 Eine **öffentliche Anstalt** ist eine Zusammenfassung personeller und sächlicher Mittel in der Hand eines Trägers öffentlicher Verwaltung, die einem besonderen öffentlichen Zweck dauernd zu dienen bestimmt ist.

> **Beispiele:** ZVS; öffentliche Sparkassen[123]; öffentlich-rechtliche Rundfunkanstalten (Art. 5 I S. 2 GG). Die Bundesanstalt für Arbeit wurde zwar in § 189 AFG[124] als „rechtsfähige Körperschaft des öffentlichen Rechts" bezeichnet, ist aber mangels Mitglieder eine Anstalt des öffentlichen Rechts.

69 **Stiftungen des öffentlichen Rechts** sind organisatorisch verselbstständigte, rechtsfähige Institutionen mit dem Zweck der Verwaltung eines Bestandes an öffentlichem Vermögen.

> **Beispiele:** Stiftung Preußischer Kulturbesitz; Bundesstiftung Umwelt; Stiftung Denkmal für die ermordeten Juden Europas

70 **Beliehene** sind natürliche Personen oder juristische Personen des Privatrechts, die durch Gesetz oder aufgrund eines Gesetzes einzelne hoheitliche Aufgaben im eigenen Namen wahrnehmen.[125]

Durch diese Definition wird deutlich, dass die Beliehenen auch bei der Ausübung von hoheitlichen Kompetenzen statusrechtlich Privatrechtssubjekte sind. Nur funktionell sind sie – im Rahmen der Ausübung der ihnen übertragenen Aufgaben – als Behörde i.S.d. mittelbaren Staatsverwaltung tätig. Sinn der Beleihung ist, dass sich der Staat

---

[119] Im Folgenden wird lediglich ein kursorischer Überblick gegeben. Eine umfassende Darstellung der juristischen Personen des öffentlichen Rechts findet sich bei *R. Schmidt*, AllgVerwR, Rn 82 ff.

[120] Die Aufgaben der Sozialversicherung (Unfall-, Kranken- und Altersversicherung) übernimmt der Staat nicht selbst, sondern hat sie den Körperschaften des öffentlichen Rechts übertragen, vgl. z.B. §§ 29 ff. SGB IV. § 29 SGB IV bestimmt, dass Träger der Sozialversicherung Körperschaften des öffentlichen Rechts sind.

[121] Die Deutsche Rentenversicherung Bund ist am 1.10.2005 durch Zusammenschluss der verschiedenen Rentenversicherungsträger (etwa Landesversicherungsanstalten, Bundesknappschaft, Seekasse, Bundesversicherungsanstalt für Angestellte - BfA) entstanden.

[122] BVerfGE **102**, 370 ff. (Zeugen Jehovas). Zu beachten ist aber, dass die Religionsgesellschaften, auch wenn sie den Status als Körperschaften des öffentlichen Rechts verliehen bekommen haben, grds. keine Organe der öffentlichen Gewalt sind. Vgl. dazu näher Rn 394.

[123] Nicht zu den öffentlichen Sparkassen im dargelegten Sinne gehören die wenigen „freien" Sparkassen, die einen besonderen privatrechtlichen Status haben (Beispiele: Hamburger Sparkasse, Sparkasse Bremen, Frankfurter Sparkasse, Württembergische Landessparkasse), vgl. *Bull*, AllgVerwR, § 4 Rn 170 Fn 9.

[124] Das AFG ist aufgrund des Arbeitsförderungs-Reformgesetzes 1997 mit dem SGB III abgelöst worden.

[125] Vgl. BVerwG DVBl **1970**, 735; BremStGH NVwZ **2003**, 81, 82 f. Vgl. nun auch *Wolff*, JA **2006**, 749, 750.

die besondere Fachkunde solcher Personen zunutze macht und gleichzeitig den Verwaltungsapparat (kostenmäßig) entlastet.[126]

> **Beispiele:** Notare hinsichtlich öffentlicher Beurkundungen und Beglaubigungen (§ 1 BNotO); Seeschiffs- und Flugkapitäne (vgl. §§ 75 I, 101, 106 II SeemG, § 29 III LuftVerkG); Jagdaufseher (§ 25 II BJagdG); Deutsche FlugsicherungsGmbH (VGH Kassel NVwZ 1995, 410); Bezirksschornsteinfegermeister (siehe das SchornsteinfegerG, BGBl. I 1994, S. 1624); Lebensmittelsachverständige; Sachverständige (z.B. des TÜV oder der DEKRA) für die Hauptuntersuchung nach § 29 StVZO (vgl. BVerfG NJW 1987, 2501), aber auch andere beliehene Sachverständige; privatrechtlich organisierte Einrichtungen des Rettungsdienstes (etwa Malteser-Hilfsdienst, vgl. BGH NJW 1998, 2109)

Für die juristischen Personen des öffentlichen Rechts gelten nach Auffassung des BVerfG die Grundrechte grundsätzlich nicht. Hinter ihnen stünden keine natürlichen Personen, sondern der Staat. Der Staat sei aber Grundrechtsverpflichteter, nicht Grundrechtsberechtigter.[127] Es sei mit dem Wesen der Grundrechte unvereinbar, wenn der Staat gleichzeitig Grundrechtsberechtigter und Grundrechtsverpflichteter sei[128] (sog. Konfusionsargument: Grundrechtsberechtigung und -verpflichtung sollen nicht konfudiert, d.h. verwechselt werden). Das Konfusionsargument hat sich aber als haltlos erwiesen, da der Staat keinen monolithischen Block darstellt und juristische Personen des öffentlichen Rechts in unterschiedlichen Rechtsbeziehungen durchaus Träger einerseits von Rechten und andererseits von Pflichten sein können.[129] Daher argumentiert das BVerfG in seinen neueren Entscheidungen mit der *Funktion* einer juristischen Person des öffentlichen Rechts. Diese handle aufgrund gesetzlicher **Zuständigkeiten**, nicht in Wahrnehmung von Freiheit. Bei einem Übergriff durch ein anderes Staatsorgan gehe es der Sache nach um einen **Kompetenzkonflikt**, nicht um einen Eingriff in subjektive (Grund-)Rechte.[130] **71**

> *Keine* Grundrechtsberechtigten sind zum **Beispiel**[131]: Rentenversicherungsträger, Allgemeine Ortskrankenkassen, öffentlich-rechtliche Sparkassen, Kassenärztliche Vereinigung, Handwerksinnungen, Landwirtschaftskammern, Ärztekammern, Studentenschaften, Gebietskörperschaften wie Bundesländer und Kommunen.[132]

Die Grundrechtsfähigkeit wird vom BVerfG auch dann verneint, wenn sich die betreffende juristische Person *zur Wahrnehmung öffentlicher Aufgaben* privatrechtlicher Organisationsformen (etwa AG oder GmbH) bedient. Die fehlende Grundrechtsfähigkeit könne nicht durch die Rechtsformenwahl unterlaufen werden. Ein typisches Beispiel ist die kommunale **Eigengesellschaft** (etwa Stadthallen-GmbH, Straßenbahn-AG), bei der *sämtliche* Anteile in der Hand der Kommune liegen. **72**

Von diesem Grundsatz macht das BVerfG zunächst aber eine Ausnahme im Bereich der **Justiz**- oder **Verfahrensgrundrechte** (Art. 19 IV, 101 I 2, 103 I GG), die auch für den der Justizhoheit unterworfenen Staat zur Anwendung gelangen.[133] **73**

---

[126] Vgl. dazu (sowie zu den verfassungsrechtlichen Problemen) ausf. *R. Schmidt*, AllgVerwR, Rn 110 ff.

[127] Zur Grundrechtsverpflichtung speziell von Beliehenen vgl. Rn 89.

[128] BVerfGE **21**, 362, 369 ff.; **61**, 82, 103 f.; **68**, 193, 205 ff.; **75**, 192, 196; BVerfG NJW **1996**, 1588.

[129] *Schoch*, Jura **2001**, 201, 204.

[130] BVerfG DVBl **2001**, 63; BerlVerfGH NVwZ **2000**, 549; BVerwG NJW **2000**, 3150; *Schoch*, Jura **2001**, 201, 204; *Krebs*, in: von Münch/Kunig, GG, Art. 19 Rn 41 ff. und *Ipsen*, Grundrechte, Rn 53; a.A. *Ladeur*, in: Alternativkommentar, Art. 19 Rn 60; *v. Mutius*, in: Bonner Kommentar, Art. 19 Rn 87.

[131] Vgl. BVerfGE **21**, 262, 277; **21**, 362, 367 ff.; **39**, 302, 312 ff.; **39**, 302, 312 ff.; **61**, 82, 100 f.; **68**, 193, 208 ff.; **75**, 192, 198 ff.; **81**, 310, 334; **98**, 17, 47; BVerfG NJW **1988**, 1588; BVerwG NJW **2000**, 3150 ff.; BVerfG NJW **1997**, 1634 f.; BerlVerfGH NVwZ **2000**, 549; OVG Berlin NVwZ **1999**, 95, 96; vgl. aber für Bayern BayVerfGH NVwZ **1985**, 260.

[132] Zur nicht gegebenen Klagebefugnis einer Gemeinde vgl. OVG Hamburg NVwZ **2005**, 347 ff.

[133] BVerfGE **6**, 45, 49 f.; **61**, 82, 104; **75**, 192, 200; vgl. auch *Schoch*, Jura **2001**, 201, 205.

**74**   Eine weitere Ausnahme wird gemacht, wenn die juristische Person des öffentlichen Rechts **keine öffentliche Aufgabe** wahrnimmt. Hier kann eine Grundrechtsträgereigenschaft durchaus angenommen werden.

> **Beispiel:** Das Bayerische Rote Kreuz ist zwar eine Körperschaft des öffentlichen Rechts, übt aber keine hoheitlichen Tätigkeiten aus. Die Institution ist daher grundrechtsberechtigt.

**75**   Diesbezüglich ist das BVerfG aber nicht konsequent. So hat es einer Gemeinde, die sich gegen die Genehmigung eines Kernkraftwerks wehren wollte, die Grundrechtsfähigkeit hinsichtlich des Eigentumsgrundrechts abgesprochen. Art. 14 I GG schütze nicht das Privateigentum, sondern das Eigentum Privater.[134]

**76**   Klar ist aber nach der Rechtsprechung des BVerfG von einer Grundrechtsträgereigenschaft der betreffenden juristischen Person des öffentlichen Rechts auszugehen, wenn sie sich in einem Bereich verteidigt, in dem sie vom Staat *unabhängig* ist, sich also in der gleichen **grundrechtstypischen Gefährdungslage** befindet wie der Bürger. Denn dann ist sie zumindest dem durch die Grundrechte geschützten Lebensbereich zuzuordnen.

**77**   Nach der Rechtsprechung des BVerfG sind die grundrechtstypische Gefährdungslage und somit eine (partielle) Grundrechtsfähigkeit

   **(1)** bei **Rundfunkanstalten** (Rundfunkfreiheit aus Art. 5 I S. 2 GG)[135]

   **(2)** und **Universitäten** bzw. **Fakultäten** (Wissenschaftsfreiheit aus Art. 5 III S. 1 GG) anerkannt[136].

   **(3)** Eine Sonderstellung unter den juristischen Personen des öffentlichen Rechts nehmen die öffentlich-rechtlichen **Religionsgemeinschaften** ein. Diese können sich uneingeschränkt auf die Glaubens- und Bekenntnisfreiheit (Art. 4 GG) berufen (vgl. Art. 140 GG i.V.m. Art. 137 V WRV).[137]

Diesen drei Bereichen ist eigentümlich, dass sie sämtlich außerhalb des Delegationsmodells dezentralisierter staatlicher Aufgabenwahrnehmung liegen und dem durch die Grundrechte geschützten Lebensbereich zuzuordnen sind.

> **Hinweis für die Fallbearbeitung:** Neuerdings wird versucht, die klassische Ausnahme vom materiellen Grundrechtsausschluss der öffentlichen Hand über die drei oben genannten Phänomene (sog. „Ausnahme-Trias") hinaus zu erweitern. So hat das BVerfG auch die Grundrechtsfähigkeit von Landesmedienanstalten in Bezug auf die Rundfunkfreiheit angenommen.[138] In der Fallbearbeitung muss aber eine Erweiterung der „Ausnahme-Trias" gut begründet werden. Es muss sich geradezu ein grundrechtliches Spannungsverhältnis zeigen, um den grundsätzlichen Ausschluss der juristischen Person des öffentlichen Rechts von der Grundrechtsfähigkeit nicht aufweichen zu lassen. Insbesondere darf nicht von der allgemeinen Rechtsfähigkeit ohne weiteres auf die Grundrechtsfähigkeit geschlossen werden.

**78**   **Zusammenfassung:** Juristische Personen des öffentlichen Rechts können sich grundsätzlich nicht auf Grundrechte berufen. Sie sind in Wahrnehmung von Kompetenzen tätig

---

[134] BVerfGE **61**, 82, 108 f. Vgl. auch BVerfG NVwZ **2005**, 82 f.

[135] BVerfGE **31**, 314, 321 f.; **59**, 231, 255; **78**, 101, 102 f.; **83**, 238, 296. Zu beachten ist jedoch, dass sich öffentlich-rechtliche Rundfunkanstalten nicht auf Eigentumsfreiheit (BVerfGE **78**, 101, 102) und Pressefreiheit (BVerfGE **83**, 238, 312) berufen können.

[136] BVerfGE **15**, 256, 261 f.; **31**, 314, 322; vgl. auch BVerfGE **51**, 369, 381; **67**, 202, 207; **85**, 360, 384. Studentenschaften wurde jedoch die Grundrechtsfähigkeit abgesprochen (BerlVerfGH NVwZ **2000**, 549).

[137] BVerfGE **19**, 1, 3 ff.; **30**, 112, 119 f.; **70**, 138, 160 f.; **102**, 370, 371.

[138] BVerfG NVwZ-RR **1993**, 550; vgl. dazu *Bethge*, NJW **1995**, 557, 558.

und nicht in Ausübung von Grundrechtspositionen. Eine Ausnahme gilt nach der Rechtsprechung des BVerfG aber für den Bereich der **Justiz**- oder **Verfahrensgrundrechte** (Art. 19 IV, 101 I 2, 103 I GG) und vor allem für den Fall, dass die betreffende juristische Person Rechte in einem Bereich verteidigt, in dem sie vom Staat *unabhängig* ist, sich also in der gleichen **grundrechtstypischen Gefährdungslage** befindet wie der Bürger. Dies ist anerkanntermaßen bei

- **Rundfunkanstalten** (Rundfunkfreiheit aus Art. 5 I S. 2 GG),
- **Universitäten** bzw. **Fakultäten** (Wissenschaftsfreiheit aus Art. 5 III S. 1 GG)
- und **Religionsgemeinschaften** (Art. 4 I und 140 GG)

der Fall. Darüber hinaus sollte eine Grundrechtsfähigkeit nur unter sehr engen Voraussetzungen angenommen werden. Es muss sich geradezu ein grundrechtliches Spannungsverhältnis zeigen, um den grundsätzlichen Ausschluss der juristischen Person des öffentlichen Rechts von der Grundrechtsfähigkeit nicht aufweichen zu lassen. Insbesondere darf von der allgemeinen Rechtsfähigkeit nicht ohne weiteres auf die Grundrechtsfähigkeit geschlossen werden.

Ein diesbezügliches Randproblem ergibt sich bei den sog. **kunstvermittelnden Medien**: Als potentielle Grundrechtsträger aus Art. 5 III S. 1 GG kommen neben natürlichen Personen und juristischen Personen des Privatrechts auch u.U. öffentlich-rechtlich strukturierte Rechtsträger und Einrichtungen in Betracht, die von der öffentlichen Hand unterhalten werden.     **79**

> **Beispiele:** als Eigen- oder Regiebetrieb geführte Theater, Museen, Orchester oder Opernhäuser. Selbst wenn man bei ihnen wegen des starken Schutzes, den Art. 5 GG entfaltet, von einer grundsätzlichen Grundrechtsfähigkeit ausgeht, muss man sich die Frage stellen, wer denn eine Klage erheben wollte; immerhin wird der Betrieb doch gerade von *dem* Hoheitsträger (personell und sächlich) unterhalten, gegen den sich eine Klage richten könnte.

## 4. Sonderfall gemischt-wirtschaftliche Unternehmen

Ein besonderes Problem besteht hinsichtlich **gemischtwirtschaftlicher Unternehmen**. Darunter sind privatrechtlich organisierte Unternehmen zu verstehen, deren Firmenanteile sich überwiegend (aber nicht ausschließlich) im Eigentum eines Trägers öffentlicher Gewalt befinden.     **80**

> **Beispiele:** Zu den gemischtwirtschaftlichen Unternehmen gehören von Gemeinden errichtete und betriebene Aktiengesellschaften und Gesellschaften mit beschränkter Haftung zur Unterhaltung der Daseinsvorsorge (Stadthallen-GmbH, Straßenbahn-AG, Energieversorgungs-AG, Wasserwerke-AG etc.), deren Anteile sich überwiegend, aber nicht ausschließlich bei der Gemeinde befinden. Auf Bundesebene sind (noch) die Deutsche Telekom und die Deutsche Bahn zu nennen. Dagegen befinden sich die Anteile der Deutschen Post mittlerweile weit überwiegend in Privatbesitz.

Bei den kommunalen Betrieben der Daseinsvorsorge war das **BVerfG** in seiner Entscheidung zu den Hamburger Elektrizitätswerken bei der Annahme der Grundrechtsfähigkeit äußerst zurückhaltend. Dadurch, dass die Daseinsvorsorge eine *öffentliche* Aufgabe sei, komme bei den kommunalen (Eigen-)Gesellschaften, die diese Aufgabe wahrnähmen, eine Grundrechtsfähigkeit nur ausnahmsweise in Betracht. Die Grundrechtsfähigkeit sei jedenfalls dann abzulehnen, wenn der jeweilige Hoheitsträger gemäß den (§ 65 I Nr. 3 BHO entsprechenden) Vorschriften der jeweiligen LHO die Möglichkeit habe, entscheidenden Einfluss auf die Gesellschaft auszuüben.[139]

---

[139] BVerfGE **45**, 63, 79 f.; BVerfG NJW **1990**, 1783.

Bei einer GmbH wird dies durch entsprechende Vereinbarung im Geschäftsführeranstellungsvertrag anzunehmen sein (vgl. §§ 6 und 35 GmbHG) und bei einer AG durch überwiegende oder ausschließliche Aktienanteile (das BVerfG hat in seiner genannten Entscheidung zu den Hamburger Elektrizitätswerken einen Anteil von 76 % der Aktien als ausreichend angesehen[140]).

Hinsichtlich der Telekom AG hat das BVerfG kürzlich geradezu entgegengesetzt entschieden. Bei dieser entfalle die Grundrechtsfähigkeit nicht etwa, weil der Bund Anteile an dieser halte. Denn bei einem Vergleich mit der Deutschen Post ergebe sich, dass ein (damals bestehender) beherrschender Einfluss des Bundes auf die Unternehmensführung der Post, der die Grundrechtsfähigkeit habe in Zweifel ziehen können, gesetzlich ausgeschlossen gewesen[141] und nach der Privatisierung erst recht nicht begründet worden sei.[142] Für die Frage nach der Grundrechtsfähigkeit der Telekom AG bedeutet dies somit[143]: Man braucht nicht auf den Grad der Beteiligung des Bundes abzustellen. Staattdessen ist die Grundrechtsfähigkeit bereits deshalb zu bejahen, weil der Bund kraft überlegener Regelungen die Einflussmöglichkiet auch auf die Telekom AG ausgeschlossen hat.[144]

## 5. Grundrechtsmündigkeit

Von der Grundrechtsfähigkeit muss die Grundrechtsmündigkeit unterschieden werden.

81 Die **Grundrechtsmündigkeit** betrifft die Fähigkeit einer natürlichen Person, ein Grundrecht, dessen Träger sie ist, in allen denkbaren Rechtsrelationen entsprechend ihrer Einsichts- und Entscheidungsfähigkeit ausüben zu können.

82 Eine Aussage dazu, in welchem Lebensalter die Grundrechtsmündigkeit eintritt, trifft das Grundgesetz nur an einigen Stellen, etwa in Art. 12 a I und Art. 38 II GG. Andere Altersgrenzen sind im einfachen Recht enthalten: So beginnt die beschränkte Geschäftsfähigkeit gem. § 106 BGB mit Vollendung des 7. Lebensjahres. Gem. § 5 S. 2 RelKErzG kann ein Kind nach Vollendung des 12. Lebensjahres nicht gegen seinen Willen zu einem anderen Bekenntnis gezwungen werden. Gemäß S. 1 der Vorschrift steht dem Minderjährigen bei Vollendung des 14. Lebensjahres die Entscheidung darüber zu, welchem Bekenntnis er angehören möchte. Eine entgegenstehende Auffassung des gesetzlichen Vertreters (i.d.R. die Eltern) ist unbeachtlich. Gem. § 12 AsylVerfG ist ein Ausländer, der das 16. Lebensjahr vollendet hat, zur Vornahme von Verfahrenshandlungen berechtigt. Zu beachten ist jedoch, dass die Frage nach der Grundrechtsmündigkeit nur die Verfassung selbst, nicht das einfache Recht beantworten kann. Das einfache Recht kann aber als Interpretationshilfe herangezogen werden (siehe sogleich).

83 Außerhalb dieser Spezialregelungen besteht keine gesetzliche Regelung hinsichtlich der Grundrechtsmündigkeit. Daher werden verschiedene Auffassungen vertreten[145]:

- Die erste Auffassung stellt auf die individuelle Einsichts- und Entscheidungsfähigkeit der konkret betroffenen Person ab (*Theorie von der flexiblen Altersgrenze*). Danach ist

---

[140] BVerfG JZ **1990**, 335 mit abl. Anm. von *Kühne*.
[141] Vgl. § 3 des Gesetzes über die Errichtung einer Bundesanstalt für Post und Telekommunikation Deutsche Bundespost vom 14.9.1994 (BGBl I S. 2325) und § 32 der Satzung der Bundesanstalt für Post und Telekommunikation Deutsche Bundespost vom 14.9.1994 (BGBl I S. 2331).
[142] BVerfG NVwZ **2006**, 1041 f.
[143] Etwa wenn es um Streitigkeiten zwischen ihr und der Regulierungsbehörde hinsichtlich der Genehmigung von Entgelten für die Durchleitung von Signalen anderer Telekommunikationsunternehmen geht.
[144] So auch schon BVerwGE **114**, 160, 189.
[145] Vgl. dazu *von Münch*, in: von Münch/Kunig, GG, Vorb. Art. 1-19 Rn 11 ff.

grundrechtsmündig, wer über die Fähigkeit verfügt, die Tragweite des Grundrechts zu erkennen. Indizien ergeben sich dabei aus den o.g. Altersbegrenzungen im Grundgesetz (Art. 12a I = 18 Jahre; Art. 38 II = 18 Jahre) oder den Regelungen des einfachen Rechts (§ 5 RelKErzG, § 12 AsylVerfG).

- Nach der zweiten Auffassung besteht die Grundrechtsmündigkeit von der Altersgrenze ab, die der Gesetzgeber im betreffenden Fall gezogen hat (*Theorie von der starren Altersgrenze*).

Die zuletzt genannte Auffassung führt dazu, dass Menschen bezüglich der Grundrechte, die an die menschliche Existenz anknüpfen (Art. 1 I, 2 II S. 1, 104 GG), stets grundrechtsmündig sind, da der Gesetzgeber bei ihnen keine Altergrenzen festlegen kann. Hinsichtlich solcher Grundrechte, deren Ausübung an privatrechtliche Rechtsgeschäfte geknüpft ist (etwa Art. 12 I, 14 I GG im Wirtschaftsverkehr), besteht gemäß der *Theorie von der starren Altersgrenze* die Grundrechtsmündigkeit entsprechend den Altersgrenzen des BGB (vgl. §§ 2, 104 ff. BGB). Hinsichtlich Grundrechte bzw. Verpflichtungen, die erst ab einem bestimmten Alter relevant werden (Art. 4 III, 6 I, 12a, 38 II GG) bestehen nach diesem Ansatz die dort (d.h. in Art. 12a oder Art. 38 II GG) genannten Altersgrenzen. **84**

> **Hinweis für die Fallbearbeitung:** In der Regel unterscheiden sich die beiden Theorien im Ergebnis nicht voneinander, da auch die Theorie von der flexiblen Altersgrenze – obwohl sie primär auf die jeweilige Einsichts- und Entscheidungsfähigkeit der Person abstellt – als Indiz die einfachgesetzlichen Altersvorschriften heranzieht. In der Fallbearbeitung kann eine Entscheidung über die beiden Theorien daher regelmäßig dahinstehen, wenn die betreffende Person in den Bereich einer gesetzlichen Altersbestimmung fällt.

Eine besondere Problematik ergibt sich im Bereich des **elterlichen Erziehungsrechts** (Art. 6 II GG). Dieses Erziehungsrecht kann mit der zunehmenden Selbstständigkeit des Minderjährigen in Widerspruch treten. Dabei kann für den Eingriff der Eltern in die Rechtssphäre des Minderjährigen nicht einfach Art. 6 II GG als Rechtsgrundlage herangezogen werden, da die Eltern nicht Träger öffentlicher Gewalt sind und die Grundrechte daher nicht unmittelbar gelten. Der Gesetzgeber hat dazu aber einige Regelungen in die eine oder andere Richtung getroffen. So ist im Anwendungsbereich des bereits erwähnten § 5 RelKErzG ein entgegenstehender Wille der Eltern unbeachtlich, da der Gesetzgeber diesbezüglich das Recht des Kindes zur Selbstbestimmung als vorrangig gegenüber dem allgemeinen Erziehungsrecht der Eltern ansieht. Im Übrigen bleibt es bei der Regelung der §§ 1626 ff. BGB. Diese Vorschriften regeln die Innehabung und Ausübung des elterlichen Sorgerechts. Aber auch hier bleibt die Einschränkung, dass Fragen von größerer Bedeutung wie Aufenthaltsbestimmung und Berufswahl dadurch begrenzt sind, dass die das Kindeswohl gefährdenden Entscheidungen der Eltern durch das Familiengericht bzw. den Ergänzungspfleger ersetzt werden können (vgl. § 1643 BGB bzw. § 1909 BGB). **85**

Von den bisher genannten materiellrechtlichen Problemen ist die prozessuale Seite (im Rahmen einer Verfassungsbeschwerde) zu unterscheiden. Es geht um die Frage der Prozessfähigkeit bei der Geltendmachung von Grundrechten, vgl. Rn 1028. **86**

## VI. Grundrechtsbindung

**87**   Hinsichtlich der Grundrechtsbindung (Grundrechtsverpflichtung) ist zu unterscheiden:

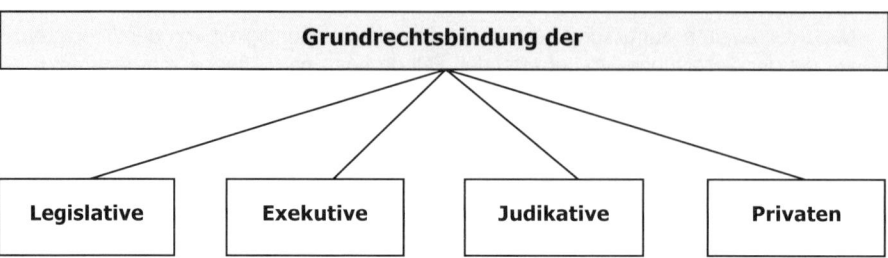

### 1. Grundrechtsbindung der Legislative

**88**   In der Weimarer Reichsverfassung war nur die vollziehende Gewalt, nicht die Gesetzgebung an die Grundrechte gebunden. Darüber hinaus wurden viele Grundrechte nur als Programmsätze verstanden, deren Nichtbeachtung weitgehend sanktionslos blieb. Das hatte fatale Folgen, als die Nationalsozialisten 1933 die Herrschaft übernahmen und die Weimarer Reichsverfassung praktisch beseitigten. Aus diesem Grund sind die Grundrechte an die erste Stelle des Grundgesetzes gestellt; sie binden Gesetzgebung, vollziehende Gewalt und Rechtsprechung als *unmittelbar geltendes Recht* (Art. 1 III GG). Man kann also sagen, dass in der Weimarer Reichsverfassung die Grundrechte nur im Rahmen der Gesetze galten, heute die Gesetze nur im Rahmen der Grundrechte gelten.

### 2. Grundrechtsbindung der Exekutive

**89**   Oberster Grundsatz des Rechtsstaatsprinzips ist, dass (neben der Legislative und Judikative) die Exekutive an Recht und Gesetz gebunden ist und stets die Grundrechte zu beachten hat (Art. 1 III, 20 III GG). Das gilt jedenfalls dann, wenn staatseigene Organe der Exekutive hoheitlich handeln und dabei in die Grundrechte der Bürger eingreifen (Beispiel: polizeilicher Platzverweis). Aber auch für den Fall, dass sich die öffentliche Hand zur Wahrnehmung ihrer hoheitlichen Aufgaben Privatrechtssubjekte bedient (sog. **Beleihung**), kann nichts anderes gelten. Denn Kennzeichen der Beleihung ist gerade, dass die Beliehenen – auch wenn sie bei der Ausübung von hoheitlichen Kompetenzen statusrechtlich Privatrechtssubjekte sind – hoheitliche Aufgaben wahrnehmen.[146] In dieser Tätigkeit zählen die Privaten zur mittelbaren Staatsverwaltung und unterliegen damit (wie die staatseigenen Organe) uneingeschränkt der Geltung des Art. 1 III GG.

**89a**   Allerdings ist die öffentliche Verwaltung nicht stets verpflichtet, sich der öffentlich-rechtlichen Handlungsform zu bedienen. In bestimmten Fällen hat sie die Wahlfreiheit, d.h. sie kann wählen, ob sie öffentlich-rechtlich oder privatrechtlich tätig werden will. In diesem Zusammenhang muss kategorisch zwischen Verwaltungsprivatrecht und Fiskalverwaltung unterschieden werden.

### a. Verwaltungsprivatrecht

**90**   Nimmt die Verwaltung *öffentlich-rechtliche* Aufgaben in Privatrechtsform wahr, spricht man von **Verwaltungsprivatrecht**. Allgemein wird folgende Definition verwandt:

---

[146] Zur Beleihung vgl. Rn 70 ff.

**Verwaltungsprivatrecht** liegt vor, wenn ein öffentlich-rechtlicher Verwaltungsträger *unmittelbar* **hoheitliche** Aufgaben in privatrechtlicher Form erfüllt.    91

**Beispiele:**

(1) Die Stadt nimmt den öffentlichen Personennahverkehr durch eine AG wahr, deren Aktien sich ausschließlich oder überwiegend in ihrer Hand befinden. Mit den Fahrgästen werden privatrechtliche Beförderungsverträge abgeschlossen.

(2) Die Stadt versorgt ihre Einwohner mit Wasser und Strom (Versorgungsenergien) **(a)** über ihre öffentlich-rechtlich organisierten Eigen- oder Regiebetriebe oder **(b)** über die von ihr beherrschten privatrechtlich organisierten Energieversorgungsunternehmen (AG oder GmbH). In beiden Konstellationen schließt sie mit den Einwohnern privatrechtliche Energielieferungsverträge.

(3) Die Stadt betreibt eine öffentliche Einrichtung (z.B. Stadthalle) durch eine GmbH. Die Mietverträge werden privatrechtlich gemäß §§ 535 ff. BGB geschlossen.

92

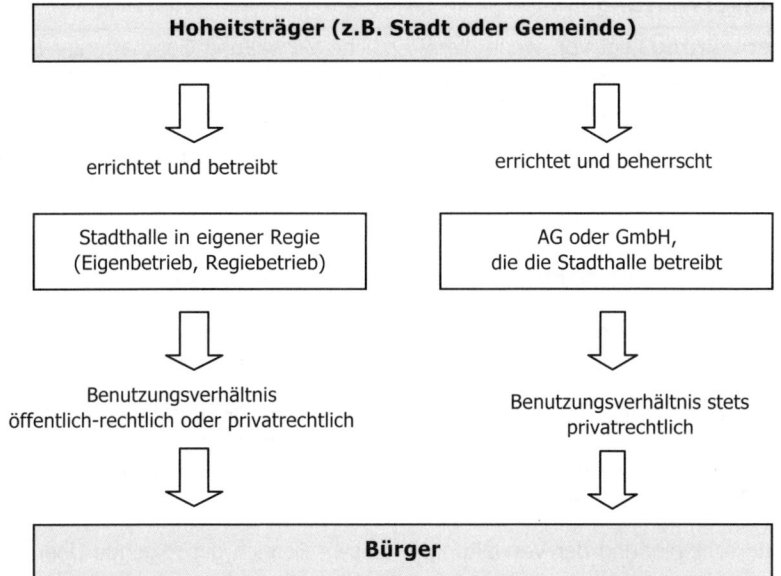

Da die Verwaltung in diesen Bereichen grundsätzlich eine Wahlfreiheit der Rechtsform besitzt, d.h., sie diesbezüglich auch zivilrechtlich tätig werden darf, soweit nicht öffentlich-rechtliche Normen oder Rechtsgrundsätze entgegenstehen, wirft dies zahlreiche Probleme (v.a. bei der Vergabe von **Subventionen** und der Zulassung zur **Benutzung von öffentlichen Einrichtungen**) auf, deren Behandlung aber den Rahmen dieses Buches sprengen würde. Vgl. daher ausführlich *R. Schmidt*, AllgVerwR, Rn 48 ff. und 1008 ff.    93

Hinsichtlich der **Grundrechtsbindung** in diesem Bereich ist zu beachten, dass die Verwaltung – auch wenn sie in Privatrechtsform auftritt – *hoheitliche* Aufgaben erfüllt. Daher ist es selbstverständlich, dass sie an die **Grundrechte**, insbesondere an den allgemeinen Gleichheitssatz und an die allgemeinen **Grundsätze rechtsstaatlichen Handelns** (Art. 1 III, 20 III GG, Grundsatz der Verhältnismäßigkeit) gebunden ist.[147] Den Verwaltungsbehörden ist es somit bei der Erfüllung von (Wirtschafts-)Verwaltungsaufgaben in Privatrechtsform anstelle von öffentlich-rechtlichen Formen untersagt, sich den grundrechtlichen Bindungen zu entziehen (**„keine Flucht ins Privat-**    94

---

[147] BGHZ **52**, 325, 327 ff.; BGH DVBl **2003**, 942; BGH NJW **1992**, 171, 173; *Peine*, AllgVerwR, § 11 Rn 315.

**recht"**). Freilich kann Grundrechtsbindung hier nicht bedeuten, dass das privatrechtlich organisierte Unternehmen Grundrechtsadressat wäre. Denn eine juristische Person des Privatrechts kann niemals unmittelbar Grundrechtsadressat sein; dies kann nur die hinter der Gesellschaft stehende öffentliche Hand. Grundrechtsbindung bedeutet in diesem Zusammenhang also, dass der Staat über seine Mehrheitsbeteiligung gesellschaftsrechtlich entsprechenden Einfluss auf die Geschäftsführung/den Vorstand ausüben[148] und gewährleisten muss, dass keine Grundrechtsverstöße begangen werden.[149] Wegen des Anwendungsvorrangs des Europäischen Gemeinschaftsrechts kann sie sich darüber hinaus auch nicht durch die Wahl der Privatrechtsform den gemeinschaftsrechtlichen Bindungen entziehen.[150]

95  Schwieriger ist die Frage nach der Grundrechtsbindung der öffentlichen Hand im Bereich der **Fiskalverwaltung** zu beantworten.

## b. Fiskalverwaltung

96  **Fiskalverwaltung** liegt vor, wenn die öffentliche Verwaltung Geschäfte zur Bedarfsdeckung (fiskalische Hilfsgeschäfte) tätigt, sich erwerbswirtschaftlich betätigt oder ihre Vermögensgegenstände verwaltet.

97  Bei der eigentlichen Fiskalverwaltung tritt die Verwaltung als **Privatrechtssubjekt** auf und nimmt wie jeder andere am Wirtschaftsleben teil. Das Verhältnis zwischen ihr und dem Bürger kann in diesem Bereich also ausschließlich privatrechtlich sein und der Regelung des § 13 GVG unterfallen. Die teilweise noch verbleibende Grundrechtsbindung wird von den **ordentlichen Gerichten** beachtet (§ 17 II S. 1 GVG).[151]

98  **Fiskalische Hilfsgeschäfte:** Darunter sind zum einen das Beschaffungswesen bzw. Veräußerungswesen und zum anderen das öffentliche Auftragswesen zu verstehen.

> **Beispiele:** Kauf von Büromaterial, Dienstfahrzeugen, Grundstücken etc. (Beschaffungswesen); Verkauf von Grundstücken (Veräußerungswesen)[152]; Abschluss von Verträgen mit Baufirmen über den Bau von Straßen, Schulen, Regierungsgebäuden etc. (öffentliches Auftragswesen)

99  Zur Grundrechtsbindung der Verwaltung in diesem Bereich gilt folgende Überlegung: Da hier die Verwaltung – im Gegensatz zum Verwaltungsprivatrecht – lediglich wie jeder andere Private privatrechtlich am Wirtschaftsleben teilnimmt, ist eine umfassende Grundrechtsbindung nicht sachgerecht.[153] Allerdings darf nicht verkannt werden, dass dem Träger öffentlicher Gewalt gerade im Bereich des Beschaffungswesens ein erheblicher Steuerungsmechanismus gegenüber der Wirtschaft zur Verfügung steht. Daher besteht stets die Gefahr, etwa in der Auftragsvergabe, dass ein vorgeschriebenes förmliches Ausschreibungsverfahren nur dem Schein nach oder überhaupt nicht durchgeführt und so der Gleichheitssatz aus politischen oder anderen Gründen nicht beachtet wird. Aus diesem Grund scheint es sachgerecht, im Bereich der fiskalischen

---

[148] Z.B. über den Aufsichtsrat, §§ 95 ff. AktG, oder über die Hauptversammlung, §§ 118 ff. AktG.
[149] Anders *Pieroth/Schlink*, Rn 171, die eine unmittelbare Grundrechtsbindung der privatrechtlich organisierten Gesellschaft annehmen wollen, wenn der Staat alle Anteile hält. Das ist abzulehnen, weil – wie aufgezeigt – eine juristische Person des Privatrechts niemals unmittelbar Grundrechtsadressat sein kann, sondern nur die hinter der Gesellschaft stehende öffentliche Hand. Ob diese dabei sämtliche oder nur die überwiegenden Anteile hält, kann hinsichtlich der Grundrechtsadressateneigenschaft keinen Unterschied machen.
[150] EuGH NJW **1991**, 3086 ff.
[151] Vgl. BGH NVwZ **2002**, 1141 ff.; *Meyer*, NVwZ **2002**, 1075 ff.; *Renck*, JuS **2000**, 1001.
[152] Vgl. dazu OVG Münster NJW **2001**, 698 ff.
[153] Der BGH (BGHZ **36**, 91, 95; **97**, 312, 316; **154**, 146, 150) verneint in diesem Bereich die Geltung der Grundrechte mit dem Argument, dass insb. Art. 3 I GG durch die Wahl des Geschäftspartners nicht eingeschränkt sein soll.

Hilfsgeschäfte zwar nicht die volle Grundrechtsbindung anzunehmen[154], zumindest aber den allgemeinen **Gleichheitssatz** und das **Willkürverbot** (Art. 3 I GG) uneingeschränkt anzuwenden.

> **Beispiel:** Die Verwaltung der Gemeinde G kauft ihre Büromaterialien (= fiskalisches Hilfsgeschäft zur Bedarfsdeckung) nur deshalb nicht von einem bestimmten Büroausstatter, weil dieser eine andere politische Meinung vertritt.
>
> Dieses Verhalten verstößt gegen den Gleichheitssatz und das Willkürverbot.

**Erwerbswirtschaftliche Betätigung:** Der Hoheitsträger wird erwerbswirtschaftlich tätig, wenn er in unternehmerischer Weise am Wirtschaftsverkehr teilnimmt bzw. sich an einem privaten Unternehmen (Handelsgesellschaft oder juristische Person des Privatrechts) beteiligt. **100**

> **Beispiele:**
> (1) Den klassischen Fall einer erwerbswirtschaftlichen Betätigung des Staates bildet die Beteiligung des Landes Niedersachsen an der Volkswagen AG.
> (2) Außerhalb von Handelsgesellschaften unternehmerisch tätig wird der Verwaltungsträger bspw. bei der Bewirtschaftung eines Weinguts mit staatlichen Bediensteten.
> (3) Auch wenn eine Gemeinde über ihren Eigenbetrieb etwa im Bereich des Garten- und Landschaftsbaus Aufträge privater Auftraggeber ausführt, wird sie erwerbswirtschaftlich tätig (und tritt gleichsam in Konkurrenz zu privaten Anbietern).[155] Weitere Betätigungen stellen der Partyservice durch eine städtische Kantine, der Betrieb eines Nagelstudios, Instandsetzungsarbeiten, Elektroinstallationsarbeiten[156], die Gebäudeunterhaltung und der Umzugsservice dar.[157]

Bei der Beantwortung der Frage, ob sich die öffentliche Hand erwerbswirtschaftlich betätigen und wie jedes Wirtschaftsunternehmen Gewinne erzielen darf, muss zunächst die Grundrechtsbindung geklärt werden. Denn verfassungsrechtlich ist es nicht ohne weiteres möglich, den damit verbundenen Eingriff in die Wettbewerbsfreiheit, d.h. in die individuellen Interessen privater Wettbewerber, zu legitimieren.[158] Virulent wird dies insbesondere auf **kommunaler Ebene**. Aufgrund der prekären Finanzlage der Kommunen ist es zwar nachvollziehbar, dass die erwerbswirtschaftliche Betätigung von Gemeinden in den letzten Jahren extrem zugenommen hat (man denke nur an Landschafts- oder Friedhofspflege, die von gemeindeeigenen Betrieben durchgeführt werden), jedoch ist auch klar, dass damit eine Wettbewerbsverzerrung zulasten der privaten Betriebe stattfindet. Immerhin stammt die Ausrüstung (Fahrzeuge, Werkzeuge etc.) aus Steuergeldern, wohingegen diejenige der privaten Betriebe aus Eigenleistung finanziert wird. Die rechtliche Zulässigkeit ist vermeintlich durch die Gemeindeordnungen geregelt und näher bei *R. Schmidt*, AllgVerwR, Rn 1041 ff. behandelt. Vereinfacht lässt sich bereits an dieser Stelle sagen, dass die Grenzen dort zu ziehen sind, wo die öffentliche Hand ihre Machtstellung dazu missbraucht, einen **Auszehrungs- oder Verdrängungswettbewerb** zu betreiben. Als Bewertungsgrundlage können die §§ 138, 242, 315, 826 BGB, §§ 3 UWG und 1 GWB herangezogen werden. Sind deren Voraussetzungen erfüllt, besteht (i.V.m. Art. 12 I, 14 I GG, die über die Figur der „Drittwirkung der Grundrechte" zur Anwendung gelangen[159]) ein **101**

---

[154] So aber ein Teil der Lit., vgl. etwa *Höfling*, in: Sachs, GG, Art. 1 Rn 95; *Jarass*, in: Jarass/Pieroth, GG, Art. 1 Rn 28; *Cremer*, DÖV **2003**, 923 ff.

[155] Vgl. OLG Karlsruhe NVwZ **2001**, 712 ff.

[156] Vgl. BGH NVwZ **2002**, 1141 ff.

[157] Weitere Beispiele bei *Schink*, NVwZ **2002**, 129 f. Vgl. *Meyer*, NVwZ **2002**, 1075 ff.

[158] Vgl. dazu OLG Düsseldorf NVwZ **2002**, 248, 249; OLG Karlsruhe NVwZ **2001**, 712 ff.; LG Offenburg NVwZ **2000**, 717 f.; *Stehlin*, NVwZ **2001**, 645 ff.; *Horn*, NVwZ **2001**, 647 ff.; *Henneke*, VBlBW **2000**, 337 ff.

[159] Zur sog. Drittwirkung der Grundrechte vgl. sogleich Rn 105.

zivilrechtlicher Abwehranspruch gegen die erwerbswirtschaftliche Betätigung der öffentlichen Hand. Ein entsprechender Abwehr- bzw. Unterlassungsanspruch kann aber auch vor den Verwaltungsgerichten geltend gemacht werden, soweit er auf die Verletzung von Grundrechten gestützt wird.

102 **Verwaltung eigener Vermögensgegenstände:** Einen Unterfall der erwerbswirtschaftlichen Betätigung stellt die Verwaltung eigener Vermögensgegenstände dar. Die Träger öffentlicher Verwaltung sind auch privatrechtliche Eigentümer von Vermögensgegenständen (Fahrzeugen, Grundstücken etc.). Soweit die Gegenstände nicht der Erfüllung hoheitlicher Aufgaben dienen (etwa weil sie nicht durch Widmungsakt dem öffentlichen Recht unterstellt werden - modifiziertes Privateigentum), kommt eine privatwirtschaftliche Nutzung in Betracht.[160]

> **Beispiele:** Vermietung der Kellerräume des Rathauses an einen Gastronomen („Ratskeller") oder Zur-Verfügung-Stellen der Außenflächen von Bussen und Straßenbahnen gegen Entgelt für Werbezwecke

103 Hinsichtlich der Grundrechtsbindung gilt das zur erwerbswirtschaftlichen Betätigung Gesagte.

104 **Zusammenfassung: Grundrechtsbindung der Verwaltung**

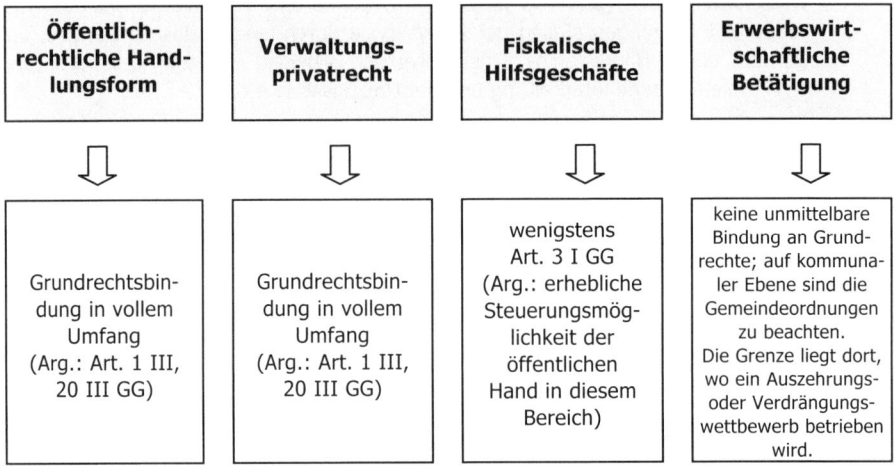

| Öffentlich-rechtliche Handlungsform | Verwaltungs-privatrecht | Fiskalische Hilfsgeschäfte | Erwerbswirtschaftliche Betätigung |
|---|---|---|---|
| ⇩ | ⇩ | ⇩ | ⇩ |
| Grundrechtsbindung in vollem Umfang (Arg.: Art. 1 III, 20 III GG) | Grundrechtsbindung in vollem Umfang (Arg.: Art. 1 III, 20 III GG) | wenigstens Art. 3 I GG (Arg.: erhebliche Steuerungsmöglichkeit der öffentlichen Hand in diesem Bereich) | keine unmittelbare Bindung an Grundrechte; auf kommunaler Ebene sind die Gemeindeordnungen zu beachten. Die Grenze liegt dort, wo ein Auszehrungs- oder Verdrängungswettbewerb betrieben wird. |

## 3. Grundrechtsbindung zwischen Privaten (Drittwirkung der Grundrechte)

105 Wie bereits festgestellt, stellen die Grundrechte im klassischen Sinne Abwehr-, Leistungs- und Teilhaberechte im Verhältnis zwischen Bürger und Staat dar. Art. 1 III GG stellt dies verfassungsrechtlich klar, indem er die Grundrechtsgeltung nur auf Gesetzgebung, Verwaltung und Rechtsprechung bezieht. Private Rechtssubjekte können (von dem Sonderfall der Beleihung[161] einmal abgesehen) daher keine Grundrechtsadressaten sein und keine Grundrechte anderer Privater verletzen. Gleichwohl können die Grundrechte unter bestimmten Voraussetzungen unmittelbaren Einfluss auch auf die Rechtsbeziehungen der Bürger untereinander haben. So ordnet Art. 9 III S. 2 GG an, dass Abreden, die das Grundrecht der Koalitionsfreiheit einschränken oder behindern, nichtig sind. Hierauf gerichtete Maßnahmen sind rechtswidrig. Dieser

---

[160] Vgl. dazu näher *R. Schmidt*, AllgVerwR, Rn 1046 ff.
[161] Vgl. dazu bereits Rn 70.

Effekt wird als **unmittelbare Drittwirkung der Grundrechte** bezeichnet.[162] In der Sache wird klargestellt, dass der Koalitionsfreiheit Vorrang vor der Vertragsfreiheit beigemessen wird. Jenseits dieser gesetzlich angeordneten unmittelbaren Geltung der Grundrechte kann eine unmittelbare Drittwirkung der Grundrechte aber nicht angenommen werden (vgl. wiederum Art. 1 III GG).

Allerdings wird das Privatrecht durchgängig vom Verfassungsrecht, insbesondere von den Grundrechten, beeinflusst. Denn das Grundgesetz stellt keine wertneutrale Ordnung dar, sondern trifft eine verfassungsrechtliche Grundentscheidung und enthält Prinzipien für die Ordnung des politischen Gemeinwesens. Insofern sind die Grundrechte nicht nur Abwehrrechte des Bürgers gegen Eingriffe des Staates, sondern zugleich Ausdruck einer hinter den Abwehrrechten stehenden **objektiven Wertordnung**. Sie gelten daher für alle Bereiche des Rechts als Richtlinie und Impuls. Man spricht von **mittelbarer Drittwirkung der Grundrechte**. Aufgrund dieser Doppelfunktion der Grundrechte als Abwehrrechte wie auch als objektive Wertvorgaben muss ein Richter bei jeder Entscheidung kraft Verfassungsgebots prüfen, ob und inwieweit das anzuwendende Gesetz (insbesondere dort normierte Generalklauseln und unbestimmte Rechtsbegriffe) grundrechtlich beeinflusst ist. Verkennt er bei Auslegung und Anwendung des einfachen Rechts die grundlegende Bedeutung der Grundrechte, verletzt er diese in ihrer Funktion als objektive Wertordnung; darüber hinaus greift er mit seinem Urteil als Hoheitsakt zugleich in das Grundrecht des Bürgers auf allgemeine Handlungsfreiheit ein, die nicht durch eine rechtswidrige Gesetzesanwendung beeinträchtigt werden darf. Insofern kann der betroffene Bürger gegen ein solches Urteil sogar mit der Verfassungsbeschwerde vorgehen.[163]

„Einfallstore" der Grundrechte in das Zivilrecht sind unbestimmte Rechtsbegriffe und Generalklauseln wie:

**106**

- **Sittenwidrigkeit** in § 138 BGB
- **Treu und Glauben** in § 242 BGB
- **Sittenwidrige vorsätzliche Schädigung** in § 826 BGB
- **Widerrechtlichkeit** der Verletzung eines sonstigen Rechts (Recht am eingerichteten und ausgeübten Gewerbebetrieb; allgemeines Persönlichkeitsrecht) in § 823 I BGB
- **Benachteiligung** in §§ 1 ff. AGG[164]
- **Unlauterbarkeit** in § 3 UWG
- **Demokratische Grundsätze** in Art. 21 I S. 3 GG
- **Eigenbedarf** bzw. **berechtigtes Interesse** bzw. **wichtiger Grund** im Rahmen einer Wohnraumkündigung in §§ 543, 569, 573 BGB
- **Billiges Ermessen** in § 315 BGB
- **Duldungspflicht** in § 1004 II BGB[165]
- **Berechtigtes Interesse** in § 23 II KUG

> **Beispiel:** A ist Jungunternehmer und benötigt ein Geschäftsdarlehen in Höhe von 750.000,- € für den Aufbau seines Betriebes. Die Hausbank ist bereit, ihm ein Darlehen in dieser Höhe zu gewähren, wenn sich die (geschäftlich unerfahrene) Lebensgefährtin des A, die B, für die Darlehensschuld verbürgt. Als das Geschäft des A ohne Erfolg bleibt, nimmt die Bank B in Anspruch. Diese ist aber aufgrund ihrer Einkommensverhältnisse noch nicht einmal in der Lage, die laufenden Zinsen aus dem Darlehen aufzubringen. Kann B daher die rechtshindernde Einwendung der Sittenwidrigkeit (§ 138 I BGB) geltend machen?

---

[162] BVerfGE **93**, 352, 360 f.; *Löwer*, in: von Münch/Kunig, Art. 9 Rn 56 ff. Vgl. dazu auch Rn 700 ff.
[163] Vgl. BVerfGE **7**, 198, 203 ff.; **58**, 377, 396; **73**, 261, 268 ff.; **105**, 252 ff.; **105**, 279 ff.
[164] = Allgemeines Gleichbehandlungsgesetz v. 14.8.**2006** (BGBl I S. 1897).
[165] Vgl. dazu BGH NJW **2006**, 1054 ff.; BVerfG NJW **2006**, 207 ff. Vgl. auch unten Rn 617c.

Wird ein dem Hauptschuldner nahe stehender Bürge, der geschäftlich unerfahren ist und die Bürgschaft aus emotionaler Verbundenheit zum Hauptschuldner übernommen hat, durch die Inanspruchnahme der Bürgschaft finanziell krass überfordert und erweist sich die Bürgschaft auch aus Sicht eines vernünftig denkenden Gläubigers als wirtschaftlich sinnlos, ist die Bürgschaft sittenwidrig.[166] Der Bürge ist dem Hauptschuldner beispielsweise dann nahe stehend, wenn er in nichtehelicher Lebensgemeinschaft zu ihm steht. B lebt mit A in nichtehelicher Lebensgemeinschaft. Sie ist auch geschäftlich unerfahren und durch die Bürgschaft finanziell krass überfordert, da sie noch nicht einmal die laufenden Zinsen aus dem Darlehen aufbringen kann. Damit wäre sie in ihrer persönlichen Lebensführung derart eingeschränkt, dass ihre Grundrechtspositionen insbesondere aus Art. 12 I und 14 I GG praktisch ausgehöhlt wären. Daher ist von einer Sittenwidrigkeit der Bürgschaftserklärung auszugehen. B kann sich auf § 138 I BGB berufen.

Zur Drittwirkung von Grundrechten, die bei Missachtung zu einer **Urteils-Verfassungsbeschwerde** führen kann, vgl. näher Rn 197a, b, 275b und 517.

## 4. Grundrechtsbindung der Judikative

107 Dass gem. Art. 1 III GG auch die rechtsprechende Gewalt an die Grundrechte gebunden ist, ist aus rechtsstaatlicher Sicht selbstverständlich, tritt der Richter doch im gerichtlichen Verfahren den Beteiligten „formell und in unmittelbarer Ausübung staatlicher Hoheitsgewalt gegenüber"[167]. Unstreitig ist der Richter bei der Auslegung und Anwendung einfachen Rechts an die Grundrechte gebunden und hat diese, insbesondere über die Generalklauseln (z.B. §§ 138, 242, 826 BGB, s.o.), zu beachten. Ob der Richter die Grundrechte (insbesondere bei der Auslegung der Generalklauseln) hinreichend beachtet hat, kann vom BVerfG im Rahmen einer Individualverfassungsbeschwerde (Urteilsverfassungsbeschwerde) gem. Art. 93 I Nr. 4 a GG, §§ 13 Nr. 8a und §§ 90 ff. BVerfGG überprüft werden. Das BVerfG prüft dann, ob der Beschwerdeführer gerade durch den Richterspruch in einem seiner Grundrechte oder grundrechtsgleichen Rechte verletzt ist (sog. spezifische Grundrechtsverletzung). Eine spezifische Grundrechtsverletzung wird angenommen, wenn

- durch das gerichtliche Verfahren selbst Grundrechte oder grundrechtsgleiche Rechte (z.B. Art. 103 I GG) verletzt wurden,
- das Gericht seine Entscheidung auf eine grundrechtswidrige Norm gestützt
- oder bei der Auslegung und Anwendung einfachen Rechts grundrechtliche Wertungen nicht beachtet hat (mittelbare Drittwirkung von Grundrechten)

und die Entscheidung auf einem dieser Fehler beruht.[168]

**Beispiel:** Steuerberater A schließt mit der Steuerfachgehilfin B einen Arbeitsvertrag. Nach einer Bestimmung des Arbeitsvertrags wird der Vertrag auflösend bedingt (vgl. § 158 II BGB) für den Fall, dass B schwanger wird. Als B schwanger wird, beruft sich A auf die Klausel und geht von dem Nichtvorhandensein eines Arbeitsvertrags aus. Zu Recht?

Die auflösende Bedingung ist sittenwidrig und verstößt gegen § 138 BGB. Für die Sittenwidrigkeit der „Schwangerschaftsklausel" spricht die grundgesetzliche Wertung des Art. 6 I GG (Fall der mittelbaren Drittwirkung, s.o.). Der Arbeitsvertrag ist daher unbedingt zustande gekommen. Sollte das Arbeitsgericht dennoch die Wirksamkeit der auf-

---

[166] BGH NJW **2000**, 1182, 1183.
[167] BVerfGE **52**, 203, 207 (Rechtliches Gehör).
[168] Vgl. BVerfGE **7**, 198, 203; **101**, 361, 388; **103**, 142, 150; **105**, 252 ff.; **105**, 279 ff.; BVerfG NJW **2006**, 2836, 2837 und 2838. Vgl. auch *Brohm*, NJW **2001**, 1 ff.

lösenden Bedingung annehmen, verletzte es mit seinem Urteil das Grundrecht der B aus Art. 6 I GG. Hiergegen könnte B Verfassungsbeschwerde erheben.

## 5. Grundsatzentscheidung Fall Lüth – BVerfGE 7, 198 ff.

Einen wichtigen „Drittwirkungsfall" stellt das Lüth-Urteil des BVerfG dar, obwohl es – aus heutiger Sicht – nicht wirklich ein Drittwirkungsproblem behandelt.  **108**

**Sachverhalt:** Der Vorsitzende des Hamburger Presseklubs Erich Lüth hatte 1950 zum Boykott des Films „Unsterbliche Geliebte" von Veit Harlan, der während des Dritten Reichs den Film „Jud Süß" gedreht hatte, aufgerufen. Die Firma Dominick-Film-Produktion GmbH, die zu dieser Zeit den Film „Unsterbliche Geliebte" nach dem Drehbuch und unter der Regie des Filmregisseurs Veit Harlan herstellte, sowie die Herzog-Film GmbH (als Verleiherin des Films „Unsterbliche Geliebte" für das Bundesgebiet) erwirkten beim Landgericht Hamburg eine einstweilige Verfügung, durch die Erich Lüth verboten wurde,

1. die deutschen Theaterbesitzer und Filmverleiher aufzufordern, den Film „Unsterbliche Geliebte" nicht in ihr Programm aufzunehmen,
2. das deutsche Publikum aufzufordern, diesen Film nicht zu besuchen.

Erich Lüth legte gegen diese Entscheidung Berufung beim Oberlandesgericht Hamburg ein. Gleichzeitig erhob er Verfassungsbeschwerde, in der er die Verletzung seines Grundrechts auf freie Meinungsäußerung (Art. 5 I S. 1 GG) rügte.

Durch die zivilgerichtliche Entscheidung ist in das Grundrecht der Meinungsfreiheit eingegriffen worden. Der Eingriff wäre verfassungsrechtlich gerechtfertigt gewesen, wenn die Schranke eines „allgemeinen Gesetzes" eingegriffen hätte. Zu den „allgemeinen Gesetzen" gehören u.a. die §§ 826, 1004 BGB. Diese „allgemeinen Gesetze" müssen wiederum im Lichte des Art. 5 I GG ausgelegt werden.[169] Es muss also eine Abwägung stattfinden zwischen den Interessen der Firmen Dominick-Film-Produktion GmbH und Herzog-Film GmbH (Art. 5 I S. 2 Var. 3 GG) auf der einen Seite und denen des Lüths (Art. 5 I S. 1 GG) auf der anderen Seite. Das BVerfG gab der Verfassungsbeschwerde Lüths statt. Eine Meinungsäußerung, die eine Aufforderung zum Boykott enthalte, verstoße nicht notwendig gegen die guten Sitten i.S.d. § 826 BGB. Sie könne bei Abwägung aller Umstände des Einzelfalls durch die Freiheit der Meinungsäußerung verfassungsrechtlich gerechtfertigt sein. Die Vorschrift des § 826 BGB müsse im Lichte des Art. 5 I S. 1 GG ausgelegt werden.[170]

**Anmerkung:** Betrachtet man die o.g. Abwägung, stellt sich eigentlich gar kein Drittwirkungsproblem: Die allgemeinen Gesetze (hier: §§ 826, 1004 BGB) schränken die Meinungsfreiheit ein, müssen ihrerseits aber wiederum im Lichte der Meinungsfreiheit ausgelegt werden. Dass das BVerfG dennoch von einer mittelbaren Drittwirkung ausging, liegt daran, dass seinerzeit die zivilrechtlichen Normen nicht als grundrechtsbeschränkende Gesetze in Betracht kamen. Der Ausgleich von Interessen im Privatrechtsverhältnis war deshalb nicht unmittelbar an den Grundrechten zu messen. Aus heutiger Sicht ist das Problem der Drittwirkung im Lüth-Fall daher ein Scheinproblem.[171]

Schwierig scheint es zu werden, wenn nicht erkennbar ist, welche „Generalklausel"  **109** vom einschlägigen Grundrecht beeinflusst werden soll. Da aber auch die Zivilgerichte stets an die Grundrechte gebunden sind, lässt sich davon ausgehen, dass Verurteilungen durch die Zivilgerichte stets einen Grundrechtseingriff darstellen: Es handelt eine staatliche Instanz (das Zivilgericht) aufgrund staatlicher Normen (der des Zivilrechts). Zivilrechtsprechung und Privatrechtsgesetzgebung sind genauso grundrechtsverpflichtet wie etwa die Verwaltungsrechtsprechung oder die Gesetzgebung hinsichtlich öffentlich-rechtlicher Normen.

---

[169] Diese Relation wird seit dem als **Wechselwirkungstheorie** bezeichnet.
[170] BVerfGE **7**, 198, 205 (Lüth).
[171] Wie hier *Brohm*, NJW **2001**, 1 ff.; anders *Pieroth/Schlink*, Rn 182 f.

**110**   **Beispiel:** M ist Moderator einer Sendung des Privatsenders F-AG, deren Gegenstand die Behandlung von Zivilrechtsfragen ist. Die Fragen werden von Zuschauern gestellt und von einem Expertenteam beantwortet. Rechtsanwalt R befürchtet daher, dass viele Bürger ihre Rechtsfragen in der Fernsehsendung erörtern lassen, statt zu ihm in die Kanzlei zu kommen. Hierin sieht er einen Verstoß gegen § 1 I Rechtsberatungsgesetz (RBerG). Nach dieser Vorschrift ist die geschäftsmäßige Besorgung fremder Rechtsangelegenheiten nur Personen gestattet, denen dazu von der zuständigen Behörde eine Erlaubnis erteilt worden ist. Moderator M verfügt nicht über eine solche Zulassung. R klagt daraufhin vor den Zivilgerichten auf Unterlassung. Letztinstanzlich, d.h. vom BGH, wird die F-AG dazu verpflichtet, künftig derartige Sendungen zu unterlassen (§ 823 II BGB i.V.m. § 1 RBerG sowie § 1004 BGB analog). Die F-AG könne sich nicht auf die verfassungsrechtlich gewährleistete Rundfunkfreiheit (Art. 5 I S. 2 Var. 2 GG) stützen, da es sich bei der Sendung um eine unzulässige Rechtsberatung handele. Gegen die Entscheidung des BGH legt die F-AG Verfassungsbeschwerde ein. Ist diese zulässig und begründet?

**Lösungsgesichtspunkte:**

**1. Zulässigkeit der Verfassungsbeschwerde[172]**

**a. Beteiligtenfähigkeit (§ 90 I BVerfGG)**

Die F-AG ist eine juristische Person des Privatrechts und damit Grundrechtsträger, soweit das betreffende Grundrecht seinem Wesen nach auf sie anwendbar ist. Das ist bei der Rundfunkfreiheit der Fall.

**b. Beschwerdegegenstand (§ 90 I BVerfGG)**

Die F-AG müsste sich gegen einen Akt der öffentlichen Gewalt wehren. Zur öffentlichen Gewalt gehören auch Entscheidungen der Judikative. Die F-AG beschwert sich gegen eine Entscheidung des BGH.

**c. Beschwerdebefugnis**

Nach Art. 93 I Nr. 4a GG, § 90 I BVerfGG ist die Verfassungsbeschwerde nur zulässig, wenn der Beschwerdeführer behauptet, durch den angegriffenen Akt der öffentlichen Gewalt in einem seiner Grundrechte oder in einem seiner in Art. 20 IV, 33, 38, 101, 103 und 104 genannten Rechte (grundrechtsgleiche Rechte) verletzt zu sein, und die geltend gemachte Verletzung möglich erscheint (sog. Möglichkeitstheorie). Möglichkeit der Grundrechtsverletzung bedeutet, dass die geltend gemachte Grundrechtsverletzung lediglich nicht ausgeschlossen sein darf.

Die F-AG ist auf (lediglich) *zivil*rechtlicher Grundlage zur Unterlassung von Produktion und Ausstrahlung der betreffenden Fernsehsendung verurteilt worden. Damit ist fraglich, ob eine Grundrechtsverletzung überhaupt möglich ist. Eine unmittelbare Drittwirkung des Art. 5 I GG ist im Verfassungstext (anders als bei Art. 9 III S. 2 GG) nicht angeordnet. Allerdings gelten auch für Eingriffe auf privatrechtlicher Grundlage in ein grundrechtlich geschütztes Freiheitsrecht keine anderen Grundsätze als für Eingriffe auf öffentlichrechtlicher Grundlage. Verurteilungen durch die ordentlichen Gerichte sind daher nach Eingriffsgrundsätzen zu beurteilen. Es ist vorliegend somit möglich, dass das Grundrecht der Rundfunkfreiheit durch die Entscheidung des BGH verletzt wurde. Die F-AG ist auch selbst, gegenwärtig und unmittelbar betroffen. Sie ist beschwerdebefugt.

**2. Begründetheit**

Die Verfassungsbeschwerde ist begründet, wenn die F-AG durch die letztinstanzliche Entscheidung in einem ihrer Grundrechte oder grundrechtsgleichen Rechte verletzt ist. In Betracht kommt eine Verletzung der Rundfunkfreiheit (Art. 5 I S. 2 Var. 2 GG).

---

[172] Vgl. zu diesem Rechtsbehelf ausführlich *R. Schmidt*, Staatsorganisationsrecht, Rn 690 ff.

### a. Schutzbereich des Art. 5 I S. 2 Var. 2 GG

Unter Rundfunk sind die Veranstaltung und Verbreitung von Darbietungen aller Art für die Allgemeinheit mit Hilfe von physikalischen, insbesondere elektromagnetischen Wellen zu verstehen. Geschützt sind alle wesensmäßig mit der Veranstaltung von Rundfunk zusammenhängenden Tätigkeiten von der Beschaffung der Informationen und der Produktion der Sendungen bis hin zu ihrer Verbreitung. Vorliegend geht es um die Produktion und die Verbreitung der fraglichen Fernsehsendung. Der Schutzbereich der Rundfunkfreiheit ist eröffnet.

### b. Eingriff in den Schutzbereich

Durch die Entscheidung des BGH wird es der F-AG untersagt, die fragliche Fernsehsendung zu produzieren und auszustrahlen. Es liegt daher eine Beschränkung der Rundfunkfreiheit vor.

### c. Verfassungsrechtliche Rechtfertigung

Die Rundfunkfreiheit unterliegt dem Gesetzesvorbehalt der „allgemeinen Gesetze" des Art. 5 II GG. Allgemein sind solche Gesetze, die nicht eine Meinung als solche verbieten, die sich nicht gegen die Äußerung einer Meinung als solche richten, die vielmehr dem Schutz eines schlechthin, ohne Rücksicht auf eine bestimmte Meinung, zu schützenden Rechtsguts dienen. § 1 I S. 1 RBerG schützt rechtssuchende Personen vor unqualifizierter Rechtsberatung. Er dient auch der Funktionsfähigkeit der Justiz. Dieses Rechtsgut kann gegenüber der Rundfunkfreiheit vorrangig sein.

> **Hinweis für die Fallbearbeitung:** An dieser Stelle des Gutachtens erfolgt also lediglich die Prüfung, ob ein allgemeines Gesetz existiert und ob es auch gegenüber dem betreffenden Grundrecht aus Art. 5 I GG vorrangig sein *kann*. Die Prüfung ist also abstrakt zu halten. Etwas anderes gilt hinsichtlich der Rechtsanwendung. Dort muss konkret geprüft werden, ob das Ergebnis der Rechtsanwendung mit dem Grundrecht aus Art. 5 I GG vereinbar ist.

Fraglich ist, ob auch die Rechtsanwendung mit der Rundfunkfreiheit vereinbar ist. Die Kontrollkompetenz des BVerfG ist insofern beschränkt, als es keine Superrevisionsinstanz darstellt, sondern lediglich das zu überprüfende Urteil auf eine Verletzung von spezifischem Verfassungsrecht untersucht. Eine Verletzung von spezifischem Verfassungsrecht liegt dann vor, wenn die Gerichtsentscheidung auf der unrichtigen Anschauung von der Bedeutung eines Grundrechts, insbesondere eines Schutzbereichs, beruht. Vorliegend hat der BGH die Einschlägigkeit der Rundfunkfreiheit zugunsten der F-AG verneint. Damit hat er es versäumt, einen Ausgleich zwischen den Interessen von R und der F-AG vorzunehmen (praktische Konkordanz). Es lässt sich nicht ausschließen, dass eine angezeigte Abwägung Einfluss auf die Entscheidung gehabt hätte. Die Entscheidung des BGH ist daher aufzuheben. Die Verfassungsbeschwerde der F-AG ist somit auch begründet.

### Weitere Beispiele:

(1) Weigert sich ein in einem Chemiekonzern beschäftigter Arbeitnehmer aus Gewissensgründen, an der Entwicklung eines Stoffes mitzuwirken, durch den die Soldaten in einem Nuklearkrieg in ihrer Kampffähigkeit gesteigert werden, kann Art. 4 I GG, der über die Figur der Drittwirkung der Grundrechte Beachtung findet, es erforderlich machen, den Arbeitnehmer, statt ihn zu entlassen, in einem anderen Bereich des Konzerns einzusetzen.[173]

(2) Ein Auszubildender, der sich in einer Schülerzeitung kritisch zur friedlichen Nutzung der Kernkraft äußert und deswegen nicht in ein Beschäftigungsverhältnis übernommen wird, kann sich auf Art. 5 I S. 1 GG berufen und insoweit die Ablehnungsentscheidung erfolgreich angreifen.[174]

---

[173] BAGE **62**, 59, 68 ff.; vgl. dazu auch die Ausführungen zu Art. 4 GG.
[174] BVerfGE **86**, 122, 128 ff. (Meinungsäußerung des Berufsschülers).

**(3)** Des Weiteren können z.B. die eine Kündigung des Arbeitgebers oder eine Kündigung des Vermieters bestätigenden Gerichtsurteile gegen Art. 12 I GG bzw. Art. 14 I GG verstoßen.

**111**

> **Hinweis für die Fallbearbeitung:** Bezüglich des Prüfungsstandorts der Drittwirkung der Grundrechte muss wie folgt differenziert werden: Ist gefragt, ob z.B. das letztinstanzliche Gerichtsurteil, das die Kündigung des Arbeitgebers oder des Vermieters bestätigt, gegen Grundrechte verstößt, muss zunächst geprüft werden, ob ein Eingriff in den Schutzbereich des betreffenden Grundrechts vorliegt. Das kann nur der Fall sein, wenn derjenige, von dem die belastende Maßnahme ausgeht, überhaupt an die Grundrechte gebunden ist. Bei Richtern, die mit ihren Urteilen die unterliegenden Parteien belasten, ist das der Fall, weil die Judikative wegen Art. 1 III GG unmittelbar an die Grundrechte gebunden ist. Da dem Gerichtsurteil aber letztlich ein Streit zwischen Privaten (hier: dem Arbeitgeber und dem Arbeitnehmer einerseits; dem Vermieter und dem Mieter andererseits) zugrunde liegt, ist nun das Problem der Drittwirkung zu diskutieren. Wird eine Drittwirkung bejaht, ist bei der verfassungsrechtlichen Rechtfertigung dann eine Güterabwägung zwischen den Grundrechten, die dem Arbeitgeber bzw. Vermieter zur Seite stehen (z.B. Art. 14 I, 12 I oder subsidiär 2 I GG), und den Grundrechten, die dem Arbeitnehmer bzw. Mieter zur Seite stehen (z.B. Art. 4 I, 5 I oder 12 I GG), vorzunehmen (sog. praktische Konkordanz).[175]

## VII. Grundrechtsprüfung

**112** Zentrales Element der Begründetheit einer Verfassungsbeschwerde ist die Vereinbarkeit der angegriffenen staatlichen Maßnahme (z.B. ein Gesetz oder ein letztinstanzliches Urteil) mit der Verfassung, d.h. mit den Grundrechten.

> **Hinweis für die Fallbearbeitung:** Der richtige Einstieg in die Begründetheitsprüfung und der entsprechende Aufbau dieses Teils des Gutachtens sind für das Gelingen der Klausurbearbeitung entscheidend. Bezüglich aller Verfassungsbeschwerden ist zunächst zu beachten, dass sie im Falle einer Grundrechtsverletzung begründet sind. Deshalb sollte im Rahmen der Begründetheitsprüfung einer Verfassungsbeschwerde – anders als im Normenkontrollverfahren – nicht nach formeller und materieller Rechtmäßigkeit (d.h. Verfassungsmäßigkeit) aufgebaut werden, sondern nach den einschlägigen **Grundrechten**, die **hintereinander geprüft** werden sollten. Die *gemeinsame* Prüfung zweier oder mehrere Grundrechte, die sich gelegentlich in den Entscheidungen des BVerfG findet („Schutzbereichsverstärkung")[176], sollte in der Falllösung **vermieden** werden, da sie die Grenzen, die die einzelnen Freiheitsrechte auf Schutzbereichsebene grundsätzlich voneinander trennen, aufhebt.[177]
>
> **Begründet** ist die Verfassungsbeschwerde gem. § 95 I BVerfGG, wenn durch die öffentliche Gewalt (Legislative bei der Rechtssatz-Verfassungsbeschwerde, Exekutive und Judikative bei der Urteils-Verfassungsbeschwerde) ein Grundrecht oder ein grundrechtsgleiches Recht verletzt worden ist. Dabei folgt die Prüfung – von der noch im Einzelnen zu erörternden aktuellen Rechtsprechung des BVerfG[178] einmal abgesehen – nach einem stringenten Schema: Zunächst wird die **Eröffnung des Schutzbereichs** des ersten der als einschlägig befundenen Grundrechte geprüft, dann die Frage untersucht, ob in den Schutzbereich dieses Grundrechts **eingegriffen** worden ist, und zuletzt die Frage erörtert, ob der Eingriff seinerseits im Ein-

---

[175] Vgl. zu dieser Abwägung auch Rn 275b und 517.
[176] Vgl. BVerfGE **104**, 337 ff. (Schächten von Tieren).
[177] Vgl. *Spranger*, NJW **2002**, 2074, 2075.
[178] BVerfGE **105**, 252 ff. (Glykolwein) und 279 ff. (Osho).

klang mit der Verfassung steht, also **verfassungsrechtlich gerechtfertigt** ist. Sodann wird nach diesem Schema die fragliche staatliche Maßnahme am Maßstab der übrigen Grundrechte geprüft.

Im Übrigen sind alle Grundrechte zu prüfen, die durch den Beschwerdegegenstand verletzt sein könnten, auch wenn sie vom Beschwerdeführer nicht explizit als verletzt gerügt werden. Denn auch das BVerfG prüft von Amts wegen umfassend die Begründetheit der Verfassungsbeschwerde, d.h. alle ernsthaft in Betracht kommenden Grundrechte.[179]

**Beispiel:** Eine Ehefrau erhebt vor dem BVerfG wegen der Abschiebung Ihres Ehemanns in den Sudan Verfassungsbeschwerde. In der Beschwerdeschrift rügt sie allerdings nur eine Verletzung ihres Rechts aus Art. 11 GG, welches tatsächlich aber nicht einschlägig ist. Aus dem Antrag geht aber (indirekt) hervor, dass auch Art. 6 GG verletzt sein könnte. Dies genügt im Rahmen von § 92 BVerfGG.

---

**113**

## Allgemeine Grundrechtsprüfung

### I. Schutzbereich des Grundrechts

Bei der Bestimmung des sachlichen und personalen Schutzbereichs ist zunächst vom **Lebensbereich** auszugehen, in dem das Grundrecht sach- und handlungsbezogen wirkt. Welcher Lebensbereich von dem betreffenden Grundrecht erfasst wird, ist mit Hilfe der anerkannten Auslegungsmethoden, in erster Linie aus dem Wortlaut und der systematischen Stellung des Grundrechts, zu ermitteln. Ist der Lebensbereich von dem betreffenden Grundrecht erfasst, führt dies noch nicht notwendig zur Bejahung des Schutzbereichs. Vielmehr müssen weitere Voraussetzungen erfüllt sein. So müssen die im Verfassungstext vorgesehenen **sachlichen** (z.B. Beschränkung auf Friedlichkeit bei Art. 8 I GG) und **personalen Begrenzungen** (z.B. Beschränkung auf Deutsche bei Art. 8 I, 12 I, 9 I oder 11 I GG) berücksichtigt werden. Weiterhin muss die Möglichkeit berücksichtigt werden, extrem sozialschädliche Verhaltensweisen auch dann aus dem Schutzbereich herauszuhalten, wenn der Verfassungstext diesbezüglich keine sachliche Schutzbereichsbegrenzung vornimmt (sog. **verfassungsunmittelbare Schutzbereichsbegrenzung**).

### II. Eingriff in den Schutzbereich

Ist der Schutzbereich eröffnet, muss als Nächstes der Eingriff in denselben geprüft werden. Zu beachten ist jedoch, dass nicht jede belastende Maßnahme einen Eingriff in den Schutzbereich eines Grundrechts darstellt. So werden sog. **Bagatelleingriffe** (z.B. Zusendung von Werbebeilagen in der abonnierten Tageszeitung als Eingriff in das allgemeine Persönlichkeitsrecht aus Art. 2 I i.V.m. 1 I GG) nicht erfasst. Darüber hinaus ist ein Eingriff zu verneinen, wenn der Betroffene wirksam auf das Grundrecht verzichtet hat. Ein **Grundrechtsverzicht** liegt vor, wenn der Betroffene rechtlich bindend auf den Schutz des betreffenden Grundrechts verzichtet hat. Kommt einer staatlichen Maßnahme aber eine Eingriffsqualität zu, ist des Weiteren die Art des möglichen Eingriffs (direkter oder indirekter Eingriff) zu untersuchen: Nach dem klassischen Eingriffsbegriff liegt ein Eingriff immer dann vor, wenn ein Rechtsakt final und unmittelbar freiheitsverkürzend in die Rechtssphäre des Bürgers eingreift (sog. **enger Eingriffsbegriff,** der auf die Imperativität des staatlichen Handelns abstellt). Aber auch bei **faktisch-mittelbaren Maßnahmen** kann ein Eingriff vorliegen (sog. **weiter Eingriffsbegriff**). Voraussetzung ist aber wegen der Unüberschaubarkeit und Vielgestaltigkeit von Neben- und Folgewirkungen, dass die Belastung von einiger Intensität ist.

### III. Verfassungsrechtliche Rechtfertigung

Ein Grundrecht ist verletzt, wenn der Eingriff verfassungsrechtlich nicht gerechtfertigt ist. Zentrales Element bei der Frage nach der verfassungsrechtlichen Rechtfertigung ist die durch das betreffende Grundrecht eröffnete Einschränkbarkeit.

⇨ Zunächst sind die Grundrechte mit **Ausgestaltungs- bzw. Regelungsvorbehalt** wie

---

[179] BVerfGE **42**, 237, 240; **57**, 220, 241; **53**, 366, 390.

z.B. Art. 14 I S. 2 oder 12 I GG zu nennen. Bei ihnen ist der Eingriff erst dann rechtswidrig, wenn der Ausgestaltungs- bzw. Regelungsbereich überschritten worden ist.

⇨ Bei den im herkömmlichen Sinne **einschränkbaren Grundrechten** sind drei Einschränkungsvarianten zu unterscheiden:

⇨ Das Grundrecht selbst enthält Schranken (**verfassungsunmittelbare** bzw. **grundrechtsimmanente Grundrechtsschranke**). So bestimmt Art. 9 II GG, dass Vereine, deren Zwecke u.a. Strafgesetzen zuwiderlaufen, verboten sind; Art. 13 III Halbs. 1 GG lässt Beschränkungen der Unverletzlichkeit der Wohnung bei dringenden Gefahren zu.

⇨ Das Grundrecht enthält einen **einfachen Gesetzesvorbehalt**, der es dem Gesetzgeber ermöglicht, das Grundrecht einzuschränken. Einen **einfachen Grundrechtsvorbehalt** haben Grundrechte, die ihrem Wortlaut nach für Eingriffe lediglich verlangen, dass sie durch Gesetz oder aufgrund eines Gesetzes erfolgen, ansonsten an das eingreifende Gesetz jedoch keine besonderen Anforderungen. Beispiele: Art. 8 II, Art. 10 II S. 1 GG.

⇨ Das Grundrecht enthält einen **qualifizierten Gesetzesvorbehalt**, der es dem Gesetzgeber ermöglicht, das Grundrecht einzuschränken. Von einem **qualifizierten Gesetzesvorbehalt** spricht man, wenn das Grundrecht nicht nur fordert, dass der Eingriff durch Gesetz oder aufgrund eines Gesetzes erfolgen muss, sondern dass das einschränkende Gesetz auch an bestimmte Situationen anknüpft, bestimmten Zwecken dient oder bestimmte Mittel benutzt. Beispiele: Art. 5 II 1. Fall, Art. 11 II GG.

⇨ Das Grundrecht ist **scheinbar schrankenlos gewährt**. Hier ergibt entgegenstehendes Verfassungsrecht (insbesondere Grundrechte Dritter) eine Einschränkungsmöglichkeit (**verfassungsimmanente Schranken**).

Ist das Grundrecht einschränkbar und liegt eine entsprechende Grundrechtsschranke vor (z.B. ein förmliches Gesetz), muss diese Schranke ihrerseits **verfassungsmäßig** sein, insb. den formellen Anforderungen (Beachtung von **Zuständigkeits-, Verfahrens- und Formvorschriften**) und den materiellen Anforderungen (insb. Beachtung des **Bestimmtheits- und Verhältnismäßigkeitsgrundsatzes**) entsprechen (sog. **Schranken-Schranken**). Vgl. dazu das Prüfungsschema bei Rn 168 sowie die Ausführungen bei Rn 169 ff.

## 1. Eröffnung des Schutzbereichs

**114**  Die allgemeinen Grundrechtslehren sind im Umbruch. Insbesondere das BVerfG hat im Rahmen seiner jüngeren Rechtsprechung zu den mittelbaren Grundrechtsbeeinträchtigungen einen von der bisher allgemein anerkannten Grundrechtsdogmatik abweichenden Weg eingeschlagen. Da sich diese Tendenz aber nur vor dem Hintergrund der bisher allgemein anerkannten Grundrechtslehren verstehen lässt, sollen zunächst auch nur diese erörtert werden. Auf die Besonderheiten der mittelbaren Grundrechtsbeeinträchtigungen wird bei Rn 198 ff. zurückzukommen sein.

## a. Rechtsdogmatische Hintergründe für die allgemein vorgenommene Unterscheidung von Schutzbereich, Eingriff und Rechtfertigung

**115**  Hintergrund der allgemein vorgenommenen dreigliedrigen Prüfung ist die Aussage des Art. 1 III GG, wonach die Grundrechte Gesetzgebung, vollziehende Gewalt und Rechtsprechung binden. Diese sog. Bindungsklausel verlangt eine Grundrechtsdogmatik, die eine gedanklich nachvollziehbare und berechenbare Reichweite des Grundrechtsschutzes ermöglichen muss. Ein brauchbares und in der deutschen Verfassungsgeschichte bewährtes Instrumentarium, dies zu erreichen, stellt die Unterscheidung von **Schutzbereich**[180] und **Schranken** der Grundrechte dar, wobei der Begriff „Schranke" als Synonym des Begriffs „**Eingriff**"[181] zu verstehen ist. Diese Unterscheidung hat

---

[180] Andere Ausdrücke: Grundrechtstatbestand, Normbereich, Garantiebereich, Geltungsbereich, Gewährleistungsbereich.
[181] So die allgemein anerkannte Konvention, wie sie auch von *Pieroth/Schlink*, Rn 207/252 zugrunde gelegt wird. Anders *Jarass/Pieroth*, GG, die als „Schranken" die verfassungsrechtliche Rechtfertigung von Eingriffen verstehen (vgl. stellvertretend für alle Grundrechte ebd. Art. 2 Rn 17). Diese wird nach der Konvention aber als „Schranken-Schranke" bezeichnet (*Pieroth/Schlink*, Rn 274).

sich bewährt. Denn sie vermeidet es, notwendige, den Gewährleistungsgehalt des betroffenen Grundrechts einschränkende Gemeinwohlbezüge der Freiheit bereits im Grundrechtstatbestand zu erörtern[182] und damit eine einzelfallbezogene und kaum berechenbare Schutzbereichsbestimmung vornehmen zu müssen. Die soeben erwähnte Schutzbegrenzung kommt aber dann in Betracht, wenn das betroffene Grundrecht die Freiheit von vornherein unter Ausschluss gemeinwohlschädlicher Modifikationen gewährt. Allerdings definiert der Verfassungstext nur bei wenigen Grundrechten bestimmte Verhaltensweisen aus dem Schutzbereich (vgl. Art. 8 I GG: „Unfriedlichkeit") und enthält damit eine verfassungsunmittelbare Beschreibung der Gewährleistungsreichweite („Friedlichkeit"). Vgl. dazu im Einzelnen nebst Beispielen Rn 126 ff.

Folgt man dieser nach bisheriger Grundrechtsdogmatik allgemein anerkannten und auch diesem Buch zugrunde gelegten Unterscheidung von Schutzbereich und Schranken, ist die Grundrechtsprüfung wie folgt prädeterminiert: Zunächst ist danach zu fragen, ob das Verhalten des Bürgers in den **Schutzbereich** eines Grundrechts fällt. Ist dies der Fall, muss die den Bürger belastende Maßnahme daraufhin untersucht werden, ob sie in den Schutzbereich des ermittelten Grundrechts **eingreift**. Schließlich ist nach der **verfassungsrechtlichen Rechtfertigung** des Eingriffs zu fragen.

**116**

## b. Bestimmung des Schutzbereichs durch Auslegung

Der Schutzbereich einer Grundrechtsnorm ist durch **Auslegung** zu ermitteln. Da es sich bei den Grundrechtsnormen um Normen der Verfassung handelt, gelten auch insoweit die allgemeinen Methoden und Prinzipien der **Verfassungsinterpretation**.[183] Maßgebend für die Auslegung einer Verfassungsnorm ist der in der Norm zum Ausdruck kommende objektivierte Wille des Normgebers, wie er sich aus dem **Wortlaut** und **Sinnzusammenhang** ergibt. Dagegen kommt der **Entstehungsgeschichte** (genetische und historische Auslegung) einer Norm nur subsidiäre Bedeutung zu, nämlich die, dass sie „die Richtigkeit der nach den angegebenen Grundsätzen ermittelten Auslegung bestätigt oder Zweifel behebt, die auf dem angegebenen Weg allein nicht ausgeräumt werden können"[184].

**117**

Geht man von der historischen Konzeption der Grundrechte als Abwehrrechte des Bürgers gegen den Obrigkeitsstaat aus, muss man im Zweifel eine **großzügige Interpretation der Schutzbereiche** vornehmen, d.h. von einer **grundsätzlichen Freiheitsvermutung** ausgehen („in dubio pro libertate"), die nur unter bestimmten Voraussetzungen (gemeinwohlschädliches Verhalten des Grundrechtsträgers) auf der Ebene der Grundrechtsschranken (d.h. des Eingriffs) eingeschränkt werden darf.[185] Eine Einschränkung durch Eingriff ist aber grundrechtsdogmatisch etwas anderes als eine Schutzbereichsverengung.

**118**

> **Beispiel:** Art. 4 I GG betrifft (vorbehaltlos) die Glaubensfreiheit. Dazu kann auch das Schächten (d.h. das Ausblutenlassen von lebenden warmblütigen Tieren) gehören. Werden dem Tier dabei aber unnötige Schmerzen zugefügt oder wird es auf andere Weise gequält, muss die Frage erlaubt sein, ob das an sich vorbehaltlos erlaubte Verhalten nicht auch seine Grenzen hat. Diese können sich insbesondere aus der Verfassungsbestimmung *Tierschutz* (Art. 20 a GG) ergeben. Rechtsdogmatisch und prüfungs-

---

[182] Vgl. auch BVerfGE **32**, 54, 72 f.; **85**, 386, 397; *Kloepfer*, FG-BVerfG II, **1976**, S. 405, 407; *Starck*, in: v. Mangoldt/Klein/Starck, Das Bonner Grundgesetz, Art. 1 III Rn 228.

[183] Vgl. wie hier nun auch *Volk*, JZ **2005**, 261, 267.

[184] BVerfGE **1**, 299, 312. Vgl. auch *v. Münch*, in: v. Münch/Kunig, GG, Vorb. Art. 1-19 Rn 50; *Böckenförde*, NJW **1974**, 1529 ff.; *ders.*, NJW **1976**, 2089 ff.; *Starck*, in: HdbStR VII, § 164 Rn 39.

[185] Vgl. dazu BVerwG 16.5.**2007** – 6 C 23.06; BVerwGE **42**, 79, 83; *v. Arnauld*, Die Freiheitsrechte und ihre Schranken, **1999**, 272 f.; *Hesse*, VerfR, Rn 72; *v. Münch*, in: v. Münch/Kunig, GG, Vorb. Art. 1-19, Rn 51; a.A. *P. Schneider*, FS DJT Bd. 2, **1960**, S. 263 ff.; *Denninger*, in: AK, vor Art. 1 Rn 13.

technisch ist dabei fraglich, inwieweit eine einengende Interpretation des Schutzbereichs möglich ist, mit der Folge, dass bestimmte gemeinwohlschädliche Verhaltensweisen bereits aus dem Schutzbereich herausgenommen werden (vgl. dazu Rn 386) oder erst auf der Ebene der verfassungsrechtlichen Rechtfertigung des Eingriffs Beachtung finden können (vgl. dazu Rn 126 ff.).[186]

119    Auch das BVerfG hat in zahlreichen Entscheidungen in Zweifelsfällen eine **weite**, nämlich diejenige Auslegung gewählt, „**welche die juristische Wirkungskraft der Grundrechtsnorm am stärksten entfaltet**"[187]. Insbesondere in einem Beschluss zu Art. 13 GG aus dem Jahre 1971 hat das Gericht die Problematik gesehen und mit folgenden Worten umschrieben: „Eine enge Auslegung des Wohnungsbegriffs ist ersichtlich von der Sorge bestimmt, dass anderenfalls viele herkömmliche Betretungs- und Besichtigungsrechte von Verwaltungsbehörden im Rahmen der Wirtschafts-, Arbeits- und Steueraufsicht nicht aufrechterhalten werden könnten, weil sie durch die Schrankenbestimmung des Art. 13 III GG (heute: Art. 13 VII GG) nicht mehr gedeckt sind. Es ist bedenklich, den Wirkungsbereich des Grundrechts vom Schrankenvorbehalt her zu bestimmen und die engere Auslegung zu wählen, weil die weitere Auslegung praktische Schwierigkeiten bereitet. Daher ist zunächst die materielle Substanz des Grundrechts zu ermitteln; erst danach sind unter Beachtung der **grundsätzlichen Freiheitsvermutung** und des Verfassungsgrundsatzes der Verhältnismäßigkeit und Zumutbarkeit die rechtsstaatlich vertretbaren Schranken der Grundrechtsausübung zu fixieren."[188]

120    Bereits an dieser Stelle sei darauf hingewiesen, dass das BVerfG in seinem Beschluss zur *Osho-Bewegung* von der großzügigen Interpretation der Schutzbereiche abgewichen ist und bereits die Eröffnung des Schutzbereichs des thematisch einschlägigen Grundrechts des Art. 4 I, II GG verneint hat, obwohl dieser nach dem bisherigen Grundrechtsverständnis des Gerichts ohne weiteres hätte eröffnet sein müssen. Das Gericht meint, dass Äußerungen, soweit mit ihnen die Osho-Bewegung und die zu ihr gehörenden Gemeinschaften als „Sekte", „Jugendreligion", „Jugendsekte" und „Psychosekte" bezeichnet wurden, schon nicht den Schutzbereich von Art. 4 I und II GG berühre, weil sie keine diffamierenden oder verfälschenden Darstellungen enthielten, sondern sich im Rahmen einer sachlich geführten Informationstätigkeit bewegten.[189] Die Religionsfreiheit sei nur dann berührt, wenn der Staat bei öffentlichen Äußerungen seine aus Art. 4 I und II GG folgende Neutralitätspflicht verletze, indem er die Attribute „destruktiv" und „pseudoreligiös" benutze sowie der Gemeinschaft die Manipulation von einzelnen Mitgliedern der Gemeinschaft vorwerfe.[190] Damit stellt das BVerfG bei der Frage nach der Schutzbereichseröffnung nicht wie bisher auf das Verhalten des Grundrechtsträgers ab, sondern auf die Pflichtverletzung des Hoheitsträgers. Das ist mit dem bisherigen Grundrechtsverständnis nicht vereinbar.[191]

121    Auf die Frage, ob diese Rechtsprechung (Schutzbereichseröffnung nur dann, wenn eine Pflichtverletzung des Staates bejaht wird) als Präsentation einer neuen Grundrechtsdogmatik (zumindest in Bezug auf staatliches Informationshandeln) verstanden werden kann, soll an dieser Stelle nur hingewiesen werden. Auf sie wird ausführlich bei Rn 126 ff. und 406 eingegangen.

---

[186] Jede irgendwie einengende Bestimmung des Schutzbereichs hat jedenfalls zur Folge, dass ein Rückgriff auf Art. 2 I GG erfolgt (dazu später).

[187] Vgl. nur BVerfGE **7**, 377, 397; **32**, 54, 72; **39**, 1, 38; **78**, 179, 193.

[188] BVerfGE **32**, 54, 72 (Schnellreinigung).

[189] BVerfGE **105**, 279, 295. Anders *Pieroth/Schlink*, Rn 246, die durch den Verweis auf das Osho-Urteil den Eindruck vermitteln, das Gericht habe den Eingriff bejaht. Tatsächlich hat es im Osho-Fall aber den Schutzbereich verneint und kam somit nicht zur Frage nach dem Eingriff.

[190] BVerfGE **105**, 279, 294 und 308.

[191] Vgl. auch die Kritik von *Murswiek*, NVwZ **2003**, 1 ff. und *Cremer*, JuS **2003**, 747 ff.

## c. Unterscheidung von Regelungs- und Schutzbereich

Ausgehend von der Prämisse der (bisherigen) Verfassungsinterpretation ist der jeweilige Schutzbereich eines Grundrechts durch Auslegung zu ermitteln. **122**

Dabei ist zunächst vom (übergeordneten) **Regelungsbereich** auszugehen. Unter Regelungsbereich wird der (natürliche) **Lebensbereich** verstanden, in dem das Grundrecht gilt und in dem es den (juristischen) Schutzbereich erst bestimmt. Welcher Lebensbereich von dem betreffenden Grundrecht erfasst wird, ist über die genannte Verfassungsinterpretation, in erster Linie aus dem Wortlaut und der systematischen Stellung des Grundrechts, zu ermitteln.[192] **123**

> **Beispiele:**
> **(1)** Das Grundrecht der Versammlungsfreiheit (Art. 8 I GG) ist thematisch einschlägig bei Versammlungen.
>
> **(2)** Die Berufsfreiheit (Art. 12 I GG) ist thematisch einschlägig beispielsweise beim Verkauf von Wein zum Zwecke der Gewinnerzielung.
>
> **(3)** Die Thematik des Art. 4 I und II GG umfasst neben der Freiheit des Einzelnen zum privaten und öffentlichen Bekenntnis seiner Religion oder Weltanschauung auch die Freiheit, sich mit anderen aus gemeinsamem Glauben oder gemeinsamer weltanschaulicher Überzeugung zusammenzuschließen.[193] Die durch den Zusammenschluss gebildete Vereinigung selbst genießt das Recht zu religiöser oder weltanschaulicher Betätigung, zur Verkündigung des Glaubens, zur Verbreitung der Weltanschauung sowie zur Pflege und Förderung des jeweiligen Bekenntnisses.[194]
>
> **(4)** Bei der Frage nach dem von Art. 5 III S. 1 GG erfassten Lebensbereich darf der Kunstbegriff nicht nur auf die künstlerische Betätigung selbst (sog. Werkbereich) beschränkt, sondern muss auch auf die Vermittlung des Kunstwerks an Dritte (sog. Wirkbereich) erstreckt werden.[195]

Ist der Lebensbereich von dem thematisch einschlägigen Grundrecht erfasst, führt dies zwar regelmäßig, aber nicht zwangsläufig zur Bejahung des Schutzbereichs. Vielmehr müssen weitere Voraussetzungen erfüllt sein. Insbesondere müssen die im Verfassungstext enthaltenen bzw. vorgesehenen **sachlichen** und **personalen Begrenzungen** (= **grundrechtsimmanente Schutzbereichsbegrenzungen**) berücksichtigt werden. **124**

> **Beispiele:**
> **(1)** Art. 8 I GG erstreckt seinen Regelungsbereich auf die Versammlung (s.o.). Sein Schutzbereich ist jedoch auf friedliche und waffenlose Versammlungen beschränkt. Damit sind unfriedliche bzw. gewalttätige Versammlungen zwar vom Regelungs-, nicht aber vom Schutzbereich des Art. 8 I GG erfasst. Eine weitere Schutzbereichsbegrenzung der Versammlungsfreiheit findet sich in der erforderlichen Mitgliederzahl. Denn dass eine Versammlung – um von einer solchen überhaupt reden zu können – nicht aus einer einzelnen Person bestehen kann, unterliegt keinem Zweifel (eine Einzelperson kann sich schon begrifflich nicht versammeln). Fraglich ist lediglich, ob zwei Personen ausreichen oder ob mindestens drei Personen erforderlich sind (vgl. zum Meinungsstand Rn 612 ff.). Schwierigkeiten bereitet schließlich die Beantwortung der Frage, ob auch das Umfeld, insbesondere der Bereich der Anreise zum Versammlungsort, vom Schutzbereich des Art. 8 I GG umfasst ist. Aber auch diesen Bereich wird man erfassen müssen, da das

---

[192] *R. Schmidt*, Staatliches Informationshandeln, **2004**, S. 12.
[193] BVerfGE **105**, 279, 293; **53**, 366, 387; **83**, 341, 355. Vgl. auch VGH München NVwZ **2003**, 998.
[194] BVerfGE **105**, 279, 293 unter Berufung auf BVerfGE **19**, 129, 132; **24**, 236, 246 f.; **53**, 366, 387. Vgl. auch VGH München NVwZ **2003**, 998.
[195] Vgl. BVerfGE **30**, 173, 189 (Mephisto); **67**, 213, 224 (Anachronistischer Zug).

Grundrecht sonst weitgehend leer liefe. Denn gerade Handlungen des Umfelds schaffen erst die Voraussetzungen für die Grundrechtsausübung.[196] In persönlicher Hinsicht nimmt Art. 8 I GG eine Begrenzung auf Deutsche vor (sog. Deutschengrundrecht oder Bürgerrecht). Ausländer (jedenfalls Nicht-EG-Bürger[197]) und Staatenlose können sich daher nicht auf Art. 8 I GG berufen; für diese kommt lediglich der abgeschwächte Schutz der allgemeinen Handlungsfreiheit (Art. 2 I GG) in Betracht.

**(2)** Das Grundrecht auf Informationsfreiheit (Art. 5 I S. 1 Var. 2 GG) ist sachlich auf die „allgemeinen Informationsquellen" beschränkt.

**(3)** Die Vereinigungsfreiheit des Art. 9 I GG umfasst keine Vereinigungen, die Ziele des Art. 9 III GG verfolgen (demgegenüber handelt es sich bei Art. 9 II GG nicht um eine Schutzbereichsbegrenzung des Art. 9 I GG, sondern um einen Schrankenvorbehalt).

125 Die verfassungstextliche Begrenzung des Schutzbereichs macht es mithin möglich, in bestimmten Situationen schon den Schutzbereich zu verneinen, sodass die (zumeist von subjektiven Wertungen beeinflusste) Frage nicht erörtert zu werden braucht, ob der Eingriff verfassungsrechtlich gerechtfertigt ist.

**Beispiel:** Im Fall des Art. 8 I GG können – da sich der Schutzbereich nur auf friedliche und waffenlose Versammlungen bezieht und gewalttätige Handlungen gerade nicht umfasst – gewalttätige Demonstrationen verboten werden, ohne dass es einer rechtfertigenden Abwägung mit anderen wichtigen Verfassungsgütern bedarf.

### d. Begrenzung grundrechtlicher Schutzbereiche durch Elemente auch außerhalb des Grundrechtstatbestands?

126 Fraglich ist, ob eine Begrenzung des Schutzbereichs auch dann in Betracht kommt, wenn *keine* diesbezügliche verfassungstextliche Aussage besteht, oder ob man in diesem Fall stets von der Eröffnung des Schutzbereichs ausgehen muss und gemeinwohlschädliche Verhaltensweisen ausschließlich auf der Ebene der verfassungsrechtlichen Rechtfertigung im Rahmen einer Güterabwägung würdigen kann. Das soll anhand folgender Beispiele verdeutlicht werden:

**(1)** Dass ein **Totschlag** (§ 212 StGB) auf der Bühne nicht vom Grundrecht der Kunstfreiheit (Art. 5 III S. 1 Var. 1 GG) gedeckt ist, kann keinem vernünftigen Zweifel unterliegen, wenn man die betroffenen Rechtsgüter gegeneinander abwägt. Denn die Reichweite der Kunstfreiheit erstreckt sich nicht auf die Beeinträchtigung fremden Lebens zum Zwecke der künstlerischen Entfaltung (sei es im Werk- oder Wirkbereich der Kunst). Das Recht auf Leben entfaltet einen größeren Schutz als die Kunstfreiheit.

**(2)** Auch wer Bauwerke mit Lackfarbe besprüht (**Graffiti**) und damit den Tatbestand der wiederholten und fortgesetzten Sachbeschädigung (§§ 303 II oder 304 II StGB) erfüllt, kann sich im Ergebnis nicht auf Kunstfreiheit berufen. Denn deren Reichweite erstreckt sich auch nicht auf die eigenmächtige Inanspruchnahme oder Beeinträchtigung fremden Eigentums zum Zwecke der künstlerischen Entfaltung. Überdies enthält das Eigentumsgrundrecht (Art. 14 I GG) gleichfalls eine Verbürgung von Freiheit; nach den vom Grundgesetz getroffenen Wertungen steht es nicht prinzipiell hinter der Freiheit der Kunst zurück. Kunst kann sich auch ohne Beschädigung fremden Eigentums entfalten.

---

[196] Vgl. BVerfGE **69**, 315, 349 (Brokdorf II); **84**, 203, 209 (Republikaner).
[197] Zur Frage, ob Bürger anderer EU-Staaten mit Blick auf das allgemeine Diskriminierungsverbot aus Art. 12 I EG überhaupt als „Ausländer" angesehen und damit aus den Schutzbereichen der „Deutschengrundrechte" herausgenommen werden dürfen, vgl. Rn 48.

**(3)** Auch eine Organisation, die sich nur nach ihrem bekundeten Selbstverständnis als **Religions- oder Weltanschauungsgemeinschaft** sieht, in Wirklichkeit aber ausschließlich **wirtschaftliche** oder andere **religionsfremde** Ziele verfolgt, kann sich im Ergebnis nicht auf Art. 4 I und II GG berufen. Sollte man hier bereits den Schutzbereich verneinen, brauchen sich von einer staatlichen Stelle ausgehende öffentliche Warnungen vor einer solchen Organisation nicht am strengen Maßstab des Art. 4 I und II GG, sondern lediglich am Maßstab des Art. 2 I GG messen zu lassen.

Solche Grenzen grundrechtlicher Schutzbereiche, die im Tatbestand des Grundrechts keine Erwähnung finden, sich aber aus anderen, kollidierenden Verfassungsgütern ergeben können, werden meist als **verfassungsimmanente Schutzbereichsbegrenzung** (oder als verfassungsimmanente Grundrechtsbegrenzung) bezeichnet.[198] Ihr liegt die Vorstellung zugrunde, dass bestimmte Verhaltensweisen oder Ziele nicht Gegenstand grundrechtlicher Freiheit sind und mithin erst gar nicht vom Schutzbereich eines Grundrechts erfasst werden. Sie ist Ausdruck der **Lehre vom funktionalen Schutzbereich**. Diese Lehre geht davon aus, dass sich der Schutzbereich nur unter Berücksichtigung der Funktion eines Grundrechts ermitteln lässt. Aufgabe der Grundrechte sei es, (nur) vor bestimmten Eingriffen Schutz zu vermitteln. Sei der Eingriff verhältnismäßig, sei bereits der Schutzbereich des in Betracht kommenden Grundrechts nicht eröffnet. Gleiches gelte hinsichtlich der Kollision mit anderen Grundrechten. Hier werde der Schutzbereich des einen Grundrechts durch den Schutzbereich eines anderen begrenzt („**Schutzbereichsbegrenzung durch kollidierendes Verfassungsrecht**").[199]

127

> **Hinweis:** Die verfassungsimmanente Schutzbereichsbegrenzung ist nicht zu verwechseln mit der grundrechtsimmanenten Schutzbereichsbegrenzung:
>
> - **Grundrechtsimmanente Schutzbereichsbegrenzung** bedeutet, dass der Schutzbereich eines Grundrechts seine Grenzen bereits im Tatbestand des betreffenden Grundrechts findet (Rn 124 f.).
> - Demgegenüber bedeutet **verfassungsimmanente Schutzbereichsbegrenzung** (auch verfassungsimmanente Grundrechtsbegrenzung genannt), dass der Schutzbereich eines Grundrechts seine Grenzen nicht im Tatbestand des betreffenden Grundrechts, sondern in anderen Verfassungsgütern findet (Rn 126 f.).

Die Anerkennung verfassungsimmanenter Schutzbereichsbegrenzung dürfte häufig jedoch zu demselben Ergebnis führen wie die Abwägung der gegenläufigen Verfassungsgüter auf der Ebene der verfassungsrechtlichen Rechtfertigung. Sie ist dennoch von grundlegender Bedeutung für die Grundrechtsprüfung im Einzelfall, aber auch für das Verständnis der Freiheitsrechte in abstracto. Nimmt man z.B. an, dass die Grundrechte durch einen dem Schutzbereich immanenten Friedlichkeitsvorbehalt tatbestandlich begrenzt sind, unterfällt der o.g. Schulfall der künstlerisch motivierten Tötung erst gar nicht dem Schutzbereich des Art. 5 III S. 1 GG. Für die Überlegung, ob die Kunstfreiheit im konkreten Einzelfall durch das Grundrecht auf Leben beschränkt wird, bleibt kein Raum. Lehnt man indes die Existenz eines verfassungsimmanenten Friedlichkeitsvorbehalts auf der Grundlage eines weiten Tatbestandsverständnisses ab, ist zunächst die Tötung vom Schutzbereich des Art. 5 III S. 1 GG gedeckt. Erst auf der Ebene der verfassungsrechtlichen Rechtfertigung wäre dann das

128

---

[198] Vgl. z.B. *Isensee*, in: HdbStR V, § 111 Rn 56; *Dreier*, in: Dreier, GG, Bd. 1, Vorb. Rn 88 ff.; *Muckel*, Begrenzung grundrechtlicher Schutzbereiche, Festschrift für Hartmut Schiedermair, **2001**, S. 347.
[199] Vgl. bereits *Gallwas*, Faktische Beeinträchtigungen im Bereich der Grundrechte, **1970**, S. 94 ff. Zu beachten ist jedoch, dass nach noch herrschender Grundrechtsdogmatik die Kollision verschiedener Grundrechte auf der Ebene der verfassungsrechtlichen Rechtfertigung behandelt wird (dazu Rn 193).

Grundrecht auf Leben unter Berücksichtigung aller Umstände des Einzelfalls gegen die Freiheit der Kunst abzuwägen und diese im Ergebnis zurückzudrängen.[200]

129 Der Sinn der verfassungsimmanenten Begrenzung des Schutzbereichs besteht also darin, dass sie es in bestimmten Situationen (extrem sozialschädliches Verhalten) möglich sein soll, schon den Schutzbereich zu verneinen, sodass die (sonst im Rahmen der verfassungsrechtlichen Rechtfertigung des Grundrechtseingriffs vorzunehmende, zumeist von subjektiven Wertungen beeinflusste) Grundrechtsprüfung von der Notwendigkeit einer Abwägung im Einzelfall enthoben wird. Da aber letztlich auch bei der Bestimmung der verfassungsimmanenten Schutzbereichsgrenzen eine Abwägung mit kollidierenden Verfassungsgütern vorgenommen werden muss, dürfte für die Annahme der verfassungsimmanenten Schutzbereichsbegrenzung der Umstand entscheidend sein, dass es bei Verneinung des Schutzbereichs schon **keiner gesetzlichen Rechtsgrundlage** i.S.d. Grundsatzes vom Vorbehalt des Gesetzes bedarf. Denn dieser Grundsatz setzt begriffsnotwendig die Eröffnung des Schutzbereichs voraus. Darauf wird im Rahmen der kritischen Äußerungen bzw. Warnungen in Bezug auf Glaubensgemeinschaften bzw. Gemeinschaften, die sich lediglich nach ihrem Selbstverständnis auf Glaubensfreiheit berufen, noch ausführlich eingegangen (Rn 406).

130 Möglicherweise muss das Institut der verfassungsimmanenten Schutzbereichsbegrenzung jedoch **aus systematischen Gründen abgelehnt** werden, wenn man einen Vergleich mit den grundrechtsimmanenten Schutzbereichsbegrenzungen heranzieht: So hat eine Schutzbereichsbegrenzung unter dem Aspekt der Unfriedlichkeit im Grundrechtekatalog bspw. in Art. 8 I GG ihren Niederschlag gefunden. Bei Art. 5 III GG fehlt demgegenüber eine diesbezügliche Formulierung. Hätte der Verfassungsgeber gewollt, dass auch die „unfriedliche" Kunst aus dem Schutzbereich der Kunstfreiheit herausgehalten werden sollte, hätte er dies mit einer entsprechenden Formulierung im Verfassungstext zum Ausdruck gebracht (*argumentum e contrario* – Umkehrschluss)[201]. Zudem dürfte es gerade erst eine Frage der Güterabwägung im Einzelfall sein, inwiefern betroffene Rechte hinter der Kunstfreiheit zurücktreten müssen. Schließt man sich diesem Gedanken an, sind eine Übertragung des Vorbehalts der Friedlichkeit in Art. 8 I GG auf Art. 5 III GG und damit – generell gesprochen – eine verfassungsimmanente Schutzbereichsbegrenzung abzulehnen.

131 Sofern man dennoch eine verfassungsimmanente Schutzbereichsbegrenzung annimmt, kann man im Grunde die Prüfung von „Schutzbereich" und „Eingriffsrechtfertigung" nicht trennen. Im Ergebnis erreicht man dadurch eine Ausgrenzung bestimmter Verhaltensweisen aus dem Schutzbereich und vermeidet folgerichtig die sonst im Rahmen der verfassungsrechtlichen Rechtfertigung vorzunehmende Güterabwägung im Einzelfall. Auch das BVerfG schließt sich gelegentlich der Lehre vom funktionalen Schutzbereich an, ist in seiner Rechtsprechung aber nicht konsequent. Denn während das Gericht bspw. in den so genannten **Graffiti-Fällen** bereits eine verfassungsimmanente Schutzbereichsbegrenzung vornahm[202], schloss es in seiner Entscheidung, in der es um die vermeintliche **Verunglimpfung des Staates** ging, entgegen der „Vorinstanz" nicht den Schutzbereich des Art. 5 III S. 1 GG wegen Erfüllung des Straftatbestands des § 90a StGB aus, sondern betonte ausdrücklich, dass die Kunstfreiheit

---

[200] Vgl. *Muckel*, Festschrift für Hartmut Schiedermair, **2001**, S. 348.
[201] Anders *Muckel*, Festschrift für Hartmut Schiedermair, **2001**, S. 353.
[202] Der bisweilen vom BVerfG verwandte Begriff „verfassungsunmittelbare Schranken" (vgl. z.B. BVerfGE **59**, 231, 261) ist – wie deutlich geworden sein sollte – missverständlich, denn es handelt sich im vorliegenden Zusammenhang nicht um eine Grundrechtsbeschränkung, sondern um eine verfassungsunmittelbare Beschreibung der sachlichen Gewährleistungsreichweite einer Grundrechtsbestimmung (*Schnapp*, JuS **1978**, 729, 730; *v. Münch*, in: v. Münch/Kunig, GG, Vorb. Art. 1-19 Rn 49).

ihre Grenzen allein in den Grundrechten Dritter und in anderen verfassungsrechtlich geschützten Gütern finde. Diese Grenzen seien im Rahmen der verfassungsrechtlichen Rechtfertigung festzustellen.[203] Damit bekräftigt das Gericht nicht nur seine durchweg liberale Haltung im Hinblick auf politische Kunstwerke (vgl. die mehrfach genannten Entscheidungen zur Verunglimpfung der Nationalhymne und der Bundesflagge), sondern stellt auch klar, dass der strafrechtliche Ehrenschutz, der Schutz der Religion, das Persönlichkeitsrecht etc. erst dann eingriffen, wenn der Kern des jeweiligen anderen Rechts durch ein satirisches Werk tangiert sei. Das setze jedoch eine Abwägung im Einzelfall voraus (praktische Konkordanz[204]), die nicht im Rahmen der Eröffnung des Schutzbereichs, sondern bei der Frage nach der verfassungsrechtlichen Rechtfertigung vorzunehmen sei.

Vor dem Hintergrund der Lehre vom funktionalen Schutzbereich ist auch die bereits erwähnte Rechtsprechung des BVerfG zur Osho-Bewegung zu beurteilen, wonach allein die Bezeichnung als „Sekte", „Jugendsekte" und „Psychosekte" nicht den Schutzbereich des Grundrechts der Religions- oder Weltanschauungsfreiheit (Art. 4 I und II GG) berühre, weil diese Äußerung keine diffamierende oder verfälschende Darstellung enthalte, sondern sich im Rahmen einer sachlich geführten Informationstätigkeit über die betroffenen Gemeinschaften bewege und damit die Zurückhaltung wahre, zu welcher der Staat und seine Organe nach dem Gebot der religiös-weltanschaulichen Neutralität verpflichtet seien.[205] **132**

Inwieweit die Lehre vom funktionalen Schutzbereich als sachadäquates Mittel zur Lösung der Konflikte in Bezug auf das staatliche Informationshandeln herangezogen werden kann, ist Gegenstand der Bearbeitungen zu Art. 4 und 12 GG. **133**

> **Hinweis für die Fallbearbeitung:** Ist der Schutzbereich unproblematisch eröffnet, ist es zulässig und sogar geboten, dies nur mit knappen Ausführungen festzustellen. Zahlreiche Fallkonstellationen erfordern jedoch eine weitergehende Auseinandersetzung mit dem Schutzbereich des betreffenden Grundrechts. Insbesondere im erwähnten Osho-Fall ist eine problemorientierte Auseinandersetzung mit der Lehre vom funktionalen Schutzbereich, die eine Trennung von Schutzbereich und Eingriff nicht kennt, sowie der Entscheidung des BVerfG angezeigt. Im Zweifel sollte der Schutzbereich – entgegen der aktuellen Auffassung des BVerfG – großzügig gehandhabt werden, denn nur die Bejahung des Schutzbereichs lässt die Behandlung weiterer, auf der Ebene des Eingriffs bzw. der verfassungsrechtlichen Rechtfertigung zu diskutierenden, Probleme zu. Zu weit ginge es jedenfalls, wenn man überhaupt nur einfachgesetzlich erlaubtes Verhalten unter den Schutzbereich (bspw. der Kunstfreiheit) stellte.[206] Die Grenze liegt allerdings dort, wo abwegige Ergebnisse erzielt würden.

## e. Bedeutung des bisher Gesagten für Art. 2 I GG

Seit dem Elfes-Urteil (ausführlich Rn 247 und 756) versteht man Art. 2 I GG einhellig als Auffanggrundrecht, das alle Betätigungen schützt, die nicht einem speziellen Freiheitsrecht unterfallen.[207] Fällt demnach das zu untersuchende Verhalten in sachlicher Hinsicht in den Schutzbereich eines speziellen Freiheitsgrundrechts, ist ein Rückgriff auf das Grundrecht der allgemeinen Handlungsfreiheit selbst dann versperrt, wenn sich die Beeinträchtigung des speziellen Grundrechts als rechtmäßig erweisen sollte. **134**

---

[203] Vgl. BVerfG NJW **2001**, 596 (Verunglimpfung des Staates). Zu beachten ist, dass Mitte 2005 der Straftatbestand der Sachbeschädigung eben um diese Modalität gesetzlich erweitert wurde.

[204] Vgl. dazu Rn 111, 162, 193, 196, 197a, 197b, 275b, 278, 384, 517.

[205] BVerfGE **105**, 279, 295 (Osho). Dem sich anschließend VGH München NVwZ **2003**, 998.

[206] Abzulehnen ist daher die Auffassung von *Pieroth/Schlink*, Rn 617.

[207] Vgl. grundlegend BVerfGE **6**, 32, 37 (Elfes) und nunmehr BVerfGE **105**, 252, 279 (Glykolwein). Aus der Lit. vgl. bspw. *Kunig*, in: v. Münch/Kunig, GG, Art. 2 Rn 12; *Kube*, JuS **2003**, 111 ff.

**Beispiel:** Weinhändler W verkauft u.a. einen Wein, bei dem sich später herausstellt, dass er diethylenglykolhaltig ist. Bei Diethylenglykol handelt es sich um eine Flüssigkeit, die zum Süßen des Weins verwendet wurde, die jedoch gesundheitsschädlich ist. Daher erlässt die zuständige Ordnungsbehörde gegenüber W ein Verkaufsverbot in Bezug auf den betreffenden Wein.

Das Verkaufsverbot greift in den Schutzbereich des Art. 12 I GG ein, weil generell der Verkauf von Wein der Schaffung und Erhaltung der Lebensgrundlage des W dient. Art. 2 I GG ist neben dem sachlich einschlägigen Art. 12 I GG unanwendbar (subsidiär). Diese Sperrwirkung gilt unabhängig davon, ob der Eingriff in Art. 12 I GG rechtmäßig oder rechtswidrig ist.

Da es bei dem Verkaufsverbot um den vorrangigen Schutz der Gesundheit von Menschen geht, ist der Eingriff im Übrigen aber gerechtfertigt.

**135**  Fraglich ist hingegen, ob auf Art. 2 I GG zurückgegriffen werden kann, wenn das zu beurteilende Verhalten zwar dem Regelungs-, nicht aber dem Schutzbereich eines speziellen Freiheitsgrundrechts unterfällt. Geht man aber auch hier von den allgemeinen Grundsätzen der Grundrechtskonkurrenz (Rn 136) aus, bezieht sich die Sperrwirkung nur auf den Schutz-, nicht auch auf den Regelungsbereich. Art. 2 I GG wird also nicht verdrängt, wenn das fragliche Verhalten lediglich in den Regelungsbereich eines speziellen Grundrechts fällt.

**Beispiel:** Hooligan H nimmt an einer insgesamt unfriedlichen Demonstration teil. Zusammen mit anderen Randalierern wirft er Molotow-Cocktails in die Schaufenster der anliegenden Ladenlokale. Die Polizei nimmt H daraufhin in Gewahrsam.

Da der Regelungsbereich des Art. 8 I GG alle Versammlungen erfasst, der Schutzbereich jedoch auf friedliche und waffenlose Versammlungen begrenzt ist, ist im vorliegenden Fall zwar der Regelungsbereich, nicht aber der Schutzbereich des Art. 8 I GG betroffen. Daher entfaltet Art. 8 I GG auch keine Sperrwirkung gegenüber Art. 2 I GG. Folge ist, dass nicht der Gesetzesvorbehalt des Art. 8 II GG, sondern der des Art. 2 I GG zur Anwendung gelangt. Damit muss nicht der Frage nachgegangen werden, ob die Polizei auf der Grundlage des Polizei- und Ordnungsrechts H in Gewahrsam nehmen kann oder ob das Versammlungsgesetz einen Rückgriff auf das Polizei- und Ordnungsrecht ausschließt (vgl. dazu näher Rn 635 ff.).

Erst recht wird Art. 2 I GG nicht verdrängt, wenn das fragliche Verhalten noch nicht einmal vom Regelungsbereich eines speziellen Freiheitsrechts erfasst ist. Auf diesen Befund wird bei der Beantwortung der Frage eingegangen, ob eine von einer staatlichen Aufklärung oder Warnung betroffene Organisation, die sich nach ihrem bekundeten Selbstverständnis als Religionsgemeinschaft bezeichnet, in Wirklichkeit aber ausschließlich wirtschaftliche Ziele verfolgt und sich daher nicht auf Art. 4 I und II GG berufen kann, sich wenigstens auf Art. 2 I GG stützen kann (Rn 387 ff.).

## f. Grundrechtskonkurrenz

**136**  Von Grundrechtskonkurrenz spricht man, wenn *ein* Verhalten in den Schutzbereich *mehrerer* Grundrechte *eines* Grundrechtsträgers fällt. Dabei muss folgendermaßen unterschieden werden: Fällt das Verhalten des Grundrechtsträgers in den Schutzbereich mehrerer Grundrechte, die in einem Spezialitätsverhältnis zueinander stehen, spricht man von **unechter Grundrechtskonkurrenz**. Fällt das Verhalten des Grundrechtsträgers dagegen in den Schutzbereich mehrerer Grundrechte, die gleichrangig nebeneinander stehen, spricht man von **echter Grundrechtskonkurrenz**.

> **Hinweis für die Fallbearbeitung:** Die Grundrechtskonkurrenz ist ein Problem des Schutzbereichs.[208] Denn ist ein Grundrecht aufgrund einer Konkurrenzsituation zu einem anderen Grundrecht nicht anwendbar, entfaltet es auch keine Schutzwirkung für den Betroffenen. In der Fallbearbeitung empfiehlt sich daher folgende Vorgehensweise: Zunächst sind alle möglicherweise zutreffenden Grundrechte in Betracht zu ziehen. Dann ist (gedanklich) der jeweilige Schutzbereich zu bestimmen und zu untersuchen, ob das fragliche Verhalten darunter subsumiert werden kann. Erst wenn feststeht, dass das fragliche Verhalten in den Schutzbereich mehrerer Grundrechte fällt, ist deren Verhältnis zueinander zu bestimmen.

**Beispiel:** Art. 12 GG schützt nach umstrittener, aber vorzugswürdiger Auffassung auch die Wettbewerbsfreiheit. Folgt man dieser Auffassung, stellt sich die Frage nach der Konkurrenz zu Art. 2 I GG, da die Wettbewerbsfreiheit jedenfalls auch von Art. 2 I GG geschützt wird.

## aa. Unechte Grundrechtskonkurrenz

**137**

Wie gesagt, liegt eine unechte Grundrechtskonkurrenz vor, wenn *ein* Verhalten in den Schutzbereich *mehrerer*, in einem Spezialitätsverhältnis zueinander stehender Grundrechte *eines* Grundrechtsträgers fällt. In diesem Fall bestimmt sich der Schutz allein nach dem speziellen Grundrecht.

*[handschriftliche Notiz: Wenn spezial GR nicht durchgeht → Rückgriff auf Art. 2 I GG nicht möglich!]*

**Beispiele:**

(1) Die behördliche Warnung vor **glykolhaltigem Wein** hat zur Folge, dass sämtliche Weine eines Winzers gemieden werden.[209] Hier genießt der Winzer nach umstrittener, aber zutreffender Auffassung (vgl. dazu im Einzelnen die Ausführungen zu Art. 12 GG) den Schutz des Art. 12 I GG, sodass ein Rückgriff auf Art. 2 I GG nicht erforderlich ist. Nach allgemeiner Grundrechtsdogmatik würde Art. 2 I GG aber dann greifen, wenn der sachliche und/oder persönliche Schutzbereich des Art. 12 I GG nicht eröffnet wäre.

(2) Der **Chefredakteur einer Zeitung** kann sich bei einem Eingriff in seine Arbeit nicht nur auf Art. 5 I S. 2 GG (Pressefreiheit) berufen, sondern grundsätzlich auch auf Art. 12 I GG (Berufsfreiheit), da er am Geschäftsverkehr teilnimmt und damit einen Beruf ausübt. Allerdings wird es bei einer staatlichen Maßnahme regelmäßig an der berufsspezifischen Regelungstendenz fehlen, sodass bei näherer Betrachtung der Schutzbereich des Art. 12 I GG nicht einschlägig ist. Ein Konkurrenzverhältnis zwischen Art. 5 I S. 2 GG und Art. 12 I GG stellt sich also in aller Regel nicht. Die Frage nach der Grundrechtskonkurrenz muss diesbezüglich demnach nicht beantwortet werden. Ein Konkurrenzverhältnis des Art. 5 I S. 2 GG liegt aber zu Art. 5 I S. 1 GG vor, da die Äußerungen eines Chefredakteurs auch in den Schutzbereich des Grundrechts auf Meinungsfreiheit fallen. Fällt ein Verhalten in den Schutzbereich mehrerer Grundrechte, die in einem Spezialitätsverhältnis zueinander stehen, bestimmt sich der Schutz allein nach dem speziellen Grundrecht. Die Pressefreiheit umfasst nur einen Teilbereich der Meinungsfreiheit, nämlich die Freiheit zur Verbreitung aller an die Allgemeinheit gerichteten Druckerzeugnisse. Art. 5 I S. 1 GG wird also im Anwendungsbereich des Art. 5 I S. 2 GG von diesem Grundrecht verdrängt (str. vgl. Rn 461).

> **Hinweis für die Fallbearbeitung:** In der Fallbearbeitung empfiehlt sich folgende Vorgehensweise: Zunächst ist zu prüfen, ob ein Grundrecht als speziellere Norm (lex specialis) vorgeht. Dies ist regelmäßig bei Art. 12 I und 14 I GG als spezielle Freiheitsgrundrechte gegenüber Art. 2 I GG als allgemeines Freiheitsgrundrecht der Fall. Entsprechendes gilt für Art. 8 und 9 GG. Hier tritt Art. 2 I GG subsidiär zurück.

---

[208] Anders verhält es sich bei der Grundrechtskollision; vgl. dazu Rn 193 und 196.
[209] Vgl. BVerfGE **105**, 252 ff. (Glykolwein); *R. Schmidt*, Staatliches Informationshandeln, **2004**, S. 86 ff.

Eine vergleichbare Situation besteht bei der Pressefreiheit (Art. 5 I S. 2 GG) gegen-über der Meinungsfreiheit (Art. 5 I S. 1 GG). Hier ist Art. 5 I S. 2 GG vorrangig vor Art. 5 I S. 1 GG zu prüfen. Erst wenn der Schutzbereich des Art. 5 I S. 2 GG nicht eröffnet ist oder der Sachverhalt nicht abschließend von Art. 5 I S. 2 GG gewürdigt werden kann, ist auf Art. 5 I S. 1 GG zurückzugreifen. Zu beachten ist immer, dass das verdrängte allgemeine Grundrecht auch dann nicht anwendbar ist, wenn das spezielle Grundrecht dem Betroffenen nicht weiterhilft (sog. Sperrwirkung der spe-ziellen Norm). Das allgemeine Grundrecht ist in der Fallbearbeitung also immer erst dann zu prüfen, wenn der Schutzbereich des speziellen Grundrechts nicht eröffnet ist oder das Grundrecht den Sachverhalt nicht abschließend würdigt.

### bb. Echte Grundrechtskonkurrenz

**138** Von der unechten Grundrechtskonkurrenz ist die **echte Grundrechtskonkurrenz** (sog. Idealkonkurrenz) zu unterscheiden. Diese liegt vor, wenn auf *ein* Verhalten *eines* Grundrechtsträgers *mehrere* Grundrechte Anwendung finden.[210] Der Grund-rechtsträger kann sich also auf mehrere Grundrechte berufen. In diesem Fall ist ein Eingriff nur dann gerechtfertigt, wenn er den Anforderungen *aller* anwendbaren Grundrechte entspricht. Der Grundrechtsträger genießt also mehrfachen Schutz.[211]

**Beispiele:**

**(1)** Hat eine behördliche Warnung vor Lebensmitteln eines bestimmten Lebensmittel-herstellers zur Folge, dass sämtliche Produkte dieses Herstellers gemieden wer-den, genießt der Hersteller nach umstrittener, aber zutreffender Auffassung so-wohl den Schutz des Art. 12 I GG als auch den Schutz des Art. 14 I GG, da nicht nur die Berufsfreiheit tangiert, sondern auch die Existenz des Betriebes gefährdet wird. Die Warnung ist also nur dann gerechtfertigt, wenn sie den Anforderungen beider Grundrechte standhält.

**(2)** Im Bereich einer Versammlung kommt Art. 5 I S. 1 Halbs. 1 GG selbstständig ne-ben Art. 8 I GG zur Anwendung, da die versammlungsspezifischen Tätigkeiten des Art. 8 GG nach der Rspr. des BVerfG zwingend auf den Zweck der (öffentlichen) Meinungsbildung und -kundgabe gerichtet sind.[212] Ein Versammlungsverbot muss sich demnach auch am Maßstab des Art. 5 I, II GG messen lassen.

**139** Relevant wird die echte Grundrechtskonkurrenz vor allem, wenn der grundrechtliche Schutz unterschiedlich stark ausgeprägt ist. Dann ist eine freiheitsverkürzende staatli-che Maßnahme nur gerechtfertigt, wenn sie auch den Anforderungen an die verfas-sungsrechtliche Rechtfertigung des am stärksten schützenden Grundrechts entspricht.

**Beispiel:** Die Prozession einer Glaubensgemeinschaft unterfällt nach umstrittener, aber zutreffender Auffassung sowohl dem Schutzbereich des Art. 4 I GG als auch dem des Art. 8 I GG. Während Art. 8 I GG einem Gesetzesvorbehalt unterliegt, wird Art. 4 I GG nach zutreffender h.M. schrankenlos gewährleistet.[213] Wird für die Prozession also eine Route gewählt, die eine besondere Beziehung zur Glaubensfreiheit hat, muss sich ein Eingriff in die Wegführung an Art. 4 I GG messen lassen. Dieser Eingriff hat sich dann an den (eng auszulegenden) verfassungsimmanenten Einschränkungsmöglichkei-ten messen zu lassen.

---

[210] *von Münch*, in: von Münch/Kunig, GG, Vorb. Art. 1-19 Rn 42.

[211] Zu den abw. Lösungsmöglichkeiten vgl. *von Münch*, in: von Münch/Kunig, GG, Vorb. Art. 1-19 Rn 43.

[212] BVerfGE **90**, 241, 246 („Auschwitz-Lüge"); BVerfG NJW **2001**, 2459, 2460 („Loveparade"/„Fuckparade").

[213] Zu der Entscheidung des BVerwG (E **112**, 227, 231 – ausdrücklich ablehnend von demselben Senat in E **112**, 314, 315 ff. und von BVerfGE **104**, 337, 345 ff.), wonach Art. 136 I WRV einen (einfachen) Gesetzes-vorbehalt zur Einschränkung des Art. 4 I, II GG enthält, vgl. Rn 381 ff.

> **Hinweis für die Fallbearbeitung:** Sind zwei oder mehrere Grundrechte im konkreten Fall betroffen, sind alle hintereinander durchzuprüfen. Dabei sollte zunächst das Grundrecht geprüft werden, das den stärksten Schutz bietet.

Abzugrenzen ist die Grundrechtskonkurrenz von der **Grundrechtskollision**, die immer dann vorliegt, wenn die Verwirklichung eines Grundrechts durch einen Grundrechtsträger ein Grundrecht eines anderen beschneidet. Die Grundrechtskollision spielt nicht nur im Bereich der oben dargestellten verfassungsimmanenten Schutzbereichsbegrenzung eine Rolle (Rn 126 f.), sondern (sofern man die Figur der verfassungsimmanenten Schutzbereichsbegrenzung ablehnt) v.a. im Bereich der verfassungsrechtlichen Rechtfertigung (vgl. Rn 111, 193, 196, 275b, 278 und 517).

**140**

### cc. Konkurrenz zwischen Freiheitsrechten und Gleichheitsrechten

Ein Problem, das sich in Fallbearbeitungen immer wieder stellt, ist das Konkurrenzverhältnis zwischen Freiheitsrechten und Gleichheitsrechten. Im Grundsatz gilt, dass Freiheitsrechte gleichrangig neben Gleichheitsrechten anwendbar sind. Jedoch werden Freiheitsrechte von Gleichheitsrechten verdrängt, wenn der Sachverhalt zu diesen in einer stärkeren sachlichen Beziehung steht. Das gilt insbesondere für das Steuerrecht. Dort wird eine steuerrechtliche Regelung zwar die Freiheit des betroffenen Bürgers aus Art. 12 I GG tangieren. Auch soll nach einer Minderauffassung das Eigentumsrecht aus Art. 14 I GG einschlägig sein.[214] Sofern aber die Belastung nicht eine besondere Grundrechtsrelevanz in Bezug auf diese beiden Grundrechte vorweist, werden diese Freiheitsrechte in aller Regel vom Gleichheitssatz nach Art. 3 I GG verdrängt, weil zu diesem dann eine stärkere sachliche Beziehung besteht.[215] Denn im Mittelpunkt wird zumeist die Frage stehen, ob die unterschiedliche steuermäßige Belastung eine sachlich nicht zu rechtfertigende Ungleichbehandlung ist.

**141**

**Beispiel[216]:** Der Bundestag folgt der Gesetzesinitiative der Regierungsfraktion und beschließt in einem Artikelgesetz zum Steuerrecht u.a., die Vorschrift des § 4 V Nr. 6b EStG zu ändern, wonach die steuerliche Abzugsfähigkeit eines häuslichen Arbeitszimmers auf 1.250,- € begrenzt wird, während ein außerhäusliches Arbeitszimmer nach wie vor voll abzugsfähig ist. Nachdem auch der Bundesrat zugestimmt hat, tritt das Gesetz in Kraft. Oberschullehrer L, der ein häusliches Arbeitszimmer unterhält, sieht sich in seinen Grundrechten verletzt.

Hier könnte die vom Bundestag beschlossene Regelung zunächst gegen Art. 14 I und 12 I GG verstoßen. Jedoch werden diese Freiheitsrechte vom Gleichheitssatz nach Art. 3 I GG verdrängt, weil im Mittelpunkt die Frage steht, ob die Unterscheidung zwischen der Abzugsfähigkeit für ein häusliches und derjenigen für ein außerhäusliches Arbeitszimmer eine sachlich nicht zu rechtfertigende Ungleichbehandlung ist.
Hinsichtlich der Vereinbarkeit der Regelung mit Art. 3 I GG gilt nach Auffassung des BVerfG, dass die in § 4 V Nr. 6b EStG vorgenommene Differenzierung im Hinblick auf Art. 3 I GG sachlich gerechtfertigt sei. Denn die Aufwendungen für ein häusliches Arbeitszimmer berührten den Bereich der allgemeinen Lebensführung, der (für sich genommen) steuerlich nicht abzugsfähig ist. Außerdem könne die Überprüfung der tatsächlichen Nutzung des häuslichen Arbeitszimmers nur durch unangemeldete Kontrollen vorgenommen werden. Ein solches Vorgehen werde vor dem Hintergrund des Art. 13 I GG aber kaum Bestand haben. Daher sei die Differenzierung in der vorgenommenen Form sogar geboten.

---

[214] So *Leisner*, NJW **1995**, 2594; ablehnend *Jarass*, in: Jarass/Pieroth, GG, Art. 14 Rn 15.
[215] Vgl. BVerfGE **64**, 229, 238 f.; **75**, 348, 357; BVerfG-K NJW **2001**, 1853 und 1854.
[216] Nach BVerfGE **101**, 297 ff.

142    Auch die (noch bestehende) **Gewerbesteuerpflicht** bestimmter selbstständiger Tätigkeiten soll mit Blick auf den Gleichheitssatz verfassungsgemäß sein. Nach Auffassung des BVerfG liegt ein Verstoß gegen Art. 3 I GG (das Gericht prüft auch hier kein Freiheitsgrundrecht) nicht vor.[217] Vgl. dazu Rn 331.

## 2. Eingriff in den Schutzbereich

143    Ist der Schutzbereich eröffnet, muss als Nächstes der Eingriffsakt (Gesetz, Verwaltungsakt, Urteil, schlicht-hoheitliches Handeln etc.) geprüft werden.

> **Hinweis für die Fallbearbeitung:** Nicht selten liegen mehrere Akte der öffentlichen Gewalt in der gleichen Sache vor (etwa Verwaltungsakt – Widerspruchsbescheid – Entscheidung des Verwaltungsgerichts – Entscheidung des Oberverwaltungsgerichts/Verwaltungsgerichtshofs – Entscheidung des Bundesverwaltungsgerichts). Hier lässt das BVerfG dem Beschwerdeführer die Wahl, ob er sich nur gegen die letztinstanzliche Gerichtsentscheidung wendet oder ob er auch alle anderen gerichtlichen Entscheidungen bzw. den Verwaltungsakt angreifen möchte.[218] Nach richtiger Auffassung liegt in diesem Fall nur *eine* Verfassungsbeschwerde vor (objektive Beschwerdehäufung).[219] Kommt das BVerfG zu dem Ergebnis, dass der Beschwerdeführer sowohl durch den Verwaltungsakt als auch durch die (letztinstanzliche) Entscheidung in einem Grundrecht verletzt wurde, sind grundsätzlich alle Entscheidungen einschließlich des Verwaltungsakts aufzuheben. Das gilt auch dann, wenn nicht auszuschließen ist, dass der Verwaltungsakt bei Fortsetzung des fachgerichtlichen Ausgangsverfahrens im Ergebnis bestätigt würde.[220] In der Fallbearbeitung erkennt man diese Konstellation in aller Regel daran, dass der Beschwerdeführer gegen einen Verwaltungsakt nach Erschöpfung des Rechtswegs Verfassungsbeschwerde erhebt. Durch diese Vorgehensweise schränkt der Beschwerdeführer den Beschwerdegegenstand nicht ein, sodass davon auszugehen ist, dass er alle Akte der öffentlichen Gewalt angreift. Dies geschieht mit *einer* Verfassungsbeschwerde.
>
> Wendet sich der Beschwerdeführer dagegen explizit gegen das letztinstanzliche Urteil mit der Behauptung, das Urteil habe ihn in seinen Grundrechten verletzt, also spezifisches Verfassungsrecht missachtet, ist dieses Urteil Gegenstand der Verfassungsbeschwerde.
>
> Wendet sich der Beschwerdeführer dagegen gegen einen ihn belastenden Einzelakt, der auf der Grundlage eines Gesetzes ergangen ist, ist in der Fallbearbeitung nicht nur der Einzelakt, sondern es ist auch das Gesetz auf seine Vereinbarkeit mit der Verfassung, insbesondere mit den Grundrechten, zu prüfen.
>
> Wendet sich der Beschwerdeführer schließlich gegen ein Gesetz, das ihn selbst, unmittelbar und gegenwärtig belastet, ist auch nur dieses Gesetz Gegenstand der Verfassungsbeschwerde.

143a    Zu beachten ist jedoch, dass nicht jede belastende Maßnahme einen Eingriff in den Schutzbereich eines Grundrechts darstellt. So werden zunächst sog. **Bagatelleingriffe** nicht erfasst. Daher werden etwa das Zusenden von Gemeinderatssitzungsprotokollen in der abonnierten Tageszeitung oder das „Streifegehen" von Polizeibeamten nicht als Eingriff in das allgemeine Persönlichkeitsrecht aus Art. 2 I i.V.m. 1 I GG angesehen, auch wenn Derartiges als Belästigung empfunden wird.

---

[217] Vgl. die die bisherige Rspr. des BVerfG bestätigenden Beschlüsse der *2. Kammer* des *Zweiten Senats* NJW **2001**, 1853 und 1854. Dem sich anschließend BFH DStRE **2004**, 33.
[218] Vgl. BVerfGE **19**, 377, 389 (Fall Niekisch); **54**, 53, 64 ff. (ausgebürgerte Personen in der NS-Zeit).
[219] Wie hier *Kahl*, JuS **2000**, 1090, 1091; *Pieroth/Schlink*, Rn 1127; a.A. *Stekens*, DVBl **2004**, 403.
[220] Vgl. BVerfGE **84**, 1, 3 ff. (Umfang der Verfassungsbeschwerde; Kindergeldkürzung).

Darüber hinaus ist der Gesetzgeber bei einer Reihe von Grundrechten zur Ausgestaltung und näheren Regelung berechtigt oder sogar verpflichtet (sog. Grundrechte mit **Ausgestaltungs-** und **Regelungsvorbehalt**). Andere Grundrechte sind auf die **Konkretisierung** bzw. **Definition** des Schutzbereichs durch den einfachen Gesetzgeber angewiesen.

**144**

**Beispiele:**

(1) Gem. Art. 14 I S. 2 GG werden Inhalt und Schranken des Eigentums durch die Gesetze bestimmt. Das heißt, dass der Gesetzgeber den (verfassungsrechtlichen) Begriff des Eigentums (einfachgesetzlich) definieren muss. Man spricht insoweit von einem normgeprägten Schutzbereich.

(2) Art. 4 III S. 2 GG bestimmt: „Das Nähere regelt ein Bundesgesetz". Auch hier bestimmt das Grundrecht, dass der Schutzbereich einfachgesetzlich konkretisiert werden muss.

(3) Art. 6 I GG spricht von „Ehe", ohne dabei jedoch zu konkretisieren, welche sozialen und rechtlichen Gebilde sich hinter dem Begriff verbergen.

(4) Art. 12 I S. 2 GG bestimmt, dass die Berufsausübung durch Gesetz oder aufgrund eines Gesetzes *geregelt* werden kann.

Nimmt der einfache Gesetzgeber solche Ausgestaltungen, Regelungen oder Konkretisierungen des Schutzbereichs vor, könnte man annehmen, dass diese grundsätzlich keine Eingriffe darstellten, auch wenn dies zu ungünstigen Rückwirkungen für bestimmte, an sich geschützte Grundrechtsausübungen führte. Folge wäre, dass Grundrechtsausgestaltungen oder -regelungen bzw. -konkretisierungen damit nicht die Qualität eines Eingriffs hätten und sich daher auch nicht an den Rechtmäßigkeitsvoraussetzungen, die an Grundrechtseingriffe gestellt werden, messen lassen müssten. Diese Sichtweise greift zu kurz. Denn das Grundgesetz hat dem Gesetzgeber lediglich erlaubt, den Schutzbereich *überhaupt* auszugestalten oder zu regeln. Damit kann nicht gemeint sein, dass eine Grundrechtsbeschränkung in großzügigerer Weise zulässig wäre. Daher müssen die Ausgestaltungs-, Regelungs- und Konkretisierungsvorbehalte wie einfache Gesetzesvorbehalte verstanden werden. Das bedeutet, dass das ausgestaltende, regelnde bzw. konkretisierende Gesetz den allgemein anerkannten Grundsatz der Verhältnismäßigkeit zu beachten hat: Je bedeutsamer das Grundrecht ist, desto hochwertiger müssen die Rechtsgüter sein, zu deren Gunsten die Einschränkung erfolgt. Vgl. dazu auch Rn 156 ff. Ein bedeutsamer Unterschied zu den „normalen" Gesetzesvorbehalten besteht aber in der Anwendung des Zitiergebots des Art. 19 I S. 2 GG. Denn dieses gilt nicht für Grundrechte mit Ausgestaltungs- bzw. Regelungsvorbehalt, sondern nur für Grundrechte, die aufgrund eines Gesetzesvorbehalts einschränkbar sind. Auch das Verbot des Einzelfallgesetzes gilt nur für „echte" Grundrechtseingriffe.

**145**

Ein Eingriff ist allerdings in jedem Fall zu verneinen, wenn der Betroffene wirksam auf das Grundrecht verzichtet hat. Ein **Grundrechtsverzicht** liegt vor, wenn der Betroffene rechtlich bindend auf den Schutz des betreffenden Grundrechts verzichtet hat.

**146**

**Beispiele:** Verzicht auf Versammlungsteilnahme; Verzicht auf Eintritt in einen Verein; zwangsloses Hereinbitten der Polizei in die Wohnung

Von einem Grundrechtsverzicht wird dagegen *nicht* gesprochen, wenn der Betroffene lediglich von einem Grundrecht tatsächlich keinen Gebrauch macht, z.B. durch die Nichtteilnahme an einer Bundestagswahl, die Nichtteilnahme an einer Versammlung, den Nichtbeitritt in einen Verein etc.

147    Ob ein Grundrechtsverzicht möglich, also rechtlich bindend ist, beantwortet das Grundgesetz nur bei einigen Grundrechten. So hängt der Eingriff in Art. 6 III GG vom Willen der Erziehungsberechtigten ab. Entsprechendes gilt für Art. 7 III S. 3 GG und wohl auch für Art. 16 I S. 1 GG („Entziehen"). Andererseits stellt das Grundgesetz in Art. 9 III S. 2 GG das Grundrecht auf Koalitionsfreiheit (Art. 9 III S. 1 GG) nicht zur Disposition der Berechtigten. Die übrigen, ungeregelten Fälle müssen mit Hilfe der juristischen Methodenlehre gelöst werden, indem auf die *Funktion des jeweiligen Grundrechts* abgestellt wird. Hebt man das klassische Grundrechtsverständnis hervor und betont die Wirkung der Grundrechte als Freiheitsrechte, scheint ein wirksamer Verzicht möglich. Stellt man andererseits auf den objektiv-rechtlichen Gehalt der Grundrechte ab (objektive Wertentscheidung), scheint ein Verzicht nicht möglich. Hinzu kommt, dass der Betroffene oftmals die Bedeutung eines Grundrechtsverzichts nicht überschauen kann. Eine sachadäquate Lösung wird daher in der Mitte liegen: Im Grundsatz sollte die Zulässigkeit eines Grundrechtsverzichts angenommen werden. Ist die Beeinträchtigung jedoch von besonderer Dauer und Intensität, bzw. ist die Bedeutung des Grundrechts besonders hoch (z.B. bei Art. 13 I GG), wird ist Disponibilität zweifelhaft und stets eine Frage des Einzelfalls. Jedenfalls muss ein Grundrechtsverzicht freiwillig, frei von Täuschung und Willensmängeln, konkret und für den Betroffenen überschaubar sein, weshalb ein völliger Verzicht auf ein bedeutsames Grundrecht i.d.R. ausgeschlossen ist. Allenfalls kommt ein partieller Verzicht in Betracht.

> **Beispiele:** Im Bereich des verwaltungsrechtlichen Vertrags (§§ 54 ff. VwVfG) ist ein partieller Grundrechtsverzicht (insb. auf Art. 12 I und 14 I GG) möglich, da anderenfalls der Zweck eines Vertrags (individuelle Vereinbarung und gegenseitiges Nachgeben) nicht erfüllt werden könnte. Zumindest partiell zulässig ist auch der Verzicht auf die Unverletzlichkeit der Wohnung (Art. 13 GG) und auf das Post-, Brief- und Fernmeldegeheimnisses (Art. 10 GG), etwa wenn jemand die Durchsuchung seiner Wohnung gestattet, obwohl kein richterlicher Durchsuchungsbeschluss und auch keine Gefahr im Verzug vorliegen (Art. 13 II GG), oder von der Telekom eine Fangschaltung installieren lässt, was ebenfalls gesetzlich nicht vorgesehen ist (vgl. Art. 10 II S. 1 GG).
> Demgegenüber kann ein Wähler nicht auf die Geheimheit seiner Wahl während der Stimmabgabe verzichten. Eine Offenbarung ist aber vor und nach der Wahl möglich.[221]

> **Hinweis für die Fallbearbeitung:** Die Prüfung des Grundrechtsverzichts hat im dreigliedrigen Aufbau (Schutzbereich, Eingriff, verfassungsrechtliche Rechtfertigung) im Rahmen des Eingriffs zu erfolgen, denn liegt ein wirksamer Grundrechtsverzicht vor, kann nicht von einem Eingriff gesprochen werden.

148    Kommt einer staatlichen Maßnahme nach dem bisher Gesagten möglicherweise eine Eingriffsqualität zu und liegt auch kein wirksamer Grundrechtsverzicht vor, ist des Weiteren die Art des möglichen Eingriffs (direkter oder indirekter Eingriff) zu untersuchen:

149    Nach dem klassischen Eingriffsbegriff liegt ein Eingriff immer dann vor, wenn ein Rechtsakt final und unmittelbar freiheitsverkürzend in die Rechtssphäre des Bürgers eingreift (sog. **enger Eingriffsbegriff**, der auf die Imperativität des staatlichen Handelns abstellt).[222]

150    **Rechtsakte** (auch **rechtsförmliches Handeln** genannt) sind Gesetze, Verwaltungsakte und Gerichtsurteile. **Finalität** bedeutet, dass eine staatliche Maßnahme gezielt bzw. beabsichtigt eine Grundrechtsbeeinträchtigung bewirken will und nicht bloß eine unbeabsichtigte Folge eines auf ganz andere Ziele gerichteten Staatshandelns darstellt. **Unmittelbar** ist

---

[221] Vgl. OVG Lüneburg, OVGE **12**, 418; *Pieroth*, in: Jarass/Pieroth, GG, Art. 38 Rn 17.
[222] Vgl. BVerfGE **105**, 252 ff. und 279 ff.; *von Münch*, in: von Münch/Kunig, GG, Vorb. Art. 1-19 Rn 51a.

die staatliche Maßnahme, wenn sie direkt bzw. primär auf bestimmte (belastende) Rechtsfolgen bei Grundrechtsberechtigten gerichtet ist. So ist ein klassischer Eingriff stets bei Verbotsgesetzen, verfügenden Verwaltungsakten (Ge- und Verboten) und Gerichtsurteilen anzunehmen.

**Beispiele:**

**(1) Ge- und Verbot:** Polizeilicher Platzverweis nach dem Landespolizeigesetz, Gewerbeuntersagung nach § 35 GewO, Bauabbruch- bzw. Baueinstellungs- oder Nutzungsuntersagungsverfügungen nach der Landesbauordnung

**(2) Duldung einer Maßnahme:** Die behördliche Anordnung zur Feststellung des genetischen Fingerabdrucks (DNA-Feststellung) beinhaltet die Verfügung, dass der Betroffene die Entnahme von Körperzellen zu dulden hat.[223]

**(3) Verweigerung einer Erlaubnis:** Verweigerung einer Baugenehmigung, einer Gaststättengenehmigung oder einer sonstigen Gewerbeerlaubnis

**(4) Verweigerung des Schutzes vor Dritten:** Soweit die staatliche Schutzpflicht zum Tragen kommt, besteht in der Verweigerung des Schutzes ein Eingriff in dasjenige Grundrecht, das dem Betroffenen den erforderlichen Schutz gewährt. Wegen der Einschätzungsprärogative des Gesetzgebers bzw. der Verwaltung kommt einem Untätigbleiben jedoch nur ausnahmsweise die Qualität eines Eingriffs zu.

**(5) Rechtsgestaltung:** Rücknahme oder Widerruf einer Subventionsbewilligung oder einer Gaststättenerlaubnis, Enteignung eines Grundstücks entweder durch Gesetz (Legislativenteignung) oder durch Verwaltungsakt (Administrativenteignung).

> **Hinweis für die Fallbearbeitung:** Greifen ein Verbotsgesetz, ein Verwaltungsakt oder ein Gerichtsurteil freiheitsverkürzend in die Rechtssphäre des Grundrechtsträgers ein, wird ein Eingriff in den Schutzbereich stets anzunehmen sein. Längere Ausführungen zur Eingriffsqualität bringen das Gutachten nicht voran und sind deshalb entbehrlich.

Dem modernen Eingriffsverständnis wird die Begrenzung des Eingriffs auf imperative **151** Maßnahmen nicht mehr gerecht. Denn für den Betroffenen macht es keinen Unterschied, ob er durch eine zielgerichtete unmittelbare Maßnahme belastet wird oder ob die Belastung von einer **zielgerichteten mittelbaren** oder sogar einer *nicht* zielgerichteten, also **faktisch-mittelbaren Maßnahme** ausgeht. Nach bisheriger Grundrechtsdogmatik wird daher die Eingriffsqualität auch von derartigen Maßnahmen diskutiert (sog. **weiter Eingriffsbegriff**).[224] Voraussetzung sei aber wegen der Unüberschaubarkeit und Vielgestaltigkeit von Neben- und Folgewirkungen, dass eine *Zurechenbarkeit* bestehe. Die Zurechenbarkeit sei das zentrale Element bei der Frage nach dem Eingriff. Wann diese bejaht werden könne, sei eine Frage des Einzelfalls und hänge von dem betreffenden Grundrecht ab. Generell lasse sich sagen, dass faktisch-mittelbare Einwirkungen um so eher zurechenbar seien, je stärker sie das betreffende Grundrecht belasteten, d.h. in ihrer Intensität einer unmittelbaren Verhaltenssteuerung gleichstünden. Weiter dürfe eine Rolle spielen, ob die Beeinträchtigung Ausdruck derjenigen Gefahr sei, gegen die das Grundrecht Schutz bieten wolle. Schließlich dürfe bedeutsam sein, ob die betroffene Aktivität wesentlich für die Grundrechtsausübung sei.

---

[223] Vgl. BVerfG NJW **2001**, 2320, 2321.
[224] Vgl. BVerfGE **105**, 252 ff.; **105**, 279 ff.; **76**, 1, 42 ff.; BVerwGE **71**, 183 ff.; **82**, 76 ff.; **87**, 37 ff.; **90**, 112, 119 f.; VGH München NVwZ **2003**, 998 ff. Vgl. auch *v. Münch*, in: v. Münch/Kunig, GG, Vorb. Art. 1-19 Rn 51a; *Murswiek*, NVwZ **2003**, 1 ff.; *Cremer*, JuS **2003**, 747, 749. Allesamt (wenn tw. auch nicht explizit) zurückgehend auf *Gallwas*, Faktische Beeinträchtigungen, **1970**, S. 58 ff.

**Beispiele für mittelbare und zurechenbare Grundrechtsbeeinträchtigungen:**

**(1)** Die Bundesregierung fördert finanziell Vereine, die Warnungen vor bestimmten Jugendsekten aussprechen. Damit verfolgt die Bundesregierung zwei Ziele: Zum einen will sie den Schutz der Jugend erreichen, zum anderen den Wirkungsbereich von Sekten einschränken. Durch die direkte finanzielle Förderung eines Vereins, der vor Jugendsekten warnt, werden die betroffenen Sekten zwar gezielt, aber lediglich mittelbar betroffen. Es liegt ein (final-mittelbarer und auch zurechenbarer) Eingriff in Art. 4 GG vor.

**(2)** Auch wenn die Behörde eine Baugenehmigung zur Errichtung einer emittierenden Industrieanlage erlässt, greift sie faktisch-mittelbar in die Grundrechte der Nachbarn (Art. 14 I und 2 II S. 1 GG) ein.

**(3)** Das Gleiche gilt, wenn die Baubehörde dem Bauherrn eine Baugenehmigung erteilt, durch deren Realisierung dem Nachbarn Licht und Sonne genommen wird. Auch hier greift sie unbeabsichtigt und damit faktisch-mittelbar in die Grundrechte des Nachbarn (Art. 14 I GG) ein.

**(4)** Auch bei Warnungen der Bundesregierung vor diethylenglykolhaltigem Wein oder vor jugendgefährdenden Sekten liegt eine mittelbare Grundrechtsbeeinträchtigung der betroffenen Kreise vor. *Mittelbar* sind die Grundrechtsbeeinträchtigungen, weil die Bundesregierung nicht gezielt in Grundrechte der Winzer, Weinhändler (Art. 12 I GG) oder Jugendsekten (Art. 4 I, II GG) eingreift, sondern die Warnungen gegenüber der Bevölkerung ausspricht, um diese vor möglichen Schäden zu bewahren (vgl. dazu im Einzelnen Rn 198 ff.).

**(5)** Ebenfalls einen mittelbaren Grundrechtseingriff stellt die Aufnahme eines Verlags in den Verfassungsschutzbericht mit der Bezeichnung als verfassungsfeindlich dar.[225] Dadurch wird die Pressefreiheit (Art. 5 I S. 2 Var. 1 GG) beeinträchtigt.

**152** Bei einigen Grundrechten hat das BVerfG eine Formel für die Intensitätsprüfung entwickelt.

- Ein Eingriff in den Schutzbereich der **Eigentumsfreiheit** (Art. 14 I GG) wird nur dann bejaht, wenn die Maßnahme den Grundrechtsträger **schwer und unerträglich** belastet.

- Bei einem Eingriff in die Wettbewerbsfreiheit (Art. 12 I oder 2 I GG) muss das hoheitliche Handeln einen **Auszehrungs- und Verdrängungswettbewerb** ausgelöst haben, d.h. der mittelbar betroffene Gewerbetreibende muss vor dem wirtschaftlichen Ruin stehen; erhebliche Umsatzeinbußen reichen noch nicht aus.[226]

- Im Übrigen muss das staatliche Handeln, um einen Eingriff in die **Berufsfreiheit** (Art. 12 I GG) darzustellen, (objektiv) eine **berufsregelnde Tendenz** deutlich erkennen lassen.[227] Seit einiger Zeit tendiert das BVerfG jedoch dazu, die objektiv berufsregelnde Tendenz von Handlungen des Staates, die lediglich das **berufliche Umfeld** betreffen, **zu verneinen**. Insbesondere spricht es der fraglichen staatlichen Maßnahme (zumindest im Bereich des staatlichen Informationshandelns) die Eingriffsqualität ab, wenn die staatliche Stelle **rechtmäßig** gehandelt habe.[228] Damit kommt das Gericht im Einzelfall zu dem Ergebnis, dass ein **Eingriff nicht vorliege**. Die Frage, ob die Maßnahme verfassungsrechtlich gerechtfertigt ist (insbesondere ob eine gesetzliche Rechtsgrundlage erforderlich ist), kann somit dahinstehen.

---

[225] BVerfG NJW **2005**, 2912 („Junge Freiheit").

[226] BVerfGE **32**, 311, 316 ff.; **46**, 120, 137 f.; **86**, 28, 37; **82**, 209, 223 f. Vgl. aber auch OVG Münster NWVBl **2005**, 343, das einen Verdrängungswettbewerb der öffentlichen Hand zulässt.

[227] Vgl. BVerfGE **70**, 191, 214; **52**, 42, 54; **55**, 7, 25; **13**, 181, 185 f.; BVerwGE **61**, 291, 308; **81**, 108, 121 f. Fehlt die berufsregelnde Tendenz, ist auf Art. 2 I GG abzustellen (vgl. *Jarass*, in: Jarass/Pieroth, GG, Art. 2 Rn 4). Zur berufsregelnden Tendenz vgl. Rn 792 ff.

[228] BVerfGE **105**, 252, 268 ff. (Glykolwein).

> **Zusammenfassung:** Zumindest nach bisheriger Grundrechtsdogmatik stellt eine **153**
> staatliche Maßnahme immer dann einen **Eingriff** in den Schutzbereich eines Grund-
> rechts dar, wenn sie freiheits- oder gleichheitsverkürzend wirkt.
>
> ▪ Bei **imperativen belastenden Verwaltungsentscheidungen**, bei belastenden
>   **Gerichtsentscheidungen** sowie bei zielgerichtetem, faktischem und belastendem
>   Verwaltungshandeln ist dies stets der Fall.
>
> ▪ Belasten bestimmte Maßnahmen ein Grundrecht nur mittelbar, stellen sie nur dann
>   einen Eingriff dar, wenn die Belastung beabsichtigt oder besonders intensiv ist
>   (**mittelbare Eingriffe**). Zu beachten ist allerdings, dass u.U. bereits der Schutzbe-
>   reich des in Betracht kommenden Grundrechts nicht eröffnet ist. Die Frage nach
>   der verfassungsrechtlichen Rechtfertigung stellt sich dann erst gar nicht.

## 3. Verfassungsrechtliche Rechtfertigung des Eingriffs (Grundrechtsschranke)

### a. Allgemeines

Greift eine staatliche Maßnahme (Gesetz oder Einzelmaßnahme) in den Schutzbereich **154**
eines Grundrechts ein, folgt daraus noch nicht notwendigerweise die Rechtswidrigkeit.
Verletzt ist ein Grundrecht vielmehr erst dann, wenn der Eingriff verfassungsrechtlich
nicht gerechtfertigt ist.

> **Hinweis für die Fallbearbeitung:** Wenn in der Fallbearbeitung bislang die Eröff-
> nung des Schutzbereichs des betreffenden Grundrechts und der Eingriff in densel-
> ben geprüft wurden, muss nun der Frage nachgegangen werden, ob der Eingriff mit
> der Verfassung vereinbar ist (man spricht von der verfassungsrechtlichen Rechtfer-
> tigung des Eingriffs). Anderenfalls ist der Eingriff rechtswidrig und der gegen die
> Maßnahme eingelegte Rechtsbehelf (im Rahmen der Verfassungsrechtsklausur ist
> das i.d.R. die Verfassungsbeschwerde) begründet. Die verfassungsrechtliche Recht-
> fertigung des Grundrechtseingriffs erfolgt (zumindest gedanklich) dreistufig: Unter-
> stellt, der Eingriffsakt sei ein Gesetz, wird zunächst festgestellt, ob das betreffende
> Grundrecht **einschränkbar** ist, dann, ob ein einschränkendes Gesetz (also die
> **Grundrechtsschranke**) vorliegt, und schließlich, ob das Gesetz seinerseits mit der
> Verfassung vereinbar ist (**Schranken-Schranke**).[229]

Zentrales Element bei der Frage nach der verfassungsrechtlichen Rechtfertigung ist **155**
die durch das betreffende Grundrecht eröffnete Einschränkbarkeit.

**aa.** Zunächst sind die Grundrechte mit **Ausgestaltungs- bzw. Regelungsvorbe-** **156**
**halt** sowie diejenigen, die auf eine **Konkretisierung** bzw. **Definition des Schutz-**
**bereichs** durch den einfachen Gesetzgeber angewiesen sind, zu nennen. Beispiele
finden sich bei Rn 144. Anders als bei den meisten anderen Grundrechten bedeutet
hier nicht jede Maßnahme, die den Schutzbereich eines Grundrechts mit Ausgestal-
tungs- bzw. Regelungsvorbehalt berührt, zugleich einen Eingriff.

**a.)** Ausgangspunkt der Überlegung ist, dass Grundrechte mit Ausgestaltungs- bzw. **157**
Regelungsvorbehalt gesetzliche Regelungen über die konkrete Ausgestaltung des jeweiligen Schutzbereichs nicht nur zulassen, sondern sie geradezu voraussetzen. So
gehören etwa die Institute von Ehe und Familie (Art. 6 I GG), Beruf (Art. 12 I GG)
und Eigentum (Art. 14 I GG) zu den Einrichtungen der sozialen Wirklichkeit, die
gerade auf definitorische Klärung und Ausgestaltung im Gesetz angewiesen sind.

---

[229] Ist der Eingriffsakt eine Einzelmaßnahme (etwa ein Verwaltungsakt oder ein Gerichtsurteil), erfolgt eine
Stufenprüfung, vgl. dazu Rn 183 ff.

> Grundrechtsausgestaltende gesetzliche Regelungen sind solche, die den verfassungsrechtlichen Schutzbereich eines Grundrechts, das unter einem Ausgestaltungs bzw. Regelungsvorbehalt steht, durch Ausformung definieren bzw. zu diesem (nähere) Einzelheiten festlegen.

157a  **b.)** Legen den Schutzbereich ausgestaltende Regelungen somit lediglich die Reichweite des Grundrechtsschutzes fest, können sie auch nicht gleichzeitig Grundrechtseingriffe darstellen. Das heißt jedoch nicht, dass der Gesetzgeber bei der Ausgestaltung bzw. Regelung völlig frei wäre. Insbesondere entbinden ihn die Ausgestaltungsbzw. Regelungsvorbehalte nicht von der Beachtung der Wesensgehaltsgarantie (Art. 19 II GG), der Institutsgarantie (Rn 27) und des Grundsatzes der Verhältnismäßigkeit (Rn 169). Dem Gesetzgeber wird nur ein weiterer Spielraum als bei grundrechtsbeschränkenden Regelungen eingeräumt. Auch muss er das Zitiergebot (Art. 19 I S. 2 GG) nicht beachten.

157b  **c.)** Überschreitet die ausgestaltende/definierende Regelung den Ausgestaltungsbzw. Definitionscharakter, schlägt die Ausgestaltung bzw. Regelung in einen **Grundrechtseingriff** um, für den dann die allgemeinen, für alle Grundrechtseingriffe gleichermaßen geltenden verfassungsrechtlichen Vorgaben bestehen (vgl. dazu 165 ff.).

Davon zu unterscheiden ist der Grundrechtseingriff, der durch die **Einzelmaßnahme** herbeigeführt wird. So ist es möglich, dass eine gesetzliche Regelung nur einen ausgestaltenden/definierenden Charakter hat, jedoch die Verwaltung ermächtigt, durch Einzelakt (insbesondere durch Verwaltungsakt) das betreffende Grundrecht zu beschränken (zur Rechtfertigung des Grundrechtseingriffs bei Einzelmaßnahmen vgl. Rn 183 ff.).

157c  **d.)** Schließlich ist der Frage nachzugehen, worin der Unterschied zu den (sogleich bei Rn 158 ff. dargestellten) Gesetzesvorbehalten (etwa Art. 8 II GG oder Art. 10 II S. 1 GG) besteht. Bei genauer Betrachtung ist eine exakte Grenzziehung unmöglich, denn auch Ausgestaltungs- und Regelungsvorbehalte stellen Ermächtigungen zu Grundrechtseingriffen dar. Folgerichtig werden Ausgestaltungs- bzw. Regelungsvorbehalte vom BVerfG i.d.R. auch wie Gesetzesvorbehalte behandelt. Gelegentlich (insbesondere bzgl. Art. 12 I GG) spricht das Gericht sogar ausdrücklich von einem „Gesetzesvorbehalt", obwohl das betreffende Grundrecht von „Regelung" spricht.[230] Freilich sollen – in Bezug auf Art. 12 I GG – bei der Frage nach der verfassungsrechtlichen Rechtfertigung höhere Anforderungen an die Beschränkung der Berufswahl gelten als bei der (bloßen) Berufsausübung. Darauf wird im Rahmen der Darstellung des Art. 12 GG eingegangen.

> **Hinweis für die Fallbearbeitung:** Obwohl das BVerfG den Regelungs- bzw. Ausgestaltungsvorbehalt als Gesetzesvorbehalt ansieht, könnte im Rahmen der Fallbearbeitung der Obersatz folgendermaßen formuliert werden: „Die staatliche Maßnahme (Gesetz oder Einzelakt) ist verfassungsrechtlich gerechtfertigt, wenn sie eine verfassungsmäßige, insbesondere verhältnismäßige, Konkretisierung des Ausgestaltungs- bzw. Regelungsvorbehalts des Art. ... GG darstellt".

158  **bb.** Bei den im herkömmlichen Sinne **einschränkbaren Grundrechten** sind **drei** Einschränkungen zu unterscheiden:

159  1. Das Grundrecht selbst enthält Schranken (sog. **verfassungsunmittelbare** bzw. **grundrechtsimmanente Grundrechtsschranke**).

---

[230] BVerfGE **54**, 224, 234; **54**, 237, 246 in Bezug auf Art. 12 I S. 2 GG.

**Beispiele:**

**(1)** Art. 9 II GG bestimmt, dass Vereine, deren Zwecke u.a. Strafgesetzen zuwiderlaufen, verboten sind.

**(2)** Art. 13 III Halbs. 1 GG lässt Beschränkungen der Unverletzlichkeit der Wohnung bei dringenden Gefahren zu.

> **Hinweis für die Fallbearbeitung:** In der Fallbearbeitung könnte der Obersatz folgendermaßen formuliert werden: „Die staatliche Maßnahme (Gesetz oder Einzelakt) ist verfassungsrechtlich gerechtfertigt, wenn sie eine verfassungsmäßige, insbesondere verhältnismäßige, Konkretisierung der verfassungsunmittelbaren Schranke des Art. ... GG darstellt".

2. Das Grundrecht enthält einen **einfachen Gesetzesvorbehalt**, der es dem Gesetzgeber ermöglicht, das Grundrecht einzuschränken. Einen einfachen Gesetzesvorbehalt haben Grundrechte, die ihrem Wortlaut nach für Eingriffe lediglich verlangen, dass sie „durch Gesetz oder aufgrund eines Gesetzes" (zu diesen Begriffen vgl. Rn 165) erfolgen. Der einfache Gesetzesvorbehalt stellt an das eingreifende Gesetz keine besonderen Anforderungen.

**160**

**Beispiele:**

**(1)** Gem. Art. 8 II GG können Versammlungen unter freiem Himmel durch oder aufgrund eines Gesetzes beschränkt werden.

**(2)** Gem. Art. 10 II S. 1 GG können Beschränkungen des Brief-, Post- und Fernmeldegeheimnisses nur aufgrund eines Gesetzes angeordnet werden.

> **Hinweis für die Fallbearbeitung:** In der Fallbearbeitung könnte der Obersatz folgendermaßen formuliert werden: „Die staatliche Maßnahme (Gesetz oder Einzelakt) ist verfassungsrechtlich gerechtfertigt, wenn sie eine verfassungsmäßige, insbesondere verhältnismäßige, Konkretisierung des Gesetzesvorbehalts des Art. ... GG darstellt".

3. Das Grundrecht enthält einen **qualifizierten Gesetzesvorbehalt**, der es dem Gesetzgeber ermöglicht, das Grundrecht einzuschränken. Von einem qualifizierten Gesetzesvorbehalt spricht man, wenn das Grundrecht nicht nur fordert, dass der Eingriff durch Gesetz oder aufgrund eines Gesetzes erfolgen muss, sondern dass das einschränkende Gesetz auch an bestimmte Situationen anknüpft, bestimmten Zwecken dient oder bestimmte Mittel benutzt.

**161**

**Beispiele:**

**(1)** Art. 16a I GG gewährt politisches Asyl. Jedoch können gem. Art. 16a III S. 1 GG durch zustimmungsbedürftiges Gesetz Staaten bestimmt werden, bei denen aufgrund der Rechtslage, der Rechtsanwendung und der allgemeinen politischen Verhältnisse gewährleistet erscheint, dass dort weder politische Verfolgung noch unmenschliche oder erniedrigende Bestrafung oder Behandlung stattfindet. Mit dieser Regelung gibt die Verfassung dem Gesetzgeber also bestimmte Prüfkriterien vor, an denen er seine Entscheidung, ob ein Staat die Anforderungen für die Bestimmung zum sicheren Herkunftsstaat erfüllt, auszurichten hat.[231]

**(2)** Gem. Art. 5 II Var. 1 GG kann die Meinungsfreiheit durch *allgemeine Gesetze* eingeschränkt werden. Hier bedeutet der Zusatz „allgemein", dass nicht irgendwelche Gesetze in Betracht kommen, sondern nur solche, „die sich nicht gegen die Äußerung einer Meinung als solche richten, sondern die vielmehr dem Schut-

---

[231] So BVerfGE **94**, 115, 139 (Sichere Herkunftsstaaten).

ze eines schlechthin, ohne Rücksicht auf eine bestimmte Meinung, zu schützenden Rechtsgutes dienen"[232].

**(3)** Gem. Art. 11 II GG kann die Freizügigkeit „nur durch Gesetz oder auf Grund eines Gesetzes und nur für die Fälle eingeschränkt werden, in denen eine ausreichende Lebensgrundlage nicht vorhanden ist und der Allgemeinheit daraus besondere Lasten entstehen würden oder in denen es zur Abwehr einer drohenden Gefahr ... erforderlich ist". Hier knüpft der Gesetzesvorbehalt an bestimmte Situationen an und dient bestimmten Zwecken.

**(4)** Gem. Art. 6 III GG dürfen Kinder nur aufgrund eines Gesetzes von der Familie getrennt werden, wenn die Erziehungsberechtigten versagen oder wenn die Kinder aus anderen Gründen zu verwahrlosen drohen.

> Zur Obersatzformulierung vgl. den Hinweis zum einfachen Gesetzesvorbehalt.

**162**   **cc.** Schließlich gibt es Grundrechte, die scheinbar **schrankenlos** gewährt sind. Das darf aber nicht dazu führen, dass andere Werte von Verfassungsrang (z.B. Grundrechte Dritter) bei einer Kollision stets zurückstehen müssen. Sofern man bei einer Kollision mit höherrangigen Verfassungsgütern (insbesondere mit höherrangigen Grundrechten Dritter) nicht schon eine **Schutzbereichsbegrenzung** annimmt (siehe Rn 126 f.), ist im Rahmen einer **Einzelfallabwägung** eine **praktische Konkordanz** zwischen den widerstreitenden Verfassungsgütern herzustellen. Das scheinbar schrankenlos gewährte Grundrecht findet also durch entgegenstehendes Verfassungsrecht, insbesondere Grundrechte Dritter, eine Einschränkungsmöglichkeit (sog. **verfassungsimmanente Schranken**). Zur praktischen Konkordanz und zu den **Beispielen** vgl. Rn 193.

> **Hinweis für die Fallbearbeitung:** In der Fallbearbeitung könnte der Obersatz folgendermaßen formuliert werden: „Die staatliche Maßnahme (Gesetz oder Einzelakt) ist verfassungsrechtlich gerechtfertigt, wenn sie eine verfassungsimmanente Schranke des Art. ... GG darstellt.

**163**   **dd.** Allen Einschränkungen mit oder ohne Gesetzesvorbehalt ist gemeinsam, dass der Eingriff (von der aktuellen Rechtsprechung des BVerfG zum staatlichen Informationshandeln einmal abgesehen) **nicht ohne gesetzliche Grundlage** erfolgen darf. Mit diesem Erfordernis, das sich nicht nur aus Art. 20 III GG ergibt, sondern sich auch in Art. 19 I S. 1 GG findet, ist gemeint, dass die Einschränkung durch ein **förmliches Gesetz** (Parlamentsgesetz) oder – soweit man auf die Formulierung „aufgrund eines Gesetzes" trifft – aufgrund eines solchen durch **Rechtsverordnung**, **Satzung** oder **Verwaltungsakt** erfolgen kann.[233] Allerdings muss das förmliche Gesetz, wie auch sonst, alle für die Grundrechtsausübung wesentlichen Fragen regeln (**Wesentlichkeitstheorie** des BVerfG – dazu sogleich).

**164**   > **Zusammenfassung:** Die bisherigen Ausführungen haben gezeigt, dass zwischen Grundrechten, die nach ihrem Wortlaut durch oder aufgrund eines Gesetzes eingeschränkt werden können, und solchen, die scheinbar schrankenlos gewährt sind, zu unterscheiden ist. Die Unterscheidung übt vor allem Einfluss auf die verfassungsrechtliche Rechtfertigung aus. So sind die Grundrechte ohne Schrankenvorbehalt (sofern man nicht schon eine Schutzbereichsbegrenzung vornimmt) nur durch kollidierendes Verfassungsrecht (Grundrechte Dritter und andere wichtige Güter von Verfassungsrang) einschränkbar. Wegen des bei freiheitsverkürzenden Maßnahmen uneingeschränkt gel-

---

[232] Grundlegend BVerfGE **7**, 198, 209 (Lüth) und aus jüngerer Zeit BVerfGE **111**, 147, 153.
[233] St. Rspr. seit BVerfGE **33**, 1, 7 ff. (Strafvollzug). Vgl. auch *von Münch*, in: von Münch/Kunig, GG, Vorb Art. 1-19 Rn 57; *Mager*, in: von Münch/Kunig, GG, Art. 4 Rn 52.

tenden Grundsatzes vom Vorbehalt des Gesetzes (vgl. aber die genannte aktuelle Rspr. des BVerfG) ist aber auch hier stets eine gesetzliche Grundlage für den Eingriff zu fordern. Im Folgenden wird zunächst auf die Rechtfertigung von Eingriffen in Grundrechte mit Schrankenvorbehalt eingegangen. Sodann wird die Möglichkeit der Einschränkung von Grundrechten ohne Gesetzesvorbehalt erörtert.

## b. Rechtfertigung aufgrund eines Gesetzesvorbehalts

Ob ein Grundrecht unter einem Gesetzesvorbehalt[234] steht, lässt sich an den bereits erwähnten Formulierungen „durch Gesetz" (vgl. Art. 14 I S. 2, Art. 15 S. 2, Art. 16 II S. 2 GG), „durch Gesetz oder aufgrund eines Gesetzes" (vgl. Art. 8 II, Art. 11 II, Art. 12 I S. 2, Art. 14 III S. 2 GG) oder „aufgrund eines Gesetzes" (vgl. Art. 2 II S. 3 i.V.m. 104 I, 6 III, 10 II S. 1, 16 I S. 2 GG) entnehmen.

**165**

- Die Formulierung **„durch Gesetz"** spricht für die Einschränkbarkeit des betreffenden Grundrechts ausschließlich durch ein Parlamentsgesetz in Form eines selbstvollziehenden Gesetzes. Selbstvollziehend ist ein Gesetz, wenn es ohne weiteren Ausführungsakt (Rechtsverordnung, Verwaltungsakt) unmittelbar Rechte und Pflichten für den Bürger begründet. Vgl. dazu Rn 1051.

- Die Formulierung **„durch Gesetz oder aufgrund eines Gesetzes"** deutet darauf hin, dass das betreffende Grundrecht nicht nur durch ein Parlamentsgesetz eingeschränkt werden kann, sondern auch durch einen ausführenden Exekutivakt (d.h. durch Rechtsverordnung, Satzung oder Verwaltungsakt), der auf dem Parlamentsgesetz basiert.

- Grundrechte, die **„aufgrund eines Gesetzes"** eingeschränkt werden können, lassen vermuten, dass eine Einschränkung ausschließlich durch Exekutivakt erfolgen kann.

Die staatsrechtliche Praxis nimmt diese grundgesetzlichen Formulierungen jedoch nur als Anhaltspunkt. Bei der Frage, wie die o.g. Formulierungen auszulegen sind, besteht jedenfalls Einigkeit darüber, dass sämtliche Grundrechtseingriffe, auch wenn die Einschränkbarkeit nach dem Wortlaut des Grundrechts nur „durch Gesetz" erfolgen kann, durch **Verwaltungsakt** möglich sind (eine Ausnahme besteht nur bei Art. 14 I S. 2 GG, der wortgetreu zu verstehen ist). Umstritten ist aber, ob es sich bei dem einschränkenden Gesetz um ein Parlamentsgesetz handeln muss oder ob ein nur-materielles Gesetz (Rechtsverordnung, Satzung) genügt. Diese Frage beantworten der **Parlamentsvorbehalt** und die **Wesentlichkeitstheorie**: Für die Grundrechtsausübung wesentliche Fragen sind vom Parlament selbst zu regeln, da ausschließlich das Parlament durch Wahlen unmittelbar demokratisch legitimiert ist. Nur Randfragen dürfen der Exekutive überlassen werden. Greift also eine staatliche Maßnahme in (im Vergleich zu Art. 2 I GG) besonders hochwertige Grundrechte ein oder beeinträchtigt sie Grundrechte in besonderem Maße, ist stets ein Parlamentsgesetz zu fordern, das die Eingriffsvoraussetzungen hinreichend bestimmt umschreibt.[235]

**166**

**Hinweis für die Fallbearbeitung:** Sind in der Fallbearbeitung sowohl die Einschränkbarkeit des einschlägigen Grundrechts festgestellt als auch das einschränkende Gesetz bzw. die Verwaltungsentscheidung oder das Gerichtsurteil (also die Grundrechtsschranke) benannt worden, muss geprüft werden, ob auch diese Grundrechtsschranke ihrerseits mit der Verfassung, insbesondere mit Grundrechten, vereinbar ist (Prüfung der sog. Schranken-Schranken). Denn nur dann ist der Eingriff verfassungsrechtlich gerechtfertigt. Das in Grundrechte eingreifende Gesetz muss aber nicht nur in materieller, sondern auch in formeller Hinsicht mit der Ver-

**167**

---

[234] Im Folgenden wird nicht weiter zwischen den Gesetzesvorbehalten i.e.S. und den Ausgestaltungs- bzw. Regelungsvorbehalten unterschieden (zur Differenzierung vgl. Rn 144 ff. und 156 ff.).
[235] Vgl. BVerfGE **108**, 282, 294 ff. (Kopftuch).

fassung vereinbar sein. Denn auch ein Gesetz, das z.B. „nur" an einem Form- oder Verfahrensfehler leidet, kann in einem Rechtsstaat keine wirksame Grundrechtsschranke darstellen. Das bedingt in der Fallbearbeitung eine vollständige Rechtmäßigkeitsprüfung. Die einzelnen Prüfungspunkte sind dem unten stehenden Prüfungsschema zu entnehmen (zur näheren Erläuterung siehe *R. Schmidt*, Staatsorganisationsrecht, Rn 181 ff.). In der Fallbearbeitung ist aber stets darauf zu achten, dass Unproblematisches nicht gesondert geprüft, sondern schlicht als gegeben unterstellt werden muss. So wäre es z.B. völlig verfehlt, die Gesetzgebungszuständigkeit des Bundes für den Erlass der Gewerbeordnung zu prüfen. Diese ist unter Verweis auf Art. 74 I Nr. 11 i.V.m. Art. 72 II GG schlicht zu nennen. Dagegen ist der Grundsatz der Verhältnismäßigkeit stets umfassend zu prüfen. Er bildet sozusagen das Kernstück jeder Prüfung. Daher soll auch vorliegend trotz der umfassenden Darstellung bei *R. Schmidt*, Staatsorganisationsrecht, Rn 202 ff., näher darauf eingegangen werden (vgl. unten Rn 169 ff.).

Ist „aufgrund eines Gesetzes" in ein Grundrecht eingegriffen worden, muss auch der administrative „Zwischenakt", also die Rechtsverordnung oder Satzung, mit der Verfassung vereinbar sein. Auch deren Prüfung soll – um eine doppelte Darstellung zu vermeiden – vorliegend lediglich schematisch dargestellt werden. Die umfassende Erläuterung befindet sich ebenfalls bei *R. Schmidt*, Staatsorganisationsrecht, Rn 207 ff. und 210 ff.

Schließlich gilt es in der Fallbearbeitung zu prüfen, ob auch die administrative Einzelmaßnahme (Verwaltungsakt etc.) und die sie bestätigende Gerichtsentscheidung das Grundrecht rechtmäßig beschränkt haben. Ist eine Gerichtsentscheidung Gegenstand einer Verfassungsbeschwerde, ist darauf zu achten, dass die Verfassungsbeschwerde nur dann begründet ist, wenn das Urteil spezifisches Verfassungsrecht verletzt hat. Vgl. dazu die Darstellung zur Begründetheit einer Verfassungsbeschwerde bei Rn 1080. Für die Prüfung eines formell-materiellen (Bundes-) Gesetzes am Maßstab des Grundgesetzes bietet sich folgendes Schema an:

**168**

| |
|---|
| **Prüfung eines formell-materiellen Gesetzes am Maßstab des Grundgesetzes** |

### I. Formelle Rechtmäßigkeit

**1. Zuständigkeit des Gesetzgebers**

Die Gesetzgebungszuständigkeit ergibt sich aus den Art. 30, 70 ff., 105 ff. GG (vgl. *R. Schmidt*, Staatsorganisationsrecht, Rn 791 ff.).

**2. Ordnungsgemäßes Gesetzgebungsverfahren**

Das Gesetzgebungsverfahren richtet sich bei Bundesgesetzen nach den Art. 76 ff. GG (vgl. *R. Schmidt*, Staatsorganisationsrecht, Rn 852 ff.).

**3. Zitiergebot, Art. 19 I S. 2 GG**

Das Zitiergebot soll den Gesetzgeber darauf aufmerksam machen, dass er die Möglichkeit der Grundrechtsbeeinträchtigung geschaffen hat (Warn- und Besinnungsfunktion). Darüber hinaus hat es eine Klarstellungsfunktion, die den Gesetzesanwender wissen lassen soll, in welche Grundrechte er bei Anwendung des Gesetzes eingreifen darf. Das Zitiergebot gilt allerdings nur für Gesetze, die aufgrund eines grundrechtlichen Gesetzesvorbehalts ergehen sollen. Bei Grundrechten mit Ausgestaltungsvorbehalten (z.B. Art. 6 I, 14 I GG) und Regelungsvorbehalten (Art. 4 III S. 1, 12 I GG), bei Art. 2 I GG sowie für vorkonstitutionelle Gesetze gilt es nicht (vgl. näher *R. Schmidt*, Staatsorganisationsrecht, Rn 186).

### II. Materielle Rechtmäßigkeit

**1. Besondere (grundrechtsspezifische) Anforderungen**

Insbesondere sind die Anforderungen bei sog. *qualifizierten* Gesetzesvorbehalten zu beachten. (Beispiele: Art. 2 II S. 3 i.V.m. 104 II GG ⇒ Richtervorbehalt; Art. 10 II S. 2; 11 II GG ⇒ Schutz der freiheitlichen demokratischen Grundordnung; Art. 14 III GG ⇒ Wohl der Allgemeinheit; Art. 5 II GG ⇒ allgemeine Gesetze; Art. 16a III S. 1 GG ⇒ Bestimmung von sicheren Herkunfts- bzw. Drittstaaten). Beispiele für den *einfachen* Gesetzesvorbehalt sind: Art. 2 I GG ⇒ verfassungsmäßige Ordnung; Art. 8 II GG ⇒ nur für Versammlungen unter freiem Himmel; Art. 12 I S. 2, 14 I GG ⇒ durch Gesetz oder aufgrund eines Gesetzes (weil Ausgestaltungs- und Regelungsvorbehalte als Gesetzesvorbehalte zu verstehen sind). Enthält das betroffene Grundrecht einen qualifizierten Gesetzesvorbehalt, muss das einschränkende Gesetz an bestimmte Situationen anknüpfen, bestimmten Zwecken dienen oder bestimmte Mittel benutzen. So genügt § 45 I BundesPolG nach seinem Wortlaut den qualifizierten Anforderungen des Art. 13 VII Halbs. 2 GG.

**2. Allgemeine Rechtmäßigkeitsanforderungen**
**a. Verbot des Einzelfallgesetzes, Art. 19 I S. 1 GG**
Mit der Regelung soll dem Gewaltenteilungsprinzip Rechnung getragen werden: Dem Gesetzgeber soll untersagt werden, mit individuell bezogenen Rechtsakten in den Funktionsbereich der Verwaltung einzugreifen. Nicht stets grundrechtseinschränkende Gesetze (= Gesetze unter Ausgestaltungs- bzw. Regelungsvorbehalt wie Art. 6 I, 7 IV, 12 I, 14 I bzw. Art. 4 III S. 2, 12a II S. 2, 38 GG) sowie Gesetze, die lediglich grundrechtsimmanente Schranken aufweisen, sind nach Auffassung des BVerfG *nicht* am Maßstab des Art. 19 I S. 1 GG zu messen. Ebenso stehen Maßnahmegesetze, d.h. Regelungen, die an konkrete, situationsgebundene Sachverhalte anknüpfen (z.B. ein Wahlgesetz für eine bestimmte Bundestagswahl), in keinem Zusammenhang mit Art. 19 I S. 2 GG (vgl. *R. Schmidt,* Staatsorganisationsrecht, Rn 195 ff.).

**b. Verhältnismäßigkeit**
**Kernstück der Grundrechtsprüfung** ist die **Verhältnismäßigkeit**. Die fragliche gesetzliche Bestimmung muss einen legitimen Zweck verfolgen, *allgemein* geeignet, erforderlich und angemessen sein (vgl. Rn 170 ff.).

**c. Kein Verstoß gegen die Wesensgehaltsgarantie (Art. 19 II GG) und den Bestimmtheitsgrundsatz** (Rn 223a ff.; *R. Schmidt,* Staatsorganisationsrecht, Rn 203/191).

## aa. Insbesondere: Verhältnismäßigkeit der gesetzlichen Regelung

Während der Gesetzesvorbehalt für Eingriffe in Grundrechte stets eine parlamentarische Gesetzesgrundlage (Rechtsgrundlage) fordert, die die wesentlichen Voraussetzungen für den Grundrechtseingriff regelt, besagt der Grundsatz der Verhältnismäßigkeit, dass die Freiheit des Einzelnen nur so weit eingeschränkt werden darf, wie es im Interesse des Gemeinwohls unabdingbar ist[236] („nicht mit Kanonen auf Spatzen schießen"). In einem Rechtsstaat ist der Grundsatz der Verhältnismäßigkeit daher ebenso wie der Gesetzesvorbehalt von herausragender Bedeutung. Er genießt ebenso Verfassungsrang und gilt für alle staatlichen Maßnahmen. Eine gesetzliche Regelung, die in Grundrechte eingreift, ist nur dann verhältnismäßig, wenn

- der vom Staat verfolgte **Zweck legitim** ist, also als solcher verfolgt werden darf,
- der Einsatz des Mittels zur Erreichung des Ziels **geeignet**,
- der Einsatz des Mittels zur Erreichung des Ziels **erforderlich**
- und der Einsatz des Mittels zur Erreichung des Ziels **angemessen** ist.

**169**

> **Hinweis für die Fallbearbeitung:** Aufgrund der herausragenden Bedeutung des Verhältnismäßigkeitsgrundsatzes hängt der Wert einer Fallbearbeitung zu einem wesentlichen Teil davon ab, dass die Argumentationsstrukturen dieses Grundsatzes erkannt und umgesetzt werden. Dabei ist zu beachten, dass der jeweilige Schritt konstitutiv für den nächsten ist. Ist das Gesetz also z.B. mangels Erforderlichkeit verfassungswidrig, bedarf es zu der Angemessenheit keiner Ausführungen mehr.

## a.) Legitimer Zweck der gesetzlichen Regelung

Der erste Prüfungsschritt der Verhältnismäßigkeit besteht in der Feststellung des Zwecks des Gesetzes. Dazu können zumeist die ersten Paragraphen des Gesetzes

**170**

---

[236] Vgl. nur BVerfGE **19**, 342, 348 f. (Haftverschonung).

oder (in einer Hausarbeit) die Gesetzesmaterialien (z.B. die Begründung) herangezogen werden.

**171** **Legitim** ist der Zweck, wenn er auf das Wohl der Allgemeinheit gerichtet ist bzw. wenn für den Zweck ein staatlicher Schutzauftrag besteht.

**172** Zu beachten ist jedoch, dass dem Gesetzgeber ein weiter Prognosespielraum eingeräumt wird; immerhin ist er bei Erlass des Gesetzes gezwungen, zukunftsorientiert zu arbeiten. Man spricht darum von der Zwecksetzungskompetenz des Gesetzgebers. Bei der gutachtlichen Bewertung des Zwecks ist daher großzügig zu verfahren. Der Zweck ist erst dann verfehlt, wenn die Erwägungen des Gesetzgebers vernünftigerweise keine Grundlage für gesetzgeberische Maßnahmen abgeben können.[237]

> **Beispiel:** Es existiert ein Gesetz, das ab einer bestimmten Smog-Konzentration die Durchfahrt von Dieselfahrzeugen, die nicht mit einem Dieselruß-Partikelfilter ausgestattet sind, durch Stadtzentren untersagt (Eingriff in Art. 2 I GG). Zweck des Gesetzes sind also die Verringerung der Schadstoffbelastung und letztlich der Gesundheitsschutz und die Erhaltung der natürlichen Lebensgrundlagen. Solche Zwecke sind legitim in Anbetracht der Staatszielbestimmung Umweltschutz (Art. 20a GG) und des staatlichen Auftrags, sich schützend und fördernd vor das menschliche Leben zu stellen (Art. 2 II S. 1 GG). Normen von Verfassungsrang, die den legitimen Zweck einer Maßnahme unterstreichen oder gar begründen, sind in der Fallbearbeitung stets zu zitieren.

**173** **Exkurs:** Bei Eingriffen in **Grundrechte ohne Gesetzesvorbehalt** ist der legitime Zweck auf die Durchsetzung kollidierenden Verfassungsrechts beschränkt. Die Verfassungsgüter, deren Schutz der Eingriff bezweckt, sind in der Fallbearbeitung exakt zu benennen und auch zu subsumieren.

> **Beispiel[238]:** Eine Satire ist vom Kunstbegriff umfasst und daher von Art. 5 III GG geschützt. Dieses Grundrecht kann in Ermangelung eines Schrankenvorbehalts nur durch Grundrechte Dritter oder andere Güter von Verfassungsrang (sog. kollidierendes Verfassungsrecht) eingeschränkt werden. Wenn nun jemand eine politische Satire in Form einer Collage veröffentlicht, auf der eine Bundesfahne im Zusammenhang mit einem öffentlichen Soldatengelöbnis Ziel eines Urinstrahls ist, und deswegen nach § 90a I Nr. 2 StGB verurteilt wird, ist bei der (innerhalb einer Urteilsverfassungsbeschwerde stattfindenden) Prüfung, ob der Richter bei dem Urteil spezifisches Verfassungsrecht verletzt hat, nach dem legitimen Zweck des Urteils zu fragen. Nur wenn das Urteil auf die Durchsetzung kollidierenden Verfassungsrechts abzielt, dient es einem legitimen Zweck.
>
> Die Nationalflagge müsste also ein Gut von Verfassungsrang sein. Der normative Gehalt des Art. 22 GG beschränkt sich zwar darauf, die Farben der Flagge festzulegen, doch setzt diese Norm das Recht des Staates voraus, sich zu seiner Selbstdarstellung solcher Symbole zu bedienen. „Als freiheitlicher Staat ist die Bundesrepublik Deutschland ... auf die Identifikation ihrer Bürger mit den in der Flagge versinnbildlichten Grundwerten angewiesen."[239] *Insoweit* genießt die Bundesflagge Verfassungsrang.
>
> Kunstfreiheit bedeutet aber auch, dass der rechtlichen Würdigung von mehreren möglichen Interpretationen eines Kunstwerks diejenige zugrunde zu legen ist, in der das Kunstwerk fremde Rechte nicht beeinträchtigt.[240] So wäre es mit der Kunstfreiheit unvereinbar, die tiefere Bedeutung von künstlerischer Satire und Ironie mit dem angeblich gesunden Menschenverstand zu messen und Verletzungen des Ehr-, Persönlichkeits- oder auch Staatsschutzes anzunehmen, wo es auch andere, symbolische und

---

[237] BVerfGE **77**, 84, 106 (Arbeitnehmerüberlassung im Baugewerbe).
[238] Nach BVerfGE **81**, 278 ff. (Verunglimpfung der Bundesflagge).
[239] BVerfGE **81**, 278, 293; *Michael*, JuS **2001**, 654, 656.
[240] BVerfGE **67**, 213, 230 (Anachronistischer Zug); **81**, 298, 307 (Verunglimpfung der Nationalhymne).

metaphorische Interpretationen gibt. Daher muss auch eine Collage, bei der ein Mann auf die anlässlich eines Gelöbnisses von Bundeswehrsoldaten gezeigte Bundesflagge uriniert, nicht notwendigerweise den Staat und die verfassungsmäßige Ordnung angreifen, sondern kann als satirische Aussage über den Militärdienst und militärische Einrichtungen gelten. Das Urteil muss deshalb daran anknüpfen, dass der Satiriker eine antistaatliche und nicht eine vorrangig antimilitärische Tendenz verfolgt.[241] Anderenfalls ist es wegen Verfehlung eines legitimen Zwecks aufzuheben.

## b.) Geeignetheit des Gesetzes

**Geeignet** ist das Gesetz, wenn mit seiner Hilfe das angestrebte Ziel zumindest gefördert werden kann. **174**

Maßgeblich ist allein, ob das Gesetz ein zwecktaugliches Mittel darstellt. Auf Fragen der Effektivität kommt es (noch) nicht an. Was die Frage nach dem (gerichtlichen) Prüfungsumfang betrifft, ist zu beachten, dass – anders als bei Maßnahmen der Exekutive – die Einhaltung der Geeignetheit von formal-gesetzlichen Regelungen nur beschränkt überprüfbar ist. Denn der Gesetzgeber hat nicht nur hinsichtlich des legitimen Zwecks, sondern auch hinsichtlich der Geeignetheit einen weiten Prognosespielraum. Immerhin hat der Gesetzgeber den Verfassungsauftrag, künftige Entwicklungen antizipiert in den Normen aufzunehmen. Eben dies erfordert die Anerkennung eines Prognosespielraums, der nicht hinterher für den Fall, dass die Einschätzung des Gesetzgebers nicht vollständig aufgegangen ist, ohne weiteres von den (Verfassungs-)Gerichten verworfen werden darf. Die Zwecktauglichkeit und damit die Geeignetheit sind daher nur bei evidenter Untauglichkeit der gesetzlichen Regelung nicht gegeben.[242] Nur dann ist die fragliche gesetzliche Regelung verfassungswidrig.[243] **175**

> **Beispiel:** Ein Fahrverbot in Innenstädten für Dieselfahrzeuge, die nicht mit einem Dieselruß-Partikelfilter ausgestattet sind, ist zur Begrenzung der Schadstoffbelastung (Eingriff in Art. 2 I GG) unter dem Aspekt der Geeignetheit nur dann verhältnismäßig, wenn es überhaupt in der Lage ist, die Schadstoffbelastung zu verringern. Zur entsprechenden Beurteilung können bewährte empirische Untersuchungen oder bewährte Hypothesen herangezogen werden.

> **Hinweis für die Fallbearbeitung:** Da bereits eine Teileignung genügt („Schritt in die richtige Richtung"), lässt sich diese Hürde der Verhältnismäßigkeitsprüfung relativ leicht überwinden. In der Fallbearbeitung genügen daher eine kurze Subsumtion und die Feststellung, dass die fragliche gesetzliche Bestimmung zwecktauglich, also geeignet war.

## c.) Erforderlichkeit der gesetzlichen Regelung

**Erforderlich** ist die gesetzliche Regelung, wenn es kein milderes Mittel gibt, welches den gleichen Erfolg mit der gleichen Sicherheit und einem vergleichbaren Aufwand herbeiführen würde. **176**

Die Erforderlichkeit stellt auf das Interventionsminimum ab. Unter dem Aspekt der Erforderlichkeit sind daher nur solche gesetzlichen Regelungen verhältnismäßig, die nicht durch andere, gleich wirksame, aber mildere Mittel ersetzt werden können. **177**

---

[241] BVerfGE **81**, 278, 295; *Michael*, JuS **2001**, 654, 656.
[242] Insoweit besteht eine Parallele zum sog. **Beurteilungsspielraum**, der in bestimmten Fällen auch der Exekutive eingeräumt worden ist (vgl. *R. Schmidt*, AllgVerwR, Rn 283 ff.).
[243] BVerfGE **67**, 157, 173 (Überwachung des Brief- und Telefonverkehrs).

**Hinweis für die Fallbearbeitung:** Bei der Suche nach anderen, milderen Mitteln ist Ideenreichtum gefragt. Es ist nach einem Mittel zu suchen, das weniger intensiv in das Grundrecht eingreift oder schwächere Schutzbereiche (z.B. den des Art. 2 I GG statt eines speziellen Freiheitsgrundrechts) eröffnen würde. Daher ist ggf. schon hier die Intensität des konkreten Eingriffs zu gewichten, was sonst der Angemessenheit vorbehalten ist. Im Rahmen der Fallbearbeitung kann an dieser Stelle somit hervorragend die Fähigkeit zu juristischer Argumentation und Rhetorik demonstriert werden. Es können Argumente vorgetragen werden, die verdeutlichen, welche Nachteile die zu prüfende gesetzliche Regelung für den Betroffenen hat und wie diese Nachteile bspw. gemildert werden könnten, damit der Zweck der Regelung trotzdem erreicht wird. Anschließend können Alternativen aufgezeigt werden, die ebenso geeignet sind, aber weniger intensiv in die Rechtssphäre des Betroffenen eingreifen.

**Beispiel:** Ein Fahrverbot in Innenstädten für Dieselfahrzeuge, die nicht mit einem Dieselruß-Partikelfilter ausgestattet sind, ist zur Begrenzung der Schadstoffbelastung (Eingriff in Art. 2 I GG) unter dem Aspekt der Erforderlichkeit nur dann verhältnismäßig, wenn es kein anderes Mittel gibt, das den gleichen Erfolg mit der gleichen Sicherheit und einem vergleichbaren Aufwand herbeiführen würde. Als andere Maßnahme zur Schadstoffverringerung kommt z.B. eine Verbannung sämtlicher Industrieanlagen aus dem Stadtgebiet in Betracht. Ob eine solche Maßnahme aber ein milderes Mittel wäre, scheint fraglich. Grundsätzlich lässt sich sagen, dass eine Alternativmaßnahme immer dann in Betracht zu ziehen ist, wenn bewährte empirische Untersuchungen und Hypothesen einen Zusammenhang zwischen der anderen Maßnahme und dem mit dem Gesetz verfolgten Zweck beweisen.

**178** Wird im Ergebnis festgestellt, dass die gesetzliche Regelung erforderlich war, muss zuletzt die Verhältnismäßigkeit i.e.S. (Angemessenheit) geprüft werden.

### d.) Angemessenheit der gesetzlichen Regelung

**179**
**Angemessen** ist die gesetzliche Regelung, wenn das mit ihr verfolgte Ziel in seiner Wertigkeit gegenüber der Intensität des Eingriffs nicht unverhältnismäßig ist (Zumutbarkeit der Belastung = Übermaßverbot i.e.S.).

**180**
In diesem Prüfungsschritt muss eine **Abwägung** stattfinden zwischen der Intensität des Eingriffs in das grundrechtlich geschützte Rechtsgut und der Wertigkeit des verfolgten Zwecks der gesetzlichen Regelung. Zu beachten ist aber, dass der Grundsatz der Verhältnismäßigkeit nicht schon bei einem geringen Übergewicht des Nachteils gegenüber dem Erfolg der Maßnahme verletzt ist. Beachtlich ist nur ein **erkennbares Missverhältnis von einigem Gewicht**. Daher ist dieser Abwägungsprozess anhand der Umstände des konkreten Falls mitunter sehr schwierig.

**Beispiel:** Ein Fahrverbot in Innenstädten für Dieselfahrzeuge, die nicht mit einem Dieselruß-Partikelfilter ausgestattet sind, ist zur Begrenzung der Schadstoffbelastung (Eingriff in Art. 2 I GG) unter dem Aspekt der Angemessenheit nur dann verhältnismäßig, wenn das mit ihm verfolgte Ziel in seiner Wertigkeit gegenüber der Intensität des Eingriffs nicht unverhältnismäßig ist. Dabei gilt, dass der Grundsatz der Verhältnismäßigkeit nicht schon bei einem geringen Übergewicht des Nachteils gegenüber dem Erfolg der Maßnahme verletzt ist. Beachtlich ist nur ein erkennbares Missverhältnis von einigem Gewicht. Ein solches Missverhältnis ist im vorliegenden Fall nicht erkennbar. Die betroffenen Fahrzeughalter sind frei in ihrer Entscheidung, ihre Fahrzeuge nachzurüsten. Der damit verbundene Eingriff in Art. 14 I S. 1 GG ist durch die Sozialpflichtigkeit gem. Art. 14 II GG gerechtfertigt. Das Fahrverbot in Innenstädten für Dieselfahrzeuge, die nicht mit einem Dieselruß-Partikelfilter ausgestattet sind, steht damit nicht außer

Verhältnis zum angestrebten Ziel der Schadstoffbelastung und damit des Gesundheits- und Umweltschutzes.

Einige Grundrechte enthalten eine präjudizierende Wirkung. So misst z.B. Art. 5 II GG    **181**
der freien Meinungsäußerung und Presseberichterstattung weniger Gewicht zu als dem Schutz der Jugend und der Ehre und mehr Gewicht als z.B. der Selbstdarstellung des Staates durch Propaganda. Im Übrigen findet eine echte Güterabwägung statt. Es ist zu prüfen, ob eine Ausübung des Grundrechts nahezu völlig unmöglich oder ob nur eine bestimmte Modalität beschnitten wird, die durch funktional gleichwertige Grundrechtsbetätigungen ersetzbar ist. Bei Grundrechten ohne Gesetzesvorbehalt ist im konkreten Fall eine Güterabwägung zwischen den widerstreitenden Werten von Verfassungsrang vorzunehmen (praktische Konkordanz).

> **Beispiele:** Im **Lüth-Urteil** führt das BVerfG aus: „Das Recht zur Meinungsäußerung muss zurücktreten, wenn schutzwürdige Interessen eines anderen von höherem Rang durch die Betätigung der Meinungsfreiheit verletzt würden"[244]. Und im **Apotheken-Urteil** heißt es: „Eine Regelung .., die schon die Aufnahme der Berufstätigkeit von der Erfüllung bestimmter Voraussetzungen abhängig macht und die damit die Freiheit der Berufswahl berührt, ist nur gerechtfertigt, soweit dadurch ein überragendes Gemeinschaftsgut, das der Freiheit des Einzelnen vorgeht, geschützt werden soll"[245]. Schließlich führt das BVerfG im Urteil hinsichtlich der **Verunglimpfung der Nationalflagge** aus, dass trotz des wichtigen Schutzzwecks der Integrationswirkung von Staatssymbolen hinsichtlich der durch sie verkörperten Grundwerte das von § 90a StGB geschützte Rechtsgut nicht abstrakt als der Kunstfreiheit übergeordnet bezeichnet werden könne. Vielmehr sei ein fallbezogener Ausgleich der widerstreitenden Schutzgüter vorzunehmen. Dabei ist zu beachten, dass die „Höhe" der Kunst keinen Eingang in die Abwägung finden kann. Einer Bewertung der „Höhe" der Kunst hat sich der Staat zu enthalten. Kunst ist einer staatlichen Stil- und Niveaukontrolle nicht zugänglich.[246]

> **Hinweis für die Fallbearbeitung:** Eine Abwägung ist durchgängig von (subjektiven) Wertungen beeinflusst. Deshalb empfiehlt es sich bei erheblichen Bedenken hinsichtlich der Akzeptanz der vertretenen Meinung, das fragliche Gesetz erneut daraufhin zu prüfen, ob es nicht eher an der Erforderlichkeit scheitert. Das gilt um so mehr, als auch das BVerfG dem Prüfungspunkt der Angemessenheit nur eine geringe Bedeutung beimisst und die Probleme des Falles bereits weitgehend im Rahmen der Erforderlichkeit behandelt. Nur für den Fall, dass die Problematik dort nicht sachadäquat gelöst werden kann, mag die Frage nach der Angemessenheit gestellt werden.

## bb. Zusammenfassung

Die grundrechtseinschränkende gesetzliche Regelung muss – um als wirksame Grund-    **182**
rechtsschranke zu bestehen – ohne Berücksichtigung des konkreten Falls bestimmten verfassungsrechtlichen Voraussetzungen entsprechen. Zu diesen Voraussetzungen gehört insbesondere der Grundsatz der Verhältnismäßigkeit. Die Prüfung einer gesetzlichen Regelung war Gegenstand der vorangehenden Darstellung.

- In Anlehnung an den zweckmäßigen Aufbau einer Fallbearbeitung wurde zunächst in einer Übersicht die Prüfung der formellen Rechtmäßigkeitsvoraussetzungen des Gesetzes dargestellt. Denn wenn z.B. der das Gesetz erlassende Verband (Bund, Land) nicht zuständig war, also seine Gesetzgebungskompetenz überschritten hat, ist das Gesetz schon deshalb verfassungswidrig; der Rechtsbehelf (z.B. Verfassungsbeschwerde) ist

---

[244] BVerfGE **7**, 198, 210.
[245] BVerfGE **7**, 377, 406.
[246] BVerfGE **81**, 278, 291.

begründet. Gleiches gilt bei Nichteinhaltung von Verfahrens- und Formvorschriften. Eine besondere Formvorschrift stellt das Zitiergebot (Art. 19 I 2 GG) dar.

▪ Materiell verfassungsmäßig ist die grundrechtseinschränkende gesetzliche Regelung, wenn sie zum einen den grundrechtsspezifischen Anforderungen genügt (so bei den Grundrechten mit qualifizierten Gesetzesvorbehalten) und zum anderen den allgemeinen verfassungsrechtlichen Anforderungen entspricht. Zu diesen allgemeinen Anforderungen gehören der Bestimmtheitsgrundsatz (Art. 20 III GG), das Verbot des Einzelfallgesetzes (Art. 19 I 1 GG), der Grundsatz der Verhältnismäßigkeit (legitimer Zweck, Geeignetheit, Erforderlichkeit und Angemessenheit) sowie die Wesensgehaltsgarantie (Art. 19 II GG).

▪ Zu beachten ist jedoch, dass die Voraussetzungen unabhängig vom Einzelfall geprüft werden. Die fragliche gesetzliche Regelung muss also **abstrakt** geeignet, erforderlich und angemessen sein. Ob die Regelung auch im Einzelfall in verhältnismäßiger Weise angewendet wurde, ist eine andere, im Folgenden zu erörternde Frage.

### cc. Rechtmäßigkeit des Einzelakts

**183** In den überwiegenden Fällen bedarf ein Gesetz zu seiner Ausführung noch eines **Einzelakts**. Ein solcher Einzelakt ist in der Regel ein **Verwaltungsakt**.

**Beispiele:**

**(1)** § 35 I GewO regelt die Untersagung der Ausübung eines Gewerbes wegen Unzuverlässigkeit des Gewerbetreibenden. Damit ist aber die Untersagung im Einzelfall noch nicht ausgesprochen. Vielmehr bedarf es zur Umsetzung der Untersagungsregelung einer konkreten Untersagung in Form einer Untersagungsverfügung (eines Verwaltungsakts).[247]

**(2)** § 2 DNA-Identitätsfeststellungsgesetz i.V.m. § 81g StPO regelt die Voraussetzungen, unter denen im konkreten Einzelfall das DNA-Identifizierungsmuster („genetischer Fingerabdruck") festgestellt, gespeichert und (künftig) verwendet werden darf.[248] Diese abstrakt zulässigen Rechtsfolgen müssen im konkreten Fall durch Anordnung bzw. Durchführung umgesetzt werden.

**184** Wird durch einen Einzelakt in Grundrechte eingegriffen, ist die Frage nach der Verfassungsmäßigkeit des Eingriffs durch ein **zweistufiges Prüfungsverfahren** zu beantworten. In der ersten Stufe ist die Verfassungsmäßigkeit des **Gesetzes** zu prüfen, denn ist schon das Gesetz verfassungswidrig, kann es keine taugliche Rechtsgrundlage für den Einzelakt darstellen. Erst wenn feststeht, dass das zugrunde liegende Gesetz verfassungsmäßig ist, kann der **Einzelakt** selbst auf einen Anwendungsfehler (d.h. auf einen Grundrechtsverstoß) hin überprüft werden. Im Rahmen dieser Prüfung ist festzustellen, ob die abstrakt-generelle Wertung des Gesetzgebers durch den Rechtsanwender in grundrechtskonformer Weise auf den konkret-individuellen Einzelfall übertragen wurde.

> **Hinweis für die Fallbearbeitung:** Die überwiegende Zahl von Klausuren betrifft nicht allein die Verfassungsmäßigkeit des Gesetzes. Regelmäßig wird auch nach der Rechtmäßigkeit des Einzelakts gefragt sein. In diesem Fall ist das zweistufige Prüfungsverfahren (Prüfung zunächst des Gesetzes, dann der Einzelmaßnahme) anzuwenden. Bei der Prüfung des Einzelakts sind aber nur Ergänzungen zu derjenigen des Gesetzes vorzunehmen. Vor allem ist der Grundsatz der Verhältnismäßigkeit konkret auf den Einzelfall bezogen zu prüfen. Zu beachten ist aber stets, dass das BVerfG im Rahmen einer Verfassungsbeschwerde ausschließlich die Grundrechte bzw. grundrechtsgleichen Rechte als Prüfungsmaßstab heranzieht. Ob die den Ein-

---

[247] Vgl. dazu ausführlich *R. Schmidt*, BesVerwR II, Rn 1124 ff.
[248] Vgl. BVerfG NJW **2001**, 2320, 2321.

> zelakt erlassende staatliche Stelle einfaches Recht missachtet hat, spielt insoweit
> keine Rolle. Das gilt auch hinsichtlich der Prüfung durch den Klausurbearbeiter.

Zu beachten ist, dass die Einzelmaßnahme auch eine Entscheidung der Judikative sein **185**
kann. Ist das der Fall, ist zu prüfen, ob der Richter spezifisches Verfassungsrecht
verletzt hat. Gegenstand der Prüfung ist in diesem Fall also die (letztinstanzliche)
gerichtliche Entscheidung. Freilich wird in diesem Fall dennoch (mittelbar) das der
angegriffenen Gerichtsentscheidung zugrunde liegende Gesetz zu prüfen sein. Denn
sind das Gesetz (und – soweit ergangen – der das Gesetz ausführende Einzelakt der
Verwaltung) verfassungsmäßig, wird das bestätigende Gerichtsurteil kein spezifisches
Verfassungsrecht verletzen. Eine Urteilsverfassungsbeschwerde wäre in diesem Fall
nur dann begründet, wenn das Urteil aus anderen Gründen verfassungswidrig wäre
(etwa wegen Verstoßes gegen Verfahrensvorschriften wie das rechtliche Gehör etc.).

### dd. Verfassungskonforme Auslegung des Gesetzes

Ist eine Norm ihrem Wortlaut nach unter verfassungsrechtlichen Gesichtspunkten **186**
bedenklich, lässt aber auch eine Auslegung i.S.d. Verfassung zu, ist sie nur mit *dieser*
Auslegung verfassungsmäßig und gültig (verfassungskonforme Auslegung).[249]

> **Beispiel[250]:** Wer geschäftsmäßig fremde Rechtsangelegenheiten besorgt, bedarf gem.
> § 1 I **Rechtsberatungsgesetz** (RBerG) der Erlaubnis. Diese darf gem. § 1 II RBerG
> nur erteilt werden, wenn der Antragsteller die erforderliche Sachkunde besitzt. In der
> Praxis machen die Genehmigungsbehörden (d.h. die Justizbehörden) den Sachkunde-
> nachweis ausnahmslos an der Anwaltszulassung fest, die wiederum das Zweite Juristi-
> sche Staatsexamen voraussetzt. Dr. P ist Juraprofessor an der Universität des Landes
> L; er verfügt über keine Anwaltszulassung und damit über keine Zulassung i.S.v. § 1
> RBerG, weil er damals nicht die Zweite Juristische Staatsprüfung abgelegt hat (diese ist
> gemäß den Bestimmungen der Landeshochschulgesetze und der Beamtengesetze für
> die Berufung zum Professor auch nicht erforderlich). Dennoch hat P häufig und in gro-
> ßem Umfang unentgeltlich rechtsbesorgende Tätigkeiten ausgeübt und wiederholt an-
> dere Bürger in Rechtssachen eingehend individuell beraten. Daher wurde von der zu-
> ständigen Justizbehörde gegen ihn eine Geldbuße verhängt. Rechtsmittel blieben ohne
> Erfolg. Mit seiner Verfassungsbeschwerde rügt P u.a. die Verletzung seiner allgemeinen
> Handlungsfreiheit.
>
> Die Verfassungsbeschwerde ist begründet, wenn die Gerichte bei der Auslegung und
> Anwendung einfachen Rechts spezifisches Verfassungsrecht verletzt haben. In Betracht
> kommt eine Verletzung des Art. 2 I GG (hier: allgemeine Handlungsfreiheit). Hierbei ist
> zunächst zu prüfen, ob der den gerichtlichen Entscheidungen zugrunde liegende ge-
> setzliche Erlaubnisvorbehalt des § 1 RBerG verfassungsgemäß ist. Sollte dies der Fall
> sein, ist des Weiteren zu prüfen, ob Sinn und Zweck des Erlaubnisvorbehalts bei P zu-
> treffen, ob er also tatsächlich ungeeignet ist, Rechtsberatungen durchzuführen.
>
> Der Erlaubnisvorbehalt für die Besorgung fremder Rechtsangelegenheiten nach dem
> RBerG kann als verfassungsgemäß angesehen werden. Das RBerG dient dem Schutz
> der Rechtsuchenden vor unqualifizierter Rechtsberatung sowie der geordneten Rechts-
> pflege. Zur Erreichung dieser Zwecke ist der abstrakt-generelle Erlaubnisvorbehalt er-
> forderlich und angemessen.
>
> Fraglich ist jedoch, ob auch die angegriffenen Gerichtsentscheidungen, soweit sie die
> Einzelfallentscheidung der Justizbehörde bestätigen, den verfassungsrechtlichen Anfor-
> derungen, die sich aus dem Grundrecht der allgemeinen Handlungsfreiheit (insbeson-
> dere aus dem Grundsatz der Verhältnismäßigkeit) ergeben, genügen.

---

[249] Vgl. nur BVerfG NJW **2004**, 2663; BVerfGE **59**, 336, 350 f. Zu den Grenzen verfassungskonformer Auslegung vgl. *Rieger*, NVwZ **2003**, 17 ff.
[250] In Anlehnung an den ähnlichen Fall BVerfG NJW **2004**, 2663.

Das Grundrecht der allgemeinen Handlungsfreiheit ist insbesondere dann verletzt, wenn die Auslegung und Anwendung des einfachen Rechts die grundrechtliche Freiheit unverhältnismäßig einschränkt. Zwar hat das BVerfG die Auslegung und Anwendung des einfachen Rechts grundsätzlich nicht nachzuprüfen. Bei Auslegungsfehlern in einer Entscheidung jedoch, die auf einer grundsätzlich unrichtigen Auffassung von der Bedeutung eines Grundrechts, insbesondere von dessen Tragweite, beruhen, hat das BVerfG einen Verstoß gegen Verfassungsrecht zu korrigieren.

P hat die „erforderliche Sachkunde" gem. § 1 II RBerG durch seine Tätigkeit als Juraprofessor hinreichend unter Beweis gestellt. Die Schutzzwecke des RBerG sind durch die rechtsbesorgende Tätigkeit des P nicht berührt. Der Wortlaut der Regelung des RBerG über den Erlaubnisvorbehalt geht daher im Fall des P über den Sinn und Zweck des Gesetzes hinaus, sodass von Verfassungs wegen eine einschränkende Auslegung geboten ist. Anderenfalls würde das groteske Ergebnis vorliegen, dass jemand, der nicht über die „erforderliche Sachkunde" verfügt, um Rechtsberatungen durchzuführen, dennoch als Juraprofessor angehende Juristen (die später wiederum nach bestandenem Zweiten Staatsexamen Rechtberatungen vornehmen dürfen) ausbilden darf. Die von P unentgeltlich übernommenen Rechtsbesorgungen sind daher entweder nicht genehmigungsbedürftig i.S.v. § 1 I RBerG oder die Genehmigung hätte ihm erteilt werden müssen.

Da die Justizbehörde und die ihre Rechtsauffassung bestätigenden Gerichte die Möglichkeit der verfassungskonformen Auslegung, die sich am Sinn und Zweck der gesetzlichen Regelung orientiert, unberücksichtigt gelassen haben, ist die Verfassungsbeschwerde des P begründet.

### ee. Grundrechtseingriff und Rechtsverordnung

**187**  Rechtsverordnungen sind (nur-materielle) Rechtsnormen, die von der Exekutive, d.h. von einer Regierung, von Ministern oder von Verwaltungsbehörden erlassen werden. Wie bereits erläutert, unterscheiden sie sich von den formell-materiellen Normen nur in Bezug auf den Normgeber. Da aber der Erlass von Rechtsnormen originäre Aufgabe der Legislative ist, bedeutet die Befugnis der Exekutive zum Normenerlass eine Durchbrechung des Gewaltenteilungsprinzips. Dennoch bestehen verfassungsrechtlich keine Bedenken, weil die Exekutive nicht kraft eigenen Rechts, sondern nur aufgrund einer Ermächtigung der Legislative und unter Beachtung des dreifachen Delegationsfilters (gem. Art. 80 I S. 2 GG müssen Inhalt, Zweck und Ausmaß der Ermächtigung in der Ermächtigungsnorm bestimmt sein) tätig werden darf. Darüber hinaus sind in der Rechtsverordnung die Rechtsgrundlage, d.h. die Ermächtigungsnorm sowie der Verordnungsadressat (Bundesregierung, Bundesminister oder Landesregierung), anzugeben (Art. 80 I S. 1 u. S. 3 GG). Der dreifache Delegationsfilter und das Zitiergebot gewährleisten, dass das Parlament alle wesentlichen Entscheidungen selbst trifft. Darüber hinaus ist die **Wesentlichkeitstheorie** des BVerfG zu beachten: Der parlamentarische Gesetzgeber ist verpflichtet, in grundlegenden normativen Bereichen alle wesentlichen Regelungen selbst zu treffen und nicht über mehr oder minder globale Ermächtigungen an die Exekutive zu delegieren. Es muss **vorhersehbar** sein, „in welchen Fällen und mit welcher Tendenz von der Ermächtigung Gebrauch gemacht werden und welchen Inhalt die zu erlassende Rechtsverordnung haben kann".[251] Durch diese Vorgaben wird sichergestellt, dass das Parlament seine Aufgabe, zu der es berufen ist, nicht veräußert.

**Beispiel:** Durch das Gesetz zur Änderung des **Straßenverkehrsgesetzes** und anderer straßenverkehrsrechtlicher Vorschriften vom 19.3.2001 wurde durch Anfügung ei-

---

[251] Vgl. nur BVerfGE **1**, 13, 60; **47**, 46, 79; **49**, 89, 126; **58**, 257, 268; **88**, 103, 116; BVerfG NJW **2006**, 2093, 2094 f.; BVerwG DVBl **2002**, 479, 480; BVerwG NVwZ **2002**, 858; BVerwGE **112**, 194, 200 (st. Rspr.).

nes Buchstabens i in Nr. 3 des § 6 I StVG der Bundesminister für Verkehr zum Erlass eines Verbots ermächtigt, das sich auf die Verwendung technischer Einrichtungen am oder im Fahrzeug bezieht, die dazu bestimmt sind, die Verkehrsüberwachung zu beeinträchtigen. Gedacht ist hierbei vor allem an die sog. Radarwarngeräte, deren Benutzung bislang nicht verboten war. Da in § 6 I StVG die Voraussetzungen der Ermächtigung, d.h. Inhalt, Zweck und Ausmaß, hinreichend genannt werden, wird der Vorgabe in Art. 80 I S. 2 GG Rechnung getragen. Sowohl das Demokratieprinzip als auch das Gewaltenteilungsprinzip sind gewahrt. Die Aufnahme einer die Benutzung von Radarwarngeräten und ähnlichen Einrichtungen verbietenden Vorschrift in die StVO ist am 14.12.2001 erfolgt (vgl. § 23 I b StVO).

Die Rechtsverordnung ist in einer modernen Demokratie unentbehrlich. Der parlamentarische Gesetzgeber wäre überfordert, wenn er sämtliche Detailfragen selbst behandeln müsste. Dazu ist die Exekutive durch ihre Fachministerien und die Ministerialinstanzen besser imstande. Dennoch darf der dadurch entstandene Machtzuwachs der Exekutive nicht übersehen werden, denn allzu oft wird das Grundsätzliche erst im Detail virulent.[252] **Daher darf in der Fallbearbeitung die Vereinbarkeit einer Rechtsverordnung mit Art. 80 I S. 2 GG i.d.R. nicht unterstellt werden**. Es ist stets danach zu fragen, ob die Ermächtigungsgrundlage mit den Vorgaben des Art. 80 I GG vereinbar ist und ob sich die Rechtsverordnung an die Vorgaben der Ermächtigungsgrundlage hält. **188**

> **Beispiel:** Bei den sog. Kampfhundeverordnungen, die als Rechtsverordnungen auf der Grundlage der Polizeigesetze ergingen, war fraglich, ob sowohl der parlamentarische Gesetzgeber als auch der Rechtsverordnungsgeber das Demokratie- und Gewaltenteilungsprinzip beachtet haben. Nachdem einige Gerichte Kampfhundeverordnungen wegen zu großer Unbestimmtheit und wegen Verstoßes gegen den Verhältnismäßigkeitsgrundsatz für rechtswidrig erklärt haben, sind die Länderparlamente dazu übergegangen, diese Materie in Form von formellen Landesgesetzen zu regeln (vgl. dazu *R. Schmidt*, BesVerwR II, Rn 860 ff.).

Wie bei den formellen Gesetzen ist auch bei den Rechtsverordnungen kategorisch zwischen Bundes- und Landesrecht zu unterscheiden. **Bundesrechtsverordnungen** werden von einer Einheit der Exekutive des Bundes erlassen. Als renommiertestes Beispiel dürfte die StVO gelten, die vom Bundesverkehrsminister auf der Grundlage des § 6 I StVG erlassen wurde. Demgegenüber liegen **Landesrechtsverordnungen** vor, wenn der Verordnungsgeber der Exekutive des Landes angehört. Dabei spielt es für die Einstufung als Landesrechtsverordnung keine Rolle, ob die Ermächtigungsgrundlage ein Bundesgesetz oder ein Landesgesetz ist. Denn eine Landesregierung übt auch bei Gebrauchmachen von einer bundesgesetzlichen Ermächtigung nur Landesgewalt aus und kann deshalb nur Landesrecht setzen.[253] **189**

> **Beispiel:** Erlässt eine Landesregierung eine gastronomiebezogene Sperrzeitenverordnung auf Grundlage des § 18 GastG[254], handelt es sich bei der Sperrzeitenverordnung um eine Landesrechtsverordnung. Daran ändert auch der Umstand nichts, dass die Ermächtigungsgrundlage (§ 18 GastG) ein Bundesgesetz darstellt. Denn entscheidend bei der Einstufung als Bundes- oder Landesrecht ist stets die erlassende Stelle.

Ein Unterschied zwischen Bundes- und Landesrechtsverordnungen besteht aber hinsichtlich der Geltung des Art. 80 I GG. Denn diese Vorschrift bezieht sich unmittelbar nur auf Bundesrechtsverordnungen und auf Landesrechtsverordnungen, die auf der **189a**

---

[252] *Maurer*, AllgVerwR, § 4 Rn 12.
[253] Vgl. BVerfGE **18**, 407, 418.
[254] Zur Föderalismusreform, wonach seit dem 1.9.2006 auch das Gaststättenrecht der Gesetzgebungskompetenz der Länder unterfällt, vgl. Rn 635.

Grundlage eines Bundesgesetzes erlassen werden sollen. Ermächtigt ein förmliches Landesgesetz zum Erlass von Rechtsverordnungen, ist Art. 80 I GG nicht unmittelbar anwendbar, weil diese Norm systematisch keine Normativbestimmung für das Landesrecht darstellt. Die meisten Landesverfassungen enthalten jedoch eine Art. 80 I GG entsprechende Vorschrift.[255] In den übrigen Ländern ergibt sich die Forderung bzgl. der Bestimmtheit von Inhalt, Zweck und Ausmaß aus dem Rechtsstaatsprinzip. Denn dadurch, dass Art. 80 I S. 2 GG eine Konkretisierung des Rechtsstaatsprinzips darstellt, gelten die Grundsätze der Gesetzmäßigkeit der Verwaltung und des Vorbehalts und Vorrangs des Gesetzes auch für die Landesgesetzgebung, und zwar entweder unmittelbar kraft des **Art. 20 III GG oder mindestens über Art. 28 I S. 1 GG** (Homogenitätsklausel).[256] Landesgesetze, die Landesbehörden zur Verordnungsgebung ermächtigen, müssen also Inhalt, Zweck und Ausmaß in gleicher Weise bestimmen wie ermächtigende Bundesparlamentsgesetze, auch wenn ein entsprechender Verfassungsgrundsatz in den Landesverfassungen nicht explizit aufgeführt ist.

**189b**  Auf der (rechtmäßigen) Rechtsverordnung aufbauend, wird dann in der Regel eine **Einzelmaßnahme** (Verwaltungsakt) erlassen.

> **Beispiel:** Gegen den in verkehrsgefährdender Weise überholenden Autofahrer wird aufgrund der § 24 StVG, § 49 I Nr. 5 i.V.m. § 5 StVO ein Bußgeldbescheid erlassen.

> **Hinweis für die Fallbearbeitung:** Es ist also eine Stufenfolge feststellbar: Aufgrund eines Parlamentsgesetzes (= Ermächtigungsgrundlage) ergeht eine Rechtsverordnung. Diese ist wiederum Grundlage für den Erlass einer grundrechtseinschränkenden Einzelmaßnahme. Gegenstand der Untersuchung ist daher regelmäßig die dem Bürger gegenüber erlassene Einzelmaßnahme. Daraus ergibt sich folgende Überlegung bezüglich der Prüfungsreihenfolge: Die Einzelmaßnahme kann nur dann rechtmäßig sein, wenn ihre Rechtsgrundlage (hier die Rechtsverordnung) ihrerseits rechtmäßig ist. Die Rechtsverordnung selbst ist nur dann rechtmäßig, wenn ihre Ermächtigungsgrundlage, das Parlamentsgesetz, rechtmäßig ist. Daraus folgt, dass in der Fallbearbeitung in einem dreistufigen Verfahren zunächst das Parlamentsgesetz, dann die Rechtsverordnung und schließlich die Einzelmaßnahme zu prüfen sind. Die Grundrechtsschranke bildet dabei die Rechtsverordnung, da nur sie, nicht das Parlamentsgesetz, sich im Einzelfall anwenden lässt. Ein **Prüfungsschema** der Rechtsverordnung findet sich bei *R. Schmidt*, Staatsorganisationsrecht, Rn 940.

### ff. Grundrechtseingriff und Satzung

**190**  Bestimmte gesellschaftliche Gruppen (im Bereich des öffentlichen Rechts Körperschaften, Stiftungen und Anstalten des öffentlichen Rechts – dazu bereits Rn 66 ff.) können zur Regelung ihrer Angelegenheiten eigenes Recht setzen und damit Grundrechte beschränken, sog. Satzungsrecht. Durch das Institut der Satzung werden die Aufgaben des Autonomieträgers, seine Verwaltung und die Rechtsbeziehungen zu den Mitgliedern normiert.

> **Beispiele:** Bebauungspläne[257]; bauordnungsrechtliche Gestaltungssatzungen und -verordnungen; Bettelverbotssatzungen[258]; Taubenfütterungsverbotssatzungen[259]; Satzun-

---

[255] Vgl. Art. 61 I **BaWü**; Art. 80 **Brand**; Art. 53 **Hamb**; Art. 57 **MeckVor**; Art. 43 **Nds**; Art. 70 **NRW**; Art. 110 **RhlPfl**; Art. 104 **Saar**; Art. 75 **Sachs**; Art. 79 **SachsAnh**; Art. 38 **SchlHolst**.
[256] So auch BVerwG NVwZ **2003**, 95, 96.
[257] Vgl. dazu *R. Schmidt*, BesVerwR I, Rn 14 ff.
[258] Vgl. dazu *R. Schmidt*, BremPolG, Kommentar, **2006**, Anhang VII, Rn 2 f.; ferner VGH Mannheim NVwZ **1999**, 560 zu einer Polizeiverordnung, die das Betteln auf öffentlichen Straßen und in öffentlichen Anlagen schlechthin untersagt.
[259] Vgl. hierzu OVG Lüneburg NuR **1997**, 610; VGH München BayVBl **1998**, 311; *Jahn*, JuS **1999**, 1004.

gen von Verbänden, Universitäten, Berufskammern (z.B. Ärztekammer), Anstalten und Stiftungen des öffentlichen Rechts; Geschäftsordnungen eines kommunalen Vertretungsorgans (z.B. des Gemeinderats)[260] oder andere kommunale Satzungen außerhalb des BauGB (z.B. aus dem Kommunalabgabenrecht[261]); Satzungen über Anschluss- und Benutzungszwang; Hundesteuersatzungen[262]; Abfallwirtschafts- und Gebührensatzungen[263]

Das Recht zum Erlass von Satzungen ist Ausfluss des Selbstverwaltungsrechts (Autonomie; daher auch der überkommene Begriff der *autonomen* Satzung). Zu beachten ist aber, dass die Satzungsautonomie gesetzlich verliehen sein muss.[264] Für die **Gemeinden** bspw. ergibt sich die Satzungsautonomie nach umstrittener Auffassung nicht unmittelbar aus Art. 28 II S. 1 GG. Diese Vorschrift garantiert zwar die Satzungsautonomie, verleiht sie aber nicht selbst (str.). Die Verleihung findet richtigerweise durch die Gemeindeordnungen der Länder statt. Auch haben die Länder in den sog. Kammergesetzen den **Landesärztekammern** (= Körperschaften des öffentlichen Rechts) das Recht verliehen, die Berufspflichten der Ärzte in einer Berufsordnung (Satzung) zu regeln. Entsprechendes gilt auf Bundesebene für den Erlass einer Berufsordnung für Rechtsanwälte durch die **Rechtsanwaltskammer**. **190a**

Fraglich sind die Grenzen der Satzungsautonomie. Zwar gilt Art. 80 I GG direkt nur für Rechtsverordnungen des Bundes sowie für Landesrechtsverordnungen, die auf der Grundlage eines Bundesgesetzes ergangen sind. Allerdings haben der **Parlamentsvorbehalt** und die **Wesentlichkeitstheorie** des BVerfG auch Auswirkungen auf die Zulässigkeit der Satzungsautonomie.[265] Nach dem Facharztbeschluss des BVerfG[266], der insoweit eine Leitentscheidung darstellt, bleibt auch im Rahmen einer an sich zulässigen Autonomiegewährung der Grundsatz bestehen, dass sich der Gesetzgeber seiner Rechtsetzungsbefugnis nicht völlig entäußern und seinen Einfluss auf den Inhalt der von den körperschaftlichen Organen zu erlassenden Normen nicht gänzlich preisgeben dürfe. Das folge sowohl aus dem **Rechtsstaats**- als auch aus dem **Demokratieprinzip**: Fordere das eine, die öffentliche Gewalt in allen ihren Äußerungen auch durch klare Kompetenzordnung und Funktionentrennung rechtlich zu binden, sodass Machtmissbrauch verhütet und die Freiheit des Einzelnen gewahrt würden (*checks and balances*), gebiete das andere, dass es möglich sein müsse, jede Ordnung eines Lebensbereichs durch Sätze objektiven Rechts auf eine Willensentschließung der vom Volke bestellten Gesetzgebungsorgane zurückzuführen. Der Gesetzgeber darf also seine vornehmlichste Aufgabe nicht anderen Stellen innerhalb oder außerhalb der Staatsorganisation überlassen, sondern hat sie in den Grundzügen durch ein **förmliches Gesetz**, eine **Ermächtigungsgrundlage**, festzulegen.[267] Die dann noch erforderlichen ergänzenden Regelungen können nach Ermessen des Gesetzgebers dem Satzungsrecht der öffentlich-rechtlichen Körperschaften überlassen werden.[268] Schließlich darf die förmliche Rechtsgrundlage nicht zulassen, dass die satzungsgebende Körperschaft durch Satzungsbeschluss die Partizipation der Verbandsmitglieder ausschließt.[269] Ein Übungsfall nebst Lösungsgesichtspunkten steht **191**

---

[260] Je nach Ausgestaltung des Regelungsgefüges ist es auch möglich, die GO des Gemeinderats als Rechtssatz sui generis zu qualifizieren.
[261] Vgl. dazu BVerwG NVwZ **2002**, 1123 ff.
[262] Vgl. dazu BVerwG NVwZ **2005**, 1325 ff.
[263] Vgl. VGH München NVwZ **2001**, 704.
[264] Vgl. dazu BVerfGE **102**, 370 ff. (Zeugen Jehovas); *Schnapp/Kaltenborn*, JuS **2000**, 937 f.
[265] Vgl. näher *Becker/Sichert*, JuS **2000**, 144, 147; *Schnapp/Kaltenborn*, JuS **2000**, 937, 939.
[266] BVerfGE **33**, 125 ff.
[267] BVerfGE **33**, 125, 158. Das förmliche Gesetz stellt also die Rechtsgrundlage für den Erlass der Satzung dar.
[268] BVerfGE **33**, 125, 163.
[269] BVerfG NVwZ **2002**, 851 ff. (Grenzen der Satzungsgewalt).

auf der Internet-Seite des Verlags Rubrik Studienbücher/Staatsrecht/Grundrechte/ Falllösungen und Ergänzungen zum kostenlosen download bereit.

192

> **Fazit:** Mit der Verleihung der Satzungskompetenz wird den juristischen Personen des öffentlichen Rechts ein Bereich eigener Rechtsetzungskompetenz übertragen, der sich grundsätzlich durch die demokratische Begründung des satzungsgebenden Organs und zugleich aus sich selbst heraus legitimiert. Die Verleihung von Satzungsautonomie ist dabei nicht auf (mitgliedschaftlich organisierte) **Körperschaften** (z.B. Gemeinden, Hochschulen, Berufskammern), in denen gleichgerichtete Interessen gebündelt werden, beschränkt. Vielmehr kommen auch (hierarchisch organisierte) **Anstalten des öffentlichen Rechts** (z.B. ZVS, öffentlich-rechtliche Rundfunkanstalten[270], öffentliche Sparkassen) in Betracht, sofern der Gedanke der Betroffenen-Partizipation bei der Ausgestaltung der Entscheidungsgremien wenigstens durch *Beteiligung* der relevanten Gruppen seinen Niederschlag findet.[271] In diesem Fall muss aber als Ausgleich für die fehlende demokratische Legitimation der Entscheidungsträger eine Normsetzungsermächtigung in einem Parlamentsgesetz festgelegt sein, das den inhaltlichen Anforderungen des Art. 80 I S. 2 GG (Inhalt, Zweck und Ausmaß) entspricht. Zudem ist eine ausreichende **Einwirkungs- und Überwachungsmöglichkeit** der dem demokratischen Gesetzgeber verantwortlichen staatlichen Exekutive erforderlich. Zur Prüfung einer Satzung und zum entsprechenden **Prüfungsschema** vgl. *R. Schmidt*, Staatsorganisationsrecht, Rn 210 ff.

## c. Rechtfertigung durch kollidierendes Verfassungsrecht

193 Wie bereits bei Rn 162 eingehend erläutert, enthalten einige Grundrechte weder verfassungsunmittelbare Schranken noch stehen sie unter einem Gesetzesvorbehalt. Sie werden scheinbar schrankenlos gewährt. Die scheinbar schrankenlos gewährte Freiheit darf aber nicht dazu führen, dass ihr bei einer **Kollision** mit anderen wichtigen Verfassungsgütern stets der Vorrang einzuräumen ist. Vielmehr ist nach ständiger Rechtsprechung des BVerfG[272] eine Einzelfallabwägung erforderlich: Das scheinbar schrankenlos gewährte Grundrecht des von der staatlichen Maßnahme betroffenen Bürgers muss mit den widerstreitenden Verfassungsgütern (etwa den Grundrechten Dritter) in einen gerechten Ausgleich gebracht werden (sog. **praktische Konkordanz**[273]). Sofern man nicht schon eine Schutzbereichsbegrenzung vornimmt (**kollidierendes Verfassungsrecht als Schutzbereichsbegrenzung** - ausführlich oben Rn 126 ff.), wird im Rahmen der Prüfung der verfassungsrechtlichen Rechtfertigung ein Verfassungsgut zur Schranke des anderen. Dann aber gilt der Grundsatz vom Vorbehalt des Gesetzes, sodass die verfassungsimmanente Einschränkung des scheinbar vorbehaltlos gewährten Grundrechts nur **durch Gesetz** oder **aufgrund eines Gesetzes** erfolgen darf.

**Beispiele:**
(1) Art. 5 III GG gewährleistet freie Kunst sowie Wissenschaft, Forschung und Lehre, ohne Einschränkungs-, Beschränkungs-, Ausgestaltungs- oder Regelungsmöglichkeiten durch Gesetz oder aufgrund eines Gesetzes einzuräumen. Insbesondere stellt Art. 5 II GG keinen Schrankenvorbehalt dar. Gleichwohl ist es nachvollziehbar, dass die Ausübung eines scheinbar schrankenlos gewährten Grundrechts nicht dazu führen darf, dass andere wichtige Verfassungsgüter oder Grundrechte Dritter Schaden erleiden. So darf durch die Kunstfreiheit nicht das Leben Dritter

---

[270] Vgl. dazu VGH Mannheim NVwZ-RR **1999**, 580 mit Bespr. v. *Dörr*, JuS **2000**, 491 f.
[271] BVerfGE **37**, 1, 27.
[272] BVerfG NJW **2001**, 596, 597; BVerfG NJW **2001**, 598; BVerfGE **81**, 298, 304; **81**, 278, 292; **75**, 369, 376; **67**, 213, 223 f.; **32**, 98, 107; **28**, 243, 261.
[273] Begriff nach *Hesse*, Grundzüge des VerfR, Rn 317 ff.

(Art. 1 I, 2 II S. 1 GG) gefährdet werden. Entgegenstehendes wichtiges Verfassungsrecht, insbesondere Grundrechte Dritter, aber auch Staatsschutzbelange, begrenzen also die offenbar schrankenlos gewährten Grundrechte. Die gegenläufigen Verfassungsgüter müssen im Wege einer **praktischen Konkordanz** gegeneinander abgewogen werden.[274]

**(2)** Auch Versammlungen in geschlossenen Räumen sind scheinbar schrankenlos gewährt (vgl. Art. 8 GG). Auch hier sind Einschränkungen möglich, wenn dies zum Schutz der Grundrechte Dritter oder anderer mit Verfassungsrang ausgestatteter Rechtswerte notwendig ist.[275]

**(3)** Ein besonderes Problem bereitet Art. 4 I und II GG. Nach dieser Verfassungsbestimmung wird die Religions- bzw. Weltanschauungsfreiheit offenbar schrankenlos gewährt, da ein entsprechender Gesetzesvorbehalt in der Vorschrift nicht enthalten ist. Glaubensüberzeugungen, die durch Art. 4 I und II GG geschützt sind, fänden demnach ihre Grenzen lediglich im kollidierenden Verfassungsrecht bzw. in den Grundrechten Dritter.[276]

Grundrechtsschranken (d.h. Gesetzesvorbehalte) finden sich aber in den gem. Art. 140 GG inkorporierten Vorschriften der Weimarer Reichsverfassung (Art. 136, 137, 138, 139, 141 WRV), die vollgültiger Teil des Grundgesetzes sind:

Art. 137 III WRV enthält einen Gesetzesvorbehalt, sofern es um die Regelung eigener Angelegenheiten der religiösen oder weltanschaulichen Vereinigungen geht.

Art. 136 III S. 2 WRV enthält einen Gesetzesvorbehalt für Eingriffe in die negative Glaubens- und Bekenntnisfreiheit. Dieser Gesetzesvorbehalt wird auch gegenüber der *individuellen* Glaubensfreiheit etwa auf statistische Erhebungen bei Volkszählungen angewendet.[277]

Demgegenüber wird nach Auffassung des BVerfG Art. 136 I WRV, wonach die bürgerlichen und staatsbürgerlichen Rechte und Pflichten durch die Ausübung der individuellen Religionsfreiheit weder bedingt noch beschränkt werden, von Art. 4 I und II GG „überlagert" und somit in seiner Anwendung gesperrt.[278] Demnach bliebe es bei der vorbehaltlosen Gewährleistung der *individuellen* Glaubensfreiheit. Wenn das BVerfG andererseits aber konstatiert, Art. 4 GG und die durch Art. 140 GG inkorporierten Vorschriften der Weimarer Reichsverfassung bildeten ein „organisches Ganzes"[279], stellt sich die Frage, wie diese Vorschriften dann von Art. 4 I und II GG überlagert werden können. Diesen Widerspruch hat wohl auch das BVerwG erkannt, indem es meint, das Individualgrundrecht aus Art. 4 I und II GG könne auf der Grundlage **allgemeiner Gesetze** (also solcher, die gem. Art. 136 I WRV bürgerliche und staatsbürgerliche Rechte und Pflichten festschreiben und sich nicht gezielt gegen die Religionsfreiheit richten) begrenzt werden.[280] Nach dieser Entscheidung ist das Individualgrundrecht quasi einem einfachen Gesetzes-

---

[274] Vgl. *Hesse*, VerfR, Rn 72; BVerfG NJW **2001**, 596 f.; BGH NJW **2005**, 2844 ff.; *Wanckel*, NJW **2006**, 578.

[275] BVerwG NVwZ **1999**, 991 unter Berufung auf BVerwGE **90**, 112, 122 (zu Art. 4 GG).

[276] So BVerfGE **33**, 23, 31 (Eidesleistung). Vgl. auch BVerfGE **93**, 1, 21 (Kruzifix). Zustimmend *Kokott*, in: Sachs, GG, Art. 4 Rn 110 f. *Morlok*, in: Dreier, GG, Art. 4 Rn 90; *Pieroth/Kingreen*, NVwZ **2001**, 841, 842. Das BVerwG entscheidet widersprüchlich (dazu sogleich).

[277] BVerfGE **65**, 1, 39 (Volkszählung). Der Offenbarungszwang im Rahmen der Volkszählung war deshalb verfassungsrechtlich nicht zu beanstanden (BVerfG a.a.O., S. 38 f.).

[278] So BVerfGE **33**, 23, 31 (Eidesleistung). Vgl. auch BVerfGE **93**, 1, 21 (Kruzifix). Dem zustimmend *Kokott*, in: Sachs, GG, Art. 4 Rn 83; *Morlok*, in: Dreier, GG, Art. 4 Rn 90.

[279] BVerfGE **53**, 366, 400; **102**, 370, 371. Vgl. auch *Goos*, JuS **2002**, 654 ff.; *Pauly/Pagel*, NVwZ **2002**, 441.

[280] So ausdrücklich BVerwGE **112**, 227, 231 f. (Schächten von Tieren). Allerdings erwähnt der gleiche Senat in der nur vier Wochen später ergangenen Entscheidung zum Cannabisanbau und -konsum (BVerwGE **112**, 314, 315 ff.) Art. 136 I WRV nicht mehr, sondern rechtfertigt das Verbot von (auch) religiös motiviertem Anbau von Cannabis mit kollidierendem Verfassungsrecht, wozu kein Anlass bestehen würde, wenn ein (einfacher) Gesetzesvorbehalt vorhanden wäre. Art. 136 I WRV als Gesetzesvorbehalt qualifiziert etwa *Muckel*, in: Berliner Kommentar zum GG, Art. 4 Rn 47 ff. m.w.Nachw. Abzulehnen sind die Ausführungen von *Pieroth/Schlink*, Rn 536, die hinsichtlich Art. 136 I WRV nicht zwischen individueller und kollektiver Religionsfreiheit unterscheiden und somit die Rspr. des BVerwG inkorrekt bewerten.

vorbehalt auf der Grundlage des Art. 136 I WRV unterstellt. Demzufolge kommt es bei der verfassungsrechtlichen Rechtfertigung des Grundrechtseingriffs also nicht darauf an, dass zugleich Werte von Verfassungsrang geschützt werden. Vielmehr genügt es, dass die Durchsetzung des einfachgesetzlichen Schutzzwecks auf den geringstmöglichen Eingriff beschränkt bleibt (also dem Grundsatz der Verhältnismäßigkeit entspricht). Diese Auffassung hat das BVerfG in einer darauf folgenden Entscheidung wiederum ausdrücklich abgelehnt.[281] Vgl. dazu ausführlich die Erläuterungen zu Art. 4 GG.

**194**

> **Zusammenfassung:** Aus den bisherigen grundsätzlichen Überlegungen folgt, dass auch scheinbar vorbehaltlos gewährte Grundrechte begrenzt werden dürfen. Die Begrenzung darf allerdings nur zugunsten
>
> - kollidierender Grundrechte Dritter
> - und anderer mit Verfassungsrang ausgestatteter Werte
>
> erfolgen. Die Grundrechtsschranke bildet dabei entweder das kollidierende Grundrecht oder das andere Rechtsgut von Verfassungsrang.

**195**

**Anwendungsfall[282]:** A ist Sänger und Komponist. Er beantragte beim Bundesgesundheitsamt die Erlaubnis zum Anbau von indischem Hanf in kleinen Mengen. Dazu trug er vor, er bekenne sich zum Glauben der Rastas. Für die schwerpunktmäßig in Jamaika ansässigen Rastas sei das dort einheimische Marihuana – *cannabis sativa* – das „heilige Kraut", von dem an mehreren Stellen der Bibel gesprochen werde. Es gelte unter der Mehrzahl der Rastas als Nahrung für das Gehirn und als Heilmittel. Es werde bei rituellen Versammlungen geraucht. In Ausübung seines Grundrechts der Religionsfreiheit wolle er Marihuana-Pflanzen zum Eigenverbrauch in geringem Umfang anbauen, ernten und später bei Rasta-Zeremonien Marihuana konsumieren. Er werde dafür Sorge tragen, dass der Marihuana-Anbau nur auf seinem Grundstück erfolge und nicht Dritten zugänglich sei, sodass ein Missbrauch durch Unbefugte ausgeschlossen werden könne. Das Bundesgesundheitsamt lehnte diesen Antrag mit der Begründung ab, eine Erlaubnis für das nach dem Betäubungsmittelgesetz (BtMG) grundsätzlich nicht verkehrsfähige Betäubungsmittel Cannabis könne nur ausnahmsweise für wissenschaftliche oder andere im öffentlichen Interesse liegenden Zwecke erteilt werden, an denen es hier aber fehle. Hat die Rechtsauffassung des Bundesgesundheitsamtes Bestand?

Durch die Versagung der beantragten Ausnahmegenehmigung könnte das Bundesgesundheitsamt das Grundrecht des A auf ungestörte Religionsausübung (Art. 4 II GG) verletzt haben.

**1. Schutzbereich des Art. 4 GG**

Die Freiheit des Glaubens und der ungestörten Religionsausübung schützt die religiöse, aber auch weltanschauliche Überzeugung. Dazu gehört auch die Freiheit, diese Überzeugung zu verbreiten. Geschützt sind daher auch **kultische Handlungen** sowie religiöse und weltanschauliche **Feiern** und **Gebräuche**. Akzeptiert man dieses weite Verständnis der Religionsfreiheit, sind auch der Anbau und der spätere Konsum von Marihuana vom Schutzbereich des Art. 4 I, II GG erfasst.

**2. Eingriff in den Schutzbereich**

Durch die Versagung der beantragten Ausnahmegenehmigung ist auch in den Schutzbereich des Art. 4 I, II GG eingegriffen worden.

**3. Verfassungsrechtliche Rechtfertigung des Eingriffs**

Cannabis gehört zu den Betäubungsmitteln, deren Anbau nach dem Betäubungsmittelgesetz erlaubnispflichtig und nur unter den gesetzlich beschriebenen Voraussetzungen verkehrsfähig ist (vgl. §§ 3, 5 I BtMG). Das legt die Prüfung dieser Vorschriften auf ihre Vereinbarkeit mit Art. 4 GG nahe. Da aber Ausnahmen zur grundsätzlich nicht gegebenen

---

[281] Vgl. BVerfGE **104**, 337, 345 ff. (Schächten). Vgl. auch BVerwG NVwZ **2007**, 461 ff.
[282] Nach BVerwGE **112**, 314 ff.

Verkehrsfähigkeit von Cannabis zugelassen werden und die Vorschriften daher einer verfassungskonformen Auslegung zugänglich sind, muss vorliegend lediglich die Einzelfallentscheidung des Bundesgesundheitsamtes auf ihre Vereinbarkeit mit Art. 4 GG geprüft werden.[283]

Das Grundrecht des A auf ungestörte Religionsausübung könnte bei der Auslegung der Ausnahmebestimmungen der §§ 3, 5 I BtMG dazu führen, dass ein anderer, im öffentlichen Interesse liegender Zweck anzunehmen und daher A die Genehmigung zu erteilen ist. Dem steht aber wiederum die durch Art. 2 II GG geschützte Volksgesundheit entgegen, die ohne Zweifel ebenfalls Verfassungsrang genießt. Die Entscheidung des Bundesgesundheitsamts ist also nur dann rechtmäßig, wenn der Schutz der Volksgesundheit Vorrang vor der ungestörten Religionsausübung genießt.

Wenn man bedenkt, dass die Nachhaltigkeit der physischen und psychischen Schäden bei Marihuana-Konsum nach wie vor wissenschaftlich nicht abschließend erforscht sind und auch bisher kein Beweis einer generellen Unbedenklichkeit des Genusses von Cannabis-Produkten erbracht ist, stellt das generelle Verbot des Verkehrs mit Cannabis-Produkten zum Schutz von Gesundheit und Wohl der Menschen vor ernstlichen Gefahren einen der ungestörten Religionsausübung übergeordneten Belang dar. Dieser Befund entspricht auch der Auffassung des weit überwiegenden Anteils der Bevölkerung und korrespondiert mit einer von der Bundesrepublik Deutschland völkerrechtlich übernommenen Verpflichtung.[284] Darüber hinaus ist die Belastung durch das Fehlen einer Erlaubnis auch äußerst gering, da nach der Rechtsprechung des BVerfG[285] eine Gefahr der Bestrafung wegen Verletzung des Anbauverbots (vgl. § 29 I Nr. 1 BtMG) praktisch nicht gegeben ist. Es kann A also nur darum gehen, seinen Cannabiskonsum offiziell legalisieren zu lassen. Schließlich ist die Signalwirkung, die die Erteilung einer Erlaubnis an A mit sich bringen würde, in die Abwägung mit einzubeziehen. Insbesondere labile Jugendliche könnten dadurch verführt werden, die mit dem Verbrauch von Cannabis-Produkten verbundenen Risiken zu unterschätzen und sich zu schädigen. Außerdem würde die Möglichkeit einer Erlaubniserteilung aus religiösen Gründen der Gefahr eines Missbrauchs Tür und Tor öffnen.

Mithin lässt sich sagen, dass die Volksgesundheit, die praktisch nicht gegebene Gefahr einer Strafverfolgung sowie der Jugendschutz der ungestörten Religionsausübung übergeordnete Belange darstellen. Die Entscheidung des Bundesgesundheitsamts ist daher rechtlich nicht zu beanstanden.

Auf Schwierigkeiten stößt man, wenn ein scheinbar **vorbehaltlos** gewährtes Grundrecht mit einem Grundrecht **mit Schrankenvorbehalt** kollidiert.

**196**

- Es ist denkbar, bereits den *Schutzbereich* eines vorbehaltlos gewährten Grundrechts durch verfassungsimmanente Schranken zu verkürzen (**kollidierendes Verfassungsrecht als Schutzbereichsbegrenzung**). Dieser Ansatz ist allenfalls hinsichtlich extrem sozialschädlicher Verhaltensweisen zu bejahen, im Übrigen aber abzulehnen. Denn dadurch, dass nach diesem Ansatz das entgegenstehende Verfassungsrecht keinen Eingriff in den Schutzbereich des betroffenen Grundrechts darstellt, sondern nur dessen Schutzbereich begrenzt, bedarf es folgerichtig keiner Rechtfertigung durch einen Gesetzesvorbehalt.

- Ein weiterer Ansatz versucht, das Problem der Grundrechtskollision zwischen vorbehaltlos gewährten Grundrechten und solchen mit Gesetzesvorbehalt durch die Übertragung der Schranken auf das Grundrecht ohne Schrankenvorbehalt zu lösen (sog. **Schrankenübertragung**).

---

[283] Auf die Frage, ob eine Einschränkung der Religionsfreiheit in Anwendung des Art. 140 GG i.V.m. Art. 136 I WRV auch zugunsten von Rechtsgütern möglich ist, die im Rang unterhalb der Verfassung stehen (so BVerwGE **112**, 227 ff., s.o.), braucht vorliegend also nicht eingegangen werden. Vgl. dazu ausführlich die Bearbeitung zu Art. 4 GG.

[284] Vgl. Art. 3 I des Suchtstoff-Übereinkommens, BGBl II 1993, S. 1137.

[285] BVerfGE **90**, 145 ff. (Straflosigkeit bei gelegentlich in geringen Mengen konsumiertem Cannabis).

- Insbesondere das BVerfG geht auch hier den bereits beschriebenen Weg der **praktischen Konkordanz**: Es löst die Kollision widerstreitender Verfassungsgüter durch eine gerechte Einzelfallabwägung (kollidierendes Verfassungsrecht als Eingriffsrechtfertigung). Dabei müssen die betroffenen Verfassungsgüter „im Konfliktfall nach Möglichkeit zum Ausgleich gebracht werden; lässt sich dies nicht erreichen, so ist unter Berücksichtigung der falltypischen Gestaltung und der besonderen Umstände des Einzelfalls zu entscheiden, welches Interesse zurückzutreten hat"[286]. Notwendig ist „ein Ausgleich der gegenläufigen ... Interessen mit dem Ziel ihrer Optimierung"[287].

**Beispiel:** Y ist wissenschaftlicher Mitarbeiter einer Universität und arbeitet an einem Bericht über die Arbeitsweise der Printmedien. Dazu befragt er einige Mitarbeiter und Journalisten des großen politischen Magazins Z. Er bekommt umfangreiches Material über interne Entscheidungsabläufe und Namen von Informanten sowie deren Informationsquellen zur Verfügung gestellt. In dem späteren Bericht des Y werden die internen Entscheidungsabläufe und die Namen der Informanten genannt. Z beantragt daraufhin den Erlass einer einstweiligen Verfügung auf Unterlassung der geplanten Veröffentlichung. Die Veröffentlichung greife in die Pressefreiheit ein. Das entscheidende Gericht gibt dem Antrag statt. Nachdem Y dagegen erfolglos Rechtsmittel eingelegt hat, erhebt er Verfassungsbeschwerde.

Die Verfassungsbeschwerde ist begründet, wenn durch die Entscheidung des Gerichts in nicht gerechtfertigter Weise in Grundrechte des Y eingegriffen worden ist. In Betracht kommt ein Eingriff in die Wissenschaftsfreiheit des Art. 5 III S. 1 GG.[288]

### 1. Schutzbereich des Art. 5 III S. 1 GG

Wissenschaft ist der ernste, auf einem gewissen Kenntnisstand aufbauende Versuch der Ermittlung der Wahrheit durch methodisch geordnetes und kritisch reflektiertes Denken. Umfasst sind auch die auf wissenschaftlicher Eigengesetzlichkeit beruhenden Prozesse, Verhaltensweisen und Entscheidungen sowohl beim Auffinden von Erkenntnissen als auch bei ihrer Deutung und Weitergabe. Bei der Arbeit des Y handelt es sich um eine mit wissenschaftlichen Methoden vorgenommene Untersuchung. Diese Untersuchung möchte Y veröffentlichen. Dadurch, dass auch die Veröffentlichung in den Schutzbereich der Wissenschaftsfreiheit fällt, ist vorliegend der Schutzbereich eröffnet.

### 2. Eingriff in den Schutzbereich

Art. 5 III S. 1 GG stellt ein Abwehrrecht gegenüber staatlichen Einwirkungen bezüglich wissenschaftlicher Forschungsarbeit selbst sowie deren Verwertung und Verbreitung dar. Y ist durch den Beschluss des Gerichts die Verbreitung (vorläufig) untersagt worden. Dadurch wurde in das Recht auf Wissenschaftsfreiheit eingegriffen.

### 3. Verfassungsrechtliche Rechtfertigung

Der vorliegend beanstandete Gerichtsbeschluss verletzt das Grundrecht auf Wissenschaftsfreiheit nur dann, wenn er keine wirksame Grundrechtsbeschränkung darstellt. Dem Wortlaut nach kann Art. 5 III S. 1 GG nicht eingeschränkt werden. Gleichwohl ist anerkannt, dass auch vorbehaltlos gewährte Grundrechte bei kollidierenden Grundrechten Dritter oder anderen wichtigen Gütern von Verfassungsrang eingeschränkt werden können. Streitig ist jedoch, wie diese Einschränkung erfolgen soll.

### a. Kollidierendes Verfassungsrecht als Schutzbereichsbegrenzung

Teilweise wird versucht, bereits den Schutzbereich durch verfassungsimmanente Schranken zu verkürzen. Diese Auffassung ist nicht ganz unbedenklich. Denn dadurch, dass nach dieser Auffassung das entgegenstehende Verfassungsrecht keinen Eingriff in den Schutzbereich des betroffenen Grundrechts rechtfertigt, sondern nur dessen Schutzbereich begrenzt, bedarf es folgerichtig keiner Rechtfertigung durch einen Ge-

---

[286] BVerfGE **35**, 202, 225; **59**, 231, 261 ff.; **67**, 213, 228.
[287] BVerfGE **81**, 278, 292 (Verunglimpfung der Bundesflagge); vgl. auch BVerfGE **93**, 1, 21 ff. (Kruzifix).
[288] Der ebenfalls in Betracht kommende Verstoß gegen die Pressefreiheit auf Seiten des Y soll vorliegend unberücksichtigt bleiben.

setzesvorbehalt. Dies würde zu einer erheblichen Rechtsunsicherheit führen, da man generalisierend nie sagen kann, wie weit die Schutzbereichsbegrenzung geht.[289]

### b. Schrankenübertragung

Eine weitere Auffassung versucht, das Problem der Grundrechtskollision zwischen vorbehaltlos gewährten Grundrechten und solchen mit Gesetzesvorbehalt mit der Übertragung der Schranken der kollidierenden Grundrechte zu lösen. Vorliegend kommt als kollidierendes Grundrecht Art. 5 I S. 2 GG in Betracht. Die Pressefreiheit steht unter dem Vorbehalt des Art. 5 II GG. Art. 5 I GG ist daher einschränkbar, Art. 5 III GG insoweit nicht. Überträgt man die Grundrechtsschranke des Art. 5 I S. 2 GG (nämlich Art. 5 II GG) auf Art. 5 III GG, ist die Wissenschaftsfreiheit unter den Voraussetzungen des Art. 5 II GG einschränkbar. Diese Auffassung ist ebenfalls abzulehnen. Denn der Grundgesetzgeber hat die Wissenschaftsfreiheit systematisch bewusst hinter dem Gesetzesvorbehalt der Pressefreiheit platziert. Hätte er die Wissenschaftsfreiheit unter einen Gesetzesvorbehalt stellen wollen, hätte er die Wissenschaftsfreiheit entweder vor die Grundrechtsschranke des Art. 5 II GG gestellt oder eine spezielle Grundrechtsschranke bezüglich der Wissenschaftsfreiheit mit in den Gesetzestext aufgenommen. Aus systematischer Sicht ist daher die Übertragung der Grundrechtsschranke der Pressefreiheit auf die Wissenschaftsfreiheit abzulehnen.

### c. Art. 5 I S. 2 GG als kollidierendes Verfassungsrecht

Mit Hilfe der sog. praktischen Konkordanz werden Grundrechtskollisionen dadurch gelöst, dass eine Abwägung der widerstreitenden Interessen stattfindet. Die Abwägung ist darauf gerichtet, dass die kollidierenden Grundrechte zu möglichst optimaler Wirksamkeit gelangen können. Wie bereits gesagt, kommt als kollidierendes Grundrecht vorliegend Art. 5 I S. 2 GG in Betracht. Art. 5 I S. 2 GG gewährleistet die Pressefreiheit. Als Presse sind alle zur Verbreitung an die Allgemeinheit bestimmten Druckerzeugnisse einzustufen. Unter Druckerzeugnisse fallen Bücher, Zeitungen und Zeitschriften aller Art. Geschützt sind auch alle institutionellen Eigenständigkeiten der Presse, von der Beschaffung der Information bis zur Verbreitung. Z veröffentlicht ein politisches Magazin und kann sich somit auf Art. 5 I S. 2 GG berufen. Auch die Vertraulichkeit der Redaktionsarbeit steht in einem engen Zusammenhang mit dem Informationsschutz, da anderenfalls die Gefahr bestünde, dass Informationsquellen verloren gehen und die Redaktionsarbeit erschwert wird. Mit der geplanten Bekanntgabe der Namen der Informanten und der internen Entscheidungsabläufe ist durch Y in diesen Informationsschutz eingegriffen worden. Das Verhalten des Y ist daher rechtfertigungsbedürftig. Andererseits ist jedoch zu beachten, dass sich Y auf das Grundrecht der Wissenschaftsfreiheit stützen kann. Fraglich ist, welchem Grundrecht der Vorrang zu geben ist. Diese Frage ist durch eine gerechte Abwägung zu beantworten.

> **Hinweis für die Fallbearbeitung:** Eine Abwägung ist folgendermaßen vorzunehmen: Zunächst ist eine abstrakte, d.h. eine vom zu entscheidenden Fall unabhängige Bewertung der widerstreitenden Rechtsgüter vorzunehmen. Ist z.B. das eine Grundrecht einfacher einzuschränken als das andere, besitzt es grundsätzlich eine geringere Wertigkeit. Entscheidend ist aber letztlich der konkrete Einzelfall. Es ist zu untersuchen, bei welchem Grundrecht der Eingriff schwerer wiegt. Dabei ist die Unterscheidung zwischen Peripherie und Kernbereich nützlich: Ist bei dem abstrakt gesehen höherwertigen Grundrecht lediglich der Randbereich betroffen, bei dem abstrakt gesehen geringerwertigen Grundrecht dagegen in den Kernbereich eingegriffen worden, kann die konkrete Bewertung für den Vorrang des an sich geringerwertigen Grundrechts ausfallen.

Vorliegend genießt die Wissenschaftsfreiheit bei abstrakter Betrachtung Vorrang, da diese gegenüber der Pressefreiheit schrankenlos gewährt wird. Bei konkreter Betrachtung muss jedoch der Pressefreiheit der Vorrang eingeräumt werden, denn durch die

---

[289] Vgl. dazu ausführlich Rn 126 ff.

Namensnennung der Informanten ist sie im Kernbereich betroffen, während die Wissenschaftsfreiheit durch die Verwendung etwa von fiktiven Namen nicht wesentlich beeinträchtigt würde.

**4. Ergebnis**

Y ist durch die einstweilige Verfügung nicht in seinem Grundrecht auf Wissenschaftsfreiheit verletzt worden. Die Verfassungsbeschwerde ist unbegründet.

197 Eine praktische Konkordanz ist aber auch bei Kollisionen zwischen **Grundrechten mit jeweiligem Schrankenvorbehalt** erforderlich.

> **Beispiel:** Im gerichtlichen Strafverfahren, bei dem es um die Feststellung der Strafbarkeit des Angeklagten (hier: Egon Krenz) wegen Totschlags geht, sind bei der Frage nach der Zulässigkeit von Ton- und Fernsehaufnahmen während der Hauptverhandlung die Informations-, Presse- und Rundfunkfreiheit (Art. 5 I GG) der Berichterstatter mit dem Persönlichkeitsrecht der am Verfahren Beteiligten, dem Anspruch der Beteiligten auf ein faires Verfahren sowie mit dem öffentlichen Interesse an der Funktionstüchtigkeit der Rechtspflege, insbesondere der ungestörten Wahrheits- und Rechtsfindung, gegeneinander abzuwägen. Dabei führt das BVerfG aus, dass der Gesetzgeber mit § 169 S. 2 GVG eine verfassungskonforme Regelung getroffen habe (Rn 273 Bsp. 5).

197a **Mittelbare Grundrechtsbindung zwischen Privaten:** Der bei Rn 196 behandelte Fall hatte zum Gegenstand, dass eine Privatperson Rechte einer anderen Privatperson beeinträchtigt. Zwar kann eine Privatperson nicht unmittelbar Grundrechte einer anderen Privatperson verletzen (dies kann nur eine staatliche Stelle, da Privatpersonen keine Grundrechtsadressaten sind, vgl. Rn 71 und 105). Eine Privatperson kann jedoch mittelbar Grundrechte einer anderen Person verletzen, indem sie gegen eine einfachgesetzliche Bestimmung verstößt, die auch und gerade dem Schutz von Grundrechten Dritter dient (vgl. dazu bereits die Beispiele bei Rn 106 und 110).

> **Beispiel:** Ein Journalist behauptet öffentlich, ein amtierender Ministerpräsident habe über 20 Jahre im Dienste des Staatssicherheitsdienstes der ehemaligen DDR gestanden.[290]
>
> Hier ist offenkundig, dass die widerstreitenden Interessen (Meinungsäußerungs- bzw. Pressefreiheit des Journalisten und Informationsfreiheit der Bevölkerung auf der einen Seite; allgemeines Persönlichkeitsrecht des betroffenen Ministerpräsidenten auf der anderen Seite) kollidieren und daher miteinander und gegeneinander abgewogen werden müssen.

197b Zumeist wird die geltend gemachte Rechtsverletzung in Form eines Unterlassungs-, Widerrufs- und/oder Schadensersatzanspruchs (gem. § 1004 BGB oder § 823 BGB) vor dem Zivilgericht ausgetragen. Aufgabe des Zivilgerichts ist es dann, die kollidierenden Grundrechte i.S. einer praktischen Konkordanz miteinander und gegeneinander abzuwägen. Eben dieses richterliche Urteil ist es, das als staatlicher Eingriffsakt unmittelbar Grundrechte (der unterlegenen Partei) beeinträchtigt und Gegenstand einer Verfassungsbeschwerde sein kann. Erhebt die unterlegene Partei nun Verfassungsbeschwerde vor dem BVerfG gegen das (letztinstanzliche) Urteil, hat das BVerfG (und somit der Klausurbearbeiter) zu prüfen, ob das Fachgericht bei seiner Urteilsfindung spezifisches Verfassungsrecht verletzt hat. Dabei ist streng zu beachten: Verletzung spezifischen Verfassungsrechts bedeutet *nicht*, dass das BVerfG (und damit der Klausurbearbeiter) prüft, ob das Gericht die Vorschriften des einfachen Rechts richtig angewendet hat ("Verletzung einfachen Rechts"). Das BVerfG ist keine Superrevisionsinstanz. Vielmehr liegt eine spezifische Verfassungsverletzung vor,

---

[290] Vgl. BVerfG NJW **2006**, 207 ff.

wenn das Fachgericht grundrechtliche Normen und Maßstäbe missachtet hat. Das ist der Fall, wenn es

- selbst Grundrechte oder grundrechtsgleiche Rechte (z.B. Art. 103 I GG) verletzt (etwa in seiner Entscheidung das entsprechende Grundrecht unverhältnismäßig beschränkt),
- seine Entscheidung auf eine grundrechtswidrige Norm gestützt
- oder bei der Auslegung und Anwendung einfachen Rechts grundrechtliche Wertungen nicht beachtet hat (mittelbare Drittwirkung von Grundrechten, s.o.). Vgl. dazu auch Rn 105 und insbesondere Rn 278 ff. und 517.

## VIII. Grundrechtsprüfung und staatliches Informationshandeln

Es kommt wiederholt vor, dass der Staat Lenkungseffekte erzielen möchte, ohne sich dabei des Mittels des förmlichen Gesetzes bedienen zu müssen. Das betrifft namentlich die regierungsamtliche Öffentlichkeitsarbeit, insbesondere Aufklärung, Warnung, Empfehlung und Kritik in Bezug auf angeblich umwelt- bzw. gesundheitsschädliche Wirkungen bestimmter Produkte. Exemplarisch seien Warnungen vor diethylenglykolhaltigem Wein, mit Nitrofen belasteten Produkten des ökologischen Anbaus, mit BSE-Erreger infiziertem Rindfleisch, salmonellenverseuchtem Flüssigei in Teigwaren, aber auch Informationen über die Entstehung von Krebs erregendem Acrylamid bei der Zubereitung von Speisen oder über die Tauglichkeit von bestimmten Arzneimitteln genannt. Von nicht geringerer Bedeutung sind Warnungen vor Organisationen, die sich zu Recht oder zu Unrecht auf die Religions- bzw. Weltanschauungsfreiheit berufen und denen bspw. vorgeworfen wird, sie beuteten ihre Mitglieder aus, brächten diese in totale psychische Abhängigkeit oder verfolgten (insbesondere im Streit um Scientology) gegen den demokratischen Verfassungsstaat gerichtete Ziele. Das Gleiche gilt hinsichtlich Warnungen vor so genannten Jugendsekten, denen vorgeworfen wird, sie seien „destruktiv" und „pseudoreligiös", sie manipulierten ihre Anhänger unter Ausschluss der Öffentlichkeit und übten negativen Einfluss auf Jugendliche aus.

**198**

Es liegt auf der Hand, dass Warnungen vor bestimmten Produkten oder Institutionen für die Betroffenen zum Teil erhebliche Nachteile wie z.B. Imageverlust oder Umsatzeinbußen nach sich ziehen. Denn wenn z.B. eine Warnung vor bestimmten Lebensmitteln ausgesprochen und von der Bevölkerung ernst genommen wird, dann wird das Produkt eben nicht mehr gekauft. Darüber hinaus ist es möglich, dass die Verbraucher dann das ganze Sortiment des Herstellers meiden, weil man sich ja nie sicher sein kann, ob nicht auch andere Produkte mangelhaft sind.

**199**

Fraglich ist, ob regierungsamtliche Warnungen Grundrechtseingriffe darstellen. Dagegen spricht, dass der Staat nicht gezielt die Grundrechte derjenigen beeinträchtigt, die durch die Warnungen negativ betroffen sind. Vielmehr ist die *Bevölkerung* Adressat der Warnungen, weil es dem Staat primär bzw. ausschließlich um den Schutz der Bevölkerung geht. Dass *diese* es letztlich ist, die durch ihr späteres Verhalten (Meidung der betroffenen Produkte oder Institutionen) die negativen Folgen wie Umsatzeinbußen oder Imageverlust herbeiführt, ändert jedoch nichts an der Tatsache, dass diese Folgen – wenn auch unbeabsichtigt und nur mittelbar – von der jeweiligen behördlichen Warnung ausgelöst werden. Legte man den allgemein anerkannten weiten Eingriffsbegriff zugrunde, demzufolge auch ungewollte und mittelbar verursachte Grundrechtsbeeinträchtigungen Grundrechtseingriffe darstellen, sofern sie den Betroffenen nur schwer genug belasten[291], gelangte man zu dem Ergebnis, dass be-

**200**

---

[291] Vgl. nur BVerfGE **105**, 252 ff.; **105**, 279 ff.; **76**, 1, 42 ff.; *Murswiek*, NVwZ **2003**, 1 ff., jeweils (wenn teilweise auch nicht explizit) zurückgehend auf *Gallwas*, Faktische Beeinträchtigungen, **1970**, S. 58 ff.

hördliche Warnungen, die faktisch-mittelbar und in schwerwiegender Weise die Grundrechte der betroffenen Unternehmer oder Institutionen beeinträchtigen, **Grundrechtseingriffe** darstellten.

**201**  Dann aber müsste man die Frage nach einer **gesetzlichen Rechtsgrundlage** beantworten. Denn der Vorbehalt des Gesetzes (Art. 20 III GG) fordert bei Grundrechtseingriffen stets ein parlamentarisches Gesetz, das den Grundrechtseingriff legitimiert. Insbesondere bei Warnungen vor bestimmten Produkten oder Institutionen durch die **Bundesregierung** fehlt eine solche aber.[292] Zur Rechtfertigung ihres Handelns auch ohne gesetzliche Grundlage nennt die Bundesregierung allgemein das Bedürfnis der Bevölkerung nach Informationen über markt- und wettbewerbsrelevante Faktoren.[293] Erst die vollständige Informiertheit der Bevölkerung ermögliche eine an den eigenen Interessen – und nicht an den Interessen der Unternehmer – orientierte Entscheidung über die Bedingungen der Marktteilhabe. Das BVerfG hat das beschriebene Regierungshandeln weitgehend gebilligt. Nach seiner Auffassung darf die Bundesregierung Parlament und Öffentlichkeit über glykolhaltige Weine, aber auch über die Osho-Bewegung, die ihr angehörenden Gruppierungen sowie deren Ziele und Aktivitäten warnen, weil sie sich auf ihre verfassungsunmittelbare Aufgabe der Staatsleitung stützen könne, ohne dass es einer zusätzlichen gesetzlichen Ermächtigung bedürfe.[294] Aber auch das BVerfG wäre wohl nicht umhin gekommen, eine parlamentarische Rechtsgrundlage zu fordern für den Fall, dass es einen Grundrechtseingriff angenommen hätte. Damit das Gericht jedoch schon terminologisch nicht in die Nähe eines Grundrechtseingriffs kam, gebrauchte es den Begriff der faktisch-mittelbaren „Grundrechtsbeeinträchtigung", statt von faktisch-mittelbaren „Grundrechtseingriffen" zu sprechen. Diese terminologische Unterscheidung ermöglichte es dem Gericht, das Fehlen einer Rechtsgrundlage zu billigen. Es ist der Auffassung, dass faktisch-mittelbare Wirkungen, die von regierungsamtlichen Warnungen ausgehen, sich typischerweise einer Normierung entzögen, weil sie sich aufgrund der Komplexität des Geschehensablaufs nicht gesetzlich sinnvoll regeln ließen. Im Einzelnen hat das Gericht wie folgt entschieden:

■ Im **Glykolwein-Fall**[295], bei dem es um die Rechtmäßigkeit regierungsamtlicher Warnungen vor diethylenglykolhaltigem Wein ging, hat das BVerfG zunächst einhergebracht den Schutzbereich des Art. 12 I GG bejaht. Von einem neuen grundrechtsdogmatischen Ansatz ist es dann aber hinsichtlich der Eingriffsqualität der Äußerungen ausgegangen: Es hat einen <u>Eingriff in Art. 12 I GG verneint</u>. Zwar habe die Bundesregierung das Grundrecht beeinträchtigt, jedoch liege kein Eingriff vor, weil sie die rechtlichen Grenzen für Informationshandeln beachtet, also rechtmäßig gehandelt, insbesondere die Kompetenzordnung des Grundgesetzes und den Grundsatz der Verhältnismäßigkeit beachtet habe.

■ Im **Osho-Fall**[296], bei dem es um die Rechtmäßigkeit regierungsamtlicher Warnungen vor der Osho-Bewegung ging, ist das Gericht bereits auf Schutzbereichsebene von einem neuen dogmatischen Ansatz ausgegangen. Es hat für den Fall, dass die Bundesregierung rechtmäßig gehandelt, insbesondere die Kompetenzordnung des Grundgesetzes, das staatliche Neutralitätsgebot und den Grundsatz der Verhältnismäßigkeit beachtet hat, <u>bereits die Eröffnung des Schutzbereichs des Art. 4 I und II GG verneint</u>.[297]

---

[292] Bei Warnungen, die von der Bundesregierung ausgehen, kommen auch nicht die Befugnisgeneralklauseln der Landespolizeigesetze in Betracht.

[293] Vgl. Verbraucherschutzministerium, www.verbraucherministerium.de, download am 18.1.**2005**.

[294] BVerfGE **105**, 252 ff.; **105**, 279 ff.

[295] BVerfGE **105**, 252 ff.

[296] BVerfGE **105**, 279 ff.

[297] *R. Schmidt*, Staatliches Informationshandeln, **2004**, S. 93 ff.; abzulehnen *Pieroth/Schlink*, Rn 246, die durch den Verweis u.a. auf das Osho-Urteil den Eindruck vermitteln, das Gericht habe sogar den Eingriff

Der Schutzbereich sei lediglich dann berührt (d.h. eröffnet), wenn die Äußerungen diskriminierend bzw. diskreditierend oder aus anderen Gründen rechtswidrig gewesen seien. Dieser neue Ansatz setzt sich auf Eingriffsebene fort. Dort hat das Gericht konstatiert, dass faktisch-mittelbar wirkendes Informationshandeln kein rechtsförmliches Handeln[298] darstelle, der Begriff des „Grundrechtseingriffs" aber an rechtsförmliches Handeln gebunden sei. Beeinträchtigungen, die der Osho-Bewegung dadurch entstünden, dass aufgrund diskreditierender staatlicher Äußerungen Mitglieder austräten oder Interessenten abgeschreckt würden, seien daher keine „Eingriffe im herkömmlichen Sinne". Gleichwohl schütze Art. 4 I und II GG auch vor solchen Beeinträchtigungen. Denn das Grundgesetz habe den Schutz vor Grundrechtsbeeinträchtigungen nicht an den Begriff des Eingriffs gebunden oder diesen inhaltlich vorgegeben. Der Grundrechtsschutz sei unter der Geltung des Grundgesetzes nicht auf „Eingriffe im herkömmlichen Sinne" begrenzt, sondern auf faktische und mittelbare Beeinträchtigungen ausgedehnt worden.

Das BVerfG macht im Osho-Fall die Eröffnung des Schutzbereichs des Art. 4 I und II GG also davon abhängig, dass die Bundesregierung pflichtwidrig gehandelt, d.h. das Sachlichkeitsgebot, den Grundsatz der Verhältnismäßigkeit und die Kompetenzordnung des Grundgesetzes missachtet hat. Gleichzeitig verneint es jedoch – trotz des diskriminierenden Inhalts der Äußerung – einen Grundrechtseingriff und nimmt lediglich eine Grundrechtsbeeinträchtigung an, für die der Grundsatz vom Vorbehalt des Gesetzes keine gesetzliche Rechtsgrundlage erfordere.

Den beiden Entscheidungen lassen sich somit zwei Kernaussagen entnehmen: **202**

- Im Glykolwein-Fall **verneint** das BVerfG einen **Eingriff** in Art. 12 I GG für den Fall, dass die Bundesregierung rechtmäßig gehandelt hat.

- Im Osho-Fall **verneint** das Gericht bereits den **Schutzbereich** des Art. 4 I und II GG für den Fall, dass die Bundesregierung rechtmäßig gehandelt hat.

Zur Rechtmäßigkeit bedarf es nach Auffassung des BVerfG in beiden Fällen jedenfalls **203** **keiner materiellen gesetzlichen Rechtsgrundlage**. Vielmehr genüge als Rechtsgrundlage für **Warnungen der Bundesregierung** die Kompetenznorm aus Art. 65 GG. Die **ureigensten verfassungsrechtlichen Aufgaben** der Regierung (**Kompetenztitel**: Art. 65 S. 2 GG; Gewaltenteilung) zur Information und Aufklärung (Öffentlichkeitsarbeit) i.V.m. der **Wahrnehmung von Schutzpflichten** - insbesondere aus Art. 2 II S. 1 GG[299] - schlössen das Recht zu öffentlichen Warnungen ein. Voraussetzung sei nur, dass ein hinreichend gewichtiger, dem Inhalt und der Bedeutung des berührten Grundrechts entsprechender Anlass bestehe und dass die mitgeteilten Tatsachen zuträfen und negative Werturteile nicht unsachlich seien, sondern auf einem im Wesentlichen zutreffenden oder zumindest sachgerecht und vertretbar gewürdigten Tatsachenkern beruhten.[300]

Damit verwendet das BVerfG also auf der Ebene des Eingriffs (im Glykolwein-Fall) **204** bzw. des Schutzbereichs (im Osho-Fall) das Argumentationsmuster, das nach herkömmlicher Grundrechtsdogmatik die verfassungsrechtliche Rechtfertigung bestimmt. Die Unterscheidung von Schutzbereich, Eingriff und Eingriffsrechtfertigung wird somit aufgegeben – unter Preisgabe des Rechtfertigungskriteriums der gesetzlichen Rechts-

---

bejaht. Tatsächlich hat es im Osho-Fall schon den Schutzbereich verneint. Den Zusammenhang zwischen dem Glykolwein-Fall und dem Osho-Fall übersieht *Hellmann*, NVwZ **2005**, 163 ff.

[298] Darunter ist Handeln durch Gesetz oder Verwaltungsakt zu verstehen.

[299] Bei Sektenwarnungen können sich Schutzpflichten des Staates auch aus Art. 6 I GG ergeben. Zu beachten ist jedoch, dass die aus Art. 2 II S. 1, Art. 6 I GG hergeleitete staatliche Schutzpflicht isoliert keine Eingriffsbefugnis darstellt. Ebenso wenig stellen Schutzpflichten eine Anspruchsgrundlage eines Bürgers dar, die Behörde zu „verpflichten", dem begehrten Handeln nachzukommen und etwa gegen einen Dritten einzuschreiten.

[300] BVerfGE **105**, 279, 292 ff.; BVerwGE **82**, 78, 82.

grundlage. Dies war wohl der Zweck der Konstruktion, weil – wie gesehen – in den zu entscheidenden Fällen eine solche gerade fehlte, wegen des in Art. 20 III GG zum Ausdruck kommenden Rechtsstaats- und Demokratieprinzips bei Bejahung der Eingriffsqualität der Maßnahme aber erforderlich gewesen wäre.[301]

**205** Grundrechtsdogmatisch allein korrekt wäre es gewesen, bei Feststellung auch nur einer Grundrechtsbeeinträchtigung von einem Eingriff auszugehen und eine parlamentarische Rechtsgrundlage zu fordern. Freilich eine andere Frage wäre es gewesen, bereits den Schutzbereich der betroffenen Grundrechte zu verneinen. Denn dass extrem sozialschädliches Verhalten in grundrechtsdogmatisch zulässiger Weise bereits aus dem Schutzbereich eines Grundrechts herausdefiniert werden kann (**verfassungsimmanente Grundrechtsbegrenzung**), ist anerkannt und wurde bereits bei Rn 126 f. dargestellt.

**205a** Unter Zugrundelegung dieser Methode kann daher einer Organisation, die sich nur nach ihrem bekundeten Selbstverständnis als **Religions- oder Weltanschauungsgemeinschaft** sieht, in Wirklichkeit aber ausschließlich **wirtschaftliche** oder andere **religionsfremde** Ziele verfolgt, der Schutzbereich des Art. 4 I und II GG versagt werden. Folge ist, dass von einer staatlichen Stelle ausgehende öffentliche Warnungen vor einer solchen Organisation sich nicht am strengen Maßstab des Art. 4 I und II GG, sondern lediglich am Maßstab des Art. 2 I GG messen lassen müssen. Entsprechendes gilt hinsichtlich der Warnung vor **gesundheitsschädlichen Produkten**. Auch hier ist es möglich, das Inverkehrbringen gesundheitsschädlicher Produkte aus dem Schutzbereich des Art. 12 I GG herauszuhalten.

## IX. Grundrechte im (abzulehnenden) Sonderrechtsverhältnis

### 1. Frühere Annahme eines Sonderrechtsverhältnisses

**206** Im Anschluss an die konstitutionelle Staats- und Verwaltungsrechtslehre des ausgehenden 19. Jahrhunderts wurde insbesondere von *Otto Mayer*[302] die Lehre vom Sonderrechtsverhältnis[303] entwickelt. Nach dieser Lehre bestand eine enge Beziehung zwischen dem Staat und solchen Bürgern, die aufgrund von Soldaten-, Beamten-, Strafgefangenen-, Schul- oder sonstigen Anstaltsverhältnissen in einem Unterordnungsverhältnis zum Staat standen. Entsprechend den Vorstellungen der Begründer dieser Lehre wurde der in einem Sonderrechtsverhältnis stehende Bürger gleichsam in den Verwaltungsbereich einbezogen mit der Folge, dass die Grundrechte und der Gesetzesvorbehalt – die nur das allgemeine Bürger-Staat-Verhältnis bestimmen – nicht zur Geltung kamen. Eine gesetzliche Rechtsgrundlage war dementsprechend auch bei Eingriffen in die Grundrechte der im Sonderrechtsverhältnis stehenden Bürger nicht erforderlich. Vielmehr war es gängige Praxis, z.B. Postkontrollen oder Disziplinarmaßnahmen auf Verwaltungsvorschriften (bzw. Anstaltsordnungen) zu stützen, was jedoch dem modernen Demokratieverständnis (d.h. dem Parlamentsvorbehalt

---

[301] Vgl. dazu ausführlich *R. Schmidt*, Staatliches Informationshandeln, **2004**, S. 93 ff. Vgl. auch *Murswiek*, NVwZ **2003**, 1, 5 ff.; *Mager*, in: von Münch/Kunig, GG, Art. 4 Rn 52. Zu beachten ist aber, dass der Gesetzgeber noch vor der Glykolwein-Entscheidung des BVerfG reagiert und aufgrund einer EG-Richtlinie über die allgemeine Produktsicherheit das Gesetz zur Regelung der Sicherheitsanforderungen an Produkte und zum Schutz der CE-Kennzeichnung („**Produktsicherheitsgesetz**") erlassen hat. Dieses Gesetz ist nunmehr durch das **Geräte- und Produktsicherheitsgesetz** (GPSG) abgelöst worden, welches am 1.5.2004 in Kraft trat und aufgrund der Richtlinie 2001/95/EG erging. Auf der Grundlage dieser gesetzlichen Regelung darf die zuständige Behörde nach dem Inverkehrbringen (von nicht sicheren Produkten) anordnen, dass alle, die einer von einem Produkt ausgehenden Gefahr ausgesetzt sein können, rechtzeitig in geeigneter Form, insbesondere durch den Hersteller, auf diese Gefahr hingewiesen werden. Gleichzeitig besteht die Einschränkung, dass die Behörde selbst die Öffentlichkeit (nur dann) warnen darf, wenn bei *Gefahr im Verzug* andere ebenso wirksame Maßnahmen, insbesondere Warnungen durch den Hersteller, nicht getroffen werden können.
[302] Vgl. *Otto Mayer*, Deutsches Verwaltungsrecht, Bd. I, 3. Aufl. 1924, S. 101 f.
[303] Das Sonderrechtsverhältnis wird auch als **Sonderstatusverhältnis** bezeichnet.

und der Wesentlichkeitstheorie) nicht entspricht. Dementsprechend hat das BVerfG diesem Standpunkt in seiner berühmten **Strafgefangenenentscheidung**[304] eine Absage erteilt, die es jüngst bezüglich des **Jugendstrafvollzugs** noch einmal bestätigt hat.[305] Das besondere Gewaltverhältnis als rechtfertigende Grundlage für Eingriffe in die Rechtssphäre der Betroffenen ist somit abzulehnen. Greift also ein Träger öffentlicher Gewalt in die (Grund-)Rechtssphäre eines Beamten, Richters, Soldaten, Schülers oder Strafgefangenen ein, bedarf er dazu einer gesetzlichen Rechtsgrundlage, die zudem alle wesentlichen Voraussetzungen für die Grundrechtsverkürzung enthält. Lediglich Randfragen dürfen der Exekutive überlassen bleiben.

Zu klären gilt demnach nur noch, unter welchen Voraussetzungen ein Grundrechtseingriff anzunehmen und wie der Rechtsschutz ausgestaltet ist. Speziell im Beamtenrecht wurde nach der Lehre von *Ule*[306] formal zwischen *Betriebsverhältnis* und *Grundverhältnis* unterschieden:

### a. Betriebsverhältnis

Nach der Lehre von *Ule* beschreibt das Betriebsverhältnis rein innerbetriebliche und innerorganisatorische Abläufe. Hier könne eine Maßnahme den Beamten nur als Funktionsmitglied der Organisation betreffen, nicht als Bürger außerhalb der Verwaltung. Daher sei eine Verletzung von persönlichen Rechten ausgeschlossen. Es komme zur **Injustiziabilität** solcher Maßnahmen.

**207**

### b. Grundverhältnis

Die genannte Lehre anerkennt aber auch, dass der Beamte auch Bürger ist. Anordnungen, die über den innerdienstlichen Bereich hinausgingen, sich sozusagen auf das allgemeine Staat-Bürger-Verhältnis bezögen, wirkten nach außen und beeinträchtigten dadurch den Beamten in seinen persönlichen Rechten. Dies sei anzunehmen, wenn das Sonderrechtsverhältnis **begründet**, **beendet** oder **wesentlich berührt** werde (etwa bei Ernennung, Entlassung oder Versetzung eines Beamten). Mit der Bejahung der Außenwirkung gehe auch die Möglichkeit des Rechtsschutzes einher (die allgemeine Leistungsklage war zurzeit der Begründung dieser Lehre noch nicht anerkannt). Umfassender gerichtlicher Rechtsschutz sei dann über eine **Anfechtungs- oder Verpflichtungsklage** gewährleistet.

**208**

### 2. Heutige Lösung

Die Unterscheidung zwischen Betriebsverhältnis und Grundverhältnis war wesentlich durch Rechtsschutzgesichtspunkte bestimmt. Denn der Weg zu den Verwaltungsgerichten war nur durch die Annahme einer Außenrechtsbeziehung und somit eines Verwaltungsakts eröffnet (die allgemeine Leistungsklage als Rechtsschutzmittel gegenüber schlicht hoheitlichem Handeln, wozu auch Maßnahmen im Betriebsverhältnis zählen, war – wie bereits ausgeführt – damals noch nicht anerkannt). Sollte also eine Maßnahme justiziabel sein, kam man nicht umhin, sie als Verwaltungsakt zu qualifizieren. Als sich später die Erkenntnis durchsetzte, dass auch schlicht hoheitliches Handeln justiziabel sein müsse, und dies zur Anerkennung der allgemeinen Leistungsklage führte, ist die Unterscheidung zwischen Betriebsverhältnis und Grundverhältnis fraglich geworden. Die Lehre von Ule wird daher überwiegend als überholt angesehen.[307] Vielmehr wird heute ausschließlich danach gefragt, ob eine bestimmte Maßnahme

**209**

---

[304] BVerfGE **33**, 1 ff.; vgl. auch BVerfGE **41**, 251 ff.
[305] BVerfG NJW **2006**, 2093 ff. – vgl. dazu Rn 319.
[306] *Ule*, Das besondere Gewaltverhältnis, in: VVDStRL 15, 133 ff.; 151 ff.
[307] Vgl. nur BVerwGE **60**, 144, 146 f.; *Maurer*, AllgVerwR, § 9 Rn 27-29; *Peine*, AllgVerwR, § 7 Rn 126; *Bull*, AllgVerwR, Rn 276 ff.; *Kopp/Schenke*, VwGO, Anh § 42 Rn 67 ff.; *Böckenförde*, NJW **2001**, 723 ff.

(unabhängig von ihrer Rechtsnatur) den Beamten in seinen **persönlichen Rechten beeinträchtigt**.[308] Nur wenn das der Fall ist, bedarf die Behörde einer gesetzlichen Rechtsgrundlage. Es haben sich folgende Fallgruppen herausgebildet:

### a. Maßnahmen ohne Beeinträchtigung von persönlichen Rechten

**210**
Nach der heute h.M. haben dienstliche Anweisungen, die die Erledigung einer Amtshandlung zum Gegenstand haben und den Beamten *ausschließlich in seiner Eigenschaft als Amtsträger und Glied der Verwaltung* treffen, keine rechtsbeeinträchtigende Wirkung (und keine Außenwirkung). Hier ist zwar die allgemeine Leistungsklage (bzw. subsidiär die Feststellungsklage) statthaft. Diese scheitert i.d.R. aber bereits an der Klagebefugnis bzw. am Feststellungsinteresse, zumindest aber an der Begründetheit.

> **Beispiel:** Beamter A wird von Behördenleiter L angewiesen, den Bauantrag des X abzulehnen.

> Diese Anweisung stützt sich auf die § 55 S. 2 BBG entsprechende Vorschrift des Landesbeamtengesetzes, die das Recht des Vorgesetzten impliziert, den ihm unterstellten Beamten Anweisungen für die Erledigung der Arbeit zu erteilen. Bei einer derartigen Anweisung handelt es sich trotz der mit ihr verbundenen Regelung um eine rein innerdienstliche Weisung. A wird ausschließlich in seiner Eigenschaft als Amtswalter betroffen. Eine Beeinträchtigung persönlicher Rechte ist daher nicht denkbar. Die Anweisung des L bedarf also keiner speziellen Rechtsgrundlage i.S.d. Vorbehalts des Gesetzes.

### b. Maßnahmen mit möglicher Beeinträchtigung von persönlichen Rechten

**211**
Des Weiteren sind Maßnahmen denkbar, die zwar keine Außenwirkung entfalten, dennoch eine rechtsbeeinträchtigende Wirkung zeigen können. Das betrifft zunächst die gesetzlich nicht geregelte **Umsetzung**. Eine Umsetzung liegt vor, wenn dem Beamten ein anderer Aufgabenbereich (ein anderes Amt) innerhalb derselben Behörde zugewiesen wird. Der Arbeitsplatz muss nicht notwendig am selben Ort sein.

> **Beispiel:** Dem Dezernatsleiter L, der eine Planstelle der Besoldungsgruppe A 16 innehat, wird die Leitung eines anderen Dezernats in derselben Behörde, der ebenfalls eine Planstelle der Besoldungsgruppe A 16 zugewiesen ist, übertragen.

**212**
Kürzlich musste sich das BVerwG mit der Frage beschäftigen, ob ein Polizeibeamter, der seine Haare in Form eines Pferdeschwanzes („Lagerfeld-Zopf") trägt, aus Gründen der ordnungsgemäßen Wahrnehmung des Dienstes die Haare kürzen muss.

> **Sachverhalt[309]:** P ist Bundespolizeibeamter. Bisher trug er sein 15 cm über die Schulter ragendes Haar in Form eines Pferdeschwanzes („Lagerfeld-Zopf"). Nachdem jedoch der Bundesinnenminister als oberste Dienstbehörde Bestimmungen über das Erscheinungsbild der Bundespolizei und das Tragen der Uniform erlassen hat, erteilt der unmittelbare Dienstvorgesetzte des P, D, diesem die Einzelanweisung, den Bestimmungen des Bundesinnenministers über die Haar- und Barttracht nachzukommen und die Haare zu kürzen. P sieht darin einen Verstoß gegen Art. 2 I GG (allgemeine Handlungsfreiheit) sowie gegen Art. 2 II S. 1 GG (körperliche Unversehrtheit) und erhebt nach erfolglos durchgeführtem Widerspruchsverfahren Klage.

> Die ausformulierte Lösung steht auf der Internet-Seite des Verlags zum kostenlosen download zur Verfügung.

---

[308] So ausdrücklich BVerfGE **108**, 282, 325 ff.
[309] Vgl. BVerwG, Urt. v. 2.3.2006 – 2 C 3.05 (IÖD **2006**, 158 ff.).

Als problematisch erweisen sich auch ausgesprochene **Alkoholverbote** und Anordnungen, **213**
sich **stationär behandeln zu lassen**. Auch Anweisungen, welche die Pflicht des Beamten
zur **politischen Mäßigung** und **Zurückhaltung** betreffen, sind schon des Öfteren Klau-
surgegenstand gewesen. Vgl. dazu *R. Schmidt*, BesVerwR I, Rn 728 ff.

### c. Rechtsbeeinträchtigende Maßnahmen mit Außenwirkung

Unabhängig davon, ob man an der Lehre von Ule festhält, liegt eine Maßnahme mit **214**
Außenwirkung vor, wenn das Beamtenverhältnis begründet, beendet oder wesentlich
berührt wird. Hier liegt i.d.R. ein **Verwaltungsakt** vor, der, sofern er belastend
wirkt, einer gesetzlichen Rechtsgrundlage bedarf. Als Beispiele seien genannt:

**Ernennung:** Die Ernennung ist die Begründung eines Beamtenverhältnisses und die Fest- **215**
legung seiner Art. Des Weiteren bewirkt sie die Aufgabenzuweisung. Mit der Ernennung
wird dem Beamten ein „Amt" im statusrechtlichen Sinne übertragen, d.h. eine Aufgabe, für
die eine Laufbahngruppe und besoldungsrechtlich eine Amtsbezeichnung festgelegt sind.
Beispiel: Nach bestandenem Zweiten Juristischen Staatsexamen wird A bei einer Behörde
der Stadt S als Regierungsrat eingestellt.

**Entlassung:** Die Entlassung ist die Entfernung eines Beamten aus dem Beamtenverhält- **216**
nis. Zu unterscheiden ist die *obligatorische* Entlassung von der *fakultativen*. Der Beamte
*ist* zu entlassen, wenn mindestens ein in §§ 28, 30 BBG (bzw. in der entsprechenden landesrechtlichen Regelung) genannter Entlassungsgrund vorliegt (Beispiel: Regierungsdirek-
tor R erhält ein lukratives Angebot aus der Wirtschaft und möchte dorthin wechseln. Er
kann daher schriftlich verlangen, dass der Dienstherr ihn entlässt, § 30 I BBG). Dagegen
*kann* der Beamte unter den Voraussetzungen der §§ 29 II, 31, 32 BBG (bzw. der entsprechenden landesrechtlichen Regelung) entlassen werden (Beispiel: Ein Beamter auf Probe,
dessen Aufgabengebiet bei einer Behörde wegen deren Auflösung wegfällt, kann (muss
aber nicht) entlassen werden, vgl. § 31 I Nr. 4 BBG bzw. die entsprechende landesrechtliche Regelung).

**Beförderung:** Eine Beförderung ist die Verleihung eines anderen Amtes mit einem höhe- **217**
ren Endgrundgehalt und einer anderen Amtsbezeichnung (§ 12 I S. 1 BLV). Beispiel: Der
Richter am Amtsgericht R mit der Besoldungsgruppe R 1 wird zum Richter am Oberlandesgericht mit der Besoldungsgruppe R 2 ernannt.

**Versetzung:** Eine Versetzung ist eine auf Dauer angelegte Übertragung eines anderen **218**
Amtes im abstrakt-funktionalen Sinn bei einer anderen Behörde (vgl. z.B. § 26 BBG). Beispiel: Der an der gymnasialen Oberstufe der Stadt S tätige Oberstudienrat O wird angewiesen, von nun an aus dienstlichen Gründen dauerhaft an der gymnasialen Oberstufe der
Stadt T zu arbeiten.

**Abordnung:** Eine Abordnung ist eine vorübergehende Tätigkeit an einer anderen Dienst- **219**
stelle unter Beibehaltung der bisherigen Planstelle (vgl. z.B. § 27 BBG). Beispiel: Der Oberstudienrat O des letzten Beispiels wird angewiesen, lediglich vorübergehend seinen Dienst
bei der gymnasialen Oberstufe der Stadt T zu verrichten.

**Versetzung in den einstweiligen Ruhestand:** Die Versetzung in den einstweiligen **220**
Ruhestand kann sowohl auf Antrag des Beamten als auch gegen seinen Willen erfolgen.
Sie ist auf Bundesebene in §§ 36-40 BBG (vgl. auch § 50 I SoldatenG) und auf Landesebene in den entsprechenden Landesbeamtengesetzen geregelt und betrifft insbesondere die
sog. *politischen Beamten*. Das sind die Inhaber der in § 36 I BBG bzw. in den Beamtengesetzen der Länder aufgeführten hohen Ämter. Beispiel: Legationsrat.

Zu weiteren **Maßnahmen mit Außenwirkung** vgl. die Ausführungen bei *R. Schmidt*, **221**
BesVerwR I, Rn 733 ff.

222    Vor einiger Zeit hatte das BVerwG über die Frage zu entscheiden, ob das (beabsichtigte) Tragen eines **Kopftuchs im Unterricht** durch eine muslimische Lehrerin einen Eignungsmangel darstellt, der es dem Dienstherrn ermöglicht, von der Einstellung abzusehen. Der *Zweite Senat* des BVerfG hat entschieden, dass ein Verbot für Lehrkräfte, in der Schule und im Unterricht ein Kopftuch zu tragen, im geltenden Recht des Landes Baden-Württemberg keine hinreichend bestimmte gesetzliche Grundlage finde. Der mit zunehmender religiöser Pluralität verbundene gesellschaftliche Wandel könne für den Gesetzgeber Anlass zu einer Neubestimmung des zulässigen Ausmaßes religiöser Bezüge in der Schule sein. Das Urteil des BVerwG wurde aufgehoben und die Sache dorthin zurückverwiesen. Die Entscheidung ist mit fünf gegen drei Stimmen ergangen. Mittlerweile haben einige Länder ihre Beamten- bzw. Schulgesetze geändert und entsprechende Bestimmungen aufgenommen. Ob diese Regelungen verfassungsgemäß sind, ist bei *R. Schmidt*, BesVerwR I, Rn 744 ff. im Rahmen zweier gutachterlich gelöster Beispiele geklärt.

223    Zum **Rechtsschutz im Beamtenrecht** und zum **Klausuraufbau** vgl. ausführlich *R. Schmidt*, BesVerwR I, Kap. 3; zum **Remonstrationsrecht** ebenda.

## X. Die Wesensgehaltsgarantie, Art. 19 II GG

223a    Art. 19 II GG bestimmt, dass kein Grundrecht „in seinem Wesensgehalt" angetastet werden darf. Die Bestimmung des Wesensgehalts kann

(1) *absolut* unter Bezug auf die verbleibende Bedeutung des Grundrechts im Allgemeinen, d.h. unabhängig von der jeweiligen Konstellation (sog. Theorie vom absoluten Wesensgehalt) oder

(2) *relativierend* mit Hilfe des Verhältnismäßigkeitsgrundsatzes (sog. Theorie vom relativen Wesensgehalt) bestimmt werden.

223b    ▪ Die **Theorie vom absoluten Wesensgehalt** versteht den Wesensgehalt als eine feste, vom einzelnen Fall und von der konkreten Frage unabhängige Größe, d.h. als einen Grundrechtskern, der unabhängig von der jeweiligen Fallgestaltung unantastbar ist.[310] Folgt man dieser Theorie, ist jede einzelfallbezogene Behandlung des Art. 19 II GG unmöglich. Diese Theorie schließt es also aus, dass die mit dem konkreten Eingriff verfolgten Gemeininteressen, mögen sie noch so gewichtig sein, berücksichtigt werden.

**Beispiel:** Der finale Rettungsschuss der Polizei entzieht dem, den er betrifft, das Leben restlos. Dadurch wird aber die allgemeine Gewährleistung des Rechts auf Leben (Art. 2 II GG) nicht angetastet. Art. 19 II GG ist demnach nicht verletzt.

223c    ▪ Die von der h.M. vertretene **Theorie vom relativen Wesensgehalt** stellt demgegenüber nicht nur auf den Wesensgehalt des jeweiligen Grundrechts ab, sondern erfordert darüber hinaus, dass der Wesensgehalt für jeden einzelnen Fall gesondert bestimmt wird.[311] Eine Antastung des Wesensgehalts des betreffenden Grundrechts soll ausscheiden, wenn dem Grundrecht das geringere Gewicht für die konkret zu entscheidende Frage beizumessen ist, und muss entsprechend angenommen werden, wenn es beeinträchtigt wird, obwohl ihm das größere Gewicht für die konkret zu entscheidende Frage zukommt.

**Beispiel:** Der finale Rettungsschuss entzieht demjenigen, den er betrifft, das Leben restlos (s.o.). Von dem Grundrecht auf Leben bleibt im konkreten Fall nichts übrig. Bei der Beurteilung der Frage, ob damit in den Wesensgehalt des Grundrechts eingegriffen worden ist, kommt es auf die Verhältnismäßigkeit der Maßnahme an: Entsprach sie dem Grundsatz der Verhältnismäßigkeit, ist – da auf den konkreten Einzelfall abgestellt

---

[310] Vertreten von *Stern*, StaatsR III/2, S. 865 ff.; *Jarass*, in: Jarass/Pieroth, GG, Art. 19 Rn 7; *Pieroth/Schlink*, Rn 298 ff.; *Herzog*, Festschrift für Zeidler, **1987**, 1415, 1425.

[311] BVerfGE **61**, 82, 113; BVerfG NJW **1996**, 1201, 1202; *Maunz*, in: Maunz/Dürig, GG, Art. 19 Abs. 2 Rn 16 ff.; *Hesse*, Grundzüge des Verfassungsrechts, Rn 332; wohl auch BVerwGE **84**, 375, 380 f.

wird – der Wesensgehalt nicht angetastet. Art. 19 II GG ist nicht verletzt. War die Maßnahme dagegen unverhältnismäßig, ist Art. 19 II GG – da im konkreten Fall von dem Grundrecht nichts übrig bleibt – verletzt.

> **Hinweis für die Fallbearbeitung:** Durch die Bezugnahme auf die Verhältnismäßigkeit rückt die Theorie vom relativen Wesensgehalt in die Nähe des Grundsatzes der Verhältnismäßigkeit, der bei der Prüfung der Rechtmäßigkeit der Grundrechtsschranke (i.d.R. das grundrechtseinschränkende Gesetz) stets im Vordergrund steht. Bei Befolgen der Theorie vom relativen Wesensgehalt hat dies zur Folge, dass bei Bejahung der Verhältnismäßigkeit des Gesetzes zur Wesensgehaltsgarantie nicht mehr viel gesagt werden muss. Ohnehin kommt es nur selten vor, dass ein in der Fallbearbeitung zu prüfendes Gesetz in den Kernbereich eines Grundrechts eingreift.

## XI. Abschaffung einzelner Grundrechte

Von der Wesensgehaltsgarantie des Art. 19 II GG zu unterscheiden ist die völlige **Abschaffung eines einzelnen Grundrechts** durch den verfassungsändernden Gesetzgeber. Die Frage, ob die Abschaffung eines einzelnen Grundrechts zulässig ist, bemisst sich nach **Art. 79 III GG.** Durch diese Bestimmung wird zwar nicht ein einzelnes Grundrecht in seinem Bestand geschützt, es wird aber von der Unabänderlichkeit der in den Art. 1 und 20 GG niedergelegten Grundsätze gesprochen. Stellt ein bestimmtes Grundrecht eine besondere Ausprägung der Menschenwürde (Art. 1 I GG) dar, folgt aus Art. 79 III GG i.V.m. Art. 1 I GG eine Bestandsgarantie für dieses bestimmte Grundrecht. Aber nicht alle Grundrechte stellen eine besondere Ausprägung der Menschenwürde dar. So gehört z.B. das Asylgrundrecht (Art. 16 a GG) nach der Rechtsprechung des BVerfG nicht zum Gewährleistungsinhalt von Art. 1 I GG und ist damit der Aufhebung durch den verfassungsändernden Gesetzgeber zugänglich.[312] Das BVerfG geht sogar noch weiter und lässt die völlige Abschaffung eines Grundrechts ohne Rücksicht auf seine Relevanz für die Menschenwürde zu, weil Art. 1 I GG selbst deren Schutz in dem gebotenen Umfang sicherstelle.[313]

**224**

## XII. Verwirkung von Grundrechten

Unter den Voraussetzungen des Art. 18 GG können die in der Vorschrift genannten Grundrechte verwirkt werden. Voraussetzung für die Verwirkung ist der vom Betroffenen ausgehende **Missbrauch seiner Grundrechte zum Kampf gegen die freiheitliche demokratische Grundordnung.**[314] Art. 18 GG ist damit Ausdruck der streitbaren Demokratie und will die verfassungsfeindliche Gesinnung des Angreifers sanktionieren, indem er die Grundlage für die Versagung des Grundrechtsschutzes in Bezug auf politische Betätigung bildet. Die Grundrechtsverwirkung tritt allerdings nicht ipso jure ein. Vielmehr bedarf es wegen der Bedeutung der Grundrechtsversagung einer konstitutiven Entscheidung des BVerfG (Art. 18 S. 2 GG). Insofern besteht eine Parallele zu Art. 21 II S. 2 GG. Einzelheiten über das Verfahren der Grundrechtsverwirkung (Antragsberechtigung, Antragsgegenstand, Antragsgegner, Vorverfahren und Formerfordernisse) sind in §§ 23 I, 36 bis 41 BVerfGG geregelt. Begründet ist der Antrag, wenn ein in Art. 18 S. 1 GG genanntes Grundrecht zum Kampf gegen die freiheitliche demokratische Grundordnung missbraucht wird. Andere Grundrechte als die in § 18 S. 1 GG genannten können nicht für verwirkt erklärt werden.

**224a**

---

[312] BVerfGE **94**, 49, 103 f. (Asylrecht).
[313] BVerfG a.a.O.; anders MeckVorVerfG LKV **2000**, 345 ff.; vgl. dazu auch *Sachs*, JuS **2000**, 1113, 1115.
[314] Zum Begriff der freiheitlichen demokratischen Grundordnung, der wie bei Art. 21 II GG zu verstehen ist, vgl. ausführlich *R. Schmidt*, Staatsorganisationsrecht, Rn 421 ff.

# 2. Teil – Die einzelnen Grundrechte

## A. Schutz der Menschenwürde – Art. 1 I GG

**225** Gem. Art. 1 I S. 1 GG ist die Würde des Menschen unantastbar. Die Menschenwürde ist **oberstes Gut der Verfassung** und, zumindest nach dem **naturalistischen** Ansatz, der sich der christlichen Naturrechtslehre Kants (1724-1804) verbunden fühlt und die Menschenwürde als von Gott oder der Natur gegeben sieht, jeglicher Disposition entzogen.[315] Mit der Indisponibilität und der systematischen Stellung am Anfang des Grundgesetzes zieht das Grundgesetz nicht nur die Konsequenzen aus der Missachtung der Grundrechte durch das nationalsozialistische Regime, sondern es gewährt dem Menschen auch einen umfassend gedachten Respekt.

**226** Ob Art. 1 I S. 1 GG in Anbetracht der Formulierung in Art. 1 III GG „die *nachfolgenden* Grundrechte ..." ein eigenständiges Grundrecht darstellt, ist fraglich. Gleichwohl bejaht die ganz herrschende Auffassung diese Frage mit dem Argument der zentralen Bedeutung, die die Menschenwürde einnehme.[316] Die Frage nach dem Grundrechtscharakter der Menschenwürde kann aber unbeantwortet bleiben, da die Gewährung der Menschenwürde ohnehin die Reichweite aller Grundrechte steuert. Geht also von einer staatlichen Stelle die Verletzung eines (speziellen) Grundrechts aus, hat dies zur Folge, dass auch ein Verstoß gegen Art. 1 I GG vorliegen kann.

> **Hinweis für die Fallbearbeitung:** Die Qualifikation als Grundrecht ist letztlich nur für die Erhebung einer Verfassungsbeschwerde relevant, da dabei der Beschwerdeführer die Verletzung eines Grundrechts geltend machen muss. Verletzungen der Menschenwürde gehen aber im Regelfall mit der Verletzung von (anderen) Grundrechten (z.B. Art. 2 I oder 2 II S. 1 GG) einher, sodass das BVerfG im Rahmen der Verfassungsbeschwerde auch eine Verletzung des Art. 1 I GG prüfen muss. In der Fallbearbeitung ist Art. 1 I GG daher stets wie jedes andere Abwehrrecht zu prüfen.

**227** In jüngerer Zeit wird diskutiert, der Menschenwürde nicht den naturalistischen Ansatz zugrunde zu legen, sondern den **positivistischen**. Folge wäre, dass der Begriff der Menschenwürde durchaus – zumindest zu einem gewissen Grad – einer Auslegung zugänglich wäre, weil der (Grund-)Gesetzgeber durch entsprechende – positive – Bestimmungen ein anderes Verständnis der Menschenwürde zum Ausdruck bringen könnte. Der Einwand, man relativiere dadurch das (nach der Philosophie Kants) nicht Relativierbare, greift nicht, weil man mit dem positivistischen Ansatz zum einen gerade nicht die Philosophie Kants zugrunde legt, und zum anderen auch nicht die Menschenwürde relativiert, sondern – bei bestimmten unüberwindbaren und ausweglosen Konfliktsituationen – schon nicht als berührt ansieht (vgl. auch Rn 232). Diese rechtstheoretische Überlegung ist deshalb notwendig, weil auch nach dem positivistischen Ansatz eine Beeinträchtigung der Menschenwürde nicht zu rechtfertigen ist. Denn durch die Formulierung „die Menschenwürde ist unantastbar" in Art. 1 I S. 1 GG bedeutet eine Beeinträchtigung der Menschenwürde zugleich deren Verletzung. Vor diesem Hintergrund kommen dem polizeilichen **finalen Rettungsschuss**, dem **Ab-**

---

[315] Vgl. BVerfGE **32**, 98, 108 (Gesundbeter); **50**, 166, 175 (Ausweisung eines straffälligen Ausländers); **54**, 341, 357 (Asylgewährung). Vgl. auch BVerfG NJW **2004**, 739 (Sicherungsverwahrung); *Möllers*, Grundrechte, S. 80 f.; *Benda*, NJW **2001**, 2147 f.; *Bremer*, NVwZ **2001**, 167, 168 f.; *Hintz/Winterberg*, ZRP **2001**, 293 ff.
[316] *Hufen*, NJW **1999**, 1504, 1509; *Stern*, StaatsR III/1, S. 26 f.; *Kunig*, in: von Münch/Kunig, GG, Art. 1 Rn 3 und wohl auch *Benda*, NJW **2001**, 2147. Auch das BVerfG vertritt in seinem 1. Urteil zum Schwangerschaftsabbruch durch die Formulierung „Das menschliche Leben ... ist die vitale Basis der Menschenwürde und die Voraussetzung aller anderen Grundrechte" diesen Standpunkt (vgl. BVerfGE **39**, 1, 42). Anders wohl *Dreier*, in: Dreier, GG, Art. 1 Rn 127 f.

**schuss eines von Terroristen entführten Verkehrsflugzeugs**, um unschuldige Menschen am Boden vor den Schäden, die durch das als Bombe missbrauchte Flugzeug entstehen, zu schützen, sowie der **Androhung von Gewalt**, um **unzählige Menschen** vor den Folgen einer von Terroristen gezündeten (atomaren) **Bombe** zu bewahren besondere Brisanz zu, vgl. dazu Rn 233, 244 und insbesondere 306. Da die Menschenwürde (mittelbar) auch von Privaten verletzt werden kann, sind darüber hinaus die **Präimplantationsdiagnostik** (PID), die „verbrauchende" **Forschung mit Embryonen** und die (aktive) **Sterbehilfe**, aber auch die **Genforschung** am menschlichen Erbgut, die **Genomanalyse**, das sog. **DNA-Fingerprinting** und das **Klonen von Menschen** von besonderer gesellschaftlicher und juristischer Bedeutung. Das Eingehen auf diese Diskussion würde aber den Rahmen dieser Bearbeitung sprengen. Daher sei auf andere Foren verwiesen.[317]

---

### Schutz der Menschenwürde, Art. 1 I GG

Die Menschenwürde ist oberstes Gut der Verfassung und, zumindest nach dem naturalistischen Ansatz, der sich der christlichen Naturrechtslehre Kants verbunden fühlt und die Menschenwürde als von Gott oder der Natur gegeben sieht, jeglicher Disposition entzogen. Gerade in jüngerer Zeit wird aber diskutiert, der Menschenwürde den positivistischen Ansatz zugrunde zu legen. Folge wäre, dass der Begriff der Menschenwürde durchaus – zumindest bis zu einem gewissen Grad – einer Auslegung zugänglich wäre, weil der (Grund-)Gesetzgeber durch entsprechende – positive – Bestimmungen ein anderes Verständnis der Menschenwürde zum Ausdruck bringen könnte.

#### I. Schutzbereich

Wegen des umfassenden Schutzes, den Art. 1 I GG nach dem naturalistischen Ansatz entfaltet, ist der Begriff der Menschenwürde nach der (noch) h.M. einer Auslegung entzogen. Jedoch bleibt die h.M. schuldig, brauchbare Kriterien zur Bestimmung der Menschenwürde zu liefern. Vielmehr beschränkt sie sich i.d.R. auf die Beantwortung der Frage, wann die Menschenwürde verletzt sei. Es müsse stets auf den sozialen Wert- und Achtungsanspruch abgestellt werden, der dem Menschen wegen seines Menschseins zukomme. Unter welchen Umständen der soziale Wert- und Achtungsanspruch verletzt sei, lasse sich nicht generell sagen, sondern immer nur in Ansehung des konkreten Falls. Anhaltspunkte für eine Bestimmung seien „der Eigenwert des Menschen schlechthin" (sog. Mitgifttheorie) oder „die Würde aufgrund der Leistung der eigenen Identitätsbildung" (sog. Leistungstheorie). Sinnvoller scheint aber das Hervorheben des Schutzes vor Erniedrigung, Demütigung, Brandmarkung, Verfolgung, Ächtung zu sein. Hebt man zudem den positivistischen Ansatz für die Bestimmung der Menschenwürde hervor, wonach der verfassungsändernde Gesetzgeber bis zu einem gewissen Grad eine Bestimmung des Menschenwürdebegriffs zulassen könnte, steht zumindest fest, dass der Betroffene sich nur dann auf die Menschenwürde berufen kann, wenn ihm **in menschenverachtender Weise seine Menschqualität abgesprochen und er zum Objekt eines beliebigen Verhaltens erniedrigt wird**. In extremen Konfliktsituationen ist es daher möglich, ein großes Leid abzuwehren, ohne die Menschenwürde zu verletzen.

Das Schutzrecht aus Art. 1 I GG steht allen **natürlichen Menschen** zu. Auch das **werdende Leben** im Mutterleib ist Schutzgut des Rechts auf Menschenwürde. Denn die Schutzpflicht des Staates verbietet nicht nur unmittelbare staatliche Eingriffe in

---

[317] Vgl. nur *Hetz*, Schutzwürdigkeit menschlicher Klone?, **2005**; *Dederer*, AöR **2002**, 1 ff.; *Fisahn*, ZRP **2001**, 49 ff.; *Herzog*, ZRP **2001**, 393 ff.; *Sendler*, NJW **2001**, 2148 ff.; *Schröder*, NJW **2001**, 2144 ff.; *Di Fabio*, FAZ v. 26.6.**2001**, S. 10 und *Czerner*, MedR **2001**, 354 ff. Eine völlig neue Dimension der Diskussion ist der Maunz/Dürig-Kommentierung (Stand: ab 2004) zu Art. 1 GG von *Herdegen* zu entnehmen. Vgl. auch *Jerouschek*, JuS **2005**, 297 ff.; *Möllers*, Grundrechte, S. 69 ff.

das sich entwickelnde Leben, sondern gebietet dem Staat auch, sich schützend und fördernd vor dieses Leben zu stellen. Schließlich wirkt der Wert- und Achtungsanspruch nach dem Mephisto-Beschluss des BVerfG auch über den **Tod des Rechtsträgers** hinaus. Es sei mit dem verfassungsverbürgten Verbot der Unverletzlichkeit der Menschenwürde unvereinbar, wenn der Mensch, dem Würde kraft seines Personseins zukomme, in diesem allgemeinen Achtungsanspruch auch nach seinem Tode herabgewürdigt oder erniedrigt werden dürfe.

**Nicht** geschützt sind **juristische Personen** sowie Gruppen als solche; hiervon unberührt bleibt selbstverständlich die mögliche Rechtsverletzung der dahinterstehenden natürlichen Personen.

**II. Eingriff in den Schutzbereich bei gleichzeitiger Verletzung der Menschenwürde**

Auch nach dem hier zugrunde gelegten positivistischen Ansatz ist die Menschenwürde unantastbar. Eingriffe sind nach wie vor nicht zu rechtfertigen.

## I. Schutzbereich

**228**  Der Schutz aus Art. 1 I GG steht allen **natürlichen Menschen** zu, selbstverständlich auch Geisteskranken, Ausländern, Straftätern etc. Auch das **werdende Leben** im Mutterleib (*nasciturus*) ist Schutzgut des Rechts auf Menschenwürde. In den beiden Urteilen zum Schwangerschaftsabbruch[318] hat das BVerfG allerdings offen gelassen, ob der *nasciturus* Grundrechtsfähigkeit besitzt oder ob er mangels Grundrechtsträgereigenschaft „nur" durch die aus Art. 1 I GG folgende objektive Schutzverpflichtung des Staates in seinem Recht auf Leben geschützt wird. Denn die Grundrechtsnormen enthielten nicht nur subjektive Abwehrrechte des Einzelnen gegen den Staat, sondern sie verkörperten zugleich eine objektive Wertordnung, die alle staatliche Gewalt binde. Ob und gegebenenfalls in welchem Umfang der Staat zu rechtlichem Schutz des noch ungeborenen Lebens von Verfassungs wegen verpflichtet sei, könne deshalb schon aus dem objektiv-rechtlichen Gehalt der grundrechtlichen Normen erschlossen werden.[319] Jedenfalls sei der *nasciturus* ab dem 14. Tag nach der Empfängnis (Nidation) objektiv-rechtlich dem Schutz des Art. 1 I i.V.m. Art. 2 II S. 1 GG unterstellt.[320]

**229**  Die Schutzpflicht des Staates verbietet daher nicht nur unmittelbare staatliche Eingriffe in das sich entwickelnde Leben, sondern gebietet dem Staat auch, sich **schützend und fördernd vor dieses Leben zu stellen**. Die Reichweite der staatlichen Schutzpflicht für das ungeborene menschliche Leben ist mit Blick auf die Bedeutung und Schutzbedürftigkeit des zu schützenden Rechtsguts einerseits und damit kollidierender Rechtsgüter andererseits zu bestimmen (Herstellung praktischer Konkordanz). Als vom Lebensrecht des Ungeborenen berührte Rechtsgüter kommen dabei – ausgehend vom Anspruch der schwangeren Frau auf Schutz und Achtung ihrer Menschenwürde (Art. 1 I S. 1 GG) – vor allem ihr Recht auf Leben und körperliche Unversehrtheit (Art. 2 II S. 1 GG) sowie ihr Persönlichkeitsrecht (Art. 2 I i.V.m. 1 I GG) in Betracht. Diesbezüglich hat der einfache Gesetzgeber in den §§ 218 f. StGB ein differenziertes Regelungswerk entwickelt. Dagegen kann eine schwangere Frau die Tötung ihres noch ungeborenen Kindes nicht mit der Berufung auf Art. 4 I GG rechtfertigen.

**230**  Der Wert- und Achtungsanspruch wirkt nach dem Mephisto-Beschluss des BVerfG (vgl. dazu Rn 54) auch über den **Tod des Rechtsträgers** hinaus. Es sei mit dem verfassungsverbürgten Verbot der Unverletzlichkeit der Menschenwürde unvereinbar,

---

[318] BVerfGE **39**, 1 ff.; **88**, 203 ff. Vgl. dazu *Benda*, NJW **2001**, 2147 f.; *Sendler*, NJW **2001**, 2148.
[319] BVerfGE **39**, 1, 41 f. (Schwangerschaftsabbruch I). Für eine Grundrechtsfähigkeit *Kunig*, Jura **1991**, 415, 417 f.; *Höfling*, in: Sachs, GG, Art. 1 Rn 51.
[320] BVerfGE **39**, 1, 37. Vgl. dazu näher *Kunig*, in: von Münch/Kunig, Art. 1 Rn 12 ff. und Art. 2 Rn 47.

wenn der Mensch, dem Würde kraft seines Personseins zukomme, in diesem allgemeinen Achtungsanspruch nach seinem Tode herabgewürdigt oder erniedrigt werden dürfe. Dieser Anspruch sei von den Angehörigen des Toten geltend zu machen.[321] Dieser Standpunkt kann nicht ohne Kritik bleiben. Statt auf den Verstorbenen abzustellen, wäre es durchaus möglich, vom Standpunkt der Angehörigen aus zu argumentieren und aus dem ihnen originär zustehenden allgemeinen Persönlichkeitsrecht den Anspruch abzuleiten, dass das Andenken des Verstorbenen nicht verunglimpft werde. Mit diesem Ansatz müsste man nicht die Menschenwürde eines Verstorbenen bemühen, um den Angehörigen einen Anspruch auf Achtung der Person des Verstorbenen in der Öffentlichkeit zu gewähren. Dann könnte auch die Frage dahin stehen, ob ein Verstorbener überhaupt Träger von Grundrechten sein kann.

Jedenfalls **nicht** geschützt sind **juristische Personen** sowie Gruppen als solche.[322] **231** Hiervon unberührt bleibt selbstverständlich die mögliche Rechtsverletzung der dahinter stehenden natürlichen Personen.

Wegen des umfassenden Schutzes, den Art. 1 I GG entfaltet, ist der Begriff der Menschenwürde nach dem oben dargestellten (noch herrschenden) naturalistischen Ansatz einer Auslegung entzogen. Jedoch bleibt die h.M. schuldig, brauchbare Kriterien zur Bestimmung der Menschenwürde zu liefern. Vielmehr beschränkt sie sich i.d.R. auf die Beantwortung der Frage, wann die Menschenwürde verletzt ist. Es müsse stets auf den sozialen Wert- und Achtungsanspruch abgestellt werden, der dem Menschen wegen seines Menschseins zukomme.[323] Unter welchen Umständen der soziale Wert- und Achtungsanspruch verletzt sei, lasse sich nicht generell sagen, sondern immer nur in Ansehung des konkreten Falls. Anhaltspunkte für eine Bestimmung seien „der Eigenwert des Menschen schlechthin" (sog. Mitgifttheorie) oder „die Würde aufgrund der Leistung der eigenen Identitätsbildung" (sog. Leistungstheorie). Sinnvoller scheint aber das Hervorheben des Schutzes vor Erniedrigung, Demütigung, Brandmarkung, Verfolgung, Ächtung zu sein. Stellt man zudem auf den positivistischen Ansatz für die Bestimmung der Menschenwürde ab, wonach der verfassungsändernde Gesetzgeber bis zu einem gewissen Grad eine positivrechtliche Bestimmung des Menschenwürdebegriffs zulassen könnte, steht zumindest fest, dass die Menschenwürde nur dann verletzt ist, wenn dem Betroffenen **in menschenverachtender Weise seine Menschqualität abgesprochen und er zum Objekt eines beliebigen Verhaltens erniedrigt wird**. **232**

Auch nach diesem Ansatz bleibt es somit bei der Unantastbarkeit der Menschenwürde, jedoch kommt ihr nicht mehr der von Gott gegebene Schutz zu, den der naturalistische Ansatz verlangt. In **extremen Konfliktsituationen**, etwa wenn es um die Abwehr eines großen Leids geht, können daher Maßnahmen getroffen werden, ohne dass die Menschenwürde zwingend als verletzt angesehen werden müsste. **233**

**Fall:** Terrorist T, der aus ideologischen Gründen jederzeit bereit wäre, für die Erreichung seiner Ziele zu sterben, hat im Zentrum einer deutschen Millionenmetropole eine sog. schmutzige Bombe[324] versteckt und mit einem Zeitzünder versehen. Mit Hilfe von Informationen eines V-Mannes gelingt es der Polizei, T zu fassen. Da nach dem Stand der Ermittlungen nur noch 2 Stunden bis zur Explosion verbleiben und T nicht bereit ist, den Standort der Bombe preiszugeben, sieht der ermittelnde Polizeibeamte P keine andere Möglichkeit,

---

[321] BVerfGE **30**, 173, 194. Vgl. auch BVerfG NJW **2001**, 594 f.; BGH NJW **2000**, 2195 und 2201.
[322] *Jarass*, in: Jarass/Pieroth, GG, Art. 1 Rn 5.
[323] BVerfGE **87**, 209, 228; *Kannengießer*, in: Schmidt-Bleibtreu/Klein, GG, Art. 1 Rn 1.
[324] Das ist eine Bombe, die mit Hilfe von konventionellem Sprengstoff explodiert und dabei radioaktives Material in die Atmosphäre verbringt. Sie ist relativ einfach herzustellen, was ihren Einsatz durch Terroristen nicht unwahrscheinlich macht.

als T anzudrohen, ihm würden „Schmerzen, wie er sie bisher nicht gekannt" habe, zuge-fügt, und denkt dabei an Nadelstiche in das Schmerzzentrum des Ohres. Aufgrund dieser Androhung nennt T die Lage der Bombe, die wenige Minuten vor der Detonation entschärft werden kann.

T macht geltend, ihm sei Folter angedroht worden, wodurch seine Menschenwürde verletzt worden sei.[325]

**Lösungsgesichtspunkte:** P ging es nicht um eine Aussageerzwingung in einem straf-rechtlichen Ermittlungsverfahren, sondern um die Lebensrettung einer unüberschaubaren Zahl von Menschen, also um Gefahrenabwehr. In allen Gefahrenabwehrgesetzen (Polizei-gesetzen) der Länder ist der **unmittelbare Zwang**, also die Anwendung von Zwang, um den Adressaten zu einem bestimmten Tun, Dulden oder Unterlassen zu bewegen, geregelt. Zulässig ist der unmittelbare Zwang, wenn kein anderes Mittel zur Verfügung steht, um den Schutz eines höherrangigen Rechtsguts zu gewährleisten. Es findet also – freilich unter Beachtung des Grundsatzes der Verhältnismäßigkeit – eine echte Güterabwägung statt, vorliegend zwischen der körperlichen Integrität des T und dem Leben einer unüberschau-baren Zahl von Menschen. Wenn man bedenkt, dass nach den Bestimmungen der Polizei-gesetze der **finale Rettungsschuss** (Todesschuss) zulässig ist, etwa um eine Geisel zu befreien[326], könnte man annehmen, dass die Anwendung von Zwang, der (lediglich) die körperliche Integrität des Verantwortlichen beeinträchtigt, aber mindestens auf einer eben-so großen Konfliktlage beruht, als Minus-Maßnahme jedenfalls erst recht zulässig sei, wenn alle anderen Mittel untunlich erscheinen oder keinen Erfolg versprechen.

Fraglich ist, ob diesem Ergebnis die **Menschenwürde** des Adressaten der Folter bzw. deren Androhung entgegensteht, die nach dem Wortlaut des Art. 1 I GG unantastbar und sie zu achten und zu schützen Verpflichtung aller staatlicher Gewalt ist. Diejenigen, die den naturalistischen Ansatz vertreten, müssen konsequenterweise das Verhalten des P als Verstoß gegen die Menschenwürde ansehen. Möglicherweise rechtfertigt aber der positivis-tische Ansatz ein anderes Ergebnis. Für die Unzulässigkeit der Folter bzw. deren Andro-hung spricht jedenfalls, dass der Parlamentarische Rat mit der Formulierung der Men-schenwürde an erster Stelle des Grundgesetzes die nationalsozialistischen Gewaltverbre-chen vor Augen hatte und solchen die Menschenwürde verachtenden Zuständen für alle Zeiten (vgl. Art. 79 III GG) den Boden entziehen wollte. Wenn man sich dann noch auf den Standpunkt stellt, dieser Sinn und Zweck des Art. 1 I GG habe mit der vorliegenden Kon-fliktsituation nichts zu tun, sodass die Menschenwürde auch positivistisch verstanden wer-den könne, gelangt man zu dem Ergebnis, dass die Menschenwürde nur dann verletzt ist, wenn dem Betroffenen in menschenverachtender Weise seine Menschqualität abgespro-chen und er zum Objekt eines beliebigen Verhaltens gemacht wird. Verneint man dieses für die vorliegend zu beurteilende Konfliktsituation, gelangt man zur Verneinung der Ver-letzung der Menschenwürde. Auf der anderen Seite ist die Würde des Menschen nun ein-mal oberstes Gut der Verfassung und in Art. 1 I, III GG als geltendes und von jeder staatli-chen Stelle zu beachtendes Recht festgeschrieben. Jedenfalls zeigt die vorstehende Dis-kussion, dass der Rechtsstaat in Konfliktsituationen der vorliegenden Art an seine Grenzen gerät. Diejenigen, die kategorisch die Zulässigkeit von Folter bzw. deren Androhung ver-neinen, sollten aber bedenken, dass sich der Staat damit der Möglichkeit begibt, abwend-bare Katastrophen des genannten Ausmaßes abzuwenden und er letztlich das Lebensrecht konkreter Menschen negiert und zugleich denjenigen kriminalisiert, der das Unheil abwen-

---

[325] Zur strafrechtlichen Würdigung des Falls vgl. den Beitrag Aktuelles VIII/2005, der auf der Internet-Seite des Verlags zum kostenlosen download bereit steht.
[326] Im Übrigen ist es beim finalen Rettungsschuss unstreitig, dass Art. 2 II S. 1 GG (und damit Art. 1 I GG) nicht verletzt ist, wenn er die einzige Möglichkeit darstellt, eine gegenwärtige Gefahr für das Leben der Geisel(n) abzuwehren, und auf einer hinreichend bestimmten Rechtsgrundlage ergeht (*Kunig*, in: v. Münch/Kunig, GG, Art. 2 Rn 85; *Jarass*, in: Jarass/Pieroth, GG, Art. 2 Rn 77; *Murswiek*, in: Sachs, GG, Art. 2 Rn 182; *Schulze-Fielitz*, in: Dreier, GG, Art. 2 Rn 42). Zum finalen Rettungsschuss vgl. ausführlich *R. Schmidt*, BesVerwR II, Rn 981.

den möchte.[327] Mit dem Sinn und Zweck von Folter, die darin bestehen, Inhaftierten den Willen zu brechen, diese gefügig zu machen und die eigene Macht zu demonstrieren, hat die Abwehr von Katastrophen, wie sie vorliegend diskutiert wird, nichts zu tun.[328]

Ein anderer Ansatz, der im angloamerikanischen Raum praktiziert wird, besteht darin, diejenigen, die sich ihrerseits außerhalb der Rechtsordnung stellen, auch den Schutz der Rechtsordnung insgesamt zu versagen, um sie auf diese Weise foltern und sie beliebigen Verhörmethoden unterwerfen zu können. Doch dieser Ansatz ist mit hiesigem Rechtsstaats- und Demokratieverständnis nicht vereinbar.

Davon unabhängig ist bei der rechtlichen Würdigung auch das in **Art. 104 I S. 2 GG** niedergelegte Misshandlungsverbot bei Freiheitsentziehung zu beachten. Diese Vorschrift ist ausweislich ihres eindeutigen Wortlauts keiner Abwägung mit dem Recht auf Leben zugänglich, auch wenn man berücksichtigt, dass Sinn und Zweck der Vorschrift darin bestehen, vor *elementaren* und *systematischen* Eingriffen in die physische und psychische Unversehrtheit von in der Freiheit beschränkten Personen zu schützen, und dieser Sinn und Zweck mit der vorliegend behandelten Konfliktsituation nichts zu tun hat. Geht man aber mit dem positivistischen Verständnis von der Menschenwürde davon aus, dass diese in extremen Konfliktsituationen der vorliegenden Art nicht verletzt sei, überwindet man die Vorschrift des Art. 104 I S. 2 GG, indem man sie für **nicht anwendbar** erklärt, wenn der Retter sich dem Normbefehl des Art. 104 I S. 2 GG widersetzt, um unmenschliches und unheilbares Leid zu verhindern. Zumindest aber ist sie **teleologisch zu reduzieren** mit dem Ergebnis, dass sie für Fälle der vorliegenden Art nicht verletzt wird.[329]

Schließlich ist auch das absolute Folterverbot des **Art. 3 EMRK** zu beachten. Die Menschenrechtskonvention wurde 1950 als multilateraler Vertrag im Rahmen des Europarats geschlossen und verfolgt den Zweck, auf dem Vertragsgebiet die Einhaltung der Menschenrechte zu gewährleisten. Zwar kommt ihr als völkerrechtlicher Vertrag gem. Art. 59 II GG (lediglich) der Rang eines einfachen Bundesgesetzes zu[330], woraus folgt, dass die Grundrechte der EMRK in ihrem Rang *unterhalb* der Grundrechte des Grundgesetzes stehen. Allerdings ist es ständige Rechtsprechung des BVerfG, dass Inhalt und Entwicklungsstand der EMRK bei der Auslegung des Grundgesetzes zu berücksichtigen seien. Darüber hinaus sei bei der Auslegung der Grundrechte des Grundgesetzes die Rechtsprechung des Europäischen Gerichtshofs für Menschenrechte (EGMR) in Straßburg zu beachten.[331] Stelle der EGMR einen Verstoß gegen die EMRK fest, sei – aus völkerrechtlicher Sicht – der verurteilte Staat zur Abhilfe bzw. ggf. zur Entschädigung verpflichtet.

Dieses Postulat hat das BVerfG zwar im Rahmen des allgemeinen Persönlichkeitsrechts, dessen Verletzung erfolgreich von Caroline von Monaco vor dem EGMR gerügt wurde, selbst wieder relativiert[332] und entschieden, dass Urteile des EGMR aufgrund der völkerrechtlichen Verpflichtung von deutschen Behörden und Gerichten zwar „angemessen zu berücksichtigen" und „schonend" in die nationale Rechtsordnung einzupassen seien, jedoch **kein zwingendes Recht** darstellten und daher für deutsche Gerichte **nicht bindend** seien.[333] Allerdings hat die *3. Kammer* des *1. Senats* des BVerfG[334] eine Entscheidung des *14. Senats* des OLG Naumburg, der einem Vater den Umgang mit seinem leiblichen Kind

---

[327] Lehnt man (entgegen dem hier entwickelten Ansatz) selbst auf der Grundlage des positivistischen Ansatzes Folter bzw. deren Androhung kategorisch ab, kommt dem positivistischen Ansatz aber eine entscheidende Bedeutung bei der **Einwilligung** des Grundrechtsträgers zu, vgl. dazu Rn 239.

[328] Das war die vom Verfasser in der Vorauflage vertretene Auffassung. Wie hier nun auch *Götz*, NJW **2005**, 953, 956.

[329] Auch dieser vom Verfasser bereits in den Vorauflagen vertretene Standpunkt wird nunmehr auch von anderer Seite (etwa von *Götz*, NJW **2005**, 953, 956) getragen.

[330] BVerfG NJW **2004**, 3407 ff.; BVerfGE **74**, 358, 370.

[331] Vgl. BVerfG NJW **2004**, 3407 ff.; BVerfGE **63**, 343, 33; **74**, 358, 370; **75**, 1, 19; **82**, 106, 115.

[332] BVerfG NJW **2004**, 3407 ff. Vgl. auch *Lenski*, NVwZ **2005**, 50 ff.

[333] BVerfG NJW **2004**, 3407, 3408 f.

[334] BVerfG NJW **2005**, 1105, 1106.

versagte, gerade mit dem Argument beanstandet, das OLG habe die Bindungswirkung der Urteile des EGMR missachtet.[335]

Auf dem Boden des positivistischen Menschenwürdeverständnisses wird man aber auch Art. 3 EMRK mit den o.g. Argumenten für nicht anwendbar erklären müssen. Denn auch Art. 3 EMRK will (lediglich) die systematische Folter von Inhaftierten unterbinden, sodass Art. 3 EMRK im Rahmen der teleologischen Reduktion sog. „Rettungsfolter" nicht erfasst.[336]

**Ergebnis:** Auf den vorliegenden Fall bezogen, ist die Drohung durch P auf dem Boden des naturalistischen Verständnisses von der Menschenwürde (jedenfalls wegen Verstoßes gegen Art. 104 I S. 2 GG) sowohl grundgesetz- als auch völkerrechtswidrig. Das gilt nach (noch) herrschendem Verständnis selbst dann, wenn durch die Folterandrohung ein großes kollektives Leid wie z.B. die Explosion einer (atomaren) Bombe verhindert werden kann. Schließt man sich diesem (m.E. überholten) Verständnis von der Menschenwürde an, ändert auch die aus **Art. 2 II S. 1 Var. 1 GG** (Recht auf Leben) resultierende Pflicht des Staates, sich **schützend und fördernd vor das Leben zu stellen**, insbesondere es vor rechtswidrigen Eingriffen Dritter zu bewahren[337], nichts an der Unzulässigkeit, durch Folterandrohung das Leben unzähliger Menschen zu retten.

Favorisiert man indes den vom Verfasser vertretenen positivistischen Ansatz, verstößt derjenige, der Folter anwendet oder zumindest androht, um unmenschliches und unheilbares Leid zu verhindern, weder gegen die Verfassung noch gegen die Menschenrechtskonvention. Denn in diesem Fall widersetzt sich der Retter doch gerade dem unmenschlichen Normbefehl, den die h.M. zwangsläufig den Art. 1 I GG und Art. 104 I S. 2 GG entnehmen muss, und der darin besteht, Rettungshandlungen, die allein durch Folter bzw. deren Androhung ermöglicht werden können, zu unterlassen.[338]

234 | **Zusammenfassung:** Selbstverständlich bleibt es auch nach dem hier zugrunde gelegten positivistischen Ansatz bei der Unantastbarkeit der Menschenwürde. Eingriffe sind nach wie vor nicht zu rechtfertigen. Lediglich bei der Frage, *ob* die Menschenwürde berührt ist, ist Raum für eine Differenzierung: Abzustellen ist nicht auf den sozialen Wert- und Achtungsanspruch, der dem Menschen wegen seines Menschseins zukommt, sondern darauf, ob dem Betroffenen **in menschenverachtender Weise seine Menschqualität abgesprochen und er zum Objekt eines beliebigen Verhaltens erniedrigt wird**. In extremen Konfliktsituationen ist es daher möglich, ein großes Leid abzuwehren, ohne die Menschenwürde des Aggressors zu verletzen. Ob „Rettungsfolter" bzw. deren Androhung ein angemessenes Mittel sind, ist zwar nicht unbedenklich, allerdings werden diejenigen, die dies kategorisch ablehnen, ihre Position überdenken müssen, sollte der vom Verfasser konstruierte Fall Wirklichkeit werden. Im Übrigen sollte man sich die Frage stellen: Was wäre das zudem für ein Staat, in dem die Menschenwürde eines menschenverachtenden Täters Vorrang vor dem Leben Unschuldiger hätte?

235 Zum **Luftsicherheitsgesetz**, das den Abschuss von mit Passagieren besetzten Verkehrsflugzeugen zulässt, vgl. Rn 306.

236 Unabhängig von der soeben behandelten Problematik der „Rettungsfolter" haben sich im Laufe der Zeit bestimmte (freilich auf der Grundlage des naturalistischen Ansatzes) **Fallgruppen** herausgebildet, anhand derer sich der Schutzbereich bestimmen lässt.

---

[335] Demgegenüber tritt der *1. Senat* des BVerfG auch jüngst in einen offenen Konflikt zum EGMR, indem er im Rahmen des allgemeinen Persönlichkeitsrechts auf eine Abwägung mit einer bestimmten Tendenz beharrt, obwohl der EGMR einer solchen präjudizierenden Abwägung eine klare Absage erteilt hat (vgl. BVerfG NJW **2006**, 2836, 2837 – dazu Rn 283 Bsp. 7). Vgl. dazu ausführlich *R. Schmidt*, Staatsorganisationsrecht, Rn 759.
[336] Auch dieser Standpunkt wurde vom Verfasser bereits in der Vorauflage vertreten und wird nunmehr ebenfalls von anderen Stimmen (etwa von *Götz*, NJW **2005**, 953, 956) vertreten.
[337] Grundlegend BVerfGE **39**, 1 ff. (1. Schwangerschaftsurteil).
[338] Von dieser Wertung geht nun auch *Erb*, Jura **2005**, 24 ff. aus, allerdings aus rein strafrechtlicher Sicht.

Art. 1 I GG (i.V.m. dem allg. Persönlichkeitsrecht aus Art. 2 I GG) bietet demnach Schutz vor

- (rassistischen) Diskriminierungen, die dem Diskriminierten das Menschsein absprechen,
- Sklaverei, Leibeigenschaft, Menschenhandel,
- (systematischer) Folter, Misshandlungen, körperliche Strafen,
- Gehirnwäsche, Brechung des Willens durch Wahrheitsdrogen oder Hypnose,
- Einsperren von zwei Strafgefangenen in einem Einzelhaftraum mit einer Grundfläche von ca. 7,6 qm[339],
- systematischen Demütigungen oder Erniedrigungen,
- massiven Verletzungen der körperlichen und seelischen Identität und Integrität[340],
- Entzug des Existenzminimums (etwa durch zu hohe Abgabenlast)[341],
- Verkommenlassen in hilfloser Lage,
- massiver Vernachlässigung der sozial- und rechtsstaatlichen Verantwortung gegenüber dem Einzelnen,
- Einsatz von Polygraphen (Lügendetektoren)[342],
- Betrachtung eines Kindes als Schaden (i.S.d. § 823 I BGB - dazu sogleich),
- rufschädigenden Behauptungen[343],
- heimlichem Aufnehmen eines Gesprächs mittels Tonbandes[344]
- und dem – jedenfalls nach der (antiquierten) Rspr. des BVerwG – Veranstalten einer Peepshow[345].
- Strittig ist, ob das Humanexperiment „Big Brother" die Menschenwürde der Akteure verletzt. Vgl. dazu Rn 240.

**237** Insbesondere das **Vorschubleisten der Prostitution** und die Prostitution selbst wurden lange Zeit als Verstoß gegen die Menschenwürde angesehen. Durch das am 1.1.2002 in Kraft getretene Prostitutionsgesetz (BGBl I 2001 S. 3983) hat nun der Gesetzgeber klargestellt, dass die Prostitution selbst nicht (mehr) schlechthin sittenwidrig ist. Insbesondere sind Forderungen der Prostituierten, die aus entsprechenden „Dienstleistungsverträgen" entstandenen sind, gerichtlich durchsetzbar. Daraus folgt, dass das **bloße Vorschubleisten der Prostitution** und erst recht die Prostitution selbst nicht gegen die Menschenwürde verstoßen. Etwas anderes gilt nur für den Fall eines Verstoßes gegen § 180a bzw. § 181a StGB.

**238** **„Kind als Schaden":** Der Begriff des Familienplanungsschadens umfasst sowohl die **unerwünschte Geburt** eines (gesunden) Kindes (= *wrongful birth*) als auch die (unerwünschte) **Geburt eines behinderten Kindes** (= *wrongful life*), denn auch

---

[339] BVerfG NJW **2002**, 2698.

[340] BVerfGE **49**, 286 ff. (Transsexuelle); **35**, 202, 236 (Soldatenmord von Lebach – vgl. jetzt dazu BVerfG NJW **2000**, 1859); **47**, 46, 73 f. (Sexualkundeunterricht); **47**, 239, 247 f. (Schutz der Haar- und Barttracht).

[341] BVerfG NJW **1999**, 561, 562 (Ermittlung des einkommensteuerlichen Existenzminimums).

[342] BVerfG NStZ **1982**, 38; BGH NJW **1999**, 657; *Hamm*, NJW **1999**, 922.

[343] BVerfG NJW **1999**, 1322 ff. (Rufschädigende Behauptung einer Scientology-Mitgliedschaft).

[344] BVerfGE **34**, 238, 247 f. (Heimliche Tonbandaufnahme).

[345] BVerwGE **64**, 274, 279. In späteren Entscheidungen hat das Gericht aber nicht mehr auf die Menschenwürde, sondern auf die Mehrheitsüberzeugung der Bevölkerung abgestellt, wonach Peep-Shows für anstößig gehalten würden (BVerwGE **84**, 314, 317 f.; BVerwG NJW **1996**, 1423 ff.). Zuletzt hat sich das Gericht (GewArch **1998**, 419, 420) von den tatsächlichen gesellschaftlichen Anschauungen gelöst, indem es nun auf das „ethisch Gesollte", das in der Gesellschaft anerkannt werde, für maßgeblich erklärt. Diese Rechtsprechung läuft darauf hinaus, dass die Ermöglichung, Stimulierung und kommerzielle Ausnutzung der sexuellen Selbstbefriedigung Dritter schlechterdings sittenwidrig sind (vgl. *Kempen*, NVwZ **2000**, 1119). Ob diese Rspr. mit Blick auf das am 1.1.2002 in Kraft getretene **Prostitutionsgesetz**, wonach die Prostitution nicht mehr schlechthin sittenwidrig ist (siehe dazu sogleich), noch Geltung beanspruchen kann, ist zu bezweifeln. Hier ist eine weitere gerichtliche Klärung abzuwarten.

die ungewünschte bzw. übermäßige Belastung der Eltern mit einem gesetzlichen Unterhaltsanspruch kann als sog. Mehrbedarf Schadensqualität haben. Dabei versteht es sich von selbst, dass aufgrund der unantastbaren Menschenwürde **nicht das Kind als Schaden gelten kann, sondern nur sein Bedarf**.[346] Allerdings ist die Rechtsprechung schon sehr bald nach ihrer Anerkennung der grundsätzlichen Schadensersatzpflicht dazu übergegangen, den Umfang des Schadensersatzes zu begrenzen und auch tatbestandliche Einschränkungen vorzunehmen.[347]

**239**    Folgt man dem (noch) herrschenden naturalistischen Ansatz, ist ein etwaiges **Einverständnis** des Betroffenen in seine Individualität stets **unbeachtlich**.[348] Eine Ausnahme gilt aber selbst nach der h.M. z.B. bei einer Organentnahme nach dem Tod zur Rettung anderer Menschen. Hier sei ein Einverständnis des Betroffenen bzw. von dessen Angehörigen beachtlich.

**240**    Bei den **Humanexperimenten** soll eine Einwilligung nur dann wirksam sein, wenn der Wesenskern der Individualität nicht beeinträchtigt werde und im Übrigen eine umfassende Aufklärung stattgefunden habe. Bei der Fernsehsendung „Big Brother" ist das nach der hier vertretenen Auffassung nicht der Fall. Denn der Veranstalter übt zumindest eine arbeitgeberähnliche Machtposition über die Kandidaten aus, die nicht den Anforderungen an ein menschenwürdiges Arbeitsverhältnis entspricht. Zudem werden die Kandidaten dem psychischen Zwang ausgesetzt, vor den Zuschauern am heimischen Fernseher nicht zu kapitulieren. Würde man in diesem Fall die Einwilligung der Kandidaten für wirksam erachten, gäbe man die Unveräußerlichkeit des Kernbereichs der Menschenwürde auf und sähe Art. 1 I, II GG als reine Leerformel. Dann könnte man genauso gut Gladiatorenkämpfe auf freiwilliger Basis veranstalten und deren Übertragung mit der allgemeinen Handlungsfreiheit bzw. Berufsfreiheit der Gladiatoren und der Rundfunk- und Pressefreiheit der Fernsehanstalten rechtfertigen.[349]

**241**    Fraglich ist auch, ob **simulierte Tötungshandlungen** an Menschen, selbst wenn sie nur im Rahmen von (gewerblich veranstalteten) Spielen (Schießen mit Laserpistolen auf Mitspieler) erfolgen, gegen die Menschenwürde verstoßen. Da jedoch auch hier die Teilnehmer freiwillig an dem Geschehen mitspielen und die Verletzungshandlungen zudem nur simuliert werden, könnte dies einen Grundrechtsverzicht bedeuten. Ob allerdings die Menschenwürde in diesem Fall disponibel ist, scheint mit Blick auf das zum Humanexperiment Gesagte fraglich. Überzeugend scheint es, nur den in Extremfällen berührten objektiven Kern der Menschenwürde für indisponibel zu erachten, was wiederum – auf der Grundlage des auch vom Verfasser vertretenen positivistischen Ansatzes – nur dann angenommen werden sollte, wenn dem Betroffenen (im Vergleich zu anderen) in menschenverachtender Weise seine Menschqualität abgesprochen wird und er zum Objekt eines beliebigen Verhaltens erniedrigt wird. Ob das im vorliegenden Fall angenommen werden muss, darf bezweifelt werden. Denn bei dem „Kampf" im Laserdrome bestehen prinzipiell die gleichen Chancen für alle, sodass kein Mitspieler im Vergleich zu anderen in irgendeiner Weise zum Objekt erniedrigt wird. Auch übt der Veranstalter keine Machtposition aus und versetzt die Kandidaten nicht in eine psychische Zwangslage. Dennoch hat das BVerwG – auf dem Boden des naturalistischen Ansatzes – in zweifelhafter Weise entschieden, dass sich die

---

[346] Grundsätzlich BGHZ **76**, 249 ff. (Missglückte Sterilisation); **124**, 128 ff. (Unterhaltsschaden bei fehlgeschlagenem Schwangerschaftsabbruch) und BGH NJW **2002**, 886 ff. (Unterhaltsschaden bei unterbliebenem Schwangerschaftsabbruch) und NJW **2002**, 2636 ff. (Geburt eines schwerbehinderten Kindes). Die vom *2. Senat* des BVerfG (NJW **1993**, 1751, 1778) vertretene Ansicht, die Menschenwürde verbiete es, auch die Unterhaltspflicht gegenüber einem Kind als Schaden anzusehen, überzeugt nicht und hat als *obiter dictum* auch nicht die Bindungswirkung des § 31 BVerfGG (richtig der *1. Senat* des BVerfG NJW **1998**, 519, 522 f. und BGHZ **124**, 128, 136; a.A. der *2. Senat* NJW **1998**, 523, 524).
[347] Vgl. dazu ausführlich *R. Schmidt*, SchuldR BT II, 5. Aufl. **2007**, Rn 1127.
[348] BVerfGE **86**, 362, 366 (lebenslange Freiheitsstrafe); BVerwGE **64**, 274, 279 ff.; *Hintz/Winterberg*, ZRP **2001**, 293, 295.
[349] *Hintz/Winterberg*, ZRP **2001**, 293, 297.

Teilnehmer mit der Gewaltanwendung gegen andere identifizierten, die dadurch bagatellisiert werde. Sie verspürten ein Vergnügen an simulierten Tötungshandlungen, wenn sie mit ihren an Maschinenpistolen erinnernden Waffen im Nahkampf auf den „Gegner" zielten und nur durch gezielte Schüsse die nötigen Punkte erreichten. Es gehe mithin um das „spielerische Töten" von Menschen, nicht nur um sportlichen Wettkampf, sodass die menschliche Individualität, Identität und Integrität banalisiert und damit die Wertvorstellungen des Grundgesetzes konterkariert würden.[350] Mit Blick auf die Verbrechen des nationalsozialistischen Regimes verstießen daher auch lediglich simulierte Tötungshandlungen generell gegen die Menschenwürde. Auch sei eine Einwilligung der betroffenen Spieler unbeachtlich, denn die aus Art. 1 I und Art. 2 II S. 1 GG herzuleitende Wertordnung der Verfassung stehe nicht im Rahmen eines Unterhaltungsspiels zur Disposition.[351]

Verneint man aber mit der hier vertretenen Auffassung eine Verletzung des nur in Extremfällen berührten objektiven Kerns der Menschenwürde, liegt eine Beeinträchtigung des Schutzguts der öffentlichen Ordnung nicht vor. In diese Richtung geht auch ein Beschluss des VGH Mannheim, wonach zumindest bei einer summarischen Prüfung Paintball-Spiele nicht mit Tötungshandlungen gleichgesetzt werden können.[352]

Ob die **Abschaffung eines einzelnen Grundrechts** durch den verfassungsändernden Gesetzgeber die Menschenwürde desjenigen verletzt, der durch das abgeschaffte Grundrecht geschützt wurde, wurde bereits bei Rn 224 behandelt. **242**

## II. Eingriff in den Schutzbereich und Verletzung des Art. 1 I GG

Auch nach dem wohlverstandenen positivistischen Ansatz stellt ein **Eingriff** in den **243** Schutzbereich des Art. 1 I GG zugleich dessen **Verletzung** dar. Dies folgt bereits aus der klaren und unmissverständlichen Formulierung „unantastbar" in Art. 1 I S. 1 GG, womit ein Gesetzesvorbehalt ausscheidet[353], und zum anderen daraus, dass die Menschenwürde in einer freiheitlichen Demokratie oberster Wert sein muss und deshalb weder durch Grundrechte anderer noch durch Werte mit Verfassungsrang (verfassungsimmanente Schranken) beeinträchtigt werden darf.[354] Allerdings sollte – insbesondere in extremen Konfliktlagen – von einem Eingriff nur dann gesprochen werden, wenn dem Betroffenen **in menschenverachtender Weise seine Menschqualität abgesprochen und er zum Objekt eines beliebigen Verhaltens erniedrigt wird** (s.o.).

**Keine** Eingriffe in die Menschenwürde des Täters stellen daher der polizeiliche **finale** **244** **Rettungsschuss** (dazu Rn 233 und 298) sowie der **Abschuss eines von Terroristen entführten Verkehrsflugzeugs**, um unschuldige Menschen am Boden vor den Schäden, die durch das als Bombe missbrauchte Flugzeug entstehen, zu schützen (dazu Rn 306), dar. Denn nicht jede Tötung führt zu einer Würdeverletzung. Eine solche Verletzung läge nur dann vor, wenn die Tötung einherginge mit Verhaltens-

---

[350] BVerwGE **115**, 189, 201 f.

[351] BVerwGE **115**, 189, 202. Vgl. dazu auch EuGH NVwZ **2004**, 1471 ff. (mit Bespr. v. *Streinz*, JuS **2005**, 63 ff.; *Frenz*, NVwZ **2005**, 48 ff.) sowie ausführlich *R. Schmidt*, BesVerwR II, Rn 648.

[352] VGH Mannheim NVwZ-RR **2005**, 472.

[353] Abzulehnen ist daher der von *Pieroth/Schlink*, Rn 365, beschrittene Umweg über Art. 79 III GG. Denn diese Verfassungsbestimmung garantiert ausschließlich die Unveränderbarkeit der in Art. 1 und 20 GG niedergelegten Grundsätze; mit der nicht zulässigen verfassungsrechtlichen Rechtfertigung eines Grundrechtseingriffs hat diese Norm nichts zu tun. Daher ist es auch rechtstechnisch unhaltbar, die nicht denkbare verfassungsrechtliche Rechtfertigung unter einer ausgegliederten Überschrift mit der Bezeichnung: „Verfassungsrechtliche Rechtfertigung" (so aber *Pieroth/Schlink*, a.a.O.) zu prüfen. Denn wer den Gliederungspunkt „Verfassungsrechtliche Rechtfertigung" wählt, muss zumindest eine abstrakte Möglichkeit der Rechtfertigung einräumen. Doch diese verneinen auch *Pieroth/Schlink* a.a.O. Richtigerweise ist die Feststellung: *Eingriff = Verletzung* im Rahmen des Eingriffs zu treffen.

[354] BVerfGE **93**, 266, 293 („Soldaten sind Mörder"); *Benda*, NJW **2001**, 2147 f.; *Kunig*, in: v. Münch/Kunig, GG, Art. 1 Rn 4; a.A. *Kloepfer*, FS 50 Jahre BVerfG, **2001**, Bd II, S. 77, 98.

weisen, durch die dem Betroffenen der Achtungsanspruch als Mensch abgesprochen würde, etwa bei Erniedrigung, Brandmarkung, Verfolgung oder Ächtung. Solche Umstände sind jedoch bei Anwendung des finalen Rettungsschusses und beim Abschuss von als Bombe missbrauchten Flugzeugen nicht gegeben. Dagegen dürfte die Beantwortung der Frage, ob die **Androhung von Gewalt**, um **unzählige Menschen** vor den Folgen einer von Terroristen gezündeten (atomaren) **Bombe** zu bewahren (dazu Rn 233), zulässig ist, die größte Herausforderung eines Rechtsstaates sein.

### III. Verhältnis zu (anderen) Grundrechten

**245**  Ein Verhältnis des Art. 1 I GG i.S. einer Grundrechtskonkurrenz kann es nicht geben, da zum einen Art. 1 I GG nicht betroffen ist, wenn ein bestimmtes Verhalten zwar in den Schutzbereich eines Grundrechts fällt, aber verfassungsrechtlich gerechtfertigt ist. Denn ein gerechtfertigtes Verhalten verstößt nicht gegen die Menschenwürde. Hinzu kommt, dass wegen der Regelung des Art. 1 III GG, wonach alle Staatsgewalten an die Grundrechte gebunden sind, ein Grundrecht stets im Sinne der Menschenwürde auszulegen ist. Auch von daher kann es nach entsprechender Auslegung eines Grundrechts einen Eingriff in Art. 1 I GG nicht geben.

# B. Freie Entfaltung der Persönlichkeit – Art. 2 I GG

Art. 2 I GG wird seit dem Elfes-Urteil des BVerfG[355] denkbar weit verstanden und stellt **246** jegliches menschliches Verhalten unter Schutz, das nicht einem speziellen Freiheits- grundrecht unterfällt. Es ist **subsidiär** zu allen speziellen Freiheitsgrundrechten. Unabhängig von diesem Befund enthält die Vorschrift zwei Grundrechte, (1) die **all- gemeine Handlungsfreiheit** und (2) das **allgemeine Persönlichkeitsrecht**.

---

### Allgemeine Handlungsfreiheit, Art. 2 I GG

#### 1. Schutzbereich

Nach heute h.M. erfasst Art. 2 I GG alle **Betätigungen oder Lebensbereiche, die nicht einem speziellen Freiheitsrecht unterfallen**. Durch Art. 2 I GG wird demnach jedes menschliche Tun bzw. Unterlassen geschützt, sofern das Verhalten nicht vom Schutzbereich eines anderen Freiheitsgrundrechts erfasst wird. Große Bedeutung erhält Art. 2 I GG auch im **wirtschaftlichen Bereich**. Nicht nur die Vertragsautonomie fällt in den Schutzbereich dieses Grundrechts, sondern grundsätzlich auch die **Wettbewerbsfreiheit**, die etwa durch die Vergabe von **Subventionen** an Konkurrenten oder durch wirtschaftliche Betätigung von Gemeinden betroffen wird. Weist der Eingriff in die Wettbewerbsfreiheit allerdings zumindest objektiv eine berufsregelnde Tendenz auf, ist stets Art. 12 I GG vorrangig und abschließend. Bei unmittelbar betriebsbezogenen Eingriffen ist dagegen Art. 14 I GG einschlägig und ab- schließend.

#### 2. Eingriff in den Schutzbereich

Wegen des weiten Schutzbereichs des Art. 2 I GG wird die allgemeine Handlungsfreiheit durch jede Regelung der öffentlichen Hand berührt, die das geschützte Verhalten beein- trächtigt. Dadurch entsteht das Problem, dass die Möglichkeit, Verfassungsbeschwerde zu erheben, ausufert. Daher ist eine **Beeinträchtigung von erheblichem Gewicht** zu for- dern. Auch das BVerwG hat mittelbare Beeinträchtigungen im Bereich des wirtschaftlichen Wettbewerbs, etwa durch die Erteilung von Ausnahmegenehmigungen oder Subventionen an Konkurrenten, nur dann als Eingriff in Art. 2 I GG qualifiziert, wenn die Beeinträchtigung von erheblichem Gewicht ist.

#### 3. Verfassungsrechtliche Rechtfertigung

Sowohl die allgemeine Handlungsfreiheit als auch das allgemeine Persönlichkeitsrecht stehen unter dem Schrankenvorbehalt des Art. 2 I Halbs. 2 GG. Nach der dort genannten Schran- kentrias werden die Grundrechte des Art. 2 I GG nur soweit gewährt, als das Verhalten des Betroffenen nicht die Rechte anderer verletzt und nicht gegen die verfassungsmäßige Ord- nung oder das Sittengesetz verstößt.

⇨ **Verfassungsmäßige Ordnung**
Unter verfassungsmäßiger Ordnung wird die gesamte verfassungsmäßige Ordnung ver- standen. Dazu gehören alle Normen, die formell und materiell mit der Verfassung in Ein- klang stehen. Das ist die Folge der Ausweitung des Schutzbereichs (Kernaussage des El- fes-Urteils).

⇨ **Rechte anderer und Sittengesetz**
Die beiden anderen Komponenten der Schrankentrias besitzen gegenüber der verfas- sungsmäßigen Ordnung nahezu keine eigenständige Bedeutung. Denn Vorschriften, die Rechte anderer begründen, gehören schon zu den Gesetzen der verfassungsmäßigen Ordnung. Entsprechendes gilt für das Sittengesetz. Bei dem heutigen Grad der Durch- normiertheit aller erdenklichen Lebenssachverhalte und im Hinblick auf den Vorbehalt des Gesetzes ist kaum ein Sittengesetz denkbar, das über Vorschriften der verfassungs- mäßigen Ordnung hinausgeht.

---

[355] BVerfGE **6**, 32 ff. – ausführlich aufbereitet von *Kube*, JuS **2003**, 111 ff.

## I. Die allgemeine Handlungsfreiheit

### 1. Schutzbereich

### a. Sachlicher Schutzbereich

### aa. Weite Auslegung des Schutzbereichs

**247** Aufgrund des unklaren Wortlauts des Art. 2 I GG war die Reichweite des Schutzbereichs lange Zeit umstritten. Während nach der sog. Kernbereichstheorie nur der Bereich geschützt wird, den der Mensch benötigt, um seine Wesenslage als geistige Persönlichkeit zu entfalten[356], und nach einer etwas weiteren Auffassung Schutz vor Eingriffen gewährt wird, die von ihrer Intensität her dem Schutz der benannten Freiheitsrechte (Art. 8 I, 12 I, 14 I GG etc.) vergleichbar sind[357], erfasst Art. 2 I GG in der Ausformung der allgemeinen Handlungsfreiheit nach heutigem Verständnis **alle Betätigungen oder Lebensbereiche, die nicht einem speziellen Freiheitsrecht unterfallen**. Es handele sich bei der allgemeinen Handlungsfreiheit um ein „supplementäres Generalfreiheitsrecht, das Betätigungen jedweder Art und Güte schützt, ohne dass diese einen besonders prägenden Bezug zur Entfaltung der Individualpersönlichkeit aufweisen müssten".[358] Für diese weite Auslegung des Schutzbereichs spricht zum einen die Intention des historischen Grundgesetzgebers, der eine Freiheit verstanden wissen wollte, bei der jeder **„tun und lassen kann, was er will"**[359], und zum anderen gebietet es schon der sehr umfangreiche Schrankenvorbehalt des Art. 2 I Halbs. 2 GG (*verfassungsmäßige Ordnung*, *Rechte anderer* und *Sittengesetz*), dass auch der Schutzbereich weit verstanden wird, da das Grundrecht anderenfalls weitgehend leer liefe.

**248** Dieses weite Verständnis hat **zwei Folgen**: Zum einen führt es dazu, dass die allgemeine Handlungsfreiheit als generalklauselartiges Auffanggrundrecht verstanden werden muss, das gegenüber speziellen Grundrechten **subsidiär** ist. Zum anderen eröffnet es gerade in **weitem Umfang** die **Verfassungsbeschwerde** (zu den damit verbundenen Konsequenzen vgl. Rn 252 und 1019 ff.).

### a.) Subsidiarität gegenüber speziellen Freiheitsgrundrechten

**249** Aufgrund des weiten Verständnisses des Schutzbereichs werden begriffslogisch auch alle Handlungen, die in die Schutzbereiche der speziellen Grundrechte fallen, von Art. 2 I GG erfasst. Die allgemeine Handlungsfreiheit ist daher gegenüber anderen Freiheitsrechten **subsidiär**, wenn ein Eingriff in deren Schutzbereiche vorliegt.

> **Hinweis für die Fallbearbeitung:** In der Fallbearbeitung empfiehlt sich folgende Vorgehensweise: Zunächst ist zu prüfen, ob das Verhalten des Betroffenen von einem speziellen Freiheitsgrundrecht geschützt ist. Ist dies der Fall, geht das spezielle Freiheitsgrundrecht der allgemeinen Handlungsfreiheit vor. Typische, die allgemeine Handlungsfreiheit verdrängende Freiheitsgrundrechte sind Art. 12 I, 14 I, 8 I und 9 I GG, aber auch Art. 4 I, II, 5 I, III und 6 I, II GG. Ist eines dieser Grundrechte einschlägig, tritt Art. 2 I GG hinter dieses subsidiär zurück. Zu beachten ist aber, dass das verdrängte Grundrecht der allgemeinen Handlungsfreiheit auch dann nicht an-

---

[356] *Peters*, Die freie Entfaltung der Persönlichkeit als Verfassungsziel, in: FS Laun, **1953**, S. 669 ff.; vgl. auch BVerfGE **10**, 55, 59 (Tierzuchtgesetz).

[357] *Hesse*, Grundzüge des Verfassungsrechts, Rn 428 („Gewährleistung der engen persönlichen, freilich nicht auf rein geistige und sittliche Entfaltung beschränkten, Lebenssphäre").

[358] BVerfGE **6**, 32, 37 (Elfes); **21**, 227, 234 (Heilmittelkosten); **67**, 157, 171 (Überwachung des Brief- und Telefonverkehrs); **70**, 1, 23 (Steuerberater); **77**, 84, 118 (Arbeitnehmerüberlassung im Baugewerbe); **80**, 137, 157 (Reiten im Wald); *Murswiek*, in: Sachs, GG, Art. 2 Rn 10; *Kunig*, in: v. Münch/Kunig, GG, Art. 2 Rn 12; *Dreier*, in: Dreier, GG, Art. 2 Rn 20. Vgl. auch *Kube*, JuS **2003**, 111 ff.

[359] Vgl. *Leibholz/v. Mangoldt*, Jahrbuch des öffentlichen Rechts der Gegenwart, N.F. Band 1, **1951**, 54 f.

> wendbar ist, wenn das spezielle Grundrecht dem Betroffenen nicht weiterhilft (sog. Sperrwirkung der speziellen Norm). Für das Grundrecht der allgemeinen Handlungsfreiheit verbleibt nur dann Raum, wenn das Verhalten des Betroffenen über den Schutzbereich eines speziellen Freiheitsgrundrechts hinaus geht. Das allgemeine Grundrecht ist in der Fallbearbeitung also immer erst dann zu prüfen, wenn der Schutzbereich des speziellen Grundrechts nicht eröffnet ist oder das spezielle Grundrecht den Sachverhalt nicht abschließend würdigt.

**Beispiele für die Eröffnung des Schutzbereichs[360]: (1)** Vertragsfreiheit, d.h. das Recht einen privatrechtlichen Vertrag zu schließen oder nicht (sog. Vertragsautonomie), soweit es nicht speziell um eigentumsrelevante oder berufsbezogene Verträge sowie um Gesellschafts-, Ehe- oder Erbverträge geht[361]; **(2)** Führen eines Kraftrads ohne Schutzhelm[362] oder eines Kraftfahrzeugs ohne Sicherheitsgurt[363]; dazu zählt auch die Wahl, im Winter mit Sommerbereifung zu fahren; **(3)** Genuss von Betäubungsmitteln[364]; **(4)** Reiten im Wald[365]; **(5)** Sammeln von Geld- oder Sachspenden[366]; **(6)** Auferlegung von Steuern[367], eines Konjunkturzuschlags[368], anderer Abgaben[369] oder einer Geldbuße[370], da das Vermögen als solches nicht durch Art. 14 I GG geschützt ist; **(7)** Schreiben nach den alten bzw. neuen Rechtschreibregeln[371]; **(8)** Regelung des BJagdG (§ 15 VII 1 i. V. mit § 15 V 1), wonach Bewerber um den Falknerjagdschein waffentechnische und waffenrechtliche Kenntnisse nachweisen und eine Schießprüfung ablegen müssen[372]; **(9)** Uniformverbot gegenüber Soldaten bei politischen Veranstaltungen[373]; **(10)** Anschluss- und Benutzungszwang, soweit nicht ein spezielles Freiheitsgrundrecht greift[374]; **(11)** Strafrechtliche oder strafrechtsähnliche Ahndung ohne Schuld[375]; **(12)** Recht auf ungestörten Gemeingebrauch der öffentlichen Sachen (z.B. Straßen); **(13)** Zwangsmitgliedschaft in Körperschaften des öffentlichen Rechts (z.B. Industrie- und Handelskammer), da sich Art. 9 I GG nach h.M. nur auf private Verbände bezieht[376]; Versicherungspflicht der Ehegatten von Landwirten[377]

Generell lässt sich sagen, dass die Freiheit, etwas zu unterlassen oder nicht in Anspruch genommen zu werden (negative Freiheit), häufig nicht von speziellen Freiheitsgrundrechten geschützt wird.[378]

Ein besonderes Problem stellt sich, wenn ein bestimmtes Verhalten zwar in den **Regelungs-, nicht** aber in den **Schutzbereich**[379] eines speziellen Freiheitsgrundrechts fällt. In diesem Fall ist fraglich, ob auf Art. 2 I GG zurückgegriffen werden darf.

**250**

---

[360] Vgl. die Nachweise bei *Di Fabio*, in: Maunz/Dürig, GG, Art. 2 Rn 50 ff.; *Kunig*, in: v. Münch/Kunig, GG, Art. 2 Rn 29: *Jarass*, in: Jarass/Pieroth, GG, Art. 2 Rn 4 ff.

[361] Vgl. BVerfGE **95**, 267, 303 f. (DDR-Altschulden); **103**, 197, 215 (private Pflegeversicherung).

[362] BVerfGE **59**, 275, 278 (Schutzhelm).

[363] BVerfG NJW **1987**, 180 (Gurtanlegepflicht für Kraftfahrzeugführer).

[364] BVerfGE **90**, 145, 179 (Cannabis). Wird der Cannabis-Konsum aber als kultische Handlung verstanden, ist Art. 4 I GG einschlägig (vgl. BVerwGE **112**, 314, 315 ff.).

[365] BVerfGE **80**, 137, 152 (Reiten im Wald); BVerwG NVwZ **2000**, 1296.

[366] BVerfGE **20**, 150, 154 (Sammlungsgesetz).

[367] BVerfGE **87**, 153, 169 (Grundfreibetrag); BVerfG NJW **1999**, 1098, 1100 (Grunderwerbsteuer).

[368] BVerfGE **29**, 402, 410 (Konjunkturzuschlag).

[369] BVerfGE **78**, 232, 244 f. (Altershilfe der Landwirte).

[370] BVerfGE **92**, 191, 196 (Verweigerte Personalien).

[371] BVerfGE **98**, 218 ff. (Rechtschreibreform). Vgl. auch die abw. Rspr. des BVerwG (NJW **1999**, 3503).

[372] BVerfGE **55**, 159 f. (Falkner).

[373] BVerfG NJW **1981**, 2112 f. (Uniformverbot und gewerkschaftliche Veranstaltung).

[374] *Jarass*, in: Jarass/Pieroth, GG, Art. 2 Rn 5.

[375] BVerfGE **20**, 323, 331 (Lesering).

[376] BVerfGE **38**, 281, 297 f. (Arbeitnehmerkammer); **32**, 54, 64 f. (Schnellreinigung); BVerwGE **74**, 254, 255; BVerwG NJW **1998**, 3510. Vgl. dazu auch den Übungsfall zu Art. 9 I GG bei Rn 699.

[377] BVerfGE **109**, 96, 109 (Alterssicherungsgesetz).

[378] Vgl. nur BVerfGE **91**, 207, 221 (Hafengebührenpflicht); **19**, 206, 215 (Kirchensteuerpflicht einer jP); **64**, 208, 214 (Unterwerfung von Nichtmitgliedern unter die Normsetzung eines privaten Verbands).

[379] Zur Unterscheidung von Regelungs- und Schutzbereich vgl. Rn 123 f.

**Beispiel:** Art. 8 I GG schützt die Versammlungsfreiheit. Das bedeutet, dass sich der *Regelungsbereich* des Grundrechts auf die Versammlung bezieht. Um aber gewaltsame und unfriedliche Versammlungen bereits aus dem Schutzbereich herauszuhalten, begrenzt der Wortlaut des Art. 8 I GG den *Schutzbereich* auf friedliche und waffenlose Versammlungen. Gewaltsame Demonstrationen sind somit zwar vom Regelungs-, nicht aber vom Schutzbereich des Art. 8 I GG umfasst (= grundrechtsimmanente Schutzbereichsbegrenzung).

251 Geht man von den allgemeinen Grundsätzen der Grundrechtskonkurrenz (Rn 136) aus, bezieht sich die Sperrwirkung nur auf den Schutz-, nicht auch auf den Regelungsbereich. Art. 2 I GG wird also nicht verdrängt, wenn das fragliche Verhalten lediglich in den Regelungsbereich eines speziellen Grundrechts fällt. Erst recht wird Art. 2 I GG nicht verdrängt, wenn das fragliche Verhalten noch nicht einmal vom Regelungsbereich eines speziellen Freiheitsrechts erfasst ist.

Demnach fällt im obigen Beispiel die unfriedliche Versammlung in den Schutzbereich des Art. 2 I GG. Aufgrund des weit gefassten Schrankenvorbehalts wäre ein Eingriff (etwa ein Versammlungsverbot oder eine Auflage) aber relativ leicht zu rechtfertigen.

## b.) Weitreichender Zugriff auf die Verfassungsbeschwerde

252 Weitere Folge des weiten Grundrechtsverständnisses des Art. 2 I GG in Bezug auf die allgemeine Handlungsfreiheit als „Generalfreiheitsrecht" ist, dass nahezu alle erdenklichen Lebenssachverhalte von dessen Schutzbereich erfasst werden. Dieser Umstand und das in der Bundesrepublik Deutschland stark ausgebaute System des gerichtlichen Rechtsschutzes („Rechtswegestaat") sowie das gestiegene Selbstbewusstsein der Bürger haben die Neigung verstärkt, sich gegen Akte der öffentlichen Gewalt zur Wehr zu setzen, und zu prozessualen Schritten ermuntert. Sichtbares Zeichen dafür ist die ständig steigende Zahl von Verfassungsbeschwerden, die gem. Art. 93 I Nr. 4a GG, §§ 13 Nr. 8a, 90 I BVerfGG mit der Behauptung erhoben werden können, der Beschwerdeführer sei durch die öffentliche Gewalt in einem seiner Grundrechte oder einem grundrechtsgleichen Recht (die in Art. 20 IV, 33, 38, 101, 103 und 104 GG genannten Rechte) verletzt worden. Versuche, die Zahl der zur Entscheidung anzunehmenden Verfassungsbeschwerden[380] „auf ein erträgliches Maß" zu reduzieren[381], haben nicht wesentlich zu einer Verringerung der eingehenden Zahl von Verfassungsbeschwerden geführt. Daher sind sowohl die *Kammern* des für Individualverfassungsbeschwerden zuständigen *Zweiten Senats* des BVerfG als auch der *Zweite Senat* selbst dazu übergegangen, der Zulässigkeitsvoraussetzung des „Behauptens" im Sinne des Art. 93 I Nr. 4a GG ein neues, engeres Verständnis zugrunde zu legen. Das Gericht fordert in einigen Verfahren, dass der Beschwerdeführer den gerügten Verfassungsverstoß hinreichend darlegt und begründet. Im Verfahren über die Verfassungsmäßigkeit der Gewerbesteuer hatte die *2. Kammer* des *Zweiten Senats* zwei Verfassungsbeschwerden nicht zur Entscheidung angenommen mit der Begründung, die Beschwerdeführer hätten einen Verfassungsverstoß nicht hinreichend dargelegt.[382] Auch der *Zweite Senat* tendiert in Fällen, in denen er offenbar eine folgenschwere Sachentscheidung vermeiden möchte, dazu, die Beschwerdebefugnis zu verneinen. Beispielsweise betrachtete er eine Vorlage von sekundärem Gemeinschaftsrecht (es ging im konkreten Fall um die Vereinbarkeit der europäischen Bananenmarktordnung mit dem Grundgesetz) gem. Art. 100 I GG oder Art. 93 I Nr. 4a GG

---

[380] Zum verfassungsrechtlich bedenklichen Annahmeverfahren durch die Kammern vgl. Rn 1079.
[381] In der Zeit von 1951 bis 2001 sind beim BVerfG 131.445 Verfassungsbeschwerden eingegangen. Sie wurden ganz überwiegend nicht zur Entscheidung angenommen. Nur 3.268 Verfassungsbeschwerden waren erfolgreich. Das sind 2,5% (Quelle: homepage des BVerfG, download am 10.12.**2005**).
[382] Vgl. BVerfG-K NJW **2001**, 1853 und 1984 mit kritischer Bespr. von *Jachmann*, NJW **2001**, 1840.

zwar grundsätzlich als zulässig, knüpfte die Zulässigkeit aber an eine dezidierte Begründung des Vorlagebeschlusses bzw. der Verfassungsbeschwerde. Das vorlegende Gericht bzw. der Beschwerdeführer müssten substantiiert darlegen, dass eine Kompetenzüberschreitung oder eine evidente und generelle Missachtung der Grundrechte durch die Gemeinschaft vorlägen (= besondere Zulässigkeitsvoraussetzung). Beides hatte der *Zweite Senat* der Begründung des Vorlagebeschlusses hinsichtlich der Bananenmarktordnung nicht entnommen.[383] In die gleiche Richtung gingen auch die in jüngerer Zeit getroffene Kammerentscheidung hinsichtlich der Vorlagepflicht nach Art. 234 EG[384] und der Senatsbeschluss zur nicht zulässigen Vorlage gem. Art. 100 I GG in Bezug auf die Verfassungsmäßigkeit der allgemeinen Wehrpflicht[385].

Mit Hilfe des Prozessrechts versucht das BVerfG also, die Folgen der von ihm selbst konstatierten weiten Auslegung des Schutzbereichs einzudämmen. Das ist mit der Regelung des Art. 93 I Nr. 4a GG nur schwer vereinbar.   **253**

### bb. Art. 2 I GG und wirtschaftliche Handlungsfreiheit

Große Bedeutung hat Art. 2 I GG auch im **wirtschaftlichen Bereich**. Nicht nur die   **254**
bereits genannte Vertragsautonomie fällt in den Schutzbereich dieses Grundrechts, sondern grundsätzlich auch die **Wettbewerbsfreiheit**, etwa im Rahmen der Vergabe von **Subventionen** an Konkurrenten oder bei der wirtschaftlichen Betätigung von Gemeinden. Weist der Eingriff in die Wettbewerbsfreiheit allerdings subjektiv oder objektiv eine **berufsregelnde Tendenz** auf, ist stets **Art. 12 I GG** vorrangig und abschließend.[386] Bei unmittelbar betriebsbezogenen Eingriffen ist Art. 14 I GG einschlägig und abschließend.

> Dagegen kommt ein Schutz der unternehmerischen Dispositionsfreiheit von vornherein nicht in Betracht. Entsprechende Handlungen betreffen die Handlungsfreiheit im Bereich des Berufsrechts, die ihre spezielle Gewährleistung in Art. 12 GG gefunden hat. Für eine Prüfung am Maßstab von Art. 2 I GG ist insoweit kein Raum.

**Zusammenfassend** lässt sich sagen, dass durch Art. 2 I GG jedes menschliche Tun   **255**
bzw. Unterlassen geschützt wird, sofern das geschützte Verhalten nicht vom Schutzbereich eines anderen Freiheitsgrundrechts erfasst wird.

### b. Persönlicher Schutzbereich

Träger des Grundrechts sind zunächst alle **natürlichen Personen**. Das gilt selbst-   **256**
verständlich auch für Minderjährige, Behinderte und Geisteskranke. Auch auf **juristische Personen** und **Vereinigungen** im Sinne von Art. 19 III GG ist das Grundrecht anwendbar.[387] Bei Wirtschaftsgesellschaften bezieht sich das Grundrecht auf die wirtschaftliche Betätigungsfreiheit.[388] **Juristische Personen des öffentlichen Recht**s sind dagegen grundsätzlich **nicht** geschützt (vgl. Rn 66 ff.). Auch der **nasciturus** (der ungeborene Mensch) ist kein Grundrechtsträger der allgemeinen Handlungsfreiheit. **Toten** steht ebenfalls das Recht **nicht** zu, da es „die Existenz einer wenigstens

---

[383] BVerfGE **102**, 147 ff. (Vereinbarkeit der Bananenmarktordnung mit dem Grundgesetz) mit Bespr. von *Lecheler*, JuS **2001**, 120 ff. und *Odendahl*, JA **2001**, 283 ff.
[384] BVerfG NJW **2001**, 1267.
[385] BVerfG NVwZ **2002**, 922.
[386] BVerfGE **105**, 252, 279 (Glykolwein); BVerfGE **82**, 209, 223 f. (Krankenhausplan); BVerwGE **71**, 183, 191; *Breuer*, HdbStR VI, S. 1002 ff. Generell auf Art. 2 I GG abgestellt wird in BVerwGE **30**, 191, 198; **60**, 154, 159; **65**, 167, 174.
[387] BVerfGE **20**, 323, 336 (Lesering); **44**, 353, 372 (Suchtkrankenberatungsstelle).
[388] BVerfGE **66**, 116, 130 (Springer/Wallraff).

potentiellen oder zukünftigen Person als unabdingbar" vorausetzt.[389] Zu den Besonderheiten bei Ausländern und Staatenlosen siehe sogleich.

**257** **Schutz für Ausländer und Staatenlose bei Bürgerrechten**: Ein eigener Anwendungsbereich wird Art. 2 I GG auch dort zugesprochen, wo das spezielle, den Art. 2 I GG an sich verdrängende Grundrecht vom sachlichen Schutzbereich her einschlägig ist, aber vom personalen Schutzbereich her nur Deutschen zukommt.[390]

> **Beispiele von Deutschengrundrechten bzw. nur deutschen zustehenden grundrechtsgleichen Rechten: Art. 8 I** (Versammlungsfreiheit), **Art. 9 I** (Vereinigungsfreiheit), **Art. 11** (Recht auf Freizügigkeit im gesamten Bundesgebiet), **Art. 12 I** (Recht, Beruf, Arbeitsplatz und Ausbildungsstätte frei zu wählen), **Art. 16 I** (Schutz vor Entzug der deutschen Staatsangehörigkeit), **Art. 16 II** (Schutz vor Auslieferung), **Art. 20 IV** (politisches Widerstandsrecht), **Art. 33 I** (gleiche Rechte und Pflichten), **Art. 33 II** (gleicher Zugang zu öffentlichen Ämtern) und **Art. 33 III S. 1** (Unabhängigkeit der Bekleidung öffentlicher Ämter von der Religion). Ein Deutschenrecht ist auch das grundrechtsgleiche Recht der allgemeinen, unmittelbaren, freien, gleichen und geheimen Wahl aus **Art. 38 I S. 1**. Das geht zwar nicht direkt aus dem Wortlaut der Vorschrift hervor, ergibt sich aber aus Art. 20 II: Wahlen sind Ausdruck der Volkssouveränität und ein Recht des Staatsvolkes der Bundesrepublik Deutschland. Und dieses Staatsvolk besteht eben nur aus Deutschen.

**258** Würde man einen Rückgriff auf Art. 2 I GG verwehren, wären Ausländer und Staatenlose ohne Grundrechtsschutz. Nach richtiger Auffassung entfaltet Art. 2 I GG daher eine Schutzwirkung auch zugunsten von Ausländern und Staatenlosen.

> **Hinweis für die Fallbearbeitung:** Ist in der Fallbearbeitung der Rechtsschutzsuchende ein Ausländer, muss zunächst das sachlich einschlägige spezielle Freiheitsgrundrecht benannt und festgestellt werden, dass es nur Deutsche schützt. Sodann ist auf Art. 2 I GG einzugehen und zu diskutieren, ob er in seiner Funktion als Auffanggrundrecht Schutzwirkung zugunsten Ausländer entfaltet. Wird dies verneint, ist der betreffende Ausländer ohne Schutz. Wird dies dagegen richtigerweise bejaht, muss später bei der Verhältnismäßigkeitsprüfung festgestellt werden, dass der Schutz des Art. 2 I GG i.d.R. nicht so weit reicht wie bei dem speziellen Freiheitsgrundrecht. So ist z.B. bei einer Versammlung nicht die Versammlungsfreiheit als wichtiges politisches Grundrecht zu gewichten. Das führt zu dem Ergebnis, dass Eingriffe, die bei Einschlägigkeit von speziellen Freiheitsgrundrechten nicht gerechtfertigt sind, bei Art. 2 I GG schon eher rechtmäßig sind, der Schutz durch Art. 2 I GG also i.d.R. geringer sein wird.

**259** Darüber hinaus haben Ausländer über Art. 2 I GG Anspruch darauf, dass ihnen der Staat die Regeln des objektiven Verfassungsrechts zur Verfügung stellt. Ausländer können also die Einhaltung des Rechtsstaatsprinzips (insbesondere Verhältnismäßigkeit, ermessensfehlerfreie Entscheidung, Vertrauensschutz) einklagen.

> **Beispiel:** Ist einem Ausländer die Aufenthaltserlaubnis mehrmals verlängert worden (vgl. §§ 6, 7 AufenthG), kann es der Vertrauensschutz erforderlich machen, dass ihm auch weiterhin der Aufenthalt erlaubt wird.[391]

---

[389] BVerfGE **30**, 173, 194 (Mephisto).
[390] BVerfGE **35**, 382, 399 (Palästinenser); **78**, 179, 196 f. (Heilpraktiker); *Stern*, StaatsR III/1, S. 1040 ff.; *Quaritsch*, HdbStR V, S. 736; *Lerche*, HdbStR V, S. 748 f.; **a.A.** *Erichsen*, HdbStR VI, S. 1205 ff. und Jura **1987**, 367, 370 mit dem Argument, dass die Regelungen durch die speziellen Freiheitsgrundrechte abschließend seien und gerade klargestellt werden sollte, dass für Ausländer hier kein Grundrechtsschutz bestehe. Vgl. dazu auch BVerfG NVwZ **2000**, 1281.
[391] Vgl. BVerfGE **49**, 168, 185 (Aufenthaltserlaubnis).

Bezüglich der Bürger aus anderen **Mitgliedstaaten der EU** ist umstritten, ob sie sich **260** auf Deutschenrechte berufen können, oder ob ihnen lediglich Art. 2 I GG zur Verfügung steht.[392] *Für* die Anwendbarkeit der Deutschenrechte auch auf Bürger anderer EU-Staaten spricht das Diskriminierungsverbot des Art. 12 S. 1 EG. Diese Vorschrift ordnet eine Gleichstellung aller EU-Bürger an und fordert für diese das gleiche Schutzniveau innerhalb der Gemeinschaft. *Gegen* eine Anwendbarkeit der Deutschenrechte auf Bürger anderer EU-Staaten spricht aber die ausdrückliche verfassungstextliche Begrenzung der betreffenden Grundrechte auf Deutsche. Zumindest hinsichtlich des geforderten gleichen Schutzniveaus ist eine Einbeziehung anderer EU-Bürger in den Schutzbereich der Deutschenrechte nicht erforderlich. Denn die europarechtlichen Vorgaben lassen sich bereits bei der Auslegung des auf Ausländer unstreitig anwendbaren Art. 2 I GG hinreichend berücksichtigen. Etwas anderes mag nur dann gelten, wenn die betroffenen EU-Bürger sich von dem eindeutigen Wortlaut des an sich einschlägigen speziellen Grundrechts abhalten lassen und dadurch auf den ihnen zustehenden Grundrechtsschutz verzichten würden. Auf jeden Fall ist der verfassungsändernde Gesetzgeber berufen, in den Wortlaut der Deutschengrundrechte auch die Bürger anderer EU-Staaten aufzunehmen.

## 2. Eingriff in den Schutzbereich

Aufgrund des **weiten Schutzbereichs** des Art. 2 I GG wird die allgemeine Handlungsfreiheit durch **jede belastende Regelung** der öffentlichen Hand (etwa durch **261** Gesetze, Verordnungen, Satzungen oder Verwaltungsakte) beeinträchtigt. Dadurch entsteht das bereits genannte Problem, dass die Möglichkeit, **Verfassungsbeschwerde** zu erheben, **ausufert**. Daher ist man bestrebt, neben dem ebenfalls bereits genannten prozessualen Weg, den Eingriffscharakter einer staatlichen Maßnahme auf finale, d.h. zielgerichtete Beeinträchtigungen zu begrenzen.[393] Dem ist jedoch entgegenzuhalten, dass auch faktische bzw. mittelbare Beeinträchtigungen den Grundrechtsträger ebenso verletzen können wie zielgerichtete. Für den Grundrechtsträger macht es keinen Unterschied, ob er durch gezielte Maßnahmen oder ob er rein faktisch bzw. mittelbar in seiner allgemeinen Handlungsfreiheit beeinträchtigt wird. Allerdings ist angesichts der Vielzahl und Unübersehbarkeit von Folge- und Nebenwirkungen hoheitlichen Handelns eine Beschränkung auf diejenigen Fälle zu fordern, die in ihrer Intensität einer unmittelbaren Verhaltenssteuerung gleichkommen. Daher ist eine **Zurechnung** in Form einer **Beeinträchtigung von erheblichem Gewicht** zu fordern. Auch das BVerwG hat mittelbare Beeinträchtigungen im Bereich des Wettbewerbs, etwa durch Erteilung von Ausnahmegenehmigungen[394] oder Subventionen[395] an Konkurrenten, nur dann als Eingriff in Art. 2 I GG qualifiziert, wenn die Beeinträchtigung von erheblichem Gewicht sei[396].

## 3. Verfassungsrechtliche Rechtfertigung (Grundrechtsschranke)

Sowohl die allgemeine Handlungsfreiheit als auch das allgemeine Persönlichkeitsrecht **262** stehen unter dem Schrankenvorbehalt des Art. 2 I Halbs. 2 GG.[397] Nach der dort genannten Schrankentrias werden die Grundrechte des Art. 2 I GG nur soweit ge-

---

[392] Für Anwendbarkeit der Deutschenrechte auf andere EU-Bürger: *Breuer*, in: HdbStR VI, S. 895 f.; *Jarass*, in: Jarass/Pieroth, GG, Art. 12 Rn 10. Dagegen: *Gubelt*, in: von Münch/Kunig, GG, Art. 12 Rn 5; *Scholz*, in: Maunz/Dürig, GG, Art. 12 Rn 97; *Tettinger*, in: Sachs, GG, Art. 12 Rn 19 f.; *Wieland*, in: Dreier, GG, Art. 12 Rn 66 mit dem Argument des klaren Wortlauts des Art. 12 I GG.

[393] Vgl. nur BVerfGE **105**, 252, 264 ff. (Glykolwein - mit Blick auf Art. 12 I GG).

[394] BVerwGE **65**, 167, 174.

[395] BVerwGE **30**, 191, 198 f.; **60**, 154, 160.

[396] BVerwGE **30**, 191, 198; **54**, 211, 221 f.; **65**, 167, 174; vgl. auch *Erichsen*, HdbStR VI, S. 1218 und *R. Schmidt*, JuS **1999**, 1107, 1110 f.

[397] BVerfGE **65**, 1, 43 (Volkszählung).

währt, als nicht die Rechte anderer verletzt werden und nicht gegen die verfassungsmäßige Ordnung oder das Sittengesetz verstoßen wird.

### a. Verfassungsmäßige Ordnung

263 Den wichtigsten Gesetzesvorbehalt stellt die verfassungsmäßige Ordnung dar. Darunter wird – anders als in anderen Regelungen des GG, die von freiheitlicher demokratischer Grundordnung sprechen (etwa Art. 18 S. 1 oder Art. 21 II GG) – die gesamte verfassungsmäßige Rechtsordnung verstanden, d.h. alle **Normen** (auch Rechtsverordnungen und Satzungen), die **formell und materiell verfassungsmäßig sind**.[398] Nach der Rechtsprechung des BVerfG handelt es sich bei der verfassungsrechtlichen Ordnung um einen einfachen Gesetzesvorbehalt. Nicht erforderlich ist daher, dass das einschränkende Gesetz an bestimmte Situationen anknüpft, bestimmten Zwecken dient oder sich durch bestimmte Mittel kennzeichnet.

> **Hinweis für die Fallbearbeitung:** Diese **weite Grundrechtsschranke** korrespondiert mit der erläuterten **Ausweitung des Schutzbereichs**. Rechtskonstruktiv und rechtstechnisch bedeutet dies, dass die allgemeine Handlungsfreiheit des Einzelnen gegenüber dem Staat nur durch ein formell und materiell **verfassungsmäßiges** Gesetz beschränkt werden kann. Hat der Einzelne Zweifel an der Verfassungsmäßigkeit eines (ihn in seiner Freiheit beschränkenden) Gesetzes, kann er im Wege der Verfassungsbeschwerde die Vereinbarkeit des Gesetzes mit der Verfassung überprüfen lassen. Hervorzuheben ist dabei, dass durch Art. 2 I GG indirekt auch die Verletzung von Verfassungsbestimmungen gerügt werden kann, die dem Schutz von Verfassungsorganen und nicht dem Schutz des Einzelnen dienen. Sind beispielsweise im Gesetzgebungsverfahren die Rechte des Bundesrates verletzt oder die Kompetenzen des Bundes überschritten worden, kann der Einzelne diese vor dem BVerfG erfolgreich rügen, weil er sich in seiner grundrechtlich geschützten Freiheit nicht durch ein Gesetz einschränken lassen muss, das (formell) verfassungswidrig ist.[399] Bei Eingriffen in die allgemeine Handlungsfreiheit ist also zu prüfen, ob das belastende staatliche Verhalten formell und materiell der verfassungsmäßigen Ordnung entspricht. Jeder Verstoß gegen die verfassungsmäßige Ordnung stellt auch einen Verstoß gegen Art. 2 I GG dar. Der Schwerpunkt der Prüfung liegt dabei in der Schranken-Schranke, also in der Verhältnismäßigkeit der einschränkenden Maßnahme. Wird durch Gesetz eingegriffen, muss dieses abstrakt-generell **geeignet**, **erforderlich** und **angemessen** sein. Wird aufgrund eines Gesetzes, d.h. durch eine Einzelmaßnahme, in den Schutzbereich des Art. 2 I GG eingegriffen, ist zunächst das Gesetz zu prüfen, aufgrund dessen die Einzelmaßnahme erlassen wurde, und erst in einem zweiten Schritt ist die Einzelmaßnahme daraufhin zu untersuchen, ob sie konkret-individuell dem Grundsatz der Verhältnismäßigkeit entspricht. Das BVerfG hat dabei folgende Direktive aufgestellt: „Je mehr dabei der gesetzliche Eingriff elementare Äußerungsformen der menschlichen Handlungsfreiheit berührt, umso sorgfältiger müssen die zu seiner Rechtfertigung vorgebrachten Gründe gegen den grundsätzlichen Freiheitsanspruch des Bürgers abgewogen werden"[400]. Zur Prüfung des Verhältnismäßigkeitsgrundsatzes vgl. Rn 169 ff.

---

[398] BVerfGE **6**, 32, 37 f. (Elfes); **63**, 88, 108 (Altershilfe für Landwirte); **80**, 137, 163 (Reiten im Wald); **90**, 145, 172 (Cannabis); BVerfG-K NJW **2000**, 649 (Verfassungsmäßigkeit der Rundfunkgebührenpflicht); BVerwG NVwZ **2000**, 1296, 1297 (Reitverbot im Landschaftsschutzgebiet).
[399] *Wahl*, JuS **2001**, 1041, 1044.
[400] BVerfGE **17**, 306, 314 (Mitfahrerzentralen); **20**, 150, 159 (Sammlungsgesetz); vgl. dazu auch BVerwG NVwZ **2000**, 1296, 1297 (Reitverbot im Landschaftsschutzgebiet).

## b. Rechte anderer und Sittengesetz

Die beiden anderen Komponenten der Schrankentrias besitzen gegenüber der verfassungsmäßigen Ordnung nahezu keine eigenständige Bedeutung, da Vorschriften, die Rechte anderer begründen, schon zu den Normen der verfassungsmäßigen Ordnung gehören. Entsprechendes gilt für das Sittengesetz. Darunter ist ein Verweis auf sozialethische, also außerrechtliche Vorstellungen zu verstehen. Ein Verweis auf Sozialnormen ist aus rechtsstaatlicher Sicht aber sehr bedenklich. Insbesondere scheint sich eine Unvereinbarkeit mit dem Grundsatz vom Vorbehalt des Gesetzes aufzudrängen, was vorliegend zu der Frage nach verfassungswidrigem Verfassungsrecht führt. Die gerichtliche Praxis einschließlich der des BVerfG tendiert in derartigen Fällen aber – um die Frage nach der Verfassungsmäßigkeit nicht mehr nachgehen zu müssen – eher dazu, aufgrund des heutigen Grades der Durchnormiertheit aller erdenklichen Lebenssachverhalte dem Tatbestandsmerkmal des „Sittengesetzes" keine eigenständige Bedeutung mehr beizumessen.[401]

**264**

## 4. Übungsfall

Der folgende Übungsfall soll die bisherigen Ausführungen zu Art. 2 I GG konkretisieren. Die ausformulierte Lösung steht auf der Internet-Seite des Verlags unter der Rubrik Studienbücher/Staatsrecht/Grundrechte zum kostenlosen download zur Verfügung.

**265**

**Reiten im Wald:** In dem Bundesland X ist durch Landschaftsgesetz das Reiten im Wald auf öffentlichen Wegen nur dann zulässig, wenn die Waldwege entsprechend ausgewiesen und gekennzeichnet sind. Y betreibt Pferdesport. Sie ist Eigentümerin mehrerer Pferde, die sie zur Ausübung des Reitsports und zu Zuchtzwecken hält. Darüber hinaus ist sie Inhaberin eines gewerblichen Reiterhofs mit Gaststätten- und Beherbergungsbetrieb; sie bietet auch kommerzielle Kremserfahrten an. Y meint, durch die genannte Beschränkung in ihren Rechten verletzt zu sein. Zu Recht?

---

[401] Vgl. BVerfG NJW **2001**, 1048 ff. mit Bespr. von *W. Schmidt*, NJW **2001**, 1035 f.

## II. Allgemeines Persönlichkeitsrecht, Art. 2 I i.V.m. Art. 1 I GG

---

**Allgemeines Persönlichkeitsrecht, Art. 2 I i.V.m. 1 I GG**

**1. Schutzbereich**

Zweites Grundrecht des Art. 2 I GG ist das allgemeine Persönlichkeitsrecht. Das Grundrecht schützt vor Eingriffen, die geeignet sind, die enge Persönlichkeitssphäre zu beeinträchtigen. Es lassen sich verschiedene Aspekte des Schutzbereichs ausmachen:

⇨ Zunächst schützt das allgemeine Persönlichkeitsrecht die **enge persönliche Lebenssphäre**. Es verleiht die Befugnis, sich zurückzuziehen, abzuschirmen, für sich und allein zu bleiben.

⇨ Des Weiteren ist das **Recht auf Selbstbestimmung** umfasst. Damit ist das Recht gemeint, die eigene Abstammung zu kennen. Dem Betroffenen darf die Kenntnis der eigenen Abstammung nicht vorenthalten werden.

⇨ Das allgemeine Persönlichkeitsrecht schützt auch das Recht auf **informationelle Selbstbestimmung**. Der Einzelne soll grundsätzlich selbst entscheiden, wann und innerhalb welcher Grenzen persönliche Lebenssachverhalte offenbart werden. Daraus folgt die Befugnis, sich herabsetzender, fälschlicher und unerbetener öffentlicher Darstellungen, aber auch unerbetener heimlicher Wahrnehmungen seiner Person erwehren zu können.

⇨ Es gibt ein **Recht am eigenen Bild**. Die ganz h.M. versteht darunter das Recht, die Darstellung der eigenen Person anderen gegenüber grundsätzlich selbst zu bestimmen. Dem korrespondiert das **Recht am eigenen Wort**, also die Befugnis, selbst und allein zu bestimmen, wer das Wort aufnehmen soll, sowie ob und von wem die auf einem Tonträger aufgenommene Stimme wieder abgespielt werden darf.

⇨ Schließlich umfasst das allgemeine Persönlichkeitsrecht auch den Schutz vor **Fragen im Berufsleben** (z.B. im Bewerbungs- oder im Kündigungsverfahren) über persönliche Lebensumstände (etwa nach einer bestehenden HIV-Infektion, einer Schwangerschaft oder nach bestimmten sexuellen Vorlieben).

**2. Eingriff in den Schutzbereich**

In das allgemeine Persönlichkeitsrecht wird zumeist durch faktische Maßnahmen eingegriffen. Das können Erhebung, Speicherung und Weitergabe von personenbezogenen Daten, aber auch heimliche Sprachaufnahmen oder das Verlesen von tagebuchähnlichen Aufzeichnungen in der Hauptverhandlung eines Strafprozesses sein. Wird das allgemeine Persönlichkeitsrecht durch private Dritte (etwa Zeitungsreporter) berührt, ist zunächst der Zivilrechtsweg einzuschlagen. Das Zivilgericht nimmt dann eine Abwägung zwischen dem allgemeinen Persönlichkeitsrecht des Betroffenen und den Rechten des Dritten (etwa der Pressefreiheit) vor. Sollte das Zivilgericht dabei spezifisches Verfassungsrecht verletzen (etwa bei der Abwägung der gegenläufigen Belange die Bedeutung des allgemeinen Persönlichkeitsrechts verkennen), kann (nach Erschöpfung des Rechtswegs) Verfassungsbeschwerde erhoben werden.

**3. Verfassungsrechtliche Rechtfertigung**

Eingriffe in das allgemeine Persönlichkeitsrecht bedürfen zunächst einer **formellen gesetzlichen Grundlage**. Insoweit zieht die Rspr. die Schrankentrias des Art. 2 I GG entsprechend heran. Das Zitiergebot des Art. 19 I S. 2 GG gilt nicht. Im Rahmen der **Verhältnismäßigkeitsprüfung** ist wegen der Hochrangigkeit und Absolutheit des Würdeschutzes ein strengerer Maßstab anzulegen als bei der allg. Handlungsfreiheit: Je schwerer ein Eingriff ist, desto gewichtiger müssen die gegenläufigen Interessen sein, die den Eingriff rechtfertigen sollen. Eingriffe in die Intimsphäre, d.h. in den letzten unantastbaren Bereich privater Lebensgestaltung (Kernbereich des allgemeinen Persönlichkeitsrechts), sind grds. unzulässig. Wurde von privaten Dritten in das allgemeine Persönlichkeitsrecht eingegriffen, ist regelmäßig (im Rahmen einer praktischen Konkordanz) eine Abwägung zwischen den Grundrechten des Eingreifenden (etwa Pressefreiheit, Art. 5 I S. 2 GG) und dem allg. Persönlichkeitsrecht des Betroffenen vorzunehmen.

---

**266** Das allgemeine Persönlichkeitsrecht wurde im Wesentlichen von der Rechtsprechung entwickelt. Es stellt – aus einer wertenden Zusammenschau des Art. 2 I i.V.m. 1 I GG heraus – ein umfassendes (ideelles und kommerzielles) **Recht auf Achtung und Entfaltung der Persönlichkeit** dar und umfasst daher v.a. die Befugnis, sich herabsetzender, fälschlicher und unerbetener öffentlicher Darstellungen, aber auch unerbetener heimlicher Wahrnehmungen seiner Person erwehren zu können.[402] Es schützt Elemente der Persönlichkeit, die nicht Gegenstand besonderer Freiheitsgarantien sind.[403]

> **Beispiel 1[404]:** Die bekannte Fernsehjournalistin, Moderatorin und Buchautorin F besitzt ein abgelegenes, in hügeliger Landschaft befindliches Domizil auf Mallorca, auf dem sie ungestört ihr Privatleben genießen möchte. Der Pressefotograf P wittert eine Chance, diesen Umstand zu „vermarkten". Er chartert ein Kleinflugzeug und fertigt Luftaufnahmen von der ganz privaten F an. Später veröffentlicht er in einem Boulevard-Blatt die Fotos und auch eine Wegbeschreibung zum Domizil der F.
>
> Hier ist es nachvollziehbar, wenn F sich in ihrem Persönlichkeitsrecht verletzt sieht und gegen P bzw. den Verlag des Boulevard-Blattes gerichtlich vorgeht (⇨ vgl. Rn 283 Bsp. 7 und Rn 287 Fall 2).
>
> **Beispiel 2[405]:** Richterin R wird verdächtigt, Dienstgeheimnisse verraten zu haben. Daher durchsucht die Polizei die Wohnung der R und stellt einen Computer und ein Mobiltelefon sicher. Nach Auswertung der auf diesen Geräten gespeicherten Daten wird der Verdacht jedoch nicht bestätigt.
>
> Hier ist es erst recht nachvollziehbar, wenn R sich in ihrem Persönlichkeitsrecht verletzt sieht und gegen die Maßnahmen gerichtlich vorgeht (⇨ vgl. Rn 283, 286).

Legt man die ständige Rechtsprechung (des BVerfG) zugrunde, lassen sich verschiedene Aspekte des Schutzbereichs ausmachen:     **267**

## 1. Schutzbereich

Zunächst schützt das allgemeine Persönlichkeitsrecht die **enge persönliche Lebenssphäre**. Es verleiht dem Einzelnen die Befugnis, sich zurückzuziehen, abzuschirmen, für sich und allein zu bleiben. Dieses Recht endet auch nicht an der Haustür, wenn es auch zunächst den räumlich inneren Hausbereich umfasst. Eine schützenswerte Privatsphäre besteht außerhalb des häuslichen Bereichs in gleicher Weise beispielsweise auch dann, wenn sich jemand in eine örtliche Abgeschiedenheit zurückgezogen hat, in der er objektiv erkennbar für sich allein sein will.[406] Danach sind ein umfriedetes Grundstück, und selbst ein öffentlicher Ort, jedenfalls dann der Privatsphäre zuzurechnen, wenn dem Betroffenen die Möglichkeit offen steht, frei von öffentlicher Beobachtung zu sein. Denn die freie Entfaltung der Persönlichkeit wäre erheblich behindert, wenn der Einzelne nur im eigenen Haus der öffentlichen Neugier entgehen könnte.[407] Daher sind der Rückzug und die Abschirmung i.S. dieses Rechts sozial zu verstehen. Aus diesem Grund sind auch der vertrauliche Kontakt zwischen Arzt und Patient[408], sonstige Befunde über Gesundheitszustand, seelische Verfassung und Charakter[409] und die Vertraulichkeit des Tagebuchs[410] vom Schutzbereich erfasst.     **268**

Des Weiteren ist das **Recht auf Selbstbestimmung** umfasst. Damit ist zunächst das Recht gemeint, die eigene Abstammung zu kennen. Dem Betroffenen darf die Kenntnis der eigenen Abstammung nicht vorenthalten werden.[411] Auch darf ihm das     **269**

---

[402] Vgl. BVerfG NJW **2006**, 3409, 3410 (Marlene Dietrich); NJW **2006**, 2836, 2837 u. 2838 (Veröffentlichung von Luftbildaufnahmen von Feriendomizilen Prominenter); BVerfGE **101**, 361 ff. (Caroline von Hannover); BGH NJW **2004**, 762 f.; **2002**, 2317, 2318.

[403] Vgl. BVerfG NJW **2001**, 594 (Willy-Brandt-Gedenkmünze); BVerfGE **101**, 361 ff.; BVerfG NJW **2000**, 2734 (Werbung für Zahnklinik) und grundlegend BVerfGE **30**, 174 ff. (Mephisto).

[404] Vgl. BVerfG NJW **2006**, 2836, 2837; NJW **2006**, 2838; BGH NJW **2004**, 762 ff.

[405] BVerfGE **115**, 166, 183 ff.

[406] BVerfGE **101**, 361, 382 ff.; BGHZ **131**, 332, 338 ff.

[407] BVerfGE **101**, 361, 383.

[408] BVerfGE **32**, 373, 379 (Krankenakte).

[409] BVerfGE **89**, 69, 82 f. (Haschischkonsum).

[410] BVerfGE **80**, 367, 373 ff. (Verwertung tagebuchähnlicher Aufzeichnungen).

[411] BVerfGE **90**, 263, 270 f. (Anfechtung der Ehelichkeit); **96**, 56, 63 (Recht auf Kenntnis des Vaters).

Recht nicht verwehrt werden, seinen Namen zu behalten[412], seine Geschlechtsrolle[413], den entsprechenden Personenstand und die eigene Fortpflanzung[414] zu bestimmen. Auch das Recht eines Straftäters auf Resozialisierung[415] gehört hierher.

**270** Das allgemeine Persönlichkeitsrecht schützt auch das Recht auf **informationelle Selbstbestimmung**.[416] Der Einzelne soll grundsätzlich selbst entscheiden, wann und innerhalb welcher Grenzen persönliche Lebenssachverhalte offenbart werden. Daraus folgt die Befugnis, sich herabsetzender, fälschlicher und unerbetener öffentlicher Darstellungen, aber auch unerbetener heimlicher Wahrnehmungen seiner Person erwehren zu können.

Mit dem Volkszählungsurteil[417] hat das BVerfG dieses Recht nicht nur näher konkretisiert, sondern auch verfahrensrechtlich ausgestaltet und Grundsätze für den Umgang mit persönlichen Daten aufgestellt. So setze der Zwang zur Abgabe personenbezogener Daten eine spezifische und präzise Rechtsgrundlage voraus. Diese spezielle Rechtsgrundlage müsse auch die Verwendung von Daten und deren Verarbeitung auf bestimmte Zwecke beschränken (sog. bereichsspezifische Befugnisnorm). Auch sei eine Sammlung nicht-anonymisierter Daten auf Vorrat oder ohne konkrete Zweckbindung unzulässig. Schließlich seien unabhängige Datenschutzbeauftragte zu beteiligen. In dem Volkszählungsurteil hat das BVerfG auch Grundsätze für die Datenerhebung zu statistischen Zwecken aufgestellt. Es dürfe keine enge und konkrete Zweckbindung vorliegen, da dies dem Wesen einer Statistik fremd sei. Eine Sammlung personenbezogener Daten sei nur dann zulässig, wenn die Geheimhaltung gesichert sei. Im Übrigen seien statistische Daten frühzeitig zu anonymisieren. Schließlich seien die Verarbeitungsvoraussetzungen gesetzlich klar zu formulieren, es seien besondere Vorkehrungen zur Durchführung und Organisation der Datenverarbeitung und -erhebung zu treffen. Das Recht auf informationelle Selbstbestimmung hat jüngst wieder hinsichtlich des DNA-Identitätsfeststellungsgesetzes (**„genetischer Fingerabdruck"**), der **Rasterfahndung** und der **Online-Durchsuchung von Computern** zur Terrorismusbekämpfung sowie der **Videoüberwachung an öffentlichen Orten** an Bedeutung gewonnen (vgl. dazu sogleich die Beispiele).

**271** Es gibt ein **Recht am eigenen Bild**.[418] Die Rspr. versteht darunter das Recht, die bildliche Darstellung der eigenen Person anderen gegenüber grundsätzlich selbst zu

---

[412] BVerfGE **78**, 38, 49 (Gemeinsamer Familienname).
[413] BVerfGE **47**, 46, 73 (Sexualkundeunterricht).
[414] Zur Schwangerschaft vgl. BVerfGE **88**, 203, 254 (Schwangerschaftsabbruch II); zur Sterilisation BGH NJW **1995**, 2407, 2409.
[415] BVerfGE **35**, 202, 235 f. (Soldatenmord von Lebach – vgl. jetzt dazu BVerfG NJW **2000**, 1859); vgl. auch BVerfGE **45**, 187, 239 (Lebenslange Freiheitsstrafe) und BVerfGE **64**, 261, 276 f. (Hafturlaub bei lebenslanger Freiheitsstrafe).
[416] Vgl. dazu aus neuerer Zeit BVerfG NJW **2006**, 2836, 2837 und 2838 (Veröffentlichung von Luftbildaufnahmen von Feriendomizilen Prominenter); NJW **2006**, 1939, 1940 (Rasterfahndung); BVerfGE **115**, 166, 183 ff. (Auswertung von Daten aus PC und Handy); BVerfG NJW **2001**, 2320 ff. (DNA-Identitätsfeststellungsgesetz – „genetischer Fingerabdruck"); BVerfGE **101**, 361, 383 (Caroline von Hannover); **99**, 185, 193 (Rufschädigende Behauptung einer Scientology-Mitgliedschaft); **63**, 131, 142 (Gegendarstellung); **54**, 148, 155 (Eppler); **35**, 202, 220 (Soldatenmord von Lebach – vgl. dazu auch BVerfG NJW **2000**, 1859); BGH NJW **2005**, 2844, 2845 ff. (Roman „Esra"); NJW **2005**, 497, 498 (heimlich eingeholter DNA-Vaterschaftstest); BVerwG NJW **2004**, 2462, 2463 (Herausgabe von Stasi-Akten), sowie BVerfGE **113**, 29, 46; **96**, 171, 181; **84**, 192, 194; **78**, 77, 84; allesamt bezugnehmend auf BVerfGE **65** 1, 43 (Volkszählung).
[417] BVerfGE **65**, 1 ff. (Volkszählung).
[418] BVerfGE **35**, 202, 224 (Lebach); **54**, 148, 154 f. (Eppler); **101**, 361, 380 f. (Caroline von Hannover); BVerfG NJW **2005**, 3271, 3272 f. (Vorstandsvorsitzender der Deutschen Telekom); **2001**, 594, 595 (Willy-Brandt-Gedenkmünze); BGH NJW **2000**, 2195, 2196 f. (Marlene Dietrich I) und Parallelprozess BGH NJW **2000**, 2201 („Der Blaue Engel" – Marlene Dietrich II); BGH NJW **2004**, 596 f. (Vorstandsvorsitzender der Telekom AG; aufgehoben von BVerfG NJW **2005**, 3271 ff.); LG München I NJW **2004**, 617, 618 (Ungenehmigte Veröffentlichung von Nacktaufnahmen im Fernsehen); OLG Jena OLG-NL **2005**, 171 ff. (Recht auf ungestörte Trauer). Vgl. auch BVerfG NJW **2006**, 3409 ff. (nochmals Marlene Dietrich).

bestimmen.[419] Zwar hat der Träger des Persönlichkeitsrechts kein Recht darauf, von Dritten nur so wahrgenommen zu werden, wie er sich selbst gerne sehen möchte, er kann wohl aber erwarten, dass sein fotografisch erstelltes Bild nicht manipulativ (etwa durch eine Fotomontage oder computerisierte Veränderung) entstellt und veröffentlicht wird. Lediglich, wenn die Abwägung mit den Grundrechten (i.d.R. die Kunstfreiheit) des Eingreifenden ergibt, dass dessen Interessen höher wiegen, ist die Veröffentlichung zu dulden (vgl. dazu Rn 278, 283, 536 und 537).

Mit dem Recht am eigenen Bild korrespondiert das **Recht am eigenen Wort**, also die Befugnis, selbst und allein zu bestimmen, wer das Wort aufnehmen soll, sowie ob und von wem die auf einem Tonträger aufgenommene Stimme wieder abgespielt werden darf.[420] So hat der Einzelne ein Recht darauf, dass ihm nicht die Mitgliedschaft in einer Organisation oder Vereinigung zugeschrieben wird, wenn diese Zuschreibung Bedeutung für die Persönlichkeit und deren Bild in der Öffentlichkeit hat.[421] Die Rechte am eigenen Bild und am eigenen Wort beinhalten das **Recht auf Gegendarstellung**.[422] So ist z.B. dem Betroffenen, über den rechtswidrig in einer Fernsehsendung berichtet wird, das Recht zu gewähren, die Verbreitung einer Gegendarstellung in demselben Medium zu verlangen.[423] Bei dem Recht auf Gegendarstellung ist allerdings zu beachten, dass es der Presse nicht verwehrt ist, nach sorgfältiger Recherche auch über Vorgänge oder Umstände zu berichten, deren Wahrheit im Zeitpunkt der Veröffentlichungen nicht mit Sicherheit feststeht. Stellt sich aber im Nachhinein heraus, dass die aufgestellten Tatsachenbehauptungen nicht der Wahrheit entsprechen, entsteht die Pflicht zur Berichtigung. Die Pflicht, Tatsachenbehauptungen zu berichtigen, die sich als unwahr erwiesen haben und das Persönlichkeitsrecht des Betroffenen fortwirkend beeinträchtigen, schränkt die Pressefreiheit nicht unangemessen ein.[424] Das Recht der Gegendarstellung ist einfachgesetzlich in den Landespressegesetzen normiert.[425]

272

**(Weitere) Beispiele aus der Rechtsprechung:**

273

(1) Die Feststellung, Speicherung und (künftige) Verwendung des DNA-Identifizierungsmusters („**genetischer Fingerabdruck**") greifen in das Recht auf informationelle Selbstbestimmung ein.[426]

(2) Dasselbe gilt für die polizeiliche Übermittlung von personenbezogenen Daten zum Zwecke des Abgleichs mit anderen Datenbeständen (**Rasterfahndung**).[427]

(3) Werden in der Hauptverhandlung eines Mordprozesses **tagebuchähnliche Aufzeichnungen** des Täters verlesen, ist ebenfalls der Schutzbereich des allgemeinen Persönlichkeitsrechts eröffnet.[428]

(4) Auch die Herausgabe von **Stasi-Akten** nach dem Stasi-Unterlagengesetz greift jedenfalls dann, wenn personenbezogene Daten in den Akten vermerkt sind, in das allgemeine Persönlichkeitsrecht des Betroffenen ein. Das gilt auch für Perso-

---

[419] BVerfGE **101**, 361, 381; **97**, 228, 268 f.; BVerfG JZ **2001**, 203; BGH NJW **1995**, 861, 852 f.; BGH NJW **1996**, 1128, 1129; BGH NJW **2004**, 596 f. (Vorstandsvorsitzender der Telekom AG; aufgehoben von BVerfG NJW **2005**, 3271). Mit der Aufnahme des neuen § 201a in das StGB stellt der Gesetzgeber die Verletzung des höchstpersönlichen Lebensbereichs durch Bildaufnahmen sogar unter Strafe. § 33 KUG bleibt hiervon unberührt.

[420] BVerfGE **34**, 238, 246 (Heimliche Tonbandaufnahme); **54**, 208, 217 (Fernsehkommentar Böll).

[421] BVerfGE **99**, 185 ff. (Angebliche Mitgliedschaft in der Scientology-Organisation).

[422] BVerfGE **97**, 125 ff. (Berichtigung durch Gegendarstellung). Vgl. auch *Seitz*, NJW **2001**, 579; LG München I NJW **2004**, 606 ff.

[423] BVerfGE **63**, 131, 142 f. (Gegendarstellung).

[424] BVerfGE **97**, 125 ff. (Berichtigung durch Gegendarstellung).

[425] Vgl. zuletzt LG München I NJW **2004**, 606 ff. zu Art. 10 BayPresseG.

[426] BVerfG NJW **2001**, 2320, 2321. Vgl. auch *Satzger*, JZ **2001**, 639 und LG Hamburg NJW **2001**, 2563.

[427] Vgl. BVerfG NJW **2006**, 1939, 1940; OLG Frankfurt a.M. NVwZ **2002**, 626, 623; OLG Düsseldorf NVwZ **2002**, 629. Zur Rasterfahndung vgl. ausführlich *R. Schmidt*, BesVerwR II, Rn 376 ff.

[428] BVerfGE **80**, 367 ff. (Verwertung tagebuchähnlicher Aufzeichnungen).

nen der Zeitgeschichte.[429] Soweit eine Person jedoch nicht in ihrer Eigenschaft als Privatperson, sondern als Bestandteil eines Staatsorgans (etwa in ihrer Funktion als Bundeskanzler) betroffen ist, ist die Grundrechtsträgereigenschaft fraglich. Denn Träger von Grundrechten können nur natürliche Personen und juristische Personen nach Maßgabe des Art. 19 III GG sein, nicht jedoch Staatsorgane und Teile derselben. Ist also eine Person sowohl in ihrer Eigenschaft als Privatperson als auch als Staatsorgan oder als Teil desselben betroffen, ist hinsichtlich der möglichen Grundrechtsverletzung zu differenzieren.[430]

**(5)** Wenn Aktivmeldungen, d.h. die Signale, mit denen ein eingeschaltetes Mobiltelefon („Handy") in regelmäßigen Abständen seine Kennung an die nächste Funkvermittlungsstation sendet[431], abgefragt werden, um den **Standort des Mobiltelefons** (und damit i.d.R. auch der Aufenthaltsort des Besitzers) zu ermitteln, liegt ein Grundrechtseingriff vor. Zwar erfasst eine reine Standortermittlung lediglich die technische Kommunikation zwischen Geräten und nicht den durch Art. 10 I GG geschützten Austausch von vertraulichen, persönlichen und individuellen Informationen,[432] betroffen ist aber das Grundrecht der informationellen Selbstbestimmung.

**(6)** Äußerst problematisch ist das heimliche Durchsuchen von Computern via Internet (sog. **Online-Durchsuchung**), bei dem ein Spähprogramm auf dem Zielrechner installiert wird, um dort gespeicherte Daten auszuforschen. Vgl. dazu näher Rn 864 ff. Nicht ganz unproblematisch ist auch die polizeiliche Datenerhebung durch offenen Einsatz optisch-technischer Mittel (sog. **Videoüberwachung**) an öffentlichen Orten, an denen vermehrt Straftaten begangen werden oder bei denen aufgrund der örtlichen Verhältnisse die Begehung von Straftaten besonders zu erwarten ist (etwa Bahnhofsvorplätze, U-Bahnhöfe, Parks, Fußgängerunterführungen etc.). Zwar wird – mit dem Argument, dass wer sich der Öffentlichkeit aussetze und andere beobachte, auch mit der Beobachtung anderer rechnen müsse – teilweise die Grundrechtsrelevanz derartiger Maßnahmen in Frage gestellt.[433] Gegen eine solche Bagatellisierung spricht aber schon, dass allenfalls mit der Beobachtung durch private Dritte gerechnet werden muss, nicht aber mit der (ständigen) Beobachtung durch die Obrigkeit, die sich noch dazu technischer und elektronischer Mittel bedient, mit deren Hilfe Informationen erlangt werden können, deren Verarbeitung für den Bürger nicht ersichtlich ist. Darüber hinaus besteht die latente Gefahr der Aushöhlung des Rechts auf informationelle Selbstbestimmung der Bürger, sofern eine flächendeckende Überwachung stattfindet.[434] Daher ist ein

---

[429] Vgl. dazu BVerwG NJW **2002**, 1815 und – nach der Änderung des Stasi-Unterlagengesetzes – BVerwG NJW **2004**, 2462, 2463 (Herausgabe von Stasi-Akten über Helmut Kohl).
[430] Das ist der zentrale Rechtsirrtum von BVerwG NJW **2004**, 2462 ff. in Bezug auf Helmut Kohl in seinen Funktionen als rheinland-pfälzischer Ministerpräsident und späterer Bundeskanzler; wie hier *C. Arndt*, NJW **2004**, 3157.
[431] Zu den technischen Grundlagen: Die über Funk übermittelte Kommunikation wird durch eine sog. IMEI-Gerätenummer (International Mobile Equipment Identity) und eine sog. IMSI-Kartennummer (International Mobile Subscriber Identity) einzelnen Mobiltelefonen bzw. Teilnehmern zugeordnet. Die IMSI- (auch SIM)-Nummer wird weltweit nur einmal vergeben und einer bestimmten Person, die sich bei Erwerb des Mobiltelefons ausweisen muss, zugewiesen. Sobald das Mobiltelefon eingeschaltet ist, tauscht es mit der Sende- und Empfangsstation (Basisstation) der jeweiligen Funkzelle automatisch diese Identifizierungsmerkmale aus. Der „IMSI-Catcher" simuliert eine Basisstation, sodass sich alle Mobilfunkgeräte im Sendebereich einer Funkzelle in den IMSI-Catcher einbuchen und die Mobiltelefone auf diese Weise geortet und ihre Inhaber bestimmt werden können.
[432] BVerfG NJW **2007**, 351, 353 f., das der bisher h.M. (vgl. etwa BGH NJW **2001**, 1587; NJW **2003**, 2034, 2035; VG Darmstadt NJW **2001**, 2273, 2274; *Gercke*, MMR **2003**, 453, 455; *ders.*, StraFo **2003**, 76, 78; *Schenke*, AöR 125 (**2000**), 1, 20; *v. Denkowski*, Kriminalistik **2002**, 117, 119; *Dix*, Kriminalistik **2004**, 81, 83) eine Absage erteilt hat.
[433] VG Karlsruhe NVwZ **2002**, 117.
[434] Vgl. zur Kritik *Zöller*, NVwZ **2005**, 1235 ff.; *Göddeke*, NVwZ **2002**, 181, 182; *Roggan*, NVwZ **2001**, 134 ff.; *Vahle*, NVwZ **2001**, 165 f.; *Dolderer*, NVwZ **2001**, 130 ff.; *Maske*, NVwZ **2001**, 1248 ff. Das VG Karlsruhe NVwZ **2002**, 117, 118 (aufgehoben von VGH Mannheim NVwZ **2004**, 498 ff.) erhebt keine Bedenken gegenüber der Verfassungsmäßigkeit des § 21 III BWPolG.

Eingriff in das Grundrecht auf informationelle Selbstbestimmung selbst bei bloßer Beobachtung mittels Bildübertragung ohne Bildaufzeichnung (sog. Kamera-Monitor-Prinzip) zu bejahen.[435] Jedenfalls dürften sowohl die Online-Durchsuchung von Computern als auch die offen durchgeführte Videoüberwachung zur **Terrorismusbekämpfung** untauglich sein. Hinsichtlich der Online-Durchsuchung wird der betreffende Personenkreis wohl kaum brisante Informationen auf der heimischen Computerfestplatte gespeichert haben, nachdem die Online-Durchsuchung nunmehr in der Öffentlichkeit breit diskutiert worden ist. Auch die offene Videoüberwachung dürfte zur Terrorismusbekämpfung untauglich sein, weil sich der betreffende Personenkreis wohl kaum in den Kamerabereich begeben bzw. sich dort auffällig verhalten wird. Vgl. dazu auch Rn 287 (Fall 3) sowie ausführlich *R. Schmidt*, BesVerwR II, Rn 144 ff.

**(7)** Ein von einem als Vater geltenden Mann heimlich eingeholter **DNA-Vaterschaftstest**, der den Beweis erbringen soll, dass er nicht der biologische Vater ist, verstößt nach der Rspr. des BGH gegen das informationelle Selbstbestimmungsrecht des Kindes, da die Interessen des Mannes (Unterhaltspflicht etc.) im Falle der Heimlichkeit hinter dem informationellen Selbstbestimmungsrecht des Kindes zurückstünden.[436] Dieses Rspr. ist nicht unbedenklich. Zum einen verkennt sie das auch sonst stets betonte Recht (hier: des Kindes) auf Kenntnis der Abstammung, das sie dem Kind vorenthält. Zum anderen ist fraglich, ob die Mutter mit der Verweigerung der Zustimmung wirklich die Interessen des Kindes wahrnimmt oder nicht eher ihre eigenen. Aber auch in naturwissenschaftlicher Hinsicht ist die Entscheidung mangelhaft. Denn offenbar fehlt es dem Gericht an Sachverstand. Bei dem Vaterschaftstest geht es nämlich nicht um den Vergleich von DNA im codierenden Bereich, sondern lediglich um den Vergleich, ob Genorte auf der DNA übereinstimmen. Mit der Offenbarung des DNA-Identifizierungsmusters hat dies nichts zu tun. Immerhin hat das BVerfG entschieden, dass auch dem rechtlichen Vater in diesem Zusammenhang das allgemeine Persönlichkeitsrecht zustehe und dass dieses Recht verletzt sei, wenn der Gesetzgeber nicht ein geeignetes Verfahren zur Feststellung der Vaterschaft bereitstelle.[437] Der Gesetzgeber ist also gefordert, eine gesetzliche Regelung zu treffen.

> **Hinweis für die Fallbearbeitung:** Da nach ganz h.M. Private keine Grundrechtsadressaten sind, können sie auch unmittelbar keine Grundrechte verletzen. Die Grundrechte gelten aber mittelbar, d.h. sie müssen im Rahmen der Auslegung unbestimmter Rechtsbegriffe, insbesondere von zivilrechtlichen Schadensersatz- und Unterlassungsansprüchen, berücksichtigt werden. Daher war es im Bsp. (7) möglich, dass die Mutter aus § 823 I BGB auf Schadensersatz oder aus § 1004 I BGB auf Unterlassung oder Beseitigung klagte. Aufgabe des Tatrichters war es dann, das allgemeine Persönlichkeitsrecht als geschütztes Rechtsgut im Rahmen der Tatbestandsauslegung der Anspruchsnorm zu berücksichtigen. Vgl. dazu auch Rn 287 (Fall 1).

Schließlich umfasst das allgemeine Persönlichkeitsrecht auch den Schutz vor **Fragen im Berufsleben** (z.B. in einem Bewerbungsgespräch oder in einem Kündigungsverfahren) über persönliche Lebensumstände (etwa nach einer bestehenden HIV-Infektion, einer Schwangerschaft oder nach bestimmten sexuellen Vorlieben). Allerdings ist es mit dem allgemeinen Persönlichkeitsrecht der aus dem öffentlichen Dienst der DDR übernommenen Arbeitnehmer grundsätzlich vereinbar, dass die Arbeitgeber von ihnen vor der Entscheidung über eine Kündigung nach den Vorschriften des Einigungsvertrags verlangen, Fragen über frühere Parteifunktionen in der SED und Tätig-

**274**

---

[435] Wie hier nun auch VGH Mannheim NVwZ **2004**, 498, 499 ff.; *Zöller*, NVwZ **2005**, 1235, 1237 f.
[436] BGH NJW **2005**, 497, 498 – insoweit bestätigt von BVerfG NJW **2007**, 753 f.
[437] BVerfG NJW **2007**, 753 f.

keiten für das Ministerium für Staatssicherheit zu beantworten. Fragen nach Vorgängen, die vor dem Jahre 1970 abgeschlossen waren, verletzen jedoch das allgemeine Persönlichkeitsrecht der Beschäftigten. Wurden sie unzutreffend beantwortet, dürfen daraus keine arbeitsrechtlichen Konsequenzen gezogen werden.[438]

**274a** Bezüglich des **persönlichen** Schutzbereichs kann auf die Ausführungen bei Rn 57 ff. (insb. Rn 60) verwiesen werden.

## 2. Eingriff in den Schutzbereich

**275** Wird das allgemeine Persönlichkeitsrecht **durch staatliche Stellen** beeinträchtigt, geschieht dies meist durch **faktische Maßnahmen**. Das können **Erhebung, Speicherung, Verwendung** bzw. **Weitergabe** von **personenbezogenen Daten** (Beispiele: Lesen von Daten aus PC oder Handy bzw. **Online-Durchsuchung von Computern**, Erstellen eines „genetischen Fingerabdrucks"; „**Rasterfahndung**"; Herausgabe von Stasi-Akten, **Videoüberwachung** öffentlicher Orte etc.), aber auch **heimliche Sprachaufnahmen** sein. Vgl. dazu die bei Rn 273 angeführten Beispiele. Dabei spielt es keine Rolle, ob der Staat Daten erstmalig erhebt oder auf bereits zuvor erhobene Daten erneut zugreift (wie das etwa beim Datenabgleich bzw. bei der Rasterfahndung der Fall ist). Nicht weniger relevant sind Eingriffe durch **Verwaltungsakt**, etwa die Anordnung und Durchführung eines **DNA-Tests** im Rahmen der Gefahrenabwehr oder der Strafverfolgung.

**275a** Da sich in derartigen Fällen der Betroffene grundsätzlich zunächst an die Fachgerichtsbarkeit wenden muss (er also nicht gleich Verfassungsbeschwerde erheben kann, vgl. Rn 1061 ff.), kommt eine Verfassungsbeschwerde i.d.R. nur nach Erschöpfung des Rechtswegs, d.h. gegen das letztinstanzliche Gerichtsurteil in Betracht. **Dieses Urteil** (ggf. zusammen mit der dem Urteil zugrunde liegenden staatlichen Maßnahme) ist dann **Gegenstand der Verfassungsbeschwerde**. Freilich ändert dies nichts daran, dass bei der Überprüfung des Urteils die ihm zugrunde liegende staatliche Maßnahme eigentlicher Prüfungsgegenstand der Verfassungsbeschwerde ist. Lediglich der „Einstieg" in die Prüfung erfolgt über das Fachgerichtsurteil.

**275b** Wird das allgemeine Persönlichkeitsrecht durch **private Dritte** (etwa durch Romanschreiber, Zeitungsreporter, Journalisten, Fotografen, Rundfunkveranstalter, Vertreter der Werbewirtschaft oder Herausgeber von Gedenkmünzen) beeinträchtigt, ist zunächst zu beachten, dass Private grundsätzlich nicht grundrechtsverpflichtet sind und daher auch nicht – zumindest nicht unmittelbar – Grundrechte anderer Privater verletzen können. Dies kann nur der Staat.[439] Da andererseits die Grundrechte aber auch eine objektive Wertordnung darstellen, können sie ihre Wirkung zumindest mittelbar über die zwischen Privaten geltenden Zivilrechtsnormen entfalten.[440] Das ändert aber nichts daran, dass auf beiden Seiten ein Privatrechtssubjekt steht und daher eine privatrechtliche Streitigkeit vorliegt, für die der **Zivilrechtsweg** einzuschlagen ist.[441] Das Zivilgericht nimmt dann eine Abwägung zwischen dem allgemeinen Persönlichkeitsrecht des Betroffenen und den Rechten des Dritten (etwa der Pressefreiheit) vor.

---

[438] BVerfGE **96**, 171, 181 (Ordentliche Kündigung wegen Funktionen in SED und Tätigkeiten für Stasi).

[439] Zur Grundrechtsberechtigung und -verpflichtung vgl. Rn 39 ff.

[440] Zur Grundrechtsbindung zwischen Privaten vgl. Rn 105.

[441] Die Klage ist hier – sofern sie auf Unterlassung gerichtet ist – auf **§ 1004 I S. 2 BGB** ggf. i.V.m. den Vorschriften des UrhG und des KUG zu stützen; vgl. dazu aus jüngerer Zeit BGH NJW **2005**, 2844, 2845 ff. (Roman „Esra"); BGH NJW **2005**, 497, 498 (Heimlich eingeholter DNA-Vaterschaftstest); BGH NJW **2005**, 592 (Bekanntgabe der Abtreibungspraxis eines Gynäkologen); BGH NJW **2004**, 596 f. (Vorstandsvorsitzender der Telekom AG; aufgehoben von BVerfG NJW **2005**, 3271 ff.); BGH NJW **2007**, 1977 ff. und NJW **2007**, 1981 (Caroline und Ernst August von Hannover). Vgl. auch *Teichmann*, NJW **2007**, 1917 ff. Zum Unterlassungs- und Schmerzensgeldanspruch wegen ungenehmigter Veröffentlichung von Nacktaufnahmen im Fernsehen vgl. LG München I NJW **2004**, 617, 618. Zur zivilrechtlichen Komponente des allgemeinen Persönlichkeitsrechts vgl. ausführlich *R. Schmidt*, SchuldR BT II, 5. Aufl. **2007**, Rn 655, 1120, 1159, 1160 und 1163.

Sollte das Zivilgericht bei dieser Abwägung der gegenläufigen Belange die Bedeutung eines Grundrechts verkennen, verletzt es spezifisches Verfassungsrecht. Dann kann (nach Erschöpfung des Rechtswegs) der Betroffene **Verfassungsbeschwerde gegen das Gerichtsurteil** erheben. Dabei gilt es für den Klausurbearbeiter auch, lediglich den „Einstieg" über das Zivilgerichtsurteil zu wählen und sodann zu prüfen, ob die Abwägung zwischen den widerstreitenden Interessen rechtsfehlerfrei vorgenommen wurde. Vgl. zu dieser Vorgehensweise auch Rn 111 und 517.

Da das allgemeine Persönlichkeitsrecht und seine besonderen Erscheinungsformen wie das Recht am eigenen Bild und das Namensrecht nicht nur dem Schutz ideeller, sondern auch kommerzieller Interessen der Persönlichkeit dienen, stehen dem Träger des allgemeinen Persönlichkeitsrechts hinsichtlich der kommerziellen Verwertung Schmerzensgeld bzw. Schadensersatz (vgl. § 823 I BGB, ggf. i.V.m. § 253 II BGB) zu, wenn diese vermögenswerten Bestandteile des Persönlichkeitsrechts durch eine unbefugte Verwendung des Bildnisses, des Namens oder andere kennzeichnende Persönlichkeitsmerkmale *schuldhaft* und in *schwerwiegender* Weise verletzt werden.[442] Diese Ansprüche gehen nach dem Tod auf die Erben über. Diese können Schadensersatz verlangen, solange die ideellen Interessen noch geschützt sind.[443] Hinsichtlich der Dauer verweist der BGH in nicht ganz unproblematischer Weise auf § 22 S. 3 KUG, sodass der Anspruch grds. 10 Jahre lang besteht.

**276**

### 3. Verfassungsrechtliche Rechtfertigung

Staatliche Eingriffe in das allgemeine Persönlichkeitsrecht bedürfen zunächst einer **formellen gesetzlichen Grundlage**. Insoweit zieht die Rechtsprechung die Schrankentrias des Art. 2 I GG entsprechend heran.[444] Das Zitiergebot des Art. 19 I S. 2 GG gilt nicht.

**277**

> **Beispiele:** Gesetze i.S. dieses Schrankenvorbehalts sind § 2 DNA-Identitätsfeststellungsgesetz i.V.m. § 81g StPO hinsichtlich Feststellung, Speicherung und (künftiger) Verwendung des DNA-Identifizierungsmusters („genetischer Fingerabdruck")[445] oder die Vorschriften des Stasi-Unterlagengesetzes hinsichtlich der Herausgabe von Stasi-Unterlagen[446]; §§ 22 f. KUG hinsichtlich Eingriffen in das Recht am eigenen Bild; strafprozessuale Standardmaßnahmen nach §§ 94 ff. StPO (insb. §§ 100a ff. StPO); präventivpolizeigesetzliche Befugnisse zur Rasterfahndung oder Videoüberwachung öffentlicher Plätze (s.o) etc.

Im Rahmen der **Verhältnismäßigkeitsprüfung** ist (trotz der Heranziehung der Schrankentrias des Art. 2 I GG) wegen der Hochrangigkeit und Absolutheit des **Würdeschutzes** ein strengerer Maßstab anzulegen als bei der allgemeinen Handlungsfreiheit. Die Rechtmäßigkeit/Rechtswidrigkeit der grundrechtsbeeinträchtigenden Maßnahme muss **mit Hilfe einer umfassenden Interessen- und Güterabwägung festgestellt werden**. Das gilt insbesondere bei staatlich angeordneten Maßnahmen, etwa bei der polizeilichen Rasterfahndung oder der richterlich angeordneten Erfassung von personenbezogenen Daten aus einem privaten PC oder Mobiltelefon. So muss bei der Rasterfahndung eine konkrete Gefahr für ein hochrangiges Rechtsgut wie der Bestand des Bundes oder eines Landes oder für Leib, Leben oder Freiheit

**278**

---

[442] Vgl. OLG Hamm NJW-RR **2001**, 1622; OLG Jena OLG-NL **2005**, 171 ff.

[443] BGH NJW **2000**, 2195, 2196 f. (Marlene Dietrich I) mit Bespr. v. *Emmerich*, JuS **2000**, 1222 f. und Parallelprozess BGH NJW **2000**, 2201 („Der Blaue Engel" – Marlene Dietrich II). Vgl. auch BVerfG NJW **2001**, 594, 595 (Willy-Brandt-Gedenkmünze).

[444] Vgl. nur BVerfG NJW **2001**, 594, 595 (Willy Brandt); BVerfGE **101**, 361, 387 (Caroline von Hannover); BVerfG NJW **2001**, 2320, 2321 (DNA-Identitätsfeststellungsgesetz). Diese Rspr. übersieht *Schmelz*, JA **2005**, 836, 837, der beim allgemeinen Persönlichkeitsrecht von einem vorbehaltlos gewährten Grundrecht ausgeht.

[445] BVerfG NJW **2001**, 2320, 2321. Vgl. auch *Satzger*, JZ **2001**, 639 ff. Die nach § 3 S. 3 DNA-IFG zu treffende Entscheidung über das Vorliegen der Voraussetzungen des § 81g I StPO unterliegt keinem Richtervorbehalt (LG Hamburg NJW **2001**, 2563).

[446] Vgl. dazu BVerwG NJW **2004**, 2462, 2463 (Herausgabe von Stasi-Akten über Helmut Kohl).

einer Person bestehen.[447] Bei der Erfassung von personenbezogenen Daten aus einem privaten PC oder Mobiltelefon müssen der Tatverdacht dringend sein und der Verhältnismäßigkeitsgrundsatz streng gehandhabt werden, um den Eingriff in das Grundrecht der informationellen Selbstbestimmung zu rechtfertigen.[448]

**278a** Bei Eingriffen **privater Dritter** muss eine praktische Konkordanz hergestellt werden zwischen den Grundrechten des Eingreifenden und dem Recht auf informationelle Selbstbestimmung des Belasteten. Nach der bisherigen Rspr. des BVerfG müssen das Grundrecht auf Meinungs- bzw. Presse-, aber auch Kunstfreiheit auf Seiten des Eingreifenden sowie das Informationsinteresse der Öffentlichkeit (jeweils Art. 5 I oder III GG) einerseits mit dem Recht auf informationelle Selbstbestimmung des Betroffenen andererseits gegeneinander und untereinander abgewogen werden. Hierzu (aber auch hinsichtlich Eingriffe durch staatliche Maßnahmen) hatte das BVerfG seinerzeit die sog. **Sphärentheorie** entwickelt. Danach unterteilt sich der Lebensbereich des Einzelnen in drei Sphären:

**279** ▪ Die **Intimsphäre** kennzeichnet den unantastbaren Bereich der Persönlichkeit. Dieser Bereich ist jeglicher öffentlichen Gewalt (und Eingriffen Privater) verschlossen.[449] Die Intimsphäre ist der Wesensgehalt des allgemeinen Persönlichkeitsrechts. Eine Abwägung mit den Interessen des Eingreifenden bzw. der Öffentlichkeit findet daher nicht statt.

**280** ▪ Die **Privatsphäre** kennzeichnet den engeren persönlichen Lebensbereich, insbesondere innerhalb der Familie. Eingriffe in die Privatsphäre zugunsten der Öffentlichkeit sind unter strengen Voraussetzungen, die an den Verhältnismäßigkeitsgrundsatz gestellt werden, zulässig. So ist z.B. dem Interesse an der Strafverfolgung und vollständigen Sachverhaltsermittlung ein höheres Gewicht beizumessen als den Geheimhaltungsbelangen im Bereich gewerblicher Betätigung.

**281** ▪ Die dritte Sphäre ist die **Sozial- oder Öffentlichkeitssphäre**. Mit dieser Sphäre ist das Ansehen des Einzelnen in der Gesellschaft gemeint. Wegen des Bezugs nach außen sind Eingriffe unter weniger strengen Voraussetzungen zulässig.

**282** Da die Sphärentheorie letztlich nichts anderes darstellt wie der Versuch einer Kategorisierung des allgemeinen Grundsatzes des Verhältnismäßigkeit und daher aufgrund ihrer Starrheit nicht flexibel genug auf atypische Konstellationen reagieren kann, unterscheidet das BVerfG[450] neuerdings nicht mehr ausdrücklich zwischen den Sphären, sondern stellt vielmehr darauf ab, ob die fragliche Maßnahme[451] in den unantastbaren Kernbereich des allgemeinen Persönlichkeitsrechts eingreift oder dem Bereich des privaten Lebens zuzuordnen ist, bei dem ein Eingriff unter bestimmten Voraussetzungen zulässig ist. Dazu hat das Gericht folgende Kriterien aufgestellt:

▪ Zunächst ist danach zu fragen, ob der Betroffene überhaupt einen **Geheimhaltungswillen** gebildet hat, denn willigt er in den Eingriff in sein Persönlichkeitsrecht ein, ist eine Verletzung desselben ausgeschlossen.

---

[447] BVerfG NJW **2006**, 1939, 1941 f.

[448] BVerfGE **115**, 166, 183 ff.

[449] BVerfGE **6**, 32, 41 (Elfes); **35**, 202, 220 (Soldatenmord von Lebach); **80**, 367, 373 f. (Verwertung tagebuchähnlicher Aufzeichnungen). Vgl. auch LG München I NJW **2004**, 617, 618, zum Unterlassungs- und Schmerzensgeldanspruch wegen ungenehmigter Veröffentlichung von Nacktaufnahmen.

[450] Vgl. BVerfG NJW **2006**, 2836, 2837 (Veröffentlichung von Luftbildaufnahmen von Feriendomizilen Prominenter); BVerfG NJW **2005**, 3271 ff. (Vorstandsvorsitzender der Telekom AG); **2001**, 594, 595 (Willy-Brandt-Gedenkmünze); BVerfGE **101**, 361 ff. (Caroline von Hannover). Vgl. auch BGH NJW **2002**, 2317.

[451] Etwa – bei Maßnahmen der Staatsanwaltschaft oder der Polizei – insb. die Datenerhebung nach der StPO oder den Polizeigesetzen oder – bei Maßnahmen durch private Dritte – das Urteil des Fachgerichts, das über das Verhalten des privaten Dritten zu entscheiden hatte.

- Nur wenn *keine* Einwilligung vorliegt, ist in einem zweiten Schritt danach zu fragen, ob in den **Kernbereich** oder lediglich in den **Randbereich** des allgemeinen Persönlichkeitsrechts eingegriffen worden ist.

- Ist in den **Kernbereich** des allgemeinen Persönlichkeitsrechts eingegriffen worden, folgt daraus die Rechtswidrigkeit des Eingriffs.

- Ist dagegen lediglich in den Randbereich eingegriffen worden, findet eine **Abwägung** statt. Regelmäßig bedarf es einer **praktischen Konkordanz** zwischen den Grundrechten des Eingreifenden (insbesondere Art. 5 I und 5 III GG) und denen des Betroffenen (Art. 2 I i.V.m. 1 I GG).[452]

**Beispiele:**

283

**(1)** Die Erhebung von personenbezogenen **Daten aus einem privaten PC oder Mobiltelefon** durch die Staatsanwaltschaft oder Polizei wegen des Verdachts, dort Beweise für eine Straftat zu finden, ist nur dann gerechtfertigt, wenn ein dringender Tatverdacht besteht und – wegen der Bedeutung des allgemeinen Persönlichkeitsrechts – der Grundsatz der Verhältnismäßigkeit in besonderer Weise beachtet wird.[453] Speziell zur **Online-Durchsuchung** von Computern vgl. Rn 734d sowie Rn 864 ff.

**(2)** Die Feststellung, Speicherung und (künftige) Verwendung des DNA-Identifizierungsmusters („**genetischer Fingerabdruck**") greifen in das Recht auf informationelle Selbstbestimmung ein. Rechtsgrundlage für diese Maßnahmen ist § 2 DNA-Identitätsfeststellungsgesetz i.V.m. § 81g StPO. Bei deren Anwendung und Auslegung müssen die Gerichte eine Abwägung vornehmen zwischen dem öffentlichen Interesse an der Erleichterung der Aufklärung künftiger Straftaten und dem allgemeinen Persönlichkeitsrecht des Betroffenen. Verfassungsgemäß ist die Anordnung der Maßnahme nach § 2 DNA-IdentitätsfeststellungsG nur dann, wenn wegen der Art oder Ausführung der bereits abgeurteilten Straftat, der Persönlichkeit des Verurteilten oder sonstiger Erkenntnisse, Grund zu der Annahme besteht, dass gegen ihn künftig erneut Strafverfahren wegen Straftaten von erheblicher Bedeutung zu führen sind. Dabei entbindet das Vorliegen eines Regelbeispiels i.S.v. § 81g I StPO nicht in jedem Fall von einer einzelfallbezogenen Prüfung der Erheblichkeit der Straftat. Diese Einzelfallentscheidung setzt auf jeden Fall eine Sachverhaltsaufklärung voraus.[454]

**(3)** Bei der Herausgabe von **Stasi-Unterlagen** muss die Behörde eine Einzelfallabwägung vornehmen zwischen dem Interesse der Öffentlichkeit an der Aufarbeitung der Stasi-Vergangenheit, die auch vom Einigungsvertrag vorgesehen ist, und dem Persönlichkeitsrecht desjenigen, dessen Daten in den Unterlagen vorhanden sind. Würde die Herausgabe dessen Persönlichkeitsrecht verletzen, ist sie zu unterlassen. Bei Personen der Zeitgeschichte ist aber zunächst die Grundrechtsberechtigung zu prüfen und bspw. zu verneinen, wenn die betreffende Person ausschließlich in ihrer Funktion als Staatsorgan oder Teil eines solchen betroffen ist (Rn 273 Bsp. 4). Ist die Person aber als Privatperson betroffen und somit Grundrechtsträger, überwiegt nach richtiger Auffassung im Zweifel das Öffentlichkeitsinteresse.[455]

**(4)** Sofern eine entsprechende Befugnis besteht (vgl. etwa § 36 i BremPolG), darf die Polizei von öffentlichen und nichtöffentlichen Stellen die Übermittlung personenbezogener Daten von Personen, die bestimmte (Prüfungs-)Merkmale erfüllen, zum

---

[452] Vgl. zu dieser Abwägung auch BGH NJW **2005**, 2844; **2005**, 592 f.; **2005**, 497 f.; NJW **2004**, 596 f. (aufgehoben von BVerfG NJW **2005**, 3271 ff.). Vgl. auch *Wanckel*, NJW **2006**, 578 f.
[453] BVerfGE **115**, 166, 183 ff. In diesem Fall erklärte das BVerfG eine entsprechende Maßnahme, die auch noch richterlich angeordnet wurde, für rechtswidrig. Es erstaunt schon sehr, wie sorglos die Strafverfolgungsbehörde mit den Grundrechten des Bürgers umging.
[454] BVerfG NJW **2001**, 2320, 2321. Vgl. auch *Satzger*, JZ **2001**, 639 ff.
[455] Vgl. nach der Änderung des Stasi-Unterlagengesetzes am 1.8.2002 BVerwG NJW **2004**, 2462, 2463 (Herausgabe von Stasi-Akten über Helmut Kohl).

Zwecke des Abgleichs mit anderen Datenbeständen verlangen, soweit dies (nach § 36 i BremPolG:) „zur Abwehr einer (gegenwärtigen) Gefahr für den Bestand oder die Sicherheit des Bundes oder eines Landes, für Leib, Leben oder Freiheit einer Person oder zur Verhütung einer Straftat von erheblicher Bedeutung erforderlich ist" (**Rasterfahndung**). Wegen des damit verbundenen Eingriffs in das Recht auf informationelle Selbstbestimmung als Element des allgemeinen Persönlichkeitsrechts versteht sich von selbst, dass (z.B. gem. § 36 i BremPolG) die Rasterfahndung nur dann angeordnet werden darf, wenn die Abwehr der gegenwärtigen Gefahr – dem Grundsatz der Verhältnismäßigkeit entsprechend – auf andere Weise weniger Erfolg versprechend oder nicht möglich wäre. Da derartige Bestimmungen aber keine hinreichende Einschränkung hinsichtlich des Verdächtigenkreises enthalten, somit also auch den Datenabgleich von völlig unbeteiligten (und unverdächtigen) Personengruppen zulassen, stellt sich die Frage, ob sie nicht zu weit gefasst sind und sich damit als **verfassungswidrig** erweisen. Nach der hier vertretenen Auffassung sind die Befugnisnormen aber der **verfassungskonformen Auslegung** zugänglich mit dem Ergebnis, dass sich die Frage nach der Rechtmäßigkeit/Rechtswidrigkeit auf die konkrete Einzelmaßnahme konzentriert[456] und von den Verwaltungsgerichten beantwortet werden muss. Freilich hat dies zur Folge, dass zum Teil gegensätzliche Urteile gesprochen wurden bzw. werden.[457]

**(5)** Der Schutz von Meinungsäußerungen, die sich als **Schmähkritik** Dritter darstellen, tritt regelmäßig hinter den Persönlichkeitsschutz des Betroffenen zurück. Im Einzelfall ist sogar die Gewährung eines Schmerzensgeldes (aus § 823 I BGB i.V.m. § 253 II BGB) möglich bzw. – sofern ein kommerzieller Schaden entsteht – ein Schadensersatzanspruch (aus § 823 I BGB), wenn diese vermögenswerten Bestandteile des Persönlichkeitsrechts schuldhaft und in schwerwiegender Weise verletzt werden.[458]

**(6)** Geht es um das allgemeine Persönlichkeitsrecht **Prominenter**, das durch die Berichterstattung in der Presse beeinträchtigt wird, ist es nach der Rspr. des BVerfG nicht zu beanstanden, wenn das Fachgericht bei der Gewichtung der betroffenen Grundrechte tendenziell den Vorrang des Art. 5 I und III GG auf Seiten des Berichterstatters annimmt und das Ergebnis seiner Abwägung damit begründet, der in seinem Grundrecht auf informationelle Selbstbestimmung betroffene Prominente habe bereits vor der in Frage stehenden Veröffentlichung sein Privatleben durch eine von ihm geförderte und gebilligte Berichterstattung der Allgemeinheit eröffnet.[459] Freilich ist diese Auffassung mit der Rspr. des EGMR nicht vereinbar, vgl. dazu Rn 285. Erfreulicherweise hat nun der BGH die Rechtsauffassung des EGMR nicht nur formal, sondern auch inhaltlich in die Abwägung zwischen den widerstreitenden Grundrechtspositionen einfließen lassen.[460]

**(7)** Von besonderem Interesse ist auch das **Recht am eigenen Bild**. Die Problematik hat ihren Ursprung im 19. Jahrhundert, als Paparazzi 1898 den verstorbenen Otto von Bismarck fotografierten. Das Reichsgericht verbot die Verbreitung der Bilder, stützte seine Entscheidung aber nicht auf das allgemeine Persönlichkeitsrecht, sondern auf den von den Journalisten begangenen Hausfriedensbruch.[461] Auch

---

[456] Wie hier nun auch BVerfG NJW **2006**, 1939 ff. hinsichtlich § 31 NRWPolG,

[457] Zur Rasterfahndung vgl. ausführlich *R. Schmidt*, BesVerwR II, Rn 376 ff.

[458] Vgl. OLG Hamm NJW-RR **2001**, 1622; BGH NJW **1995**, 861, 852 f. (Caroline von Hannover). Zum Begriff der Schmähkritik vgl. auch BVerfG NJW-RR **2000**, 1712 (Bezeichnung der Deutschen Unitarier als „Multifunktionäre mit einschlägiger brauner Sektenerfahrung"); BVerfG NJW **1991**, 95 ff. (Schmähkritik/Strauß) und NJW **1999**, 204 (Verunglimpfung des Staates). Zur Frage, inwieweit Satire eine Verletzung des Persönlichkeitsrechts darstellen kann, vgl. BVerfG NJW **2002**, 3767 f. mit Bespr. v. *Hufen*, JuS **2003**, 608 f.

[459] Vgl. BVerfG NJW **2006**, 2838 (Veröffentlichung von Luftbildaufnahmen von Feriendomizilen Prominenter). Anders aber die Parallelentscheidung BVerfG NJW **2006**, 2836, 2837.

[460] BGH NJW **2007**, 1977 ff. und NJW **2007**, 1981 ff. (Caroline und Ernst August von Hannover). Kritisch dazu *Hager*, JA **2007**, 647 ff.

[461] Vgl. RGZ **45**, 170, 173 (Bismarck).

nach dieser Entscheidung wurde ein allgemeines Persönlichkeitsrecht vom Reichsgericht nicht anerkannt.[462] Heute ist der Bildnisschutz als spezielles Persönlichkeitsrecht einfachgesetzlich in §§ 22, 23 Kunsturhebergesetz (KUG) geregelt (mit der Strafbarkeit nach § 33 KUG). Dieses Gesetz stellt ein Gesetz i.S.d. des Schrankenvorbehalts des Art. 2 I GG dar, der, wie bereits erwähnt, auch auf das allgemeine Persönlichkeitsrecht anwendbar ist. Die Auslegung und Anwendung des KUG haben aber stets vor dem Hintergrund verfassungsrechtlicher Vorgaben zu erfolgen. So ist bei widerstreitenden Interessen (etwa das allgemeine Persönlichkeitsrecht auf der einen, die Pressefreiheit oder die Kunstfreiheit auf der anderen Seite) stets eine Abwägung vorzunehmen. Der Konflikt ist dann – weil es sich in dieser Konstellation um eine privatrechtliche Streitigkeit handelt – über die Ausstrahlungswirkung der Grundrechte und über die Figur der praktischen Konkordanz zu lösen.

Zum **Kunsturhebergesetz:** Nach § 22 KUG dürfen Bildnisse grds. nur mit Einwilligung des Abgebildeten verbreitet oder öffentlich zur Schau gestellt werden. Etwas anderes gilt für Personen der Zeitgeschichte. Deren Bildnisse dürfen ohne Einwilligung verbreitet werden (§ 23 I Nr. 1 KUG), es sei denn, durch die Abbildung werden berechtigte Interessen der abgebildeten Person verletzt (§ 23 II KUG).[463] Mit dieser Systematik (Regel – Ausnahme – Gegenausnahme) ordnet das Gesetz zwar eine Abwägung im Einzelfall an, es geht jedoch von einem grundsätzlichen Vorrang des Rechts auf Bild- und Berichterstattung vor dem Persönlichkeitsrecht aus.[464]

(8) Zum von einem als Vater geltenden Mann heimlich eingeholten **DNA-Vaterschaftstest** vgl. Rn 273 Bsp. 7.

Fraglich ist, ob die bisherige Rspr. des BVerfG zur Abwägung des allgemeinen Persönlichkeitsrechts des Betroffenen mit den Grundrechten des eingreifenden Privaten (insbesondere Art. 5 I, III GG) vor dem Hintergrund der Rspr. des **Europäischen Gerichtshofs für Menschenrechte** (EGMR) noch Geltung beanspruchen kann. Mit Urteil vom 24.6.2004 hat der EGMR nämlich entschieden, dass die Rspr. der deutschen Gerichte einschließlich des BVerfG zum allgemeinen Persönlichkeitsrecht in großen Teilen gegen Art. 8 EMRK (Recht auf Achtung des Privat- und Familienlebens) verstoße.[465]   **284**

Der Entscheidung des EGMR lag folgender **Sachverhalt** zugrunde: Seit Beginn der 90er Jahre versuchte Caroline von Monaco (bzw. Caroline von Hannover) in verschiedenen Ländern Europas - oftmals unter Einschaltung der Gerichte - gegen die Boulevardpresse vorzugehen, um die Veröffentlichung von Fotografien aus ihrem Privatleben (Einkäufe mit   **285**

---

[462] Vgl. RGZ **113**, 413, 414 (Der Tor und der Tod); anerkannt aber von BGHZ **13**, 334, 338 (Leserbrief).

[463] Ob es sich um ein Bildnis aus dem Bereich der Zeitgeschichte handelt, muss unter Bezug auf die dargestellte Person (ihren Bekanntheitsgrad, Stellung in der Gesellschaft etc.) und unter Berücksichtigung des Informationsinteresses der Öffentlichkeit nach dem Verständnis des Durchschnittspublikums beantwortet werden (BVerfG NJW **2001**, 594, 595; BVerfG NJW **2000**, 1026; BGH NJW **2004**, 596 f.; BGH NJW **2002**, 2317, 2318). So werden Personen als Personen der Zeitgeschichte angesehen, die aus der Masse der Mitmenschen herausragen und deswegen dauerhaft im Blickpunkt der Öffentlichkeit stehen. Die Rechtsprechung hat dies bei Politikern (Willy Brandt), Sportlern (Boris Becker, Franz Beckenbauer), Schauspielern (Joachim Fuchsberger, E. Wepper), Musikern (Bob Dylan), Adligen (Caroline von Hannover) und hohen Persönlichkeiten der Wirtschaft (Vorstandsvorsitzender der Deutschen Telekom AG) angenommen. Vgl. in der genannten Reihenfolge BVerfG NJW **2001**, 594, 595 (Willy-Brandt-Gedenkmünze); OLG Frankfurt AfP **1988**, 62 (Bucheinband); BGH NJW **1979**, 2203 (Fußballkalender); BGH NJW **1992**, 2084 (Brillenwerbung); BVerfG NJW **2000**, 1026 (E. Wepper); BGH NJW **1997**, 1152 (Bob Dylan); BVerfGE **101**, 361 und BGH NJW **2007**, 1977/1981 (jeweils Caroline und Ernst August von Hannover); BGH NJW **2004**, 596 f. (Vorstandsvorsitzender der Telekom AG - aufgehoben von BVerfG NJW **2005**, 3271 ff.).

[464] Vgl. BGH NJW **2007**, 1977 ff. und NJW **2007**, 1981 ff. (Caroline und Ernst August von Hannover). Kritisch dazu *Hager*, JA **2007**, 647 f. Zur Verfassungsmäßigkeit der §§ 22 f. KUG vgl. BVerfG NJW **2001**, 594, 595; BVerfGE **101**, 361, 387. Zur Frage, ob die grundsätzliche „pressefreundliche" Prädetermination mit Art. 8 EMRK vereinbar ist, vgl. Rn 284 f.

[465] EGMR NJW **2004**, 2647 ff. (Caroline von Hannover). Zur Rechtsnatur und zum Rang der EMRK vgl. Rn 4.

der Familie etc.) zu verhindern. Wiederholt hatte sie auch die deutschen Gerichte angerufen, damit diese jede weitere Veröffentlichung einer Reihe von Fotos untersagen, die in den neunziger Jahren in den deutschen Zeitschriften Bunte, Freizeit Revue und Neue Post veröffentlicht wurden. Als sie selbst vor dem BVerfG teilweise unterlag, klagte sie vor dem EGMR. Sie begründete ihre Klage damit, dass durch die Veröffentlichungen der Fotos und der sie stützenden Gerichtsentscheidungen ihr Recht auf Achtung ihres Privatlebens und ihr Recht am eigenen Bild verletzt würden.

Der EGMR nahm zunächst Bezug auf das Grundsatzurteil des **BVerfG** vom 15.12.1999[466], bei dem dieses befand, dass eine Abwägung zwischen dem allgemeinen Persönlichkeitsrecht der Beschwerdeführerin einerseits und der Pressefreiheit des Zeitschriftenverlags andererseits zu treffen sei. Die Zivilgerichte – so das BVerfG – hätten sich dabei auf die Vorschriften der §§ 22 und 23 KUG zu stützen. Nach § 22 KUG dürften Bildnisse grds. nur mit Einwilligung des Abgebildeten verbreitet oder öffentlich zur Schau gestellt werden. Von diesem Grundsatz nehme § 23 I KUG u.a. Bildnisse aus dem Bereich der Zeitgeschichte aus (Nr. 1). Für diese vermute das Gesetz ein das allgemeine Persönlichkeitsrecht überwiegendes Berichterstattungsinteresse, wenn das Bild zu Werbezwecken für ein bestimmtes Produkt oder eine bestimmte Marke eingesetzt werde. Dies gelte gem. § 23 II KUG wiederum nicht für eine Verbreitung, durch die ein berechtigtes Interesse des Abgebildeten verletzt werde. Mit diesem abgestuften Schutzkonzept trage die Regelung sowohl dem Schutzbedürfnis der abgebildeten Person als auch den Informationswünschen der Öffentlichkeit und den Interessen der Medien, die diese Wünsche befriedigen, ausreichend Rechnung. §§ 22 und 23 KUG seien – so das BVerfG – daher verfassungsgemäß.

Nach der Rspr. des BVerfG ist also eine einzelfallbezogene Abwägung zwischen der Pressefreiheit des Zeitschriftenverlags und dem Persönlichkeitsrecht der Caroline von Monaco vorzunehmen, freilich mit der Tendenz des Vorrangs der Pressefreiheit.

Gerade gegen die „pressefreundliche" Grundhaltung des BVerfG und der deutschen Fachgerichte hat sich der EGMR gewandt und – gemessen am Prüfungsmaßstab des Art. 8 EMRK – den deutschen Gerichten eine Menschenrechtsverletzung attestiert. Er hat entschieden, dass eine Abwägung zwischen dem Schutz des Privatlebens, auf den auch eine Person der Zeitgeschichte Anspruch habe, und der durch Art. 10 EMRK garantierten Freiheit der Meinungsäußerung vorzunehmen sei.

Die Freiheit der Meinungsäußerung gelte zwar auch für die Veröffentlichung von Fotos, doch in diesem Bereich komme dem Schutz des guten Rufs und der Rechte anderer besondere Bedeutung zu, da es hier nicht um die Verbreitung von „Ideen" gehe, sondern von Bildern, die sehr persönliche oder sogar intime Informationen über einen Menschen enthielten. Außerdem würden die in der Boulevardpresse veröffentlichten Fotos oftmals unter Bedingungen gemacht, die einer ständigen Belästigung gleichkämen und von der betroffenen Person als Eindringen in ihr Privatleben, wenn nicht sogar als Verfolgung empfunden würden. Daher bestehe ein grundsätzlicher Vorrang des Schutzes des Privatlebens vor der Freiheit der Meinungsäußerung auf Seiten der Boulevardpresse. Etwas anderes komme nur in Betracht, wenn ein besonderes Informationsinteresse der Öffentlichkeit bestehe, was jedoch gerade hinsichtlich des Privatlebens i.d.R. nicht bestehe.

Im vorliegenden Fall handele es sich um Fotos aus dem rein privaten Leben der Beschwerdeführerin. Zudem seien die Fotos ohne deren Wissen und Einwilligung und zuweilen auch heimlich gemacht worden. Diese Fotos hätten nicht als Beitrag zu einer Debatte von allgemeinem öffentlichem Interesse angesehen werden können, da die Beschwerdeführerin dabei kein öffentliches Amt ausgeübt habe und die strittigen Fotos und Artikel ausschließlich Einzelheiten ihres Privatlebens betroffen hätten.

Zwar möge die Öffentlichkeit ein Recht darauf haben, informiert zu werden, dieses Recht könne sich jedoch nicht auf das Privatleben von Persönlichkeiten des öffentlichen Lebens erstrecken. Die Öffentlichkeit könne kein legitimes Interesse daran geltend machen, zu

---

[466] BVerfGE **101**, 361 ff. (*1. Senat*).

erfahren, wo Caroline von Monaco sich aufhalte und wie sie sich allgemein in ihrem Privatleben verhalte, auch wenn sie sich an Orte begebe, die nicht immer als abgeschieden bezeichnet werden könnten, und auch wenn sie eine weithin bekannte Persönlichkeit sei. Und selbst wenn ein solches Interesse der Öffentlichkeit bestehe, ebenso wie ein kommerzielles Interesse der Zeitschriften, die die Fotos und die Artikel veröffentlichen, hätten diese Interessen im vorliegenden Fall hinter dem Recht der Beschwerdeführerin auf wirksamen Schutz ihres Privatlebens zurückzutreten müssen.

Aufgrund der grundlegenden Bedeutung, die dem Schutz des Privatlebens für die Selbstentfaltung jedes Einzelnen zukomme, dürfe jede Person, auch wenn es sich um eine Persönlichkeit des öffentlichen Lebens handele, die „legitime Erwartung" hegen, dass ihr Privatleben geschützt und geachtet werde. Die von den innerstaatlichen Gerichten aufgestellten und vom BVerfG gestützten Kriterien zur Unterscheidung zwischen einer „absoluten" Person der Zeitgeschichte und einer „relativen" Person reichten nicht aus, um einen wirksamen Schutz des Privatlebens der Beschwerdeführerin zu gewährleisten.

Angesichts dessen sei – trotz des Ermessensspielraums des Staates auf diesem Gebiet – festzuhalten, dass die widerstreitenden Interessen nicht in gerechter Weise gegeneinander abgewogen worden seien. Art. 8 EMRK sei daher verletzt worden.[467]

**Bewertung:** Ohne Einwilligung aufgenommene Fotos von Prominenten, die deren Privatleben zeigen, sind nach dem Urteil des EGMR unzulässig, weil die Öffentlichkeit kein schutzwürdiges Interesse an Informationen über das Privatleben Prominenter einschließlich Personen der Zeitgeschichte geltend machen könne. Einer Abwägung, wie sie bislang insbesondere vom BVerfG und den deutschen Fachgerichten vorgenommen wurde, ist damit – aus Sicht des EGMR – praktisch der Boden entzogen.[468] Zwar ändert die Entscheidung des EGMR nichts an der Rechtskraft der zuvor ergangenen Entscheidungen von BGH und BVerfG (eine § 359 Nr. 6 StPO vergleichbare Vorschrift kennt die ZPO nicht). Allerdings müsste man annehmen, dass die nationalen Gerichte nunmehr ihre Rechtsauffassung ändern. Denn dadurch, dass das BVerfG bisher stets betont hat, dass die EMRK und die Rechtsprechung des EGMR bei der Auslegung der Grundrechte des Grundgesetzes zu beachten seien und dass die EMRK von allen staatlichen Behörden und Gerichten einschließlich des BVerfG anzuwenden sei[469], würde es sich in Widerspruch zu dieser selbst bekundeten Verpflichtung setzen, wenn es sich in zukünftigen Entscheidungen nicht mehr an die EMRK und die Rechtsprechung des EGMR gebunden fühlte.

Doch schon kurz nach Veröffentlichung der Entscheidung des EGMR hatte das BVerfG Gelegenheit, sich zu dieser Rechtsprechung zu äußern. Hinsichtlich der Bindungswirkung von Urteilen des EGMR hat es entschieden, dass Urteile des EGMR von deutschen Behörden und Gerichten zwar „angemessen zu berücksichtigen" und „schonend" in die nationale Rechtsordnung einzupassen seien, jedoch **kein zwingendes** Recht darstellten und daher für deutsche Gerichte nicht bindend seien.[470]

Damit missachtet das BVerfG die (immerhin auch von der Bundesrepublik ratifizierte) völkerrechtliche Regelung des Art. 46 I EMRK, wonach die vertragsschließenden Staaten verpflichtet sind, die Urteile des EGMR zu verfolgen.[471]

Letztlich geht es um eine Machtfrage, die aus der zunehmenden Verschränkung der Zuständigkeiten von nationalen und supranationalen Gerichten resultiert. Ein Kompetenzge-

---

[467] EGMR NJW **2004**, 2647, 2649 f.
[468] Wie hier nun auch *Lenski*, NVwZ **2005**, 50 ff. Demgegenüber beharrt der *1. Senat* des BVerfG auch noch nach der Entscheidung des EGMR auf seine Rechtsauffassung, dass bei einer Kollision zwischen dem allgemeinen Persönlichkeitsrecht eines Prominenten und den Grundrechten des Berichterstatters tendenziell Letzterem der Vorrang gebühre (vgl. BVerfG NJW **2006**, 2836, 2837 und 2838 – dazu Rn 283 Bsp. 6).
[469] Vgl. BVerfGE **63**, 343, 373; **75**, 1, 19; **82**, 106, 115.
[470] BVerfG NJW **2004**, 3407, 3408 f. (*2. Senat*). Vgl. auch BVerfG NVwZ **2007**, 808 ff. (*1. Senat*).
[471] Bezeichnend ist, dass nunmehr die *3. Kammer* des *1. Senats* des BVerfG (NJW **2005**, 1105, 1106) eine Entscheidung des *14. Senats* des OLG Naumburg, der einem Vater den Umgang mit seinem leiblichen Kind versagte, gerade mit dem Argument beanstandet hat, das OLG habe die Bindungswirkung der Urteile des EGMR missachtet. Vgl. dazu ausführlich auch *R. Schmidt*, Staatsorganisationsrecht, Rn 760b.

rangel, das übrigens der deutsche Gesetzgeber mit zu verantworten hat, indem er die EMRK im Jahre 1950 ratifizierte. Jedenfalls dürfte die Problematik einen Vorgeschmack darauf gegeben haben, welches Kompetenzgerangel und Machtgehabe zwischen innerstaatlichen und europäischen Organen einschließlich der Gerichte mit der fortschreitenden Europäisierung verbunden ist.

Umso erfreulicher ist es, dass nunmehr der **BGH** die Rechtsprechung des EGMR auch inhaltlich aufgreift und entsprechend umsetzt, indem er dem Interesse der Boulevardpresse und von deren Lesern an bloßer Unterhaltung im Vergleich zum Schutz der Persönlichkeit auch von Personen der Zeitgeschichte ein nur geringes Gewicht beimisst und damit die gesetzliche Vermutung der §§ 22, 23 KUG umkehrt, d.h. die Regelung des § 23 I Nr. 1 KUG eng und die des § 23 II KUG i.S.d. Art. 8 EMRK weit auslegt.[472]

Geht es indes nur um eine **rein kommerziell** geprägte Veröffentlichung von Bildnissen (etwa in Werbespots), ist selbst nach dem BVerfG zu beachten, dass der Grundrechtsträger des allgemeinen Persönlichkeitsrechts (bzw. nach dessen Ableben die Erben, weil insbesondere die kommerziellen Aspekte des allgemeinen Persönlichkeitsrechts vererbbar sind) i.d.R. ein Art. 5 I übergeordnetes Interesse hat. Die Werbewirtschaft kann sich daher i.d.R. nicht auf § 23 I Nr. 1 KUG stützen, sondern muss die Einwilligung des Grundrechtsträgers (bzw. von dessen Erben, vgl. § 22 S. 3 KUG) einholen (besser „erkaufen").[473]

> **Fazit:** Auch Personen der Zeitgeschichte haben ein Recht auf Privatsphäre. Die Bildveröffentlichung ist nur mit einem konkreten Informationsinteresse der Allgemeinheit zu begründen. Fotos aus dem Alltagsleben (Urlaub, Geburtstagsfeier, Vermietung der Ferienvilla etc.) sind nicht von allgemeinem Interesse, soweit sie nicht ausnahmsweise Bezug zu einem zeitgeschichtlichen Ereignis aufweisen. Bei einer bloßen Wortberichterstattung mag dies anders sein. Stehen rein kommerzielle Interessen im Raum, genießen das allgemeine Persönlichkeitsrecht und seine besonderen Erscheinungsformen wie das Recht am eigenen Bild i.d.R. den Vorrang gegenüber den Interessen der Werbewirtschaft. Diese darf daher i.d.R. nicht erlaubnisfrei Bildnisse zu Werbezwecken für eigene Produkte verwenden, sondern bedarf der Einwilligung des Grundrechtsträgers bzw. von dessen Erben.

## 4. Konkurrenz zu anderen Grundrechten

286 Im Hinblick auf den Schutz der Privatsphäre ist das Grundrecht neben anderen Grundrechten parallel anwendbar. Lediglich die Abgrenzung zum Brief-, Post- und Fernmeldegeheimnis sowie zur Unverletzlichkeit der Wohnung stellt sich als nicht eindeutig dar.

Im **Beispiel** 2 von Rn 266 ist zunächst eindeutig, dass das Grundrecht auf informationelle Selbstbestimmung und das **Wohnungsgrundrecht** selbstständig nebeneinander stehen (sog. Idealkonkurrenz). Das gilt insbesondere dann, wenn die Daten in einer Wohnung oder aus einer Wohnung heraus erhoben werden (etwa durch Wanzen, Richtmikrofone etc. im Rahmen sog. „Lauschangriffen"). Unklar ist jedoch das Verhältnis zwischen dem Grundrecht auf informationelle Selbstbestimmung und dem **Fernmeldegeheimnis** (Telekommunikationsgrundrecht). Es stellt sich die Frage, ob die Durchsuchung der Polizei, die zielgerichtet und ausdrücklich die Sicherstellung von Datenträgern (PC, Mobiltelefon etc.), auf denen Telekommunikationsverbindungsdaten gespeichert sein sollen, bezweckt, nur in das Recht auf informationelle Selbstbestimmung oder auch bzw. ausschließlich in das Telekommunikationsgrundrecht eingreift.

Das BVerfG hat entschieden, dass die nach Abschluss des Übertragungsvorgangs im Herrschaftsbereich des Kommunikationsteilnehmers gespeicherten Verbindungsdaten

---

[472] BGH NJW **2007**, 1977 ff.; NJW **2007**, 1981 ff. (Caroline und Ernst August von Hannover). Kritisch dazu *Hager*, JA **2007**, 647 f. Vgl. auch Rn 517.
[473] Vgl. BVerfG NJW **2006**, 3409 f. (Marlene Dietrich). Vgl. auch oben Rn 56.

nicht durch das Fernmeldegeheimnis, sondern durch das Recht auf informationelle Selbstbestimmung und ggf. durch das Recht auf Unverletzlichkeit der Wohnung geschützt seien. Der Schutz des Fernmeldegeheimnisses ende in dem Moment, in dem die Nachricht bei dem Empfänger angekommen und der Übertragungsvorgang beendet sei. Während für den Kommunikationsteilnehmer keine technischen Möglichkeiten vorhanden seien, das Entstehen und die Speicherung von Verbindungsdaten durch den Nachrichtenmittler zu verhindern oder auch nur zu beeinflussen, änderten sich die Einflussmöglichkeiten, wenn sich die Daten in der Sphäre des Teilnehmers befänden. Der Nutzer könne sich bei den seiner Verfügungsmacht unterliegenden Geräten gegen den unerwünschten Zugriff Dritter durch vielfältige technische Vorkehrungen schützen. Insoweit bestehe eine Vergleichbarkeit mit den sonst in der Privatsphäre des Nutzers gespeicherten Daten. Die spezifischen Risiken eines der Kontroll- und Einwirkungsmöglichkeit des Teilnehmers entzogenen Übertragungsvorgangs, denen Art. 10 I GG begegnen wolle, bestünden im Herrschaftsbereich des Kommunikationsteilnehmers nicht mehr.[474]

Daraus folgt:

- Der **Übertragungsvorgang** (das Gespräch oder die gesendete Nachricht via SMS o.ä.) ist durch das **Fernmeldegeheimnis** geschützt. Akustische Überwachungsmaßnahmen haben sich am strengen Maßstab des Art. 10 GG zu orientieren. Damit wird der besond. Schutzwürdigkeit der Telekommunikationsumstände hinreichend Rechnung getragen und die Vertraulichkeit räumlich distanzierter Kommunikation wird gewahrt.

- Nach **Beendigung des Übertragungsvorgangs** greift Art. 10 GG dagegen nicht mehr. In diesem Fall werden die in der Herrschaftssphäre des Betroffenen gespeicherten personenbezogenen Verbindungsdaten (nur noch) durch das Recht auf **informationelle Selbstbestimmung** geschützt.

Zur sog. **Online-Durchsuchung eines heimischen Computers**, bei der via Internet bestimmte Programme (Trojaner; Spyware) in einen Computer eingeschleust werden, deren Aufgabe darin besteht, Daten auszuforschen, vgl. Rn 734d und Rn 864 ff. Zur **Standortermittlung von Mobiltelefonen** vgl. Rn 734e.

Hinweis: Die Frage, ob in der jeweiligen Maßnahme ein Eingriff in das Wohnungsgrundrecht, in das Telekommunikationsgrundrecht oder (nur) in das Grundrecht der informationellen Selbstbestimmung vorliegt, ist nicht nur akademischer Natur, sondern übt Einfluss auf die verfassungsrechtliche Rechtfertigung der Maßnahme aus. Denn zum einen enthalten die genannten Grundrechte unterschiedliche Grundrechtsschranken und zum anderen sind die Prüfungsmaßstäbe unterschiedlich ausgeprägt. Daher kann es für die Frage, ob eine Maßnahme gerechtfertigt ist, entscheidend sein, welches Grundrecht betroffen ist.

Unabhängig von der soeben beschriebenen Konstellation verdrängt das allgemeine Persönlichkeitsrecht die **allgemeine Handlungsfreiheit** (Art. 2 I GG), da für diese insofern kein eigenständiger Gehalt verbleibt, der durch eine separate Grundrechtsprüfung gewürdigt werden müsste. Zur **Freiheit der Person** (Art. 2 II S. 2 GG) besteht indes eine Grundrechtskonkurrenz, sofern im Zuge des Eingriffs in das allgemeine Persönlichkeitsrecht auch die Fortbewegungsfreiheit eingeschränkt wird.

## 5. Übungsfälle

Einige Übungsfälle sollen die bisherigen Ausführungen zu Art. 2 I i.V.m. 1 I GG konkretisieren. Es handelt sich thematisch um **satirische Fotomontagen, Luftbildaufnahmen von Prominenten** sowie um **Videoüberwachungen öffentlicher Flächen**. Die Fälle stehen nebst ausformulierten Lösungen auf der Internet-Seite des Verlags unter der Rubrik Studienbücher/Grundrechte zum kostenlosen download zur Verfügung.

**287**

---

[474] BVerfGE **115**, 166, 183 ff.

# C. Recht auf Leben und körperliche Unversehrtheit – Art. 2 II S. 1 GG

**288** Art. 2 II S. 1 GG enthält zwei Grundrechte, das Recht auf Leben und das Recht auf körperliche Unversehrtheit. Beide stellen zunächst Abwehrrechte des Einzelnen gegen den Staat dar. Das BVerfG hat dies frühzeitig festgestellt, zugleich aber die Funktion der Grundrechte auf Abwehrrechte beschränkt.[475] Erst in späteren Entscheidungen hebt das Gericht die Pflicht des Staates hervor, sich schützend und fördernd vor die Grundrechte zu stellen (objektiv-rechtliche Dimension des Art. 2 II S. 1 GG).[476] Bei der Erfüllung dieser Schutzpflicht hat der Staat grundsätzlich jedoch einen weiten Spielraum.[477]

---

## Abwehrrechte des Art. 2 II S. 1 GG

### I. Schutzbereiche

⇨ **Recht auf Leben**

Zunächst statuiert Art. 2 II S. 1 GG das **Recht auf Leben**. Unter Leben ist das körperliche Dasein, d.h. die biologisch-physische Existenz, zu verstehen. Nicht geschützt ist nach h.M. die Entscheidung über das eigene Leben, der Suizid. Dieser ist aber wohl durch Art. 2 I GG geschützt.

⇨ **Recht auf körperliche Unversehrtheit**

Des Weiteren schützt das Grundrecht die **körperliche Unversehrtheit**. Es schützt zunächst vor Einwirkungen, die die menschliche Gesundheit im biologisch-physiologischen Sinn beeinträchtigen. Körperliche Unversehrtheit i.S.d. Art. 2 II S. 1 GG bedeutet also Freisein von Unfruchtbarkeit, Freisein von Schmerzen, Freisein von Verunstaltungen und Freisein von Verletzungen der körperlichen Gesundheit. Schließlich schützt es – über den Wortlaut hinaus – auch die Gesundheit im psychischen Bereich.

### II. Eingriffe in den Schutzbereich

**Eingriffe in das Leben** sind die Vollstreckung der Todesstrafe, der polizeiliche finale Rettungsschuss und die Pflicht zum Einsatz von Leben und Gesundheit in den öffentlich-rechtlichen Dienstverhältnissen der Bundeswehr, Polizei, Feuerwehr und des Katastrophenschutzes. Einen Eingriff in das Leben stellt auch die aktive Sterbehilfe dar. Das **Recht auf körperliche Unversehrtheit** wird insbesondere durch Menschenversuche, Zwangssterilisationen, durch körperliche Strafen und Züchtigungen, durch Impfzwang sowie durch strafprozessuale Eingriffe wie Blutentnahme, Liquorentnahme und die Hirnkammerluftfüllung zur Überprüfung der Zurechnungsfähigkeit beeinträchtigt. Eine Schmerzzufügung ist nicht erforderlich; vielmehr ist ein Eingriff bereits dann zu bejahen, wenn eine Gefährdung der Gesundheit vorliegt.

### III. Verfassungsrechtliche Rechtfertigung

Art. 2 II S. 1 GG ist **aufgrund eines Gesetzes** einschränkbar, vgl. Art. 2 II S. 3 GG. Das einschränkende Gesetz muss – um verfassungsmäßig zu sein – die **Schranken-Schranken** beachten. Als Schranken-Schranken wirken insbesondere die Art. 104 I S. 2 und 102 GG. Diese Vorschriften stellen spezielle Schranken-Schranken des Art. 2 II S. 1 GG dar. Schließlich sind die allgemeinen Schranken-Schranken zu beachten.

### IV. Schutzpflicht des Staates gem. Art. 2 II S. 1 GG

In Parallele zu dem Recht auf Leben leitet die Rspr. aus der Garantie der körperlichen Unversehrtheit über die Abwehrfunktion hinaus aus diesem Grundrecht eine objektive **Schutzverpflichtung** – bspw. das Drogenverbot oder die Verpflichtung zur Verhängung eines Rauchverbots in öffentlichen Gebäuden – ab. Werden diese Schutzpflichten verletzt, liegt darin zugleich eine Verletzung des Art. 2 II S. 1 GG, die alle Grundrechtsträger **gerichtlich geltend machen können**. Zu beachten ist jedoch, dass dem Gesetzgeber und der Exekutivspitze ein erheblicher Einschätzungsspielraum eingeräumt ist.

---

[475] BVerfGE **1**, 97, 104 f. (Handeln des Gesetzgebers).
[476] BVerfGE **39**, 1, 4; **88**, 203, 251 ff. (jeweils Schwangerschaftsabbruch). Zum Schutz des Lebens Ungeborener nach der EMRK vgl. EuGH NJW **2005**, 727 ff.; *Groh/Lange-Bertalot*, NJW **2005**, 713 ff.
[477] BVerfGE **77**, 381, 405 (Gorleben); **79**, 174, 202 (Verkehrslärmschutz).

# I. Abwehrrechte des Art. 2 II S. 1 GG

## 1. Schutzbereich

Zunächst gewährt Art. 2 II S. 1 GG das **Recht auf Leben**.

289

> Unter **Leben** ist das körperliche Dasein, d.h. die biologisch-physische Existenz, zu verstehen.

Von Art. 2 II S. 1 GG nicht geschützt ist nach h.M. die Entscheidung über das eigene Leben, also der Suizid. Der Suizid ist aber wohl durch das Recht auf körperliche Unversehrtheit sowie durch das Recht der allgemeinen Handlungsfreiheit geschützt.

290

> **Beispiel:** Strafgefangener S tritt in den Hungerstreik. Als der Tod droht, ordnet der Anstaltsleiter die Zwangsernährung an.
>
> Hier liegt kein Eingriff in Art. 2 II S. 1 Var. 1 GG vor, wohl aber Eingriffe in Art. 2 II S. 1 Var. 2 GG (körperliche Unversehrtheit) und in Art. 2 I GG (allgemeine Handlungsfreiheit).

Des Weiteren schützt Art. 2 II S. 1 GG die **körperliche Unversehrtheit**. Dieses Grundrecht schützt zunächst vor Einwirkungen, die die menschliche Gesundheit im *biologisch-physiologischen* Sinn beeinträchtigen.[478] Körperliche Unversehrtheit i.S.d. Art. 2 II S. 1 GG bedeutet also Freisein von Unfruchtbarkeit, Schmerzen, Verunstaltungen und Verletzungen der körperlichen Gesundheit. Über den Wortlaut hinaus schützt das Grundrecht auch die Gesundheit im *psychischen* Bereich. Eine solche Erweiterung des Schutzbereichs ist aufgrund des klaren Wortlauts zwar nicht unproblematisch, aber zum einen wegen der Nähe des Grundrechts zu Art. 1 I GG, der die Wahrung der Identität und Integrität ebenfalls nicht auf den körperlichen Bereich beschränkt, konsequent. Zum anderen entspricht die Erweiterung des Schutzbereichs der Entstehungsgeschichte des Art. 2 II S. 1 GG, die die Schrecken des Nationalsozialismus vor Augen hatte, und damit auch den psychischen Terror und die seelische Folterung. Erforderlich ist aber eine Intensität, die der Zufügung von Schmerzen entspricht.[479]

291

**Träger der Grundrechte** des Art. 2 II S. 1 GG sind alle natürlichen Personen. Die Grundrechtsträgereigenschaft endet mit dem Hirntod.[480] Ob auch das werdende Leben im Mutterleib (der *nasciturus*) Träger des Grundrechts ist, wird unterschiedlich gesehen.[481] Das BVerfG hat die Frage offen gelassen. Es könne dahinstehen, ob der *nasciturus* Grundrechtsträger sei oder ob er mangels Grundrechtsträgereigenschaft „nur" von den objektiven Normen der Verfassung in seinem Recht auf Leben geschützt werde. Denn die Grundrechtsnormen enthielten nicht nur subjektive Abwehrrechte des Einzelnen gegen den Staat, sondern sie verkörperten zugleich eine objektive Wertordnung, die alle staatliche Gewalt binde. Ob und gegebenenfalls in welchem Umfang der Staat zu rechtlichem Schutz des noch ungeborenen Lebens von Verfassungs wegen verpflichtet sei, könne deshalb schon aus dem objektiv-rechtlichen Gehalt der grundrechtlichen Normen erschlossen werden.[482] Jedenfalls sei der *nasciturus* ab dem 14. Tag nach der Empfängnis (Nidation) objektiv-rechtlich dem Schutz des Art. 2 II S. 1 GG unterstellt.[483]

292

---

[478] Vgl. BVerfGE **56**, 54, 74 (Fluglärm).
[479] BVerfGE **56**, 54, 75 (Fluglärm).
[480] Kritisch *Merkel*, Jura **1999**, 113 ff.
[481] Vgl. nur *Fisahn*, ZRP **2001**, 49 ff.; *Sendler*, NJW **2001**, 2148 ff. und *Schröder*, NJW **2001**, 2144 ff.
[482] BVerfGE **39**, 1, 41 f. (Schwangerschaftsabbruch I).
[483] BVerfGE **39**, 1, 37 (Schwangerschaftsabbruch I).

## 2. Eingriff in den Schutzbereich

**293** **Eingriffe in das Leben** sind z.B. die Vollstreckung der Todesstrafe oder der polizeiliche finale Rettungsschuss. Auch die *Gefährdung* des Grundrechts kann einen Eingriff darstellen. Das ist jedenfalls dann der Fall, wenn der Verlust des Lebens ernsthaft zu befürchten ist (etwa bei der Pflicht zum Einsatz von Leben und Gesundheit in den öffentlich-rechtlichen Dienstverhältnissen der Bundeswehr, Polizei, Feuerwehr und des Katastrophenschutzes. Die bloße Heranziehung zum Wehrdienst stellt aber noch keinen Eingriff in das Recht auf Leben dar[484]). Einen Eingriff in das Leben stellt auch die aktive Sterbehilfe dar. Sie ist, da sie eine echte Lebensverkürzung darstellt, nach der derzeitigen Rechtslage nicht zu rechtfertigen. Der einfache Gesetzgeber stellt sie gem. §§ 211 ff., insbesondere gem. § 216 StGB, unter Strafe. Aufgrund der Indisponibilität ist eine etwaige Einwilligung des Betroffenen unbeachtlich. Von der aktiven Sterbehilfe ist die (keinen Eingriff in das Leben darstellende) echte Sterbehilfe zu unterscheiden. Darunter ist die Unterstützung zu verstehen, einem sterbenden Menschen einen würdevollen Tod zu ermöglichen. Dazu gehört das Verabreichen von Schmerzmitteln, die lediglich als ungewollte, aber unvermeidbare Nebenfolge eine Lebensverkürzung mit sich bringen.

**294** Das **Recht auf körperliche Unversehrtheit** wird insbesondere durch Menschenversuche, Zwangssterilisationen, körperliche Strafen und Züchtigungen, Impfzwang sowie durch strafprozessuale Eingriffe wie Blutentnahme[485], Liquorentnahme und die Hirnkammerluftfüllung zur Überprüfung der Zurechnungsfähigkeit[486] beeinträchtigt. Eine Schmerzzufügung ist nicht erforderlich, sodass auch das (zwangsweise) Kürzen des Haupthaares die körperliche Unversehrtheit beeinträchtigen kann.[487] Ist die Maßnahme jedoch mit körperlicher Gewalt verbunden, ist ein Eingriff zweifelsfrei zu bejahen.[488] Das Betreiben einer öffentlichen Einrichtung stellt einen Eingriff in Art. 2 II S. 1 GG dar, wenn die von ihr ausgehenden Immissionen (Lärm, Geruch, Strahlung etc.) zu Gesundheitsbeeinträchtigungen führen.[489] Im Übrigen ist wie beim Eingriff in das Leben auch hier ein Eingriff bereits dann zu bejahen, wenn eine *Gefährdung* der Gesundheit vorliegt.[490]

## 3. Verfassungsrechtliche Rechtfertigung

**295** Art. 2 II S. 1 GG ist **aufgrund eines Gesetzes** einschränkbar, vgl. Art. 2 II S. 3 GG. Diese Formulierung könnte darauf schließen lassen, dass nur-materielle Gesetze (Rechtsverordnungen und Satzungen) ausreichen. Wegen der Bedeutung des Grundrechts auf Leben und körperliche Unversehrtheit ist aber ein **förmliches Gesetz** zu fordern. Dies ergibt sich aus der Wesentlichkeitstheorie und dem Parlamentsvorbehalt. Lediglich weniger intensive Eingriffe in die körperliche Unversehrtheit dürfen auf nur-materiellen Gesetzen beruhen.

> **Beispiele: (1)** Strafprozessuale körperliche Eingriffe zu Untersuchungszwecken sind durch förmliches Gesetz zu regeln, vgl. dazu § 81 a StPO. **(2)** Gleiches gilt für Impfungen zur Bekämpfung von Seuchen, vgl. § 29 Infektionsschutzgesetz (InfSchG). **(3)** Demgegenüber soll nach der früheren Auffassung des BVerwG aufgrund der „geringen Grundrechtsrelevanz" für die Regelung der Haar- und Barttracht bei Bundeswehrsoldaten eine Verwaltungsvorschrift genügen; insbesondere liege kein Eingriff in Art. 2 II S.

---

[484] BVerfGE **77**, 170, 171 (C-Waffen).
[485] BVerfG NJW **1996**, 771, 772 (DNA-Analyse einer Blutprobe im Strafverfahren).
[486] BVerfGE **17**, 108, 115 (Hirnkammerluftfüllung).
[487] Anders wohl noch BVerwGE **46**, 1, 7.
[488] BVerfGE **47**, 239, 248 f. (Haar- und Barttracht).
[489] BVerfGE **79**, 174, 201 (Verkehrslärmschutz).
[490] BVerfG NJW **1998**, 295, 296 (Räumungsvollstreckungsschutz bei Suizidgefahr).

1 GG vor.[491] Diese Auffassung ist schlicht unvertretbar und wurde jüngst vom BVerwG hinsichtlich der Haar- und Barttracht von Polizeibeamten auch revidiert.[492] **(4)** Zu § 14 III LuftSiG vgl. Rn 233, 244 und 306.

Weiterhin muss das einschränkende Gesetz – um verfassungsmäßig zu sein – die **Schranken-Schranken** beachten. Als absolute Schranken-Schranken wirken Art. 104 I S. 2 und 102 GG. Diese Vorschriften stellen spezielle Grenzen eines Eingriffs in Art. 2 II S. 1 GG dar. Gem. **Art. 104 I S. 2 GG** dürfen **festgehaltene Personen weder seelisch noch körperlich misshandelt werden**. Streng genommen ist diese Anordnung überflüssig, denn man könnte aus ihr den Umkehrschluss ziehen, dass seelische oder körperliche Misshandlungen nicht festgehaltener Personen rechtfertigungsfähig wären. Dass solches jedoch in einem Rechtsstaat ebenfalls nicht in Betracht kommen kann, entbehrt jeden Zweifel. Niemand braucht sich misshandeln zu lassen, weder in Gefängnissen noch sonst wo. Daher kann die Vorschrift des Art. 104 I S. 2 GG nur dahingehend verstanden werden, dass der Schutz vor Misshandlungen in Gefängnissen oder anderen Gewahrsamseinrichtungen nicht geringer ist als außerhalb.[493] Art. 104 I S. 2 GG ist somit lediglich deklaratorischer Natur: Es soll den Exekutivorganen nochmals vor Augen geführt werden, dass Gefangene keinen geringeren Grundrechtsschutz genießen als andere Menschen. Können also Eingriffe in die körperliche Unversehrtheit nicht festgehaltener Personen nicht gerechtfertigt werden, gilt dies genauso für festgehaltene Personen.

> **Beispiel:** Der Schlag mit dem Polizeiknüppel zur Durchsetzung einer polizeilichen Verfügung kann gerechtfertigt sein, obwohl er einen Eingriff in die körperliche Unversehrtheit darstellt (vgl. § 12 BundesVwVG). In einer Gewahrsamseinrichtung könnte aufgrund des Art. 104 I S. 2 GG demgegenüber angenommen werden, dass der Einsatz des Schlagstocks gegenüber festgehaltenen Personen i.S.v. Art. 104 I S. 2 GG stets unzulässig sei. Das ist in dieser Stringenz jedoch nicht richtig. Hier wie dort ist der Einsatz eines Schlagstockes nicht zu rechtfertigen, wenn es an einem sachlichen Grund fehlt. Seelische oder körperliche Misshandlungen lassen sich niemals auf einen sachlichen Grund stützen.[494]

Gem. **Art. 102 GG** ist die **Todesstrafe** abgeschafft. Da diese Vorschrift aber nicht der Ewigkeitsgarantie des Art. 79 III GG unterliegt, ist fraglich, ob sie aufgehoben werden könnte mit der Folge, dass die Todesstrafe wieder zulässig wäre. Die überwiegende Auffassung geht davon aus, dass das Verbot der Todesstrafe wegen Art. 1 I GG nicht aufgehoben werden darf.[495] Verhängung und Vollstreckung der Todesstrafe würden den Betroffenen zum Objekt staatlichen Handelns machen; es sei keine Vollstreckungsmethode denkbar, die die Menschenwürde beachte. Darüber hinaus könnten Fehlurteile nicht mit Sicherheit ausgeschlossen werden. Die staatliche Schutzpflicht gebiete es schon deshalb, von der Vollstreckung der Todesstrafe abzusehen.

Unklar ist, ob das Verbot der Todesstrafe auch die Auslieferung eines Ausländers wegen einer Straftat in ein Land, in dem die Todesstrafe droht, verhindert. Das BVerfG hat diese Frage bisher offen gelassen.[496] Inzwischen ist aber die Auslieferung einfachgesetzlich durch § 8 IRG verboten. Die Auslieferung eines *Deutschen* in ein Land, in dem ihm die Todesstrafe droht, ist dagegen schon von Verfassungs wegen ausgeschlossen, da Art. 16 II S. 2 GG

**296**

**297**

[491] BVerwGE **46**, 1, 6 f.
[492] BVerwG, Urt. v. 2.3.2006 – 2 C 3.05 (IÖD **2006**, 158 ff.) (Haar- und Barterlass für Polizeibeamte).
[493] Vgl. *Kunig*, in: Münch/Kunig, GG, Art. 104 Rn 14; *Gusy*, in: v. Mangoldt/Klein/Starck, GG, Art. 104 Rn 33.
[494] Zum Grenzfall der staatlichen „Rettungsfolter" vgl. Rn 233.
[495] BGHSt **41**, 317, 325; *Lorenz*, HdbStR VI, S. 25; *Gusy*, in: v. Mangoldt/Klein/Starck, Bonner GG, Art. 102 Rn 33; *Ebel/Kunig*, Jura **1998**, 617, 622; einschränkend *Scholz*, in: Maunz/Dürig, GG, Art. 102 Rn 31; a.A. *Zippelius*, in: Bonner Kommentar, GG, Art. 1 Rn 70.
[496] BVerfGE **60**, 348, 354 (Auslieferung bei drohender Todesstrafe).

„rechtsstaatliche Grundsätze" vorschreibt und die Todesstrafe wegen Art. 1 I, III GG diesen wohl zuwiderlaufen dürfte.[497]

**298** Keine Todesstrafe stellt der **finale Rettungsschuss** der Polizei dar, da er der Gefahrenabwehr dient und keine Strafe darstellt. Insoweit ist allein Art. 2 II S. 1 GG einschlägig. Da durch ihn in den Kernbereich des Grundrechts auf Leben eingegriffen wird, er aber aufgrund des Gesetzesvorbehalts des Art. 2 II S. 3 GG nicht von vornherein ausgeschlossen ist, richtet sich seine Zulässigkeit nach den Bestimmungen des Strafgesetzbuchs (etwa § 32) und der Polizeigesetze. In diesem Fall ist eine Abwägung zwischen dem Recht auf Leben des Täters (etwa eines Geiselnehmers) und dem Recht auf Leben des zu schützenden Opfers (etwa einer Geisel) vorzunehmen. Entscheidet sich der Einsatzleiter, sich schützend und fördernd vor das Leben der Geisel zu stellen, und erteilt den entsprechenden Schießbefehl, ist der Todesschuss verfassungsrechtlich nicht zu beanstanden. Dieser Befund wird auch von der Europäischen Menschenrechtskonvention (Art. 2 II EMRK) zugelassen. Strafrechtlich können sich Einsatzleiter und Schütze auf § 32 StGB (Nothilfe) berufen. Ist der Rettungsschuss allerdings nach dem Polizeirecht gerechtfertigt, kann das strafrechtliche Ergebnis kein anderes sein, weil der Schütze nicht rechtswidrig handelt.

> **Beispiel:** Der äußerst gewalttätig vorgehende Bankräuber O ist auf der Flucht und hat eine Geisel genommen, an deren Hals er seine Pistole hält. Da er bereits zuvor in der Bank einen Bankangestellten erschossen hat, hat er nichts zu verlieren. Der Einsatzleiter der Polizei E hat daher Grund zur Annahme, dass sich die Geisel in Lebensgefahr befindet. Er weist den Scharfschützen S an, O mit einem gezielten Schuss zu töten.

**299** Eine ausdrückliche Regelung enthalten § 41 II S. 2 MEPolG und die meisten Polizeigesetze.[498] Danach ist ein Schuss, der mit an Sicherheit grenzender Wahrscheinlichkeit tödlich wirkt, **nur zulässig, wenn er das einzige Mittel zur Abwehr einer gegenwärtigen Lebensgefahr oder der gegenwärtigen Gefahr einer schwerwiegenden Verletzung der körperlichen Unversehrtheit ist**.[499]

> Fände der Sachverhalt des obigen Beispiels im Anwendungsbereich eines der genannten Polizeigesetze statt, könnte sich S auf die entsprechende Befugnisnorm stützen, ohne dass es zur verfassungsrechtlichen Rechtfertigung des Grundrechtseingriffs eines Rückgriffs auf § 32 StGB bedürfte. Der Todesschuss wäre zulässig, stünde aber – trotz der Anweisung des E – im Ermessen des S.
>
> Auch wird durch den finalen Rettungsschuss nicht die Menschenwürde des Täters verletzt. Denn nicht jede Tötung führt zu einer Würdeverletzung. Eine solche Verletzung läge nur dann vor, wenn die Tötung einherginge mit Verhaltensweisen, durch die dem Betroffenen der Achtungsanspruch als Mensch abgesprochen würde, etwa bei Erniedrigung, Brandmarkung, Verfolgung oder Ächtung. Solche Umstände sind jedoch bei Anwendung des finalen Rettungsschusses nicht gegeben. Eine solche Maßnahme dient allein dazu, das Leben der vom Aggressor bedrohten Menschen zu schützen.

**300** Sind die genannten absoluten Schranken-Schranken nicht einschlägig, müssen die **allgemeinen Schranken-Schranken** beachtet werden. Um verfassungsmäßig zu sein, muss das einschränkende Gesetz dem **Grundsatz der Verhältnismäßigkeit** entsprechen. Es muss also einen legitimen Zweck verfolgen, geeignet, erforderlich

---

[497] Vgl. dazu *Uhle*, NJW **2001**, 1889 ff. und Rn 949 ff.

[498] **BW:** § 54 II PolG; **Bay:** Art. 66 II S. 2 PAG; **Brand:** § 66 II PolG; **Brem:** § 46 II PolG; **Nds:** § 76 II S. 2 SOG; **RhlPfl:** § 63 II S. 2 POG; **Saarl:** § 57 I S. 2 SPolG; **Sachs:** § 34 II PolG; **SachsAnh:** § 65 II S. 2 SOG; **Thür:** § 64 II S. 2 PAG. Vgl. auch *Beaucamp*, JA **2003**, 402 ff.

[499] Eine Kollision dieser Regelung mit Art. 102 GG (Verbot der Todesstrafe) besteht nicht, da ein der Gefahrenabwehr dienender Todesschuss gerade keine Strafe darstellt.

und angemessen sein. Bei der entsprechenden Prüfung muss es wiederum im Lichte des Grundrechts gesehen werden. Dabei ist aufgrund der Bedeutung des Grundrechts und der Wesensgehaltsgarantie des Art. 19 II GG eine strenge Prüfung geboten.[500]

## II. Schutzpflicht des Staates gem. Art. 2 II S. 1 GG

### 1. Objektive Schutzverpflichtung des Staates

Aus einigen Grundrechten (insbesondere Art. 2 II S. 1 GG) ergibt sich die Pflicht des Staates, die grundrechtlich geschützten Rechtsgüter vor Beeinträchtigungen durch private Dritte, durch nichtdeutsche staatliche Stellen oder durch Naturgewalten zu wahren.[501] Insbesondere der Schutz vor dem Verhalten Dritter soll im Folgenden näher erläutert werden. Grundlegend hierzu war das erste Urteil des BVerfG zum Schwangerschaftsabbruch.[502] In diesem Urteil bewertete das Gericht nicht nur unmittelbare Eingriffe in das noch ungeborene menschliche Leben als verboten, sondern nahm auch die Pflicht des Staates an, sich **schützend und fördernd vor jedes menschliche Leben** zu stellen, d.h. vor allem, es auch vor rechtswidrigen Eingriffen Dritter zu bewahren. Diese Pflicht lasse sich unmittelbar aus Art. 2 II S. 1 GG ableiten. Sie ergebe sich darüber hinaus auch aus der ausdrücklichen Vorschrift des Art. 1 I S. 2 Var. 2 GG. An diese Schutzpflicht hätten sich alle staatlichen Gewalten zu halten. Die Schutzverpflichtung des Staates sei umso ernster zu nehmen, je höher der Rang des in Frage stehenden Rechtsguts innerhalb der Wertordnung anzusetzen sei. Im äußersten Falle, wenn der von der Verfassung gebotene Schutz auf keine andere Weise zu erreichen sei, könne der Gesetzgeber auch verpflichtet sein, zum Schutz des sich entwickelnden Lebens das Mittel des Strafrechts einzusetzen.[503]

301

Außerhalb des Bereichs des Schwangerschaftsabbruchs ist der Inhalt der Schutzpflicht unbestimmt. Insbesondere verengt sich der Schutzauftrag nicht auf eine konkrete Maßnahme. Bei der Frage, welches Maß von Schutz erforderlich ist, billigt das BVerfG sowohl dem Gesetzgeber als auch der vollziehenden Gewalt einen weiten Einschätzungs-, Wertungs- und Gestaltungsspielraum zu, der auch Raum lässt, konkurrierende öffentliche und private Interessen zu berücksichtigen, und der gerichtlich nur in begrenztem Maße überprüfbar ist.[504] Der mit einer staatlichen Schutzpflicht verbundene grundrechtliche Anspruch ist daher mit Blick auf diese Gestaltungsfreiheit regelmäßig nur darauf gerichtet, dass die öffentliche Gewalt mögliche Vorkehrungen zum Schutz der betroffenen Grundrechte trifft, die nicht gänzlich ungeeignet oder völlig unzulänglich sind, das gebotene Schutzziel zu erreichen, oder erheblich dahinter zurückbleiben.[505] So ist es z.B. von Verfassungs wegen nicht zu beanstanden, dass der Gesetzgeber derzeit eine Verstärkung des Nichtraucherschutzes nicht für geboten hält.[506] Nur unter ganz besonderen Umständen kann sich diese Gestaltungsfreiheit bei wesentlichen Eingriffen in Grundrechtsgüter in der Weise verengen, dass allein durch eine bestimmte Maßnahme der Schutzpflicht Genüge getan wird (sog. Ermessensre-

302

---

[500] BVerfGE **66**, 191, 195 (Unterbringungsverfahren).

[501] BVerfGE **39**, 1 ff (Schwangerschaftsabbruch I); *von Münch*, in: von Münch/Kunig, GG, Vorb. Art. 1-19 Rn 22. Vgl. auch BVerwG NVwZ **1999**, 1234 ff. und *Wahl*, JuS **2001**, 1041, 1045.

[502] BVerfGE **39**, 1 ff. (Schwangerschaftsabbruch I).

[503] BVerfGE **39**, 1, 41 f. (Schwangerschaftsabbruch I).

[504] BVerfGE **46**, 160, 164 (Arbeitgeberpräsident Schleyer); **49**, 89, 126 ff. (Kalkar); **53**, 30, 57 (Mülheim Kärlich); **56**, 54, 78 (Fluglärm); **77**, 170, 214 f. (C-Waffen); **77**, 381, 402 f. (Gorleben); **79**, 174 ff., 201 ff. (Straßenplanung); **85**, 191, 213 (Nachtarbeitsverbot für Arbeiterinnen); **87**, 363, 386 (Nachtbackverbot); **88**, 203, 251 (Schwangerschaftsabbruch II); **96**, 56, 64 (Auskunftsrecht des nichtehelichen Kindes auf Benennung des Vaters); BVerfG NJW **2001**, 669. Zu Problemen der verfassungsprozessualen Geltendmachung vgl. *Möstl*, DÖV **1998**, 1029 ff.

[505] BVerfGE **92**, 26, 46 (Zweitregister); *Brüning*, JuS **2000**, 955, 957.

[506] BVerfG NJW **1998**, 2691 (Nichtraucherschutz durch den Gesetzgeber).

duzierung auf Null).[507] Derartige ermessensreduzierende Umstände kommen etwa in Betracht, wenn die Gefahr einer schweren Gesundheitsbeeinträchtigung droht und zudem lediglich eine bestimmte Abwehr sachgerecht ist. Darüber hinaus ist bedeutsam, ob die Grundrechtsbeeinträchtigung reparabel bzw. beherrschbar ist. Ist sie irreparabel wie z.B. bei einem Schwangerschaftsabbruch, einem Tötungsdelikt oder einer Aids-Infektion oder unbeherrschbar wie z.B. bei einem Atomunfall oder einem Terroranschlag, sind erhöhte Anforderungen an die Schutzverpflichtung zu stellen.

**303**  Der Staat kann seiner Schutzpflicht zunächst durch Erlass entsprechender materieller Vorschriften nachkommen, weiterhin durch die Bereitstellung geeigneter Verwaltungs- bzw. Genehmigungsverfahrensvorschriften.[508] Stellen sich später Mängel heraus, sind die Vorschriften nachzubessern.[509]

> **Beispiel:** Durch § 75 II BetrVG hat der Gesetzgeber seine Schutzverpflichtung den Betriebspartnern übertragen.[510] Diese können also etwa den Nichtraucherschutz durch Vereinbarung regeln.

**304**  Das Mindestmaß der Schutzverpflichtung wird als **Untermaßverbot** bezeichnet. Unterhalb dieses Mindestmaßes darf sich der Staat nicht bewegen. Das Untermaßverbot wird verletzt,

- wenn der Staat überhaupt keine Maßnahmen trifft bzw. nach geltender Rechtslage nicht treffen durfte,
- wenn es Mittel gibt, die einen besseren Schutz gewähren als die bereits vorhandenen, ohne die Rechte Dritte oder öffentliche Interessen stärker zu beeinträchtigen,
- oder wenn die Hinnahme der nach dem geltenden Recht verbleibenden Störung bzw. Gefährdung des Schutzgutes bei Abwägung mit den entgegenstehenden privaten und öffentlichen Interessen nicht zumutbar ist.[511]

**305**  Dieses letzte Kriterium bildet die Einbruchstelle für die Interessen desjenigen, der durch die Erfüllung der Schutzpflicht in seinen Rechten betroffen wird. Hier ist eine umfassende Abwägung zwischen den Rechten desjenigen, dem gegenüber eine Schutzverpflichtung besteht, und dem Dritten, in dessen Rechte durch die Erfüllung der Schutzpflicht eingegriffen wird, vorzunehmen.

> **Beispiele von Schutzpflichten:** Schutzpflicht bzgl. der technischen Entwicklung bei atomaren[512] und elektromagnetischen[513] Gefahren, Flug- und Straßenverkehrslärm[514] und chemischer Verseuchung von Luft und Wald (Ozon, Smog, Saurer Regen)[515]; Schutzpflicht bzgl. des chancenlosen Grundrechts im privatrechtlichen Konflikt bei Art. 12 I GG[516]; Schutzpflicht des Staates in Form von Warnungen vor Jugendsekten[517]
>
> In die Zeitgeschichte eingegangen ist die Entführung des damaligen Präsidenten der Bundesvereinigung der Deutschen Arbeitgeberverbände e.V. Hanns-Martin Schleyer[518]: Dieser wurde am 5.9.1977 von Mitgliedern der Rote-Armee-Fraktion (RAF) entführt,

---

[507] BVerwG NJW **1996**, 1297.
[508] BVerfGE **49**, 89, 140 ff. (Kalkar I/Schneller Brüter); **53**, 30, 65 f. (Mülheim-Kärlich).
[509] BVerfGE **56**, 54, 78 f. (Fluglärm).
[510] Vgl. BAG NJW **1999**, 2203, 2206.
[511] BVerfGE **46**, 160, 164 (Schleyer); *Brüning*, JuS **2000**, 955, 957; *Möstl*, DÖV **1998**, 1029, 1038 f.
[512] BVerfGE **49**, 89, 140 ff. (Kalkar); **53**, 30, 57 ff. (Mülheim Kärlich).
[513] BVerfG NJW **1997**, 2509 (Gesundheitsgefährdung durch elektromagnetische Felder).
[514] BVerfGE **56**, 54 (Fluglärm); **79**, 174, 201 f. (Straßenplanung).
[515] BVerfG NJW **1983**, 2931 (Umweltverschmutzung); **1996**, 651 (Ozon); **1998**, 3264 (Waldschäden). In der zuletzt genannten Entscheidung betont das BVerfG ausdrücklich, dass dem Gesetzgeber bei der Bewältigung der Schutzaufgaben im Zusammenhang mit der Luftverunreinigung ein weiter Beurteilungsspielraum zukomme.
[516] BVerfGE **81**, 242, 255 (Wettbewerbsverbot des Handelsvertreters); **92**, 26, 46 (Zweitregister).
[517] BVerfG NJW **1992**, 2496, 2499 (Jugendsekten); OVG Düsseldorf NWVBl **1996**, 447 (Scientology).
[518] Vgl. BVerfGE **46**, 106, 160 (Schleyer). Vgl. auch *Michael*, JuS **2001**, 764 ff.

um die Freilassung von inhaftierten Gesinnungsgenossen zu erzwingen. Die Bundesregierung hatte sich auf verschiedene Weise bemüht, den Entführten frei zu bekommen. Die Überlegung, die inhaftierten Terroristen freizulassen, hat sich aber nicht durchsetzen können. Angehörige des Entführten stellten daher beim BVerfG einen Antrag auf Erlass einer einstweiligen Anordnung nach § 32 BVerfGG, die Bundesregierung zu verpflichten, den Forderungen der Entführer nachzukommen.

Ein schutzfähiges Rechtsgut, das Leben des Entführten (vgl. Art. 2 II S. 1 GG), liegt vor. Durch die Entführung ist das Rechtsgut auch gefährdet. Fraglich ist, ob dem Staat eine Schutzpflicht obliegt, die es erforderlich macht, den Forderungen der Entführer nachzukommen. Vorliegend hat sich die Bundesregierung auf verschiedene Weise um die Freilassung des Entführten bemüht. Sie war also nicht untätig. Eine Verpflichtung des Staates, rechtskräftig verurteilte und inhaftierte Terroristen freizulassen, würde aber zu weit gehen. Denn die entgegenstehenden Interessen (Nichterpressbarkeit und damit verbunden die Funktionstüchtigkeit des Staates sowie Schutz der Bürger vor „frei herumlaufenden" Terroristen) wiegen nach Auffassung des BVerfG schwerer als die Gefahr, dass ein einzelner Mensch zu Schaden kommt. Es lag somit kein Verstoß gegen das Untermaßverbot vor.

Von besonderer Brisanz ist das im Jahre 2004 vom Bund erlassene, jedoch am 15.2.2006 vom BVerfG[519] (einstimmig!) für verfassungswidrig und nichtig erklärte **Luftsicherheitsgesetz** (LuftSiG). Dessen § 14 III sah vor, dass Einheiten der Bundeswehr bspw. ein durch Terroristen entführtes, mit Passagieren besetztes, Luftfahrzeug zur Verhinderung eines besonders schweren Unglücksfalls, insbesondere, wenn das Luftfahrzeug gegen das Leben von Menschen eingesetzt werden soll, abschießen durften, wenn festgestanden hätte, dass die unbeteiligten Passagiere ohnehin den sicheren Tod gefunden hätten. Fraglich ist, ob dem Urteil des BVerfG gefolgt werden kann (zu den formellrechtlichen Fragen wird ausführlich bei *R. Schmidt*, Staatsorganisationsrecht, Rn 804, Stellung genommen).

In materiellrechtlicher Hinsicht stellen sich in erster Linie grundrechtliche Fragen, weil der im LuftSiG vorgesehene Einsatz des letzten Mittels, die Einwirkung mit Waffengewalt, zwangsläufig zum einen den Tod der Personen, die das Flugzeug als Waffe und Tatmittel verwenden, und – im Fall einer entführten Passagiermaschine – zum anderen auch den Tod der Passagiere, die für die Gefahrenlage keine Verantwortung tragen[520], zur Folge hat. Das zentrale Problem besteht mithin in der Beantwortung der Frage, ob die damit einhergehenden Grundrechtseingriffe, insbesondere in Art. 1 I GG und Art. 2 II S. 1 GG, verfassungsrechtlich gerechtfertigt werden können.

Die Darstellung der Problematik würde den Rahmen dieses Buches sprengen. Sie steht aber auf der Internet-Seite des Verlags unter der Rubrik Studienbücher/Staatsrecht/Grundrechte zum kostenlosen Herunterladen zur Verfügung.

Von aktueller Bedeutung für die Schutzpflicht des Staates sind weiterhin die sog. **Präimplantatdiagnostik** (PID), die „verbrauchende" **Forschung mit Embryonen** und die (aktive) **Sterbehilfe**. Vgl. dazu bereits Rn 227.

**Hinweis für die Fallbearbeitung:** In der Fallbearbeitung kann sich die Frage nach den staatlichen Schutzpflichten auch im Bereich neuer gesellschaftlicher oder technischer Entwicklungen stellen, die noch nicht notwendigerweise gerichtlich entschieden sind. Hier ist in der Fallbearbeitung juristische Kreativität gefragt. Sofern das Individualrecht derartigen Entwicklungen hilflos gegenüber steht, ist im Zweifel eine großzügige Schutzpflicht des Staates anzunehmen. Anspruchsgrundlage des Betroffenen ist dann das entsprechende Grundrecht, das gefährdet ist, in Verbindung mit der Schutzpflicht des Staates. Was den Aufbau angeht, ist das bekannte Prüfungsschema für Abwehrrechte (*status negativus*) – Eröffnung des Schutzbereichs, Eingriff in den-

---

[519] BVerfG NJW **2006**, 751 ff.
[520] Im Polizeirecht würde man von „Nicht-Verantwortlichen" oder „Nichtstörern" sprechen (vgl. *R. Schmidt*, BesVerwR II, Rn 826 ff.).

selben, verfassungsrechtliche Rechtfertigung (Grundrechtsschranke) – beim *status positivus* nicht sachgerecht. Hier bietet sich folgender Aufbau an:

(1) Bestehen und Umfang der Schutzpflicht

    (a) Vorliegen eines schutzfähigen Rechtsguts

    (b) Gefährdung dieses Rechtsguts

(2) Erfüllung der staatlichen Schutzpflicht in ausreichendem Maße (Untermaßverbot)

309    Staatliche Schutzpflicht bedeutet auch den Ausbau von **Verfahrenspositionen**: Der jeweilige Betroffene soll die Chance erhalten, seine grundrechtlich geschützten Interessen in einem fairen Verfahren geltend zu machen (**verfahrensrechtliche Dimension der Grundrechte**). Vgl. dazu Rn 36 (Grundrechtsschutz durch Organisation und Verfahren).

## 2. Übungsfall

Folgender Übungsfall soll der Konkretisierung der Materie dienen. Lösungsgesichtspunkte stehen der Internet-Seite des Verlags unter der Rubrik Studienbücher/Staatsrecht/Grundrechte zum kostenlosen download zur Verfügung.

310    **Sachverhalt**[521]: Zur Reduzierung der Schadstoffbelastung erlässt der Bundesgesetzgeber das Gesetz zur Bekämpfung von Luftverunreinigungen durch den Kfz-Verkehr. Durch dieses Gesetz sind die höchstzulässigen Grenzwerte für Abgasbelastungen auf ein Niveau herabgesenkt, das nur noch Kfz mit geregeltem Abgaskatalysator einhalten können. Darüber hinaus sieht es die Möglichkeit vor, bei Smogbildung ein Fahrverbot auszusprechen. Für besondere Berufsgruppen, etwa das Taxigewerbe oder den Linienverkehr oder für bestimmte unaufschiebbare Fahrten, etwa den Transport verderblicher Güter, gelten Ausnahmeregelungen.

Der vierjährige A leidet an einem Würghusten („Pseudokrupp"). Die Ursache dafür liegt mit großer Wahrscheinlichkeit in der zunehmenden Schadstoffbelastung der Atemluft (Smog). Die Eltern sind der Auffassung, dass der bestehende Schutz, namentlich das o.g. Gesetz, unzureichend sei. Der Staat verletze seine Schutzpflicht aus Art. 2 II S. 1 GG. Sie erheben Verfassungsbeschwerde. Ist diese begründet?

---

[521] Angelehnt an *Callies/Kallmayer*, JuS **1999**, 789 ff. Vgl. auch BVerwG NVwZ **1999**, 1234 ff. und *Brüning*, JuS **2000**, 955 ff.

# D. Freiheit der Person – Art. 2 II S. 2, Art. 104 GG

**Freiheit der Person – Art. 2 II S. 2, Art. 104 GG**

### I. Schutzbereich

Durch Art. 2 II S. 2 und 104 GG wird die körperliche Bewegungsfreiheit geschützt, also die **Freiheit, einen beliebigen Ort aufzusuchen, sich dort aufzuhalten oder ihn zu verlassen.**

### II. Eingriff in den Schutzbereich

Ein Eingriff in Art. 2 II S. 2 GG, Art. 104 I GG ist bei jeder Maßnahme zu bejahen, die das geschützte Verhalten beeinträchtigt. Das ist bspw. anzunehmen beim polizeilichen Platzverweis, bei der polizeilichen Durchsuchung einer Person, der zwangsweisen Vorführung vor Gericht oder bei der Unterbringung einer Person gegen ihren Willen oder im willenlosen Zustand in einem Arrest, einem psychiatrischen Krankenhaus gem. § 63 StGB, in der Sicherungsverwahrung gem. § 66 StGB oder in einer Justizvollzugsanstalt. Keinen Eingriff stellt das polizeiliche kurzfristige Anhalten zwecks Identitätsfeststellung dar.

### III. Verfassungsrechtliche Rechtfertigung

Für Eingriffe in die Freiheit der Person stellt Art. 104 GG besondere Anforderungen an die Grundrechtsschranke. Gem. Art. 104 I GG ist die Beschränkung der Freiheit nur aufgrund eines **förmlichen Gesetzes** möglich, d.h. durch eine Norm, die in dem von der Verfassung vorgesehenen Verfahren durch die gesetzgebende Körperschaft zustande gekommen ist. Im Fall der Freiheitsentziehung stellt Art. 104 II GG besondere Anforderungen an die Grundrechtsschranke. So muss gem. Art. 104 II S. 1 GG über Anordnung und Dauer der Freiheitsentziehung **der Richter entscheiden** (sog. Richtervorbehalt) und gem. Art. 104 II S. 2 ist bei jeder nicht auf richterlicher Anordnung beruhenden Freiheitsentziehung **unverzüglich eine richterliche Entscheidung** herbeizuführen. Besondere Bedeutung erlangt hier die Ingewahrsamnahme durch die Polizei.

## I. Schutzbereich

Die Schutzbereiche der beiden Grundrechte aus Art. 2 II S. 2 GG und Art. 104 GG sind identisch. Inhaltlich umfassen sie trotz ihres jeweiligen weiten Wortlauts („Freiheit") allerdings nur die *körperliche Bewegungsfreiheit*. Damit ist das Recht gemeint, **jeden beliebigen Ort aufzusuchen, sich dort aufzuhalten oder ihn zu verlassen.**[522] Eigenständige Bedeutung gewinnt allerdings Art. 104 GG infolge seines qualifizierten Gesetzesvorbehalts, sodass der einfache Gesetzesvorbehalt des Art. 2 II S. 3 GG von Art. 104 GG verdrängt wird. Die Rechtmäßigkeitsvoraussetzungen im Bereich des Freiheitsgrundrechts richten sich somit ausschließlich nach Art. 104 GG.[523]

**311**

**Träger des Grundrechts** ist jede natürliche Person, auch der Geschäftsunfähige. Auf juristische Personen und andere Personenvereinigungen ist das Grundrecht nicht anwendbar, da es an einer mit einer natürlichen Person vergleichbaren grundrechtstypischen Gefährdungslage fehlt.[524]

**312**

---

[522] Vgl. BVerfGE **94**, 166, 198; **105**, 239, 248; BVerfG NJW **2006**, 2093, 2094 (Jugendstrafvollzug); *Kunig*, in: von Münch/Kunig, GG, Art. 2 Rn 74.
[523] Vgl. BVerfG NJW **1995**, 3047 (Unterbringung in einem psychiatrischen Krankenhaus).
[524] Vgl. auch *Jarass*, in: Jarass/Pieroth, GG, Art. 2 Rn 85; *Kunig*, in: von Münch/Kunig, GG, Art. 2 Rn 73.

## II. Eingriff in den Schutzbereich

**313**  Ein Eingriff in Art. 2 II S. 2 GG, Art. 104 GG ist grds. bei jeder die körperliche Bewegungsfreiheit einschränkenden Maßnahme denkbar. Um einen Eingriff aber letztlich annehmen zu können, ist es erforderlich, dass der Betroffene daran **gehindert** wird, einen Ort aufzusuchen, „der ihm an sich (d.h. tatsächlich und rechtlich) zugänglich ist".[525] Bei der Beurteilung der rechtlichen Zulässigkeit, den Ort aufzusuchen, muss allerdings die zu prüfende Maßnahme außer Betracht bleiben, anderenfalls würde man zu einem Zirkelschluss gelangen.[526]

> **Beispiel:** Aufgrund des Bannmeilengesetzes ist es verboten, ohne Genehmigung vor bestimmten Bereichen bestimmter Verfassungsorgane zu demonstrieren. Als sich vor dem Regierungsgebäude einige Mitglieder einer Umweltschutzorganisation versammeln und beabsichtigen, in das Regierungsgebäude zu marschieren, um dort gegen ein geplantes Gentechnologiegesetz zu demonstrieren, erlässt die Polizei ein Betretungsverbot.
>
> Rechtstechnisch liegt mit dem Betretungsverbot ein polizeilicher Platzverweis[527] vor, der in das Grundrecht der Freiheit der Person eingreift. Die Hinderung an dem Betreten des Regierungsgebäudes ist allerdings nicht schon deshalb rechtmäßig, weil die Polizei eine entsprechende Verfügung ausgesprochen hat, sondern weil der Platzverweis zur Durchsetzung des Bannmeilengesetzes ergangen ist.[528]

**314**  Ein Eingriff liegt auch dann vor, wenn eine Person für einen bestimmten Zeitraum **verpflichtet** wird, einen Ort aufzusuchen oder sich an einem Ort aufzuhalten.[529] Auch eine **Freiheitsentziehung** gem. Art. 104 II GG stellt einen Eingriff dar; sie ist sogar der Hauptfall der Freiheitsbeschränkung.

**315**  Der Unterschied zwischen Freiheitsbeschränkung und Freiheitsentziehung besteht darin, dass die **Freiheitsbeschränkung** den Oberbegriff darstellt und bereits bei einer kurzfristigen Behinderung der Fortbewegungsfreiheit vorliegt, bspw. wenn eine betrunkene Person von der Polizei auf eine Parkbank gesetzt und am Weitergehen gehindert wird. Demgegenüber handelt es sich um eine **Freiheitsentziehung**, wenn die körperliche Bewegungsfreiheit nach jeder Richtung hin und für eine gewisse Mindestdauer aufgehoben wird.[530] Freilich ist diese Definition nicht ganz widerspruchsfrei, denn auch beim Verbringen einer Person zur polizeilichen Dienststelle (Sistierung) zwecks Identitätsfeststellung wird deren Bewegungsfreiheit nach jeder Richtung hin und für eine gewisse Mindestdauer auch dann aufgehoben, wenn die Maßnahme nur eine halbe Stunde dauert. Dennoch wird in diesem Fall einhellig (und richtigerweise) von einer bloßen Freiheitsbeschränkung ausgegangen. Der Grund hierfür besteht darin, dass lediglich die Freiheitsentziehung, nicht auch die Freiheitsbeschränkung, grundsätzlich einer vorherigen richterlichen Entscheidung bedarf (vgl. Art. 104 II S. 1 GG – siehe dazu Rn 320). Würde man also in einer kurzfristigen Sistierung eine Freiheitsentziehung sehen, wäre sie i.d.R. rechtswidrig, weil kaum davon ausgegangen werden kann, dass der Polizeibeamte zuvor eine richterliche Entscheidung einholt.

---

[525] BVerfG NVwZ **2006**, 579 ff.; BVerfGE **105**, 239, 248; **96**, 10, 21; **94**, 166, 198.
[526] Wie hier *Jarass*, in: Jarass/Pieroth, GG, Art. 2 Rn 86; a.A. *Murswiek*, in: Sachs, GG, Art. 2 Rn 235a.
[527] **Bund:** § 38 BundesPolG; **Bay:** Art. 16 PAG; **Berl:** § 29 I ASOG; **Brand:** § 16 PolG; **Brem:** § 14 PolG; **Hamb:** § 12a SOG; **Hess:** § 31 SOG; **MeckVor:** § 52 SOG; **Nds:** § 17 I SOG; **NRW:** § 34 PolG, § 24 OBG; **RhlPfl:** § 13 POG; **Saar:** § 12 PolG; **Sachs:** § 21 I PolG; **SachsAnh:** § 36 I SOG; **SchlHolst:** § 201 LVwG; **Thür:** Art. 18 PAG, § 17 OBG. In **BW** stützt sich die Platzverweisung auf die polizeiliche Generalklausel.
[528] Zur prüfungstechnischen Aufbereitung derartiger Maßnahmen vgl. *R. Schmidt*, BesVerwR II, Rn 289 ff.
[529] BVerfGE **105**, 239, 248.
[530] BVerfGE **105**, 239, 248; **94**, 166, 198. Vgl. auch OVG Münster NWVBl **2007**, 303.

> **Hinweis für die Fallbearbeitung:** Insbesondere wenn es um eine polizeiliche In-gewahrsamnahme einer Person geht, stellt sich die Frage, ob in der Fallbearbeitung eine Unterscheidung zwischen Freiheitsbeschränkung und Freiheitsentziehung vorge-nommen werden muss. Denn wie aufgezeigt, ist die Grenzziehung zwischen Frei-heitsentziehung und Freiheitsbeschränkung alles andere als klar. Da Art. 104 II GG aber nur die Freiheitsentziehung (nicht auch die Freiheitsbeschränkung) unter Rich-tervorbehalt stellt und eine Freiheitsentziehung ohne vorherige richterliche Entschei-dung
>
> - nur bis zum Ablauf des der Ingewahrsamnahme folgenden Tages,
> - und nur dann zulässt, wenn der mit der Freiheitsentziehung verfolgte verfas-sungsrechtlich zulässige Zweck nicht anders erreicht werden kann[531],
>
> muss in der Fallbearbeitung eine Abgrenzung erfolgen. Sollte hinsichtlich der zu prü-fenden Maßnahme eine Freiheitsentziehung angenommen werden, müssen deren Voraussetzungen („Unverzüglichkeit"; zeitliche Höchstgrenzen) zusätzlich zu den Vor-aussetzungen der polizeilichen Befugnisnorm geprüft werden, sofern die Maßnahme ohne richterliche Entscheidung durchgeführt wurde.

Als Kurzformel lässt sich festhalten: Körperliche Bewegungsfreiheit bedeutet das **316** Recht, **jeden Ort aufzusuchen, sich dort aufzuhalten oder ihn zu verlassen**. Jede diesbezügliche Hinderung oder Verpflichtung stellt einen Eingriff in Art. 2 II S. 2, 104 I GG dar.

**Weitere Beispiele:** Eingriffe sind etwa auch anzunehmen bei der polizeilichen **317** **Durchsuchung** einer Person, der **zwangsweisen Vorführung** vor Gericht oder bei der **Unterbringung** einer Person gegen ihren Willen oder im willenlosen Zustand in einem **Arrest**, einem **psychiatrischen Krankenhaus** gem. § 63 StGB, in der **Siche-rungsverwahrung** gem. § 66 StGB oder in einer **Justizvollzugsanstalt**[532]. Auch der bereits genannte polizeiliche **Platzverweis** greift in Art. 2 II S. 2 GG ein. Zwar wird mit ihm eine Person lediglich vorübergehend eines Ortes verwiesen oder ihr wird vorü-bergehend das Betreten eines Ortes verboten, da der Platzverweis jedoch automatisch auch das Verbot einschließt, innerhalb seiner Geltungsdauer an den Ort zurückzukeh-ren, ihn also aufzusuchen, ist Art. 2 II S. 2 GG betroffen.[533]

**Gegenbeispiele:** Kein Eingriff ist das **kurzfristige Anhalten** der Polizei zwecks **318** **Identitätsfeststellung**. Denn die damit verbundene Beeinträchtigung der Bewe-gungsfreiheit ist nur marginal.[534] Einschlägiges Grundrecht ist Art. 2 I i.V.m. Art. 1 I GG (Recht auf informationelle Selbstbestimmung). Kein Eingriff ist auch die **Ausweisung eines Ausländers**, da sich der Betroffene (aus deutscher Sicht) beliebig im Ausland bewegen kann.[535] Auch die Unterbringung von **Asylsuchenden** im **Transitbereich eines Flughafens** ist kein Eingriff, sofern der Betroffene jederzeit ausreisen kann.[536] Ferner sollen die Anordnung des **Nachsitzens in der Schule**[537], die **Vorladung zum Verkehrsunterricht**[538], die **Einberufung zum Wehrdienst**[539] (Gleiches gilt für die **Schulpflicht**) oder die Verpflichtung, sich zu einem Amtsarzt zwecks Untersuchung zu

---

[531] Vgl. BVerfGE **22**, 311, 317 f.
[532] Vgl. dazu zuletzt BVerfG NJW **2006**, 2093, 2094 ff. (Jugendstrafvollzug).
[533] Das war schon die in den Vorauflagen vom Verfasser vertretene Auffassung. Wie hier nun auch *Pieroth/ Schlink/Kniesel,* POR, § 16 Rn 4; a.A. VGH München NVwZ **2000**, 454, 455 f. (Eingriff nur in Art. 2 I GG). Nach *Hetzer,* JR **2000**, 1, liegt sogar ein Eingriff in Art. 11 GG vor.
[534] Wie hier *Kunig,* in: v. Münch/Kunig, GG, Art. 2 Rn 78.
[535] BVerfGE **94**, 166, 198 f.
[536] BVerfGE **94**, 166, 198 f. Die Abschiebehaft ist jedoch wiederum ein Eingriff in Art. 2 II S. 1 GG.
[537] Es sei denn, das Nachsitzen fände in einem abgeschlossenen Raum statt.
[538] BVerfGE **22**, 21, 26; BVerwGE **6**, 354, 355.
[539] Wie hier *Jarass,* in: Jarass/Pieroth, GG, Art. 2 Rn 86; *Schulze-Fielitz,* in: Dreier, GG, Art. 2 Rn 65; *Gusy,* in: v. Mangoldt/Klein/Starck, Bonner GG, Art. 104 Rn 18; *Stern,* StR IV/1, S. 1097 f.; a.A. *Pieroth/Schlink,* Rn 416.

begeben, keine Eingriffe in die Freiheit der Person sein. Einen Eingriff bildet aber die **zwangsweise Durchsetzung** solcher Maßnahmen.[540]

## III. Verfassungsrechtliche Rechtfertigung

**319**  Für Eingriffe in die Freiheit der Person stellt Art. 104 GG besondere Anforderungen an die Grundrechtsschranke. Gem. **Art. 104 I GG** ist die **Freiheitsbeschränkung** (und erst recht die Freiheitsentziehung) nur aufgrund eines **förmlichen Gesetzes** möglich, d.h. durch eine Norm, die in dem von der Verfassung vorgesehenen Verfahren durch die gesetzgebende Körperschaft zustande gekommen ist.

Das bedeutet z.B. für die **zwangsweise Vorführung vor Gericht**, dass diese nur durch Gerichtsbeschluss erfolgen kann, der in Anwendung der materiellen Normen (z.B. StGB) und der entsprechenden Verfahrensvorschriften (z.B. StPO) ergangen ist.

Speziell für den **Jugendstrafvollzug** fehlte bislang eine gesetzliche Regelung, die über die allgemeinen Regelungen des Erwachsenenstrafvollzugs (vgl. das StVollzG[541]) und des Jugendgerichtsgesetzes (JGG) hinausgeht und die Voraussetzungen für Eingriffe in die Grundrechte der in Strafvollzug befindlichen Jugendlichen regelt. Vielmehr war es gängige Praxis, z.B. Postkontrollen oder Disziplinarmaßnahmen in extensiver Handlung der §§ 91, 92, 115 JGG und §§ 176, 178 StVollzG durchzuführen, was nach der hier vertretenen Auffassung jedoch weder mit dem Parlamentsvorbehalt noch mit der Wesentlichkeitstheorie vereinbar ist (str.). Dementsprechend hat das BVerfG in erfreulicher Weise nunmehr klargestellt, dass diesbezüglich eine gesetzliche Grundlage geschaffen werden müsse.[542] Es hat dem Gesetzgeber (d.h. mit der am 1.9.2006 in Kraft getretenen Föderalismusreform den Landesgesetzgebern, da Art. 74 I Nr. 1 GG n.F. den Strafvollzug nicht mehr aufführt) aufgegeben, bis Ende 2007 entsprechende formalgesetzlichen Regelungen zu schaffen.

**320**  Im Fall der **Freiheitsentziehung** stellt **Art. 104 II GG** besondere Anforderungen an die Grundrechtsschranke. So muss gem. Art. 104 II S. 1 GG über Anordnung und Dauer der Freiheitsentziehung **der Richter entscheiden** (sog. Richtervorbehalt). Die Gerichte müssen organisatorisch Sorge tragen, dass – im Rahmen des Zumutbaren – ein Richternotdienst eingerichtet wird, damit auch nachts und am Wochenende der Richtervorbehalt nicht leer läuft.[543] Sollte eine Freiheitsentziehung ausnahmsweise aufgrund von Gefahr im Verzug ohne richterliche Anordnung durchgeführt werden, ist gem. Art. 104 II S. 2 GG **unverzüglich** eine richterliche Entscheidung **nachzuholen**. „Unverzüglich" heißt nicht etwa (wie bei § 121 BGB) „ohne schuldhaftes Verzögern", sondern dass die Verzögerung sachlich zwingend geboten sein muss.[544] Allerdings ist das verfahrensrechtliche Gebot der unverzüglichen Einschaltung eines Richters nicht zwingend dadurch verletzt, dass dieser zur „Unzeit" (etwa an einem Sonntagmorgen um 2.30 Uhr) nicht erreichbar war; die Einrichtung eines durchgängigen richterlichen Bereitschaftsdienstes ist aus Zumutbarkeitsgründen nicht stets erforderlich. Ab den Morgenstunden ist dann aber die Erreichbarkeit eines Richters sicherzustellen.[545]

---

[540] BGHZ **82**, 261, 264 f. (Nachsitzen); *Jarass*, in: Jarass/Pieroth, GG, Art. 2 Rn 87.

[541] Zur Föderalismusreform, wonach mit Wirkung zum 1.9.2006 u.a. die Gesetzgebungskompetenz für den Strafvollzug auf die Länder übergegangen ist, vgl. Rn 635.

[542] BVerfG NJW **2006**, 2093, 2096 f.

[543] Vgl. BVerfGE **105**, 239, 248 (Durchsuchung einer Wohnung).

[544] VGH Mannheim NVwZ-RR **1998**, 429; BVerwGE **45**, 51, 63; vgl. auch BVerfGE **105**, 239, 249; EGMR NJW **2001**, 51, 53.

[545] Freilich gilt etwas anderes, wenn aufgrund der Vielzahl von erwarteten Ingewahrsamnahmen (Beispiel: Castor-Demonstration) mit einem erhöhten Bedarf an richterlichen Entscheidungen zu rechnen ist. Dann ist ein richterlicher Bereitschaftsdienst auch nachts am Wochenende zwingend einzurichten, vgl. BVerfG NVwZ **2006**, 579, 580.

Zu beachten ist in diesem Zusammenhang auch, dass eine ohne richterliche Entscheidung durchgeführte Ingewahrsamnahme spätestens bei Erreichen der **zeitlichen Höchstgrenzen** des Art. 104 III S. 1 GG (bei Freiheitsentziehung zu Zwecken der Strafverfolgung) oder des Art. 104 II S. 3 GG (bei Freiheitsentziehung zu Zwecken der Gefahrenabwehr) enden muss. Liegt mit Ablauf der jeweiligen Frist nicht die richterliche Entscheidung vor, ist der Betroffene sofort freizulassen. Anderenfalls liegt eine Freiheitsberaubung (§ 239 StGB) vor.[546]

Art. 104 IV GG gewährt schließlich dem Festgehaltenen ein subjektives Recht auf **Benachrichtigung** der Angehörigen oder einer Vertrauensperson. Eine Versagung dieses Rechts bedingt die Rechtswidrigkeit der Freiheitsentziehung.

Zur Verfassungsmäßigkeit der **lebenslangen Freiheitsstrafe** vgl. BVerfGE 45, 187 ff.; 72, 195 ff.; zur Rechtmäßigkeit der **Sicherungsverwahrung** vgl. BVerfGE 109, 133 ff.

**321**

---

[546] Zum polizeilichen Gewahrsam vgl. ausführlich *R. Schmidt*, BesVerwR II, Rn 310 ff.

# E. Das Gleichheitsgebot – Art. 3, 6 V, 33 I-III GG

## I. Der allgemeine Gleichheitssatz (Art. 3 I GG)

### 1. Allgemeines

322  Gemäß Art. 3 I GG sind **alle Menschen vor dem Gesetz gleich**. Die indikative Fassung dieser Formulierung könnte darauf schließen lassen, dass die Vorschrift einen Zustand der (tatsächlichen) Gleichheit beschreibt. Im Gegensatz dazu steht aber die Erfahrung, dass sich Menschen voneinander in vielfacher Hinsicht unterscheiden. So können z.B. nicht alle Menschen auf den gleichen Bestand an Eigentum zurückgreifen. Selbst wenn man den Wortlaut des Art. 3 I GG daher so versteht, dass alle Menschen vor dem Gesetz gleich sein *sollen*, sind damit noch nicht die Probleme gelöst, was (1) unter Gleichheit „vor dem Gesetz" zu verstehen ist und ob (2) eine strikte Rechtsgleichheit aller Menschen überhaupt gemeint sein kann.

323  **Zu (1):** Gleichheit „vor dem Gesetz" bedeutet zunächst *Rechtsanwendungs*gleichheit: Bei der Anwendung eines Gesetzes (durch die Exekutive und Judikative) muss der Gleichheitssatz beachtet werden. Der Gleichheitssatz verlangt aber auch eine *Rechtsetzungs*gleichheit (Gleichheit des Gesetzes): Der Gesetzgeber muss bei Erlass von Gesetzen den Gleichheitssatz beachten. Das Gebot der Rechtsetzungsgleichheit folgt zwar nicht aus dem Wortlaut des Art. 3 I GG, ergibt sich aber aus Art. 1 III GG, wonach auch der Gesetzgeber an die Grundrechte gebunden ist.

324  **Zu (2):** Gemäß Art. 3 II S. 1 und III S. 1 GG ist es verboten, bestimmte Gegebenheiten als Anlass für Bevorzugungen und Benachteiligungen zu nehmen. Aus dem Zusammenhang des Art. 3 I GG mit diesen Vorschriften lässt sich erkennen, dass Art. 3 I GG nicht die völlige Gleichbehandlung verlangt, also nicht jede Bevorzugung und Benachteiligung verbietet. Wäre Art. 3 I GG als absoluter Gleichheitssatz zu verstehen, bedürfte es der Regelungen der Art. 3 II S. 1 und III S. 1 GG nicht. Aber auch wenn mit der Regelung des Art. 3 I GG eine strikte Rechtsgleichheit gemeint wäre, stünde sie im Widerspruch zu den grundgesetzlich garantierten Freiheitsrechten. Denn wenn die Rechtsordnung neben der Gleichheit auch persönliche Freiheiten wie die allgemeine Handlungsfreiheit, die Berufsfreiheit oder die Eigentumsfreiheit gewährleistet, liegt hierin zugleich die Anerkennung faktischer Ungleichheit.

> **Beispiel:** Gewährt die Rechtsordnung das Privateigentum, besitzt derjenige, der über Eigentumspositionen verfügt, größere Handlungsspielräume, als derjenige, der über kein oder kein nennenswertes Eigentum verfügt. Die Gewährleistung von Freiheitsgrundrechten hat also notwendigerweise zur Folge, dass eine Ungleichbehandlung stattfindet. Es lässt sich sogar sagen: Je mehr Freiheit gewährleistet ist, desto größer ist die Ungleichheit. Freiheit und Gleichheit stehen in einem Konflikt zueinander. Wo Freiheit gewährt wird, kann es keine Gleichheit geben. **Die Gleichheitsverbürgung des allgemeinen Gleichheitssatzes kann daher nur so verstanden werden, dass es keine *grundlose* Differenzierung geben darf.**

### 2. Prüfungsaufbau

325  Unterschiede zwischen dem allgemeinen Gleichheitssatz und den Freiheitsrechten bestehen in der Rechtstechnik: Während bei den Freiheitsrechten nach der Eröffnung des Schutzbereichs, dem Eingriff in den Schutzbereich und nach der verfassungsrechtlichen Rechtfertigung des Eingriffs gefragt wird, gibt es beim allgemeinen Gleichheitssatz (zu den speziellen Gleichheitsrechten vgl. aber Rn 343 ff.) keinen Schutzbereich und daher auch keinen Eingriff in denselben. *Hier* vollzieht sich die Prüfung in zwei Schritten: Zunächst ist die Gleich- bzw. Ungleichbehandlung festzustellen und danach die Frage nach der verfassungsrechtlichen Rechtfertigung für die

Ungleich- bzw. Gleichbehandlung zu beantworten.[547] Es empfiehlt sich folgendes Prüfungsschema:

---

### Allgemeiner Gleichheitssatz, Art. 3 I GG

**I. Gleich- bzw. Ungleichbehandlung**

Anknüpfungspunkt der Grundrechtsprüfung ist die Frage, ob das Gesetz „wesentlich Gleiches" ungleich bzw. „wesentlich Ungleiches" gleich behandelt. Die Prüfung des „wesentlich Gleichen" vollzieht sich regelmäßig in drei Schritten:

(1) Zunächst muss festgestellt werden, dass eine Person, Personengruppe oder Situation in einer bestimmten Weise rechtlich behandelt werden, etwa dass eine staatliche Leistung vergeben oder eine Verpflichtung auferlegt wird.

(2) In einem zweiten Schritt ist festzustellen, dass eine andere Person, Personengruppe oder Situation in einer anderen Weise oder überhaupt nicht rechtlich behandelt wurden, etwa dass die staatliche Leistung geringer ausgefallen ist oder gar nicht gewährt wurde.

(3) Schließlich ist danach zu fragen, ob beide Personen, Personengruppen oder Situationen unter einem gemeinsamen Oberbegriff, dem Bezugspunkt, zusammengefasst werden können. Nur wenn dies der Fall ist, kann von „wesentlich Gleichem" gesprochen werden.

Sofern man die Konstruktion der Gleichbehandlung von „wesentlich Ungleichem" zulässt, darf es gerade keinen Bezugspunkt geben.

**II. Rechtfertigung von Ungleichbehandlungen bzw. Gleichbehandlungen**

1. Kompetenz- und verfahrensgemäßes Zustandekommen des Gesetzes
2. Erfüllung der allgemeinen Anforderungen an das Bestehen eines sachlichen Grundes für die Ungleichbehandlung

⇨ Bei Ungleichbehandlungen *geringerer Intensität* beschränkt sich die gerichtliche Rechtfertigungsprüfung auf eine Evidenzkontrolle („**Willkürformel**"). Das Gericht akzeptiert eine Ungleichbehandlung schon dann als willkürfrei und verfassungsrechtlich gerechtfertigt, wenn sich nur irgendein sachlicher Grund zugunsten der Ungleichbehandlung anführen lässt. Hier hat der Gesetzgeber also eine weite Gestaltungsfreiheit.

⇨ Bei Ungleichbehandlungen *größerer Intensität* verlangt das Gericht eine Verhältnismäßigkeitsprüfung („**Neue Formel**") und nimmt eine durch einen sachlichen Grund gerechtfertigte Ungleichbehandlung erst dann an, wenn

⇨ die Ungleichbehandlung einen *legitimen Zweck* verfolgt,
⇨ sie zur Erreichung dieses Zwecks *geeignet* und *erforderlich* ist
⇨ und in *angemessenem Verhältnis zum Wert des Zwecks* steht.

---

## 3. Gleich- bzw. Ungleichbehandlung

### a. Ungleichbehandlung von „wesentlich Gleichem"

Verfassungsrechtlich relevant und rechtfertigungsbedürftig ist zunächst die Ungleichbehandlung von „wesentlich Gleichem"[548]. Zu beachten ist jedoch, dass die Ungleichbehandlung vom *selben Träger der Hoheitsgewalt* ausgehen muss. Das gilt aus bundesstaatlich zwingenden Gründen föderaler Kompetenzabgrenzung im Verhältnis zwischen Bund, Ländern und Gemeinden, aus justizverfassungsrechtlichen Gründen

**326**

---

[547] Anders *Möckel*, DVBl **2003**, 488 ff., der *stets* zwischen Schutzbereich und Eingriff unterscheidet.
[548] St. Rspr., vgl. nur BVerfGE **98**, 365, 385 (Anwartschaften); BVerfGE **101**, 239, 269 (Vermögensgesetz); BVerfGE **105**, 313, 356 f. (Verfassungsmäßigkeit des Lebenspartnerschaftsgesetzes); BVerfG NZA **2001**, 678, 688 (Arbeitslosenhilfe); vgl. auch BVerfG NJW **2005**, 1525 f. (Wehrpflicht).

für die Praxis unterschiedlicher Gerichte sowie für die jeweiligen Zuständigkeitsbereiche der einzelnen Behörden. Wenn also die Bürger des Bundeslandes X durch eine landesgesetzliche Regelung anders behandelt werden als die Bürger des Bundeslandes Y, stellt diese unterschiedliche Behandlung keinen Verstoß gegen den Gleichheitssatz dar. Es fehlt die Gleichheit, die Anknüpfungspunkt einer Ungleichbehandlung sein könnte: Die Bürger des Landes X sind nicht mit den Bürgern des Landes Y vergleichbar. Entsprechendes gilt für die Gemeinden, Hochschulen etc. Der Hoheitsträger muss den Gleichheitssatz nur in seinem Hoheitsbereich beachten.[549]

> **Beispiel:** Der im Gemeindegebiet A ansässige Softwarehersteller C bekommt von der Gemeindeverwaltung einen einmaligen Zuschuss i.H.v. 300.000,- Euro zugesagt. D, ebenfalls ein Softwarehersteller, ist im Gebiet der Nachbargemeinde B ansässig. Auch er beantragt bei seiner Gemeindeverwaltung einen solchen Zuschuss. Der Antrag wird abgelehnt. D fühlt sich durch den Ablehnungsbescheid in seinem Grundrecht aus Art. 3 I GG verletzt. Zu Recht?
>
> Fraglich ist, ob D im Vergleich zu C ungleich behandelt worden ist. Dazu müsste er zunächst „gleich" i.S.d. Art. 3 I GG sein. Der Gleichheitsanspruch besteht aber nur gegenüber dem nach der Kompetenzordnung konkret zuständigen Träger öffentlicher Gewalt. Die Gemeinde A ist daher nur verpflichtet, in ihrem Bereich den Gleichheitssatz zu wahren. Da D nicht im Hoheitsgebiet der Gemeinde A ansässig ist und auch von dieser keinen Zuschuss zugesagt bekommen hat, ist Art. 3 I GG vorliegend nicht verletzt.

**327**  Ungeachtet der Problematik um denselben Hoheitsträger ist die Bestimmung des „wesentlich Gleichen" mitunter schwierig. Denn kein Mensch gleicht dem anderen und keine Situation gleicht genau einer anderen. Eine Vergleichbarkeit ist aber erforderlich, um überhaupt der Frage nach einer Ungleichbehandlung nachgehen zu können.

**328**  **Wesentliche Gleichheit** bedeutet, dass Personen, Personengruppen oder Situationen aufgrund eines Bezugspunkts (*tertium comparationis*) vergleichbar sind.

**329**  Der **Bezugspunkt** ist der gemeinsame Oberbegriff (*genus proximum*), der einen Vergleich zulässt. Gehören die zu vergleichenden Personen, Personengruppen oder Situationen demselben Bezugspunkt an, ist eine Vergleichbarkeit gegeben.

**330**  **Beispiel häusliches Arbeitszimmer:** Gemäß § 9 V i.V.m. § 4 V S. 1 Nr. 6 b EStG in der bisherigen Fassung konnten die Aufwendungen für ein häusliches Arbeitszimmer anteilig der Nutzung steuerlich abgesetzt werden, wenn für die betriebliche oder berufliche Tätigkeit kein anderer Arbeitsplatz zur Verfügung stand. Betrugen also die jährlichen Gesamtkosten eines häuslichen Arbeitszimmers z.B. 5.000,- € und wurde das Zimmer zu 75% beruflich genutzt, konnte der Steuerpflichtige sein zu versteuerndes Einkommen um 3.750,- € mindern. Nunmehr sieht das im Sommer 2006 beschlossene Steueränderungsgesetz 2007 (BGBl I, S. 1652) u.a. vor, dass die Aufwendungen für ein häusliches Arbeitszimmer nur noch dann abgesetzt werden können, wenn das Arbeitszimmer den Mittelpunkt der gesamten betrieblichen und beruflichen Betätigung bildet.

L ist Lehrer an der gymnasialen Oberstufe des Landes X. Für ihn bildet gemäß der höchstrichterlichen Rechtsprechung[550] die Schule den Mittelpunkt seiner beruflichen Tätigkeit, auch wenn dort weder ein geeigneter Arbeitsraum noch ein eigener Schreibtisch zur Verfügung stehen. Die Finanzbehörde versagt daher die steuerliche Absetzbarkeit des von L in der Einkommensteuererklärung geltend gemachten Arbeitszimmers mit Verweis auf die geänderte Gesetzeslage.

---

[549] BVerfG NVwZ **1998**, 52, 53 (Kommunales Wahlrecht für Unionsbürger); BVerfGE **78**, 179, 205 (Heilpraktikergesetz); **21**, 54, 68 (Lohnsummensteuer); *Wernsmann*, Jura **2001**, 106, 112.
[550] BFHE **184**, 532, 538; BVerfGE **101**, 297, 311.

L ist der Auffassung, durch die Neuregelung in seinem Grundrecht aus Art. 3 I GG verletzt zu sein, weil es nicht mehr wie bisher auf den fehlenden betrieblichen Arbeitsplatz ankomme, sondern ausschließlich auf den beruflichen Mittelpunkt. Exemplarisch führt L an, dass sein Nachbar N, ein Handelsvertreter, seinen Privat-Pkw nach wie vor anteilig der beruflichen Nutzung steuerlich absetzen könne, er (L) das häusliche Arbeitszimmer jedoch nicht mehr. Er benötige aber ein Arbeitszimmer, um den Unterricht vor- und nachzubereiten und Klausuren zu korrigieren.

L wäre in seinem Grundrecht aus Art. 3 I GG verletzt, wenn er im Vergleich zu anderen vergleichbaren Personen(mehrheiten), die ihre beruflich genutzten Gegenstände nach dem Verhältnis zwischen privater und beruflicher Nutzung zumindest anteilig steuermindernd geltend machen können, ohne sachliche Rechtfertigung ungleich behandelt worden wäre.

Als gemeinsamer Bezugspunkt kommt der Umstand in Betracht, dass L und N jeweils einen Gegenstand, den sie privat angeschafft haben, zumindest anteilig beruflich nutzen. L wird im Vergleich zu N und anderen Steuerpflichtigen, die die berufliche Nutzung privater Gegenstände steuermindernd geltend machen können, durch die steuerliche Neuregelung auch ungleich behandelt. Zur Frage nach der Rechtfertigung dieser Ungleichbehandlung vgl. Rn 342.

**Gewerbesteuerpflicht:** Nach der derzeitigen Gesetzeslage ist von natürlichen Personen und Personengesellschaften, die einem Gewerbe nachgehen, neben der Einkommensteuer auch eine Gewerbesteuer zu entrichten.[551] Dabei ist ein jährlicher Gewerbeertrag bis zu 24.500,- € steuerfrei. Oberhalb dieses Betrags gilt ein progressiver Staffeltarif von 1 bis 5% in fünf Schritten zu je 12.000,- € (§ 11 GewStG). Bei hohen Gewerbeerträgen und hohen gemeindlichen Hebesätzen[552] kann die Gewerbesteuer mehr als 20% des gewerblichen Gewinns betragen.[553] Um daher das Gesamtsteueraufkommen erträglich zu halten, ist die Gewerbesteuer bei der Ermittlung des einkommensteuerpflichtigen Gewinns als Betriebsausgabe abzugsfähig (Anrechnung der Gewerbesteuer auf die Einkommensteuer). Sie mindert also die Einkommensteuer des Unternehmers in Höhe seines Grenzsteuersatzes.

Da die ursprünglich als Objektsteuer konzipierte Gewerbesteuer nach Wegfall ihrer Besteuerungsmerkmale Lohnsumme und Gewerbekapital nach mittlerweile h.M. als zusätzliche Ertragsteuer angesehen wird, wird sie weithin als verfassungswidrig beurteilt, weil sie allein die Gewerbetreibenden, nicht aber die anderen Selbstständigen unter Verstoß gegen den allgemeinen Gleichheitsatz ungleich und zudem wettbewerbsverzerrend belaste.[554] Der Versuch der Bundesregierung, die Gewerbesteuer unter Einbeziehung der Einkünfte aus selbstständiger Arbeit in eine Gemeindewirtschaftsteuer umzugestalten, ist 2003 im Bundesrat gescheitert.[555] Das BVerfG hat es bisher abgelehnt, eine Sachentscheidung über die Verfassungsmäßigkeit dieser Steuer zu treffen. Zwei Vorlagebeschlüsse des FG Niedersachsen aus den Jahren 1997 und 1998 sind vom BVerfG in Kammerentscheidungen als unzulässig zurückgewiesen worden.[556] Nun ist ein dritter Vorlagebeschluss (gem. Art.

331

---

[551] Bei Kapitalgesellschaften tritt an die Stelle der Einkommensteuer die Körperschaftsteuer.

[552] Zur Ermittlung des (an die Gemeinde abzuführenden) Gewerbesteuerbetrags setzt das Finanzamt den sog. Messbetrag in EUR fest, der sich aus dem Gewerbeertrag ergibt. Dieser Messbetrag wird mit dem sog. Gewerbesteuerhebesatz, den die Gemeinde festlegt (§ 16 I GewStG) multipliziert. Beispiel: Betragen der Messbetrag 1.000,- € und der Hebesatz 320%, ergibt sich eine Gewerbesteuer von 3.200,- € (1.000 x 3,2). Weil sich einige Gemeinden im Wettbewerb um Gewerbeansiedlungen zu Gewerbesteueroasen entwickelt hatten, hat der (Bundes-)Gesetzgeber ab 2004 einen Mindesthebesatz von 200% bestimmt (§ 16 IV S. 2 GewStG). Wegen der fraglichen Gesetzgebungskompetenz des Bundes für die Anordnung gemeindlicher Mindesthebesätze ist eine Verfassungsbeschwerde einer betroffenen Gemeinde anhängig. Das Verfahren scheint trotz Ablehnung einer einstweiligen Anordnung (BVerfGE **112**, 216 ff.) nicht ohne Erfolgsaussichten zu sein, denn auch das BVerfG kann sich nicht – um unerwünschte Folgen abzuwenden – grenzenlos über geltendes (Verfassungs-) Recht hinwegsetzen.

[553] Bei Kapitalgesellschaften gilt eine andere, hier nicht näher zu erläuternde Methode.

[554] Vgl. dazu die zahlreichen Nachweise im Vorlagebeschluss des FG Nds (DStRE **2004**, 1161 ff.).

[555] Die Bundesregierung verfolgte offenbar das Ziel, der möglichen Verfassungswidrigkeitserklärung zuvorzukommen.

[556] NJW **1997**, 3399 und FR **1998**, 1041.

100 I GG) des FG Niedersachsen zu dieser Frage beim BVerfG anhängig[557] und man darf gespannt sein, ob es dem BVerfG auch diesmal wieder gelingen wird, eine Sachentscheidung zu umgehen. Jedenfalls werden im Hinblick auf das Normenkontrollverfahren und weitere beim BFH anhängige Verfahren alle Bescheide über die Festsetzung von Gewerbesteuermessbeträgen von den Finanzämtern in vollem Umfang für vorläufig erklärt. Sollte das BVerfG dennoch eine Sachentscheidung treffen und zu dem Ergebnis gelangen, dass die Gewerbesteuer wegen Verstoßes gegen Art. 3 I GG verfassungswidrig sei, kann wegen der großen Auswirkungen auf die öffentlichen Haushalte nach der Spruchpraxis des BVerfG gleichwohl nicht mit einer Nichtigkeitserklärung des Gewerbesteuergesetzes gerechnet werden. In der Tat hätte eine Nichtigkeitserklärung verheerende Auswirkungen auf die öffentlichen Haushalte, zum einen weil damit milliardenschwere Steuerausfälle und zum anderen eine Erstattungspflicht für bereits erhaltene Gewerbesteuern verbunden wären. Weil das BVerfG, anders als der EuGH, bei der Verwerfung von Steuergesetzen regelmäßig große Rücksicht auf budgetäre Dispositionsinteressen der öffentlichen Hand nimmt, ist zu befürchten, dass es wohl allenfalls eine Unvereinbarkeitserklärung mit einer befristeten Anordnung der Weitergeltung des verfassungswidrigen Gesetzes aussprechen wird.[558] Verfassungsrechtlich, d.h. unter dem Aspekt des Rechtsstaatsprinzips, ist eine solche Vorgehensweise unhaltbar. Zu Recht wird die vom BVerfG abgesegnete staatliche Praxis, verfassungswidrige Steuern zu beschließen und zu kassieren, deren Rückzahlung aber unter Hinweis auf die hohen Kosten zu verweigern, vom EuGH abgelehnt.[559] In rechtsstaatlich fortschrittlicher Weise verlangt er von den Mitgliedstaaten, sich auf rechtmäßige Steuern zu beschränken und gemeinschaftswidrige Steuern, soweit sie erhoben wurden, wieder zu erstatten. In diesem Punkt benötigt die sich doch sonst als Rechtsstaat hervorhebende Bundesrepublik Deutschland noch rechtsstaatliche Entwicklungshilfe, zumal sie umgekehrt vom Büger unbedingten Gehorsam und Steuerehrlichkeit verlangt und nicht zögert, diese Verpflichtung mit Mitteln des Zwangs auch durchzusetzen.

**331a** **Wehrpflicht[560]:** Bis zum Jahr 2000 wurden von den für den Grundwehrdienst zur Verfügung stehenden Männern der jeweiligen Altersjahrgänge ca 90% zum Wehrdienst gezogen. Ab dem Jahr 2000 führte die Bundeswehr auch im Bereich der Wehrpflichtigen Personalkürzungen durch, wodurch die Einziehungsquote deutlich sank. Im September 2004 änderte der Gesetzgeber das WPflG an mehreren Stellen. Nunmehr sind Tatbestände geregelt, bei deren Vorliegen Wehrfähige nicht mehr zum Wehrdienst gezogen werden sollen.

Der als wehrdienstfähig gemusterte W wurde mit Bescheid aus dem Jahr 2004 zum 1.1.2005 zum neunmonatigen Grundwehrdienst einberufen und wendete sich dagegen. Er macht geltend, dass mittlerweile nur noch ein so geringer Teil der Wehrfähigen zum Wehrdienst eingezogen werde, dass die Einberufungspraxis als willkürlich anzusehen und ein Verstoß gegen den Grundsatz der Wehrgerechtigkeit gegeben sei.

Hier liegt mit allen Wehrpflichtigen ein gemeinsamer Bezugspunkt vor. Werden nur einige wehrdiensttaugliche Männer eingezogen, stellt dies eine Ungleichbehandlung zu den nicht eingezogenen dar. Zur Frage nach der Rechtfertigung dieser Ungleichbehandlung vgl. Rn 342a.

**332**
> **Hinweis für die Fallbearbeitung:** In der Fallbearbeitung ist die Prüfung des „wesentlich Gleichen" in drei Schritten zu vollziehen:
>
> (1) Zunächst muss festgestellt werden, dass eine Person, Personengruppe oder Situation in einer bestimmten Weise rechtlich behandelt werden, indem etwa eine staatliche Leistung vergeben oder eine Verpflichtung auferlegt wird.
>
> (2) In einem zweiten Schritt ist festzustellen, dass eine andere Person, Personengruppe oder Situation rechtlich in einer anderen Weise oder überhaupt nicht be-

---

[557] DStRE **2004**, 1161 ff.
[558] *Habscheidt*, NJW **2005**, 1257, 1259.
[559] EuGH Slg **1983**, 3595 ff.
[560] Nach BVerwG NJW **2006**, 2871 ff. und NJW **2005**, 1525 ff. (Verfassungsmäßigkeit der Wehrpflicht).

> handelt wurden, etwa dass die staatliche Leistung geringer ausgefallen ist oder gar nicht gewährt wurde.
>
> **(3)** Schließlich ist danach zu fragen, ob beide Personen, Personengruppen oder Situationen unter einen gemeinsamen Oberbegriff, den Bezugspunkt, zusammengefasst werden können. Nur wenn dies der Fall ist, kann von „wesentlich Gleichem" gesprochen werden.

## b. Gleichbehandlung von „wesentlich Ungleichem"

Das BVerfG entscheidet in st. Rspr., dass der Gleichheitssatz nicht nur dann verletzt sei, wenn „wesentlich Gleiches" willkürlich, d.h. ohne sachlichen Grund, ungleich behandelt, sondern auch dann, wenn „wesentlich Ungleiches" willkürlich gleich behandelt werde.[561] Folgte man dieser Auffassung, wäre die Bildung eines gemeinsamen Oberbegriffs unmöglich. Es müsste dann danach gefragt werden, ob es gerade keinen Bezugspunkt gibt. Gibt es einen Bezugspunkt nicht, kann von „wesentlich Ungleichem" ausgegangen werden. Findet dann ohne sachlich gerechtfertigten Grund eine Gleichbehandlung statt, ist der Gleichheitssatz verletzt. **333**

## 4. Rechtfertigung von Ungleich- bzw. Gleichbehandlungen

### a. Formel des BVerfG vom Willkürverbot

Nach st. Rspr. des BVerfG liegt ein Verstoß gegen Art. 3 I GG zum einen vor, wenn wesentlich Gleiches *willkürlich* ungleich oder wesentlich Ungleiches *willkürlich* gleich behandelt wird.[562] „Willkürlich" sind eine Ungleichbehandlung von wesentlich Gleichem bzw. eine Gleichbehandlung von wesentlich Ungleichem dann, „wenn sich für sie ... keine vernünftigen Erwägungen bzw. sachlichen Gründe finden lassen, die sich aus der Natur der Sache ergeben oder sonst wie einleuchtend sind"[563]. **334**

Willkürliche Differenzierungen können nicht nur von der Exekutive ausgehen, sondern auch von der Legislative und der Judikative. So handelt die Legislative willkürlich, wenn sich für die gesetzliche Regelung kein sachlicher Grund finden lässt.[564] Die Judikative handelt willkürlich, wenn das Urteil unter keinen denkbaren rechtlichen Aspekten vertretbar ist.[565] **335**

### b. So genannte „Neue Formel"

Die oben dargestellte Formel vom Willkürverbot ist vielfach zu eng, da schon begrifflich zum Ausdruck kommt, dass nur in **Extremfällen** die Wertungen des Gesetzgebers (bzw. die Entscheidungen der ausführenden Gewalt) korrigiert werden können. Daher hat das BVerfG einen weiteren Ansatz entwickelt, die sog. „Neue Formel". **336**

Nach der **„Neuen Formel"** ist das Gleichheitsgebot verletzt, „wenn eine Gruppe von Normadressaten im Vergleich zu anderen Normadressaten anders behandelt wird, obwohl zwischen beiden Gruppen keine Unterschiede von solcher Art und solchem Gewicht bestehen, dass sie die ungleiche Behandlung rechtfertigen könnten"[566]. **337**

---

[561] BVerfGE **49**, 148, 165 (Revisionsrecht); **98**, 365, 385 (Betriebliche Altersrenten). Auch der BGH (BGHZ **112**, 163, 173) hat sich dieser Auffassung angeschlossen.

[562] So die einhergebrachte Formel des BVerfG, vgl. etwa BVerfGE **78**, 104, 121 (Prozesskostenhilfe).

[563] BVerfGE **10**, 234, 246 (Platow-Amnestie); BVerfG NJW **2000**, 2264, 2266 (Verfassungswidrigkeit der sozialversicherungsrechtlichen Regelungen über Einmalzahlungen); BVerfG-K NJW **2001**, 1853 und 1854 (Verfassungsmäßigkeit der Gewerbesteuer).

[564] Vgl. BVerfGE **91**, 118, 123 (Bezirksrevisor); BVerfG NJW **2000**, 2264, 2266 (Verfassungswidrigkeit der sozialversicherungsrechtlichen Regelungen über Einmalzahlungen).

[565] Vgl. BVerfGE **86**, 59, 63 (Zweckentfremdungsverbot im Mietrecht).

[566] BVerfGE **55**, 72, 88 (Neue Formel); **99**, 129, 139 (DDR-Enteignung); **101**, 239, 269 (Vermögensgesetz); BVerfGE **105**, 313, 356 f.; **105**, 73, 110 (Verfassungswidrigkeit der unterschiedlichen Besteuerung von

**338**  Während also nach der Willkürformel alle nicht-willkürlichen Erwägungen eine Ungleichbehandlung zu rechtfertigen vermögen, fordert die „Neue Formel" ausdrücklich eine **Abwägung im Sinne einer Verhältnismäßigkeitsprüfung**. Dies führt in der Praxis zu einer höheren Kontrolldichte und einem eingeschränkten gesetzgeberischen Gestaltungsspielraum. Dabei unterscheidet das BVerfG wie folgt:

**339**  ▪ Bei Ungleichbehandlungen *geringerer Intensität* beschränkt sich die gerichtliche Rechtfertigungsprüfung auf eine Evidenzkontrolle. Das Gericht akzeptiert eine Ungleichbehandlung schon dann als verfassungsrechtlich gerechtfertigt, wenn sich nur irgendein sachlicher Grund zu ihren Gunsten anführen lässt,[567] mit anderen Worten also keine **Willkür** stattgefunden hat. Hier hat der Gesetzgeber eine gewisse Gestaltungsfreiheit.[568]

**340**  ▪ Bei Ungleichbehandlungen *größerer Intensität* verlangt das Gericht eine **Verhältnismäßigkeitsprüfung** und nimmt eine durch einen sachlichen Grund gerechtfertigte Ungleichbehandlung erst dann an, wenn

⇨ die Ungleichbehandlung einen *legitimen Zweck* verfolgt,

⇨ sie zur Erreichung dieses Zwecks *geeignet* und *erforderlich* ist

⇨ und in *angemessenem Verhältnis zum Wert des Zwecks* steht.[569]

**341**  Das BVerfG ist in der Anwendung der Neuen Formel aber nicht konsequent. Vielmehr legt es nach seinem Belieben seine Rechtfertigungsprüfung einmal als bloße Evidenzkontrolle und ein anderes Mal als volle Verhältnismäßigkeitsprüfung an, ohne dass eine Systematik erkennbar wäre. So wendete es sowohl bei der Prüfung der Verfassungsmäßigkeit der Gewerbesteuer als auch bei der Wehrpflicht schlicht die Willkürformel an, obwohl die unterschiedliche Steuerbelastung bzw. Einberufungspraxis durchaus von größerer Intensität sind und somit eine umfassende Verhältnismäßigkeitsprüfung geboten gewesen wäre.[570]

> **Hinweis für die Fallbearbeitung:** Aufgrund der Inkonsequenz des BVerfG bei der Anwendung der „Neuen Formel" kann dem Klausurbearbeiter kein allgemeingültiges Prüfungsschema für die Rechtfertigungsprüfung an die Hand gegeben werden. Es empfiehlt sich aber, den oben aufgestellten Grundsätzen zu folgen und in der Fallbearbeitung bei der Frage nach dem sachlichen Grund für die Ungleichbehandlung zunächst (gedanklich) zu klären, ob eine Ungleichbehandlung geringerer oder größerer Intensität vorliegt. Bei einer Ungleichbehandlung geringerer Intensität sollte bereits eine auf eine Evidenzkontrolle beschränkte Willkürprüfung genügen. Nur bei einer Ungleichbehandlung von größerer Intensität ist auf jeden Fall eine Prüfung der verfassungsrechtlichen Rechtfertigung vorzunehmen, die sich an dem Grundsatz der Verhältnismäßigkeit orientiert. Da aber eine willkürliche Handlung in der Regel auch unverhältnismäßig ist, wird sich das Ergebnis der Verhältnismäßigkeitsprüfung i.d.R. nicht von dem Ergebnis der Willkürprüfung unterscheiden.

**342**  Im **Beispiel** von Rn 330 liegt die Ungleichbehandlung darin, dass die eine Gruppe einen privat angeschafften, aber teilweise beruflich genutzten Gegenstand steuerlich absetzen kann, die andere Gruppe dagegen nicht. Fraglich ist, ob ein sachlicher Grund für diese Ungleichbehandlung vorliegt.

---

Pensionen und Renten); **107**, 205, 214 (Ungleichbehandlung von Ehen und nichtehelichen Lebensgemeinschaften). Vgl. auch *Brüning*, JZ **2001**, 669.
[567] BVerfGE **91**, 118, 123 (Bezirksrevisor); **107**, 205, 214; BVerfG NJW **2000**, 2264, 2266 (Verfassungswidrigkeit der sozialversicherungsrechtlichen Regelungen über Einmalzahlungen).
[568] BVerfGE **80**, 109, 118 (Nichtermittlung eines Fahrzeugführers).
[569] Vgl. BVerfGE **98**, 1, 12 (Rentenanwartschaft von Beamten); **91**, 389, 401 (Gewährung von Ausbildungsförderungen nach dem BAföG); **88**, 87, 97 (Transsexuelle); **87**, 234, 255 (Arbeitslosenhilfe). Vgl. auch BAGE **64**, 315, 320; BVerfG NJW **2004**, 2363, 2364 f. (Verfassungsmäßigkeit des LadSchlG).
[570] Vgl. BVerfG-K NJW **2001**, 1853 und 1854 zur Gewerbesteuerpflicht; BVerfG NJW **2005**, 1525 f. zur Wehrpflicht.

Nach der bisherigen Regelung über die steuerliche Absetzbarkeit von häuslichen Arbeitszimmern kam es (wie das im Übrigen bei anderen Gegenständen wie z.B. dem beruflich genutzten Privat-Pkw auch jetzt noch der Fall ist) ausschließlich auf die Intensität der beruflichen Nutzung des privat angeschafften oder unterhaltenen Arbeitszimmers an. Die Intensität der beruflichen Nutzung wurde dabei in Relation zur privaten Nutzung des betreffenden Gegenstands gesetzt. Bei ausschließlich beruflich genutztem Arbeitszimmer war die Intensität der Nutzung dementsprechend irrelevant. Auf das Verhältnis von nutzungsabhängiger und nutzungsunabhängiger beruflicher Tätigkeit des Steuerpflichtigen kam es dann nicht an. Das bedeutete, dass der Steuerpflichtige sein zu versteuerndes Einkommen sogar um den vollen Betrag der Kosten mindern konnte, wenn er das Arbeitszimmer nicht auch zu privaten Zwecken nutzte.

Mit der steuerlichen Abzugsfähigkeit soll also ein Ausgleich für die Einkommensminderung geschaffen werden, die darin besteht, dass Arbeitsmittel privat angeschafft, jedoch (auch oder überwiegend) beruflich genutzt werden.

Vor diesem Hintergrund scheint die Anknüpfung an die Intensität der beruflichen Nutzung eines Gegenstands sachgerecht, sofern es (wie bisher auch in Bezug auf die Absetzbarkeit von häuslichen Arbeitszimmern) um die Abgrenzung zur Privatnutzung geht. Die steuerliche Absetzbarkeit konnte man höchstens mit dem Argument der nicht bestehenden Notwendigkeit verneinen. Die Notwendigkeit eines eigenen Arbeitsraums wird man auch dem Lehrer ebensowenig absprechen können wie dem Richter. Unterrichtsvorbereitung und Korrekturarbeiten müssen irgendwo stattfinden. Insbesondere zur Unterrichtsvorbereitung benötigt der Lehrer aber nicht nur einen Schreibtisch, sondern auch ein Mindestmaß an Materialien. Auch in Zeiten des Internets bleibt das Arbeitszimmer eines Lehrers regelmäßig zugleich eine mehr oder weniger große Bibliothek. Die bloße Zur-Verfügung-Stellung eines Schreibtischs in der Schule würde die Notwendigkeit eines eigenen Arbeitszimmers daher keineswegs entfallen lassen.[571]

Die alleinige Anknüpfung an den beruflichen Mittelpunkt ist daher sachwidrig. Denn obwohl der berufliche Mittelpunkt eines Lehrers durchaus in der Schule gesehen werden kann, ist das Vorhandensein eines häuslichen Arbeitszimmers zur ordnungsgemäßen Ausübung des Lehrerberufs notwendig.

Folglich verstößt die Neuregelung des § 9 V i.V.m. § 4 V S. 1 Nr. 6 b EStG gegen das Gleichheitsgebot aus Art. 3 I GG und ist verfassungswidrig.

Hinsichtlich der **Wehrpflicht** (Beispiel von Rn 331a) hat das BVerwG entschieden, **342a** dass im Hinblick auf den in Art. 12 a I i.V.m 3 I GG verankerten Grundsatz der Wehrgerechtigkeit der Gesetzgeber eine Gestaltungsfreiheit besitze. Die Wehrgerechtigkeit verlange nicht, dass die gesetzlich normierten Wehrdienstausnahmen möglichst restriktiv ausgestaltet seien und somit ein möglichst hoher, nahe an 100% heranreichender Prozentsatz Wehrtauglicher zum Wehrdienst zu ziehen sei. Der Gesetzgeber dürfe stattdessen die Einberufungskriterien an wehrpolitischen und der Einberufung entgegenstehenden privaten Bedürfnissen ausrichten.

Diese Rechtsauffassung ist äußerst fraglich. Zwar ist es nicht zu beanstanden, wenn nicht ein nahe an 100% heranreichender Prozentsatz Wehrtauglicher zum Wehrdienst herangezogen wird, die Grenze zur Willkür ist aber dann überschritten, wenn der Prozentsatz bei nur 30% liegt.

Keinesfalls zu folgen ist jedoch der Argumenation des BVerwG, wenn es meint, die allgemeine Wehrpflicht finde ihre Rechtfertigung darin, dass der Staat seiner in der Verfassung übernommenen Verpflichtung, die verfassungsmäßige Ordnung, insbesondere die Grundrechte seiner Bürger, zu schützen (Art. 1 I GG), nur mit Hilfe eben dieser Bürger und ihres Eintretens für den Bestand der Bundesrepublik Deutschland in Form des Leistens des Grundwehrdienstes nachkommen könne. Wenn diese Auf-

---

[571] Vgl. *Görisch*, NJW **2006**, 2235, 2236; *Stuhrmann*, NJW **2006**, 2513, 2514.

fassung zuträfe, dürften Staaten, die keine allgemeine Wehrpflicht eingeführt bzw. diese wieder aufgehoben haben (vgl. z.B. die USA, aber auch Großbritannien), nicht in der Lage sein, die Grundrechte ihrer Bürger zu schützen. Davon kann jedoch keine Rede sein.

Insgesamt kann die Begründung des BVerwG für die Rechtfertigung der Ungleichbehandlung nicht überzeugen. Offenbar ging es dem Gericht ausschließlich darum, die allgemeine Wehrpflicht abzusichern. Denn die Folgen einer Verfassungswidrigkeitserklärung wären verheerend: Zum einen würden die Kosten einer reinen „Berufsarmee" den gegenwärtigen Rahmen sprengen, und zum anderen würde mit dem Wegfall der allgemeinen Wehrpflicht auch der Wehrersatzdienst entfallen. Der Pflegesektor stünde vor kaum lösbaren Problemen. Einen Ausweg würde dann nur ein soziales Pflichtjahr schaffen, wobei in diesem Zusammenhang die Frage aufzuwerfen wäre, ob dies dann nicht auch für Frauen gelten müsste, wollte man eine erneute Überprüfung am Maßstrab des Art. 3 I GG vermeiden.[572]

## II. Spezielle Gleichheitsrechte

### 1. Gleichberechtigung v. Mann und Frau (Art. 3 II, III S. 1 Var. 1 GG)

343    Art. 3 II GG enthält ein grundsätzliches Differenzierungsverbot. Ungleichbehandlungen, die mit dem Geschlecht des Betroffenen begründet werden, sind grundsätzlich unzulässig.[573] Gleiches statuiert Art. 3 III S. 1 Var. 1 GG. An das Geschlecht anknüpfende Diskriminierungen unterfallen also einem doppelten Verbot. Art. 3 II GG enthält darüber hinaus einen Auftrag (im Sinne einer Staatszielbestimmung) an den Staat, die tatsächliche Durchsetzung der Gleichberechtigung von Frauen und Männern zu fördern und auf die Beseitigung bestehender Nachteile hinzuwirken. Dies stellt der mit der Verfassungsänderung vom 27.10.1994 in Art. 3 II GG eingefügte S. 2 klar.[574]

> **Hinweis für die Fallbearbeitung:** Im Unterschied zum allgemeinen Gleichheitssatz des Art. 3 I GG stellt das spezielle Diskriminierungsverbot des Art. 3 II i.V.m. III S. 1 Var. 1 GG nach Wortlaut und Zweck ein **subjektives Abwehrrecht** dar.[575] Aus diesem Grund sowie wegen des speziellen Sachverhalts, der geregelt wird, kann das Grundrecht wie ein Freiheitsrecht geprüft werden: Schutzbereich, Eingriff in den Schutzbereich und verfassungsrechtliche Rechtfertigung.

### a. Schutzbereich

344    Art. 3 II i.V.m. III S. 1 Var. 1 GG schützt vor Diskriminierungen aufgrund des Geschlechts.

### b. Eingriff in den Schutzbereich

345    Ein Eingriff ist immer dann anzunehmen, wenn Männer gegenüber Frauen und Frauen gegenüber Männern ungleich behandelt werden. Ungleichbehandlungen können direkter, aber auch indirekter Natur sein. Setzt eine Maßnahme ausdrücklich an das Geschlecht als Differenzierungskriterium an, liegt eine **direkte Ungleichbehandlung** (unmittelbare Diskriminierung) vor. Dagegen wird unter **indirekter Ungleich-**

---

[572] Ohne jedes Problembewusstsein *Hebeler*, JA **2005**, 688 ff.
[573] Vgl. dazu BVerfGE **109**, 64 ff. (Mutterschaftsgeld); EuGH EuZW **2001**, 58 ff. (Ausgleich für Wehrpflicht bei Zugang zum Referendariat keine Diskriminierung) mit Bespr. von *Streinz*, JuS **2001**, 390 ff.; EuGH NJW **2000**, 2653, 2656 (Europarechtswidrigkeit automatischer Frauenbevorzugung) und EuGH NJW **2000**, 1549 (Europarechtskonformität des Hessischen GleichberechtigungsG). Die Antidiskriminierungsrichtlinien 2000/43/EG, 2000/78/EG und 2002/73/EG, die bis zum 31.12.2003 in deutsches Recht hätten umgesetzt werden sollen, sind endlich im Sommer 2006 in Form des Allgemeinen Gleichheitsgesetzes (AGG, vgl. BGBl I S. 1897), umgesetzt worden.
[574] Vgl. dazu BVerfGE **85**, 191, 207 (Arbeitszeitordnung); **92**, 91, 109 (Feuerwehrabgabe).
[575] Vgl. *Castendiek*, in: Erbguth/Müller/Neumann, GS für Jeand´Heur, **1999**, S. 337, 340 f.

**behandlung** (mittelbarer bzw. faktischer Diskriminierung) ein „Sachverhalt verstanden, bei dem eine Regelung äußerlich zwar an ein geschlechtsneutrales Merkmal anknüpft, sich faktisch aber zum Nachteil eines Geschlechts auswirkt, weil das Merkmal ganz überwiegend von Angehörigen dieses Geschlechts verwirklicht wird"[576]. Häufigster Fall der indirekten Ungleichbehandlung ist die **Teilzeitarbeit**.

> **Beispiel:** A beschäftigt in seinem Reinigungsbetrieb 4 Vollzeit- und 4 Teilzeitkräfte auf Stundenlohnbasis. Dabei liegt der Stundenlohn der Vollzeitkräfte um ein Drittel höher als der bei den Teilzeitkräften.
>
> Wenn man davon ausgeht, dass Teilzeitarbeit ganz überwiegend von Frauen ausgeübt wird und auch vorliegend die 4 Teilzeitkräfte weiblich sind, besteht eine mittelbare Diskriminierung. Zwar kann A nicht unmittelbar Grundrechte verletzen, weil er kein Grundrechtsverpflichteter ist, jedoch wirkt Art. 3 II i.V.m. III S. 1 Var. 1 GG über die zivilrechtlichen Generalklauseln bzw. arbeitsrechtlichen Bestimmungen mittelbar auch im Arbeitsverhältnis. Vorliegt verstößt A gegen § 611a BGB und damit mittelbar gegen Art. 3 II i.V.m. III S. 1 Var. 1 GG. Ein Verstoß würde nur dann zu verneinen sein, wenn ein zwingender Grund für die unterschiedliche Behandlung vorläge. Davon ist vorliegend jedoch nicht auszugehen.

Eine mittelbare Diskriminierung hat der EuGH auch im folgenden Fall angenommen: Die Richtlinie 76/207/EWG des Rates regelt die Verwirklichung des Grundsatzes der Gleichbehandlung von Männern und Frauen hinsichtlich des Zugangs zur Beschäftigung, zur Berufsbildung und zum beruflichen Aufstieg sowie in Bezug auf die Arbeitsbedingungen. Regeln nationale Vorschriften die Wartezeit für die Aufnahme in den **juristischen Vorbereitungsdienst**, der eine notwendige Voraussetzung für den Zugang zu einer Beschäftigung im Beamtenverhältnis ist, für Männer und Frauen unterschiedlich, liegt nach Auffassung des EuGH ein Fall der mittelbaren Diskriminierung vor. Allerdings könne die Ungleichbehandlung sachlich gerechtfertigt sein. **346**

> **Beispiel**[577]**:** Da die examinierte Juristin J als Volljuristin arbeiten möchte, bewarb sie sich für den dafür obligatorischen juristischen Vorbereitungsdienst. Ihrem Antrag zu dem gewünschten Einstellungstermin wurde nicht entsprochen, weil angesichts der zu großen Bewerberzahl eine Auswahl getroffen werden musste, die zu ihrem Nachteil ausfiel. Gemäß der entsprechenden Vorschrift des Juristenausbildungsgesetzes (JAG) und der Juristenausbildungsordnung (JAO) über Härtefälle wurden einige männliche Bewerber bevorzugt eingestellt, weil diese eine Dienstpflicht gem. Art. 12a I oder II GG vorweisen konnten. J hält diese Regelung für rechtswidrig und klagt vor dem Verwaltungsgericht. Dieses legt die Frage nach der Vereinbarkeit der betreffenden Vorschriften des JAG mit der Richtlinie 76/207/EWG gem. Art. 234 EG dem EuGH vor.
>
> Der EuGH hat eine mittelbare Diskriminierung angenommen, die die streitigen Vorschriften dadurch bewirkten, dass sie Bewerbern, die eine Wehr- oder Ersatzpflicht erfüllt haben, den Vorrang einräumten, da Frauen nach dem anwendbaren nationalen Recht nicht der Wehrpflicht unterlägen und somit auch die Härtefallregelung nach den betreffenden Vorschriften des JAG und der JAO nicht in Anspruch nehmen könnten.
> Unabhängig davon, ob man diese Auffassung teilt, kommt der EuGH jedenfalls auch zu dem Ergebnis, dass die Richtlinie 76/207/EWG den angegriffenen Vorschriften nicht entgegenstehe, weil diese durch sachliche Gründe gerechtfertigt seien und allein zum Ausgleich der Verzögerung beitragen sollten, die sich aus der Erfüllung einer Wehr- oder Ersatzdienstpflicht ergibt. Art. 2 IV der Richtlinie 76/207/EWG stehe dem Ausgleich von Nachteilen für *Männer* nicht entgegen, obwohl diese Bestimmung allein von

---

[576] Vgl. dazu BVerfGE **109**, 64, 89 f. (Mutterschaftsgeld); EuGH EuZW **2001**, 58 ff. (Ausgleich für Wehrpflicht bei Zugang zum Referendariat keine Diskriminierung) mit Bespr. von *Streinz*, JuS **2001**, 390 ff.; BVerfGE **97**, 35, 43 (Teilzeitbeschäftigte); BAGE **80**, 173, 181; **83**, 327, 336; *Weth/Kerver*, JuS **2000**, 425, 429.
[577] Nach EuGH EuZW **2001**, 58 ff.

der Beseitigung der tatsächlich bestehenden Ungleichheiten, die die Chancen der *Frauen* in den relevanten Bereichen beeinträchtigen, spricht, da Ziel der Richtlinie die Herstellung der Chancengleichheit für Männer und Frauen sei. Entscheidend sei, dass mit der streitigen Vorschrift allein der Verzögerung der Ausbildung von Bewerbern Rechnung getragen werden solle, die einer Wehr- oder Ersatzpflicht unterliegen. Sie sei damit objektiver Natur und solle allein zum Ausgleich der Auswirkungen dieser Verzögerung beitragen, was auch darin zum Ausdruck komme, dass die zeitliche Bevorzugung bei der Einstellung dem durch die Ableistung des Dienstes verursachten zeitlichen Nachteil entspreche.[578]

### c. Rechtfertigung von Ungleichbehandlungen

**347**  Trotz des Wortlautes in Art. 3 II, III S. 1 Var. 1 GG, der auf ein absolutes Differenzierungsverbot schließen lässt, versteht das BVerfG das Diskriminierungsverbot nur als Grundsatz. Es lässt Differenzierungen nach dem Geschlecht ausnahmsweise zu,

- wenn im Hinblick auf die objektiven **biologischen Unterschiede** nach der Natur des jeweiligen Lebensverhältnisses eine besondere Regelung erlaubt oder sogar geboten ist[579]
- oder wenn sie zur **Lösung von Problemen, die ihrer Natur nach entweder nur bei Männern oder nur bei Frauen auftreten können**, zwingend erforderlich sind.[580]

**348**  Dagegen sind Differenzierungen, die auf **funktionalen Unterschieden** beruhen („die Frau gehört ins Haus", vgl. § 1360 S. 2 BGB a.F.), unzulässig.[581] Das gilt auch für die Einstellung in den **öffentlichen Dienst**.

> **Beispiel:** Es existiert eine Regelung, wonach weiblichen Bewerbern mit gleicher Qualifikation wie männliche Mitbewerber bei der Bewerbung um einen Posten in einer Abteilung, bei der im jeweiligen Anstellungs- oder Beförderungsamt weniger Frauen als Männer beschäftigt sind, bei einer Einstellung oder Beförderung automatisch der Vorzug eingeräumt wird.

> Gem. Art. 2 der Richtlinie 76/207/EWG ist eine derartige geschlechtsbezogene Diskriminierung grundsätzlich unzulässig.[582] Daran ändert auch die neue Staatszielbestimmung des Art. 3 II S. 2 GG nichts, wonach der Staat die tatsächliche Durchsetzung der Gleichberechtigung von Frauen und Männern fördert und auf die Beseitigung bestehender Nachteile hinwirkt.[583] Allerdings ist nach einem neueren Judikat des EuGH die sog. Öffnungsklausel (vgl. z.B. § 25 V S. 2 LBG NRW) zu beachten, nach der Frauen nicht vorrangig befördert (ergänze: ernannt) werden müssen, sofern in der Person des männlichen Bewerbers liegende Gründe überwiegen.[584] Der EuGH hob hervor, dass solche Öffnungsklauseln zum Abbau der tatsächlichen Ungleichstellung beitragen könnten. Zulässig seien sie dann, wenn im Einzelfall garantiert sei, dass eine „objektive" Beurteilung folge, alle in Betracht kommenden Kriterien gewürdigt würden und eben der Frauen-Vorrang entfalle, sobald solche Kriterien zugunsten des Mannes „überwögen". Diesen Kriterien dürfe aber nicht ihrerseits diskriminierende Wirkung zukommen. Vgl. weiterhin Rn 367 f.

---

[578] Vgl. *Streinz*, JuS **2001**, 390, 392.
[579] BVerfGE **74**, 163, 179 (Rentenalter).
[580] BVerfGE **92**, 91, 109 (Feuerwehrabgabe).
[581] BVerfGE **85**, 191 ff. (Arbeitszeitordnung); anders aber noch BVerfGE **74**, 163 ff. (Rentenalter).
[582] EuGH NJW **1995**, 3109 ff. (Fall Kalanke); vgl. dazu auch *Holznagel/Schlünder*, Jura **1996**, 519 ff.
[583] OVG Lüneburg NVwZ **1996**, 497, 499; VG Arnsberg NVwZ **1995**, 725; VG Schleswig NVwZ **1995**, 724.
[584] EuGH DVBl **1998**, 181 ff. (Fall Marschall); vgl. dazu *Erichsen*, JK **1998**, GG Art. 3 II/8.

Auch Differenzierungen hinsichtlich des Dienstes von **Frauen in den Streitkräften** 349
sind seit dem Urteil des EuGH[585] nicht mehr zulässig. Die Richtlinie 76/207/EWG stehe
der Anwendung nationaler Bestimmungen entgegen, die Frauen allgemein vom Dienst
an der Waffe ausschließen und ihnen nur den Zugang zum Sanitäts- und Militärmu-
sikdienst erlauben (vgl. Art. 12 a I und IV S. 2 GG a.F.).

> **Zum Urteil des EuGH:** K war im Sanitätsdienst der Bundeswehr tätig. Als sie sich für 350
> die Übernahme in den allgemeinen militärischen Truppendienst bewarb, versagte ihr
> die zuständige Stelle die Übernahme mit dem Verweis auf die bestehende Rechtslage
> (vgl. Art. 12a IV S. 2 GG, § 1 II SoldatenG und § 3a Soldatenlaufbahnverordnung, je-
> weils a.F.), wonach Frauen in der Bundeswehr lediglich zum Sanitäts- und Musikdienst
> herangezogen werden dürfen. Nach erfolglosem Widerspruch klagte K vor dem Verwal-
> tungsgericht (VG). Das VG hatte Bedenken an der Vereinbarkeit der Regelung mit der
> Richtlinie 76/207/EWG und legte gem. Art. 234 EG dem EuGH eine Frage nach der
> Auslegung der Richtlinie vor. Das VG wollte die Frage geklärt wissen, ob die Richtlinie
> der Anwendung nationaler Bestimmungen entgegenstehe, die, wie die des deutschen
> Rechts, Frauen vom Dienst an der Waffe ausschließen und ihnen nur den Zugang zum
> Sanitäts- und Musikdienst erlauben.
>
> Der EuGH hat entschieden, dass die Richtlinie 76/207/EWG dem generellen Ausschluss
> der Frauen vom Dienst an der Waffe entgegenstehe. Daraus ergab sich die Verpflich-
> tung der Bundesrepublik Deutschland, die entsprechenden Voraussetzungen für einen
> freiwilligen Dienst von Frauen an der Waffe zu schaffen.[586]

Der verfassungsändernde Gesetzgeber hat inzwischen auf die Entscheidung des EuGH 351
reagiert und mit der neuen Formulierung in Art. 12a IV S. 2 GG („Sie dürfen auf keinen Fall zum Dienst mit der Waffe verpflichtet werden") klargestellt, dass Frauen in
der Bundeswehr freiwillig Dienst an der Waffe leisten dürfen.

## 2. (Sonstige) Diskriminierungsverbote des Art. 3 III GG

In Anlehnung an das zum Diskriminierungsverbot des Art. 3 II, III S. 1 Var. 1 Gesagte 352
stellen auch alle anderen speziellen Diskriminierungsverbote des Art. 3 III GG nach
Wortlaut und Zweck **subjektive Abwehrrechte** dar. Daher können auch diese
Grundrechte wie Freiheitsrechte geprüft werden: Schutzbereich, Eingriff in den
Schutzbereich und verfassungsrechtliche Rechtfertigung.

### a. Schutzbereich

Gemäß Art. 3 III S. 1 GG darf niemand wegen seines Geschlechts, seiner Abstam- 353
mung, seiner Rasse, seiner Sprache, seiner Heimat und Herkunft, seines Glaubens,
seiner religiösen oder politischen Anschauungen benachteiligt oder bevorzugt werden.[587]

- **Abstammung** meint die natürliche biologische Beziehung eines Menschen zu seinen
  Vorfahren.[588]
- Das Merkmal der **Rasse** bezieht sich auf Gruppen mit bestimmten biologisch vererbba-
  ren Eigenschaften.[589]
- Mit **Heimat** ist die örtliche Herkunft gemeint.[590]

---

[585] EuGH NJW **2000**, 497 ff. (Fall Tanja Kreil).
[586] Vgl. dazu auch *Stahn*, EuGRZ **2000**, 121, *Streinz*, DVBl **2000**, 585 und *Heselhaus/Schmidt-De Caluwe*, NJW **2001**, 263 ff.
[587] Eine einfachgesetzliche Ausprägung des Diskriminierungsverbots mit subjektiven Ansprüchen stellt das im August 2006 in Kraft getretene Allgemeine Gleichheitsgesetz (AGG, vgl. BGBl I S. 1897) dar.
[588] BVerfGE **9**, 124, 128 (Zum Begriff der „Herkunft").
[589] *Jarass*, in: Jarass/Pieroth, GG, Art. 3 Rn 70.
[590] BVerfGE **5**, 17, 22 (Zum Begriff der „Heimat").

- Der Begriff **Herkunft** meint die „ständisch-soziale Abstammung und Verwurzelung"[591].
- Das Merkmal der **Sprache** schützt Gruppen vor Diskriminierungen aufgrund ihrer Muttersprache.[592]
- **Glaube** und **religiöse Anschauung** bezeichnen die Schutzgüter des Art. 4 I GG.
- **Politische Anschauungen** bezeichnen Grundeinstellungen zu Fragen des (staatlichen) Gemeinwesens.

## b. Eingriff in den Schutzbereich durch Benachteiligung bzw. Bevorzugung

354 Eine **Beeinträchtigung** des Grundrechts liegt vor, wenn betroffene Personen anhand der o.g. Kriterien ungleich behandelt werden. Das kann zunächst dadurch geschehen, dass eine Maßnahme ausdrücklich auf ein solches Kriterium abhebt (direkte Ungleichbehandlung). Unklar ist, ob auch Maßnahmen, die nur indirekt eine Ungleichbehandlung der o.g. Personengruppe mit sich bringen (sog. indirekte Ungleichbehandlung), eine Beeinträchtigung des Grundrechts zur Folge haben. In Anlehnung des zur Ungleichbehandlung von Männern und Frauen Gesagten wird man generell für den gesamten Art. 3 III GG ein Verbot indirekter Ungleichbehandlung fordern müssen.[593]

## c. Verfassungsrechtliche Rechtfertigung

355 Wie gesagt, gelten die Diskriminierungsverbote des Art. 3 III S. 1 GG nicht absolut. Differenzierungskriterien sind zulässig, wenn sie zur Lösung von Problemen, die bei der Kollision von Verfassungsgütern auftreten, notwendig sind. Vgl. dazu auch die differenzierten Regelungen des AGG.

## 3. Das Verbot der Diskriminierung Behinderter (Art. 3 III S. 2 GG)

356 Schließlich statuiert das Grundgesetz in Art. 3 III S. 2 das Verbot der Benachteiligung Behinderter. Wie die anderen speziellen Diskriminierungsverbote des Art. 3 III GG stellt auch das Verbot der Benachteiligung Behinderter nach Wortlaut und Zweck ein **subjektives Abwehrrecht** dar[594] und kann daher ebenfalls wie ein Freiheitsrecht geprüft werden: Schutzbereich, Eingriff in den Schutzbereich und verfassungsrechtliche Rechtfertigung.

## a. Schutzbereich

357 Zentraler Begriff für die Bestimmung des Schutzbereichs ist die Behinderung. Diese lässt sich sowohl weit als auch eng verstehen. Versteht man den Begriff weit, so fallen alle Personen unter den Begriff, die von Auswirkungen einer nicht nur vorübergehenden Funktionsbeeinträchtigung betroffen sind, welche auf einem regelwidrigen, insbesondere altersuntypischen, körperlichen, geistigen oder seelischen Zustand beruht[595]. Der Wortlaut des Art. 3 III S. 2 GG lässt aber auch ein enges Verständnis des Begriffs Behinderung zu, wonach eine bestimmte Schwere der Behinderung zu fordern wäre.[596] Parallel zu § 2 SGB IX (früher §§ 1, 3 SchwerbehindertenG) wären dann nur diejenigen berechtigt, sich auf Art. 3 III S. 2 GG zu berufen, die mindestens einen Behinderungsgrad von 50 aufweisen.[597] Relevant wird die unterschiedliche Interpreta-

---

[591] BVerfGE **48**, 281, 288 (Versorgungsleistungen an deutsche Teilnehmer des spanischen Bürgerkriegs).
[592] *Sachs*, in: HdbStR V, S. 1037.
[593] *Gubelt*, in: von Münch/Kunig, GG, Art. 3 Rn 86; *Osterloh*, in: Sachs, GG, Art. 3 Rn 256.
[594] Vgl. *Osterloh*, in: Sachs, GG, Art. 3 Rn 305. Vgl. auch *Jarass*, in: Jarass/Pieroth, GG, Art. 3 Rn 106.
[595] *Osterloh*, in: Sachs, GG, Art. 3 Rn 310; *Jarass*, in: Jarass/Pieroth, GG, Art. 3 Rn 106.
[596] *Kannengießer*, in: Schmidt-Bleibtreu/Klein, GG, Art. 3 Rn 42a.
[597] *Beaucamp*, JA **2001**, 36, 37. Das BVerfG hat die Frage, ob der Grad der Behinderung für die Eröffnung des Schutzbereichs eine Rolle spielt, bislang ausdrücklich offen gelassen, weil es in den bisherigen Entscheidun-

tionsmöglichkeit des Art. 3 III S. 2 GG also immer dann, wenn der Betroffene nicht Schwerbehinderter i.S.d. § 2 SGB IX ist.

- Für die Begrenzung des Schutzbereichs auf Schwerbehinderte i.S.d. § 2 SGB IX wird geltend gemacht, Art. 3 III S. 2 sei speziell auf Personen zugeschnitten, die in besonderem Maße Gefahr liefen, diskriminiert zu werden. Das sei aber nur ab einem bestimmten Grad der Behinderung anzunehmen. Darüber hinaus habe sich die Verfassungsreform, in deren Zuge auch der Art. 3 III S. 2 GG eingefügt worden sei, gerade an die Regelungen des § 2 SGB IX anlehnen wollen.[598]   **358**

- Die Gegenauffassung macht geltend, dass der Wortlaut eher für ein weites Verständnis der Behinderung spreche. Insbesondere sei es unzulässig, die Reichweite einer Verfassungsbestimmung an einfachem Recht zu orientieren. Die Auslegung eines Verfassungsbegriffs könne nur anhand der Verfassung vorgenommen werden. Einer weiten Auslegung des Art. 3 III S. 2 GG entspreche auch die Intention des verfassungsändernden Gesetzgebers, die darin bestehe, die Stellung behinderter Menschen in der Gesellschaft zu stärken sowie Ausgrenzungen und Diskriminierungen aller Art zu verhindern.[599]   **359**

- Stellungnahme: Es ist zu bezweifeln, dass sich solche Ausgrenzungen und Diskriminierungen am Grad der Behinderung festmachen lassen. So mögen Diabetiker als Schwerbehinderte anerkannt sein, ohne im Alltag Ausgrenzungen zu erfahren, wohingegen Menschen mit einer geringeren Behinderung, wie etwa das Stottern, eher Gefahr laufen, in der Öffentlichkeit verspottet zu werden.[600] Die Auffassung, die den Begriff der Behinderung eng auslegt und nur Schwerbehinderte i.S.d. § 2 SGB IX als von Art. 3 III S. 2 GG geschützt ansieht, erweist sich somit als wenig überzeugend.   **360**

> **Hinweis für die Fallbearbeitung:** Die Frage, welcher Auffassung der Vorzug zu geben ist, kann dahinstehen, wenn die Voraussetzungen des engen Verständnisses vorliegen. So ist z.B. der Schutzbereich des Art. 3 III S. 2 GG unstreitig im Fall der Erblindung oder der Querschnittslähmung eröffnet.

### b. Eingriff in den Schutzbereich durch Benachteiligung

Der Schutzbereich des Art. 3 III S. 2 GG ist tangiert, wenn behinderte Menschen im Vergleich zu nicht behinderten benachteiligt werden. Unklar ist, wann eine Benachteiligung anzunehmen ist. Einigkeit besteht jedenfalls dahingehend, dass nicht nur die *direkte* Schlechterstellung Behinderter durch Maßnahmen der öffentlichen Hand eine Benachteiligung darstellt, sondern dass eine Benachteiligung auch dann vorliegen kann, wenn sich die Maßnahmen *indirekt* nachteilig auf Behinderte auswirken. Im Übrigen besteht hinsichtlich des Begriffs der Benachteiligung Streit. Auch dieser kann weit oder eng ausgelegt werden.   **361**

- Die weite Auslegung bejaht eine Benachteiligung bereits dann, wenn die fragliche staatliche Maßnahme von dem Betroffenen als eine – wenn auch geringfügige – Belastung empfunden wird.[601]   **362**

- Die Gegenauffassung versteht den Begriff der Benachteiligung objektiv und damit einschränkend. Insbesondere liege eine Benachteiligung dann nicht vor, wenn die staatliche Maßnahme, die Behinderte im Vergleich zu nicht behinderten Menschen be-   **363**

---

gen immer um Klagen Schwerbehinderter ging, der Schutzbereich des Art. 3 III S. 2 GG also nach beiden Verständnismöglichkeiten eröffnet war (vgl. nur BVerfGE **96**, 288, 301; **99**, 341, 345 f.).

[598] So *Kannengießer*, in: Schmidt-Bleibtreu/Klein, GG, Art. 3 Rn 42a.

[599] Vgl. *Castendiek*, in: Erbguth/Müller/Neumann, GS für Jeand´Heur, **1999**, S. 337, 347; *Beyerlin*, RdJB **1999**, 157, 160 f.; *Spranger*, DVBl **1998**, 1058, 1060 f.

[600] *Beaucamp*, JA **2001**, 36, 38.

[601] VGH München BayVBl **1997**, 561, 563; *Jarass*, in: Jarass/Pieroth, GG, Art. 3 Rn 82; *Osterloh*, in: Sachs, GG, Art. 3 Rn 312; *Castendiek*, in: Erbguth/Müller/Neumann, GS für Jeand´Heur, **1999**, S. 345 f.

einträchtige, durch behinderungsbezogene Fördermaßnahmen ausgeglichen werde (Aspekt der Kompensation).[602] Als solche behinderungsbezogenen Fördermaßnahmen werden beispielsweise **Sonderschulzuweisungen** genannt. Bei diesen würden insbesondere das günstigere Verhältnis von Schülern pro Lehrer, die spezielle Ausbildung der Lehrer und die − anzunehmende − bedarfsgerechte räumliche und sachliche Ausstattung positiv ins Gewicht fallen.[603]

364 ▪ Stellungnahme: Die mit einer Sonderschulzuweisung verbundenen Vorteile sprechen klar gegen die Annahme einer Benachteiligung. Wenn aber mit der Sonderschulzuweisung längere Schulwege verbunden sind und auch mit ihr der Verlust von Kontakten zu nicht behinderten Kindern einhergeht, kann von einer kompensatorischen Wirkung der Maßnahme nicht mehr gesprochen werden. Das gilt insbesondere dann, wenn der Betroffene die an sich „gut gemeinte" Fördermaßnahme als belastend bzw. bevormundend empfindet.[604] Hinzu kommen spätere berufliche Nachteile („Hilfsschüler"). Entgegen der Auffassung des BVerfG ist ungeachtet aller Schwierigkeiten der Nachteilsbestimmung eine Benachteiligung bereits dann anzunehmen, wenn die staatliche Sonderbehandlung für Behinderte von diesen als belastend empfunden wird.

### c. Verfassungsrechtliche Rechtfertigung des Eingriffs

365 Parallel zur Ungleichbehandlung von Männern und Frauen lassen sich nachteilige Ungleichbehandlungen, die an das Merkmal der Behinderung anknüpfen, nur durch kollidierendes Verfassungsrecht, d.h. durch Grundrechte Dritter oder andere gleich- oder höherrangige Verfassungsgüter rechtfertigen (sog. verfassungsimmanente Schranken). Die gegenläufigen Verfassungsgüter sind in ein Verhältnis praktischer Konkordanz zueinander zu bringen, wobei dem Diskriminierungsverbot des Art. 3 III S. 2 GG eine besondere Bedeutung zukommt. Wegen des Grundsatzes vom Vorbehalt des Gesetzes ist aber auch hier stets eine gesetzliche Grundlage zu fordern.

**Beispiele:**

**(1)** Geht man im Falle der **Sonderschulzuweisung** mit der hier vertretenen Auffassung von einem Eingriff in den Schutzbereich des Art. 3 III S. 2 GG aus, wäre die Sonderschulzuweisung zunächst auf eine gesetzliche Grundlage zu stützen. Eine solche ist den Schulgesetzen zu entnehmen. Fraglich ist aber, welches andere wichtige Verfassungsgut die Benachteiligung rechtfertigen könnte. In Betracht kommt das Grundrecht der nicht behinderten Mitschüler auf eine begabungsgerechte Schulausbildung, welches sich aus Art. 2 I GG herleiten lässt.[605] Ein Konflikt zwischen dieser Grundrechtsposition und dem Diskriminierungsverbot des Art. 3 III S. 2 GG tritt jedoch nur dann auf, wenn sich die Teilnahme Behinderter am Unterricht stark negativ auf die nicht behinderten Schüler auswirkt. Und auch dann wäre − parallel zu einem allgemeinen Schulverweis − für eine Sonderschuleinweisung gegen den Willen des Betroffenen zu fordern, dass dessen Teilnahme am Unterricht seine Mitschüler dauerhaft und nachhaltig in ihrer Entwicklung hemmt.[606] Vorschriften der Schulgesetze, die eine Integration von behinderten Schülern in die allgemein bildenden Schulen unter den Vorbehalt der organisatorischen, personellen und sachlichen Gegebenheiten stellen, gehen über den erforderlichen Schutz der Grundrechte von Mitschülern weit hinaus und können eine Sonderschuleinweisung gegen den Willen des Betroffenen nicht rechtfertigen.

**(2)** B ist blind. Sie hat bei den bisherigen **Parlamentswahlen** immer ihren Mann mitgenommen, damit dieser für sie das Kreuzchen macht. Eine derartige Vorge-

---

[602] BVerfGE **96**, 288, 303 (Behinderter und Schulwesen).
[603] OVG Lüneburg NJW **1997**, 1087, 1089.
[604] Vgl. *Castendiek*, in: Erbguth/Müller/Neumann, GS für Jeand´Heur, **1999**, S. 349 ff.; *Beaucamp*, JA **2001**, 36, 38; *Jürgens/Römer*, NVwZ **1999**, 847, 848; *Beyerlin*, RdJB **1999**, 157, 163.
[605] Vgl. BVerfGE **96**, 288, 304 u. 312 (Behinderter und Schulwesen).
[606] *Castendiek*, in: Erbguth/Müller/Neumann, GS für Jeand´Heur, **1999**, S. 353; *Beaucamp*, JA **2001**, 39.

hensweise verstößt zwar gegen den Grundsatz der Geheimheit der Wahl, ist aber mit Blick auf den Grundsatz der Allgemeinheit der Wahl gerechtfertigt. Denn anderenfalls wären einige betroffene Wahlberechtigte überhaupt nicht in der Lage, ihre Stimme abzugeben. Eine nähere Ausgestaltung dieser Praxis ist dem jeweiligen Wahlgesetz zu entnehmen. Jedenfalls sind Vertrauenspersonen gesetzlich verpflichtet, i.S.d. des Wahlberechtigten zu handeln.

Als B ihrem Mann nun nicht mehr traut und auch im Übrigen keine Vertrauensperson bestimmen kann, verlangt sie vom Wahlleiter, eine von ihr gefertigte Schablone zuzulassen, mit deren Hilfe sie durch Abtasten die Stelle auf dem Stimmzettel finden kann, auf der sie das Kreuzchen machen möchte. Könnte der Wahlleiter ihr die Benutzung der Schablone untersagen?

Die Untersagung stellt einen Eingriff in Art. 3 III S. 2 GG dar. Sie ist daher rechtfertigungsbedürftig. Wenn man bedenkt, dass schon die Hinzuziehung einer Vertrauensperson zulässig ist, muss die Benutzung einer Schablone erst recht zulässig sein, da mit ihr bereits ein Eingriff in die Geheimheit der Wahl ausgeschlossen ist. Daher verpflichtet Art. 3 III 2 i.V.m. Art. 38 I GG (Geheimheit der Wahl) den Wahlleiter, der B die Benutzung der von ihr gefertigten Schablone zu gestatten.

## 4. Gleicher Zugang zu öffentlichen Ämtern (Art. 33 II GG)

Die Entscheidung über die Einstellung in ein öffentliches Amt erfolgt regelmäßig als **Auswahlentscheidung** zwischen mehreren Bewerbern. Bei dieser Auswahlentscheidung sind die Vorgaben des Art. 33 II, III GG (Leistungsprinzip) zu beachten. Dieses Leistungsprinzip hat über den Zugang zum und das Fortkommen im öffentlichen Dienst zu entscheiden, ist also auswahlbestimmend. Die Auswahlentscheidung ist strikt nach dem Wortlaut des Art. 33 II GG (wiederholt in § 8 BBG und den entsprechenden Bestimmungen der Landesbeamtengesetze) an der **Eignung**, **Befähigung** und der **fachlichen Leistung** auszurichten.[607]

- Unter **Eignung** versteht man die persönliche, intellektuelle und charakterliche Eigenschaft.
- Mit dem Begriff **Befähigung** werden die allgemeinen für die dienstliche Verwendung bedeutsamen Eigenschaften wie Begabung, Allgemeinwissen, Lebenserfahrung und allgemeine Ausbildung umschrieben.[608]
- Die **fachliche Leistung** kennzeichnet die bisherige Arbeitsleistung in Form von praktischer Tätigkeit.[609] Der Begriff zielt auf die Arbeitsergebnisse des Beamten bei Wahrnehmung seiner dienstlichen Aufgaben, auf Fachwissen und Fachkönnen.[610]

Weiterhin ist die Auswahl ohne Rücksicht auf Geschlecht, Abstammung, Rasse, Glauben, religiöse oder politische Anschauungen, Herkunft oder Beziehungen vorzunehmen (Art. 33 III GG, § 8 I S. 2 BBG, § 7 BRRG).

Das **Geschlecht** ist also grundsätzlich kein zulässiges Auswahlkriterium.[611] Es darf auch nicht hilfsweise herangezogen werden, etwa bei der Frage, ob eine Bewerberin bei gleicher Leistung einem Bewerber bevorzugt werden darf. Denn wegen Art. 3 III GG und den Regelungen des AGG darf das Geschlecht nicht berücksichtigt werden.[612] Siehe dazu ausführlich Rn 343 ff.

366

367

---

[607] Vgl. dazu auch BVerfG NVwZ **2003**, 200; BVerwG NVwZ **2005**, 457; NVwZ **2001**, 200, 201; NVwZ-RR **2002**, 47; VG Lüneburg NJW **2001**, 767, 768.
[608] BVerwG NVwZ **2005**, 457.
[609] Vgl. *Jarass*, in: Jarass/Pieroth, GG, Art. 33 Rn 10.
[610] BVerwG NVwZ **2005**, 457.
[611] EuGH NJW **2000**, 2653 ff.; EuGH NJW **2000**, 1549, 1550 f.; VG Göttingen NVwZ **1998**, 100, 101.
[612] Vgl. EuGH NJW **2000**, 2653, 2655 f. zur Richtlinie 76/202/EWG.

Etwas anderes gilt im Hinblick auf eine **Schwerbehinderung**. Das Sozialstaatsprinzip des Art. 20 I GG legitimiert grundsätzlich die vorrangige Auswahl eines Schwerbehinderten bei gleicher Leistung.[613] Verboten ist aber weiterhin die Bevorzugung einzelner Personen aus sachwidrigen Gründen. So ist die vorrangige Auswahl eines Bewerbers oder dessen Ablehnung aufgrund politischer, landsmannschaftlicher oder religiöser Verbundenheit unzulässig. Auch ein Proporz ist unzulässig.

**368**  Die der Auswahlentscheidung zugrunde liegenden Kriterien *Eignung*, *Befähigung* und *fachliche Leistung* sind **unbestimmte Rechtsbegriffe**, denen eine Beurteilungsermächtigung für die entscheidende Behörde innewohnt.[614] Bei diesem **Beurteilungsspielraum** beschränkt sich die gerichtliche Überprüfung auf die Frage, ob die Behörde von einem zutreffenden Sachverhalt ausgegangen ist, ob sie allgemein gültige Wert- und Beurteilungsmaßstäbe beachtet hat oder ob sie sachwidrige Erwägungen hat einfließen lassen. Wegen der Relativität der drei Kriterien ist dem Entscheidungsträger auch zuzubilligen, im Rahmen sachgerechter Beurteilung eine Gewichtung zwischen den einzelnen Kriterien vorzunehmen. In diesem Fall beschränkt sich eine Nachprüfung auf eine Plausibilitätskontrolle.

## 5. Chancengleichheit politischer Parteien

**369**  Zur Chancengleichheit der politischen Parteien vgl. die Bearbeitung bei *R. Schmidt*, Staatsorganisationsrecht, Rn 380 ff.

---

[613] Vgl. § 4 III S. 2 und § 13 BLV; § 11a ArbeitsplatzschutzG und *Kunig*, Das Recht des öffentlichen Dienstes, in: Schmidt-Aßmann, BesVerwR, 6. Abschnitt Rn 86. Zur Förderung Behinderter im öffentlichen Dienst nach der Einfügung des Art. 3 III S. 2 GG vgl. *Schwidden*, RiA **1997**, 70 ff.

[614] Vgl. BVerwGE **68**, 109 f.; **80**, 224, 225 f.; **92**, 147, 149; **97**, 128 ff.; **106**, 263, 266 ff.; BVerwG NVwZ **2001**, 200, 201; VG Lüneburg NJW **2001**, 767, 768 (Übernahme in das Beamtenverhältnis auf Probe).

## F. Religions-, Weltanschauungs- und Gewissensfreiheit – Art. 4, 140 GG i.V.m. Art. 136 I, III und IV, Art. 137 II, III und VII WRV

Bei der in Art. 4 I GG genannten Glaubensfreiheit und dem religiösen und weltan-schaulichen Bekenntnis sowie bei dem in Art. 4 II GG genannten Recht der ungestör-ten Religionsausübung handelt es sich nach h.M. um ein **einheitliches Grundrecht der Glaubensfreiheit**.[615] Daher sollte man auch in der Fallbearbeitung aufgrund desselben (Prüfungs-)Maßstabs von einem einheitlichen Schutzbereich ausgehen. Geschützt wird das Recht, einen Glauben zu bilden, zu haben, den Glauben zu beken-nen, zu verbreiten und gemäß diesem Glauben zu handeln.[616] Demgegenüber werden die **Gewissensfreiheit** und das **Recht der Kriegsdienstverweigerung** als jeweils eigenständige Grundrechte angesehen.[617] Folgt man dieser Auffassung, bleibt festzu-halten, dass Art. 4 GG insgesamt drei Grundrechte enthält: **370**

- die Religions- und Weltanschauungsfreiheit (Glaubensfreiheit),
- die Gewissensfreiheit
- und das Recht auf Kriegsdienstverweigerung.

In engstem Zusammenhang mit Art. 4 GG stehen die durch Art. 140 GG inkorporier-ten Vorschriften der Weimarer Reichsverfassung (Art. 136, 137, 138, 139, 141 WRV), die vollgültiger Teil des Grundgesetzes sind. Art. 4 GG und die durch Art. 140 GG inkorporierten Vorschriften der WRV bilden nach Auffassung des BVerfG ein „organi-sches Ganzes".[618] Wichtig ist diese Erkenntnis für die Begründung der negativen Glaubensfreiheit sowie für den Schrankenvorbehalt. Darauf wird im Laufe der folgen-den Ausführungen noch ausführlich einzugehen sein. **371**

Das Grundrecht auf Glaubensfreiheit steht zunächst allen natürlichen Personen zu und stellt insoweit eine **individuelle** Glaubensfreiheit dar. Darüber hinaus kommt es als Garant einer **kollektiven** Glaubensfreiheit religiösen und weltanschaulichen Gemein-schaften bzw. Vereinigungen zugute. Zwar besteht im Rahmen des Schutzbereichs kein Unterschied, Besonderheiten ergeben sich aber im Rahmen der Schranken. Da-her bietet sich diesbezüglich eine getrennte Prüfung an. **372**

---

[615] BVerfGE **108**, 282, 294 ff. (Kopftuchverbot); **24**, 236, 245 (Rumpelkammer/Kanzelwerbung); **32**, 98, 106 (Gesundbeter); **69**, 1, 33 f. (Kriegsdienstverweigerung); **83**, 341, 354 (Baha´i); **93**, 1, 15 (Kruzifix). Vgl. auch BVerfGE **102**, 370, 383 (Zeugen Jehovas); **105**, 279, 293 ff. (Osho); BVerwGE **112**, 314 ff. (Cannabis-anbau); BVerwGE **112**, 227 ff. und NVwZ **2007**, 461 ff. (Schächten von Tieren) und aus der Lit. *v. Campen-hausen*, in: HdbStR VI, S. 391 f.; *Jarass*, in: Jarass/Pieroth, GG, Art. 4 Rn 1; a.A. *Pauly/Pagel*, NVwZ **2002**, 441 ff.; *Starck*, in: von Mangoldt/Klein, GG, Art. 4 Rn 3 ff.; *Herzog*, in: Maunz/Dürig, GG, Art. 4 Rn 63.
[616] BVerfGE **32**, 98, 106 f. (Gesundbeter); **69**, 1, 33 f. (Kriegsdienstverweigerung); siehe auch BVerwGE **75**, 188, 191.
[617] Vgl. dazu *Mager*, in: von Münch/Kunig, GG, Art. 4 Rn 9 f.
[618] BVerfGE **53**, 366, 400 (Konfessionelles Krankenhaus); **102**, 370, 371 (Zeugen Jehovas); **105**, 279, 293 ff. (Osho). Vgl. auch *Abel*, NJW **2005**, 114, 115; NJW **2001**, 410 ff.; *Goos*, JuS **2002**, 654 ff.; *Pauly/Pagel*, NVwZ **2002**, 441 ff.

---

### I. Individuelle Glaubensfreiheit

**1. Schutzbereich**

Die Freiheit des Glaubens schützt die religiöse, aber auch die weltanschauliche Überzeugung. Glaubensfreiheit bedeutet die innere Freiheit, sich eine religiöse oder areligiöse Überzeugung von der **Stellung des Menschen in der Welt** und seiner **Beziehung zu höheren Mächten und tieferen Seinsschichten** zu bilden, und die äußere Freiheit, sich zu diesen Überzeugungen bzw. Entscheidungen zu bekennen und sie zu verbreiten. Geschützt sind auch **kultische Handlungen** sowie religiöse und weltanschauliche **Feiern** und **Gebräuche**.

Erfasst wird, wie auch Art. 136 III S. 1, IV WRV und Art. 141 WRV verdeutlichen, ebenso die **negative Glaubensfreiheit**. Negative Glaubensfreiheit bedeutet die Freiheit, eine religiöse oder weltanschauliche Überzeugung abzulehnen, sofern dies auf einer Gewissensentscheidung beruht. Darunter fällt das Recht, die eigene Überzeugung zu verschweigen.

**2. Eingriff in den Schutzbereich**

Der Schutzbereich der individuellen Glaubensfreiheit ist betroffen, wenn der Staat die o.g. geschützten Tätigkeiten in irgendeiner Weise regelt oder faktisch in erheblicher Weise behindert.

**3. Verfassungsrechtliche Rechtfertigung**

Vereinzelte Grundrechtsschranken finden sich in den Vorschriften der Weimarer Reichsverfassung, die gem. Art. 140 GG vollgültiges Verfassungsrecht darstellen. Im Übrigen ist – wie dem Wortlaut des Art. 4 GG und der Rspr. des BVerfG zu entnehmen ist – die Glaubensfreiheit vorbehaltlos gewährleistet. Die scheinbar vorbehaltlos gewährte Glaubensfreiheit darf aber nicht dazu führen, dass andere wichtige Verfassungsgüter oder Grundrechte anderer unangemessen beschränkt werden. Art. 4 I GG kann also durch kollidierendes Verfassungsrecht eingeschränkt werden (sog. **verfassungsimmanente Schranken**), wobei man wegen des Grundsatzes vom Vorbehalt des Gesetzes eine gesetzliche Grundlage verlangen muss. Zwischen dem Freiheitsrecht des Art. 4 I GG und den kollidierenden Verfassungsgütern muss eine Abwägung stattfinden (**praktische Konkordanz**); vgl. dazu den Cannabis-Fall bei Rn 17 und 195.

Nach der jüngsten Rspr. des BVerwG ist über Art. 140 GG i.V.m. Art. 136 I WRV auch eine Einschränkung der individuellen Glaubensfreiheit zugunsten eines Rechtsguts (hier: des Tierschutzes – nun aber in Art. 20a GG verankert) möglich, das im Rang unterhalb der Verfassung steht; vgl. dazu den Übungsfall bei Rn 386. Das BVerfG hat diese Auffassung ausdrücklich abgelehnt.

---

## I. Individuelle Glaubensfreiheit

### 1. Schutzbereich

**373** Die Freiheit des Glaubens schützt die religiöse, aber auch weltanschauliche Überzeugung. Glaubensfreiheit bedeutet die innere Freiheit, sich eine religiöse oder areligiöse Überzeugung von der **Stellung des Menschen in der Welt** und seiner **Beziehung zu höheren Mächten und tieferen Seinsschichten** zu bilden (sog. *forum internum*), und die äußere Freiheit, sich zu diesen Überzeugungen bzw. Entscheidungen zu bekennen und sie zu verbreiten (sog. *forum externum*).[619]

> **Beispiel[620]:** Die Eheleute M und F gehören einer bestimmten Glaubensgemeinschaft an. Ihr Glaube verbietet es ihnen, im Krankheitsfall eine medizinische Behandlung in Anspruch zu nehmen. Als F eines Tages schwer erkrankt, weigert sich M, auf F derart einzuwirken, dass diese sich medizinisch behandeln lässt. F stirbt daraufhin. M wird

---

[619] BVerfGE **32**, 98, 106 f. (Gesundbeter); **69**, 1, 33 f. (Kriegsdienstverweigerung). Vgl. auch BVerfG 25.1.**2007** – 2 BvR 26/07 (Zeugnisverweigerungsrecht eines Geistlichen im Strafprozess – mit Bespr. v. *Muckel*, JA **2007**, 472 ff.).
[620] Vgl. BVerfGE **32**, 98 ff. (Gesundbeter).

rechtskräftig wegen fahrlässiger Tötung durch Unterlassen (§§ 222, 13 StGB[621]) verurteilt. Gegen dieses Urteil erhebt er Verfassungsbeschwerde.

Das Verhalten des M war von religiöser Überzeugung geprägt. Sein Unterlassen unterfällt daher dem Schutzbereich des Art. 4 I GG. Durch das Urteil wurde auch in den Schutzbereich der Glaubensfreiheit eingegriffen. Eine Rechtfertigung des Eingriffs durch kollidierendes Verfassungsrecht scheidet aus, da F selbst die Behandlung ablehnte und das durch die Art. 1 I und 2 I GG geschützte Recht auf Selbstbestimmung überwiegt. Etwas anderes würde nur dann gelten, wenn es sich bei F um ein minderjähriges Kind des M handelte.

Geschützt sind auch **kultische Handlungen** (Opfergaben, Lieder, Gebete, Abend- **374** mahle, Kundgaben etc.), rituelles Verhalten (z.B. Fasten) sowie (mit kultischen Handlungen teilidentische) religiöse und weltanschauliche **Feiern** und **Gebräuche**. Auch das **Schächten von Tieren**[622] und sogar der **Drogenkonsum** können in den Schutzbereich des Art. 4 I GG fallen[623].

Bei dieser sehr weiten Interpretation der Glaubensfreiheit besteht die Gefahr der **375** Konturlosigkeit des Schutzbereichs. Insbesondere kann nicht die schlichte Behauptung genügen, es handele sich bei einem bestimmten Verhalten um eine religiös motivierte Betätigung. Das BVerfG fordert daher, es müsse sich auch tatsächlich, nach geistigem Gehalt und äußerem Erscheinungsbild, um eine religiös motivierte Handlung (bzw. bei der kollektiven Glaubensfreiheit um eine Religion oder Religionsgemeinschaft) handeln.[624] Es lässt auch nicht genügen, dass jemand behauptet, sein Handeln sei glaubensgeleitet; vielmehr müsse die Behauptung plausibel sein.[625] Die Literatur versucht dem Schutzbereich Konturen zu verleihen, indem sie verlangt, dass das Handeln nach objektiven Kriterien wesensnotwendig für den religiösen oder weltanschaulichen Auftrag sei und in entsprechendem organisatorischen und sachlichen Zusammenhang damit stehe.[626] Nach dem BVerwG sollen jedenfalls solche Tätigkeiten nicht in den Schutzbereich des Art. 4 I GG fallen, die ausschließlich oder hauptsächlich wirtschaftlichen Zielen dienen.[627]

Erfasst wird, wie auch Art. 136 III S. 1, IV WRV und Art. 141 WRV verdeutlichen, **376** ebenso die negative Glaubensfreiheit.

**Negative Glaubensfreiheit** bedeutet die Freiheit, eine religiöse oder weltanschauli- **377** che Überzeugung abzulehnen, sofern dies auf einer Gewissensentscheidung beruht.[628]

Unter die negative Glaubensfreiheit fällt das Recht, die eigene Überzeugung zu ver- **378** schweigen.[629] Diese negative Bekenntnisfreiheit wird aber durch den Vorbehalt des Art. 136 III S. 2 WRV eingeschränkt, der es den Behörden gestattet, nach der Zugehörigkeit zu einer Religionsgesellschaft zu fragen, wenn davon Rechte und Pflichten abhängen oder eine gesetzlich angeordnete statistische Erhebung dies erfordert. Eine

---

[621] Sofern man die Garantenstellung verneint, kommt eine unterlassene Hilfeleistung nach § 323c StGB in Betracht.
[622] Vgl. BVerfGE **104**, 337, 345 ff.; BVerwG NVwZ **2007**, 461 ff.; BVerwGE **112**, 227, 229 ff.; VGH Kassel NJOZ **2006**, 953. Unter Schächten ist das Schlachten von warmblütigen Tieren ohne vorherige Betäubung zu verstehen; vgl. dazu den Fall bei Rn 386.
[623] Vgl. BVerwGE **112**, 314, 315 ff. (Cannabisanbau) und ausführlich Rn 17 und 195.
[624] BVerfGE **83**, 341, 353 (Baha´i); vgl. auch BVerfG NJW **1993**, 455, 456 (Keine Steuerverweigerung aus Gewissensgründen).
[625] So auch BVerwGE **112**, 314, 315 ff. (Cannabisanbau).
[626] *Badura*, Der Schutz von Religion und Weltanschauung durch das Grundgesetz, **1989**, S. 54.
[627] BVerwGE **90**, 112, 118; **105**, 313, 321.
[628] *Jarass*, in: Jarass/Pieroth, GG, Art. 4 Rn 8; *Zippelius*, in: Bonner Kommentar, Art. 4 Rn 30.
[629] BVerfGE **46**, 266, 267 (Pflicht zur Angabe der Konfessionszugehörigkeit bei der Aufnahme in ein städtisches Krankenhaus); **65**, 1, 39 (Volkszählung).

solche zulässige Ausnahme lag z.B. bei dem Volkszählungsgesetz 1983 vor, da es sich um eine gesetzlich angeordnete statistische Erhebung für Bundeszwecke (Art. 73 Nr. 11 GG) handelte.[630]

**379** **Träger der individuellen Glaubensfreiheit** sind alle natürlichen Personen. Das Grundrecht der Kinder wird allerdings durch das Erziehungsrecht der Eltern nach Art. 6 II GG begrenzt. Im Verhältnis zwischen der Glaubensfreiheit des Kindes und dem Erziehungsrecht der Eltern hat der Gesetzgeber eine verfassungskonforme Regelung im Gesetz über die religiöse Kindererziehung getroffen.[631] Danach dürfen Kinder nach Vollendung ihres 12. Lebensjahres gegen ihren Willen nicht mit einem anderen als dem bisherigen Bekenntnis erzogen werden. Nach Vollendung des 14. Lebensjahres ist die Entscheidung in Glaubensfragen allein dem Kind zu überlassen.[632]

## 2. Eingriff in den Schutzbereich

**380** Der Schutzbereich der individuellen Glaubensfreiheit ist betroffen, wenn der Staat die o.g. geschützten Tätigkeiten in irgendeiner Weise regelt oder faktisch in erheblicher Weise behindert.

**Beispiele:**

(1) Erhebung von **Kirchensteuer** aufgrund einer Mitgliedschaft in einer Religionsgemeinschaft[633]

(2) Auf §§ 3, 5 I BtMG gestütztes Verbot, zu **kultischen Zwecken Cannabis** anzubauen und zu konsumieren[634]

(3) Verpflichtung zur Ableistung eines **religiösen Eids** in einem gerichtlichen Verfahren[635]

(4) Schulpflicht in einer **bekenntnisgebundenen Schule**[636]

(5) Pflicht zur Teilnahme am **Sportunterricht** unter Verstoß gegen **islamische Bekleidungsvorschriften**[637]

(6) **Schulgebet** ohne zumutbare Ausweichmöglichkeiten für Andersdenkende[638]

(7) Einschränkung des **Schächtens**[639]

(8) **Strafrechtliche Sanktion** gegenüber einem **glaubensgeleiteten Verhalten**[640]

(9) Fristlose **Kündigung** wegen Wahrnehmung eines hohen **islamischen Feiertags**[641] oder **Änderung des Aufgabenbereichs** eines Theologieprofessors[642]

---

[630] BVerfGE **65**, 1, 39 (Volkszählung).

[631] Gesetz v. 15.7.1921 (RGBl. 939); vgl. dazu BVerfGE **30**, 415, 425 (Kirchensteuer/Kirchenmitgliedschaft).

[632] Vgl. *Mager*, in: von Münch/Kunig, GG, Art. 4 Rn 20; *Hemmrich*, in: von Münch/Kunig, GG, Art. 7 Rn 20.

[633] BVerfGE **30**, 415, 423 (Kirchensteuer/Kirchenmitgliedschaft); **44**, 37, 50 ff. (Nachbesteuerung bei Kirchenaustritt). Nach überwiegender Auffassung sind die als Körperschaften des öffentlichen Rechts anerkannten Religionsgesellschaften grds. keine Organe der öffentlichen Gewalt, gehören mithin nicht zur mittelbaren Staatsverwaltung (BVerfGE **66**, 1, 19 f.). Das gilt nur dann nicht, wenn sie in bestimmten Teilbereichen, besonders bei der Erhebung von Kirchensteuer gem. Art. 140 GG i.V.m. Art. 137 VI WRV, selbst öffentliche Gewalt ausüben (vgl. BVerfGE **73**, 388, 399 f.). Dann unterliegen sie auch wie beliehene private Rechtssubjekte der Bindung an die Grundrechte; vgl. dazu Rn 394.

[634] BVerwGE **112**, 314, 315 ff. (Cannabisanbau); vgl. dazu Rn 17 und 195.

[635] Art. 136 IV WRV; BVerfGE **33**, 23, 29 f. (Eidesverweigerung aus Glaubensgründen).

[636] BVerfGE **41**, 29, 48 (Simultanschule).

[637] BVerwGE **94**, 82, 89 f.

[638] BVerfGE **52**, 223, 235 ff. (Schulgebet).

[639] Vgl. BVerfGE **104**, 337, 345 ff.; BVerwG NVwZ **2007**, 461 ff.; BVerwGE **112**, 227, 229 ff.; **99**, 1 ff.; VGH Kassel NVwZ **2000**, 951 ff.; VGH Kassel NJOZ **2006**, 953 ff.; *Kluge*, NVwZ **2006**, 650 ff.; *Häußler*, JA **2002**, 548 ff.; *Müller-Volbehr*, JuS **1997**, 223 ff.; *Kuhl/Unruh*, DÖV **1994**, 644 ff.; *Pache*, JA **1996**, 454 ff.; *Discher*, JuS **1996**, 529 ff; *Trute*, Jura **1996**, 462 ff.; *Mayer*, NVwZ **1997**, 561 ff. Vgl. auch den Fall bei Rn 386.

[640] BVerfGE **32**, 98, 106 (Gesundbeter); **69**, 1, 34 (Kriegsdienstverweigerung).

[641] LAG Düsseldorf JZ **1964**, 258. Dieser Fall veranschaulicht noch einmal die Funktion der Grundrechte als objektive Wertordnung, die mittelbar auch im Zivilrecht zu beachten ist.

[642] BVerwG NJW **2006**, 1015, 1016; vgl. dazu ausführlich Rn 541, 547 und 549.

**(10) Überlassung von Schutzerklärungen an Dritte**, die diese im Geschäftsverkehr einsetzen und ihre Geschäftspartner zur Auskunft über dessen Beziehungen zu einer Sekte (z.B. Scientology) veranlassen sollen[643]

**(11)** Staatliche Anordnung, in sämtlichen Klassenzimmern einer Schule ein **Kreuz** oder ein **Kruzifix** anzubringen[644]

**(12)** Weigerung der Schulbehörde, eine muslimische Lehrerin in den Schuldienst einzustellen, weil diese im Unterricht ein **Kopftuch** tragen möchte[645]

**(13) Kein Eingriff** in die Glaubensfreiheit liegt vor bei einer staatlichen Bestimmung (etwa in einem Schulgesetz), die für Schüler, die sich aus religiösen Motiven weigern, am Religionsunterricht teilzunehmen, stattdessen einen glaubens- und bekenntnisneutralen **Ethikunterricht** vorschreibt.[646] Dadurch, dass der Ethikunterricht glaubens- und bekenntnisneutral ist, findet gerade keine staatliche Indoktrination statt.

## 3. Verfassungsrechtliche Rechtfertigung (Grundrechtsschranken)

### a. Rechtsgrundlage für den Eingriff

Zwar steht nach dem Wortlaut des Art. 4 GG die Glaubensfreiheit unter keinem Gesetzesvorbehalt. Grundrechtsschranken finden sich aber in den Vorschriften der **Weimarer Reichsverfassung**, die gem. Art. 140 GG vollgültiges Verfassungsrecht darstellen.

381

- **Art. 137 III WRV** enthält einen Schrankenvorbehalt, sofern es um die Regelung *eigener* Angelegenheiten der religiösen oder weltanschaulichen Vereinigungen geht.

- **Art. 136 III S. 2 WRV** enthält einen Gesetzesvorbehalt für Eingriffe in die negative Glaubens- und Bekenntnisfreiheit. Dieser Gesetzesvorbehalt wird auch gegenüber der

---

[643] Vgl. BVerwG NJW **2006**, 1303 ff. In dem Fall überließ eine Stadt Unternehmen zur Verwendung im Geschäftsverkehr vorformulierte Erklärungen, die Geschäftspartner dieser Unternehmen zur Auskunft über ihre Beziehungen zu Scientology veranlassen sollten. Dieses Angebot richtete sich insbesondere an Unternehmen, die eine geschäftsschädigende Beeinträchtigung ihres Rufes befürchteten, wenn ihre Waren von Scientologen vertrieben werden oder wenn Verkäufer beim Vertrieb der Waren gegenüber Endverbrauchern die Lehre von *Hubbard* (dem Begründer der Scientology) verbreiten. Die Klägerin war Mitglied der Scientology-Organisation Deutschland und betrieb ein Wickelstudio, wo sie den Kunden ein Vitaminkonzentrat anbot. Dessen Hersteller übersandte ihr im Jahre 1997 eine von S vorformulierte Erklärung. Danach sollte K versichern, dass sie nicht nach der Technologie von *Hubbard* arbeite oder geschult werde oder einschlägige Kurse besuche und dass sie diese Technologie zur Führung ihres Unternehmens ablehne. K unterzeichnete die Erklärung nicht; der Hersteller des Vitaminkonzentrats beendete daraufhin seine Geschäftsbeziehungen mit ihr. Darauf verklagte K die Stadt auf Schadensersatz. Anders als im Osho-Fall (dazu Rn 201 und 406) ist der Grundrechtseingriff hier deswegen anzunehmen, weil sich das hoheitliche Handeln nach seiner Zielsetzung und seinen Wirkungen als Ersatz für eine staatliche Maßnahme darstellt, die als Grundrechtseingriff im herkömmlichen Sinne zu qualifizieren ist („funktionales Äquivalent eines Grundrechtseingriffs"). Die Herausgabe der Schutzerklärung ist ein solches funktionales Äquivalent für eine staatliche Maßnahme, die als Grundrechtseingriff im herkömmlichen Sinne zu qualifizieren ist. Dieser ist dadurch gekennzeichnet, dass der Staat zielgerichtet zu Lasten bestimmter Betroffener einen im öffentlichen Interesse erwünschten Erfolg herbeiführen will. Das soll (nach Auffassung des BVerfG) zwar nicht bei Warnungen der Fall sein, nach Auffassung des BVerwG sehr wohl aber bei der Herausgabe einer Schutzerklärung an Dritte. Durch die Wahl eines solchen funktionalen Äquivalents eines Eingriffs kann auch nicht das Erfordernis einer besonderen gesetzlichen Grundlage umgangen werden. Fehlt also eine gesetzliche Rechtsgrundlage, ist die Maßnahme rechtswidrig. Anders als im Osho-Fall genügt nicht die allgemeine Aufgabe der Staatsleitung.

[644] Ein Eingriff in die Glaubensfreiheit liegt deshalb vor, da aufgrund der allgemeinen Schulpflicht Schüler, die die christliche Glaubensüberzeugung nicht teilen, dazu gezwungen werden, „unter dem Kreuz" zu lernen (BVerfGE **93**, 1, 18 - Kruzifix in der Schule - mit Stellungnahme von *Czermak*, NJW **1995**, 3348 ff.; vgl. auch BayVerfGH NJW **1997**, 3157 mit Stellungnahme von *Czermak*, DÖV **1998**, 107 ff.). Wesentlich für die Annahme eines Grundrechtseingriffs ist vor allem, dass die staatliche Anordnung als eine Identifikation mit bestimmten Glaubensüberzeugungen verstanden werden kann. Vgl. auch BVerwG NJW **1999**, 3063 ff. und *Mager*, in: von Münch/Kunig, GG, Art. 4 Rn 41. Zum Anspruch eines Lehrers auf Entfernung eines Kreuzes aus dem Klassenzimmer vgl. VGH München NVwZ **2002**, 1000 ff. (mit Bespr. v. *Renck*, NVwZ **2002**, 955 ff.).

[645] VG Lüneburg NJW **2001**, 767 ff. mit Bespr. von *Böckenförde*, NJW **2001**, 723 ff. und *Debus*, NVwZ **2001**, 1355 ff. Vgl. auch BVerwGE **116**, 359, 360 mit Bespr. v. *Lyra*, JA **2003**, 119 ff. sowie BVerfGE **108**, 282, 294 ff. (vgl. dazu Rn 222).

[646] Vgl. BVerwGE **107**, 75, 78 f.

*individuellen* Glaubensfreiheit etwa bei statistischen Erhebungen bei Volkszählungen angewendet.[647]

- Demgegenüber wird nach Auffassung des BVerfG **Art. 136 I WRV**, wonach die bürgerlichen und staatsbürgerlichen Rechte und Pflichten durch die Ausübung der individuellen Religionsfreiheit weder bedingt noch beschränkt werden, von Art. 4 I und II GG „überlagert" und somit in seiner Anwendung gesperrt.[648] Demnach bliebe es bei der vorbehaltlosen Gewährleistung der *individuellen* Glaubensfreiheit. Wenn das BVerfG andererseits aber konstatiert, Art. 4 GG und die durch Art. 140 GG inkorporierten Vorschriften der Weimarer Reichsverfassung bildeten ein „organisches Ganzes" (s.o.), stellt sich die Frage, wie die Bestimmung des Art. 136 I WRV dann von Art. 4 I und II GG überlagert werden kann. Diesen Widerspruch hat wohl auch das BVerwG erkannt, indem es meint, das Individualgrundrecht aus Art. 4 I und II GG könne auf der Grundlage **allgemeiner Gesetze** (also solcher, die gem. Art. 136 I WRV bürgerliche und staatsbürgerliche Rechte und Pflichten festschreiben und sich nicht gezielt gegen die Religionsfreiheit richten) begrenzt werden.[649] Nach dieser Entscheidung ist das Individualgrundrecht quasi einem Gesetzesvorbehalt auf der Grundlage des Art. 136 I WRV unterstellt und kann durch einfachgesetzliche Regelungen eingeschränkt werden. Demzufolge kommt es bei der verfassungsrechtlichen Rechtfertigung des Grundrechtseingriffs also nicht darauf an, dass zugleich Werte von Verfassungsrang geschützt werden. Vielmehr genügt es, dass die Durchsetzung des einfachgesetzlichen Schutzzwecks auf den geringstmöglichen Eingriff beschränkt bleibt (also dem Grundsatz der Verhältnismäßigkeit entspricht). Diese Auffassung hat das BVerfG in einer darauf folgenden Entscheidung wiederum ausdrücklich abgelehnt.[650] Für diesen Befund spricht jedenfalls die genetische Auslegung des Art. 4 I GG, wonach die Religionsausübung dem Willen des Parlamentarischen Rates zufolge vorbehaltlos gewährleistet sein soll.[651] Daraus folgt: Vom Fall der negativen Glaubensfreiheit einmal angesehen, unterliegt die **individuelle Glaubensfreiheit keinem Gesetzvorbehalt; sie ist vorbehaltlos gewährleistet und kann nur durch kollidierendes Verfassungsrecht eingeschränkt werden**. Vgl. dazu auch den Übungsfall bei Rn 386.

382 Unabhängig von dieser Problematik darf – von der Osho-Entscheidung des BVerfG einmal abgesehen[652] – wegen des Grundsatzes vom Vorbehalt des Gesetzes auf jeden Fall nur **durch Gesetz oder aufgrund eines Gesetzes** eingegriffen werden. Mit diesem Grundsatz, der sich auch in Art. 19 I S. 1 GG findet, ist gemeint, dass die Einschränkung durch ein **förmliches Gesetz** (Parlamentsgesetz) und – auf diesem basierend – durch **Rechtsverordnung**, **Satzung** oder **Verwaltungsakt** erfolgen kann.[653] Allerdings muss das förmliche Gesetz, wie auch sonst, alle für die Grundrechtsausübung wesentlichen Fragen selbst regeln (Parlamentsvorbehalt - **Wesentlichkeitstheorie** des BVerfG).

---

[647] BVerfGE **65**, 1, 39 (Volkszählung). Der Offenbarungszwang im Rahmen der Volkszählung war deshalb verfassungsrechtlich nicht zu beanstanden (BVerfG a.a.O., S. 38 f.).
[648] So BVerfGE **33**, 23, 31 (Eidesleistung). Vgl. auch BVerfGE **93**, 1, 21 (Kruzifix). Dem zustimmend *Kokott*, in: Sachs, GG, Art. 4 Rn 83; *Morlok*, in: Dreier, GG, Art. 4 Rn 90.
[649] So ausdrücklich BVerwGE **112**, 227, 231 f. (Schächten). Allerdings erwähnt der gleiche Senat in der nur vier Wochen später ergangenen Entscheidung zum Cannabisanbau und -konsum (BVerwGE **112**, 314, 315 ff.) Art. 136 I WRV nicht mehr, sondern rechtfertigt das Verbot von (auch) religiös motiviertem Anbau von Cannabis mit kollidierendem Verfassungsrecht, wozu kein Anlass bestehen würde, wenn ein (einfacher) Gesetzesvorbehalt vorhanden wäre. Art. 136 I WRV als Gesetzesvorbehalt qualifiziert etwa *Muckel*, in: Berliner Kommentar zum GG (**2001**), Art. 4 Rn 47 ff. m.w.Nachw. Abzulehnen sind die Ausführungen von *Pieroth/Schlink*, Rn 536, die hinsichtlich Art. 136 I WRV nicht zwischen individueller und kollektiver Religionsfreiheit unterscheiden und somit die Rspr. des BVerwG unzutreffend bewerten.
[650] Vgl. BVerfGE **104**, 337, 345 ff. (Schächten).
[651] Vgl. *Leibholz/v. Mangoldt*, Jahrbuch des öffent. Rechts der Gegenwart, Neue Folge Bd. 1, **1951**, S. 73 ff.
[652] Vgl. dazu Rn 201 und 406.
[653] St. Rspr. seit BVerfGE **33**, 1, 7 ff. (Strafvollzug). Vgl. auch *von Münch*, in: von Münch/Kunig, GG, Vorb Art. 1-19 Rn 57; *Mager*, in: von Münch/Kunig, GG, Art. 4 Rn 52.

So stellen gesetzliche Genehmigungsvorbehalte und Ausnahmetatbestände in Fällen, in denen der Antragsteller die Voraussetzungen nicht erfüllt, Eingriffsgrundlagen für eine Beschränkung der Religionsausübung (Art. 4 I, II GG) dar.

**383**

**Beispiele:**
**(1)** § 4a II Nr. 2 TierSchG lässt das **Schächten von Tieren** nur unter den in der Vorschrift näher bezeichneten Ausnahmen zu[654] (vgl. den Übungsfall bei Rn 386).

**(2)** Der **Anbau und das Konsumieren von Marihuana** stehen unter dem strengen Genehmigungsvorbehalt der §§ 3, 5 I Nrn. 5 u. 6 BtMG[655] (vgl. Rn 17 und 195).

## b. Praktische Konkordanz

Sofern man mit dem BVerfG nach wie vor davon ausgeht, dass die (individuelle) Glaubensfreiheit unter keinem Gesetzesvorbehalt steht, also schrankenlos gewährleistet ist, darf dies nicht dazu führen, dass andere wichtige Verfassungsgüter oder Grundrechte Dritter unangemessen beschränkt werden. Nach allgemeinen Grundsätzen kann Art. 4 I, II GG durch **kollidierendes Verfassungsrecht** eingeschränkt werden (sog. **verfassungsimmanente Schranken**).[656] Bei einer Kollision zwischen dem Freiheitsrecht des Art. 4 I, II GG und dem kollidierenden Verfassungsgut muss dann eine Abwägung stattfinden (**praktische Konkordanz**).

**384**

So kann zum **Beispiel** die Beschränkung des liturgischen Glockengeläuts nur zugunsten der Gesundheit der Nachbarn angeordnet werden.

## c. Keine Anwendung der allgemeinen Gesetze als Schranke der Religionsfreiheit

Nach der bereits erwähnten Entscheidung des BVerwG hinsichtlich des sog. **Schächtens von Tieren**[657] kann eine Einschränkung der Religionsfreiheit auch zugunsten von Rechtsgütern in Betracht kommen, die *unterhalb* der Verfassung stehen. In dieser Entscheidung hat das Gericht versucht, unter Anwendung des **Art. 136 I WRV** das an sich vorbehaltlos gewährte Grundrecht auf Religionsausübung auf einfachgesetzlicher Basis einzuschränken. Bemerkenswert ist aber, dass der gleiche Senat des BVerwG in einer nur vier Wochen später ergangenen Entscheidung diese Grundsätze wieder relativiert und den vorbehaltlos gewährten Schutz des Art. 4 I und II GG hervorgehoben hat.[658] Auch das BVerfG geht in einer darauf folgenden Entscheidung lediglich von einer verfassungsimmanenten Einschränkbarkeit des Art. 4 I GG aus.[659] Vgl. dazu sogleich Rn 386.

**385**

Zum Verhältnis zwischen Religionsfreiheit und **Versammlungsfreiheit** vgl. Rn 669.

---

[654] Vgl. dazu BVerwGE **112**, 314, 315 ff.; BVerfGE **104**, 337, 345 ff.; VGH Kassel NJOZ **2006**, 953 ff.; *Kluge*, NVwZ **2006**, 650 ff.; *Häußler*, JA **2002**, 548 ff.

[655] Vgl. dazu BVerwGE **112**, 227, 229 ff.

[656] Im Übrigen hat das BVerfG gerade hinsichtlich des Art. 4 GG zum ersten Mal festgestellt, dass auch vorbehaltlos gewährleistete Grundrechte eingeschränkt werden könnten, dies jedoch nur durch entgegenstehendes Verfassungsrecht (Grundrechte Dritter oder andere wichtige Verfassungsgüter) erfolgen dürfe (BVerfGE **28**, 243, 261).

[657] BVerwGE **112**, 227 ff. (frühere Entscheidungen: BVerwGE **99**, 1 ff.; VGH Kassel NVwZ **2000**, 951 f.; VG Darmstadt NVwZ-RR **2000**, 513); vgl. aber BVerfGE **104**, 337 ff.!

[658] Vgl. die bereits ebenfalls genannte Entscheidung BVerwGE **112**, 314, 315 ff. (Cannabisanbau).

[659] Vgl. BVerfGE **104**, 337 ff.

## 4. Übungsfall

**386** Folgender Übungsfall zu Art. 4 I GG (**Schächten** – BVerfGE 104, 337 ff.), dessen ausformulierte Lösung kostenlos der Internet-Seite des Verlags unter der Rubrik Studienbücher/Staatsrecht/Grundrechte entnommen werden kann, soll die Materie konkretisieren.

**Sachverhalt[660]:** M ist türkischer Staatsangehöriger und strenggläubiger sunnitischer Muslim. Er lebt seit 20 Jahren in der Bundesrepublik Deutschland und betreibt in Hessen eine Metzgerei, die er 1990 von seinem Vater übernahm. Für die Versorgung seiner muslimischen Kunden erhielt er bis Anfang September 1995 Ausnahmegenehmigungen für ein Schlachten ohne Betäubung nach § 4a II Nr. 2 TierSchG – sog. Schächten. Die Schlachtungen nahm er in seinem Betrieb unter veterinärärztlicher Aufsicht vor. Für die Folgezeit stellte M weitere Anträge auf Erteilung solcher Genehmigungen. Sie wurden unter Berufung auf die Rechtsprechung des BVerwG abgelehnt. Nach Erschöpfung des Rechtswegs erhebt M Verfassungsbeschwerde und wendet sich nun unmittelbar gegen die im Verwaltungsverfahren und im Verfahren vor den Verwaltungsgerichten ergangenen Entscheidungen sowie mittelbar gegen § 4a I und II Nr. 2 TierSchG. Er rügt unter anderem die Verletzung von Art. 2 I, Art. 3 I und III, Art. 4 I und II sowie von Art. 12 I GG.

## II. Kollektive Glaubensfreiheit

**387** Das Grundrecht auf Glaubensfreiheit kommt als Garant einer **kollektiven** Glaubensfreiheit auch religiösen und weltanschaulichen Gemeinschaften bzw. Vereinigungen zugute. Geschützt sind daher die Tätigkeiten der religiösen oder weltanschaulichen Vereinigungen, die sich die Pflege und Förderung eines religiösen Bekenntnisses und die Verkündung des Glaubens ihrer Mitglieder zum Ziel gesetzt haben.[661] Fraglich ist dabei lediglich, ob sich die kollektive Glaubensfreiheit direkt aus Art. 4 I und II GG oder über Art. 19 III GG ergibt. Das BVerfG ist in seiner bisherigen Rechtsprechung davon ausgegangen, dass die kollektive Glaubensfreiheit unmittelbar aus Art. 4 I und II GG folge und dass ein Rückgriff auf Art. 19 III GG nicht erforderlich sei.[662] Das wohl herrschende Schrifttum und das BVerwG teilen diese Auffassung.[663] In seiner Osho-Entscheidung ist das BVerfG jedoch von seiner Auffassung abgerückt und hat den Weg über Art. 19 III GG eingeschlagen.[664] Das war insoweit unproblematisch, weil es sich bei der Osho-Bewegung um eine inländische juristische Person handelte und diese daher in jedem Fall Verfassungsbeschwerde erheben konnte (insbesondere ist Art. 4 GG kein Deutschengrundrecht). Problematisch wäre der Weg über Art. 19 III GG nur dann gewesen, wenn es sich bei der Osho-Bewegung um eine ausländische Personenvereinigung gehandelt hätte. In diesem Fall wäre eine Grundrechtsträgereigenschaft nur dann zu bejahen gewesen, wenn das BVerfG die Glaubensfreiheit unmittelbar Art. 4 I und II GG entnommen hätte.

---

[660] Nach BVerfGE **104**, 337 ff. Zu beachten ist, dass die Entscheidung zu einer Zeit ergangen ist, in der der Tierschutz noch keine Staatszielbestimmung darstellte. Ob die Entscheidung aufgrund der Aufnahme des Tierschutzes in die Staatszielbestimmung des Art. 20a GG Bestand haben kann, wird in der Falllösung untersucht, die auf der Internet-Seite des Verlags bereitgestellt ist.

[661] BVerfGE **105**, 279, 292 ff. (Osho); BVerfGE **102**, 370, 383 (Zeugen Jehovas), jeweils zurückgehend auf BVerfGE **83**, 341, 355 (Baha´i); **53**, 366, 387. Vgl. auch OVG Berlin NVwZ **2005**, 1450 f.; *Pieroth/Görisch*, JuS **2002**, 937, 938; *Häußler*, JA **2002**, 548, 551.

[662] Vgl. nur BVerfGE **42**, 312, 332 (Grundrechtsträgereigenschaft von Kirchen und anerkannten Religionsgemeinschaften); **83**, 341, 355 (Baha´i); differenzierend jedoch BVerfGE **70**, 138, 160 (Kirchliches Kündigungsrecht).

[663] Vgl. etwa *Jarass*, in: Jarass/Pieroth, GG, Art. 4 Rn 19; *Morlok*, in: Dreier, GG, Art. 4 Rn 76; BVerwG NJW **2006**, 1303, 1304. Anders *Pieroth/Schlink*, Rn 517, und *v. Campenhausen*, in: HdbStR VI, § 136 Rn 78. Nach *Mager*, in: v. Münch/Kunig, GG, Art. 4 Rn 21, ist die Frage nicht entscheidungserheblich.

[664] BVerfGE **105**, 279, 292 f. Vgl. auch VGH München NVwZ **2003**, 998, der von „Art. 4 GG in seiner kollektiven Ausprägung gem. Art. 19 III GG" spricht.

Ob es sich bei der von *Ron L. Hubbard* gegründeten **Scientology-Organisation** in Anbetracht der Tatsache, dass sich ihr Hauptsitz in Los Angeles (USA) befindet, um eine ausländische Personenvereinigung handelt, ist unklar. Unterstellt man, dass die in Deutschland operierenden Scientology-Unterorganisationen ihren Sitz in Deutschland haben und als ideelle Vereine in den Vereinsregistern eingetragen sind (vgl. § 21 BGB i.V.m. §§ 55 ff. BGB), stellen sie rechtlich selbstständige inländische Töchter einer ausländischen Gesellschaft dar. Dies genügt für die Anerkennung einer inländischen juristischen Person i.S.v. Art. 19 III GG.[665] Die Frage stellt sich aber nicht, wenn man – wie jüngst das BVerwG[666] – die Kollektivverbürgung der Glaubensfreiheit direkt Art. 4 I und II GG entnimmt.

**388**

Da sich Scientology nach der hier vertretenen Auffassung aufgrund ihrer Organisationsstruktur und Zielsetzung schon in sachlicher Hinsicht nicht auf Art. 4 I und II GG stützen kann (vgl. näher Rn 396), kommt es auf die Eröffnung des persönlichen Schutzbereichs letztlich nicht an.[667]

Hinsichtlich der kollektiven Glaubensfreiheit bietet sich folgendes Prüfungsschema an:

**389**

---

### II. Kollektive Glaubensfreiheit

**1. Schutzbereich**
**Geschützt** sind die Tätigkeiten der religiösen oder weltanschaulichen Vereinigungen, die sich die Pflege und Förderung eines religiösen Bekenntnisses und die Verkündung des Glaubens ihrer Mitglieder zum Ziel gesetzt haben. Lediglich Vereinigungen, die ausschließlich oder schwerpunktmäßig politische, ökonomische oder gar verfassungsfeindliche oder terroristische Ziele verfolgen, fallen nicht unter den Schutz des Art. 4 I, II GG. Das gilt selbst dann, wenn für viele ihrer Mitglieder eine individuelle Glaubensfreiheit zum Tragen kommt.

**2. Eingriff in den Schutzbereich**
In die kollektive Glaubensfreiheit wird eingegriffen, wenn der Staat die o.g. geschützten Tätigkeiten regelt oder faktisch in erheblicher Weise behindert, etwa durch (direkte) Warnungen vor einer Religions- oder Weltanschauungsgemeinschaft oder durch Förderungen von Vereinen, deren Aufgabe darin besteht, bestimmte Religions- oder Weltanschauungsgemeinschaften zu bekämpfen. Auch die Ungleichbehandlung verschiedener Religionsgemeinschaften stellt einen Eingriff in den Schutzbereich dar. Weitere Beispiele sind das Verbot der Kanzelankündigung einer karitativen Sammlung oder das Verbot des sakralen Läutens der Kirchenglocken.

**3. Verfassungsrechtliche Rechtfertigung**
Aufgrund der Formulierung in Art. 137 III S. 1 WRV (der über Art. 140 GG Anwendung findet), könnte angenommen werden, dass staatliche Eingriffe ihre Grundlage in den Schranken der „für alle geltenden Gesetze" fänden, die kollektive Glaubensfreiheit also einem einfachen Gesetzesvorbehalt unterläge. Da die über Art. 140 GG inkorporierten Vorschriften der WRV jedoch richtigerweise zusammen mit Art. 4 I und GG als „organisches Ganzes" angesehen werden müssen, geht die auch hier vertretene Gegenauffassung von einer **vorbehaltlos gewährten kollektiven Glaubens- bzw. Weltanschauungsfreiheit** aus. Demzufolge sind Eingriffe nur durch **kollidierendes Verfassungsrecht** zu rechtfertigen. Aber auch in diesem Fall ist wegen Art. 20 III GG eine **materiell-rechtliche Eingriffsgrundlage** erforderlich. Eine Kompetenznorm wie Art. 65 GG wird dem Gesetzesvorbehalt nicht gerecht.

---

[665] Wie hier *Jarass*, in: Jarass/Pieroth, GG, Art. 19 Abs. 17; *Quarisch*, in: HdbStR V, § 120 Rn 48; VGH München NVwZ **2003**, 998, 999. Anders *Werner*, Scientology im Spiegel des Rechts, **2002**, S. 411.
[666] BVerwG NJW **2006**, 1303 ff.
[667] Zur Scientology-Organisation vgl. ausführlich *R. Schmidt*, Staatliches Informationshandeln und Grundrechtseingriff, **2004**, S. 42 ff.

## 1. Schutzbereich

**390** **Geschützt** sind die Tätigkeiten der religiösen oder weltanschaulichen Vereinigungen, die sich die Pflege und Förderung eines religiösen Bekenntnisses und die Verkündung des Glaubens ihrer Mitglieder zum Ziel gesetzt haben (s.o.). So fallen z.B. die Verbreitung der eigenen Überzeugung oder das sakrale Glockengeläut ebenso in den Schutzbereich wie die Selbstbestimmung über die eigene Organisation, Normsetzung und Verwaltung (vgl. Art. 137 III S. 1 WRV, der von *ihren*, d.h. eigenen, Angelegenheiten spricht).

**391** Eigene Angelegenheiten sind etwa die arbeits- und dienstrechtliche Gestaltung, Berufsbildung im kirchlichen Dienst, Mitbestimmung und Personalvertretung, Ordensrecht, Mitgliedschaft, Beitrag- und Gebührenerhebung (nicht aber Kirchensteuer), kirchliche Gerichtsbarkeit, Haushaltsrecht, Inkompatibilität oder Zusammenschluss mit anderen Glaubensgemeinschaften.

**392** Des Weiteren hat das BVerfG betont, dass die genannten Gewährleistungen darin ihren Ausdruck fänden, dass der Staat verpflichtet sei, sich in Fragen des religiösen oder weltanschaulichen Bekenntnisses **neutral** zu verhalten und nicht seinerseits den religiösen Frieden in der Gesellschaft zu gefährden.[668] Darauf wird im Rahmen der verfassungsrechtlichen Rechtfertigung eingegangen.

**393** Die **Grundrechtsträgereigenschaft** der Vereinigung ist unabhängig von dem Erwerb der Rechtsfähigkeit als eingetragener Verein des Privatrechts.[669] Geschützt sind daher auch alle „der Vereinigung in bestimmter Weise zugeordneten Einrichtungen ohne Rücksicht auf ihre Rechtsform, wenn sie nach kirchlichem Selbstverständnis ihrem Zweck oder ihrer Aufgabe entsprechend berufen sind, einen kirchlichen Auftrag wahrzunehmen und zu erfüllen"[670]. Dazu gehören etwa ein nicht rechtsfähiger kirchlicher Jugendverein[671], ein konfessionelles Krankenhaus[672] oder eine (als Körperschaft des öffentlichen Rechts verfasste) Erziehungseinrichtung[673].

**394** Wegen Art. 137 V WRV i.V.m. Art. 140 GG können sich auch Religionsgemeinschaften, die den Status als *Körperschaft des öffentlichen Rechts* verliehen bekommen haben, auf die kollektive Religions- und Weltanschauungsfreiheit berufen. Da die Bestimmungen der WRV jedoch zusammen mit Art. 4 I und II GG als „organisches Ganzes" angesehen werden müssen, sind die als Körperschaften des öffentlichen Rechts anerkannten Religionsgemeinschaften nicht normale Körperschaften des öffentlichen Rechts. Sie sind keine Organe der öffentlichen Gewalt, gehören nicht zur mittelbaren Staatsverwaltung[674] und stehen unbeschadet ihrer besonderen Qualität, die keine besondere Loyalität zum Staat, aber Verfassungs- und Rechtstreue einschließt[675] „wie der Jedermann dem Staat gegenüber"[676]. Wenn sie aber in bestimmten Teilbereichen, besonders bei der Erhebung von Kirchensteuer gem. Art. 140 GG i.V.m. Art. 137 VI WRV, selbst öffentliche Gewalt ausüben[677], unterliegen sie auch wie beliehene private Rechtssubjekte der Bindung an die Grund-

---

[668] Vgl. nur BVerfGE **105**, 279, 294 (Osho); **102**, 370, 383 (Zeugen Jehovas); OVG Berlin NVwZ **2005**, 1450 f. (Zeugen Jehovas); VGH München NVwZ **2003**, 998 ff. (Scientology).

[669] Daher konnten seinerzeit auch die „Zeugen Jehovas" gegen die Versagung der Zuerkennung als Körperschaft des öffentlichen Rechts gerichtlich klagen (BVerfGE **102**, 370 ff.). Vgl. auch BVerfGE **105**, 279 ff. (Osho); *Wilms*, NJW **2003**, 1083 ff.; *Abel*, NJW **2005**, 114 f.

[670] BVerfGE **70**, 138, 162 (Kirchliches Kündigungsrecht).

[671] BVerfGE **24**, 236, 247 (Rumpelkammer/Kanzelwerbung).

[672] BVerfGE **46**, 73, 85 f. (Rechtliches Gehör); **53**, 366, 391 f. (Konfessionelles Krankenhaus).

[673] BVerfGE **70**, 138, 162 f. (Kirchliches Kündigungsrecht). Zur Frage, ob auch Gruppierungen des Islam Religionsgemeinschaften darstellen können, vgl. *Muckel*, JZ **2001**, 58 ff. sowie unten Rn 587.

[674] BVerfGE **66**, 1, 19 f. (Kirchen und Konkursausfallgeld); *Renck*, JuS **2000**, 1001, 1004.

[675] BVerfGE **102**, 370, 390 ff. (Zeugen Jehovas); OVG Berlin NVwZ **2005**, 1450 - bestätigt von BVerwG NJW **2006**, 3156, 3157.

[676] BVerfGE **42**, 312, 322 (Grundrechtsträgereigenschaft v. Kirchen u. anerkannten Religionsgemeinschaften).

[677] Vgl. BVerfGE **73**, 388, 399 f.; BVerfG DVBl **2002**, 1625 f.

rechte.[678] Ob in einer modernen Demokratie, in der die staatliche Neutralität in Bezug auf die Religionsfreiheit stets betont wird, den Religionsgesellschaften überhaupt der Status einer Körperschaft des öffentlichen Rechts zuerkannt werden sollte, ist mehr als fraglich.[679]

> **Hinweis für die Fallbearbeitung:** Dadurch, dass auch öffentlich-rechtliche Vereinigungen wegen Art. 4 I und II GG grundsätzlich grundrechtsberechtigt sind, können auch die „großen" Religionsgemeinschaften Verfassungsbeschwerde wegen Verletzung ihres kirchlichen Selbstbestimmungsrechts erheben. Die Frage, um die es dabei geht, ist, ob das Selbstbestimmungsrecht des Art. 137 III WRV dem Schutzbereich des Art. 4 I und II GG zuzuschlagen oder eigenständig zu benennen ist. Das BVerfG ist insoweit inkonsequent. Denn während es die Klage- bzw. Beschwerdebefugnis) von Religionsgemeinschaften aus Art. 4 I und II GG herleitet[680], zieht es im Rahmen der Begründetheit als Prüfungsmaßstab das Selbstbestimmungsrecht der Religionsgemeinschaften gem. Art. 137 III WRV i.V.m. Art. 140 GG mit den darin enthaltenen weit verstandenen institutionellen und organisatorischen Gewährleistungen der Religions- und Weltanschauungsfreiheit heran. Art. 137 III WRV sei als rechtlich selbstständige Gewährleistung zu verstehen, die der Freiheit des religiösen Lebens und Wirkens der Kirchen und Religionsgemeinschaften die zur Wahrnehmung dieser Aufgaben unerlässliche Freiheit der Bestimmung über Organisation, Normsetzung und Verwaltung hinzufüge.[681] In der Fallbearbeitung ist ein solches unmethodisches Vorgehen nicht erlaubt. Denn Klage- bzw. Beschwerdebefugnis und Begründetheit müssen korrelieren: Während bei der Klage- bzw. Beschwerdebefugnis die *Möglichkeit* der Grundrechtsverletzung geprüft wird, ist Gegenstand der Begründetheit die Frage nach der *tatsächlichen* Grundrechtsverletzung. Das setzt jedoch denselben Prüfungsmaßstab wie bei der Klagebefugnis (bzw. Beschwerdebefugnis) voraus. Allein konsequent ist es, wie auch sonst Art. 4 I und II GG weit zu interpretieren und das Selbstbestimmungsrecht des Art. 137 III WRV dem Schutzbereich des Art. 4 I und II GG zuzuschlagen mit der Folge, dass das „organische Ganze" sowohl bei der Klage- bzw. Beschwerdebefugnis als auch bei der Begründetheit betont wird.
>
> Gleichgültig, welchen Weg man beschreitet, ist festzustellen, dass das BVerfG im Ergebnis das kirchliche Selbstbestimmungsrecht als ein beschwerdefähiges Recht anerkennt.

In Anlehnung an das zur individuellen Glaubensfreiheit Gesagte besteht auch hier die Gefahr der Konturlosigkeit des Schutzbereichs. Insbesondere die zunehmende Vermarktung der religiösen bzw. weltanschaulichen Bedürfnisse hat in neuerer Zeit die Frage aufgeworfen, inwieweit eine **wirtschaftliche Betätigung** der Annahme entgegensteht, dass eine Organisation, die (überwiegend oder ausschließlich) nur nach ihrem bekundeten Selbstverständnis eine Religion oder Weltanschauung pflegt, vom Schutzbereich des Art. 4 I, II GG erfasst ist.[682] Im Kern lässt sich sagen, dass eine Organisation, die lediglich unter dem Deckmantel des Glaubens politische oder ökonomische Tätigkeiten ausübt (= *ausschließliche* Verfolgung politischer oder ökonomischer Ziele), nicht unter den Schutzbereich des Art. 4 I, II GG fällt, selbst wenn für

**395**

---

[678] Vgl. *Stern*, StR III/1, S. 1210 ff.; *Pieroth/Schlink*, Rn 521.

[679] Vgl. näher *Magen*, NVwZ **2001**, 888 f.; ferner BVerwG NVwZ **2001**, 924 ff.

[680] BVerfGE **46**, 73, 83 u. 85 (Rechtliches Gehör); **53**, 366, 387 ff. (Konfessionelles Krankenhaus).

[681] BVerfGE **53**, 366, 401; **72**, 278, 289.

[682] Vgl. nur BVerwG NVwZ **1995**, 473; BVerwG NVwZ **1999**, 766; VGH München NVwZ **2003**, 998, 999 (Scientology); OVG Bremen NVwZ-RR **1997**, 408; BAGE **79**, 319 ff. (Scientology); *Kempen*, NVwZ **2000**, 1115; *Jeand´Heur/Cremer*, JuS **2000**, 991 ff.; *Dostmann*, DÖV **1999**, 993, 994 f.; *Pieroth/Kingreen*, NVwZ **2001**, 841, 843.

viele ihrer Mitglieder eine individuelle Glaubensfreiheit zum Tragen kommt.[683] Eine bloße *überwiegende* wirtschaftliche Betätigung führt dagegen nicht notwendigerweise zu einem vollständigen Entzug des Grundrechtsschutzes aus Art. 4 I, II GG.[684] Auch steht die Vermarktung der Lehre zur Finanzierung der Glaubensgemeinschaft der Einordnung als Religions- oder Weltanschauungsgemeinschaft grds. nicht entgegen.[685] Ob sich eine sog. Glaubensgemeinschaft im Einzelfall auf Art. 4 I, II GG berufen kann, entscheidet sich jedenfalls nicht nur nach dem bekundeten Selbstverständnis, sondern in gleicher Weise auch nach dem äußeren Erscheinungsbild.[686]

**396**  Diskutiert wird immer noch die Frage, ob sich die **Scientology-Gemeinschaft** auf Art. 4 I und II GG berufen kann. Das BAG hat die Anerkennung als Religionsgesellschaft definitiv mit der Begründung verneint, der Scientology-Organisation dienten die religiösen Lehren nur als Vorwand für die Verfolgung wirtschaftlicher Ziele.[687] Die übrigen Zivilgerichte und die Verwaltungsgerichte haben uneinheitlich entschieden.[688] Das BVerfG war mit dieser Frage noch nicht befasst[689] und das BVerwG konnte jüngst die Frage offen lassen, da es die individuelle Glaubensfreiheit eines einzelnen Scientology-Mitglieds bejahte[690] (dazu Rn 373 ff.).

Die Beantwortung der Frage, ob sich die Scientology-Organisation auf Art. 4 I, II GG berufen kann, ist methodisch korrekt durch Verfassungsinterpretation zu beantworten. Sollte das zu beurteilende Verhalten mit übergeordneten Wertungsgesichtspunkten, insbesondere mit den Grundentscheidungen der Verfassung, unvereinbar sein[691], bietet es sich an, das Verhalten nicht erst im Rahmen einer Abwägung hinter das kollidierende Verfassungsgut zurücktreten zu lassen, sondern bereits unter Heranziehung der Figur der *verfassungsimmanenten Schutzbereichsbegrenzung*[692] (ausführlich Rn 127) aus dem Schutzbereich herauszuhalten. Folge dieses Ansatzes ist, dass die staatliche Maßnahme (etwa kritische Äußerungen oder Warnungen) zumindest in Bezug auf Art. 4 I, II GG keiner gesetzlichen Rechtsgrundlage i.S.d. Grundsatzes vom Vorbehalt des Gesetzes bedarf. Denn dieser Grundsatz setzt begriffslogisch die Eröffnung des Schutzbereichs voraus.

Diskrepanzen zwischen den Aktivitäten und Zielsetzungen der Scientology-Organisation und den Leitbildern unserer Verfassung können insbesondere anhand der Regeln des internen Normensystems der Scientology-Organisation ablesbar sein, durch das die Beziehungen des Einzelnen zur Gruppe gestaltet werden. Dies zu beurteilen setzt Kenntnisse ihres theoretischen und programmatischen Fundaments voraus, deren detaillierte Darstellung den Rahmen dieses Buches sprengen würde.[693]

---

[683] Vgl. BVerwGE **90**, 112, 118; *Mager*, in: von Münch/Kunig, GG, Art. 4 Rn 15; *Jeand´Heur/Cremer*, JuS **2000**, 991, 993; BAGE **79**, 319 ff. (Scientology).

[684] Vgl. BVerfGE **105**, 279, 293 ff. (Osho).

[685] BVerwGE **90**, 112, 116; BVerwG NJW **1997**, 406, 407.

[686] Zutreffend BVerfGE **83**, 341, 353 (Baha´i); BAGE **79**, 319, 337 ff. (Scientology). Anders *Kopp*, NJW **1990**, 2669, 2670.

[687] BAGE **79**, 319 ff. (Scientology).

[688] Vgl. BGHZ **78**, 274, 278; OLG Düsseldorf NJW **1983**, 2574; LG Hamburg NJW **1988**, 2617; BVerwG NVwZ **1995**, 473; BVerwGE **61**, 152, 162 f.; **90**, 112, 116 f.; BVerwG NVwZ **1999**, 766; OVG Bremen NVwZ-RR **1997**, 408; VG Darmstadt NJW **1979**, 1056 und **1983**, 2595. Vgl. dazu auch *Kempen*, NVwZ **2000**, 1115.

[689] Das BVerfG (NVwZ **1993**, 357, 358) hat lediglich entschieden, dass das Kriterium des äußeren Erscheinungsbilds auch bei der Scientology-Organisation anzuwenden sei.

[690] BVerwG NJW **2006**, 1303 ff.

[691] Scientology wird gegenwärtig durch das Bundesamt für Verfassungsschutz beobachtet. Gegen diese Beobachtung ist ein Unterlassungsverfahren vor dem VG Köln anhängig. Demgegenüber hat die Senatsverwaltung für Inneres des Landes Berlin – Abteilung Verfassungsschutz die Beobachtung (aufgrund des Beschlusses des VG Berlin NVwZ **2002**, 1018 ff.) der Scientology-Gemeinschaft vorläufig eingestellt. Dennoch ist zur Klärung der Rechtmäßigkeit ein (Fortsetzungs-)Feststellungsverfahren vor dem VG Berlin anhängig.

[692] Vgl. z.B. *Isensee*, in: HdbStR V, § 111 Rn 56; *Dreier*, in: Dreier, GG, Bd. 1, Vorb. Rn 88 ff.; *Muckel*, Festschrift für Hartmut Schiedermair, **2001**, S. 347.

[693] Vgl. das 1993 erstmals herausgegebene und 1998 in zweiter Auflage erschienene Buch „Was ist Scientology?" sowie die Entscheidungen BAGE **79**, 319 ff., VGH München NVwZ **2003**, 998 ff., die Exegese von *Werner*, Scientology im Spiegel des Rechts, **2002**, S. 23 ff. und 271 ff., den Aufsatz von *Diringer*, Die Nichtzulassung von Mitgliedern der Scientology-Organisation zum öffentlichen Dienst, in: NVwZ **2003**, 901 ff., den

Insgesamt scheint es aber so, als seien Programmatik und Zielsetzung insgesamt auf eine Marketingstrategie ausgerichtet, die allein der Gewinnerzielung dient. Auch scheint es, als seien mehrere Elemente der Programmatik mit wesentlichen Wertentscheidungen des Grundgesetzes unvereinbar. Das gilt besonders für die willkürliche Kategorisierung von Personen, die einerseits in biologisch hoch- und minderwertige Geschöpfe *(Clears* und *Aberrierte),* andererseits in normale, störende *(Potentielle Schwierigkeitsquellen)* und kriminelle Menschen *(Unterdrückerische Personen)* unterteilt werden. Diese Kategorisierung widerspricht – wie das interne Strafrecht mit seinen kodifizierten Tatbeständen – der Menschenwürde (Art. 1 I GG) und dem allgemeinen Persönlichkeitsrecht (Art. 2 I i.V.m. Art. 1 I GG). Zwar ist die Scientology-Organisation als privatrechtliche Vereinigung nicht Adressat der Grundrechte ihrer Anhänger und kann diese daher auch nicht „verletzen", allerdings wirkt sich diese Divergenz zur Verfassungsordnung über die Figur der mittelbaren Drittwirkung der Grundrechte auch auf das Verhältnis der Organisation zu ihren Anhängern aus.

Allein das objektive Erscheinungsbild der Organisation, das von einem menschenverachtenden Werte- und Normensystem sowie einer vollständigen Kommerzialisierung aller Tätigkeitsbereiche gekennzeichnet ist, widerspricht damit einer Einordnung als Glaubens- bzw. Weltanschauungsgemeinschaft im Sinne des Grundgesetzes. Schon diese Gesichtspunkte legen es – in Übereinstimmung mit der Auffassung des Bundesarbeitsgerichts – nahe, in der „religiösen Lehre" der Scientology eine nur lückenhaft aufgebaute Fassade für in Wirklichkeit auf andere, namentlich wirtschaftliche Ziele gerichtete Tätigkeiten zu sehen. **Scientology als Gesamtheit** kann sich demnach **nicht** auf Art. 4 I, II GG berufen.

Freilich ist davon die Frage zu unterscheiden, ob sich **einzelne Mitglieder** der Scientology-Organisation auf die individuelle Religions- bzw. Glaubensfreiheit stützen können. Das BVerwG hat der Sache nach die Auffassung der Vorinstanz bestätigt, dass die Lehren von *Hubbard* die Ziele des Menschen bestimmten, ihn im Kern seiner Persönlichkeit ansprächen und auf eine umfassende Weise den Sinn der Welt und des menschlichen Lebens erklärten. Es hat hierfür beispielhaft verwiesen auf die Lehren von *Hubbard* über die unsterbliche Seele als Träger einer Lebensenergie, die sich durch unzählige Leben wandele, sowie über den an Erlösungsstufen erinnernden Weg zu höheren Daseinsstufen als Ziel des menschlichen Daseins. Derartige Aussagen der scientologischen Lehre seien geeignet, den Begriff des Glaubens oder der Weltanschauung zu erfüllen.

Dem stehe auch nicht entgegen, dass Scientology als solche möglicherweise nicht den Schutz des Art. 4 I, II GG in Anspruch nehmen könne. Entscheidend sei, dass das einzelne Mitglied, das sich auf die Religions- bzw. Glaubensfreiheit berufe, selbst an die transzendenten Inhalte der Lehren *Hubbards* glaube und die mit dieser Lehre verbundenen Regeln als für sich bindend empfinde. Das Mitglied brauche sich nicht entgegenhalten zu lassen, dass der Gründer oder die späteren Führer der Bewegung mit den von ihnen propagierten ideellen Zielen in Wahrheit ausschließlich wirtschaftliche (oder möglicherweise sogar verfassungsfeindliche) Interessen verfolgten und damit insgesamt nicht dem Schutzbereich des Art. 4 I, II GG unterfielen.

> **Hinweis für die Fallbearbeitung:** In unproblematischen Fällen, also in Fällen, in denen das fragliche Handeln der **Gemeinschaft** entweder dem sakralen oder dem weltanschaulichen Bereich zuzuordnen ist, sollte die Eröffnung des Schutzbereichs mit wenigen Worten festgestellt werden. In problematischen Fällen, also z.B. in Fällen, bei denen mit der Glaubensfreiheit eine wirtschaftliche (oder politische oder gar verfassungsfeindliche) Betätigung einher geht, sollte zunächst von dem weiten Verständnis des Schutzbereichs ausgegangen und im Weiteren diskutiert werden, ob dieses weite Verständnis nicht *zu weit* ist. Auf jeden Fall sollte ein Kompromiss zwischen dem subjektiven Ansatz des religiösen Selbstverständnisses und einer objektiven Un-

Kommentar von *Zuck*, Scientology – na und, in: NJW **1997**, 697 ff. sowie die Dissertation von *R. Schmidt*, Staatliches Informationshandeln und Grundrechtseingriff, **2004**, S. 42 ff.

terscheidung zwischen geistlichem und weltlichem Handeln gefunden werden. Religionsneutrale oder -feindliche Handlungen, insbesondere primär wirtschaftliche, politische oder sogar verfassungsfeindliche Zielsetzungen, unterfallen jedenfalls nicht dem Schutzbereich des Art. 4 I, II GG. Als von vornherein nicht durch Art. 4 I, II GG geschützt anzusehen sind Handelsgesellschaften oder Kapitalgesellschaften, da bei diesen per definitionem andere Zwecke als religiöse im Mittelpunkt stehen.

Kann sich ein **einzelnes Mitglied**, das an die Lehren von *Hubbard*, die insoweit den Begriff des Glaubens oder der Weltanschauung erfüllen, glaubt, auf die Religions- bzw. Glaubensfreiheit berufen, kann in diesem Zusammenhang die umstrittene Frage, ob die Scientology-Organisation in Deutschland als Weltanschauungs- oder Religionsgemeinschaft „anzuerkennen" sei, offen bleiben.[694]

## 2. Eingriff in den Schutzbereich

397 Die kollektive Glaubensfreiheit wird beeinträchtigt, wenn der Staat die o.g. geschützten Tätigkeiten regelt oder faktisch in erheblicher Weise behindert.

**Beispiele:**

(1) **Verbot** einer Religions- bzw. Weltanschauungsgemeinschaft

(2) Staatliche **Informationstätigkeiten**, insbesondere **Warnungen** vor Sekten bzw. Glaubens- oder Weltanschauungsgemeinschaften[695]

(3) **Förderungen von Vereinen**, deren Aufgabe darin besteht, bestimmte Religions- oder Weltanschauungsgemeinschaften zu bekämpfen[696]

(4) **Überlassung von Schutzerklärungen an Dritte**, die diese im Geschäftsverkehr einsetzen und ihre Geschäftspartner zur Auskunft über dessen Beziehungen zu einer Sekte (z.B. Scientology) veranlassen sollen[697]

(5) **Ungleichbehandlung** verschiedener Religionsgemeinschaften[698]

(6) **Verbot der Kanzelankündigung** einer karitativen Sammlung[699]

(7) **Verbot des sakralen Läutens** der Kirchenglocken[700]

(8) **Verbot**, in Fußgängerzonen **Handzettel zu verteilen** und/oder Artikel zu verkaufen

## 3. Verfassungsrechtliche Rechtfertigung (Grundrechtsschranke)

398
-401
Nach Auffassung des BVerwG unterliegt auch die kollektive Glaubensfreiheit keinem Gesetzesvorbehalt.[701] Das Gericht stützt seine Rechtsauffassung auf die Formulierung des Art. 137 III S. 1 WRV, der von *ihren* Angelegenheiten spricht, und will damit zum Ausdruck bringen, dass die kollektive Religionsausübung eine innerkirchliche Angelegenheit sei, aus der sich der Staat heraushalte solle. Das ist mit Blick auf Art. 140 GG, der Art. 137 III S. 1 WRV zum vollgültigen Verfassungsrecht erklärt, soweit nachvollziehbar. Allerdings erschöpft sich der Wortlaut des Art. 137 III S. 1 GG nicht in der genannten Formulierung. Vielmehr spricht die Vorschrift auch von der Ordnung und Verwaltung der Angelegenheiten „innerhalb der Schranken

---

[694] So ausdrücklich BVerwG NJW **2006**, 1303, 1304 f.

[695] BVerwGE **82**, 76, 79 (Osho I); *Jeand´Heur/Cremer*, JuS **2000**, 991, 993 f. Anders BVerfGE **105**, 279, 293 ff. (Osho), wo das Gericht auf dem bereits erläuterten Standpunkt steht, dass Warnungen keine Grundrechtseingriffe seien, sondern lediglich Grundrechtsbeeinträchtigungen, für die der Gesetzesvorbehalt keine materiell-rechtliche Rechtsgrundlage fordere, sondern eine Kompetenznorm wie Art. 65 GG genügen lasse. Dieser Standpunkt ist mit der demokratischen Funktion des Art. 20 III GG nicht vereinbar.

[696] Vgl. BVerwGE **90**, 112, 116 (Osho II).

[697] BVerwG NJW **2006**, 1303 ff. (allerdings in Bezug auf die individuelle Glaubensfreiheit). Vgl. näher Rn 380.

[698] BVerfGE **93**, 1, 17 (Kruzifix).

[699] BVerfGE **24**, 236, 251 f. (Rumpelkammer/Kanzelwerbung).

[700] BVerwGE **68**, 62, 66 f.; vgl. auch BVerwGE **90**, 163; *Haaß*, Jura **1993**, 302.

[701] BVerwGE **90**, 112, 122 (Osho II); **82**, 76, 82 f. (Osho I); **68**, 62, 63 („Glockenurteil"); **66**, 241, 345; in diese Richtung wohl auch BVerfG NJW **1989**, 3269, 3270 (Kammerentscheidung zur Sektenwarnung).

des für alle geltenden Gesetzes". Eben diese Formulierung sowie der Umstand, dass die inkorporierten Vorschriften der WRV gem. Art. 140 GG voll gültiges Verfassungsrecht darstellen, lassen sehr wohl auf einen Gesetzesvorbehalt schließen.[702] Danach fänden staatliche Eingriffe ihre Grundlage in den Schranken der „für alle geltenden Gesetze". Als Gesetze i.S.d. Art. 137 III S. 1 WRV wären dann Gesetze anzusehen, die für Religions- und Weltanschauungsgemeinschaften dieselbe Bedeutung hätten wie für jedermann.

Jedoch ist zu beachten, dass das BVerfG auch sonst teilweise der Auffassung ist, **402** dass die gem. Art. 140 GG inkorporierten Vorschriften der WRV von dem (vorbehaltlos gewährten) Grundrecht aus Art. 4 I und II GG „überlagert" seien[703]. Zwar kann die „Überlagerungstheorie" nicht überzeugen, weil nicht ersichtlich ist, wie voll inkorporiertes Verfassungsrecht von anderem Verfassungsrecht „überlagert" sein soll, allerdings würde die Anerkennung eines Gesetzesvorbehalts i.S.d. Art. 137 III S. 1 WRV dazu führen, dass die kollektive Glaubensfreiheit leichter eingeschränkt werden könnte als die vorbehaltlos gewährleistete individuelle Glaubensfreiheit. Für eine solche unterschiedliche Behandlung ist aber kein sachlicher Grund ersichtlich, zumal nach dem Willen des Parlamentarischen Rats bei der Ausarbeitung des Grundgesetzes die Religionsfreiheit (undifferenziert) vorbehaltlos gewährleistet sein solle.[704] Mit der Inkorporation der Art. 136, 137, 138, 139 und 141 WRV in das Grundgesetz sollte lediglich eine einheitliche Rahmenregelung bzgl. der Religionsgesellschaften vorgenommen, nicht jedoch die vorbehaltlose Gewährleistung der Glaubensfreiheit aus Art. 4 I und II GG relativiert werden.[705]

Demnach ist also auch das Kollektivrecht der Glaubens- bzw. Weltanschauungsge- **403** meinschaft vorbehaltlos gewährt. Es kann nur auf Grundlage kollidierender Verfassungsgüter eingeschränkt werden. Wegen des in Art. 20 III GG enthaltenen Grundsatzes vom Vorbehalt des Gesetzes darf der Eingriff allerdings auch hier nur auf der Grundlage eines **formell-materiellen Gesetzes** ergehen. Entgegen der Auffassung des BVerwG[706] genügt die sich aus der Kompetenznorm des Art. 65 GG ergebende **Befugnis der Bundesregierung zur Öffentlichkeitsarbeit** daher **nicht**.[707] Erst recht liefert ein **Haushaltsgesetz** (= nur-formelles Gesetz) **keine** genügende Rechtsgrundlage etwa für den Fall, dass die Bundesregierung einen „Antisektenverein" erheblich finanziell unterstützt, damit *dieser* vor Jugendsekten warnen kann.[708] Vgl. dazu ausführlich den Übungsfall sogleich.

Eine Besonderheit besteht hinsichtlich **Religions- und Weltanschauungsgemeinschaf- 404 ten, die verfassungsfeindliche** oder **terroristische Ziele** verfolgen. Da hier jedoch auch und insbesondere Art. 9 I GG betroffen ist, sei auf die Ausführungen bei Rn 673 ff. verwiesen.

---

[702] Einen Gesetzesvorbehalt annehmend BVerfGE **66**, 1, 20; **42**, 312, 333; *Mager*, in: v. Münch/Kunig, GG Art. 4 Rn 64; *Morlok*, in: Dreier, GG, Art. 4 GG Rn 57; *Jarass*, in: Jarass/Pieroth, GG, Art. 4 Rn 33 *v. Campenhausen*, in: v. Mangoldt/Klein/Starck, GG, Art. 138 WRV Rn 138; *Preuß*, in: Alternativkommentar, Art. 140 Rn 27.
[703] Vgl. BVerfGE **33**, 23, 31 (Eidesleistung); **104**, 337, 345 ff. (Schächten) – jeweils zwar ergangen zur individuellen Glaubensfreiheit, aber so pauschal formuliert, dass generell der Vorrang des vorbehaltlos gewährten Art. 4 I und II GG gemeint sein muss.
[704] Vgl. *Leibholz/v. Mangoldt*, Jahrbuch des öffent. Rechts der Gegenwart, Neue Folge Bd. 1, **1951**, S. 73 ff.
[705] Vgl. *Leibholz/v. Mangoldt* a.a.O., S. 900.
[706] BVerwGE **82**, 78, 82 (Osho I); BVerwG NVwZ **1994**, 163.
[707] Noch verfassungsferner ist die Auffassung des BVerfG in seiner Osho-Entscheidung (E **105**, 279, 293 ff.), das bei einer staatlichen Warnung lediglich von einer Grundrechtsbeeinträchtigung statt von einem Grundrechtseingriff ausgeht und sodann konstatiert, dass der Grundsatz vom Vorbehalt des Gesetzes für Grundrechtsbeeinträchtigungen keine materiell-rechtliche Gesetzesgrundlage erfordere, sondern die Kompetenz zur Staatsleitung genügen lasse.
[708] Richtig insoweit BVerwGE **90**, 112, 122 ff. (Osho II).

**405**  Existiert ein einschränkendes materiell-rechtliches Gesetz, muss dieses seinerseits verfassungsgemäß sein. Insbesondere muss es dem **Grundsatz der Verhältnismäßigkeit** entsprechen. Geht man mit der hier vertretenen Auffassung von der Vorbehaltlosigkeit der kollektiven Glaubens- bzw. Weltanschauungsfreiheit aus, ist eine Güterabwägung zwischen den kollidierenden Grundrechten (also der kollektiven Glaubens- bzw. Weltanschauungsfreiheit und bspw. dem Schutz der Jugendlichen) erforderlich (**praktische Konkordanz**). Entsprechendes gilt für den Einzelakt.

### 4. Übungsfall

**406**  Ein Übungsfall zur kollektiven Glaubensfreiheit (**Jugendsekten** – BVerfGE 105, 279), der die Materie konkretisiert, steht nebst ausformulierter Lösung auf der Internet-Seite des Verlags unter der Rubrik Studienbücher/Staatsrecht/Grundrechte zum kostenlosen download zur Verfügung.

## III. Konkurrenzen

**407**  Die Glaubensfreiheit kann insbesondere mit der **Versammlungsfreiheit** (Art. 8 I GG) konkurrieren, wenn es um die kollektive Kundgabe der religiösen Überzeugung geht. In diesem Fall wird teilweise angenommen, dass Art. 4 I und II GG dem Grundrecht der Versammlungsfreiheit vorgehe[709] (Fall der unechten Grundrechtskonkurrenz, vgl. Rn 137). Diese Auffassung ist mit den Gewährleistungen der beiden Grundrechte nicht vereinbar. Geht es den betroffenen Personen um die gemeinschaftliche Erörterung und Kundgebung mit dem Ziel der Teilhabe an der öffentlichen Meinungsbildung und hat die Thematik ihren Ursprung im religiösen Glauben, ist es überzeugend, den Teilnehmern der Veranstaltung sowohl den Schutz des Art. 8 I GG als auch des Art. 4 I und II GG zukommen zu lassen.[710]

**408**  Hinsichtlich der **Meinungsäußerungsfreiheit** (Art. 5 I S. 1 Var. 1 GG) sollte die Glaubensfreiheit indes als lex specialis angesehen werden, sofern es um die Äußerung der religiösen Überzeugung geht.[711]

## IV. Gewissensfreiheit, Art. 4 I und III GG

### 1. Schutzbereich

**409**  Obwohl die Gewissensfreiheit in engem Zusammenhang mit der Glaubensfreiheit steht, wird sie überwiegend als eigenständiges Grundrecht betrachtet.[712] Die Gewissensfreiheit schützt die Gewissensentscheidung.

**410**  Als eine **Gewissensentscheidung** ist jede ernste sittliche, d.h. an den Kategorien von „Gut" und „Böse" orientierte, Entscheidung anzusehen, die der Einzelne in einer bestimmten Lage als für sich bindend und unbedingt verpflichtend innerlich erfährt, sodass er gegen sie nicht ohne ernste Gewissensnot handeln könnte.[713]

Der Begriff des Gewissens in Art. 4 I und III GG ist identisch.

---

[709] So *Jarass/Pieroth*, GG, Art. 4 Rn 6; *Kokott*, in: Sachs, GG, Art. 4 Rn 134.

[710] Vgl. bereits Rn 139. Wie hier auch *Hoffmann-Riem*, in: Alternativkommentar zum GG, Art. 8 Rn 68.

[711] Wie hier BVerfGE **32**, 98, 107; *Herzog*, in: Maunz/Dürig, GG, Art. 4 Rn 18; *Kokott*, in: Sachs, GG, Art. 4 Rn 105; a.A. *Campenhausen*, HdbStR VI, S. 424.

[712] Vgl. nur *Mager*, in: von Münch/Kunig, GG, Art. 4 Rn 5 u. 10 f.; *Morlok*, in: Dreier, GG, Art. 4 Rn 30; *Herzog*, in: Maunz/Dürig, GG, Art. 4 Rn 122 f.

[713] BVerfGE **12**, 45, 55 (Kriegsdienstverweigerer); **48**, 127, 173 (Wehrpflicht- und Zivildienst-Änderungsgesetz 1977); BVerwGE **79**, 24, 26.

**Geschützte Tätigkeiten** sind ähnlich wie bei der Glaubensfreiheit nicht nur die innere Überzeugung (das *forum internum*), sondern auch das nach außen in Erscheinung tretende Handeln entsprechend einer Gewissensentscheidung (das *forum externum*).[714]

411

Aus der obigen Definition wird deutlich, dass der Schutzbereich der Gewissensfreiheit naturgemäß in besonders großem Maße durch die Einschätzung des Einzelnen determiniert wird. Um daher eine uferlose Ausweitung des (schrankenlos gewährten) Grundrechts und eine Überschneidung mit der (ebenfalls weit gefassten) allgemeinen Handlungsfreiheit zu verhindern, wird die Frage nach der **Eingrenzung des Schutzbereichs** der Gewissensfreiheit unumgänglich.

412

- So ist die Gewissensfreiheit zunächst als ein Recht zu verstehen, das den Einzelnen vor Zwang bewahrt, den der Staat auf ihn ausübt. Die Gewissensfreiheit will dem Bürger die Möglichkeit geben, in Situationen, die er selbst nicht herbeigeführt hat, seinem Gewissen zu folgen. Der Bürger soll das Recht haben, von staatlicher Seite aufgezwungene Verhaltensweisen abwehren zu können, die mit seinem Gewissen nicht zu vereinbaren sind. Der Zweck der Gewissensfreiheit kann aber nicht darin bestehen, dem Bürger weit reichende Möglichkeiten zur Beeinflussung seiner Umwelt nach seinen Vorstellungen zu geben. Dafür stehen ihm andere Grundrechte (etwa Art. 5 oder 8 GG) zur Verfügung. Man kann somit sagen, dass die Gewissensfreiheit dem Einzelnen nur ein negatorisches Recht verleiht, nämlich das Recht zur Verweigerung (staatlicher) Befehle.[715]

413

  Das Recht auf Gewissensfreiheit ermächtigt den Einzelnen somit nicht zur Korrektur staatlicher Entscheidungen. So steht das sog. **Kirchenasyl** nicht unter dem Schutz der Gewissensfreiheit.[716] Mitglieder einer Kirche, die von Abschiebung bedrohten Menschen „Kirchenasyl" gewähren, bringen sich selbst in eine Konfliktsituation und wehren sich nicht lediglich gegen einen Konflikt, der ihnen von staatlicher Seite aufgezwungen wird, sondern gestalten aktiv einen Konflikt mit einer staatlichen Entscheidung. Kirchenasyl kann daher nicht auf das negatorische Grundrecht der Gewissensfreiheit gestützt werden.[717]

- Eine weitere Eingrenzung des Schutzbereichs kann darin gesehen werden, dass man das Grundrecht der Gewissensfreiheit nur auf solche persönliche Entscheidungen anwendet, die sich dem **persönlichen Verantwortungsbereich** des Einzelnen zuordnen lassen.

414

  Somit scheiden Fälle aus, in denen sich ein Einzelner als Bürger oder Mitglied einer **pflichtmitgliedschaftlich verfassten Organisation** für deren Handlungen und Maßnahmen mitverantwortlich fühlt und sich deshalb einem Gewissenskonflikt ausgesetzt sieht, weil die Organe der Organisation in einer Weise handeln, die seinem Gewissensurteil widerstreiten.

- Schließlich ergibt sich eine Schutzbereichsbegrenzung aus dem Grundsatz des *venire contra factum proprium*. Wer sich selbst in Widerspruch zu seinem früheren Verhalten begibt, soll sich nicht auf ein ihm an sich zur Seite stehendes Recht berufen können. Wer also Atomstrom verbraucht, kann nicht die Zahlung der Stromrechnung mit dem Argument verweigern, die Nutzung von **Kernenergie** sei mit seinem Gewissen nicht zu vereinbaren.[718]

415

---

[714] *Muckel*, NJW **2000**, 689.
[715] *Muckel*, NJW **2000**, 689; *Arndt*, NJW **1996**, 2204, 2205 f.
[716] *Muckel*, NJW **2000**, 689; *v. Münch*, NJW **1995**, 565, 566; *Deger*, Gedächtnisschrift für Gülzow, **1999**, S. 203, 207; *Fessler*, NWVBl **1999**, 449 ff.; a.A. etwa *Bayer*, Das Grundrecht der Religions- und Gewissensfreiheit, **1997**, S. 249 ff., 270.
[717] Vgl. dazu *Fessler*, NWVBl **1999**, 449 ff.
[718] AG Stuttgart NJW **1980**, 1108; *Hermann*, BB **1979**, 602.

**416** **Träger des Grundrechts** sind alle natürlichen Personen. Insoweit gelten die Ausführungen zur individuellen Glaubensfreiheit entsprechend. Nicht geschützt werden juristische Personen und andere Personenvereinigungen, gleich welcher Art.

## 2. Eingriff in den Schutzbereich

**417** Die Gewissensfreiheit wird beeinträchtigt, wenn der Staat die geschützten Tätigkeiten regelt oder faktisch in erheblicher Weise behindert. Eingriffe können auch durch das Privatrecht erfolgen, etwa wenn der Arbeitgeber eine Arbeit zuweist, die mit dem Gewissen des Betroffenen unvereinbar ist. Das folgt aus der Ausstrahlungswirkung der Grundrechte.[719]

## 3. Verfassungsrechtliche Rechtfertigung (Grundrechtsschranke)

**418** Die Gewissensfreiheit steht unter keinem Schrankenvorbehalt. Die Übernahme der Schranken anderer Grundrechte, einschließlich der Religionsfreiheit, scheidet aus. Für die Gewissensfreiheit gelten aber die aus der Verfassung selbst begründeten Schranken, namentlich aus Grundrechten Dritter und anderen mit Verfassungsrang ausgestatteten Rechtswerten (sog. **verfassungsimmanente Einschränkung**). Insbesondere wird die Gewissensfreiheit durch die Grundrechte Dritter begrenzt, was v.a. im Verhältnis zwischen Privaten relevant wird.

> **Beispiele:**
> **(1)** Wenn sich ein Arbeitnehmer unter Berufung auf sein Gewissen weigert, eine bestimmte Arbeit auszuführen, kollidiert seine Gewissensfreiheit mit den Grundrechten seines Arbeitgebers aus Art. 14 I, 12 I und 2 I GG.
> **(2)** Wer sich aus Gewissensgründen weigert, einem anderen Hilfe zu leisten, kann eine Kollision der Gewissensfreiheit mit dem Recht auf Leben und körperliche Unversehrtheit aus Art. 2 II S. 1 GG herbeiführen.
>
> In diesen Fällen bedarf es eines Ausgleichs der gegenläufigen grundrechtlich geschützten Interessen im Sinne einer **praktischen Konkordanz**.

**419** Erfolgt eine Beschränkung der Gewissensfreiheit durch eine staatliche Institution, ist dem allgemeinen Grundsatz vom Vorbehalt des Gesetzes folgend stets ein formelles Gesetz zu fordern. Die praktische Konkordanz ist in diesem Fall sowohl bei der Frage nach der Verfassungsmäßigkeit des Gesetzes als auch bei der Frage nach der Verfassungsmäßigkeit der Einzelmaßnahme herzustellen. Es ist eine Abwägung erforderlich zwischen der Gewissensfreiheit und dem Gesetzeszweck, der in der Wahrung der Grundrechte Dritter oder sonstiger wichtiger Verfassungsgüter besteht.

## V. Recht der Kriegsdienstverweigerung

**420** Das Recht, den Kriegsdienst zu verweigern, ist ein echtes Grundrecht und bildet einen Sonderfall der in Art. 4 I, II GG genannten Glaubens- und Gewissensfreiheit, die für die Verweigerung des Kriegsdienstes mit der Waffe durch Art. 4 III GG verdrängt werden.[720] Der Kerngehalt des Grundrechts besteht darin, den Kriegsdienstverweigerer vor dem Zwang zu bewahren, in einer Kriegshandlung einen anderen Menschen töten zu müssen, wenn ihm sein Gewissen eine Tötung grundsätzlich und ausnahmslos zwingend verbietet.[721]

---

[719] Vgl. dazu *Wank*, Jura **1999**, 31 ff.
[720] BVerfGE **19**, 135, 138 (Ersatzdienstverweigerer); **23**, 127, 132 (Zeugen Jehovas); BVerwG NVwZ-RR **1993**, 636.
[721] Vgl. BVerfGE **32**, 40, 46 f. (Kriegsdienstverweigerer II).

## 1. Schutzbereich

Art. 4 III GG spricht vom **Kriegsdienst mit der Waffe**. Damit ist nicht nur der Dienst mit der Waffe im Krieg gemeint, sondern auch der im Frieden.[722] Es wird nur vor solchen Tätigkeiten geschützt, die nach dem Stand der jeweiligen Waffentechnik in unmittelbarem Zusammenhang mit dem Einsatz von Kriegswaffen stehen.[723] Dazu gehören nicht die Dienste des Helfers in der Rüstungswirtschaft und der Zivil- oder Katastrophenschutz, wohl aber der Sanitätsdienst.

421

Gegenstand des Schutzbereichs ist die **Gewissensentscheidung**: Das Recht auf Kriegsdienstverweigerung besteht nur, wenn der Betroffene aufgrund einer zwingenden Gewissensentscheidung und unter schwerer seelischer Not außerstande ist, mit der Waffe an einem Krieg teilzunehmen. Die Anerkennung als Kriegsdienstverweigerer hängt von der Plausibelmachung der Gewissensentscheidung des Betroffenen ab. Ihm obliegt die Beweislast. Für die zuständige Anerkennungsbehörde muss erkennbar werden, dass die Verweigerung auf einer nach Art. 4 I/III GG relevanten Gewissensentscheidung beruht. Es kommt entscheidend auf die Begründung des Wehrpflichtigen und den von ihm gewonnenen Gesamteindruck an. So spricht die Bereitschaft, in einer Notwehr- oder Nothilfesituation den Angreifer ohne schwere Gewissensbelastung zu töten, gegen die Anerkennung als Kriegsdienstverweigerer. Ein solches Anerkennungsverfahren ist mit dem Grundgesetz vereinbar.[724]

422

**Träger des Grundrechts** sind alle natürlichen Personen, auch der bereits einberufene Soldat. Dieser kann sich auf sein Recht zur Verweigerung des Kriegsdienstes aber erst dann berufen, wenn dieses Recht anerkannt und der Anerkennungsbescheid unanfechtbar geworden ist.

423

## 2. Eingriff in den Schutzbereich

Das Recht der Kriegsdienstverweigerung wird durch jeden Zwang beeinträchtigt, Kriegsdienst mit der Waffe auszuüben, etwa durch die Einberufung zum Wehrdienst.

424

## 3. Verfassungsrechtliche Rechtfertigung (Grundrechtsschranke)

Das Recht auf Kriegsdienstverweigerung steht wie die Gewissensfreiheit unter keinem Schrankenvorbehalt. Insbesondere ermächtigt Art. 4 III S. 2 GG nicht zu Eingriffen.[725] Diese Vorschrift enthält allein ein Recht zur Ausgestaltung, insbesondere in verfahrensmäßiger Hinsicht. Daher kommt nur eine verfassungsimmanente Einschränkung in Betracht. Bei der Frage nach der Verfassungsmäßigkeit der Beschränkung ist eine Abwägung zwischen dem Recht auf Kriegsdienstverweigerung und dem kollidierenden Verfassungsrecht vorzunehmen.

425

## 4. Konkurrenzen

Das Recht der Kriegsdienstverweigerung ist lex specialis zur **Glaubensfreiheit**.

426

---

[722] BVerfGE **12**, 45, 56 (Wehrpflichtgesetz/Kriegsdienstverweigerung); **80**, 354, 358 (Wehrpflichtgesetz).
[723] BVerfG **69**, 1, 56 (Kriegsdienstverweigerung).
[724] BVerfG a.a.O. S. 1 ff.
[725] BVerfGE **28**, 243, 259 (Kriegsdienstverweigerer); **48**, 127, 163 (Wehrpflicht- und Zivildienst-Änderungsgesetz 1977); **69**, 1, 23 (Kriegsdienstverweigerung). Vgl. ferner BVerfGE **12**, 45, 49 ff.; **12**, 311, 316; **38**, 154, 167 und BVerfG NJW **2002**, 1709 ff. (Verfassungsmäßigkeit der allgemeinen Wehrpflicht).

# G. Meinungs-, Informations-, Presse-, Rundfunk- und Filmfreiheit – Art. 5 I GG

427

| Art. 5 I GG |
|:---:|

| Meinungs-<br>freiheit | Informations-<br>freiheit | Presse-<br>freiheit | Rundfunk-<br>freiheit | Film-<br>freiheit |
|:---:|:---:|:---:|:---:|:---:|

Wie der Übersicht zu entnehmen ist, enthält Art. 5 I GG insgesamt fünf Grundrechte:

- Die **Meinungsäußerungsfreiheit**[726] (Art. 5 I S. 1 Var. 1 GG) ist das Recht, seine Meinung in Wort, Schrift und Bild frei zu äußern und zu verbreiten.

- Die **Informationsfreiheit** (Art. 5 I S. 1 Var. 2 GG) ist das Recht, sich aus allgemein zugänglichen Quellen ungehindert zu unterrichten.

- Die **Pressefreiheit** (Art. 5 I S. 2 Var. 1 GG) ist das Recht, alle an die Allgemeinheit bestimmten Druckerzeugnisse zu verbreiten.

- Die **Freiheit der Rundfunkberichterstattung** (Art. 5 I S. 2 Var. 2 GG) ist das Recht, Darbietungen aller Art für die Allgemeinheit mit Hilfe elektrischer Schwingungen zu verbreiten. Lediglich der technische Verbreitungsweg unterscheidet den Rundfunk von der Presse.

- Die **Freiheit der Filmberichterstattung** (Art. 5 I S. 2 Var. 3 GG) ist das Recht, Filme herzustellen und zu verbreiten.[727]

## I. Grundrechtstatbestände (Schutzbereiche) und Eingriffe

### 1. Meinungsäußerungsfreiheit – Art. 5 I S. 1 Var. 1 GG

| Meinungsäußerungsfreiheit – Art. 5 I S. 1 Var. 1 GG |
|:---:|

**I. Schutzbereich**

Der Begriff der Meinung ist weit zu verstehen. Jedenfalls umfasst er *Werturteile*, gleichgültig auf welchen Gegenstand sie sich beziehen und welchen Inhalt sie haben. Sie können politisch oder unpolitisch, wertvoll oder wertlos, vernünftig oder unvernünftig sein; sogar Beleidigungen sind erfasst, wie sich aus dem Rückschluss aus Art. 5 II GG ergibt. Es bietet sich folgende Definition an:

Ein **Werturteil** ist anzunehmen, wenn die Äußerung durch Elemente der subjektiven Stellungnahme, des Dafürhaltens oder Meinens geprägt ist, wenn die Richtigkeit oder Unrichtigkeit der Behauptung eine Sache der persönlichen Überzeugung bleibt.

Nach zutreffender Auffassung des BVerfG werden grds. auch *Tatsachenbehauptungen* erfasst.

Eine **Tatsachenbehauptung** beschreibt wirklich geschehene oder existierende, dem Beweis zugängliche Umstände.

---

[726] Gelegentlich wird schlicht von „Meinungsfreiheit" gesprochen (so etwa bei *Pieroth/Schlink*, Rn 550). Diese Bezeichnung greift zu kurz, da auch die anderen Grundrechte aus Art. 5 I GG letztlich der Freiheit der Meinung dienen. Daher wird im Folgenden hinsichtlich des in Art. 5 I S. 1 Var. 1 GG genannten Rechts der präzisere Begriff der „Meinungsäußerungsfreiheit" verwendet.

[727] Zu den Definitionen vgl. BVerfGE **103**, 44, 59 ff. (Fernsehaufnahmen im Gerichtssaal).

Entscheidendes Abgrenzungskriterium zum Werturteil ist also, dass Tatsachenbehauptungen entweder wahr oder unwahr, Werturteile dagegen weder wahr noch unwahr sind. Reine, d.h. **erwiesene oder bewusst unwahre**, Tatsachenäußerungen ohne Bezug zu einem Werturteil sind nach h.M. nicht vom Schutzbereich des Art. 5 I GG umfasst. Da aber die Tatsachenbehauptung regelmäßig (zumindest stillschweigend) mit einem Werturteil des Behauptenden verbunden ist und auch bereits die Entscheidung, eine Tatsache zu äußern, eine wertende Qualität hat, sind in der Praxis nur wenige Fälle denkbar, die aus dem Schutzbereich herausfallen. Davon unabhängig muss die Frage nach der Abwägung mit kollidierenden Grundrechten anderer beantwortet werden. Siehe dazu unten unter „Verfassungsrechtliche Rechtfertigung".

Geschützt wird *jede* Form der Meinungsäußerung und -verbreitung. Auch die **negative Meinungsäußerungsfreiheit** ist erfasst. Das ist das Recht, Meinungen nicht zu äußern und nicht zu verbreiten. Die negative Meinungsäußerungsfreiheit schützt auch davor, fremde Meinungen als eigene äußern und verbreiten zu müssen. **Schmähkritik** fällt je nach Auffassung entweder bereits aus dem Schutzbereich der Meinungsäußerungsfreiheit heraus oder steht bei einer Abwägung mit den betroffenen Rechten Dritter regelmäßig hinter diesen zurück.

## II. Eingriff in den Schutzbereich

Ein **Eingriff in die Meinungsäußerungsfreiheit** liegt immer dann vor, wenn der Schutzbereich durch eine beliebige Anordnung der öffentlichen Gewalt, die die Meinungsäußerung oder -verbreitung verbietet oder behindert, beeinträchtigt wird.

## III. Verfassungsrechtliche Rechtfertigung

Die wichtigsten Schranken für die Grundrechte des Art. 5 I GG sind die drei in Art. 5 II GG normierten Schranken der allgemeinen Gesetze, der gesetzlichen Bestimmungen zum Schutz der Jugend und des Rechts der persönlichen Ehre.

⇨ **Die Vorschriften der allgemeinen Gesetze**

Die mit Abstand wichtigste Schranke des Art. 5 II GG und damit die bedeutsamste Grundlage zur Rechtfertigung von Eingriffen ist die der „allgemeinen Gesetze". Fraglich ist, was unter „allgemein" zu verstehen ist. Klar ist, dass damit nicht das Verbot des Einzelfallgesetzes i.S.d. Art. 19 I S. 1 GG gemeint sein kann, denn die Aussage des Art. 19 I S. 1 GG bedarf keiner Bestätigung. Vielmehr ist „allgemein" grundrechtsspezifisch auszulegen. Nach dem BVerfG sind die allgemeinen Gesetze wie folgt zu bestimmen:

**Allgemein** sind solche Gesetze, die nicht eine Meinung als solche verbieten, die sich nicht gegen die Äußerung einer Meinung als solche richten, die vielmehr dem Schutz eines schlechthin, ohne Rücksicht auf eine bestimmte Meinung, zu schützenden Rechtsguts dienen, das gegenüber der Betätigung der Meinungsfreiheit den Vorrang hat.

Besteht im konkreten Fall ein allgemeines Gesetz, ist der Eingriff noch nicht gerechtfertigt. Vielmehr muss (als Schranken-Schranke) die eine besondere Form des Verhältnismäßigkeitsgrundsatzes darstellende **Wechselwirkung** zwischen dem Grundrecht und dem einschränkenden Gesetz beachtet werden. Dies bedeutet, dass das einschränkende Gesetz seinerseits im Lichte der besonderen Bedeutung des Grundrechts aus Art. 5 I GG ausgelegt und angewendet werden muss.

⇨ **Bestimmungen zum Schutz der Jugend**

Die in Art. 5 II GG vorgesehenen **Bestimmungen zum Schutz der Jugend** sind Regelungen zur Abwehr der Jugend drohender Gefahren, wie sie vor allem von Medienprodukten ausgehen können, die Gewalttätigkeiten glorifizieren, Hass auf andere Menschen provozieren, den Krieg verherrlichen oder sexuelle Vorgänge in grob schamverletzender Weise darstellen. Es ist stets eine Güterabwägung vorzunehmen zwischen der Forderung nach umfassendem Grundrechtsschutz und dem verfassungsrechtlich herausgehobenen Interesse an einem effektiven Jugendschutz. Wichtige Einschränkungen zum Schutz der Jugend enthält das Jugendschutzgesetz (JuSchG).

⇨ **Schutz der persönlichen Ehre**

Der **Schutz der persönlichen Ehre** ist zwar ohnehin durch Art. 2 I GG (hier: allgemeines Persönlichkeitsrecht) geschützt. Durch den in Art. 5 II GG genannten Gesetzesvorbehalt ist aber ein einschränkendes Gesetz erforderlich. Solche Gesetze stellen in erster Linie die §§ 185 ff. StGB dar. Auch die §§ 823 und 1004 BGB enthalten als allgemeine Gesetze einen Schutz der Ehre, da die Ehre Bestandteil des in diesen Vorschriften geschützten allgemeinen Persönlichkeitsrechts ist. Bei der Frage nach der verfassungsrechtlichen Rechtfertigung von Eingriffen, die auf solchen Gesetzen beruhen, ist stets eine Abwägung unter Beachtung der Wechselwirkungstheorie der betroffenen Grundrechte aus Art. 5 I GG vorzunehmen.

### IV. Insbesondere: Grundrechtskollision

Beeinträchtigt eine Privatperson (etwa ein Journalist) Rechte einer anderen Privatperson (etwa die eines Politikers oder Prominenten), wird diese Rechtsbeeinträchtigung zumeist vor dem Zivilgericht ausgetragen. Dieses richterliche Urteil ist es dann, das als staatlicher Eingriffsakt unmittelbar Grundrechte (der unterlegenen Partei) beeinträchtigt. Erhebt diese unterlegene Partei nun Verfassungsbeschwerde vor dem BVerfG gegen das (letztinstanzliche) Urteil, hat das BVerfG (und somit der Klausurbearbeiter) zu prüfen, ob das Fachgericht spezifisches Verfassungsrecht verletzt hat. Verletzung spezifischen Verfassungsrechts bedeutet *nicht*, dass das BVerfG (und damit der Klausurbearbeiter) prüft, ob das Gericht die Vorschriften des einfachen Rechts richtig angewendet hat ("Verletzung einfachen Rechts"). Das BVerfG ist keine Superrevisionsinstanz. Vielmehr liegt eine spezifische Verfassungsverletzung vor, wenn das Fachgericht

⇨ selbst Grundrechte oder grundrechtsgleiche Rechte (z.B. Art. 103 I GG) verletzt (etwa in seiner Entscheidung das entsprechende Grundrecht unverhältnismäßig beschränkt),

⇨ seine Entscheidung auf eine grundrechtswidrige Norm gestützt

⇨ oder bei der Auslegung und Anwendung einfachen Rechts grundrechtliche Wertungen nicht beachtet hat (mittelbare Drittwirkung von Grundrechten). Vgl. dazu auch Rn 517.

**428** Das Grundrecht auf Meinungsäußerung zählt zu den wichtigsten Menschenrechten überhaupt. Für eine Demokratie ist es schlechthin konstituierend. Es gilt die Vermutung für die Zulässigkeit der freien Rede.[728] Der Begriff der Meinung ist daher weit zu verstehen und **umfasst jedenfalls Werturteile**, gleichgültig auf welchen Gegenstand sie sich beziehen und welchen Inhalt sie haben. Sie können politisch oder unpolitisch, wertvoll oder wertlos, vernünftig oder unvernünftig sein[729]; sogar Beleidigungen sind begrifflich erfasst, wie sich aus dem Rückschluss aus Art. 5 II GG ergibt.

**429** Ein **Werturteil** ist anzunehmen, wenn die Äußerung durch Elemente der subjektiven Stellungnahme, des Dafürhaltens oder Meinens geprägt ist, wenn die Richtigkeit oder Unrichtigkeit der Behauptung eine Sache der persönlichen Überzeugung bleibt.[730]

**Beispiele:**

(1) **Boykottaufruf**, etwa einen bestimmten Film nicht anzuschauen[731]

(2) Unterschriftensammlung eines Soldaten innerhalb der Kaserne gegen den in der Nähe geplanten **Bau eines Kernkraftwerks**[732]

(3) Brief eines Strafgefangenen, in dem **beleidigende Äußerungen** über den Anstaltsleiter getätigt werden[733], oder Bezeichnung eines Polizisten als **Wegelagerer** oder **Spitzel**[734]

---

[728] St. Rspr. seit BVerfGE **7**, 198, 208 (Lüth); BVerfG NJW **2003**, 1109, 1110 (Weitergabe von Informationen an die Presse); BVerfG NJW **2003**, 1303 (Benetton-Schockwerbung); BVerfG NVwZ **2004**, 90, 91 (Versammlungsverbot); vgl. auch *Brugger*, JA **2006**, 687 ff.
[729] BVerfGE **30**, 336, 347 (Sonnenfreunde); **61**, 1, 7 (Wahlkampf); **93**, 266, 289 ("Soldaten sind Mörder"); BVerfG NJW **2003**, 1109.
[730] BVerfG NJW **1999**, 483, 484 (Wehrmachtsausstellung); *Kahl*, JuS **2000**, 1090, 1095; BGHZ **156**, 206 ff.; BayObLG NStZ **2002**, 40, 41; *Nolte/Tams*, JA **2002**, 259.
[731] Vgl. BVerfGE **7**, 198, 217 (Lüth) sowie oben Rn 108.
[732] BVerfGE **44**, 197, 202 (Politische Betätigung in der Bundeswehr).
[733] BVerfGE **33**, 1, 14 (Strafgefangener).
[734] Vgl. BayObLG NStZ **2005**, 215; BayObLG NJW **2005**, 1291 f.

**(4)** Verteilen von **Flugblättern** mit einem Inhalt, der sich gegen die Bundeswehr richtet (z.B. „Soldaten sind Mörder"), auch wenn das Verteilen von einem Beamten innerhalb des Dienstes vorgenommen wird

**(5)** Auch Äußerungen zu **Werbezwecken** und sogar zu **Wettbewerbszwecken** können den Schutz des Art. 5 I GG genießen. Insbesondere ist der Schutzbereich der Meinungs- und Pressefreiheit auch bei sog. **Schockwerbung** (etwa von Benetton), bei der bspw. Fotos einer auf einem Ölteppich schwimmenden, ölverschmutzten Ente, schwer arbeitender Kleinkinder der Dritten Welt oder eines nackten menschlichen Gesäßes mit dem Stempelaufdruck „H.I.V. positive" gezeigt werden, eröffnet. Wird derartige Werbung zivilgerichtlich untersagt[735], verletzt das Urteil die Meinungs- bzw. Pressefreiheit, sofern die Werbeaussage nicht gegen die Menschenwürde der von der Werbung Betroffenen verstößt.[736] Vgl. auch Rn 520.

**(6)** Selbst **Satire** (i.d.R. Glosse oder Karikatur) kann eine Meinungsäußerung i.S.v. Art. 5 I S. 1 Var. 1 GG sein. Zwar wird bei Satire in aller Regel die Kunstfreiheit (Art. 5 III S. Var. 1 GG) einschlägig sein, doch da nicht jede Satire Kunst ist, bleibt insoweit Raum für Art. 5 I S. 1 Var. 1 GG.[737]

**(7)** *Nicht* geschützt sind dagegen Äußerungsformen, die durch zusätzliche Zwangsmittel der eigenen Meinung Nachdruck verleihen und die innere Willensbildungs- oder Willensentschließungsfreiheit anderer nicht nur unwesentlich beeinträchtigen. So ist z.B. das Blockieren einer Straße durch Demonstranten, die sich grds. auf Meinungsfreiheit berufen können, ein Mittel, das die Autofahrer an der Weiterfahrt hindert und somit deren Willensbildungs- oder Willensentschließungsfreiheit nicht nur unwesentlich beeinträchtigt.[738] Hier ist schon der Schutzbereich des Art. 5 I S. 1 Var. 1 GG nicht eröffnet (selbstverständlich bleibt der mögliche Schutz des Art. 8 I GG hiervon unberührt).[739]

Gleichgültig ist, ob das Werturteil (d.h. die Meinung) „richtig" oder „falsch" ist oder ob man sie als „wertlos" oder „wertvoll" betrachtet. Auch die Wiedergabe fremder Werturteile ist geschützt.  **430**

Diskutiert wird trotz der gefestigten Rechtsprechung des BVerfG nach wie vor die Frage, ob auch Tatsachenbehauptungen von dem Grundrecht auf Meinungsfreiheit erfasst werden.  **431**

Eine **Tatsachenbehauptung** beschreibt wirklich geschehene oder existierende, dem Beweis zugängliche Umstände.[740]  **432**

Entscheidendes Abgrenzungskriterium zum Werturteil ist also, dass Tatsachenbehauptungen entweder wahr oder unwahr sind, wohingegen sich Werturteile dem Wahrheitsbeweis entziehen, da sie gerade Ausdruck des persönlichen Dafürhaltens sind.  **433**

- Teilweise wird vertreten, dass *alle* Äußerungen, somit auch **reine Tatsachenbehauptungen**, schlechthin dem Meinungsbegriff unterfielen.[741] Folgte man dieser Auffassung, wäre eine Abgrenzung zwischen Werturteilen und Tatsachenbehauptungen nicht erforderlich; der Schutzbereich des Art. 5 I S. 1 GG wäre in jedem Fall eröffnet.  **434**

---

[735] Vgl. BGHZ **149**, 247 ff.
[736] BVerfGE **102**, 347 ff.; BVerfG NJW **2003**, 1303 ff.
[737] Vgl. BVerfG NJW **2002**, 3767 f. BGHZ **156**, 206 ff. stellt sogar vorrangig auf Art. 5 I S. 1 GG ab und lässt die Frage, ob Satire auch Kunst sein kann, ausdrücklich dahin stehen (vgl. dazu auch Rn 287 Fall 1).
[738] *Kahl*, JuS **2000**, 1090, 1095.
[739] Vgl. BVerfGE **104**, 92, 101 ff. (Sitzblockade - dazu *Sinn*, NJW **2002**, 1024 ff.).
[740] BVerfG NJW **2006**, 207 („IM-Sekretär" Stolpe); **2003**, 1109 (Weitergabe von Informationen an die Presse); BGHZ **139**, 95, 102; OLG Koblenz, NJW **2001**, 1364; BayObLG NStZ **2002**, 40, 41.
[741] *Erichsen*, Jura **1996**, 84, 85.

Für diese Auffassung spricht die im Einzelfall durchaus schwierige, wenn nicht sogar unmögliche Abgrenzung zwischen Werturteilen und Tatsachenbehauptungen. Gegen diese Auffassung sprechen jedoch systematische, aber auch historische Gründe. Die Unterscheidung zwischen Werturteilen und Tatsachenbehauptungen, wie sie z.B. bei den Beleidigungsdelikten nach §§ 185 ff. StGB, aber auch im einfachen Presserecht zum Ausdruck kommt, hat in der deutschen Rechtsordnung eine lange Tradition. So werden Gegendarstellungs- und Widerrufsansprüche nur bei Tatsachenbehauptungen gewährt; Werturteile führen allenfalls zu Schadenersatz- und Unterlassungsansprüchen. Aber auch Art. 5 I GG selbst legt eine Unterscheidung zwischen Tatsachenbehauptungen und Werturteilen nahe, wenn in Art. 5 I S. 2 GG von der Freiheit der Berichterstattung gesprochen und damit (lediglich) die *Tatsachen*mitteilung durch Rundfunk und Film gewährleistet wird. Zieht man aus Art. 5 I S. 2 GG sogar den Umkehrschluss, sind Tatsachenbehauptungen gerade nicht von Art. 5 I S. 1 GG umfasst. Die Nivellierung des Unterschieds zwischen Tatsachenbehauptungen und Werturteilen ist daher im Ergebnis abzulehnen.

**435** ▪ Zu weit geht jedoch die Gegenauffassung, wonach reine Tatsachenbehauptungen *generell* aus dem Schutzbereich des Art. 5 I S. 1 GG herauszunehmen seien.[742]

**436** ▪ Das BVerfG geht einen Mittelweg und sieht in überzeugender Weise die besondere Verknüpfung von Werturteilen und Tatsachenbehauptungen. Die Mitteilung einer Tatsache sei im strengen Sinne zwar keine Äußerung einer „Meinung", weil ihr das Element der Stellungnahme, des Dafürhaltens und des Meinens im Rahmen einer geistigen Auseinandersetzung fehle, sie sei allerdings durch das Grundrecht der Meinungsäußerungsfreiheit geschützt, **wenn und soweit sie Dritten zur Meinungsbildung diene.**[743]

**Beispiel:** Wenn die rechtsextreme DVU im Wahlkampf auf ihrem Wahlplakat den ehemaligen (1979 verstorbenen) Bürgermeister Bremens, *Wilhelm Kaisen*, abbildet und dabei behauptet, dieser würde, falls er noch lebte, DVU wählen, handelt es sich zwar um eine bloße Behauptung, ist aber gleichzeitig Voraussetzung der Bildung einer Meinung und damit vom Schutzbereich der Meinungsfreiheit umfasst.[744]

**437** Allerdings sind auch nach der Rechtsprechung des BVerfG im Zeitpunkt der Äußerung **erwiesen unwahre oder bewusst unwahre Tatsachenbehauptungen** (etwa die sog. Auschwitzlüge) **nicht** vom Schutzbereich des Art. 5 I GG umfasst, auch wenn sie der Bekräftigung einer Meinung dienen.[745] Dem ist jedenfalls hinsichtlich der bewusst unwahren Informationsverbreitung (wie bei der Auschwitzlüge) zuzustimmen. Die Lüge ist kein Schutzgut. Demgegenüber ist es bei einer fahrlässigen Falschinformation sachgerechter, den Schutzbereich zu eröffnen und die Falschinformation der Abwägung mit dem kollidierenden Rechtsgut zuzuführen.

In jüngerer Zeit hat sich das BVerfG auch zur „Zwischengruppe", also zu den Fällen, in denen es zwar um „meinungsbildende Tatsachenbehauptungen" geht, die aber **weder dem Bereich „eindeutig erwiesen" noch dem Bereich „eindeutig widerlegt"** zugeordnet werden können, geäußert.[746] Der Entscheidung des BVerfG lag ein Urteil des BGH[747] zugrunde, gegen das sich der Beschwerdeführer (Manfred Stolpe) im Rahmen einer Urteils-Verfassungsbeschwerde gewandt hatte. Dem Urteil des BGH

---

[742] Vgl. *Ridder*, in: Die Grundrechte II, S. 243, 264; *Huster*, NJW **1996**, 487.
[743] BVerfGE **61**, 1, 8 (Wahlkampf); **65**, 1, 41 (Volkszählung); **99**, 185, 196 f. (Rufschädigende Behauptung einer Scientology-Mitgliedschaft); **90**, 241, 247 ff. („Auschwitz-Lüge"); BVerfG NJW **1996**, 1529, 1530 (Flugblatt); BVerfG NJW **2003**, 1109, 1110 (Weitergabe von Informationen an die Presse); BVerfG NJW **2003**, 1855 (Widerruf durch die Presse); BayObLG NStZ **2002**, 40, 41; Vgl. auch *Kannengießer*, in: Schmidt-Bleibtreu/Klein, GG, Art. 5 Rn 3a; *Brugger*, JA **2006**, 687 ff.
[744] BVerfG JZ **2001**, 203.
[745] BVerfG NJW **2003**, 1109, 1110; BVerfGE **99**, 185, 187; **90**, 241, 259; **85**, 1, 15 (Kritische Bayer-Aktionäre); **54**, 208, 219; vgl. auch BayObLG NStZ **2002**, 40, 41; *Hufen*, JuS **2003**, 910, 911.
[746] BVerfG NJW **2006**, 207 ff. („IM Sekretär" Stolpe).
[747] BGHZ **139**, 95 ff.

wiederum lag der Sachverhalt zugrunde, dass ein anderer Prominenter im ZDF die Behauptung aufgestellt hatte, Herr Stolpe sei über 20 Jahre im Dienste des Staatssicherheitsdienstes der ehemaligen DDR tätig gewesen. Daraufhin klagte Herr Stolpe auf Unterlassung, Schadensersatz und Widerruf, unterlag aber vor dem BGH. Das BVerfG entschied, dass das Urteil des BGH den Beschwerdeführer in seinem allgemeinen Persönlichkeitsrecht verletzt habe. Der BGH habe verkannt, dass bei unaufgeklärten Sachverhalten von dem Äußernden im Interesse des Persönlichkeitsschutzes des Betroffenen zu verlangen sei, dass er darauf hinweise, dass der Sachverhalt nicht wirklich aufgeklärt sei. Stehe die Wahrheit nicht fest und lasse sie sich auch nicht mit hinreichender Sorgfalt ermitteln, habe der Äußernde jedenfalls Sorgfalt auf die Wiedergabe des Kenntnisstands zu verwenden. Dies sei im zu entscheidenen Fall nicht gegeben gewesen.

**438**

**Hinweis für die Fallbearbeitung:** Die vorstehenden Ausführungen haben gezeigt, dass sowohl Werturteile als auch Tatsachenbehauptungen, soweit sie Voraussetzung für die Bildung einer Meinung sind, unter die Meinungsfreiheit fallen. Dieser Befund könnte zur Annahme führen, dass eine präzise Einordnung entweder als Werturteil oder als Tatsachenbehauptung mit Meinungsbezug in der Fallbearbeitung dahinstehen könne. Das ist jedoch unzutreffend. Denn führt eine Tatsachenbehauptung zu negativen Folgen für den Äußerungsgegner, hängt die rechtliche Bewertung vom Wahrheitsgehalt der Äußerung ab:

- Stellt eine Behauptung eine **erwiesene (wahre) Tatsache** dar, ist sie vom Schutzbereich des Art. 5 I S. 1 Halbs. 1 GG umfasst; sie ist vom Betroffenen grundsätzlich zu dulden.

- Demgegenüber sind jedenfalls **bewusst *unwahre* Tatsachenbehauptungen** schon nicht vom Schutzbereich des Art. 5 I S. 1 Halbs. 1 GG erfasst. Es gibt keinen Schutz der (vorsätzlichen) Verbreitung unrichtiger Informationen.

- Bei einem **Werturteil** findet (auf der Ebene der verfassungsrechtlichen Rechtfertigung) eine echte Abwägung statt zwischen der Meinungsäußerungsfreiheit und dem kollidierenden Grundrecht (i.d.R. mit dem allgemeinen Persönlichkeitsrecht, aber auch mit der Berufsfreiheit o.a.).

- Geht es um „meinungsbildende Tatsachenbehauptungen", die **weder dem Bereich „eindeutig erwiesen" noch dem Bereich „eindeutig widerlegt"** zuzuordnen sind, ist zwar der Schutzbereich des Art. 5 I S. 1 Halbs. 1 GG eröffnet, jedoch muss bei einer Abwägung mit den Grundrechten Dritter (dazu sogleich) berücksichtigt werden, dass der Äußernde erhöhte Sorgfaltspflichten hat; insbesondere hat er darauf hinzuweisen, dass seine Behauptung auf ungesicherter Tatsachenbasis beruht.

Bei der Frage, welche Art der Äußerung im konkreten Fall vorliegt, muss vor allem das Verständnis des durchschnittlichen Empfängers der Äußerung berücksichtigt werden. Dabei sind auch die Begleitumstände der Äußerung zu berücksichtigen, soweit sie für den Empfänger erkennbar waren und deswegen das Verständnis der Äußerung bestimmen konnten.[748] Soweit in der Fallbearbeitung eine Urteils-Verfassungsbeschwerde zu prüfen ist (dazu Rn 517), sollte folgendermaßen vorgegangen werden: Zunächst sollte auf der Schutzbereichsebene (unabhängig von der Einordnung durch das Fachgericht) eine Einordnung entweder als Werturteil bzw. Tatsachenbehauptung mit Meinungsbezug oder als erwiesene bzw. bewusst unwahre Tatsachenbehauptung erfolgen. Im Rahmen der Prüfung der Rechtsanwendung im Einzelfall ist dann zu prüfen, ob durch die möglicherweise andere Einordnung, die das Fachgericht vorgenommen hat, ein Verstoß gegen spezifisches Verfassungsrecht vorliegt.[749]

---

[748] BVerfGE **93**, 266, 295 („Soldaten sind Mörder"); BVerfG NJW **1999**, 483 f. (Wehrmachtsausstellung).
[749] BVerfG NJW **2003**, 1109, 1110; *Hufen*, JuS **2003**, 910, 911.

**439** Auch bei Vorliegen von **Ehrverletzung** und **Schmähkritik** ist das BVerfG bei der Eröffnung des Schutzbereichs des Art. 5 I GG teilweise zurückhaltend. Überwiegend nimmt es aber die Eröffnung des Schutzbereichs an und lässt die Ehrverletzung bzw. Schmähkritik bei einer Abwägung mit den Grundrechten der durch sie betroffenen Personen (allgemeines Persönlichkeitsrecht) regelmäßig zurücktreten.[750]

**440** Bei einer herabsetzenden Äußerung nimmt das BVerfG erst dann den Charakter einer Schmähung an, wenn in ihr nicht mehr die Auseinandersetzung in der Sache, sondern – jenseits auch polemischer und überspitzter Kritik – die Diffamierung und Herabsetzung der Person im Vordergrund stehe.[751] Das soll bei der Äußerung „Multifunktionär mit brauner Sektenerfahrung" in Bezug auf die Deutschen Unitarier nicht der Fall sein.[752] Gleiches gelte hinsichtlich der Bezeichnung eines Polizisten als „Wegelagerer"[753] oder der diesem gegenüber getätigten Äußerung „Sie können mich mal..."[754], wenn diese Bezeichnungen anlassbezogen, bspw. als Ausdruck des Ärgernisses über die Folgen eines Verkehrsverstoßes, getätigt würden.

> **Hinweis für die Fallbearbeitung:** Auch hier gilt, dass die Frage, ob die zu prüfende Wertung eine Schmähkritik oder lediglich eine polemische und überspitzte Kritik darstellt, nicht offen bleiben kann. Denn während die Schmähkritik regelmäßig hinter das kollidierende allgemeine Persönlichkeitsrecht zurücktritt, ist bei polemischer und überspitzter Kritik eine echte Abwägung zwischen den kollidierenden Rechtsgütern erforderlich.[755]

**441** Quer zur Einstufung der Äußerung entweder als Werturteil oder Tatsachenbehauptung stehen sog. **Fragesätze**.

**Beispiel:** Die Star-Reporterin R eines großen Boulevard-Magazins stellt dem (ehemaligen) „King of Pop" bei einem Live-Interview die Frage: „Kommt es vor, dass Sie nach einer Autogrammstunde schon einmal den einen oder anderen minderjährigen Fan zu sich mit nach Hause nehmen?"

Sofern es sich bei einer Frage um eine *echte* Frage handelt, besitzt sie keinen eigenständigen positiven Aussagegehalt. Da sie aber der Absicherung des von Art. 5 I S. 1 Var. 1 GG intendierten Kommunikationsprozesses dient, spielt sie andererseits für die Meinungsbildung eine elementare Rolle. Sie ist daher einem Werturteil gleichzusetzen und dem Schutzbereich der Meinungsäußerungsfreiheit unterstellt.[756]

Jedoch kann es vorkommen, dass in einem Fragesatz – inzident – eine Behauptung aufgestellt wird, auf die sich das Klärungsbegehren des Fragenden nicht bezieht. Ist ein Fragesatz nicht auf eine Antwort durch einen anderen gerichtet oder nicht für verschiedene Antworten offen, handelt es sich ungeachtet der weitläufigen Bezeichnung als *rhetorische* Frage in Wahrheit nicht um eine Frage. Vielmehr möchte der „Fragende" eine bestimmte Tatsache behaupten *oder* ein bestimmtes Werturteil abgeben. In einem solchen Fall beantwortet sich die Frage nach der Eröffnung des Schutzbereichs der Meinungsfreiheit nach den bereits aufgestellten Kriterien.[757]

---

[750] BVerfG NJW **2003**, 1109, 1110 (Weitergabe von Informationen an die Presse); BVerfG NJW-RR **2000**, 1712, 1712 f. (Bezeichnung der Deutschen Unitarier als „Multifunktionäre mit einschlägiger brauner Sektenerfahrung"); BVerfGE **99**, 185, 196 (Rufschädigende Behauptung einer Scientology-Mitgliedschaft). Dem sich anschließend BGH NJW **2004**, 596 f. (Satirische Fotomontage); BayObLG NJW **2005**, 1291 f. (Bezeichnung eines Polizisten als „Wegelagerer"); OLG Karlsruhe NStZ **2005**, 158 f. („Sie können mich mal...").
[751] BVerfG NJW **2003**, 1109, 1110 (Weitergabe von Informationen an die Presse).
[752] BVerfG NJW-RR **2000**, 1712, 1712 f.
[753] BayObLG NJW **2005**, 1291 f.
[754] OLG Karlsruhe NStZ **2005**, 158 f.
[755] Vgl. dazu BVerfG NJW **2003**, 1109, 1110; BGH NJW **2004**, 596 f.
[756] Vgl. dazu BVerfG NJW **2003**, 660 f. (Verurteilung wegen Volksverhetzung).
[757] Vgl. BVerfG NJW **2003**, 660 f.; *Nolte/Tams*, JA **2002**, 259, 261 f.

Für den vorliegenden Fall ergibt sich somit: Der Fragesatz der R enthält die mitgeäußerte Behauptung, der „King of Pop" erfülle den Tatbestand des sexuellen Missbrauchs von Minderjährigen. Dies deutet zwar auf eine rhetorische Frage hin, nach den Umständen des Einzelfalls kann jedoch nicht ausgeschlossen werden, dass R tatsächlich eine Antwort erwartet hat. Eine Einordnung kann im Ergebnis aber dahinstehen, da R sich in jedem Fall auf das Grundrecht der Meinungsfreiheit stützen kann. Denn auch bei einer Einstufung als Tatsachenbehauptung dient die Äußerung der R der Bildung von Meinungen, die Art. 5 I GG in seiner Gesamtheit gewährleistet. Etwas anderes würde gelten, wenn die Äußerung der R erwiesen unwahr oder bewusst unwahr wäre. Doch zu einer solchen Annahme bietet der Sachverhalt keine Anhaltspunkte.

> **Zusammenfassung:** Sowohl **Werturteile** als auch **Tatsachenbehauptungen** mit Meinungsbezug sind vom Schutzbereich des Art. 5 I GG umfasst. Letzteres gilt auch dann, wenn sich die Tatsachenbehauptungen später als unwahr herausstellen.
> **Erwiesen unwahre Tatsachenbehauptungen** und solche, deren Unwahrheit für den Äußernden bereits im Zeitpunkt der Äußerung unzweifelhaft feststeht, sind dagegen **nicht** vom Schutzbereich des Art. 5 I GG umfasst.
> **Schmähkritik** (nur bei Werturteilen) ist zwar auch vom Schutzbereich des Art. 5 I GG umfasst, steht aber bei einer Abwägung mit den betroffenen (Grund-)Rechten Dritter (insbesondere dem allgemeinen Persönlichkeitsrecht) regelmäßig hinter diesen zurück.

**442**

Zum geschützten Verhalten gehören – wie Art. 5 I GG es nennt – das **Äußern und Verbreiten in Wort, Schrift und Bild**. Diese drei genannten Medien werden aber nicht als abschließend betrachtet.[758] Auch ein Boykottaufruf[759] oder die Veranlassung einer Presseveröffentlichung[760] können zum geschützten Verhalten gehören.

**443**

Geschützt wird **jede Form der Meinungsäußerung** und **-verbreitung**, auch mit Hilfe von CDs, DVDs, USB-Sticks oder anderer Tonträger.[761] Gleichfalls erfasst werden bildhafte und suggestive Meinungsäußerungen durch Gesten, Tragen und Verwenden von Symbolen, Plaketten, Uniformen.[762]

**444**

Zu beachten ist jedoch, dass Art. 5 I S. 1 GG kein Recht verleiht, den Meinungsaustausch mit anderen zu erzwingen. Die Grenze des Schutzbereichs besteht somit dort, wo andere Menschen bedrängt und in ihrer Fortbewegung behindert werden, um ihnen eine Meinungsäußerung aufzudrängen.[763]

**445**

Ebenfalls geschützt ist, dass die Meinung **beim Adressaten ankommt** (sog. Wirkungsdimension des Grundrechts). So sind z.B. die Nichtweiterleitung von Strafgefangenenpost[764] oder die Veranlassung einer Presseveröffentlichung[765] an Art. 5 I, II GG zu messen. Allerdings ist das Recht der Meinungsfreiheit nur auf Seiten des Erklärenden/Veranlassenden gegeben. Auf Seiten des Empfängers ist das Recht auf Informationsfreiheit (Art. 5 I S. 1 Halbs. 2 GG) einschlägig, soweit es sich um allgemein zugängliche Informationen handelt.

**446**

---

[758] *Hesse*, VerfR, Rn 392; *Herzog*, in: Maunz/Dürig, GG, Art. 5 Abs. 1, 2 Rn 73.
[759] BVerfGE **7**, 198, 214 f. (Lüth).
[760] BVerfG NJW **2003**, 1109, 1110 (Weitergabe von Informationen an die Presse).
[761] Zum Konkurrenzverhältnis zur Pressefreiheit vgl. Rn 461.
[762] Vgl. BVerwGE **72**, 183, 185 f. zum Verwenden von Symbolen, BVerfGE **71**, 108, 113 zum Tragen von Plaketten und BVerfG NJW **1982**, 1803 zum Tragen von Uniformen.
[763] OLG Köln NVwZ **2000**, 350, 351.
[764] BVerfGE **35**, 35, 39 (Briefkontrolle bei Untersuchungsgefangenen); BVerfG NJW **1995**, 1477, 1478 (Überprüfung von Strafgefangenenpost –„Reichsparteitags-OLG").
[765] BVerfG NJW **2003**, 1109, 1110 (Weitergabe von Informationen an die Presse).

**447**  Art. 5 I S. 1 Halbs. 1 GG schützt auch die negative Meinungsfreiheit.

**Negative Meinungsäußerungsfreiheit** ist das Recht, eine Meinung nicht zu äußern und nicht zu verbreiten.[766] Die negative Meinungsäußerungsfreiheit schützt auch davor, eine fremde Meinung als eigene äußern und verbreiten zu müssen.

> **Beispiele: (1)** Schutz vor der Pflicht zur Teilnahme an staatlich organisierten Grußbotschaften und Ergebenheitsadressen. **(2)** Bei staatlich verordneten Produkthinweispflichten, z.B. bei dem Aufdruck „Rauchen kann tödlich sein", muss unterschieden werden: Erlaubt es die Hinweispflicht, dass der fremde Urheber und Verantwortliche für den Hinweis benannt wird, z.B. bei der Zigarettenwarnung: „Die EU-Gesundheitsminister: ...", liegt nach der Rspr. des BVerfG *kein* Eingriff in die negative Meinungsfreiheit vor, da nur die Verpflichtung zur Wiedergabe einer *fremden* Meinung bestehe. Es komme aber ein Eingriff in die Berufsfreiheit (Art. 12 I GG) in Betracht. Ein Eingriff in Art. 5 I S. 1 Halbs. 1 GG liege nur dann vor, wenn die Urheberschaft des verordneten Warnhinweises nicht ausgewiesen werden darf.[767]

**448**  Zu beachten ist schließlich, dass die negative Meinungsäußerungsfreiheit im Anwendungsbereich des Art. 10 I GG subsidiär zurücktritt. Denn stellt die negative Meinungsfreiheit das Recht dar, dass die Meinung demjenigen, dem sie der Äußernde und Verbreitende nicht zukommen lassen will, auch nicht zukommt, ist dieses Recht bei brieflichen, telefonischen und ähnlichen Mitteilungen bereits durch Art. 10 I GG geschützt: Mitteilungen sollen nur an den gelangen, an den sie gerichtet sind.

**449**  **Träger des Grundrechts** sind alle Personen, die die geschützten Tätigkeiten ausüben. Auch Minderjährige und inländische juristische Personen und Personenvereinigungen sind erfasst.[768] Staatliche Organe und juristische Personen des öffentlichen Rechts können sich dagegen nicht auf die Meinungsäußerungsfreiheit berufen.[769]

**450**  Ein **Eingriff in die Meinungsäußerungsfreiheit** liegt immer dann vor, wenn der Schutzbereich durch eine beliebige Anordnung der öffentlichen Gewalt, die die Meinungsäußerung oder -verbreitung verbietet oder behindert, beeinträchtigt wird.

> **Beispiele:**
> **(1)** Nachteilige Rechtsfolgen für bestimmte Äußerungen[770]
> **(2)** Auflagen zum Umgang mit der Presse[771]
> **(3)** Sanktionen, die den Wortlaut und die Erklärungsabsicht des Urhebers verkennen[772]
> **(4)** Strafgerichtliche Verurteilung wegen Anbringens von Plaketten oder Aufklebern[773] oder wegen Nennung des eigenen Namens im Zusammenhang mit einer von Art. 5 I GG geschützten Äußerung[774]
> **(5)** Verbot der Nutzung von öffentlichem Verkehrsgrund oder sonstiger öffentlicher Sachen (Parks etc.) zu Zwecken der Meinungsäußerung. Hier kann die Beeinträchtigung des Grundrechts nicht davon abhängen, ob die Meinungsäußerung vom Gemeingebrauch umfasst ist oder ob sie eine erlaubnispflichtige Sondernutzung darstellt, da anderenfalls die Reichweite des Schutzbereichs von der Widmung ab-

---

[766] BVerfGE **65**, 1, 40 (Volkszählung).
[767] Vgl. dazu BVerfGE **95**, 173, 182 (Warnhinweise auf Tabakverpackungen). Vgl. auch *Nolte/Tams*, JA **2002**, 259, 262; *Doerfert*, JA **2003**, 550 ff.; *Hardach/Ludwigs*, DÖV **2007**, 288.
[768] Vgl. BVerfG NVwZ **2000**, 1281 mit Bespr. v. *Sachs*, JuS **2001**, 179.
[769] BVerfG NJW **1984**, 2591 (Meinungsfreiheit der Regierung).
[770] BVerfGE **86**, 122, 128 (Meinungsäußerung des Berufsschülers).
[771] BVerfGE **85**, 248, 263 (Ärztliches Werbeverbot).
[772] BVerfGE **82**, 43, 52 (Strauß-Transparent); **82**, 272, 280 f. („Zwangsdemokrat Strauß").
[773] BVerfG NJW **1994**, 2943 („Soldaten sind Mörder").
[774] BVerfG NJW **1998**, 2889 (Öffentliche Nennung des eigenen Namens im Fall des sexuellen Missbrauchs durch den Vater).

hinge. Es kann sich sogar ein Nutzungsanspruch ergeben, wenn die staatlich vorgesehene Nutzung nicht behindert wird und zudem ein sachlicher Zusammenhang besteht.

Da eine beliebige Anordnung der öffentlichen Gewalt einen Grundrechtseingriff darstellen kann, werden auch **Gerichtsurteile** erfasst. **451**

**Beispiel:** Der Vorstandsvorsitzende der Deutschen Telekom AG, der in einer von einem Wochenmagazin veröffentlichen satirischen Fotomontage verzerrt dargestellt wird, klagt vor dem Zivilgericht auf Unterlassung, weil er in seinem allgemeinen Persönlichkeitsrecht verletzt sei. Gibt das Gericht der Klage statt, greift es mit dem Urteil in die Meinungsäußerungsfreiheit und ggf. in die Kunstfreiheit des Verlags, der die Fotomontage veröffentlicht hat, ein.[775] Vgl. dazu auch Rn 287 Fall 1.

Schließlich werden nach dem heute herrschenden weiten Eingriffsbegriff **faktische Einwirkungen** erfasst, sofern sie von erheblichem Gewicht sind, etwa das heimliche Abhören von Gesprächen. **452**

## 2. Informationsfreiheit – Art. 5 I S. 1 Var. 2 GG

---

### Informationsfreiheit – Art. 5 I S. 1 Var. 2 GG

#### I. Schutzbereich der Informationsfreiheit
Die Informationsfreiheit (Art. 5 I S. 1 Var. 2 GG) steht selbstständig neben der Meinungsfreiheit (Art. 5 I S. 1 Var. 1 GG). Sie gewährleistet das Recht, sich ungehindert aus allgemein zugänglichen Quellen zu informieren. Gegenüber der Rundfunkfreiheit (Art. 5 I S. 2 Halbs. 2 GG) tritt sie allerdings zurück.
Als **Quelle** sind alle denkbaren Träger von Informationen einzustufen, unabhängig davon, ob die Informationen eher Meinungen bzw. Tatsachen enthalten oder ob sie öffentliche oder private Angelegenheiten betreffen. **Allgemein zugänglich** ist eine Quelle, wenn sie geeignet und bestimmt ist, der Allgemeinheit, also einem individuell nicht bestimmbaren Personenkreis, Informationen zu verschaffen. **Geschützt** werden die schlichte Entgegennahme von Informationen ebenso wie das aktive Beschaffen, unabhängig von den verwandten Methoden. So sind auch das Beziehen ausländischer Zeitungen oder das Fotografieren eine Art der Informationsbeschaffung. Erfasst sind auch die Informationsaufbereitung und -speicherung und die Beschaffung und Benutzung erforderlicher technischer Hilfsmittel. Schließlich ist das Recht erfasst, sich der Information zu entziehen (sog. negative Informationsfreiheit).

#### II. Eingriff in den Schutzbereich
Beeinträchtigt wird das Grundrecht durch jede Maßnahme, die die Informationsaufnahme verbietet oder einem Erlaubnisvorbehalt unterwirft. Auch der Ausschluss von einem einzigen Informationsmedium oder die Verzögerung des Zugangs stellen einen Eingriff dar. Ebenso die psychische Erschwerung, etwa die Registrierung der Informationsaufnahme, beeinträchtigt die „ungehinderte" Informationsbeschaffung.

#### III. Verfassungsrechtliche Rechtfertigung
Zur verfassungsrechtlichen Rechtfertigung vgl. die Ausführungen zur Meinungsfreiheit.

---

Die Informationsfreiheit (Art. 5 I S. 1 Var. 2 GG) steht selbstständig neben der Meinungsfreiheit (Art. 5 I S. 1 Var. 1 GG). Denn sie gewährleistet das Recht, sich ungehindert aus allgemein zugänglichen Quellen zu informieren. Dagegen tritt die Informationsfreiheit gegenüber der Rundfunkfreiheit zurück, da die Rundfunkfreiheit das Recht einschließt, sich zuvor über die später zu sendenden Beiträge zu informieren **453**

---

[775] BGH NJW **2004**, 596 f. (aufgehoben von BVerfG NJW **2005**, 3271).

(Recherche).[776] Im Anwendungsbereich der Rundfunkfreiheit ist ein Rückgriff auf die Informationsfreiheit also nicht erforderlich (und auch nicht zulässig).

454 Durch die Informationsfreiheit geschützt wird nur die Informationsbeschaffung aus **allgemein zugänglichen Quellen**.

455 Als **Quelle** sind alle denkbaren Träger von Informationen einzustufen, unabhängig davon, ob die Informationen eher Meinungen oder Tatsachen enthalten oder ob sie öffentliche oder private Angelegenheiten betreffen.[777]

456 **Allgemein zugänglich** ist eine Quelle, wenn sie geeignet und bestimmt ist, der Allgemeinheit, also einem individuell nicht bestimmbaren Personenkreis, seien es Privatpersonen oder Medienvertreter, Informationen zu beschaffen.[778]

> **Beispiele:** Zu den allgemein zugänglichen Quellen zählen insbesondere die Massenkommunikationsmittel wie Zeitung, Rundfunk, Fernsehen oder das Internet. Auch der Bezug ausländischer Zeitungen und der Empfang ausländischer Sender (über Satellit) sind geschützt. Vom Schutzbereich erfasst ist daher auch die Installation einer Parabolantenne zum Empfang ausländischer Fernsehprogramme.[779] Keine allgemein zugänglichen Quellen sind etwa private oder betriebliche Aufzeichnungen, die nicht zur Veröffentlichung bestimmt sind, oder das Abhören des Polizeifunks. Gleiches gilt für Behörden- oder Gerichtsakten (außer sie lagern in öffentlichen Archiven) oder Verwaltungsvorschriften, die von übergeordneten Behörden erlassen wurden und an untergeordnete Stellen gerichtet sind. Auch die Redaktion eines privaten Verlags ist keine allgemein zugängliche Quelle. Zur Frage, ob eine Gerichtsverhandlung eine für jedermann zugängliche Quelle darstellt, vgl. den Verweis bei Rn 520.

457 **Geschützt** werden die schlichte Entgegennahme von Informationen ebenso wie das aktive Beschaffen, unabhängig von den verwandten Methoden.[780]

458 So sind auch das **Fotografieren** und das Anfertigen von **Ton- und Bildaufnahmen** Arten der Informationsbeschaffung. Erfasst sind auch die Informationsaufbereitung und -speicherung und die Beschaffung und Benutzung erforderlicher technischer Hilfsmittel.[781]

459 **Träger des Grundrechts** sind alle natürlichen und juristischen Personen, die sich informieren wollen, auch Pressevertreter.[782]

460 **Beeinträchtigt** wird das Grundrecht durch jede Maßnahme, die die Informationsaufnahme verbietet, (faktisch) erschwert oder einem Erlaubnisvorbehalt unterwirft. Auch der Ausschluss von einem einzigen Informationsmedium oder die Verzögerung des Zugangs stellt einen Eingriff dar. Ebenso die psychische Erschwerung, etwa die Registrierung der Informationsaufnahme, beeinträchtigt die „ungehinderte" Informationsbeschaffung. Definiert die betreffende Regelung aber lediglich den Begriff „allge-

---

[776] Vgl. BVerfGE **103**, 44, 60 (Fernsehaufnahmen im Gerichtssaal).
[777] Vgl. *Jarass*, in: Jarass/Pieroth, GG, Art. 5 Rn 12.
[778] BVerfGE **27**, 71, 83 (Leipziger Volkszeitung); **90**, 27, 32 (Parabolantenne oder Kabelanschluss bei ausländischem Mieter); **103**, 44, 60.
[779] BVerfGE **90**, 27, 32. Zivilgerichtliche Entscheidungen auf dem Gebiet des Mietrechts zu der Frage, ob der Vermieter vom Mieter die Entfernung einer Satelliten-Empfangsantenne verlangen kann, wenn das Haus über einen Kabelanschluss verfügt, verstoßen aber grundsätzlich nicht gegen das Grundrecht der Informationsfreiheit, vgl. hierzu BVerfGE **90**, 27, 32. Etwas anderes gilt aber für Ausländer, die Sender in ihrer Heimatsprache nicht über Kabel empfangen können. Hier ist das Interesse an der Informationsbeschaffung über Satellit regelmäßig höher zu gewichten als das Eigentumsinteresse des Vermieters.
[780] Vgl. BVerfGE **27**, 71, 82 f.; BVerfGE **103**, 44, 60.
[781] BVerfGE **90**, 27, 32; BVerfGE **103**, 44, 60 ff.
[782] Vgl. BVerfGE **103**, 44, 60 ff.

mein zugänglich", liegt noch kein Eingriff vor, weil die allgemeine Zugänglichkeit bereits den Schutzbereich begrenzt. Gleichwohl muss sich die schutzbereichsbegrenzende Regelung am Maßstab der Verfassung messen lassen. Zwar kann Prüfungsmaßstab nicht Art. 5 I GG sein, weil dessen Schutzbereich nur bei eröffneten (also „allgemein zugänglichen") Informationsquellen greift. Möglicherweise können aber Rechtsstaats- und Demokratieprinzip der Begrenzung einer Informationsquelle entgegenstehen.

> **Beispiel:** Die Regelung des § 169 S. 2 GVG, wonach die Medienvertreter keine Ton- und Bildaufnahmen während der Hauptverhandlung machen dürfen, definiert nach Auffassung des BVerfG die Reichweite des Begriffs „allgemein zugänglich", greift also nicht in das Grundrecht der Informationsfreiheit ein. Gleichwohl muss die Regelung verfassungsgemäß sein. Nach Auffassung des BVerfG fordern der Schutz des **Persönlichkeitsrechts** der am Verfahren Beteiligten (Art. 1 I i.V.m. Art. 2 I GG), das rechtsstaatliche Anliegen eines **fairen Verfahrens** (Art. 20 III GG) sowie das öffentliche Interesse an der **Funktionstüchtigkeit der Rechtspflege**, insbesondere der ungestörten **Wahrheits- und Rechtsfindung**, eine Begrenzung der Informationsquelle auf die bloße Saalöffentlichkeit.[783] Demnach ist die Regelung des § 169 GVG verfassungsgemäß.

## 3. Pressefreiheit – Art. 5 I S. 2 Var. 1 GG

---

### Pressefreiheit – Art. 5 I S. 2 Var. 1 GG

**I. Schutzbereich der Pressefreiheit**

Die Pressefreiheit ist **ein Spezialfall der Meinungsäußerungsfreiheit**. Im Anwendungsbereich der Pressefreiheit ist also ein Rückgriff auf die Meinungsäußerungsfreiheit verwehrt. Das schließt jedoch nicht aus, dass sich eine **andere Person**, deren Meinung in der Presse publiziert wird, auf die **Meinungsäußerungsfreiheit** berufen kann. Der **Begriff der „Presse"** ist weit auszulegen. Er umfasst nicht nur die Erzeugnisse der Druckpresse, sondern alle zur Verbreitung an die Allgemeinheit bestimmten Vervielfältigungen wie bspw. Bücher, Zeitungen, Zeitschriften, Flugblätter, Handzettel, Aufkleber, Plakate, Fotokopien, Leserbriefe usw. Auch Ton- und Bildträger wie Videokassetten, CDs oder DVDs sollte man vom Begriff der Presse als erfasst ansehen, sofern sie der Berichterstattung dienen. Dagegen sind sie nicht von der Pressefreiheit erfasst, wenn sie der Unterhaltung oder primär kommerziellen Interessen dienen. Keinen Unterschied macht es jedenfalls, ob das Druckerzeugnis periodisch erscheint oder nur einmal in Umlauf gebracht wird. Auch unter Berücksichtigung des weiten Verständnisses des Begriffs der Pressefreiheit muss die Verbreitung an die Allgemeinheit durch einen Vervielfältigungsvorgang (etwa mittels mechanischer, elektronischer oder chemischer Mittel) erfolgen. Ein Einzelstück ist deshalb kein Presseerzeugnis. An die *Allgemeinheit* ist ein Druckerzeugnis adressiert, wenn es sich an eine unbestimmte Zahl von Personen richtet. Wie groß der Kreis ist, spielt dabei keine Rolle. So hat das BVerfG klargestellt, dass auch Werkszeitungen den Schutz des Art. 5 I S. 2 Var. 1 GG genießen. Durch die Pressefreiheit **geschützt** sind alle wesensmäßig mit der Pressearbeit zusammenhängenden Tätigkeiten von der Beschaffung der Information bis zur Verbreitung der Nachricht und Meinung.

**II. Eingriff in den Schutzbereich**

Das Grundrecht der Pressefreiheit wird durch jede staatliche Maßnahme beeinträchtigt, die zu einer Behinderung oder Unterbindung der Pressefreiheit führt. Besondere Bedeutung erlangt die selektive **Subventionierung von Presseunternehmen**.

**III. Verfassungsrechtliche Rechtfertigung**

Zur verfassungsrechtlichen Rechtfertigung vgl. die Ausf. zur Meinungsäußerungsfreiheit.

---

[783] Vgl. BVerfGE **103**, 44, 59 ff. Vgl. auch *Huff*, NJW **2001**, 1622 und *Dieckmann*, NJW **2001**, 2451.

**461**     Auch die Pressefreiheit besitzt einen hohen Verfassungsrang. „Eine freie, nicht von der öffentlichen Gewalt gelenkte, keiner Zensur unterworfene Presse ist Wesensmerkmal des freiheitlichen Staates und für die moderne Demokratie unentbehrlich"[784]. Die Pressefreiheit ist gegenüber der Meinungsäußerungsfreiheit das spezielle Grundrecht, da sie einen Teilausschnitt der allgemeinen Meinungsäußerungsfreiheit darstellt, nämlich die Äußerung der Meinung mit Hilfe eines Presseerzeugnisses.[785] Im Anwendungsbereich der Pressefreiheit ist also ein Rückgriff auf die Meinungsäußerungsfreiheit ausgeschlossen. Das schließt jedoch nicht aus, dass die Personen, deren Meinung in der Presse publiziert wird, sich separat auf die **Meinungsäußerungsfreiheit** berufen können.[786] Denn diese Personen, die sich nicht auf die Pressefreiheit des Reporters, Journalisten etc. berufen können, genießen nicht den Schutz der Pressefreiheit, sondern den der Meinungsäußerungsfreiheit.[787]

**462**     Dagegen stehen Pressefreiheit und Rundfunkfreiheit selbstständig nebeneinander. Die Pressefreiheit ist auch kein Spezialfall der Informationsfreiheit, da sie die Beschaffung der Informationen nicht an die allgemein zugänglichen Quellen knüpft, sondern die besondere (individuelle) Recherche zulässt (allerdings besteht kein Auskunftsanspruch aus Art. 5 I S. 2 Var. 1 GG).

**463**     Der Begriff „**Presse**" ist unter Berücksichtigung von Sinn und Zweck des Grundrechts, nämlich der Gewährung der freien Berichterstattung unter Nutzung eines Massenkommunikationsmittels, weit auszulegen. Schon der Begriff „Presse" unterstreicht den Schutz der Meinungsäußerung in Büchern, Zeitungen, Zeitschriften, auf Flugblättern, Handzetteln, Aufklebern, Plakaten, Fotokopien usw. Auch Ton- und Bildträger wie Videokassetten, CDs oder DVDs sollte man dem Begriff der Presse unterstellen, sofern diese Medien der Berichterstattung dienen. Etwas anderes mag freilich gelten, wenn sie der Unterhaltung oder vornehmlich kommerziellen Zwecken dienen.

**464**     Fraglich ist, ob die Berichterstattung im **Internet** („Online-Nachrichtendienste") vom Begriff der „Presse" erfasst ist. Im Hinblick auf den Begriff „Presse" müsste man den Schutzbereich der Pressefreiheit verneinen, weil die Inhalte nicht auf ein Medium „gepresst" werden. Mit Blick auf den o.g. Sinn und Zweck der Pressefreiheit ist die Beschränkung des Begriffs „Presse" auf sog. Printmedien jedoch nicht haltbar. Insbesondere konnten die Mitglieder des Parlamentarischen Rates bei der Ausarbeitung des Grundgesetzes nicht wissen, dass es einmal das Medium *Internet* geben würde. Für sie stand allein im Vordergrund, dass eine unbestimmte Zahl von Personen adressiert werde.[788] Aufgrund des Wandels in der Kommunikationstechnologie ist der Begriff „Presse" daher auch auf Internet-Nachrichtendienste anwendbar[789] und insgesamt wie folgt zu verstehen:

---

[784] BVerfG NJW **2007**, 1117, 1118 ff. (Cicero); BVerfG NJW **2001**, 507 (Presserechtlicher Schutz von „Bekennerschreiben"); BVerfGE **20**, 162, 174 (Nachrichtenmagazin „Der Spiegel"); BVerfGE **66**, 116, 133 (Springer/Wallraff). Vgl. auch EGMR NJW **2006**, 591 (zur Bedeutung von Art. 8 EMRK).

[785] Auch das BVerfG prüft nicht noch die allgemeine Meinungsäußerungsfreiheit, wenn es zuvor bereits den Schutzbereich der Pressefreiheit bejaht hat (vgl. BVerfG NJW **2006**, 2836, 2837; BVerfG NJW **2006**, 2838). Abzulehnen *Pieroth/Schlink*, Rn 571, die der Auffassung sind, die Pressefreiheit sei kein Spezialfall der Meinungsäußerungsfreiheit und stehe daher selbstständig neben der Meinungsäußerungsfreiheit.

[786] BVerfG NJW **2003**, 1109, 1110 (Weitergabe von Informationen an die Presse).

[787] BVerfGE **85**, 1, 12 (Zur Abgrenzung von Pressefreiheit und Meinungsäußerungsfreiheit); **86**, 122, 128 (Meinungsfreiheit im Arbeitsverhältnis); BVerfGE **102**, 347, 359 und BVerfG NJW **2003**, 1303, 1304 (jeweils Benetton-Schockwerbung).

[788] Vgl. *Leibholz/v. Mangoldt*, Jahrbuch des öffentl. Rechts der Gegenwart, Neue Folge Bd. 1, **1951**, S. 79 ff.

[789] Davon geht auch das OLG München (MMR **2005**, 768 ff.) aus. Nach *Pieroth/Schlink* (Rn 567) sind es nach wie vor Schallplatten und Kassetten, die dem „bedeutsamen technischen und gesellschaftlichen Wandel Rechnung tragen".

Der Begriff „**Presse**" umfasst nicht nur die Erzeugnisse der Druckpresse, sondern alle **465** zur Verbreitung an eine unbestimmte Zahl von Personen bestimmten Vervielfältigungen.

Wie groß der Adressatenkreis ist, spielt keine Rolle. So hat das BVerfG klargestellt, dass auch Werkszeitungen den Schutz des Art. 5 I S. 2 Var. 1 GG genießen.[790] Jedoch muss auch unter Berücksichtigung des weiten Verständnisses des Begriffs der Presse die Verbreitung an die Allgemeinheit durch einen Vervielfältigungsvorgang (etwa mittels mechanischer, elektronischer oder chemischer Mittel) erfolgen. Ein Einzelstück ist deshalb kein Presseerzeugnis. Dergestalt definiert sich auch der Schutzbereich:

Durch die Pressefreiheit **geschützt** sind alle wesensmäßig mit der Pressefreiheit **466** zusammenhängenden Tätigkeiten „von der Beschaffung der Information bis zur Verbreitung der Nachricht und Meinung".[791]

Ob die Beschaffung aus allgemein zugänglichen Quellen stammt, spielt dabei keine **467** Rolle.

Geschützt ist das Recht, Art und Ausrichtung, Inhalt und Form eines Publikations- **468** organs (inklusive des Titelblatts) frei zu bestimmen.[792] Auch die Entscheidung, ob und wie ein Presseerzeugnis bebildert wird (etwa die Abbildung von Personen) ist geschützt.[793] Von der Eigenart oder dem Niveau des Presseerzeugnisses hängt der Schutz nicht ab.[794] Geschützt sind auch die Vertraulichkeit der Redaktionsarbeit[795], die Geheimhaltung der Informationsquellen und das Vertrauensverhältnis zu Informanten[796].

> **Beispiel:** Durchsucht der BND auf Anordnung des Bundesinnenministers Redaktions-
> räume eines Nachrichtenmagazins und stellt zahlreiche Unterlagen sicher, weil vermu-
> tet wird, ein Informant des Magazins gehöre dem BND an und es müsse die „undichte"
> Stelle aufgedeckt werden, stellt dies einen Eingriff in die Pressefreiheit dar. Wegen des
> hohen Schutzes, den die Pressefreiheit genießt, ist ein solches Vorgehen nur dann ge-
> rechtfertigt, wenn es um Güter geht, die bei einer Abwägung mit der Pressefreiheit den
> Vorrang genießen. Das ist z.B. bei Angelegenheiten der Staatssicherheit der Fall. Ob
> dies der Fall ist, darf jedoch nicht vorschnell angenommen werden.
>
> Zum Fall **Cicero** vgl. den Beitrag auf der Internet-Seite des Verlags Rubrik Studienbü-
> cher/Grundrechte/Falllösungen und Ergänzungen.

Geschützt sind auch das Chiffregeheimnis, der Zugang zu den Presseberufen und die **469** Tätigkeit der Pressegrossisten. Auch werden die pressetechnischen Hilfstätigkeiten

---

[790] BVerfGE **95**, 28, 35 (Pressefreiheit bei Werkszeitungen).

[791] BVerfG NJW **2007**, 1117, 1118 ff. (Cicero); BVerfG NJW **2001**, 507; BVerfG NJW **1999**, 2880. Das Recht der Presseorgane zur Informationsbeschaffung ergibt sich demnach unmittelbar aus dem Grundrecht der Pressefreiheit, nicht aus dem Grundrecht der Informationsfreiheit. Ob und inwieweit sich ein *Anspruch* gegenüber staatlichen Stellen auf Herausgabe von Informationen herleiten lässt, wird unterschiedlich gesehen (ablehnend BVerwGE **70**, 310, 315; bejahend OVG Münster NJW **1995**, 2741, 2742; offen gelassen in BVerf-GE **20**, 162, 176; differenzierend BVerwG NJW **1993**, 675). Die Landespressegesetze verpflichten die Behörden jedenfalls, den Vertretern der Presse die der Erfüllung ihrer öffentlichen Aufgaben dienenden Auskünfte zu erteilen, sofern nicht durch die Erteilung der Auskünfte schwebende Verfahren verzögert, vereitelt, erschwert oder gefährdet werden können, Vorschriften über die Geheimhaltung verletzt werden oder ein überwiegendes öffentliches oder schutzwürdiges privates Interesse verletzt würde (vgl. etwa § 4 BremPresseG, § 4 NRWPresseG, § 4 HambPresseG).

[792] BVerfGE **97**, 125, 144 f. (Anspruch auf Gegendarstellung).

[793] BVerfGE **101**, 361, 389 (Caroline von Hannover); BGH NJW **2007**, 1977 ff. und NJW **2007**, 1981 ff. (Caroline und Ernst August von Hannover).

[794] BVerfGE **101**, 361, 389.

[795] BVerfGE **20**, 162, 176 (Nachrichtenmagazin „Der Spiegel"); BVerfGE **66**, 116, 133 (Springer/Wallraff).

[796] BVerfG NJW **2003**, 1787, 1788 ff.

(z.B. Druckereitätigkeiten) vom Schutzbereich erfasst, sofern sie notwendige Bedingungen einer freien Presse sind[797]. Schließlich umfasst die Pressefreiheit das Recht, sich über Vorgänge in einer *öffentlichen* (sonst greift § 353d StGB!) Gerichtsverhandlung zu informieren und darüber zu berichten.[798]

**470**  **Nicht** geschützt ist die Informationsbeschaffung gegen den Willen des Informationsinhabers.

**471**  Problematisch ist, ob auch der **Anzeigenteil** (Werbeanzeigen) einer Zeitung/Zeitschrift von der Pressefreiheit umfasst ist. Das Parallelproblem bei der Meinungsäußerungsfreiheit, nämlich die Frage, ob reine Tatsachenbehauptungen durch Art. 5 I S. 1 Var. 1 GG geschützt sind, wurde bereits dargestellt. *Gegen* eine Einbeziehung des Anzeigenteils in die Pressefreiheit spricht, dass das Element der wertenden Stellungnahme durch das veröffentlichende Presseunternehmen fast völlig hinter der sachlichen Wiedergabe zurücktritt. Das BVerfG hat den Schutz dennoch bejaht. Das Grundrecht der Pressefreiheit umfasse, wie das BVerfG entschieden habe[799], auch den Anzeigenteil von Presseerzeugnissen. Soweit Meinungsäußerungen Dritter, die den Schutz des Art. 5 I S. 1 GG genössen, in einem Presseerzeugnis veröffentlicht würden, schließe die Pressefreiheit diesen Schutz mit ein.[800] Einem Presseorgan darf also die Veröffentlichung einer fremden Meinungsäußerung nicht verboten werden, wenn dem Meinungsträger selbst seine Äußerung und Verbreitung zu gestatten sind. In diesem Umfang kann sich das Presseunternehmen auf eine Verletzung der Meinungsfreiheit Dritter auch in einer gerichtlichen Auseinandersetzung berufen. Das gilt auch in einem Zivilrechtsstreit über wettbewerbsrechtliche Unterlassungsansprüche.

> **Hinweis für die Fallbearbeitung:** Im Regelfall wird ein Presseunternehmen zivilgerichtlich auf Unterlassung der fraglichen Werbung (Beispiel: **Schockwerbung von Benetton**) in Anspruch genommen. Der Unterlassungsanspruch stützt sich dann auf § 3 UWG. Gibt das Zivilgericht der Klage statt, kann das betroffene Presseunternehmen Verfassungsbeschwerde gegen das Urteil erheben. Das BVerfG prüft dann, ob das angegriffene Urteil bei der Anwendung und Auslegung des § 3 UWG die grundsätzliche Bedeutung der Pressefreiheit beachtet hat. Vgl. dazu Rn 520.

**472**  Auch das **Chiffregeheimnis** fällt in den Schutzbereich des Art. 5 I S. 2 GG.[801] Möglicherweise ist ihm aber bei einer Abwägung mit entgegengesetzten Interessen ein geringeres Gewicht beizumessen.

> **Beispiel:** Die juristische Zeitschrift A veröffentlicht eine Chiffreanzeige des B, in der dieser die Anfertigung von Dissertationen und Examenshausarbeiten anbietet. Die zuständige Behörde erlässt daraufhin gegenüber dem Verlag eine Verfügung, durch die der Verlag aufgefordert wird, künftig derartige Anzeigen nicht mehr zu veröffentlichen und den Namen der Person zu nennen, die die Chiffreanzeige aufgegeben hat.
> Da mit der Verfügung ein Tun, Dulden bzw. Unterlassen verlangt wird, ist eine Rechtsgrundlage erforderlich. Wenn man davon ausgeht, dass eine zur Gefahrenabwehr zuständige Landesbehörde gehandelt hat, kann sie sich mangels Spezialermächtigung auf die polizeiliche Befugnisgeneralklausel berufen. Eine Gefahr für die öffentliche Sicherheit kann darin gesehen werden, dass die Abfassung von Dissertationen und Examenshausarbeiten durch Dritte die wissenschaftliche Ausbildung tangiert und gegen die je-

---

[797] BVerfGE **77**, 346, 354 (Verbot jugendgefährdender Schriften).
[798] BVerfGE **91**, 125, 134 (Fernsehaufnahmen im Gerichtssaal). Zum rundfunkrechtlichen Aspekt der Informationsbeschaffung vgl. BVerfGE **103**, 44, 59 ff.
[799] Vgl. BVerfGE **21**, 271, 278 f. (Südkurier); **64**, 108, 114 (Zeugnisverweigerung von Presseangehörigen).
[800] BVerfGE **102**, 347, 359; BVerfG NJW **2003**, 1303, 1304. Vgl. auch *Schulze-Fielitz*, JZ **2001**, 302 ff.
[801] BVerfGE **64**, 108, 115.

weilige Prüfungs- bzw. Promotionsordnung verstößt, die verlangen, dass die entsprechenden Arbeitsleistungen selbstständig und ohne Hilfe Dritter erbracht werden.

Die o.g. Verfügung müsste aber auch mit den Grundrechten vereinbar sein. In Betracht kommt ein Verstoß gegen die Pressefreiheit (Art. 5 I S. 2 Var. 1 GG). Es muss folgendermaßen differenziert werden: Zunächst könnte bezüglich des Verbots, Anzeigen mit dem beanstandeten Inhalt zu veröffentlichen, ein Verstoß gegen die Pressefreiheit vorliegen. Durch die Pressefreiheit geschützt sind alle wesensmäßig mit der Pressefreiheit zusammenhängenden Tätigkeiten von der Informationsbeschaffung bis zum Vertrieb. Darunter fällt auch das Anzeigengeschäft. Vorliegend werden jedoch weder das Anzeigengeschäft allgemein noch eine bestimmte Gattung von Anzeigen verboten, sondern es wird nur der rechtswidrige Inhalt einer konkreten Anzeige untersagt. Es liegt mithin kein Eingriff in den Schutzbereich der Pressefreiheit vor.[802]

Etwas anderes könnte im Hinblick auf die Verpflichtung zur Namensnennung gelten. Zwar fällt auch das Chiffregeheimnis in den Schutzbereich der Pressefreiheit. Allerdings stehen beim Anzeigenteil einer Zeitung wirtschaftliche Interessen im Vordergrund. Die Beziehung zwischen Inserent und Verlag ist hier zumeist rein wirtschaftlicher Natur. Ein besonderes Vertrauensverhältnis zwischen dem Inserenten und dem Verlag besteht daher nicht. Dem mit dem Grundrecht der Pressefreiheit verbundenen Schutz der Anonymität der Informationsquelle kommt beim Anzeigenteil daher nur eine sehr geringe Bedeutung zu. Eine besondere Beziehung zum Spezialgrundrecht der Meinungsfreiheit besteht nach alledem nicht. Vor diesem Hintergrund scheint es nicht unangemessen, wenn der Verlag zur Nennung des Namens des B verpflichtet wird. Die fragliche Verfügung verstößt demnach weder hinsichtlich des Verbots, Anzeigen der kommerziellen Vermittlung von Promotions- oder Examensarbeiten zu veröffentlichen, noch hinsichtlich des Verlangens, den Namen des B zu nennen, gegen Art. 5 I S. 2 Var. 1 GG.

Das moderne Medium **Internet** hat schließlich die Frage aufgeworfen, ob die Berichterstattung eines Online-Nachrichtendienstes über Software, die zur Umgehung eines Kopierschutzes in Bezug auf CDs oder DVDs entwickelt wurde, und auch das Setzen eines Links auf die Homepage des Softwareanbieters, von der Pressefreiheit gedeckt sind. **473**

**Beispiel[803]:** Der Internet-Nachrichtendienst *heise online* berichtete über eine neue Version der Software „AnyDVD", ein Produkt des auf der Karibikinsel Antigua ansässigen Herstellers Slysoft. Eigenschaft der Software sei die Überwindung aller gängigen Kopiersperren bei CDs und DVDs. Gleichzeitig setzte *heise online* einen Link auf die Homepage von Slysoft.

Mehrere Vertreter der Musik- und Filmindustrie sahen darin einen Verstoß gegen § 95 a UrhG (Werbung im Hinblick auf den Verkauf verbotener Vorrichtungen) und verklagten *heise online* auf Unterlassung. Durch das illegale Kopieren von urheberrechtlich geschützten Inhalten entstünden der Musik- und Filmindustrie jährlich Verluste in dreistelliger Millionenhöhe. *Heise online* hingegen berief sich auf das Grundrecht der freien Berichterstattung.

Das OLG bestätigte die Auffassung der Vorinstanz und differenzierte. Hinsichtlich der Berichterstattung habe kein Verstoß gegen § 95 a UrhG vorgelegen. Bei einer Gesamtschau habe der Bericht hinreichend kritische Distanz zu den wiedergegebenen Aussagen gewahrt und diese sich damit weder zu Eigen gemacht noch eine Art Werbung dargestellt. Damit habe sich die Beklagte im Rahmen des Schutzes der Pressefreiheit bewegt. Zu beanstanden sei aber das Setzen des Links, der auf die Internet-Seite des Anbieters der illegalen Software führte. Denn dadurch, dass die Software unstreitig gegen § 95 a UrhG verstoße, habe sich die Beklagte mit dem Setzen des Links als Störer haftbar gemacht. Durch die Schaffung der Möglichkeit der unmittelbaren Herstellung

---

[802] A.A. vertretbar. Wird ein Eingriff angenommen, muss beachtet werden, dass die Pressefreiheit unter dem Vorbehalt der allgemeinen Gesetze steht (Art. 5 II GG), vgl. dazu die nachfolgenden Erläuterungen.
[803] Nach OLG München MMR **2005**, 768 ff. (= K & R **2005**, 467 ff.).

einer Verbindung zu der Internet-Seite des Anbieters habe sie das illegale Kopieren von urheberrechtlich geschützten Inhalten wesentlich erleichtert. Da dieses Verhalten nicht mehr den Schutz der Pressefreiheit genieße, hätten die Kläger von der Beklagten die Einstellung des Links verlangen können.

Waren die gerichtlichen Entscheidungen verfassungsgemäß?

Die zivilgerichtlichen Entscheidungen, soweit sie die Klagen abwiesen, haben in das Grundrecht der Eigentumsfreiheit (Art. 14 I S. 1 GG) und der Berufsfreiheit (Art. 12 I S. 1 GG) auf Seiten der Kläger eingegriffen und bedürfen daher einer verfassungsrechtlichen Rechtfertigung. Mit Blick auf die *Eigentumsfreiheit* war der Eingriff verfassungsrechtlich gerechtfertigt, wenn die Pressefreiheit auf Seiten der Beklagten eine zulässige Inhalts- und Schrankenbestimmung i.S.v. Art. 14 I S. 2 GG darstellt. Es ist eine praktische Konkordanz vorzunehmen zwischen der Pressefreiheit auf der einen und der Eigentumsfreiheit auf der anderen Seite. Wenn die vorliegend in Frage stehenden fachgerichtlichen Entscheidungen der Pressefreiheit den Vorrang eingeräumt haben, ist dies rechtlich nicht zu beanstanden. Denn den Musik- und Filmproduzenten wird die Ausübung ihres Freiheitsgrundrechts nicht wesentlich erschwert, zumal die Beklagte sachlich und distanziert berichtete und keine Werbung für das illegale Kopieren urheberrechtlich geschützter Inhalte betrieben hat. Aus diesem Grund ist auch das *Berufsgrundrecht* durch die Richtersprüche nicht verletzt worden.

Auch was die Untersagung des Setzens des Links betrifft, sind Rechtsfehler der fachgerichtlichen Entscheidungen nicht erkennbar. Denn in diesem Fall überwiegen die rechtlichen und wirtschaftlichen Interessen der Kläger die Pressefreiheit der Beklagten; eine von der Pressfreiheit umfasste Berichterstattung kann auch ohne Setzen eines Links auf eine Internetseite, auf der verbotene Produkte angeboten werden, ausgeübt werden.

<u>Ergebnis:</u> Die beiden Richtersprüche verletzen nicht spezifisches Verfassungsrecht. Eine von den Klägern erhobene Verfassungsbeschwerde, die sich gegen die Urteile richtete, wäre erfolglos.

**474** Das Grundrecht der Pressefreiheit enthält nach umstrittener Auffassung eine **Institutsgarantie** („wird ... gewährleistet").[804] Geschützt ist also auch die Einrichtung der Presse selbst. Fraglich ist daher, ob den Staat eine Verpflichtung trifft, der zunehmenden Pressekonzentration entgegenzuwirken. Denn die Pressefreiheit ist aufgrund des Fortfalls freier Konkurrenz infolge der zunehmenden wirtschaftlichen Monopolisierung auch der Gefahr einer publizistischen Monopolisierung ausgesetzt; Pressefreiheit setzt aber eine Meinungsvielfalt voraus. Im Rahmen dieser Bearbeitung kann aber darauf nicht weiter eingegangen werden.[805]

**475** **Träger** des Grundrechts sind alle natürlichen Personen und Unternehmen (inländische juristische Personen und sonstige Vereinigungen des Privatrechts), die in enger organisatorischer Bindung zu den geschützten Tätigkeiten stehen.[806]

> **Beispiele:** Verlage, Herausgeber, Redakteure, sonstige Verlagsmitarbeiter, Buchhändler, Grossisten, Presseagenturen.

---

[804] Dafür *Degenhart*, in: Bonner Kommentar, Art. 5 Rn 55 f. und 388 ff.; kritisch *Pieroth/Schlink*, Rn 72, mit dem Argument, dass die freie Presse ein gesellschaftlicher Befund und weder privatrechtliches Institut noch öffentlich-rechtliche Institution sei. Dieser Standpunkt verkennt jedoch den klaren Wortlaut des Art. 5 I S. 2 Var. 2 GG, der ausdrücklich von Gewährleistung spricht.

[805] Vgl. BVerfGE **20**, 162, 176 (Nachrichtenmagazin „Der Spiegel"); **52**, 283, 296 (Tendenzschutz für Presseunternehmen); *Papier*, Der Staat 18 (1979), S. 422 ff.; *Lerche*, Verfassungsrechtliche Fragen zur Pressekonzentration, 1971, S. 27 ff.

[806] BVerfGE **20**, 162, 171, 175 (Nachrichtenmagazin „Der Spiegel"); **50**, 234, 239 (Ausschluss eines Reporters); **66**, 116, 130 (Springer/Wallraff); **80**, 124, 132 (Staatliche Presseförderung); **95**, 28, 34 (Pressefreiheit bei Werkzeitungen). Vgl. auch BGH NJW **2007**, 1977 ff. und NJW **2007**, 1981 ff. (Caroline und Ernst August von Hannover).

Hilfstätigkeiten ohne pressespezifischen Bezug werden hingegen nur dann erfasst, wenn sie *innerhalb* eines Presseunternehmens erbracht werden, nicht wenn sie organisatorisch verselbstständigt sind. Für Letztere stehen aber andere Grundrechte wie z.B. Art. 12 I GG zur Verfügung.[807]

Die Pressefreiheit kommt auch Minderjährigen zugute, ist also auch bei Schülerzeitungen einschlägig. Von der Institution Schule als solche herausgebrachte Publikationen werden dagegen nicht von der Pressefreiheit erfasst. Auch kann sich eine öffentlich-rechtliche Rundfunkanstalt grundsätzlich nur auf die Rundfunkfreiheit, nicht auf die Pressefreiheit berufen.[808]     **476**

Ein Problem ergibt sich, wenn z.B. ein Verleger einem Redakteur und dieser einem Journalisten, die sich ja alle auf die Pressefreiheit berufen können, vorschreiben, über bestimmte Ereignisse in einer bestimmten Weise zu schreiben. Diese Problematik wird unter dem Begriff **„innere Pressefreiheit"** diskutiert. Es handelt sich um ein Problem der Grundrechtskollision, bei dessen Lösung die Kompetenzverteilung innerhalb des Presseunternehmens herangezogen werden kann. In der Praxis bestehen privatrechtliche Verträge, die diese Kollision lösen.     **477**

Das Grundrecht der Pressefreiheit wird durch jede staatliche Maßnahme **beeinträchtigt**, die zu einer Unterbindung oder Behinderung der Pressefreiheit führt.     **478**

**Beispiele:** Verbot der Berufsausübung als Redakteur[809]; Beschlagnahme von Zeitungen oder redaktionellen Unterlagen[810]; Durchsuchung von Redaktionsräumen oder sonstige Beeinträchtigungen des Redaktionsgeheimnisses[811]; Bezeichnung eines Verlags als „verfassungsfeindlich" und Aufnahme desselben in den Verfassungsschutzbericht[812]; Erzwingung von Aussagen über Pressetätigkeiten[813]; Verhinderung des Zugangs zu einem Strafverfahren[814]; Verpflichtung der Presse zur Auskunft über ihre Informanten[815] (s.o. Rn 468); Verbot der Veröffentlichung von bestimmten Werbeanzeigen[816]; Erhebung von Daten über den Telefonverkehr von Presse- und Rundfunkveranstaltern[817]; zivilgerichtliche Urteile, die im Rahmen eines Unterlassungsstreits den Grundrechtsträger daran hindern, seine Tätigkeit fortzuführen[818]

Von Bedeutung ist auch die **Subventionierung von Presseunternehmen**. Eine Subventionsvergabe ist grundsätzlich ohne materielle Gesetzesgrundlage zulässig, da sie einen Teil der Leistungsverwaltung darstellt und mit ihr keine Rechtsbeeinträchtigungen verbunden sind. Vielmehr genügt ein entsprechender Posten im Haushaltsplan.[819] Etwas anderes gilt jedoch bei der Förderung einzelner Presseunternehmen, denn die selektive Förderung von Presseunternehmen verschlechtert die Wettbewerbsstellung der übergangenen Presseunternehmen. Daher liegt ein Eingriff in die grundrechtlich geschützte Pressefreiheit des nicht geförderten Unternehmens vor, was gem. dem Grundsatz vom Vorbehalt des Gesetzes eine formell-materielle Rechts-     **479**

---

[807] Vgl. BVerfGE **77**, 346, 354 (Verbot jugendgefährdender Schriften).

[808] BVerfGE **83**, 238, 312 (WDR Köln); *Jarass*, in: Jarass/Pieroth, GG, Art. 5 Rn 28.

[809] BVerfGE **10**, 118, 121 (Behördliches Presseverbot; FDJ).

[810] BVerfGE **56**, 247, 248 f. (Beschlagnahme von Bildmaterial); BVerfG NJW **2005**, 965 f.

[811] BVerfGE **20**, 162, 187 (Nachrichtenmagazin „Der Spiegel"); **64**, 108, 115 (Zeugnisverweigerung von Presseangehörigen).

[812] BVerfG NJW **2005**, 2912 („Junge Freiheit"; vgl. dazu Rn 151 Bsp. 5).

[813] BVerfGE **36**, 193, 204 (Zeugnisverweigerungsrecht der Presse im Strafverfahren).

[814] BVerfGE **50**, 234, 240 f. (Ausschluss eines Reporters); **87**, 334, 339 (Filmen im Gerichtssaal).

[815] BVerfG EuGRZ **1999**, 490, 493 (Verpflichtung der Presse zur Auskunft über ihre Informanten).

[816] BVerfGE **102**, 347 ff.; BVerfG NJW **2003**, 1303, 1304.

[817] BVerfG NJW **2003**, 1787, 1788 ff. (Auskunft über Telefonverbindungsdaten).

[818] BVerfG NJW **2006**, 2836, 2837; NJW **2006**, 2838; BGH NJW **2007**, 1977 ff.; NJW **2007**, 1981 ff. Vgl. dazu auch Rn 275b, 284 ff. und 517.

[819] Vgl. dazu ausführlich die Bearbeitung bei *R. Schmidt*, AllgVerwR, Rn 206 ff.

grundlage erforderlich macht. Soweit der nicht subventionierte Konkurrent also einen **grundrechtsrelevanten Eingriff** in die Pressefreiheit erleidet, muss schon deshalb eine gesetzliche Rechtsgrundlage vorhanden sein. Darüber hinaus enthält das Grundrecht aus Art. 5 I S. 2 Var. 1 GG neben seiner Funktion als Abwehrrecht die Garantiefunktion der staatlichen Unabhängigkeit (Institutsgarantie, s.o.). Wenn der Staat durch selektive Förderung lenkend und gestaltend in das Pressewesen eingreift, besteht die Gefahr, dass die geförderten Presseunternehmen ihre Neutralität gegenüber dem Staat ablegen, um ihre Aussichten auf künftige Förderungen nicht zu verschlechtern. Auch aus diesem Grund ist eine über die Etatlegitimierung hinausgehende formell-materielle Rechtsgrundlage zu fordern. Allerdings ist zu beachten, dass trotz Vorliegens einer entsprechenden Rechtsgrundlage staatliche Förderungen bestimmte Meinungen oder Tendenzen weder begünstigen noch benachteiligen dürfen.[820] Das Grundrecht auf Pressefreiheit begründet im Subventionsrecht eine staatliche **Neutralitätspflicht**, die jede Differenzierung nach Meinungsinhalten verbietet. Daraus folgt zum einen ein subjektiver Abwehranspruch des übergangenen Presseunternehmens, der darauf gerichtet ist, die Subventionierung des Konkurrenten abzuwehren (sog. Konkurrentenabwehrklage). Zum anderen hat das übergangene Presseunternehmen einen Anspruch auf Gleichbehandlung (sog. partizipative Konkurrentenklage).[821]

## 4. Rundfunkfreiheit – Art. 5 I S. 2 Var. 2 GG

**Rundfunkfreiheit – Art. 5 I S. 2 Var. 2 GG**

### I. Schutzbereich der Rundfunkfreiheit
Die Rundfunkfreiheit dient der Gewährleistung freier individueller und öffentlicher Meinungsbildung. Als Rundfunk sind die Veranstaltung und Verbreitung von Darbietungen aller Art für die Allgemeinheit mit Hilfe von physikalischen, insbesondere elektromagnetischen Wellen, aber auch mit Hilfe digitaler Medien zu verstehen. Gleichgültig ist, ob die Übermittlung der Darbietung mittels Kabels oder drahtlos erfolgt. Selbstverständlich ist auch das Fernsehen einbezogen, obwohl sich die Umgangssprache bei dem Begriff Rundfunk allein auf Hörfunk bezieht. Die Rundfunkfreiheit unterscheidet sich von der Pressefreiheit also durch den technischen Verbreitungsweg.
Der Inhalt der Darbietung ist irrelevant. Geschützt ist jede Vermittlung von Information und Meinung. Auch Werbesendungen werden erfasst. Das ist jedenfalls dann der Fall, wenn sie der Finanzierung des Programms dienen.
**Geschützt** sind alle wesensmäßig mit der Veranstaltung von Rundfunk zusammenhängenden Tätigkeiten, von der Beschaffung der Informationen und der Produktion der Sendungen bis hin zu ihrer Verbreitung. Sie erstreckt sich auch auf die medienspezifischen Vorkehrungen. Lediglich die rein fernmeldetechnischen Tätigkeiten werden nicht erfasst.
**Träger** des Grundrechts sind alle natürlichen und juristischen Personen sowie sonstige Vereinigungen, die eigenverantwortlich Rundfunk veranstalten und verbreiten. Dazu zählen die privaten Veranstalter ebenso wie die öffentlich-rechtlichen.

### II. Eingriff in den Schutzbereich
Beeinträchtigt wird die Rundfunkfreiheit durch jede Handlung des Staates, die die Rundfunkanstalten und Unternehmen in ihrer geschützten Tätigkeit behindert. Insbesondere die staatliche Einflussnahme auf Auswahl, Inhalt und Ausgestaltung des Programms wird erfasst.

### III. Verfassungsrechtliche Rechtfertigung
Zur verfassungsrechtlichen Rechtfertigung vgl. die Ausführungen zur Meinungsäußerungsfreiheit.

---

[820] BVerfGE **80**, 124, 134 (Staatliche Presseförderung/„Postzeitungsdienst").
[821] Zu diesen Klagemöglichkeiten vgl. ausführlich *R. Schmidt*, VerwProzR, Rn 23 ff.

Die Rundfunkfreiheit dient der **Gewährleistung freier individueller und öffentlicher Meinungsbildung.**[822] Sie ist wie die Meinungsäußerungs- und Pressefreiheit konstituierendes Element einer Demokratie. Es muss garantiert sein, dass die Meinungen aller gesellschaftlich relevanten Gruppen Berücksichtigung finden.

480

Rundfunk ist die **Veranstaltung** und **Verbreitung von Darbietungen aller Art** für die Allgemeinheit mit Hilfe von physikalischen, insbesondere elektromagnetischen Wellen[823], aber auch mit Hilfe digitaler Medien.

481

Gleichgültig ist, ob die Übermittlung der Darbietung mittels Kabel oder drahtlos erfolgt. Selbstverständlich ist auch das Fernsehen einbezogen, obwohl sich die Umgangssprache hinsichtlich des Begriffes „Rundfunk" allein auf Hörfunk bezieht.[824] Gleiches gilt für neuartige Dienste wie z.B. Pay-TV, Videotext oder interaktives Fernsehen. Auch das Internet ist erfasst, solange die Kommunikation nicht nur zwischen einzelnen Personen stattfindet. Die Rundfunkfreiheit unterscheidet sich von der Pressefreiheit (und damit letztlich auch von der allgemeinen Meinungsäußerungsfreiheit) damit in erster Linie durch den technischen Verbreitungsweg.

482

Das private Telefonat, das private Telefax und die private E-Mail sind nicht einbezogen, weil sie nicht an eine unbestimmte Zahl von Personen gerichtet sind.[825] Aufgrund der zunehmenden Integration von Medien, Netzen und Diensten ist die Abgrenzung zur Individualkommunikation aber schwierig geworden. Ein brauchbares Abgrenzungskriterium bietet das Vorliegen einer redaktionellen Tätigkeit.

483

Der **Inhalt der Darbietung** ist irrelevant. Auch Werbesendungen werden jedenfalls dann erfasst, wenn sie der Finanzierung des Programms dienen.

484

**Geschützt** sind wie bei der Pressefreiheit alle wesensmäßig mit der Berichterstattung zusammenhängenden Tätigkeiten, von der Beschaffung der Information bis zur Verbreitung der Nachricht und der Meinung. Dazu gehört insbesondere der Einsatz von Aufnahme- und Übertragungsgeräten.[826] Lediglich rein fernmeldetechnische Tätigkeiten werden nicht erfasst.[827]

485

Mit „Beschaffung der Information" ist der prinzipiell ungehinderte Zugang zur Information gemeint. Dazu gehört auch die Informationsaufnahme an der Quelle (Beispiel: Fernsehaufnahmen im Gerichtssaal während der strafgerichtlichen Hauptverhandlung). Denn erst der Zugang zur Information versetzt die Medien überhaupt in den Stand, die ihnen in der freiheitlichen Demokratie zukommende Funktion wahrzunehmen. Soweit die Medien an der Zugänglichkeit einer für jedermann geöffneten Informationsquelle teilhaben, wird der Zugang durch die Allgemeinheit der Quelle begrenzt. Insoweit reicht die Rundfunkfreiheit also nicht weiter als die Informationsfreiheit des Art. 5 I S. 1 GG, die als Abwehrrecht nur den Zugang zu allgemein zugänglichen Quellen gegen Beschränkungen sichert.

486

Mit „Verbreitung der Nachricht und der Meinung" ist das Recht zur Berichterstattung durch Rundfunk gemeint. Dazu zählt die Möglichkeit, ein Ereignis den Zuhörern und Zuschauern akustisch und optisch in voller Länge oder in Ausschnitten zu übertragen.

487

---

[822] BVerfGE **74**, 297, 323 (Landesmediengesetz Baden-Württemberg); *Dörr*, VerwArch 92 (**2001**), S. 151.
[823] So die die einhergebrachte, jedoch nicht mehr zeitgemäße Definition etwa von *Herzog*, in; Maunz/Dürig, GG, Art. 5 Abs. 1, 2 Rn 195 und *Pieroth/Schlink*, Rn 573.
[824] Vgl. *v. Münch*, NJW **2000**, 634.
[825] *Hoffmann-Riem*, in: Benda/Maihofer/Vogel (Hrsg.), HdbVerfR, S. 207; *Herzog*, in: Maunz/Dürig, GG, Art. 5 Abs. 1, 2 Rn 194 f.
[826] BVerfG **103**, 44, 59 ff. (Fernsehaufnahmen im Gerichtssaal).
[827] BVerfGE **12**, 205, 263 (Deutschland-Fernsehen).

**488**  **Träger** des Grundrechts sind alle natürlichen und inländischen juristischen Personen sowie sonstige inländische Vereinigungen, die eigenverantwortlich Rundfunk veranstalten und verbreiten.[828] Dazu zählen jedenfalls die *privaten Veranstalter*, sofern sie über eine Lizenz der Landesrundfunkanstalt verfügen und Rundfunkprogramme veranstalten.[829] Aber auch die vom Staat unabhängigen *öffentlich-rechtlichen Rundfunkanstalten* (ARD, ZDF, DLF usw.) sind erfasst.[830] Zwar sind juristische Personen des öffentlichen Rechts und sonstige Organe von öffentlich-rechtlichen Körperschaften grundsätzlich nicht grundrechtsberechtigt. Für die Rundfunkfreiheit gilt jedoch eine Ausnahme, da anderenfalls die Unabhängigkeit gegenüber dem Träger, mithin die Rundfunkfreiheit, nicht gewährleistet wäre. Gleichzeitig sind sie aber wegen Art. 1 III GG auch Grundrechtsverpflichtete und insbesondere an den Gleichheitssatz gebunden. So haben sie z.B. bei der Vergabe von Sendezeiten für politische Parteien während des Wahlkampfes die Bedeutung der jeweiligen Partei zu beachten. Für private Veranstalter ergibt sich die Verpflichtung zur Beachtung der Grundrechte (zumindest des Gleichheitssatzes) über die Figur der mittelbaren Drittwirkung der Grundrechte.[831] Im Übrigen ist die Grundrechtsträgereigenschaft wie bei der Pressefreiheit zu bestimmen.[832]

**489**  Rundfunk**teilnehmer** können sich **nicht** auf die Rundfunkfreiheit berufen, insbesondere ist eine „negative Rundfunkfreiheit", also die Freiheit, sich dem Rundfunk zu entziehen, nicht durch Art. 5 I S. 2 Var. 2 GG geschützt. In Betracht kommt aber eine Verletzung der individuellen (negativen) Informationsfreiheit (Art. 5 I S. 1 Var. 2 GG). Vgl. dazu die dortigen Ausführungen.

**490**  Soweit der Rundfunk öffentlich-rechtlich ausgestaltet ist, muss gewährleistet sein, dass der Rundfunk vom Staat unabhängig ist.[833] Deshalb müssen die Anbieter des Rundfunks so organisiert sein, dass alle in Betracht kommenden Kräfte in ihren Organen Einfluss haben und im Gesamtprogramm zu Wort kommen können. Die Rundfunkfreiheit verlangt daher eine gesetzliche Ausgestaltung durch materielle und organisatorische Regelungen sowie durch Verfahrensregelungen, die einen freien Kommunikationsprozess gewährleisten, d.h. sicherstellen, dass die Vielfalt der bestehenden Meinungen im Rundfunk in Breite und Vollständigkeit Ausdruck finden.[834] Insoweit kann man sagen, der Schutzbereich der Rundfunkfreiheit stehe unter **Ausgestaltungsvorbehalt**.

**491**  Da auch Privatrechtssubjekte Träger von Rundfunkeinrichtungen sein können, spricht man vom sog. **Dualen System**. Auch hier verlangt die Rundfunkfreiheit eine gesetzliche Ausgestaltung, die Grundlinien der Rundfunkordnung aufzeigt und gewährleistet, dass das Gesamtangebot der Programme der bestehenden Meinungsvielfalt im Wesentlichen entspricht. Freilich ist das nicht ganz einfach, wenn man bedenkt, dass die privaten Anbieter sich vornehmlich aus Werbeeinnahmen finanzieren. Gleichwohl ist wichtig, dass das Entstehen vorherrschender Meinungsmacht verhindert wird. So verlangt das BVerfG[835] vom Landesgesetzgeber (Rundfunkrecht ist Landesrecht, Art. 30, 70 I GG), dass

---

[828] BVerfGE **95**, 220, 234 (Herausgabe von Sendemitschnitten); **97**, 298, 310 (Private Rundfunkanbieter).
[829] BVerfGE **103**, 44, 59 ff. unter Berufung auf BVerfGE **95**, 220, 234 und **97**, 298, 310.
[830] Vgl. BVerfGE **103**, 44, 59 ff. – allerdings hinsichtlich n-tv.
[831] BVerfGE **7**, 99, 103 f.; **14**, 121, 133. Vgl. auch BayVerfGH NVwZ **2006**, 82 in Bezug auf die Landesmedienanstalten).
[832] *Bethge*, DÖV **2002**, 673, 674.
[833] BVerfGE **12**, 205 ff. (Deutschlandfernsehen).
[834] Vgl. dazu BVerfGE **73**, 118, 153 (Niedersächsisches Landesrundfunkgesetz); **83**, 238, 296 (WDR Köln).
[835] BVerfGE **83**, 238, 296 f.; **73**, 118, 153 ff.; BVerfG NJW **1998**, 1627, 1629 (Nachrichtenmäßige Kurzberichterstattung im Fernsehen).

- Informationsmonopole verhindert werden,
- ein Mindestmaß an inhaltlicher Ausgewogenheit, Sachlichkeit und gegenseitiger Achtung gewährleistet ist,
- dem Grundsatz des Jugendschutzes Rechnung getragen wird,
- eine begrenzte Staatsaufsicht (durch die Länder) besteht
- und der gleiche Zugang zu Veranstaltungen privater Rundfunksendungen eröffnet wird.

Da aufgrund der primär kommerziellen Zielsetzung der privaten Veranstalter die für die demokratische Ordnung und das kulturelle Leben unerlässliche „Grundversorgung" der Bürger mit inhaltlich ausgewogenen und umfassenden Rundfunksendungen nicht sichergestellt ist, kommt im dualen System diese Aufgabe gerade den öffentlich-rechtlichen Rundfunkanbietern zu.[836] Die Gebührenfinanzierung stellt diese Aufgabe in finanzieller Hinsicht sicher.[837]

**492**

**Beeinträchtigt** wird die Rundfunkfreiheit durch jede Handlung des Staates, die die Rundfunkanstalten und Unternehmen in ihren geschützten Tätigkeiten behindert. Insbesondere wird das Grundrecht durch ein Verbot, Fernsehaufnahmen durchzuführen, oder durch eine staatliche Einflussnahme auf Auswahl, Inhalt und Ausgestaltung des Programms[838] beeinträchtigt.

**493**

### Beispiele:
(1) Werden private Rundfunkveranstalter verpflichtet, ihre Sendungen zu Zwecken der Rundfunkaufsicht aufzuzeichnen und der Landesmedienanstalt vorzulegen, liegt darin ein Eingriff in die Rundfunkfreiheit.[839]

(2) Dasselbe gilt für die Erhebung von Daten über den Telefonverkehr von Presse- und Rundfunkveranstaltern.[840]

(3) Demgegenüber begrenzt die Regelung des § 169 S. 2 GVG, wonach die Medienvertreter keine Ton- und Bildaufnahmen *während der Hauptverhandlung* machen dürfen, lediglich die Reichweite des Schutzbereichs der Rundfunkfreiheit, weil die der Ausübung der Rundfreiheit vorgelagerte Informationsbeschaffung wie die Informationsfreiheit auf „allgemein zugängliche" Quellen begrenzt ist.[841]

## 5. Filmfreiheit – Art. 5 I S. 2 Var. 3 GG

| Filmfreiheit – Art. 5 I S. 2 Var. 3 GG |
| --- |
| **I. Schutzbereich der Filmfreiheit**<br>Fünftes Grundrecht des Art. 5 I GG ist die Filmfreiheit. Die Filmfreiheit schützt die **Herstellung** und **Verbreitung** der Filme, u.a. die Erstellung des Drehbuchs, die Aufnahmen, die Herstellung der Kopien, die Filmeinfuhr, den Filmverleih und das Abspielen. **Filme** sind alle zur Darstellung durch einen Projektor geeigneten Bilderreihen, denen meistens eine Tonspur beigefügt ist und die in der **Öffentlichkeit** vorgeführt werden. Auch Videobänder, DVDs und Bildplatten fallen darunter. Auf das Kriterium der Öffentlichkeit kann aber verzichtet werden, wenn es sich bei dem Film um ein Massenmedium handelt, das an eine unbestimmte Zahl von Personen gerichtet ist. So fallen auch Videofilme, die im privaten Bereich abgespielt werden, unter die Filmfreiheit. Ob nur Bericht erstattende Filme oder auch Spielfilme unter den Schutz der Filmfreiheit fallen, wird aufgrund des Wortlauts des Art. 5 I S. 2 Var. 3 GG unterschiedlich gesehen. Selbst wenn man Spielfilme aus dem Schutzbereich herausnimmt, sind diese doch durch Art. 5 I S. 1 Var. 1 GG und durch Art. 5 III S. 1 Var. 1 GG geschützt. |

---

[836] Vgl. BVerfGE **73**, 118, 158 f.
[837] BVerfGE **90**, 60, 90 (Rundfunkgebühr; Staatsfreiheit des Rundfunks).
[838] BVerfGE **59**, 231, 258 (Freier Rundfunkmitarbeiter/WDR).
[839] BVerfGE **95**, 220, 235 f.
[840] BVerfG NJW **2003**, 1787, 1788 ff. (Auskunft über Telefonverbindungsdaten).
[841] Vgl. BVerfGE **103**, 44, 59 ff.

---

**II. Eingriff in den Schutzbereich**

Beeinträchtigt wird die Filmfreiheit durch jede Form der Behinderung der geschützten Tätigkeiten. Das gilt insb. für staatliche Ge- oder Verbote. Auch die Förderung von Filmen dürfte die Filmfreiheit nicht geförderter Filme beeinträchtigen, soweit diese erheblich behindert werden.

**III. Verfassungsrechtliche Rechtfertigung**

Zur verfassungsrechtlichen Rechtfertigung vgl. die Ausführungen zur Meinungsfreiheit.

---

**494** Fünftes Grundrecht des Art. 5 I GG ist die Filmfreiheit. Die Bedeutung der Filmfreiheit ist allerdings gering, da für die meisten Filme auch die Kunstfreiheit in Anspruch genommen werden kann, die einen weiterreichenden Schutz bietet.

**495** **Filme** sind alle zur Darstellung durch einen Projektor geeigneten Bilderreihen, denen meistens eine Tonspur beigefügt ist und die in der Öffentlichkeit vorgeführt werden.[842]

**496** Auch Videobänder, DVDs und Bildplatten fallen darunter. Auf das Kriterium der Öffentlichkeit kann aber verzichtet werden, wenn es sich bei dem Film um ein Massenmedium handelt, das an eine unbestimmte Zahl von Personen gerichtet ist. So fallen auch Videofilme und DVDs, die im privaten Bereich abgespielt werden, unter die Filmfreiheit.[843] Ob nur Bericht erstattende Filme oder auch Spielfilme unter den Schutz der Filmfreiheit fallen, wird aufgrund des Wortlauts des Art. 5 I S. 2 Var. 3 GG unterschiedlich gesehen.[844] Selbst wenn man Spielfilme aus dem Schutzbereich herausnimmt, sind diese doch durch Art. 5 I S. 1 Var. 1 GG und durch Art. 5 III S. 1 Var. 1 GG geschützt.[845]

**497** Die Filmfreiheit **schützt** die Herstellung und Verbreitung der Filme, u.a. die Erstellung des Drehbuchs, die Aufnahmen, die Herstellung der Kopien, die Filmeinfuhr, den Filmverleih und das Abspielen.[846] Auch die Werbung für einen Film wird geschützt.

**498** **Träger** des Grundrechts sind alle natürlichen und inländischen juristischen Personen, aber auch alle sonstigen Personenvereinigungen, die die geschützten Tätigkeiten ausüben. Zuschauer können den Schutz nicht in Anspruch nehmen. Für sie ist die Informationsfreiheit einschlägig.

**499** **Beeinträchtigt** wird die Filmfreiheit durch jede Form der Behinderung der geschützten Tätigkeiten. Das gilt insbesondere für staatliche Ge- oder Verbote. Auch die Förderung von Filmen dürfte die Filmfreiheit nicht geförderter Filme beeinträchtigen, soweit diese erheblich behindert werden.

## II. Verfassungsrechtliche Rechtfertigung von Eingriffen

### 1. Schranken der Grundrechte aus Art. 5 I GG

**500** Die maßgebliche Begrenzung der Grundrechte aus Art. 5 I GG findet sich in den drei in Art. 5 II GG normierten Schranken der *allgemeinen Gesetze*, der *gesetzlichen Bestimmungen zum Schutze der Jugend* und des *Rechts der persönlichen Ehre*. Ferner

---

[842] *Schulze-Fielitz*, in: Dreier, GG, Art. 5 Rn 84; *Jarass*, in: Jarass/Pieroth, GG, Art. 5 Rn 50.
[843] So auch *Herzog*, in: Maunz/Dürig, GG, Art. 5 Rn 198; anders *Wendt*, in: von Münch/Kunig, GG Art. 5 Rn 61, der privat abgespielte Filme nicht unter die Film-, sondern unter die Pressefreiheit subsumiert.
[844] Für eine Begrenzung des Schutzbereichs auf berichterstattende Filme BVerwGE **1**, 303, 305; *Kannengießer*, in: Schmidt-Bleibtreu/Klein, GG, Art. 5 Rn 11d; für eine Ausweitung auch auf Spielfilme *Jarass*, in: Jarass/ Pieroth, GG, Art. 4 Rn 42; *Herzog*, in: Maunz/Dürig, GG, Art. 5 Abs. 1, 2 Rn 200 ff.
[845] BVerwGE **1**, 303, 305.
[846] *Jarass*, in: Jarass/Pieroth, GG, Art. 5 Rn 42.

kommt der Gesetzesvorbehalt des Art. 17 a GG in Betracht, der für das Grundrecht der Meinungsfreiheit gilt. Ferner können die Eingriffsermächtigungen des Art. 9 II, Art. 18 und des Art. 21 II GG für die Grundrechte aus Art. 5 I GG bedeutsam werden.

## 2. Die qualifizierten Gesetzesvorbehalte des Art. 5 II GG

### a. Die Vorschriften der allgemeinen Gesetze

Die mit Abstand wichtigste Schranke des Art. 5 II GG und damit die bedeutsamste Grundlage zur Rechtfertigung von Eingriffen ist die der „allgemeinen Gesetze".[847]   **501**

Als **allgemeine Gesetze** kommen sowohl förmliche Gesetze als auch Rechtsverordnungen, Satzungen und Gewohnheitsrecht in Betracht. Sogar Richterrecht und anerkannte arbeitsrechtliche Grundsätze sind erfasst. Die für die Grundrechtsausübung relevanten Belange müssen allerdings stets vom förmlichen Gesetzgeber geregelt sein (Parlamentsvorbehalt).[848]   **502**

Das einschränkende Gesetz muss „allgemein" sein. Klar ist, dass damit nicht das Verbot des Einzelfallgesetzes i.S.d. Art. 19 I S. 1 GG gemeint sein kann, denn die Aussage des Art. 19 I S. 1 GG bedarf keiner Bestätigung. Vielmehr ist „allgemein" grundrechtsspezifisch auszulegen. Früher wurden die sog. Sonderrechtstheorie und die Abwägungslehre herangezogen, die zwar speziell für die Meinungsfreiheit entwickelt wurden, aber auch auf die anderen Grundrechte des Art. 5 I GG übertragbar sind.   **503**

- Nach der **Sonderrechtstheorie** ist ein Gesetz allgemein i.S.d. Art. 5 II GG, wenn es kein Sonderrecht für die Meinungsfreiheit darstellt, wenn es also die Meinung nicht als solche verbietet oder beschränkt.[849]   **504**

- Demgegenüber sind nach der **Abwägungslehre** solche Gesetze allgemein, die ein Rechtsgut schützen, das bei einer Güterabwägung mit der Meinungsfreiheit den Vorrang genießt.[850]   **505**

Das BVerfG hat die beiden Ansätze miteinander verzahnt. Damit sind die allgemeinen Gesetze wie folgt zu bestimmen:   **506**

**Allgemein** sind solche Gesetze, die nicht eine Meinung als solche verbieten, die sich nicht gegen die Äußerung einer Meinung als solche richten, die vielmehr dem Schutz eines schlechthin, ohne Rücksicht auf eine bestimmte Meinung, zu schützenden Rechtsguts dienen, das gegenüber der Betätigung der Meinungsfreiheit den Vorrang hat.[851]   **507**

**Hinweis für die Fallbearbeitung:** Durch die Formulierung „... das gegenüber der Betätigung der Meinungsfreiheit den Vorrang hat" macht das BVerfG das einschränkende Gesetz – um als Grundrechtsschranke in Betracht zu kommen – zugleich von dem Vorliegen seiner verfassungsrechtlichen Rechtfertigung abhängig. Das ist untypisch, geht es doch vorliegend zunächst nur um das Vorliegen einer Grundrechtsschranke, nicht um die Schranken-Schranke. Eine in der Fallbearbeitung korrekt vorzunehmende Prüfung liegt dem Beispiel zur Benetton-Schockwerbung zugrunde (vgl. den Verweis bei Rn 520). Folgt man aber dem BVerfG, ist in der Fallbearbeitung eine zweistufige Prüfung ohne ausdrückliche Unterscheidung zwischen „Eingriff in den Schutzbereich" und „Verfassungsrechtlicher Rechtfertigung" angezeigt:   **508**

---

[847] Vgl. BVerfG NJW **2001**, 507 (Presserechtlicher Schutz von „Bekennerschreiben").
[848] Vgl. ausführlich *Wendt*, in: von Münch/Kunig, GG, Art. 5 Rn 73 ff.
[849] Vgl. *Häntzschel*, in: Anschütz/Thoma, Handbuch des deutschen Staatsrechts II, 1932, S. 651, 659 f.
[850] Vgl. *Smend*, Das Recht der freien Meinungsäußerung, in: VVDStRL Band 4 , 1928, S. 44, 52 f.
[851] St. Rspr. seit BVerfGE **7**, 198, 209 (Lüth); vgl. auch BVerfGE **111**, 147, 153 (Versammlungsverbot).

- In einem ersten Schritt ist zu prüfen, ob das einschränkende Gesetz gerade die Meinung (oder ein anderes Kommunikationsgrundrecht des Art. 5 I GG) als solche verbietet. Die Formulierung „allgemeine Gesetze" verlangt eine **Meinungsneutralität** des einschränkenden Gesetzes. Meinungsneutral sind zahlreiche Gesetze, etwa die polizei- und ordnungsrechtlichen Befugnisgeneralklauseln, die meisten Bestimmungen des Straf-, Strafprozess- und Strafvollzugsrechts, die Bestimmungen des Straßenverkehrs-, Bau- und Gewerberechts, das Rechtsberatungsgesetz, das auch die Erteilung von Rechtsrat in den Medien beschränkt[852], sowie die Vorschriften des Zivilrechts, insb. die §§ 823, 1004 BGB analog über den Folgenbeseitigungsanspruch (insb. beim Ehren- und Persönlichkeitsschutz). Zur Problematik des § 130 III StGB siehe Rn 511. Freilich richten sich auch angeblich „meinungsneutrale" Gesetze, z.B. §§ 22, 23 KUG, durchaus gegen bestimmte Meinungen, denn sonst käme es zu keinem Grundrechtseingriff. Daher ist dieses Kriterium wenig griffig.

- Bedeutender ist deshalb die in einem zweiten Schritt durchzuführende Rechtsgüterabwägung. Dabei ist auf die vom BVerfG diesbezüglich seinerzeit entwickelte **Wechselwirkungslehre**[853] einzugehen. Es ist (abstrakt) danach zu fragen, ob die Einschränkung der Meinungsfreiheit (bzw. eines anderen Kommunikationsgrundrechts) dem Schutz eines vorrangigen Rechtsguts (kollidierendes Verfassungsrecht, insb. Grundrechte Dritter) dient. Dabei muss das einschränkende Gesetz seinerseits wiederum im Lichte der besonderen Bedeutung des Grundrechts aus Art. 5 I GG ausgelegt und angewendet werden.

| Grundrecht aus Art. 5 I GG | einschränkendes allgemeines Gesetz | Auslegung und Anwendung des Gesetzes im Lichte des Grundrechts |

509    Letztlich bedeutet die Wechselwirkungslehre (ebenso wie die „Drei-Stufen-Theorie" bei Art. 12 I GG) nichts anderes als eine Konkretisierung des **Grundsatzes der Verhältnismäßigkeit** für die Einschränkung der Grundrechte aus Art. 5 I GG.

> **Hinweis für die Fallbearbeitung:** Da die Wechselwirkungslehre nur eine Konkretisierung des allgemeinen Grundsatzes der Verhältnismäßigkeit darstellt, sollte die Abwägung in gewohnter Weise vorgenommen werden: Nachdem das einschränkende allgemeine Gesetz als Grundrechtsschranke benannt und die Geeignetheit und Erforderlichkeit des Gesetzes bejaht wurden, muss in einem dritten Schritt im Rahmen einer Abwägung die Wertigkeit des Zwecks, der mit der fraglichen Regelung verfolgt werden soll, mit der Wertigkeit des Grundrechts aus Art. 5 I GG verglichen, also nach der Angemessenheit der Regelung gefragt werden.
> Steht die Vereinbarkeit des einschränkenden Gesetzes mit Art. 5 I, II GG fest, muss sodann der konkrete Einzelakt auf seine Vereinbarkeit mit Art. 5 I, II GG überprüft werden

510    **Beispiel:** In der nicht öffentlichen Hauptverhandlung eines Strafprozesses werden die Vernehmungsprotokolle verlesen. Journalist X, der sich durch Täuschung Zutritt zu der Verhandlung verschafft hat, nimmt die Vernehmungsprotokolle mittels seines Diktiergeräts auf und veröffentlicht die Protokolle in einer Zeitung, noch bevor sie in öffentlicher Verhandlung erörtert worden sind. Daraufhin wird X wegen Verstoßes gegen § 353 d

---

[852] *Ricker*, NJW **1999**, 449, 452.
[853] Zur Wechselwirkungslehre vgl. BVerfG NJW **1999**, 2262, 2263 (Meinungsfreiheit und strafgerichtliche Verurteilung wegen Beleidigung); BVerfG NJW **1999**, 2880 („Heidemörder").

Nr. 3 StGB angeklagt. Der Amtsrichter hält die Vorschrift des § 353d StGB für mit Art. 5 I GG unvereinbar und legt die Vorschrift gem. Art. 100 I GG dem BVerfG vor.

Durch das in § 353 d Nr. 3 StGB statuierte Verbot, Vernehmungsprotokolle öffentlich mitzuteilen, bevor sie in öffentlicher Verhandlung erörtert worden sind, wird in die Meinungs- bzw. Pressefreiheit eingegriffen. Insbesondere stellt die Veröffentlichung der Vernehmungsprotokolle eine dem Beweis zugängliche Tatsachenbehauptung dar.[854] Um verfassungsrechtlich gerechtfertigt zu sein, müsste § 353d StGB ein „allgemeines Gesetz" i.S.d. Art. 5 II GG darstellen. § 353d StGB verbietet nicht die Äußerung einer Meinung als solche. Vielmehr dient sie dem Schutz vor Befangenheit von Verfahrensbeteiligten, namentlich von Laienrichtern und Zeugen, aber auch vor Bloßstellungen der Beteiligten. § 353d StGB ist daher „meinungsneutral". Die Vorschrift müsste bei einer abstrakten Güterabwägung aber auch gegenüber der Meinungs- bzw. Pressefreiheit vorrangig sein. Unter Berücksichtigung des o.g. Schutzes des § 353d StGB ist es verfassungsrechtlich nicht zu beanstanden, wenn der Gesetzgeber diesem Schutz ein höheres Gewicht beimisst als der Kommunikationsfreiheit. Die Vorschrift des § 353 d StGB ist daher geeignet, erforderlich und angemessen, mithin mit Art. 5 I, II GG vereinbar. Der Richter hat daher in Anwendung des § 353d StGB kein spezifisches Verfassungsrecht verletzt.

Ein besonderes Problem besteht in der Regelung des **§ 130 III StGB**. Diese Vorschrift stellt das Billigen, Leugnen und Verharmlosen des nationalsozialistischen Völkermordes unter Strafe. Mit § 130 III StGB wollte man insbesondere die sog. „Auschwitz-Lüge" strafrechtlich sanktionieren. Zwar hat auch das BVerfG die „Auschwitz-Lüge" als erwiesen unwahre Tatsachenbehauptung eingeordnet und damit dem Schutzbereich des Art. 5 I S. 1 Var. 1 GG entzogen[855]. Fraglich ist aber, ob etwas anderes gilt, wenn die „Auschwitz-Lüge" mit wertenden Elementen durchsetzt ist. Denn auch das BVerfG hat bei einer Verquickung von reinen (unwahren) Tatsachenbehauptungen und Wertungen den Schutzbereich des Art. 5 I S. 1 Var. 1 GG für einschlägig erachtet.[856] Es wäre nur konsequent, in diesem Fall Äußerungen über das Leugnen der Judenverfolgung und des Völkermordes unter den Schutzbereich des Grundrechts auf Meinungsfreiheit zu subsumieren.[857] Dann stellt sich aber nicht nur die Frage nach der Verfassungsmäßigkeit des § 130 III StGB (Vereinbarkeit mit Art. 5 I S. 1 Var. 1 GG), sondern auch das Folgeproblem des qualifizierten Gesetzesvorbehalts mit der Forderung eines „allgemeinen" Gesetzes gem. Art. 5 II GG. Die Vorschrift des § 130 III StGB ist gerade kein meinungsneutrales Gesetz, mithin kein „allgemeines" Gesetz, da es eine bestimmte Meinung verbietet.[858] Wenn es dabei bliebe, hätte dies zur Folge, dass einer mit wertenden Elementen durchsetzten „Auschwitz-Lüge" nicht auf der Grundlage des Art. 5 II GG begegnet werden könnte. Einen Ausweg aus diesem Dilemma scheint dann nur eine Modifizierung der Auslegung der „allgemeinen" Gesetze zu geben, und zwar dergestalt, dass das Element der Sonderrechtstheorie aufgegeben wird. Eine andere Möglichkeit besteht darin, einen Rückgriff auf die von den vorbehaltlosen Grundrechten bekannte **verfassungsimmanente Einschränkbarkeit** (Einschränkung des Grundrechts bei Kollision mit Grundrechten Dritter oder anderen wichtigen Verfassungsgütern) zuzulassen. Fraglich wäre dann, was als wichtiges anderes Verfassungsgut in Frage kommt. Ein Schutz wie etwa „der öffentliche Frieden" (vgl. § 130 III StGB) ist dem Grundgesetz nicht zu entnehmen. Mithin käme man wohl zu dem Ergebnis, dass die „Auschwitz-Lüge", die in einem wertenden Kontext geäußert wird, nicht sanktionierbar ist. Diese Konstrukti-

511

---

[854] Zur Weitergabe von Informationen an die Presse vgl. auch BVerfG NJW **2003**, 1109, 1110.

[855] BVerfGE **90**, 241, 249 (Judenverfolgung/„Auschwitz-Lüge").

[856] Vgl. BVerfGE **61**, 1, 8 f. (Meinungsäußerung im Wahlkampf); **90**, 1, 15 (Schuldfrage des 2. Weltkriegs).

[857] Selbstverständlich wäre ihnen dann im Rahmen der Eingriffsrechtfertigung zu begegnen.

[858] Vgl. nunmehr auch *Poscher*, NJW **2005**, 1316, 1317 f.

on wird aber vermieden, wenn man zwischen der eigentlichen „Auschwitz-Lüge" und der Wertung strikt trennt: Die „Auschwitz-Lüge" fällt dann aus dem Schutzbereich des Art. 5 I S. 1 Var. 1 GG heraus und die Wertung kann durch die „allgemeinen" Gesetze eingeschränkt werden. Freilich steht diese Lösung im Widerspruch zu der Rechtsprechung des BVerfG. Sie scheint aber – wenn man von der Definition der „allgemeinen" Gesetze nicht abrückt – die einzige dogmatisch saubere Vorgehensweise zu sein.[859]

> **Hinweis für die Fallbearbeitung:** Die vorstehende Problematik hat gezeigt, dass sich die Schranken für die Rechte aus Art. 5 I GG auch aus anderen Verfassungsnormen ergeben können. Praktische Bedeutung hat dies vor allem für Gesetze, die sich gegen eine bestimmte Meinung richten und daher nicht „allgemein" sind. Das ist – wie gesehen – z.B. bei § 130 III StGB der Fall. Dabei ist allerdings Vorsicht geboten, um Art. 5 II GG nicht leer laufen zu lassen. Methodisch ist es geboten, zuerst die Möglichkeit des Art. 5 II GG zu prüfen. Erst wenn die fragliche Beschränkung nicht unter Art. 5 II GG subsumiert werden kann, ist die verfassungsimmanente Einschränkung in Betracht zu ziehen. Für Beamte kann sich kollidierendes Verfassungsrecht vor allem aus Art. 33 V GG i.V.m. der staatlichen Neutralitätspflicht ergeben.[860] Greift die verfassungsimmanente Einschränkbarkeit im Ergebnis nicht (etwa im Fall des § 130 III StGB, weil der „öffentliche Friede" nicht von Verfassungsrang ist), ist die sanktionswürdige Aussage in eine reine Tatsachenbehauptung und ein Werturteil zu unterteilen. So kann die reine Tatsachenäußerung ohne Meinungsbezug aus dem Schutzbereich herausgenommen werden und das Werturteil kann mit der Hilfe der meinungsneutralen „allgemeinen Gesetze" sanktioniert werden.

**512** Zu den Grundrechten aus Art. 5 I GG sind in jüngerer Zeit einige Entscheidungen ergangen, die im Rahmen von Übungsfällen ausführlich aufbereitet worden sind. Vgl. dazu Rn 520 (mit Verweis auf die Internet-Seite des Verlags), aber auch die bereits im Zusammenhang mit Art. 2 I GG dargestellten Fälle bei Rn 287.

### b. Die gesetzlichen Bestimmungen zum Schutz der Jugend und dem Recht der persönlichen Ehre

**513** Die in Art. 5 II GG vorgesehenen **Bestimmungen zum Schutz der Jugend** sind Regelungen zur Abwehr der Jugend drohender Gefahren, wie sie vor allem von Medienprodukten ausgehen können, die Gewalttätigkeiten glorifizieren, Hass auf andere Menschen provozieren, den Krieg verherrlichen oder sexuelle Vorgänge in grob schamverletzender Weise darstellen.[861] Es ist stets eine Güterabwägung vorzunehmen zwischen der Forderung nach umfassendem Grundrechtsschutz und dem verfassungsrechtlich herausgehobenen Interesse an einem effektiven Jugendschutz. Wichtige Regelungen zum Schutz der Jugend enthält das Jugendschutzgesetz (JuSchG).[862]

**Beispiele:**
**(1)** Ordnet die Prüfstelle (§ 14 VI JuSchG) einen zur Indizierung anstehenden Videofilm dem Bereich der Kunst i.S.v. Art. 5 III S. 1 GG zu, ist eine Abwägung der Belange des Jugendschutzes und der Belange der Kunstfreiheit mit dem Ziel eines angemessenen Ausgleichs geboten. Dabei folgt unmittelbar aus Art. 5 III S. 1 GG eine Pflicht der Bundesprüfstelle zur prinzipiell umfassenden Ermittlung der für den

---

[859] Vgl. dazu BVerfGE **111**, 147, 156; *Huster*, NJW **1996**, 487 ff.; *Poscher*, NJW **2005**, 1316 f.; *Enders/Lange*, JZ **2006**, 105, 111 f.

[860] BVerfGE **39**, 334 (Radikale im öffentlichen Dienst).

[861] BVerfGE **30**, 336, 347 (Sonnenfreunde); **116**, 5, 9 ff. (Pornographische Darbietung im Fernsehen).

[862] Vgl. dazu (d.h. zum früheren Gesetz zum Schutz der Jugend in der Öffentlichkeit) BVerfG NJW **1991**, 1471 ff. (Indizierung des pornographischen Romans "Josefine Mutzenbacher"); BVerfG NStZ **1988**, 412 ff. (Vertrieb jugendgefährdender Schriften); BVerfG NJW **1986**, 1241 ff. (Werbung für indizierte Videofilme); BVerfG NJW **1994**, 1781 ff. (Aufnahme eines Buches in die Liste jugendgefährdender Schriften); *Beisel/Heinrich*, NJW **1996**, 491 ff.

Jugendschutz und der für die Kunstfreiheit sprechenden Belange. Dazu gehört grundsätzlich auch die Anhörung derjenigen Personen, die an der Herstellung des „Kunstwerks" (bei einem Videofilm typischerweise der Regisseur und möglicherweise auch der Produzent) schöpferisch und/oder unternehmerisch mitgewirkt haben.[863]

**(2)** Der Jugendschutz deckt auch das auf Grundlage des § 3 I Rundfunkstaatsvertrags behördlich angeordnete Verbot des Verbreitens pornographischer Darbietungen (vgl. § 184 I Nr. 2 StGB: „Zugänglichmachen") im Fernsehen. Die Wirksamkeit eines Ausstrahlungsverbots setzt aber nicht nur voraus, dass tatsächlich Pornographie vorliegt, sondern dass diese auch Minderjährigen „zugänglich" gemacht wird i.S.v. § 184 I Nr. 2 StGB. Nach Auffassung des BVerwG liegt ein „Zugänglichmachen" selbst dann vor, wenn vom Veranstalter Sicherungsvorkehrungen (etwa Verschlüsselungstechnik via Decoder mit Passwort bzw. PIN) vorgenommen wurden. Denn diese seien nicht effektiv genug, um zu verhindern, dass Minderjährige die Darbietung wahrnähmen. Hinzukommen müsse mindestens eine weitere im System angelegte effektive Vorkehrung, die es Minderjährigen regelmäßig unmöglich macht, die in Rede stehenden Filme wahrzunehmen.[864] Leider sagt das BVerwG nicht, wie eine solche weitere Maßnahme aussehen könnte.

Der **Schutz der persönlichen Ehre** ist zwar ohnehin durch Art. 2 I i.V.m. 1 I GG (allgemeines Persönlichkeitsrecht) geschützt. Durch den in Art. 5 II GG genannten Gesetzesvorbehalt ist aber ein einschränkendes Gesetz erforderlich, das sich am Maßstab des Art. 5 I GG messen lassen muss. Solche Gesetze stellen in erster Linie die §§ 185 ff. StGB dar. Auch die §§ 823 und 1004 BGB enthalten als allgemeine Gesetze einen Schutz der Ehre, da die Ehre Bestandteil des in diesen Vorschriften geschützten allgemeinen Persönlichkeitsrechts ist. Bei der Frage nach der verfassungsrechtlichen Rechtfertigung von Eingriffen, die auf solchen Gesetzen beruhen, ist stets eine Abwägung unter Beachtung der Wechselwirkungstheorie der betroffenen Grundrechte aus Art. 5 I GG vorzunehmen.[865]    **514**

Ob der 2005 eingefügte **§ 15 II VersG**[866], der Versammlungsverbote für bestimmte Gebiete (insb. für das des Holocaust-Mahnmals in Berlin) zulässt und damit nicht nur die Versammlungsfreiheit, sondern auch die Meinungsäußerungsfreiheit einschränkt, ein allg. Gesetz bzw. ein Gesetz zum Schutz der persönlichen Ehre (z.B. der der verstorbenen NS-Opfer) darstellt, darf bezweifelt werden; vgl. dazu im *R. Schmidt*, BesVerwR II, Rn 1088 ff.    **515**

## 3. Sonstige Grundrechtsschranken

Wie die Gesetze zum Schutz der Jugend und der persönlichen Ehre müssen auch die das Grundrecht auf Meinungsfreiheit einschränkenden Gesetze zum Schutz des Wehr- und Ersatzdienstes nicht allgemein sein. **Art. 17 a GG** ermöglicht gesetzliche Einschränkungen der Meinungsfreiheit gegenüber Wehr- und Ersatzdienstleistenden durch einfachen Gesetzesvorbehalt. Zweck der Regelung ist es, die Funktionstüchtigkeit der Bundeswehr aufrecht zu erhalten und der Loyalitätspflicht des Bediensteten gegenüber dem Staat Ausdruck zu verleihen. **Art. 9 II, 18 und 21 II GG** sind besondere Staatsschutzbestimmungen. Sie sind zwar nicht speziell auf Art. 5 I GG bezogen, haben für Art. 5 I GG aber eine besondere Bedeutung. Individuelle wie kollektive politische Meinungsäußerungen, Partei- und Vereinigungszeitungen, -plakate, -embleme können insoweit einem Sonderrecht unterworfen werden, wie dies durch die Art. 9 II, 18 und 21 II GG vorgesehen ist.    **516**

---

[863] BVerwG NJW **1999**, 75.
[864] BVerwGE **116**, 5, 16. Vgl. auch VG München ZUM **2003**, 160.
[865] Vgl. dazu BayObLG NStZ **2002**, 40, 41; *Seyfarth*, NJW **1999**, 1287 ff.
[866] Zur Föderalismusreform, wonach seit dem 1.9.2006 u.a. das Versammlungsrecht der Gesetzgebungskompetenz der Länder unterfällt, vgl. Rn 635

## 4. Insbesondere: Grundrechtskollision

**517** Den sowohl in der Praxis als auch im juristischen Studium am häufigsten anzutreffenden Fall stellt die Kollision von Grundrechten verschiedener Grundrechtsträger dar. Dabei gilt es, die kollidierenden Grundrechte i.S. einer praktischen Konkordanz miteinander und gegeneinander abzuwägen. Man stelle sich den Fall vor, dass ein Journalist öffentlich behauptet, ein amtierender Ministerpräsident habe über 20 Jahre im Dienste des Staatssicherheitsdienstes der ehemaligen DDR gestanden.[867] Hier ist offenkundig, dass widerstreitende Interessen (Meinungsäußerungs- bzw. Pressefreiheit des Journalisten und Informationsfreiheit der Bevölkerung auf der einen Seite, allgemeines Persönlichkeitsrecht des betroffenen Ministerpräsidenten auf der anderen Seite) miteinander und gegeneinander abgewogen werden müssen. Ausgangspunkt des Streits ist dann oft ein Zivilprozess, bei dem sich die von der journalistischen Behauptung oder Darstellung betroffene Person um Unterlassung, Widerruf und/oder Schadensersatz wegen Verletzung des allgemeinen Persönlichkeitsrechts bemüht. Zwar kann der Klagegegner als Privatperson unmittelbar keine Grundrechte verletzen, weil Private nicht Grundrechtsadressaten sind, jedoch kann eine Privatperson gegen einfachgesetzliche Bestimmungen[868] verstoßen, die auch und gerade dem Grundrechtsschutz zu dienen bestimmt sind.[869] Der Richter, der über diesen Rechtsverstoß zu entscheiden hat, muss dann im Rahmen der Auslegung der streitentscheidenden einfachgesetzlichen Normen i.d.R. eine Abwägung zwischen dem allgemeinen Persönlichkeitsrecht des Klägers einerseits und den Grundrechten (Meinungsäußerungs-, Presse- und/oder Kunstfreiheit) des Beklagten andererseits vornehmen. Sofern kein Vergleich geschlossen, sondern vom Richter ein Urteil gesprochen wird, ergeht dieses zulasten mindestens einer Prozesspartei und greift damit in Grundrechte ein. **Dieses zivilgerichtliche Urteil ist es dann, das als staatlicher Akt in Grundrechte eingreift und wegen (möglicher) Verletzung von Grundrechten nach Erschöpfung des Rechtswegs vor dem BVerfG im Rahmen einer Urteils-Verfassungsbeschwerde angegriffen werden kann**. Das BVerfG prüft sodann, ob das Fachgericht bei seiner Urteilsfindung die Bedeutung eines der widerstreitenden Grundrechte verkannt hat, ob es also spezifisches Verfassungsrecht verletzt hat. Überprüft wird, ob das Fachgericht eine **rechtsfehlerfreie Abwägung zwischen den widerstreitenden Grundrechtsgütern** vorgenommen hat.[870] Diese Abwägung ist folgendermaßen vorzunehmen: Zunächst ist eine abstrakte, d.h. eine vom zu entscheidenden Fall unabhängige Bewertung der widerstreitenden Rechtsgüter vorzunehmen. Ist z.B. das eine Grundrecht einfacher einzuschränken als das andere (Beispiel: Art. 5 I GG gegenüber Art. 4 I GG), besitzt es grundsätzlich eine geringere Wertigkeit. Entscheidend ist aber letztlich der konkrete Einzelfall. Es ist zu untersuchen, bei welchem Grundrecht der Eingriff schwerer wiegt. Dabei ist die Unterscheidung zwischen Peripherie und Kernbereich nützlich: Ist bei dem – abstrakt gesehen – höherwertigen Grundrecht lediglich der Randbereich betroffen, bei dem – abstrakt gesehen – geringerwertigen Grundrecht dagegen in den Kernbereich eingegriffen worden, ist es nicht zu beanstanden, wenn die konkrete Bewertung für den Vorrang des an sich geringerwertigen Grundrechts ausfällt. Im Übrigen sollten folgende, von der Rechtsprechung aufgestellte Grundsätze (freilich unter Beachtung der soeben

---

[867] Vgl. dazu BVerfG NJW **2006**, 207 ff. und bereits oben Rn 437.

[868] In Betracht kommen insb. § 1004 BGB oder § 823 I BGB, in denen das allgemeine Persönlichkeitsrecht als Schutzgut bzw. als Rahmenrecht einfachgesetzliche Ausgestaltung erfahren hat und Unterlassungs- und Schadensersatzansprüche begründen kann; in Betracht kommt aber auch ein Verstoß gegen §§ 22, 23 KUG, sofern es um die Veröffentlichung von Bildern geht.

[869] Zur Grundrechtsgeltung zwischen Privaten vgl. Rn 105 ff., aber auch Rn 197a, b, 275b, 284, 285.

[870] So auch BVerfG NJW **2006**, 2836, 2837; BVerfG NJW **2006**, 2838 (Veröffentlichung von Luftbildaufnahmen von Feriendomizilen Prominenter). Vgl. auch BGH NJW **2007**, 1977 ff. und NJW **2007**, 1981 ff. (Caroline und Ernst August von Hannover) - kritisch dazu *Hager*, JA **2007**, 647 ff.

genannten abstrakten Prinzipien) genügend Hilfestellung bei der Fallbearbeitung bieten:

- Als grobe Richtschnur gilt, dass bei **Werturteilen** der allgemeine Persönlichkeitsschutz der Meinungsfreiheit vorgeht, wenn die Äußerung einen Angriff auf den Menschenwürdegehalt darstellt.[871] Bei einer (politischen) Satire[872] ist das BVerfG bei der Annahme einer Persönlichkeitsverletzung sehr zurückhaltend.[873]

- Die Meinungsfreiheit tritt regelmäßig zurück, wenn sie eine **Schmähkritik** oder eine **Formalbeleidigung** bedeutet.[874]

- Bei **Tatsachenbehauptungen** gilt, dass diese grundsätzlich hinzunehmen sind, soweit sie **wahr** sind.[875] Allerdings können auch bei wahren Tatsachenbehauptungen Persönlichkeitsbelange überwiegen, wenn die Aussagen die Intim-, Privat- oder Vertraulichkeitssphäre betreffen und sie nicht durch ein berechtigtes Informationsinteresse der Öffentlichkeit gerechtfertigt sind.[876] Die Meinungsfreiheit tritt auch dann zurück, wenn eine wahre Äußerung einen besonderen „Persönlichkeitsschaden" anzurichten droht.[877]

- **Bewusst unwahre Tatsachenbehauptungen** (etwa die sog. Auschwitzlüge) sind demgegenüber schon gar nicht vom Schutzbereich des Art. 5 I GG erfasst, auch wenn sie der Bekräftigung einer Meinung dienen.[878]

- Geht es um „meinungsbildende Tatsachenbehauptungen", die **weder dem Bereich „eindeutig erwiesen" noch dem Bereich „eindeutig widerlegt"** zuzuordnen sind, ist dies zwar grds. von der Meinungsäußerungsfreiheit gedeckt, jedoch muss bei einer Abwägung mit den Grundrechten Dritter (insbesondere dem allgemeinen Persönlichkeitsrecht des von der Äußerung negativ Betroffenen) berücksichtigt werden, dass der Äußernde erhöhte Sorgfaltspflichten hat; insbesondere hat er darauf hinzuweisen, dass seine Behauptung auf ungesicherter Tatsachenbasis beruht; er darf nicht einfach so tun, als sei die Behauptung eine erwiesene Tatsache.

- Geht es um die **Veröffentlichung von Fotos Prominenter** (Personen der Zeitgeschichte), muss ebenfalls eine Interessenabwägung stattfinden, und zwar zwischen der Pressefreiheit des Journalisten und dem Informationsinteresse der Öffentlichkeit einerseits und dem Interesse des Abgebildeten an dem Schutz seiner Privatsphäre andererseits. Je größer der Informationswert für die Öffentlichkeit ist, desto mehr muss das Schutzinteresse desjenigen, über den informiert wird, hinter den Informationsbelangen der Öffentlichkeit zurücktreten. Umgekehrt wiegt aber auch der Schutz der Persönlichkeit des Betroffenen desto schwerer, je geringer der Informationswert für die Allgemeinheit ist.[879] Das Interesse der Leser an bloßer Unterhaltung hat gegenüber dem Schutz der Privatsphäre regelmäßig ein geringeres Gewicht und ist nicht schützenswert.

---

[871] Vgl. BVerfGE **99**, 185, 196 f. (Rufschädigende Behauptung einer Scientology-Mitgliedschaft); **93**, 266, 294 („Soldaten sind Mörder"); **75**, 369, 380 (Karikaturen).

[872] Zur Begründung, warum hier neben Art. 5 III Var. 1 GG auch Art. 5 I GG einschlägig ist, vgl. Rn 538a.

[873] Vgl. BVerfG NJW **2002**, 3767 f. mit Bespr. v. *Hufen*, JuS **2003**, 608 f.

[874] Vgl. BVerfGE **93**, 266, 293 f. („Soldaten sind Mörder"); BVerfGE **99**, 185, 196; BVerfG NJW **2003**, 1109, 1110 (Weitergabe von Informationen an die Presse); *Hufen*, JuS **2003**, 910, 911.

[875] BVerfG NJW **2003**, 1109, 1110; BVerfGE **99**, 185, 196.

[876] BVerfGE **34**, 269, 281 ff. (Schadensersatz bei schweren Verletzungen des allg. Persönlichkeitsrechts); **99**, 185, 197.

[877] BVerfGE **35**, 202, 232 (Verhinderung der Resozialisierung); *Hufen*, JuS **2003**, 910, 911.

[878] BVerfGE **99**, 185, 196 f.; **90**, 241, 247 (Judenverfolgung/„Auschwitzlüge"); **85**, 1, 15 (Kritische Bayer-Aktionäre); BGHZ **90**, 113, 116.

[879] BVerfGE **101**, 361, 391; BGHZ **131**, 332, 342; BGH NJW **2007**, 1977 ff.; BGH NJW **2007**, 1981 ff. (Caroline und Ernst August von Hannover). Damit hat sich der BGH der Rechtsauffassung des EGMR angepasst (vgl. dazu Rn 285). Kritisch zur Rspr. des BGH *Hager*, JA **2007**, 647 ff.

### 5. Zensurverbot

**518**  Eine spezielle Schranken-Schranke bildet das Zensurverbot des Art. 5 I S. 3 GG.[880] Danach kann das Zensurverbot auch nicht durch ein beschränkendes Gesetz i.S.d. Art. 5 II GG durchbrochen werden. Das gilt auch dann, wenn es sich um Jugend- und Ehrschutz handelt. Mit Zensur ist jedoch nur die **Vorzensur** gemeint, d.h. ein präventives Verfahren, vor dessen Abschluss ein Werk noch nicht veröffentlicht werden darf.[881] Nachträgliche Kontroll- und Repressionsmaßnahmen sind also unter dem Gesetzesvorbehalt des Art. 5 II GG möglich.

## III. Konkurrenzen

**519**  Im Anwendungsbereich der **Pressefreiheit** ist ein Rückgriff auf die **Meinungsäußerungsfreiheit** ausgeschlossen (Rn 461). Dagegen steht die **Informationsfreiheit** stets selbstständig neben der Meinungsfreiheit. Die **Rundfunkfreiheit** erfasst nicht die Meinungsäußerungen der Redakteure im Fernsehen oder im Radio; insoweit ist die Meinungsäußerungsfreiheit einschlägig. Für den Empfänger von Rundfunksendungen ist die **Informationsfreiheit** einschlägig, nicht die Rundfunkfreiheit. Zum Verhältnis zwischen Meinungsäußerungsfreiheit und **Versammlungsfreiheit** vgl. Rn 671, zum Verhältnis zwischen Meinungsäußerungsfreiheit und **Glaubensfreiheit** vgl. Rn 408 und zum Verhältnis zwischen Meinungsäußerungsfreiheit und **Kunstfreiheit** vgl. Rn 538a.

## IV. Übungsfälle

**520**  Einige Übungsfälle zu Art. 5 I GG, welche die Materie konkretisieren sollen, können nebst ausformulierten Lösungen kostenlos der Internet-Seite des Verlags Rubrik Studienbücher/Grundrechte/Falllösungen entnommen werden.

---

[880] Vgl. dazu *Deumeland*, KUR **2001**, 121, 123.
[881] BVerfGE **87**, 209, 330 (Einziehung einer Videokassette); a.A. *Hoffmann-Riem*, in: Alternativkommentar, Art. 5 Rn 78.

# H. Kunst- und Wissenschaftsfreiheit – Art. 5 III GG

## I. Kunstfreiheit – Art. 5 III S. 1 Var. 1 GG

---

### Kunstfreiheit – Art. 5 III S. 1 Var. 1 GG

#### I. Schutzbereich der Kunstfreiheit

Dem Wesen der Kunst widerspricht es eigentlich, den Begriff der Kunst zu definieren. Eine Definition ist aber für die Rechtsanwendung unerlässlich.

- Kunst kann zunächst material bestimmt werden (sog. **materialer Kunstbegriff**). Danach ist jede künstlerische Betätigung als freie schöpferische Gestaltung, in der Eindrücke, Erfahrungen, Erlebnisse des Künstlers durch das Medium einer bestimmten Formensprache zum Ausdruck gebracht werden, erfasst.
- Des Weiteren kann Kunst formal bestimmt werden. Danach liegt Kunst vor, wenn das Wesentliche des betreffenden Werks einem bestimmten Werktyp (Malerei, Musik, Bildhauerei, Dichtung, Schauspiel etc.) zugeordnet werden kann (sog. **formaler Kunstbegriff**).
- Ein dritter Definitionsversuch sieht das kennzeichnende Merkmal einer künstlerischen Betätigung darin, dass es wegen der Mannigfaltigkeit des Aussagegehalts möglich sei, der Darstellung im Wege einer fortgesetzten Interpretation immer weitreichendere Bedeutungen zu entnehmen, sodass sich eine praktisch unerschöpfliche, vielstufige Informationsvermittlung ergebe (sog. **offener Kunstbegriff**).

Unerheblich ist, welches Niveau das Objekt hat. Insbesondere spielt es keine Rolle, ob das Objekt als künstlerisch hochwertig oder als profan angesehen wird. Auch Pornographie ist dem Kunstbegriff nicht abträglich. Gleiches gilt für anstößige oder unästhetische Objekte oder aggressive Äußerungen über Personen, z.B. in einer Satire, Karikatur, Parodie (Persiflage) oder in Pop-Songs. Die Kunstfreiheit endet aber dort, wo nur gelegentlich einer künstlerischen Betätigung eigenmächtig Rechte anderer verletzt werden. In diesen Fällen ist nach der Rechtsprechung des BVerfG bereits der **Schutzbereich** des Art. 5 III S. 1 Var. 1 **nicht eröffnet**.

Zum geschützten Verhalten gehört zunächst die künstlerische Tätigkeit selbst, der sog. **Werkbereich**. Die Kunstfreiheit schützt aber auch die Darbietung und Verbreitung des Werks an Dritte, den sog. **Wirkbereich**. So hat das BVerfG den Schutz der Kunstfreiheit auf den Verleger eines Romans, den Hersteller von Schallplatten und den „Abspieler" von Schallplatten erstreckt. Auch die Werbung für ein Kunstwerk wird geschützt.

**Träger des Grundrechts** ist nicht nur derjenige, der das Kunstwerk herstellt, sondern – in Übereinstimmung mit dem geschützten Wirkbereich – auch derjenige, der das Kunstwerk verbreitet, etwa ein Verleger oder ein Filmproduzent. Die Kunstfreiheit ist auch auf juristische Personen oder andere Personenmehrheiten anwendbar. Auch Kunst- und Musikhochschulen sowie die in staatlichen Kunsteinrichtungen künstlerisch tätigen Personen können sich auf die Kunstfreiheit berufen.

#### II. Eingriff in den Schutzbereich

Die Kunstfreiheit wird beeinträchtigt, wenn der Staat den Künstler im **Werk- oder Wirkbereich behindert**, etwa durch Verbote, strafrechtliche oder andere Sanktionen.

Wo jedoch schon der Schutzbereich aufgrund eigenmächtigen Eingreifens in die Rechte Dritter als nicht eröffnet angesehen wird (s.o.), ist kein Eingriff denkbar.

#### III. Verfassungsrechtliche Rechtfertigung

Nach inzwischen einhelliger Meinung wird das Grundrecht der Kunstfreiheit (und der Wissenschaftsfreiheit) nicht durch den Schrankenvorbehalt des Art. 5 II GG tangiert. Die Kunstfreiheit unterliegt allein den **verfassungsimmanenten Schranken** durch Grundrechte Dritter und andere wichtige Güter von Verfassungsrang. Vgl. dazu ausführlich die Ausführungen bei Rn 193 (Rechtfertigung durch kollidierendes Verfassungsrecht) und den dort gegebenen Beispielsfall. Es ist daher stets eine **Abwägung** zwischen dem Grundrecht auf Kunstfreiheit und dem kollidierenden Grundrecht oder sonstigem wichtigen Rechtsgut mit Verfassungsrang vorzunehmen. Dabei genießt der Wirkbereich einen geringeren Schutz als der Werkbereich.

## 1. Schutzbereich

**521** Dem Wesen der Kunst widerspricht es, den Begriff der Kunst zu definieren. Für die Rechtsanwendung ist eine Definition aber unerlässlich.[882] Im sog. Mephisto-Beschluss hat das BVerfG die Kunst als „freie schöpferische Gestaltung, in der Eindrücke, Erlebnisse des Künstlers durch das Medium einer bestimmten Formensprache zur unmittelbaren Anschauung gebracht werden"[883], definiert (sog. materialer Kunstbegriff). In neuerer Zeit unterstreicht das Gericht zwar die Unmöglichkeit, Kunst zu definieren[884] (sog. offener Kunstbegriff), verwendet aber mehrere Kunstbegriffe nebeneinander:

- Kunst kann zunächst material bestimmt werden (sog. **materialer Kunstbegriff**). Danach ist jede künstlerische Betätigung als freie schöpferische Gestaltung, in der Eindrücke, Erfahrungen, Erlebnisse des Künstlers durch das Medium einer bestimmten Formensprache zum Ausdruck gebracht werden, erfasst.

- Des Weiteren kann Kunst formal bestimmt werden. Danach liegt Kunst vor, wenn das Wesentliche des betreffenden Werks einem bestimmten Werktyp (Malerei, Musik, Bildhauerei, Dichtung, Schauspiel etc.) zugeordnet werden kann (sog. **formaler Kunstbegriff**).

- Ein dritter Ansatz sieht das kennzeichnende Merkmal einer künstlerischen Betätigung darin, dass es wegen der Mannigfaltigkeit des Aussagegehalts möglich sei, der Darstellung im Wege einer fortgesetzten Interpretation immer weitreichendere Bedeutungen zu entnehmen, sodass sich eine praktisch unerschöpfliche, vielstufige Informationsvermittlung ergebe[885] (sog. **offener Kunstbegriff**).

**522** Keine der genannten Definitionsversuche bietet jeweils zuverlässige Kriterien. Der materiale Kunstbegriff ist zu unpräzise; er stellt eher eine Beschreibung als eine Definition dar. Der formale Kunstbegriff ist zu eng, da das Bestreben moderner Kunst gerade darin besteht, neue Erscheinungsformen der Kunst zu entwickeln, die gerade noch nicht einem bestimmten Werktyp zugeordnet sind. Der formale Kunstbegriff hilft also lediglich dann weiter, wenn ein bestimmtes Werk einem bereits bekannten Werktyp zugeordnet werden kann. Schließlich leidet der offene Kunstbegriff daran, dass ihm zufolge gerade keine abschließende Beurteilung möglich ist.

**523** Um **staatliches Kunstrichtertum auszuschließen**, ist der Begriff der Kunst jedenfalls **weit** zu verstehen. Im Laufe der Zeit haben sich allerdings einige Anhaltspunkte entwickelt, bei deren Vorliegen indiziell auf Kunst geschlossen werden kann: So spricht für das Vorliegen von Kunst zunächst der Umstand, dass sein Urheber das Werk als Kunst betrachtet. Für das Vorliegen eines Kunstwerks spricht auch, wenn sich das Werk einem bestimmten Grundtypus zuordnen lässt (s.o., formeller Kunstbegriff). Bedeutsam ist auch, ob ein in Kunstfragen kompetenter Dritter es für vertretbar hält, das in Frage stehende Objekt als Kunstwerk anzusehen.

**524** **Unerheblich** ist, welches **Niveau** das Objekt hat.[886] Insbesondere spielt es keine Rolle, ob das Objekt als künstlerisch hochwertig oder als profan angesehen wird. Einer Bewertung der „Höhe" der Kunst hat sich der Staat zu enthalten. Kunst ist einer staatlichen Stil- und Niveaukontrolle nicht zugänglich.[887]

---

[882] Vgl. BGH NJW **1975**, 1882, 1884.
[883] BVerfGE **30**, 173, 189 (Mephisto).
[884] BVerfG NJW **2001**, 596 (Verunglimpfung des Staates); BVerfGE **67**, 213, 225 f. (Anachronistischer Zug).
[885] BVerfGE **67**, 213, 225 f.
[886] BVerfG NJW **2001**, 596, 597 (Verunglimpfung des Staates); BVerfGE **81**, 298, 305 (Verunglimpfung der Nationalhymne); **81**, 278, 289 (Verunglimpfung der Bundesflagge); vgl. auch BGH NJW **2001**, 603, 604 (K´s Mattscheibe) mit Bespr. v. *v. Becker*, NJW **2001**, 583 ff.
[887] BVerfG NJW **2001**, 596, 597 (Verunglimpfung des Staates); BVerfGE **81**, 278, 291 (Verunglimpfung der Nationalflagge). Vgl. auch BGH NJW **2001**, 603, 605 (K´s Mattscheibe); *v. Becker*, NJW **2001**, 583, 584; *Michael*, JuS **2001**, 654, 659 und *Hufen*, JuS **2001**, 700.

Auch Pornographie kann Kunst sein.[888] Gleiches gilt für anstößige oder unästhetische **525** Objekte[889] oder aggressive Äußerungen über Personen, bspw. in einer Satire, Karikatur, Parodie (Persiflage) oder einem Pop-Song[890].

- **Satire** ist die offene – oft boshafte – Bloßstellung eines Gegenstands oder einer Person mit dem Ziel, diese der Lächerlichkeit preiszugeben. Da jedoch nicht jede Satire zwingend Kunst darstellt, ist Satire, die ausnahmsweise einmal nicht Kunst ist, der Meinungsäußerungsfreiheit des Art. 5 I S. 1 Var. 1 GG zuzuordnen.[891]
- Die **Karikatur** ist sozusagen die Satire mit graphischen Mitteln.
- Die **Parodie** (**Persiflage**) hingegen bedient sich eines Objekts, indem sie dieses in ein antithematisches Umfeld stellt und dadurch eine neue – oft künstlerische – Aussage hervorbringt.

Die Übergänge zwischen diesen Erscheinungsformen sind oft fließend. So kann sich die Satire auf Kunstwerke, aber auch auf reale Sachverhalte oder Personen beziehen, die Parodie i.d.R. nur auf Kunstwerke. Allen Erscheinungsformen gemeinsam ist aber, dass sie sich auf einen urheberrechtlich geschützten Gegenstand beziehen können, was u.U. die Einwilligung des Urheberrechtsinhabers bzw. des Berechtigten erforderlich macht. Bei fehlender, aber erforderlicher Einwilligung kann es sich mithin um eine unfreie Benutzung gem. § 24 UrhG handeln, was Unterlassungs- und Schadensersatzansprüche nach sich ziehen kann. Umgekehrt besitzen auch Satiren, Karikaturen und Parodien die grundsätzliche Fähigkeit, als urheberrechtlich geschützte Leistung angesehen zu werden. Daher kommt es regelmäßig zu Konflikten, die Gegenstand zahlreicher gerichtlicher Auseinandersetzungen sind. Aufgabe der Gerichte ist dann, die widerstreitenden Interessen in ein Verhältnis praktischer Konkordanz zu bringen. Wie dies geschieht, wird im Folgenden anhand einer Darstellung aktueller Entscheidungen gezeigt.

Kunstfreiheit bedeutet schließlich, dass der rechtlichen Würdigung von mehreren **526** möglichen Interpretationen eines Kunstwerks diejenige zugrunde zu legen ist, in der das Kunstwerk fremde Rechte oder Allgemeininteressen nicht beeinträchtigt.[892] So wäre es mit der Kunstfreiheit unvereinbar, die tiefere Bedeutung von künstlerischer Satire und Ironie am Maßstab eines angeblich gesunden Menschenverstandes zu messen und Verletzungen des Ehr-, Persönlichkeits- oder auch Staatsschutzes anzunehmen, wo es auch andere, symbolische und metaphorische Interpretationen gibt.

**Beispiele:**
(1) Eine Punkrockgruppe, die ein Lied mit der Bezeichnung „Deutschland muss sterben, damit wir leben können" komponiert und verbreitet, verstößt nicht notwendigerweise gegen § 90a StGB. Denn im Lichte des Art. 5 III S. 1 GG darf der Schutz des Staates und seiner Symbole nach § 90 a StGB nicht zu einer Immunisierung des Staates gegen Kritik und selbst gegen Ablehnung führen. Vielmehr bedarf es einer einzelfallbezogenen Abwägung der widerstreitenden Verfassungsrechtsgüter.[893]
(2) Eine Collage, bei der ein Mann auf die anlässlich eines Gelöbnisses von Bundeswehrsoldaten gezeigte Bundesflagge uriniert (vgl. § 90 a I Nr. 2 StGB), muss nicht

---

[888] Vgl. BVerfGE **83**, 130, 138, 147 ff. („Josefine Mutzenbacher"); BGHSt **37**, 55, 58 („Opus Pistorum").
[889] LG Düsseldorf NJW **1988**, 345 („Fettecke").
[890] Vgl. *v. Becker*, NJW **2001**, 583, dessen Beitrag auch die nachfolgenden Definitionen entnommen sind.
[891] Vgl. BVerfG NJW **2002**, 3767 f. mit Bespr. v. *Hufen*, JuS **2003**, 608 f.; BGHZ **156**, 206 ff.
[892] Vgl. BVerfG NJW **2002**, 3767 f. BVerfG NJW **2001**, 596, 597 (Verunglimpfung des Staates); BVerfGE **67**, 213, 230 (Anachronistischer Zug); **81**, 298, 307 (Verunglimpfung der Nationalhymne).
[893] BVerfG NJW **2001**, 596, 597 (Verunglimpfung des Staates).

den Staat und die verfassungsmäßige Ordnung angreifen, sondern kann als Satire lediglich dem Militärdienst und den militärischen Einrichtungen gelten.[894]

**(3)** Auch eine satirische Nachdichtung der Nationalhymne muss diese nicht der Lächerlichkeit preisgeben, sondern kann Widersprüche zwischen Anspruch und Wirklichkeit anprangern wollen und dabei den Idealen der Nationalhymne gerade verpflichtet sein.[895]

**527** Die Kunstfreiheit endet aber dort, wo nur gelegentlich einer künstlerischen Betätigung eigenmächtig Rechte anderer verletzt werden (sog. „**Unfriedlichkeit der Kunst**").

**Beispiele:**

**(1)** Wer Bauwerke mit Farbe besprüht (**Graffiti**) und damit den Tatbestand der wiederholten und fortgesetzten Sachbeschädigung (§§ 303 II, 304 II StGB) begeht, kann sich im Ergebnis nicht auf Kunstfreiheit berufen. Denn deren Reichweite erstreckt sich nicht auf die eigenmächtige Inanspruchnahme oder Beeinträchtigung fremden Eigentums zum Zwecke der künstlerischen Entfaltung (sei es im Werk- oder Wirkbereich der Kunst). Überdies enthält das Eigentumsgrundrecht (Art. 14 GG) gleichfalls eine Verbürgung von Freiheit; nach den vom Grundgesetz getroffenen Wertungen steht es nicht prinzipiell hinter der Freiheit der Kunst zurück. Kunst kann sich auch ohne Beschädigung fremden Eigentums entfalten.[896]

**(2)** Auch wenn ein Bildhauer sein **13-jähriges Modell verführt**, ist diese Verführung selbstverständlich nicht mehr von der Kunstfreiheit umfasst. Gleiches gilt für einen **Totschlag** auf der Bühne.

**(3)** Wenn jemand ein „**Happening**" veranstaltet, indem er die Schranke einer Bahnanlage derart manipuliert, dass ein Zug mit einem Bus kollidiert und dabei Personen- und Sachschäden auftreten, kann er sich ebenfalls nicht auf die Kunstfreiheit berufen.

**528** Hier kann allein fraglich sein, ob bereits eine **Schutzbereichsbegrenzung** angenommen werden sollte oder ob die Kunstfreiheit auf der Ebene der verfassungsrechtlichen Rechtfertigung im Rahmen einer **Abwägung** mit dem kollidierenden Verfassungsgut zurücktritt. Eine Schutzbereichsbegrenzung unter dem Aspekt der Unfriedlichkeit hat im Grundrechtekatalog bspw. in Art. 8 I GG ihren Niederschlag gefunden. Bei Art. 5 III GG fehlt aber eine diesbezügliche Formulierung. Hätte der Verfassungsgeber gewollt, dass auch die „unfriedliche" Kunst aus dem Schutzbereich der Kunstfreiheit herausgehalten werden sollte, hätte er dies mit einer entsprechenden Formulierung im Verfassungstext zum Ausdruck gebracht (*argumentum e contrario* – Umkehrschluss)[897]. Zudem dürfte es gerade erst eine Frage der Güterabwägung sein, inwiefern betroffene Rechte hinter der Kunstfreiheit zurücktreten müssen. Schließt man sich diesem Gedanken an, kommt eine Übertragung des Vorbehalts der Friedlichkeit in Art. 8 I GG auf Art. 5 III GG nicht in Betracht.

**529** So hat auch das BVerfG in seiner jüngsten diesbezüglichen Entscheidung, bei der es um die vermeintliche Verunglimpfung des Staates ging, entgegen der Fachgerichtsentscheidung nicht den Schutzbereich des Art. 5 III S. 1 GG wegen Erfüllung des Straftatbestandes des § 90a StGB ausgeschlossen, sondern ausdrücklich betont, dass die Kunstfreiheit ihre Grenzen allein in den Grundrechten Dritter und in anderen verfassungsrechtlich geschützten Gütern finde.[898] Damit bekräftigt das Gericht nicht nur seine durchweg liberale Linie im Hinblick auf politische Kunstwerke (vgl. bereits die mehrfach genannten Entscheidungen

---

[894] BVerfGE **81**, 278, 294 (Verunglimpfung der Bundesflagge).
[895] BVerfGE **81**, 298, 306 f. (Verunglimpfung der Nationalhymne).
[896] BVerfG NJW **1984**, 1293 („Sprayer von Zürich").
[897] Anders *Muckel*, in: Die Macht des Geistes (Festschrift für Hartmut Schiedermair), S. 347, 353.
[898] Vgl. BVerfG NJW **2001**, 596 (Verunglimpfung des Staates).

zur Verunglimpfung der Nationalhymne und der Bundesflagge), sondern stellt auch klar, dass der strafrechtliche Ehrenschutz, der Schutz der Religion, das Persönlichkeitsrecht etc. erst dann eingriffen, wenn der Kern des jeweiligen anderen Rechts durch ein satirisches Werk tangiert sei. Das setzt jedoch eine Abwägung im Einzelfall voraus (praktische Konkordanz), die nicht im Rahmen der Eröffnung des Schutzbereichs, sondern bei der Frage nach der verfassungsrechtlichen Rechtfertigung vorzunehmen ist.[899]

> **Hinweis für die Fallbearbeitung:** Selbstverständlich ist es dem Fallbearbeiter unbenommen, die „unfriedliche" Kunst entweder bereits aus dem Schutzbereich des Art. 5 III GG herauszuhalten oder aber im Rahmen der auf der Ebene der verfassungsrechtlichen Rechtfertigung zu prüfenden Güterabwägung hinter dem kollidierenden Rechtsgut zurücktreten zu lassen, solange nur ein vertretbares Ergebnis erzielt wird. Gerade aber die Güterabwägung ist es, die zu einer differenzierten Bewertung der Arbeit führt. Im Zweifel sollte daher der Schutzbereich großzügig gehandhabt werden, denn zum einen ermöglicht die Bejahung des Schutzbereichs die Behandlung weiterer, auf den Ebenen des Eingriffs und der verfassungsrechtlichen Rechtfertigung zu diskutierender Probleme, und zum anderen ist schon deshalb eine großzügige Handhabung des Schutzbereichs angezeigt, weil auch das BVerfG (von der Osho-Entscheidung BVerfGE 105, 279 ff. einmal abgesehen) grundsätzlich eine extensive Auslegung bevorzugt, nämlich diejenige, die „die juristische Wirkungskraft der Grundrechtsnorm am stärksten entfaltet". Zu weit geht es jedenfalls, wenn man überhaupt nur erlaubtes Verhalten unter den Schutzbereich der Kunstfreiheit stellt.[900] Die Grenze liegt allerdings dort, wo völlig abwegige Ergebnisse erzielt würden.

**Geschütztes Verhalten:** Zum geschützten Verhalten gehört zunächst die künstlerische Tätigkeit selbst, der sog. **Werkbereich**. Die Kunstfreiheit schützt aber auch die Darbietung und Verbreitung des Werks an Dritte, den sog. **Wirkbereich**.[901] So hat das BVerfG den Schutz der Kunstfreiheit auch auf den Verleger eines Romans[902] oder eines Theaterstücks[903], auf den Hersteller von Schallplatten[904] und den „Abspieler" einer Musikkassette, deren Inhalt als Kunst eingestuft wurde[905], erstreckt. Auch die Werbung für ein Kunstwerk wird geschützt.[906] Die reine wirtschaftliche Verwertung des Kunstobjekts (also die Einnahmeerzielung) wird dagegen nicht von Art. 5 III GG geschützt; insoweit sind andere Grundrechte (etwa Art. 14 I, 12 I, 2 I GG) einschlägig.[907] Da Berufsschutz und Eigentumsschutz aber weniger stark ausgeprägt sind als der Schutz der Kunstfreiheit[908], sind Eingriffe in die wirtschaftliche Verwertung eher zu rechtfertigen. Nimmt der Staat allerdings auf diesem Weg Einfluss auf die Kunstausübung oder macht er eine freie künstlerische Betätigung praktisch unmöglich, wird man auch in diesem Fall die Kunstfreiheit heranziehen müssen.[909] **530**

**Träger des Grundrechts** ist nicht nur derjenige, der das Kunstwerk herstellt (persönlichkeitsrechtlicher Aspekt der Kunst), sondern – in Übereinstimmung mit dem **531**

---

[899] Vgl. auch BVerfG NJW **2002**, 3767 f. mit Bespr. v. *Hufen*, JuS **2003**, 608 f.

[900] Abzulehnen ist daher die Auffassung von *Pieroth/Schlink*, Rn 617.

[901] Vgl. dazu BVerfG NJW **2005**, 2843 (Nutzung der Räume des Bundestags für eine Kunstaktion; dazu oben Rn 15 und 16); NJW **2001**, 596, 597 (Verunglimpfung des Staates); VG Sigmaringen NJW **2001**, 628, 630 und grundlegend BVerfGE **30**, 173, 189 (Mephisto).

[902] BVerfGE **30**, 173, 191 (Mephisto).

[903] BVerfG-K NJW **2001**, 598 (Grenzen der Zitierfreiheit).

[904] BVerfGE **36**, 321, 331 (Schallplatten-Umsatzsteuer).

[905] BVerfG NJW **2001**, 596 (Verunglimpfung des Staates).

[906] BVerfGE **77**, 240, 251 (Herrnburger Bericht).

[907] BVerfGE **31**, 229, 239 (Schulbuch); **49**, 382, 392 (Urheberrecht); **71**, 162, 176 (Werbeverbot für Ärzte); *Winkler*, JA **2001**, 371.

[908] Der Schutz unterliegt hier formell dem Vorbehalt gesetzlicher Ausgestaltung bzw. Regelung (vgl. Art. 12 I S. 2, 14 I S. 2 GG) und materiell der Einschränkung durch den Gesetzesvorbehalt des Art. 12 I S. 2 bzw. die Sozialpflichtigkeit nach Art. 14 II GG.

[909] *Scholz*, in: Maunz/Dürig, GG, Art. 5 Abs. 3 Rn 18; vgl. auch BVerfGE **31**, 229, 240 (Schulbuch).

geschützten Wirkbereich – auch derjenige, der das Kunstwerk verbreitet, etwa ein Verleger oder ein Filmproduzent (vermögensrechtlicher Aspekt der Kunst). Dies beruht zum einen auf der – wenn auch nicht begriffsnotwendigen, aber doch jedenfalls von Art. 5 III GG mit geschützten – kommunikativen Dimension der Kunst, zum anderen auf der freien Übertragbarkeit des im Urheberverwertungsrecht verkörperten Vermögenswerts des Kunstwerks.[910] Die Kunstfreiheit ist auch auf juristische Personen oder andere Personenmehrheiten anwendbar. Schließlich können sich Kunst- und Musikhochschulen (auch soweit es sich um Einrichtungen des öffentlichen Rechts handelt) sowie die in staatlichen Kunsteinrichtungen künstlerisch tätigen Personen auf die Kunstfreiheit berufen.

## 2. Eingriff in den Schutzbereich

**532**  Die Kunstfreiheit wird beeinträchtigt, wenn der Staat den Künstler im **Werk- oder Wirkbereich behindert**, etwa durch Verbote, strafrechtliche oder andere Sanktionen.

**Beispiele:**

**(1)** Strafgerichtliche Verurteilung eines Versammlungsleiters wegen des öffentlichen Abspielens des Liedes „Deutschland muss sterben"[911]

**(2)** Zivilgerichtliche Verurteilung eines Wochenmagazins, die weitere Veröffentlichung einer satirischen Fotomontage, bei der der Vorstandsvorsitzende der Deutschen Telekom AG verzerrt dargestellt wird, zu unterlassen[912]

**(3)** Strafgerichtliche Verurteilung eines Schauspielers des politischen Straßentheaters „Anachronistischer Zug" wegen Beleidigung des Kanzlerkandidaten Franz Josef Strauß[913]

**(4)** Verbot, den Roman „Mephisto Roman einer Karriere" von Klaus Mann zu vertreiben, weil er das Persönlichkeitsrecht des Gustav Gründgens verletze[914]

**(5)** Verbot, das Theaterstück „Germania 3 Gespenster am Toten Mann" zu vervielfältigen oder zu verbreiten.[915]

**(6)** Ablehnung eines Antrags auf Nutzung der Räume des Bundestags für eine Aufführung der „Legende vom toten Soldaten" von Bertolt Brecht.[916]

**533**  Wo jedoch schon der Schutzbereich aufgrund eigenmächtigen Eingreifens in die Rechte Dritter als nicht eröffnet angesehen wird (s.o.), ist kein Eingriff denkbar. Kein (echter) Eingriff liegt jedenfalls in dem Verbot, öffentliche Verkehrsflächen zu nutzen, da es hier genau genommen um Teilhabe geht und nicht um die Herausnahme gemeinschädlicher Verhaltensweisen aus dem Schutzbereich.

**534**  Auch bei sonstigen Leistungsbegehren sind die einschlägigen Vorschriften „kunstfreundlich" auszulegen. Musikalische Darbietungen weniger Straßenmusikanten ohne Verstärker sind daher wohl als (zulassungsfreier) Gemeingebrauch einzustufen. Auf jeden Fall lässt die Kunstfreiheit das Ermessen bei der Erteilung einer Sondernutzungserlaubnis schrumpfen.[917] Vgl. dazu auch das Parallelbeispiel zu den öffentlichen Sachen im Gemeingebrauch bei *R. Schmidt*, BesVerwR I, Rn 868.

---

[910] Vgl. BVerfGE **30**, 173, 191 (Mephisto); **81**, 278, 292 (Bundesflagge).
[911] BVerfG NJW **2001**, 596, 597 (Verunglimpfung des Staates).
[912] BGH NJW **2004**, 596 f. (aufgehoben durch BVerfG NJW **2005**, 3271).
[913] BVerfGE **67**, 213, 222 f. (Anachronistischer Zug).
[914] BVerfGE **30**, 173, 188 f. (Mephisto).
[915] Vgl. BVerfG-K NJW **2001**, 598 (Grenzen der Zitierfreiheit).
[916] BVerfG NJW **2005**, 2843 f. Vgl. dazu bereits Rn 15 und 16.
[917] Vgl. BVerwGE **84**, 71, 78.

Ein Eingriff in den Schutzbereich kommt unter dem Aspekt der Diskriminierung auch **535** bei **faktischen Maßnahmen** in Betracht, etwa wenn eine andere Kunstrichtung durch eine Subvention gefördert wird. Allerdings folgt aus dem objektiven Auftrag des Staates zur Förderung der Kunst ein weiter Spielraum, der erst dann überschritten wird, wenn die Förderung einer bestimmten Kunstrichtung willkürlich erscheint oder auf nicht vertretbaren Umständen basiert. Eine Vergabe der Förderung durch unabhängige sachverständige Gremien wird der Kunstfreiheit am ehesten gerecht.

## 3. Verfassungsrechtliche Rechtfertigung von Eingriffen (Grundrechtsschranken)

Die Kunstfreiheit unterliegt **keinem Gesetzesvorbehalt**.[918] Insbesondere wird sie **536** (in Übereinstimmung zur Wissenschaftsfreiheit) nicht durch den Schrankenvorbehalt des Art. 5 II GG tangiert. Es wäre systemwidrig, die Grundrechtsschranken eines allgemeinen Grundrechts (hier die Grundrechte aus Art. 5 I GG) auf ein spezielles Grundrecht (hier die Grundrechte aus Art. 5 III GG) zu übertragen. Außerdem steht der Schrankenvorbehalt des Art. 5 II GG systematisch *vor* den Grundrechtsverbürgungen des Art. 5 III GG. Es wäre unsystematisch, wenn im Gesetz die Schranke vor ihrem Grundrecht stünde. Eine ähnliche Argumentation lässt sich auch gegen die Übertragung der Schrankentrias des Art. 2 I GG auf Art. 5 III GG vorbringen. Ebenso ist eine Schrankenübertragung kraft Grundrechtskonkurrenz abzulehnen (vgl. dazu Rn 193). Die Kunstfreiheit kann daher (zumindest was das künstlerische Schaffen selbst angeht) allein durch **kollidierendes Verfassungsrecht**, d.h. durch Grundrechte Dritter und andere wichtige Güter von Verfassungsrang eingeschränkt werden (verfassungsimmanente Schranken). Es ist daher stets eine **Abwägung** zwischen dem Grundrecht auf Kunstfreiheit und dem kollidierenden anderen wichtigen Verfassungsgut vorzunehmen (**praktische Konkordanz**).

**Beispiele:**

(1) Grundrechte Dritter sind das **allgemeine Persönlichkeitsrecht** aus Art. 2 I i.V.m. Art. 1 I GG, etwa bei Angriffen auf die Ehre[919], bei der Veröffentlichung einer satirischen Fotomontage[920] oder bei sonstiger Entstellung der Persönlichkeit[921].

(2) Auch wenn ein Künstler die Werke eines anderen in seinem eigenen Werk zitiert, kollidiert die Kunstfreiheit des Zitierenden (bzw. seines Verlegers) mit dem **Eigentums- und Persönlichkeitsrecht** des zitierten Künstlers (bzw. seiner Rechtsnachfolger, sofern es sich um eine verstorbene Person handelt).

(3) Bei einer **Satire** kann das Grundrecht des Satirikers aus Art. 5 III S. 1 GG mit dem ebenfalls grundrechtlich geschützten **Urheberrecht** (Art. 14 I GG) oder dem **allgemeinen Persönlichkeitsrecht** (Art. 2 I i.V.m. Art. 1 I GG) desjenigen, dessen Person der Lächerlichkeit preisgegeben wird, kollidieren.[922]

(4) Auch kann das **elterliche Erziehungsrecht** (Art. 6 II S. 1 GG) gegenüber Werken mit jugendgefährdendem Inhalt eine Schranke der Kunstfreiheit darstellen.

(5) Aufgrund des im Vergleich zum Werkbereich geringeren Schutzes des Wirkbereichs sind Aufstellungsbeschränkungen für Kunstwerke (etwa **Monumentalplastiken**) im **bauplanungsrechtlichen Außenbereich** (§ 35 BauGB) grundsätzlich zuläs-

---

[918] Vgl. nur BVerfG NJW **2001**, 596, 597 (Verunglimpfung des Staates); BVerfG NJW **2001**, 598 (Grenzen der Zitierfreiheit); BVerfGE **30**, 173, 191 (Mephisto); **83**, 130, 139 („Josefine Mutzenbacher"); *Jarass*, in: Jarass/Pieroth, GG, Art. 5 Rn 91; *Kannengießer*, in: Schmidt-Bleibtreu/Klein, GG, Art. 5 Rn 17; *Wendt*, in: von Münch/Kunig, GG, Art. 5 Rn 95 ff.

[919] Vgl. dazu BVerfG NJW **2002**, 3767 f. mit Bespr. v. *Hufen*, JuS **2003**, 608 f.

[920] BGH NJW **2004**, 596 f. (aufgehoben von BVerfG NJW **2005**, 3271) – dazu oben Rn 287 Fall 1.

[921] BGH NJW **2005**, 2844 f. (Roman „Esra"). Vgl. auch *Wanckel*, NJW **2006**, 578 f.

[922] Vgl. dazu ebenfalls BGH NJW **2004**, 596 f. und oben Rn 278 Fall 1; BGH NJW **2001**, 603 ff.

sig. Sie können mit dem Verfassungsauftrag zum Schutz der Umwelt gem. Art. 20a GG gerechtfertigt sein.[923]

**(6)** Geht es um **politische Satire**, die eine vermeintliche Verunglimpfung des Staates und seiner Symbole zur Folge hat, ist – wie bereits erwähnt – zu beachten, dass der Staats- und Symbolschutz nicht zu einer Immunisierung des Staates gegen Kritik führen darf. Es bedarf einer einzelfallbezogenen Abwägung der widerstreitenden Verfassungsrechtsgüter. Dabei gilt es, den politischen Kern der Aussage zu erkennen und dessen Funktion im politischen Meinungskampf zu würdigen und schließlich gegen die Staatsschutzinteressen abzuwägen.[924]

**537**

> **Hinweis für die Fallbearbeitung:** Insbesondere die Beispiele 1, 2 und 3 sind Ausgangspunkt für einen Zivilprozess, bei dem sich die in ihren Rechten verletzte Person um Unterlassung oder Schadensersatz wegen Verletzung des allgemeinen Persönlichkeitsrechts bemüht. Zwar kann der Klagegegner als Privatperson unmittelbar keine Grundrechte verletzen, weil er nicht Grundrechtsadressat ist, jedoch kann er gegen einfachgesetzliche Bestimmungen (etwa gegen §§ 22, 23 KUG) verstoßen, die gerade dem Grundrechtsschutz zu dienen bestimmt sind. Der Richter hat dann i.d.R. eine Abwägung zu treffen zwischen dem Persönlichkeitsrecht des Klägers und den Grundrechten (i.d.R. Meinungsäußerungs-, Presse- und/oder Kunstfreiheit) des Beklagten. Sofern kein Vergleich geschlossen, sondern ein Urteil gesprochen wird, ergeht dieses zulasten mindestens einer Prozesspartei und greift damit in Grundrechte ein. Dieses (bzw. das letztinstanzliche) Urteil ist es dann, das als staatlicher Akt wegen Verletzung von Grundrechten vor dem BVerfG im Rahmen einer Urteils-Verfassungsbeschwerde angegriffen werden kann. Das BVerfG prüft dann, ob das Fachgericht bei seiner Urteilsfindung die Bedeutung der widerstreitenden Grundrechte verkannt, ob es also spezifisches Verfassungsrecht verletzt hat. Überprüft wird, ob das Fachgericht eine rechtsfehlerfreie Abwägung zwischen den widerstreitenden Rechtsgütern vorgenommen hat. Diese Abwägung ist folgendermaßen vorzunehmen: Zunächst ist eine abstrakte, d.h. eine vom zu entscheidenden Fall unabhängige Bewertung der widerstreitenden Rechtsgüter vorzunehmen. Ist z.B. das eine Grundrecht einfacher einzuschränken als das andere, besitzt es grundsätzlich eine geringere Wertigkeit. Entscheidend ist aber letztlich der konkrete Einzelfall. Es ist zu untersuchen, bei welchem Grundrecht der Eingriff schwerer wiegt. Dabei ist die Unterscheidung zwischen Peripherie und Kernbereich nützlich: Ist bei dem – abstrakt gesehen – höherwertigen Grundrecht lediglich der Randbereich betroffen, bei dem – abstrakt gesehen – geringerwertigen Grundrecht dagegen in den Kernbereich eingegriffen worden, ist es nicht zu beanstanden, wenn die konkrete Bewertung für den Vorrang des an sich geringerwertigen Grundrechts ausfällt.

**538** Aufgrund des Grundsatzes vom Vorbehalt des Gesetzes ist bei Eingriffen durch die Exekutive aber stets eine **gesetzliche Grundlage** erforderlich. Bei Eingriffen der Judikative muss der Richter bei seiner Entscheidung die Bedeutung der Kunstfreiheit beachten (keine Verletzung spezifischen Verfassungsrechts). Aufgrund der begrüßenswerten Tendenz des BVerfG, die künstlerische Auseinandersetzung mit urheberrechtlich geschützten Stoffen rechtlich zu stärken, wurden zwei Entscheidungen des BVerfG aufbereitet. Die Lösungen sind der Internet-Seite des Verlags Rubrik Studienbücher/Grundrechte/Falllösungen zu entnehmen (weitere Entscheidungen zu diesem Thema sind außerdem im Rahmen des allgemeinen Persönlichkeitsrechts dargestellt, Rn 287):

---

[923] BVerwG NJW **1995**, 2648, 2649 (Monumentalfiguren im Außenbereich) mit krit. Bespr. v. *Vesting*, NJW **1996**, 1111 ff. Vgl. dazu auch *Koenig/Zeiss*, Jura **1997**, 225 ff. sowie den Beispielsfall bei *R. Schmidt*, Staatsorganisationsrecht, Rn 322 (Staatsziel Umweltschutz).

[924] Vgl. dazu die Rspr. des BVerfG zu politischen Kunstwerken: BVerfG NJW **2001**, 596 (Lied „Deutschland muss sterben"), BVerfGE **81**, 298, 304 (Nationalhymne); **81**, 278, 289 (Bundesflagge).

**Entscheidung 1[925]:** Die Theater-GmbH verlegt das Stück „Germania 3 Gespenster am Toten Mann" von Heiner Müller. Dieses Stück enthält Textpassagen von Bertolt Brecht, ohne dass dafür eine Genehmigung der Erben[926] Brechts vorliegt. Diese verklagen daraufhin die Theater-GmbH vor dem Zivilgericht auf Unterlassung und Schadensersatz (vgl. § 97 i.V.m. §§ 15 I, 16, 17 UrhG). Das letztinstanzlich zuständige OLG gibt der Klage statt. Die übernommenen Texte Brechts dienten Müller nicht nur als Belege für eigene Erörterungen, sondern dienten der Gestaltung eines neuen Werks. Sie überschritten daher die Grenze eines nach § 51 Nr. 2 Urhebergesetz zulässigen Kleinzitats. Die Theater-GmbH möchte dieses Urteil nicht gelten lassen und erhebt Verfassungsbeschwerde. Mit Erfolg? Von der Zulässigkeit ist auszugehen.

**Entscheidung 2[927]:** P ist Produzent beim privaten Fernsehsender R. Unter anderem produziert er dort die Fernsehshow „Der Preis ist heiß" samt der darin enthaltenen Werbung. In der Sendung vom 26.06.2001 hatte einer der Werbespots das Blasenstärkungsmittel B zum Gegenstand. Das Konkurrenzunternehmen S strahlt unter anderem die Sendung „K´s Mattscheibe" aus. Bei dieser Sendung handelt es sich nach eigenen Angaben um eine wöchentliche Fernsehkritik in satirischer und parodistischer Form. In der Sendung vom 05.08.2001 befasste sich „K´s Mattscheibe" mit der Fernsehsendung „Der Preis ist heiß" vom 26.06.2001. Hierzu wurden Originalausschnitte inklusive des Werbespots, der das Blasenstärkungsmittel B zum Gegenstand hatte, eingeblendet. In Mimik und Gestik diesen Werbespot parodierend, preist K das Produkt an:

> „Ja, B-Pipifax, der leckere Blasendurchpuster für die ganze Familie. Jetzt mit lustigen Pinkelrekorden und Prostata-Partycocktails in jeder Packung."

Später ahmt K den P nach und kommentiert dessen Verhalten mit folgenden Worten:

> „Auch unser lustiger Walter kann endlich wieder strullen wie ein Rennpferd. Hui, macht das einen Spaß. B – stärkt die Blase, nicht das Gehirn."

Schließlich beendet K seine Einlage mit den Worten:

> „Ihr Partner in Sachen Wasserlassen. B-Pipifax. Trinken Sie es und verpissen Sie sich!"

R klagt gegen S auf Unterlassung und Schadensersatz und stützt seine Ansprüche auf §§ 23, 24, 95 UrhG, § 3 UWG. Wie wird das Gericht entscheiden?

**Konkurrenzen:** Zu den Grundrechten aus Art. 5 I GG (insbesondere Meinungsäußerungsfreiheit) ist die Kunstfreiheit das spezielle Grundrecht.[928] Kann sich also der Grundrechtsträger sachlich sowohl auf Meinungsäußerungs- als auch auf Kunstfreiheit berufen, braucht die Meinungsäußerungsfreiheit in der Fallbearbeitung i.d.R. nicht separat geprüft zu werden. Etwas anderes kann freilich dann gelten, wenn im Rahmen der Grundrechtskollision (= Kollision mit Grundrechten Dritter) die Kunstfreiheit mit den Grundrechten des anderen (insbesondere mit dem allgemeinen Persönlichkeitsrecht aus Art. 2 I GG i.V.m. Art. 1 I GG) abgewogen werden muss. Dann kann die Meinungsäußerungsfreiheit zur „Verstärkung" der Kunstfreiheit (insbesondere bei der sog. *engagierten Kunst*, also bei der Kunst, die neben der eigentlichen künstlerischen Aussage auch eine politische Aussage enthält[929]) herangezogen werden.

538a

> **Beispiel:** Beeinträchtigt ein Satiriker mit einer politischen Satire das allgemeine Persönlichkeitsrecht eines Politikers und begehrt dieser Politiker daher Unterlassung, muss bei der Frage, ob der Unterlassungsanspruch (aus § 1004 I BGB) begründet ist, eine

---

[925] In Anlehnung an BVerfG-K NJW **2001**, 598 (Grenzen der Zitierfreiheit).
[926] Zur Vererblichkeit der vermögenswerten Bestandteile des Persönlichkeitsrechts vgl. BGH NJW **2000**, 2195 (Marlene Dietrich I) und das Parallelverfahren BGH NJW **2000**, 2201 (Der Blaue Engel – Marlene Dietrich II) mit Bespr. v. *Götting*, NJW **2001**, 585.
[927] In Anlehnung an BGH NJW **2001**, 603 (K´s Mattscheibe).
[928] BVerfGE **30**, 173, 191, 200; **33**, 52, 70 f.; **75**, 369, 377; *Zöbeley*, in: Umbach/Clemens, GG, Art. 5 Rn 105.
[929] Vgl. wie hier nun auch *Wittrek*, JuS **2006**, 729, 732 (Klausurfall).

Abwägung zwischen der Kunstfreiheit des Satirikers und dem allgemeinen Persönlichkeitsrecht des von der Satire negativ betroffenen Politikers vorgenommen werden. Da in diesem Fall die Satire nicht nur Ausdruck der Kunstfreiheit, sondern auch der Meinungsäußerungsfreiheit ist, kann diese zur „Verstärkung" der Kunstfreiheit herangezogen werden. „Zusammen" können also die Kunstfreiheit und die Meinungsäußerungsfreiheit das allgemeine Persönlichkeitsrecht überwiegen; der Unterlassungsanspruch wäre dann unbegründet.

> **Hinweis für die Fallbearbeitung:** Da es in der vorstehenden Konstellation nicht um einen Abwehranspruch gegen eine Maßnahme der Exekutive, sondern um eine Abwägung widerstreitender Interessen Privater geht, die im Rahmen eines Zivilprozesses vorzunehmen ist, ist es zulässig, die Schutzbereiche der Kunstfreiheit und der Meinungsäußerungsfreiheit auf Seiten des Satirikers kumuliert zu prüfen und gegen das allgemeine Persönlichkeitsrechts des von der politischen Satire negativ Betroffenen abzuwägen.

## II. Wissenschaftsfreiheit – Art. 5 III S. 1 Var. 2 GG

**538b** Als weiteres Grundrecht enthält Art. 5 III S. 1 GG die Freiheit der Wissenschaft, Forschung und Lehre, die – wie die Kunst – „frei" sind. Mit „frei" ist gemeint, dass Wissenschaft, Forschung und Lehre eine signifikante Doppelrolle zukommt: Sie erschöpfen sich nicht nur in einem subjektiv-öffentlichen Abwehrrecht der auf dem Gebiet der Wissenschaft tätigen Personen, sie verkörpern darüber hinaus eine objektive Wertordnung, die die Bedeutung des Grundrechts verstärkt: Die „Freiheit" der Wissenschaft, Forschung und Lehre verpflichtet als organisationsbedürftiges Grundrecht den Gesetzgeber zu einer entsprechenden Förderung und Ausgestaltung der wissenschaftlichen Betätigung. Diese Verpflichtung ist jedoch nicht so zu verstehen, dass die staatliche Organisation eine Verstaatlichung der Wissenschaft zum Ziel haben müsse, vielmehr ist sie als institutionelle Garantie aufzufassen: Der Staat ist verpflichtet, im nötigen Umfang personelle, finanzielle und organisatorische Mittel bereitzustellen, ist wegen der durch Art. 5 III S. 1 Var. 2 GG geschützten Freiheit aber daran gehindert, Einfluss auf die inhaltliche Ausgestaltung von Wissenschaft, Lehre und Forschung auszuüben. Allerdings hat der Gesetzgeber bei der Beachtung der institutionellen Garantie einen weiten Spielraum.[930]

**Beispiel:** P ist Professor an der Universität des Landes L und Leiter des universitätseigenen Instituts für Hirnforschung. Im Rahmen seiner Grundlagenforschung möchte P Affenversuche durchführen und beantragt daher die erforderliche Genehmigung gem. § 7 II Nr. 4 i.V.m. § 8 TierSchG. Der zuständige Wissenschaftsminister von L möchte (aus politischen Gründen) die Affenversuche nicht genehmigen und verweist auf die Bestimmungen des Tierschutzgesetzes, wonach Tierversuche zwar genehmigt werden *dürften*, jedoch nicht *müssten*. Zudem seien die Affenversuche zur Erreichung des verfolgten Zwecks nicht unerlässlich i.S.v. § 7 II TierSchG, der wegen der Verfassungsbestimmung *Tierschutz* (Art. 20a GG) noch restriktiver auszulegen sei.

In diesem Fall hat der Minister aufgrund der Formulierung „darf" in § 8 III TierSchG eine Ermessensentscheidung zu treffen. Dabei hat er die Bedeutung des Grundrechts der Wissenschaftsfreiheit, das für die Erteilung der Genehmigung streitet, mit dem ebenfalls verfassungsrechtlich garantierten Tierschutz abzuwägen. Da es sich bei Art. 20a GG aber „nur" um eine Staatszielbestimmung, also um eine Verfassungsnorm handelt, die dem Staat die Erfüllung bestimmter Aufgaben oder die Verfolgung bestimmter Ziele vorschreibt[931], und die Wissenschaftsfreiheit ein Grundrecht ohne Schrankenvorbehalt darstellt, genießt bei einer Abwägung dieser widerstreitenden Positionen ten-

---

[930] BVerfGE **66**, 155, 177 (Ausbildungskapazität/Akademischer Mittelbau).
[931] Zu den Staatszielbestimmungen vgl. ausführlich *R. Schmidt*, Staatsorganisationsrecht, Rn 314 ff.

denziell die Wissenschaftsfreiheit den Vorrang. Man kann sagen, dass Art. 5 III S. 1 Var. 2 GG das in der Genehmigungsnorm formulierte Ermessen einengt, was in Ermangelung gewichtiger Gegengründe zur Erteilung der Genehmigung führt.

Angenommen, es lägen solche gewichtigen Gegengründe nicht vor, könnte der Minister diesen Quasi-Genehmigungsanspruch auch nicht dadurch untergraben, dass er auf das Landesparlament einwirkte, dieses solle den Forschungsetat reduzieren und keine oder weniger Mittel vorsehen. Denn dadurch würde – trotz des dem Gesetzgeber zustehenden weiten Gestaltungsspielraums – die genannte institutionelle Garantie des Art. 5 III S. 1 Var. 2 GG verletzt.

---

### Wissenschaftsfreiheit – Art. 5 III S. 1 Var. 2 GG

#### I. Schutzbereich der Wissenschaftsfreiheit

Der Schutzbereich der Wissenschaftsfreiheit wird durch die Begriffe Wissenschaft, Forschung und Lehre bestimmt. Dabei handelt es sich nicht um ein Nebeneinander dreier Grundrechte. Vielmehr bildet der Begriff der Wissenschaft den Oberbegriff und umschließt die Forschung und Lehre. Daher ist die Formulierung in Art. 5 III S. 1 Var. 2 GG so zu verstehen, dass die „wissenschaftliche Forschung und Lehre frei" sind.

Nach der Rspr. des BVerfG ist **wissenschaftliche Forschung** jede Tätigkeit, die „nach Inhalt und Form als ernsthafter und planmäßiger Versuch zur Ermittlung der Wahrheit anzusehen" ist. In der Literatur werden zutreffend zusätzlich ein gewisser Kenntnisstand sowie ein methodisches Vorgehen verlangt. Jedenfalls steht fest, dass der Schutzbereich nicht auf die wissenschaftliche Tätigkeit an staatlichen Einrichtungen beschränkt ist. Allerdings liegt hier ein Schwerpunkt wissenschaftlicher Tätigkeit. Erfasst werden nicht nur alle Aktivitäten der Forschung mit allen vorbereitenden und unterstützenden Handlungen, sondern auch die angewandte Forschung, nicht jedoch die bloße Anwendung bereits erforschter Erkenntnisse. Auch die sog. Zweck- oder Auftragsforschung genießt den Schutz der Wissenschaftsfreiheit, solange nicht der Auftraggeber entscheidenden Einfluss auf das Forschungsergebnis hat.

Die **wissenschaftliche Lehre** steht im Zusammenhang mit der wissenschaftlichen Forschung und muss selbstständig und frei von Weisung durchgeführt werden. Der Unterricht an Schulen ist – da er diese Voraussetzungen nicht erfüllt – nicht geschützt. Hier ist aber Art. 7 GG einschlägig. In den Schutzbereich des Art. 5 III GG fällt aber u.a. die Bestimmung der Hochschullehrer über Inhalt, Methoden und Ablauf der Lehrveranstaltungen. Auch Prüfungen werden erfasst, sofern sie rechtlich oder faktisch die Lehre abschließen.

Ähnlich wie bei der ebenso vorbehaltlos gewährleisteten Kunstfreiheit kann auch bei der Wissenschaftsfreiheit in Erwägung gezogen werden, bereits eine **Schutzbereichsbegrenzung** für die Fälle vorzunehmen, in denen der Tätige eigenmächtig in fremde Rechte, insbesondere Leben und Gesundheit von Menschen, eingreift.

#### II. Eingriff in den Schutzbereich

Eingriffe in den Schutzbereich kommen bei **beliebigen staatlichen Einwirkungen** auf den Prozess der Gewinnung und Vermittlung wissenschaftlicher Erkenntnisse in Betracht. Der Eingriff kann dabei in der Einflussnahme auf einen einzelnen Wissenschaftler liegen, aber auch in der Einflussnahme auf die gesamte Einrichtung. Insbesondere schützt das Grundrecht vor Eingriffen in die Hochschulautonomie.

#### III. Verfassungsrechtliche Rechtfertigung

Nach inzwischen einhelliger Meinung wird das Grundrecht der Wissenschaftsfreiheit nicht durch den Schrankenvorbehalt des Art. 5 II GG tangiert. Die Wissenschaftsfreiheit unterliegt allein den **verfassungsimmanenten Schranken** durch Grundrechte Dritter und andere wichtige Güter von Verfassungsrang. Vgl. dazu ausführlich die Ausführungen bei Rn 193 (Rechtfertigung durch kollidierendes Verfassungsrecht) und den Beispielsfall bei Rn 195. Es ist daher stets eine **Abwägung** zwischen dem Grundrecht auf Wissenschaftsfreiheit und dem kollidierenden Grundrecht oder sonstigem wichtigen Rechtsgut mit Verfassungsrang vorzunehmen.

### 1. Schutzbereich

**539** Der Schutzbereich der Wissenschaftsfreiheit wird durch die Begriffe Wissenschaft, Forschung und Lehre bestimmt (s.o.). Dabei handelt es sich aber nicht um ein Nebeneinander dreier Grundrechte; vielmehr bildet der Begriff der Wissenschaft den Oberbegriff und umschließt die Forschung und die Lehre. Daher ist die Formulierung in Art. 5 III S. 1 GG so zu verstehen, dass die „wissenschaftliche Forschung und Lehre frei" sind.[932]

**540** **Wissenschaftliche Forschung** ist jede Tätigkeit, die „nach Inhalt und Form als ernsthafter und planmäßiger Versuch zur Ermittlung der Wahrheit anzusehen" ist.[933]

**541** In der Literatur werden zusätzlich ein gewisser Kenntnisstand sowie ein methodisch geordnetes und kritisch reflektierendes Denken verlangt.[934] Dem ist zuzustimmen. Denn anderenfalls wäre eine Fortentwicklung von bestehenden Erkenntnisständen, ein Hauptanliegen der wissenschaftlichen Forschung, kaum vorstellbar.

**541a** Aus der „Freiheit" der Wissenschaft folgt, dass der Schutzbereich nicht auf die wissenschaftliche Tätigkeit an staatlichen Einrichtungen beschränkt ist[935], sondern auch die Forschung an privaten Einrichtungen erfasst. Denn Art. 5 III S. 1 GG ist kein ausschließliches Grundrecht der im Staatsdienst tätigen Wissenschaftler.

> **Beispiel:** P ist ordentlicher Professor an der juristischen Fakultät einer staatlichen Universität. Im Rahmen dieser Tätigkeit hat er auch ein Lehrbuch zu den Grundrechten verfasst (bzw. von seinen wissenschaftlichen Mitarbeitern verfassen lassen und unter seinem Namen veröffentlicht). In unmittelbarer Konkurrenz zu seinem Lehrbuch steht das des selbstständigen Autors A, der nicht über einen Ruf an einer Universität verfügt, sondern hauptberuflich schriftstellerisch tätig ist. Um nicht Marktanteile an A zu verlieren, rät P seinen Studenten vom Kauf des von A verfassten Grundrechtelehrbuchs ab. Da er aber zur Begründung seiner Haltung nicht Neid und Missgunst heranziehen kann (anderenfalls würde der Verlust seiner Glaubwürdigkeit überaus deutlich), weist er auf die angeblich nicht gegebene Wissenschaftlichkeit des Werkes des A hin. Dadurch, dass A keine Professur innehabe, könne sein Buch nicht die Ergebnisse wissenschaftlicher Forschung wiedergeben.
>
> Die Haltung des P ist nicht von der Wissenschaftsfreiheit gedeckt, weil sie die auch A zustehende Wissenschaftsfreiheit leugnet. Die angeblich fehlende Wissenschaftlichkeit eines Konkurrenzwerkes daran festzumachen, dass der Autor nicht über eine ordentliche Professur an einer staatlichen Hochschule verfügt, ist sachfremd und daher unvertretbar. Ob ein Werk wissenschaftlich ist, richtet sich allein danach, ob es nach Inhalt und Form als ernsthafter und planmäßiger Versuch zur Ermittlung der Wahrheit anzusehen ist und ihm dabei ein gewisser Kenntnisstand sowie ein methodisch geordnetes und kritisch reflektierendes Denken zugrunde liegen. Solange dies bei dem von A verfassten Buch nicht widerlegt ist, kann sein Buch nicht als „unwissenschaftlich" bezeichnet werden.

**541b** Erfasst werden nicht nur alle Aktivitäten der Forschung mit allen vorbereitenden und unterstützenden Handlungen, sondern auch die angewandte Forschung, nicht jedoch die bloße Anwendung bereits erforschter Erkenntnisse. Auch die sog. Zweck- oder Auftragsforschung genießt den Schutz der Wissenschaftsfreiheit, solange nicht der Auftraggeber entscheidenden Einfluss auf das Forschungsergebnis hat.

---

[932] Vgl. *Wendt*, in: von Münch/Kunig, GG, Art. 5 Rn 100 ff.; *Jarass*, in: Jarass/Pieroth, GG, Art. 5 Rn 95 ff.; *Wernsmann*, Jura **2001**, 106, 109; *Bremer*, NVwZ **2001**, 167, 168 f.; *Müller*, NJW **2004**, 1073.

[933] BVerfGE **35**, 79, 113 (Hochschule/Gruppenuniversität); **47**, 327, 367 (Hessisches Universitätsgesetz); vgl. auch BVerwGE **102**, 304, 308; *Bremer*, NVwZ **2001**, 167, 168 f.; *Müller*, NJW **2004**, 1073.

[934] *Scholz*, in: Maunz/Dürig, GG, Art. 5 Abs. 3 Rn 91; *Wernsmann*, Jura **2001**, 106, 109.

Auch die Theologie ist nicht nur die Bekundung des religiösen Glaubens, sondern auch Wissenschaft. Daher sind die Forschung und Lehre eines Theologieprofessors nicht nur vom Schutzbereich des Art. 4 I GG, sondern auch und gerade von dem des Art. 5 III S. 1 Var. 2 GG erfasst. Daran ändert auch der Umstand nichts, dass eine inhaltliche Gebundenheit mit der Kirche besteht. Diese Gebundenheit besteht gemäß den Staatskirchenverträgen bei katholischen Theologieprofessoren darin, dass vor der Ernennung zum Professor der Bischof sein „nihil obstat" (= der Ernennung steht nichts im Wege) erteilen muss. Bei evangelischen Theologen muss die zuständige Landeskirche zustimmen. Das ändert aber nichts daran, dass der ernannte Theologieprofessor wissenschaftlich tätig ist. Daraus folgt, dass Wissenschaftsfreiheit und kirchliches Selbstbestimmungsrecht sich nicht ausschließen, sondern in einem Verhältnis praktischer Konkordanz zueinander stehen (sog. konfessionsgebundene Wissenschaft).[936]

Mit der wissenschaftlichen Forschung in engem Zusammenhang steht die wissenschaftliche Lehre. Diese wird allgemein wie folgt definiert: **542**

**Wissenschaftliche Lehre** bedeutet freie Wahl von Inhalt, Ansatz, Gegenstand, Form, Methode sowie der Art der Äußerung des wissenschaftlichen Befunds. Geschützt sind auch die Zeit und u.U. der Ort der Darbietung.[937] **543**

Aufgrund dieser Definition war es dem Ausstellungsmacher *von Hagens* möglich, ein Zelt in der Kölner Innenstadt als Lehrort für seine Ausstellung plastinierter Körper („**Körperwelten**") als Gegenstand, Form, Inhalt und Methode zu wählen. Dabei kann das Ergebnis der Präparation als Erkenntnisinhalt, Forschungsergebnis und Lehrinhalt betrachtet werden und nicht lediglich als Resultat handwerklicher Tätigkeit.[938]

In den Schutzbereich des Art. 5 III S. 1 Var. 2 GG fällt auch die Bestimmung der Hochschullehrer über Inhalt, Methoden und Ablauf der Lehrveranstaltungen.[939] Auch Prüfungen werden erfasst, sofern sie rechtlich oder faktisch die Lehre abschließen. Dagegen ist der Unterricht an Schulen – da er diese Voraussetzungen nicht erfüllt – nicht geschützt.[940] Hier ist aber Art. 7 GG einschlägig, der zudem lex specialis gegenüber Art. 5 III S. 1 Var. 2 GG ist. **544**

Ähnlich wie bei der ebenso vorbehaltlos gewährleisteten Kunstfreiheit kann auch bei der Wissenschaftsfreiheit in Erwägung gezogen werden, bereits eine **Schutzbereichsbegrenzung** für die Fälle vorzunehmen, in denen der Tätige eigenmächtig in fremde Rechte, insbesondere Leben und Gesundheit von Menschen, eingreift. **545**

**Beispiele:**
**(1)** Die Forschung an lebenden Menschen mag zwar der Wissenschaft dienlich sein, verbietet sich aber im Hinblick auf Art. 1 I und Art. 2 II S. 1 GG.

**(2)** Auch mag für einen Sozialforscher das heimliche Filmen und Abhören von Personen Aufschluss über das soziale Verhalten von Menschen geben, verbietet sich aber im Hinblick auf das allgemeine Persönlichkeitsrecht aus Art. 2 I i.V.m. 1 I GG.

Die (noch) h.M. geht jedoch den Weg über die verfassungsimmanente Einschränkbarkeit (kollidierende Grundrechte Dritter und andere wichtige Rechtsgüter von Verfassungsrang, siehe Rn 193 ff.) auf der Ebene der verfassungsrechtlichen Rechtfertigung und nimmt keine Schutzbereichsbegrenzung vor.[941] Dieser Weg ist zumindest dann

---

[935] *Wendt*, in: von Münch/Kunig, GG, Art. 5 Rn 103.
[936] Vgl. dazu BVerwG NJW **2006**, 1015 ff.
[937] Vgl. *Bremer*, NVwZ **2001**, 167, 168 mit zahlreichen Nachweisen aus der Rspr.
[938] VGH München NJW **2003**, 1618; *Finger/Müller*, NJW **2004**, 1073; *Bremer*, NVwZ **2001**, 167, 168.
[939] BVerfGE **55**, 37, 68 (Verfassungsmäßigkeit des Bremischen Hochschulgesetzes).
[940] *Wendt*, in: von Münch/Kunig, GG, Art. 5 Rn 103.
[941] Vgl. nur *Wernsmann*, Jura **2001**, 106, 109 und *Bremer*, NVwZ **2001**, 167, 168 f.

vorzugswürdig, wenn es nicht gerade um extrem sozialschädliche Verhaltensweisen geht (vgl. Rn 126 f.).

**546** **Träger des Grundrechts** sind alle, die eigenverantwortlich in wissenschaftlicher Weise tätig sind oder tätig werden wollen. Darunter fallen nicht nur Hochschullehrer, sondern auch Studenten, wenn sie wissenschaftlich tätig sind[942], nicht jedoch Tutoren, da diese nicht eigenverantwortlich handeln. Auf Wissenschaftsfreiheit können sich selbstverständlich auch Privatgelehrte, d.h. Gelehrte, die außerhalb der öffentlichen Forschungseinrichtungen tätig sind, berufen. Art. 5 III S. 1 Var. 2 GG ist kein ausschließliches Grundrecht der Universitätsprofessoren und anderer Gelehrter in öffentlichen Forschungseinrichtungen. Darüber hinaus kommt die Wissenschaftsfreiheit auch juristischen Personen zugute, die Wissenschaft betreiben und organisieren, insbesondere den Hochschulen und den Fakultäten, trotz des Status als Körperschaften des öffentlichen Rechts. Private Einrichtungen können sich nur dann auf die Wissenschaftsfreiheit berufen, wenn sie als wissenschaftlich eingestuft werden, insbesondere wenn sie die Wissenschaft fördern und effektivieren und den beschäftigten Wissenschaftlern, d.h. den Privatgelehrten (die sich – wie aufgezeigt – zweifellos auf die Wissenschaftsfreiheit berufen können) einen ausreichenden Spielraum einräumen.[943] Das dürfte in erster Linie die forschenden Pharmaunternehmen betreffen. Beschränkt sich die Tätigkeit der privaten Einrichtung lediglich auf das Organisieren, kann sie sich nicht auf Art. 5 III S. 1 Var. 2 GG berufen.[944]

## 2. Eingriff in den Schutzbereich

**547** Eingriffe in den Schutzbereich kommen bei **beliebigen staatlichen Einwirkungen** auf den Prozess der Gewinnung und Vermittlung wissenschaftlicher Erkenntnisse in Betracht. Insbesondere schützt das Grundrecht vor Eingriffen des Staates (i.d.R die Landesregierung) in die Hochschulautonomie oder vor inhaltlicher Einflussnahme auf die inhaltliche Ausrichtung der Einrichtung. Der Eingriff kann aber auch in der Einflussnahme auf einen einzelnen Wissenschaftler liegen.

> **Beispiel**[945]: P ist Theologieprofessor an der Universität des Landes L und Inhaber eines entsprechenden Lehrstuhls. Der Aufgabenbereich der Professur umfasst, das Fach „Neues Testament" in Lehre, Forschung, Wissenschaft und Kunst zu vertreten. Nachdem sich P plötzlich vom Glauben abgewendet und ein Buch mit dem Titel: „Der große Betrug – was Jesus wirklich sagte und tat" veröffentlicht hatte, ließ ihm der zuständige Wissenschaftsminister über die Universität einen anderen Aufgabenbereich zuweisen und ihn von der Lehre und von der Abnahme von Prüfungen ausschließen. P ist der Meinung, die Maßnahme verletze ihn u.a. in seinem Grundrecht auf Wissenschaftsfreiheit, und verlangt deren Aufhebung.
>
> Theologie ist eine Wissenschaft; der **Schutzbereich** des Art. 5 III S. 1 Var. 2 GG ist eröffnet (Rn 541).
>
> Entlässt der Staat (bzw. die Universität) einen Theologen wegen einer wissenschaftlichen Äußerung oder wegen seiner Lebensführung aus dem Beamtenverhältnis oder ändert seine Aufgaben in markanter Weise, liegt hierin ein **Eingriff** in die Wissenschaftsfreiheit. Zur Rechtfertigung vgl. Rn 549.

**548** Angesichts des (mit finanziellen Gründen zu erklärenden) Staatsmonopols in vielen Bereichen der Wissenschaft wird dem Grundrecht auf Wissenschaftsfreiheit auch ein **objektiver Gehalt** beigemessen (Rn 538b). Es verlangt ein Einstehen des Staates

---

[942] BVerfGE **55**, 37, 67 f.
[943] *Jarass*, in: Jarass/Pieroth, GG, Art. 5 Rn 99; *Bremer*, NVwZ **2001**, 167, 168.
[944] *Wernsmann*, Jura **2001**, 106, 109.
[945] Vgl. BVerwG NJW **2006**, 1015 ff. (Ausschluss von Theologieausbildung bei Lossagung vom Christentum).

für die Idee der freien Wissenschaft und seine Mitwirkung an ihrer Verwirklichung.[946] Er hat schützend und fördernd einer Aushöhlung dieser Freiheitsgarantie vorzubeugen.[947] Darüber hinaus müssen im Bereich des mit öffentlichen Mitteln eingerichteten und unterhaltenen Wissenschaftsbetriebs geeignete organisatorische Regelungen getroffen werden, damit das Grundrecht der freien wissenschaftlichen Betätigung so weit unangetastet bleibt, wie das unter Berücksichtigung der anderen legitimen Aufgaben der Wissenschaftseinrichtungen und der Grundrechte der verschiedenen Beteiligten möglich ist.[948] Kommt der Staat diesen Verpflichtungen nicht nach, liegt ein Eingriff in die Wissenschaftsfreiheit vor. Verletzungen dieser Förderungs- und Ausgestaltungspflicht können von den Trägern des Grundrechts (trotz der objektiven Grundlage) klageweise geltend gemacht werden.[949]

> Auch im **Beispiel** von Rn 538b liegt ein Eingriff in die Wissenschaftsfreiheit vor, weil die Verweigerung der nach dem TierSchG erforderlichen Genehmigung zur Durchführung der Affenversuche die Ausübung der Forschung behindert. Zwar besitzt Art. 5 III S. 1 Var. 2 GG primär den Charakter eines Abwehrrechts, sofern jedoch der Gesetzgeber – wie hier mit dem TierSchG – ein grundrechtlich geschütztes Verhalten präventiv verbietet, indem er es unter einen Erlaubnisvorbehalt stellt, ist mit der Versagung der Erlaubnis gleichwohl der status negativus des Grundrechts tangiert.[950]

## 3. Verfassungsrechtliche Rechtfertigung von Eingriffen

Art. 5 III S. 1 GG nennt auch für die Wissenschaftsfreiheit keine Grenzen. Ebenso wie die Kunstfreiheit (siehe dort) unterliegt die Wissenschaftsfreiheit nicht dem Schrankenvorbehalt des Art. 5 II GG. Dennoch bestehen auch hier Grundrechtsschranken. Sie ergeben sich aus der Verfassung selbst, insbesondere aus der erforderlichen Berücksichtigung der anderen legitimen Aufgaben der Wissenschaftseinrichtungen und den Grundrechten Dritter. Bei einer Kollision mit sonstigem Verfassungsrecht muss der Konflikt durch Abwägung der Wissenschaftsfreiheit mit dem betroffenen Grundrecht Dritter bzw. dem anderen wichtigen Verfassungsgut im Wege einer **praktischen Konkordanz** gelöst werden. Entscheidend ist dabei stets die Intensität der Beeinträchtigung, also die Frage, welche grundrechtlich geschützte Position am stärksten betroffen ist. Besitzen die konfligierenden grundrechtlich geschützten Belange die gleiche abstrakte Wertigkeit, überwiegen Eingriffe in den Kernbereich in der Regel Eingriffe in den Randbereich.[951] Letzte Schranke bildet aber die **Menschenwürde**, die bekanntermaßen indisponibel ist. Ist sie betroffen, verbietet sich von vornherein eine Abwägung mit der Wissenschaftsfreiheit als kollidierendem Verfassungsrecht.

**549**

> Im **Beispiel** von Rn 547 kann der Eingriff in die Wissenschaftsfreiheit nach den Grundsätzen der praktischen Konkordanz durch Art. 4 GG bzw. Art. 137 III WRV (der durch Art. 140 GG Anwendung findet) gerechtfertigt sein. Immerhin würde der Staat aufgrund der engen Verbundenheit der Theologieprofessur mit dem kirchlichen Selbstbestimmungsrecht Letzteres beeinträchtigen und damit in die Grundrechtsposition der Kirche eingreifen, käme er dem Wunsch der jeweilige Kirche auf Sanktionen gegen einen Theologieprofessor, der sich in seiner Lehre oder seiner Lebensführung von seiner Kirche entfernt, nicht nach. Der zuständige Wissenschaftsminister bzw. die Universität haben also einen gerechten Ausgleich zu finden zwischen der Wissenschaftsfreiheit auf der einen und dem kirchlichen Selbstbestimmungsrecht auf der anderen Seite.

---

[946] BVerfGE **35**, 79, 114 (Hochschule/Gruppenuniversität).
[947] BVerfGE **85**, 360, 384 (Akademie der Wissenschaften der DDR).
[948] BVerfGE **35**, 79, 115 (Hochschule/Gruppenuniversität); **93**, 85, 95 (Verfassungsmäßigkeit des Universitätsgesetzes Nordrhein-Westfalen) mit Anm. *Hufen*, JuS **1997**, 73 f.
[949] BVerfGE **35**, 79, 116. Vgl. dazu auch das Parallelproblem bei Art. 2 II S. 1 GG.
[950] Zu den Funktionen der Grundrechte vgl. Rn 13; zum präventiven Verbot mit Erlaubnisvorbehalt vgl. Rn 17.

Dabei ist Ausgangspunkt, dass der von einem Professor konkret wahrzunehmende Aufgabenbereich Sache der Hochschule ist und nicht des staatlichen Ministers.[952] Das ergibt sich zwanglos aus dem Gehalt der Wissenschaftsfreiheit, die unterlaufen würde, wenn der Minister Weisungen erteilen könnte. Richtet also der Staat eine Universität ein und genehmigt haushaltsrechtlich einen Lehrstuhl für …, kann er anschließend grundsätzlich nicht über Weisungen Einfluss auf die inhaltliche Ausrichtung nehmen.

Eine Besonderheit gilt aber hinsichtlich einer Professur an einer Theologischen Fakultät: Denn die beamteten Hochschullehrer der Theologischen Fakultät einer Universität üben ein konfessionsgebundenes Amt aus, dessen Bindung sich aus der ebenfalls konfessionsgebundenen Stellung dieser Fakultät ergibt. Die Fakultät ist einerseits in den wissenschaftlichen Betrieb der Hochschule eingebunden und befasst sich mit ihrem fachlichen Bereich im Schutze der allgemeinen Lehr- und Forschungsfreiheit als Wissenschaft und mit wissenschaftlichen Methoden. Andererseits ist ihr Lehrgegenstand Theologie nur als glaubensgebundenes, konfessionell ausgerichtetes Fach denkbar. Im Unterschied zu den Lehrgegenständen anderer Fakultäten ist der konfessionell ausgerichtete Glaube für die Theologie nicht nur Gegenstand, sondern auch Voraussetzung, Fundament und Ziel ihrer Erkenntnisbemühungen.[953] Dementsprechend ist es Aufgabe der Theologischen Fakultät, den Glauben nicht nur mit wissenschaftlichen Mitteln zu durchdringen, sondern auch, ihn zu entfalten und an seiner Verkündigung mitzuwirken. Erforderlich ist also eine **Bekenntnistreue**. Löst sich ein Theologieprofessor von seinem Bekenntnis, etwa indem er an die Wahrheit der von ihm zu vermittelnden Lehrinhalte nicht (mehr) glaubt oder sie sogar für unwahr hält und sie daher nicht vom Boden einer eigenen glaubensgebundenen Überzeugung aus vertreten kann, ist die erforderliche Bekenntnistreue nicht mehr gegeben.

In diesem Fall war die Universität befugt, den offenkundig gewordenen Eignungsmangel des P aufzugreifen und Maßnahmen zu ergreifen, die geeignet und erforderlich waren, um die an ihrer Theologischen Fakultät vertretene Lehre auch hinsichtlich der bekenntnismäßigen Bindung des P in Übereinstimmung mit dem sich aus dem Loccumer Staatskirchenvertrag ergebenden Auftrag zu halten. Die entgegenstehenden Rechte des P treten zurück. Dies betrifft das Recht auf die freie Verbreitung seiner Meinung, auf seine Wissenschaftsfreiheit, seine Glaubensfreiheit und seinen Anspruch, dass ihm aus seinem Bekenntnis weder allgemein noch beim Zugang zu einem öffentlichen Amt ein Nachteil entsteht (Art. 3 III, 4 I, 5 I S. 1 Var. 1, 5 III S. 1 Var. 2 und Art. 33 III GG). Die Maßnahme ist auch nicht unverhältnismäßig i.e.S., da P weiterhin Professor an der Universität bleibt und als solcher befugt ist, seine religiösen und weltanschaulichen Ansichten ebenso wie seine wissenschaftlichen Lehren und Erkenntnisse ohne Zensur und ohne Nachteil für seinen Status als Hochschullehrer zu vertreten und zu verbreiten. Die Universität hat nur festgelegt, dass P seine Tätigkeiten nicht mehr im Rahmen eines bekenntnisgebundenen, für die angehenden Geistlichen und Religionslehrer der Evangelischen Kirchen obligaten Fachs ausüben und seine Auffassungen nicht mehr als Bestandteil der Studiengänge zur Ausbildung des theologischen Nachwuchses ankündigen kann.[954]

Ergebnis: P ist nicht in seinen Rechten verletzt.

**549a** Für die wissenschaftliche Lehre konkretisiert **Art. 5 III S. 2 GG** die verfassungsimmanente Grundrechtsschranke. Wegen seines Wortlauts kann in dieser Bestimmung zwar schon eine sachliche Schutzbereichsbegrenzung gesehen werden.[955] Richtigerweise wird man darin aber eine besondere Ausprägung der allgemeinen beamtenrechtlichen Verpflichtung zur Loyalität gegenüber der freiheitlichen demokratischen

---

[951] Vgl. zu dieser Abwägung Rn 196 (Hinweis für die Fallbearbeitung), v.a. aber Rn 517.
[952] BVerwGE **122**, 53, 55.
[953] BVerwG NJW **2006**, 1015, 1016.
[954] BVerwG NJW **2006**, 1015, 1016 f.
[955] So *Pieroth/Schlink*, Rn 624.

Grundordnung zu sehen haben,[956] also eine Schranke, deren Anwendung bei Eingriffen einer gesetzlichen Grundlage bedarf. Die Treueklausel gilt auch für Private. Im Übrigen sei auf die Ausführungen zur Kunstfreiheit bei Rn 521 ff. und auf die allgemeinen Ausführungen zu den verfassungsimmanenten Schranken bei Rn 193 ff. verwiesen.

Neben den beiden oben genannten Bsp. (1) und (2) von Rn 545 zur der Forschung an lebenden Menschen und zum heimlichen Filmen und Abhören von Personen, bei denen regelmäßig die Menschenwürde gem. Art. 1 I und Art. 2 II S. 1 GG (Bsp. 1) und das allgemeine Persönlichkeitsrecht gem. Art. 2 I i.V.m. Art. 1 I GG (Bsp. 2) Vorrang vor der Wissenschaftsfreiheit genießen, ist z.B. bei Tierexperimenten fraglich, ob sich der Tierschutz als vorrangiges Verfassungsrecht qualifizieren lässt (dazu Rn 538b). **550**

**Beispiel:** Professor P durchtrennt Stränge des Zentralen Nervensystems von Affen, um bestimmte neurologische Ausfallerscheinungen zu untersuchen. Daraufhin wird er wegen Verstoßes gegen das Tierschutzgesetz zu einer Geldstrafe verurteilt. Gegen die (letztinstanzliche) gerichtliche Entscheidung erhebt er Verfassungsbeschwerde.

Die Verfassungsbeschwerde ist begründet, wenn das Gericht bei der Urteilsfindung spezifisches Verfassungsrecht verletzt hat. Vorliegend könnte das Gericht die Bedeutung der Wissenschaftsfreiheit verkannt haben.
Der Schutzbereich der Wissenschaftsfreiheit ist eröffnet, da P wissenschaftlich tätig ist. Durch die Verurteilung zu einer Geldstrafe wurde auch in den Schutzbereich eingegriffen. Fraglich ist, ob der Eingriff verfassungsrechtlich gerechtfertigt ist. Das wäre der Fall, wenn das Gericht die Wissenschaftsfreiheit mit anderen Rechtsgütern von Verfassungsrang rechtsfehlerfrei abgewogen hätte. Dann wäre die Verfassungsbeschwerde unbegründet.
Der Tierschutz ist in der Staatszielbestimmung des Art. 20a GG enthalten und genießt daher Verfassungsrang. Doch bei einer Abwägung mit schrankenlos gewährten Individualverfassungsgütern wie der Wissenschaftsfreiheit steht eine Staatszielbestimmung i.d.R. im Rang darunter, zumal der verfassungsändernde Gesetzgeber den Tierschutz unter den Vorbehalt der „verfassungsmäßigen Ordnung" gestellt hat. Die Verurteilung des P verstößt damit gegen Art. 5 III S. 1 Var. 2 GG. Die Verfassungsbeschwerde ist begründet.[957]

Hinsichtlich der bereits genannten Ausstellung **„Körperwelten"** ist fraglich, ob die Darstellung menschlicher, zu Plastinaten präparierter Leichen oder Leichenteile als Leichen im Sinne des jeweiligen Landestotenrechts dem Bestattungszwang unterliegen und somit nicht ausgestellt werden dürfen. Nach dem hier vertretenen Standpunkt wird man davon ausgehen müssen, dass die Ausstellung „Körperwelten" den von Art. 5 III GG gestellten Anforderungen an wissenschaftliche Lehrtätigkeit genügt. Es wird zudem weder die Würde der Verstorbenen noch die von Lebenden verletzt.[958] Deshalb sind die landesrechtlichen Ausnahmevorschriften hinsichtlich Anatomieleichen verfassungskonform dahingehend auszulegen, dass die Plastinate unter diese Ausnahme fallen und damit nicht dem (sofortigen) Bestattungszwang unterliegen.[959] Ließe man diese verfassungskonforme Auslegung nicht zu, führte das zur Verfassungswidrigkeit des (sofortigen) Bestattungszwangs. **551**

---

[956] So BVerfGE **39**, 334, 347 (Radikale im öffentlichen Dienst); BVerwGE **61**, 200, 206; **81**, 212, 218.
[957] Vgl. zur Problematik auch den Übungsfall zu Art. 4 GG bei Rn 386.
[958] Teilweise aber anders VGH München NJW **2003**, 1618 f. mit dem Argument, einige Plastinate instrumentalisierten zu kreativer Gestaltung eigener, die Didaktik verlassender Ideen und Aussagen. Nach *Finger/Möller* (NJW **2004**, 1073 ff.) verletzt sogar die Ausstellung insgesamt die Menschenwürde und solle verboten werden. Diese Auffassungen befremden. Denn wenn sich offenbar keine Behörde veranlasst sah, Mel Gibsons „Passion Christi", in der minutenlang eine regelrechte „Zerfleischung" des lebenden Corpus Christi mitzuerleben war, wegen Verstoßes gegen die Menschenwürde zu verbieten, wie soll denn dann ein (lebloses) Plastinat der Ausstellung „Körperwelten" die Menschenwürde verletzen? Leider bleiben *Finger/Möller* (NJW **2004**, 1073 ff.) diese Antwort schuldig.
[959] Vgl. *Bremer*, NVwZ **2001**, 167, 168 f.; teilweise anders VGH München NJW **2003**, 1618 f.

# I. Schutz von Ehe und Familie – Art. 6 GG

**552** Art. 6 GG betrifft Ehe, Familie, Eltern und Kinder unter verschiedenen Aspekten. Die Norm enthält verschiedene objektive und subjektive Grundrechtsgewährleistungen, aber auch Einschränkungsmöglichkeiten.

- Art. 6 I GG statuiert grundsätzlich und allgemein den Schutz von Ehe und Familie durch die staatliche Ordnung. Die Norm begründet ein objektives Diskriminierungsverbot, staatliche Schutzpflichten, ein Leistungsrecht und eine Institutsgarantie. Insbesondere stellt sie aber eine wertentscheidende Grundsatznorm für die gesamte Rechtsordnung dar (insbesondere für das Familienrecht nach BGB) und enthält ein subjektiv-rechtliches Abwehrrecht des Einzelnen.
- Art. 6 II GG regelt die Beziehung zwischen Kind und Eltern in pflegerischer und erzieherischer Hinsicht. Zudem enthält die Vorschrift eine Institutsgarantie und stellt ein Abwehrrecht dar.
- Art. 6 III GG bestimmt das räumliche Zusammensein von Kindern und Eltern und stellt ebenfalls ein Abwehrrecht dar.
- Art. 6 IV GG begründet für die Mutter einen Anspruch auf staatlichen Schutz und Fürsorge der Gemeinschaft. Das betrifft insbesondere den arbeitsrechtlichen Kündigungsschutz.[960]
- Art. 6 V GG enthält einen Gleichstellungsauftrag gegenüber dem Gesetzgeber. Eine Ungleichbehandlung von ehelichen und nichtehelichen Kindern ist verfassungsrechtlich unzulässig.

**553** Die Absätze 1-3 stellen **Abwehrrechte** dar; sie schützen vor staatlichen Eingriffen in den Schutzbereich von Ehe und Familie, der allerdings stark normgeprägt ist. Das bedeutet, dass die Begriffe Ehe und Familie einer gewissen **Ausgestaltung** durch den Gesetzgeber bedürfen. Daher stellt auch nicht jede ehe- und familienbezogene Regelung einen Eingriff dar. Es kann schlicht eine Definition der Begriffe Ehe und Familie vorliegen. Diese Kenntnis ist insbesondere bei der Beurteilung neuer Formen des Zusammenlebens jenseits der klassischen Ehe wichtig.

---

### Schutz von Ehe und Familie – Art. 6 GG

**I. Schutzbereich der Abwehrrechte**
**1. Die Begriffe Ehe und Familie**
Das Grundgesetz definiert den Begriff der **Ehe** nicht. Nach ganz herrschender Auffassung ist Ehe i.S.d. GG eine Verbindung eines Mannes und einer Frau zur grundsätzlich unauflöslichen Lebensgemeinschaft. Damit bleiben die nichtehelichen bzw. eheähnlichen Lebensgemeinschaften und die gleichgeschlechtlichen Verbindungen aus dem Schutzbereich des Art. 6 I GG ausgenommen. Geschützt werden aber Ehen, die nach ausländischem Recht wirksam geschlossen wurden, auch wenn sie in der Bundesrepublik Deutschland unwirksam sind (sog. **hinkende Ehen**).
Ob auch die sog. **Namens**- oder **Scheinehen** in den Schutzbereich fallen, wird unterschiedlich gesehen. Die Rechtsprechung verneint dies. Eheschließungen, die ausschließlich dem Zweck der Erlangung einer Aufenthaltserlaubnis durch einen der Ehepartner dienen, hätten nicht das Ziel der gemeinsamen Lebensgestaltung. Deshalb genössen sie nicht den Schutz des Art. 6 I GG. Gleiches gelte für zwar formell rechtmäßige, aber nur wegen der Weitergabe des Namens geschlossene Ehen. Weiterhin sind nur Einehen als Ehen zu verstehen. Mehrehen (die rechtsgültig im Ausland geschlossen wurden) können aber unter dem Gesichtspunkt des Schutzes der Familie unter Art. 6 I GG fallen.
Das geschützte Verhalten reicht von der Eheschließung über das eheliche Zusammenleben einschließlich der Entscheidung, ob, wann und wie viele Kinder die Eltern haben wollen bis

---

[960] Vgl. dazu BVerfGE **84**, 133, 156; **85**, 360, 372.

zur Ehescheidung und teilweise sogar darüber hinaus. Denn das eheliche Pflichtenverhältnis wird mit der Scheidung zwar verändert, aber nicht beendet. So sollen auch die Folgewirkungen einer Ehe, etwa Unterhaltsansprüche, durch Art. 6 I GG geschützt sein. Frei ist auch die Wahl des Ehepartners und des Zeitpunktes der Eheschließung; frei sind auch die Ehepartner bei der Entscheidung, ob sie einen gemeinsamen Familiennamen haben wollen oder nicht, frei sind die Ehepartner bei der Bestimmung des Güterrechts und der finanziellen Beziehung untereinander einschließlich des Abschlusses eines auf Gleichberechtigung beruhenden Ehevertrags, des gemeinsamen Wohnorts und bei der Verteilung der Aufgaben in der Gemeinschaft.

**2. Das Elternrecht**

Vom Schutz der Familie wurde das Recht der Eltern zur Pflege und Erziehung (sog. **Elternrecht**) verselbstständigt, Art. 6 II S. 1 GG. Diese Vorschrift ist (wie Art. 6 III GG) lex specialis zu Art. 6 I GG. Relevant wird das Elternrecht im Bereich des Schulwesens, weil gem. Art. 7 I GG das gesamte Schulwesen unter der Aufsicht des Staates steht.

**II. Eingriff in den Schutzbereich**

Da die Begriffe Ehe und Familie einer gewissen Ausgestaltung durch den Gesetzgeber bedürfen, stellt nicht jede ehe- und familienbezogene Regelung einen Eingriff dar. Vielmehr bestehen zahlreiche Regelungen, die die Begriffe Ehe und Familie erst definieren. Von einem Eingriff kann daher erst dann gesprochen werden, wenn der Bereich der definierenden Regelungen verlassen wird und die betreffende Regelung freiheitsverkürzend auf Ehe und Familie wirkt.

**III. Verfassungsrechtliche Rechtfertigung**

Eine grundrechtsimmanente Schranke besteht lediglich in Art. 6 II S. 2 GG bezüglich des Elternrechts aus Art. 6 II S. 1 GG. Aus rechtsstaatlichen Gründen (Vorbehalt des Gesetzes, Art. 20 III GG) darf hiervon aber nur durch Gesetz oder aufgrund eines Gesetzes Gebrauch gemacht werden. Das einschränkende Gesetz muss dabei der Pflege und Erziehung der Kinder dienen. Art. 6 II S. 2 GG ist somit ein qualifizierter Gesetzesvorbehalt. Der stärkste Eingriff in das Elternrecht, die Trennung des Kindes von seinen Eltern gegen deren Willen, ist unzulässig, wenn nicht einer der besonderen, in Art. 6 III GG genannten Gründe *Versagen der Erziehungsberechtigten* und *Drohung der Verwahrlosung der Kinder*, vorliegen.

Im Übrigen ist das Grundrecht auf Ehe und Familie **vorbehaltlos gewährleistet**. Wie bereits dargestellt, darf der Staat den Bereich von Ehe und Familie aber gestalten. Hält sich der Staat an die Gestaltungsfreiheit (die aber an Art. 6 I GG zu messen ist), liegt ein Eingriff schon nicht vor, der etwa einer Schranken-Schranke unterworfen sein müsste. Die ausgestaltenden Regelungen müssen aber dem Grundsatz der Verhältnismäßigkeit entsprechen. Liegt aber ein Eingriff vor, müssen die Regelungen, die das vorbehaltlos gewährleistete Grundrecht aus Art. 6 I GG tangieren, ihre Legitimation in **kollidierendem Verfassungsrecht** finden.

# I. Schutzbereich der Abwehrrechte

## 1. Grundrechtsträgereigenschaft sowie Begriffe Ehe und Familie

Art. 6 I GG stellt Ehe und Familie unter den besonderen Schutz des Staates.[961] Daraus folgt, dass **alle natürlichen Personen** unabhängig von ihrer Staatsangehörigkeit Träger des Grundrechts sein können.[962] Grundrechtsberechtigt ist jedes Mitglied des Ehe- bzw. Familienverbands, sodass sich nicht nur der unmittelbar von einer staatlichen Maßnahme Betroffene, sondern auch dessen Ehepartner und (andere) Familienmitglieder, die aufgrund der Maßnahme in der ehelichen oder familiären Lebensführung betroffen sind, auf Art. 6 I GG berufen können.

Die Verfassung definiert nicht, was unter den Begriffen „**Ehe**" und „**Familie**" zu verstehen ist. Vielmehr setzt Art. 6 I GG mit seinem normgeprägten Schutzbereich die

**554**

**555**

---

[961] BVerfGE **105**, 313, 342 ff.; BVerwGE **110**, 106, 109; *Krings*, ZRP **2000**, 409, 410.
[962] Vgl. auch BVerfGE **111**, 160, 169; **111**, 176, 184.

Existenz von Ehe und Familie als gesellschaftliche und rechtliche Institute voraus.[963] Daraus ergibt sich für die Fallbearbeitung folgende Subsumtionsgrundlage:

> Art. 6 I GG gewährleistet die Institutionen „**Ehe**" und „**Familie**" in der Ausgestaltung, wie sie den jeweils herrschenden, in der gesetzlichen Regelung maßgebend zum Ausdruck gelangten Anschauungen entspricht.

**555a** Nach ganz herrschender Auffassung wird die Ehe i.S.d. Grundgesetzes traditionell als eine Verbindung eines Mannes und einer Frau zur grundsätzlich auf Dauer und der gemeinsamen Lebensgestaltung angelegten und auf freiwilligem Entschluss beruhenden gleichberechtigten Lebensgemeinschaft verstanden, die durch staatlichen Mitwirkungsakt zustande kommt.[964] Das Institut der Ehe ist demnach geprägt durch:

- Geschlechtsverschiedenheit der Ehepartner
- grundsätzlich auf Dauer angelegt mit dem Ziel der gemeinsamen Lebensgestaltung
- freiwilliger Entschluss beider Partner zur Eheschließung
- Gleichberechtigung der Ehepartner
- staatlicher Mitwirkungsakt (feststellender Verwaltungsakt des Standesbeamten, dass die Ehe geschlossen wurde)

**555b** Damit bleiben die **nichtehelichen** bzw. **eheähnlichen** Lebensgemeinschaften und die **gleichgeschlechtlichen** Partnerschaften aus dem Schutzbereich des Art. 6 I GG ausgenommen.[965] Diesbezüglich ist der Gesetzgeber aber nicht gehindert, für Rechtsprobleme, die im Zusammenhang mit der nichtehelichen bzw. gleichgeschlechtlichen Lebensgemeinschaft auftreten, Regelungen zu erlassen; hierbei darf er sich auch (zumindest in Teilbereichen) an eheliche Vorschriften anlehnen.[966]

**555c** Von diesem Recht hat der Gesetzgeber mit dem Erlass des Gesetzes zur Beendigung der Diskriminierung gleichgeschlechtlicher Gemeinschaften vom 16.2.2001 (BGBl I, S. 266) – **Lebenspartnerschaftsgesetz** Gebrauch gemacht. Das BVerfG hat die Verfassungsmäßigkeit festgestellt.[967] Insbesondere hat das Gericht einen Verstoß gegen die Institutsgarantie des Art. 6 I GG nicht festgestellt, weil nach seiner Auffassung die Verfassungsbestimmung des Art. 6 I GG ein „Abstandsgebot" nicht fordert. Dieses Urteil hat den Gesetzgeber daraufhin ermutigt, mit Wirkung zum 1.1.2005 das LPartG zu novellieren und in wesentlichen Punkten an das Eherecht anzupassen.[968] Auch darin ist kein Verstoß gegen Art. 6 I GG zu sehen. Zwar ist es richtig, dass Art. 6 I GG eine wertentscheidende Grundsatznorm darstellt, allerdings ist es nach heutiger Verfassungsinterpretation nicht mehr zwingend, in Art. 6 I GG die Verfassungserwartung der menschlichen Reproduktion zu sehen, die ein „präventives Verbot" gleichgeschlechtlicher Lebenspartnerschaften, die ähnliche Rechte und Pflichten wie die Ehe begründen, fordert.[969] Vgl. auch Rn 562. Zur Verfassungsmäßigkeit des LPartG vgl. im Übrigen den Übungsfall, der der Internet-Seite des Verlags Rubrik Studienbücher/Grundrechte/Falllösungen entnommen werden kann.

---

[963] BVerfGE **15**, 328, 332; **105**, 313, 345.

[964] BVerfGE **105**, 313, 342 ff.; **31**, 58, 82; **53**, 224, 245.

[965] Vgl. dazu BVerfGE **105**, 313, 342 ff.; BVerfG NJW **1993**, 3058; BVerwG NVwZ **1997**, 189, 190; *Pieroth/Kingreen*, KritV **2002**, 219, 239; *Krings*, ZRP **2000**, 409, 410 f.; *Beck*, NJW **2001**, 1894, 1898; *Scholz/Uhle*, NJW **2001**, 393, 394. Insoweit bleibt (nur) der Schutz aus Art. 2 I GG. Wollte man die gleichgeschlechtlichen Verbindungen in den Schutz des Art. 6 I GG einbeziehen, bliebe nur eine Änderung des Verständnisses der „Ehe". Auch der Gesetzgeber geht von dem Erfordernis der Geschlechtsverschiedenheit aus, indem er das LPartG erlassen hat, wonach gleichgeschlechtliche Partner zwar keine Ehe schließen, aber eine Lebenspartnerschaft gründen können.

[966] BVerfGE **105**, 313, 342 ff.; *Coester-Waltjen*, in: von Münch/Kunig, GG, Art. 6 Rn 7 und 9; *Krings*, ZRP **2000**, 409 ff.; *Beck*, NJW **2001**, 1894, 1897 f.

[967] BVerfGE **105**, 313, 342 ff. Kritisch *Stüber*, NJW **2003**, 2721 ff.

[968] Vgl. dazu *Wellenhofer*, NJW **2005**, 705 ff.

[969] Anders aber *Franz/Günther*, JuS **2007**, 716, 718.

Infolge des Kriteriums „grundsätzlich auf Dauer angelegt" sind **geschiedene Ehen** nicht vom Schutzbereich des Art. 6 I GG erfasst.[970] Allerdings entfaltet das Grundrecht aufgrund seiner objektiv-rechtlichen Funktion Nachwirkungen, die sich insbesondere im Zugewinn- und Versorgungsausgleich sowie im nachehelichen Unterhalt konkretisieren (dazu Rn 559). **556**

Ob es mit dem Ziel der „gemeinsamen Lebensgestaltung" vereinbar ist, wenn eine Ehe nur **zum Schein geschlossen** wird, darf bezweifelt werden. Das betrifft insbesondere den Fall, dass eine Ehe (womöglich gegen Entgelt) nur zur Erlangung der deutschen Staatsangehörigkeit oder zur Verhinderung einer Abschiebung geschlossen wird (sog. **Aufenthaltsehe**). **557**

> **Beispiel:** Dem sich in Deutschland aufhaltenden somalischen Staatsangehörigen S droht die Abschiebung. Er kann daher die sozialschwache F gegen Zahlung von 5.000,- € dazu bringen, ihn zu heiraten.

Die Rechtsprechung verneint die Versagung des Schutzes des Art. 6 I GG mit dem Argument des Gestaltungsmissbrauchs. Eheschließungen, die ausschließlich dem Zweck der Erlangung einer Aufenthaltserlaubnis durch einen der Ehepartner dienen, hätten nicht das Ziel der gemeinsamen Lebensgestaltung. Deshalb genössen sie nicht den Schutz des Art. 6 I GG. Gleiches gelte für zwar formell rechtmäßige, aber nur wegen der Weitergabe des Namens geschlossene Ehen (sog. **Namensehen**).[971] Diese Rechtsprechung ist nicht ganz unproblematisch. Denn sie nivelliert die rechtsgestaltende Wirkung der standesamtlichen Eheschließung, die erst mit der richterlichen Ehescheidung aufgehoben wird (§ 1313 BGB). Bis auf die Fälle, in denen der Rechtsmissbrauch evident ist, sollten daher auch Aufenthalts- und Namensehen dem Schutz des Art. 6 I GG unterstellt werden, und zwar so lange, bis die Ehe gem. §§ 1314 II Nr. 5, 1315 ff. BGB aufgehoben ist.

> Nach der Rechtsprechung stünde Art. 6 I GG der Abschiebung des S von vornherein nicht entgegen. Aber auch nach der hier vertretenen Auffassung ergibt sich nichts anderes, weil der Missbrauch von S und F offensichtlich ist.

Nach der Rechtsprechung des BVerfG geschützt sind aber Ehen, die zwar nach deutschem Recht unwirksam, nach ausländischem Recht jedoch wirksam sind (sog. **hinkende Ehen**). Voraussetzung ist aber, dass sie mit den nach deutschem Recht geschlossenen Ehen funktional vergleichbar sind. **557a**

> **Beispiel:** Der US-Amerikaner A und die Deutsche D wurden in Deutschland von einem amerikanischen Pfarrer getraut. Zunächst lebten sie noch eine Weile in Deutschland, dann eine Zeitlang in den USA, später wieder in Deutschland. Das gesamte soziale Umfeld ging von einer wirksamen Ehe aus. Nachdem A gestorben war und D Hinterbliebenenrente beantragte, versagte ihr diese die zuständige Versicherungsanstalt mit dem Argument der Ungültigkeit der Ehe, da in Deutschland eine Ehe nur von einem Standesbeamten geschlossen werden könne.

Ist die hinkende Ehe so, wie sie gelebt wird, mit der Ehe i.S.d. Art. 6 I GG funktional vergleichbar, bezieht sie das BVerfG in den Schutzbereich mit ein.[972] Funktional mit

---

[970] BVerwGE **15**, 306, 316.

[971] BVerwGE **65**, 174, 180; a.A. *Pieroth/Schlink*, Rn 639 mit dem Argument, dass wenn der verfassungsrechtliche Ehebegriff nur den einfachgesetzlichen Begriff abbilden würde, das Verfassungsrecht dem einfachen Recht nicht mehr über- sondern untergeordnet sei. Diese Ansicht verkennt aber, dass man den Ausschluss der Scheinehe auch verfassungsrechtlich begründen kann. Scheinehen sind jedenfalls (nunmehr) gem. § 1314 II Nr. 5 BGB aufhebbar.

[972] BVerfGE **62**, 323, 329 f. Vgl. auch BVerwGE **123**, 18, 20.

der nach deutschem Recht geschlossenen Ehe vergleichbar ist eine hinkende Ehe, wenn die Verbindung zwischen den Partnern als lebenslange personale Gemeinschaft beabsichtigt ist und nach ihrer Ausgestaltung einer echten Lebensgemeinschaft entspricht.[973]

> Demzufolge hatte D Anspruch auf Rente. Etwas anderes hätte nur dann gegolten, wenn die Ehe nach beiden Rechtskreisen unwirksam gewesen wäre. Auch Mehrehen unterliegen einer anderen Bewertung (dazu sogleich).

**558** Weiterhin sind im deutschen Rechtskreis nur **Einehen** als Ehen zu verstehen. **Mehrehen** (die rechtsgültig im Ausland geschlossen wurden) können aber unter dem Gesichtspunkt des Schutzes der Familie unter Art. 6 I GG fallen.[974]

**559** Das **geschützte Verhalten** reicht von der Eheschließung über das eheliche Zusammenleben[975] einschließlich der Entscheidung, gemeinsam im Bundesgebiet zu leben, und der Entscheidung, ob, wann und wie viele Kinder die Eltern haben wollen, bis zur Ehescheidung und teilweise sogar darüber hinaus. Denn das eheliche Pflichtenverhältnis wird mit der Scheidung zwar verändert, aber nicht beendet. So sind nach der Rechtsprechung des BVerfG auch die Folgewirkungen einer Ehe, etwa Unterhaltsansprüche, durch Art. 6 I GG geschützt.[976]

**560** Geschützt ist die Wahl des Ehepartners und des Zeitpunkts der Eheschließung, ebenso frei sind die Ehepartner bei der Entscheidung, ob sie einen gemeinsamen Familiennamen haben wollen und wie die Kinder heißen sollen[977], frei sind die Ehepartner bei der Bestimmung des Güterrechts und der finanziellen Beziehung untereinander einschließlich des Abschlusses eines auf Gleichberechtigung basierenden Ehevertrags[978], des gemeinsamen Wohnorts[979] und bei der Verteilung der Aufgaben in der Gemeinschaft[980]. Lediglich bei Unbilligkeiten (etwa wenn der Ehevertrag einen Ehepartner extrem benachteiligt oder die einseitige Dominanz eines Ehepartners widerspiegelt) räumen die Familiengerichte unter ausdrücklicher Billigung des BVerfG[981] für sich das Recht ein, korrigierend einzugreifen.[982]

**561** Ebenso wie der Begriff der Ehe knüpft der Begriff der **Familie** an das bürgerlich-rechtliche Institut der Familie an. Nach der antiquierten Rechtsprechung des BVerfG ist die Familie als „Keimzelle der staatlichen Gemeinschaft" anzusehen.[983] Nach modernem Verständnis ist Familie das umfassende Beziehungsverhältnis zwischen Eltern und Kindern zu verstehen, seien die Eltern miteinander verheiratet oder nicht. Auch spielt es keine Rolle, ob die Kinder minderjährig oder volljährig, aus Ein- oder Mehrehen hervorgegangen, Adoptiv-, Stief- oder Pflegekinder sind. Selbst das Zusammenleben von nur einem Elternteil mit einem (selbst nichtehelichen) Kind ist von Art. 6 I GG geschützt.[984] Entscheidend ist stets, ob eine gewachsene persönliche Bindung entstanden ist. Das geschützte Verhalten reicht von der Familiengründung bis in alle

---

[973] BVerfGE **62**, 323, 331; OVG Lüneburg NVwZ **2005**, 1739, 1740; a.A. BVerwGE **71**, 228, 231.
[974] BVerwGE **71**, 228, 231 f.
[975] Vgl. BVerwGE **110**, 99, 105 und die Grundsatzentscheidung BVerfGE **105**, 1, 11 ff.
[976] BVerfGE **53**, 224, 250; **53**, 257, 297; **66**, 84, 93.
[977] BVerfGE **104**, 373, 385.
[978] Vgl. dazu BVerfGE **103**, 89, 101; BGH NJW **2004**, 930 ff.; NJW **2004**, 3491 ff.
[979] BVerfG NJW **2005**, 3556, 3557.
[980] BVerfGE **105**, 1, 11.
[981] Vgl. BVerfGE **103**, 89, 101 ff.
[982] BGH NJW **2004**, 930 ff.; fortgeführt von BGH NJW **2004**, 3431 ff.; NJW **2005**, 142 f.; NJW **2005**, 1370 ff.; OLG Hamm NJW **2006**, 753 ff.
[983] BVerfGE **6**, 55, 71.
[984] Vgl. dazu insgesamt BVerfGE **79**, 256, 267; **92**, 158, 162 ff., 176 ff.; *Beck*, NJW **2001**, 1894, 1893 f.; *Krings*, FPR **2001**, 7, 8.

Bereiche des familiären Zusammenlebens. Es umfasst auch die Entscheidung, ob, wann und wie viele Kinder die Eltern haben wollen. Hinsichtlich des Niveaus des geschützten Verhaltens nimmt das BVerfG allerdings Abstufungen vor, je nachdem, ob es sich nur um eine bloße Begegnungsgemeinschaft oder eine Lebens- und Beistandsgemeinschaft bzw. – bei Minderjährigen – um eine Erziehungsgemeinschaft handelt.[985]

Ehe und Familie stehen unter dem besonderen Schutz der staatlichen Ordnung. Mit dieser grundgesetzlichen Formulierung wird dem Art. 6 I GG eine **Institutsgarantie** entnommen: Art. 6 I GG garantiere die normative Ausgestaltung der Ehe als Erscheinungsform der Rechtsordnung. Dabei habe der Gesetzgeber einen erheblichen Ausgestaltungsraum, müsse aber die wesentlichen Strukturprinzipien beachten, die sich aus der überkommenen Ordnung und der übrigen Verfassung für die Ehe ableiten. Zum Gehalt der Ehe gehöre danach die auf Dauer angelegte Lebensgemeinschaft zwischen Mann und Frau, die auf deren freien Entscheidung beruhe und vom Staat geschützt werde. Ebenso wie die Menschenwürde begründe Art. 6 I GG zudem eine ausdrückliche **Schutzpflicht**. Um der Schutzpflicht zu entsprechen, habe der Staat alles zu unterlassen, was die Ehe beeinträchtigen könnte; positiv sei er nicht nur verpflichtet, Normen zu erlassen, die es den Bürgern ermöglichten, eine Ehe zu schließen und eine Familie zu gründen, sondern sie auch durch geeignete Maßnahmen zu fördern.[986] Soweit entsprechende Normen bestünden, dürfe er sie nicht ersatzlos abschaffen. Im Übrigen habe der Gesetzgeber bei der Gestaltung des Familienrechts (insbesondere des Ehe- und Scheidungsrechts) aber einen weiten Gestaltungsspielraum. Wann dieser Gestaltungsspielraum überschritten und Art. 6 I GG verletzt sei, könne nicht immer leicht festgestellt werden. Jedenfalls dürfe der Ordnungskern des Art. 6 I GG nicht berührt werden.[987]

**562**

**Beispiel:** Der Gesetzgeber ändert das Familienrecht dergestalt, dass eine Ehescheidung nicht mehr eines gerichtlichen Gestaltungsurteils bedarf. Vielmehr kann bereits durch eine einseitige, empfangsbedürftige Willenserklärung seitens eines Ehepartners die Auflösung der Ehe herbeigeführt werden. Liegt hierin ein Verstoß gegen die Institutsgarantie des Art. 6 I GG?
Zum Verständnis der „verweltlichten" bürgerlich-rechtlichen Ehe, wie es vom BVerfG zugrunde gelegt wird, gehört der Grundsatz der Unauflöslichkeit. Eine Scheidung kann nur in einem streng formalisierten gerichtlichen Verfahren erwirkt werden. Zwar ist der Gesetzgeber aufgrund seines ihm zustehenden erheblichen Gestaltungsspielraums zur Weiterentwicklung des Familienrechts befugt, aber nur insoweit, als er nicht die Institutsgarantie des Art. 6 I GG in Frage stellt. Die Institutsgarantie des Art. 6 I GG ist jedenfalls dann verletzt, wenn der Gesetzgeber den Grundsatz der Unauflöslichkeit der Ehe nivelliert. Die hier vorgenommene Änderung des Familienrechts ist deshalb verfassungswidrig.

Demgegenüber verstößt das LPartG nicht gegen die Pflicht des Staates, die Ehe besonders zu schützen, weil es sich an Personen richtet, die miteinander keine Ehe schließen können.[988]

## 2. Das Elternrecht

Vom Schutz der Familie wurde das in Art. 6 II S. 1 GG genannte Recht der Eltern zur Pflege und Erziehung (sog. **Elternrecht**) verselbstständigt. Diese Vorschrift ist (wie

**563**

---

[985] Vgl. dazu BVerfGE **80**, 81, 90 f.
[986] BVerfGE **105**, 313, 342 ff.
[987] BVerfGE **105**, 313, 342 ff.; BVerfGE **53**, 224, 245.
[988] BVerfGE **105**, 313, 342 ff. Vgl. auch *Wellenhofer*, NJW **2005**, 705 ff. Anders *Franz/Günther*, JuS **2007**, 716, 718.

Art. 6 III GG) *lex specialis* zu Art. 6 I GG. Das Elternrecht umfasst die Pflege, d.h. die Sorge für das Wohl und die Erziehung der minderjährigen Kinder.[989] Die im Elternrecht wurzelnden Befugnisse und Pflichten nehmen mit zunehmendem Alter des Kindes ab und erlöschen mit Eintritt der Volljährigkeit des Kindes.[990]

564  Relevant wird das Elternrecht im Bereich des **Schulwesens**, weil gem. Art. 7 I GG das gesamte Schulwesen unter der Aufsicht des Staates steht. Allerdings wird das Elternrecht des Art. 6 II S. 1 GG nicht durch Art. 7 I GG verdrängt. Vielmehr stehen beide Vorschriften nebeneinander. So ist die allgemeine Schulpflicht mit Art. 6 II S. 1 GG vereinbar, da das BVerfG konstatiert, dass eine „gemeinsame Erziehungsaufgabe" von Eltern und Schule vorliege.[991] Die Eltern haben aber ein grundsätzliches Wahlrecht zwischen verschiedenen Schulformen.[992] Des Weiteren ist in der Rechtsprechung seit langem anerkannt, dass aus dem Elternrecht keine Ansprüche auf einen bestimmten Standort einer Schule abgeleitet werden können, solange das Recht auf freie Schulwahl nicht unzumutbar eingeschränkt und der Ausbildungsanspruch der Schüler nicht wesentlich beeinträchtigt werden.[993] Auch können die Eltern nicht verlangen, dass ihnen eine ihren Wünschen entsprechende Schule zur Verfügung gestellt wird.

> **Beispiele:** So haben die Eltern kein Mitwirkungsrecht bei der Errichtung einer Förderstufe, bei einer Neuordnung der gymnasialen Oberstufe, bei der Schaffung einer integrierten Gesamtschule oder bei der Festlegung der ersten Fremdsprache in der Orientierungsstufe. Alle diese Entscheidungen fallen in das staatliche Gestaltungsrecht im Schulwesen. Lediglich bei der Einführung eines fächerübergreifenden Sexualkundeunterrichts hat das BVerfG aus dem Elternrecht einen Anspruch auf Information über Inhalt und Methode abgeleitet.[994]

565  Träger des Grundrechts sind nicht nur die **leiblichen Eltern**, sondern auch die **Adoptiveltern**.[995] Dagegen sollen sich **Pflegeeltern** *nicht* auf das Elternrecht berufen können.[996] Träger des Elternrechts sind auch Väter von nichtehelichen Kindern, deren Interessen etwa bei der Adoption des Kindes von dritter Seite zu beachten sind. Der Gesetzgeber muss hier eine Ausgestaltung wählen, welche die Interessen des Vaters hinreichend berücksichtigt.[997]

## II. Eingriff in den Schutzbereich

566  Da die Begriffe Ehe und Familie einer Ausgestaltung durch den Gesetzgeber bedürfen, stellt nicht jede ehe- und familienbezogene Regelung einen Eingriff dar. Es kann schlicht eine Definition der Begriffe Ehe und Familie vorliegen.

---

[989] Vgl. BVerfG NJW **2003**, 1031. Zur Frage nach der Verfassungsmäßigkeit des Ausschlusses von Familiendoppelnamen der Kinder vgl. BVerfGE **103**, 373 ff.

[990] BVerfGE **59**, 360, 382; **72**, 122, 137. Zwar kann die im BGB genannte Altersgrenze zur Volljährigkeit von 18 Jahren (§ 2 BGB) nicht automatisch ein verfassungsrechtliches Recht entfallen lassen, jedoch ist es zulässig, einfachgesetzliche Regelungen als Orientierungshilfe bei der Bestimmung der Reichweite von Verfassungsnormen heranzuziehen.

[991] BVerfGE **98**, 218, 244 f. Nach BVerwG NJW **1999**, 3503 stellen die Schulgesetze eine ausreichende Grundlage für die Einführung der Rechtschreibreform dar. Einer besonderen gesetzlichen Grundlage bedürfe es, wie das BVerfG a.a.O. entschieden habe, nicht.

[992] Vgl. dazu insgesamt BVerfGE **34**, 165, 182 f., 197 ff.

[993] *Theuersbacher*, NVwZ **1999**, 838, 839 unter Bezugnahme von OVG Münster NVwZ-RR **1996**, 90; VGH Mannheim NVwZ-RR **1996**, 89.

[994] BVerfGE **47**, 46, 76.

[995] *Coester-Waltjen*, in: von Münch/Kunig, GG, Art. 6 Rn 71.

[996] BVerfGE **79**, 51, 60; offen gelassen von BVerfG NJW **1994**, 183.

[997] BVerfG NJW **1995**, 2155, 2157 f.

**Beispiele für definierende Regelungen: (1)** § 1353 I S. 2 BGB kennzeichnet die Ehe als Verantwortungsgemeinschaft. **(2)** Nach § 1357 I BGB ist jeder Ehegatte berechtigt, Geschäfte zur angemessenen Deckung des Lebensbedarfs der Familie mit Wirkung für und gegen den anderen Ehegatten zu besorgen. **(3)** Auch die Regelungen über das Scheidungsrecht (§§ 1564 ff. BGB) definieren das Gebilde Ehe.[998]

Grundrechten mit Ausgestaltungs- und Regelungsvorbehalt (und damit auch Art. 6 I GG) ist es eigentümlich, dass ausgestaltende und regelnde einfachgesetzliche Bestimmungen, die den Ausgestaltungs- bzw. Regelungsspielraum nicht überschreiten, zwar keine Grundrechtseingriffe darstellen, jedoch mit (sonstigen) verfassungsrechtlichen Vorgaben vereinbar sein müssen. Der Unterschied zu „echten" Grundrechtseingriffen besteht v.a. darin, dass das Zitiergebot nicht gilt und geringere Anforderungen an die Verhältnismäßigkeit zu stellen sind (vgl. dazu bereits Rn 145, 156 ff.). Das ist auch bei Art. 6 I GG der Fall. Gesetzliche Ausgestaltungen und Regelungen, die die Definition von Ehe und Familie nicht verlassen, stellen sich also nicht als Grundrechtseingriffe dar. In diesem Fall kommt es für die Rechtmäßigkeit darauf an, ob die *Einzelmaßnahme* einen Grundrechtseingriff darstellt und verfassungsrechtlich zu rechtfertigen ist.[999] Nach der ständigen Rechtsprechung des BVerfG liegt ein Eingriff in Art. 6 I GG immer dann vor, wenn eine betreffende Regelung die Ehe und Familie beeinträchtigt bzw. wenn sie mit der Institutsgarantie des Art. 6 I GG nicht zu vereinbaren ist.[1000] 567

Ein Eingriff kann auch in der **Verweigerung von Schutz** gesehen werden, denn der Staat hat die Pflicht, Ehe und Familie vor Beeinträchtigungen durch andere Kräfte zu bewahren und durch geeignete Maßnahmen zu fördern (objektiv-rechtliche Dimension des Grundrechts). Allerdings hat der Staat hier einen weiten Spielraum. Die Pflicht zur Förderung umfasst insbesondere den wirtschaftlichen Zusammenhalt der Familie. Die staatliche Familienförderung steht aber unter dem Vorbehalt des Möglichen: Die Familie kann nur diejenige Leistung erwarten, die vernünftigerweise erwartet werden kann. Der Staat ist daher nicht verpflichtet, jegliche die Familie treffende finanzielle Belastung auszugleichen.[1001] 568

Eingriffe in das **Elternrecht** (Art. 6 II S. 1 GG) sind sowohl staatliche Maßnahmen, die das Elternrecht im Verhältnis zum Kind beschränken (z.B. Schulpflicht), als auch das Verhältnis der Eltern untereinander (z.B. die Übertragung des Sorgerechts auf einen Elternteil oder auf einen Dritten). Allerdings hat das BVerfG entschieden, dass der generelle Ausschluss eines Elternteils von der Kindessorge verfassungswidrig sei.[1002] Verfassungsgemäß sei allerdings, das nichteheliche Kind bei seiner Geburt sorgerechtlich grundsätzlich der Mutter zuzuordnen und die gemeinsame Sorgetragung vom Konsens der Eltern (vgl. die Regelung des § 1626a BGB) abhängig zu machen.[1003] 569

Den schwersten Eingriff in das Elternrecht stellt die Trennung des Kindes von seinen Eltern gegen deren Willen dar. Zur Rechtfertigung siehe sogleich. 570

---

[998] BVerfGE **53**, 224, 245 ff.
[999] Abzulehnen *Franz/Günter*, JuS **2007**, 626, 629, die nicht klar trennen zwischen definieren gesetzlichen Regelungen und Einzelmaßnahmen.
[1000] BVerfGE **6**, 55, 76; **55**, 114, 126 f.; **81**, 1, 6. Vgl. auch BVerfGE **105**, 313, 342 ff.
[1001] BVerfGE **23**, 258, 264; **55**, 114, 127; **75**, 348, 360.
[1002] Vgl. BVerfGE **61**, 358, 375 (hinsichtlich geschiedener Eltern) und BVerfGE **84**, 168, 181 (hinsichtlich nicht miteinander verheirateter Eltern).
[1003] BVerfG NJW **2003**, 955, 956 f.

## III. Verfassungsrechtliche Rechtfertigung von Eingriffen

**571 -573**  Grundrechtsbeeinträchtigende Maßnahmen bedürfen einer verfassungsrechtlichen Rechtfertigung. Hinsichtlich Art. 6 GG ist zu unterscheiden: Art. 6 I GG ist vorbehaltlos garantiert. Eingriffe können daher nur verfassungsimmanent, d.h. durch kollidierende höherwertige Grundrechte Dritter und andere mit Verfassungsrang ausgestattete Rechte im Rahmen der Verhältnismäßigkeit legitimiert werden.

**Beispiele:**

(1) Die **Ausweisung eines Ausländers**, der in Deutschland verheiratet ist und/oder Kinder hat, stellt einen Eingriff in Art. 6 I GG dar. Hinsicht der verfassungsrechtlichen Rechtfertigung hat das BVerfG entschieden, dass Art. 6 I GG keinen Anspruch auf Aufenthalt (oder Familiennachzug) gewähre. Zwar mache die Ausweisung die Aufrechterhaltung des ehelichen bzw. familiären Zusammenhalts in Deutschland unmöglich, der Aufenthalt für Ausländer in Deutschland sei aber nicht grundsätzlich gewährleistet. Ausländer und Deutsche, die Ehen mit Ausländern schließen, müssten daher damit rechnen, dass sie das familiäre Zusammenleben nicht stets in der Bundesrepublik Deutschland verwirklichen können.[1004] Ob im konkreten Fall ausgewiesen werden dürfe, sei eine Frage der Verhältnismäßigkeit. Je verwurzelter die Ehe oder Familie in Deutschland seien(Lebens-, Beistands-, Erziehungsgemeinschaft und nicht bloße Begegnungsgemeinschaft), desto schwerwiegender müssten die Gründe sein, um eine Ausweisung zu rechtfertigen.[1005]

Eine ähnliche Argumentation findet sich auch bei der Erteilung und Verlängerung einer Aufenthaltserlaubnis oder bei der Einbürgerung. Mit Blick auf Art. 6 I GG kann sich das Verwaltungsermessen derart reduzieren, dass nur noch *eine* Entscheidung ermessensfehlerfrei ist, nämlich diejenige zugunsten der Familie.

(2) Wenn Eheleute durch die **Zusammenveranlagung zur Einkommensteuer** bei der Bemessung der Steuerschuld schlechter gestellt werden, als wenn sie einzeln veranlagt würden, bedeutet dies einen Eingriff in Art. 6 I GG. Dieser Eingriff ist auch nicht durch Gründe der Verwaltungsvereinfachung oder der Verhinderung steuerlicher Manipulationen zu rechtfertigen. Diese Gründe scheiden schon deshalb aus, weil die mit ihnen verfolgten Ziele auch auf andere Weise erreicht werden können.[1006]

(3) Dagegen hat das **Lebenspartnerschaftsgesetz** den Bereich der definierenden Regelungen nicht verlassen. Es stellt insoweit schon keinen Eingriff in Art. 6 I GG dar.[1007]

**574**  Eine grundrechtsimmanente Schranke besteht lediglich in Art. 6 II S. 2 GG („staatliches Wächteramt") bezüglich des Elternrechts aus Art. 6 II S. 1 GG. Aus rechtsstaatlichen Gründen (Vorbehalt des Gesetzes, Art. 20 III GG) dürfen in beiden Fällen Einschränkungen aber nur durch Gesetz oder aufgrund eines Gesetzes erfolgen. Beim Elternrecht muss das einschränkende Gesetz dabei der Pflege und Erziehung der Kinder dienen. Art. 6 II S. 2 GG ist somit ein qualifizierter Gesetzesvorbehalt. Bei einer Kollision zwischen dem Kindeswohl und dem Elternrecht genießt grundsätzlich das Kindeswohl den Vorrang.[1008]

**575**  Der stärkste Eingriff in das Elternrecht, die Trennung des Kindes von seinen Eltern gegen deren Willen, ist dagegen stets unzulässig, wenn nicht einer der besonderen, in Art. 6 III GG genannten Gründe *Versagen der Erziehungsberechtigten* und *Drohung der Verwahrlosung der Kinder*, vorliegt.

---

[1004] BVerfGE **76**, 1, 47; BVerwGE **110**, 99, 105; a.A. *Zuleeg*, DÖV **1988**, 587, 588 ff.
[1005] Vgl. dazu BVerwGE **106**, 13, 19.
[1006] BVerfGE **55**, 114, 126; BVerfG NJW **1996**, 833.
[1007] BVerfGE **105**, 313, 346 ff.
[1008] BVerfGE **99**, 145, 156.

**Beispiel:** Die Pflegeeltern A und B haben seit 4 Jahren die 5-jährige C in ihrer Obhut. C wurde ihnen seinerzeit gem. § 1666 III BGB wegen Verwahrlosung bei der leiblichen Mutter M auf Antrag zugewiesen. Nun verlangt M die C heraus. Zu Recht?

Unterstellt, dass sich auch Pflegeeltern auf das Elternrecht gem. Art. 6 II S. 1 GG berufen können, könnte die Entscheidung über die Rückgabe des Kindes einen Eingriff in dieses Recht von A und B bedeuten. Ein Eingriff in das Elternrecht darf nur bei Versagen des Erziehungsberechtigten oder bei Drohung der Verwahrlosung erfolgen. Ein Versagen der Erziehungsberechtigten A und B sowie eine Drohung der Verwahrlosung seitens der C liegen nicht vor. Gleichwohl ist die Herausgabepflicht gerechtfertigt. Denn während das Verhältnis zwischen leiblichen Eltern und deren Kindern auf Dauer angelegt ist, ist das Verhältnis zwischen Kind und Pflegeeltern von vornherein nur temporär: Wenn ein Kind wegen einer der genannten Gründe den leiblichen Eltern entzogen wird, dann wird die behutsame Rückkehr angestrebt, nicht der dauerhafte Entzug. In der Verpflichtung zur Rückgabe des Kindes an M liegt somit kein Eingriff in das Elternrecht. Die Frage, ob zu deren Gunsten überhaupt der Schutzbereich eröffnet ist, kann somit dahin stehen.

Etwas anderes würde nur dann gelten, wenn M die C nur deshalb heraus verlangt, um sie anderen Pflegeeltern zu übergeben.

Im Rahmen des elterlichen Erziehungsrechts enthält Art. 7 I GG einen besonderen Gesetzesvorbehalt. Sofern Art. 7 I GG einen Eingriff in das Elternrecht zulässt, bedarf es bei der Frage nach der Verfassungsmäßigkeit des Eingriffs eines Ausgleichs mit dem elterlichen Erziehungsrecht (praktische Konkordanz). **576**

## IV. Konkurrenzen

Im Verhältnis zu Art. 3 III GG ist Art. 6 I GG lex specialis.[1009] Innerhalb der Verfassungsbestimmung des Art. 6 GG gehen die Absätze II und III dem Absatz I vor.[1010] Absatz 4 verstärkt die Bedeutung des Absatzes I. **577**

## V. Übungsfall

Ein Übungsfall hinsichtlich der Verfassungsmäßigkeit des **Lebenspartnerschaftsgesetzes** steht auf der Internet-Seite des Verlags Rubrik Studienbücher/Grundrechte/Falllösungen zum kostenlosen download zur Verfügung. **578**

---

[1009] BVerfG NJW **1993**, 3058; *Jarass/Pieroth*, GG Art. 6 Rn 11.
[1010] *Stern*, StaatsR IV/1, 2006, S. 646.

# J. Schulbezogene Grundrechte – Art. 7 GG

**579** Art. 7 GG ist eine inhomogene Vorschrift. Sie enthält nicht nur Grundrechte, sondern auch Einrichtungsgarantien und Auslegungsregeln für den Bereich des Schulrechts.[1011] Geregelt sind neben der institutionellen Garantie der staatlichen Schulaufsicht (Abs. 1) und des Religionsunterrichts (Abs. 3) die Institutsgarantie der Privatschulen (Abs. 4) und Abwehrrechte im Sinne subjektiver öffentlicher Rechte (Abs. 2, Abs. 3 S. 3 und Abs. 4 S. 1). Wegen Art. 5 III GG erfasst Art. 7 GG nicht die Hochschulen.

## I. Staatliche Schulaufsicht – Art. 7 I GG

**580** **Schulen** sind Einrichtungen, die auf gewisse Dauer berechnet sind und ein zusammenhängendes Unterrichtsprogramm haben.[1012]

> **Beispiele:** Grund-, Haupt-, Realschule, Orientierungsstufe, Gymnasium, Berufsschule. Keine Schulen sind dagegen Fahrschulen, Lehrgänge, Arbeitsgemeinschaften, Vortragsreihen, Kindergärten und die Volkshochschulen.[1013]

**581** Schulträger sind in der Bundesrepublik Deutschland die Länder, die Kommunen (Gemeinden)[1014], die Kirchen und auch Privatpersonen. Dementsprechend unterscheidet man zwischen öffentlichen Schulen und Privatschulen. Das Schulrecht ist in Ermangelung einer entgegenstehenden grundgesetzlichen Regelung Landesrecht. Vgl. dazu die Landesverfassungen, Schulgesetze, Schulorganisationsgesetze, Schulbedarfsgesetze, Schulpflichtgesetze und die Schulordnungen.

**582** Der Begriff der Schulaufsicht wird traditionell als die Gesamtheit der staatlichen Befugnisse zur Organisation, Leitung und Planung des Schulwesens verstanden.[1015] Sie tritt in allen Formen der Staatsaufsicht auf, also in der Form der Rechts-, Fach- und Dienstaufsicht.[1016] Sie umfasst auch die Festlegung der Ausbildungsgänge und Unterrichtsziele sowie die Errichtung, Änderung und Aufhebung von Schulen.[1017]
Da das gesamte Schulwesen unter der Aufsicht des Staates steht, sind auch **Beschränkungen** möglich. Beschränkungen müssen aber zur Verwirklichung der legitimen Ziele der Schulaufsicht geeignet, erforderlich und angemessen sein sowie durch Gesetz erfolgen. Solche beschränkenden Gesetze stellen bspw. die Schulgesetze der Länder dar.

**583** Begrenzt wird das Schulwesen durch das **Elternrecht** (Art. 6 II GG, siehe dazu Rn 563). Staatliches Schulrecht und Elternrecht stehen gleichrangig nebeneinander.[1018] So können die Eltern wählen, welchen Bildungsweg ihre Kinder einschlagen. Das Elternrecht verpflichtet den Staat jedoch nicht, eine den Wünschen der Eltern entsprechende Schulform zu errichten. Auch die konkrete Ausgestaltung des Unterrichts kann nicht den Vorstellungen aller Eltern entsprechen. Insoweit billigt Art. 7 I GG der Schulverwaltung einen weiten Spielraum der pädagogischen und didaktischen Gestaltung des Unterrichts zu.

---

[1011] BVerfGE **75**, 40, 61 (Privatschulfinanzierung).
[1012] *Hemmrich*, in: von Münch/Kunig, GG, Art. 7 Rn 4.
[1013] Vgl. dazu näher *Hemmrich*, in: von Münch/Kunig, GG, Art. 7 Rn 4 f.
[1014] Gerade bei größeren und leistungsfähigen Gemeinden gehört es zum verfassungsrechtlich gewährleisteten Kernbestand kommunaler Selbstverwaltung (vgl. Art. 28 II S. 1 GG), Schulträger zu sein.
[1015] BVerfGE **26**, 228, 238 (Schulzweckverbandsausschluss); BVerwGE **47**, 201, 204.
[1016] Zu den einzelnen Arten der Staatsaufsicht vgl. *R. Schmidt*, AllgVerwR, Kap. 1.
[1017] St. Rspr., vgl. nur BVerfGE **59**, 360, 377 (Schweigepflicht des Schülerberaters).
[1018] BVerfGE **34**, 165, 182 f. (Hessisches Schulpflichtgesetz); **52**, 223, 236 (Schulgebet).

So haben die Eltern kein Mitwirkungsrecht bei der Errichtung einer Förderstufe, bei der    **584**
Neuordnung einer gymnasialen Oberstufe, bei der Festlegung der ersten Fremdsprache in
der Orientierungsstufe, bei der Schaffung der integrierten Gesamtschule oder bei der Veränderung eines humanistischen Gymnasiums. Im Übrigen ist eine praktische Konkordanz
zwischen dem staatlichen Erziehungsauftrag und dem elterlichen Erziehungsrecht herzustellen.

> **Beispiel[1019]:** Der Kultusminister des Bundeslandes X erlässt eine Richtlinie, durch die
> der Sexualkundeunterricht an den öffentlichen Schulen des Landes eingeführt werden
> soll. Die Eltern des Schülers A sehen darin einen unzulässigen Eingriff in ihr Elternrecht.
> Sie sind der Auffassung, die Sexualerziehung sei ausschließlich Sache der Eltern.
>
> Ohne Zweifel unterfällt die individuelle Sexualerziehung dem Elternrecht aus Art. 6 II
> GG. Gleichwohl besitzt der Staat einen Erziehungs- und Bildungsauftrag (Art. 7 I GG).
> Er ist daher grundsätzlich nicht gehindert, Sexualkundeunterricht an den öffentlichen
> Schulen durchzuführen. Aufgrund der mit der Sexualerziehung verbundenen Grund-
> rechtsrelevanz (Beachtung verschiedener weltlicher und/oder religiöser Wertvorstellun-
> gen sowohl der Kinder als auch der Eltern) bedarf es aber einer formell-gesetzlichen
> Rechtsgrundlage (Wesentlichkeitstheorie). Eine solche würde etwa eine entsprechende
> Bestimmung des Schulgesetzes des Landes X darstellen. An einer derartigen Bestim-
> mung fehlt es vorliegend jedoch. Die Einführung des Sexualkundeunterrichts verstößt
> daher gegen das elterliche Erziehungsrecht aus Art. 6 II GG.
> Selbst wenn man eine entsprechende formell-gesetzliche Grundlage unterstellen wür-
> de, bliebe zu beachten, dass diese einen angemessenen Ausgleich zwischen dem elter-
> lichen Erziehungsrecht aus Art. 6 II GG und dem staatlichen Erziehungsauftrag (Art. 7 I
> GG) treffen muss (praktische Konkordanz).

## II. Religionsunterricht – Art. 7 II und III GG

Art. 7 II GG gewährleistet das Recht der Erziehungsberechtigten, über die Teilnahme    **585**
des Kindes am Religionsunterricht zu bestimmen. Damit konkretisiert die Vorschrift
das elterliche Erziehungsrecht des Art. 6 II GG und die Religions- und Weltanschauungsfreiheit der Eltern (Art. 4 I und II GG). Allerdings ist zu beachten, dass das Kind
nach Erreichen der sog. Religionsmündigkeit (vgl. § 5 S. 1 RelKErzG sowie Rn 81 ff.
und Rn 1028) selbst über die Teilnahme am Religionsunterricht bestimmen kann. Ein
entgegenstehender Wille der Erziehungsberechtigten ist dann unbeachtlich. Dies
ergibt sich unmittelbar aus Art. 4 I GG.[1020] Kein Verstoß gegen Art. 7 II bzw. Art. 4 I
und II sowie Art. 6 II, Art. 3 I und Art. 33 III S. 2 GG liegt vor, wenn die Länder für
am Religionsunterricht nicht teilnehmende Schüler einen obligatorischen Ersatzunter-
richt, z.B. Philosophie oder Ethik, einrichten.[1021]

Art. 7 III S. 1 GG stellt in erster Linie eine organisationsrechtliche Regelung dar: Trotz    **586**
der grundsätzlichen Trennung von Staat und Kirche ist der Staat verpflichtet, innerhalb des staatlichen Schulwesens Religionsunterricht einzurichten, d.h. zu veranstalten und die Kosten dafür zu tragen. Art. 7 III GG ist *lex specialis* zu Art. 137 I WRV
i.V.m. Art. 140 GG. Darüber hinaus handelt es sich bei Art. 7 III S. 1 (und S. 2) GG
um ein Grundrecht der Eltern, Schüler *und* Religionsgemeinschaften.[1022] Es wird den
Religionsgemeinschaften garantiert, dass Religionsunterricht als ordentliches Unterrichtsfach (d.h. als Pflichtfach) an allen öffentlichen Schulen (mit Ausnahme der bekenntnisfreien Schulen) stattfindet. Unter bestimmten Voraussetzungen gewährt Art.

---

[1019] Vgl. BVerfGE **47**, 46 ff. (Sexualkundeunterricht).
[1020] *Maunz*, in: Maunz/Dürig, GG, Art. 7 Rn 32.
[1021] Vgl. dazu BVerfGE **104**, 305 ff.; BVerwG NVwZ **1999**, 769, 770; *Theuersbacher*, NVwZ **1999**, 838, 841;
VG Freiburg NVwZ **1996**, 507.
[1022] *Korioth*, NVwZ **1997**, 1041, 1045 f.; *de Wall*, NVwZ **1997**, 465. Zum Religionsunterricht an brandenburgi-
schen Schulen vgl. BVerfG NVwZ **2002**, 981 f.

7 III S. 1 GG den Religionsgemeinschaften sogar einen Rechtsanspruch gegen den Staat auf Einführung eines ihren Glaubensinhalten entsprechenden Religionsunterrichts an seinen Schulen.[1023]

587   Insbesondere in Großstädten wird – soweit nicht bereits eingeführt – der Ruf nach einer Möglichkeit zur **religiösen Unterweisung muslimischer Schüler** an öffentlichen Schulen lauter. Da Art. 7 III GG – wie gesehen – auch eine Anspruchsgrundlage zugunsten des Religionsunterrichts darstellt, können Staat und Schulträger unter bestimmten Voraussetzungen von Schülern, Eltern und Organisationen islamischen Glaubens verpflichtet werden, einen islamischen Religionsunterricht einzuführen bzw. zuzulassen. Art. 7 III GG knüpft daran folgende Voraussetzungen[1024]:

- Erforderlich ist zunächst, dass die islamische Unterweisung *Religionsunterricht* i.S.v. Art. 7 III GG darstellt. Zweifellos ist der Islam eine Religion. Um als Religionsunterricht anerkannt zu sein, muss die Unterweisung einerseits auf Wissensvermittlung gerichtet sein, andererseits auch Elemente der Glaubensverkündung ausweisen. Jedenfalls genügt die Vermittlung von Sprache, historischer Entwicklung oder der Kultur nicht. Es ist somit eine Sachverhaltsfrage, ob die konkrete Unterweisung diese Voraussetzung erfüllt.

- Problematischer ist das Merkmal des *„ordentlichen Lehrfachs"*. Dieses setzt voraus, dass die Schule dafür Sorge tragen muss, dass ein entsprechender Unterricht stattfindet. Hier ergeben sich vor allem zwei Probleme: (1) Unterrichtssprache und (2) Lehrerqualifikation. Zu (1): Die Unterrichtssprache an deutschen Schulen ist grds. deutsch. Will also ein Religionsunterricht ordentliches Lehrfach sein, kommt die Erteilung des Unterrichts etwa in türkischer Sprache selbst dann nicht in Betracht, wenn alle Schüler Türken sind. Selbstverständlich bleibt hiervon das Recht unberührt, etwa aus dem Koran in der Originalfassung zu lesen. Zu (2): Da die Schulen selbst organisatorisch kaum in der Lage sind, über eigene qualifizierte Lehrer zu verfügen, hat sich in der Praxis die Bestellung von Angehörigen der Religion bewährt. Freilich müssen diese Kräfte über die notwendigen pädagogischen Fähigkeiten verfügen.

- Das größte Problem bietet das Erfordernis des Art. 7 III S. 2 GG: Der Religionsunterricht muss in Übereinstimmung mit den Grundsätzen einer Religions*gemeinschaft* erteilt werden. Eine Religionsgemeinschaft ist eine Vereinigung, die sich die Pflege und Förderung eines religiösen Bekenntnisses und die Verkündung des Glaubens ihrer Mitglieder zum Ziel gesetzt hat.[1025] Erforderlich ist ein Mindestmaß an geordneter Struktur, vergleichbar mit einer juristischen Person i.S.v. Art. 19 III GG. Ob dies der Fall ist muss im konkreten Einzelfall entschieden werden. Jedenfalls ist der Islam als solcher keine Religionsgemeinschaft.

- Schließlich muss die Religionsgemeinschaft – da es hier um ein staatliches Unterrichtsfach geht – die *staatlichen Bildungs- und Erziehungsziele* beachten sowie im Übrigen *rechtstreu* sein und die *Grundlagen der staatlichen Ordnung* anerkennen. Insoweit können dieselben Kriterien herangezogen werden, die das BVerfG für die Anerkennung der Zeugen Jehovas als Körperschaft des öffentlichen Rechts aufgestellt hat. Vgl. hierzu ausführlich Rn 394.

588   Art. 7 III GG hindert einen Landesgesetzgeber nicht, darüber hinaus auch Weltanschauungsgemeinschaften zu einem „Weltanschauungsunterricht" an den öffentlichen Schulen zuzulassen, selbst wenn die Unterscheidbarkeit der betreffenden Weltanschauung gegenüber anderen Weltanschauungsgemeinschaften offen bleibt. Der

---

[1023] BVerfG NJW **2005**, 2101 ff. (islamische Religionsgemeinschaften) mit Bespr. v. *Sachs*, JuS **2005**, 940; BVerwG NVwZ **2000**, 922.
[1024] Vgl. dazu ausführlich *Muckel*, JZ **2001**, 58 ff. sowie VG Berlin NVwZ **2002**, 1011 ff. und nunmehr BVerfG NJW **2005**, 2101 ff.
[1025] BVerfGE **102**, 370, 383 (Zeugen Jehovas); BVerwG NJW **2006**, 3156, 3157.

Grundsatz der religiös-weltanschaulichen Neutralität des Staates wird dadurch ebenfalls nicht verletzt.[1026]

Eine Abweichung von der Regelung des Art. 7 III GG enthält Art. 141 GG (sog. **Bremer Klausel**), wonach in Ländern, in denen am 1.1.1949 eine andere landesrechtliche Regelung bestand, eine Verpflichtung des Staates aus Art. 7 III S. 1 GG nicht besteht. Hier ist der Religionsunterricht Sache der Religionsgemeinschaften. Das trifft jedenfalls für die Länder Bremen und Berlin[1027] zu und ist bei den neuen Bundesländern umstritten.[1028] **589**

Die Grundrechte aus Art. 7 II, III GG unterliegen **keinem Gesetzesvorbehalt**. Sie sind also nur durch kollidierendes Verfassungsrecht einschränkbar. Wegen des Grundsatzes vom Vorbehalt des Gesetzes (Art. 20 III GG) ist bei Eingriffen der Exekutive aber stets ein Gesetz zu fordern. **590**

## III. Privatschulfreiheit – Art. 7 IV und V GG

> ### Privatschulfreiheit – Art. 7 IV und V GG
>
> **I. Schutzbereich der Privatschulfreiheit**
> Art. 7 IV GG gewährleistet natürlichen Personen und Personenmehrheiten das Recht, Privatschulen zu errichten (*Grundrecht* zur Errichtung einer Privatschule). Damit wird zum einen deutlich, dass ein staatliches Schulmonopol nicht erstrebt wird, und zum andern, dass zugleich der Bestand der Privatschule als Institution (*Institutsgarantie* des Art. 7 IV GG) gewährleistet ist. Die näheren Voraussetzungen der Errichtung sind in Art. 7 IV S. 2-4 GG genannt. Für Volksschulen gilt zusätzlich die Einschränkung des Art. 7 V GG. Aus der Institutsgarantie folgt grundsätzlich ein Anspruch auf Privatschulsubventionierung. **Privatschulen** sind alle Schulen, die nicht von einem Träger öffentlicher Gewalt betrieben werden. **Geschütztes Verhalten** sind das Errichten und Betreiben von Privatschulen, insbesondere die eigenverantwortliche Gestaltung des Unterrichts und die freie Schüler- und Lehrerwahl.
>
> **II. Eingriff in den Schutzbereich**
> Eingriffe in die Privatschulfreiheit sind alle Maßnahmen, die das Errichten oder Betreiben einer Privatschule beeinträchtigen, z.B. die Verweigerung der **staatlichen Unterstützung**.
>
> **III. Verfassungsrechtliche Rechtfertigung**
> Die Privatschulfreiheit unterliegt keinem Gesetzesvorbehalt. Insbesondere ist die Klausel, dass die Ersatzschulen den Landesgesetzen unterstehen (Art. 7 IV S. 2 Halbs. 2 GG), kein Gesetzesvorbehalt, sondern ein Hinweis darauf, dass die Privatschulen in die Gesetzgebungskompetenz der Länder fallen. Die Ablehnung eines Antrags auf Genehmigung trotz Vorliegens der Genehmigungsvoraussetzungen ist daher rechtswidrig. Das gilt auch für die gem. Art. 7 V GG schwächer geschützten privaten Volksschulen.

### 1. Schutzbereich

Art. 7 IV S. 1 GG gewährleistet natürlichen Personen und Personenmehrheiten das Recht, Privatschulen zu errichten (*Grundrecht* zur Errichtung einer Privatschule). Damit wird zum einen deutlich, dass ein staatliches Schulmonopol nicht erstrebt wird, und zum andern, dass zugleich der Bestand der Privatschule als Institution (*Institutsgarantie* des Art. 7 IV GG) gewährleistet ist. Die näheren Voraussetzungen der Errichtung (insbesondere das Genehmigungserfordernis für Ersatzschulen) sind in Art. 7 IV **591**

---

[1026] *Theuersbacher*, NVwZ **1999**, 839, 841, allerdings mit unzutreffendem Hinweis auf das BVerwG.
[1027] Zu Berlin vgl. BVerwGE **110**, 326 ff. (Bremer Klausel).
[1028] Vgl. zum Streit *Lörler*, ZRP **1996**, 121 ff.; *Theuersbacher*, NVwZ **1999**, 839, 841; *Renck*, ThürVBl **1999**, 149 ff.

S. 2-4 GG genannt.[1029] Aus der Institutsgarantie folgt grundsätzlich ein Anspruch auf Privatschulsubventionierung.[1030]

**592**    **Privatschulen** sind alle Schulen, die nicht von einem Träger öffentlicher Gewalt betrieben werden. Diesbezüglich keine Träger öffentlicher Gewalt sind die Religionsgemeinschaften (vgl. Rn 67 ff.), auch wenn ihnen der Status „Körperschaft des öffentlichen Rechts" erteilt wurde. Von dem Begriff der Privatschule nicht erfasst werden private Hochschulen und private Fachhochschulen.

**593**    **Geschütztes Verhalten** sind das Errichten und Betreiben von Privatschulen, insbesondere die eigenverantwortliche Gestaltung des Unterrichts und die freie Schüler- und Lehrerwahl.

**594**    Begrifflich ist zwischen **Ersatzschulen** und **Ergänzungsschulen** zu unterscheiden: Während die Ersatzschulen lediglich als Ersatz für eine in dem Land vorhandene oder grundsätzlich vorgesehene öffentliche Schule dienen[1031], heißen sonstige private Unterrichtseinrichtungen, die diese Eigenschaft nicht haben, Ergänzungsschulen. Art. 7 IV S. 1 gilt für beide Privatschularten, Art. 7 IV S. 2-4 und Art. 7 V GG nur für Ersatzschulen. Das Erfordernis der staatlichen Genehmigung lediglich für Ersatzschulen (Art. 7 IV S. 2 GG) ist konsequent, wenn man bedenkt, dass Ersatzschulen öffentliche Schulen ersetzen und sie daher ein Mindestmaß an Verträglichkeit mit vorhandenen Schulstrukturen, die landesrechtlich geregelt sind, aufweisen müssen.[1032] Allerdings besteht ein Anspruch auf Erteilung der Genehmigung, wenn folgende Voraussetzungen erfüllt sind (vgl. Art. 7 IV S. 2 GG, beachte aber die unten erläuterte Einschränkung für Volksschulen gem. Art. 7 V GG):

- Der Träger der künftigen Schule hat einen entsprechenden Antrag gestellt.
- Die Ersatzschule steht in ihren Lehrzielen und Einrichtungen sowie der wissenschaftlichen Ausbildung ihrer Lehrkräfte nicht hinter den öffentlichen Schulen zurück (Gleichwertigkeit der Schulen); daher sind staatliche Erziehungsziele auch für Ersatzschulen verbindlich.[1033]
- Die Ersatzschule fördert keine Sonderung der Schüler nach den Einkommensverhältnissen ihrer Eltern.
- Die Ersatzschule sichert in genügendem Maße die wirtschaftliche und rechtliche Stellung der Lehrkräfte.

**595**    Insbesondere die beiden mittleren Voraussetzungen führen dazu, dass eine rein privat finanzierte Ersatzschule nicht möglich erscheint. Denn dadurch, dass ein mit den öffentlichen Schulen vergleichbarer Standard gehalten werden muss, müssten Schulgelder erhoben werden, die nur von besser situierten Eltern bezahlt werden könnten. Damit wäre aber eine Sonderung der Kinder nach den Einkommensverhältnissen der Eltern verbunden. Daraus schließt das BVerfG, dass der Staat die Pflicht habe, das Ersatzschulsystem auch finanziell zu unterstützen.[1034] Es handelt sich somit um einen der seltenen Fälle, in dem ein direkter Anspruch auf finanzielle Förderung besteht. Allerdings besteht kein Anspruch auf eine bestimmte Geldleistung. Der Gesetzgeber ist lediglich verpflichtet, die Existenz von Privatschulen überhaupt zu ermöglichen.

---

[1029] Vgl. dazu ausführlich BVerwG DÖV **2001**, 422 ff.

[1030] Vgl. dazu grundlegend BVerfGE **75**, 40 ff. (Privatschulfinanzierung); **90**, 107 ff. (Privatschulförderung); **90**, 128 ff. (Waldorfschulen).

[1031] Vgl. BVerwGE **105**, 20, 24; BVerwG DÖV **2001**, 422, 423; MVVerfG LKV **2002**, 27.

[1032] BVerwGE **104**, 1, 7; BVerwG DÖV **2001**, 422, 433; *Theuersbacher*, NVwZ **1999**, 838, 842.

[1033] BVerwG DÖV **2001**, 422, 423; BVerwGE **90**, 1, 6 ff.; kritisch *Lecheler*, in: Sachs, GG, Art. 7 Rn 69.

[1034] BVerfGE **75**, 40, 66 f. (Privatschulfinanzierung).

Das BVerwG hat klargestellt, dass es für die Einordnung Ersatzschule/Ergänzungs-schule nicht auf die Terminologie des Art. 7 IV GG ankomme, sondern maßgeblich auch auf das Landesschulrecht, das bestimmt, welche öffentlichen Schulen es gibt, denen eine private Schule entsprechen könne. Legt man diesen Maßstab zugrunde, steht fest, dass eine Schule für „Medizinisch-Technische Assistenten" (MTA-Schule) in Niedersachsen wegen ihrer traditionellen Einbindung in Krankenanstalten (oder ande-re medizinische Einrichtungen) und ihrer Finanzierung durch Krankenhauspflegesätze nicht zu den Schulen i.S. des dortigen Schulgesetzes rechnen und demgemäß solche Schulen in privater Trägerschaft nicht als Ersatzschulen genehmigt werden kön-nen.[1035] Das hat vor allem zur Konsequenz, dass eine finanzielle Förderung nicht in Betracht kommt. Eine Finanzierung käme allenfalls über die Pflegesätze in Betracht. Anders wäre die Rechtslage, wenn keine Einbindung in Krankenanstalten oder andere medizinische Einrichtungen vorläge und MTA-Schulen als selbstständige schulische Einrichtungen vorhanden oder grundsätzlich vorgesehen wären.[1036]

**596**

Dass sich die Genehmigungsfähigkeit einer Ersatzschule maßgeblich durch das Lan-desrecht bestimmt, geht auch aus einer weiteren Entscheidung des BVerwG[1037] her-vor. Dort hatte das Gericht über die Genehmigung eines schon ab der 5. Klasse be-ginnenden privaten Gymnasiums zu entscheiden. In dem betreffenden Bundesland beginnen die staatlichen Gymnasien nach einer sechsjährigen Grundschule erst mit der 7. Klasse. Da das private Gymnasium wegen dieser Andersartigkeit nicht die öf-fentlichen Schulen „ersetzt", könne es auch nicht genehmigt werden.[1038] Dabei ver-stoße das Bundesland auch nicht gegen Art. 7 IV GG, wenn es mit dieser Schulrege-lung von der üblichen Schulregelung anderer Bundesländer abweiche. Denn eine bestimmte Abgrenzung nach Jahrgangsstufen ergebe sich aus dem Grundgesetz nicht.[1039]

**597**

Während die bisherigen Ausführungen *alle* Ersatzschulen betrafen, ist nun auf die Besonderheit bezüglich **privater Volksschulen** (d.h. Grund- und Hauptschulen[1040]) einzugehen. Eine private Volksschule ist gem. Art. 7 V GG nur dann zuzulassen, wenn die Genehmigungsbehörde ein *besonderes pädagogisches Interesse*[1041] anerkennt, oder, auf Antrag von Erziehungsberechtigten, wenn sie als *Gemeinschaftsschule, als Bekenntnis- oder Weltanschauungsschule* errichtet werden soll und eine öffentliche Volksschule dieser Art in der Gemeinde nicht besteht.[1042] Durch das Erfordernis des besonderen pädagogischen Interesses sollen eine flächendeckende Zulassung von privaten Grundschulen verhindert und somit der Vorrang öffentlicher Volksschulen statuiert werden. Allerdings darf das besondere pädagogische Interesse schon mit der Begründung verneint und ein Genehmigungsantrag abgelehnt werden, es gäbe be-reits eine größere Zahl von Grundschulen im Land, solange weder landesweit noch regional eine flächendeckende Zulassung privater Grundschulen desselben pädagogi-schen Konzepts besteht.[1043] Für die Errichtung einer privaten Volksschule fehlt aber

**598**

---

[1035] BVerwGE **105**, 20, 24 ff.

[1036] *Theuersbacher*, NVwZ **1999**, 838, 842.

[1037] BVerwGE **104**, 1 ff.

[1038] BVerwG a.a.O., S. 7.

[1039] BVerwG a.a.O., S. 7.

[1040] *Hemmrich*, in: von Münch/Kunig, GG, Art. 7 Rn 44.

[1041] Bei dieser Formulierung handelt es sich um einen unbestimmten Rechtsbegriff, der nach Auffassung des BVerwG (E **75**, 275 f.) sogar gerichtlich nur beschränkt überprüfbar ist (Beurteilungsspielraum). Das BVerfG (E **88**, 40, 47 ff.) hat diese Auffassung zumindest im Grundsatz bestätigt, den Beurteilungsspielraum der Genehmigungsbehörde aber enger gezogen. Vgl. dazu auch BVerwG NJW **2000**, 1280 ff. sowie *Niehues*, NVwZ **2001**, 872, 876.

[1042] Vgl. dazu BVerfGE **88**, 40, 52 (Zulassung einer privaten Grundschule); BVerwG NJW **2000**, 1280 ff. mit Bespr. von *Hufen*, JuS **2000**, 1021 ff.

[1043] VGH Mannheim DVBl **1997**, 1189.

das besondere pädagogische Interesse, wenn diese durch eine flächendeckende Zulassung privater Grundschulen den Vorrang der staatlichen Schulen gefährden würde. Die Feststellung einer solchen Gefährdung verlangt aber nicht nur eine geographische Betrachtung, sondern darüber hinaus eine Gewichtung und Abwägung aller nach Lage der Dinge im Einzelfall erheblichen Umstände.[1044]

### 2. Eingriffe

**599** Eingriffe in die Privatschulfreiheit sind alle Maßnahmen, die das Errichten oder Betreiben einer Privatschule beeinträchtigen, z.B. die Verweigerung der **staatlichen Unterstützung**.

> Zu beachten ist aber, dass die Förderungspflicht des Staates den privaten Ersatzschulen zugute kommt, nicht aber den übrigen privaten Schulen, den sog. Ergänzungsschulen, da für diese die Anforderungen des Art. 7 IV 3, 4 GG nicht gelten.[1045]

**600** Einen Eingriff könnte auch das **Genehmigungserfordernis** des Art. 7 IV S. 2 GG darstellen. Nach h.L. wird das Genehmigungserfordernis aber nicht als Eingriff verstanden, sondern - aufgrund seiner Nennung im Verfassungstext - als Ausgestaltung des normgeprägten Schutzbereichs. Prüfungsgegenstand ist aber eine mögliche Überschreitung der Ausgestaltung, die dann in einen Eingriff umschlägt. Jedenfalls stellt die Ablehnung der Genehmigung einen Eingriff dar. Gleiches gilt für einen der Genehmigung beigefügten Widerrufsvorbehalt.[1046]

### 3. Verfassungsrechtliche Rechtfertigung

**601** Die Privatschulfreiheit unterliegt keinem Gesetzesvorbehalt.[1047] Insbesondere ist die Klausel, dass die Ersatzschulen den Landesgesetzen unterstehen (Art. 7 IV S. 2 Halbs. 2 GG), kein Gesetzesvorbehalt, sondern ein Hinweis darauf, dass die Privatschulen in die Gesetzgebungskompetenz der Länder fallen. Die Ablehnung eines Antrags auf Genehmigung trotz Vorliegens der Genehmigungsvoraussetzungen ist daher rechtswidrig. Das gilt auch für die gem. Art. 7 V GG schwächer geschützten privaten Volksschulen.

### 4. Übungsfall

**602** Ein Übungsfall zur Privatschulgenehmigung steht auf der Internet-Seite des Verlags Rubrik Studienbücher/Grundrechte/Falllösungen zum kostenlosen download zur Verfügung.

---

[1044] BVerwG NJW **2000**, 1280, 1281. Vgl. auch *Niehues*, NVwZ **2001**, 872, 877.
[1045] BVerfGE **90**, 107, 114 ff. (Privatschulförderung).
[1046] Vgl. BVerwG DÖV **2001**, 422 ff. und den Übungsfall zu Art. 7 II GG, der auf der Internet-Seite des Verlags bereitgestellt ist.
[1047] BVerwG DÖV **2001**, 422, 423 f.; MVVerfG LKV **2002**, 27; a.A. *Richter*, in: AK, Art. 7 Rn 58.

# K. Versammlungsfreiheit – Art. 8 GG

Eine pluralistische und demokratische Gesellschaft lebt von der (verbalen) Auseinandersetzung. Ein wesentlicher Bestandteil dieser Auseinandersetzung ist die gemeinsame Bekundung eines politischen Willens oder, allgemein ausgedrückt, die öffentliche Diskussion. Das BVerfG umschreibt das Recht zur öffentlichen Diskussion und damit das Recht, sich friedlich und ohne Waffen zu versammeln, als ein „wesentliches Element demokratischer Offenheit". Die Versammlungsfreiheit besitze einen hohen verfassungsrechtlichen Rang, der bei der Abwägung mit kollidierendem Verfassungsrecht (insbesondere mit Grundrechten Dritter) stets zu beachten sei[1048] (dazu näher Rn 631 ff.). Es empfiehlt sich folgendes Prüfungsschema:

**603**

---

## Versammlungsfreiheit, Art. 8 GG

### I. Schutzbereich der Versammlungsfreiheit

Der Begriff der **Versammlung** wird uneinheitlich definiert. Um eine Versammlung annehmen zu können, muss nach allen Auffassungen wenigstens ein gemeinsamer Zweck verfolgt werden. Überwiegend wird zusätzlich gefordert, dass dieser in einer **gemeinsamen Meinungsbildung und -äußerung** liegen müsse. Eine noch engere Auffassung unter Einschluss des BVerfG und des BVerwG verlangt, dass der gemeinsame Zweck in der Teilhabe an der **öffentlichen Meinungsbildung** liegen müsse. Die Frage kann jedoch offen bleiben, soweit es um politische Demonstrationen und Aufzüge geht, da diese Veranstaltungen alle Kriterien erfüllen. Was die Teilnehmerzahl betrifft, dürften im Hinblick auf den Schutzbereich des Art. 8 I GG bereits **zwei Personen** genügen.

**Planung** und **Organisation** sind keine begriffsnotwendigen Elemente einer Versammlung. Daher fallen auch sog. **Spontan- und Eilversammlung** unter Art. 8 GG. Auch die Wahl des Versammlungsortes sowie die **An- und Abreise** zum und vom Versammlungsort fallen in den Schutzbereich.

Der Schutzbereich des Art. 8 I GG ist sowohl in sachlicher als auch in persönlicher Hinsicht begrenzt. In sachlicher Hinsicht ist der Schutzbereich auf **friedliche Versammlungen ohne Waffen** begrenzt, in persönlicher Hinsicht auf **Deutsche**. Der Begriff der „**friedlichen Versammlung**" wird von Rechtsprechung und Literatur in Anlehnung an die Legaldefinition der §§ 5 Nr. 3, 13 I Nr. 2 VersG (zur Staatsreform vgl. Rn 635) negativ bestimmt.

### II. Eingriff in den Schutzbereich

Eingriffe in die Versammlungsfreiheit liegen zunächst bei Maßnahmen vor, die das geschützte Verhalten regeln, z.B. **Anmeldungs**- und **Erlaubnispflichten**. Das geht schon aus der Formulierung des Art. 8 I GG „ohne Anmeldung oder Erlaubnis" hervor. Eindeutige Eingriffe sind auch **Verbote** und **Auflösungen** von Versammlungen. Auch die **Behinderung** von Anfahrten und schleppende vorbeugende Kontrollen beeinträchtigen das Grundrecht. Das Grundrecht wird auch durch **faktische Maßnahmen** beeinträchtigt, wenn sie in ihrer Intensität imperativen Maßnahmen gleichstehen. So können staatliche Überwachungsmaßnahmen dazu führen, dass die innere Entschlussfreiheit, an einer Versammlung teilzunehmen, beeinträchtigt wird. Führt daher eine Überwachungsmaßnahme dazu, dass der Betroffene lieber auf die Grundrechtsausübung verzichtet, ist von einem Eingriff auszugehen. Das BVerfG hat daher in seiner Brokdorf-Entscheidung einen Eingriff bei „exzessive(n) Observationen und Registrierungen" angenommen. Schließlich seien beidseitige Begleitungen von Demonstrationen durch voll ausgerüstete Polizeibeamte genannt.

---

[1048] BVerfGE **69**, 315, 344 f. Dieser sog. Brokdorf-Beschluss stellt die grundlegende Entscheidung des BVerfG zur Interpretation des Art. 8 GG dar. Aufgrund seiner Bedeutung wird im Folgenden immer wieder darauf Bezug genommen. Da sich das Gericht in dieser Entscheidung aber nicht mit der Brisanz von neonazistischen Demonstrationen beschäftigen musste, dieses Phänomen aber zu einem besonderen gesellschaftlichen Problem herangewachsen ist, wird im Folgenden ebenfalls der Frage nachgegangen, ob die deutlich „in die Jahre gekommene" Brokdorf-Entscheidung noch uneingeschränkte Bindungswirkung beanspruchen kann. Insbesondere die offene Konfrontation des OVG Münster mit der *1. Kammer* des *Ersten Senats* des BVerfG (vgl. NJW **2001**, 1409, NJW **2001**, 2069, NJW **2001** 2072, NJW **2001**, 2075, NJW **2001**, 2076 und die nunmehr erfolgte Senatsentscheidung BVerfGE **111**, 147, 152 ff.) sowie die Senatsentscheidung zum G 8 Gipfel (BVerfG NJW **2007**, 2167 ff.) geben Anlass, über eine Relativierung des Brokdorf-Beschlusses nachzudenken.

### III. Verfassungsrechtliche Rechtfertigung

Art. 8 II GG stellt nur Versammlungen unter freiem Himmel unter einen Gesetzesvorbehalt. Versammlungen in **geschlossenen Räumen** sind demnach vorbehaltlos gewährleistet. Die Differenzierung hat den Hintergrund, dass der Grundgesetzgeber offenbar davon ausging, dass von Versammlungen in geschlossenen Räumen weniger Gefahren ausgehen als von Versammlungen unter freiem Himmel. Aber auch Versammlungen in geschlossenen Räumen müssen einer Einschränkung zugänglich sein (verfassungsimmanente Einschränkbarkeit). *Öffentliche* Versammlungen in geschlossenen Räumen sind nach §§ 5, 13 VersG einschränkbar. Hinsichtlich *nichtöffentlicher* Versammlungen in geschlossenen Räumen sind die §§ 5, 13 VersG dagegen – zumindest direkt – nicht anwendbar. Nach der hier vertretenen Auffassung ist diesbezüglich das allg. POR in verfassungskonformer Konkretisierung des Versammlungsrechts anwendbar.

**Versammlungen unter freiem Himmel** können durch oder aufgrund eines Gesetzes eingeschränkt werden. Wichtigstes Gesetz i.S. dieses Schrankenvorbehalts ist das **Versammlungsgesetz**, insbesondere dessen § 15 I. Diese Norm setzt auf der Tatbestandsebene eine „**unmittelbare Gefährdung der öffentlichen Sicherheit oder Ordnung**" voraus. Da es aber um eine Beschränkung der verfassungsrechtlich garantierten Versammlungsfreiheit geht, ist bei der Auslegung des § 15 I VersG stets die grundlegende Bedeutung des Art. 8 I GG zu beachten. Das führt nach der Kernaussage des Brokdorf-Beschlusses des BVerfG dazu, dass ein Verbot nur zum **Schutz gleichwertiger anderer Rechtsgüter** unter strikter Wahrung des **Grundsatzes der Verhältnismäßigkeit** möglich ist. Als gleichwertige andere Rechtsgüter sind Leib und Leben von Personen anerkannt, aber auch die freiheitliche demokratische Grundordnung. Ob dagegen der Staat mit seinen Veranstaltungen, etwa das Ansehen der Bundesrepublik Deutschland im Ausland bzw. die reibungslose Durchführung eines internationalen Wirtschaftsgipfels (G8-Gipfel), gleichwertige Rechtsgüter darstellen, zu deren Gunsten großflächige Versammlungsverbote erlassen werden können, ist mit Blick auf die Bedeutung des Art. 8 I GG fraglich, wurde jedoch vom BVerfG angenommen.

# I. Schutzbereich (Vorliegen einer Versammlung)

## 1. Begriff der Versammlung

**604** Zentraler Begriff des Art. 8 GG ist die **Versammlung**. Da das Grundgesetz diesen Begriff nicht definiert, haben sich Rechtsprechung und Literatur stets darum bemüht, den Begriff auszulegen. Daher verwundert es nicht, dass unterschiedliche Auffassungen bestehen. Im Folgenden werden die vertretenen Ansätze diskutiert.

## a. Gemeinsamer Zweck: Teilhabe an der öffentlichen Meinungsbildung

**605** Einig ist man sich noch darüber, dass nicht jedes Zusammenkommen mehrerer Personen ausreichen kann. Vielmehr ist eine innere Verbindung in der Gestalt der **Verfolgung eines gemeinsamen Zwecks** erforderlich.[1049]

Das Kriterium der gemeinsamen Zweckverfolgung ist notwendig, um die Versammlung von mehr oder minder zufälligen **Ansammlungen**, denen keine gemeinsame Zweckverfolgung zugrunde liegt und die daher nicht dem Schutz des Art. 8 I GG unterfallen, abzugrenzen. Reine Ansammlungen sind etwa die **Anhäufung von Menschen nach einem Verkehrsunfall** oder die **Zuhörerschaft eines Konzerts**. Hier verfolgen zwar alle den gleichen, nicht aber einen gemeinsamen Zweck. Sogar das Zusammentreffen mehrerer Personen am **Informationsstand einer politischen Partei** soll nach (älterer) Auffassung des BVerwG eine nicht von Art. 8 I GG geschützte Ansammlung sein. Der Annahme einer Versammlung stehe insbesondere der Umstand entgegen, dass der eigentliche Zweck nicht in der ge-

---

[1049] BVerfG NJW **2007**, 2167, 2168 ff.; NVwZ **2005**, 80, 81; NJW **2001**, 2459, 2460 f.; BVerfGE **104**, 92, 101 ff.; BVerwG 16.5.**2007** – 6 C 23.06; OVG Berlin NJW **2001**, 1740; *Heckmann*, JuS **2001**, 675, 680; *Kniesel*, NJW **2000**, 2857; *Wiefelspütz*, DÖV **2001**, 21, 22; *Tillmanns*, JA **2002**, 277, 278.

meinsamen Meinungsbildung und -äußerung liege, sondern allein darin, Vorübergehenden ein einseitiges Informationsangebot zu unterbreiten, sodass allenfalls Art. 5 I GG einschlägig sei.[1050] Ob diese Auffassung vor dem Hintergrund der aktuellen Rechtsprechung des BVerfG und der Oberverwaltungsgerichte noch Gültigkeit beanspruchen kann, mag bezweifelt werden.[1051] Sofern man jedoch nach wie vor eine Versammlung verneint, ist zu beachten, dass die Veranstaltung zu einer Versammlung i.S.d. Art. 8 I GG werden kann, wenn sich die anfangs fehlende innere Verbindung einstellt.

Jedenfalls darf bei **kommerziell geprägten Veranstaltungen** bezweifelt werden, ob die Teilnehmer einen gemeinsamen Zweck verfolgen. So ist eine „**Weihnachtsparade**" nicht als eine durch Art. 8 I GG geschützte Versammlung angesehen worden, weil nach den tatrichterlichen Feststellungen die einzelnen Teilnehmer im Wesentlichen ihre eigenen, überwiegend wirtschaftlichen Interessen verfolgten.[1052] Auch bei sog. „gemischten Veranstaltungen" wie der „**Loveparade**" und der Gegenveranstaltung „**Fuckparade**" ist fraglich, ob sich bei ihnen überhaupt eine gemeinsame Zweckverfolgung bejahen lässt oder ob die Teilnehmer schlicht das Massenspektakel „konsumieren".[1053] Siehe dazu Rn 606 u. 609.

Ungeachtet dieser Problematik gilt jedenfalls, dass eine körperliche Anwesenheit am Versammlungsort vorausgesetzt wird.[1054] Daher genießen etwa Internet-User im (virtuellen) Chatroom keinen Schutz aus Art. 8 I GG.[1055]

**606** Ganz überwiegend wird darüber hinaus gefordert, dass die gemeinsame Zweckverfolgung in einer **gemeinsamen Meinungsbildung und -äußerung** liegen müsse.[1056] Diese Auffassung stützt sich auf die Komplementärfunktion der Versammlungsfreiheit zu den (anderen) Kommunikationsgrundrechten, insbesondere zur Meinungsfreiheit. Eine noch engere Auffassung, der sich nun auch das BVerfG und das BVerwG angeschlossen haben, verlangt, dass der gemeinsame Zweck in der Teilhabe an der **öffentlichen Meinungsbildung** bzw. **-kundgabe** liegen müsse.[1057]

Das BVerfG führt dazu aus: „Das Grundrecht der Versammlungsfreiheit erhält seine besondere verfassungsrechtliche Bedeutung in der freiheitlichen demokratischen Ordnung des Grundgesetzes wegen des Bezugs auf den Prozess der öffentlichen Meinungsbildung. Namentlich in Demokratien mit parlamentarischem Repräsentativsystem und geringen plebiszitären Mitwirkungsrechten hat die Freiheit kollektiver Meinungskundgabe die Bedeutung eines grundlegenden Funktionselements. Das Grundrecht gewährleistet insbesondere Minderheitenschutz und verschafft auch denen Möglichkeiten zur Äußerung in einer größeren Öffentlichkeit, denen der direkte Zugang zu den Medien versperrt ist (vgl. BVerfGE 69, 315, 346 f. - Brokdorf)."[1058]

Und das BVerwG formuliert: „Eine Versammlung wird dadurch charakterisiert, dass eine Personenmehrheit durch einen gemeinsamen Zweck inhaltlich verbunden ist. Das Grundrecht schützt die Freiheit der Versammlung als Ausdruck gemeinschaftlicher, auf Kommu-

---

[1050] BVerwGE **56**, 63, 67-69. Etwas anderes kann aber für die Betreiber des Informationsstandes gelten.
[1051] Vgl. ausführlich *Hermanns*, JA **2001**, 79, 80.
[1052] Vgl. OVG Berlin NJW **2001**, 1740.
[1053] Den Versammlungscharakter beider Veranstaltungen verneinend BVerfG NJW **2001**, 2459, 2460 (beides Kammerentscheidungen); bejahend hinsichtlich der Fuckparade BVerwG 16.5.**2007** - 6 C 23.06.
[1054] BVerfG NJW **2001**, 2459, 2460.
[1055] *Kniesel*, NJW **2000**, 2857, 2860.
[1056] Vgl. BVerfG NVwZ **2004**, 90, 91; BVerfGE **104**, 92, 101 ff.; BVerwGE **56**, 63, 69; OVG Berlin NJW **2001**, 1740; VG Braunschweig NZV **2000**, 142; VGH Mannheim NVwZ **1998**, 761, 763; OVG Weimar NVwZ-RR **1998**, 498; *Gröpl*, Jura **2002**, 18, 20; *Kniesel/Poscher*, NJW **2004**, 422, 423; *Tillmanns*, JA **2002**, 277, 278; *Seidel*, DÖV **2002**, 283, 284 f.; *Kunig*, in: von Münch/Kunig, GG, Art. 8 Rn 14.
[1057] Vgl. *von Mangoldt/Klein*, Das Bonner Grundgesetz, 2. Aufl. 1957, Art. 8 Anm. III 2; VGH Mannheim NVwZ **1998**, 761, 763 und nun auch BVerfG NVwZ **2004**, 90, 91 (Versammlungsverbot); BVerfGE **104**, 92, 111 (Sitzblockade); BVerfG NJW **2001**, 2459, 2460 f. („Loveparade" und „Fuckparade"), das gleichzeitig die Definition der Versammlung in Art. 8 I GG mit der *öffentlichen* Versammlung nach dem Versammlungsgesetz gleichsetzt. Vgl. auch BVerwG 16.5.**2007** - 6 C 23.06.
[1058] BVerfG NJW **2001**, 2459, 2460.

nikation angelegter Entfaltung. Der besondere Schutz der Versammlungsfreiheit beruht auf ihrer Bedeutung für den Prozess der öffentlichen Meinungsbildung in der freiheitlich-demokratischen Ordnung des Grundgesetzes. Vorausgesetzt ist deshalb, dass die Zusammenkunft auf die Teilnahme an der öffentlichen Meinungsbildung gerichtet ist."[1059]

**607** Zu weit ginge es jedoch, den Versammlungsbegriff auf die **Erörterung öffentlicher Angelegenheiten** (insb. auf politische Themen) zu beschränken. Eine derartige Auslegung wäre weder mit dem Wortlaut des Art. 8 I GG noch mit der systematischen Stellung des Versammlungsgrundrechts innerhalb der Kommunikationsgrundrechte vereinbar.

**608** Dementsprechend sind Versammlungen i.S.d. Art. 8 GG **örtliche Zusammenkünfte mehrerer Personen zwecks gemeinschaftlicher Erörterung und Kundgebung mit dem Ziel der Teilhabe an der öffentlichen Meinungsbildung**.

**609** Hinsichtlich der bereits genannten Paraden „**Loveparade**" und „**Fuckparade**" hat das BVerfG entschieden, dass es sich bei beiden Veranstaltungen überwiegend um Musik- und Tanzereignisse handele, bei denen die von Art. 8 I GG geschützten kommunikativen Zwecke nur eine untergeordnete Bedeutung spielten. Sie seien daher *keine* Versammlungen i.S.d. Art. 8 I GG.[1060] Demgegenüber hat das BVerwG hinsichtlich der Fuckparade entschieden, dass deren Zweck darin bestehe, eine Gegenveranstaltung zur Loveparade zu bilden, und dass die Veranstalter nur deshalb dieselben darstellerischen Elemente nutzten, um auf die öffentliche Meinungsbildung einzuwirken. Daher charakterisiere das Gesamtgepräge der Veranstaltung eine Versammlung i.S.d. Art. 8 I GG, zumal sich im Zweifel der Freiheitsgehalt der Grundrechte durchsetze.[1061]

**610** Sieht man also die „Fuckparade" als Versammlung i.S.d. Art. 8 I GG an, dürfte dies im Zweifel auch für eine „**Technoparade**" und eine „**Nacht-Tanz-Demo**" gelten[1062]. Zu weit ginge es aber, eine „**Fete mit Musik**" als Versammlung anzusehen, auch wenn sie von einer politischen Partei veranstaltet wird und dabei auch ein „Infotisch" dieser Partei aufgestellt wird.[1063] Hinsichtlich der „**Chaostage**" und „**Skinheadkonzerte**"[1064] bleibt abzuwarten, wie die Fachgerichte unter dem Einfluss der aktuellen Rspr. des BVerwG in Zukunft entscheiden werden.

**611** | **Hinweis für die Fallbearbeitung:** Bei der Beantwortung der Frage, ob im konkreten Fall eine Versammlung i.S.d. Art. 8 I GG oder lediglich eine Ansammlung vorliegt, besteht zumindest für die Praxis eine gewisse Rechtssicherheit. Für die Fallbearbeitung ist wichtig, sich nicht von der formalen Bezeichnung der Veranstaltung beeinflussen zu lassen. Abzustellen ist allein auf den verfolgten Zweck. Liegt dieser in erster Linie in der gemeinschaftlichen Erörterung und Kundgebung mit dem Ziel der Teilhabe an der öffentlichen Meinungsbildung, schadet es nicht, wenn dies unter Einsatz von Musik und Tanz erfolgt. Denn im Zweifel setzt sich der Freiheitsgehalt der Grundrechte durch („in dubio pro libertate"). Lediglich rein (oder doch zumindest hauptsächlich) kommerziell ausgerichtete Veranstaltungen sowie auf Spaß und Unterhaltung ausgerichtete öffentliche Massenpartys müssen aus dem Schutzbereich herausgehalten werden. Dies hat zur Folge, dass eine Sondernutzungserlaubnis erforderlich wird, jedenfalls soweit die Veranstaltung auf öffentlichem Grund stattfindet. Eine Sondernutzungserlaubnis wird regelmäßig aber nur dann erteilt, wenn die Kosten der Abfallentsorgung übernommen werden. Soweit es aber um Parteitage, politische Diskussionsveranstaltungen, Demonstrationen oder Protestmärsche geht, kann der Streit

---

[1059] BVerwG 16.5.**2007** - 6 C 23.06.
[1060] BVerfG NJW **2001**, 2459, 2460 f. (beides Kammerentscheidungen).
[1061] BVerwG 16.5.**2007** – 6 C 23.06.
[1062] Vgl. VG Frankfurt a.M. NJW **2001**, 1741.
[1063] VG Braunschweig NZV **2000**, 142.
[1064] Vgl. dazu näher *Führing*, NVwZ **2001**, 157 ff.

um den Versammlungsbegriff dahinstehen, da diese Veranstaltungen allesamt unstreitig Versammlungen darstellen. Auch der in § 1 VersG (zur Staatsreform 2006 vgl. Rn 635) genannte „Aufzug" ist eine sich fortbewegende Versammlung.

## b. Mindestteilnehmerzahl

Fraglich ist auch, ob für die Annahme einer Versammlung eine bestimmte **Teilnehmerzahl** erforderlich ist. Überwiegend werden **zwei Personen** als ausreichend erachtet.[1065] Teilweise werden aber auch drei Personen gefordert.[1066] Eine dritte Auffassung differenziert zwischen dem Begriff der Versammlung i.S.d. Art. 8 GG und dem des Versammlungsgesetzes, wonach für Art. 8 GG zwei Personen genügten, für das Versammlungsgesetz aber drei Personen erforderlich seien.[1067] Nach der hier vertretenen Auffassung kann die Differenzierung bei der Benennung der Mindestteilnehmerzahl zwischen Art. 8 I GG und dem VersG nicht überzeugen. Denn das VersG ist unmittelbarer Ausfluss aus Art. 8 I GG und muss deshalb denselben Wertungen unterliegen. Bei der Beantwortung der Frage, ob zwei oder drei Personen erforderlich sind, gilt es zu bedenken, dass Art. 8 GG die Freiheit des einzelnen Bürgers, seine Meinung gemeinsam mit anderen zu äußern, um damit seine politische Isolierung zu verhindern, schützen will. Daher scheint es angebracht, zwei Personen genügen zu lassen. Zudem folgt aus dem Wortlaut des Art. 8 GG „sich versammeln" nicht notwendigerweise, dass es sich dabei um drei oder mehr Personen handeln muss.[1068]

**612**

Ein **Beispiel** nebst **Formulierungsvorschlag**, der gerade für Studienanfänger bedeutsam sein kann, jedoch den Rahmen der vorliegenden Darstellung sprengen würde, findet sich auf der Internet-Seite des Verlags Rubrik Studienbücher/Staatsrecht/Grundrechte/Falllösungen und Ergänzungen.

**613**

**Zusammenfassung:** Um eine **Versammlung** annehmen zu können, muss nach allen Auffassungen wenigstens ein gemeinsamer Zweck verfolgt werden. Überwiegend wird zusätzlich gefordert, dass dieser in einer **gemeinsamen Meinungsbildung und -äußerung** liegen müsse. Eine noch engere Auffassung, der sich nun auch das BVerfG angeschlossen hat, verlangt, dass der gemeinsame Zweck in der Teilhabe an der **öffentlichen Meinungsbildung** bestehen müsse. Abzulehnen ist jedenfalls die Einschränkung des Versammlungsbegriffs auf die Erörterung **öffentlicher Angelegenheiten**. Die Frage kann jedoch regelmäßig offen bleiben, da es zumeist um Veranstaltungen oder Aufzüge geht, die alle Kriterien erfüllen. Was die Teilnehmerzahl betrifft, dürften im Hinblick auf den Schutzbereich des Art. 8 I GG **zwei Personen** genügen.

**614**

## c. Eil- und Spontanversammlungen

**Planung** und **Organisation** sind keine begriffsnotwendigen Elemente einer Versammlung. Auch das in § 14 VersG (zur Staatsreform 2006 vgl. Rn 635) enthaltene Erfordernis, dass Versammlungen im Freien angemeldet werden müssen, ist für die Qualifikation einer Veranstaltung als Versammlung irrelevant.[1069] Daher fallen auch **Spontan- und Eilversammlungen** unter Art. 8 I GG.

**615**

---

[1065] *Hermanns*, JA **2001**, 79; *Kniesel*, NJW **2000**, 2857; *Kahl*, JuS **2000**, 1090, 1092; *Höfling*, in: Sachs, GG, Art. 8 Rn 9; *Kloepfer*, HdbStR VI, S. 747; *Jarass*, in: Jarass/Pieroth, GG, Art. 8 Rn 3; wohl auch *Kunig*, in: von Münch/Kunig, GG, Art. 8 Rn 13.

[1066] OLG Saarbrücken NStZ-RR **1999**, 119; *Hoffmann-Riem*, in: Alternativkommentar, Art. 8 Rn 12; *Benda*, in: Bonner Kommentar, Art. 8 Rn 21; *Kannengießer*, in: Schmidt-Bleibtreu/Klein, GG, Art. 8 Rn 3.

[1067] *Herzog*, in: Maunz/Dürig, GG, Art. 8 Rn 47 f.; OLG Düsseldorf JR **1982**, 299, 300. Diese Auffassung dürfte sich aber nach der Entscheidung des BVerfG zu den Paraden erledigt haben, da das Gericht dort die Begriffe der Versammlung einheitlich auslegt.

[1068] Mit dem Wortlaut „sich versammeln" in Art. 8 I GG jedenfalls nicht vereinbar ist BVerfG NJW **1987**, 3245, wonach eine Einzelmahnwache eine Versammlung darstellen soll.

[1069] Freilich eine andere Frage ist es, ob eine nicht angemeldete Versammlung **aufgelöst** werden kann, vgl. dazu Rn 615c.

**615a**  **Spontanversammlungen** sind Versammlungen, die nicht geplant waren und bei denen keine Veranstalter vorhanden sind, sondern die sich „aus dem Augenblick heraus" entwickeln.[1070]

> **Beispiel:** Wider Erwarten wird ein Angeklagter freigesprochen. Aus Protest gegen das Urteil versammeln sich spontan Menschen vor dem Gerichtsgebäude und demonstrieren gegen das Urteil. Die Behörde sieht darin einen Verstoß gegen die Anmeldungspflicht nach § 14 I VersG und löst die Versammlung gem. § 15 III VersG auf.
>
> Zwar lässt Art. 8 II GG Einschränkungen von öffentlichen Versammlungen unter freiem Himmel zu, allerdings bestünde ein klarer Bruch mit dem Wortlaut des Art. 8 I GG, der ausdrücklich das Recht verleiht, sich ohne Anmeldung oder Erlaubnis zu versammeln. Zudem bestünde in Fällen der vorliegenden Art, in denen es von vornherein praktisch unmöglich ist, den Anforderungen des § 14 VersG gerecht zu werden, die Gefahr einer Entwertung bzw. Aushöhlung des Art. 8 I GG, wollte man § 14 I VersG uneingeschränkt Geltung verleihen. Das BVerfG hat dies erkannt und nimmt seit seiner Brokdorf-Entscheidung **Spontanversammlungen** von der Anmeldepflicht aus, soweit der mit der Spontanversammlung verfolgte Zweck bei Einhaltung der Anmeldepflicht nicht erreicht werden könnte.[1071] Rechtstechnisch nimmt das BVerfG also eine verfassungskonforme Auslegung des § 14 VersG vor.
>
> Im vorliegenden Fall wäre der Zweck der Demonstration vereitelt, wenn die Anmeldepflicht nach § 14 I VersG gelten würde. Daher können sich die Demonstranten auch ohne Anmeldung auf Art. 8 I GG berufen. § 14 I VersG ist – trotz des Gesetzesvorbehalts des Art. 8 II GG – nicht anwendbar. Dasselbe gilt hinsichtlich § 15 III VersG. Denn würde man eine Auflösung zulassen, wäre der Zweck der Spontanversammlung in gleicher Weise gefährdet.

**615b**  **Eilversammlungen** sind Versammlungen, die im Unterschied zu Spontanversammlungen zwar geplant sind und Veranstalter haben, aber ohne Gefährdung des Versammlungszwecks nicht unter Einhaltung der Frist des § 14 VersG (48 Stunden) angemeldet werden können.

> **Beispiel**[1072]: Die Einreise eines Staatsoberhaupts eines totalitären Staates wird erst 24 Stunden vorher bekannt gegeben.
>
> Würde man strikt auf der Einhaltung der Anmeldungsfrist beharren, hätte dies zur Folge, dass Eilversammlungen von vornherein unzulässig wären. Im Unterschied zu den Spontanversammlungen ist bei den Eilversammlungen aber nicht die Anmeldung überhaupt, sondern lediglich die Fristwahrung unmöglich. Daher ist § 14 VersG bezüglich Eilversammlungen zwar anwendbar, jedoch in verfassungskonformer Weise so auszulegen, dass Eilversammlungen anzumelden sind, sobald dies möglich ist. Das wird spätestens mit dem Beschluss, die Versammlung durchzuführen, der Fall sein.[1073]
>
> Im vorliegenden Fall hat also eine Anmeldung gem. § 14 VersG zu erfolgen, und zwar mit dem Beschluss, die Versammlung durchzuführen.

---

[1070] Vgl. BVerfG NVwZ **2005**, 80 f.

[1071] Vgl. BVerfGE **69**, 315, 349 f.; **85**, 69, 75; BVerfG NVwZ **2005**, 80, 81. Für Verfassungsmäßigkeit des § 14 VersG auch *Kunig*, in: von Münch/Kunig, GG, Art. 8 Rn 33; *Heckmann*, JuS **2001**, 675, 681; für Verfassungswidrigkeit *Jarass*, in: Jarass/Pieroth, GG, Art. 8 Rn 17; *Höfling*, in: Sachs, GG, Art. 8 Rn 58. Geht man von der Verfassungsgemäßheit der Vorschrift aus, ist es dadurch, dass auch Spontanversammlungen unter den Versammlungsbegriff fallen, möglich, dass auch Teilnehmer der Loveparade den Schutz des Art. 8 I GG genießen, wenn sie sich plötzlich zu politischen Fragen äußern.

[1072] Vgl. *Kahl*, JuS **2000**, 1090, 1093.

[1073] So die h.M., vgl. nur BVerfGE **85**, 69, 75; *Kahl*, JuS **2000**, 1090, 1093; *Hermanns*, JA **2001**, 79, 83; a.A. BVerfGE **85**, 69, 77 f. (abw. Meinung); *Höfling*, in: Sachs, GG, Art. 8 Rn 58 f.

**Zusammenfassung:** Der **Schutz des Art. 8 I GG** besteht auch dann, wenn eine Versammlung entgegen § 14 I VersG **nicht angemeldet** wurde. Denn die Eröffnung des Schutzbereichs kann nicht von einer erfolgten Anmeldung abhängen. Liegt eine Spontanversammlung vor, besteht regelmäßig auch keine Möglichkeit, die Versammlung gem. § 15 III GG aufzulösen. Aber auch wenn eine Versammlung nicht als Spontanversammlung zu bewerten und daher anzumelden ist, ist bei einem Verstoß gegen die Anmeldungspflicht der Schutzbereich des Art. 8 I GG eröffnet. Freilich eine andere Frage ist es, ob in diesem Fall eine **Auflösung** der Versammlung nach **§ 15 III VersG** in Betracht kommt. Die Entscheidung steht zwar im Ermessen der Behörde (§ 15 III VersG: „kann"), wegen der Bedeutung des Grundrechts der Versammlungsfreiheit ist aber eine restriktive Handhabung erforderlich. Ist dennoch eine Auflösung rechtmäßig, hat dies zur Folge, dass die Versammlung nicht mehr besteht. Das VersG kann demzufolge keine Sperrwirkung gegenüber dem allgemeinen POR mehr entfalten, sodass Folgemaßnahmen (Platzverweis, Ingewahrsamnahme etc.) nach dem Polizeigesetz getroffen werden können.

**615c**

## d. Geschütztes Verhalten

Zum grundsätzlich geschützten Verhalten zählt die Freiheit, über Ort, Zeit, Art und Inhalt der Versammlung zu entscheiden (sog. Gestaltungsfreiheit).[1074]

**616**

Prüfungsrelevant ist insbesondere die **Wahl des Versammlungsortes**[1075], weil dies die Frage aufwirft, ob Art. 8 I GG uneingeschränkt den Zugriff auf beliebige Flächen oder Räume gewährleistet. Man stelle sich vor, das Versammlungsgrundrecht würde freien Zugang zu Startbahnen von Flughäfen, (geheimen) Militäreinrichtungen oder zu Räumen der Verfassungsschutzämter oder des BND gewährleisten. Ein funktionierendes Gemeinwesen bzw. die Wahrnehmung bestimmter öffentlicher Aufgaben wären dann nicht möglich. Daher muss die Freiheit der Ortswahl ihre Grenze in kollidierenden Verfassungsgütern finden, was entweder zu einer Begrenzung des Schutzbereichs des Art. 8 I GG (verfassungsimmanente Schutzbereichsbegrenzung[1076]) führt oder aber im Rahmen der verfassungsrechtlichen Rechtfertigung die behördliche Verbotsverfügung rechtfertigt. Überwiegend ist man der Meinung, dass die rechtliche Verfügungsbefugnis über den Versammlungsort eine ungeschriebene Bedingung für die Ortswahl darstelle und Art. 8 I GG insoweit kein Benutzungsrecht einräume, das nicht schon nach allgemeinen Rechtsgrundsätzen bestehe.[1077] Diese Sichtweise ist sehr bedenklich, da sie die Reichweite der Versammlungsfreiheit von vornherein in die allgemeine Rechtsordnung einbettet. Folgte man ihr, hätten es der einfache Gesetzgeber und die Verwaltung in der Hand, die Reichweite der Versammlungsfreiheit ggf. sogar durch Benutzungsordnungen oder Satzungen zu regeln.

**617**

Richtigerweise wird man das Recht zur freien Ortswahl auf den gesamten **öffentlichen Raum** (insbesondere auf öffentliche Straßen und Plätze) erstrecken müssen.[1078] Hierbei handelt es sich weder um einen (zulassungsfreien) Gemeingebrauch noch um eine (zulassungspflichtige) Sondernutzung, sondern um die schlichte Ausübung des Versammlungsgrundrechts. Nähme man das Gegenteil an, führte dies dazu, dass eine an sich nicht genehmigungspflichtige Versammlung ggf. beantragt werden müsste, auch wenn bei der Genehmigung Art. 8 I GG das Ermessen der Be-

---

[1074] BVerfGE **69**, 315, 343; **73**, 206, 249; BVerfGE **104**, 92, 108; OVG Weimar NVwZ-RR **2000**, 154 L; VG Frankfurt a.M. NJW **2001**, 1741, 1742; *Kniesel*, NJW **2000**, 2857, 2858.
[1075] Vgl. dazu auch die bei Rn 652 ff. geäußerte Kritik an der Novellierung des Versammlungsgesetzes.
[1076] Vgl. dazu Rn 127.
[1077] BGH NJW **2006**, 1054, 1055 (Fraport AG); BVerwGE **91**, 135, 138 f. (Bonner Hofgartenwiese), unter Bezugnahme auf *Herzog*, in: Maunz/Dürig, GG, Art. 8 Rn 78; vgl. auch *Hoffmann-Riem*, in: AK-GG, Art. 8 Rn 33; *Schulze-Fielitz*, in: Dreier, GG, Art. 8 Rn 35; *Geis*, in: Friauf/ Höfling, GG, Art. 8 Rn 34; *Herrmanns*, JA **2001**, 79, 82; *Deger*, VBlBW **1995**, 303, 304.
[1078] So auch BVerfGE **73**, 206, 249.

hörde dahingehend reduzierte, dass faktisch ein Zulassungsanspruch bestünde, sofern nicht höherrangige Interessen berührt würden. Aber auch bei der schlichten Ausübung des Versammlungsgrundrechts besteht der Grundrechtsschutz nicht, wenn die oben genannten oder vergleichbare andere Bereiche betroffen sind. Rechtstechnisch ist in diesen Fällen zwar der Schutzbereich eröffnet, jedoch führen die gegenläufigen Verfassungsgüter zur Rechtfertigung des Eingriffs.

617a    Von den öffentlichen Versammlungsorten zu unterscheiden sind diejenigen, die in fremdem **Privateigentum** stehen. Hier müssen die einschlägigen zivilrechtlichen Gesetzesbestimmungen zum Schutz des Privateigentums (vgl. etwa §§ 823, 858 ff., 903 ff., 1004 I BGB) als Grundrechtsbeschränkungen in Bezug auf die Versammlungsfreiheit den Konflikt zwischen Eigentumsgarantie und Versammlungsfreiheit lösen, wobei allerdings die erforderlichen Abwägungen grundsätzlich zu Gunsten des Eigentums ausfallen müssen.[1079] Denn eine Ausübung des Versammlungsgrundrechts kann auch ohne Verletzung fremder Eigentumsrechte stattfinden. Von der freien Ortswahl grundsätzlich nicht umfasst sind also im Privateigentum stehende Örtlichkeiten bzw. Flächen. Hiervon sind jedoch zwei Ausnahmen möglich: Stellt der private Eigentümer die betreffende Örtlichkeit bzw. Fläche regelmäßig der Öffentlichkeit als Flanier- und Konsummeile bzw. zu Demonstrationszwecken zur Verfügung, kann ihn Art. 8 I GG über die Figur der mittelbaren Drittwirkung der Grundrechte zur Überlassung der Örtlichkeit bzw. Fläche verpflichten. Ein entsprechender Anspruch wäre dann über den Zivilrechtsweg mit der Leistungsklage zu verfolgen. Auch ist es möglich, dass im Einzelfall, etwa im Falle einer Monopolstellung, mangels überwiegender entgegenstehender Interessen ein Anspruch auf Freigabe zu Versammlungszwecken aus Art. 8 I GG abgeleitet werden kann. Der Anspruch ergibt sich dann aus den entsprechenden Vorschriften des GWB, UWG bzw. aus § 826 BGB.

617b    Schwieriger ist die Bestimmung der Reichweite der Wahl des Versammlungsortes, wenn es um Örtlichkeiten bzw. Flächen geht, die zwar im Eigentum einer Kapitalgesellschaft (AG oder GmbH) stehen, die Anteile dieser Gesellschaft aber ausschließlich oder überwiegend von einem Träger öffentlicher Gewalt gehalten werden (Beispiele: Flughafen AG oder Marktplatz GmbH, die von einem Land oder einer Gemeinde betrieben werden).[1080] Nachdem bereits das BVerwG die eigenmächtige Nutzung einer Flughafencharterhalle zu Demonstrationszwecken als nicht von Art. 8 I GG gedeckt eingestuft hatte[1081], musste sich kürzlich auch der BGH mit einer solchen Fallgestaltung befassen (Fraport AG).[1082] Dabei war immerhin zu berücksichtigen, dass die für die Demonstration[1083] in Anspruch genommene Abflughalle generell für den Verkehr durch beliebige Personen geöffnet war, sodass eine besondere Eignung für die wirkungsvolle Ausübung der Demonstrationsgrundrechte angenommen werden konnte, aus der möglicherweise Folgerungen für die Reichweite der Duldungspflicht zumindest öffentlich-rechtlicher Rechtsträger gezogen werden konnten.[1084] Der BGH hat jedoch entschieden, dass ein Flughafenbetreiber, selbst wenn er unmittelbar an die Grundrechte gebunden wäre, es wegen der konkret zu befürchtenden Beeinträchtigung des Flugbetriebs nicht dulden müsse, dass Flugblätter an Passagiere eines bestimmten Flugs in der Absicht verteilt werden, eine im Rahmen dieses Flugs stattfindende Abschiebung von Ausländern zu verhindern oder mindestens zu verzögern. Nichts anderes könne gelten, wenn der Flughafenbetreiber lediglich mittelbar über die Figur der Drittwirkung der Grundrechte an diese gebunden wäre.

---

[1079] Vgl. *Hoffmann-Riem*, in: AK-GG, Art. 8 Rn 40 f.; *Herzog*, in: Maunz/Dürig, GG, Art. 8 Rn 41; *Gusy*, in: v. Mangoldt/Klein/Starck, GG, Art. 8 Rn 43; *Sachs*, JuS **2006**, 737, 738.
[1080] Insofern besteht eine gewisse Parallele zu den gemischt-wirtschaftlichen Unternehmen (vgl. Rn 80).
[1081] BVerwG Buchholz 11 Art. 8 GG Nr. 7.
[1082] BGH NJW **2006**, 1054 ff.
[1083] Es ging um eine Demonstration gegen eine zwangsweise Abschiebung eines Ausländers, bei der Flugblätter verteilt wurden, worauf der Flughafenbetreiber ein Hausverbot aussprach.
[1084] Vgl. *Sachs*, JuS **2006**, 737, 738.

**Fazit:** Hinsichtlich der Wahl des Versammlungsortes lässt sich feststellen:

**617c**

- Auf **öffentlichen** Plätzen und Flächen besteht das Versammlungsrecht grundsätzlich. Ist das der Fall, handelt es sich weder um einen (zulassungsfreien) Gemeingebrauch noch um eine (zulassungspflichtige) Sondernutzung, sondern um die schlichte Ausübung des Versammlungsgrundrechts. Lediglich wenn die Wahrnehmung bestimmter öffentlicher Aufgaben unmöglich gemacht oder wesentlich erschwert würde, besteht der Grundrechtsschutz nicht. Rechtstechnisch ist in diesen Fällen zwar der Schutzbereich eröffnet, jedoch führen die gegenläufigen Verfassungsgüter zur Rechtfertigung des Eingriffs.

- Von der freien Ortswahl grundsätzlich nicht umfasst sind im **Privateigentum** stehende Örtlichkeiten bzw. Flächen, weil die Versammlungsfreiheit Öffentlichkeitsbezug hat und auch ohne Verletzung von Privateigentum ausgeübt werden kann. Stellt der private Eigentümer die betreffende Örtlichkeit bzw. Fläche jedoch regelmäßig der Öffentlichkeit als Flanier- und Konsummeile bzw. zu Demonstrationszwecken zur Verfügung (Widmung zu öffentlichen Zwecken), kann ihn Art. 8 I GG über die Figur der mittelbaren Drittwirkung der Grundrechte zur Überlassung der Örtlichkeit bzw. Fläche verpflichten. Dasselbe gilt im Falle einer Monopolstellung, wenn keine überwiegenden Interessen entgegenstehen.

- Hinsichtlich solcher Orte und Flächen, die zwar im Privateigentum einer juristischen Person des Privatrechts stehen, deren **Anteile** sich aber ausschließlich oder überwiegend im **Eigentum der öffentlichen Hand** befinden, ist die Rechtslage komplizierter: Im Grundsatz besteht auch hier ein Hausrecht mit den Eigentumsansprüchen aus §§ 858 ff. 903 ff., 1004 I BGB, jedoch kann dieses Recht überlagert werden von Individualgrundrechten (Art. 8 I GG, Art. 3 GG), die jedenfalls mittelbar über die zivilrechtlichen Vorschriften des Wettbewerbsrechts und des Kontrahierungszwangs bei Monopolstellungen zu beachten sind. Den Eigentümer trifft dann eine Duldungspflicht gem. § 1004 II BGB. Ob jedoch die Individualgrundrechte die Eigentümergrundrechte überlagern, muss im Einzelfall festgestellt werden. Nach Auffassung des BGH stehen weitgehend für die Nutzung durch die Allgemeinheit geöffnete Flächen, auch wenn sie sich in der Hand eines Trägers öffentlicher Verwaltung befinden, jedenfalls dann nicht als Ort für Versammlungen oder Meinungsäußerungen zur Verfügung, wenn durch die Grundrechtsbetätigung die Betriebsabläufe der einschlägigen Einrichtung gestört werden. Wie das BVerfG entscheiden wird, sollte es sich mit der Sache befassen müssen, bleibt abzuwarten.

Zu der genannten Gestaltungsfreiheit gehört auch das Verwenden von Fahnen und Trommeln. Sogar das Mitführen der Reichskriegsflagge ist erfasst. Eine andere Frage ist die Möglichkeit eines entsprechenden Verbots.[1085] Geschützt sind auch vorbereitende Maßnahmen; insbesondere hat der Veranstalter in Ausübung der aus Art. 8 I GG fließenden Veranstalterfreiheit das Recht auf Darstellung seiner Intention in der Öffentlichkeit.

**617d**

Auch der ungehinderte **Zugang** zu einer bevorstehenden oder sich bildenden Versammlung bzw. Demonstration fällt in den Schutzbereich des Art. 8 I GG. Denn das Grundrecht schützt nicht nur diejenigen, die schon versammelt sind, sondern auch die Personen, die sich auf dem Weg zu einer Versammlung befinden. Zwar sind sie zu diesem Zeitpunkt noch nicht versammelt, aber sie versammeln sich.[1086] Gleiches ergibt sich aus dem Sinn und Zweck des Grundrechts. Denn der Schutz von Versammlungen liefe leer, wenn er nicht schon im Vorfeld bestünde. Anderenfalls ließen sich Versammlungen z.B. durch Behinderungen bei der Anfahrt, etwa durch bewusst ver-

**618**

---

[1085] Vgl. dazu OVG Weimar NVwZ-RR **2000**, 154 L.
[1086] *Dietel/Gintzel/Kniesel*, Demonstrations- und Versammlungsfreiheit, 14. Auflage **2005**, § 1 Rn 71.

zögernde oder exzessiv umfangreiche Kontrollen, erschweren oder praktisch ganz unmöglich machen. Der grundrechtliche Schutz beginnt daher zu dem Zeitpunkt, in dem die Versammlungsteilnehmer die Reise zum Versammlungsort unmittelbar, d.h. ohne versammlungsunabhängige Zwischenstopps oder Umwege, antreten.[1087]

**619**  Typische Maßnahmen im Vorfeld von Versammlungen und Demonstrationen sind Personenkontrollen (Identitätsfeststellungen, Durchsuchungen) an Zufahrtswegen sowie der sog. Rückführungsgewahrsam als Sonderfall des Verbringungsgewahrsams: Die betroffenen Personen werden angehalten und in Polizeibegleitung zum Ausgangsort zurückbeordert. Die besondere Problematik besteht darin, dass das Versammlungsgesetz dafür keine ausdrückliche Rechtsgrundlage enthält, die Maßnahme aber in Art. 8 I GG eingreift. Hier wird der Rückgriff auf das allg. Polizei- und Ordnungsrecht diskutiert, vgl. dazu Rn 640 ff.

### e. Schutzbereichsbegrenzung auf Friedlichkeit und Waffenlosigkeit

**620**  Hat man die mitunter sehr schwierige Frage beantwortet, ob es sich bei der Veranstaltung um eine Versammlung handelt, und festgestellt, dass dem so ist, kann doch noch nicht ohne weiteres von der Eröffnung des Schutzbereichs gesprochen werden. Denn der Schutzbereich des Art. 8 GG ist sowohl in sachlicher als auch in persönlicher Hinsicht **begrenzt**. In sachlicher Hinsicht ist der Schutzbereich auf **friedliche Versammlungen ohne Waffen** begrenzt, in persönlicher Hinsicht auf **Deutsche**.

**621**  Grundrechtlich geschützt werden nur **friedliche Versammlungen ohne Waffen**. Der Begriff der „**friedlichen Versammlung**" wird vom Grundgesetz nicht definiert. Von Rechtsprechung und Literatur wird er in Anlehnung an die Legaldefinition der §§ 5 Nr. 3, 13 I Nr. 2 VersG negativ bestimmt. Danach ist eine Versammlung unfriedlich, wenn ein „gewalttätiger und aufrührerischer Verlauf" angestrebt ist oder eintritt. Um eine **Gewalttätigkeit** annehmen zu können, muss eine aktive körperliche Einwirkung auf Personen oder Sachen stattfinden. Überwiegend wird verlangt, dass die körperliche Einwirkung aggressiv und von einiger Erheblichkeit ist.[1088] Damit ist der Gewaltbegriff i.S.d. Art. 8 GG enger als derjenige, der im Strafrecht (§ 240 StGB) verwendet wird.

**622**  So ist eine Versammlung als gewalttätig angesehen worden, bei der körperliche Handlungen von **einiger Gefährlichkeit** auftraten wie Gewaltausübung mittels gefährlicher Werkzeuge oder aggressive Ausschreitungen gegen Personen oder Sachen.[1089] Eine Mindermeinung lässt demgegenüber für die Unfriedlichkeit bereits jede oder zumindest jede straf- und ordnungswidrigkeitenrechtliche Rechtsverletzung genügen.[1090] Demnach wäre eine Versammlung unfriedlich, wenn die Veranstalter gegen die **Anmeldepflicht** (§ 14 VersG) verstoßen haben, da ein solcher Verstoß eine Straftat darstellt (§ 26 Nr. 2 VersG). Nach der hier vertretenen Auffassung kann aber nicht jeder Rechtsverstoß die Versammlung gewalttätig machen, anderenfalls wäre der Gesetzesvorbehalt in Art. 8 II GG überflüssig.[1091] Außerdem stünde sonst das Grundrecht zur Disposition des einfachen Gesetzgebers. So stellt auch eine **Sitzblockade**, bei der sich die Teilnehmer auf passive Resistenz beschränken, eine friedliche Versammlung dar, selbst wenn dabei der Tatbestand der Nötigung verwirklicht wird.[1092] Daran ändert sich auch nichts, wenn sich die Teilnehmer

---

[1087] BVerfGE **69**, 315, 348; **84**, 203, 209.
[1088] BVerfG NVwZ **2005**, 80 f.; BVerfGE **104**, 92, 101 ff.
[1089] BVerfGE **73**, 206, 248 f.; **87**, 399, 406. Vgl. auch *Hoffmann-Riem*, NVwZ **2002**, 257, 259.
[1090] So *Badura*, StaatsR, 2. Aufl. **1996**, C Rn 64; *Kloepfer*, in: HdbStR VI, S. 755 f.
[1091] Vgl. auch *Kahl*, JuS **2000**, 1090, 1092 und nunmehr erfreulicherweise BVerfG NVwZ **2005**, 80 f.
[1092] BVerfGE **104**, 92, 101 ff.; **92**, 1, 17 f.; **87**, 399, 406; **73**, 206, 249; *Hermanns*, JA **2001**, 79, 81; *Kniesel*, NJW **1996**, 2606 ff.; *Lembke*, JuS **2005**, 984, 986. Einschränkend VGH Mannheim NVwZ **2000**, 1201, der über die Rechtmäßigkeit eines Verbots einer Probeblockade gegen einen **Castor-Transport** zu entscheiden hatte. Der VGH führt dazu aus: „Selbst wenn im Einzelfall eine Blockadehandlung nicht als strafrechtlich bewehrte Nötigung angesehen werden sollte, ändert dies nichts an der grundsätzlichen Feststellung, dass die Blockierung eines Schienenwegs, auf dem ein genehmigter Transport stattfinden soll, gegen die öffentliche

untereinander **anketten**. Ketten sich die Teilnehmer aber an Sachen an (z.B. an Zäunen, Toren, Schienen, stehenden Zügen etc.), muss die Friedlichkeit in Frage gestellt werden, weil der Grad der Behinderung ein anderer ist. Das BVerfG nimmt aber auch in diesem Fall eine Friedlichkeit an. Die Frage, ob eine Versammlung unfriedlich sei, dürfe nicht mit der Verwirklichung des (weiten) Gewaltbegriffs in § 240 StGB gleichgesetzt werden. Vielmehr müsse die Friedlichkeit rein verfassungsrechtlich bestimmt werden. Liege der Zweck der Blockade in der gemeinschaftlichen Erörterung und Kundgebung mit dem Ziel der Teilhabe an der öffentlichen Meinungsbildung, sei auch dann von einer Friedlichkeit i.S.v. Art. 8 I GG auszugehen, wenn sich die Versammlungsteilnehmer bspw. an das Haupttor eines befriedeten Geländes anketteten und die Zu- und Abfahrt versperrten. Denn in einem solchen Fall sei der erforderliche Grad an Gefährlichkeit noch nicht erreicht, um eine „Unfriedlichkeit" i.S.v. Art. 8 I GG annehmen zu können.[1093] Freilich eine andere Frage ist es, ob die Versammlung gem. § 15 III VersG aufgelöst werden kann; vgl. dazu Rn 615c.

Ob das Werfen mit (relativ) **weichen Gegenständen** (Eiern, Tomaten etc.) unfriedlich ist, kann nicht eindeutig gesagt werden. Eine Unfriedlichkeit sollte jedenfalls dann angenommen werden, wenn sich derartige Aktionen gegen Polizeibeamte richten und die Situation dadurch eskaliert. Dagegen sollte das **Werfen** mit **harten Gegenständen** (Bierflaschen, gefüllten Getränkedosen, Steinen etc.) sowie mit **Farbbeuteln** wegen der objektiven Gefährlichkeit stets eine Unfriedlichkeit begründen.

Verhalten sich nur **einige** Versammlungsteilnehmer unfriedlich, die anderen dagegen friedlich, ist nur den unfriedlichen Teilnehmern der Schutz des Art. 8 I GG verwehrt.[1094] Es ist also, dem Wortlaut des Art. 8 I GG i.V.m. §§ 18 III und 19 IV VersG entsprechend, auf den einzelnen Teilnehmer abzustellen, nicht auf die Versammlung insgesamt. Nur wenn ein Einschreiten gegen die einzelnen gewalttätigen Teilnehmer nicht möglich ist, keinen Erfolg verspricht oder sich die friedlich verhaltenden Versammlungsteilnehmer mit den Gewalttätigkeiten identifizieren, kann entsprechend dem Gesetzesvorbehalt des Art. 8 II GG und unter strenger Beachtung des Verhältnismäßigkeitsgrundsatzes gegen die ganze Versammlung vorgegangen werden (Verbot, Auflösung etc.).

Eine **Gegendemonstration** genießt ebenfalls den Schutz des Art. 8 GG, sofern sie friedlich ist. Bezweckt sie, die Versammlung zu stören, kann je nach Sachverhalt entweder bereits der Schutzbereich begrenzt oder jedenfalls aufgrund des Gesetzesvorbehalts des Art. 8 II GG eingeschritten werden (Verbot, Auflösung etc.).

Ein **aufrührerischer Verlauf** besteht oder wird angestrebt, wenn das Ziel der Versammlung in einem Umsturz liegt oder wenn aktiv Widerstand gegen rechtmäßig handelnde Vollstreckungsbeamte geleistet wird bzw. geleistet werden soll. **623**

Mit **Waffen** sind zunächst Waffen im technischen Sinne gemeint. Darunter sind Waffen i.S.d. § 1 WaffG zu verstehen (z.B. Pistole, Dolch, Schlagring).[1095] Der Zweck, zu dem sie mitgeführt werden, ist unerheblich. Überwiegend werden dem Waffenbegriff auch gefährliche Werkzeuge (i.S.d. § 224 StGB) wie Baseballschläger, Eisenketten oder chemische Kampfstoffe zugeordnet, sofern sie nicht nur zur Verletzung von Personen geeignet sind, sondern vor allem *zu diesem Zweck* mitgeführt werden.[1096] **624**

---

Sicherheit verstößt." Folgt man dieser Auffassung, kann eine Blockade von Ein- und Ausgängen eines Gebäudes, Grundstücks oder einer Straße oder eines sonstigen Verbindungswegs keine friedliche Versammlung sein.

[1093] BVerfGE **104**, 92, 106. Diese Grundsätze bestätigend BVerfG NVwZ **2005**, 80 f.

[1094] BVerfGE **69**, 315, 359; BVerfG NVwZ **2005**, 80 f.

[1095] Zwar kann nach der Normenhierarchie ein einfaches Gesetz nicht die Reichweite einer Grundgesetznorm bestimmen, jedoch kann man auch bei einer rein verfassungsrechtlichen Betrachtungsweise dessen Wertung heranziehen.

[1096] *Kahl*, JuS **2000**, 1090, 1091; *Herzog*, in: Maunz/Dürig, GG, Art. 8 Rn 66; *Pieroth/Schlink*, Rn 696; *Jarass*, in: Jarass/Pieroth, GG, Art. 8 Rn 7. Anders *Kunig*, in: von Münch/Kunig, GG, Art. 8 Rn 26, wonach gefährliche Werkzeuge i.S.v. § 224 StGB nicht zu den Waffen i.S.d. Art. 8 I GG zählen.

> **Beispiel:** Auch Fahnen, v.a. die Fahnenstangen, sind für sich genommen gefährliche Werkzeuge. Werden sie aber nicht zum Zweck des Einsatzes als Schlaginstrumente mitgeführt, ist die Versammlung zumindest diesbezüglich nicht unfriedlich.

**625** Keine Waffen sind jedenfalls reine Schutzgegenstände wie Schutzhelme, Gasmasken, Schutzbrillen etc.[1097] Freilich eine andere Frage ist es, ob deren Mitführen ein Verbot nach § 17a I VersG rechtfertigen kann.[1098]

**626** Unfriedlich ist eine Versammlung schließlich auch dann, wenn eine Unfriedlichkeit **droht**, also unmittelbar bevorsteht. So ist der Aufruf zu verbrecherischen Handlungen ebensowenig von Art. 8 I GG gedeckt wie die Behinderung einer Versammlung durch Gegendemonstrationen. Bei der Frage, ob eine Unfriedlichkeit droht, ist auf die sachgerechte Prognose der zuständigen Behörde abzustellen.[1099]

### f. Persönlicher Schutzbereich

**627** In persönlicher Hinsicht ist der Schutzbereich des Art. 8 I GG auf **Deutsche** begrenzt. Der Begriff des Deutschen ist in Art. 116 GG legaldefiniert. **Nichtdeutsche** können sich demzufolge nicht auf das Grundrecht der Versammlungsfreiheit berufen. Für diese gilt die Versammlungsfreiheit nur eingeschränkt über Art. 2 I GG. Denn dieses Grundrecht wird als Auffangtatbestand verstanden, der die Freiheit allgemein und stets dann schützt, wenn kein spezielles Freiheitsgrundrecht einschlägig ist. Dies gilt zumindest im Hinblick auf Ausländer, die *keine* **EU-Bürger** sind. Ob EU-Bürgern ein intensiverer Schutz gewährt werden muss (etwa durch eine europarechtskonforme Auslegung des Art. 8 GG oder durch eine Erhöhung des Schutzniveaus des Art. 2 I GG), ist noch nicht entschieden. Vgl. dazu die Parallelproblematik bei Art. 12 I GG (Rn 788) sowie die allgemeinen Ausführungen (Rn 48, 63). Vom persönlichen Schutzbereich umfasst sind auch juristische Personen des Privatrechts und sonstige Personenmehrheiten[1100] (Beispiel: politische Partei, die einen Parteitag abhält). Zur Problematik, inwieweit eine inländische juristische Person bzw. Personenmehrheit sich auf Deutschengrundrechte berufen kann, wenn sie von Ausländern beherrscht ist, vgl. Rn 64. Die Versammlung selbst ist kein Grundrechtsträger.

### 2. Ergebnis zur Herleitung des Versammlungsbegriffs

**628** Unter Zugrundelegung der bisherigen Ausführungen ergibt sich folgende Subsumtionsgrundlage:

> **Versammlungen** sind friedliche Zusammenkünfte mehrerer Personen (nach h.M. genügen zwei) zwecks gemeinschaftlicher Erörterung und Kundgebung mit dem Ziel der Teilhabe an der öffentlichen Meinungsbildung.

## II. Eingriffe in den Schutzbereich

**629** Eingriffe in die Versammlungsfreiheit liegen zunächst vor bei Maßnahmen, die das geschützte Verhalten regeln, z.B. **Anmeldungs- und Erlaubnispflichten**. Das geht schon aus der Formulierung des Art. 8 I GG „ohne Anmeldung oder Erlaubnis" hervor. Eindeutige Eingriffe sind auch **Auflagen**, **Verbote** und **Auflösungen** von Versammlungen sowie die sie bestätigenden Gerichtsentscheidungen.[1101] Auch die **Behinde-**

---

[1097] *Hermanns*, JA **2001**, 79, 81; *Kahl*, JuS **2000**, 1090, 1091; *Herzog*, in: Maunz/Dürig, GG, Art. 8 Rn 68.
[1098] Bejahend *Hermanns*, JA **2001**, 79, 81.
[1099] *Jahn*, JuS **2001**, 172, 174.
[1100] BVerwG BayVBl **1999**, 632, 633. Auch rechtsradikale Organisationen, die (noch) nicht verboten sind, können sich auf den Schutz der Art. 5 I, 8 I und 9 I GG berufen (vgl. Art. 21 II GG).
[1101] Vgl. dazu etwa BVerfG NVwZ **2005**, 80 f.; BVerfGE **111**, 147, 152 ff.; BVerfG NJW **2007**, 2167 ff.

**rung von Anfahrten** und **Personenkontrollen** beeinträchtigen das Grundrecht.[1102] Das Grundrecht wird auch durch (andere) faktische Maßnahmen beeinträchtigt, wenn sie in ihrer Intensität imperativen Maßnahmen gleichstehen. So können **staatliche Überwachungsmaßnahmen** (etwa Dokumentation oder Videoüberwachung) dazu führen, dass die innere Entschlussfreiheit, an einer Versammlung teilzunehmen, beeinträchtigt wird. Führt daher eine Überwachungsmaßnahme dazu, dass der Betroffene lieber auf die Grundrechtsausübung verzichtet, ist von einem Eingriff auszugehen.[1103] Das BVerfG hat daher in seiner Brokdorf-Entscheidung einen Eingriff bei „exzessive(n) Observationen und Registrierungen" angenommen.[1104] Schließlich sind beidseitige Begleitungen von Demonstrationen durch voll ausgerüstete Polizeibeamte[1105] Grundrechtseingriffe.

Unter Zugrundelegung dieser Ausführungen ergibt sich folgende Definition:

630

Ein **Eingriff** in Art. 8 I GG liegt vor, wenn eine Versammlung **verboten** oder **aufgelöst** oder die Art und Weise ihrer Durchführung durch staatliche Maßnahmen **beschränkt** wird.

## III. Verfassungsrechtliche Rechtfertigung

### 1. Der Gesetzesvorbehalt des Art. 8 II GG

Ist der Schutzbereich des Art. 8 I GG eröffnet, muss der Frage nach der Einschränkbarkeit des Grundrechts nachgegangen werden. Gem. Art. 8 II GG kann die Versammlungsfreiheit für Versammlungen unter freiem Himmel durch Gesetz oder aufgrund eines Gesetzes eingeschränkt werden. Bei Auslegung dieses Gesetzesvorbehalts muss zunächst klargestellt werden, dass er nur für **versammlungsspezifische Eingriffe** gilt. Wird durch eine Maßnahme bspw. auch in eines der Grundrechte aus Art. 5 I GG eingegriffen, bestimmt sich die verfassungsrechtliche Rechtfertigung des Eingriffs – da Art. 8 I GG und 5 I GG grundsätzlich gleichrangig nebeneinander stehen – nicht nur nach dem Gesetzesvorbehalt des Art. 8 II GG, sondern auch nach dem des Art. 5 II GG (Fall der echten Grundrechtskonkurrenz, vgl. Rn 138). Geht es der Behörde bei einem Versammlungsverbot allerdings ausschließlich darum, die Meinungsäußerungsfreiheit zu beschränken, kommt nach Auffassung des BVerfG eine Rechtfertigung, soweit die Beschränkung der Meinungsäußerung nicht dem Schutz der Jugend oder dem Recht der persönlichen Ehre dient, nur im Rahmen der allgemeinen Gesetze i.S.d. Art. 5 II GG in Betracht (vgl. dazu auch Rn 501 sowie *R. Schmidt*, BesVerwR II, Rn 1065 ff.).

631

**Hinweis für die Fallbearbeitung:** Greift die in der Grundrechtsklausur zu untersuchende Maßnahme nicht nur in die Versammlungsfreiheit, sondern auch in eines der Grundrechte aus Art. 5 I GG (etwa die Meinungsfreiheit) ein, ist es überwiegende Auffassung in der Lehre, die Maßnahme (entgegen der Praxis des BVerfG[1106]) in einer **getrennten Prüfung** sowohl auf ihre Vereinbarkeit mit Art. 8 I GG als auch mit Art. 5 I GG zu untersuchen. Das führt jedoch zu erheblichen Problemen im Gutachtenaufbau und in der Argumentation. Denn der Inhalt einer Meinungsäußerung, der den Schutz der Meinungsäußerungsfreiheit genießt und im Rahmen des Art. 5 I GG nicht unterbunden werden darf, darf auch nicht zur Rechtfertigung von Maßnahmen herangezogen werden, die das Grundrecht des Art. 8 I GG beschränken.[1107] Wie die-

---

[1102] BVerfGE **69**, 315, 349; VG Lüneburg NVwZ-RR **2005**, 248, 249.
[1103] BVerfGE **65**, 1, 43.
[1104] BVerfGE **69**, 315, 359.
[1105] OVG Bremen NVwZ **1990**, 1188, 1189. Vgl. auch den Überblick bei *Kniesel*, NJW **1996**, 2606 ff.
[1106] Vgl. nur BVerfGE **111**, 147, 152 ff.
[1107] BVerfGE **111**, 147, 152 ff.

ser Umstand bei einer nach einzelnen Grundrechten getrennten Prüfung dargestellt werden soll, wird von den Vertretern, die ausschließlich eine nach Grundrechten getrennte Prüfung akzeptieren, nicht beantwortet. Davon unabhängig gilt aber, dass eine Maßnahme nur dann gerechtfertigt ist, wenn sie den Schrankenvorbehalten beider Grundrechte entspricht. Dabei ist zu beachten, dass die in den Absätzen 2 von Art. 5 und 8 GG enthaltenen Schranken nur auf die jeweiligen Schutzbereiche bezogen sind. Es gilt der Grundsatz: keine Übertragung von grundrechtsspezifischen Grundrechtsschranken auf ein anderes Grundrecht.

**Beispiel:** Wird eine Versammlung wegen des Inhalts der zu erwartenden Meinungskundgabe verboten, ist Prüfungsmaßstab nicht nur Art. 8 I GG, sondern auch Art. 5 I GG. Ob das Verbot rechtmäßig ist, richtet sich demnach sowohl nach Art. 8 II GG (in Bezug auf Art. 8 I GG) als auch nach Art. 5 II GG (in Bezug auf Art. 5 I GG). Daher darf der Inhalt einer Meinungsäußerung, der den Schutz der Meinungsäußerungsfreiheit genießt und im Rahmen des Art. 5 I GG nicht unterbunden werden darf, auch nicht zur Rechtfertigung von Maßnahmen herangezogen werden, die das Grundrecht des Art. 8 I GG beschränken[1108] (was in einer verzahnten Prüfung festzustellen ist). Die Ausübung des Freiheitsrechts aus Art. 8 I GG darf in diesem Fall nur aus anderen Gründen verboten werden.

**632**  Kommt eine Rechtfertigung des Eingriffs gem. Art. 8 II GG am Maßstab des Art. 8 I GG in Betracht, ist zu beachten, dass der **Gesetzesvorbehalt** nur Versammlungen **unter freiem Himmel** erfasst. **Versammlungen in geschlossenen Räumen** sind demnach scheinbar **vorbehaltlos** gewährleistet. Die Differenzierung hat den Hintergrund, dass der Grundgesetzgeber offenbar davon ausging, dass von Versammlungen in geschlossenen Räumen weniger Gefahren ausgingen als von Versammlungen unter freiem Himmel.[1109] Daher dürfte es für die Abgrenzung – entgegen dem Wortlaut des Art. 8 II GG – weniger darauf ankommen, ob der Raum überdacht ist, sondern vielmehr, ob der Raum zur Seite hin überall umschlossen und nur durch Eingänge zugänglich ist.[1110]

> **Beispiel:** Eine Versammlung in einem Sportstadion ist trotz fehlender Überdachung eine Versammlung in einem geschlossenen Raum. Demgegenüber wird man bei einer Versammlung unter einem Zeltdach von einer Versammlung unter freiem Himmel ausgehen müssen.

**633**  Versammlungen unter **freiem Himmel** können **durch** oder **aufgrund eines Gesetzes** eingeschränkt werden. Vor dem Hintergrund der Bedeutung der Versammlungsfreiheit und des Parlamentsvorbehalts ist für einen gezielten Eingriff in den Schutzbereich des Art. 8 I GG ein förmliches Gesetz zu fordern. Der Bundesgesetzgeber ist diesem Erfordernis vor allem durch den Erlass des **Versammlungsgesetzes** (VersG, insb. des § 15; vgl. zur Staatsreform 2006 sogleich Rn 635) und des Gesetzes über **befriedete Bezirke für Verfassungsorgane** des Bundes (BefBezG), welches das ehemalige Bannmeilengesetz des Bundes ersetzt hat (dazu später), nachgekommen. Als Eingriffsgrundlage kann auch das Straßenverkehrsrecht dienen. Auf Landesebene kommen die allgemeinen Polizei- und Ordnungsgesetze, Bannmeilengesetze, Sonn- und Feiertagsgesetze[1111] sowie Straßen- und Wegegesetze in Betracht. Im Anwendungsbereich des VersG ist ein Rückgriff auf das allgemeine Polizei- und Ordnungsrecht grundsätzlich ausgeschlossen (sog. **Polizeifestigkeit des Versammlungsrechts**).[1112] Gleichwohl kann es in bestimmten Fällen (etwa bei nichtöffentlichen

---

[1108] BVerfGE **111**, 147, 152 ff.
[1109] *Leibholz/v. Mangoldt*, Jahrbuch des öffentlichen Rechts der Gegenwart, Neue Folge Bd. 1, **1951**, S. 114.
[1110] *Jarass*, in: Jarass/Pieroth, GG, Art. 8 Rn 14.
[1111] Vgl. dazu BVerfG NVwZ **2003**, 601 f; *Arndt/Droege*, NVwZ **2003**, 906 ff.
[1112] BVerfG NVwZ **2005**, 80, 81.

Versammlungen, da das VersG ausweislich seines in § 1 formulierten Wortlauts nur auf öffentliche Versammlungen anwendbar ist, oder bei der Anreise, da das VersG von einer bestehenden Versammlung ausgeht) erforderlich sein, auf das allgemeine Polizei- und Ordnungsrecht zurückzugreifen. Die damit verbundenen Probleme sollen im Folgenden erläutert werden.

Versammlungen in **geschlossenen Räumen** sind demgegenüber gem. Art. 8 I GG **634** **vorbehaltlos gewährleistet.** Gleichwohl ist eine Einschränkung möglich, wenn dies zum Schutz der Grundrechte Dritter oder anderer Güter mit Verfassungsrang zwingend geboten ist (verfassungsimmanente Einschränkung).[1113] Wegen des Grundsatzes vom Vorbehalt des Gesetzes (Art. 20 III GG) ist aber auch hier stets eine parlamentarische Rechtsgrundlage erforderlich, die wiederum insbesondere im VersG zu finden ist.

## 2. Das Versammlungsgesetz

Liegt eine Versammlung vor, stellen die Vorschriften des **VersG** die wichtigsten **635** Rechtsgrundlagen für Eingriffe in die Versammlungsfreiheit dar. Dabei entstehen – gerade wegen der Beschränkung des VersG auf Abwehr versammlungstypischer Gefahren – regelmäßig Abgrenzungsprobleme zu den Vorschriften des allgemeinen Polizei- und Ordnungsrechts. Folgende Bestimmungen sind relevant:

- **Art. 8 I GG:** Versammlungsfreiheit
- **§ 5 VersG:** Verbot öffentlicher Versammlungen in geschlossenen Räumen[1114]
- **§§ 12 a, 19 a VersG:** Bild- und Tonaufnahmen durch die Polizei
- **§ 13 VersG:** Auflösung von öffentlichen Versammlungen in geschlossenen Räumen
- **§ 15 I VersG:** Verbot von öffentlichen Versammlungen im Freien; Auflagen[1115]
- **§ 15 II VersG:** Verbot von öffentlichen Versammlungen im Freien, die an Gedenkstätten mit historisch herausragender überregionaler Bedeutung für die Opfer der nationalsozialistischen Gewalt- und Willkürherrschaft stattfinden sollen; Auflagen[1116]
- **§ 15 III, IV VersG:** Auflösung von öffentlichen Versammlungen im Freien, wenn neben den in § 15 III VersG genannten auch mindestens eine der in § 15 I oder II VersG genannten Voraussetzungen erfüllt ist. Relevant ist insbesondere die Auflösung einer nicht angemeldeten (vgl. § 14 I VersG) oder verbotenen (vgl. § 15 I und II VersG) Versammlung.
- **§ 14 I VersG:** Anmeldepflicht von öffentlichen Versammlungen (eine öffentliche Versammlung bzw. Demonstration ist spätestens 48 Stunden vor deren Bekanntgabe der zuständigen Behörde anzuzeigen)
- **§ 18 III VersG** oder **§ 19 IV VersG** für den **Ausschluss** einzelner Teilnehmer von der Versammlung

**Hinweis zur Föderalismusreform 2006:** Die mit Wirkung zum 1.9.2006 in Kraft getretene Staatsreform (BGBl I S. 2034), in deren Rahmen insbesondere eine Neuverteilung der Gesetzgebungskompetenzen vorgenommen wurde, hat u.a. zum Wegfall der Bundeskompetenz für das Versammlungswesen geführt. Nunmehr sind die Länder befugt, das Versammlungsrecht auf ihrem jeweiligen Territorium zu regeln. Gemäß Art. 125a I GG n.F. gelten aber die Bundesgesetze, die u.a. wegen Art. 74 I GG n.F. nicht mehr als Bundesrecht erlassen werden könnten, als Bundesrecht fort, sofern nicht die Länder eigene Gesetze erlassen. Es bleibt also abzuwarten, ob die Länder von ihrem neuen Gesetzgebungs-

---

[1113] BVerwG NVwZ **1999**, 991 unter Berufung auf BVerwGE **90**, 112, 122 (zu Art. 4 GG).
[1114] Zur Frage der Vereinbarkeit des § 5 Nr. 4 VersG mit dem Zensurverbot gem. Art. 5 I S. 3 GG vgl. *Bruggmann*, JuS **2001**, 1040.
[1115] Zu §§ 14 und 15 VersG vgl. ausführlich *R. Schmidt*, BesVerwR II, Rn 1080 ff.
[1116] Zum durch Gesetz v. 24.3.2005 geänderten VersG vgl. Rn 652 ff.

recht Gebrauch machen oder ob einige Länder schlicht untätig bleiben und damit die weitere Geltung des VersG zum Ausdruck bringen. Daher wird der vorliegenden Darstellung das VersG in der bisherigen Fassung zugrunde gelegt.

636 Bevor zu den einzelnen Rechtsgrundlagen des Versammlungsgesetzes Stellung genommen werden kann, müssen die öffentliche Versammlung von der nichtöffentlichen und die Versammlung unter freiem Himmel von der in geschlossenen Räumen unterschieden werden. Denn die **Rechtfertigungsvoraussetzungen** für Grundrechtseingriffe **weichen zum Teil sehr stark voneinander ab**, was die Examensrelevanz dieses Grundrechts ausmacht:

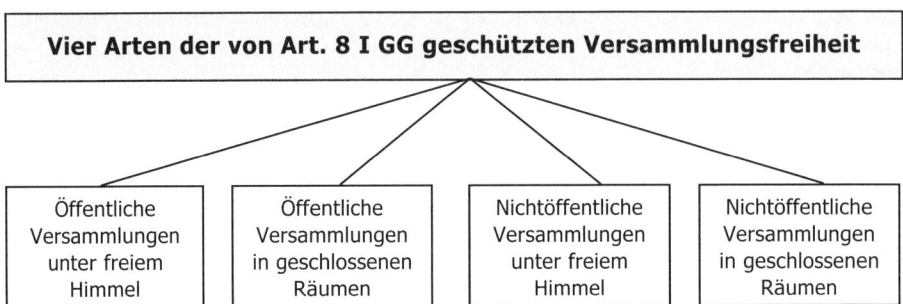

**Vier Arten der von Art. 8 I GG geschützten Versammlungsfreiheit**

| Öffentliche Versammlungen unter freiem Himmel | Öffentliche Versammlungen in geschlossenen Räumen | Nichtöffentliche Versammlungen unter freiem Himmel | Nichtöffentliche Versammlungen in geschlossenen Räumen |

## a. Öffentliche Versammlungen

### aa. Begriff der öffentlichen Versammlung

637 Wie die obigen Ausführungen zeigen, schützt Art. 8 I GG jede Form von Versammlung, also *öffentliche* und *nichtöffentliche* Versammlungen sowie Versammlungen in *geschlossenen Räumen* und *unter freiem Himmel*. Demgegenüber enthält Art. 8 II GG nur für Versammlungen unter freiem Himmel einen Gesetzesvorbehalt. Das VersG, das diesen Gesetzesvorbehalt ausfüllt, ist wiederum gem. § 1 VersG lediglich auf *öffentliche* Versammlungen (unter freiem Himmel oder in geschlossenen Räumen) anwendbar. Nichtöffentliche Versammlungen können demnach nicht auf der Grundlage des VersG beschränkt werden. Beschränkungen sind nur auf anderer Grundlage möglich. Ob und inwieweit hier die Vorschriften des allgemeinen Polizei- und Ordnungsrechts anwendbar sind, ist Gegenstand der Ausführungen bei Rn 662 ff.

637a Bei der Frage, ob im konkreten Fall die Versammlung öffentlich oder nichtöffentlich ist, kommt es jedenfalls nicht darauf an, ob die Versammlung auf öffentlichen Flächen oder auf einem Privatgrundstück stattfindet.[1117] Entscheidend ist allein, ob zu der Versammlung **jedermann** Zugang hat. Ist die Teilnahme nicht auf einen bestimmten Teilnehmerkreis begrenzt, liegt eine *öffentliche* Versammlung vor. Wird dagegen zur Teilnahme geladen und wünscht der Veranstalter über den Kreis der Geladenen hinaus keine weiteren Teilnehmer, ist von einer *nichtöffentlichen* Versammlung auszugehen.[1118]

**Beispiele:** Mitgliederversammlungen von Verbänden, Gewerkschaften oder Parteien sind demnach *nichtöffentliche* Versammlungen. Gleiches gilt für einen Parteitag mit entsandten Delegierten und geladenen Gästen.[1119] Werden die Einladungen aber kopiert und frei weitergegeben und findet auch keine Zugangskontrolle durch den Veran-

---

[1117] *Heckmann*, JuS **2001**, 675, 678.
[1118] Vgl. BVerwG NVwZ **1999**, 991, 992; OVG Weimar DVBl **1998**, 104, 105; *Jahn*, JuS **2001**, 172, 175; *Führing*, NVwZ **2001**, 157, 159; *Heckmann*, JuS **2001**, 675, 678; *Hermanns*, JA **2001**, 79, 81 f.
[1119] BVerwG NVwZ **1999**, 991, 992; OVG Weimar NVwZ-RR **1998**, 498 f.; *Kniesel*, NJW **2000**, 2857, 2862; *Jahn*, JuS **2001**, 172, 174 f.

stalter statt, ist von einer *öffentlichen* Versammlung auszugehen.[1120] Zu den *nichtöffentlichen* Versammlungen vgl. Rn 662 ff.

Mithin ergibt sich folgende Definition der öffentlichen Versammlung:

> Eine Versammlung ist **öffentlich**, wenn die Teilnahme jedermann offen steht, insbesondere nicht von einer persönlichen Einladung abhängt.    638

## bb. Öffentliche Versammlungen unter freiem Himmel

Steht fest, dass es sich bei der betreffenden Versammlung um eine öffentliche Versammlung handelt, ist des Weiteren zu klären, ob es sich bei der Versammlung um eine Versammlung unter **freiem Himmel** oder um eine Versammlung in geschlossenen Räumen handelt, denn der Gesetzesvorbehalt des Art. 8 II GG beschränkt sich – wie bereits erwähnt – auf Versammlungen unter freiem Himmel. Vgl. dazu Rn 632.    639

Handelt es sich bei der Versammlung demnach um eine öffentliche Versammlung unter freiem Himmel, füllen die Bestimmungen des VersG den Gesetzesvorbehalt des Art. 8 II GG grundsätzlich abschließend aus. Im Anwendungsbereich des VersG ist also ein Rückgriff auf das allgemeine Polizei- und Ordnungsrecht grundsätzlich ausgeschlossen (sog. **Polizeifestigkeit des Versammlungsrechts**, s.o.). Gleichwohl kann es in bestimmten Fällen erforderlich sein, auf das allgemeine Polizei- und Ordnungsrecht zurückzugreifen. Das betrifft insbesondere das Stadium der Anreise.

### a.) Maßnahmen im Vorfeld einer Versammlung

Besonders problematisch ist der **Vorfeldbereich von öffentlichen Versammlungen**. Die Problematik besteht darin, dass das VersG kaum Rechtsgrundlagen enthält, die zu Maßnahmen während der Anreise zu einer Versammlung befugen, der Schutzbereich des Art. 8 I GG jedoch auch das Vorfeld von Versammlungen, namentlich den Zugang zu einer sich bildenden Versammlung, umfasst.    640

> **Beispiel:** Die Menschenrechtsorganisation *pro human* e.V., deren Mitglieder für eine radikale Durchsetzung ihrer Auffassung bekannt und teilweise wegen Haus- und Landfriedensbruchs vorbestraft sind, plant eine Mahnwache vor dem Zufahrtstor eines in der Stadt B gelegenen Biotechnologiezentrums und meldet sie gem. § 14 VersG an. Am Tag der Veranstaltung reisen einige Mitglieder der Organisation mit einem gemieteten Reisebus an. Der Polizeipräsident von B befürchtet erhebliche Störungen für die öffentliche Sicherheit und lässt an der Stadtgrenze eine Kontrollstelle einrichten. Dort werden die anreisenden Mitglieder der Organisation kontrolliert. Die Polizei stellt die Identität der betreffenden Personen fest und durchsucht sie nach Waffen bzw. gefährlichen Werkzeugen.    641

> Zunächst bleibt festzuhalten, dass das VersG keine Rechtsgrundlagen enthält, die zu *Identitätsfeststellungen* und *Durchsuchungen* befugen. Das heißt jedoch nicht, dass die genannten Maßnahmen ohne weiteres auf der Grundlage des allgemeinen Polizei- und Ordnungsrechts (d.h. des Polizeigesetzes) zulässig wären. Vielmehr muss zunächst untersucht werden, ob sich die betreffenden Personen auf das Versammlungsgrundrecht stützen und ob die Rechtsgrundlagen des VersG analog angewendet werden können. Immerhin füllt das VersG den Gesetzesvorbehalt des Art. 8 II GG (in Bezug auf öffentliche Versammlungen unter freiem Himmel) grundsätzlich abschließend aus. Zudem ist der Rückgriff auf das allgemeine Polizei- und Ordnungsrecht deshalb problematisch, weil Art. 8 I GG in den Polizeigesetzen nicht als einschränkbares Grundrecht zitiert wird. Die nicht vorhandene Zitierung des Art. 8 I GG ist (mit Blick auf Art. 19 I S. 2 GG) aber unschädlich, sofern man sich auf den Standpunkt stellt, dass das Zitiergebot nicht

---

[1120] OVG Weimar NVwZ-RR **1999**, 499.

gelte, wenn die Vorfeldmaßnahmen lediglich der Sicherung der Durchführung der Versammlung dienten bzw. es sich beim allgemeinen Polizei- und Ordnungsrecht um vorkonstitutionelles Recht handele.[1121]

Auch in materieller Hinsicht ist der Rückgriff auf das allgemeine Polizei- und Ordnungsrecht problematisch, weil es letztlich um einen Grundrechtseingriff in Art. 8 I GG geht und die Polizeigesetze oftmals weniger stringente Eingriffsvoraussetzungen normieren als das VersG. Ein Verstoß gegen Art. 8 I GG lässt sich aber dadurch vermeiden, dass die Vorschriften des allgemeinen Polizei- und Ordnungsrechts im Lichte der Bedeutung der Versammlungsfreiheit, also verfassungskonform, ausgelegt werden. Auf das allgemeine Polizei- und Ordnungsrecht gestützte Maßnahmen sind demnach nur dann (materiell) rechtmäßig, wenn sie dem Schutz von Rechtsgütern dienen, die bei einer Abwägung mit Art. 8 I GG den Vorrang genießen. Dazu gehören die Individualgüter Leib, Leben und Gesundheit von Menschen, aber auch die freiheitliche demokratische Grundordnung des Grundgesetzes. Darüber hinaus dürfen sie nicht den Zugang zu einer Versammlung unzumutbar erschweren oder gar unmöglich machen.[1122]

Schließt man sich jedoch keiner der genannten „Rettungsversuche" an, sind Vorfeldmaßnahmen (in Ermangelung einer anwendbaren Rechtsgrundlage) schlichtweg rechtswidrig. Aus rechtsstaatlicher Sicht ist dieser Standpunkt konsequent.

Folgt man aber der h.M., kommen daher im vorliegenden Fall die Rechtsgrundlagen des Polizeigesetzes für die Identitätsfeststellung und die Durchsuchung in Betracht (beide Maßnahmen wären nunmehr in der Fallbearbeitung zu prüfen mit dem Ergebnis, dass beide rechtmäßig ergingen; vgl. dazu ausführlich *R. Schmidt*, BesVerwR II, Rn 1072 ff. sowie *ders.*, Fälle zum POR, Fall 3).

### b.) Maßnahmen nach Beendigung der Versammlung

**642**  Auch die Phase nach **Beendigung der öffentlichen Versammlung** kann mit Blick auf die Anwendbarkeit des allgemeinen Polizeirechts problematisch sein, weil das VersG hierzu kaum Regelungen enthält. Ausnahmen sind in §§ 12a und 13 II VersG enthalten. Aus § 13 II VersG (vgl. auch § 18 I VersG für Versammlungen unter freiem Himmel) ergibt sich eine Entfernungspflicht aller Teilnehmer nach einer Auflösung der Versammlung durch die Polizei. Ob damit aber der Weg frei ist für Anschlussmaßnahmen auf Grundlage des allgemeinen Polizei- und Ordnungsrechts, ist fraglich, weil Art. 8 I GG auch für die „Beendigungsphase" Nachwirkungen zeigt. Dennoch ist nach der hier vertretenen Auffassung die Anwendung der Befugnisnormen des allg. Polizeirechts zulässig, nachdem die Versammlung **aufgelöst** (§ 13 VersG) wurde. Gleiches gilt hinsichtlich einzelner Teilnehmer, wenn diese von der Versammlung gem. § 18 III VersG **ausgeschlossen** wurden. Denn mit der rechtsgestaltenden Wirkung, die eine Auflösungs- bzw. Ausschlussverfügung bewirkt, wird der Grundrechtsschutz des Art. 8 I GG beendet. Solche Personen können also unverzüglich nach den Polizeigesetzen z.B. in Gewahrsam genommen werden, wenn im Übrigen die polizeirechtlichen Voraussetzungen (Gefahrenlage, Störereigenschaft, Verhältnismäßigkeit) vorliegen.[1123]

**643**  Da die Auflösung (neben dem Verbot) der Versammlung und der Ausschluss Einzelner von der Versammlung jedoch den intensivsten Eingriff in das Grundrecht der Versammlungsfreiheit darstellen, erfordert es der Schutz des Art. 8 I GG, dass die Auflösungs- bzw. Ausschlussverfügung **eindeutig und unmissverständlich** formuliert ist

---

[1121] Die Rspr. (vgl. etwa VG Lüneburg NVwZ-RR **2005**, 248 f.) umgeht diese Problematik, indem sie das Zitiergebot des Art. 19 I S. 2 GG einfach nicht erwähnt. Auch *Pieroth/Schlink*, Rn 710, hatten bis zur 21. Aufl. 2005 das Zitiergebot unerwähnt gelassen. In der Fallbearbeitung ist eine Auseinandersetzung mit ihm erforderlich. Vgl. dazu die Argumentation bei *R. Schmidt*, BesVerwR II, Rn 1072 ff.
[1122] Vgl. dazu VG Lüneburg NVwZ-RR **2005**, 248 f. (Castortransport).
[1123] Vgl. auch BVerfG NVwZ **2005**, 80 f.

und für die Betroffenen erkennbar zum Ausdruck bringt, dass die Versammlung aufgelöst bzw. sie für ihn zu Ende ist. Selbstverständlich sind auch materiell-rechtlich hohe Rechtmäßigkeitshürden zu nehmen, um der Bedeutung des Art. 8 I GG Rechnung zu tragen.[1124]

> **Merke:** Erst nach **expliziter Auflösung** der Versammlung bzw. nach **explizitem Ausschluss** einzelner Versammlungsteilnehmer von der Versammlung besteht die Sperrwirkung des VersG nicht mehr, sodass dem betroffenen Personenkreis gegenüber Folgemaßnahmen auf der Grundlage des allgemeinen Polizei- und Ordnungsrechts erteilt werden können. Allerdings müssen die (Teil-)Auflösung bzw. der Ausschluss Einzelner von der Versammlung mit Art. 8 I GG vereinbar sein, um die Sperrwirkung des VersG zu beenden und den Rückgriff auf das allgemeine Polizei- und Ordnungsrecht zu ermöglichen. Das ist der Fall, wenn sie dem strengen Prüfungsmaßstab des Art. 8 I GG entsprechen.[1125]

644

## c.) Bannmeilen und befriedete Bezirke

Zu den öffentlichen Versammlungen unter freiem Himmel zählen auch Versammlungen innerhalb der befriedeten Gebiete (= **Bannkreise**) der Gesetzgebungsorgane des Bundes oder der Länder sowie des BVerfG. Das Bannmeilengesetz (BannmG) vom 6.8.1955 sah ein grundsätzliches Verbot von Versammlungen innerhalb der Bannkreise vor. Dortige Versammlungen durften nur durch behördliche Ermessensentscheidung (§ 4 BannmG) ausnahmsweise erlaubt werden. Das behördliche Ermessen konnte aber in diesem Fall auf Null reduziert sein mit der Folge, dass nur eine einzige Entscheidung ermessensfehlerfrei war - die Zulassung der Versammlung - , wenn diese dem Schutzbereich des BannmG nicht zuwiderlief. Durch das Gesetz zur Neuregelung des Schutzes von Verfassungsorganen des Bundes vom 11.8.1999 (BGBl I S. 1818) hat der Deutsche Bundestag das BannmG aufgehoben und durch das **Gesetz über befriedete Bezirke für Verfassungsorgane** des Bundes (BefBezG[1126]) ersetzt.[1127] In § 5 BefBezG ist dem Bürger nunmehr ein Rechtsanspruch auf Erteilung einer Ausnahmebewilligung vom abstrakten Verbot des § 16 I VersG eingeräumt worden (vgl. dazu § 16 II VersG). Voraussetzung ist nur, dass keine Beeinträchtigung der Tätigkeit des Deutschen Bundestages und seiner Fraktionen, des Bundesrates und des BVerfG sowie ihrer Organe und Gremien und keine Behinderung des freien Zugangs zu ihren in dem befriedeten Bezirk gelegenen Gebäuden zu befürchten sind (vgl. § 5 I S. 1 BefBezG: „sind zuzulassen").[1128]

645

## d.) Zusammenfassung

Bei **versammlungsspezifischen** Gefahren, die im Zusammenhang mit **öffentlichen Versammlungen im Freien** stehen, sind die Voraussetzungen für das polizeiliche Einschreiten und dessen Umfang speziell und **abschließend** in den Befugnisnormen des **VersG** geregelt. Ein Rückgriff auf das **allgemeine Polizei- und Ordnungsrecht** ist grds. **unzulässig** (sog. **Polizeifestigkeit des Versammlungsrechts**). **Ausnahmen** sind nur in folgenden Fällen anerkannt:

646

---

[1124] Vgl. auch hierzu BVerfG NVwZ **2005**, 80 f.

[1125] Zur gutachterlichen Prüfung vgl. *R. Schmidt*, Fälle zum POR, Fall 4.

[1126] Sartorius Nr. 434.

[1127] Vgl. aber die Regelung des Art. 7 II des Gesetzes zur Neuregelung des Schutzes von Verfassungsorganen des Bundes vom 11.8.1999, wonach die neue Regelung vorerst nur bis zum 30.6.2003 galt. Mit Gesetz v. 9.5.2003 hat der Bundestag beschlossen, dass das BefBezG unbefristet fortgilt. Zur Föderalismusreform, deren gesetzliche Grundlage mit Wirkung zum 1.9.2006 in Kraft getreten ist, vgl. bereits Rn 635.

[1128] Zu den Voraussetzungen, unter denen eine Beeinträchtigung der Tätigkeit der genannten Verfassungsorgane bzw. eine Behinderung des freien Zugangs vorliegt bzw. zu befürchten ist, vgl. *R. Schmidt*, BesVerwR II, Rn 1077.

- Geht es im Rahmen einer **bestehenden** öffentlichen Versammlung unter freiem Himmel darum, Gefahren zu bekämpfen, die ihre Ursache *nicht* in der Versammlung haben, ist ein Rückgriff auf das allg. POR möglich, auch wenn damit ein Eingriff in Art. 8 I GG verbunden ist. Denn in einem solchen Fall ist der Grundrechtseingriff in Art. 8 I GG lediglich eine Nebenfolge, nicht aber eigentlicher Zweck. In aller Regel haben die Gefahren aber die Ursache gerade in der Versammlung, sodass ein Rückgriff auf das allg. POR kaum möglich ist. Ist das der Fall und kann die polizeiliche Maßnahme nicht auf die Befugnisnormen des VersG gestützt werden, ist sie rechtswidrig (Polizeifestigkeit der Versammlung).

- Etwas anderes gilt, wenn die Versammlung **aufgelöst** bzw. teilaufgelöst wurde (vgl. § 15 III VersG). Denn mit der rechtsgestaltenden Wirkung der Auflösungsverfügung (die freilich mit Art. 8 I GG vereinbar sein muss) werden der Grundrechtsschutz des Art. 8 I GG und damit die Sperrwirkung des VersG beseitigt. Jedoch muss die Auflösungsverfügung materiell mit Art. 8 I GG vereinbar sein, um ihre konstitutive Wirkung zu entfalten. Sie muss zudem deutlich ausgesprochen werden und erkennen lassen, dass die Veranstaltung für die Betroffenen nunmehr zu Ende ist. Ist dies der Fall, sind Folgemaßnahmen (Platzverweise, Ingewahrsamnahmen etc.) auf der Grundlage des allg. POR möglich.

- Schließlich können einzelne Teilnehmer von der Versammlung **ausgeschlossen** werden (vgl. § 18 III VersG), wobei das zur Auflösung Gesagte auch hier gilt.

- Im **Vorfeld** von Versammlungen sind aus materiell-rechtlicher Sicht polizeiliche Maßnahmen (insb. Identitätsfeststellungen, Durchsuchungen, Sicherstellungen, Platzverweise und Ingewahrsamnahmen) auf der Grundlage des allg. POR zulässig, wenn die polizeigesetzlichen Eingriffsermächtigungen verfassungskonform ausgelegt werden, wenn also Eingriffe in Art. 8 I GG lediglich zugunsten von Leib, Leben oder Gesundheit von Menschen oder zugunsten der freiheitlichen demokratischen Grundordnung des Grundgesetzes erfolgen. Dem Rückgriff auf das allg. POR steht aber das Zitiergebot des Art. 19 I S. 2 GG entgegen. Folge ist, dass auf das allg. POR gestützte Maßnahmen rechtswidrig sind (a.A. die h.M., die entweder das Zitiergebot verschweigt oder nicht anwenden will).

### e.) Maßnahmen nach dem Versammlungsgesetz

### aa.) Verbote und Auflagen nach § 15 I VersG

**647** Kommen (wie im Regelfall) die Befugnisnormen des VersG in Betracht, ist v.a. **§ 15 I VersG** relevant. Diese Vorschrift setzt auf der Tatbestandsseite eine „**unmittelbare Gefährdung der öffentlichen Sicherheit oder Ordnung**" voraus. Aufgrund der gleichlautenden Merkmale der entsprechenden Tatbestände aus dem allgemeinen Polizei- und Ordnungsrecht und des gleichen Schutzzwecks (hier wie dort geht es um Gefahrenabwehr) könnte man annehmen, die Merkmale einheitlich auszulegen.[1129] Da es bei § 15 I VersG aber um eine Beschränkung der verfassungsrechtlich garantierten Versammlungsfreiheit geht, ist bei der Auslegung der im Tatbestand des § 15 I VersG genannten Schutzgüter *öffentliche Sicherheit und Ordnung* stets die grundlegende Bedeutung des Art. 8 I GG (ggf. i.V.m. Art. 5 I GG) zu beachten, was zu einer äußerst zurückhaltenden Annahme der Verbotsvoraussetzungen zwingt (sog. **verfassungskonforme Auslegung**). Eine Gefährdung der öffentlichen Sicherheit oder Ordnung kann daher nur angenommen werden, wenn es um den **Schutz gleichwertiger anderer Rechtsgüter** geht. Als gleichwertige andere Rechtsgüter sind **Leib und Leben von Personen** anerkannt, aber auch die **freiheitliche demokratische Grundordnung** des Grundgesetzes. Ob auch der Staat mit seinen Veranstaltungen,

---

[1129] Zu den Begriffen „Gefahr" und "öffentliche Sicherheit und Ordnung" i.S.d. POR vgl. *R. Schmidt*, BesVerwR II, Rn 628 ff. und Rn 657 ff.

etwa das Ansehen der Bundesrepublik Deutschland im Ausland bzw. die reibungslose Durchführung eines internationalen Wirtschaftsgipfels (G8-Gipfel), gleichwertige Rechtsgüter darstellen, zu deren Gunsten großflächige Versammlungsverbote erlassen werden können, ist in Anbetracht der besonderen Bedeutung des Art. 8 I GG fraglich.[1130] Immerhin bietet allein Art. 8 I GG dem Bürger die Möglichkeit, sich im Kollektiv erkennbar zu machen.[1131]

Der besonderen Bedeutung des Art. 8 I GG ist aber nicht nur auf der Tatbestandsseite des § 15 I VersG durch restriktive, d.h. verfassungskonforme Auslegung, sondern auch auf der **Rechtsfolgeseite** Rechnung zu tragen. Auch das BVerfG betont in ständiger Rechtsprechung, dass die Behörden *im Einzelfall* gewährleisten müssten, dass die Versammlungsfreiheit nur dann und nur insoweit zurückstehe, als dies zum Schutz **mindestens gleichwertiger Schutzgüter** und unter strikter Wahrung des **Grundsatzes der Verhältnismäßigkeit** erforderlich sei.[1132]

**648**

Nach dieser Rechtsprechung genügt es also nicht, dass ein Versammlungsverbot zur Erreichung seines Ziels allgemein geeignet, erforderlich und angemessen ist. Vielmehr muss eine praktische Konkordanz zwischen dem Grundrecht der Versammlungsfreiheit und den genannten widerstreitenden Verfassungsgütern hergestellt werden. Das gilt auch hinsichtlich solcher Gruppierungen, deren politische Gesinnung als „unerwünscht" gilt. Insbesondere gilt hinsichtlich politischer Parteien, dass sich die Versammlungsteilnehmer so lange in gleichem Maße auf Art. 8 I GG berufen können wie andere Personen, bis das BVerfG die Partei gem. Art. 21 II GG für verfassungswidrig erklärt hat.[1133]

**649**

> **Hinweis für die Fallbearbeitung:** Bevor eine Norm (etwa § 15 I VersG) für verfassungswidrig erklärt wird, ist sie nach Möglichkeit **verfassungskonform auszulegen**. Eine verfassungskonforme Auslegung geht der Feststellung der Verfassungswidrigkeit vor! Gelingt die verfassungskonforme Auslegung, ist die Norm gültig, und zwar mit *der* Auslegung, die vorgenommen wurde, um einen Verstoß mit höherrangigem Recht abzuwenden. § 15 I VersG kann verfassungskonform auslegt werden, indem die auf der Tatbestandsseite enthaltenen unbestimmte Rechtsbegriffe *öffentliche Sicherheit oder Ordnung* mit Blick auf die besondere Bedeutung des Art. 8 I GG für den Einzelnen, seine Meinung im Kollektiv zum Ausdruck zu bringen, einschränkend interpretiert werden, mit dem Ergebnis, dass Verbote nur hinsichtlich solcher Schutzgüter in Betracht kommen, die mindestens so hochwertig sind wie die Versammlungsfreiheit. Das ist jedenfalls bei Leib und Leben von Personen, aber auch bei der freiheitlichen demokratischen Grundordnung des Grundgesetzes der Fall. Ob dagegen der Staat mit seinen Veranstaltungen, etwa das Ansehen der Bundesrepublik Deutschland im Ausland bzw. die reibungslose Durchführung eines internationalen Wirtschaftsgipfels (G8-Gipfel), gleichwertige Rechtsgüter darstellen, zu deren Gunsten großflächige Versammlungsverbote erlassen werden können, ist mit Blick auf die Bedeutung des Art. 8 I GG fraglich, wurde jedoch vom BVerfG angenommen.
>
> Kann eine Norm verfassungskonform ausgelegt werden, richtet sich sodann das Augenmerk auf die Anwendung im Einzelfall. § 15 I VersG ist eine Ermessensnorm. Das Ermessen ist so auszuüben, dass die zentrale Bedeutung der durch Art. 8 I GG garantierten kollektiven Meinungskundgabe nicht verkannt wird. Dazu kann es gehören, dass die Behörden, bevor sie die Durchführung der Versammlung von bestimmten Auflagen abhängig machen oder gar ein Verbot verhängen, zunächst ver-

**650**

---

[1130] Vgl. dazu BVerfG NJW **2007**, 2167, 2169, das diese Frage allerdings bejaht.
[1131] Vgl. dazu den Beispielsfall bei *R. Schmidt*, BesVerwR II, Rn 1081.
[1132] BVerfGE **69**, 315, 348 f.; **87**, 399, 407; **111**, 147, 152 f.; vgl. auch BVerfG NJW **2007**, 2167, 2169; NJW **2000**, 3051, 3052 f.; NJW **2000**, 3053, 3054 f.; NJW **2001**, 2076, 2077; OVG Greifswald 31.5.**2007** - 3 M 53/07; VG Schwerin v. 25.5.**2007** – 1 B 243/07.
[1133] Vgl. BVerfG NJW **2001**, 2076, 2077 (1. Mai-Demo 1).

suchen, durch eine **demonstrationsfreundliche Kooperation** mit den Versammlungsteilnehmern dem Grundrecht aus Art. 8 I GG maximale Geltung zu verschaffen.[1134]

651 Da der Brokdorf-Beschluss keine Ausführungen zu neonazistischen Demonstrationen und Aufmärschen enthält, stellt sich die Frage, wie diesen zu begegnen ist. Der Neonazismus ist in Ausmaß und Brisanz erst nach der Wiedervereinigung zu einem der gesellschaftlichen Hauptprobleme geworden. Daher wurde bereits in der 6. Aufl. dieses Buches die Prognose gewagt, dass das BVerfG, wenn es jetzt über ein Verbot einer rechtsextremistischen Versammlung zu entscheiden hätte, die einst in einem *obiter dictum* aufgestellten Grundsätze, demzufolge ein Versammlungsverbot (nicht eine Auflage!) nach § 15 I VersG „im Wesentlichen" nur zum Schutz elementarer Rechtsgüter in Betracht kommen könne, während eine „bloße Gefährdung der öffentlichen Ordnung" für ein Versammlungsverbot im Allgemeinen nicht genüge[1135], so nicht aufrechterhalten würde.[1136] Diese Prognose wurde nun durch einen Beschluss des *Ersten Senats* des BVerfG bestätigt.[1137] Im Kern geht es um die Frage, ob eine Gefährdung der öffentlichen Ordnung ein Versammlungsverbot rechtfertigt. Da die Beantwortung dieser Frage aber zu sehr ins Versammlungsrecht führen würde, sei insoweit auf die Darstellung bei *R. Schmidt*, BesVerwR II, Rn 1084 ff. verwiesen. Vgl. im Übrigen auch den Übungsfall bei *R. Schmidt*, Fälle zum POR, Fall 1.

### bb.) Flächenverbote und Auflagen nach § 15 II VersG

652 Am 1.4.2005 ist das Gesetz zur Änderung des VersG und des StGB in Kraft getreten, nachdem sich die Fraktionen des Deutschen Bundestags geeinigt hatten, das Versammlungsrecht zu verschärfen. Der Gesetzgeber meinte, die Möglichkeiten, gegen extremistisch ausgerichtete Versammlungen unter freiem Himmel schärfer vorzugehen, konkretisieren zu können. So enthält das Gesetz nunmehr „Klarstellungen" für Auflagen oder Verbote von extremistisch ausgerichteten Versammlungen. Insbesondere regelt der neu geschaffene § 15 II VersG (der bisherige § 15 II VersG a.F. wurde § 15 III VersG n.F.), dass Versammlungen verboten oder von bestimmten Auflagen abhängig gemacht werden können, wenn sie an einem Ort stattfinden (sollen), „der als Gedenkstätte von historisch herausragender, überregionaler Bedeutung an die Opfer der menschenunwürdigen Behandlung unter der nationalsozialistischen Gewalt- und Willkürherrschaft erinnert ... und nach den zur Zeit des Erlasses der Verfügung konkret feststellbaren Umständen zu besorgen ist, dass durch die Versammlung die Würde der Opfer beeinträchtigt wird". Als einen solchen Ort legt § 15 II VersG das Denkmal für die ermordeten Juden Europas in Berlin fest. Andere Orte können durch Landesgesetz bestimmt werden. Zur Kritik bzgl. § 15 II VersG vgl. *R. Schmidt*, BesVerwR II, Rn 1088 ff.

### cc.) Anmeldepflicht nach § 14 I VersG; Spontan- und Eilversammlungen

653 -660 Diskussionswürdig ist auch die Regelung des **§ 14 I VersG**. Diese Vorschrift statuiert für den Veranstalter einer öffentlichen Versammlung unter freiem Himmel die Pflicht, die Versammlung mindestens 48 Stunden vor ihrer Bekanntgabe **anzumelden** (eine Genehmigungspflicht besteht nicht!). Zweck der Anmeldepflicht ist es, im Interesse aller Beteiligten einen reibungslosen Ablauf der Versammlung sicherzustellen[1138], was

---

[1134] Vgl. dazu ausführlich *R. Schmidt*, BesVerwR II, Rn 1083.
[1135] Vgl. BVerfGE **69**, 315, 353 (Brokdorf).
[1136] Demgegenüber hält *Wiefelspütz* (DÖV **2001**, 21, 27) die Brokdorf-Entscheidung für flexibel genug, um adäquat auch auf rechtsradikale Aufzüge reagieren zu können.
[1137] BVerfGE **111**, 147, 152 ff.
[1138] BVerfGE **69**, 315, 350 (Brokdorf); **85**, 69, 74 (Eilversammlung).

insbesondere unter Berücksichtigung der üblichen Straßenverkehrsverhältnisse letztlich unverzichtbar ist.[1139] Da Art. 8 I GG jedoch ausdrücklich das Recht verleiht, sich ohne Anmeldung oder Erlaubnis zu versammeln, ist § 14 I VersG verfassungsrechtlich bedenklich, jedenfalls in Bezug auf Spontan- und Eilversammlungen. Vgl. zu diesen bereits Rn 615 ff.

### cc. Öffentliche Versammlungen in geschlossenen Räumen

Aufgrund der Beschränkung des Art. 8 II GG auf Versammlungen unter freiem Himmel kann es Versammlungen geben, die zwar vom Schutzbereich des Art. 8 I GG, nicht aber vom ausdrücklichen Gesetzesvorbehalt des Art. 8 II GG erfasst sind. Hierbei handelt es sich um Versammlungen in geschlossenen Räumen, die scheinbar **vorbehaltlos** gewährt sind. Aber auch bei sog. vorbehaltlos gewährten Grundrechten ist eine Einschränkungsmöglichkeit anerkannt, wenn die Einschränkung zum Schutze eines **kollidierenden Verfassungsguts**[1140] zwingend geboten ist. Aufgrund des Grundsatzes vom Vorbehalt des Gesetzes ist aber auch hier stets ein förmliches Gesetz zu fordern, das die Voraussetzungen eines Einschreitens regelt. Ein solches förmliches Gesetz ist wiederum das VersG. So stellen etwa die **§§ 5 und 13 VersG** eine zulässige Schrankenregelung dar, soweit sie sich auf Friedlichkeit und Waffenlosigkeit beziehen und die Einschränkung zum Schutze eines kollidierenden Verfassungsguts zwingend geboten ist. Vor diesem Hintergrund bestehen auch keine durchgreifenden Bedenken gegen die Anwendbarkeit des **§ 12 a VersG** (insbesondere die Videoüberwachung) auf öffentliche Versammlungen in geschlossenen Räumen.[1141] Das gilt insbesondere dann, wenn die Voraussetzungen für ein Einschreiten nach § 13 VersG vorliegen.[1142]

661

> Als **Beispiel** vgl. den bei *R. Schmidt*, BesVerwR II, Rn 1098 dargestellten Übungsfall und im Übrigen *R. Schmidt*, Fälle zum POR, Fall 5.

### b. Nichtöffentliche Versammlungen

Wie bereits erläutert, ist das VersG seinem Wortlaut nach nur auf *öffentliche* Versammlungen anwendbar (§ 1 VersG).[1143] Daher ist fraglich, welche Eingriffsbefugnisse für *nichtöffentliche* Versammlungen in Frage kommen, ob also wegen der beschränkten Anwendbarkeit des VersG auf *öffentliche* Versammlungen die Anwendbarkeit des **allgemeinen Polizei- und Ordnungsrechts** (Standardmaßnahmen bzw. Befugnisgeneralklausel) auf *nichtöffentliche* Versammlungen bejaht werden kann oder ob die **Vorschriften des VersG analog** heranzuziehen sind.

662

▪ Gegen eine Anwendung der Vorschriften des allg. Polizei- und Ordnungsrechts auf Gefahrenabwehrmaßnahmen im Rahmen *nichtöffentlicher* Versammlungen kann seit dem 1.9.2006 jedenfalls nicht mehr eine fehlende **Gesetzgebungskompetenz** der Länder für die Regelung des Versammlungswesens geltend gemacht werden. Denn im Rahmen der Föderalismusreform 2006 ist die Gesetzgebungskompetenz für die Regelung des Versammlungswesens auf die Länder übergegangen. Können die Länder also eigene Versammlungsgesetze erlassen, ist es nicht gesetzgebungskompetenzwidrig, wenn Vorschriften des allg. POR auf nichtöffentliche Versammlungen angewendet werden.

663

---

[1139] *Hermanns*, JA **2001**, 79, 82.
[1140] Dazu zählen insbesondere Leib, Leben und Gesundheit der Teilnehmer oder Dritter sowie die freiheitliche demokratische Grundordnung des Grundgesetzes.
[1141] Vgl. *Kniesel*, NJW **2000**, 2857, 2865; *Guldi*, VR **1999**, 180.
[1142] VGH Mannheim NVwZ **1998**, 761, 764.
[1143] Ausnahmen stellen §§ 3, 21, 23 und 28 VersG dar, deren Bestimmungen auch auf nichtöffentliche Versammlungen anwendbar sind.

Demzufolge stehen dem allg. POR keine kompetenzrechtlichen Vorschriften (mehr) entgegen.

**664**
■ Allerdings haben die Länder bislang noch nicht von ihrer Gesetzgebungskompetenz Gebrauch gemacht, sodass gem. Art. 125a I GG das VersG des Bundes gültig bleibt. Daher könnten auf Vorschriften des allg. POR gestützte Gefahrenabwehrmaßnahmen gegen Teilnehmer einer *nichtöffentlichen* Versammlung (insb. in *geschlossenen Räumen*) über die im VersG gegebenen Eingriffsbefugnisse hinausgehen und so einen **Wertungswiderspruch** darstellen, da die Generalklausel weniger stringente Eingriffs*voraussetzungen* normiert als bspw. die §§ 5 und 13 VersG. Um diesem (vermeintlichen) Wertungswiderspruch entgegenzutreten, werden daher zum Teil die §§ 5 und 13 VersG analog herangezogen mit dem Gedanken, dass diese Bestimmungen als Konkretisierung des Art. 8 I GG ausgewiesen seien.[1144] Es gebe keinen sachlichen Grund, ausgerechnet *nichtöffentliche* Versammlungen, von denen der Allgemeinheit geringere Gefahren drohten als von öffentlichen, dem VersG zu entziehen und dem allg. POR mit seinen weit reichenden Eingriffsmöglichkeiten zu unterstellen.[1145]

Demzufolge steht dem allgemeinen Polizei- und Ordnungsrecht der abschließende Charakter der (analog anzuwendenden) Vorschriften des VersG entgegen.

**665**
Stellungnahme: Eine analoge Anwendung der Befugnisnormen des VersG verstößt gegen den Grundsatz vom Vorbehalt des Gesetzes und damit gegen das Rechtsstaatsprinzip. Auch das BVerfG hat in seinem Urteil über die sog. „Online-Durchsuchung" von Computern klargestellt, dass eine analoge Anwendung von Rechtsgrundlagen verfassungswidrig sei.[1146] Mit der h.M.[1147] ist daher das **allgemeine Polizei- und Ordnungsrecht** anzuwenden. Dennoch ist zu beachten, dass der Schutz des Art. 8 I GG fortbesteht, jetzt sogar in besonderem Maße, da der Gesetzesvorbehalt des Art. 8 II GG nicht greift und es sich damit um ein **vorbehaltlos gewährleistetes** Grundrecht handelt. Es ist also nur eine verfassungsimmanente Einschränkung möglich. Aus diesem Grund will eine weitere Auffassung[1148] auch nur dann Abwehrmaßnahmen auf das allgemeine Polizei- und Ordnungsrecht stützen, wenn beachtet wird, dass in diesen Fällen nur solche Maßnahmen getroffen werden, die dem Schutz der Grundrechte Dritter oder sonstiger Verfassungsgüter dienen, die bei einer Abwägung mit Art. 8 I GG den Vorrang genießen. Dem ist zuzustimmen. Die Grenzen derjenigen Grundrechte, die schrankenlos gewährt werden, können sich nur aus dem Grundgesetz selbst ergeben. Daher ist ein auf die polizeiliche Generalklausel gestützter Eingriff in eine *nichtöffentliche* Versammlung in einer **verfassungskonformen Konkretisierung des allgemeinen Polizei- und Ordnungsrechts** zulässig.

**666**
Dieser inhaltlich überzeugenden Lösung könnte dann nur noch das **Zitiergebot** des Art. 19 I S. 2 GG entgegenstehen, das verlangt, dass das eingeschränkte Grundrecht im einschränkenden Gesetz genannt, sozusagen „zitiert" wird. Diese grundsätzliche Verpflichtung soll den Gesetzgeber darauf aufmerksam machen, dass er die Möglichkeit der Grundrechtsbeeinträchtigung geschaffen hat (**Warn- und Besinnungsfunk-**

---

[1144] So *Kniesel*, NJW **2000**, 2857, 2865; *Alberts*, NVwZ **1992**, 38, 40; *Rühl*, NVwZ **1988**, 577, 581; *Ketteler*, DÖV **1990**, 954, 956; *Krüger*, DÖV **1993**, 658, 660. Vgl. nun auch *Pieroth/Schlink/Kniesel*, POR, § 20 Rn 15.

[1145] *Rühl*, a.a.O.

[1146] BVerfG NJW **2007**, 930, 931 – dazu ausführlich *R. Schmidt*, BesVerwR II, Rn 309a. Auf die Frage, ob die Voraussetzungen für eine Analogie (insbesondere die planwidrige Regelungslücke) vorliegen, kommt es also gar nicht erst an.

[1147] BVerwG NJW **1999**, 991, 992; OVG Lüneburg NVwZ **1988**, 638; VGH Mannheim NVwZ **1987**, 237; OVG Münster NVwZ **1989**, 885; VG Minden NVwZ **1988**, 663; OVG Saarlouis E **13**, 208, 211; *Kunig*, von Münch/Kunig, GG, Art. 8 Rn 30; *Jahn*, JuS **2001**, 172, 175; *Führing*, NVwZ **2001**, 157, 160 f.; *v. Coelln*, NVwZ **2001**, 1234, 1235 f.; *Rozek*, JuS **2002**, 470, 476; *Schenke*, POR, Rn 343; *Gusy*, POR, Rn 419.

[1148] *Deger*, NVwZ **1999**, 265, 268; *Schoch*, JuS **1994**, 479, 481; *Götz*, POR, Rn 501 und 276; *Rozek*, JuS **2002**, 470, 476.

**tion**). Darüber hinaus hat das Zitiergebot eine **Klarstellungsfunktion**. Der Gesetzesanwender soll wissen, in welche Grundrechte das Gesetz einzugreifen ermächtigt.[1149] Die Zitierpflicht gilt nach h.M. aber nur für Gesetze, die „aufgrund ausdrücklicher Ermächtigung vom Gesetzgeber eingeschränkt werden dürfen"[1150] (also bei Grundrechten mit Gesetzesvorbehalten). Darunter fallen gem. Art. 8 II GG zwar öffentliche Versammlungen unter freiem Himmel, nicht aber nichtöffentliche Versammlungen in geschlossenen Räumen.[1151]

Daher verstößt der Rückgriff auf das allgemeine Polizei- und Ordnungsrecht auch nicht gegen das Zitiergebot. Darüber hinaus ist es vertretbar, die Anwendung des Zitiergebots mit dem Argument abzulehnen, dass die polizei- und ordnungsrechtlichen Generalklauseln aller Bundesländer bereits im Ordnungsrecht, das vor Inkrafttreten des Grundgesetzes 1949 bestand, enthalten gewesen seien, dass es sich also um **vorkonstitutionelles Recht** handele, für das das Zitiergebot von vornherein nicht gelte. Denn aufgrund seiner Warnfunktion für den nunmehr grundrechtsgebundenen Gesetzgeber will das Zitiergebot keine Eingriffsmöglichkeiten ausschließen, die bereits vor Inkrafttreten des Grundgesetzes bestanden.[1152]

**667**

## Übersicht über die versammlungsrechtlichen Eingriffsbefugnisse

**668**

|  | **Öffentliche Versammlungen** | **Nichtöffentliche Versammlungen** |
|---|---|---|
| **Unter freiem Himmel** | ■ Schutzbereich des Art. 8 I GG (+)<br>■ Gesetzesvorbehalt des Art. 8 II GG (+)<br>■ Daher VersG mit seinen Eingriffsgrundlagen, insb. **§§ 15, 19a, 12a VersG** anwendbar, sodass Rückgriff auf subsidiäres allg. POR (-), sog. Polizeifestigkeit des VersR | ■ Schutzbereich des Art. 8 I GG (+)<br>■ Gesetzesvorbehalt des Art. 8 II GG (+)<br>■ VersG ist allerdings auf *nichtöffentliche* Versammlungen grds. nicht anwendbar (§ 1 VersG), daher ist strittig, welche RGL einschlägig ist. Nach der hier vertretenen Auffassung ist das **allg. POR** in verfassungskonformer Konkretisierung des Versammlungsrechts anwendbar |
| **In geschlossenen Räumen** | ■ Schutzbereich des Art. 8 I GG (+)<br>■ Gesetzesvorbehalt des Art. 8 II GG (-), da er nur Versammlungen *unter freiem Himmel* erfasst. Versammlungen in *geschlossenen Räumen* sind danach verfassungsrechtlich vorbehaltlos gewährleistet.<br>■ Wegen der Möglichkeit der verfassungsimmanenten Einschränkbarkeit können **§§ 5, 13, 12a VersG** als Spezialvorschriften ggü dem allg. POR gleichwohl herangezogen werden, weil sie zumindest gem. § 1 VersG anwendbar sind, sodass Rückgriff auf subsidiäres allg. POR (-), sog. Polizeifestigkeit des VersR | ■ Schutzbereich des Art. 8 I GG (+)<br>■ Gesetzesvorbehalt des Art. 8 II GG (-), da er nur Versammlungen *unter freiem Himmel* erfasst<br>■ Gleichwohl Einschränkbarkeit gegeben (verfassungsimmanente Schranken). Wegen Art. 20 III ist aber eine gesetzliche Grundlage erforderlich. Nach der hier vertretenen Auffassung ist wegen § 1 VersG das VersG nicht anwendbar, sondern das **allg. POR** in verfassungskonformer Konkretisierung des Versammlungsrechts |

---

[1149] BVerfGE **64**, 72, 79; **85**, 386, 403 f.

[1150] BVerfGE **83**, 130, 154; ähnlich BVerfGE **64**, 72, 79.

[1151] Zum Zitiergebot vgl. ausführlich *R. Schmidt*, Staatsorganisationsrecht, Rn 186 ff.

[1152] Nicht ganz unproblematisch, vgl. *R. Schmidt*, Fälle zum POR, Fall 3 Rn 72; Fall 4 Rn 52.

## IV. Konkurrenzen

**669** Das Grundrecht der Versammlungsfreiheit kann insbesondere mit dem Grundrecht der **Glaubensfreiheit** (Art. 4 I und II GG) konkurrieren, wenn es um die kollektive Kundgabe der religiösen Überzeugung geht. In diesem Fall wird teilweise angenommen, dass Art. 4 I und II GG dem Grundrecht der Versammlungsfreiheit vorgehe[1153] (Fall der unechten Grundrechtskonkurrenz, vgl. Rn 137). Diese Auffassung ist mit den Gewährleistungen der beiden Grundrechte nicht vereinbar. Geht es den betroffenen Personen um die gemeinschaftliche Erörterung und Kundgebung mit dem Ziel der Teilhabe an der öffentlichen Meinungsbildung und hat die Thematik ihren Ursprung im religiösen Glauben, ist es überzeugend, den Teilnehmern der Veranstaltung sowohl den Schutz des Art. 8 I GG als auch des Art. 4 I und II GG zukommen zu lassen.[1154]

**670** Im Verhältnis zu Art. 9 I GG ist bedeutsam, dass die **Vereinigungsfreiheit** auf Dauer oder zumindest auf gewisse Zeit angelegte Verbände schützt, wohingegen Art. 8 I GG einen „Augenblicksverband" schützt. Ein Konkurrenzproblem gibt es also i.d.R. nicht.[1155]

**671** Hinsichtlich des Verhältnisses zur **Meinungsäußerungsfreiheit** (Art. 5 I S. 1 Halbs. 1 GG) gilt, dass in erster Linie Art. 8 I GG betroffen ist, wenn eine Versammlung verboten oder aufgelöst oder die Art und Weise ihrer Durchführung durch staatliche Maßnahmen beschränkt wird. Verfolgt die Versammlungsbehörde mit dem Verbot bzw. der Beschränkung einer Versammlung allerdings die Unterbindung der Meinungsäußerung, greift sie damit (auch) in den Schutzbereich des Art. 5 I GG ein. Das Grundrecht der Meinungsäußerungsfreiheit ist also auch dann betroffen, wenn die Meinungsäußerung in einer oder durch eine Versammlung erfolgt. Mithin besteht in einem solchen Fall eine Idealkonkurrenz. Nach Auffassung des BVerfG ist die Rechtfertigung in diesem Fall allein in Art. 5 II GG zu suchen.[1156] Der Inhalt einer Meinungsäußerung, der im Rahmen des Art. 5 II GG nicht unterbunden werden dürfe, könne daher auch nicht zur Rechtfertigung von Maßnahmen herangezogen werden, die das Grundrecht des Art. 8 I GG beschränkten.[1157]

> **Beispiel:** Verbietet die Behörde eine Versammlung und stützt ihr Verbot (vgl. § 15 I VersG) ausschließlich auf den Inhalt der erwarteten Kundgebung, greift sie sowohl in Art. 5 I GG als auch in Art. 8 I GG ein. In diesem Fall kommt nach Auffassung des BVerfG (E 111, 147 ff.) eine inhaltliche Begrenzung von Meinungsäußerungen, soweit sie nicht dem Schutze der Jugend oder dem Recht der persönlichen Ehre diene, nur im Rahmen der allgemeinen Gesetze im Sinne des Art. 5 II GG in Betracht. Dies seien Gesetze, die sich nicht gegen die Meinungsfreiheit an sich oder gegen die Äußerung einer bestimmten Meinung richteten, sondern vielmehr dem Schutz eines schlechthin, ohne Rücksicht auf eine bestimmte Meinung, zu schützenden Rechtsguts dienten. § 15 I VersG sei kein „allgemeines Gesetz" i.S.v. Art. 5 II GG, sondern beziehe sich nur auf Art. 8 I GG. Daher könne die Behörde ihre Verbotsverfügung, mit der sie (auch) in Art. 5 I GG eingreife, nicht auf Art. 15 I VersG stützen.

**672** Ein **Übungsfall**, der Maßnahmen auf der Grundlage der §§ 13 und 12a VersG zum Gegenstand hat, konkretisiert die bisherigen Ausführungen. Er steht nebst Lösungsgesichtspunkten auf der Internet-Seite des Verlags Rubrik Studienbücher/ Staatsrecht/Grundrechte/Falllösungen zum kostenlosen download bereit.

---

[1153] So *Jarass/Pieroth*, GG, Art. 4 Rn 6; *Kokott*, in: Sachs, GG, Art. 4 Rn 134.
[1154] Vgl. bereits Rn 139. Wie hier auch *Hoffmann-Riem*, in: Alternativkommentar zum GG, Art. 8 Rn 68.
[1155] Vgl. *Rinken*, in: Alternativkommentar, Art. 9 Rn 49; *Schulze-Fielitz*, in: Dreier, GG, Art. Rn 8 Rn 76.
[1156] BVerfGE **111**, 147, 155; **90**, 241, 246; BVerfG-K NVwZ **2004**, 90, 91.
[1157] BVerfGE **111**, 147, 155; **90**, 241, 246.

# L. Vereinigungs- und Koalitionsfreiheit – Art. 9 GG

Art. 9 GG schützt zwei Arten von Vereinigungsfreiheit, in Abs. 1 die allgemeine Vereinigungsfreiheit und in Absatz 3 die wirtschaftliche Vereinigungsfreiheit (die sog. Koalitionsfreiheit). Der Unterschied zwischen diesen beiden Grundrechtsarten besteht darin, dass Art. 9 I GG inhaltlich in der Nähe anderer Kommunikationsgrundrechte (Art. 5 I GG, Art. 8 I GG) steht, wohingegen Art. 9 III GG einen engen Bezug zu den wirtschaftlichen Grundrechten der Art. 12 I und 14 I GG aufweist.

## I. Vereinigungsfreiheit – Art. 9 I und II GG

---

### Vereinigungsfreiheit – Art. 9 I und II GG

#### I. Schutzbereich der Vereinigungsfreiheit

Gem. Art. 9 I GG haben alle Deutschen das Recht, Vereine und Gesellschaften (Oberbegriff: Vereinigungen) zu gründen. Zur Definition des Begriffs der **Vereinigung** wird ganz herrschend die Legaldefinition des § 2 I VereinsG herangezogen, wonach Vereinigungen i.S.d. Art. 9 I GG **freiwillige Zusammenschlüsse** natürlicher und/oder juristischer Personen sind, die einen **gemeinsamen Zweck** verfolgen, auf eine **bestimmte Dauer** angelegt sind und ein **Mindestmaß an Organisation** aufweisen. Umfasst ist auch das Recht, Vereinigungen fernzubleiben (sog. *negative Vereinigungsfreiheit*), jedenfalls soweit es sich um privatrechtliche Vereinigungen handelt. Dagegen ist umstritten, ob die negative Vereinigungsfreiheit auch das Recht umfasst, aus den **öffentlich-rechtlichen Vereinigungen** auszutreten bzw. ihnen fernzubleiben. Das betrifft insbesondere die öffentlich-rechtlichen Zwangsvereinigungen wie beispielsweise Bundesrechtsanwaltskammer, Landesärztekammern, Industrie- und Handelskammern, Arbeitnehmerkammern etc. Die Rspr. und der überwiegende Teil der Lit. sehen Art. 9 I GG für nicht einschlägig an. Öffentlich-rechtliche Körperschaften gehörten nicht zu den Vereinigungen i.S.d. Art. 9 I GG. Sie entstünden insb. durch Rechtssatz, seien also keine freiwilligen Zusammenschlüsse. Der freiwillige Zusammenschluss sei aber konstitutives Element der (negativen) Vereinigungsfreiheit. Daher sei auch nicht das Recht umfasst, solchen Vereinigungen fernzubleiben. Die Zulässigkeit von Pflichtmitgliedschaften sei daher an Art. 2 I GG zu messen.

Fraglich ist, ob Art. 9 I GG auch ein **kollektives Freiheitsrecht**, also ein Recht der Vereinigungen selbst, darstellt. Dem Wortlaut des Art. 9 I GG ist dies nicht zu entnehmen. Gleichwohl nimmt das BVerfG trotz der Regelung des Art. 19 III GG ein kollektives Freiheitsrecht an. In der Fallbearbeitung ist dieser dogmatische Streit aber nicht sehr ergiebig, da beide Auffassungen im Ergebnis zur Bejahung der kollektiven Vereinigungsfreiheit kommen.

In persönlicher Hinsicht ist der Schutzbereich des Art. 9 I GG auf **Deutsche** begrenzt. Der Begriff des Deutschen ist in Art. 116 GG legaldefiniert. Ausländer können sich demnach nicht auf das Grundrecht der Vereinigungsfreiheit berufen. Für **Ausländer** gilt die Vereinigungsfreiheit nur eingeschränkt über Art. 2 I GG.

#### II. Eingriff in den Schutzbereich

Art. 9 I GG wird durch jede belastende Maßnahme beeinträchtigt, die die Grundrechtsausübung erschwert. Auch faktische Maßnahmen stellen Eingriffe dar, sofern sie von erheblichem Gewicht sind. Dazu zählen etwa nachrichtendienstliche Unterwanderungen.

#### III. Verfassungsrechtliche Rechtfertigung

Gem. Art. 9 II GG sind Vereinigungen verboten, wenn (1) deren Zweck oder deren Tätigkeit den Strafgesetzen zuwiderlaufen oder (2) sich gegen die verfassungsmäßige Ordnung oder (3) gegen den Gedanken der Völkerverständigung richten. Klausurrelevant ist die 2. Alternative. Der Begriff der verfassungsmäßigen Ordnung in Art. 9 II GG entspricht wegen des sachlichen Zusammenhangs mit den Art. 18 und 21 GG der „freiheitlichen demokratischen Grundordnung" in Art. 21 II GG als der Kernsubstanz der Verfassung, wie sie das BVerfG im SRP-Urteil (Sozialistische Reichspartei) umschrieben hat. Die freiheitliche demokratische Ordnung ist hiernach eine rechtsstaatliche Herrschaftsordnung, die jegliche Gewalt und Willkürherrschaft ausschließt und sich nach dem Willen der jeweiligen Mehrheit richtet. Zur verfassungsmäßigen Ordnung gehören demnach die Achtung vor den im Grundgesetz konkretisier-

---

ten Menschenrechten, vor allem vor dem Recht der Persönlichkeit auf Leben und freie Entfaltung, die Volkssouveränität, die Gewaltenteilung, die Verantwortlichkeit der Regierung, die Gesetzmäßigkeit der Verwaltung, die Unabhängigkeit der Gerichte, das Mehrparteienprinzip und die Chancengleichheit für alle politischen Parteien mit dem Recht auf verfassungsmäßige Bildung und Ausübung einer Opposition. Unabhängig von den qualifizierten Verbotsvoraussetzungen des Art. 9 II GG muss das Verbot dem Grundsatz der Verhältnismäßigkeit entsprechen. Dies ist nur dann der Fall, wenn es zum Schutz von **kollidierendem Verfassungsrecht** notwendig ist.

## 1. Schutzbereich

**673** Gem. Art. 9 I GG haben alle Deutschen das Recht, Vereine und Gesellschaften zu gründen. Vereine und Gesellschaften werden – wie sich aus Art. 9 II GG ergibt – unter den Oberbegriff der „**Vereinigungen**" zusammengefasst. Die Vereinigungsfreiheit ist ein konstituierendes Prinzip der demokratischen und rechtsstaatlichen Ordnung des Grundgesetzes hat nimmt daher eine herausragende Stellung im demokratischen Gemeinwesen ein. Es gilt das „Prinzip freier Gruppenbildung".[1158]

Zur Definition des Begriffs der Vereinigung wird ganz herrschend[1159] die Legaldefinition des § 2 I VereinsG herangezogen, wonach Vereinigungen i.S.d. Art. 9 I GG **freiwillige Zusammenschlüsse** natürlicher und/oder juristischer Personen sind, die einen **gemeinsamen Zweck** verfolgen, auf eine **bestimmte Dauer** angelegt sind und ein **Mindestmaß an Organisation** aufweisen.

> **Hinweis für die Fallbearbeitung:** Dogmatisch kann zwar eine einfachgesetzliche Definition nicht zur Bestimmung eines verfassungsrechtlichen Begriffs herangezogen werden, da sich das Verfassungsrecht nur durch sich selbst bestimmen kann. Gleichwohl ist die Heranziehung der Definition des § 2 I VereinsG unschädlich, wenn man in ihr aus verfassungsrechtlicher Sicht eine Definition des Begriffs der Vereinigung sieht.

**674** ▪ Der Zusammenschluss muss **freiwillig** erfolgen. Privatrechtliche *Zwangs*zusammenschlüsse (vgl. dazu Rn 679 ff.) genießen daher nicht den Schutz des Grundrechts aus Art. 9 I GG. Auch öffentlich-rechtliche Zusammenschlüsse unterfallen nach h.M. nicht dem Schutzbereich des Art. 9 I GG, soweit die Mitgliedschaft erzwungen ist (sog. Verkammerung, vgl. nur Bundesrechtsanwaltskammer, Landesärztekammern, Industrie- und Handelskammern, Arbeitnehmerkammern etc.).[1160] Vgl. auch dazu Rn 679 ff.

**675** ▪ Fraglich ist, ob für die Bejahung des Begriffs „Vereinigung" eine **Mindestmitgliederzahl** erforderlich ist. Die ganz h.M. geht richtigerweise von einer Mitgliederzahl von mindestens zwei aus.[1161] Die Gegenauffassung, die drei Mitglieder (*„tres faciunt collegium"*) fordert[1162], findet im Wortlaut des Art. 9 GG keine Stütze; das Erfordernis von drei Mitgliedern ist zudem weder historisch noch teleologisch begründbar. Auf der Basis der h.M. ist somit z.B. eine Ein-Mann-GmbH trotz ihrer Zugehörigkeit zum Gesellschaftsrecht (unabhängig von der Frage, ob eine Vereinigung mit wirtschaftlicher

---

[1158] Vgl. dazu BVerfGE **38**, 281, 303 (Arbeitnehmerkammern); **50**, 290, 353 (Mitbestimmung); **80**, 244, 252 (Verstoß gegen Vereinsverbote); **100**, 214, 223 (Koalitionsfreiheit).
[1159] Vgl. nur *Kahl*, JuS **2000**, 1090, 1095; *Höfling*, in: Sachs, GG, Art. 9 Rn 8; *Scholz*, in: Maunz/Dürig, GG, Art. 9 Rn 57; *Löwer*, in: von Münch/Kunig, GG, Art. 9 Rn 27.
[1160] BVerfGE **10**, 89, 102 (Erftverband); **38**, 281, 297 f. (Arbeitnehmerkammern); *Löwer*, in: von Münch/Kunig, GG, Art. 9 Rn 30.
[1161] *Löwer*, in: von Münch/Kunig, GG, Art. 9 Rn 28; *Rinken*, in: Alternativkommentar, Art. 9 Rn 47; *Scholz*, in: Maunz/Dürig, GG, Art. 9 Rn 59; *Bauer*, in: Dreier, GG, Art. 9 Rn 9; *Höfling*, in: Sachs, GG, Art. 9 Rn 10.
[1162] *Merten*, in: HdbStR VI, 2. Aufl. **2001**, § 144 Rn 36; *Stein/Frank*, StaatsR, 19. Aufl. **2004**, S. 327; BGHSt **28**, 147, 149.

Zwecksetzung überhaupt eine Vereinigung i.S.d. Art. 9 I GG sein kann) keine Vereinigung i.S.d. Art. 9 I GG.[1163]

- Welcher Zweck durch die Vereinigung verfolgt wird, ist unerheblich. Es muss nur ein **gemeinsamer Zweck** verfolgt werden. Dieser kann ein politischer, religiöser, wissenschaftlicher, künstlerischer, wohltätiger, geselliger, sportlicher, nach h.M. aber auch ein wirtschaftlicher sein.[1164] Erkennt man mit der h.M. die Anwendbarkeit des Art. 9 I GG auch auf Vereinigungen mit wirtschaftlicher Zielsetzung an, hat dies zur Folge, dass Art. 9 I GG dem Gesetzgeber bei der Erweiterung von Mitbestimmungsrechten der Arbeitnehmer entgegenstehen kann.[1165]

  **676**

  Da der gemeinsame Zweck auch darin liegen kann, Strafgesetzen zuwiderzulaufen, ist fraglich, ob auch eine nach Art. 9 II GG verbotene Vereinigung eine Vereinigung i.S.d. Art. 9 I GG darstellt. Diese Frage wird unterschiedlich beantwortet. Teilweise wird aufgrund der Formulierung in Art. 9 II GG „sind verboten" angenommen, dass es sich um eine Schutzbereichsbegrenzung auf nicht verbotene Vereinigungen handelt.[1166] Demzufolge fallen Vereinigungen, deren Zweck den Strafgesetzen zuwiderläuft, bereits aus dem Schutzbereich des Art. 9 I GG heraus. Die h.M. geht aber davon aus, dass auch verbotene Vereinigungen vom Schutzbereich des Art. 9 I GG umfasst sind und dass es sich bei Art. 9 II GG um eine Eingriffsgrundlage sowie um eine verfassungsrechtliche Rechtfertigung von Verboten handelt.[1167]

- Des Weiteren muss der Zusammenschluss auf **bestimmte Dauer** angelegt sein. Das Merkmal der Dauerhaftigkeit dient insbesondere der Abgrenzung zur Versammlung i.S.d. Art. 8 I GG, die als Augenblicksverband keine Vereinigung i.S.d. Art. 9 I GG darstellt. Keine Augenblicksverbände, sondern Vereinigungen i.S.d. Art. 9 I GG, sind Zusammenschlüsse zu einem vorübergehenden Zweck.[1168]

  **677**

- Die **organisatorische Festigkeit** besteht, wenn eine gemeinsame Willensbildung vorhanden ist, der sich alle Mitglieder unterwerfen müssen. Da bei einer Ein-Mann-GmbH keine gemeinsame Willensbildung stattfinden kann, fällt sie schließlich auch wegen Nichterfüllung dieses Kriteriums aus dem Schutzbereich des Art. 9 I GG heraus.

  **678**

  **Beispiele:** Berücksichtigt man die vorstehenden Kriterien, stellen etwa Handels- und Kapitalgesellschaften (OHG, KG, GmbH - mit Ausnahme der Ein-Mann-GmbH -, AG), Konzerne, Holdings, Kartelle nach organisatorischem Zusammenschluss Vereinigungen i.S.d. Art. 9 I GG dar. *Keine* Vereinigungen i.S.d. Art. 9 I GG sind dagegen Kartelle, bei denen lediglich Marktstrategien abgesprochen werden. Auch Stiftungen sind (wie Ein-Mann-GmbHs) keine Vereinigungen in diesem Sinne, da es bei ihnen gerade am personellen Zusammenschluss fehlt.[1169]

Zunächst stellt Art. 9 I GG ein **Individualgrundrecht** dar. Das geht unproblematisch aus der Formulierung des Art. 9 I GG „das Recht, Vereine und Gesellschaften zu bilden" hervor. Darunter wird das Recht verstanden, sich mit anderen zusammenzuschließen und Vereine zu gründen. Das schließt auch das Recht ein, über den Zeitpunkt der Gründung, den Zweck, die Rechtsform, den Namen, die Satzung und den Sitz der Vereinigung zu entscheiden. Erfasst ist auch die Mitgliederwerbung.[1170] Über

**679**

---

[1163] Vgl. BVerwGE **106**, 177, 181.

[1164] Vgl. nur *Löwer*, in: von Münch/Kunig, GG, Art. 9 Rn 31; *Pieroth/Schlink*, Rn 725. Gegen eine Anwendung des Art. 9 I GG auf wirtschaftliche Vereinigungen *Stein/Frank*, Staatsrecht, § 39 II 1 a; dem grds. zustimmend *Rinken*, in: Alternativkommentar, Art. 9 Rn 48.

[1165] Vgl. näher *Löwer*, in: von Münch/Kunig, GG, Art. 9 Rn 31.

[1166] So *Ipsen*, Grundrechte, Rn 550.

[1167] So *Pieroth/Schlink*, Rn 745; *Löwer*, in: v. Münch/Kunig, GG, Art. 9 Rn 24; *Höfling*, in: Sachs, GG, Art. 9 Rn 38 f.; offengelassen in BVerfGE **80**, 244, 254 (Verstoß gegen Vereinsverbote).

[1168] *Löwer*, in: von Münch/Kunig, GG, Art. 9 Rn 29.

[1169] BVerwGE **106**, 177, 181.

[1170] Vgl. dazu BVerfG NJW **1993**, 1253 f., wonach der Schutz des Art. 9 I GG nur für „typische" Mitgliederwerbung besteht. Stehen bei der fraglichen Mitgliederwerbung finanzielle Zuwendungen (etwa die mit der

den Wortlaut hinaus schützt das Grundrecht auch die Betätigung des Einzelnen im und mit dem Verein und den Verbleib (sog. **positive Vereinigungsfreiheit**) sowie den Austritt und das Recht, ihm von vornherein fernzubleiben (sog. **negative Vereinigungsfreiheit**), jedenfalls soweit es sich um privatrechtliche Vereinigungen handelt.[1171] Eine gesetzlich angeordnete Mitgliedschaft in privatrechtlichen Vereinigungen stellt aber die Ausnahme dar, etwa bei den Genossenschaften in den als eingetragene Vereine organisierten Prüfungsverbänden (vgl. §§ 54 ff. GenG).[1172]

**680** Dagegen ist umstritten, ob die negative Vereinigungsfreiheit auch das Recht umfasst, aus den **öffentlich-rechtlichen Vereinigungen** auszutreten bzw. ihnen fernzubleiben. Das betrifft insbesondere die öffentlich-rechtlichen Zwangsvereinigungen wie beispielsweise Bundesrechtsanwaltskammer, Landesärztekammern, Industrie- und Handelskammern, Arbeitnehmerkammern etc.

- Die **Rechtsprechung** und der **überwiegende Teil der Literatur** sehen Art. 9 I GG für nicht einschlägig an. Öffentlich-rechtliche Körperschaften gehörten nicht zu den Vereinigungen i.S.d. Art. 9 I GG. Sie entstünden insbesondere durch Rechtssatz, seien also keine freiwilligen Zusammenschlüsse. Der freiwillige Zusammenschluss sei aber konstitutives Element der (negativen) Vereinigungsfreiheit. Daher sei auch nicht das Recht umfasst, solchen Vereinigungen fernzubleiben. Die Zulässigkeit von Pflichtmitgliedschaften sei daher an **Art. 2 I GG** (und ggf. an Art. 12 I GG) zu messen.[1173] Bei der im Rahmen des Art. 2 I GG vorzunehmenden Prüfung des Übermaßverbots müsste dann berücksichtigt werden, welche Rückwirkungen sich aus einer derartigen (hypothetischen) Verpflichtung auf das durch Art. 9 I GG geschützte freie Vereinigungswesen ergäben.

- Die **Gegenauffassung** misst auch die Zulässigkeit der negativen Vereinigungsfreiheit gegenüber öffentlich-rechtlichen Zwangsvereinigungen an Art. 9 I GG, denn es gehe um die klassische Grundrechtsfunktion: die Abwehr eines staatlichen Zwangsaktes. Diese Schutzfunktion werde auch von der h.M. anerkannt, die Art. 9 I GG immerhin vor privatrechtlichen Zwangszusammenschlüssen schützen lasse. Es sei aber nicht einzusehen, dass Art. 9 I GG vor privatrechtlichen Zwangszusammenschlüssen schützen solle und vor öffentlich-rechtlichen Zwangszusammenschlüssen nicht. Auch geschichtlich habe sich die Vereinigungsfreiheit gegen hoheitliche Zwangszusammenschlüsse wie beispielsweise Zünfte gerichtet. Die negative Vereinigungsfreiheit schütze den Einzelnen daher auch vor dem staatlichen Zwang, einer öffentlich-rechtlichen Vereinigung beizutreten und/oder ihr fernzubleiben.[1174] Siehe dazu den Übungsfall bei Rn 699.

---

Mitgliedschaft verbundenen Mitgliedsbeiträge) im Vordergrund, besteht lediglich ein Schutz aus Art. 12 GG, der durch die landesrechtlichen Sammlungsgesetze in verhältnismäßiger Weise eingeschränkt wird.
[1171] BVerfGE **50**, 290, 354 (Mitbestimmung); **85**, 360, 370 (Einigungsvertrag); BVerfG NJW **1995**, 514, 515 (Privatisierung der Hamburger Feuerkasse); BGH NJW **1995**, 2981, 2983 (Zwangsmitgliedschaft im genossenschaftlichen Prüfungsverband); *Scholz*, in: Maunz/Dürig, GG, Art. 9 Rn 88; *Merten*, HdbStR VI, S. 797; *Löwer*, in: von Münch/Kunig, GG, Art. 9 Rn 19.
[1172] Zur Verfassungsmäßigkeit dieser Pflichtmitgliedschaft vgl. BGHZ **130**, 243, 248.
[1173] BVerfGE **10**, 89, 102 (Erftverband); **15**, 235, 239 f. (IHK); **38**, 281, 297 f. (Arbeitnehmerkammern); BVerwGE **39**, 100, 102 (Ärztekammer); **59**, 231, 236 (Studentenschaft); **64**, 115, 117 (Steuerberaterkammer); BVerfG NVwZ **2002**, 335; BVerwG NJW **1995**, 514, 515 (Privatisierung der Hamburger Feuerkasse); BVerwG JuS **1999**, 305; *Jahn* JuS **2000**, 129, 130; *Kannengießer*, in: Schmidt-Bleibtreu/Klein, GG, Art. 9 Rn 4; *Merten*, HdbStR VI, S. 798; *Ipsen*, Rn 551; *Höfling*, in: Sachs, GG, Art. 9 Rn 13; *Löwer*, in: von Münch/Kunig, GG Art. 9 Rn 20; *Rinken*, in: Alternativkommentar, Art. 9 Abs. 1 Rn 50. Vgl. dazu auch *Dettmeyer*, NJW **1999**, 3367 ff. Davon zu unterscheiden ist der Schutz vor Aufgabenüberschreitung: Überschreitet die öffentlich-rechtliche Vereinigung ihren Kompetenz-, d.h. Aufgabenbereich, bemisst sich der Schutz nach Art. 9 I GG, da in diesem Fall die öffentlich-rechtliche Vereinigung bzw. die Zwangsmitgliedschaft keine Sperrwirkung gegenüber der negativen Vereinigungsfreiheit bewirken können (vgl. BVerwG NJW **1998**, 3510, 3512).
[1174] *Pieroth/Schlink*, Rn 730; *Bauer*, in: Dreier, GG, Art. 9 Rn 42; *Murswiek*, JuS **1992**, 116, 118; *Friauf*, in: Festschrift für Reinhardt, **1972**, S. 395; *Hesse*, Grundzüge des Verfassungsrechts, Rn 413; *Scholz*, in: Maunz/Dürig, GG, Art. 9 Rn 90.

> **Hinweis für die Fallbearbeitung:** In der Fallbearbeitung sind beide Auffassungen vertretbar. Aufgrund der unterschiedlichen Schrankenregelung der Art. 2 I und 9 II GG muss aber eine Entscheidung zugunsten der einen oder der anderen Auffassung getroffen werden. Wenn man davon ausgeht, dass die Musterlösung des betreffenden Klausursachverhaltes an die h.M. angelehnt ist, sollte man in der Bearbeitung von der Nichtanwendbarkeit des Art. 9 I GG ausgehen.

Fraglich ist, ob Art. 9 I GG auch ein **kollektives Freiheitsrecht** enthält (Grundrechtsträger wären dann also nicht nur die Mitglieder selbst, sondern auch die Vereinigung selbst – sog. Lehre vom **„Doppelgrundrecht"**). Dem Wortlaut des Art. 9 I GG ist dies nicht zu entnehmen. Gleichwohl nimmt das BVerfG[1175] ein kollektives Freiheitsrecht an. Neben den aufgezeigten Gewährleistungen für die einzelnen Vereinsmitglieder sieht es auch die Vereinigung selbst, einschließlich ihr Entstehen und Bestehen, durch Art. 9 I GG als geschützt an. Zur Begründung zieht es die Effektivität des Grundrechtsschutzes heran, die nur dann gewährleistet sei, wenn sich die Vereinigung insgesamt auf Art. 9 I GG stützen könne. Teilweise nimmt das Gericht einen kollektiven Grundrechtsschutz aber nur bezüglich des „Kernbereichs des Vereinsbestandes und der Vereinstätigkeit" an,[1176] wozu es die Namensführung[1177] und die werbewirksame Selbstdarstellung (insbesondere Mitgliederwerbung)[1178] rechnet. Im Übrigen garantiert es umfassend die Existenz und die Funktionsfähigkeit der Vereinigung, die Selbstbestimmung über die eigene Organisation, das Verfahren der Willensbildung und die Führung der Geschäfte.[1179] Allerdings vertritt es die Auffassung, dass der kollektive Gehalt des Art. 9 I GG nicht mehr erfasse, als den einzelnen Vereinsmitgliedern bei der gleichen Tätigkeit aufgrund des Individualcharakters des Grundrechts zustehe.[1180]

**681**

Wenn aber der kollektive Gehalt des Art. 9 I GG nicht mehr erfasst, als den einzelnen Mitgliedern zusteht, besteht die gleiche Folge, als wenn man dem Art. 9 I GG *kein* kollektives Freiheitsrecht (und damit kein „Doppelgrundrecht") entnähme und den kollektiven Freiheitsschutz über Art. 19 III GG annähme. Denn der Grundgesetzgeber hat die Frage nach der kollektiven Ausübung von Freiheitsrechten explizit in Art. 19 III GG geregelt. So nimmt die Gegenauffassung an, dass die dogmatische Konstruktion eines „Doppelgrundrechts" von Individualgrundrecht und Kollektivgrundrecht nicht erforderlich sei und dass die Grundrechtsberechtigung von Vereinen ausschließlich über Art. 19 III GG erfolge.[1181]

**682**

> **Hinweis für die Fallbearbeitung:** In der Fallbearbeitung ist dieser dogmatische Streit i.d.R. nicht sehr ergiebig, da beide Auffassungen – sofern die Voraussetzungen des Art. 19 III GG vorliegen – im Ergebnis zur Bejahung der kollektiven Vereinigungsfreiheit kommen. Es könnte daher wie folgt formuliert werden: „Ob die kollektive Vereinigungsfreiheit unmittelbar aus Art. 9 I GG oder aber über Art. 19 III GG hergeleitet wird, kann dahinstehen, da sie auf jeden Fall anerkannt ist."

---

[1175] BVerfG NVwZ **2003**, 855 (Schießsportverein); BVerfG NVwZ **2000**, 1281 (Grundrechtsschutz für Ausländervereine) mit Bespr. v. *Sachs*, JuS **2001**, 179; **84**, 372, 378 (Lohnsteuerhilfeverein); **50**, 290, 354 (Mitbestimmung); **30**, 227, 241 (Vereinsname); **13**, 174, 175. Zustimmend *Jarass*, in: Jarass/Pieroth, GG, Art. 9 Rn 8; *Merten*, in: HdbStR VI, § 144 Rn 27.
[1176] BVerfGE **80**, 244, 253 (Verstoß gegen Vereinsverbote).
[1177] BVerfGE **30**, 227, 241 (Vereinsname).
[1178] BVerfGE **84**, 372, 378 (Lohnsteuerhilfeverein).
[1179] BVerfG NVwZ **2003**, 855 (Schießsportverein); BVerfGE **50**, 290, 354 (Mitbestimmung).
[1180] BVerfG NJW **1996**, 1203 (Berufsfreiheit und Vereinsautonomie); BVerwGE **88**, 9, 11 f.
[1181] *Pieroth/Schlink*, Rn 731 und 796; *Isensee*, in: HdbStR V, § 118 Rn 62 ff.; *Scholz*, in: Maunz/Dürig, GG, Art. 9 Rn 23 ff.; *Höfling*, in: Sachs, GG, Art. 9 Rn 26.

**683** Einschränkend ist jedoch zu beachten, dass sich die Vereinigung nicht auf Art. 9 I GG berufen kann, wenn sich die Tätigkeit außerhalb des vereinsspezifischen Bereichs bewegt. In diesem Fall ist die Vereinigung nur durch das betätigungsspezifische Grundrecht geschützt, soweit es auf Personenmehrheiten anwendbar ist (Art. 19 III GG).[1182]

**Beispiele:**

(1) Ist eine Vereinigung beruflich, d.h. **gewerblich**, tätig, kommt hinsichtlich *dieser* Betätigung allenfalls der Schutz aus Art. 12 I bzw. 2 I GG und ggf. aus Art. 14 I GG in Betracht. Entsprechendes gilt für eine Vereinigung, die eine Demonstration oder sonstige Versammlung durchführt. Wird die Demonstration bzw. Versammlung etwa wegen gewalttätiger Ausschreitungen verboten und aufgelöst, richtet sich der Schutz der Mitglieder der Vereinigung nach Art. 8 I GG, nicht nach Art. 9 I GG.[1183]

(2) Verpflichtet die zuständige Behörde durch Verwaltungsakt einen in der Rechtsform einer Aktiengesellschaft betriebenen Energiekonzern zur Errichtung einer neuen Filteranlage, greift sie in die Grundrechte aus Art. 14 I, 12 I und subsidiär 2 I GG ein, nicht jedoch in das Grundrecht der Vereinigungsfreiheit (Art. 9 I GG).

(3) Erlässt die zuständige Behörde gegenüber einer Bürgerinitiative das Verbot, sich auf dem Marktplatz zu versammeln, greift sie in das Grundrecht auf Versammlungsfreiheit (Art. 8 I GG) und ggf. in das Grundrecht auf Meinungsfreiheit (Art. 5 I GG) ein, nicht aber in das Grundrecht der Vereinigungsfreiheit (Art. 9 I GG). Zum Konkurrenzverhältnis zu Art. 8 I GG vgl. im Übrigen Rn 670.

**684** In persönlicher Hinsicht ist der Schutzbereich des Art. 9 I GG auf **Deutsche** begrenzt. Der Begriff des Deutschen ist in Art. 116 GG legaldefiniert. Ausländer (und Ausländervereine) können sich demnach nicht auf das Grundrecht der Vereinigungsfreiheit berufen.[1184] Für **Ausländer** gilt die Vereinigungsfreiheit nur eingeschränkt über Art. 2 I GG. Denn dieses Grundrecht wird als Auffangtatbestand verstanden, das die Freiheit allgemein und stets dann schützt, wenn kein spezielles Freiheitsgrundrecht einschlägig ist. **EU-Bürger** können sich im Anwendungsbereich der Gemeinschaftsverträge zwar ebenfalls nicht auf Art. 9 I GG berufen, ihnen ist aber das gleiche Schutzniveau zu garantieren wie im Rahmen des Art. 9 I GG (vgl. dazu grundlegend Rn 48 und 63). Träger des Grundrechts sind weiterhin juristische Personen und Personenvereinigungen des Privatrechts, entweder unmittelbar aus Art. 9 I GG oder über Art. 19 III GG (siehe oben). Allerdings muss die Vereinigung ihren Sitz in der Bundesrepublik Deutschland haben. Wegen der Begrenzung des Grundrechts auf Deutsche muss sie weiterhin von Deutschen beherrscht bzw. kontrolliert werden.[1185] Anderenfalls würden Ausländer, die sich individuell nicht auf Art. 9 I GG berufen können, im Rahmen ihrer Organisation doch den Schutz des Art. 9 I GG genießen.

## 2. Eingriff in den Schutzbereich

**685** Art. 9 I GG wird durch jede belastende Maßnahme beeinträchtigt, die die Grundrechtsausübung erschwert.

**Beispiele:** Verbot einer Vereinigung oder deren Gründung, Verhinderung des Beitritts zu einer Vereinigung, präventive Kontrolle etwa durch ein Konzessionssystem, Abhängigmachen einer Vereinssatzung von einer behördlichen Erlaubnis

---

[1182] BVerfG NJW **2000**, 1251.
[1183] Vgl. dazu *Kahl*, JuS **2000**, 1090, 1095.
[1184] BVerfG NVwZ **2000**, 1281 (Grundrechtsschutz für Ausländervereine).
[1185] BVerfG NVwZ **2000**, 1281 (Grundrechtsschutz für Ausländervereine); *Scholz*, in: Maunz/Dürig, GG, Art. 9 Rn 50; *Löwer*, in: von Münch/Kunig, GG, Art. 9 Rn 7; *Bauer*, in: Dreier, GG, Art. 9 Rn 28.

Auch faktische Maßnahmen stellen Eingriffe dar, sofern sie von erheblichem Gewicht sind. Dazu zählen z.B. nachrichtendienstliche Unterwanderungen.[1186]   **686**

Da die Vereinigungsfreiheit in gewissem Maße auf eine **Ausgestaltung**, d.h. auf Regelungen angewiesen ist, welche die freien Zusammenschlüsse und ihr Leben in die allgemeine Rechtsordnung einfügen, die die Sicherheit des Rechtsverkehrs gewährleisten, Rechte der Mitglieder sichern und den schutzbedürftigen Belangen Dritter oder auch öffentlichen Interessen Rechnung tragen[1187], stellen Vorschriften des Gesellschafts- oder Vereinsrechts, die etwa die Typen der Vereinigungen (OHG, KG, GmbH, AG) festlegen, *keine* Eingriffe in den Schutzbereich dar. Denn diese Normen erschweren nicht die Bildung und Betätigung der Vereinigung, sondern normieren lediglich die Voraussetzungen für die Inanspruchnahme bestimmter Rechtsformen. Ein Eingriff wäre erst dann denkbar, wenn diese Normen die grundsätzliche Vereinigungsautonomie nicht mehr berücksichtigte.   **687**

### 3. Verfassungsrechtliche Rechtfertigung

### a. Das Verbot von bestimmten Vereinigungen

Eingriffe in den Schutzbereich sind zunächst nur dann gerechtfertigt, wenn die Vereinigungsfreiheit einschränkbar ist und eine entsprechende Grundrechtsschranke besteht. Eine solche Schrankenregelung könnte Art. 9 II GG sein.[1188] Der Wortlaut „sind verboten" lässt allerdings bereits auf eine Schutzbereichsbegrenzung schließen. Der Vergleich mit Art. 21 II GG sowie der Grundsatz der Rechtssicherheit und das Erfordernis der Effektuierung der Vereinigungsfreiheit verlangen jedoch, in Art. 9 II GG eine Ermächtigung zum Erlass grundrechtsbeschränkender Vorschriften zu sehen.[1189] Für die Annahme einer Schrankenklausel spricht jedenfalls die Systematik des Grundrechts ebenso wie der Umstand, dass diese erst durch Gesetze ausgefüllt werden kann. Eingriffe in die Vereinigungsfreiheit, insbesondere Verbotsverfügungen, sind daher konstitutiv und bedürfen somit einer **formell-gesetzlichen Grundlage**.   **688**

Eine Rechtsgrundlage für eine entsprechende Verbotsverfügung ist in **§ 3 VereinsG** zu sehen. Eine Besonderheit besteht hinsichtlich eines **Verbots von Religions- und Weltanschauungsgemeinschaften**[1190], die zwar **verfassungsfeindliche Ziele** verfolgen, sich aber dennoch auf den vorbehaltlos gewährleisteten Grundrechtsschutz aus Art. 4 I, II GG berufen können. Denn Art. 4 I, II GG ist nur unter Zugrundelegung der verfassungsimmanenten Schranken (andere wichtige Verfassungsgüter, insbesondere Grundrechte Dritter) einschränkbar, nicht aber – wie Art. 9 I GG – durch einfaches Gesetz i.S.v. Art. 9 II GG i.V.m. § 3 VereinsG.[1191] Der stärkere Grundrechtsschutz aus Art. 4 I, II GG könnte also unterlaufen werden, wenn man Art. 9 II GG auf Religions- bzw. Weltanschauungsgemeinschaften anwendete und diese auf der Grundlage des Gesetzesvorbehalts des Art. 9 II GG i.V.m. § 3 VereinsG verböte. Diese Bedenken sind jedoch unbegründet. Zwar ist es richtig, dass Art. 4 I, II GG nicht mit einem Gesetzesvorbehalt versehen ist, daraus lässt sich aber   **689**

[1186] *Rinken*, in: Alternativkommentar, Art. 9 Rn 61.
[1187] BVerfGE **50**, 290, 354 f. (Mitbestimmung); **84**, 372, 378 (Lohnsteuerhilfeverein); *Löwer*, in: von Münch/Kunig, GG, Art. 9 Rn 23 f.; *Pieroth/Schlink*, Rn 740; *Merten*, in: HdbStR VI, S. 803; *Scholz*, in: Maunz/Dürig, GG, Art. 9 Rn 69.
[1188] Zu beachten ist, dass der Gesetzgeber auch außerhalb des Art. 9 II GG der Vereinigungsfreiheit Grenzen ziehen darf, etwa durch die Anerkennungs- und Genehmigungspflicht nach § 15 I-IV WaffG (vgl. BVerfG NVwZ **2003**, 855 - Schießsportverein).
[1189] BVerwG NVwZ **2006**, 214 f.; *Jarass*, in: Jarass/Pieroth, GG, Art. 9 Rn 16; *Scholz*, in: Maunz/Dürig, GG, Art. 9 Rn 113 f.; *Höfling*, in: Sachs, GG, Art. 9 Rn 38; *Löwer*, in: von Münch/Kunig, GG, Art. 9 Rn 39.
[1190] Zur für Art. 9 I, II GG erforderlichen Deutscheneigenschaft vgl. Rn 684.
[1191] § 3 VereinsG ist im Rahmen des im Herbst 2001 verabschiedeten Sicherheitspakts I grundlegend geändert worden. Die frühere Regelung des § 2 II Nr. 3 VereinsG a.F., wonach Religions- und Weltanschauungsgemeinschaften im Rahmen des Art. 140 GG i.V.m. Art. 137 WRV keine Vereine i.S.d. VereinsG waren und deshalb auch nicht gem. § 3 I S. 1 VereinsG verboten werden konnten, wurde aufgehoben.

auch nach Auffassung des BVerwG[1192] nicht ableiten, dass eine Religions- oder Weltanschauungsgemeinschaft im Gegensatz zu anderen Vereinigungen auch bei schweren Verfassungsverstößen keinesfalls verboten werden könnte. Um ein solches Verbot zu rechtfertigen, bedürfe es nicht des Rückgriffs auf die ungeschriebenen verfassungsimmanenten Schranken der Religionsfreiheit. Denn das Grundgesetz halte in Gestalt des Art. 9 II GG eine spezielle Verbotsregelung bereit, die der Wahrung zentraler, für den Bestand des Staates und seine Einordnung in die Völkergemeinschaft unverzichtbarer Verfassungsgüter diene und die dem Wirken von Vereinigungen ohne Rücksicht auf Art und Inhalt ihrer Tätigkeit äußerste, nicht ohne Gefahr für ihre Existenz überschreitbare Grenzen setze. Gerade aus diesem Grund sei Art. 9 II GG auch auf Religions- und Weltanschauungsgemeinschaften anwendbar.[1193]

**689a**   Demnach kommt also auch bei Religions- und Weltanschauungsgemeinschaften – da auch diese als Vereinigungen i.S.v. Art. 9 I GG zu qualifizieren sind – der Gesetzesvorbehalt des Art. 9 II GG zum Tragen. Als Rechtsgrundlage für ein Verbot ist die Vorschrift des § 3 I S. 1 VereinsG heranzuziehen. Im Rahmen der verfassungsrechtlichen Rechtfertigung muss dann aber die Bedeutung der Religions- bzw. Weltanschauungsgemeinschaft berücksichtigt werden. Es ist eine Abwägung vorzunehmen zwischen den mit dem Verbot verfolgten Zielen und den Grundrechten des Vereins aus Art. 9 I GG bzw. Art. 4 I, II GG. Besteht der Zweck der Vereinigung etwa darin, unter dem Deckmantel der Religionsfreiheit Terroranschläge zu planen, zu Straftaten aufzurufen oder die Völkerverständigung zu bekämpfen, dürfte die Abwägung mit den Sicherheitsinteressen der Allgemeinheit eindeutig zugunsten der Letzteren ausfallen. Extremistische Religionsgemeinschaften und Weltanschauungsvereinigungen können also wie alle übrigen Vereine verboten werden, sofern die genannte Abwägung dies erfordert (vgl. auch Rn 398 ff. und 698a).

> **Hinweis für die Fallbearbeitung:** Unabhängig vom soeben geschilderten Fall gewinnt die Qualifizierung des Art. 9 II GG als Schutzbereichsbegrenzung oder als Schrankenvorbehalt vor allem im Hinblick auf den Rechtsschutz an Bedeutung: Sieht man in der Regelung des Art. 9 II GG eine Schutzbereichsbegrenzung, ist z.B. ein Vereinsverbot lediglich deklaratorisch. Einer besonderen Rechtsgrundlage für ein Verbot bedarf es dann nicht. In einem anschließenden Verwaltungsprozess wird demzufolge im Rahmen einer Feststellungsklage nur festgestellt, dass das Vereinsverbot den Schutzbereich des Art. 9 I GG berührt bzw. nicht berührt. Sieht man in der Regelung des Art. 9 II GG dagegen einen Schrankenvorbehalt, ist das Vereinsverbot konstitutiv. In diesem Fall bedarf das Verbot wegen des Grundsatzes vom Vorbehalt des Gesetzes einer formellen Rechtsgrundlage. Verwaltungsprozessual ist dann eine Anfechtungsklage gegen diese Verbotsverfügung statthaft.
> Schließlich ist Art. 9 II GG auf politische Parteien nicht anwendbar. Insoweit ist Art. 21 II GG als lex specialis einschlägig.

**690**   Gemäß der Regelung des Art. 9 II GG sind Vereinigungen (auch Religions- bzw. Weltanschauungsgemeinschaften, s.o.) verboten, wenn deren Zweck oder deren Tätigkeit den Strafgesetzen zuwiderlaufen oder sich gegen die verfassungsmäßige Ordnung oder gegen den Gedanken der Völkerverständigung richten.

---

[1192] Diese vom Verfasser seit der 4. Auflage 2002 vertretene Auffassung wurde jüngst vom BVerwG (NJW **2006**, 694 ff.) bestätigt.
[1193] BVerwG NJW **2006**, 694, 695. Anders *Günther/Franz*, JuS **2006**, 873, 875, die sich jedoch nicht mit dem besagten Urteil des BVerwG auseinandersetzen.

## aa. Vereinigungen, die den Strafgesetzen zuwiderlaufen

Unter „Strafgesetze" sind die allgemeinen Strafgesetze zu verstehen.

691

- Unter „Strafgesetze" sind nur solche Normen zu verstehen, deren Tatbestandsverwirklichung als strafbare Verbrechen oder Vergehen zu ahnden sind (vgl. § 12 StGB). Ordnungswidrigkeiten fallen demnach nicht darunter.[1194]

- „Allgemein" sind Strafgesetze, wenn sie sich nicht speziell gegen die Vereinigungsfreiheit richten. Die Beschränkung auf „allgemeine" Strafgesetze ist wichtig, da sonst der einfache Gesetzgeber Strafnormen erlassen könnte, die sich gegen die Vereinigungsfreiheit richten. Damit könnte er über das Grundrecht disponieren. Problematisch sind in diesem Zusammenhang die §§ 30 II, 121, 129, 129 a StGB. Diese Vorschriften stehen der Regelung des Art. 9 II GG jedenfalls so lange nicht entgegen, als die kriminelle Vereinigung noch nicht die Qualität einer Vereinigung i.S.d. Art. 9 I GG erreicht. § 129 StGB knüpft aber gerade an solche an. Unter Zugrundelegung der konstitutiven Wirkung des Vereinigungsverbots ist die Vorschrift daher nur unter einengender verfassungskonformer Auslegung haltbar.[1195]

## bb. Vereinigungen, die sich gegen die verfassungsmäßige Ordnung richten

Nach Art. 9 II GG sind weiterhin Vereinigungen verboten, die sich gegen die verfassungsmäßige Ordnung richten. Aufgrund der parallelen Formulierung in Art. 2 I GG könnte man meinen, die Begriffe der verfassungsmäßigen Ordnung seien gleichbedeutend. Das ist jedoch nicht der Fall. Während die in Art. 2 I GG genannte verfassungsmäßige Ordnung vom BVerfG als „Gesamtheit der Normen" begriffen wird, die „formell und materiell verfassungsgemäß"[1196] sind, entspricht der Begriff der verfassungsmäßigen Ordnung in Art. 9 II GG wegen des sachlichen Zusammenhangs mit den Art. 18 und 21 GG vielmehr der **„freiheitlichen demokratischen Grundordnung"** in Art. 21 II GG als der Kernsubstanz der Verfassung, wie sie das BVerfG im SRP-Urteil (Sozialistische Reichspartei) umschrieben hat. Die freiheitliche demokratische Ordnung ist hiernach eine rechtsstaatliche Herrschaftsordnung, die jegliche Gewalt und Willkürherrschaft ausschließt und sich nach dem Willen der jeweiligen Mehrheit richtet.[1197]

692

Zur verfassungsmäßigen Ordnung gehören demnach die Achtung der im Grundgesetz konkretisierten Menschenrechte, vor allem das Recht auf Leben und Gesundheit sowie die freie Entfaltung der Persönlichkeit, die Volkssouveränität, die Gewaltenteilung, die Verantwortlichkeit der Regierung, die Gesetzmäßigkeit der Verwaltung, die Unabhängigkeit der Gerichte, das Mehrparteienprinzip und die Chancengleichheit für alle politischen Parteien mit dem Recht auf verfassungsmäßige Bildung und Ausübung einer Opposition.[1198]

693

---

[1194] Vgl. nur *Löwer*, in: von Münch/Kunig, GG, Art. 9 Rn 39.

[1195] *Pieroth/Schlink*, Rn 748.

[1196] So BVerfGE **6**, 32, 38 ff. (Elfes).

[1197] BVerfGE **2**, 1, 12 f. (Verbot der Sozialistischen Reichspartei); BVerwGE **47**, 330, 352. Zustimmend *Merten*, in: HdbStR VI, S. 805; *Stern*, StaatsR I, § 6 V 3 b; *Bauer*, in: Dreier, GG, Art. 9 Rn 52. Dagegen mit beachtlichen Argumenten *Scholz*, in: Maunz/Dürig, GG, Art. 9 Rn 127, der den Begriff im Sinne einer weitergehenden Einbeziehung von Verfassungsprinzipien verstehen will, die von der freiheitlichen demokratischen Grundordnung nicht umfasst werden; ihm prinzipiell folgend („die gesamte Verfassung") *Jarass*, in: Jarass/Pieroth, GG, Art. 9 Rn 17.

[1198] *Kannengießer*, in: Schmidt-Bleibtreu/Klein, GG, Art. 9 Rn 9.

### cc. Vereinigungen, die sich gegen den Gedanken der Völkerverständigung richten

**694**  Schließlich nennt Art. 9 II GG Vereinigungen, die sich gegen den Gedanken der Völkerverständigung richten. Nach h.M. ist diese Voraussetzung erfüllt, wenn eine Vereinigung auf die Störung des Friedens unter den Völkern und Staaten abzielt.[1199] Eine engere Auffassung verlangt, dass die betreffende Vereinigung die Bundesrepublik Deutschland bei der Erfüllung ihrer verfassungsrechtlichen Verpflichtung zur Förderung des friedlichen Zusammenlebens der Völker effektiv behindert.[1200] Jedenfalls ist ein Verbot noch nicht gerechtfertigt, wenn lediglich Kritik an fremden Staaten geübt wird oder politische bzw. völkerrechtliche Kontakte mit bestimmten Staaten abgelehnt werden.

### b. Voraussetzungen für ein Vereinigungsverbot und Ausspruch des Verbots

**695**  Voraussetzung für ein Vereinigungsverbot ist stets, dass sich die Vereinigung gegen die genannten Rechtsgüter, insbesondere die verfassungsmäßige Ordnung, „richtet". Wie bei Art. 18 S. 1 und 21 II GG ist hierfür eine „**aggressiv kämpferische Haltung**"[1201] erforderlich. Bloße Kritik an den o.g. Rechtsgütern reicht demnach nicht aus. Wenn das verbotene Verhalten nur von einigen Mitgliedern ausgeübt wird, kommt ein Vereinigungsverbot nur dann in Betracht, wenn dieses von der Mehrheit der Mitglieder gebilligt bzw. widerspruchslos hingenommen wird.

**696**  Trotz der Formulierung in Art. 9 II GG „sind verboten" muss das Verbot ausgesprochen werden. Dabei muss eine Feststellung getroffen werden, dass die Voraussetzungen des Art. 9 II GG vorliegen. Fraglich ist, wer das Vereinigungsverbot aussprechen darf. Diese Frage beantwortet Art. 9 II GG nicht. Jedenfalls besteht keine Kompetenz des BVerfG. Gem. § 3 VereinsG ist die dort (in Abs. 2) genannte Verbotsbehörde (Verwaltungsbehörde) zuständig. Die Entscheidung dieser Behörde kann aber durch das BVerfG nach Erschöpfung des Rechtswegs im Wege der Verfassungsbeschwerde überprüft werden. Hierbei prüfen das BVerfG (und der Klausurbearbeiter), ob die Verbotsverfügung verhältnismäßig ist. Unabhängig von den qualifizierten Verbotsvoraussetzungen des Art. 9 II GG muss das Verbot dem Grundsatz der Verhältnismäßigkeit entsprechen. Dies ist nur dann der Fall, wenn es zum Schutz von **kollidierendem Verfassungsrecht** notwendig ist.

### c. Kollidierendes Verfassungsrecht

**697**  Insbesondere können Grundrechte Dritter und andere wichtige Güter von Verfassungsrang die Vereinigungsfreiheit beschränken. So ist es zulässig, dass der Gesetzgeber Vorschriften über die Gründung und Betätigungen von Vereinigungen erlässt, soweit diese Vorschriften eine geordnete Gründung und Betätigung zum Schutz von Verfassungswerten bezwecken.

> **Beispiele:**
> **(1)** Das Verbot einer Vereinigung von Strafgefangenen, die nicht nur kulturelle und sportliche Erfahrungen austauschen, sondern auch Ausbruchstechniken entwickeln oder Meutereien besprechen, ist gerechtfertigt, wenn kollidierendes Verfassungsrecht schwerer wiegt. Solches schwerer wiegendes Verfassungsrecht stellen die Art. 103 II und III und Art. 104 GG dar, aus denen sich die verfassungsrechtliche

---

[1199] BVerwG NVwZ **2006**, 694, 695; NVwZ **2005**, 1435 f.; *Scholz*, in: Maunz/Dürig, GG, Art. 9 Rn 131; *Löwer*, in: v. Münch/Kunig, Art. 9 Rn 44.
[1200] *Jarass*, in: Jarass/Pieroth, GG, Art. 9 Rn 18.
[1201] BVerfGE **5**, 85, 141 (KPD-Verbot); BVerwGE **37**, 344, 358 f.; **61**, 218, 220.

Anerkennung des Strafvollzugs ableiten lässt. Entscheidend dabei ist, ob das Verbot zur Aufrechterhaltung des ordnungsgemäßen Strafvollzugs erforderlich, geeignet und verhältnismäßig ist.[1202]

**(2)** Auch ein Fusionsverbot nach dem GWB kann zur Aufrechterhaltung des Verfassungsguts Wettbewerb gerechtfertigt sein.

## 4. Grundrechtskonkurrenzen

Die allgemeine Vereinigungsfreiheit des Art. 9 I GG wird von allen besonderen Vereinigungsfreiheiten als leges specialis verdrängt. Zu nennen ist insbesondere die Koalitionsfreiheit gem. Art. 9 III GG[1203] (dazu Rn 700 ff.). Auch Art. 21 I und II GG stellen gegenüber Art. 9 I und II GG spezielle und abschließende Regelungen dar. So ist etwa die Parteiengründungsfreiheit allein durch Art. 21 I S. 2 GG geschützt; Verfassungswidrige Ziele können allein auf der Grundlage des Art. 21 II GG sanktioniert werden.[1204] Ein Rückgriff auf Art. 9 I und II GG ist ausgeschlossen. Allerdings ist nach der Rechtsprechung des BVerfG nicht immer eindeutig zu entscheiden, ob es sich bei der fraglichen Gruppierung um eine politische Partei oder eine sonstige Vereinigung handelt.[1205] Kann dies nicht zweifelsfrei geklärt werden, sollten Art. 9 I und II GG neben Art. 21 I und II GG für anwendbar erklärt werden.

**698**

Auch die religiöse Vereinigungsfreiheit gem. Art. 4 I, II, 140 GG i.V.m. Art. 137 II WRV steht in Idealkonkurrenz zur Vereinigungsfreiheit. Nähme man ein Spezialitätsverhältnis zugunsten der kollektiven Glaubensfreiheit an, könnte eine Organisation, die sich zwar auf die Glaubensfreiheit berufen kann, im Übrigen jedoch strafrechtlich relevante Ziele verfolgt, nur zugunsten kollidierenden Verfassungsrechts, nicht aber auf der Grundlage des Art. 9 II GG sanktioniert werden (vgl. dazu näher Rn 398 ff. und 689a). Zum Verhältnis des Art. 9 I GG zu Art. 8 I GG vgl. Rn 670.

**698a**

## 5. Übungsfall

Folgender Übungsfall zu Art. 9 I GG, dessen ausformulierte Lösung kostenlos der Internet-Seite des Verlags entnommen werden kann, soll die Materie konkretisieren.

**699**

**Pflichtzugehörigkeit zur IHK:** Klägerin K betätigt sich in der Rechtsform einer GmbH als Versicherungsmaklerin im Bezirk der beklagten Industrie- und Handelskammer (IHK). Durch Bescheid wurde sie von der IHK zum sog. Kammerbeitrag herangezogen. Hiergegen legte sie form- und fristgerecht Widerspruch ein, der erfolglos blieb. Mit der daraufhin erhobenen Anfechtungsklage macht K geltend, die gesetzliche Zwangsmitgliedschaft (vgl. § 2 I IHKG) und die damit verbundene Beitragspflicht (vgl. 3 II S. 1 IHKG) seien verfassungswidrig. Sie (K) habe keinen Nutzen von der Mitgliedschaft. Außerdem sei sie wegen erzielter Verluste nicht leistungsfähig. Wie wird das Gericht entscheiden?

## II. Koalitionsfreiheit – Art. 9 III GG

### 1. Bedeutung des Art. 9 III GG

Art. 9 GG enthält neben der Vereinigungsfreiheit noch ein zweites, spezielles Grundrecht – die Koalitionsfreiheit. Sie kommt sowohl der Arbeitnehmer- als auch der Arbeitgeberseite in prinzipiell gleicher Weise zugute. Sie soll einen von staatlicher Rechtsetzung und Einflussnahme freien Raum garantieren, in dem frei gebildete Arbeitge-

**700**

---

[1202] *Pieroth/Schlink*, Rn 753.
[1203] So auch BVerfGE **84**, 212, 224 (Aussperrung); *Bauer*, in: Dreier, GG, Art. 9 Rn 93; *Höfling*, in: Sachs, GG Art. 9 Rn 9, 47; *Günther/Franz*, JuS **2006**, 873, 875.
[1204] BVerfGE **12**, 296, 304; **13**, 174, 177; **25**, 69, 78.
[1205] Vgl. BVerfGE **91**, 262 ff. (Begriff der Partei); **91**, 276 ff. (Begriff der Partei II).

ber- sowie Arbeitnehmervereinigungen das Arbeitsleben selbstständig ordnen.[1206] Es empfiehlt sich folgende Prüfungsfolge:

---

### Koalitionsfreiheit – Art. 9 III GG

#### I. Schutzbereich der Koalitionsfreiheit

Koalitionen i.S.d. Art. 9 III GG sind in erster Linie Arbeitgeberverbände, Gewerkschaften und ihre jeweiligen Spitzenverbände. Sie müssen auf den Prinzipien der

- Gegnerfreiheit,
- Unabhängigkeit,
- Überbetrieblichkeit (Ausnahme: Post- und Eisenbahnergewerkschaft)
- und der Durchsetzungsfähigkeit beruhen.

Art. 9 III GG stellt zunächst ein **Individualgrundrecht** dar. Das ist das Recht, sich mit anderen zu Koalitionen zusammenzuschließen, und gilt für jedermann, auch für Minderjährige, Ausländer, Beamte (z.B. § 91 BBG), Richter (§ 46 DRiG) und Soldaten (§ 6 S. 1 SoldG). Geschützt sind auch juristische Personen des Privatrechts und sonstige Personenvereinigungen. Durch Art. 9 III GG geschütztes Verhalten sind der Beitritt zu einer bereits bestehenden Vereinigung, der Verbleib und die Betätigung in und mit der Vereinigung (sog. positive Koalitionsfreiheit). Darüber hinaus sind auch das Fernbleiben von einer Koalition und der Austritt daraus geschützt (sog. negative Koalitionsfreiheit).

Auch die **kollektive Koalitionsfreiheit** ist geschützt. Geschütztes Verhalten sind vor allem der Abschluss von Tarifverträgen („Tarifautonomie") durch die Tarifpartner, aber auch die Werbung für die Koalition, die Beratung und gerichtliche Vertretung von Mitgliedern, die Beteiligung an der betrieblichen Mitbestimmung und Arbeitskampfmaßnahmen.

#### II. Eingriff in den Schutzbereich

Nicht jede die Koalitionsfreiheit betreffende Maßnahme stellt einen Eingriff dar, da die Koalitionsfreiheit einer gesetzlichen **Ausgestaltung** bedarf. Diese besteht in der Schaffung der Rechtsinstitute und Normenkomplexe, die erforderlich sind, die grundrechtlich garantierten Freiheiten ausüben zu können. Wenn also der Staat lediglich die Rahmenbedingungen für die Ausübung dieses Grundrechts erstmalig festlegt oder modifiziert, etwa in Fällen, in denen die Tarifpartner nicht in der Lage sind, selbst eine sinnvolle Ordnung zu schaffen, oder wenn die Kampfparität gestört ist, liegt eine Ausgestaltung der Koalitionsfreiheit vor. Eine solche Ausgestaltung des Grundrechts stellt keinen Eingriff dar. Soweit die Ausgestaltung das Verhältnis gleichgeordneter Grundrechtsträger betrifft, kann sie auch durch Richterrecht erfolgen.

Ein **Eingriff** in die Koalitionsfreiheit liegt dagegen vor, wenn einzelne Gewährleistungen des Art. 9 III GG zunächst durch *staatliche Maßnahmen* verkürzt oder beeinträchtigt werden. Art. 9 III GG gewährt aber nicht nur Schutz gegenüber dem Staat, sondern auch gegen rechtswidrige Beeinträchtigungen durch *private Mächte* (vgl. Art. 9 III S. 2 GG). Der Effekt des Art. 9 III S. 2 GG wird daher häufig als „**unmittelbare Drittwirkung**" bezeichnet.

#### III. Verfassungsrechtliche Rechtfertigung

Bezüglich des in Art. 9 II GG geregelten Schrankenvorbehalts besteht eine Parallele zu Art. 5 GG. Ebenso wie bei Art. 5 GG wäre es bei Art. 9 GG unsystematisch, wenn man den in Abs. 2 geregelten Schrankenvorbehalt auf das in Abs. 3 gewährte Grundrecht übertragen wollte. Auch das BVerfG hat bisher nicht auf Art. 9 II GG zurückgegriffen. Ein Rückgriff auf Art. 9 II GG hätte auch keine große praktische Bedeutung. Das Grundrecht der Koalitionsfreiheit betreffende Regelungen können daher zum einen nur durch die o.g. **Ausgestaltung** erfolgen, zum anderen bildet das **kollidierende Verfassungsrecht** eine Grenze. Kollidierendes Verfassungsrecht sind Grundrechte Dritter oder andere Rechtsgüter von Verfassungsrang.

---

[1206] BVerfGE **44**, 322, 340 f. (Allgemeinverbindlichkeitserklärung von Tarifverträgen); **50**, 290, 367 (Mitbestimmung); **64**, 208, 215 (Deputatkohle des Bergarbeiters); BAG ZIP **2001**, 529 ff.

## 2. Schutzbereich

Die Eröffnung des Schutzbereichs des Art. 9 III GG setzt voraus, dass es sich bei der betreffenden Vereinigung (vgl. Art. 9 I GG) um eine **Koalition** handelt. 701

Damit eine Vereinigung eine Koalition darstellt, müssen nicht nur die allgemeinen Voraussetzungen einer Vereinigung i.S.d. Art. 9 I GG (also freiwilliger und dauerhafter Zusammenschluss zu einem gemeinsamen Zweck) erfüllt sein, sondern es müssen kumulativ auch die Wahrung und Förderung der **Arbeits- und Wirtschaftsbedingungen** verfolgt werden (Art. 9 III S. 1 GG). 702

Während **Arbeitsbedingungen** sich auf das Arbeitsverhältnis selbst, z.B. Lohnbedingungen, Arbeitszeit, Arbeitsschutz und Urlaub, beziehen, können **Wirtschaftsbedingungen** auch wirtschafts- oder sozialpolitischen Bezug haben, wie das z.B. bei Arbeitsplatzgarantien, Verringerung der Arbeitslosigkeit oder neuen Technologien der Fall ist. Für die Anerkennung als Koalition muss die betreffende Vereinigung beide Ziele gemeinsam (also nicht alternativ) anstreben.[1207] 703

*Nicht* zu den Arbeits- und Wirtschaftsbedingungen gehören die Verfolgung von allgemeinen politischen oder wirtschaftlichen Zielen, die privaten Angelegenheiten von Arbeitgebern und Arbeitnehmern, unternehmerische (Investitions-)Entscheidungen und die Begründung und Aufhebung von Konzernverpflichtungen. Daher fallen reine Wirtschaftsverbände wie etwa Einkaufsgenossenschaften, Kartelle oder Verbrauchervereinigungen, die nicht zum (Haupt-)Zweck haben, Wirtschafts- und Arbeitsbedingungen zu wahren und zu fördern, nicht unter Art. 9 III GG, sondern (lediglich) unter Art. 9 I GG. Im Ergebnis werden die Voraussetzungen des Art. 9 III GG somit in erster Linie nur von **Arbeitgeberverbänden**, **Gewerkschaften** und ihren jeweiligen **Spitzenverbänden** *Deutscher Gewerkschaftsbund* und *Bundesvereinigung der deutschen Arbeitgeber* (vgl. § 2 II TVG) erfüllt. Auch die Einzelverbände zählen dazu, sie sind aber i.d.R. nach dem Industrieverbandsprinzip organisiert, d.h. sie betätigen sich nur in einem bestimmten Wirtschafts- oder Gewerbezweig (IG Metall, IG Bergbau etc.). Zulässig ist aber auch eine nach Berufsgruppen gebildete Verbandstruktur, wie das z.B. bei der Deutschen Angestelltengewerkschaft (DAG) der Fall ist. 704

Die Wahrung und Förderung der Arbeits- und Wirtschaftsbedingungen kann, muss aber nicht durch den **Abschluss von Tarifverträgen** wahrgenommen werden. Der Schutz des Art. 9 III GG gilt auch für Vereinigungen, die in diesem Aufgabenfeld operieren, ohne sich des Mittels *Tarifvertrag* zu bedienen.[1208] Daher ist auch die Betätigung der Koalitionen etwa im Bereich der Betriebsverfassung oder im Personalvertretungswesen (z.B. Werbung für Personalratswahlen) geschützt. 705

Darüber hinaus lässt sich von einer Koalition nur dann sprechen, wenn die Vereinigung von der Gegenseite *unabhängig* und grundsätzlich *gegnerfrei* organisiert ist.[1209] Unabhängigkeit bedeutet wirtschaftliche Selbstständigkeit gegenüber der Gegenseite. Gegnerfreiheit bedeutet, dass die Mitglieder des jeweiligen Verbandes entweder Arbeitgeber oder Arbeitnehmer sind. 706

Gegnerfreiheit liegt also nicht vor, wenn in einem Arbeitgeberverband Arbeitnehmer Mitglieder sind oder umgekehrt in einem Arbeitnehmerverband Arbeitgeber.

---

[1207] Vgl. dazu näher BVerfGE **103**, 293, 304 (Bundesurlaubsgesetz); **100**, 271, 282 (Lohnabstandsklausel); **84**, 212, 224 (Aussperrung); **50**, 290, 373 f. (Mitbestimmung).

[1208] Vgl. BVerfG **4**, 96, 107 (Koalitionsfreiheit); BVerfG-K NJW **1995**, 3377; *Löwer*, in: von Münch/Kunig, GG, Art. 9 Rn 76.

[1209] Vgl. BVerfGE **4**, 96, 106 f.; **50**, 290, 368 zur Unabhängigkeit und BVerfGE **50**, 290, 373 ff. zur Gegnerfreiheit.

**707**  Außerdem ist erforderlich, dass die Vereinigung *frei gebildet* und (von Sonderfällen wie der Postgewerkschaft abgesehen) auf *überbetrieblicher* Grundlage organisiert, *durchsetzungsfähig* ist sowie das geltende *Tarifrecht* anerkennt.[1210]

**708**  **Zusammenfassend** lässt sich sagen, dass in erster Linie Arbeitgeberverbände, Gewerkschaften und ihre jeweiligen Spitzenverbände Koalitionen i.S.d. Art. 9 III GG darstellen. Dabei müssen sie auf den Prinzipien der

- Gegnerfreiheit,
- Unabhängigkeit,
- Überbetrieblichkeit (Ausnahme: Post- und Eisenbahnergewerkschaft)
- und der Durchsetzungsfähigkeit beruhen.

**709**  Art. 9 III GG stellt zunächst ein **Individualgrundrecht** dar. Das ist das Recht, sich mit anderen zu Koalitionen zusammenzuschließen. Träger der individuellen Koalitionsfreiheit ist jeder Arbeitgeber und Arbeitnehmer.[1211] Zu den Arbeitgebern zählen insbesondere die juristischen Personen des Privatrechts und die sonstigen privatrechtlich organisierten Personenvereinigungen, da die Funktion als Arbeitgeber nicht nur von natürlichen Personen, sondern auch von juristischen Personen des Privatrechts und sonstigen Personenvereinigungen ausgeübt wird. Auf Arbeitnehmerseite sind nicht nur Arbeiter und Angestellte, sondern auch Werkstudenten[1212], Beamte (§ 57 BRRG), Richter (§ 46 DRiG) und Soldaten (§ 6 S. 1 SoldG) geschützt[1213].

Geschütztes Verhalten sind zunächst der Beitritt zu einer bereits bestehenden Vereinigung, der Verbleib darin und die Betätigung in und mit der Vereinigung (sog. **positive Koalitionsfreiheit**). Darüber hinaus sind auch das Fernbleiben von einer Koalition und der Austritt daraus geschützt (sog. **negative Koalitionsfreiheit**).[1214] Zivilrechtliche Vereinbarungen, welche die Koalitionsfreiheit beschränken, sind gem. Art. 9 III S. 2 GG nichtig (unmittelbare Wirkung des Grundrechts für den Privatrechtsverkehr, siehe Rn 715 und 722).

**710**  Auch die **kollektive Koalitionsfreiheit** ist geschützt. Unklar ist, ob sich die kollektive Koalitionsfreiheit (in Parallele zu Art. 4 I, II und Art. 9 I GG) unmittelbar aus Art. 9 III GG oder über Art. 19 III GG ergibt. Da Art. 9 III S. 3 GG selbst von „Arbeitskampf" spricht, ist eine spezifisch koalitionsmäßige Betätigung der kollektiven Freiheit ausdrücklich genannt. Dieser Umstand spricht dafür, die kollektive Koalitionsfreiheit unmittelbar aus Art. 9 III GG herzuleiten. Geschütztes Verhalten sind dabei vor allem die Wahl der Organisationsform, die Satzungsautonomie, der Abschluss von Tarifverträgen („Tarifautonomie")[1215] durch die Tarifpartner, aber auch die Werbung für die Koalition[1216], die Beratung und gerichtliche Vertretung von Mitgliedern[1217], die Beteiligung an der betrieblichen Mitbestimmung[1218] und die Arbeitskampfmaßnahmen[1219].

**711**  - Arbeitskampfmaßnahme der *Arbeitnehmerseite* ist in erster Linie der **Streik**, d.h. die gemeinsame und planmäßig durchgeführte Arbeitsniederlegung durch eine größere

---

[1210] Vgl. dazu BVerfGE **50**, 290, 368; **58**, 233, 247 (Deutscher Arbeitnehmerverband).
[1211] BVerfGE **84**, 212, 224; *Löwer*, in: v. Münch/Kunig, GG, Art. 9 Rn 81. Vgl auch BAG ZIP **2001**, 529 ff.
[1212] Vgl. BAG ZIP **2001**, 529 ff. und Rn 722.
[1213] *Löwer*, in: von Münch/Kunig, GG, Art. 9 Rn 90.
[1214] BVerfGE **50**, 290, 367; **64**, 208, 213 (Deputatkohle des Bergarbeiters); *Scholz*, in: Maunz/Dürig, GG, Art. 9 Rn 226; a.A. *Kittner*, in: Alternativkommentar, Art. 9 Abs. 3 Rn 41.
[1215] BVerfGE **44**, 322, 241 (Allgemeinverbindlichkeitserklärung von Tarifverträgen).
[1216] BVerfGE **57**, 220, 245 f. (Bethel); **93**, 352, 357 f. (Erstreckung des Schutzes des Art. 9 III GG auf alle koalitionsspezifischen Tätigkeiten).
[1217] BVerfGE **88**, 5, 15 (Beratungshilfe).
[1218] BVerfGE **50**, 290, 372 (Mitbestimmung).
[1219] BVerfGE **84**, 212, 225 (Aussperrung); **92**, 365, 393 f. (Kurzarbeitergeld bei Streik).

Zahl von Arbeitnehmern[1220]. Das Streikrecht erfasst wegen Art. 9 III S. 1 GG allerdings nicht politische, wilde oder Solidaritäts- bzw. Sympathiestreiks (wohl aber Warnstreiks). Auch Betriebsblockaden und -besetzungen sind nicht durch Art. 9 III S. 1 GG geschützt.[1221]

- Auf *Arbeitgeberseite* ist neben der Einstellung der Lohnfortzahlung und der Massenänderungskündigung insbesondere die **Aussperrung** als Arbeitskampfmittel zu nennen. Aussperrung ist die planmäßige Ausschließung einer Mehrzahl von Arbeitnehmern von der Arbeit, wobei als spezifisch koalitionsgemäß und damit verfassungsrechtlich jedenfalls die suspendierende Abwehraussperrung zur Herstellung der Kampfparität geschützt ist[1222]. Teilweise wird das Aussperrungsrecht wegen angeblich fehlender Erforderlichkeit dieses Kampfmittels ganz abgelehnt.[1223] Das BAG lässt die Aussperrung jedenfalls dann zu, wenn sie zur Wiederherstellung des Verhandlungsgleichgewichts erforderlich ist.[1224]

712

**Beispiel:** Aufgrund der stark gestiegenen Mineralölpreise sinkt die allgemeine Kaufkraft. Die Gewerkschaft kämpft daher für höhere Löhne und organisiert einen Streik, der dazu führt, dass insgesamt 5.000 gewerkschaftsangehörige Arbeitnehmer ihre Arbeit niederlegen. Daraufhin sperren die Arbeitgeberverbände insgesamt mehr als 150.000 Arbeitnehmer aus.

Nach der durch das BVerfG bestätigten Auffassung des BAG war die Aussperrung von über 150.000 Arbeitnehmern als Reaktion auf den Streik von lediglich 5.000 Arbeitnehmern zur Wiederherstellung des Verhandlungsgleichgewichts nicht erforderlich und somit unverhältnismäßig. Die Aussperrung war rechtswidrig.

Träger der kollektiven Koalitionsfreiheit sind alle Koalitionen, unabhängig von ihrer Rechtsform (s.o.), nicht jedoch juristische Personen des öffentlichen Rechts.

713

## 3. Eingriff in den Schutzbereich

Da die Koalitionsfreiheit einer gesetzlichen **Ausgestaltung** bedarf, stellen Maßnahmen, welche das Grundrecht ausgestalten (Beispiel: **TVG**), grundsätzlich keine Eingriffe dar. Die gesetzliche Ausgestaltung besteht in der Schaffung der Rechtsinstitute und Normenkomplexe, die erforderlich sind, die grundrechtlich garantierten Freiheiten ausüben zu können.[1225] Wenn also der Staat lediglich die Rahmenbedingungen für die Ausübung dieses Grundrechts erstmalig festlegt oder modifiziert, etwa in Fällen, in denen die Tarifpartner nicht in der Lage sind, selbst eine sinnvolle Ordnung zu schaffen, oder wenn die Kampfparität gestört ist, liegt eine Ausgestaltung der Koalitionsfreiheit und somit kein Eingriff vor. Soweit die Ausgestaltung das Verhältnis gleichgeordneter Grundrechtsträger betrifft, kann sie auch durch Richterrecht erfolgen.[1226] Ist allerdings der Staat selbst involviert (etwa beim Einsatz von Beamten bei Streiks), muss der Gesetzgeber die Frage eines solchen Einsatzes regeln.[1227]

714

Ein **Eingriff** in die Koalitionsfreiheit liegt aber dann vor, wenn die Ausgestaltung den Kernbereich der Koalitionsfreiheit berührt. Gleiches gilt, wenn einzelne Gewährleistun-

715

---

[1220] BAGE **1**, 291, 304.
[1221] *Scholz*, in: HdbStR VI, S. 1172 f.; *Löwer*, in: v. Münch/Kunig, GG, Art. 9 Rn 80. Bzgl. der Unzulässigkeit einer Betriebsblockade vgl. BAGE **59**, 49 und **61**, 171.
[1222] BVerfGE **84**, 212, 225 (Aussperrung); *Pieroth/Schlink*, Rn 739; *Löwer*, in: v. Münch/Kunig, GG, Art 9 Rn 80.
[1223] *Kittner*, in: Alternativkommentar, Art. 9 Abs. 3 Rn 66; *Wolter*, in: Däubler (Hrsg.), Arbeitskampfrecht, 2. Aufl. **1987**, Rn 873 ff.
[1224] BAG (GS) AP, Nr. 43 zu Art. 9 GG: Arbeitskampf, Bl 304, 310; AP, Nr. 64, 65 zu Art. 9 GG: Arbeitskampf. Bestätigt durch BVerfGE **84**, 212, 229 (Aussperrung).
[1225] BVerfGE **50**, 290, 368 (Mitbestimmung); **58**, 233, 247 (Deutscher Arbeitnehmerverband); **88**, 103, 115 (Einsatz von Beamten bei Streik); *Kannengießer*, in: Schmidt-Bleibtreu/Klein, GG, Art. 9 Rn 12 b.
[1226] BVerfGE **84**, 212, 266 (Aussperrung); **88**, 103, 115 (Einsatz von Beamten bei Streik).
[1227] BVerfGE **88**, 103, 116 (Einsatz von Beamten bei Streik).

gen des Art. 9 III GG durch *staatliche Maßnahmen* verkürzt oder beeinträchtigt werden. Art. 9 III GG gewährt aber nicht nur Schutz gegenüber dem Staat, sondern auch gegen rechtswidrige Beeinträchtigungen durch *private Mächte* (vgl. Art. 9 III S. 2 GG). Der Effekt des Art. 9 III S. 2 GG wird daher als „**unmittelbare Drittwirkung**" bezeichnet.[1228]

**Beispiele:**

(1) In die *individuelle Koalitionsfreiheit* wird eingegriffen, wenn der Beitritt oder der Verbleib in eine(r) Gewerkschaft durch den Arbeitgeber sanktioniert wird. Deshalb darf ein Arbeitgeber die Einstellung eines Bewerbers nicht davon abhängig machen, ob dieser Gewerkschaftsmitglied ist. Ein solches Auswahlkriterium verstößt gegen das nach Art. 9 III GG geschützte Recht des Arbeitnehmers, Mitglied einer Gewerkschaft zu sein.[1229] Auch ist die Kündigung eines Arbeitnehmers wegen seines Beitritts oder Verbleibs in der Gewerkschaft unzulässig. Auch das Versprechen des Arbeitnehmers, er werde aus der Gewerkschaft austreten oder ihr von vornherein fernbleiben, um Sanktionen des Arbeitgebers abzuwenden, ist nichtig. Ebenso stellt eine diskriminierende Behandlung von gewerkschaftlich organisierten oder nicht organisierten Arbeitnehmern einen Eingriff in die Koalitionsfreiheit dar. Unzulässig sind daher tarifvertragliche Klauseln, die Arbeitgeber verpflichten, nur organisierte Arbeitnehmer einzustellen oder weiter zu beschäftigen (sog. Organisations- oder Absperrklauseln) oder bei der Gewährung von Leistungen zwischen organisierten und nicht organisierten Arbeitnehmern zu differenzieren (sog. Differenzierungsklauseln).

(2) In die *kollektive Koalitionsfreiheit* wird beispielsweise eingegriffen, wenn der Staat die den Koalitionen nach Art. 9 III GG obliegenden Aufgaben an Körperschaften des öffentlichen Rechts mit Zwangsmitgliedschaft (etwa Arbeitnehmerkammern, welche die Interessen der Mitglieder in wirtschaftlicher, sozialer und kultureller Hinsicht wahrnehmen) überträgt und dadurch koalitionsspezifische Tätigkeiten unmöglich gemacht werden.[1230]

(3) Auch **staatliche Interventionen** bei Arbeitskämpfen, wenn der Staat zugunsten einer Seite interveniert oder eine Zwangsschlichtung durchführt, beeinträchtigen die Koalitionsfreiheit.

(4) Des Weiteren seien die Beschränkung von **Aussperrungen**[1231] und der **Einsatz von Beamten auf bestreikten Arbeitsplätzen**[1232] genannt.

(5) Auch eine **vertragliche Einheitsregelung**, die das Ziel verfolgt, normativ geltende Tarifbestimmungen zu verdrängen, ist geeignet, die Tarifvertragsparteien in ihrer kollektiven Koalitionsfreiheit zu verletzen. Das liegt insbesondere dann nahe, wenn ein entsprechendes Regelungsziel zwischen Arbeitgeber und Betriebsrat in Form einer Regelungsabrede vereinbart wird[1233] (Betriebsvereinbarung, vgl. § 77 III BetrVG).

(6) Schließlich seien gesetzliche Regelungen genannt, die befristet Zuschüsse für Arbeitsbeschaffungsmaßnahmen an die Vereinbarung von untertariflichen Entgelten knüpfen (sog. **Lohnabstandsklauseln**). Diese greifen in die Tarifautonomie ein.[1234]

---

[1228] Vgl. BVerfGE **57**, 220, 245 (Bethel); nur *Löwer*, in: von Münch/Kunig, GG, Art. 9 Rn 85; *Kannengießer*, in: Schmidt-Bleibtreu/Klein, GG, Art. 9 Rn 19.

[1229] Vgl. BAG NZA **2000**, 1294, 1295 mit Anm. v. *Boemke*, JuS **2001**, 306.

[1230] BVerfGE **38**, 281, 302 (Arbeitnehmerkammern).

[1231] BVerfGE **84**, 212 (Aussperrung).

[1232] BVerfGE **88**, 103, 115 f. (Einsatz von Beamten bei Streik).

[1233] BAG NZA **1999**, 887.

[1234] Zur Verfassungsmäßigkeit von gesetzlichen Lohnabstandsklauseln vgl. BVerfGE **100**, 271, 284.

Zur Frage, ob auch die **Tarifvertragsparteien** selbst bei der Vereinbarung von Tarifverträgen einer **unmittelbaren Bindung an Grundrechte** (etwa dem allgemeinen Gleichheitssatz – Art. 3 I GG) unterliegen, vgl. den Übungsfall bei Rn 722.

**716**

## 4. Verfassungsrechtliche Rechtfertigung

Bezüglich des in Art. 9 II GG geregelten Schrankenvorbehalts (siehe Rn 688 ff.) besteht eine Parallele zu Art. 5 GG. Ebenso wie bei Art. 5 GG ist bei Art. 9 GG umstritten, ob der Schrankenvorbehalt des Abs. 2 auch auf Abs. 3 anwendbar ist.

**717**

- Nach einer Auffassung[1235] kann der Schrankenvorbehalt des Art. 9 II GG ohne weiteres auf die Koalitionsfreiheit angewendet werden. Die Entstehungsgeschichte und der systematische Zusammenhang zwischen Art. 9 und Art. 21 GG ergäben, dass die Koalitionsfreiheit nach Art. 9 III GG nicht weitergehend geschützt sein könne als die Parteienfreiheit nach Art. 21 GG.

- Nach der auch hier vertretenen Gegenauffassung[1236] ist eine Anwendung des Schrankenvorbehalts des Art. 9 II GG auf die Koalitionsfreiheit nicht möglich. Die systematische Stellung des Art. 9 II GG *nach* der Vereinigungsfreiheit, aber *vor* der Koalitionsfreiheit verbietet eine Schrankenübertragung auf die Koalitionsfreiheit. Zudem besteht eine Parallele zu Art. 5 GG, wo der Schrankenvorbehalt des Art. 5 II GG anerkanntermaßen nicht auf die Wissenschafts- und Kunstfreiheit des Art. 5 III GG übertragen wird. Daher hat auch das BVerfG bisher nicht auf Art. 9 II GG zurückgegriffen.

In der Regel ist der Streit nicht sehr ergiebig und kann sogar dahin stehen. Denn ist eine Vereinigung gem. Art. 9 II GG verboten, wird sie kaum unter den Begriff der Koalition fallen. Eine Vereinigung, welche die Wahrung und Förderung der Arbeits- und Wirtschaftsbedingungen zum Zweck hat, läuft nicht den Strafgesetzen zuwider oder richtet sich nicht gegen die verfassungsmäßige Ordnung oder gegen den Gedanken der Völkerverständigung.[1237] Damit wäre schon der Schutzbereich des Art. 9 III GG nicht eröffnet. Zur Frage nach der Anwendbarkeit des Art. 9 II GG auf Art. 9 III GG käme man dann gar nicht.

**718**

Folgt man der hier vertretenen Auffassung bzw. lässt die Frage nach der Anwendbarkeit des Art. 9 II GG auf die Koalitionsfreiheit dahin stehen, können Eingriffe in die Koalitionsfreiheit nur durch **kollidierendes Verfassungsrecht** gerechtfertigt sein. Im Verhältnis Staat-Bürger ist dazu aber stets eine gesetzliche Grundlage erforderlich. Kollidierendes Verfassungsrecht sind auch bei Art. 9 III GG Grundrechte Dritter oder andere mit Verfassungsrang ausgestattete Rechtsgüter.[1238]

**719**

Als **Grundrechte Dritter** kommen Art. 9 III S. 1 GG der Gegenseite (etwa Werbung der Gewerkschaft um neue Mitglieder)[1239] oder Art. 2 II S. 1 GG (etwa Verbot von Arbeitskämpfen in lebensnotwendigen Betrieben wie etwa Krankenhäuser oder Feuerwehren) in Betracht. Das BVerfG hat es auch für zulässig erachtet, wenn der Gesetzgeber Vorschriften über die zwingende Befristung der Arbeitsverhältnisse von wissenschaftlichen Mitarbeitern an den Hochschulen und staatlichen Forschungseinrichtungen erlässt und anderweitige tarifvertragliche Vereinbarungen ausschließt (vgl. § 57 a S. 2 HRG). Den damit verbundenen Eingriff in die Koalitionsfreiheit hat das BVerfG damit gerechtfertigt, dass der Gesetzgeber Stellen im sog. akademischen Mittelbau für Nachwuchswissenschaftler zur Verfü-

---

[1235] *Löwer*, in: von Münch/Kunig, GG, Art. 9 Rn 89; *von Münch*, in: Bonner Kommentar, Art. 9 Rn 172 ff.; *Scholz*, in: Maunz/Dürig, GG, Art. 9 Rn 337; *Bauer*, in: Dreier, GG, Art. 9 Rn 87.
[1236] *Kittner*, in: Alternativkommentar, Art. 9 Abs. 3 Rn 36; *Jarass*, in: Jarass/Pieroth, GG, Art. 9 Rn 37; *Höfling*, in: Sachs, GG, Art. 9 Rn 127; *Schmidt*, NJW 1965, 424, 426. Vgl. dazu auch die Argumentation zu Art. 5 GG.
[1237] *Pieroth/Schlink*, Rn 755.
[1238] Vgl. dazu BVerfGE **100**, 271, 283 (Lohnabstandsklauseln); **94**, 268, 284 (befristete Arbeitsverträge an Hochschulen und Forschungseinrichtungen); **84**, 212, 228 (Aussperrung).
[1239] Vgl. BVerfGE **84**, 212, 228 (Aussperrung).

gung stellen wolle, die in periodischen Abständen neu besetzt werden.[1240] Höherrangiges Schutzgut ist hier also Art. 5 III GG seitens der anderen Nachwuchswissenschaftler.

Andere **wichtige Güter von Verfassungsrang** sind bspw. die hergebrachten Grundsätze des Berufsbeamtentums, die, wenn sie nicht schon bereits eine Schutzbereichsbegrenzung darstellen, zumindest eine verfassungsrechtliche Rechtfertigung für das Streikverbot von Beamten abgeben. Zwar genießen auch Beamte Koalitionsfreiheit (vgl. Art. 9 III GG: „jedermann"), jedoch liegt in Art. 33 V GG („hergebrachte Grundsätze des Berufsbeamtentums") eine der Verfassung selbst zu entnehmende Einschränkung. So legitimieren die hergebrachten Grundsätze des Berufsbeamtentums das Streikverbot. Auch gibt es keine Tarifautonomie für Beamte.[1241] Des Weiteren kann Art. 33 IV und V GG allein den Einsatz von Beamten während eines Streiks auf bestreikten Arbeitsplätzen nicht rechtfertigen.[1242] Hierzu bedarf es einer gesetzlichen Regelung.[1243] Schließlich sind gesetzliche Lohnabstandsklauseln, die befristet Zuschüsse für Arbeitsbeschaffungsmaßnahmen an die Vereinbarung von untertariflichen Entgelten knüpfen, mit der sozialstaatlichen Verpflichtung des Gesetzgebers zur Bekämpfung der Arbeitslosigkeit gerechtfertigt.[1244]

**720** Unabhängig davon, ob ein Eingriff in die Koalitionsfreiheit durch kollidierende Grundrechte Dritter oder andere wichtige Verfassungsgüter gerechtfertigt sein soll, muss die betreffende Beschränkung dem **Grundsatz der Verhältnismäßigkeit** entsprechen.

## 5. Grundrechtskonkurrenzen

**721** Die Koalitionsfreiheit gem. Art. 9 III GG ist ein Spezialfall der allgemeinen Vereinigungsfreiheit gem. Art. 9 I GG, da der Vereinigungszweck in der Verfolgung der Ziele des jeweiligen Verbandes (der Arbeitgeber oder Arbeitnehmer) liegt und daher spezifisch ist (Rn 698). Die Koalitionsfreiheit geht weiterhin Art. 5 I GG und Art. 2 I GG vor.[1245] Für andere als koalitionsspezifische Tätigkeiten sind allein die sonstigen Grundrechte einschlägig.

## 6. Übungsfall

**722** Folgender Übungsfall zu Art. 9 III GG, dessen ausformulierte Lösung kostenlos der Internet-Seite des Verlags Rubrik Studienbücher/Grundrechte/Falllösungen entnommen werden kann, soll die Materie konkretisieren.

**Sachverhalt:** S war bei dem großen deutschen Automobilhersteller A von Juli 1998 bis April 2001 aufgrund mehrerer befristeter Verträge als Werkstudent beschäftigt. In einer Gesamtbetriebsvereinbarung war für Werkstudenten eine Vergütung von 11,50 Euro brutto pro Stunde festgelegt. Nach dem einschlägigen Tarifvertrag hätte ihm für die Tätigkeit ein Stundenlohn von 13,80 Euro zugestanden. Allerdings waren Werkstudenten ausdrücklich vom persönlichen Anwendungsbereich des Tarifvertrags ausgenommen. S hält diese Regelung im Tarifvertrag für gleichheitswidrig und verlangt daher mit seiner Klage die Differenz zwischen dem ihm gewährten und dem Tariflohn. Mit Erfolg?

---

[1240] Vgl. BVerfGE **94**, 268 ff. (befristete Arbeitsverträge an Hochschulen und Forschungseinrichtungen).
[1241] BVerfGE **44**, 249, 264 (Kinderreiche Beamte).
[1242] BVerwGE **69**, 208, 124.
[1243] Vgl. BVerfGE **88**, 103, 116 (Beamte bei Streik).
[1244] BVerfGE **100**, 271, 284 (Lohnabstandsklauseln).
[1245] Vgl. BVerfGE **28**, 295, 310 (Werbung durch Personalratsmitglieder) zum Verhältnis zu Art. 5 I GG und BVerfGE **58**, 233, 256 (Deutscher Arbeitnehmerverband) zum Verhältnis zu Art. 2 I GG.

# M. Brief-, Post- und Fernmeldegeheimnis – Art. 10 GG

## I. Allgemeine Bedeutung

Art. 10 I GG schützt das Brief-, Post- und Fernmeldegeheimnis und umfasst sämtliche der Post AG bzw. der Telekom AG und anderen Dienstleistungsunternehmen zur Beförderung oder Übermittlung anvertrauten Kommunikationsvorgänge und Inhalte.[1246] Das Grundrecht dient der Wahrung des Persönlichkeitsrechts, das sich durch einen privaten, vor der Öffentlichkeit verborgenen Austausch von Nachrichten, Gedanken und Meinungen kennzeichnet. Schutzgut ist somit die **Vertraulichkeit der individuellen Kommunikation**.

**723**

Art. 10 I GG schützt in seiner Funktion als **Abwehrrecht** vor Eingriffen des Staates allgemein. Die öffentliche Gewalt soll grundsätzlich nicht die Möglichkeit haben, sich Kenntnis vom Inhalt des über Fernmeldeanlagen abgewickelten mündlichen oder schriftlichen Informations- und Gedankenaustauschs zu verschaffen. Durch die Privatisierung der Deutschen Bundespost (vgl. Art. 87 f II S. 1 und Art. 143b II GG) hat Art. 10 I GG in seiner Funktion als Abwehrrecht allerdings an Anwendungsbereich verloren, da die privaten Nachfolgeunternehmen der staatlichen Post nach überzeugender Auffassung gerade wegen der Privatisierung nicht unmittelbar Grundrechtsverpflichtete sein können.[1247] Bezüglich der Nachfolgeunternehmen Post AG und Telekom AG besteht aber eine Grundrechtsverpflichtung über die Figur der Fiskalgeltung der Grundrechte. Diese Figur kann aber bei den sonstigen privaten Dienstleistungsunternehmen, wie etwa der Mobilcom, keine Anwendung finden. Für den privatisierten Kommunikationsbereich wird Art. 10 I GG daher heute primär eine **Schutzverpflichtung** des Staates abgewonnen: Der Staat ist gehalten, durch gezielte Regelungen zu gewährleisten, dass die Nachfolgeunternehmen und andere Kommunikationsmittler den Geheimnissen des Art. 10 I GG ebenso verpflichtet sind, wie die ehemalige staatliche Post es war. Der leitende Gedanke dabei ist, dass es dem Staat verwehrt sein soll, sich durch die Privatisierung seiner grundrechtlichen Verantwortung zu entledigen. Das Schutzgebot des Art. 10 I GG bleibt also – freilich in veränderter Form – auch nach der Umwandlung der öffentlichen Unternehmen der ehemaligen Deutschen Bundespost in solche privater Rechtsformen von aktueller Bedeutung. Zu der Zeit, als der Staat noch die Mehrheitsanteile (Aktien) an den Nachfolgeunternehmen (Post AG, Telekom AG) hielt, konnte er seiner Schutzverpflichtung dadurch nachkommen, dass er auf die Gesellschaften entsprechend einwirkte (z.B. über den Aufsichtsrat, §§ 95 ff. AktG, oder über die Hauptversammlung, §§ 118 ff. AktG). Mit dem zunehmenden Übergang der Anteile vom Staat auf Private nahm diese Möglichkeit der Einflussnahme aber ab.[1248] Entsprechendes gilt von vornherein für die sonstigen privaten Dienstleistungsunternehmen. Hier wird die Wirkung des Grundrechts über die Schutzverpflichtung des Staates – zumindest mittelbar – dadurch gewährleistet, dass die privaten Unternehmen das Postgeheimnis (§ 39 PostG) bzw. das Fernmeldegeheimnis (§§ 88, 89 TKG) zu beachten haben.

---

[1246] BFH NJW **2001**, 2118; *Schmidt-Bleibtreu*, in: Schmidt-Bleibtreu/Klein, GG, Art. 10 Rn 1.

[1247] *Löwer*, in: von Münch/Kunig, GG, Art. 10 Rn 9; *Hermes*, in: Dreier, GG, Art. 10 Rn 43; *Krüger*, in: Sachs, GG, Art. 10 Rn 20. Vgl. hierzu auch *Müller-Terpitz*, NWVBl **1999**, 292, 294. **Anders** BVerwGE **108**, 203, 211 für die Post AG (für die Telekom AG könne nichts anderes gelten): Die Nachfolgeunternehmen seien so lange an die Grundrechte gebunden und Grundrechtsadressaten, wie der Bund über die Kapitalmehrheit an diesen Unternehmen verfüge. Dem zustimmend *Jarass*, in: Jarass/Pieroth, GG, Art. 10 Rn 13; *Müller-Dehn*, DÖV **1996**, 863, 865. Liegt allerdings eine Beleihung vor (vgl. Art. 143b III 2 GG, § 33 PostG), sind die Nachfolgeunternehmen auf jeden Fall Grundrechtsadressaten. Zu den Grundrechtsadressaten vgl. Rn 87 ff.

[1248] Vgl. dazu BVerwGE **113**, 208, 211.

**724**  Die Funktion des Art. 10 I GG als Abwehrrecht bleibt jedenfalls in Bereichen bestehen, in denen der Staat selbst freiheitsverkürzend tätig wird, etwa im Bereich der Strafverfolgung oder des Staatsschutzes[1249]. Hier gilt Art. 10 I GG nach wie vor unmittelbar und in seiner Funktion als Abwehrrecht.

**725**  Art. 10 II S. 1 GG enthält einen einfachen Gesetzesvorbehalt. Danach dürfen Beschränkungen nur aufgrund eines Gesetzes angeordnet werden. Art. 10 II S. 2 GG enthält eine Befugnis zu weitergehenden Beschränkungen, wenn Maßnahmen zum Schutz der freiheitlichen demokratischen Grundordnung oder des Bestandes oder der Sicherung des Bundes oder eines Landes erforderlich werden. Es empfiehlt sich folgende Prüfung:

---

### Brief-, Post- und Fernmeldegeheimnis – Art. 10 GG

#### I. Schutzbereich des Brief-, Post- und Fernmeldegeheimnisses

Das **Briefgeheimnis** schützt alle privaten (schriftlichen) Mitteilungen von Person zu Person vor unberechtigter Kenntnisnahme, also die Wahrung aller brieflichen Korrespondenz. Das **Postgeheimnis** schützt nach h.M. die gesamte körperliche Nachrichtenübermittlung und Kommunikation durch Posteinrichtungen, wozu auch Geschäfte im Postscheck- und Postsparkassendienst sowie der Transport von Päckchen, Paketen und Warenproben gehören. Der Schutzbereich des Postgeheimnisses ist damit weiter als der des Briefgeheimnisses. Es verpflichtet den Zusteller im Postverkehr zum Stillschweigen gegenüber Dritten über alle ihm anvertrauten Sendungen. Gegenstand des **Fernmeldegeheimnisses** ist der Schutz der individuellen, über das Medium drahtloser oder drahtgebundener elektromagnetischer Wellen stattfindenden Kommunikation. Die Beteiligten sollen selbst darüber bestimmen können, ob Kommunikationsinhalte und Daten etwa über den Zeitpunkt der Kommunikation und über die Person des Kommunikationspartners erfasst werden. Der Schutz erstreckt sich auch auf den Informations- und Datenverarbeitungsprozess. Ist der Kommunikationsvorgang jedoch abgeschlossen, endet der Schutz des Art. 10 I GG.

#### II. Eingriff in den Schutzbereich

Ein Eingriff in den Schutzbereich liegt vor, wenn ein Grundrechtsverpflichteter vom Kommunikationsinhalt Kenntnis erlangt oder sich vom jeweiligen Kommunikationsmittler Kenntnis geben lässt. Das Gleiche gilt, wenn eine staatliche Stelle oder ein Telekommunikationsdienstleister die Übermittlungsdaten (Zeit, Teilnehmer etc.) speichert, verwertet oder an Dritte weitergibt. Fraglich ist, ob ein Eingriff vorliegt, wenn die Kenntnisnahme **betriebsbedingt** ist. Eine betriebsbedingte Kenntnisnahme liegt etwa in dem Öffnen einer unzustellbaren und mit keiner Absenderangabe versehenen Sendung zur Ermittlung des Absenders oder in der Untersuchung eines Telefonmissbrauchs. Rechtsprechung und Literatur verneinen in derartigen Fällen teilweise einen Eingriff und gehen von einer Schutzbereichsbegrenzung aus. Die Gegenauffassung sieht das Problem differenzierter. Ablehnen lasse sich die Eingriffsqualität nur für die betriebsbedingten Maßnahmen, die, wie das Sortieren der Sendungen, für die Vermittlung der Kommunikation schlechterdings unerlässlich und von den Betroffenen auch vorausgesetzt seien. Besonders grundrechtssensibel ist der Bereich des staatlich verordneten **Abhörens** zu Staats- und Verfassungsschutzzwecken sowie zum Zweck der Bekämpfung schwerer Kriminalität. Eine solche Maßnahme liegt etwa vor, wenn der Telekommunikationsdienstleister die Leitung zu den staatlichen Stellen vermittelt oder die staatlichen Stellen sich selbst in die Telefonleitung einschalten. Davon zu unterscheiden ist der sog. **Lauschangriff**. Das sind Maßnahmen, bei denen nicht Fernmeldeanlagen angezapft, sondern Wanzen installiert oder Richtmikrofone benutzt werden. Sie richten sich, sofern Gespräche in Wohnungen abgehört werden, nach Art. 13 GG, ansonsten nach Art. 2 I i.V.m. 1 I GG (allgemeines Persönlichkeitsrecht).

#### III. Verfassungsrechtliche Rechtfertigung

Beschränkungen des Brief-, Post- und Fernmeldegeheimnisses dürfen zunächst nur **durch Gesetz** oder **aufgrund eines Gesetzes** erfolgen, Art. 10 II S. 1 GG. Vgl. dazu etwa das

---

[1249] Zur Fernmeldeüberwachung durch den Bundesnachrichtendienst vgl. BVerfGE **100**, 313 ff.

PostG, das TKG und das G 10. Die Beschränkung des Brief-, Post- und Fernmeldegeheimnisses muss im **Lichte des Art. 10 I GG** erfolgen. Das bedeutet, dass das einschränkende Gesetz seinerseits aus der Erkenntnis der grundlegenden Bedeutung des Art. 10 I GG auszulegen und so in seiner grundrechtsbegrenzenden Wirkung selbst wieder im Lichte dieses Grundrechts einzuschränken ist. Schließlich muss das grundrechtseinschränkende Gesetz **verhältnismäßig** sein, also einen legitimen Zweck verfolgen, geeignet, erforderlich und angemessen sein. Eine Erweiterung des Gesetzesvorbehalts findet sich in Art. 10 II S. 2 GG. Vgl. dazu insb. das G 10 und das BNDG.

### IV. Konkurrenzen

Das aus Art. 2 I i.V.m. 1 I GG folgende Recht auf informationelle Selbstbestimmung kommt neben Art. 10 I GG nicht zur Anwendung. Bezogen auf die Schutzgüter des Art. 10 I GG (insb. das Fernmeldegeheimnis) enthält Art. 10 I GG eine spezielle Garantie, welche die allgemeine Vorschrift verdrängt. Zu Art. 13 I GG steht Art. 10 I GG regelmäßig in einem Alternativverhältnis.

## II. Schutzbereich(e)

Nach seinem Wortlaut scheint die Bestimmung des Art. 10 I GG mehrere Grundrechte **726** zu enthalten: das Brief-, das Post- und das Fernmeldegeheimnis. Man kann sich allerdings auch auf den Standpunkt stellen, dass es sich bei Art. 10 I GG um ein einheitliches Grundrecht handele, das die **Vertraulichkeit individueller Kommunikation** schütze, soweit die Kommunikation schriftlich oder fernmeldetechnisch übertragen wird.[1250] Jedenfalls stimmen die drei Bereiche in Struktur und Zweck überein.

## 1. Briefgeheimnis

Das **Briefgeheimnis** schützt alle privaten schriftlichen Mitteilungen von Person zu **727** Person vor unberechtigter Kenntnisnahme, also die Wahrung aller brieflichen Korrespondenz.[1251]

Unter das Briefgeheimnis fallen sämtliche individuelle private schriftliche Inhalte. Bei **728** *verschlossenen* Schriftstücken kann zwar die Feststellung, ob eine Mitteilung privater Natur ist, erst dann getroffen werden, wenn von dem Inhalt der Mitteilung Kenntnis erlangt worden ist. Der Verschluss will aber gerade gegen die Erkennbarkeit und Kenntnisnahme Vorsorge treffen, sodass insbesondere verschlossene Mitteilungen in den Schutzbereich des Briefgeheimnisses fallen.[1252] Anderenfalls würde das Grundrecht leer laufen. Auch der *offene* Versand persönlicher Mitteilungen ist geschützt, denn da das Briefgeheimnis nicht nur den Inhalt des Briefes vor Kenntnisnahme der ausgetauschten Mitteilung schützt, sondern auch den unbeobachteten Bestand der interpersonalen kommunikativen Beziehung, ist es unschädlich, wenn die ausgetauschten Informationen offen versendet werden.[1253] Daher fallen auch Postkarten in den Schutzbereich des Briefgeheimnisses.[1254]

> **Beispiele:** Nach der postalischen Nomenklatur sind vom Briefgeheimnis nicht nur Briefe erfasst, sondern auch Telegramme, Postkarten, geschlossene Drucksachen und Zahlkarten. Nicht erfasst sind Postwurfsendungen, da bei ihnen der individuelle Kommunikationspartner fehlt, unverschlossene Bücher- und Warensendungen und offene

---

[1250] So BFH NJW **2001**, 2118, 2119.
[1251] BVerfGE **33**, 1, 11 (Strafgefangener); **67**, 157 ff. (Überwachung des Brief- und Telefonverkehrs); *Schmitt Glaeser*, HdbStR VI, S. 78; *Löwer*, in: von Münch/Kunig, GG, Art. 9 Rn 16.
[1252] Sogar nur für verschlossene Sendung als vom Schutzbereich umfasst BVerwGE **6**, 299, 300.
[1253] So zutreffend *Löwer*, in: von Münch/Kunig, GG, Art. 9 Rn 16; *Schuppert*, in: Alternativkommentar, Art. 9 Rn 22; *Hermes*, in: Dreier, GG, Art. 9 Rn 27; *Jarass*, in: Jarass/Pieroth, GG, Art. 9 Rn 3.
[1254] Dagegen für das Erfordernis des Umschlossenseins oder sogar des Verschlossenseins BVerwGE **6**, 299, 300; **76**, 152, 153 f.; *Dürig*, in: Maunz/Dürig, GG, Art. 9 Rn 13; *Groß*, JZ **1999**, 326, 332. Danach fielen insbesondere Postkarten aus dem Schutzbereich heraus.

Drucksachen, da bei ihnen keine persönlichen Mitteilungen stattfinden. Ob Päckchen und Pakete vom Briefgeheimnis oder eher vom Postgeheimnis erfasst sind, ist zwar streitig, der Streit ist aber unergiebig.

**729** Hinsichtlich des Umfangs erstreckt sich das Briefgeheimnis auch auf die Person des Absenders und des Adressaten. So werden auch die Beförderungsdaten (Dokumentation des Beförderungswegs) geschützt. Das Briefgeheimnis setzt auch dann ein, wenn die geschützte Sendung von einer Privatperson befördert wird.

## 2. Postgeheimnis

**730** Das **Postgeheimnis** schützt die gesamte körperliche Nachrichtenübermittlung und Kommunikation durch Postdienstleister. Unter einem Postdienstleister ist dabei jede natürliche oder juristische Person oder Personenvereinigung zu verstehen, die geschäftsmäßig (§ 4 Nr. 4 PostG) Postdienstleistungen erbringt.[1255] Unter das Postgeheimnis fallen auch Geschäfte im Postscheck- und Postsparkassendienst sowie der Transport von Briefen, Postkarten, Päckchen, Paketen, Drucksachen, Büchersendungen und Warenproben.[1256]

**731** Der Schutzbereich des Postgeheimnisses ist damit teilweise identisch mit dem des Briefgeheimnisses, teilweise aber auch weiter als dieser. Das Postgeheimnis verpflichtet im Postverkehr zum Stillschweigen gegenüber Dritten über alle dem Überbringer anvertrauten Sendungen. Vom Umfang her erstreckt sich das Postgeheimnis in Parallele zum Briefgeheimnis auch auf den Absender und Adressaten. So werden ebenfalls die Beförderungsdaten (Dokumentation des Beförderungswegs) geschützt. Der Schutz beginnt also mit der Einlieferung der Sendung über den Transport bis hin zur Ablieferung beim Empfänger. Bei Postfachlagerungen endet der Schutz nicht schon mit dem Einwurf in das Postfach, sondern erst mit der Abholung der Sendung.[1257] In Anlehnung an das Briefgeheimnis wird das Öffnen von unverschlossenen Warensendungen und Büchersendungen nicht geschützt. Eine Verletzung des Postgeheimnisses liegt aber vor, wenn auf diesem Wege erlangte Daten an unbefugte Dritte weitergegeben werden. Für die Postbeförderung sieht § 39 IV PostG Ausnahmen vom Postgeheimnis vor, wenn sie zur betriebsbedingten Abwicklung des Postdienstes erforderlich sind.[1258]

**732** Durch die Privatisierung der Deutschen Bundespost im Jahre 1994 und deren Umwandlung in das privatrechtlich organisierte Nachfolgeunternehmen Post AG (vgl. Art. 87 f II S. 1 und Art. 143b GG) hat sich die Bedeutung des Postgeheimnisses – wie bereits in der Einleitung erwähnt – gewandelt. Nunmehr wird dem Staat primär die Verpflichtung auferlegt, durch gezielte Regelungen zu gewährleisten, dass die Nachfolgeunternehmen und andere Kommunikationsmittler den Geheimnissen des Art. 10 I GG ebenso verpflichtet sind, wie die ehemalige staatliche Post es war. Bezüglich der Post AG konnte der Staat zwischenzeitlich dieser Verpflichtung dadurch nachkommen, dass er über die Aktienmehrheit Einfluss auf die Gesellschaft ausüben konnte. Diesbezüglich galten die Grundrechte über die Figur der Fiskalgeltung der Grundrechte. Seit der Bund aber durch Aktienverkauf nicht mehr über die Mehrheit der Aktien verfügt, muss er seiner Schutzverpflichtung insbesondere durch § 39 PostG (Postgeheimnis) bzw. §§ 88, 89 TKG (Fernmeldegeheimnis) nachkommen.

---

[1255] *Löwer*, in: von Münch/Kunig, GG, Art. 9 Rn 17; *Groß*, JZ **1999**, 326, 332.
[1256] *Löwer*, in: von Münch/Kunig, GG, Art. 9 Rn 17.
[1257] BVerwGE **79**, 110, 115.
[1258] BVerfGE **85**, 386 ff. (Fangschaltungen).

## 3. Fernmeldegeheimnis

Gegenstand des **Fernmeldegeheimnisses** ist der Schutz der individuellen, über das Medium drahtloser oder drahtgebundener elektromagnetischer Wellen stattfindenden Kommunikation. Die Beteiligten sollen selbst darüber bestimmen können, ob Kommunikationsinhalte und Daten etwa über den Zeitpunkt der Kommunikation und über die Person des Kommunikationspartners erfasst werden.

**733**

Zum einen schützt das Grundrecht vor staatlichen Abhörmaßnahmen. Insoweit handelt es sich um ein reines Abwehrrecht des Bürgers gegen den Staat. Zum anderen verpflichtet das Grundrecht auch die staatsfremden Telekommunikationsunternehmen zum Stillschweigen über alle mit technischen Mitteln im Telegramm-, Fernsprech-, Fernschreib- und Funkverkehr weitergegebenen Äußerungen.[1259] In dieser Funktion enthält das Grundrecht eine Schutzverpflichtung des Staates, dafür Sorge zu tragen, dass das Fernmeldegeheimnis gewahrt bleibt (vgl. bereits Rn 723).

**734**

Hinsichtlich der technischen Entwicklung ist das Grundrecht dynamisch. Daher wird auch die Übertragung von individuellen Daten über Standleitungen zwischen Computern u.ä. wie Teletext, Telefax und Bildschirmtext sowie über Mobiltelefon, Satellitenfunksysteme und das Internet erfasst. Die Reichweite des Grundrechtsschutzes betrifft zunächst den **Kommunikationsinhalt**. Mit Kommunikationsinhalt ist der konkrete Inhalt etwa eines Telefonats, einer SMS oder einer E-Mail gemeint.[1260] Des Weiteren ist der **Kommunikationsvorgang**, d.h. der Informations- und Datenverarbeitungsprozess erfasst.[1261] Darunter fällt der Umstand, wer mit wem zu einem bestimmten Zeitpunkt über das Mittel der Telekommunikation Kontakt aufgenommen hat oder aufnehmen wollte.[1262] Denn auch die Kenntnis über solche auf den ersten Blick nur formale Daten gibt Hinweise auf ganz bestimmte Kommunikationswege und -formen, die als persönliche Daten gleichfalls dem Schutzbereich des Art. 10 I GG unterfallen.[1263]

**734a**

Ist der Telekommunikationsvorgang jedoch **abgeschlossen**, greift das Grundrecht **nicht** mehr, weil die Informationen, die zugegangen sind, nicht mehr den Gefahren ausgesetzt sind, die sich aus der Verwundbarkeit des Kommunikationsvorgangs ergeben und vor denen Art. 10 GG schützen soll; nach Zugang unterscheiden sich diese Informationen nicht mehr von anderen.[1264] Grundrechtsschutz entfaltet dann (nur noch) das Grundrecht auf informationelle Selbstbestimmung.

**734b**

> **Beispiel:** Wird ein **Mobiltelefon** mit den darauf gespeicherten persönlichen Daten **beschlagnahmt**, liegt zwar ein Eingriff in die informationelle Selbstbestimmung (und ggf. in das Wohnungsgrundrecht) vor, nicht aber in das Telekommunikationsgrundrecht.[1265] Vgl. dazu Rn 266, 286.

---

[1259] BVerfG NJW **2005**, 2603, 2604 (präventive Telekommunikationsüberwachung); BVerfGE **110**, 33, 53 (Verfassungswidrigkeit des AWG); **107**, 299, 313 f. (Auskunft über Telefonverbindungsdaten); **106**, 28, 36 (Mithören von Telefongesprächen); *Schmidt-Bleibtreu*, in: Schmidt-Bleibtreu/Klein, GG, Art. 10 Rn 6; *Löwer*, in: von Münch/Kunig, GG, Art. 9 Rn 18. Vgl. auch die Definition in § 3 Nr. 22 TKG.

[1260] Vgl. dazu etwa BVerfG NJW **2007**, 2752 ff.

[1261] BVerfGE **100**, 313, 358 ff. (Fernmeldeüberwachung durch den BND - drittes Abhörurteil). Vgl. auch BFH NJW **2001**, 2118 und BVerfGE **115**, 166, 183 ff.

[1262] So unterliegen E-Mails in einer Mailbox dem Schutz des Art. 10 GG. Sie können nicht gem. §§ 94, 99 StPO beschlagnahmt werden; möglich ist allein eine Überwachung unter den Voraussetzungen des § 100a StPO (vgl. LG Hanau NJW **1999**, 3647).

[1263] Vgl. BVerfGE **100**, 313, 358 ff., wo das Gericht klarstellt, dass jede Kenntnisnahme, Aufzeichnung und Verwertung von Kommunikationsdaten durch den Staat einen Eingriff in Art. 10 I GG darstelle.

[1264] BVerfGE **115**, 166, 183 ff.

[1265] BVerfGE **115**, 166, 183 ff.

**734c**     Daraus folgt:

- Der **Übertragungsvorgang** (also das Gespräch oder die gesendete Nachricht via SMS o.ä.) ist durch das **Fernmeldegeheimnis** geschützt. Akustische Überwachungsmaßnahmen haben sich am strengen Maßstab des Art. 10 GG zu orientieren. Damit wird der besonderen Schutzwürdigkeit der Telekommunikationsumstände hinreichend Rechnung getragen und die Vertraulichkeit räumlich distanzierter Kommunikation wird gewahrt.

- Nach **Beendigung des Übertragungsvorgangs** greift Art. 10 GG dagegen nicht mehr. In diesem Fall werden die in der Herrschaftssphäre des Betroffenen gespeicherten personenbezogenen Verbindungsdaten (nur noch) durch das Recht auf **informationelle Selbstbestimmung** geschützt.

**734d**     Daher liegt auch bei einer sog. **Online-Durchsuchung eines heimischen Computers** durch die Strafverfolgungsbehörde oder den Verfassungsschutz **kein** Eingriff in das Telekommunikationsgrundrecht vor, weil auch hier nicht auf den Kommunikationsvorgang eingewirkt wird, sondern via Internet bestimmte Programme (Trojaner; Spyware) in einen Computer eingeschleust werden, deren Aufgabe darin besteht, Daten auszuforschen.[1266] Eingegriffen wird aber in das Grundrecht der informationellen Selbstbestimmung (vgl. dazu Rn 273 Bsp. 6) und ggf. in das Wohnungsgrundrecht (vgl. dazu Rn 864 ff.).

**734e**     **Kein** Eingriff in die Telekommunikationsfreiheit liegt auch vor, wenn Aktivmeldungen, d.h. die Signale, mit denen ein eingeschaltetes Mobiltelefon („Handy") in regelmäßigen Abständen seine Kennung an die nächste Funkvermittlungsstation sendet[1267], abgefragt werden, um den **Standort des Mobiltelefons** (und damit i.d.R. auch der Aufenthaltsort des Besitzers) zu ermitteln. Denn eine reine Standortermittlung erfasst lediglich die technische Kommunikation zwischen Geräten, nicht den durch Art. 10 I GG geschützten Austausch von vertraulichen, persönlichen und individuellen Informationen.[1268] Betroffen ist allein das Grundrecht der informationellen Selbstbestimmung (vgl. dazu Rn 273 Bsp. 5).

**734f**
> **Hinweis für die Fallbearbeitung:** Die Frage, ob in der jeweiligen Maßnahme ein Eingriff in das Wohnungsgrundrecht, in das Telekommunikationsgrundrecht oder (nur) in das Grundrecht der informationellen Selbstbestimmung vorliegt, ist nicht nur akademischer Natur, sondern übt Einfluss auf die verfassungsrechtliche Rechtfertigung der Maßnahme aus. Denn zum einen enthalten die genannten Grundrechte unterschiedliche Grundrechtsschranken und zum anderen sind die Prüfungsmaßstäbe unterschiedlich ausgeprägt. Daher kann es für die Frage, ob eine Maßnahme gerechtfertigt ist, entscheidend sein, welches Grundrecht man als betroffen ansieht.

**735**     Auf die Datenerfassung kann allerdings nicht gänzlich verzichtet werden, da anderenfalls die Übermittlung selbst unmöglich gemacht würde.

> **Hinweis für die Fallbearbeitung:** Gerade bei den modernen Kommunikationsmedien ist genau zu prüfen, ob es sich um eine individuelle Kommunikation handelt oder ob sich die Weitergabe an eine unbestimmte Zahl von Adressaten richtet. Nur im ersten Fall ist der Schutzbereich des Art. 10 I GG eröffnet. Im zweiten Fall ist allerdings Art. 5 I S. 2 GG (Rundfunkfreiheit) einschlägig.

**736**     Auch in Bezug auf das Fernmeldegeheimnis hat die Privatisierung der ehemaligen Deutschen Bundespost das Verständnis des Grundrechtsschutzes gewandelt. Auch hier befindet sich die Mehrheit der Aktien der Deutschen Telekom AG nicht mehr im Besitz des Bundes, sodass der Einfluss des Bundes nicht mehr aktienrechtlich gewährleistet ist. Der Bund muss

---

[1266] Anders *Huber*, NVwZ **2007**, 880, 882, der jedoch BVerfGE **115**, 166 ff. nicht berücksichtigt.
[1267] Zu den technischen Grundlagen vgl. Rn 273 Bsp. 5.
[1268] BVerfG NJW **2007**, 351, 353 f.

daher sicherstellen, dass das Fernmeldegeheimnis durch die Telekom AG beachtet wird. Gleiches gilt von vornherein hinsichtlich anderer Telekommunikationsunternehmen, vgl. dazu §§ 88, 89 TKG sowie bereit oben Rn 732.

## 4. Träger des Grundrechts

Das Brief-, Post- und Fernmeldegeheimnis kommt jedermann zugute. Auch Minder-  737
jährige und juristische Personen des Privatrechts und sonstige Personenvereinigungen sind geschützt. Voraussetzung ist, dass die betreffende Person z.B. als Absender eines Briefes oder als Teilnehmer an einem Telefongespräch auftritt. Nicht von Art. 10 I GG geschützt sind die die Kommunikation übermittelnden Dienstleistungsunternehmen selbst.[1269] Auch juristische Personen des öffentlichen Rechts können sich nicht auf Art. 10 I GG berufen.

## III. Eingriff in den Schutzbereich

Ein Eingriff in den Schutzbereich liegt vor, wenn ein Grundrechtsverpflichteter (etwa  738
der Bundesnachrichtendienst, siehe dazu sogleich) den Kommunikationsinhalt liest oder mithört oder das Lesen oder Mithören anordnet oder durch Dritte ermöglicht. Das Gleiche gilt, wenn ein Grundrechtsverpflichteter die Übermittlungsdaten (Zeit, Teilnehmer etc.) speichert, verwertet oder an Dritte weitergibt.[1270]

### Beispiele:

(1) Wenn der Dienstherr alle Gespräche (d.h. Dienst- und Privatgespräche) seitens der Bediensteten, die von Dienstapparaten ausgeführt werden, ohne Einverständnis der Betroffenen elektronisch erfassen lässt, greift er in das Fernmeldegeheimnis ein.

(2) Ein Eingriff liegt auch vor, wenn ein Polizeibeamter einen Zeugen in dessen Wohnung befragt und dabei unbemerkt die Gelegenheit nutzt, von dem Inhalt eines auf dem Tisch liegenden Briefes Kenntnis zu nehmen.

(3) Gleiches gilt, wenn ein Staatsanwalt in der Verteilungsstation eines Paketbeförderungsunternehmens ein Paket beschlagnahmen lässt.

(4) Kein Eingriff in Art. 10 I GG liegt hingegen vor, wenn ein Mobiltelefon beschlagnahmt wird und die darin gespeicherten Gesprächsdaten erhoben werden. Denn in diesem Fall sind die Kommunikationsvorgänge bereits abgeschlossen (freilich ist auch schon der Schutzbereich des Art. 10 I GG nicht eröffnet, sondern ausschließlich der des Art. 2 I i.V.m. 1 I GG), vgl. oben Rn 734b, 266, 286.

Besonders grundrechtssensibel ist der Bereich des staatlich verordneten **Abhörens**  739
zu Staats- und Verfassungsschutzzwecken sowie zum Zweck der Bekämpfung von Straftaten von erheblicher Bedeutung. Solche Maßnahmen liegen etwa vor, wenn der Telekommunikationsdienstleister die Leitung zu den staatlichen Stellen vermittelt oder die staatlichen Stellen sich selbst in die Telefonleitung einschalten.[1271] Davon zu unterscheiden ist der sog. **Lauschangriff**. Das sind Maßnahmen, bei denen *nicht* Fernmeldeanlagen angezapft, sondern Wanzen installiert oder Richtmikrofone benutzt werden. Sie richten sich, sofern Gespräche in Wohnungen abgehört werden, nach Art. 13 GG, ansonsten nach Art. 2 I i.V.m. 1 I GG (allgemeines Persönlichkeitsrecht).

---

[1269] *Hermes*, in: Dreier, GG, Art. 10 Rn 25; *Jarass*, in: Jarass/Pieroth, GG, Art. 10 Rn 8. Differenzierend *Löwer*, in: von Münch/Kunig, GG, Art. 10 Rn 10, nach dessen Auffassung Art. 10 GG die Kommunikationsdienstleistungsunternehmen jedenfalls dann schützt, wenn der Staat in die Privatheit ihrer internen Kommunikation eindringen will.
[1270] Vgl. BVerfGE **110**, 33, 56 ff. (Verfassungswidrigkeit des § 39 I und II AWG a.F.); **100**, 313, 359 (Fernmeldeüberwachung durch den BND); **107**, 299, 313 ff. (Auskunft über Telefonverbindungsdaten).
[1271] Vgl. BFH NJW **2001**, 2118, 2119; BVerfGE **110**, 33, 56 ff.; BVerfG NJW **2005**, 2603, 2604; NJW **2007**, 2752 ff.

**Beispiele:**

**(1)** Wenn der Bundesnachrichtendienst den Telekommunikationsverkehr überwacht, aufzeichnet und auswertet, sowie die daraus gewonnenen Informationen an andere Behörden weitergibt, liegt ein Eingriff in **Art. 10 I GG** vor.[1272] Das Gleiche gilt, wenn die Polizei den Telekommunikationsverkehr zur Vorsorge oder zur Verhütung einer Straftat (von erheblicher Bedeutung) abhört[1273] oder wenn das Zollkriminalamt den Telekommunikationsverkehr überwacht, wenn Tatsachen die Annahme rechtfertigen, dass die zu überwachende Person Straftaten von erheblicher Bedeutung plant.[1274]

**(2)** Wenn die Staatsanwaltschaft die Wohnung eines Verdächtigen mit Wanzen bestückt und auf dem Nachbargelände Richtmikrofone installiert, um die Gespräche des Verdächtigen mitzuhören, greift sie in das Grundrecht des **Art. 13 I GG** ein.

740 Fraglich ist, ob ein Eingriff vorliegt, wenn die Kenntnisnahme **betriebsbedingt** erfolgt. Eine betriebsbedingte Kenntnisnahme liegt etwa in dem Öffnen einer unzustellbaren und mit keiner Absenderangabe versehenen Sendung zur Ermittlung des Absenders oder in der Untersuchung eines Telefonmissbrauchs. Da die Post- und Telekommunikationsunternehmen aufgrund der Privatisierung dieses Sektors nicht bzw. nicht mehr grundrechtsverpflichtet sind, können sie auch nicht (mehr) unmittelbar in Grundrechte eingreifen. Hier ist dann der Staat gefordert, seiner Schutzverpflichtung nachzukommen und die betriebsbedingte Kenntnisnahme durch Private zu regeln. Freilich greift die staatliche Schutzpflicht nur dann, wenn bei unterstellter Grundrechtsverpflichtung der privatisierten Unternehmen ein Grundrechtseingriff vorläge. Insoweit kann der frühere Meinungsstand hinsichtlich der Bundespost herangezogen werden, wonach teilweise angenommen wurde, dass bei betriebsbedingter Kenntnisnahme kein Eingriff, sondern eine Schutzbereichsbegrenzung vorliege.[1275] Die Gegenauffassung ging demgegenüber grundsätzlich von einem Eingriff aus. Ablehnen lasse sich die Eingriffsqualität nur für die betriebsbedingten Maßnahmen, die, wie das Sortieren der Sendungen, für die Vermittlung der Kommunikation schlechterdings unerlässlich und von den Betroffenen auch vorausgesetzt seien.[1276]

741 Die Beteiligten können auf ihren Grundrechtsschutz **verzichten**. Geschieht dies freiwillig, liegt keine Grundrechtsbeeinträchtigung vor.[1277] Allerdings genügt der Verzicht *eines* Telefonpartners nicht. Keine Grundrechtsbeeinträchtigung liegt auch in der bloßen Verhinderung der Kommunikation; insoweit greifen andere Grundrechte wie etwa die Meinungsfreiheit (Art. 5 I S. 1 Halbs. 1 GG) oder das allgemeine Persönlichkeitsrecht (Art. 2 I GG).

742 **Grundrechtsverpflichteter** ist zunächst der Staat. Das Grundrecht kann demzufolge durch eine entsprechende Abhöranordnung jeder staatlichen Stelle (insbesondere durch den BND, das Zollkriminalamt, die Staatsanwaltschaft und die Polizei, aber auch durch Untersuchungsausschüsse) beeinträchtigt werden. Das Grundrecht verpflichtet aber auch – über die Figur der Fiskalgeltung der Grundrechte – privatrechtliche Unternehmen, deren Geschäftsanteile sich überwiegend oder ausschließlich im Besitz der

---

[1272] Vgl. BVerfGE **100**, 313 ff. (Fernmeldeüberwachung durch den BND) zu Art. 1 III, 5 I 2 und 10 GG, §§ 1 I, 3, 9 II 3, VI G 10 und §§ 1, 2, 4, 11, 12 BNDG.

[1273] BVerfG NJW **2005**, 2603, 2604 (Verfassungswidrigkeit des § 33a I Nr. 2 und 3 NdsSOG); SächsVerfGH NVwZ **2005**, 1310, 1311.

[1274] BVerfGE **110**, 33, 57 (Verfassungswidrigkeit des § 39 I und II AWG a.F.).

[1275] So BVerwGE **76**, 152, 155; *Badura*, in: Bonner Kommentar, Art. 10 Rn 49.

[1276] So hat das BVerfG (E **85**, 386, 396 ff.) die Installation einer Fangschaltung als Eingriff gewertet. Generell von einem Eingriff ausgehend *Jarass*, in: Jarass/Pieroth, GG, Art. 10 Rn 9; *Schuppert*, in: Alternativkommentar, GG, Art. 10 Rn 25.

[1277] BVerfGE **85**, 386, 298; BVerwG NJW **1982**, 840; *Löwer*, in: von Münch/Kunig, GG, Art. 10 Rn 7; *Jarass*, in: Jarass/Pieroth, GG, Art. 10 Rn 9; *Dürig*, in: Maunz/Dürig, GG, Art. 10 Rn 30.

öffentlichen Hand befinden. Der Staat soll sich nicht durch die Rechtsformenwahl seiner Grundrechtsverpflichtung entziehen können. Freilich ist Grundrechtsadressat die hinter dem Unternehmen stehende öffentliche Hand. Wieder anderes gilt für die (echten) Privatunternehmen. Diese sind von vornherein keine Grundrechtsadressaten des Art. 10 GG. Für sie kann allerdings, wie für andere Private, die Ausstrahlungswirkung der Grundrechte zum Tragen kommen. Außerdem haben sie die Schutzvorschriften insbesondere des Telekommunikationsgesetzes und des Teledienstgesetzes zu beachten, die der Staat im Zuge seiner staatlichen Schutzpflicht erlassen hat.

## IV. Verfassungsrechtliche Rechtfertigung

### 1. Der einfache Gesetzesvorbehalt des Art. 10 II S. 1 GG

Beschränkungen des Brief-, Post- und Fernmeldegeheimnisses dürfen zunächst nur **durch Gesetz** oder **aufgrund eines Gesetzes** erfolgen, Art. 10 II S. 1 GG. Das bedeutet, dass Eingriffe sowohl durch ein förmliches Gesetz als auch durch eine Rechtsverordnung bei entsprechend hinreichender Ermächtigung gem. Art. 80 GG zulässig sind. 743

> **Beispiele:** Gesetze i.S. dieses Vorbehalts sind das **Gesetz zur Beschränkung des Brief-, Post- und Fernmeldegeheimnisses** (sog. **G 10**), die **Verfassungsschutzgesetze** sowie die **nachrichtendienstlichen Gesetze** (insbesondere das **BNDG**), die Eingriffe in den Schutzbereich des Art. 10 GG nicht nur aus Gründen der **Strafverfolgung**, sondern auch zu **präventiven** Zwecken zulassen.[1278] Auch die **Strafprozessordnung** lässt (aus Gründen der Strafverfolgung) unter bestimmten Voraussetzungen Eingriffe in das Brief-, Post- und Fernmeldegeheimnis zu, vgl. § 99 StPO zur Postbeschlagnahme und §§ 100a und 100 b StPO zur Überwachung und Aufzeichnung der Telekommunikation.[1279] Nach §§ 100a und b StPO muss jeder, der geschäftsmäßig Telekommunikationsdienste erbringt oder daran mitwirkt, dem Richter, der Staatsanwaltschaft oder ihren Ermittlungspersonen (§ 152 GVG) die Überwachung und Aufzeichnung der Telekommunikation ermöglichen. Voraussetzung ist, dass der Verdacht einer der Katalogstraftaten des § 100a StPO oder des strafbaren Versuchs einer solchen Straftat oder einer Vorbereitungshandlung dazu vorliegt und dass die Erforschung des Sachverhalts oder die Ermittlung des Aufenthalts des Beschuldigten ohne diesen Eingriff aussichtslos oder wesentlich erschwert wären. Freilich sind die Eingriffsvoraussetzungen mit Blick auf die Bedeutung des Art. 10 I GG restriktiv auszulegen. Zielpersonen der Maßnahme sind neben dem Beschuldigten selbst „Personen, von denen aufgrund bestimmter Tatsachen anzunehmen ist, dass sie für den Beschuldigten bestimmte oder von ihm herrührende Mitteilungen entgegennehmen oder weitergeben oder dass der Beschuldigte ihren Anschluss benutzt". Anordnungsbefugt sind nur Richter und Staatsanwaltschaft. Die Anordnung ist nach § 100 b II StPO auf höchstens drei Monate zu befristen (mit Verlängerungsmöglichkeit). § 101 I StPO verlangt die Benachrichtigung des Betroffenen nach Abschluss der Maßnahme.
>
> Nach fragwürdiger Auffassung bildet auch **§ 119 III StPO** eine Grundlage für das Anhalten, Öffnen und Lesen aller ein- und ausgehenden Post von *Untersuchungs*häftlingen.[1280] Nach der Gegenauffassung stellt die Vorschrift mangels ausreichender Bestimmtheit keine Grundlage für Eingriffe in Art. 10 GG dar.[1281]

---

[1278] Vgl. BVerfG NJW **2000**, 55 ff.; *Huber*, NVwZ **2000**, 393 ff.; *Huber*, NVwZ **2007**, 880 ff.

[1279] Vgl. dazu BVerfG NJW **2007**, 2752 ff.

[1280] So BVerfGE **57**, 170, 177 (Briefkontrolle in der Untersuchungshaft). Für den *Strafvollzug* enthalten die §§ 28 bis 33 StrafVollzG Einschränkungen des Brief- und Fernmeldeverkehrs der Gefangenen.

[1281] So zutreffend das Sondervotum von *Hirsch*, BVerfGE abw.M. **57**, 170, 182 ff.; *Löwer*, in: von Münch/Kunig, GG, Art. 10 Rn 34; *Hermes*, in: Dreier, GG, Art. 10 Rn 62; *Jarass*, in: Jarass/Pieroth, GG, Art. 10 Rn 14.

Weitere Eingriffsgrundlagen bilden etwa **§ 111 TKG** zur Auskunftserteilung gegenüber den Sicherheitsbehörden, **§ 29 III StrafVollzG**[1282] zur Überwachung des Schriftwechsels eines Strafgefangenen aus Gründen der Sicherheit oder Ordnung der Anstalt oder **§ 30 III Infektionsschutzgesetz** zur Öffnung von Post zur Verhinderung der Verbreitung übertragbarer Krankheiten.

Das einschränkende Gesetz muss das **Zitiergebot** (Art. 19 I S. 2 GG) wahren. Daher bildet § 34 StGB keine Eingriffsgrundlage.[1283] Gleiches gilt für die polizeiliche Generalklausel. Dieser fehlt überdies die erforderliche Bestimmtheit, um als Rechtsgrundlage für Eingriffe in Art. 10 GG zu fungieren.

Für **verfassungswidrig** und nichtig erklärt hat das BVerfG **§ 12 FernmeldeanlagenG**. Nach dieser Vorschrift konnten der Richter und bei Gefahr im Verzug die Staatsanwaltschaft im Rahmen strafgerichtlicher Untersuchungen von Telekommunikationsunternehmen Auskunft über Verbindungsdaten und Telekommunikationsinhalte nicht nur über Verdächtige, sondern auch von selbst unverdächtigen Telekommunikationsmittlern (Nachrichtenredakteure etc.) verlangen. Allein erforderlich war, dass die Auskunft für die Untersuchung Bedeutung hatte. Das BVerfG hat entschieden, dass allein das Vorliegen einer Straftat von erheblicher Bedeutung nicht genüge; erforderlich seien darüber hinaus ein konkreter Tatverdacht und eine hinreichend sichere Tatsachenbasis für die Annahme, dass der Betroffene als Nachrichtenmittler tätig sei.[1284] Vgl. nunmehr § 100 g StPO.

Dasselbe gilt hinsichtlich **§ 33 I und 2 AWG a.F.** Das Zusammenwirken der verschiedenen Tatbestandsmerkmale und die große Zahl von Verweisungen im Gesamtgefüge der vom Gesetzgeber gewählten Regelungstechnik seien mit dem Gebot hinreichender Bestimmtheit und -klarheit nicht vereinbar. Dieser Mangel könne auch durch die Beschränkung auf Straftaten von erheblicher Bedeutung beseitigt werden.[1285]

Schließlich sei **§ 33 a I Nr. 2 und 3 NdsSOG a.F.** erwähnt, der es der Polizei erlaubte, zur Vorsorge oder zur Verhütung einer Straftat (von erheblicher Bedeutung) den Telekommunikationsverkehr abzuhören. Dabei hob das BVerfG nicht nur den Verstoß gegen den Bestimmtheitsgrundsatz und den Grundsatz der Verhältnismäßigkeit hervor, sondern stellte auch fest, dass der Bundesgesetzgeber abschließend von seiner Gesetzgebungsbefugnis aus Art. 74 I Nr. 1 GG Gebrauch gemacht habe, die Verfolgung von Straftaten durch Maßnahmen der Telekommunikationsüberwachung zu regeln. Die Länder seien nicht befugt, die Polizei zur Telekommunikationsüberwachung zum Zweck der Vorsorge für die Verfolgung von Straftaten zu ermächtigen.[1286]

**744** Die Beschränkung des Brief-, Post- und Fernmeldegeheimnisses muss stets die Bedeutung des Art. 10 I GG beachten.[1287] Das folgt insbesondere aus der Formulierung in Art. 10 I GG „... ist unverletzlich". Das einschränkende Gesetz ist also unter Berücksichtigung der grundlegenden Bedeutung des Art. 10 I GG auszulegen.[1288] Des Weiteren gilt insbesondere bei Art. 10 I GG angesichts seiner Bedeutung für die Persönlichkeit des Betroffenen, dass das einschränkende Gesetz in besonderer Weise dem verfassungsrechtlichen **Bestimmtheitsgrundsatz** gerecht werden muss. Es muss für den Rechtsunterworfenen vorhersehbar sein, zu welchen Zwecken der Rechtsanwen-

---

[1282] Zur Föderalismusreform, wonach mit Wirkung zum 1.9.2006 u.a. die Gesetzgebungskompetenz für den Strafvollzug auf die Länder übergegangen ist, vgl. Rn 635. Eine Neuregelung ist 2008 zu erwarten.
[1283] *Jarass*, in: Jarass/Pieroth, GG, Art. 10 Rn 14; *Schuppert*, in: Alternativkommentar, Art. 10 Rn 69.
[1284] BVerfGE **107**, 299, 321 ff.
[1285] BVerfGE **110**, 33, 57.
[1286] BVerfG NJW **2005**, 2603, 2604 ff. Zur Telekommunikationsüberwachung vgl. ausführlich *R. Schmidt*, BesVerwR II, Rn 293 ff.
[1287] BVerfG NJW **2007**, 2752, 2753 f. (Telefonüberwachung einer Rechtsanwaltskanzlei); BVerfGE **67**, 157, 172 (Überwachung des Brief- und Telefonverkehrs) - zweites Abhörurteil.
[1288] BVerfG a.a.O. Vgl. auch das neue G 10 v. 26.6.2001 (dazu *Huber*, NJW **2001**, 3296).

der (i.d.R. eine bei Rn 742 genannte Behörde) von der Ermächtigung Gebrauch machen kann.[1289]

Die enge, am Maßstab des Art. 10 I GG vorzunehmende Auslegung des einschränkenden Gesetzes gebietet schließlich eine strenge Beachtung des Grundsatzes der **Verhältnismäßigkeit** auch und insbesondere der Einzelmaßnahme.  **745**

**Beispiele:**

**(1)** Die Kontrolle der Briefpost von Untersuchungshäftlingen gem. § 119 III StPO darf, sofern man sie nicht schon wegen fehlender Rechtsgrundlage als unzulässig erachtet (s.o.), gemessen am Maßstab des Art. 10 I GG nur erfolgen, wenn konkrete Anhaltspunkte für eine Störung der Anstaltsordnung vorliegen. Zu Art. 5 GG vgl. dort.

**(2)** Die Anordnung einer Abhörmaßnahme gem. § 100a StPO ist unverhältnismäßig, wenn die Wahrscheinlichkeit, durch die Überwachung der Telekommunikation geeignete Hinweise zur Ergreifung des Täters zu erhalten, als äußerst gering zu bewerten ist.[1290]

## 2. Der erweiterte Gesetzesvorbehalt gem. Art. 10 II S. 2 GG

Eine Erweiterung des Gesetzesvorbehalts findet sich in Art. 10 II S. 2 GG. Die Vorschrift wurde zusammen mit Art. 19 IV S. 3 GG im Rahmen der Notstandsgesetzgebung 1968 in das Grundgesetz eingefügt. Gem. Art. 10 II S. 2 GG kann das einschränkende Gesetz auch bestimmen, dass die Beschränkung des Brief-, Post- und Fernmeldegeheimnisses dem Betroffenen nicht mitgeteilt wird und dass an die Stelle des Rechtswegs die Nachprüfung durch von der Volksvertretung bestellte Organe oder Hilfsorgane tritt, sofern die Beschränkung dem Staats- und Verfassungsschutz, also dem Schutz der freiheitlichen demokratischen Grundordnung oder des Bestandes oder der Sicherung des Bundes oder eines Landes dient (sog. Staatsschutzklausel). Von dieser Ermächtigung hat der Gesetzgeber durch den Erlass des **Gesetzes zur Beschränkung des Brief-, Post- und Fernmeldegeheimnisses (G 10)** Gebrauch gemacht (auf Landesebene vgl. § 5 VerfSchG NRW, der auf G 10 verweist). Dadurch besteht eine besondere Eingriffsintensität: Der Betroffene kann den Eingriff in das Brief-, Post- und Fernmeldegeheimnis nicht bemerken und ihn gerichtlich nicht abwehren. Eine gerichtliche Überprüfung kann nur nach Abschluss des Verfahrens stattfinden, da die Überwachungs- und Abhörmaßnahmen grundsätzlich erst nach ihrer Einstellung dem Betroffenen mitgeteilt werden müssen.[1291] Der gerichtliche Rechtsschutz beschränkt sich dann auf die Feststellung, dass die fragliche(n) Maßnahme(n) rechtswidrig war(en) und der Kläger dadurch in seinen Rechten verletzt wurde, § 113 I S. 4 VwGO analog.[1292]  **746**

Die Verfassungsmäßigkeit des erweiterten Gesetzesvorbehalts des Art. 10 II S. 2 GG war und ist aus rechtsstaatlichen Gründen umstritten. Das BVerfG hat die Vorschrift im sog. ersten Abhörurteil mit 5:3 Stimmen für mit dem Grundgesetz vereinbar erklärt.[1293] Das Gericht ist aber stark kritisiert worden. Art. 10 II S. 2 GG verstoße gegen die Menschenwürde und das Rechtsstaatsprinzip und habe daher nicht eingeführt werden dürfen. Durch die Ermächtigung sei zum einen die Grenze einer zulässigen Verfassungsänderung (Art. 79 III GG) überschritten und zum anderen verstoße die Versagung des gerichtlichen Rechts-  **747**

---

[1289] Vgl. BVerfGE **107**, 299, 321 ff.; **110**, 33, 56 f.; BVerfG NJW **2005**, 2603, 2604.

[1290] BVerfG NJW **2007**, 2752, 2753 f. (Telefonüberwachung einer Rechtsanwaltskanzlei); *Sachs*, JuS **2007**, 953.

[1291] Selbst eine Mitteilung von Kontrollmaßnahmen an den Betroffenen ist entbehrlich, wenn die G 10 Kommission festgestellt hat, dass die in § 12 I Nr. 1-3 G 10 n.F. genannten Voraussetzungen vorliegen.

[1292] Vgl. dazu BVerwGE **87**, 23, 25 ff.

[1293] So BVerfGE **30**, 1, 26 f. (erstes Abhörurteil); *Schenke*, in: Bonner Kommentar, Art. 19 Abs. 4 Rn 79.

schutzes gegen Art. 19 IV S. 1 GG. Außerdem sei in den Wesensgehalt des Art. 10 I GG eingegriffen worden. Es handele sich daher um eine verfassungswidrige Verfassungsnorm.[1294]

Die Verfassungsmäßigkeit der Regelung mag in der Tat bezweifelt werden. Zumindest ist eine restriktive Handhabung geboten. Voraussetzung für eine rechtmäßige Beschränkung des Brief-, Post- und Fernmeldegeheimnisses ist daher zunächst, dass

- der Ausschluss der Benachrichtigung und des Rechtswegs **geeignet** ist, den Schutz der freiheitlichen demokratischen Grundordnung oder des Bestandes bzw. die Sicherung des Bundes oder eines Landes zu gewährleisten. Insoweit müssen konkret nachprüfbare Anhaltspunkte bestehen.[1295]

- Des Weiteren muss sowohl der Ausschluss der Benachrichtigung als auch des Rechtswegs im Hinblick auf diese Zwecke **erforderlich** sein. Daran fehlt es etwa, wenn die fraglichen Informationen auf andere Weise gewonnen werden können.[1296]

- Schließlich müssen Geheimhaltung und Ausschluss des Rechtswegs **angemessen** sein. Daher ist eine Benachrichtigung geboten, sobald dies ohne Gefährdung des Zwecks der Beschränkung und der genannten Schutzgüter möglich ist[1297]; ein Verzicht ist nur dann zu rechtfertigen, wenn die erfassten Daten sogleich als irrelevant vernichtet worden sind[1298].

- Weiterhin ist erforderlich, dass die ersatzweise Überprüfung „durch unabhängige und durch keine Weisung gebundene staatliche Organe sichergestellt"[1299] und diese Kontrolle „materiell und verfahrensmäßig der gerichtlichen Kontrolle gleichwertig ist"[1300].

- Außerdem dürfen die Kontrollergebnisse nur zu den in Art. 10 II S. 2 GG genannten Zwecken verwandt werden.[1301] Rechtswidrig erlangte Informationen dürfen überhaupt nicht verwendet werden.[1302]

**748 -750**  Verfassungsrechtliche Bedenken bestanden auch hinsichtlich der (Neu-)Fassung des **§ 3 G 10**, die aufgrund des **Verbrechensbekämpfungsgesetzes** vom 28.10.1994 beschlossen wurde. Diese Neufassung hatte zu einer substantiellen Erweiterung der Befugnisse des BND zur Überwachung des internationalen, nicht leitungsgebundenen Telekommunikationsverkehrs geführt. Der BND wurde ermächtigt, diesen Telekommunikationsverkehr ohne konkrete Verdachtsmomente zu überwachen, um die Gefahr der Planung oder Begehung bestimmter Straftaten von erheblichem Gewicht rechtzeitig erkennen zu können (§ 3 I S. 2 Nr. 2-6 G 10 a.F.). Das BVerfG hatte in seinem **dritten Abhörurteil vom 14.7.1999** die Befugnisse des BND, zur Früherkennung bestimmter aus dem Ausland drohender schwerer Gefahren den Telekommunikationsverkehr überwachen und die Bundesregierung über die dabei gewonnenen Erkenntnisse unterrichten zu dürfen, im Wesentlichen für mit Art. 10 GG vereinbar erklärt.[1303] **Mit Art. 10 GG unvereinbar** sei jedoch die Befugnis der Telekommunikationsüberwachung ohne konkreten Tatverdacht einer schweren Straftat. Bedenken äußerte das BVerfG auch hinsichtlich der gesetzgeberischen Ausgestaltung der Verarbeitung **personenbezogener Daten**. Ermächtige der Gesetzgeber den BND zu Eingriffen in das Fernmeldegeheimnis, verpflichte ihn Art. 10 GG, Vorsorge gegen diejenigen Gefahren zu treffen, die sich aus der Erhebung und Verwertung personenbezogener Daten ergäben. Dazu gehöre insbesondere die Bindung der Verwendung erlangter Kenntnisse an den Zweck, der die Erfassung rechtfertige. Diese Bindung müsse bereits im einschränkenden Gesetz beschrieben sein. Unter diesem Gesichtspunkt verwarf das Gericht weitere Regelungen des G 10 und des BNDG. Diese Entscheidung hatte gem. § 31 II

---

[1294] Vgl. dazu die abw. Meinung BVerfGE **30**, 1, 33 ff.; *Hesse*, Grundzüge des Verfassungsrechts, Rn 378; *Dürig*, in: Maunz/Dürig, GG, Art. 10 Rn 37 ff.; *Hermes*, in: Dreier, GG, Art. 79 Rn 54.
[1295] BVerfGE **67**, 157, 159 (Überwachung des Brief- und Telefonverkehrs - zweites Abhörurteil).
[1296] BVerfG a.a.O. S. 177; *Jarass*, in: Jarass/Pieroth, GG, Art. 10 Rn 18.
[1297] BVerfGE **30**, 1, 22 (erstes Abhörurteil); BVerfGE **100**, 313, 397 ff. (Fernmeldeüberwachung durch BND).
[1298] BVerfGE **100**, 313, 397 ff.
[1299] BVerfGE **67**, 157, 185 (Überwachung des Brief- und Telefonverkehrs).
[1300] BVerfGE **30**, 1, 23 (erstes Abhörurteil).
[1301] BVerfGE abw. Meinung **57**, 170, 200 f. (Briefverkehr in der Untersuchungshaft).
[1302] BVerfGE **85**, 386, 399; *Jarass*, in: Jarass/Pieroth, GG, Art. 10 Rn 15/18. Vgl. auch BFH NJW **2001**, 2118 f.
[1303] BVerfGE **100**, 313, 368 ff.

BVerfGG Gesetzeskraft. Das Gericht hatte dem Gesetzgeber eine Nachbesserungsfrist bis zum 30.6.2001 eingeräumt. Der Gesetzgeber ist diesem Postulat nachgekommen und hat das Gesetz zur **Neuregelung von Beschränkungen des Brief-, Post- und Fernmeldegeheimnisses** beschlossen. Dieses Gesetz v. 26.6.2001 hat das vorherige G 10 komplett abgelöst (vgl. BGBl I S. 1254).[1304]

## V. Konkurrenzen

Das aus Art. 2 I i.V.m. Art. 1 I GG folgende Recht auf informationelle Selbstbestimmung kommt neben Art. 10 I GG nicht zur Anwendung. Bezogen auf die Schutzgüter des Art. 10 I GG (insbesondere das Fernmeldegeheimnis) enthält Art. 10 I GG eine spezielle Garantie, welche die allgemeine Vorschrift verdrängt[1305] (vgl. dazu ausführlich Rn 286). Zu Art. 13 I GG steht Art. 10 I GG regelmäßig in einem Alternativverhältnis: Art. 13 I GG schützt u.a. die Kommunikation in der räumlich geschützten Privatsphäre, Art. 10 I GG den übrigen kommunikativen Verkehr. Deshalb ist der „Lauschangriff" auf das in der Wohnung gesprochene Wort grundsätzlich Thema des Art. 13 I, III-V GG, nicht des Art. 10 I GG. Werden aber Telefone „angezapft", um nicht nur Telefongespräche mitzuhören, sondern auch persönlich geführte Gespräche in einer Wohnung zu belauschen, liegt neben dem Eingriff in Art. 10 I GG auch ein Eingriff in Art. 13 I GG vor.[1306]

**751**

---

[1304] Zur Frage nach der Verfassungsmäßigkeit der §§ 5 und 7 VerfSchG NRW vgl. *Huber*, NVwZ **2007**, 880 ff.
[1305] BVerfGE **115**, 166, 183 ff.; **113**, 348, 364; **110**, 33, 53; **107**, 299, 312; **100**, 313, 358; **67**, 157, 171. Vgl. auch BVerfG, Urt. v. 2.3.**2006** – 2 BvR 2099/04.
[1306] *Löwer*, in: von Münch/Kunig, GG, Art. 10 Rn 55.

# N. Freizügigkeit – Art. 11 GG

---

### Freizügigkeit – Art. 11 GG

**I. Schutzbereich der Freizügigkeit**

Art. 11 GG garantiert die Freizügigkeit aller Deutschen. Freizügigkeit ist das Recht, unbeschränkt durch die deutsche Staatsgewalt an jedem Ort innerhalb des Bundesgebiets Aufenthalt und Wohnsitz zu nehmen und auch zu diesem Zweck in das Bundesgebiet einzureisen. Die Ausreisefreiheit ist dagegen lediglich von Art. 2 I GG geschützt (BVerfGE 6, 32, 35 f. – Elfes). Unter dem Begriff des Wohnsitzes ist die ständige Niederlassung mit dem Willen, nicht nur vorübergehend zu bleiben, sondern den Ort zum Mittelpunkt des Lebens zu machen, zu verstehen. Demgegenüber bedeutet Aufenthalt lediglich ein vorübergehendes Verweilen an einem bestimmten Ort. Der Begriff des Wohnsitzes ist also gegenüber dem Begriff des Aufenthalts enger. Für die Reichweite des Grundrechtsschutzes ist daher der Begriff des Aufenthalts entscheidend.

Die Freizügigkeit garantiert die Freiheit des Ziehens, d.h. die Fortbewegung. Sie umschließt als Minimumgehalt den freien Zugang von Bundesland zu Bundesland (sog. interterritoriale Freizügigkeit) und hierbei wiederum den freien Zugang von Gemeinde zu Gemeinde (sog. interkommunale Freizügigkeit) sowie den freien Zugang zu Orten innerhalb der Gemeinde (sog. interlokale bzw. intrakommunale Freizügigkeit). Geschützt wird auch das Recht, einen Ortswechsel nicht vorzunehmen (**negative Freizügigkeit**). So wird Art. 11 I GG z.B. bei Zwang zur Umsiedlung wegen Vordringens des Braunkohleabbaus beeinträchtigt.

**II. Eingriff in den Schutzbereich**

Das Grundrecht wird durch jede freizügigkeitsbegrenzende imperative Maßnahme beeinträchtigt. So schützt es etwa davor, die Freizügigkeit von Bedingungen, Genehmigungen oder Nachweisen abhängig zu machen. Dagegen werden nach der h.M. mittelbare Behinderungen und Beeinträchtigungen, seien sie auch noch so grundrechtsrelevant, nicht am Maßstab des Art. 11 I GG gemessen, weshalb sich z.B. der Schutz deutscher Familienangehöriger von ausgewiesenen Ausländern allein nach Art. 6 I GG bestimmt.

**III. Verfassungsrechtliche Rechtfertigung**

Gem. Art. 11 II GG kann die Freizügigkeit „nur durch Gesetz oder auf Grund eines Gesetzes und nur für die Fälle eingeschränkt werden, in denen eine ausreichende Lebensgrundlage nicht vorhanden ist und der Allgemeinheit daraus besondere Lasten entstehen würden oder in denen es zur Abwehr einer drohenden Gefahr .. erforderlich ist". Es handelt sich somit um einen **qualifizierten Gesetzesvorbehalt**. Als Gesetz kommen nur formelle Gesetze in Frage. Doch können Rechtsverordnungen und Verwaltungsakte Einzelfragen regeln. Interessant ist vor allem der sog. **Kriminalvorbehalt** (Art. 11 II GG a.E.; „um strafbaren Handlungen vorzubeugen"). Dieser bezieht sich *nicht* auf den Vollzug von Freiheitsstrafen; insoweit ist Art. 2 II S. 2 GG einschlägig. Vielmehr geht es um präventive, d.h. vorbeugende Maßnahmen zur Verhinderung von Straftaten. Hier stellt sich aber ein Kompetenzproblem. Denn während die Freizügigkeit gem. Art. 73 Nr. 3 GG dem ausschließlichen Kompetenzbereich des Bundes zuzuordnen ist, fällt das präventive Polizeirecht in die Gesetzgebungskompetenz der Länder. Das wirft die Frage auf, ob Landesbehörden die Freizügigkeit einschränken dürfen. Die Antwort gibt Art. 11 II GG. Dem dort geregelten Kriminalvorbehalt wird entnommen, dass das in der Gesetzgebungskompetenz der Länder stehende allgemeine Polizei- und Ordnungsrecht von Art. 73 Nr. 3 GG unberührt bleibt. Präventivpolizeiliche Maßnahmen können daher das Grundrecht auf Freizügigkeit einschränken.

---

## I. Schutzbereich

**752** Art. 11 GG garantiert die Freizügigkeit aller Deutschen im ganzen Bundesgebiet. Darunter wird zunächst das Recht verstanden, unbeschränkt durch die deutsche Staatsgewalt an jedem Ort innerhalb des Bundesgebiets Aufenthalt und Wohnsitz zu nehmen.[1307]

---

[1307] BVerfGE **2**, 266, 273 ff. (Notaufnahmegesetz); **80**, 137, 150 (Reiten im Wald).

Unter **Wohnsitz** ist die ständige Niederlassung mit dem Willen, nicht nur vorüberge-   **753**
hend zu bleiben, sondern den Ort zum Mittelpunkt des Lebens zu machen, zu verstehen (vgl. § 7 BGB). Demgegenüber bedeutet Aufenthalt lediglich ein vorübergehendes
Verweilen an einem bestimmten Ort.[1308]

Der Begriff des Wohnsitzes ist also gegenüber dem Begriff des Aufenthalts enger. Für   **754**
die Reichweite des Grundrechtsschutzes ist daher der Begriff des Aufenthalts entscheidend. Da das Verweilen an einem bestimmten Ort auch durch Art. 2 II S. 2 GG
geschützt ist, muss gegebenenfalls eine Abgrenzung vorgenommen werden. Teilweise
wird vertreten, dass auch das Verweilen von wenigen Minuten den Schutz des Art. 11
I GG genieße. Folgte man dieser Auffassung, würde es zu einer Grundrechtskonkurrenz mit Art. 2 II S. 2 GG kommen, da sich dann beide Schutzbereiche deckten. Eine
andere Auffassung verlangt eine gewisse Dauer; der Aufenthalt müsse „mehr als
flüchtig" sein[1309] oder gar eine Übernachtung einschließen[1310]. Eine dritte Auffassung
geht noch weiter. Ihr zufolge muss der Aufenthalt der persönlichen Entfaltung dienen[1311] oder sogar der Schaffung eines neuen und dauernden Lebensmittelpunkts
dienen[1312]. Die richtige Lösung dürfte in der Mitte liegen. Sachgerecht erscheint es,
eine Dauer von einem Tag zu fordern. Denn anderenfalls hätte Art. 11 I GG neben
Art. 2 II S. 2 GG keine eigenständige Bedeutung. Auch dem Wortlaut des Art. 11 I GG
ist eine Beschränkung auf die durch Art. 2 II S. 2 GG geschützte kurzfristige Freiheitsbeschränkung nicht zu entnehmen.

**Beispiele:**
**(1)** Man wird annehmen müssen, dass ein Tagesausflug, der eine Rast in einer Berg-
hütte einschließt, ebenso von Art. 2 II S. 2 GG geschützt ist wie ein Stadtbummel.
Demgegenüber kann sich eine Person, die sich einen Tag lang in einer Stadt aufhält, um dort als Verkäufer in einem Geschäft auszuhelfen, auf Art. 11 I GG
(selbstverständlich auch bzw. ausschließlich auf Art. 12 I GG) berufen.[1313]
**(2)** Auch **polizeiliche Aufenthaltsverbote** berühren den Schutzbereich des Grundrechts auf Freizügigkeit jedenfalls dann, wenn sie für den Betroffenen von gewisser Bedeutung sind.[1314]

Die Freizügigkeit garantiert die Freiheit des Ziehens, d.h. die Fortbewegung innerhalb   **755**
des gesamten Bundesgebietes. Sie umschließt als Minimumgehalt den freien Zugang
von Bundesland zu Bundesland (sog. interterritoriale Freizügigkeit) und hierbei wiederum den freien Zugang von Gemeinde zu Gemeinde (sog. interkommunale Freizügigkeit) sowie den freien Zugang zu Orten innerhalb der Gemeinde (sog. interlokale
bzw. intrakommunale Freizügigkeit).

Art. 11 I GG garantiert die Einreisefreiheit und die Einwanderung in das Bundesge-   **756**
biet.[1315] Fraglich ist, ob auch die **Ausreise** (und die Auswanderung) aus dem Bundesgebiet von Art. 11 GG geschützt ist. Gegen die Einbeziehung von Ausreise und
Auswanderung in den Schutzbereich des Art. 11 GG spricht bereits dessen Formulierung „im" Bundesgebiet. Darüber hinaus sprechen historische und entstehungsge-

---

[1308] Vgl. *Kunig*, in: von Münch/Kunig, GG, Art. 8 Rn 11 ff.
[1309] *Rittstieg*, in: Alternativkommentar, Art. 11 Rn 32.
[1310] *Jarass*, in: Jarass/Pieroth, GG, Art. 11 Rn 2.
[1311] *Kunig*, in: von Münch/Kunig, GG, Art. 11 Rn 14.
[1312] BVerwGE **3**, 308, 312; *Randelzhofer*, in: Bonner Kommentar, Art. 11 Rn 28 ff.
[1313] *Pieroth/Schlink*, Rn 792.
[1314] Wie hier *Jarass*, in: Jarass/Pieroth, GG, Art. 11 Rn 7; *Hetzer*, JR **2000**, 1 ff. Zu den polizeilichen Aufent-
haltsverboten vgl. unten Rn 763 sowie ausführlich *R. Schmidt*, BesVerwR II, Rn 429 ff.
[1315] BVerfGE **2**, 266, 273 (Notaufnahmegesetz); BVerwGE **110**, 92, 97.

schichtliche Gründe gegen die Einbeziehung.[1316] Seit dem **Elfes-Urteil** des BVerfG entspricht es daher der h.M., die Ausreisefreiheit nicht dem Schutz des Art. 11 GG zu unterstellen.[1317] Die Ausreisefreiheit (und die Auswanderung) ist aber von Art. 2 I GG als Ausfluss der allgemeinen Handlungsfreiheit innerhalb der Schranken der verfassungsmäßigen Ordnung gewährleistet.[1318]

**757** Auch die berufliche Niederlassungsfreiheit wird nicht durch Art. 11 I GG geschützt. Hier ist allein Art. 12 I GG einschlägig.[1319] Eine ausschließlich berufsbezogene Regelung ist auch dann anzunehmen, wenn Art. 11 I GG mittelbar betroffen wird, wie das z.B. bei Residenzpflichten der Fall ist.

> **Beispiele:**
>
> **(1)** Ein Hausmeister einer Schule, der nach dem Arbeitsvertrag verpflichtet ist, seinen Wohnsitz in einem eigens für Hausmeister errichteten Nachbargebäude der Schule einzunehmen, kann sich auf Art. 12 I GG berufen. Art. 11 I GG wird dann von Art. 12 I GG verdrängt.
>
> **(2)** Auch Residenzpflichten von Beamten und Organwaltern der Rechtspflege sind an Art. 12 I und 33 GG zu messen, nicht an Art. 11 I GG.

**758** Geschützt wird auch das Recht, einen Ortswechsel nicht vorzunehmen (**negative Freizügigkeit**). So wird Art. 11 I GG z.B. bei Zwang zur Umsiedlung wegen Vordringens des Braunkohleabbaus beeinträchtigt.

**759** **Grundrechtsträger** sind alle Deutschen. Zum Begriff des Deutschen vgl. Art. 116 GG. Auch Minderjährige können sich auf Art. 11 GG berufen. Das ergibt sich aus dem Gesetzesvorbehalt des Art. 11 II GG („Zum Schutze der Jugend vor Verwahrlosung"). Gleiches gilt auch für inländische juristische Personen des Privatrechts oder andere privatrechtliche Personenvereinigungen, sofern sie keinen wirtschaftlichen bzw. beruflichen Zweck verfolgen. Dann wäre Art. 12 I GG einschlägig.
Die Ausländerfreizügigkeit wird durch Art. 2 I GG geschützt.[1320] Der Gesetzgeber ist danach grundsätzlich zur Regelung über den Aufenthalt von Ausländern und die Verlängerung einer befristeten Aufenthaltserlaubnis befugt. Vgl. dazu die Vorschriften des Ausländergesetzes. Speziellen grundrechtlichen Schutz kann hier aber Art. 6 I GG bieten (vgl. dort). Für Bürger aus anderen EU-Mitgliedstaaten ist Art. 39 EG zu beachten, der innerhalb der Gemeinschaft die Freizügigkeit der Arbeitnehmer gewährleistet. Die Freizügigkeit gehört zu den Grundfreiheiten der EU, um die Beseitigung der Hindernisse für den freien Personen-, Dienstleistungs- und Kapitalverkehr zwischen den Mitgliedstaaten zu erreichen. Das Recht von Gemeinschaftsangehörigen, in das Hoheitsgebiet eines anderen Mitgliedstaates einzureisen, ist daher nicht von der Erteilung einer Aufenthaltserlaubnis oder dergleichen seitens des Aufnahmestaates abhängig. Hier wird man entweder den persönlichen Schutzbereich des Art. 11 I GG auf EU-Bürger erweitern müssen oder aber das gleiche Schutzniveau über Art. 2 I GG statuieren.

---

[1316] Vgl. dazu im Einzelnen *Leibholz/von Mangoldt*, Jahrbuch des öffentlichen Rechts der Gegenwart, Neue Folge/Band 1, Tübingen 1951, S. 127 ff.
[1317] [1317] Vgl. BVerfGE **6**, 32, 35 f. (Elfes); *Kunig*, in: von Münch/Kunig, GG, Art. 11 Rn 15; *Pieroth/Schlink*, Rn 798; a.A. *Hesse*, VerfR, Rn 371; *Pernice*, in: Dreier, GG, Art. 11 Rn 15, mit nicht überzeugendem Hinweis auf Art. 1 III GG, welcher an grundrechtliche Schutztatbestände anknüpft, sie aber nicht inhaltlich bestimmt (*Kunig*, a.a.O.).
[1318] Vgl. BVerfGE **72**, 200, 245 (Deutsch-Schweizerisches Doppelbesteuerungsabkommen).
[1319] BVerwGE **2**, 151, 152; **12**, 140, 162.
[1320] BVerwG NVwZ-RR **1997**, 317, 318; *Schmidt-Bleibtreu*, in: Schmidt-Bleibtreu/Klein, GG, Art. 11 Rn 5; *Kunig*, in: von Münch/Kunig, GG, Art. 11 Rn 9.

## II. Eingriff in den Schutzbereich

Das Grundrecht wird durch jede freizügigkeitsbegrenzende imperative Maßnahme **760** beeinträchtigt. So schützt es etwa davor, die Freizügigkeit von Bedingungen, Genehmigungen oder Nachweisen abhängig zu machen.[1321] Auch polizeiliche Aufenthaltsverbote greifen in den Schutzbereich ein. Dagegen werden nach der h.M. mittelbare Behinderungen und Beeinträchtigungen, seien sie auch noch so grundrechtsrelevant, nicht am Maßstab des Art. 11 I GG gemessen,[1322] weshalb sich z.B. der Schutz deutscher Familienangehöriger von ausgewiesenen Ausländern allein nach Art. 6 I GG bestimmt.[1323]

## III. Verfassungsrechtliche Rechtfertigung

Gem. Art. 11 II GG kann die Freizügigkeit „nur durch Gesetz oder auf Grund eines **761** Gesetzes und nur für die Fälle eingeschränkt werden, in denen eine ausreichende Lebensgrundlage nicht vorhanden ist (eine ausreichende Lebensgrundlage ist dann nicht vorhanden, wenn die betroffene Person dauerhaft auf Sozialhilfe angewiesen sein würde) und der Allgemeinheit daraus besondere Lasten entstehen würden oder in denen es zur Abwehr einer drohenden Gefahr ... erforderlich ist". Es handelt sich somit um einen **qualifizierten Gesetzesvorbehalt**.[1324] Als Gesetz kommen nur formelle Gesetze in Frage, die zudem die freizügigkeitsbeschränkenden Voraussetzungen hinreichend bestimmt genug regeln. Das hat häufig Konsequenzen für freizügigkeitsbeschränkende Maßnahmen, die nach dem allgemeinen Polizei- und Ordnungsrecht, insbesondere der Generalklausel, erlassen werden.[1325] Zum Kompetenzproblem, das wegen Art. 73 Nr. 3 GG besteht, vgl. sogleich Rn 763.

Des Weiteren kann die Freizügigkeit eingeschränkt werden, wenn dies zur Abwehr **762** einer drohenden Gefahr für den Bestand oder die freiheitliche demokratische Grundordnung des Bundes oder eines Landes erforderlich ist. Mit der freiheitlichen demokratischen Grundordnung sind die durch Art. 79 III GG garantierten Grundsätze gemeint.[1326]

Von besonderer Bedeutung ist der sog. **Kriminalvorbehalt** (Art. 11 II GG a.E.; „um **763** strafbaren Handlungen vorzubeugen"). Dieser bezieht sich *nicht* auf den Vollzug von Freiheitsstrafen; insoweit ist Art. 2 II S. 2 GG einschlägig. Vielmehr geht es um **präventive**, d.h. vorbeugende Maßnahmen zur Verhinderung von Straftaten. Hier stellt sich aber ein Kompetenzproblem. Denn während die Freizügigkeit gem. Art. 73 Nr. 3 GG dem ausschließlichen Kompetenzbereich des Bundes zuzuordnen ist, fällt das präventive Polizeirecht in die Gesetzgebungskompetenz der Länder. Das wirft die Frage auf, ob Landesbehörden auf der Grundlage des Landespolizeigesetzes die Freizügigkeit einschränken dürfen. Die Antwort gibt Art. 11 II GG selbst. Dem dort geregelten Kriminalvorbehalt ist zu entnehmen, dass das in der Gesetzgebungskompetenz der Länder stehende allgemeine Polizei- und Ordnungsrecht von Art. 73 Nr. 3 GG unberührt bleibt. Präventivpolizeiliche Maßnahmen (**längerfristige Platzverweise, Aufenthaltsverbote, Wohnungsverweisungen** etc.) können daher das Grundrecht auf Freizügigkeit einschränken, müssen sich aber in verfassungskonformer Auslegung an den Voraussetzungen des Art. 11 II GG orientieren.[1327]

---

[1321] BVerfGE **2**, 266, 274 (Notaufnahmegesetz); **8**, 95, 97 f. (Verfassungsmäßigkeit des § 8 I LandeswohnungsG NRW).
[1322] BVerwGE **64**, 153, 159; *Kunig*, in: v. Münch/Kunig, GG, Art. 11 Rn 19.
[1323] BVerwGE **42**, 133, 134; *Kunig*, in: v. Münch/Kunig, GG, Art. 11 Rn 8.
[1324] Vgl. BVerfGE **110**, 177, 190 f. (Spätaussiedler) mit Bespr. v. *Sachs*, JuS **2005**, 937.
[1325] Vgl. dazu *R. Schmidt*, BesVerwR II, Rn 429 ff.
[1326] Vgl. dazu *R. Schmidt*, Staatsorganisationsrecht, Rn 788 ff.
[1327] Vgl. auch BayVerfGH NVwZ **1991**, 664, 666; *Kunig*, v. Münch/Kunig, GG, Art. 11 Rn 21.

**Beispiel:** D, der in Brandenburg wohnt, unterhält intensive Kontakte zur Berliner Drogenszene. Er ist verdächtig, gegen strafbewehrte Vorschriften des Betäubungsmittelgesetzes (BtMG) zu verstoßen. Allerdings sind ihm bislang weder Drogenhandel noch Drogenkonsum nachzuweisen, jedoch steht fest, dass er mit mehreren Drogenhändlern und -konsumenten eng befreundet ist und sich regelmäßig und über längere Zeiträume in der Berliner Drogenszene aufhält. Die zuständige Ordnungsbehörde (S) ist daher der Auffassung, dass D (weiterhin) nach dem BtMG strafbare Handlungen begehen wird und erlässt deshalb gegen D ein auf 6 Monate befristetes Aufenthaltsverbot für den Hauptbahnhof und einen Umkreis von 1 km. Zur Begründung führt es an, D trage dazu bei, dass sich in Berlin eine sog. offene Drogenszene etabliere und verfestige. Das Aufenthaltsverbot sei erforderlich, um zu verhindern, dass der Begehung von Straftaten weiter Vorschub geleistet werde.

Die Anordnung, sich 6 Monate aus dem Bahnhofsgebiet fernzuhalten, greift in Art. 11 I GG ein und bedarf einer Rechtsgrundlage. Diese könnte der landesrechtlichen Befugnisnorm über längerfristige polizeiliche Aufenthaltsverbote zu entnehmen sein (für Berlin vgl. § 29 II ASOG).[1328] Fraglich ist jedoch, wie es sich auswirkt, dass die Gesetzgebungskompetenz zur Regelung der Freizügigkeit ausschließlich dem Bund unterfällt (Art. 73 Nr. 3 GG). Da aber der Kriminalvorbehalt des Art. 11 II GG einen Aspekt des allgemeinen Gefahrenabwehrrechts bezeichnet, das wiederum ausschließlich in die Gesetzgebungskompetenz der Länder fällt (Art. 30, 70 I GG), folgt daraus, dass die Gesetzgebungskompetenz des Bundes für die Regelung der Freizügigkeit sich nicht auf das allgemeine Gefahrenabwehrrecht bezieht. Da das Grundgesetz die Voraussetzungen für eine Einschränkung des Art. 11 I GG unter dem Aspekt der Vorbeugung strafbarer Handlungen aber in Art. 11 II GG geregelt hat, müssen sich auch die Befugnisnormen der Polizeigesetze am Maßstab des Art. 11 II GG messen lassen. § 29 II ASOG hat also nur Bestand, wenn er verfassungskonform dahin interpretiert wird, dass er zu Eingriffen in Art. 11 I GG nur unter den Voraussetzungen des Art. 11 II GG ermächtigt.

Da es vorliegend darum geht, strafbaren Handlungen, nämlich Straftaten nach dem BtMG (und letzlich Körperverletzungen) vorzubeugen, verstößt § 29 II ASOG nicht gegen Art. 11 I GG. Ob die Einzelmaßnahme rechtmäßig ist, hängt davon ab, ob man ein 6-monatiges Aufenthaltsverbot für verhältnismäßig hält, zumal D bisher nur verdächtig ist, gegen Vorschriften des BtMG zu verstoßen. Vgl. dazu *R. Schmidt*, BesVerwR II, Rn 429 ff.

763a    Eingriffe in Art. 11 I GG sind aber auch außerhalb des Gesetzesvorbehalts des Art. 11 II GG möglich. So sind weitere Grundrechtsbeeinträchtigungen zum Zweck der **Verteidigung** (vgl. Art. 17a II GG) zulässig. Weiterhin können sich Beschränkungen des Art. 11 I GG aus **kollidierendem Verfassungsrecht** ergeben. Das geht zwar nicht unbedingt aus Art. 11 II GG hervor, ergibt sich aber aus dem allgemeinen Verfassungsgrundsatz, wonach selbst vorbehaltlos gewährte Grundrechte zugunsten anderer Verfassungsgüter, insbesondere Grundrechte Dritter, eingeschränkt werden können. Dies muss erst recht für Grundrechte mit Gesetzesvorbehalt gelten.[1329]

**Beispiel:** Gemäß den Bestimmungen der Polizeigesetze[1330] darf die Polizei Minderjährige, die sich der Obhut von Sorgeberechtigten entzogen haben (sog. „Ausreißer"), in Gewahrsam nehmen und sie den Sorgeberechtigten oder dem Jugendamt zuführen.

---

[1328] Vgl. auch **Brand:** § 16 II PolG; **Brem:** § 14 II PolG; **Hamb:** § 12b II SOG; **Hess:** § 31 III SOG; **MeckVor:** § 52 III SOG; **Nds:** § 17 IV SOG; **NRW:** § 34 II PolG, § 24 OBG; **RhlPfl:** § 13 II POG; **Saar:** § 12 III PolG; **Sachs:** § 21 III PolG; **SachsAnh:** § 36 II SOG; **Thür:** Art. 18 II PAG, § 17 II OBG.
[1329] Zu den verfassungsimmanenten Grundrechtsschranken vgl. Rn 162 und 193.
[1330] Vgl. **BW:** § 28 PolG; **Bay:** Art. 17 PAG; **Berl:** § 30 ASOG; **Brand:** § 17 PolG; **Brem:** § 15 PolG; **Hamb:** § 13 SOG; **Hess:** § 32 SOG; **MeckVor:** § 55 SOG; **Nds:** § 18 SOG; **NRW:** § 35 PolG; **RhlPfl:** § 14 POG; **Saar:** § 13 PolG; **Sachs:** § 22 PolG; **SachsAnh:** § 37 SOG; **SchlHolst:** § 204 LVwG; **Thür:** § 19 PAG.

Da auch Minderjährige Grundrechtsträger sind, können sich Ausreißer nicht nur auf Art. 2 II S. 2 GG, sondern auch auf Art. 11 I GG berufen. Der mit der Zuführung zum Erziehungsberechtigten verbundene Eingriff in dieses Grundrecht kann zwar nicht auf der Grundlage des Art. 11 II GG gerechtfertigt werden, ist jedoch durch kollidierendes Verfassungsrecht (hier: das elterliche Erziehungsrecht aus Art. 6 II GG) gerechtfertigt.[1331] Die diesbezüglich zu fordernde Rechtsgrundlage ergibt sich aus den genannten Bestimmungen der Polizeigesetze.

## IV. Konkurrenzen

Soweit das Grundrecht der Freiheit der Person (Art. 2 II S. 2 GG) einschlägig ist, wird teilweise angenommen, Art. 11 I GG trete subsidiär zurück.[1332] Dies ist abzulehnen, weil der Schrankenvorbehalt des Art. 11 II GG gänzlich anders ist als der des Art. 2 II S. 3 GG. Nähme man Subsidiarität des Art. 11 I GG an, unterliefe man den Gesetzesvorbehalt des Art. 11 II GG; zudem wäre Art. 11 I GG praktisch bedeutungslos. Richtigerweise ist daher wenigstens Idealkonkurrenz zu Art. 2 II S. 2 GG anzunehmen.[1333] Gut vertretbar ist es auch, von einer Spezialität des Art. 11 GG auszugehen.

**763b**

---

[1331] Das Sorgerecht (Personensorgerecht) umfasst nach § 1631 I BGB auch das Recht, den Aufenthalt des Kindes zu bestimmen. Es ist Teil der elterlichen Sorge (§ 1626 I S. 1 BGB). Das Sorgerecht steht den Eltern (§§ 1626, 1626 a I BGB), bei nicht verheirateten Eltern und fehlenden Sorgeerklärungen der Mutter (§ 1626 a II BGB) und bei Mündeln dem Vormund (§ 1793 BGB) zu.

[1332] So *Jarass*, in: Jarass/Pieroth, GG, Art. 11 Rn 83; *Gusy*, in: v. Münch/Klein/Starck, GG, Art. 11 Rn 25 und 65; *Randelzhofer*, in: Bonner Kommentar zum GG, Art. 11 Rn 143.

[1333] Wie hier *Kunig*, in: v. Münch/Kunig, GG, Art. 2 Rn 74; *Schulze-Fielitz*, in: Dreier, GG, Art. 2 Rn 76.

# O. Berufsfreiheit – Art. 12 GG

## I. Das Abwehrrecht des Art. 12 I GG

---

### Berufsfreiheit – Art. 12 GG

#### I. Schutzbereich der Berufsfreiheit

Art. 12 I GG gewährleistet in S. 1 das Recht, *Beruf, Arbeitsplatz* und *Ausbildungsstätte* frei zu wählen. Gemäß S. 2 kann die *Berufsausübung* durch Gesetz oder aufgrund eines Gesetzes geregelt werden. Bei unbefangener Betrachtungsweise könnte angenommen werden, dass es sich um zwei verschiedene Schutzbereiche handelt, wobei nur der zweite Schutzbereich, die *Berufsausübung*, einer Regelung durch den einfachen Gesetzgeber zugänglich ist. Gleichwohl hat das BVerfG schon frühzeitig entschieden, dass es sich bei dem Grundrecht des Art. 12 I GG um ein einheitliches Grundrecht auf Berufsfreiheit handelt. Zentraler Begriff des Art. 12 I GG ist der des Berufs:

**Beruf** ist jede nicht sozial- oder gemeinschaftsschädliche Tätigkeit, die auf Dauer angelegt ist und in ideeller und materieller Hinsicht der Schaffung und Erhaltung einer Lebensgrundlage dient.

Des Weiteren garantiert Art. 12 I GG die freie Wahl der (berufsbezogenen) **Ausbildungsstätte**. Dazu zählen alle Einrichtungen, die der Ausbildung für bestimmte Berufe oder Berufsgruppen dienen. Schließlich umfasst der Schutzbereich des Art. 12 I GG das Recht, den **Arbeitsplatz** frei zu wählen, d.h. anzunehmen, beizubehalten und aufzugeben. Arbeitsplatz ist die Stätte, an der eine berufliche Tätigkeit ausgeübt wird. Zur Frage, ob die Wettbewerbsfreiheit von Art. 12 GG geschützt ist, vgl. Rn 781. **Träger** des Grundrechts sind alle Deutschen i.S.d. Art. 116 GG. Aber auch Bürger aus anderen Mitgliedstaaten der EU können sich aufgrund des Diskriminierungsverbots (Art. 12 EG) auf Art. 12 I GG berufen. Die Gegenauffassung stellt auf Art. 2 I GG ab, gewährt aber ein vergleichbares Schutzniveau. Übrige Ausländer und Staatenlose genießen dagegen stets nur den Schutz aus Art. 2 I GG mit dem dafür geltenden geringen Schutzniveau.

#### II. Eingriff in den Schutzbereich

Da nur berufs- und ausbildungsspezifische Handlungen geschützt sind, stellt eine staatliche Regelung oder Maßnahme auch nur dann einen Eingriff in den Schutzbereich dar, wenn sie nicht nur irgendwie geartete, entfernte Folgen für die berufliche Tätigkeit herbeiführt, sondern ihr subjektiv oder objektiv eine **berufsregelnde Tendenz** innewohnt.

Ein Eingriff in den Schutzbereich kommt in allen Bereichen des geschützten Verhaltens in Betracht. Besondere Bedeutung hat hier die Unterscheidung zwischen den Berufsausübungsregeln und der Wahl des Berufs, dort insbesondere zwischen subjektiven und objektiven Zulassungsbeschränkungen, sog. **Drei-Stufen-Theorie**:

- Relativ gering ist die Beeinträchtigung des Grundrechts, wenn es lediglich um die Regelung der **Berufsausübung**, also um die Frage des „Wie" der beruflichen Tätigkeit geht (1. Stufe).
- Ein mittleres Beeinträchtigungsniveau liegt bei sog. **subjektiven Zulassungsvoraussetzungen** vor, die für die Wahl eines Berufs oder den Verbleib im Beruf persönliche Eigenschaften und Fähigkeiten, erworbene Abschlüsse oder erbrachte Leistungen des Berufsbewerbers vorschreiben (2. Stufe).
- Am intensivsten sind Eingriffe, welche die **objektiven Zulassungsvoraussetzungen** zu einer beruflichen Tätigkeit regeln. Objektive Zulassungsvoraussetzungen binden die Wahl eines Berufs bzw. den Verbleib darin an Voraussetzungen, die mit der Person des Bewerbers nichts zu tun haben (3. Stufe).

#### III. Verfassungsrechtliche Rechtfertigung

Zunächst ist gem. Art. 12 I S. 2 GG ein Gesetz erforderlich, das sowohl hinsichtlich der Berufswahl als auch der Berufsausübung die Reichweite der Beschränkung bestimmt. Zulässig sind auch Rechtsverordnungen und Satzungen, sofern der Parlamentsvorbehalt beachtet wird. Das Gesetz muss sich aber am Maßstab des Art. 12 I GG messen lassen. Gem. der Drei-Stufen-Theorie sind Beschränkungen der Freiheit der **Berufsausübung** bereits zugunsten von vernünftigen Erwägungen des Gemeinwohls zulässig. **Subjektive Zulassungsbeschränkungen** können zugunsten von gewichtigen Gemeinwohlbelangen vorgenommen werden. **Objektive Zulassungsbeschränkungen** sind dagegen nur zugunsten von überragend wichtigen Gemeinwohlbelangen zugelassen.

Die in Art. 12 I GG gewährleistete Berufsfreiheit gehört zu den praktisch bedeutsams- **764** ten Grundrechten. Sie garantiert die **berufsbezogene Persönlichkeitsentfaltung** und damit die **Existenzsicherung**. Es ist daher berechtigt, die Berufsfreiheit zu- sammen mit der in Art. 14 I GG gewährleisteten Eigentumsgarantie als verfassungs- rechtlichen Grundpfeiler der Wirtschaftsordnung anzusehen.

## 1. Schutzbereich

Art. 12 I GG gewährleistet in S. 1 das Recht, *Beruf, Arbeitsplatz* und *Ausbildungsstätte* **765** frei zu wählen (Freiheit der Berufswahl). Gemäß S. 2 kann die *Berufsausübung* durch Gesetz oder aufgrund eines Gesetzes geregelt werden. Bei unbefangener Betrach- tungsweise könnte angenommen werden, dass es sich um zwei verschiedene Schutz- bereiche handelt, wobei nur der zweite Schutzbereich, die *Berufsausübung*, einer Regelung durch den einfachen Gesetzgeber zugänglich ist. Gleichwohl hat das BVerfG schon frühzeitig entschieden, dass es sich bei Art. 12 I GG um ein **einheitliches Grundrecht auf Berufsfreiheit** handelt. Berufswahl und Berufsausübung hingen miteinander zusammen: Mit der Berufswahl beginne die Berufsausübung, und in der Berufsausübung werde die Berufswahl immer wieder neu bestätigt.[1334]

Mit der Annahme eines einheitlichen Grundrechts hat das BVerfG also den Regelungs- vorbehalt des Art. 12 I S. 2 GG auch auf Art. 12 I S. 1 GG erstreckt. Das Recht, *Beruf, Arbeitsplatz* und *Ausbildungsstätte* frei zu wählen, unterliegt damit dem gleichen Gesetzesvorbehalt wie die *Berufsausübung*. Allerdings ist durch die Annahme *eines* einheitlichen Schutzbereichs und *eines* Gesetzesvorbehalts die Unterscheidung zwi- schen Berufswahl und Berufsausübung nicht eingeebnet. Sie spielt insbesondere bei der Frage nach der Rechtfertigung von Eingriffen eine Rolle: Eingriffe in die Be- rufsausübung sind eher gerechtfertigt als Eingriffe in die Berufswahl. Darauf wird bei Rn 802 ff. eingegangen.

### a. Schutz berufsbezogenen Verhaltens (sachlicher Schutzbereich)

### aa. Begriff des Berufs, des Arbeitsplatzes und der Ausbildungsstätte

Der sachliche Schutzbereich des Art. 12 I GG ist zunächst durch den Begriff des **Be-** **766** **rufs** geprägt. Unter Berücksichtigung der grundsätzlichen Freiheitsvermutung der Grundrechte ist dieser weit zu verstehen. Erfasst werden nicht nur die traditionell fixierten Berufsbilder, sondern auch neu entstandene und frei erfundene Berufe.[1335] Nach dem BVerfG ist unter dem Begriff des Berufs jedenfalls jede Tätigkeit zu verste- hen, die in ideeller und materieller Hinsicht der **Schaffung und Erhaltung einer Lebensgrundlage** dient.[1336] Es reicht aus, dass durch die betreffende Tätigkeit ein maßgeblicher Beitrag zur Erhaltung der Lebensgrundlage geschaffen wird, sodass auch nicht ganz unbedeutende *Nebentätigkeiten* erfasst sind.[1337]

Ob die Tätigkeit selbstständig oder abhängig ausgeübt wird, ist unerheblich. Bei juris- **767** tischen Personen ist der Begriff Beruf regelmäßig zu bejahen, wenn die Tätigkeit der Gewinnerzielung dient. Daher wird eine Tätigkeit, bei der lediglich eine Kosten- deckung beabsichtigt ist oder die der Freizeitgestaltung (Hobby o.ä.) dient (sog. Lieb-

---

[1334] St. Rspr. seit BVerfGE **7**, 377, 402 f. (Apothekenurteil); vgl. auch BVerfGE **102**, 197, 212 f. (Öffentliche Spielbanken); **104**, 357, 364 ff. (Ladenschlusszeiten für Apotheken); **105**, 252, 264 ff. (Glykolwein); BVerfG NJW **2003**, 879; BVerfG NJW **2004**, 2363, 2364 f. (Verfassungsmäßigkeit des LadSchlG); ferner BVerfG NJW **2001**, 1926 u. 2461; OLG Nürnberg, NJW **2001**, 2481; BGH NJW **2005**, 2304; **2001**, 1138; *Wernsmann*, Jura **2001**, 106; *Kimms*, JuS **2001**, 664; *Oberrath*, JA **2003**, 461 ff.

[1335] BVerfGE **97**, 12, 25, 33 f. (Patentgebührenüberwachung); *Schmidt-Bleibtreu*, in: Schmidt-Bleibtreu/ Klein, GG, Art. 12 Rn 6; *Pieroth/Schlink*, Rn 810.

[1336] Grundlegend BVerfGE **7**, 377, 397. Vgl. aus jüngerer Zeit BVerfGE **102**, 197, 212; **105**, 252, 264 ff.; BVerfG NJW **2003**, 879; BGH NJW **2005**, 2304.

[1337] BVerfGE **110**, 141, 157 (Hundrecht des Bundes).

haberei), nicht vom Begriff des Berufs erfasst. Irrelevant ist aber, ob *tatsächlich* Gewinne erzielt werden. Maßgeblich ist insoweit allein die **Gewinnerzielungs*absicht***.

**768**    Des Weiteren muss die Tätigkeit **auf Dauer** angelegt sein bzw. nachhaltig ausgeübt werden.[1338] Das bedeutet jedoch nicht, dass sie ständig ausgeübt werden muss. Vielmehr genügt auch eine gelegentliche, aber periodisch wiederkehrende Ausübung (etwa sporadische Vortrags- oder Gutachtertätigkeit). Eine Beschäftigung, die sich jedoch in einem *einmaligen* Erwerbsakt erschöpft, erfüllt nicht die Anforderungen an einen Beruf.[1339]

**769**    **Schutzbereichsbegrenzung auf erlaubte Tätigkeiten?** Dass beispielsweise der Verkauf von Wein zum Zwecke der Gewinnerzielung in den bislang erörterten geschützten Freiheitsbereich fällt, kann keinem vernünftigen Zweifel unterliegen. Ein solcher könnte aber angenommen werden für den Fall, dass der Wein, der zum Zwecke der Gewinnerzielung verkauft wird, bspw. mit Diethylenglykol versetzt und damit gesundheitsschädlich ist. Unterstellt, dass es an einem entsprechenden Schädigungsvorsatz fehlt (die Winzer wollten den Wein lediglich versüßen, nicht die Konsumenten in ihrer Gesundheit schädigen), erfüllen die verantwortlichen Winzer (und u.U. auch die Weinhändler) den Tatbestand der fahrlässigen Körperverletzung (§ 229 StGB), sofern ihnen Fahrlässigkeit zur Last gelegt werden kann. Mithin stellt sich die Frage, ob von der Rechtsordnung missbilligte Verhaltensweisen, insbesondere die Verwirklichung von Straftatbeständen, aus dem grundrechtlichen Schutzbereich herausgenommen werden können. Folge wäre, dass es einer (weiteren) verfassungsrechtlichen Rechtfertigung (insbesondere einer gesetzlichen Rechtsgrundlage) für freiheitsverkürzende staatliche Maßnahmen nicht bedürfte.

**770**    In der Literatur wird die Schutzbereichsbegrenzung durch Elemente außerhalb des eigentlichen Grundrechtstatbestands meist als **verfassungsimmanente Grundrechtsbegrenzung** bezeichnet.[1340] Ihr liegt die Vorstellung zugrunde, dass bestimmte Verhaltensweisen oder Ziele nicht Gegenstand grundrechtlicher Freiheit seien und mithin erst gar nicht vom Schutzbereich eines Grundrechts erfasst würden (ausführlich Rn 126 ff.).

**771**    Auch das BVerfG sieht die Möglichkeit, bestimmte Verhaltensweisen bereits aus dem Schutzbereich des Art. 12 I S. 1 GG herauszudefinieren, auch wenn der Wortlaut dies nicht vorschreibt bzw. vermuten lässt. So ergänzt das Gericht in einigen Entscheidungen den Begriff des Berufs durch das einschränkende Merkmal der **erlaubten Betätigung**.[1341] Diese Vorgehensweise ist allerdings nicht ganz unbedenklich. Denn versteht man das Kriterium der erlaubten Betätigung als „Nicht-Verbotensein" der Tätigkeit, hat es der einfache Gesetzgeber in der Hand, durch ein entsprechendes Verbotsgesetz den verfassungsrechtlichen Begriff des Berufs zu definieren und bestimmte Tätigkeiten einfach aus dem Schutzbereich von Art. 12 I GG auszuschließen. Somit würden „einfachgesetzlich verbotene Tätigkeiten" dem Maßstab von Art. 12 I GG entzogen.[1342] Aus diesem Grund wird das Kriterium des „Erlaubtseins" teilweise so verstanden, dass die beruflichen Handlungen nach den Wertvorstellungen der Rechts-

---

[1338] BVerfGE **32**, 1, 28 (Vorexaminierte); **102**, 197, 212 f.; **105**, 252, 264 ff.

[1339] BVerfGE **97**, 228, 253 (Nachrichtenmäßige Kurzberichterstattung im Fernsehen). Anders *Kluth*, Jura **2001**, 371, 372, der auch gelegentliche Vorgänge aus dem Schutzbereich des Art. 12 I GG herausnimmt, sind sie auch von noch so großer wirtschaftlicher Bedeutung.

[1340] Vgl. z.B. *Isensee*, in: HdbStR V, § 111 Rn 56; *Dreier*, in: Dreier, GG, Bd. 1, Vorb. Rn 88 ff.; *Muckel*, in: Festschrift für Hartmut Schiedermair, **2001**, S. 347.

[1341] Vgl. BVerfGE **7**, 377, 397; **81**, 70, 85 (Mietwagen); **102**, 197, 213; **115**, 276, 300 f. Vgl. auch BVerwGE **96**, 302 ff.

[1342] Vgl. zur Kritik *Breuer*, in: HdbStR VI, § 147 Rn 95 ff.; *Scholz*, in: Maunz/Dürig, GG, Art. 12 Rn 18; *Wieland*, in: Dreier, GG, Art. 12 Rn 51; *Gubelt*, in: v. Münch/Kunig, GG, Art. 12 Rn 9.

gemeinschaft nicht offensichtlich *sozial- oder gemeinschaftsschädlich* sein dürfen.[1343] Folgt man diesem Gedanken, kommt es nicht darauf an, ob der Gesetzgeber eine Tätigkeit verboten oder unter Strafe gestellt hat, sondern allein auf die offensichtliche Sozial- oder Gemeinschaftsschädlichkeit der Tätigkeit.[1344] Aber auch die Ersatzkriterien der Sozial- oder Gemeinschaftsschädlichkeit sind nicht ohne Bedenken. Denn zum einen sind sie völlig vage (was ist schon sozial- oder gemeinschaftsschädlich? Wer darf darüber befinden?) und zum anderen hätte es der Rechtsanwender bei der Auslegung des nicht rechtlichen Begriffs der Sozial- oder Gemeinschaftsschädlichkeit ebenfalls (ähnlich wie der Gesetzgeber bei dem Kriterium des Nicht-Verbotenseins) in der Hand, über die Reichweite des Schutzbereichs zu bestimmen. Daher wird in der Literatur überwiegend auf das Kriterium des „Erlaubtseins" verzichtet.[1345]

Inkonsistent ist jedenfalls die Entscheidung des BVerfG zu den öffentlichen Spielbanken[1346], in dem das Gericht bei der Definition des Berufsbegriffs (auf S. 212) nicht auf das Erlaubtsein abstellt, später aber (auf S. 213) bei der Subsumtion die Eröffnung des Schutzbereichs des Art. 12 I GG gleichwohl davon abhängig macht, dass das Betreiben einer Spielbank nicht gesetzlich verboten sei. In seinen Entscheidungen zum Glykol-Wein und zum staatlichen Sportwetten-Monopol stellt es von vornherein nicht (mehr) auf das Erlaubtsein, sondern ausschließlich auf die Sozial- bzw. Gemeinschaftsschädlichkeit ab.[1347] Aber auch das BVerwG entscheidet wie es ihm beliebt. So hat es im Fall des sog. Laserdromes, bei dem es um die simulierte Tötung von Menschen geht, ohne jedes Problembewusstsein den Schutzbereich des Art. 12 I S. 1 GG auf Seiten des Veranstalters bejaht[1348], obwohl es später einen Verstoß gegen die Menschenwürde angenommen hat[1349]. Bei Beachtung der vom BVerfG aufgestellten Definition des Berufs, wonach nur jede erlaubte bzw. nicht sozial- oder gemeinschaftsschädliche Tätigkeit, die auf Dauer angelegt sei und in ideeller und materieller Hinsicht der Schaffung und Erhaltung einer Lebensgrundlage diene, dem Schutzbereich zugeordnet sei, hätte es bereits die Eröffnung des Schutzbereichs verneinen müssen. Denn wenn es der Auffassung ist, dass die simulierte Tötung von Menschen gegen die Menschenwürde verstoße, kann es auf der Grundlage der Berufsdefinition nicht den Schutzbereich als eröffnet ansehen. Denn wie ein Verhalten, das gegen die Menschenwürde verstößt, „erlaubt" bzw. „nicht sozial- oder gemeinschaftsschädlich" i.S.d. der Berufsdefinition des BVerfG sein soll, verschließt sich dem vernünftigen Betrachter.[1350]

Nach der hier vertretenen Auffassung bietet sich folgender Ansatz an: Man könnte in **772** Erwägung ziehen, die *konkrete* Handlung (Beispiel: Inverkehrbringen von gesundheitsschädlichem Wein) mit dem Argument des Verbotenseins bzw. der Sozialschädlichkeit (Verwirklichung des § 229 StGB) aus dem Schutzbereich herauszudefinieren. Dies hätte zur Folge, dass die staatliche Stelle (etwa durch eine Warnung vor glykolhaltigem Wein) dann nicht den Schutzbereich des Art. 12 I GG berührt. Da der Beruf i.d.R. jedoch nicht auf eine einzelne Handlung beschränkt ist, sondern ein ganzes Tätigkeitsfeld (Handel mit Wein) beschreibt, mithin eine Bündelung von Einzelhandlungen darstellt, verbietet es sich auch bei der Frage nach der Eröffnung des Schutz-

---

[1343] BVerwGE **22**, 286, 289; *Gubelt*, in: v. Münch/Kunig, GG, Art. 12 Rn 9. Offen gelassen von BVerwGE **96**, 293, 297.

[1344] BVerwGE **22**, 286, 288; **96**, 293, 297; *Gubelt*, in: v. Münch/Kunig, GG, Art. 12 Rn 9.

[1345] *Jarass*, in: Jarass/Pieroth, GG, Art. 12 Rn 7; *Scholz*, in: Maunz/Dürig, GG, Art. 12 Rn 18; *Breuer*, in: HdbStR VI, § 147 Rn 43 f.; *Wieland*, in: Dreier, GG, Art. 12 Rn 51; *Wernsmann*, Jura **2001**, 106, 107; *Kluth*, Jura **2001**, 371, 372.

[1346] BVerfGE **102**, 197 ff. Vgl. auch die Bespr. v. *Muckel*, JA **2001**, 460 ff.

[1347] Vgl. BVerfGE **105**, 252, 265 (Glykolwein) und **115**, 276, 300 f. (Sportwetten).

[1348] BVerwGE **115**, 189, 193 f.

[1349] BVerwGE **115**, 189, 198 ff.

[1350] Vgl. dazu den Anwendungsfall bei *R. Schmidt*, Fälle zum POR, Fall 13.

bereichs, auf die konkrete, im Einzelfall zu beurteilende Tätigkeit abzustellen. Denn hier stellt die verbotene bzw. sozialschädliche Einzelhandlung nur einen Ausschnitt aus einer insgesamt nicht verbotenen bzw. nicht sozialschädlichen Tätigkeit dar. Die Verneinung des Schutzbereichs wäre lediglich dann zu diskutieren, wenn die Tätigkeit insgesamt gegen ein Verbotsgesetz (etwa eine Strafvorschrift) verstoßen würde oder sozialschädlich wäre, wenn also beispielsweise die Tätigkeit insgesamt in dem Verkauf von gesundheitsschädlichem Wein bestünde.

**773** Stellt die fragliche Handlung also nur einen Teilbereich einer insgesamt erlaubten bzw. nicht offensichtlich sozialschädlichen Tätigkeit dar, ist der Schutzbereich des thematisch einschlägigen Grundrechts auch dann eröffnet, wenn die fragliche Handlung verboten bzw. offensichtlich sozialschädlich ist. Insoweit ist im Ergebnis, nicht aber in der Begründung, der Auffassung des BVerfG[1351] zu folgen.

**774** Unabhängig von der erläuterten Unstimmigkeit dürfte aber gelten, dass extrem sozialschädliche Tätigkeiten wie „Killerdienste" oder der Handel mit „kinderpornographischem Material" auf jeden Fall aus dem Schutzbereich des Art. 12 I GG herauszuhalten sind. Auch Tätigkeiten, die gegen die Menschenwürde verstoßen, müssten demnach aus dem Schutzbereich herausgehalten werden. Vgl. auch Rn 776.

**775** Insgesamt sollte auf der Basis der aktuellen Rechtsprechung des BVerfG[1352] für den Begriff des Berufs daher folgende Definition verwendet werden:

**Beruf** ist jede nicht sozial- oder gemeinschaftsschädliche Tätigkeit, die auf Dauer angelegt ist und in ideeller und materieller Hinsicht der Schaffung und Erhaltung einer Lebensgrundlage dient.

**Beispiele:**

(1) Zunächst stellen die **klassischen Berufe** wie Schreiner, Möbelfabrikant, Schuster, Schneider, Kaufmann, Winzer etc. Berufe i.S.d. Art. 12 I GG dar.

(2) Da der Gesetzgeber Berufsbilder fixieren, aber auch ändern und ausrichten und verwandte Berufe vereinheitlichen, monopolisieren und typisieren kann, werden auch etwa das Betreiben einer **Spielbank**[1353], die gewerbliche **Personenbeförderung**, das Betreiben von **Warenautomaten** oder **Gewinnspielgeräten** und das Verkaufen von loser Milch oder die Tätigkeit des Astrologen erfasst.

(3) Erfasst sind auch das Betreiben von **Warenhäusern** und **Apotheken**. Bei Apothekern ist eine deutliche Tendenz weg vom Heilberuf (i.S. der „rechten Hand des Arztes") hin zum Gewerbe erkennbar.[1354]

(4) Auch **Zweitberufe** und **Nebenbeschäftigungen** sind vom Schutzbereich des Art. 12 I GG umfasst (s.o.).[1355]

(5) Das Gleiche gilt für die sog. **Freien Berufe**, bei denen der Berufsangehörige das volle wirtschaftliche Risiko trägt (etwa **Ärzte**, **Tierärzte**, **Apotheker**, **Architekten**, **Rechtsanwälte**, **Notare**, **Schriftsteller**, die in keinem Abhängigkeitsverhältnis stehen)[1356], und Berufe, die Tätigkeiten zum Inhalt haben, welche in erster

---

[1351] BVerfGE **105**, 252, 265.
[1352] BVerfGE **115**, 276, 300 f. (Sportwetten).
[1353] BVerfGE **102**, 197, 212 ff.
[1354] Vgl. BVerfGE **104**, 357 ff. mit Bespr. v. *Terhechte*, JuS **2002**, 551 ff.
[1355] BVerfGE **87**, 287, 316 (Zulassung als Rechtsanwalt).
[1356] Vgl. BVerfGE **103**, 1, 9 ff. (Singularzulassung von Rechtsanwälten); BGH NJW **2005**, 2304 ff. (Zulassung zum BGH-Anwalt); BVerfG NJW **2000**, 2734 f. (Werbung für Zahnklinik); BVerfG NJW **2002**, 3091, 3092 (Werbung für Tierarztpraxis); BVerfG NJW **2001**, 1926 u. 2461; OLG Nürnberg NJW **2001**, 2481, BGH NJW **2001**, 1138 und BGH NJW **2001**, 2097 (jeweils Anwaltswerbung), BVerfG NJW **2003**, 879 ff.; NJW **2001**, 2788; NJW **2002**, 3091; BVerwG DVBl **2001**, 1371 (jeweils Arztwerbung).

Linie dem **Staat** vorbehalten sind (Beruf des **Richters**, des **Beamten**, des **Soldaten** etc.)[1357]. Allerdings enthält Art. 33 GG (i.V.m. den Beamtengesetzen, dem Richtergesetz oder dem Soldatengesetz) für alle Berufe des öffentlichen Dienstes weithin Sonderregelungen, sodass sich hier insbesondere die Berufsfreiheit der Bewerber auf das Recht des gleichen Zugangs zu den öffentlichen Ämtern reduziert.[1358] Art. 33 GG überlagert also in seinem Anwendungsbereich Art. 12 I GG.

(6) Anders verhält es sich bei sog. **staatlich gebundenen Berufen**. Das sind Tätigkeiten, bei denen öffentliche Aufgaben in privater Hand liegen, wie das etwa bei dem **Notar**, dem **öffentlich bestellten Vermessungsingenieur** oder dem **Bezirksschornsteinfeger** der Fall ist. Bei ihnen rechtfertigt die Wahrnehmung hoheitlicher Aufgaben lediglich eine stärkere Reglementierung der Berufsausübung. Art. 12 I GG bleibt aber (neben einschlägigen Spezialvorschriften) uneingeschränkt anwendbar und wird nicht von Art. 33 GG verdrängt.[1359]

Bei der Lösung juristischer Fälle muss im Rahmen der Eröffnung des Schutzbereichs diskutiert werden, dass die Tätigkeit nicht ausschließlich oder überwiegend dem öffentlichen Dienst zuzuordnen ist, Art. 12 I GG also nicht von Art. 33 II und V GG überlagert bzw. verdrängt wird.

**Beispiel**[1360]**:** N hat das Zweite Juristische Staatsexamen mit der Note „Ausreichend" bestanden. Er bewirbt sich in dem Bundesland X für die Übernahme in den Notardienst. Gem. einer Verwaltungsvorschrift des Landes X dürfen lediglich solche Bewerber in die engere Auswahl zugelassen werden, die das Zweite Juristische Staatsexamen mindestens mit der Note „Vollbefriedigend" bestanden haben. Da N diese Voraussetzung nicht erfüllt, wird sein Antrag abgelehnt. Verstößt die Ablehnung seines Antrags gegen Art. 12 I GG?

Der Beruf des Notars ist zwar staatlich gebunden, gleichwohl aber ein Beruf i.S.d. Art. 12 I GG. N hat daher das Recht, diesen Beruf zu wählen. Allerdings steht das einheitliche Grundrecht auf Berufswahl und Berufsausübung unter dem Gesetzesvorbehalt des Art. 12 I S. 2 GG. Die Berufswahl kann daher beschränkt werden. Eine weitere Beschränkungsmöglichkeit besteht für staatlich gebundene Berufe durch die einhergebrachten Grundsätze des Berufsbeamtentums gem. Art. 33 II GG. Danach hat N lediglich einen Anspruch auf gleichheitsgemäßen Zugang zum Notarberuf. Da Notare staatliche Funktionen ausüben, ist der Staat nicht gehindert, besondere Zulassungsvoraussetzungen zu schaffen. Gleichwohl greift er damit in das Grundrecht der Berufsfreiheit ein und bedarf gem. der Wesentlichkeitstheorie des BVerfG einer formell-gesetzlichen Rechtsgrundlage. Eine Verwaltungsvorschrift wird diesem Erfordernis nicht gerecht und kann als Rechtsgrundlage für den Ablehnungsbescheid nicht in Betracht kommen. Der Ablehnungsbescheid verletzt N daher in seinem Grundrecht auf Berufsfreiheit.

---

**Hinweis für die Fallbearbeitung:** Bei staatlichen bzw. staatlich gebundenen Berufen muss in der Fallbearbeitung zunächst untersucht werden, ob Art. 12 I GG überhaupt einschlägig ist, denn Art. 12 I GG würde von Art. 33 II und V GG und anderen Spezialregelungen verdrängt bzw. überlagert, wenn die fragliche Tätigkeit überwiegend oder ausschließlich „öffentlicher Dienst" ist. Erst wenn eine Spezialregelung den Sachverhalt nicht oder nicht abschließend regelt, ist auf Art. 12 I GG zurückzugreifen. Dies ist bei den staatlich gebundenen Berufen durchweg der Fall. Beispiel: Vertragsarzt (früher: Kassenarzt). Dieser steht weder zu den Krankenkassen noch zu seiner Kassenärztlichen Vereinigung in einem Dienstverhältnis. Vielmehr ist er ein Freiberufler, der in freiem Wettbewerb

---

[1357] BVerfGE **7**, 377, 397; **39**, 334, 369; vgl. auch *Kluth*, Jura **2001**, 371, 372.
[1358] Vgl. dazu ausführlich *R. Schmidt*, BesVerwR I, Rn 748 ff.
[1359] BVerfGE **73**, 280, 292 (Auswahl von Notarbewerbern); BGH NJW-RR **2001**, 1068.
[1360] Nach BVerfGE **73**, 280 ff.

> zu anderen Vertragsärzten steht. Art. 12 I GG wird damit nicht durch Spezialregelungen verdrängt bzw. überlagert.

**(7)** Kürzlich musste sich das BVerfG auch mit der Frage beschäftigen, ob das **staatliche Sportwettenmonopol** mit Art. 12 I GG vereinbar ist.

Dem Urteil liegt folgender Hintergrund zugrunde: Nach der gegenwärtigen Rechtslage unterliegt die Veranstaltung von Sportwetten (mit nur begrenzten Ausnahmen) einem staatlichen Monopol bzw. strikter staatlicher Regulierung und ist grundsätzlich nur mit einer Genehmigung zulässig (vgl. § 6 Lotteriestaatsvertrag der Länder - LottStV).[1361] Staatlich unabhängigen privaten Unternehmen wurde eine entsprechende Konzession bislang nicht erteilt. Dies entspricht der Intention des § 5 IV i.V.m. II LottStV. Strafrechtlich abgesichert ist das Monopol durch §§ 284, 285 StGB, die eine Veranstaltung von Glücksspielen ohne eine behördliche Erlaubnis unter Strafe stellen.

Sofern dennoch einige private Unternehmen (etwa betandwin) auf dem deutschen (im Übrigen äußerst lukrativen) Sportwettenmarkt agieren, liegt das entweder daran, dass sie auf alte DDR-Lizenzen zurückgreifen können, die ihnen auf Grundlage des Rechts der ehemaligen DDR im Jahr 1990 erteilt wurden, oder aber, dass sie ihre Tätigkeit schlicht ohne Erlaubnis (also illegal) ausüben.

Dass das staatliche Wettmonopol seit langem (wegen Verstoßes gegen Art. 12 I GG) für verfassungswidrig gehalten wird, überrascht angesichts der Tatsache, dass private Unternehmen vom Sportwettenmarkt praktisch ausgeschlossen sind, nicht sonderlich. Denn es drängt sich der Verdacht auf, dass es dem Staat mit seinem Monopol weniger um Suchtprävention geht, sondern vielmehr darum, allein den lukrativen Sportwettenmarkt zu betreiben. Im Rahmen einer marktwirtschaftlich orientierten Wirtschaftsverfassung ist dies aber nicht zu rechtfertigen. Zwischenzeitlich schien es denn auch so, dass – nachdem der EuGH Ende 2003 in seiner Gambelli-Entscheidung dem italienischen Sportwettenmonopol eine Absage erteilt hatte[1362] – das Ende des staatlichen Monopols auch in Deutschland eingeleitet worden sei. Viele private Anbieter hegten daraufhin die (berechtigte) Hoffnung, in den lukrativen deutschen Sportwettenmarkt einsteigen zu dürfen. Doch entsprechende Erlaubnisse wurden nicht erteilt. Ob Versagungen vor dem Hintergrund des Art. 12 I GG rechtmäßig sind, soll im Folgenden geklärt werden.

Die Veranstaltung und Vermittlung von Sportwetten müsste zunächst vom Schutzbereich des Art. 12 I GG umfasst sein. Hierzu hat das BVerfG entschieden, dass es nicht der Qualifikation als Beruf widerspreche, dass Veranstaltung und Vermittlung von Sportwetten gegebenenfalls einfachgesetzlich verboten oder das Anbieten von Wetten dem Staat vorbehalten sei. Denn die Eröffnung des Schutzbereichs des Art. 12 I GG hänge nicht davon ab, dass die fragliche Tätigkeit erlaubt sei.[1363] Eine Beschränkung der grundrechtlichen Gewährleistung aus Art. 12 I GG sei nur dann denkbar, wenn eine Sozial- oder Gemeinschaftsschädlichkeit vorliege. Dies sei bei der gewerblichen Veranstaltung von Sportwetten durch private Unternehmer jedoch nicht der Fall, selbst wenn die Ausnutzung der natürlichen Spiel- und Wettleidenschaft der Bevölkerung zu privaten und gewerblichen Gewinnzwecken als sozial unerwünscht gelte. Erstens kenne die Rechtsordnung das Angebot von Sportwetten als erlaubte Tätigkeit. Zweitens habe das Gesetz der DDR, das für den vorliegenden Zusammenhang gelte, die Möglichkeit der Erteilung einer Gewerbeerlaubnis für Glücksspiele vorgesehen. Und drittens sei das Anbieten von Sportwetten als wirtschaftliche Tätigkeit gemeinschaftsrechtlich anerkannt.[1364]

---

[1361] *Kment*, NVwZ **2006**, 717; *Dietlein/Thiel*, NWVBl **2001**, 170, 171; *Schmidt*, WRP **2004**, 576 f.; *Rausch*, GewArch **2001**, 102, 103 f.; *Krieger*, JZ **2005**, 1021, 1022 f.; *Hecker*, DÖV **2005**, 943.
[1362] EuGH NVwZ **2004**, 87.
[1363] BVerfGE **115**, 276, 300 ff.
[1364] BVerfGE **115**, 276, 300 ff.

Hinzu komme, dass das Veranstalten und Vermitteln von Sportwetten nicht von vornherein der öffentlichen Hand vorbehalten sei. Allein aus der Monopolisierung der Veranstaltung und Durchführung von Lotterien und Wetten folge nicht, dass diese Tätigkeitsform keiner beruflichen Ausübung durch Private zugänglich sei. Dies lasse sich aus dem Rennwett- und Lotteriegesetz ableiten, das Pferdewetten privater Rennvereine und gewerblich tätiger Buchmacher einer gesetzlichen Regelung unterwerfe, ohne sie mit der Wahrnehmung einer öffentlichen Aufgabe zu betrauen. Auch der Abschluss des Lotteriestaatsvertrags könne an dieser Einschätzung nichts ändern. Der zwischen den Ländern vertraglich vereinbarte Ausschluss gewerblicher Sportwettveranstaltungen durch private Unternehmer sei qualitativ lediglich eine gegenseitige Verpflichtung, die das in § 1 LottStV definierte Ziel fördern solle, nicht aber einen hoheitlichen Charakter der betreffenden Tätigkeiten zum Ausdruck bringe.[1365]

Ergebnis: Nach alledem ist durch das staatliche Sportwettenmonopol der Schutzbereich des Art. 12 I GG eröffnet. Zum Eingriff vgl. Rn 798a und zur verfassungsrechtlichen Rechtfertigung Rn 809a.

**Nicht** durch Art. 12 I GG geschützt sind **extrem sozialschädliche Tätigkeiten** wie der bereits genannte Killerdienst, der Handel mit kinderpornographischem Material oder Tätigkeiten, die die Menschenwürde verletzen. Aber auch Taschendiebstahl, Drogenhandel, Zuhälterei oder Spionage sind vom Schutzbereich der Berufsfreiheit auszunehmen. Derartige Handlungen sind derart sozialschädlich, dass sie schon nicht dem Schutzbereich des Art. 12 I S. 1 GG unterfallen können. Etwas **anderes** gilt bezüglich der **Schwarzarbeit**, etwa das Fliesen eines Badezimmers oder das Reparieren eines Autos, ohne dass Steuern oder Sozialversicherungsbeiträge abgeführt werden. Diese Handlungen stellen an sich erlaubte Tätigkeiten dar. Lediglich die Steuer- und Sozialversicherungspflicht wird umgangen. Hier liegt ein Beruf i.S.d. Art. 12 I GG vor. Auch die **Prostitution** ist von Art. 12 I GG erfasst. Denn durch das am 1.1.2002 in Kraft getretene Prostitutionsgesetz (BGBl I 2001 S. 3983) hat nun auch der Gesetzgeber klargestellt, dass die Prostitution nicht (mehr) schlechthin sittenwidrig ist. Seitdem sind die aus den entsprechenden „Dienstleistungsverträgen" entstandenen (zivilrechtlichen) Forderungen der Prostituierten gerichtlich durchsetzbar. Daraus folgt der umfassende Schutz aus Art. 12 I GG. Entsprechende Konsequenzen ergeben sich für das Betreiben von **Telefonsex**.

Neben der Berufsfreiheit im eigentlichen Sinn garantiert Art. 12 I GG die freie Wahl der (berufsbezogenen) **Ausbildungsstätte**. Dazu zählen alle Einrichtungen, die der Ausbildung für bestimmte Berufe oder Berufsgruppen dienen.[1366]

**Beispiele:** Hochschulen, Fachhochschulen, staatliche Vorbereitungsdienste (Referendariate), betriebliche und überbetriebliche Ausbildungslehrgänge, Lehrstellen, Sprachschulen etc.

Bildungsstätten zählen nicht dazu, da Bildung nicht gleich Ausbildung ist, sondern einen übergeordneten Begriff darstellt und alles erfasst, was überhaupt geistig erworben werden kann. Bildungsstätten sind etwa kirchliche Akademien, private Sport- und Kultureinrichtungen und auch Grund- und Hauptschulen. Etwas anderes gilt für weiterführende Schulen wie etwa Gymnasien. Hier kann von einer Ausbildungsstätte gesprochen werden, da deren Absolvierung Voraussetzung für die Ausübung höherer Berufe ist.[1367]

776

777

---

[1365] BVerfGE **115**, 276, 300 ff.
[1366] *Gubelt*, in: von Münch/Kunig, GG, Art. 12 Rn 26.
[1367] Vgl. BVerfGE **58**, 257, 273 (Versetzung eines Schülers in die nächsthöhere Klasse).

**778** Das Recht auf freie Wahl der Ausbildungsstätte gewinnt insbesondere dann an Bedeutung, wenn die **öffentlichen Ausbildungseinrichtungen** durch den Staat rechtlich oder tatsächlich **monopolisiert** sind. Das ist insbesondere bei staatlichen **Hochschulen und Universitäten**, aber auch beim **Vorbereitungsdienst (Referendariat)** der Fall. Zwar gewährt Art. 12 I GG kein subjektives öffentliches Recht auf Schaffung zusätzlicher bzw. neuer Ausbildungsstätten. Etwas anderes gilt aber für den Fall, dass die staatliche Hochschule Leistungen (in Form der Zur-Verfügung-Stellung von Ausbildungsplätzen) *bereits anderen gewährt hat*. Hier ist er nach Art. 12 I GG i.V.m. Art. 3 I GG und dem Sozialstaatsprinzip zur Gleichbehandlung verpflichtet und darf ohne sachlichen Grund Dritte nicht von der Leistungsgewährung ausschließen (**derivatives Leistungsrecht bzw. Teilhaberecht**).[1368] Ein sachlicher Grund besteht etwa darin, dass vorhandene Ausbildungskapazitäten erschöpft sind. Zum Hochschulzulassungsrecht, insbesondere zum numerus-clausus, vgl. Rn 799.

**779** Schließlich umfasst der Schutzbereich des Art. 12 I GG das Recht, den **Arbeitsplatz** frei zu wählen, d.h. anzunehmen, beizubehalten und aufzugeben.[1369]

**Arbeitsplatz** ist die Stätte, an welcher der Einzelne einem gewählten Beruf im konkreten Fall nachgehen möchte.[1370]

**780** Der Schutz kommt nach h.M. lediglich Arbeitnehmern zugute. Selbstständige genießen aber auf jeden Fall den Schutz der Berufsausübungsfreiheit, weshalb eine Unterscheidung dahingestellt bleiben kann. Art. 12 I GG schützt deshalb auch die **Niederlassungsfreiheit** (etwa die eines Arztes oder Rechtsanwalts), also die berufliche Freizügigkeit. Art. 11 GG wird insoweit verdrängt.

### bb. Wettbewerbsfreiheit, insbesondere Konkurrenzschutz

**781** Wegen der sachlichen Nähe sowohl zur Berufswahl als zur Berufsausübung ist auch die **Wettbewerbsfreiheit** von Art. 12 I GG umfasst.[1371] Dabei geht es um verschiedene Formen staatlicher Einflussnahme auf die Gleichheit der Wettbewerbsbedingungen privater Unternehmen bzw. Gewerbetreibender bspw. durch

- Vergabe von Subventionen,
- Zulassung von Konkurrenten,
- öffentliche Auftragsvergabe
- sowie durch wirtschaftliche Betätigung von Staat und Kommunen.

**782** Hinsichtlich der ersten drei Formen staatlicher Einflussnahme liegt es auf der Hand, dass die betroffenen, d.h. übergangenen Unternehmen bzw. Gewerbetreibenden ein existentielles Interesse daran haben, die Begünstigung, die dem Konkurrenten zuteil wurde, anzufechten. (Verwaltungs-)Prozessual handelt es sich um eine Drittanfech-

---

[1368] Ganz h.M., vgl. nur BVerfGE **33**, 303, 331 f. (erstes numerus-clausus-Urteil); **43**, 291, 313 f. (zweites numerus-clausus-Urteil); **85**, 36, 53 f. (Gebot der erschöpfenden Kapazitätsauslastung); BVerwGE **102**, 142, 146 f.; *Breuer*, in: HdbStR VI, S. 937 ff.; *Gubelt*, in: von Münch/Kunig, GG, Art. 12 Rn 28; *Rittstieg*, in: Alternativkommentar, Art. 12 Rn 126; *Kimms*, JuS **2001**, 664, 666.

[1369] BVerfGE **85**, 360, 372 f. (Akademie der Wissenschaften der DDR).

[1370] BVerfGE **84**, 133, 146 (Wahlfreiheit des Berufs); **85**, 360, 372 f. (Akademie der Wissenschaften der DDR); BVerfG NJW **2000**, 1483; *Gubelt*, in: von Münch/Kunig, GG, Art. 12 Rn 23.

[1371] Zum Schutz der Wettbewerbsfreiheit durch Art. 12 GG vgl. BVerfGE **105**, 252, 265 ff.; **32**, 311, 317; **46**, 120, 137 f.; **82**, 209, 223 f.; **86**, 28, 37; BVerwGE **71**, 183, 191; OVG Bremen NVwZ **2002**, 874, 875; *Kluth*, Jura **2001**, 371, 373 f.; *Scholz*, in: Maunz/Dürig, GG, Art. 12 Rn 136 f.; *Pieroth/Schlink*, Rn 814 f.; *Papier*, ZHR 152 (**1988**), 493, 499; *Breuer*, HdbStR VI, § 148 Rn 75-77. Voraussetzung ist aber, dass die Regelung zumindest eine objektiv berufsregelnde Tendenz besitzt. Fehlt es an dieser, ist Art. 2 I GG einschlägig (*Jarass*, in: Jarass/Pieroth, GG, Art. 12 Rn 14). Auf Art. 2 I GG wird generell abgestellt in BVerwGE **17**, 306, 309; **30**, 191, 198; **60**, 154, 159; **65**, 167, 174.

tungsklage gem. § 42 I Var. 1 VwGO in Form einer negativen **Konkurrentenklage** (auch **Begünstigungs- oder Konkurrentenabwehrklage** genannt).

**Beispiele:**

**(1)** Die im Gemeindegebiet X ansässigen A-Automobilwerke befinden sich in wirtschaftlichen Schwierigkeiten. Um die Arbeitsplätze in der Region zu sichern, gewährt X ihnen eine öffentliche Beihilfe. Die ebenfalls in X ansässigen, wirtschaftlich aber gesunden B-Automobilwerke sind der Auffassung, dass die Begünstigung der A-Werke mit dem geltenden Recht nicht zu vereinbaren sei. Es könne nicht angehen, dass eine schlechte Unternehmensführung vom Staat noch belohnt werde.

**(2)** K betreibt ein Taxigeschäft in der Stadt A. Die wirtschaftliche Situation ist aufgrund reichlich vorhandener Konkurrenz angespannt. Als die zuständige Behörde weitere Erlaubnisse nach § 2 I Nr. 4, § 46 II Nr. 1, § 47 i.V.m. § 13 I, IV PersBefG erteilt, möchte K, der von deren Rechtswidrigkeit überzeugt ist, erreichen, dass diese Erlaubnisse aufgehoben werden.

Das Problematische an der Konkurrentenklage ist die Klage- bzw. Beschwerdebefugnis. Insbesondere im Berufs*zulassungs*recht besteht der Grundsatz, dass insgesamt kein Schutz vor Wettbewerb, Konkurrenz und Zulassung weiterer Konkurrenten bestehe. Das hat den Grund, dass die wirtschaftlichen Grundrechte eine Wertentscheidung gerade zugunsten des Wettbewerbs enthalten und daher grundsätzlich nicht zur Abwehr missliebiger Konkurrenz berechtigen. Etwas anderes gilt nur dann, wenn die Verwaltung gezielt oder faktisch die wirtschaftliche Betätigung des betroffenen Unternehmens im Verhältnis zu anderen **empfindlich beeinträchtigt.**[1372] Hier kann ein subjektives öffentliches Recht in Form eines Abwehranspruchs angenommen werden. Eine empfindliche Beeinträchtigung des betroffenen Unternehmens liegt nach der Rechtsprechung des BVerwG im Hinblick auf Art. 14 I GG vor, wenn die Begünstigung des anderen für ihn praktisch eine Entwertung seines aufgebauten Bestands bedeutet, im Hinblick auf Art. 12 I und Art. 2 I GG, wenn dadurch ein faktischer Ausschluss vom Wettbewerb bewirkt würde. Wo es um die Konkurrenz um ein knappes Gut geht, sind auch stets Gleichheitsaspekte (Art. 3 I GG) mitentscheidend. Zu beachten ist aber, dass wenn einfachgesetzliche Vorschriften dem Kläger einen subjektiven Abwehranspruch einräumen, nicht auf den übergeordneten Verfassungskreis zurückgegriffen werden darf (sog. Anwendungsvorrang unterverfassungsrechtlicher Normen und Ansprüche gegenüber den Grundrechten).[1373]

**783**

Im obigen **Beispiel 1** werden die A-Werke durch die Subvention in der Lage sein, günstiger produzieren zu können als die B-Werke. Dadurch könnte das von der Wettbewerbsfreiheit umfasste Recht auf eine von staatlicher Seite unbeeinflusste Preisgestaltung berührt sein. Allerdings greift die Subventionierung eines Konkurrenten nicht per se in die grundrechtlich geschützte Rechtssphäre des Übergangenen ein. Vielmehr müssen dessen Interessen willkürlich vernachlässigt bzw. verletzt und von erheblichem Gewicht sein. Ein Abwehranspruch des Drittanfechtenden ist daher nur dann gegeben, wenn der Staat (durch einseitige Parteinahme) derart schwerwiegend in die bestehenden Wettbewerbsverhältnisse eingreift, dass der Dritte in seiner Wettbewerbsfähigkeit *empfindlich* beeinträchtigt (Art. 12 I, Art. 2 I GG) bzw. in seiner wirtschaftlichen Existenz bedroht ist (Art. 14 I GG). In Bezug auf die B-Werke bedarf es dann einer genauen Sachprüfung, ob sie derart schwerwiegend betroffen sind.

---

[1372] *Hufen*, VerwProzR, § 14 Rn 88; *Brohm*, Menger-FS, S. 235, 244; *Schenke*, VerwProzR, Rn 274 u. 523; *Schliesky*, DVBl **1999**, 78, 82; *R. Schmidt*, JuS **1999**, 1107, 1111. Vgl. auch BVerwG NVwZ **2001**, 322 ff.
[1373] Auch das BVerwG bestätigt konsequent seine Abneigung, subjektiv-rechtliche Positionen unter Vernachlässigung des einfachen Rechts sogleich unmittelbar aus den Grundrechten abzuleiten (vgl. etwa BVerwG NVwZ **2001**, 322). Dagegen prüft das VG Sigmaringen (NJW **2001**, 628, 630) die Grundrechte vorrangig vor dem einfachen Recht.

Im **Beispiel 2** ist K klagebefugt, wenn er sich auf eine drittschützende Norm berufen kann und diese Norm auch gerade seinen Interessen zu dienen bestimmt ist. In Betracht kommt § 13 IV PBefG. Im Personenbeförderungsrecht besteht zwar ein subjektives öffentliches Recht des Altunternehmers im Linienverkehr, sein Unternehmen leistungsfähig zu halten, aus § 13 II PBefG.[1374] Dem Altunternehmer im Taxigewerbe soll aber - in Übereinstimmung mit der grundsätzlichen Ablehnung subjektiver öffentlich-rechtlicher Positionen im Berufs**zulassungs**recht - § 13 IV PBefG keine Klagebefugnis vermitteln.[1375] Vielmehr soll diese Vorschrift einen Verdrängungswettbewerb verhindern.[1376] Zur Erreichung dieses Ziels steht der Verwaltung das Institut der Zugangsgenehmigung zur Verfügung. Damit wird die im öffentlichen Interesse liegende Funktionsfähigkeit des Taxigewerbes insgesamt geschützt. § 13 IV PBefG schützt daher nicht die individuellen Wettbewerbspositionen der Altunternehmer, sondern begünstigt diese lediglich reflexartig. K ist somit aus einfachgesetzlichen Normen nicht klagebefugt. Eine mögliche Rechtsbeeinträchtigung kann sich daher nur noch aus einer Grundrechtsposition ergeben. Da aber nicht angenommen werden kann, dass die Vergabe weiterer Konzessionen für ihn praktisch eine Gefährdung der unternehmerischen Existenz (Art. 14 I GG) oder einen faktischen Ausschluss vom Wettbewerb (Art. 12 I, 2 I GG) bewirken würde, ist K auch nicht aus Grundrechten klagebefugt.

**784** Möchte der Bewerber hingegen die Chancengleichheit im (horizontalen) Konkurrenzverhältnis dadurch wiederherstellen, dass er dieselbe Vergünstigung erhält, *ohne* dass der Konkurrent seine Begünstigung verlieren soll, richtet sich sein Klagebegehren auf die Gewährung derselben Begünstigung, wie sie seinem Konkurrenten zuteil wurde. Man spricht in diesem Zusammenhang von einer *positiven* (oder *partizipativen*) Konkurrentenklage in Form der **Konkurrentengleichstellungsklage**[1377], die verwaltungsprozessual – soweit die Vergünstigung durch Verwaltungsakt zu gewähren ist – mit einer **Verpflichtungsklage** gemäß § 42 I Var. 2 VwGO, anderenfalls mit der allgemeinen Leistungsklage durchgesetzt werden kann.

> **Beispiel:** Die im Gemeindegebiet X ansässigen A-Automobilwerke befinden sich in wirtschaftlichen Schwierigkeiten. Um die Arbeitsplätze in der Region zu sichern, gewährt X ihnen eine öffentliche Beihilfe. Die ebenfalls in X ansässigen und sich in einer ähnlichen Situation befindenden B-Automobilwerke wollen aus Gründen der Gleichbehandlung ebenfalls subventioniert werden.
>
> In diesem Fall liegt eine Konkurrentengleichstellungsklage vor. Wenn man unterstellt, dass die B-Werke selbst die Förderungsvoraussetzungen nicht erfüllten, wird eine auf Art. 12 I i.V.m. 3 I GG gestützte Klage mit dem Ziel, ebenfalls in den Genuss der Begünstigung zu kommen, mangels Klagebefugnis unzulässig sein. Anderenfalls wäre eine Verpflichtungsklage unter dem Aspekt der Ermessensreduzierung gegen Null (Selbstbindung der Verwaltung) zulässig und begründet, jedenfalls sofern noch Mittel zur Verfügung stehen.

**785** Ein besonderes Problem stellt sich, wenn die Behörde eine kontingentierte Leistung, im Extremfall eine nur einmalig zu vergebende Vergünstigung, bereits erschöpfend vergeben hat. Beispielhaft seien Numerus-clausus-Studienplätze, Subventionen im Rahmen verfügbarer Haushaltsmittel, Standplätze auf Märkten, Einstellungen oder Beförderungen nach dem Beamtenrecht und kontingentierte Konzessionen etwa nach dem Personenbeförderungsgesetz (§ 13) oder dem Güterkraftverkehrsgesetz (§ 3) sowie Spielbankerlaubnisse genannt. Begehrt der bei der Verteilung des knappen Guts Übergangene nach der Erschöpfung des zu verteilenden Kontingents eine Be-

---

[1374] Vgl. dazu BVerwG NVwZ **2001**, 322.
[1375] Vgl. *Kopp/Schenke*, VwGO, § 42 Rn 146; *Kluth*, Jura **2001**, 371, 373 f.
[1376] *Wahl/Schütz*, in: Schoch/Schmidt-Aßmann/Pietzner, VwGO, § 42 Abs. 2 Rn 305.
[1377] BVerwGE **60**, 25, 30.

günstigung, kann diese nur auf Kosten des Begünstigten erreicht werden. Man spricht daher von einer **Mitbewerberklage** bzw. einer ausschließenden Konkurrentenklage oder einer **Konkurrentenverdrängungsklage**. Hier ist äußerst problematisch, auf welche Weise der Kläger sein Begehren prozessual durchsetzen kann bzw. muss. Da hier fundierte Kenntnisse bezüglich des Verwaltungsprozessrechts erforderlich sind, sei insoweit auf die Ausführungen bei *R. Schmidt*, VerwProzR, verwiesen.

Hinsichtlich Rechtsstreitigkeiten im Rahmen der **wirtschaftlichen Betätigung von**     786
**Staat und Kommunen** muss zunächst geklärt werden, ob diese hier überhaupt privatrechtlich tätig werden und wie jedes Wirtschaftsunternehmen Gewinne erzielen dürfen. Verfassungsrechtlich ist es schwierig, den damit verbundenen Eingriff in die Wettbewerbsfreiheit, d.h. in die individuellen Interessen privater Wettbewerber, zu legitimieren.[1378] Jedenfalls verbieten die Art. 14 I, 12 I, und 2 I GG der öffentlichen Hand nicht grundsätzlich, sich wirtschaftlich zu betätigen.[1379] Die Grenzen sind allerdings dort zu ziehen, wo die öffentliche Hand ihre Machtstellung dazu missbraucht, einen Auszehrungs- oder Verdrängungswettbewerb zu betreiben. Als Bewertungsgrundlage können die §§ 138, 242, 826 BGB, § 3 UWG und § 1 GWB herangezogen werden. Sind deren Voraussetzungen erfüllt, besteht (i.V.m. Art. 12 I, 14 I GG, die über die Figur der „Drittwirkung der Grundrechte" zur Anwendung gelangen) ein zivilrechtlicher Abwehranspruch gegen die erwerbswirtschaftliche Betätigung der öffentlichen Hand. Ein entsprechender Abwehr- bzw. Unterlassungsanspruch kann aber auch vor den Verwaltungsgerichten geltend gemacht werden, soweit er auf die Verletzung von Grundrechten gestützt wird. Da diese Problematik nebst Hinweis für die Fallbearbeitung bereits erschöpfend bei Rn 100 ff. behandelt ist, sei darauf verwiesen.

### cc. Berufswahl und Berufsausübung

Wie bereits ausgeführt, betrachten das BVerfG und die ganz herrschende Lehre den     787
Art. 12 I GG bezüglich der Berufswahl und der Berufsausübung als einheitliches Grundrecht der Berufsfreiheit, das umfassend die Wahl (d.h. die Frage des „Ob") und die Ausübung des Berufs (d.h. die Frage des „Wie") schützt, wobei die Unterscheidung zwischen Berufswahl und Berufsausübung die verfassungsrechtliche Rechtfertigung von Grundrechtseingriffen betrifft (dazu Rn 802 ff.).

### b. Träger des Grundrechts (personaler Schutzbereich)

Nach dem eindeutigen Wortlaut des Art. 12 I GG in der derzeitigen Fassung sind     788
Träger des Grundrechts auf Berufsfreiheit alle Deutschen i.S.d. Art. 116 GG. Damit zählt Art. 12 I GG zu den sog. **Deutschengrundrechten**. Das wirft vor dem Hintergrund des europarechtlich verbürgten Diskriminierungsverbots (Art. 12 I EG) und des Rechts auf Freizügigkeit der Arbeitnehmer innerhalb der Gemeinschaft (Art. 39 EG) die Frage auf, ob und in welcher Weise sich **Bürger aus anderen Mitgliedstaaten der EU** auf Art. 12 GG berufen können. Da dieser Problemkreis nebst Beispiel jedoch bereits bei Rn 48 behandelt wurde, wird insoweit verwiesen.

Übrige Ausländer und auch Staatenlose können sich dagegen auf keinen Fall auf     789
Art. 12 I GG berufen.[1380] Dieser Personenkreis genießt lediglich den (unmodifizierten) Schutz aus Art. 2 I GG.[1381] Davon unabhängig gilt, dass EU-Bürger, die in einem an-

---

[1378] Vgl. dazu LG Offenburg NVwZ **2000**, 717 f.; *Kluth*, Jura **2001**, 371, 374; *Ehlers*, Jura **1999**, 212 ff.
[1379] OVG Münster NWVBl **2005**, 343; LG Offenburg NVwZ **2000**, 717; *David*, NVwZ **2000**, 738 ff.; *Gern*, NJW **2002**, 2593.
[1380] BVerfG NVwZ **2000**, 1281 (Grundrechtsschutz für Ausländervereine).
[1381] BVerfGE **78**, 179, 196 f. (Heilpraktiker); *Gubelt*, in: von Münch/Kunig, GG, Art. 12 Rn 5; *Jarass*, in: Jarass/Pieroth, GG, Art. 12 Rn 10; a.A. *Scholz*, in: Maunz/Dürig, GG, Art. 12 Rn 96.

deren Mitgliedstaat der EU beruflich und/oder unternehmerisch tätig sind, sich i.d.R. auf die **Dienstleistungsfreiheit** gem. Art. 49 EG und die **Warenverkehrsfreiheit** gem. Art. 28 EG berufen können.[1382]

**790** Schließlich kommt gemäß Art. 19 III GG der Schutz des Art. 12 I GG auch **inländischen juristischen Personen des Privatrechts** sowie sonstigen *inländischen* Personenvereinigungen des Privatrechts zugute, da die Ausübung der Berufsfreiheit nicht an die Eigenschaft einer natürlichen Person anknüpft.[1383] Zu beachten ist aber, dass wenn die Vereinigung von Ausländern beherrscht wird, Art. 12 I GG wohl nicht greifen dürfte.[1384] Hier ist ebenfalls Art. 2 I GG einschlägig. Nicht auf Art. 12 I GG berufen können sich auch *ausländische* juristische Personen des Privatrechts[1385] (jedenfalls sofern sie nicht dem EU-Raum entstammen) und (inländische) juristische Personen des öffentlichen Rechts[1386]. Zu den gemischtwirtschaftlichen Unternehmen vgl. Rn 80.

## 2. Eingriff in den Schutzbereich

**791** Da nur berufs- und ausbildungsspezifische Handlungen geschützt sind, stellt eine staatliche Regelung oder Maßnahme nach überkommener Auffassung des BVerfG auch nur dann einen Eingriff in den Schutzbereich dar, wenn sie nicht nur irgendwie geartete, entfernte Folgen für die berufliche Tätigkeit herbeiführt, sondern ihr subjektiv oder zumindest objektiv eine **berufsregelnde Tendenz** innewohnt.[1387]

**792** ▪ Eine **subjektiv berufsregelnde Tendenz** liegt vor, wenn der Staat **zielgerichtet** (d.h. final) die berufliche Betätigung ganz oder teilweise unterbinden oder sonst dafür sorgen will, dass sie „nicht in der gewünschten Weise ausgeübt werden kann"[1388]. Erfasst werden also verbindliche Vorgaben für das „Ob" und „Wie" einer bestimmten beruflichen Tätigkeit, insbesondere Erlaubnispflichten bzw. Genehmigungsvorbehalte (etwa gem. § 2 I Nr. 4, § 46 II Nr. 1, § 47 i.V.m. § 13 I, IV PersBefG, gem. § 5 IV, II, § 6 LottStV[1389], gem. §§ 1 II, 2 ApothekenG oder gem. §§ 2 ff. GastG[1390]), Auskunftspflichten, Regelungen der Vergütung, gesetzliche Aufhebungen von Arbeitsverhältnissen oder Gewerbeuntersagungen (etwa nach § 35 GewO).

**793** ▪ Aber auch staatliche Regelungen oder Maßnahmen mit *berufsneutraler Zielsetzung* können aufgrund ihrer mittelbaren oder tatsächlichen Auswirkungen den Schutzbereich des Art. 12 I GG tangieren.[1391] Ist dies der Fall, spricht man von einer **objektiv berufsregelnden Tendenz**.[1392] Die Auswirkungen müssen jedoch zurechenbar, d.h. **von**

---

[1382] Vgl. dazu unten Rn 809a sowie ausführlich *R. Schmidt*, BesVerwR II, Rn 649.

[1383] BVerfG NJW **2004**, 2363, 2364 f. (Verfassungsmäßigkeit des LadSchlG); BVerfGE **105**, 252, 264 ff.; **102**, 197, 212 f.; **95**, 173, 181; **30**, 292, 312; *Wernsmann*, Jura **2001**, 106, 107; *Gubelt*, in: von Münch/Kunig, GG, Art. 12 Rn 6; a.A. *Rittstieg*, in: Alternativkommentar, Art. 12 Rn 167 mit dem Argument, dass der Begriff „Beruf" sehr wohl an die Eigenschaft einer natürlichen Person anknüpfe.

[1384] So *Jarass*, in: Jarass/Pieroth, GG, Art. 19 Rn 10; a.A. *v. Mutius*, in: Bonner Kommentar, Art. 19 Rn 59 und wohl auch BVerfG NVwZ **2000**, 1281, 1282 (Grundrechtsschutz für Ausländervereine).

[1385] BVerfGE **21**, 207, 208 f. (Patentanmeldung einer US-amerikanischen Aktiengesellschaft).

[1386] BVerfGE **21**, 362, 368 (Sozialversicherungsträger); **45**, 63, 78 f. (Stadt Hameln); *Gubelt*, in: von Münch/Kunig, GG, Art. 12 Rn 6; *Jarass*, in: Jarass/Pieroth, GG, Art. 12 Rn 10; a.A. bei privatrechtlicher Interessenwahrnehmung; *Wieland*, in: Dreier, GG, Art. 12 Rn 65.

[1387] BVerfGE **97**, 228, 253 f. (Nachrichtenmäßige Kurzberichterstattung im Fernsehen); **95**, 267, 302 (Wiedervereinigung); BVerwG NVwZ **2001**, 1399; *Wernsmann*, Jura **2001**, 106, 107; *Kimms*, JuS **2001**, 664, 666; *Schliesky*, JA **2002**, 373, 376.

[1388] BVerfGE **82**, 209, 223; **97**, 228, 253.

[1389] Zum staatlichen Sportwettenmonopol vgl. Rn 775 (Bsp. 7) sowie Rn 809a.

[1390] Zur Föderalismusreform, wonach seit dem 1.9.2006 auch das Gaststättenrecht der Gesetzgebungskompetenz der Länder unterfällt, vgl. Rn 635.

[1391] BVerfGE **13**, 181, 185 f. (Schankerlaubnissteuer); **61**, 291, 308 (Tierpräparatoren); **81**, 108, 121 f. (Vereinbarkeit der ersatzlosen Streichung von § 34 IV EStG mit dem Grundgesetz).

[1392] BVerfGE **70**, 191, 214 (Fischereirechte); *Kluth*, Jura **2001**, 371, 372; OVG Bremen NVwZ **2002**, 875, 876.

**einigem Gewicht** sein[1393] und einen konkreten Kreis von Personen in ihrer Berufsfreiheit betreffen[1394]. Fehlt es daran, liegt nur ein Eingriff in die allgemeine Handlungsfreiheit (Art. 2 I GG) „in ihrer Ausgestaltung als wirtschaftliche Betätigungsfreiheit" vor.[1395] So geht insbesondere die Rechtsprechung davon aus, dass Zwangsmitgliedschaften in Berufskammern (z.B. Bundesrechtsanwaltskammer, Industrie- und Handelskammer, Landesärztekammer) Eingriffe in Art. 2 I GG, nicht in Art. 12 I GG darstellten.[1396] Auch hat das BVerfG entschieden, dass eine **sachlich gerechtfertigte Informationstätigkeit keinen** Eingriff in den Schutzbereich des Art. 12 I GG darstelle. Denn das Grundrecht der Berufsfreiheit schütze nicht vor der Verbreitung zutreffender und sachlich gehaltener Informationen am Markt, auch wenn sie für das wettbewerbliche Verhalten der Marktteilnehmer von unvorteilhafter Bedeutung sein könnten.[1397] Dieses Verständnis ist mit der bisher allgemein anerkannten Grundrechtsdogmatik nicht vereinbar. Ob eine Maßnahme einen Grundrechtseingriff darstellt, richtet sich nach deren Wirkung für den Grundrechtsträger, nicht nach deren Rechtmäßigkeit. Mit seiner Vorgehensweise verwendet das BVerfG das Argumentationsmuster, das bislang der verfassungsrechtlichen Rechtfertigung vorbehalten war. Dies war wohl Zweck der Konstruktion, denn durch die Verneinung des Eingriffs konnte das Gericht die Anforderungen, die der Gesetzesvorbehalt an Grundrechtseingriffe knüpft, aufweichen und eine Kompetenznorm wie Art. 65 GG genügen lassen.[1398]

> **Hinweis für die Fallbearbeitung:** Von der zweifelhaften Auffassung des BVerfG im Glykolweinfall einmal abgesehen, kommt einer Vorschrift eine berufsregelnde Tendenz regelmäßig zu, wenn sie ausschließlich oder im Wesentlichen nur auf berufliche Tätigkeiten anwendbar ist. In der Fallbearbeitung sollte man sich zur Beantwortung dieser Frage auf das eigene Judiz verlassen und eine berufsregelnde Tendenz immer dann annehmen, wenn man beim Lesen des Sachverhalts ohne zu zögern an Art. 12 I GG denkt. Die Unterscheidung zwischen subjektiv und objektiv berufsregelnder Tendenz ist deshalb relevant, da Maßnahmen mit objektiv berufsregelnder Tendenz von erheblichem Gewicht sein müssen, um eine Eingriffsqualität zu erhalten.

■ Neuerdings tendiert das BVerfG dazu, das Kriterium der berufsregelnden Tendenz **aufzugeben** und die Frage nach dem Grundrechtseingriff **allein** danach zu beantworten, ob der Grundrechtsträger **in seiner Berufsfreiheit eingeschränkt** wird.[1399] Dem Urteil der BVerfG lag der Sachverhalt zugrunde, dass ein Arbeitgeber gem. § 14 I S. 1 MuSchG verpflichtet war, einer bei ihm beschäftigten Mutter drei Monate vor und nach der Niederkunft einen Zuschuss zum staatlichen Mutterschaftsgeld zu zahlen. Das BVerfG gab – unter Aufgabe seiner bisherigen Rechtsprechung - der Verfassungsbeschwerde des Arbeitgebers statt und erklärte die angegriffene, am Maßstab des Art. 12 I GG zu messende, Regelung für verfassungswidrig. Ob diese Rechtsprechung ein Einzelfall bleibt oder ob sie die Aufgabe des Kriteriums der berufsregelnden Tendenz eingeläutet hat, muss die Zukunft zeigen. Inhaltlich bedeutet sie im Vergleich zum bisherigen Kriterium der objektiv berufsregelnden Tendenz, dass das Gericht die Voraussetzungen, unter denen ein Eingriff in Art. 12 I GG anzunehmen ist, abgesenkt hat.

**794**

---

[1393] BVerfGE **97**, 228, 253 f. (Nachrichtenmäßige Kurzberichterstattung im Fernsehen); **105**, 252, 264 ff.; OVG Bremen NVwZ **2002**, 875, 876.

[1394] BVerfGE **47**, 1, 21 (Steuerliche Berücksichtigung der Beschäftigung einer Haushaltshilfe).

[1395] BVerfGE **37**, 1, 18 (Stabilisierungsfonds für Wein).

[1396] Vgl. BVerfG NVwZ **2002**, 335 (mit Bespr. v. *Jahn*, JuS **2002**, 434); BVerwGE **107**, 169 ff.

[1397] BVerfGE **105**, 252, 264 ff. Zum Sachverhalt vgl. Rn 200.

[1398] Anders *Pieroth/Schlink*, Rn 815, die das BVerfG so wiedergeben, als habe es bereits den Schutzbereich verneint. Doch liest man das Ende der Entscheidung (S. 279), wonach das BVerfG einen Rückgriff auf Art. 2 I GG ablehnt, weil der Schutz der Marktteilnehmer von dem sachlich spezielleren Art. 12 I GG erfasst werde, wird klar, dass das Gericht sehr wohl von der Eröffnung des Schutzbereichs des Art. 12 I GG ausgeht, denn anderenfalls wäre der Rückgriff auf Art. 2 I GG nicht versperrt gewesen.

[1399] Vgl. BVerfGE **109**, 64 ff. (dazu *Sachs*, JuS **2004**, 336 ff.). Dies übersehen *Pieroth/Schlink*, Rn 823 f.

**795** Ein Eingriff in den Schutzbereich kommt in allen Bereichen des geschützten Verhaltens in Betracht. Trotz entgegenstehender jüngerer Tendenzen hat nach wie vor die Unterscheidung zwischen den *Berufsausübungsregeln* und der Wahl des Berufs, dort insbesondere zwischen *subjektiven Zulassungsvoraussetzungen* und *objektiven Zulassungsschranken* (sog. **Drei-Stufen-Theorie**) Bedeutung:

> **Hinweis für die Fallbearbeitung:** Wie noch zu sehen sein wird, stellt die Drei-Stufen-Theorie letztlich nur eine spezielle Ausprägung des allgemeinen Verhältnismäßigkeitsgrundsatzes dar. Von daher spielt sie – sofern man sie wegen der uneinheitlichen Vorgehensweise des BVerfG überhaupt noch als maßgebend erachtet[1400] – an sich nur bei der verfassungsrechtlichen Rechtfertigung des Eingriffs eine Rolle und kann streng genommen bei der Bestimmung des Eingriffs dahinstehen. Da aber auch das BVerfG teilweise (m.E. in überflüssiger Weise) zwischen verschiedenen Arten von Eingriffen in die Berufsfreiheit differenziert, ist es nicht verkehrt (aber auch nicht zwingend), die Drei-Stufen-Theorie bereits im Rahmen der Bestimmung des Eingriffs zu behandeln.

**796** ▪ Relativ gering ist die Beeinträchtigung des Grundrechts, wenn es lediglich um die Regelung der **Berufsausübung**, also um die Frage des „Wie" der beruflichen Tätigkeit geht (**erste Stufe**). Gleichwohl ist ein Eingriff in den Schutzbereich anzunehmen.

**Beispiele:** Regelungen der Berufsausübung sind etwa; **Anzeigepflicht** bestimmter Gewerbe (§ 14 GewO), Festlegung von **Ladenschlusszeiten**[1401], **Arbeitszeiten** und Polizeistunden[1402], Verpflichtung, eine Uniform oder Dienstkleidung zu tragen[1403], Verbot der Augeninnendruckmessung und Gesichtsfeldprüfung durch Optiker[1404], **Werbebeschränkung** für Ärzte, Apotheker, Notare und Rechtsanwälte (vgl. nur § 43b BRAO und die landesrechtlichen Berufsordnungen der Ärzte und Tierärzte)[1405], Verbot für Apotheker, eine zweite Apotheke zu betreiben[1406], Zulassung eines Rechtsanwalts zum **BGH-Anwalt** (vgl. §§ 164 ff. BRAO)[1407], **Singularzulassung von Rechtsanwälten** an Oberlandesgerichten (§ 25 BRAO)[1408], Verbot einer Sozietät von Anwaltsnotaren und

---

[1400] Zur Frage, ob aufgrund der aktuellen Rechtsprechung des BVerfG überhaupt noch auf die Drei-Stufen-Theorie zurückgegriffen werden muss, vgl. Rn 809 (Hinweis für die Fallbearbeitung).

[1401] BVerfG NJW **2004**, 2363, 2364 f.; BVerfGE **13**, 237. Zu Ladenschlusszeiten für Apotheker vgl. BVerfGE **104**, 357 ff. mit Bespr. v. *Terhechte*, JuS **2002**, 551 ff.

[1402] BVerwGE **20**, 321, 323.

[1403] BVerfGE **28**, 21 (Robenzwang für Rechtsanwälte).

[1404] BVerfG NJW **2000**, 2736.

[1405] BVerfGE **76**, 196; **82**, 18; BVerfG NJW **2002**, 3091, 3092 (Werbebeschränkung für Tierärzte); BVerfG NJW **2002**, 1331; **2003**, 879 f. (jeweils Ärzte); BVerfG NJW **2000**, 3195; BVerfG NJW **2001**, 1926; NJW **2001**, 2461; OLG Nürnberg NJW **2001**, 2481; OLG Oldenburg NJW **2001**, 2026; BGH NJW **2001**, 1138; BGH NJW **2001**, 2087; AnwGH Nds NJW **2004**, 1536, 1537 (jeweils Rechtsanwälte); BVerfG NJW **1997**, 2510 (Notare); BVerfGE **85**, 97 (Steuerberater); BVerfGE **33**, 125; **71**, 162; **71**, 183; **85**, 248; BVerwGE **105**, 362, 366 ff. (Ärzte); BVerfGE **94**, 372 (Apotheker). Begründet wird die Werbebeschränkung mit dem nach wie vor herrschenden (m.E. antiquierten) Verständnis, die genannten Berufe stellten nach Tradition und Recht kein Gewerbe dar und der Bürger müsse vor übertriebener und marktschreierischer Werbung, die geeignet sei, die berufliche Integrität und Gemeinwohlbelange anzuzweifeln, geschützt werden. Vgl. auch BVerwG DVBl **2001**, 1371 (Arztwerbung) und BVerfG NJW **2001**, 2788 (Arztwerbung) und *Bardenz*, MDR **2001**, 247 ff. Zum abgeschwächten Werbeverbot bezüglich eines Sanatoriums und einer Zahnklinik-GmbH vgl. BVerfGE **71**, 183 (Sanatorium) und BVerfG NJW **2000**, 2734 (Zahnklinik-GmbH - mit Bespr. von *Laufs*, NJW **2001**, 1768 und *Schwerin*, NJW **2001**, 1770). Zur Frage, inwieweit Werbebeschränkungen in einer modernen Gesellschaft überhaupt noch zeitgemäß sein können, vgl. die Übungsfälle bei Rn 817 ff.

[1406] BVerfGE **17**, 232 ff.

[1407] Vgl. BGH NJW **2005**, 2304 ff. Diese Auffassung ist jedoch sehr zweifelhaft, weil der BGH selbst an anderer Stelle seiner Entscheidungsbegründung konstatiert, dass der Anwalt mit der Wahl, BGH-Anwalt werden zu wollen, eine in beruflicher Hinsicht „Lebensentscheidung" treffe (S. 2304 r. Sp.). Trifft der Anwalt aber eine „Lebensentscheidung", ist die Einstufung lediglich als „Berufsausübungsregel" willkürlich und unhaltbar. Vielmehr hätte er die Zulassung zum BGH-Anwalt als *subjektive Zulassungsvoraussetzung* (dazu Rn 807) qualifizieren müssen. Offenbar hat der BGH nur einen Weg gesucht, erleichterte Zugangsbeschränkungen zu rechtfertigen. Vgl. zur Singularzulassung beim BGH auch BVerfGE **106**, 216, 219 ff.

[1408] BVerfGE **103**, 1 ff.

Angehörigen anderer freier Berufe[1409] sowie Verbot für Apotheker, Impfstoffe an Ärzte zu versenden[1410]. Auch steuerrechtliche Vorschriften, deren berufsregelnde Tendenz nicht auf die Erdrosselung eines Berufs, aber doch auf die Lenkung seiner Ausübung hinausläuft, sind ebenso Regelungen der Berufsausübung[1411] wie die Verpflichtung zur Offenlegung von Betriebs- und Geschäftsgeheimnissen. Schließlich dürfte auch die Regelung des § 10 JuSchG, wonach das Anbieten von **Tabakwaren** (auch in Automaten) an Stellen, die Jugendlichen zugänglich sind, seit dem 1.1.2007 grds. verboten ist, der ersten Stufe zuzuordnen sein. Zur verfassungsrechtlichen Rechtfertigung solcher Eingriffe vgl. Rn 806.

- Ein mittleres Beeinträchtigungsniveau liegt bei sog. **subjektiven Zulassungsvoraussetzungen** vor, die für die **Wahl eines Berufs** oder den Verbleib im Beruf persönliche Eigenschaften und Fähigkeiten, erworbene Abschlüsse oder erbrachte Leistungen des Berufsbewerbers vorschreiben (**zweite Stufe**).    **797**

**Beispiele:** Zu den subjektiven Zulassungsvoraussetzungen zählen etwa das Abitur für die Zulassung zum gehobenen öffentlichen Dienst, die Gesellenprüfung für die Beschäftigung als Handwerksgeselle, der große Befähigungsnachweis (sog. „Meisterprüfung") zur Ausübung eines selbstständigen Handwerks (§ 7 HandwO) oder die Approbation als Apotheker, um eine Apotheke betreiben zu dürfen (§ 2 I Nr. 3 ApothekenG)[1412]. Auch Höchstaltersgrenzen für die Zulassung zu oder den Verbleib in einem bestimmten Beruf (etwa für Hebammen[1413], Prüfingenieure[1414], die Einstellung in den staatlichen Vorbereitungsdienst, für die Neuzulassung zum Vertragsarzt gem. § 98 II Nr. 12 SGB V[1415] oder für Piloten[1416]), die Eignung und Zuverlässigkeit[1417] (Beispiel: Konzession gem. § 4 GastG), das Fehlen bestimmter Vorstrafen (Beispiel: keine Vorstrafe wegen Untreue bei der Beantragung einer Rechtsanwaltszulassung – vgl. § 7 BRAO), der Vorbehalt, einen Schwangerschaftsabbruch ausschließlich durch einen *Fach*arzt vornehmen zu lassen[1418], oder das Vorhandensein von Finanzmitteln stellen subjektive Zulassungsvoraussetzungen dar. Ob der Betreffende auf die Eigenschaften Einfluss hat, ist nicht entscheidend. Zur verfassungsrechtlichen Rechtfertigung solcher Eingriffe vgl. Rn 807.

Nach Auffassung des BVerfG ist auch das Verbot für Ärzte, neben der Gebietsbezeichnung „Allgemeinmedizin" eine weitere Gebietsbezeichnung (etwa „Kinderarzt") zu führen, in diese Stufe einzuordnen.[1419] Was dieses Verbot mit subjektiven Zulassungsvoraussetzungen zu tun haben soll, ist nicht ersichtlich. Warum das BVerfG dieses Verbot dennoch dieser Stufe zuordnet, erschließt sich, wenn man die jeweiligen Voraussetzungen für die verfassungsrechtliche Rechtfertigung und das offenbar gewünschte Ergebnis der Entscheidung betrachtet (dazu Rn 807 ff.).

- Am intensivsten sind Eingriffe, welche die **objektiven Zulassungsschranken** zu einer beruflichen Tätigkeit regeln. Objektive Zulassungsvoraussetzungen (besser gesagt: objektive Zulassungsschranken) binden die **Wahl eines Berufs** bzw. den Verbleib an Voraussetzungen, die mit der Person des Bewerbers nichts zu tun haben (**dritte Stufe**).    **798**

**Beispiele:** Als objektive Zulassungsbeschränkungen kommen insbesondere Bedürfnisklauseln in Betracht (vgl. etwa § 13 II Nr. 2 PersBefG für den Linienverkehr und § 13

---

[1409] BVerfGE **98**, 49, 59.
[1410] BVerfGE **107**, 186 ff.
[1411] BVerfGE **99**, 202, 211 (Unvereinbarkeit des § 128a I und II AFG mit Art. 12 GG); vgl. auch *Hohmann*, DÖV **2000**, 406.
[1412] Vgl. dazu auch Rn 809b.
[1413] BVerfGE **9**, 338, 344.
[1414] BVerfGE **64**, 72, 82.
[1415] BVerfG NJW **1998**, 1776, 1777.
[1416] BVerfG EuGRZ **2007**, 231, 233; BVerfG MDR **2005**, 341 f.
[1417] BVerfGE **41**, 378, 390 (Rechtsbeistand).
[1418] BVerfGE **98**, 265, 305 ff. (Facharztvorbehalt bei Schwangerschaftsabbrüchen).
[1419] BVerfG NJW **2003**, 879 ff. (Führen mehrerer Facharztbezeichnungen).

IV PersBefG für den Verkehr mit Taxen)[1420]. Auch das Apothekenurteil des BVerfG hatte eine Bedürfnisklausel zum Gegenstand, die als Voraussetzung für die Errichtung einer Apotheke verlangte, dass die vorhandenen Apotheken zur Versorgung der Bevölkerung mit Arzneimitteln nicht ausreichten und durch die Errichtung wirtschaftlich nicht wesentlich beeinträchtigt würden. Auch die Vorschriften über die Bedarfszulassung von Vertragsärzten (früher: Kassenärzte) stellen eine objektive Berufszulassungsvorschrift dar. Des Weiteren kommen Errichtungsverbote, Höchstzahlen oder Inkompatibilitäten in Betracht. Auch Steuerbelastungen, die so hoch sind, dass sie einen Beruf wirtschaftlich „erdrosseln", greifen als objektive Zulassungsbeschränkungen in das Grundrecht des Art. 12 I GG ein. Das BVerfG hat jedoch bisher noch keiner steuerrechtlichen Vorschrift diese erdrosselnde Wirkung zuerkannt und nur gelegentlich ausgesprochen, dass eine erdrosselnde Besteuerung vor Art. 12 I GG schwerlich Bestand haben könne.[1421] Zur verfassungsrechtlichen Rechtfertigung solcher Eingriffe vgl. Rn 808.

**798a** Nach den soeben aufgezeigten Kriterien ist fraglich, welcher Stufe die staatlichen Glücksspielmonopole (und damit auch das bei Rn 775 genannte **Sportwettenmonopol**) zuzuordnen sind. Da es schlechthin um den (verwehrten) Zugang zum Beruf des Sportwettenveranstalters und Sportwettenvermittlers geht und die Verwehrung sich nicht an subjektiven Kriterien orientiert, handelt es sich mithin um **objektive Berufswahlbeschränkungen**.[1422] Doch gemäß der Terminologie der Drei-Stufen-Theorie dürften staatliche Beschränkungen nur zum Schutz **überragend wichtiger Gemeinschaftsgüter** (dazu näher Rn 808) erlassen werden. Ob die Bekämpfung der Spielsucht ein überragend wichtiges Gemeinschaftsgut darstellt, das ein Quasi-Berufsverbot rechtfertigt, darf bezweifelt werden. Derartige Bedenken hat auch das BVerfG offenbar gesehen. Um daher ungewollte Ergebnisse zu erzielen, ist das Gericht schon in seiner Spielbankenentscheidung von Systematik der Drei-Stufen-Theorie abgerückt und hat bereits „wichtige Gemeinwohlbelange" als ausreichenden Rechtfertigungsgrund angesehen.[1423] Diesen Bruch in der Grundstruktur der Drei-Stufen-Theorie begründete das Gericht damals mit der Atypik des Falls und damit, dass der Betrieb einer Spielbank schließlich eine „unerwünschte Tätigkeit" sei.[1424] Diese Vorgehensweise ist denn auch vom BVerwG auf die Sportwettenproblematik übertragen worden.[1425] Daher wurde allgemein erwartet, dass auch das BVerfG in der aktuellen Entscheidung zum Sportwettenmonopol[1426] die „Atypik" des Falls feststellt und die Kriterien für die verfassungsrechtliche Rechtfertigung heranzieht, die es zur Begründung des gewünschten Ergebnisses benötigt. Zumindest im Ansatz wurden diese Erwartungen nicht enttäuscht. So hat das Gericht es denn auch vermieden, das Sportwettenmonopol einer bestimmten Stufe zuzuordnen. Es hat lediglich festgestellt, dass „legitime Gemeinwohlziele" erforderlich seien.[1427]

> **Hinweis für die Fallbearbeitung:** Mitunter ist die Unterscheidung zwischen objektiven und subjektiven Berufswahlregelungen und zwischen Berufswahl- und Berufsausübungsregeln schwierig. Für die Frage des Eingriffs in den Schutzbereich kann die Unterscheidung aber dahinstehen, da in jedem Fall ein solcher anzunehmen ist. Etwas anderes gilt im Hinblick auf die verfassungsrechtliche Rechtfertigung, da bei den verschiedenen Eingriffsarten unterschiedliche Anforderungen an die verfassungsrechtliche Rechtfertigung zu stellen sind. Hier ist auf jeden Fall eine Auseinanderset-

---

[1420] Zur Vereinbarkeit einer Bedarfsprüfung bezüglich der Zulassung zum qualifizierten Krankentransport vgl. BVerwG NVwZ-RR **2000**, 213.
[1421] Vgl. BVerfGE **8**, 222, 228 (Hamburgische Vergnügungssteuer); ferner BVerfGE **13**, 181, 185 f. (Schankerlaubnissteuer).
[1422] So BVerwGE **114**, 92, 99.
[1423] BVerfGE **102**, 197, 213 ff. (dazu oben Rn 771).
[1424] BVerfGE **102**, 197, 215.
[1425] BVerwGE **114**, 92, 99.
[1426] BVerfGE **115**, 276 ff.
[1427] BVerfGE **115**, 276, 300 ff.

> zung mit der Drei-Stufen-Theorie erforderlich, auch wenn man sie aufgrund ihrer Starrheit im Ergebnis ablehnt.

Auch bei Eingriffen in die **Ausbildungsfreiheit** ist zwischen subjektiven und objektiven Zulassungsvoraussetzungen und sonstigen Regelungen des Ausbildungswesens zu unterscheiden. So sind nach den **Numerus-clausus-Urteilen** des BVerfG Zugangsbeschränkungen für bestimmte Studiengänge eine *objektive Zulassungsvoraussetzung*, da nicht nur die Wahl einer bestimmten Universität reglementiert, sondern bundesweit einheitlich Bewerbern der Zugang zu dem betreffenden Studiengang versperrt wird, obwohl die allgemeine Hochschulreife vorhanden ist.[1428] Auch wenn längerfristig der Zugang zu einem obligatorischen Vorbereitungsdienst (z.B. Rechtsreferendariat) oder einem anderen staatlich monopolisierten Ausbildungsgang versperrt ist, ist von einer objektiven Zulassungsbeschränkung auszugehen. Demgegenüber liegt eine *subjektive Zulassungsbeschränkung* vor, wenn der Zugang zu einem Ausbildungsgang von persönlichen Faktoren, insbesondere von persönlichen Qualifikationen, abhängt. *Sonstige Regelungen* des Ausbildungswesens liegen etwa in der Festlegung von Ausbildungszeiten oder im Kündigungsschutz. Vgl. dazu näher Rn 802 ff.

799

In die **freie Wahl des Arbeitsplatzes** wird eingegriffen, wenn der Staat den Einzelnen am Erwerb eines zur Verfügung stehenden Arbeitsplatzes hindert, ihn zur Annahme eines bestimmten Arbeitsplatzes zwingt oder die Aufgabe seines Arbeitsplatzes verlangt.[1429] Auch hier kann zwischen objektiven und subjektiven Voraussetzungen für den Erhalt eines Arbeitsplatzes unterschieden werden.

800

> **Beispiel:** Vorschriften oder Vereinbarungen, die einen Bediensteten des öffentlichen Dienstes bei dessen vorzeitiger Aufgabe der Tätigkeit zur Erstattung (eines Teils) der Ausbildungskosten verpflichten, greifen in das Grundrecht auf freie Wahl des Arbeitsplatzes ein, da sie den Betreffenden u.U. daran hindern, die Tätigkeit aufzugeben.[1430] Hier ist von einer subjektiven Voraussetzung für den Erhalt eines Arbeitsplatzes auszugehen, solange die Höhe der zu erstattenden Ausbildungskosten in einem angemessenen Verhältnis zum Ausbildungsvorteil verbleibt; anderenfalls wäre von einer objektiven Voraussetzung auszugehen.

Da die Rechtsverhältnisse rund um den Arbeitsplatz überwiegend **privatrechtlicher** Natur sind, gilt das Grundrecht des Art. 12 I GG nicht unmittelbar zwischen dem Arbeitnehmer und dem Arbeitgeber. Da aber die arbeitsrechtlichen Vorschriften über unbestimmte Rechtsbegriffe zahlreiche Einbruchstellen für die Grundrechte enthalten, besteht Grundrechtsschutz über die Figur der **mittelbaren Drittwirkung** (Rn 105).

801

### 3. Verfassungsrechtliche Rechtfertigung

Art. 12 I S. 2 GG enthält einen Regelungsvorbehalt i.S.e. Gesetzesvorbehalts. Dieser bestimmt, dass (lediglich) die Berufs*ausübung* **durch oder aufgrund eines Gesetzes** geregelt werden darf. Die Berufs*wahl* wäre demzufolge schrankenlos gewährleistet. Beide Aspekte der Berufsfreiheit lassen sich in der Praxis jedoch nicht immer trennen, sodass von einem **einheitlichen Grundrecht der Berufsfreiheit** ausgegangen werden muss. Daher ist es nur konsequent, den Regelungsvorbehalt des Art. 12 I S. 2 GG auch auf Art. 12 I S. 1 GG (d.h. die Berufswahl) zu erstrecken.[1431]

802

---

[1428] Vgl. BVerfGE **33**, 303, 337 f. (erstes Numerus-clausus-Urteil); **43**, 291, 313 f. (zweites Numerus-clausus-Urteil).

[1429] BVerfGE **92**, 140, 151 (Kündigung eines im Polizeidienst tätigen Arbeitnehmers).

[1430] Vgl. BVerfGE **39**, 128, 141 ff. (Erstattung der Ausbildungskosten); BVerwGE **30**, 65, 69; **40**, 237, 239.

[1431] St. Rspr. des BVerfG seit dem Apothekenurteil (E **7**, 377, 402). Vgl. auch BVerfGE **102**, 197, 213 f. (Öffentliche Spielbank); **104**, 357 ff. (Ladenschlusszeiten für Apotheken); **105**, 252, 264 ff. (Glykolwein); BGH NJW **2005**, 2304 ff. (Zulassung zum BGH-Anwalt).

Mit der Formulierung „durch Gesetz oder aufgrund eines Gesetzes" ist gemeint, dass nicht nur formelle Gesetze, sondern auch nur-materielle Gesetze wie Rechtsverordnungen und Satzungen als berufsregelnde Rechtsnormen in Betracht kommen. Selbst Verwaltungsakte auf der Grundlage eines der genannten Gesetze können demnach die Berufsfreiheit einschränken. Jedenfalls muss das ermächtigende formelle Gesetz alle für die Berufsfreiheit wesentlichen Voraussetzungen selbst regeln. Dabei gilt, dass je schwerwiegender der Eingriff in die Berufsfreiheit ausfällt, desto detaillierter die formell-gesetzliche Regelung sein muss. Lediglich Randfragen der Berufszulassung und generell Fragen der Berufsausübung können der Exekutive überlassen werden (sog. Wesentlichkeitstheorie).[1432] Für Rechtsverordnungen gelten dabei zusätzlich die Anforderungen des Art. 80 I S. 2 GG bzw. die entsprechenden Bestimmungen der Landesverfassungen.

**803** Ist eine (formelle) Rechtsnorm mit berufsregelnder Tendenz vorhanden, ist sodann deren Rechtmäßigkeit zu prüfen. Die Norm muss in formeller und materieller Hinsicht mit dem Grundgesetz vereinbar sein.

**804** ▪ Die formelle Rechtmäßigkeit eines Parlamentsgesetzes bemisst sich insbesondere nach der **Gesetzgebungskompetenz** (für Bundesgesetze Art. 30, 70 ff. GG) und den **Verfahrensvorschriften** (für Bundesgesetze Art. 76 ff. GG).

**805** ▪ Die materielle Rechtmäßigkeit bestimmt sich neben der Beachtung der **Wesentlichkeitstheorie** und dem **Bestimmtheitsgrundsatz** insbesondere nach der **Verhältnismäßigkeit**. Das die Berufsfreiheit einschränkende Gesetz muss einen legitimen Zweck verfolgen, zur Erreichung des Zwecks geeignet, erforderlich und angemessen sein.[1433] Dabei macht das BVerfG bei der Bestimmung der Erforderlichkeit und der Angemessenheit (neuerdings jedoch nicht mehr konsequent) die Rechtmäßigkeit der gesetzlichen Vorschrift von der Unterscheidung der drei Eingriffsstufen (vgl. bereits Rn 795 ff.) Gebrauch.

> **Hinweis für die Fallbearbeitung:** Die Drei-Stufen-Theorie als besondere Ausprägung des Verhältnismäßigkeitsgrundsatzes spielt also lediglich bei der Erforderlichkeit und der Angemessenheit eine Rolle, nicht schon bei der Frage nach dem legitimen Zweck und der Geeignetheit des Gesetzes.

**806** ⇨ Danach bilden **Berufsausübungsregelungen**, also Regelungen, die das „Wie", die Art und Weise der beruflichen Tätigkeit zum Gegenstand haben (zu den Beispielen vgl. Rn 796), die **erste Stufe**. Eingriffe in die Berufsausübung sind bereits dann gerechtfertigt, wenn **vernünftige Erwägungen des Allgemeinwohls** diese für zweckmäßig erscheinen lassen. So soll (nach noch überwiegender, m.E. antiquierter Auffassung) etwa ein *Werbeverbot für Ärzte und Tierärzte* verfassungsrechtlich gerechtfertigt sein, wenn die Werbung Verunsicherungen bei der Bevölkerung auslösen würde bzw. geeignet ist, das Vertrauen in die berufliche Integrität des Arztes/Tierarztes in Frage zu stellen[1434], ein *Werbeverbot für Apotheker* dann, wenn ein übermäßiger Medikamentenkonsum der Bevölkerung verhindert werden soll, und ein *Werbeverbot für Rechtsanwälte*, wenn das Vertrauen gestärkt wird, der Anwalt werde nicht aus Gewinnstreben zu Prozessen raten (Verhinderung übermäßiger Inanspruchnahme der Justiz) oder die Sachbehandlung an Gebühren-

---

[1432] Vgl. nur BVerfGE **33**, 125, 158 ff. (Facharzt); **86**, 28, 40 (Bedürfnisprüfung bei Sachverständigen) und **87**, 287, 316 f. (Zulassung zum Rechtsanwalt).

[1433] Zum allgemeinen Verhältnismäßigkeitsgrundsatz vgl. Rn 169 ff.

[1434] BVerfG NJW **2002**, 3091, 3092 (Werbung für Tierarztpraxis); BVerfG-K NJW **2000**, 2734, 2735 (Werbung für eine Zahnarztklinik); *Kluth*, Jura **2001**, 371, 375; *Simon/Schmittmann*, MedR **2001**, 228, 230 ff. Vgl. dazu BVerfG-K NJW **2000**, 3057 und bereits Rn 796 f. Vgl. auch BVerwG DVBl **2001**, 1371 (Arztwerbung), aber auch BVerfG NJW **2003**, 879 ff., wo das Gericht eine objektive Berufswahlregelung annimmt.

interessen ausrichten[1435]. Hinsichtlich der *Ladenschlusszeiten für Apotheken* hat das BVerfG in begrüßenswerter Weise die Regelung des § 14 IV LadSchlG für verfassungswidrig erklärt.[1436] Demgegenüber soll § 3 I Nr. 2 LadSchlG verfassungsgemäß sein.[1437] Fraglich ist auch die Auffassung des BGH zur Zulassung von Rechtsanwälten zu BGH-Anwälten (richtig dagegen die Auffassung des BVerfG[1438], vgl. dazu bereits Rn 796).

⇨ Bei den Eingriffen in die **Berufswahl**, also Regelungen, die das „Ob" der Betätigung regeln, ist zwischen subjektiven und objektiven Zulassungsvoraussetzungen zu unterscheiden. Die die **zweite Stufe** bildenden **subjektiven Zulassungsvoraussetzungen** (zu den Beispielen vgl. Rn 797) sind in Vorschriften enthalten, welche die Aufnahme oder den Verbleib im Beruf von persönlichen Eigenschaften (etwa Höchstalter) und Fähigkeiten, erworbenen Abschlüssen (etwa Approbation als Apotheker, um eine Apotheke betreiben zu dürfen, § 2 I Nr. 3 ApothekenG[1439]) oder erbrachten Leistungen der Berufsbewerber abhängig machen. Eingriffe in diese Stufe sind verfassungsrechtlich gerechtfertigt, wenn sie dem **Schutz wichtiger Gemeinschaftsgüter** dienen. So ist etwa (nach fragwürdiger Auffassung des BVerfG) das Erfordernis der Meisterprüfung als Voraussetzung für die Ausübung eines selbstständigen Handwerks zum Schutze der Leistungsfähigkeit des Handwerks verfassungsrechtlich gerechtfertigt.[1440] Auch Altersgrenzen für die Ausübung bestimmter Berufe sind damit gerechtfertigt worden, dass ab einem bestimmten Alter die Leistungsfähigkeit herabgesetzt und so eine ordnungsgemäße Ausübung des Berufs nicht mehr gewährleistet sei. Hinsichtlich der Altergrenze für die Vertragsarztzulassung (vgl. § 98 II Nr. 12 SGB V: 55 Jahre für den Zugang zur vertragsärztlichen Tätigkeit) sei als überragend wichtiges Rechtsgut die Stabilität der gesetzlichen Krankenversicherung anzusehen.[1441] Die Höchstaltersgrenze von 60 Jahren für Piloten diene dem Schutz von Leben und Gesundheit einer Vielzahl von Menschen, die bei einem Versagen des Piloten aufgrund von altersbedingten Ausfallerscheinungen gefährdet sein können.[1442]

**807**

⇨ **Objektive Zulassungsschranken**, auch objektive Zulassungsvoraussetzungen genannt (die **dritte Stufe**), knüpfen an Umstände an, die mit der persönlichen Qualifikation des Berufsbewerbers nichts zu tun haben und die dieser auch nicht beeinflussen kann. Dazu zählen insbesondere Bedürfnisklauseln (zu den Beispielen vgl. Rn 798). Auch der Numerus clausus bei Studienplätzen (dazu sogleich Rn 810) stellt eine objektive Zulassungsbeschränkung dar. Eingriffe auf dieser Stufe sind im Allgemeinen nur dann zulässig, wenn sie zur Abwehr nachweisbarer oder höchstwahrscheinlicher **schwerer Gefahren für ein überragend wichtiges Gemeinschaftsgut** zwingend geboten sind.[1443] Als überragend wichtig hat das BVerfG neben der Volksgesundheit[1444] die Steuerrechtspflege[1445], den Schutz vor ungeeigne-

**808**

---

[1435] BVerfG NJW **2000**, 3195 (Anwaltswerbung durch Sponsoring) mit Bespr. von *Ahrens*, NJW **2000**, 3188; BVerfG NJW **2001**, 1926, 1927 (Werbung durch Fachanwälte mit Stichworten zur Tätigkeit); BGH NJW **2001**, 2087 (Infoveranstaltung mit Mittagsimbiß keine unzulässige Werbung). Vgl. auch *Bardenz*, MDR **2001**, 247 ff.

[1436] BVerfGE **104**, 357 ff. mit Bespr. v. *Terhechte*, JuS **2002**, 551 ff.

[1437] BVerfGE **111**, 10, 32 f. dargestellt als **Klausurfall** von *Visser/Sanner/Hadyk*, abrufbar unter www.verlag-rolf-schmidt.de Rubrik Wissenswertes Juli 2004.

[1438] BVerfGE **106**, 216, 219 ff.

[1439] Vgl. dazu auch Rn 809b.

[1440] Vgl. BVerfGE **13**, 97, 107 (Befähigungsnachweis Handwerk); **69**, 209, 218 (Steuerberaterprüfung).

[1441] Vgl. BVerfGE **103**, 172, 185 ff. (mit Bespr. v. *Welti*, JA **2002**, 110 ff.).

[1442] BVerfG MDR **2005**, 341 f. (Piloten).

[1443] St. Rspr. seit BVerfGE **7**, 377, 408 (Apothekenurteil) und jüngst BVerfGE **102**, 197, 214 (Öffentliche Spielbanken). Vgl. auch BVerwGE **102**, 92, 95 ff. (Oddset-Wetten - mit Bespr. v. *Oberrath*, JA **2002**, 116).

[1444] Vgl. BVerfGE **7**, 377, 414 f. (Apothekenurteil) und BVerfG NJW **2001**, 2788 (Arztwerbung).

[1445] Vgl. BVerfGE **21**, 173, 179 (Beschränkung der Freiheit der Berufswahl durch Schaffung von Inkompatibilitäten); **69**, 209, 218 (Zulassung zur Steuerberatungsprüfung).

ten Rechtsberatern[1446] und die Leistungsfähigkeit der öffentlichen Personenbeförderung[1447] anerkannt.

**809**

> **Hinweis für die Fallbearbeitung:** Der kritische Leser wird erkannt haben, dass es sich bei der Drei-Stufen-Theorie letztlich um nichts anderes handelt, als um eine spezielle Erscheinungsform des allgemeinen Verhältnismäßigkeitsgrundsatzes, wonach umso höhere Rechtfertigungsanforderungen an die Maßnahme zu stellen sind, desto intensiver der Eingriff in grundrechtlich geschützte Rechtspositionen ausfällt. Bei Art. 12 GG hat diese „Faustformel" durch die Rspr. des BVerfG also lediglich vermeintlich präzisere Konturen erlangt. Gerade der neueren Rspr. des BVerfG ist teilweise aber zu entnehmen, dass das Gericht zunehmend dazu übergeht, die Prüfung der verfassungsrechtlichen Rechtfertigung des Grundrechtseingriffs **nicht mehr anhand der starren Drei-Stufen-Theorie vorzunehmen**, sondern den allgemeinen Verhältnismäßigkeitsgrundsatz anzuwenden. Oft ist folgende Formulierung zu finden: „Je empfindlicher die Berufsausübenden in ihrer Berufsfreiheit beeinträchtigt werden, desto stärker müssen die Interessen des Gemeinwohls sein, denen die Regelung zu dienen bestimmt ist"[1448]. Von einer „Stufe" ist nicht mehr die Rede.[1449] Damit schafft sich das Gericht insbesondere in Fällen, in denen eine Einordnung in eine Stufe unmöglich scheint[1450], eine begrüßenswerte Flexibilität in der Argumentation und verabschiedet sich von dem „Kategoriendenken" der Drei-Stufen-Theorie.
>
> Wo das BVerfG aber noch an der Drei-Stufen-Theorie festhält ist – trotz des bisweilen richtigen Ergebnisses – oftmals die Argumentation fraglich. Das gilt etwa hinsichtlich der Entscheidung bzgl. des (landesrechtlichen) Verbots für Ärzte, neben der Gebietsbezeichnung „Allgemeinmedizin" eine weitere Gebietsbezeichnung (etwa die Facharztbezeichnung „Kinderarzt") zu führen. Denn das Gericht ordnet das Werbeverbot der zweiten Stufe zu.[1451] Was dieses Verbot jedoch mit subjektiven Zulassungsvoraussetzungen zu tun haben soll, verschließt sich dem vernünftigen Betrachter. Warum das BVerfG dieses Verbot dennoch dieser Stufe und nicht – wie es dies eigentlich müsste – der ersten Stufe zuordnet, erschließt sich, wenn man die jeweiligen Voraussetzungen für die verfassungsrechtliche Rechtfertigung betrachtet. Denn während nach dem bisher Gesagten Eingriffe der ersten Stufe bereits durch vernünftige Gemeinwohlbelange gerechtfertigt sind, ist das bei Eingriffen der zweiten Stufe nur bei wichtigen Gemeinschaftsgütern der Fall. Da das BVerfG jedoch zutreffend erkannt hat, dass das genannte Verbot die Berufsausübung besonders stark beeinträchtigt (insbesondere hängt die Zulassung zum „Kassenarzt" gem. § 95 I SGB V von einer Facharztausbildung ab) und es bei einer

---

[1446] Vgl. BVerfGE **75**, 246, 267 (Beseitigung des Berufs der Rechtsbeistände). Freilich ist das „überragende" Schutzgut *Rechtsberatung* nach dem gegenwärtig im Bundestag eingebrachten Gesetzentwurf zu relativieren. Denn nach dem Entwurf des „Rechtsdienstleistungsgesetzes", der im Übrigen der Umsetzung einer Vorgabe der EU-Kommission dient, soll einfache Rechtsberatung als Nebenleistung auch von Nicht-Juristen gegeben werden dürfen. Als Beispiel nennt das Gesetz u.a. den Architekten, der dem Bauherrn Rechtsauskünfte hinsichtlich des Baurechts geben dürfen soll.

[1447] Vgl. BVerfGE **11**, 168, 184 f. (Bedürfnisprüfung im Personenbeförderungsrecht).

[1448] Vgl. dazu BVerfG NJW **2001**, 2734 mit Bespr. v. *Laufs*, NJW **2001**, 1768 und *Schwerin*, NJW **2001**, 1770; BVerfGE **103**, 1, 9 ff.; BVerfGE **102**, 197, 220; BVerfG NJW **2001**, 1926 (Werbung von Fachanwälten mit Stichworten zur Tätigkeit); BVerfGE **115**, 276, 300 ff. (Sportwetten).

[1449] Vgl. etwa BVerfG NJW **2002**, 3091, 3092; BVerfG NJW **2002**, 1331, 1332 (Bezeichnung von Ärzten als „Spezialisten"); vgl. aber auch BVerfGE **104**, 357 ff., BVerfG NJW **2003**, 879 ff. und BVerfG MDR **2005**, 341 f. (Piloten), wo das Gericht von „besonders wichtigen Gemeinschaftsgütern" spricht und damit offenbar wieder auf die Drei-Stufen-Theorie abstellt. Insgesamt gewinnt man den Eindruck, das BVerfG argumentiere wie es ihm beliebt. Rechtsdogmatische Überzeugungskraft und Glaubwürdigkeit bleiben auf der Strecke.

[1450] So ist z.B. äußerst fraglich, auf welcher Stufe das für verfassungswidrig erklärte, in § 25 BRAO statuierte Verbot, dass der bei einem OLG zugelassene Rechtsanwalt nicht zugleich bei einem anderen Gericht zugelassen sein darf, anzusiedeln ist. Nahezu unmöglich ist es auch, die Erlaubnispflicht zum Betreiben einer Spielbank einer Stufe zuzuordnen. Daher behandelt das BVerfG die gesetzlichen Vorschriften, die das Betreiben einer Spielbank durch Private nahezu unmöglich machen „wie" objektive bzw. subjektive Berufszulassungsvoraussetzungen (vgl. BVerfGE **102**, 197, 214).

[1451] BVerfG NJW **2003**, 879 ff. (Führen mehrerer Facharztbezeichnungen).

Einordnung des Verbots in die erste Stufe dieses wegen Vorliegens vernünftiger Gemeinwohlbelange für verfassungsmäßig hätte erklären müssen, hat es – um das Verbot für verfassungswidrig erklären zu können – dieses der zweiten Stufe zugeordnet und wichtige Gemeinschaftsgüter gefordert (die im vorliegenden Fall selbstverständlich nicht vorlagen). Da das Verbot aber – wie gesehen – nichts mit subjektiven Zulassungsvoraussetzungen zu tun hat, ist das Gericht schlicht dazu übergegangen zu sagen, eine derartige Regelung komme einer Berufswahlregelung (also der zweiten Stufe) nahe, sodass gewichtige Gründe des Gemeinwohls vorhanden sein müssten, um sie zu rechtfertigen.[1452]

Spätestens mit dieser Entscheidung dürfte klar sein, dass das BVerfG dort, wo es die Drei-Stufen-Theorie für nicht opportun hält, diese „zurechtbiegt" oder mit Verweis auf die „Atypik des Falls"[1453] ganz auf sie verzichtet, um zu dem gewünschten Ergebnis zu gelangen. Damit führt das BVerfG die Drei-Stufen-Theorie ad absurdum. Es bleibt zu hoffen, dass das Gericht sich bald vollständig von diesem Konstrukt löst und ausschließlich den allgemeinen Grundsatz der Verhältnismäßigkeit anwendet. Gelegenheit dazu könnte es bekommen, wenn ein Zigarettenproduzent oder -händler die Regelung des **§ 10 JuSchG**, wonach das Anbieten von **Tabakwaren** (auch in Automaten) an Stellen, die Jugendlichen unter 16 Jahren zugänglich sind, seit dem 1.1.2007 grds. verboten ist, angreift. Nach der Drei-Stufen-Theorie ist diese Regelung wohl ausschließlich der ersten Stufe zuzuordnen. Doch dürfte der Eingriff so schwerwiegend sein, dass erhebliche Umsatzeinbußen und damit schwerwiegende Folgen zu erwarten sind. Von einer „relativ" geringen Beeinträchtigung i.S.d. der ersten Stufe kann also nicht mehr die Rede sein. Damit ist bewiesen, dass die Drei-Stufen-Theorie als ein Relikt vergangener Tage bezeichnet werden muss und der Lösung moderner gesellschaftlicher Probleme nicht mehr gerecht wird.

Sofern man sich dieser Tendenz, die im Ergebnis die Drei-Stufen-Theorie ablehnt, anschließt, bietet sich für die Fallbearbeitung folgende Vorgehensweise an:

⇨ Zunächst ist der Eingriff in den Schutzbereich des Art. 12 I GG zu bestimmen.

⇨ Sodann ist die Frage nach der verfassungsrechtlichen Rechtfertigung aufzuwerfen. Es ist danach zu fragen, ob das die Berufsfreiheit einschränkende Gesetz einen legitimen Zweck verfolgt, geeignet, erforderlich und angemessen ist. Da es um einen Eingriff in die Berufsfreiheit geht, ist bei der Erforderlichkeit/Angemessenheit auf die hierzu vom BVerfG entwickelte Drei-Stufen-Theorie einzugehen und diese (wie oben gezeigt) kurz darzulegen.

⇨ Nachdem die Drei-Stufen-Theorie entsprechend dargestellt wurde, ist festzustellen, dass diese letztlich nichts anderes darstellt als einen Spezialfall des allgemeinen Grundsatzes der Verhältnismäßigkeit, sich aber wesentlich starrer und unflexibler zeigt, sodass auch die aktuelle Rspr. des BVerfG dazu übergeht, Formulierungen zu verwenden, die ausschließlich dem allgemeinen Grundsatz der Verhältnismäßigkeit entsprechen.

⇨ Schließt man sich dieser aktuellen Tendenz an, ist die Drei-Stufen-Theorie schlichtweg überflüssig. Geprüft wird dann die staatliche Maßnahme unter Zugrundelegung des allgemeinen Verhältnismäßigkeitsgrundsatzes.

Möchte man gleichwohl an der Drei-Stufen-Theorie festhalten, ist (bereits beim Eingriff) zu prüfen, auf welcher Stufe die fragliche staatliche Maßnahme anzusiedeln ist, um anschließend bei der Rechtfertigung auf die von der einschlägigen Stufe abhängigen Rechtfertigungsvoraussetzungen einzugehen.

---

[1452] BVerfG NJW **2003**, 879, 880 f. Vgl. auch BVerfG NJW **2003**, 3470, 3471, wo das Gericht nur noch undifferenziert von Gemeinschaftsgütern spricht. Abzulehnen ist auch die Auffassung des BGH (NJW **2005**, 2305 ff.) zur Zulassung eines Rechtsanwalts zum BGH-Anwalt (vgl. Rn 796).
[1453] So BVerfGE **102**, 197, 213 ff. Vgl. auch BVerfGE **115**, 276, 300 ff. (dazu sogleich Rn 809a).

**809a**  Auch in seinem **Sportwetten-Urteil** (vgl. bereits Rn 775 und 798a) hat das BVerfG mit Verweis auf die „Atypik" des Falls den allgemeinen Verhältnismäßigkeitsgrundsatz (und nicht die Drei-Stufen-Theorie) angewendet. Der **legitime Zweck** des Sportwettenmonopols bestehe in der Suchtprävention, weil Glücksspiele und Wetten zu krankhaftem Suchtverhalten führen könnten. Die Spielsucht mache außerdem mit ihren Folgen nicht bei dem Betroffenen selbst halt, sondern erfasse das gesamte soziale Umfeld und betreffe sogar die Gesellschaft. Daher sei es legitim, dass der Staat die Sportwetten nicht den freien Kräften des Marktes überlasse, sondern staatlichen Veranstaltern vorbehalte.[1454] Zudem sei ein staatliches Wettmonopol geeignet[1455], den Spieler vor betrügerischen Machenschaften[1456] zu schützen und ihn vor der Zahlungsunfähigkeit des Veranstalters zu bewahren. Zusätzlich könne ein staatliches Wettmonopol verhindern, dass sich kriminelle Strukturen im Wettmarkt etablierten. Gerade bei Sportwetten bestehe die Gefahr, dass Kriminelle versuchten, auf den Spielausgang Einfluss zu nehmen. Derartiger Folge- und Begleitkriminalität mit einem staatlichen Wettmonopol entgegenzuwirken, sei durchaus ein legitimes Ziel.[1457]

Fraglich ist indes, ob das staatliche Sportwettenmonopol auch **geeignet** ist, die Spielsucht abzuwehren. Das wäre zumindest dann der Fall, wenn durch das staatliche Sportwettenmonopol die Bekämpfung der Spielsucht gefördert würde. Während dies wohl noch angenommen werden kann, ist die **Erforderlichkeit** mehr als fraglich. Es dürfte kein anderes, milderes Mittel ersichtlich sein, die Spielsucht zu bekämpfen. Als ein solches kommt aber z.B. die staatlich kontrollierte Zulassung der gewerblichen Veranstaltung von Sportwetten durch Private („unter staatlicher Kontrolle stehendes Konzessionssystem") in Betracht.[1458] Dadurch wird zum einen der Markt auch Privaten eröffnet und zum anderen behält der Staat eine Kontroll- und Einflussmöglichkeit. Dass eine derartige Konstruktion funktionieren kann, beweist die Konzessionsvergabe etwa an private Personenbeförderungsunternehmen, Sicherheitsdienste u.ä.

Das BVerfG lässt dem Gesetzgeber aber auch die Möglichkeit, sich für den Erhalt des Wettmonopols zu entscheiden. Dann aber habe dieses folgende Anforderungen zu erfüllen[1459]: Art und Zuschnitt der Sportwetten müssten gesetzlich festgelegt sowie Vorgaben zur Beschränkung ihrer Vermarktung getroffen werden; die Werbung habe sich auf eine Information und Aufklärung über Möglichkeiten zum Wetten zu beschränken; Vorkehrungen für den Einzelschutz des Spielers (z.B. Selbstsperren) sollten eingeführt werden und Maßnahmen zur Abwehr von Suchtgefahren, die über das bloße Bereithalten von Informationsmaterial hinausgehen, seien zu ergreifen. Des Weiteren seien die Vertriebswege so zu wählen, dass Möglichkeiten des Spieler- und Jugendschutzes genutzt würden. Eine Verknüpfung von Wettmöglichkeiten mit Fernsehübertragungen von Sportereignissen laufe dieser Zielvorgabe zuwider und sei daher unzulässig. Schließlich solle eine unabhängige Kontrollinstanz geschaffen werden, die die Einhaltung der o.g. Anforderungen sicherstelle.

Fazit: Das BVerfG hat also das bisherige staatliche Sportwettenmonopol für mit Art. 12 I GG unvereinbar erklärt. Es hat zwei Alternativen aufgezeigt, den Interessen der Beteiligten gerecht zu werden. Die Gesetzgeber des Bundes und der Länder hätten bis zum 31.12.2007 Zeit, eine entsprechende gesetzliche Regelung zu schaffen. Bis dahin seien die staatlichen Wettanbieter aufgefordert, ein „Mindestmaß an Konsistenz zwischen dem Ziel der Begrenzung der Wettleidenschaft und der Bekämpfung der Wettsucht einerseits und der tatsächlichen Ausübung (des) Monopols andererseits herzustellen".[1460] Der Staat

---

[1454] BVerfGE **115**, 276, 300 ff.
[1455] Eigentlich hätte es heißen müssen: „legitim", da das Gericht an dieser Stelle noch nicht die Geeignetheit des Monopols, sondern nur dessen legitimen Zweck prüft. Derartige unpräzise Begriffe dürfen in der Fallbearbeitung auf keinen Fall verwendet werden.
[1456] Die das BVerfG offenbar privaten Wettveranstaltern unterstellt.
[1457] BVerfGE **115**, 276, 300 ff.
[1458] So BVerfGE **115**, 276, 300 ff.
[1459] BVerfGE **115**, 276, 300 ff.
[1460] BVerfGE **115**, 276, 300 ff.

dürfe die Übergangszeit nicht für eine extensive Vermarktung von Wetten nutzen.[1461] Bislang nicht genehmigte private Wettveranstaltungen und Wettvermittlungen dürften jedoch bis zum Erlass der Neuregelung „weiterhin als verboten angesehen und ordnungsrechtlich unterbunden werden."[1462]

Keinen Eingang in die Argumentation des BVerfG finden die **europarechtlichen Vorgaben**. Denn wegen des Anwendungsvorrangs des EG-Rechts muss die **Dienstleistungsfreiheit** (Art. 49 EG) auch für die Sportwetten gelten. Verfügt also ein privater Sportwettenanbieter über eine entsprechende Genehmigung in einem anderen Mitgliedstaat der EU, ist ein nationales Verbot unbeachtlich. Daraus folgt zugleich, dass ein nationaler privater Sportwettenanbieter gegenüber denen aus anderen Mitgliedstaaten, die in der Bundesrepublik aufgrund des Art. 49 EG Sportwetten veranstalten dürfen, diskriminiert würde, ließe man nicht auch seine Tätigkeit zu.

Im Übrigen findet der Anwendungsvorrang des EG-Rechts auch Eingang in die aktuelle Diskussion um die sog. **Internet-Apotheken**. Nach der in Deutschland geltenden Gesetzeslage bedarf jemand, der eine Apotheke betreiben möchte, der Genehmigung (§ 1 II ApothekenG). Die Genehmigung darf u.a. nur erteilt werden, wenn der Antragsteller die deutsche Approbation als Apotheker besitzt (§ 2 I Nr. 3 ApothekenG). Existieren also in einem anderen Mitgliedstaat der EU weniger strenge Voraussetzungen für den Betrieb einer Apotheke, überlagert Art. 49 EG die Zulassungsvorschriften des ApothekenG. Demzufolge muss dem Inhaber einer Internet-Apotheke, der in der Bundesrepublik eine stationäre Filiale eröffnen möchte, die Zulassung gewährt werden, sofern er über eine entsprechende Zulassung in seinem EU-Heimatstaat verfügt. **809b**

Objektive Berufswahlregelungen (objektive Zulassungsvoraussetzungen bzw. -schranken) gewinnen insbesondere dann an Bedeutung, wenn **öffentliche Ausbildungseinrichtungen** durch den Staat rechtlich oder tatsächlich **monopolisiert** sind. Das ist insbesondere bei staatlichen **Hochschulen und Universitäten,** aber auch beim **Vorbereitungsdienst (Referendariat)** der Fall. Wie bereits erläutert, gewährt Art. 12 I GG zwar kein subjektives öffentliches Recht auf Schaffung zusätzlicher bzw. neuer Ausbildungsstätten. Etwas anderes gilt aber für den Fall, dass die staatliche Hochschule Leistungen (in Form der Zur-Verfügung-Stellung von Ausbildungsplätzen) *bereits anderen gewährt hat.* Hier ist er nach Art. 12 I GG i.V.m. Art. 3 I GG und dem Sozialstaatsprinzip zur Gleichbehandlung verpflichtet und darf ohne sachlichen Grund Dritte nicht von der Leistungsgewährung ausschließen (**derivatives Leistungsrecht bzw. Teilhaberecht**). Ein sachlicher Grund besteht etwa darin, dass vorhandene Ausbildungskapazitäten erschöpft sind. Denn ginge man über die vorhandene Kapazität hinaus, würden zum einen die Ausbildung der anderen Studierenden gefährdet und zum anderen die Funktionsfähigkeit von Forschung und Lehre sowie – beim Studium der Medizin – die Patientenversorgung in Frage gestellt werden. Für die Versagung der Zulassung ist aber aufgrund der Grundrechtswesentlichkeit stets eine **formell-gesetzliche Rechtsgrundlage** erforderlich.[1463] Durch das Erfordernis einer formell-gesetzlichen Grundlage soll gewährleistet werden, dass nicht einzelne Universitäten oder Hochschulen bei Überfüllung der Studienplätze in eigener Machtvollkommenheit Bewerber ausschließen und damit die Verwirklichung des Rechts aus Art. 12 I GG vereiteln.[1464] Seine derzeitige formell-gesetzliche Einschränkung findet das Hochschulzulassungsrecht in den Hochschulgesetzen der Länder, den Bestimmungen des Staatsvertrags (StV) über die Vergabe von Studienplätzen (GVBl NRW 1993, 204) und in den aufgrund der Ermächtigung in den Hochschulgesetzen der Länder erlassenen **810**

---

[1461] BVerfGE **115**, 276, 300 ff.
[1462] BVerfGE **115**, 276, 300 ff.
[1463] Ganz h.M. seit BVerfGE **33**, 303, 336 f. (erstes Numerus-clausus-Urteil).
[1464] Vgl. *Gubelt*, in: von Münch/Kunig, GG, Art. 12 Rn 30.

Rechtsverordnungen. Materiellrechtlich ist die Zulassungsbeschränkung gerechtfertigt, wenn sie dem Schutz eines **überragend wichtigen Gemeinschaftsguts** dient und nur in den Grenzen des unbedingt Erforderlichen unter erschöpfender Nutzung der vorhandenen, mit öffentlichen Mitteln geschaffenen Ausbildungskapazitäten angeordnet wird. Darüber hinaus müssen Auswahl der Bewerber und Verteilung der Studienplätze nach sachgerechten Kriterien erfolgen, damit jeder Studienbewerber die gleiche Chance für das Studium erhält.[1465]

> **Beispiel:** Abiturient A begehrt die Zulassung zum Medizinstudium an der Universität U. Diese verweigert – obwohl noch freie Plätze vorhanden sind – die Zulassung mit der Begründung, A habe in den mathematisch-naturwissenschaftlichen Fächern lediglich ausreichende Noten erhalten.
> **Variante:** A erhält nur deshalb keinen Studienplatz, weil die vorhandenen Studienplätze bereits vergeben sind.
> Verletzen diese Entscheidungen A in seinem Grundrecht aus Art. 12 I GG?

> **Zum Ausgangsbeispiel:** Die Universität ist eine Ausbildungsstätte i.S.d. Art. 12 I GG. Nach ganz herrschender Ansicht folgt aus dem in Art. 12 I GG gewährleisteten Recht auf freie Wahl des Berufs und der Ausbildungsstätte i.V.m. Art. 3 I GG und dem Sozialstaatsprinzip das grundsätzliche Recht eines jeden Bewerbers mit Hochschulreife auf Zulassung zum Hochschulstudium seiner Wahl unter maximaler Berücksichtigung der gewählten Ausbildungsstätte.[1466] Vorliegend hat A die allgemeine Hochschulreife nachgewiesen. Er hat damit die Zulassungsvoraussetzung erfüllt. Da noch Studienplätze vorhanden sind, steht der Zulassung kein nachvollziehbarer Grund entgegen. A muss deshalb zugelassen werden.

> **Zur Variante:** Das grundsätzliche Recht auf Zulassung zu einem bestimmten Studium wird allerdings nicht vorbehaltlos gewährleistet, sondern durch die vorhandenen Kapazitäten eingeschränkt. Daher sind Zulassungsbeschränkungen (Numerus clausus) trotz des grundsätzlichen Rechtsanspruchs unter bestimmten Voraussetzungen zulässig. Erforderlich ist aufgrund des mit der Nichtzulassung verbundenen Eingriffs in Art. 12 I GG zunächst eine formell-gesetzliche Grundlage. Eine solche besteht in den Regelungen des HRG und der Hochschulgesetze der Länder. Materiellrechtlich ist der Numerus clausus bei Studienplätzen nur dann mit Art. 12 I GG vereinbar, wenn er dem Schutz eines **überragend wichtigen Gemeinschaftsguts** dient und nur in den Grenzen des unbedingt Erforderlichen unter erschöpfender Nutzung der vorhandenen, mit öffentlichen Mitteln geschaffenen Ausbildungskapazitäten angeordnet wird.
> Ein überragend wichtiges Gemeinschaftsgut könnten die ungehinderte Ausbildung der anderen Studierenden sowie die Funktionstüchtigkeit von Forschung und Lehre sein. Denn ginge man über die vorhandene Kapazität hinaus, so würde zum einen die Ausbildung der anderen Studierenden gefährdet und zum anderen die Funktionsfähigkeit von Forschung und Lehre sowie – beim Studium der Medizin – die Patientenversorgung in Frage gestellt werden. In der Zulassung über die bereits ausgeschöpfte Kapazität hinaus läge deshalb eine Gefahr für ein überragend wichtiges Gemeinschaftsgut vor. Die Versagung der Zulassung ist deshalb verfassungsrechtlich gerechtfertigt.

---

[1465] BVerfGE **33**, 303, 338, 345 ff.; **43**, 291, 314 ff.; *Breuer*, in: HdbStR VI, S. 937 f.; *Gubelt*, in: von Münch/Kunig, GG, Art. 12 Rn 31.
[1466] So in den beiden Grundsatzentscheidungen BVerfGE **33**, 303, 331 und **43**, 291, 313.

## d. Zusammenfassung:

Sofern man der Fallbearbeitung noch die Drei-Stufen-Theorie zugrunde legen möchte, ergeben sich bei der Verhältnismäßigkeit folgende Abstufungen:

811

| 1. Stufe | 2. Stufe | 3. Stufe |
|---|---|---|
| ⇩ | ⇩ | ⇩ |
| Berufsausübungs-regeln | Subjektive Be-rufszulassungs-voraussetzungen | Objektive Berufs-zulassungs-voraussetzungen |
| ⇩ | ⇩ | ⇩ |
| Gerechtfertigt bei vernünftigen Erwä-gungen des Allgemeinwohls | Gerechtfertigt durch den Schutz wichtiger Gemein-schaftsgüter | Gerechtfertigt durch den Schutz überra-gend wichtiger Gemeinschaftsgüter |

## II. Schutzgewähr- und Teilhaberecht des Art. 12 I GG

Art. 12 I GG beinhaltet nicht nur ein Abwehrrecht, sondern auch ein Schutzgewähr- und ein Teilhaberecht.

812

### 1. Art. 12 I GG als Schutzgewährrecht

Unter dem Gesichtspunkt „Grundrechtsschutz durch Organisation und Verfahren" wirkt sich der Schutz des Art. 12 I GG in besonderer Weise auch auf den Inhalt und die Gestaltung von **Prüfungsverfahren** aus, welche den Zugang zu einem Beruf ermöglichen (Beispiel: Juristische Staatsprüfung). Da aber insbesondere das berufs-spezifische Prüfungsverfahren hoch komplexe Wertungen beinhaltet und/oder von komplexen Diagnosen abhängt, ist fraglich, ob eine derartige Prüfung in einem nach-folgenden Gerichtsverfahren überhaupt vollständig nachvollzogen und überprüft wer-den kann. Zwar fordert das Rechtsstaatsprinzip grundsätzlich die volle richterliche Kontrolle von Hoheitsakten. Eine Ausnahme von diesem Postulat ist aber dort zu machen, wo komplexe prüfungsspezifische Bewertungen – z.B. bei der Gewichtung verschiedener Aufgaben untereinander, bei der Einordnung des Schwierigkeitsgrades der Aufgabenstellung oder bei der Würdigung der Qualität der Darstellung – im Ge-samtzusammenhang des Prüfungsverfahrens getroffen werden müssen und sich nicht ohne weiteres im nachfolgenden Verwaltungsstreitverfahren einzelner Prüflinge nach-vollziehen lassen.[1467] Eine gerichtliche Überprüfung beschränkt sich dann darauf, ob der gesetzliche **Rahmen**, der dem Gesetzesanwender eingeräumt wurde, **eingehal-ten wurde**, ob also **keine Beurteilungsfehler** gemacht wurden. Als beurteilungs-fehlerhaft gilt es, wenn[1468]

813

- besondere **Verfahrensvorschriften** missachtet wurden (Beispiel: Fehlende Protokol-lierung einer mündlichen Prüfung; fehlende Qualifikation des Prüfers[1469]),

---

[1467] Vgl. dazu BVerwG NJW **2000**, 1055; NJW **2000**, 1280; NVwZ **2001**, 200; NVwZ **1998**, 738; VG Lüne-burg NVwZ **2001**, 767.
[1468] Vgl. BVerfG NVwZ **2002**, 1368 f.; BVerwG NVwZ-RR **2002**, 49; *Beaucamp*, JA **2002**, 314, 319.
[1469] Vgl. dazu VGH Mannheim NVwZ **2001**, 937 und VGH Mannheim NVwZ **2002**, 235.

- von einem **unzutreffenden Sachverhalt** ausgegangen wurde[1470],
- ein **Tatbestandsmerkmal falsch ausgelegt** wurde (Beispiel: Die Note „ausreichend" wird als weit über dem Durchschnitt liegend angesehen),
- **allgemein anerkannte Bewertungs- bzw. Wertmaßstäbe** nicht zugrunde gelegt wurden[1471] (Beispiele: Befangenheit des Prüfers[1472]; bei der Bewertung einer juristischen Examensarbeit wird eine Meinung als abwegig bezeichnet, obwohl sie im Schrifttum vertreten wird[1473]; zutreffende Antworten und brauchbare Lösungen werden als falsch bewertet oder eine richtige Behandlung einer Rechtsnorm wird als „eher zufällig" bewertet[1474]. Wird hingegen bei einer Beamtenbewerberin allein deswegen ein Eignungsmangel angenommen, weil diese im Dienst aus religiösen Gründen ein Kopftuch tragen möchte, soll nach Auffassung des BVerwG der Beurteilungsspielraum nicht überschritten sein.[1475]),
- **sachfremde Erwägungen herangezogen** wurden (Beispiel: hohe Misserfolgsquote im Staatsexamen zwecks Reduzierung der Juristenzahl),
- der **Prüfungsinhalt** den von der Prüfungsordnung vorgegebenen **Rahmen verlässt**[1476]
- oder die **Chancengleichheit** (Art. 3 I GG) **missachtet** wurde[1477].

**814** Eine Klage gegen eine Prüfungsentscheidung wird aber nur dann erfolgreich sein, wenn nicht nur ein Beurteilungsfehler vorliegt, sondern sich dieser Beurteilungsfehler auch auf das **Gesamtergebnis ausgewirkt hat!** Vgl. insgesamt zu dieser Problematik die Ausführungen bei *R. Schmidt*, AllgVerwR, Rn 283 ff.

### 2. Art. 12 I GG als Teilhaberecht

**815** Wie bereits bei Rn 10 ff. erläutert, fungieren die Grundrechte nicht nur als Abwehrrechte des Bürgers gegen staatliche Eingriffe (*status negativus*), sondern auch als Leistungs- bzw. Teilhaberechte (*status positivus*) und Mitwirkungsrechte (*status activus*). Zu beachten ist jedoch, dass die Grundrechte unter Berücksichtigung von Wortlaut und Funktion überwiegend nicht als Anspruchsgrundlagen konzipiert sind und dass sich nur bei einigen Grundrechten aus dem Wortlaut oder zumindest im Wege der Auslegung ein Anspruch ergibt. Ob das bei Art. 12 I GG außerhalb des Berufszulassungsrechts der Fall ist, wurde bereits ausführlich anhand der Konkurrentengleichstellungsklage dargestellt.

## III. Konkurrenzen

**816** Im Verhältnis zu **Art. 2 I GG** ist Art. 12 I GG lex specialis. Wenn man auch die wirtschaftliche Betätigungsfreiheit als von Art. 12 I GG umfasst ansieht, steht dem betroffenen Wirtschaftssubjekt somit der Schutz des Art. 12 I GG zu. Im Verhältnis zu **Art. 14 I GG** besteht regelmäßig ein Ausschlussverhältnis, weil das Eigentumsgrundrecht primär das Erworbene und das Berufsgrundrecht den Erwerb schützt. Lediglich, wenn durch einen Akt gleichzeitig der Erwerb und das Erworbene beeinträchtigt werden, ist von Idealkonkurrenz auszugehen.

---

[1470] BVerfG NVwZ **2002**, 1368 f.
[1471] BVerfG NVwZ **2002**, 1368 f.
[1472] Vgl. dazu VGH Mannheim NVwZ **2002**, 235.
[1473] BVerwG NJW **2000**, 1055 (Zweite Juristische Staatsprüfung).
[1474] OVG Saarlouis NVwZ **2001**, 942.
[1475] BVerwG NJW **2002**, 3344 ff.; anders VG Lüneburg NJW **2001**, 767, 768. Vgl. nunmehr auch BVerfGE **108**, 282, 294 ff.
[1476] BVerwG NJW **1998**, 323, 327 f. Zur Akteneinsicht bei der Prüfungsanfechtung vgl. *Steike*, NVwZ **2001**, 868 ff.
[1477] VGH Mannheim NVwZ **2002**, 235 f. (Fairnessgebot in der mündlichen Prüfung). Aus dem Gebot der Chancengleichheit folgt auch das grundsätzliche Verbot der Verschlechterung, soweit eine Prüfungsleistung erneut überprüft wird, vgl. BVerwG NJW **2000**, 1055.

**Beispiel:** Hat eine behördliche Warnung vor Lebensmitteln eines bestimmten Lebensmittelherstellers zur Folge, dass sämtliche Produkte dieses Herstellers gemieden werden, genießt der Hersteller nach der hier vertretenen Auffassung sowohl den Schutz des Art. 12 I GG als auch den des Art. 14 I GG, da nicht nur die Berufsfreiheit tangiert, sondern auch die Existenz des Betriebes gefährdet wird. Die Warnung ist also nur gerechtfertigt, wenn sie den Anforderungen beider Grundrechte standhält.

## IV. Übungsfälle

In jüngerer Zeit mussten sich die Gerichte mit zahlreichen Klagen hinsichtlich der bereits genannten Werbebeschränkung für Ärzte und Rechtsanwälte auseinandersetzen. Im Kern ging es um die Frage, ob und inwieweit in einer Gesellschaft, in der der Konkurrenzdruck stetig steigt, Werbebeschränkungen auf der Grundlage von §§ 43b BRAO, §§ 6 I, 7 BORA oder von Vorschriften der Berufsordnungen für Ärzte mit Art. 12 I GG überhaupt noch vereinbar sein können. Einige dieser Entscheidungen sind als Übungsfälle aufbereitet, deren ausformulierte Lösungen auf der Internet-Seite des Verlags Rubrik Studienbücher/Grundrechte/Falllösungen zum kostenlosen download zur Verfügung stehen.

**817
-818**

# P. Unverletzlichkeit der Wohnung – Art. 13 GG

---

**Unverletzlichkeit der Wohnung – Art. 13 GG**

**I. Schutzbereich der Unverletzlichkeit der Wohnung**

Als **Wohnung** sind alle Räume einzustufen, die der allgemeinen Zugänglichkeit durch eine räumliche Abschottung entzogen und zur Stätte privaten Lebens und Wirkens gemacht sind.

Als Wohnung i.S.d. Art. 13 I GG gilt nicht nur die Wohnung i.e.S., sondern es zählen auch die zur Wohnung gehörenden Nebenräume wie Keller, Böden, abgeschlossene Höfe etc. dazu. Weiterhin sind Gast- und Hotelzimmer, Wochenendhäuser, Zelte und (Wohn-) Boote erfasst, nicht jedoch Autos und Strandkörbe oder Haftäume einer Justizvollzugsanstalt. Befriedetes Besitztum ist regelmäßig nicht geschützt. Bei Arbeits-, Betriebs- und Geschäftsräumen kommt es zum einen auf den nach außen erkennbaren Willen des Einzelnen zur beschränkten Zugänglichkeit der Räume und Örtlichkeiten und zum anderen auf die soziale Anerkennung dieser individuellen Bestimmung der räumlichen Privatsphäre an (str.).

**II. Eingriff in den Schutzbereich**

Das Grundrecht wird durch jede Verletzung der Privatheit der Wohnung durch staatliche Stellen beeinträchtigt. Diese Voraussetzung erfüllen jede Durchsuchung sowie jedes sonstige Eindringen staatlicher Stellen in den geschützten Bereich.

**III. Verfassungsrechtliche Rechtfertigung**

Da Art. 13 GG in den Absätzen II bis VII unterschiedliche Schrankenregelungen enthält, wird auf die folgenden differenzierenden Ausführungen verwiesen.

---

## I. Schutzbereich

819    Seinem Wesen und seiner historischen Bedeutung nach gewährt das Wohnungsgrundrecht die Ausübung der Privat- und Intimsphäre im räumlichen Bereich und ist damit besonderer Ausdruck sowohl des Persönlichkeitsrechts als auch der Menschenwürde. Der Grundrechtsberechtigte soll das Recht haben, in seinem „elementaren Lebensraum in Ruhe gelassen zu werden".[1478]

820    Zu den Wohnungen i.S.d. Art. 13 I GG zählen daher jedenfalls Wohnhäuser, aber auch Etagenwohnungen. Auch Wohnmobile, Campingwagen, Zelte, Hausboote, nicht jedoch ein gewöhnlicher Pkw, gelten i.d.R. als Wohnung i.S.v. Art. 13 I GG, **soweit sie (auch) als Medium zur Entfaltung von Privatheit dienen**.[1479] Sammelunterkünfte (Polizei- oder Bundeswehrkasernen, Haftanstalten, Internate) genießen nur dann den Schutz des Art. 13 I GG, wenn dem Einzelnen eine Privatsphäre eingeräumt wird. Das ist i.d.R. aber nicht der Fall.[1480] Auf die Eigentumsverhältnisse (Wohneigentum; Mietnutzung) kommt es nicht an; entscheidend ist allein die Ausübung des unmittelbaren Besitzes (der Vermieter ist nur mittelbarer Besitzer). Ob der unrechtmäßige Besitz von Art. 13 I GG geschützt ist, ist unklar. Die h.M. gewährt jedenfalls dem gekündigten Mieter, der nunmehr zu Unrecht in der Wohnung verweilt, den Schutz aus Art. 13 I GG, weil der Grundrechtsschutz sozusagen „fortwirke".[1481] Daraus wird man in Fällen, in denen niemals eine Berechtigung zum Wohnen bestand, den Um-

---

[1478] Vgl. BVerfGE **42**, 212, 219; **51**, 97, 110; **89**, 1, 12; **103**, 142, 150 ff.; BVerfG NJW **2002**, 1333; BVerfG NJW **2004**, 1517. Vgl. auch BVerfG NJW **2007**, 1234 und NJW **2007**, 1444; BVerwG NJW **2005**, 454 f.

[1479] Vgl. BVerfG NJW **2004**, 1517; VGH Mannheim DVBl **1998**, 96; *R. Schmidt,* BremPolG, § 21 Rn 15.

[1480] Vgl. BVerfG NJW **1996**, 2643; BGH NJW **1998**, 3284.

[1481] BVerfGE **89**, 1, 12; *Kunig,* in: v. Münch/Kunig, GG, Art. 13 Rn 13.

kehrschluss ziehen können, dass ein Grundrechtsschutz aus Art. 13 I GG nicht besteht.[1482]

Um dem genannten Schutzbedürfnis Rechnung zu tragen, umfasst die Wohnung i.S.d. Art. 13 I GG auch die zur Wohnung gehörenden **Nebenräume** wie Keller, Wirtschaftsräume, Dachböden, abgeschlossene Höfe, aber auch Garagen. Denn diese Gebäude/Räume können ebenso der Privatsphäre dienen wie die Wohnung i.e.S.   **821**

Erfasst sind folgerichtig auch **Gast-** und **Hotelzimmer**, Wochenendhäuser sowie Vereinshäuser und Clubräume.[1483]   **822**

Fraglich ist, ob darüber hinaus **befriedete Besitztümer**, also durch Zäune, Hecken, Gräben oder in anderer Weise eingefriedete, nicht nur landwirtschaftlich genutzte Grundstücke von Art. 13 I GG erfasst sind. Stellt man auf den im Strafrecht anerkannten Wohnungsbegriff ab, müsste man dies bejahen. Denn die genannten Objekte sind Schutzgüter des § 123 StGB. Jedoch können einfachgesetzliche Bestimmungen und Auslegungsergebnisse nicht den Schutzbereich von Grundrechten definieren.[1484] Das kann nur die Verfassung selbst. Die Reichweite des Schutzbereichs eines Grundrechts muss stets aus dessen Wortlaut, Schutzzweck und dem Gesamtzusammenhang der Verfassung bestimmt werden. Entscheidend kann demnach nur sein, ob das fragliche Objekt durch Verfassungsinterpretation dem Wortbegriff „Wohnung" zuzuordnen ist und im Übrigen dem Schutz der Privatsphäre und damit der Persönlichkeit dient. Bereits der Wortlaut des Art. 13 I GG, der von „Wohnung" spricht, lässt darauf schließen, dass befriedete Besitztümer aus dem Schutzbereich herauszuhalten sind. Denn auf Wiesen und Äckern „wohnt" man nicht, auch wenn diese eingezäunt sind. Auch Sinn und Zweck des Art. 13 I GG (Schutz der Privat- und Intimsphäre im räumlichen Bereich) lassen keine andere Bewertung zu. Etwas anderes mag für das „klassische" Hausgrundstück gelten, sofern dieses der von Art. 13 I GG unmittelbar geschützten Intimsphäre zugeordnet werden kann.   **823**

In Betracht dieser Ausführungen ist weiterhin fraglich, ob auch **Arbeits-, Betriebs-** und **Geschäftsräume** von Art. 13 I GG geschützt sind. Das BVerfG und ein Teil der Literatur bejahen dies. Die in Art. 12 I und 14 I GG zum Ausdruck kommende Bedeutung von Beruf und Gewerbe für die Selbstverwirklichung des Einzelnen spreche für die Einbeziehung von Geschäftsräumen in die räumliche Privatsphäre.[1485] Diese undifferenzierte Ansicht kann nicht unwidersprochen bleiben. Zwar kann die Bedeutung von Beruf und Gewerbe durchaus als Argument für eine weite Auslegung des Wohnungsbegriffs herangezogen werden, jedoch können Beruf und Gewerbe nicht Sinn und Zweck des Wohnungsgrundrechts (nochmals: Schutz der Privat- und Intimsphäre im räumlichen Bereich) beiseite schieben. Arbeits-, Betriebs- und Geschäftsräume dürften von daher jedenfalls dann vom Schutzbereich des Art. 13 I GG erfasst sein, wenn sie in die eigentliche Wohnung integriert und damit dem öffentlichen Zugang ebenso entzogen sind wie die Wohnung selbst (Beispiele: Dachatelier, Wohnzimmerkanzlei, Kellerwerkstatt). Umgekehrt dürfte der Schutzzweck des Art. 13 I GG keinesfalls tangiert sein, wenn die betreffenden Räume von der Wohnung getrennt und dem öffentlichen Zutritt unkontrolliert zur Verfügung stehen bzw. auf den unkontrollierten   **824**

---

[1482] Allerdings ist dieser Befund nicht ganz unproblematisch, weil letztlich auf den zivilrechtlichen Begriff des Besitzes abgestellt wird (vgl. näher *Kunig*, in: von Münch/Kunig, GG, Art. 13 Rn 13 f.).

[1483] Vgl. BGHSt **42**, 372, 375; *Ruthig*, JuS **1998**, 506, 512.

[1484] Das gilt jedenfalls für solche Grundrechte, die nicht normgeprägt sind (vgl. dazu Rn 144 ff. und 555 f.).

[1485] BVerfGE **32**, 54, 68 ff.; **42**, 212, 219; **44**, 353, 371; **76**, 83, 88; **96**, 44, 51; BVerfG NJW **2004**, 1517; BVerfG DÖV **2007**, 607-610; BVerwGE **121**, 345, 348; BAGE **19**, 217, 225; *Herdegen*, in: Bonner Kommentar, Art. 13 Rn 34; *Kunig*, in: von Münch/Kunig, GG, Art. 13 Rn 11; dem sich anschließend *Wißmann*, JuS **2007**, 324, 325.

Zugang geradezu angelegt sind (Beispiele: Kaufhäuser, Boutiquen, Freizeitzentren etc.). Denn sind die Geschäftsräume der Öffentlichkeit umfassend zugänglich, verdienen sie zumindest während der Zeit dieser Zugänglichkeit den Schutz des Art. 13 I GG weder nach dessen Wortlaut noch nach dessen Entstehungsgeschichte und dessen Schutzzweck.[1486] Folgt man dieser Auffassung, ist damit lediglich *die* Konstellation problematisch, in der der fragliche Raum von der eigentlichen Wohnung zwar getrennt, dennoch nicht der Öffentlichkeit unkontrolliert preisgegeben ist (Beispiele: Arztpraxis, Büroetage). Zwar spricht auch diesbezüglich der Begriff „Wohnung" gegen eine Einbeziehung in den Schutzbereich des Art. 13 I GG, allerdings kann der aus systematisch-teleologischer Sicht heranzuziehende Zweck des Art. 13 I GG i.V.m. den Aussagen der Art. 12 I, 14 I GG zu einer anderen Bewertung führen. Danach scheint es angebracht, zumindest öffentlich nicht frei zugängliche Geschäftsräume vom Begriff der „Wohnung" zu erfassen. Damit jedoch die als Berechtigter i.S.v. Art. 13 I GG in Betracht kommende Person nicht über die Reichweite des Grundrechtsschutzes frei bestimmen und auf diese Weise eine Rechtsunsicherheit begründen kann, sind zum einen der nach außen erkennbare Wille des Einzelnen zur beschränkten Zugänglichkeit von Räumen und Örtlichkeiten und zum anderen die soziale Anerkennung dieser individuellen Bestimmung der räumlichen Privatsphäre entscheidend.[1487]

**825**  Fazit: Entgegen der hier vertretenen Auffassung muss festgehalten werden, dass es nach der aktuellen Rechtsprechung des BVerfG für die Einbeziehung von Arbeits-, Betriebs- und Geschäftsräumen in den Schutzbereich des Art. 13 I GG nicht darauf ankommt, ob der Zutritt von einer Entscheidung des Hausrechtsinhabers abhängig gemacht wird oder generell der Öffentlichkeit preisgegeben ist.[1488] Zwar hat dieses weite Verständnis mit dem Begriff der „Wohnung" kaum etwas zu tun, ist aber aufgrund der eindeutigen Position des BVerfG zumindest für die Praxis verbindlich.

**825a**  Freilich begrenzt das BVerfG den Grundrechtsschutz aus Art. 13 I GG für den Fall, dass ein fachgesetzlich hinreichend bestimmtes Betretungsrecht besteht, deren Befugnisnorm dezidiert die Betretungsvoraussetzungen normiert (so etwa gem. § 17 II HandwO); für diesen Fall bestehe lediglich ein Grundrechtsschutz aus Art. 2 I GG (vgl. dazu Rn 839 ff.).

Unabhängig von der problematischen Einbeziehung von Geschäftsräumen in den Schutzbereich lässt sich der Begriff der Wohnung wie folgt definieren:

**826**  Als **Wohnung** sind alle Räume einzustufen, die der allgemeinen Zugänglichkeit durch eine räumliche Abschottung entzogen und zur Stätte privaten Lebens und Wirkens gemacht sind. Entscheidend sind der nach außen erkennbare Wille des Betroffenen und die soziale Anerkennung dieser individuellen Bestimmung der räumlichen Privatsphäre.

**827**  **Träger des Grundrechts** ist jedermann, der eine Wohnung bewohnt, unabhängig von den Eigentumsverhältnissen. Dazu zählen auch Mieter, Untermieter, Pächter und Hotelgäste (zur Problematik in Bezug auf widerrechtlich bewohnte Gebäude siehe Rn 820). Auf Art. 13 I GG können sich auch juristische Personen des Privatrechts und andere privatrechtliche Personenvereinigungen berufen[1489], da das Grundrecht seinem Wesen nach nicht an die Eigenschaft als natürliche Person anknüpft (vgl. Art. 19 III GG). Juristische Personen des öffentlichen Rechts können sich dagegen grundsätzlich nicht auf das Wohnungsgrundrecht berufen. Eine Ausnahme besteht lediglich

---

[1486] So auch BVerfG NJW **2003**, 2669; *Jarass*, in: Jarass/Pieroth, GG, Art. 11 Rn 2; *Hermes*, in: Dreier, GG, Art. 13 Rn 23 f.; *Ipsen*, Rn 265; *Pieroth/Schlink*, Rn 876; a.A. BVerwGE **121**, 345, 348.
[1487] Vgl. BGH NJW **1997**, 2189; *Berkemann*, in: AK, Art. 13 Rn 32 f.; *Pieroth/Schlink*, Rn 874.
[1488] BVerfG DÖV **2007**, 607, 608 ff.
[1489] BVerfGE **42**, 212, 219 f. (für KG); **44**, 353, 371 (für Verein); **76**, 83, 88 (für GmbH).

hinsichtlich Religions- und Weltanschauungsgemeinschaften, sofern sie keine staatliche Hoheitsgewalt ausüben.[1490] Bei den genannten Gemeinschaftsunterkünften ist i.d.R. nur der Leiter der Organisationseinheit Inhaber. Bei Wohngemeinschaften sind alle Bewohner berechtigt, sofern nicht nur ein Raum von der polizeilichen Maßnahme betroffen ist.

## II. Eingriff in den Schutzbereich

Das Grundrecht wird durch jede Verletzung der Privatheit der Wohnung durch staatliche Stellen beeinträchtigt. Diese Voraussetzung erfüllen jede **Durchsuchung**[1491] sowie jedes sonstige (körperliche) **Eindringen** staatlicher Stellen in den geschützten Bereich (etwa durch Betreten, Besichtigen oder Verweilen aus anderen Gründen als der Durchsuchung). Auch **akustische** und **optische Überwachungsmaßnahmen** mittels technischer Geräte stellen Eingriffe dar.[1492]    **828**

Die Grenzen des Einsatzes technischer Mittel werden von Art. 13 III-V GG gezogen. Der Einsatz technischer Mittel zur **akustischen** (nicht optischen!) Überwachung wird als **Lauschangriff** bezeichnet.    **829**

- **Art. 13 III GG** erfasst den sog. **großen Lauschangriff** zum Zweck der **Strafverfolgung**, der sich allein technischer Mittel zur **akustischen** Überwachung des durch Art. 13 I GG geschützten Wohnraums bedient. Dazu zählt die Installation z.B. einer **Wanze** oder eines **Richtmikrofons**.

- **Art. 13 IV GG** regelt den Einsatz **akustischer** und **optischer** technischer Mittel zum Zweck der **Gefahrenabwehr**. Erfasst werden also nicht nur **Wanzen** oder **Richtmikrofone**, sondern z.B. auch **Video- und Infrarotkameras**, **Nachtsichtgeräte**, **Bewegungsmelder** und sonstige Mittel wie **Peilsender** oder Global Positioning System - **GPS**.

- **Art. 13 V GG** regelt ebenfalls den Einsatz **akustischer** und **optischer** technischer Mittel, jedoch zum Schutz der bei einem Einsatz in Wohnungen tätigen Personen (etwa sog. **Verdeckte Ermittler**).

Ob eine **Online-Durchsuchung** von Computern einen Eingriff in Art. 13 I GG darstellt, ist Gegenstand der Untersuchung bei Rn 864 ff. Jedenfalls dürfte eine Beobachtung von außerhalb der Wohnung *ohne* technische Mittel, wie sie von jedermann möglich ist, keinen Eingriff in Art. 13 I GG darstellen, weil damit die vom Grundrechtsträger vorgenommene Abschirmung nicht über das allgemein mögliche Maß hinaus beeinträchtigt wird (Beispiel: Polizist schaut von der Straße aus durch ein Fenster in die Wohnung). Auch stellt das Anzapfen von Fernmeldeanlagen („**Telefonüberwachung**") keinen Eingriff in Art. 13 I GG dar, sondern ausschließlich einen Eingriff in **Art. 10 I GG**. Auch sollen nach der Rechtsprechung die Betretungs-, Besichtigungs- und Nachschaurechte durch die Gewerbebehörden keine Beeinträchtigung des Art. 13 I GG darstellen, sondern nur am Maßstab des Art. 2 I GG zu messen sein (vgl. dazu Rn 838 ff.).    **830**

Unabhängig von den soeben genannten Fallgruppen gilt, dass ein Grundrechtseingriff nicht vorliegt, wenn der Wohnungsinhaber bspw. in das Betreten und Durchsuchen einwilligt (sog. **Grundrechtsverzicht**), wobei die Einwilligung bzw. der Verzicht freiwillig sein müssen. Einwilligung bzw. Verzicht können auch konkludent erfolgen.    **831**

---

[1490] *Kunig*, in: von Münch/Kunig, GG, Art. 13 Rn 9.
[1491] Vgl. dazu aus jüngerer Zeit BVerfG NJW **2007**, 1234; BVerfG NJW **2007**, 1444; BVerfGE **103**, 142, 155 ff. sowie unten Rn 847 ff.
[1492] Vgl. BVerfGE **109**, 279, 318 ff.; BVerfG 11.5.**2007**- 2 BvR 543/06.

**Beispiel:** Auf einer nächtlichen Streifenfahrt beobachten zwei Polizeibeamte von der Straße aus durch ein Wohnzimmerfenster, wie eine Person eine andere mit einer Schusswaffe bedroht. Unbemerkt verschaffen sie sich Zugang in die Wohnung, um die Schussabgabe abzuwenden.

Das bloße Beobachten von außerhalb der Wohnung ohne technische Mittel stellt noch keinen Grundrechtseingriff dar (s.o.). Unterstellt man bzgl. des Betretens der Wohnung, dass nur die bedrohte Person Wohnungsinhaberin ist, darf davon ausgegangen werden, dass sie mit dem Betreten ihrer Wohnung durch die Polizei einverstanden ist. Es liegt ein Grundrechtsverzicht vor, der eine weitere Prüfung der Rechtmäßigkeit der Betretung mit Art. 13 I GG als Prüfungsmaßstab überflüssig macht. Denn wo kein Grundrechtseingriff vorliegt, besteht auch kein Rechtfertigungsbedürfnis. Lässt sich die Frage nach dem Grundrechtsverzicht nicht klären, ist dies unschädlich, sofern die Voraussetzungen des Art. 13 II oder VII GG i.V.m. mit der polizeilichen Befugnisnorm der Wohnungsbetretung vorliegen. Vorliegend wird die Rechtmäßigkeit zu bejahen sein.

Willigt der Wohnungsinhaber unter dem Druck der Obrigkeit ein, ist die Freiwilligkeit selbstverständlich ebenso zu verneinen wie in dem Fall, dass der Grundrechtsträger die Tragweite seiner Entscheidung nicht übersehen kann.

## III. Verfassungsrechtliche Rechtfertigung

### 1. Systematik der Schranken des Art. 13 II-VII GG

832 Art. 13 GG unterscheidet in den Absätzen II bis VII Eingriffe, für die nach dem Wortlaut und der gesetzlichen Systematik unterschiedliche Schranken gelten:

- Bei der **Durchsuchung** i.S.d. Art. 13 II GG gilt der grundsätzliche Richtervorbehalt; zudem bedarf es stets einer Rechtsgrundlage (in Form eines Parlamentsgesetzes), die dem strengen Maßstab des Art. 13 I GG entspricht. Dagegen soll nach h.M. Art. 13 VII GG (der jedenfalls das bloße Betreten umfasst) nicht anwendbar sein.[1493] Das ändert aber nichts daran, dass die Durchsuchung nicht unter weniger strengen Voraussetzungen zulässig sein darf als das bloße Betreten. Die strengen Vorgaben des Art. 13 VII GG müssen daher zumindest bei der Anwendung im Einzelfall durch restriktive Auslegung der Befugnisnorm berücksichtigt werden. Dabei spielt es keine Rolle, ob die Durchsuchung zur Strafverfolgung oder zur Gefahrenabwehr durchgeführt wird (vgl. näher Rn 837). Als Rechtsgrundlage kommen dementsprechend insb. § 102 StPO und die entsprechenden präventivpolizeilichen Bestimmungen der Polizeigesetze über die Wohnungsdurchsuchung in Betracht.

- Art. 13 VII GG erfasst auf der Basis der soeben genannten h.M. alle **übrigen Eingriffe und Beschränkungen** in den Schutzbereich des Art. 13 I GG, d.h. Eingriffe, die nicht als Durchsuchungen (oder Einsatz technischer Mittel) zu qualifizieren sind. Des Weiteren sind Eingriffe und Beschränkungen i.S.d. Art. 13 VII GG nur zur Gefahrenabwehr (nicht auch zur Strafverfolgung) möglich. Zur Frage, ob und inwieweit über Art. 13 VII GG hinaus einfach-gesetzliche Rechtsgrundlagen erforderlich sind oder ob bereits Art. 13 VII GG unmittelbar zu Eingriffen in Art. 13 I GG befugt, vgl. Rn 862 ff.

- Die Absätze III bis VI enthalten schließlich Spezialregelungen für die technische Wohnraumüberwachung und spielen wegen ihres klar umrissenen Anwendungsbereichs in den Fällen, die unter die Absätze II und VII fallen, keine Rolle.

---

[1493] Zwar heißt es in Art. 13 VII GG „Eingriffe und Beschränkungen dürfen im Übrigen nur zur ... vorgenommen werden", was darauf schließen lässt, dass sich sämtliche, in Art. 13 I GG eingreifende Maßnahmen (und damit auch die Durchsuchung und der Einsatz technischer Mittel) am Maßstab des Art. 13 VII GG messen lassen müssen. Allerdings versteht die h.M. Art. 13 VII GG so, dass lediglich „alle übrigen Eingriffe" (d.h. alle Maßnahmen außer der Durchsuchung und dem Einsatz technischer Mittel) erfasst sind (vgl. nur *Kunig*, in: v. Münch/Kunig, GG, Art. 13 Rn 57).

> **Hinweis für die Fallbearbeitung:** Da bei der Durchsuchung i.S.d. Art. 13 II GG, dem Einsatz technischer Mittel i.S.d. Art. 13 III-VI GG und den sonstigen Eingriffen und Beschränkungen i.S.d. Art. 13 VII GG unterschiedliche Anforderungen an die verfassungsrechtliche Rechtfertigung gestellt werden (s.o.), empfiehlt sich für die Fallbearbeitung, die Abgrenzung von Durchsuchung und sonstigen Maßnahmen an den Beginn der Rechtfertigungsprüfung zu stellen (vgl. dazu auch das Parallelproblem des Art. 14 GG bei der Unterscheidung zwischen Enteignung und enteignungsgleichem Eingriff). Daher soll bei Rn 833 ff. zunächst der Begriff der Durchsuchung i.S.d. Art. 13 II GG erläutert werden.

## 2. Durchsuchungen gem. Art. 13 II GG

### a. Begriff der Durchsuchung

Art. 13 II GG nennt mit der Durchsuchung einen Spezialfall des Eingriffs in die Unverletzlichkeit der Wohnung und unterwirft sie (Art. 104 II GG vergleichbar) besonderen Verfahrensvorschriften. Danach dürfen Durchsuchungen nur durch den Richter, bei Gefahr im Verzug auch durch die in den Gesetzen vorgesehenen anderen Organe angeordnet und nur in der dort vorgeschriebenen Form durchgeführt werden (vgl. dazu näher Rn 847 ff.). **833**

Während unter **Betreten** das Eintreten, Verweilen und Besichtigen der Wohnung zu verstehen ist, liegt in einer **Durchsuchung** das ziel- und zweckgerichtete Suchen nach Personen oder Sachen oder zur Ermittlung eines Sachverhalts, um etwas aufzuspüren, was der Inhaber des Raums von sich aus nicht offen legen oder herausgeben will.[1494] **834**

> **Hinweis für die Fallbearbeitung:** Zwar dienen das Betreten und Durchsuchen einer Wohnung zumeist (nur) der Vorbereitung einer anderen Maßnahme wie z.B. der polizeilichen Vorführung, der Ingewahrsamnahme oder der Sicherstellung, wegen des hohen Schutzniveaus des Art. 13 I GG sind das Betreten und Durchsuchen aber stets separat zu prüfen und am Maßstab des Art. 13 GG sowie an denen der Gesetzesvorbehalte der Art. 13 II GG (Durchsuchung) und Art. 13 VII GG (sonstige Eingriffe und Beschränkungen) zu messen. Freilich ist zu beachten, dass eine Durchsuchung nicht unter weniger strengen Voraussetzungen zulässig sein darf als das bloße Betreten. Würde also eine Befugnisnorm des Polizeirechts eine Wohnungsdurchsuchung zulassen, ohne eine dringende Gefahr zu fordern, müsste sie „Art. 13 VII GG konform" ausgelegt werden, d.h. die dort genannten Voraussetzungen müssten in die Befugnisnorm hereininterpretiert werden. **835**

Ist eine Durchsuchung zulässig, erfasst die Befugnis nicht nur das systematische Durchkämmen der Wohnung, sondern auch das Öffnen von Schränken, das Aufreißen von Wandverkleidungen und das Hochreißen von Fußböden.[1495] <u>Keine</u> Durchsuchung liegt vor, wenn Personen, die sich offen (also nicht versteckt) in der Wohnung aufhalten, kontrolliert werden.[1496] Auch die sog. **Online-Durchsuchung** von Computern, bei der via Internet bestimmte Programme (Trojaner; Spyware) heimlich in einen Computer eingeschleust werden, um dort gespeicherte Daten sowie Anwendungen (Internet-Nutzung, Versendung vom E-Mails etc.) auszuforschen, ist <u>keine</u> Durchsuchung i.S.v. Art. 13 II GG (vgl. dazu Rn 864 ff.). **836**

Der Begriff der Durchsuchung umfasst nicht nur die **strafprozessuale** Durchsuchung (§§ 102 ff. StPO), sondern auch die administrative Durchsuchung, z.B. des Gerichts- **837**

---

[1494] Vgl. BVerfGE **76**, 83, 89; **103**, 142, 150 ff.; BVerwG NJW **2005**, 454; OVG Bremen Nord ÖR **2003**, 457.
[1495] *Schenke*, POR, Rn 153.
[1496] BVerwG NJW **2005**, 454, 455; *Hermes*, JZ **2005**, 461 ff.; a.A. *Mittag*, NVwZ **2005**, 649, 650.

vollziehers nach § 758 ZPO[1497] oder der Finanzbehörde nach der Abgabenordnung (etwa §§ 99, 200, 287 AO)[1498]. Auch die Durchsuchung der Wohnung zur **Gefahrenabwehr** kann eine Durchsuchung i.S.d. Art. 13 II GG darstellen. Maßgeblich sind dann die Polizeigesetze. Das kann im Einzelfall die Frage aufwerfen, ob die Polizei repressiv oder präventiv tätig ist bzw. war.

> **Beispiel:** In einem mehrere Wohnungen umfassenden Mietshaus hört ein Mieter lautstarkes Geschrei in der über ihm gelegenen Wohnung. In der Annahme, dass dort körperliche Misshandlungen vorgenommen würden, ruft er die Polizei. Diese erscheint sofort und fordert die in der fraglichen Wohnung befindlichen Personen auf, die Tür zu öffnen. Als diese nicht geöffnet wird und sich im Übrigen das Geschrei noch verstärkt, geht die Polizei von einer Gefahr im Verzug aus und bricht die Tür auf.
>
> Das Aufbrechen der Tür war zum Betreten der Wohnung und zu deren Durchsuchung unerlässlich. Daher ist das Verhalten der Polizei einheitlich zu bewerten. Wie bereits dargestellt, kann die Polizei sowohl repressiv (also zur Verbrechensbekämpfung) als auch präventiv (also zur Gefahrenabwehr) tätig sein. Da jeweils aber unterschiedliche Rechtmäßigkeitsanforderungen bestehen, kann eine Unterscheidung nicht dahinstehen. Abzustellen ist auf das **Schwergewicht des polizeilichen Handelns**. Bei der Ermittlung des Schwergewichts ist ein objektiver Maßstab anzulegen. Liegen Anhaltspunkte dafür vor, dass ein *dringender Tatverdacht* besteht und die Polizei weitere Sachverhaltsaufklärungen durchführt, ist von einer repressivpolizeilichen Tätigkeit auszugehen. Steht demgegenüber die *Verhütung von (weiteren) Straftaten* im Vordergrund, ist von einer präventivpolizeilichen Maßnahme auszugehen. Vorliegend wusste die Polizei im Zeitpunkt des Aufbrechens der Tür noch nicht, was sie erwarten würde. Ihr konnte es daher lediglich darum gehen, eine mögliche Gefährdung des Rechtsguts Leib und Leben abzuwenden. Der Zweck des Einschreitens lag also in der Gefahrenabwehr. Die Rechtsgrundlage für das Einschreiten ist somit im Gefahrenabwehrrecht zu suchen. Vorliegend einschlägig sind daher die polizeigesetzlichen Normen über das Betreten und Durchsuchen von Wohnungen (s.o.) sowie die über den unmittelbaren Zwang (vgl. die § 6 BundesVwVG entsprechenden Landesgesetze).

838 Wendete man die Definition der Durchsuchung uneingeschränkt auch im **Gewerberecht** an, würden etwa Besichtigungen einer Hotelküche (diese ist gerade *nicht* der Öffentlichkeit frei zugänglich) durch Bedienstete des Gewerbeaufsichtsamtes zwecks Überprüfung des hygienischen Zustands Durchsuchungen i.S.d. Art. 13 II GG darstellen, sofern der Hausrechtsinhaber nicht geneigt wäre, den fraglichen Zustand offen zu legen. Im Folgenden sollen daher die Rechtsnatur von Besichtigungen und Überprüfungen sowie der dagegen mögliche Rechtsschutz erläutert werden.

## b. Behördliche Betretung, Besichtigung und Nachschau

839 Betretungs-, Besichtigungs- und Nachschaurechte gehören seit jeher zu den gewerberechtlichen Instrumenten zur Gewerbeüberwachung. Außerhalb der GewO sind sie in zahlreichen wirtschaftsverwaltungsrechtlichen Spezialgesetzen verankert.[1499] In der GewO ist eine Nachschauregelung v.a. in **§ 29 II GewO** geschaffen worden. Nach dieser Bestimmung hat die Behörde das Recht, zum Zweck der Gewerbeüberwachung während der üblichen Geschäftszeiten Grundstücke und Geschäftsräume der in § 29 I Nrn. 1-4 GewO Genannten (= Betroffene) zu betreten, dort Prüfungen und Besichtigungen vorzunehmen. Gem. **§ 29 IV GewO** kann die Nachschau sogar gegenüber

---

[1497] BVerfGE **51**, 97 ff.; **76**, 83 ff.
[1498] BVerfGE **57**, 346, 354 ff.
[1499] Vgl. Nur § 52 II BImSchG; § 42 II LFGB; §§ 16 II, 28 II Infektionsschutzgesetz; § 21 I WHG; § 38 II PflSchG; § 22 I Nr. 3 BtMG; § 31 II SprengG; § 16 III TierSchG; § 39 II WaffG; § 21a II GüKG; § 54a I 2 PBefG; § 22 II GastG; § 59 II GWB; § 19 II AtomG; § 14 IV KWaffG; § 17 II HandwO.

jedermann durchgeführt werden, „wenn Tatsachen die Annahme rechtfertigen, dass ein erlaubnispflichtiges oder überwachungsbedürftiges Gewerbe ausgeübt wird".

Ob Betretungs-, Besichtigungs- und Nachschaurechte Eingriffe in Art. 13 I GG darstellen, ist angesichts des Wortlauts der Verfassungsbestimmung unklar. Sähe man in ihnen Eingriffe in Art. 13 I GG, wären diese durch § 29 GewO bzw. die entsprechenden Spezialregelungen (z.B. § 22 II GastG oder § 17 II HandwO) an sich nur unter Berücksichtigung des betreffenden Schrankenvorbehalts des Art. 13 II und VII GG gerechtfertigt. Doch jeder Versuch, die Betretungs-, Besichtigungs- und Nachschaurechte unter Art. 13 II GG zu subsumieren, schlägt fehl. Betretung, Besichtigung und Nachschau sind etwas anderes als „Durchsuchung" i.S.d. Art. 13 II GG, denn es wird nicht gezielt nach Personen oder Sachen gesucht, sondern lediglich eine allgemeine Überwachung des Gewerbes durchgeführt. Zudem macht § 29 II GewO die Betretung nicht vom Vorliegen eines richterlichen (Durchsuchungs-) Beschlusses abhängig. Daher genügt § 29 II GewO den Anforderungen des Art. 13 II GG nicht. Dasselbe gilt für Art. 13 VII GG, denn § 29 II GewO ermächtigt zur Betretung, ohne dies vom Vorliegen einer „gemeinen" oder „dringenden" Gefahr abhängig zu machen. **840**

Damit scheint festzustehen, dass § 29 II GewO bzw. die entsprechenden Spezialregelungen keine Gesetze i.S.d. Schrankensystematik des Art. 13 II und VII GG darstellen und daher Eingriffe in Art. 13 I GG **nicht rechtfertigen können**. **841**

Offenbar um dieses Ergebnis zu vermeiden[1500], hat das BVerfG entschieden, dass Betretungs-, Besichtigungs- und Nachschaurechte, die gesetzlich dezidiert geregelt sind, nicht als „Eingriffe und Beschränkungen i.S.d. Art. 13 VII GG und damit nicht als Eingriffe in den Schutzbereich des Art. 13 I GG zu verstehen sind".[1501] Vielmehr gelte als Prüfungsmaßstab Art. 2 I GG. Daraus folgt: **842**

- Es muss eine gesetzliche Befugnisnorm vorliegen, die dezidiert die Voraussetzungen für ein Betreten der Geschäftsräume regelt. Eine solche Vorschrift ist z.B. **§ 17 II HandwO**, die die Handwerkskammer befugt, bei den der Eintragung in die Handwerksrolle unterfallenden Handwerkern (§ 17 I S. 1 HandwO) nach Maßgabe des § 29 II GewO Grundstücke und Geschäftsräume zu betreten, um dort Prüfungen und Besichtigungen vorzunehmen.

- Liegen die Voraussetzungen des § 17 II HandwO vor, richtet sich – nach Auffassung des BVerfG – der Schutz nicht nach Art. 13 I, VII GG, sondern nach Art. 2 I GG (mit den im Vergleich zu Art. 13 I, VII GG sehr geringen Rechtfertigungsvoraussetzungen). Um aber eine übermäßige Einengung des Begriffs „Eingriffe und Beschränkungen" i.S.d. Art. 13 VII GG und damit eine Aushöhlung des durch Art. 13 I GG gewährleisteten Schutzes zu vermeiden, fordert auch das BVerfG, dass die in BVerfGE 32, 54 ff. definierten Kriterien (dazu Rn 854 f.) im Allgemeinen und die vorliegend einschlägige Vorschrift des § 17 II i.V.m. I S. 1 HandwO im Besonderen eng ausgelegt werden. Sobald auch nur eine Tatbestandsvoraussetzung (etwa die Eintragungsfähigkeit einer bestimmten Tätigkeit) erkennbar nicht gegeben sei, scheide ein Betretungsrecht der Handwerkskammern nach § 17 II HandwO aus.

- Liegen aber die Voraussetzungen der Spezialnorm (etwa § 17 II HandwO) nicht vor, lebt Art. 13 I GG mit den strengen Rechtfertigungsvoraussetzungen wieder auf.

Bewertung: Das BVerfG versteht den Schutzbereich des Art. 13 I GG also eingriffsbezogen, d.h. **funktional**, indem es die Eröffnung des Schutzbereichs von der Eingriffsqualität abhängig macht. Diese von den mittelbaren Grundrechtseingriffen her be- **843**

---

[1500] An dieser Stelle sei nochmals darauf hingewiesen, dass das BVerfG das Dilemma selbst zu verantworten hat, indem es undifferenziert den Schutzbereich des Art. 13 I GG auf Gewerberäume erstreckt hat.

kannte Grundrechtsdogmatik entspricht zwar nicht der hier vertretenen Auffassung, ist grundrechtsdogmatisch aber vertretbar und im Übrigen ausführlich bei Rn 198 ff. beschrieben.

**844** Fazit: Nach der Rspr. des BVerfG sind auch öffentlich zugängliche Gewerberäume vom Schutzbereich des Art. 13 I GG erfasst. Besteht aber eine gesetzliche Vorschrift, die dezidiert die Voraussetzungen für das Betreten öffentlich zugänglicher Gewerberäume beschreibt, ist nach der Rspr. des BVerfG der Schutzbereich des Art. 13 I GG nicht eröffnet (weil die Eingriffe ansonsten kaum zu rechtfertigen wären). Prüfungsmaßstab ist dann Art. 2 I GG, wobei folgende Voraussetzungen für die wirtschaftsüberwachende Nachschau einzuhalten sind:

- Erstens muss eine **besondere gesetzliche Vorschrift** zum Betreten der Räume ermächtigen.
- Zweitens müssen das Betreten der Räume, die Besichtigung und die Prüfung einem **erlaubten Zweck** dienen und für dessen Erreichung **erforderlich sein**.
- Drittens muss das Gesetz den Zweck des Betretens, den Gegenstand und den Umfang der zugelassenen Besichtigung und Prüfung **deutlich erkennen lassen**.
- Viertens ist das Betreten **nur in den Zeiten statthaft**, zu denen die Räume normalerweise für die **jeweilige geschäftliche oder betriebliche Nutzung zur Verfügung stehen**.[1502]

**845** Ist § 29 I und II GewO mit diesen Vorgaben noch vereinbar, ist dies bei **§ 29 IV GewO** fraglich. Diese Vorschrift statuiert ein Nachschaurecht aufgrund einer bloßen, freilich durch Tatsachen gestützten, behördlichen Annahme, dass ein erlaubnispflichtiges oder überwachungsbedürftiges Gewerbe ausgeübt werde. Nach dieser Regelung ist nicht auszuschließen, dass auch Nicht-Gewerbetreibende von einer Verdachtsnachschau „betroffen" werden.[1503] Es ist also möglich, dass sich die Behörde Zugang zu privaten Wohnungen verschafft, um überhaupt erst einmal festzustellen, ob ein Gewerbe vorliegt. In einer derartigen Konstellation greift das Grundrecht auf Unverletzlichkeit der Wohnung unzweifelhaft. Daher wird die Verdachtsnachschau in verfassungskonformer Auslegung des § 29 IV GewO nur dann zulässig sein, wenn nicht irgendwelche, sondern nachweisliche Tatsachen den Verdacht tragen und wenn weniger eingreifende Mittel der Informationsbeschaffung zuvor ohne Erfolg bzw. nicht Erfolg versprechend waren.[1504]

**846** Wird eine Person von einer behördlichen Nachschau betroffen, stellt sich die Frage nach dem **Rechtsschutz**. Da weder das Betreten der Geschäftsräume noch deren Besichtigung lediglich den (einen Realakt darstellenden) tatsächlichen Vorgang der Nachschau in sich schließen, sondern zugleich den Betroffenen verpflichten, die tatsächlichen Maßnahmen zu dulden (die Duldungsverfügung ist ein Verwaltungsakt), kommt der Nachschau eine Doppelnatur zu. Aufgrund der gleichzeitigen konkludenten Duldungsverfügung sind daher solche Rechtsbehelfe zulässig, die allgemein gegen **Verwaltungsakte** zulässig sind. In Betracht kommen daher stets die **Anfechtungsklage** bzw. – da sich die Nachschau i.d.R. bereits vor Klageerhebung erledigt haben wird – die **Fortsetzungsfeststellungsklage** analog § 113 I S. 4 VwGO.[1505]

---

[1501] BVerfG DÖV **2007**, 607, 608 ff.
[1502] BVerfGE **32**, 54, 72.
[1503] *Kempen*, NVwZ **1999**, 360, 362.
[1504] *Kempen*, NVwZ **1999**, 360, 362.
[1505] Zu dieser Klageart vgl. ausführlich *R. Schmidt*, VerwProzR, Rn 395 ff.

## c. Richtervorbehalt bei Durchsuchungen

Gem. Art. 13 II GG dürfen Durchsuchungen grundsätzlich nur durch den Richter an- **847** geordnet werden. Der Richtervorbehalt zielt auf eine vorbeugende Kontrolle der Maßnahme in ihren konkreten gegenwärtigen Voraussetzungen durch eine unabhängige und neutrale Instanz. Der Richter darf die Durchsuchung nur anordnen, wenn er sich aufgrund eigenverantwortlicher Prüfung der Ermittlungen überzeugt hat, dass die Maßnahme verhältnismäßig ist. Er muss den zeitlichen und inhaltlichen Rahmen, die Grenzen und das Ziel der Durchsuchung definieren. Dabei macht es Art. 13 II GG i.V.m. Art. 1 I/III und Art. 20 III GG dem Richter zur Pflicht, durch eine geeignete Formulierung des Durchsuchungsbeschlusses im Rahmen des Möglichen und Zumutbaren sicherzustellen, dass der Eingriff in die Grundrechte messbar und kontrollierbar ist, kurz, rechtsstaatlichen Mindestanforderungen genügt.[1506]

> **Beispiel:** Die strafprozessuale Durchsuchung (§§ 102 ff. StPO) setzt zunächst voraus, dass sie den Erfolg verspricht, geeignete Beweismittel zu erbringen. Darüber hinaus muss sie zur Ermittlung und Verfolgung der Straftat erforderlich sein sowie in angemessenem Verhältnis zur Schwere der möglicherweise begangenen Straftat und zur Stärke des Tatverdachts stehen.

Der Richtervorbehalt verpflichtet die Länder, alle möglichen und zumutbaren organi- **848** satorischen Vorkehrungen zu treffen, dass ein Richter **jedenfalls bei Tage und in den Abendstunden erreichbar ist**.[1507] Daher ist es mit dem Richtervorbehalt des Art. 13 II GG nicht vereinbar, wenn in einer Großstadt am frühen Abend gegen 18:00 Uhr eine Wohnung allein aufgrund der Anordnung vom Polizeibeamten ohne Gefahr im Verzug und ohne den Versuch, einen richterlichen Durchsuchungsbeschluss zu erwirken, durchsucht wird.[1508] Ein richterlicher Bereitschaftsdienst „rund-um-die-Uhr" ist dagegen nur dann erforderlich, wenn hierfür ein praktisches Bedürfnis besteht. Kommt es also in einem Bundesland nur vereinzelt zu nächtlichen Durchsuchungsanordnungen, gefährdet das Fehlen eines richterlichen Nachtdienstes die Regelzuständigkeit des Art. 13 II GG nicht.[1509]

Bezüglich der zeitlichen Dimension der Durchsuchungsanordnung ist zu beachten, **849** dass diese ihre rechtfertigende Kraft spätestens nach **Ablauf eines halben Jahres** verliert.[1510] Das hat den Grund, dass nach Ablauf dieser Zeit dem Richter die Verantwortung für die Durchsuchungsanordnung nicht mehr zugerechnet werden kann.

---

[1506] BVerfGE **96**, 44, 51; **103**, 146, 151. Vgl. auch BVerfG NJW **2007**, 1345, 1346.
[1507] BVerfGE **103**, 142, 156; vgl. auch BVerfG NJW **2007**, 1345, 1346.
[1508] BVerfG NJW **2007**, 1345. Im Übrigen ist zu beachten, dass eine Missachtung des Richtervorbehalts im Rahmen einer **Verfassungsbeschwerde** gerügt werden kann, etwa wenn der Betroffene einen Verstoß gegen den Richtervorbehalt vor den Gerichten geltend macht und diese die Anordnung der Behörde, es habe Gefahr im Verzug vorgelegen, bestätigen. Gegenstand der Verfassungsbeschwerde ist zwar dann nicht die behördliche Entscheidung, es habe Gefahr im Verzug vorgelegen, sondern das gerichtliche Urteil, das die behördliche Anordnung bestätigt, dennoch kommt es letztlich auf die streitgegenständliche Frage nach dem Erfordernis einer richterlichen Durchsuchungsanordnung an. Dabei ist hervorzuheben, dass auch wenn der Richtervorbehalt zur Sicherung eines Grundrechtseingriffs nicht kraft Verfassung, sondern (nur) durch einfaches Gesetz (etwa § 105 StPO) konstituiert ist, er im Grundsatz wie ein verfassungsrechtlicher Vorbehalt zu handhaben ist. Daher verletzen die Gerichte die Rechtsschutzgarantie des Art. 19 IV GG, wenn bei Inanspruchnahme nachträglichen Rechtsschutzes die Voraussetzungen der behördlichen Eilkompetenz nicht überprüft werden (BVerfG NJW **2007**, 1444).
[1509] BVerfG NJW **2004**, 1442.
[1510] BVerfGE **96**, 44, 52.

### d. Durchsuchungen bei Gefahr im Verzug

**850** Ausnahmsweise, d.h. bei Gefahr im Verzug, kann die Durchsuchung gem. Art. 13 II GG auch durch die in den Gesetzen[1511] vorgesehenen anderen Organe angeordnet werden. Das sind gem. § 105 StPO die Staatsanwaltschaft und ihre Ermittlungspersonen (§ 152 GVG – i.d.R. die Kriminalpolizei). Zu der in Art. 13 II GG genannten vorgeschriebenen Form vgl. §§ 106 f. StPO.

**851** Art. 13 GG enthält keine Legaldefinition des Begriffs „Gefahr im Verzug". Nach der älteren Rspr. des BVerfG lag eine solche vor, wenn die vorherige Einholung der richterlichen Anordnung den Erfolg der Durchsuchung gefährden würde.[1512] Wegen des hohen Wertes des Schutzguts „Wohnung" und der Ausnahmesituation, in der eine Durchsuchung der Wohnung ohne richterliche Durchsuchungsanordnung stattfinden darf, hat das BVerfG in einem Urteil vom 20.2.2001[1513] nunmehr (bezüglich der Strafverfolgung) eine restriktivere Auslegung angeordnet. Da die Annahme von „Gefahr im Verzug" die Anordnungskompetenz ausnahmsweise vom Richter auf die Strafverfolgungsbehörden verlagere, sei der Begriff „Gefahr im Verzug" im Grundgesetz **eng auszulegen**. „Gefahr im Verzug" liege daher nicht bereits dann vor, wenn die vorherige Einholung der richterlichen Anordnung den Erfolg der Durchsuchung gefährde, sondern es müsse im Rahmen des Möglichen auch gewährleistet sein, dass die Regelzuständigkeit des Richters für die Durchsuchungsanordnung bestehen bleibe. Das Vorliegen von „Gefahr im Verzug" könne nicht durch Spekulationen begründet werden; es müssten vielmehr auf den Einzelfall bezogene Tatsachen vorliegen, dass ein Abwarten auf die richterliche Entscheidung den Erfolg des Einsatzes vereiteln würde. Auch reiche die bloße Möglichkeit eines Beweismittelverlustes nicht aus. Die Voraussetzungen für die Eilzuständigkeit dürften nicht durch ein Abwarten seitens der Strafverfolgungsbehörde selbst herbeigeführt werden. Diese müsse regelmäßig zunächst versuchen, einen Richter zu erreichen. Die Gerichte wiederum müssten die Erreichbarkeit des Dienst habenden Ermittlungsrichters sicherstellen. Erst wenn diese funktionalen Grenzen erreicht seien, dürften die Staatsanwaltschaft bzw. deren Ermittlungspersonen eine Gefahr im Verzug annehmen und eine Wohnung ohne richterliche Verfügung durchsuchen.[1514] Auf den Bereich der Gefahrenabwehr sind diese Grundsätze nur eingeschränkt übertragbar, weil anderenfalls die effektive Gefahrenabwehr in Frage gestellt werden könnte.[1515]

> **Beispiel:** Die Polizei erhielt an einem Sonntag um 11.55 Uhr einen anonymen Anruf, dass in einer Wohnung in der Martinistraße eine Zeitbombe platziert worden sei, deren Zeitzünder auf 14.30 Uhr eingestellt sei. Da die Polizei den Anruf aufgrund einschlägiger Erfahrungen ernst nahm, durchsuchte sie ohne Zögern sämtliche Wohnungen der in der Martinistraße gelegenen Häuser. Verschlossene Wohnungen wurden aufgebrochen.
>
> Hier bestand eine zuverlässige Prognose über das Vorliegen einer gegenwärtigen erheblichen Gefahr für Leib und Leben, sodass jede Zeitverzögerung nicht zu rechtfertigen gewesen wäre. Die vorherige Einholung einer (schriftlichen) richterlichen Durchsuchungsanordnung war somit entbehrlich. Das Aufbrechen und Durchsuchen der Wohnungen waren rechtmäßig.

---

[1511] Mit der Formulierung „in den Gesetzen" sind Gesetze im formellen Sinne gemeint; eine Ermächtigung in einer Rechtsverordnung oder einer Satzung reicht also nicht aus (*Kunig*, in: von Münch/Kunig, GG, Art.13 Rn 33; *Maunz*, in: Maunz/Dürig, GG, Art. 13 Rn 15). Etwas anderes gilt bei § 13 VII GG. Aus der dortigen Formulierung „auf Grund eines Gesetzes" ergibt sich, dass Eingriffe und Beschränkungen gem. Art. 13 VII GG auch in Rechtsverordnungen und Satzungen geregelt werden können (vgl. dazu insbesondere die auf der Grundlage des LFGB und des Infektionsschutzgesetzes ergangenen Vorschriften).

[1512] Vgl. BVerfGE **51**, 97, 111.

[1513] BVerfGE **103**, 142 ff.

[1514] BVerfGE **103**, 142, 155 ff.

[1515] Vgl. dazu im Einzelnen *R. Schmidt*, BesVerwR II, Rn 550 ff.

Eine richterliche Anordnung ist ferner entbehrlich, wenn die Wohnung zwangsweise zu anderen als zu Durchsuchungszwecken betreten wird, z.B. zur Brand- oder Seuchenbekämpfung, zur Rettung von Personen, zur Besichtigung von Gewerberäumen („Nachschau", vgl. § 22 II GastG für den Bereich der Wirtschaftsaufsicht, s.o. Rn 839) oder um gegen Personen vorzugehen, die aus einem Haus heraus Dritte mit Waffen oder Wurfgegenständen angreifen. Maßnahmen dieser Art stellen zwar ebenfalls einen Eingriff in die Unverletzlichkeit der Wohnung dar, allerdings verzichtet das Grundgesetz hier auf einen Richtervorbehalt, wenn eine „dringende Gefahr" vorliegt. Darunter ist eine Gefahr für ein bedeutendes Rechtsgut zu verstehen.

852

### e. Materielle Rechtmäßigkeitsvoraussetzungen

Selbstverständlich genügt allein die Beachtung des Richtervorbehalts nicht. In materiell-rechtlicher Hinsicht muss sich die Durchsuchung auf eine formell-gesetzliche Rechtsgrundlage stützen lassen, die dem strengen Maßstab des Art. 13 I GG entspricht. Zudem muss die Befugnisnorm, die zur präventivpolizeilichen Durchsuchung ermächtigt, ebenso strenge Voraussetzungen formulieren wie dies bei Art. 13 VII GG der Fall ist (vgl. dazu Rn 832). Zumindest aber müssen die strengen Vorgaben des Art. 13 VII GG bei der Anwendung im Einzelfall durch restriktive Auslegung der Befugnisnorm berücksichtigt werden.

852a

### 2. Wohnungsüberwachung zum Zweck der Strafverfolgung, Art. 13 III GG

Gem. Art. 13 III S. 1 GG dürfen zur *Verfolgung von besonders schweren Straftaten* bei hinreichendem Tatverdacht und aufgrund richterlicher Anordnung (die freilich noch größere Anforderungen als bei Art. 13 II GG zu beachten hat) verdeckt **technische Mittel zur akustischen Überwachung** der Wohnung, in der sich der Beschuldigte vermutlich aufhält, eingesetzt werden, wenn die Erforschung des Sachverhalts auf andere Weise unverhältnismäßig erschwert würde oder aussichtslos wäre. Es handelt sich um den sog. **großen Lauschangriff** (vgl. für den Bereich der Strafverfolgung § 100c StPO).

853

Bei dem sog. **großen Lauschangriff** handelt es sich um den **verdeckten Einsatz** technischer Mittel zum gezielten **Abhören und Aufzeichnen des nichtöffentlich gesprochenen Wortes** in und aus einer durch Art. 13 I GG geschützten Räumlichkeit („Wohnung") bspw. mit Hilfe von Tonbandgeräten, Richtmikrofonen oder „Wanzen".

854

Wie der Definition zu entnehmen ist, bezieht sich der Lauschangriff somit nicht auf das Abhören des Fernsprech- und Funkverkehrs[1516], sondern nur auf das Abhören und Aufzeichnen des „an Ort und Stelle" innerhalb der Wohnung gesprochenen Wortes. Darin unterscheidet sich der große Lauschangriff von dem – von Art. 13 III GG nicht erfassten – sog. **kleinen Lauschangriff**, der außerhalb von Wohnungen stattfindet (vgl. auch § 100f II StPO).

855

Die **Rechtmäßigkeitsvoraussetzungen** für den großen Lauschangriff sind von der Verfassung **sehr eng** gezogen. Auch das BVerfG fordert in seiner Entscheidung zum sog. großen Lauschangriff vom 3.3.2004[1517] zu Recht, dass durch eine akustische Wohnraumüberwachung nicht in den **absolut geschützten Kernbereich privater Lebensgestaltung** eingegriffen werden dürfe. Die Privatwohnung sei als „letztes

856

---

[1516] Telekommunikation – diese ist Gegenstand einer anderen Maßnahme, dargestellt bei Rn 743 ff.
[1517] BVerfGE **109**, 279 ff.

Refugium" ein Mittel zur Wahrung der Menschenwürde. Dies verlange zwar keinen absoluten Schutz der Räume der Privatwohnung, wohl aber absoluten Schutz des Verhaltens in diesen Räumen, soweit es sich als individuelle Entfaltung im Kernbereich privater Lebensgestaltung darstelle.[1518] Ob der Schrankenvorbehalt des Art. 13 III GG diesen Abwehranspruch gewährleistet, ist zweifelhaft.[1519] Nach der mit 5:3 Stimmen ergangenen Mehrheitsentscheidung des BVerfG ist diese Verfassungsbestimmung jedoch verfassungskonform auszulegen.[1520] Folge ist, dass sich das Augenmerk auf die einfachgesetzlichen Normen, die den Gesetzesvorbehalt des Art. 13 III GG ausfüllen, konzentriert. So erklärte das BVerfG in dem besagten Urteil die den Richtervorbehalt ausgestaltenden einfachgesetzlichen Bestimmungen der StPO mit Art. 13 I, III GG (und auch teilweise mit Art. 19 IV GG) für unvereinbar. Das Gericht verpflichtete den Gesetzgeber, einen verfassungsgemäßen Rechtszustand bis spätestens zum 30.6.2005 herzustellen.[1521] Der Gesetzgeber ist dieser sog. Appellentscheidung nachgekommen und hat mit Wirkung zum 1.7.2005 ein Gesetz zur Umsetzung des Urteils erlassen (BGBl I S. 1841). Zu den Neufassungen der §§ 100 c IV und V, 100 d VIII und IX StPO vgl. *R. Schmidt*, BesVerwR II, Rn 273 ff. sowie *Hartmann/Schmidt*, StrafprozessR, 2. Aufl. 2008, Rn 596 ff.

### 3. Abhören zur (präventiven) Gefahrenabwehr gem. Art. 13 IV GG

857 Gem. Art. 13 IV GG dürfen technische Mittel zur **Abwehr dringender Gefahren** für die öffentliche Sicherheit, insbesondere einer **gemeinen Gefahr oder einer Lebensgefahr**[1522], zur Wohnraumüberwachung eingesetzt werden. Im Gegensatz zu Art. 13 III GG, der lediglich akustische Überwachungsmaßnahmen zu Zwecken der Strafverfolgung zulässt (s.o.), bezieht sich Art. 13 IV GG also zum einen auf den Einsatz beliebiger technischer Mittel (also nicht nur akustischer, sondern auch optischer Mittel wie Video- und Infrarotkameras, Nachtsichtgeräte und Bewegungsmelder und sonstiger Mittel wie Peilsender oder Global Positioning System - GPS) und zum anderen ausschließlich auf **präventivpolizeiliche** Zwecke, also auf Zwecke der **Gefahrenabwehr**.

858 Art. 13 IV GG verlangt, dass die gefahrenabwehrrechtliche Wohnungsüberwachung grundsätzlich nur aufgrund **richterlicher Anordnung** stattfinden darf. Eine Ausnahme besteht nur bei Gefahr im Verzug. Dann können auch andere gesetzlich bestimmte Stellen, etwa Polizeipräsidenten, das Abhören anordnen, wobei eine richterliche Anordnung unverzüglich nachzuholen ist (vgl. Art. 13 IV S. 2 GG). Der Begriff der „Unverzüglichkeit" ist wie in Art. 104 II S. 2 GG zu verstehen. Danach ist jede Verzögerung unzulässig, die sich nicht aus sachlichen Gründen rechtfertigen lässt, mögen diese rechtlicher oder tatsächlicher Natur sein. Materielle Voraussetzung für die Überwachungsmaßnahme ist, dass diese dem Grundsatz der **Verhältnismäßigkeit** entspricht.

859 Unbeschadet der Regelung des Art. 13 IV GG bleibt der Einsatz optischer Mittel zur Abwehr von Gefahren nach den Polizeigesetzen der Länder zulässig. Es müssen aber die gleichen Voraussetzungen wie beim Abhören zur Gefahrenabwehr gem. Art. 13 IV GG gegeben sein. Der Einsatz **optischer** Mittel zur **Beweissicherung** ist damit **unzulässig**.

---

[1518] BVerfGE **109**, 279, 314.
[1519] Für die Verfassungswidrigkeit des Art. 13 III GG vgl. das Minderheitsvotum BVerfGE **109**, 279 ff.
[1520] So die Senatsmehrheit BVerfGE **109**, 279 ff.
[1521] Die Entscheidung des BVerfG ist als Klausur aufbereitet unter *www.verlag-rolf-schmidt.de* abrufbar.
[1522] Zur Auslegung des Begriffs „öffentliche Sicherheit, insbesondere einer gemeinen Gefahr oder einer Lebensgefahr" vgl. *R. Schmidt*, BesVerwR II, Rn 532 ff.

## 4. Einsatz technischer Mittel zur Eigensicherung von ermittelnden Beamten, Art. 13 V GG

Gem. Art. 13 V S. 1 GG können in allen Einzelfällen die erforderlichen Maßnahmen **860** (sowohl <u>akustische</u> als auch <u>optische</u> Mittel) zum Schutz der bei einem Einsatz in Wohnungen tätigen Personen (etwa sog. **Verdeckte Ermittler**) durch gesetzlich bestimmte Stellen angeordnet werden (vgl. schon oben 1.-3.). Art. 13 V S. 2 GG regelt die Verwertbarkeit der hierbei erlangten Kenntnisse, der sog. Zufallsfunde. Die Verwertbarkeit von Zufallsfunden ist nur zu Zwecken der Strafverfolgung oder der Gefahrenabwehr zulässig, und auch nur dann, wenn zuvor die Rechtmäßigkeit der Maßnahme richterlich festgestellt ist. Bei Gefahr im Verzug ist die richterliche Entscheidung unverzüglich (zum Begriff siehe Rn 851) nachzuholen. Die richterliche Feststellung der Rechtmäßigkeit setzt voraus, dass die Maßnahme ausschließlich der Eigensicherung gedient und somit auch nicht teilweise das Ziel verfolgt hat, darüber hinausgehende Informationen zu gewinnen. Schließlich ist zu beachten, dass die Verwertung mit Rücksicht auf den Grundsatz der Verhältnismäßigkeit nur in engen Grenzen erfolgen darf oder zumindest denen entsprechen muss, die für die Verwertbarkeit der nach den Absätzen III und IV gewonnenen Erkenntnisse gelten.[1523]

## 5. Parlamentarische Kontrolle gem. Art. 13 VI GG

Nach Art. 13 VI S. 1 GG unterrichtet die Bundesregierung den Bundestag jährlich über **861** den

- nach Art. 13 III GG ,
- im Zuständigkeitsbereich des Bundes nach Art. 13 IV GG
- und, soweit richterlich überprüfungsbedürftig, nach Art. 13 V GG

erfolgten Einsatz technischer Mittel. Die Kontrolle der Einsätze wird durch ein vom Bundestag gewähltes Gremium auf der Grundlage dieses Berichts ausgeübt, Art. 13 VI S. 2 GG. Die Länder gewährleisten eine gleichwertige parlamentarische Kontrolle, Art. 13 VI S. 3 GG.

## 6. Sonstige Eingriffe und Beschränkungen gem. Art. 13 VII GG

Eingriffe in Art. 13 I GG, die weder als Durchsuchungen i.S.d. Art. 13 II GG noch als **862** Einsatz technischer Mittel i.S.d. Art. 13 III-VI GG zu qualifizieren sind, werden von Art. 13 VII GG erfasst. Das betrifft insb. das bloße **Betreten** von Wohn- und Nebenräumen. Im Übrigen besteht zwischen „Eingriffen" und „Beschränkungen" kein rechtlich greifbarer Unterschied.[1524]

Die beiden Halbsätze des Art. 13 Abs. VII GG unterscheiden sich erheblich voneinander. **863** Während zur Abwehr einer gemeinen Gefahr oder einer Lebensgefahr für eine einzelne Person eine gesonderte gesetzliche Grundlage nicht erforderlich ist (die Befugnis zu Eingriffen und Beschränkungen ergibt sich hier unmittelbar aus Art. 13 VII Halbs. 1 GG), bedarf das Einschreiten zur Verhütung (d.h. Verhinderung) dringender Gefahren für die öffentliche Sicherheit und Ordnung gerade eines solchen Gesetzes.[1525] Ein solches Gesetz stellen die **Polizeigesetze** dar. Hier sind u.U. sogar die Befugnisgeneralklauseln (anders als bei Durchsuchungen) ausreichend, sofern sie **verfassungskonform** ausgelegt werden, d.h. wenn trotz der tatbestandlichen Weite der polizeigesetzlichen Eingriffsnormen nur solche Gefahrenabwehrmaßnahmen zugelassen werden, die der Abwehr einer konkreten **dringenden** Gefahr dienen.

---

[1523] Vgl. dazu die Begründung des Rechtsausschusses des Deutschen Bundestags in seinem schriftlichen Bericht v. 15.1.1998 (BT-Drs. 13/9660).
[1524] *Kunig*, in: v. Münch/Kunig, GG, Art. 13 Rn 57; vgl. auch *Wißmann*, JuS **2007**, 324, 327.
[1525] *Kunig*, in: v. Münch/Kunig, GG, Art. 13 Rn 57.

Da eine weitergehende Erläuterung des Art. 13 VII GG den Rahmen dieses Buches sprengen würde, sei insoweit auf die ausführliche Darstellung nebst Anwendungsfall bei *R. Schmidt*, BesVerwR II, Rn 539 ff. verwiesen.

### 7. Sonderproblem: Online-Durchsuchung von Computern

**864** Der Begriff „Online-Durchsuchung von Computern" ist missverständlich, da es nicht um eine Durchsuchung einer Sache geht, sondern um eine Maßnahme der Polizei (oder eines Nachrichtendienstes), mit der via Internet bestimmte Programme (Trojaner; Spyware) heimlich in einen Computer eingeschleust werden, um dort gespeicherte Daten sowie Anwendungen (Internet-Nutzung, Versendung vom E-Mails etc.) auszuforschen. Unbeschadet der missglückten Terminologie gilt aber, dass die Maßnahme ohne Wissen des Betroffenen erfolgt und (daher) einen schwerwiegenden Eingriff jedenfalls in das Grundrecht der **informationellen Selbstbestimmung** darstellt.

**865** Teilweise wird auch ein Eingriff in das **Wohnungsgrundrecht** aus Art. 13 I GG bejaht. Zur Begründung wird angeführt, dass es nach der Rechtsprechung des BVerfG auch sonst anerkannt sei, dass Art. 13 I GG nicht nur vor dem körperlichen Eindringen in die Wohnung schütze, sondern vor jeder Maßnahme, die den durch Art. 13 I GG geschützten Intimbereich beeinträchtige. Anderenfalls laufe der Gewährleistungsbereich leer. Schütze Art. 13 I GG demnach etwa auch vor dem Überwachen der Wohnung durch technische Hilfsmittel wie Richtmikrofone („großer Lauschangriff", s.o.) oder vor dem gezielten Ausspähen der Vorgänge in einem Garten durch Luftbildaufnahmen, könne in Bezug auf die Online-Durchsuchung nichts anderes gelten.[1526] Hinzu komme, dass in vielen Privathaushalten der Computer immer mehr an die Stelle des klassischen Aktenordners trete, in dem persönliche Aufzeichnungen und andere papierne Schriftstücke aufbewahrt würden. Zahlreiche sensitive Daten – etwa über die Behandlung von Krankheiten, über die persönlichen Finanzen oder das Sexualleben, aber auch digitale Fotos etc. – fänden sich inzwischen auf Festplatten mit hohem Speichervolumen und stünden dort nur dem jeweils berechtigten Nutzer zur Verfügung (abgesehen von den Fällen, in denen jemand seine persönlichen Bilder und Daten aus Gründen der Selbstdarstellung absichtlich „ins Netz stellt"). Angesichts dieser Entwicklung sei es wenig überzeugend, den Schutz durch das Grundrecht der Unverletzlichkeit der Wohnung nur den in der Wohnung abgestellten Dokumentenordnern, Fotoalben oder Tagebüchern zuzubilligen, nicht dagegen der Festplatte des in derselben Wohnung stehenden Computers mit gleichartigem hochsensiblen Informationsgehalt. Das heimliche Ausspähen dieser Daten mittels einer „Online-Durchsuchung" sei sogar durch eine noch höhere Eingriffsintensität gegenüber der offenen Durchsuchung der Räume nach §§ 102 ff. StPO gekennzeichnet, wie der BGH richtig bemerke.[1527]

**866** Stellungnahme: In der Tat spricht einiges für die Richtigkeit dieser Annahme. Denn sowohl beim Lauschangriff als auch bei der Online-Durchsuchung eines Computers geht es um die Ausforschung personenbezogener Daten, die sich nicht in der Öffentlichkeit abspielt, sondern in durch Art. 13 I GG geschützten Räumen. Das gilt auch dann, wenn es sich bei dem Raum, in dem sich der Computer befindet, um einen Arbeits-, Betriebs- oder Geschäftsraum handelt, da das BVerfG den Schutzbereich des Art. 13 I GG großzügig auslegt und auch derartige Räume einbezieht. Gegen die Eröffnung des Schutzbereichs des Art. 13 I GG spricht allerdings, dass sich der Computer, auf dem sich die Daten befinden, im Zeitpunkt der Online-Durchsuchung auch außerhalb eines durch Art. 13 I GG geschützten Raums befinden kann. Man denke an ein Notebook, das der Benutzer in einem Straßencafe in Betrieb hat und das über WLAN an das Internet angeschlossen ist. Hier von einem Eingriff in Art. 13 I GG auszugehen, wenn die Behörden in diesem Zeitpunkt eine Online-Durchsuchung vornehmen, kann ersichtlich keinen Bestand haben.

---

[1526] Davon gehen etwa *Kutscha*, NJW **2007**, 1169, 1170 f., *Rux*, JZ **2007**, 285, 287 f. und *Kudlich*, JA **2007**, 391, 394 aus.
[1527] Vgl. *Kutscha*, NJW **2007**, 1169, 1170 f. unter Bezugnahme auf BGH NJW **2007**, 930, 931.

Richtigerweise wird man daher eine pauschale Eröffnung des Schutzbereichs des Art. 13 I GG ablehnen müssen. Da sich der Computer allerdings im Regelfall in einem durch Art. 13 I GG geschützten Raum befindet und für diesen Fall die Online-Durchsuchung des Computers einen Eingriff in den Schutzbereich des Art. 13 II GG darstellt, trägt die Behörde das Risiko, dass sie im Zeitpunkt ihrer Maßnahme in den Schutzbereich des Wohnungsgrundrechts eingreift.

**867**

Klar dürfte indes sein, dass eine Online-Durchsuchung eines Computers **keinen** Eingriff in das **Telekommunikationsgrundrecht** aus Art. 10 I GG darstellt, weil nicht auf den Kommunikationsvorgang eingewirkt wird, sondern Daten „ausspioniert" werden, bei denen der Kommunikationsvorgang bereits abgeschlossen ist.[1528]

**868**

Unabhängig von der Frage, ob bei einer Online-Durchsuchung ein Eingriff in das Wohnungsgrundrecht oder „nur" in das Grundrecht der informationellen Selbstbestimmung vorliegt, bedarf die Behörde wegen des Grundsatzes vom Vorbehalt des Gesetzes (Art. 20 III GG) einer gesetzlichen Grundlage. Eine solche ist weder in der StPO noch in den Polizeigesetzen bislang vorhanden. Insbesondere sind weder die Vorschriften über die Wohnungsdurchsuchung noch die über die Durchsuchung von Sachen anzuwenden, da es bei einer Online-Durchsuchung eines Computers eben nicht um eine „Durchsuchung" geht, sondern um eine elektronische Ausforschung von Daten mittels Installation von „Trojanischen Pferden" bzw. von Spionageprogrammen. Das ist qualitativ etwas anderes als eine „Durchsuchung" i.S.d. Vorschriften über die Durchsuchung von Wohnungen oder Sachen. Hinzu kommt, dass die Online-Durchsuchung von Computern gerade heimlich erfolgt, wohingegen nach den gesetzlichen Bestimmungen die Durchsuchung von Wohnungen oder Sachen grundsätzlich mit Kenntnis und in körperlicher Anwesenheit des Berechtigten erfolgt.

**869**

Gerade aus diesen Gründen hat das BVerfG für den Bereich der Strafverfolgung die Anwendung des § 102 StPO, der im repressivpolizeilichen Bereich die Durchsuchung der Wohnung legitimiert, abgelehnt und die Online-Durchsuchung eines Computers (wegen fehlender Rechtsgrundlage) für verfassungswidrig erklärt.[1529]

**870**

Sollte es (im gefahrenabwehrrechtlichen wie im strafprozessualen Bereich) zur Schaffung entsprechender Rechtsgrundlagen kommen, sind für den Fall, dass man Art. 13 I GG als betroffen ansieht, die für eine verfassungsrechtliche Rechtfertigung erforderlichen hohen Hürden materiellrechtlicher und verfahrensrechtlicher Art (v.a. **Richtervorbehalt**!) zu beachten. Liegt also ein Eingriff in den Schutzbereich des Art. 13 I GG vor, ließe sich eine verfassungsrechtliche Rechtfertigung nur auf Grundlage des Art. 13 II-VII GG herbeiführen. Doch versteht man den verfassungsrechtlichen Begriff der Durchsuchung des Art. 13 II GG ähnlich wie den strafprozessualen, wären nur offene Maßnahmen rechtfertigungsfähig. Auch unter die übrigen Gesetzesvorbehalte des Art. 13 GG ließe sich die heimliche Online-Durchsuchung eines Computers nicht subsumieren. Greift die heimliche Online-Durchsuchung von Computern also in den Schutzbereich des Wohnungsgrundrechts ein und möchte der Gesetzgeber diesen Eingriff durch die Schaffung gesetzlicher Grundlagen legitimieren, bedürfte es hierzu einer Verfassungsänderung, namentlich einer Änderung der Grundrechtsschranken des Art. 13 II und VII GG. Gerade aber wegen der Heimlichkeit einer Online-Durchsuchung wäre die Grenze zur Aushöhlung des Grundrechtsschutzes schnell überschritten und

**871**

---

[1528] Vgl. zu dieser Abgrenzung BVerfGE **115**, 166, 183 ff. sowie Rn 734d. Anders *Huber* (NVwZ **2007**, 880, 882 f.), der jedoch nicht BVerfGE **115**, 166 ff. berücksichtigt.

[1529] Es gilt also: Keine analoge Anwendung von Rechtsgrundlagen (BVerfG NJW **2007**, 930 f.). Die gegenteilige Annahme verstößt gegen den Grundsatz vom Vorbehalt des Gesetzes und damit letztlich gegen das Rechtsstaats- und Demokratieprinzip (Art. 20 III GG).

ein Verstoß gegen die Wesensgehaltsgarantie des Art. 19 II GG immanent. Darüber hinaus scheint die Verhältnismäßigkeit mehr als fraglich.

**872** Aber auch wenn man lediglich einen Eingriff in das Grundrecht der informationellen Selbstbestimmung annimmt, sind der Schutz des (absoluten und damit unantastbaren) **Kernbereichs privater Lebensgestaltung**[1530] sowie die strikte Einhaltung des **Grundsatzes der Verhältnismäßigkeit** zu beachten. Denn diese Grenzen sind bei allen heimlichen Informationseingriffen, also bei sog. Lauschangriffen, bei der Überwachung der Telekommunikation und bei der Online-Durchsuchung, zu beachten. Darüber hinaus müsste ein Katalog von Anlassstatbeständen in die Befugnisnorm aufgenommen werden, um dem Bestimmtheitsgrundsatz und dem Grundsatz der Verhältnismäßigkeit bereits auf Tatbestandsseite Konturen zu verleihen.

**873** Hinsichtlich der strikten Einhaltung des Grundsatzes der Verhältnismäßigkeit stellt sich die Frage nach der Geeignetheit und der Erforderlichkeit. Sicherlich besteht aus der Sicht eines Praktikers bei der Bekämpfung der Schwerkriminalität und des Terrorismus ein „unabweisbares Bedürfnis" für eine Online-Durchsuchung.[1531] Als milderes Mittel kommt in den Fällen eines hinreichenden Tatverdachts allerdings auch die Durchsuchung gem. §§ 102 ff. StPO in Betracht, in deren Verlauf der betreffende Computer beschlagnahmt und anschließend untersucht werden kann. Auch aus präventivpolizeilicher Sicht kommt eine Wohnungsdurchsuchung mit anschließender Sicherstellung und Durchsuchung des Computers in Betracht. Milder scheinen diese Maßnahmen zu sein, weil sie grds. offen und mit Kenntnis des Betroffenen erfolgen. Gerade wegen der Offenheit erfährt der davon Betroffene allerdings, dass gegen ihn ermittelt bzw. dass gefahrenabwehrrechtlich gegen ihn vorgegangen wird, womit möglicherweise der Fahndungserfolg bzw. die Gefahrenabwehr vereitelt werden. Die „offenen" Maßnahmen sind also nicht wirklich eine Alternative zur heimlichen Datenerhebung. Allerdings ist wiederum bei der heimlichen Online-Durchsuchung zu bedenken, dass der Personenkreis, dem gegenüber eine solche Maßnahme vorrangig in Betracht kommt (in erster Linie Terroristen, Mitglieder der Organisierten Kriminalität), kaum seine Daten auf der Festplatte desjenigen Computers gespeichert haben wird, mit dem er ins Internet geht. Die relevanten Daten werden daher i.d.R. einer Online-Durchsuchung ohnehin entzogen sein. Die entsprechenden Speichermedien (externe Festplatte, USB-Stick etc.) können dann nur bei einer klassischen Durchsuchung der Wohnung aufgefunden und sichergestellt werden.

**874** Erfolgreich werden Online-Durchsuchungen deshalb nur bei solchen Computernutzern sein, die ihre Daten nicht „verstecken", sondern die ihre Daten vor dem unbefugten Zugriff lediglich durch Abwehrprogramme zu schützen versuchen. Das betrifft – wie gesehen – nicht den Adressatenkreis, demgegenüber eine Online-Durchsuchung Sinn macht und auch gerechtfertigt sein würde, sondern allenfalls eine Vielzahl von „normalen" Straftätern bzw. Kleinkriminellen. Vor allem aber besteht die Gefahr, dass mit dem Instrument der Online-Durchsuchung die Daten der Computer einer Vielzahl unbescholtener Bürger den verschiedenen Sicherheitsbehörden zur Kenntnis gelangen.[1532]

**875** Im Ergebnis dürfte die Online-Durchsuchung daher trotz Schaffung einer Rechtsgrundlage zweckuntauglich und damit insgesamt verfassungswidrig sein. Das gilt jedenfalls dann, wenn die Wahrscheinlichkeit, durch die Online-Durchsuchung eines Computers geeignete Hinweise zur Abwehr einer Gefahr bzw. zur Ergreifung des Täters zu erhalten, als äußerst gering zu bewerten ist.[1533]

---

[1530] Vgl. dazu *R. Schmidt*, BesVerwR II, Rn 276 ff.
[1531] So *Hofmann*, NStZ **2005**, 121, 125; vgl. auch *Kutscha*, NJW **2007**, 1169, 1171.
[1532] Vgl. *Kutscha*, NJW **2007**, 1169, 1172.
[1533] So ausdrücklich BVerfG NJW **2007**, 2752 ff. (zur Telekommunikationsüberwachung).

## IV. Konkurrenzen

Da Art. 13 I GG den räumlichen Bereich der Privatsphäre schützt, ist bei einem Eingriff zugleich das **allgemeine Persönlichkeitsrecht** aus Art. 2 I GG i.V.m. Art. 1 I GG berührt. Dieses tritt jedoch regelmäßig subsidiär hinter Art. 13 I GG zurück.[1534] Lediglich dann, wenn der Sachverhalt nicht abschließend von Art. 13 I GG gewürdigt werden kann (etwa wenn im Rahmen einer Wohnungsdurchsuchung auch personenbezogene Daten aus einem PC oder Mobiltelefon erhoben werden), steht das allgemeine Persönlichkeitsrecht neben dem Wohnungsgrundrecht[1535] (siehe auch Rn 286).

876

Die Abgrenzung zum **Fernmeldegeheimnis** aus Art. 10 I GG bemisst sich danach, ob die Beeinträchtigung des Geheimnisschutzes durch Ausnutzung der fernmeldetechnischen Übermittlung erfolgt oder durch ein (körperliches) Eindringen in den durch Art. 13 I GG geschützten Raum. In der Regel stehen die Grundrechte aus Art. 10 I GG und Art. 13 I GG in einem Exklusivitätsverhältnis zueinander.

---

[1534] Vgl. auch BVerfG 11.5.**2007** – 2 BvR 543/06; BVerfGE **109**, 279, 325; **51**, 97, 105.
[1535] BVerfGE **115**, 166, 183 ff.

# Q. Eigentumsgarantie – Art. 14 GG

## I. Einführung

**877** Den Ausgangspunkt der Eigentumsgarantie bildet Art. 14 I S. 1 GG. Als *Instituts-garantie* gewährleistet die Vorschrift den Bestand des Eigentums, als *Individual-rechtsgarantie* schützt sie das konkrete Eigentum vor staatlichen Eingriffen. Gleichwohl ist nach Art. 14 III S. 1 GG eine Enteignung (zum Wohl der Allgemeinheit) möglich. Ob für den konkreten Fall eine völlige oder teilweise Entziehung des Eigentums (Enteignung, Art. 14 III GG) oder (nur) eine Bestimmung des Inhalts und der Schranken vorliegt (Art. 14 I S. 2 GG), muss anhand einer Grundrechtsprüfung festgestellt werden. Die Unterscheidung ist mit Blick auf die Staatshaftung wesentlich, da die Inhalts- und Schrankenbestimmung grundsätzlich entschädigungslos hingenommen werden muss. Nach der hier vertretenen Auffassung erfolgt die Grundrechtsprüfung des Art. 14 I GG wie die eines jeden anderen Grundrechts dreistufig, d.h., dass zunächst der Schutzbereich festgelegt wird, dann der Eingriff in den Schutzbereich bestimmt und zuletzt die verfassungsrechtliche Rechtfertigung des Eingriffs geprüft wird. Für die Fallbearbeitung ergibt sich deshalb folgendes Prüfungsschema:

---

### Eigentumsgarantie – Art. 14 GG

#### I. Schutzbereich der Eigentumsgarantie

Bei dem Eigentumsbegriff des Art. 14 GG handelt es sich um einen eigenständigen verfassungsrechtlichen Eigentumsbegriff. Dieser geht davon aus, dass Eigentum nicht als natürliches, der Rechtsordnung vorgegebenes Recht existiert, sondern erst aus einer Schöpfung der Rechtsordnung hervorgeht. Inhalt und Schranken des Eigentums können daher nicht unmittelbar aus Art. 14 I S. 1 GG hergeleitet, sondern müssen gemäß Art. 14 I S. 2 GG konstitutiv durch den einfachen Gesetzgeber bestimmt werden (sog. **normgeprägter Schutzbereich**). Eigentum i.S.d. Art. 14 I S. 1 GG (Bestandsgarantie) ist daher die Summe der vom Gesetzgeber gewährten **vermögenswerten Rechte**. Zum Eigentum i.S.d. Art. 14 GG zählen insbesondere:

- das Sacheigentum an beweglichen Sachen und Grundstücken nach dem Bürgerlichen Recht,
- alle dinglichen Rechte wie z.B. Hypotheken, Grundschulden oder Pfandrechte,
- das Recht am **eingerichteten und ausgeübten Gewerbebetrieb**. Das BVerfG lässt die Einordnung zwar offen, bejaht aber den eigentumsrechtlichen Schutz für den Bestand einzelner Rechte und Güter des Unternehmens (Substanz, Kernbereich des Anliegerrechts) und lässt tatsächliche Gegebenheiten wie beispielsweise bestehende Geschäftsverbindungen und günstige Umweltbedingungen (Lage) aus dem Schutzbereich herausfallen. Nach der Rspr. des BGH ist das Recht am eingerichteten und ausgeübten Gewerbebetrieb als „sonstiges Recht" i.S.d. § 823 BGB geschützt. Einschränkend soll Art. 14 GG aber nur vor **unmittelbaren betriebsbezogenen Eingriffen** schützen, die zielgerichtet (**final**) den Betrieb zum Erliegen bringen, d.h. in seiner **Existenz bedrohen**.

Der Begriff der vermögenswerten Rechtsposition zeigt somit am Beispiel des eingerichteten und ausgeübten Gewerbebetriebs, dass die Einbeziehung *künftiger* Rechtspositionen ausgeschlossen ist. Der Schutzbereich des Art. 14 GG ist also zeitpunktbezogen. Daraus folgt, dass bloße Umsatz- und Gewinnchancen, Hoffnungen, Erwartungen und Aussichten (bspw. bestehende Geschäftsverbindungen, erworbener Kundenstamm oder die Marktstellung, die Nachbarschaft beispielsweise einer Kaserne, die der Gaststätte die Gäste verschafft, die Parkmöglichkeit auf öffentlicher Straße in der Nähe des Geschäfts oder die Möglichkeit einer Betriebserweiterung) nicht vom Schutzbereich des Art. 14 GG umfasst sind.

Als Faustformel gilt: **Art. 14 GG schützt das Erworbene**, das Ergebnis einer Betätigung. Der **Erwerb**, die Betätigung selbst, wird dagegen durch **Art. 12 GG** geschützt.

---

## II. Eingriff in den Schutzbereich

Wegen des normgeprägten Schutzbereichs des Art. 14 I GG sollte zunächst untersucht werden, ob eine Inhalts- und Schrankenbestimmung oder eine Enteignung vorliegt, da nur so die genaue Eingriffsqualität des staatlichen Handelns bestimmt werden kann.

Das BVerfG stellt seit seiner Kleingarten-Entscheidung bei der Abgrenzung nur auf formale Kriterien ab, und zwar ausschließlich auf Form- und Zweckrichtung des Eingriffs. Es differenziert zwischen beiden Instituten dahingehend, dass immer dann, wenn eine staatliche Regelung abstrakt-generell Rechte und Pflichten des Eigentümers festlegt, eine Inhalts- und Schrankenbestimmung gem. Art. 14 I S. 2 GG vorliege. Verkürzten gesetzliche Bestimmungen (die *gezielt* eingreifen und das Eigentum vollständig oder teilweise entziehen) die Eigentumsfreiheit dagegen konkret-individuell, stellten sie zwar Eingriffe dar, nicht aber Eingriffe durch Inhalts- und Schrankenbestimmungen, sondern durch Enteignung (sog. *enger Enteignungsbegriff*).

Die **Inhaltsbestimmung** bedeutet demnach eine zukunftsorientierte Neudefinition, während die **Enteignung** eine gezielte Entziehung konkreter gegenwärtiger Eigentumspositionen impliziert.

## III. Verfassungsrechtliche Rechtfertigung der Enteignung

Um verfassungsrechtlich gerechtfertigt zu sein, ist für die Enteignung zunächst eine **formalgesetzliche** Regelung erforderlich. Dies ergibt sich unmittelbar aus Art. 14 III GG, wonach eine Enteignung nur durch Gesetz (Legislativenteignung) oder aufgrund eines Gesetzes (Administrativenteignung) und nur zum Wohl der Allgemeinheit erfolgen darf (**qualifizierter Gesetzesvorbehalt**). Des Weiteren fordert Art. 14 III S. 2 GG nicht nur, dass eine Enteignung entschädigt wird, sondern dass das Gesetz, das eine Enteignung bewirkt oder zulässt, *selbst* eine Regelung über Art und Ausmaß der Entschädigung enthält (sog. **Junktimklausel**). Zu den Funktionen der Junktimklausel vgl. Rn 913. Schließlich muss der Grundsatz der Verhältnismäßigkeit gewahrt bleiben.

Ist die Enteignung rechtmäßig erfolgt, ist der Enteignete zu entschädigen. Über die Höhe der Entschädigung entscheiden nach Art. 14 III S. 4 GG die ordentlichen Gerichte.

## IV. Verfassungsrechtliche Rechtfertigung der Inhalts- und Schrankenbestimmung

Um verfassungsrechtlich gerechtfertigt zu sein, müssen Inhalts- und Schrankenbestimmungen zunächst **durch Gesetz** erfolgen (Art. 14 I S. 2 GG). Es genügen Gesetze im materiellen Sinn, d.h. neben Gesetzen im formell-materiellen Sinne auch Rechtsverordnungen und Satzungen, die auf formell-gesetzlicher Grundlage beruhen. Gewohnheitsrecht genügt dagegen nicht.

Inhalts- und Schrankenbestimmungen müssen weiter dem **Grundsatz der Verhältnismäßigkeit** entsprechen. Bei der Prüfung der Verhältnismäßigkeit i.e.S. ist insbesondere zu beachten, dass der Gesetzgeber den Eingriff u.U. durch Härteklauseln und Übergangsregelungen gewissermaßen abfedern muss. Hierzu ist auch auf den rechtsstaatlichen Vertrauensschutz zu verweisen. Das BVerfG sieht Übergangsregelungen besonders bei der Neuordnung eines ganzen Rechtsgebiets sowie dann als notwendig an, wenn von einer nach früherem Recht möglichen Nutzungsbefugnis bereits Gebrauch gemacht worden ist und diese entzogen wird. Würden die Übergangsregelungen nicht getroffen, könnten die bereits ausgeübten Nutzungsbefugnisse u.U. nur durch Enteignungen entzogen werden.

Grundsätzlich sind Beschränkungen des Eigentums, die sich aus auf Art. 14 I S. 2 GG stützenden Gesetzen ergeben, entschädigungslos hinzunehmen. Nur in Ausnahmefällen, d.h., wenn die Belastung im Hinblick auf den Grundsatz der Verhältnismäßigkeit nicht mehr vertretbar und damit unzumutbar geworden ist, kann diese übermäßige Belastung durch Gewährung eines finanziellen Ausgleichs aufgefangen und damit ein Verstoß gegen den Grundsatz der Verhältnismäßigkeit und damit auch gegen die Eigentumsgarantie vermieden werden. Zum Rechtsweg vgl. Rn 938.

## II. Grundrechtsprüfung

### 1. Eröffnung des Schutzbereichs

878 Bei dem Eigentumsbegriff des Art. 14 GG handelt es sich um einen eigenständigen verfassungsrechtlichen Eigentumsbegriff. Dieser geht davon aus, dass Eigentum nicht als natürliches, der Rechtsordnung vorgegebenes Recht existiert, sondern erst aus einer Schöpfung der Rechtsordnung hervorgeht. Inhalt und Schranken des Eigentums können daher nicht unmittelbar aus Art. 14 I S. 1 GG hergeleitet, sondern müssen gem. Art. 14 I S. 2 GG konstitutiv durch den einfachen Gesetzgeber bestimmt werden (sog. **normgeprägter Schutzbereich**).[1536] Hierbei hat der Gesetzgeber einen Ausgestaltungsauftrag. Bei der Erfüllung dieses Auftrags muss er sowohl den Interessen der Eigentümer als auch den öffentlichen Interessen gerecht werden und das Sozialpflichtigkeitspostulat beachten.[1537] Aus der Normgeprägtheit des Schutzbereichs folgt zudem, dass jedenfalls nicht das **Vermögen als solches**, also nicht die in der Hand einer Person vereinigte Gesamtheit von Geld oder geldwerten Gütern, sondern nur einzelne Vermögensrechte durch Art. 14 GG geschützt sein können.[1538]

878a Bedeutsam ist dieser Befund für die Beantwortung der Frage, ob die Auferlegung staatlicher Geldleistungspflichten, insbesondere von Steuern, an Art. 14 GG zu messen ist. Berücksichtigt man den Umstand, dass die Rechtsordnung auch sonst Eigentum und Vermögen unterscheidet, scheint die Einbeziehung der Steuerbelastung in den aus Art. 14 I GG folgenden Abwehranspruch ausgeschlossen. Auch das BVerfG hat lange Zeit die Steuerpflicht grundsätzlich nicht am Maßstab des Art. 14 I GG gemessen, es sei denn, dass die Steuergesetze auf das vorhandene Eigentum „**erdrosselnde Wirkung**" hatten (sog. **konfiskatorische Besteuerung**).[1539] Das herrschende Schrifttum sieht in Art. 14 I GG insofern einen Maßstab für das Steuerrecht, als Steuern zwar aus dem Vermögen bezahlt werden, die Besteuerungstatbestände aber an den Eigentumsbestand oder -verwendung anknüpfen. Immerhin ist auch der *2. Senat* des BVerfG dazu übergegangen, jedenfalls die Einkommensteuer an Art. 14 I GG zu messen.[1540]

### a. Schutzgegenstand: Eigentum

879 Der verfassungsrechtliche Eigentumsbegriff ist also weit gefasst. Zu ihm zählen z.B.

- das **Sacheigentum** an beweglichen Sachen und Grundstücken nach dem Bürgerlichen Recht (vgl. § 903 BGB) sowie die Rechte desjenigen, der in eigentumsähnlicher Weise an einem Grundstück dinglich berechtigt ist. Hierzu zählen der Inhaber eines Erbbaurechts ebenso wie der Nießbraucher und der im Grundbuch eingetragene Auflassungsvormerkte.

- alle **dinglichen Rechte** wie z.B. Hypotheken (§§ 1113 ff. BGB), Grundschulden (§§ 1191 ff. BGB) oder Pfandrechte (§§ 1204 ff. BGB).

- die **Baufreiheit** (im Rahmen der Gesetze, die insoweit ein präventives Verbot mit Erlaubnisvorbehalt darstellen: Die grundrechtlich geschützte Baufreiheit wird zur Rechtskontrolle präventiv eingeschränkt).

---

[1536] Normgeprägt ist der Schutzbereich, wenn das betreffende Grundrecht einer Ausgestaltung durch den Gesetzgeber zugänglich ist oder seiner sogar bedarf, wie z.B. auch Art. 6 I GG (Bestimmung der Ehe).
[1537] St. Rspr. seit BVerfGE **58**, 300 ff. (Nassauskiesung).
[1538] BVerfG NJW **2002**, 2621, 2625; BVerfG DVBl **1997**, 548, 550; BVerfGE **91**, 207, 220; **96**, 375, 397. *Bryde*, in: v. Münch/Kunig, GG, Art. 14 Rn 23; *Wieland*, in: Dreier, GG, Art. 14 Rn 56; *Depenheuer*, in: v. Mangoldt/Klein, GG, Art. 14 Rn 160; *Papier*, in: Maunz/Dürig, GG, Art. 14 Rn 160 ff.
[1539] BVerfGE **14**, 221, 241; **87**, 153, 169 (Grundfreibetrag).
[1540] BVerfG NJW **2006**, 1191, 1193; kritisch *Wernsmann*, NJW **2006**, 1169.

- **Patent-, Urheber- und Warenzeichenrechte**[1541] einschließlich einer **Internet-Domain**[1542].

- Eigentumsrechte i.S.d. **§ 823 BGB**.

- das **Erbrecht**. Darunter fällt nicht nur das Recht des Erblassers, sein Vermögen an eine frei von ihm zu bestimmende Person zu vererben (Testierfreiheit), sondern auch das Recht des Erben am geerbten Vermögen bzw. Eigentum.[1543]

- privatrechtliche **Forderungen**[1544] (also auch relative Rechte), soweit es sich nicht um nichtvermögenswerte Personen- oder Familienrechte handelt.

- **Jagdausübungsrechte**, etwa wenn Jagdbezirke durch den Bau von Fernstraßen verkleinert werden[1545].

- nach der Rechtsprechung[1546] auch Rechtspositionen eines **Mieters** (bzw. Pächters) aus dem Mietvertrag (bzw. Pachtvertrag), wobei aber zu bedenken ist, dass auch der **Vermieter** (bzw. Verpächter) durch Art. 14 GG geschützt ist. Der Gesetzgeber muss also die schutzwürdigen Interessen beider Seiten berücksichtigen und in ein ausgewogenes Verhältnis bringen (Herstellung praktischer Konkordanz)[1547].

- das Recht am eingerichteten und ausgeübten **Gewerbebetrieb** (vgl. Rn 881), das **Anliegerrecht** (vgl. Rn 886) und bestimmte **öffentlich-rechtliche Vermögenspositionen** (Ansprüche aus der Sozialversicherung, vgl. Rn 889).

**Zusammenfassend** lässt sich der Eigentumsbegriff des Art. 14 I GG folgendermaßen beschreiben:     **880**

Eigentum i.S.d. Art. 14 I S. 1 GG (Bestandsgarantie) ist nicht das Vermögen als solches, sondern die Summe der vom Gesetzgeber gewährten **vermögenswerten Rechte**.[1548]

## b. Recht am eingerichteten und ausgeübten Gewerbebetrieb

Als eigentumsfähige Rechtsposition i.S.d. Art. 14 GG ist auch das Recht am eingerichteten und ausgeübten Gewerbebetrieb grundsätzlich anerkannt.[1549]     **881**

Nach der Rechtsprechung des BGH ist das Recht am eingerichteten und ausgeübten Gewerbebetrieb jedenfalls einfachgesetzlich als „sonstiges Recht" i.S.d. § 823 BGB geschützt. Art. 14 I S. 1 GG sei nur dann einschlägig, wenn *unmittelbar betriebsbezogen* eingegriffen werde und der Eingriff zielgerichtet (final) den Betrieb zum Erliegen bringe (d.h. in seiner *Existenz bedrohe*).[1550]     **882**

Das BVerfG hat bislang offen gelassen, ob der *eingerichtete und ausgeübte Gewerbebetrieb* von der Gewährleistung der Eigentumsgarantie umfasst ist.[1551] Unabhängig von der Anerkennung des *eingerichteten und ausgeübten Gewerbebetriebs* hat es Art. 14 I S. 1 GG jedoch für einschlägig erachtet, wenn der Betrieb durch die staatliche     **883**

---

[1541] Vgl. BVerfG NJW **1999**, 2880, 2881; BVerfG NJW **2001**, 1784.
[1542] BVerfG NJW **2005**, 589.
[1543] Vgl. BVerfGE **93**, 165, 174; **99**, 341, 352.
[1544] BVerfGE **42**, 263, 293; **92**, 262, 271; **112**, 93, 107.
[1545] Vgl. dazu BGH NJW **2000**, 3638 ff.
[1546] BVerfGE **89**, 1, 6 f. (Mietrecht als Eigentum); BVerfG NJW **2000**, 2658, 2659. Vgl. auch BVerwG NVwZ **2000**, 806 für den Pächter, BVerwG NVwZ **2000**, 807 und NJW **2000**, 2658 für den Mieter. Dagegen ist der Nacherbe nicht aus Art. 14 I GG berechtigt. Vgl. dazu insgesamt auch *Seiler*, JuS **2002**, 679 ff.; *Kapsa*, NVwZ **2003**, 1423 ff.; *Jochum/Durner*, JuS **2005**, 220 f.; ungenügend *Berg*, JuS **2005**, 961, 963 f.
[1547] BVerfG NJW **2000**, 2658, 2659. Vgl. dazu auch *Sachs*, JuS **2000**, 1220 f.
[1548] Vgl. BVerfGE **105**, 252, 277 (Glykolwein); BVerfGE **95**, 267, 300; *Depenheuer/Grzeszick*, NJW **2000**, 385, 387; *Bryde*, in: von Münch/Kunig, GG, Art. 14 Rn 23 ff.
[1549] BGHZ **92**, 34, 37; BVerwGE **62**, 224, 226; *Schmidt-Preuß*, NJW **2000**, 1524.
[1550] BGHZ **111**, 349, 355 ff.; **92**, 34, 37. Vgl. auch *Seiler*, JuS **2002**, 679, 680; *Schmidt-Preuß*, NJW **2000**, 1524.
[1551] Vgl. zuletzt BVerfGE **105**, 252, 278 (Glykolwein).

Maßnahme in seinem *konkreten Bestand*, d.h. in seiner Substanz, betroffen ist.[1552] Denn Art. 14 I GG erfasse nur Rechtspositionen, die einem Rechtssubjekt *bereits zustehen*, nicht aber in der Zukunft liegende Chancen und Verdienstmöglichkeiten.[1553] Diese seien dem Art. 12 I GG zuzuordnen.[1554] Jedenfalls soll der Schutz des Gewerbebetriebs nicht weiter gehen als der Schutz, den seine wirtschaftliche Grundlage genießt.[1555] Damit bejaht das Gericht zumindest den eigentumsrechtlichen Schutz für den Bestand einzelner Rechte und Güter des Unternehmens (Substanz, Kernbereich des Anliegerrechts) und lässt tatsächliche Gegebenheiten wie beispielsweise bestehende Geschäftsverbindungen und günstige Umweltbedingungen (Lage, Kundenstamm oder Marktstellung, siehe sogleich) aus dem Schutzbereich herausfallen[1556].

**884**  Der Begriff der vermögenswerten Rechtsposition zeigt somit am Beispiel des eingerichteten und ausgeübten Gewerbebetriebs, dass die Einbeziehung *künftiger* Rechtspositionen ausgeschlossen ist. Der Schutzbereich des Art. 14 GG ist also zeitpunktbezogen. Daraus folgt, dass bloße Umsatz- und Gewinnchancen, Hoffnungen, Erwartungen und Aussichten (bspw. bestehende Geschäftsverbindungen, erworbener Kundenstamm oder die Marktstellung, die Nachbarschaft beispielsweise einer Kaserne, die der Gaststätte die Gäste verschafft, die Parkmöglichkeit auf öffentlicher Straße in der Nähe des Geschäfts oder die Möglichkeit einer Betriebserweiterung) **nicht** vom Schutzbereich des Art. 14 GG umfasst sind.

**885**  Als Faustformel gilt: **Art. 14 GG schützt das Erworbene**, das Ergebnis einer Betätigung. Der **Erwerb**, die Betätigung selbst, wird dagegen durch **Art. 12 GG** (Berufs- und Gewerbefreiheit) geschützt.[1557]

### c. Nutzungsrecht und Anliegerrecht

**886**  Zum Eigentumsbegriff gehört auch die ungestörte und zulassungsfreie **Nutzung** eines Grundstücks durch den Eigentümer. Der Eigentümer hat grundsätzlich das Recht, über sein Eigentum frei zu verfügen. Dies kann in Form der Benutzung, des Verbrauchs oder der Veräußerung geschehen. Staatliche Beschränkungen dieser Handlungsfreiheiten tangieren den Schutzbereich des Art. 14 I S. 1 GG.

**887**  Davon zu unterscheiden ist das sog. **Anliegerrecht** oder die **Lage am Verkehrsweg**. Das ist das Recht des Anliegers, eine Verbindung mit der Straße zu haben oder zu behalten. Zu beachten ist jedoch, dass der Anliegergebrauch keine aus Art. 14 I S. 1 GG unmittelbar abzuleitende Rechtsposition vermittelt. Denn das einschlägige Straßenrecht (Fernstraßengesetz des Bundes, Straßengesetze der Länder), das insoweit gem. Art. 14 I S. 2 GG Inhalt und Schranken des Eigentums am „Anliegergrundstück" bestimmt, gestaltet Art. 14 I S. 1 GG erst.[1558] Die straßenrechtlichen Vorschriften regeln insbesondere die Zweckbestimmung der Straßen und treffen einen Ausgleich der widerstreitenden Interessen. Denn die öffentlichen Straßen dienen nicht nur der Erschließung der Anliegergrundstücke, sondern sind als öffentliche Sachen sogar hauptsächlich dem allgemeinen öffentlichen Straßenverkehr gewidmet.

---

[1552] BVerfGE **58**, 300, 353 (Nassauskiesung); **87**, 363 ff. (Nachtbackverbot). Vgl. auch BVerwGE **62**, 224, 226.
[1553] BVerfGE **105**, 252, 277; BVerfGE **68**, 193, 222 (Innungen).
[1554] Vgl. BVerfGE **105**, 252, 277; BVerfGE **77**, 84, 118 (Arbeitnehmerüberlassung im Baugewerbe).
[1555] BVerfGE **58**, 300, 353; **87**, 363 ff.
[1556] Vgl. BVerfGE **77**, 84, 118.
[1557] Vgl. BVerfGE **88**, 366, 377; **105**, 252, 264 ff. (Glykolwein).
[1558] Insoweit sei auf die Parallele zum Baurecht verwiesen, bei dem das subjektive Recht ebenfalls i.d.R. nicht direkt aus Art. 14 I S. 1 GG abgeleitet wird, sondern einfachgesetzlichen Normen entstammt. Vgl. dazu *R. Schmidt*, BesVerwR I, Rn 432 ff.

Ein Rückgriff auf Art. 14 I S. 1 GG ist aber bezüglich des Kernbereichs des Anliegerrechts gegeben. Dazu gehören insbesondere die *dauerhafte* Zufahrt bzw. der *dauerhafte* Zugang zur Straße. Dieser schafft die Grundvoraussetzungen, derer es bedarf, um überhaupt an der verkehrlichen Kommunikation teilzunehmen.[1559] Eine nur *zeitweilige* Störung der Nutzungsmöglichkeit, etwa durch zeitlich begrenzte Bauarbeiten an der Zugangsstraße, ist daher kein Eingriff in den Kernbereich des Anliegerrechts und grundsätzlich zu dulden. Auch kann aus dem Schutzbereich des Art. 14 I S. 1 GG nicht abgeleitet werden, dass der Anlieger einen Anspruch auf Erhalt einer an seinem Grundstück vorbeiführenden Straße in ihrer ursprünglichen baulichen und widmungsgemäßen Gestalt hat. Dem Widmungsträger (Träger der Straßenbaulast, vgl. z.B. §§ 3 und 5 FStrG und die entsprechenden Bestimmungen der Landesstraßengesetze) steht es grundsätzlich frei, durch Veränderung der Verkehrsbedeutung jederzeit den Widmungszweck zu verändern (vgl. § 2 FStrG, §§ 5 bis 7 BremLStrG: Widmung, Aufstufung, Abstufung, Einziehung). Von Art. 14 GG nicht geschützt sind daher besondere Lagevorteile, die dem Anlieger aus der bisherigen Verkehrsbedeutung der Straße erwachsen sind.[1560]

**887a**

Etwas anderes gilt jedoch für **Gewerbetreibende**, wenn diese auf das Bestehen einer am Grundstück vorbeiführenden Straße mit Anhaltemöglichkeit angewiesen sind. Zu beachten ist aber, dass nicht etwa die Zufahrtsmöglichkeit mit Kraftfahrzeugen schlechthin oder gar jeder Anliegerverkehr geschützt sind[1561], sondern ausschließlich das, was aus einer dem Grundstück sowohl nach der Rechtslage als auch nach den tatsächlichen Gegebenheiten entsprechender Nutzung als Bedürfnis hervorgeht.[1562] Anders als beim allgemeinen Anliegerrecht schützt Art. 14 I S. 1 GG den gewerbetreibenden Grundstückseigentümer auch vor *zeitweiligen* (aber wesentlichen) Zugangs- oder Kontaktbeschränkungen. Voraussetzung ist nur, dass Dauer und Intensität der Beeinträchtigung dazu führen, dass ein Gewerbebetrieb in seiner *Existenz* gefährdet ist, da anderenfalls nur ein Eingriff in Art. 12 I S. 1 GG angenommen werden kann.[1563]

**888**

> **Beispiel:** G ist Inhaber einer Tankstelle. Aufgrund von Bauarbeiten an der vorbeiführenden Bundesstraße, für die ein Zeitraum von einem Jahr angesetzt ist, wird ein Umsatzrückgang von 70 % zu erwarten sein.
>
> In diesem Fall ist von einer wesentlichen Beschränkung des Kundenkontakts und damit von einer Existenzgefährdung auszugehen. Der von G geführte Tankstellenbetrieb ist unter dem Aspekt des Anliegerrechts daher vom Schutzbereich des Art. 14 GG umfasst. Ob der Schutzbereich auch in Bezug auf den eingerichteten und ausgeübten Gewerbebetrieb eröffnet ist, kann daher dahinstehen. Für G ergibt sich aber kein Anspruch aufgrund einer Enteignung, sondern aufgrund eines enteignenden Eingriffs. Sofern er die Beseitigung der durch die Maßnahme verursachten Folgen anstrebt, ist der in einer allgemeinen Leistungsklage eingebettete Folgenbeseitigungsanspruch einschlägig.

### d. Öffentlich-rechtliche Vermögenspositionen

Öffentlich-rechtliche Rechtspositionen (sozialstaatlich motivierte Ansprüche) stehen nicht ohne weiteres unter dem Schutz der Eigentumsgarantie. So leuchtet ein, dass Ansprüche, die **ausschließlich oder überwiegend** auf bloßer staatlicher Fürsorge

**889**

---

[1559] Vgl. BVerwG NVwZ **1999**, 1341, 1342.
[1560] BGHZ **70**, 212, 218; vgl. auch die Parallele bei der Frage nach der Reichweite des Schutzes am eingerichteten und ausgeübten Gewerbebetrieb.
[1561] BVerwG NJW **1994**, 1080.
[1562] Vgl. BVerwG NJW **1975**, 357.
[1563] *Papier*, in: Maunz/Dürig, GG, Art. 14 Rn 711.

pflicht beruhen, ohne dass der Anspruchsteller etwas dazu beigetragen hat, nicht dem Schutz des Eigentumsgrundrechts unterfallen können.[1564]

**Beispiele[1565]:** Fürsorgeansprüche wie Sozialhilfe[1566]; Subventionen und ähnliche staatliche Zuwendungen[1567]; Wohnungsbauprämien für Bausparer[1568]; Ansprüche auf Hinterbliebenenversorgung aus der gesetzlichen Rentenversicherung[1569]

**890**  Der Schutzbereich des Art. 14 I S. 1 GG ist aber dann eröffnet, wenn die staatliche Leistungsgewährung als Gegenleistung für eine eigene Leistung des Betroffenen anzusehen ist (**„Äquivalent eigener Leistung"**).[1570]

**Beispiele[1571]:** Anspruch auf Arbeitslosengeld[1572] (dazu auch sogleich); Anspruch auf Versichertenrente aus der gesetzlichen Rentenversicherung[1573]; Anspruch auf Erstattung zu viel gezahlter Steuern

Einen Sonderfall bildet das **Arbeitslosengeld II**, das die bisherigen Bezieher von Anschlussarbeitslosenhilfe und die Bezieher von originärer Sozialhilfe zusammenfasst.[1574] Bezieher von Anschlussarbeitslosenhilfe sind solche Arbeitslose, die zuvor aufgrund von geleisteten Beiträgen zur gesetzlichen Arbeitslosenversicherung einen Anspruch auf (zeitlich begrenztes) Arbeitslosengeld hatten und nun wegen Zeitablaufs (nur noch) Arbeitslosengeld II (bisher Anschlussarbeitslosenhilfe) bekommen. Hier ist der Schutzbereich des Art. 14 I S. 1 GG eröffnet. Demgegenüber haben die Bezieher von (bisheriger) originärer Arbeitslosenhilfe vor dem Leistungsbeginn entweder keinen oder nur einen geringen Bezug zur äquivalenzorientierten Arbeitslosenversicherung geleistet. Daher liegt wohl schon kein Eingriff in Art. 14 I S. 1 GG vor, wenn der Gesetzgeber die Bezugsdauer von originärer Arbeitslosenhilfe zeitlich begrenzt bzw. solchen Personen von vornherein lediglich das Arbeitslosengeld II gewährt. Zumindest aber ist eine solche Regelung nicht unverhältnismäßig.

### e. Verfahrensgarantie des Art. 14 GG

**891**  Durch Art. 14 GG ist auch das Recht des Eigentümers geschützt, seine Eigentümerinteressen im Verwaltungs- und im Gerichtsverfahren effektiv vertreten und gegenüber anderen Privatrechtssubjekten verfolgen und durchsetzen zu können[1575] (sog. Verfahrensgarantie des Art. 14 GG).

---

[1564] Vgl. auch BVerfGE **88**, 384, 401 ff.; *Maurer*, AllgVerwR, § 26 Rn 44; *Peine*, AllgVerwR, § 17 Rn 442.

[1565] Vgl. *Maurer*, AllgVerwR, § 27 Rn 44. Praktisch unbrauchbar *Berg*, JuS **2005**, 961, 964.

[1566] BVerfGE **2**, 380, 399 ff.

[1567] BVerfGE **72**, 175, 193 ff.; **88**, 384, 401 f.

[1568] BVerfGE **48**, 403, 412 f.

[1569] BVerfGE **97**, 271, 283 ff.

[1570] BVerfGE **14**, 288, 294; **18**, 392, 397; **53**, 257, 289; **69**, 272, 298 ff.; **70**, 101, 110; **72**, 9, 18; **76**, 256, 203 f.; **94**, 241 ff.; BVerfG NJW **1996**, 185; *Depenheuer/Grzeszick*, NJW **2000**, 385, 388; *Maurer*, AllgVerwR, § 26 Rn 44; *Peine*, AllgVerwR, § 17 Rn 442.

[1571] Vgl. *Peine*, AllgVerwR, § 17 Rn 442.

[1572] BVerfGE **72**, 8, 18 ff.

[1573] Vgl. BVerfGE **53**, 257, 289 ff.; **69**, 272, 300 ff.; **76**, 256, 203 f.; **100**, 1, 33.

[1574] Im Zuge des sog. „Hartz IV-Konzepts" wurden zum 1.1.2005 die bisherige Arbeitslosenhilfe und die bisherige Sozialhilfe nach dem BSHG zum Arbeitslosengeld II. Die Leistungen, auf die ein Anspruch besteht, sind pauschaliert und betragen im Wesentlichen nur geringfügig mehr als das Niveau der bisherigen Sozialhilfe nach dem BSHG. Das bisherige BSHG wurde Teil des Sozialgesetzbuchs als Zwölftes Buch (SGB XII). Leistungen nach diesem Gesetz erhalten nur noch Menschen, die dauerhaft oder vorübergehend nicht erwerbsfähig sind, und Menschen, die bereits älter sind als 65 Jahre. Auch das bisherige Grundsicherungsgesetz (GSiG) wurde Teil des SGB XII. Leistungen nach den hier genannten Gesetzen sind weitestgehend pauschaliert. Einzelfallbezogene Hilfen, z.B. für defektes Mobiliar oder andere Haushaltsgegenstände, werden nur noch in besonderen Fällen als Darlehen gewährt.

[1575] *Bryde*, in: v. Münch/Kunig, GG, Art. 14 Rn 37 ff.; *Papier*, in: Maunz/Dürig, GG, Art. 14 Rn 43 ff. Zur Verfahrensgarantie grundlegend BVerfGE **46**, 325, 333 ff.

## f. Geschützter Personenkreis

Träger des Grundrechts sind alle natürlichen und inländischen juristischen Personen des Privatrechts[1576] sowie inländische nicht rechtsfähige Personengesellschaften und Vereine, soweit sie in dem ihnen zugeordneten (gesamthänderisch gebundenen) Eigentum betroffen sind.[1577] Demgegenüber sind juristische Personen des öffentlichen Rechts i.d.R. keine Grundrechtsträger. Das gilt hinsichtlich des Art. 14 GG auch dann, wenn sie nach privatrechtlichen Vorschriften Eigentum haben und sie wie Private staatlicher Hoheitsgewalt unterworfen sind.

**892**

> **Beispiel:** § 68 I S. 1 TKG ermächtigt den Bund, Verkehrswege für die öffentlichen Zwecken dienenden Telekommunikationslinien unentgeltlich zu benutzen. Dieses Recht überträgt er gem. § 69 TKG auf Lizenznehmer im Bereich der Telekommunikation (vgl. §§ 6 ff. TKG). Die Gemeinde G fühlt sich in ihrem Eigentumsrecht aus Art. 14 I GG verletzt und erhebt Individualverfassungsbeschwerde (Art. 93 I Nr. 4a GG, §§ 13 Nr. 8a, 90 ff. BVerfGG).
>
> Die Individualverfassungsbeschwerde ist wegen fehlender Beschwerdebefugnis (§ 90 I BVerfGG) unzulässig. Zwar kann eine Gemeinde Privateigentum haben. Art. 14 I GG schützt aber nicht das Privateigentum, sondern das Eigentum Privater.[1578] G kann daher nicht wegen Verletzung des Art. 14 GG erfolgreich Individualverfassungsbeschwerde erheben.[1579]
>
> G könnte auch erwägen, Kommunalverfassungsbeschwerde (Art. 93 I Nr. 4b GG, §§ 13 Nr. 8a, 90 ff. BVerfGG) zu erheben mit der Rüge, durch die Regelung der unentgeltlichen Nutzungsberechtigung an öffentlichen Verkehrswegen für die Durchleitung von Telekommunikationslinien in § 68 I S. 1 TKG sowie durch die Bestimmungen des § 68 III, IV TKG in ihrem Recht auf kommunales Selbstverwaltungsrecht verletzt zu sein. Allerdings wird auch dieser Rechtsbehelf erfolglos sein, da die genannten Bestimmungen nicht den Schutzbereich des Art. 28 II GG berühren.[1580]

## 2. Eingriff in den Schutzbereich

Bei der Frage, ob in dem fraglichen Handeln eine Beeinträchtigung der Eigentumsfreiheit liegt, sollte zunächst untersucht werden, ob eine Inhalts- und Schrankenbestimmung (Art. 14 I S. 2 GG) oder eine Enteignung (Art. 14 III GG) vorliegt.[1581]

**893**

> **Hinweis für die Fallbearbeitung:** Die Unterscheidung zwischen Enteignung und Inhalts- und Schrankenbestimmung ist nicht nur wichtig, um den staatlichen Eingriffsakt genau zu bestimmen, sondern vor allem deshalb, weil **unterschiedliche Anforderungen an die verfassungsrechtliche Rechtfertigung** des Eingriffs bestehen. Darüber hinaus ist eine Enteignung stets ausgleichspflichtig, eine Inhalts- und Schrankenbestimmung dagegen nur in besonderen Fällen. Daher ist es auch vertretbar, zunächst generell einen Eingriff in den Schutzbereich zu prüfen und erst im Rahmen der verfassungsrechtlichen Rechtfertigung nach der Eingriffsqualität zu differenzieren.

---

[1576] Zur Geltung des Grundrechts für juristische Personen trotz der personellen Natur des Eigentumsschutzes vgl. BVerfGE **50**, 290, 321 f. (Mitbestimmung).

[1577] BVerfGE **4**, 7, 17 (Investitionshilfegesetz); *Bryde*, in: von Münch/Kunig, GG, Art. 14 Rn 6.

[1578] BVerfGE **61**, 82, 109 (Gemeinde Sasbach); vgl. auch BVerfG NVwZ **2005**, 82 f.; *Kirchberg/Boll/Schütz*, NVwZ **2002**, 550, 551. Zur nicht gegebenen Klagebefugnis einer Gemeinde der Insel Sylt gegen einen Offshore Windpark vgl. OVG Hamburg NVwZ **2005**, 347 ff.

[1579] Sofern es sich nicht um das Privateigentum einer Gemeinde handelt, sondern um das Eigentum eines Privaten, ist die Grundstücksbenutzung, sofern das Grundstück nur unwesentlich beeinträchtigt wird, eine verfassungsmäßige Inhalts- und Schrankenbestimmung (vgl. BVerfG NJW **2000**, 798, 799; *Scherer*, NJW **2000**, 772, 784.

[1580] So BVerfG NVwZ **1999**, 520; vgl. dazu auch *Scherer*, NJW **2000**, 772, 783.

[1581] Zu den sonstigen Eingriffen wie **enteignender** oder **enteignungsgleicher Eingriff** vgl. Rn 939 ff.

## a. Abgrenzung Enteignung/Inhalts- und Schrankenbestimmung

### aa. Materielle Kriterien der Abgrenzung

**894** Der Begriff der Enteignung unterliegt dem Wandel der Zeit. So war er im liberalen 19. Jahrhundert auf die Entziehung des Sacheigentums, insbesondere des Grund und Bodens, gerichtet. Die Enteignung bestand in dem Entzug oder in der dinglichen Belastung des Eigentums und erfolgte rechtstechnisch durch Verwaltungsakt (sog. Güterbeschaffung). Durch diese formalen Kriterien war die Enteignung in ihrem Umfang und ihrer Wirkung klar umrissen. Erst die spätere Wandlung des Staats vom liberalen zum sozialen Rechtsstaat und der damit verbundene verstärkte Rückgriff auf das Privateigentum machten einen erweiterten Eigentumsschutz erforderlich. So hatte bereits das Reichsgericht von dem Verständnis der Enteignung als bloße Güterbeschaffung Abstand genommen und bereits jede Beeinträchtigung des Eigentums (insbesondere des Rechts, mit der Sache gem. § 903 BGB nach Belieben zu verfahren) als Enteignung gewertet. Zudem wurde auch die Möglichkeit der Enteignung durch Gesetz (sog. Legislativenteignung) angenommen.[1582]

- Der **BGH** knüpfte an diese Rechtsprechung an und baute den Begriff der Enteignung sogar noch aus. So sei es nicht erforderlich, dass der Staat eine als Eigentum geschützte Rechtsposition i.S. von Art. 14 I S. 1 GG entziehe; vielmehr liege eine Enteignung schon bei einer Eigentumsbeschränkung vor.[1583] Diese „Aufweichung" des Enteignungsbegriffs ist aber problematisch, da gerade die bloße Eigentumsbeschränkung Hauptmerkmal der grundsätzlich entschädigungslos hinzunehmenden Inhalts- und Schrankenbestimmung des Art. 14 I S. 2 GG ist. Der BGH nahm deshalb eine Abgrenzung dergestalt vor, dass er darauf abstellte, ob dem Einzelnen innerhalb seiner Gattung gegenüber den anderen ein Sonderopfer aufgebürdet wird. Dies wiederum liegt vor, wenn er anderen seiner Gattung gegenüber ungleich behandelt wird und sich diese Ungleichbehandlung für ihn als ein Opfer zugunsten der Allgemeinheit darstellt (sog. **Sonderopfertheorie**). Die Ungleichbehandlung kennzeichnete also die Enteignung.[1584]

- Das **BVerwG** stellte demgegenüber auf die Schwere und Tragweite des Eingriffs ab (sog. **Schweretheorie**).[1585] Nach dieser Theorie ist eine staatliche Maßnahme eine Enteignung, wenn sie einen Eingriff von besonderer Schwere und Tragweite enthält und dies für den Betroffenen *unzumutbar* ist. Abgrenzungskriterium bei dieser Theorie ist somit die Intensität des Eingriffs.

### bb. Formale Unterscheidung des BVerfG

**895** Das BVerfG stellt seit seiner Kleingarten-Entscheidung[1586] bei der Abgrenzung zwischen Enteignung und Inhalts- und Schrankenbestimmung nur auf formale Kriterien ab, und zwar ausschließlich auf Form- und Zweckrichtung des Eingriffs.[1587] Es differenziert zwischen beiden Instituten dahingehend, dass immer dann, wenn eine staatliche Regelung abstrakt-generell Rechte und Pflichten des Eigentümers festlegt, eine

---

[1582] RGZ **105**, 251, 253; **107**, 261, 270; **116**, 268, 272; **139**, 177, 182.
[1583] BGHZ **6**, 270, 280; **15**, 268, 271; **23**, 30, 32; **30**, 338, 341; **60**, 145, 147; **80**, 111, 114.
[1584] BGHZ **6**, 270, 280.
[1585] BVerwGE **5**, 143, 145; **7**, 297, 299; **11**, 68, 75; **15**, 1, 2; **19**, 94, 98 f.; **36**, 248, 251 f.; **41**, 58, 66.
[1586] BVerfGE **52**, 1, 27 ff., ausgebaut in der sog. Nassauskiesungsentscheidung (E **58**, 300 ff.).
[1587] Die Rechtmäßigkeit der Regelung ist kein Abgrenzungskriterium, weil diese ja gerade noch festgestellt werden soll und die Rechtmäßigkeit der Maßnahme nur dann festgestellt werden kann, wenn feststeht, ob eine Enteignung oder eine Inhalts- und Schrankenbestimmung vorliegt. Die unterschiedlichen Einwirkungen auf das Eigentum müssen daher primär handlungsbezogen und nicht folgeorientiert voneinander abgegrenzt werden.

Inhalts- und Schrankenbestimmung gem. Art. 14 I S. 2 GG vorliege.[1588] Verkürzten gesetzliche Bestimmungen (die *gezielt* eingreifen und das Eigentum vollständig oder teilweise entziehen) die Eigentumsfreiheit dagegen konkret-individuell, stellten sie zwar Eingriffe dar, nicht aber Eingriffe durch Inhalts- und Schrankenbestimmungen, sondern durch Enteignung (sog. *enger Enteignungsbegriff*).[1589] Erweist sich Letztere als rechtswidrig, muss der Betroffene den hoheitlichen Akt anfechten (kein „dulde und liquidiere"). Sowohl der BGH als auch das BVerwG haben den vom BVerfG vertretenen engen Enteignungsbegriff inzwischen vollständig übernommen.[1590]

### cc. Administrativ- und Legislativenteignung

Art. 14 III S. 2 GG bestimmt, dass eine Enteignung „durch Gesetz" oder „aufgrund   **896**
eines Gesetzes" erfolgen kann. Mit der Formulierung „durch Gesetz" ist die Legislativenteignung, mit der Formulierung „aufgrund eines Gesetzes" die Administrativenteignung gemeint. Die *Administrativenteignung* zeichnet sich dadurch aus, dass sie durch die Exekutive auf der Grundlage einer entsprechenden gesetzlichen Ermächtigung durchgeführt wird. Das kann durch die Handlungsformen Verwaltungsakt, Satzung oder Rechtsverordnung geschehen.[1591] Die zur Administrativenteignung ermächtigende gesetzliche Grundlage stellt im Regelfall dann eine Enteignungsnorm dar, wenn sie die Exekutive ermächtigt, eine vollständige oder teilweise Entziehung konkreter subjektiver Rechtspositionen i.S.d. Art. 14 I S. 1 GG vorzunehmen.

> **Beispiele:** §§ 85 ff. BauGB, Enteignungsgesetze der Länder

Demgegenüber spricht man von einer *Legislativenteignung*, wenn die Enteignung   **897**
durch die entsprechende gesetzliche Bestimmung selbst vorgenommen wird, ohne dass ein weiterer Vollzugsakt erforderlich wäre.[1592]

> **Beispiel:** Hamburger Deichordnungsgesetz v. 29.04.1964[1593]

Die Legislativenteignung ist nur ausnahmsweise zulässig.[1594] Denn ein Einzelfallgesetz   **898**
(vgl. Art. 19 I S. 1 GG) ist schon aus verfassungsrechtlichen Gründen nur in eng begrenzten Fällen zulässig, weil es nicht nur in den Kompetenzbereich der Exekutive eingreift, sondern insbesondere auch die Rechtsschutzmöglichkeiten des Bürgers eingrenzt (gegen Gesetze steht der Rechtsweg nicht offen; dem Betroffenen bleibt nur die Rechtssatzverfassungsbeschwerde, vgl. § 90 II BVerfGG). Darüber hinaus ist stets ein Verstoß gegen Art. 3 I GG immanent. Als Maßnahmegesetz, d.h. als eine Regelung, die an einen konkreten, situationsgebundenen Sachverhalt anknüpft, ist das Einzelfallgesetz jedoch grundsätzlich zulässig. Denn in diesem Fall steht die Regelung weder in einem Zusammenhang mit Art. 19 I S. 1 GG noch mit Art. 3 I GG; sie findet sachlich und persönlich auf eine unbestimmte Vielzahl von Personen oder Handlungen Anwendung. Darüber hinaus kann die Legislativenteignung durch ein Maßnahmegesetz verhältnismäßig sein, etwa wenn Administrativenteignungen in

---

[1588] Vgl. aus jüngerer Zeit BVerfGE **100**, 226, 239 f. (Denkmalschutz); **101**, 239, 259; **102**, 1, 15; BVerfG NVwZ **2001**, 1023. Unzutreffend *Pieroth/Schlink*, Rn 921, wenn sie konstatieren, das BVerfG definiere die ISB *auch* formell. Denn das BVerfG stellt *primär* auf formale Kriterien ab.
[1589] BVerfGE **79**, 174, 191 (Erbbaurecht); **100**, 226, 239 f. (Denkmalschutz). Zu dieser Abgrenzung vgl. auch *Sellmann*, NVwZ **2003**, 1417 ff.; *König*, JA **2001**, 345 ff.; *Seiler*, JuS **2002**, 679, 680.
[1590] Vgl. nur BGHZ **99**, 24, 28; BVerwGE **84**, 361, 367; BVerwG NVwZ **1998**, 725, 726; BVerwG NVwZ **2001**, 1038 ff.; dazu auch; *Schmidt-Preuß*, NJW **2000**, 1524, 1525; *Wilhelm*, JZ **2000**, 905, 906; *Roller*, NJW **2001**, 1003 ff.; *Hermanns*, JA **2002**, 26 ff.; *Seiler*, JuS **2002**, 679, 680.
[1591] *Peine*, AllgVerwR, § 17 Rn 443.
[1592] BVerfGE **45**, 297, 325 f. (Hamburger U-Bahn).
[1593] Vgl. dazu BVerfGE **24**, 367 (Hamburger Deich); BVerwG NVwZ **1998**, 725, 726.
[1594] Vgl. BVerfGE **24**, 367, 401 ff.; **45**, 297, 330 ff.; *Peine*, AllgVerwR, § 17 Rn 443.

angemessener Zeit nicht durchgeführt werden können und dadurch der Enteignungszweck beeinträchtigt würde.[1595]

**899** Die Unterscheidung zwischen Administrativ- und Legislativenteignung gewinnt für die Unterscheidung zwischen Enteignung und Inhalts- und Schrankenbestimmung insofern an Bedeutung, als die Eigentumsbeeinträchtigung mittels Verwaltungsakt nach der formalen Unterscheidung des BVerfG (konkret-individuell) immer nur eine Enteignung darstellen kann. Geht es dagegen um Legislativakte, ist entscheidend, ob die betreffenden gesetzlichen Vorschriften auf die Bündelung bzw. Ersetzung von Administrativenteignungen gerichtet sind (dann Enteignungsnormen) oder ob sie - wie überwiegend - die abstrakt-generelle (Neu-)Ordnung von Eigentumsrechten betreffen (dann Inhalts- und Schrankenbestimmungsnormen).

> **Beispiel:** § 1 a IV Nr. 2 WHG bestimmt, dass das Grundeigentum nicht zum Ausbau eines oberirdischen Gewässers berechtigt. Dieser Bestimmung ist nicht zu entnehmen, dass die Verwaltung ermächtigt wird, konkrete subjektive Rechtspositionen i.S.d. Art. 14 I S. 1 GG zu entziehen. Sie stellt auch keine Bündelung von Administrativenteignungen dar. Vielmehr liegt eine abstrakt-generelle Ausgestaltung des Art. 14 GG vor, sodass von einer Inhalts- und Schrankenbestimmung auszugehen ist.

**900** Die **Inhaltsbestimmung** bedeutet demnach eine zukunftsorientierte Neudefinition, während die **Enteignung** eine gezielte vollständige oder teilweise Entziehung konkreter gegenwärtiger Eigentumspositionen impliziert.[1438]

**901** Da aber auch bei abstrakt-generellen Regelungen eine Enteignung vorliegen kann (Legislativenteignung) und auch bei einer Inhalts- und Schrankenbestimmung Ausgleichspflichten gewährt werden können, kann eine Abgrenzung zwischen Enteignung und Inhalts- und Schrankenbestimmung, die sich alleine an der Form- und Zweckrichtung des Eingriffs orientiert, letztlich nicht mit Gewissheit erfolgen. Darüber hinaus kann nach dem engen Enteignungsbegriff eine staatliche Maßnahme nur dann eine Enteignung darstellen, wenn sie gerade auf die Eigentumsentziehung gerichtet, also *final* ist. Umgekehrt würde dies bedeuten, dass eine Maßnahme, die nicht zielgerichtet eigentumsverkürzend wirkt, niemals eine Enteignung darstellen könnte, auch wenn sie von noch so hoher Intensität wäre. Aus diesen Gründen wird teilweise auch Kritik an der formalen Unterscheidung des BVerfG geübt. In Zweifelsfällen ist daher hilfsweise auf die oben dargestellten materiellen Unterscheidungskriterien, d.h. auf die Sonderopfertheorie und die Schweretheorie, zurückzugreifen.

> **Hinweis für die Fallbearbeitung:** In einer Klausur sollte eine Abgrenzung zwischen einer Inhalts- und Schrankenbestimmung und einer Enteignung zunächst an den vom BVerfG entwickelten formalen Kriterien festgemacht werden. Ist demnach eine Abgrenzung nicht möglich oder nicht zweifelsfrei, muss subsidiär auf die materiellen Kriterien zurückgegriffen werden.

## b. Zusammenfassung

**902** Nach dem engen Enteignungsbegriff ist die Enteignung auf die vollständige oder teilweise Entziehung konkreter subjektiver Rechtspositionen gerichtet. Enteignung bedeutet, dass entweder durch Gesetz einem bestimmten oder bestimmbaren Personenkreis konkrete Eigentumsrechte entzogen werden (*Legislativenteignung*) oder

---

[1595] BVerfGE **95**, 1, 22 (Südumfahrung Stendal).
[1438] BVerfGE **100**, 226, 240 (Vereinbarkeit denkmalschutzrechtlicher Regelungen mit der Eigentumsgarantie); BVerfG NJW **2000**, 413, 414 (Verfassungsmäßigkeit des Restitutionsausschlusses); *Sachs*, JuS **2000**, 1219; *Winkler*, JA **2002**, 197, 198; *Seiler*, JuS **2002**, 679, 680; *Peine*, AllgVerwR, § 17 Rn 443.

dass aufgrund eines Gesetzes durch administrative Maßnahmen konkretes Eigentum Einzelner entzogen wird (*Administrativenteignung*). Die Enteignung ist nach dem BVerfG durch drei Merkmale von der Inhalts- und Schrankenbestimmung zu unterscheiden:

**(1)** Sie ist *konkret* statt *abstrakt,*
**(2)** sie trifft *individuell* statt *generell*
**(3)** und sie belässt das Eigentum dem Betroffenen nicht, sondern entzieht es ihm ganz oder teilweise.

Es kommen insgesamt vier Konstellationen in Betracht: 903

**(1)** Es liegt eine Inhalts- und Schrankenbestimmung durch eine abstrakt-generelle 904 Regelung (ein Gesetz) vor.

**Beispiele: (1)** Es wird ein Gesetz erlassen, das die zweckentfremdete Nutzung von Wohnraum verbietet. **(2)** § 8 II S. 1 Nr. 2 HbgDeichO trifft durch die Einschränkung der Nutzungsmöglichkeiten für solche Grundstücksflächen, die an einen Deich angrenzen, eine abstrakt-generelle Regelung der Rechte und Pflichten der Eigentümer.[1439]

**(2)** Es liegt eine Inhalts- und Schrankenbestimmung durch eine Einzelmaßnahme 905 auf der Basis eines abstrakt-generellen Gesetzes vor (Anwendungs- und Vollzugsakt). Der Qualifikation der Maßnahme als Inhalts- und Schrankenbestimmung schadet es nicht, dass sie einen Einzelakt darstellt, da hier der faktische Einzelakt lediglich ein Vollzugsakt ist, der die Inhalts- und Schrankenbestimmung umsetzt.[1440]

**Beispiel:** Es besteht ein Gesetz, das es der Denkmalschutzbehörde ermöglicht, bestimmte Gebäude unter Denkmalschutz zu stellen. Damit ist zugleich ein Abrissverbot verbunden. In Anwendung dieses Gesetzes stellt die Behörde eine Kapelle unter Denkmalschutz.[1596]

**(3)** Es liegt eine Enteignung durch eine gesetzliche Bündelung bzw. Ersetzung von 906 Administrativenteignungen vor (sog. Legislativenteignung). Zu beachten ist jedoch, dass das Gesetz aufgrund seines konkret-individuellen Charakters nur in Ausnahmefällen (als Maßnahmegesetz) zulässig sein kann.

**Beispiel:** Es wird ein förmliches Landesgesetz erlassen, das den Bau einer Umgehungsstraße um eine bestimmte Gemeinde herum vorsieht und die Regelung enthält, wonach ggf. die bisherigen Grundstückseigentümer enteignet werden sollen. Weitere Entscheidungen der Behörde, insbesondere Planfeststellungen (Verwaltungsakte i.S.d. § 35 VwVfG, vgl. nur § 17 FStrG[1597] § 33 BremLStrG), sollen nicht erforderlich sein.

**(4)** Es liegt eine Enteignung durch eine Einzelmaßnahme auf der Basis einer ab- 907 strakt-generellen Regelung (Gesetz) vor (sog. Administrativenteignung).

**Beispiel:** Es besteht ein Gesetz, welches der Flurbereinigungsbehörde ermöglicht, zur Förderung der Infrastruktur Privatgrundstücke zu enteignen und diese Grundstücke wirtschaftlich leistungsfähigen Unternehmen zur Nutzung zuzuweisen. Eine Entschädigung ist vorgesehen. Die zuständige Behörde enteignet aufgrund dieses Gesetzes gegen Entschädigung mehrere Grundstücke.

---

[1439] Vgl. BVerwG NVwZ **1998**, 725, 726.
[1440] Anders *Jarass*, NJW **2000**, 2841, der insoweit von „sonstigen Eigentumsbeeinträchtigungen" spricht.
[1596] Zu den neuen Entscheidungen des BVerfG zum Denkmalschutzrecht vgl. *Jarass*, NJW **2000**, 2841 ff.
[1597] Vgl. BVerwG NVwZ **2001**, 1154 ff.

**908** Orientierungspunkte für die Grenzziehung bildet eine umfangreiche Judikatur, deren Darstellung den Rahmen der vorliegenden Darstellung sprengen würde. Genannt werden daher nur 4 Beispiele; weitere können der Internet-Seite des Verlags Rubrik Studienbücher/Grundrechte/Falllösungen und Ergänzungen entnommen werden.

- **Denkmalschutzrechtliche** Gebote und Pflichten erfüllen nicht den Tatbestand der Enteignung, sondern sind in aller Regel als Inhalts- und Schrankenbestimmungen zu verstehen (die mit Art. 14 I GG unvereinbar sind, wenn sie unverhältnismäßige Belastungen des Eigentümers nicht ausschließen und keinerlei Vorkehrungen zur Vermeidung derartiger Eigentumsbeschränkungen enthalten).[1598]

- Gleiches gilt für **naturschutzrechtliche Nutzungsverbote und -beschränkungen**[1599] und für Bauverbote in Wasserschutzgebieten.[1600] Auch die Ausweisung eines **Naturschutzgebietes**[1601] und der Zusammenschluss von Waldgrundstücken zu einem einheitlichen **Jagdbezirk**[1602] gehören hierher.

- Dagegen sollen Eingriffe in **Jagdausübungsrechte**, etwa wenn Jagdbezirke durch den Bau von Fernstraßen verkleinert werden, Enteignungen darstellen.[1603]

- Schließlich stellt der Entzug rechtskräftiger und unbefristeter Betriebsgenehmigungen von **Kernkraftwerken** nach strittiger Auffassung eine Enteignung dar.[1604]

### 3. Verfassungsrechtliche Rechtfertigung der Enteignung

**909** Wegen des inhaltlichen Zusammenhangs zu dem bisher Dargestellten soll zunächst auf die verfassungsrechtliche Rechtfertigung von Enteignungen eingegangen werden. Zur verfassungsrechtlichen Rechtfertigung von Inhalts- und Schrankenbestimmungen vgl. Rn 932 ff.

### a. Formellgesetzliche Grundlage für die Enteignung

**910** Um verfassungsrechtlich gerechtfertigt zu sein, ist für die Enteignung zunächst eine **formellgesetzliche** Regelung erforderlich. Dies ergibt sich nicht nur unmittelbar aus Art. 14 III S. 2 GG, wonach eine Enteignung nur durch Gesetz (Legislativenteignung) oder aufgrund eines Gesetzes (Administrativenteignung) und nur zum Wohl der Allgemeinheit erfolgen darf (**qualifizierter Gesetzesvorbehalt**), sondern auch aus dem Parlamentsvorbehalt bezüglich aller wesentlichen, grundrechtsrelevanten Bereiche: Allein dem demokratisch legitimierten Gesetzgeber obliegt die Befugnis, die Voraussetzungen für eine Enteignung zu bestimmen.[1605]

> **Hinweis für die Fallbearbeitung:** Daraus folgt, dass eine Enteignung, um rechtmäßig zu sein, sich auf eine verfassungsmäßige formelle Rechtsgrundlage stützen muss. Fehlt eine solche, ist der eigentumsverkürzende Eingriff schon deshalb rechtswidrig. In der Fallbearbeitung ist deshalb zunächst die Verfassungsmäßigkeit des formellen Gesetzes zu prüfen.[1606] Der Einstieg in die Prüfung könnte etwa wie folgt vor-

---

[1598] BVerfGE **100**, 226, 244 f. (Denkmalschutz).
[1599] BVerwG NJW **1996**, 409; BGHZ **126**, 379, 281 f.
[1600] BVerwG NVwZ **1997**, 887, 889. Vgl. auch *Roller*, NJW **2001**, 1003 ff.
[1601] Vgl. BVerwG DVBl **2001**, 931 mit Bespr. v. *Hermanns*, JA **2002**, 26 ff.
[1602] BVerfG NVwZ **2007**, 808 ff. (mit Bespr. v. *Muckel*, JA **2007**, 394).
[1603] Vgl. dazu BGH NJW **2000**, 3638 ff.
[1604] *Wagner*, NVwZ **2001**, 1089, 1095; **2000**, 1138, 1142; **anders** wohl *Stüer/Loges*, NVwZ **2000**, 9, 13.
[1605] Vgl. BVerfGE **56**, 249, 261 (Dürkheimer Gondelbahn); **74**, 264, 285 (Daimler Benz – Teststrecke).
[1606] Das ist auch die verwaltungsgerichtliche Praxis, vgl. nur BVerwGE **67**, 93 (Prüfung eines Landesnaturschutzgesetzes vor der Prüfung einer aufgrund dieses Gesetzes erlassenen Landschaftsschutzverordnung); **68**, 143 (Prüfung eines Landesgesetzes über den Wiederaufbau reblausverseuchter Weinbaugebiete); **84**, 361 (Prüfung des nordrhein-westfälischen Landschaftsgesetzes); **94**, 1, 10 (Prüfung einer Vorschrift des bayerischen Naturschutzgesetzes); **102**, 260 (Prüfung des § 19a des rheinland-pfälzischen Denkmalschutz- und -pflegegesetzes); **106**, 228, 234 ff. (Prüfung des § 35 II BauGB); **106**, 290, 293 (Prüfung einer Norm des Bundesberggesetzes); BVerwG NVwZ **1993**, 772 (Hamburgisches Wassergesetz).

genommen werden: „Der Eingriff in den Schutzbereich ist nur dann rechtmäßig, wenn er durch eine Grundrechtsschranke gedeckt ist. Zu prüfen ist demnach, ob eine Enteignungsmöglichkeit besteht, dann, ob ein solches enteignendes Gesetz vorliegt, und schließlich, ob dieses Gesetz seinerseits verfassungsgemäß ist. Das Eigentum kann gem. Art. 14 III S. 2 GG durch Gesetz oder aufgrund eines Gesetzes entzogen werden. Das ... (Gesetz) ist ein solches enteignendes Gesetz. Es müsste aber weiterhin auch selbst rechtmäßig sein. ... .“

Kommt man zu dem Ergebnis, dass das formelle Gesetz verfassungswidrig ist, und befindet man sich im Stadium eines gerichtlichen Verfahrens, kommt nur eine Vorlage an das BVerfG gem. Art. 100 I GG in Betracht. In der Fallbearbeitung sind dann zusätzlich die Zulässigkeitsvoraussetzungen einer solchen Richtervorlage zu prüfen.

### aa. Formelle Rechtmäßigkeit des Gesetzes, insbesondere die Junktimklausel

#### a.) Zuständigkeit

Die Gesetzgebungskompetenz[1607] in Enteignungssachen liegt teilweise beim Bund und teilweise bei den Ländern. Der Bund hat gemäß Art. 74 I Nr. 14 GG das Recht der Enteignung, soweit sie auf den Sachgebieten der Art. 73 und 74 GG in Betracht kommt. Es handelt sich also um eine *verfassungsrechtlich* festgelegte Annexkompetenz. Daher kann der Bund auch im Bereich des Bauplanungsrechts, das nach Art. 74 I Nr. 18 GG in seinen Kompetenzbereich fällt, Enteignungsregelungen erlassen (so z.B. §§ 85 ff. BauGB, die eingehende und abschließende Regelungen enthalten). Des Weiteren sind § 19 FStrG, der im Wesentlichen aber auf die für öffentliche Straßen geltenden Enteignungsvorschriften der Länder verweist, und § 45 EnWG, der Enteignungen zulässt, soweit sie für Vorhaben zum Zwecke der Energieversorgung erforderlich sind[1608], von der Bundesgesetzgebungskompetenz erfasst. Im Übrigen sind die Länder zuständig. Sie haben vor allem die Befugnis zum Erlass von allgemeinen Enteignungsgesetzen.

911

#### b.) Verfahrens- und Formvorschriften

Das Gesetzgebungsverfahren ist den jeweiligen Verbandsvorschriften zu entnehmen. Bei Bundesgesetzen sind die Art. 76 ff. GG maßgeblich, auf Landesebene die Landesverfassungen.

912

#### c.) Entschädigungsregel (Junktimklausel)

Art. 14 III S. 2 GG fordert nicht nur, dass eine Enteignung entschädigt wird, sondern auch, dass das Gesetz, das eine Enteignung bewirkt oder zulässt, *selbst* eine Regelung über Art und Ausmaß der Entschädigung enthält (sog. **Junktimklausel**). Die Junktimklausel hat eine dreifache Funktion:

913

- Sie dient dem Schutz des Bürgers, indem sie die Entschädigung zur Voraussetzung der Enteignung macht (**Schutzfunktion**).

- Sie soll dem Gesetzgeber eine **Warnfunktion** sein. Damit lehnt sie sich an das Zitiergebot des Art. 19 I S. 2 GG an, das als *lex generalis* insoweit zurücktritt, da gem. Art. 14 III S. 2 GG das enteignende oder zur Enteignung ermächtigende Gesetz selbst die Entschädigung regeln muss und so dem Gesetzgeber verdeutlicht wird, dass das Gesetz enteignenden Charakter hat und diese Junktimklausel somit die gleiche Funktion wie das Zitiergebot erfüllt.[1609]

---

[1607] Zu den Gesetzgebungskompetenzen vgl. ausführlich *R. Schmidt*, Staatsorganisationsrecht, Rn 788 ff.

[1608] Zur Neufassung des am 13.7.2005 in Kraft getretenen EnWG vgl. *Scholtka*, NJW **2005**, 2421 ff.

[1609] Art. 19 I S. 2 GG ist nach der Rspr. des BVerfG eng auszulegen, um den die verfassungsmäßige Ordnung konkretisierenden Gesetzgeber nicht unnötig zu behindern. Danach ist das Zitiergebot neben Art. 14 III GG

- Und sie soll schließlich die Entscheidungskompetenz und das Haushaltsrecht des Parlaments sichern und die Entschädigungsfestsetzung durch die Verwaltung oder die Gerichte ausschließen (**Kompetenzfunktion**).

**914**  Das BVerwG[1610] verlangt diesbezüglich, dass der Gesetzgeber selbst die Voraussetzungen näher festlegen muss, unter denen die Verwaltung eine (stets entschädigungspflichtige) Enteignung vornehmen darf. Diesem Erfordernis wird eine **salvatorische Klausel** (Beispiel[1611]: *Soweit aufgrund einer denkmalschutzrechtlichen Maßnahme die wirtschaftliche Nutzbarkeit eines Grundstücks erheblich beschränkt wird oder die Maßnahme enteignende Wirkung hat, ist eine angemessene Entschädigung zu leisten*) **nicht** gerecht.[1612] Der BGH legt die (denkmal- und naturschutzrechtlichen) salvatorischen Klauseln jedoch als Ausgleichsregelungen im Rahmen der Inhalts- und Schrankenbestimmung des Eigentums aus.[1613] BVerwG und BVerfG teilen dem Grunde nach diese Auffassung, erklären aber auch, dass dies nicht in Fällen gelte, in denen für den Eigentümer keinerlei sinnvolle Nutzungsmöglichkeit des Eigentums mehr verbleibe.[1614] Sofern die entsprechende Norm dann auch noch keinerlei Vorkehrungen treffe, um eine solche unzumutbare Belastung auszuschließen (etwa Ausnahmetatbestände, Übergangsregelungen, Härtefallregelungen), sei sie verfassungswidrig.[1615] Im Rahmen der Kompetenzordnung kann daher auf allgemeine Enteignungsgesetze verwiesen werden[1616], so z.B. bei den §§ 35 III BremLStrG, 37 BremNatSchG.

Schließlich ist zu beachten dass die Junktimklausel **nicht** für **vorkonstitutionelle** Gesetze, also für Gesetze, die vor Inkrafttreten des GG am 23.5.1949 verkündet worden sind, gilt.[1617] Schließt ein solches Gesetz allerdings eine Entschädigung ausdrücklich aus, ist es nichtig.

**915**  Fehlt eine Entschädigungsklausel oder ist sie unzureichend, ist das Gesetz schon aus diesem Grund verfassungswidrig.[1618] Eine darauf erfolgte Enteignung ist rechtswidrig. Hier muss der Enteignete wegen des **Vorrangs des Primärrechtsschutzes** zunächst vor den Verwaltungsgerichten gegen die enteignende Maßnahme vorgehen (i.d.R. mittels einer Anfechtungsklage). Allerdings können die Gerichte eine fehlende oder unzureichende Entschädigungsregelung weder unmittelbar aus Art. 14 III GG noch durch Analogie oder verfassungskonforme Auslegung ableiten, sondern müssen das Gesetz gem. Art. 100 I GG dem BVerfG vorlegen.[1619] Macht der Enteignete von

---

nicht anwendbar bei vorbehaltlos gewährten Grundrechten, bei Art. 2 I GG, bei den allgemeinen Gesetzen des Art. 5 II GG als Schranken des Art. 5 I GG, bei Art. 12 I GG, obwohl dessen „Regelungsvorbehalt" die Wirkung eines Gesetzesvorbehalts hat, und bei Art. 14 I GG, der nach seinem S. 2 schon den Inhalt des Eigentums „bestimmt" und nicht erst nach Art. 19 I S. 1 GG „eingeschränkt" werden kann.

[1610] BVerwGE **84**, 361, 364 f. (Serriesteich).

[1611] Vgl. § 24 I BWDSchG und *Peine*, AllgVerwR, § 17 Rn 448. Zum (weitgehenden) Abschied von salvatorischen Klauseln im Denkmal- und Naturschutzrecht vgl. BVerfGE **100**, 226 ff., *Stüer/Thorand*, NJW **2000**, 3737 ff. und dazu auch *Roller*, NJW **2001**, 1003, 1006.

[1612] Vgl. dazu § 19 III Halbs. 1 WHG; BVerwGE **84**, 367, 365; **Anders** BGHZ **99**, 24, 27 f.; **105**, 15, 17; **126**, 379, 381. Durch ein jüngeres Judikat des BVerfG ist der herkömmliche Unterschied, wonach salvatorische Entschädigungsklauseln zwar im Bereich der Inhalts- und Schrankenbestimmungen, nicht aber im Bereich der Enteignung zulässig sind, zweifelhaft geworden, auch wenn sich das Gericht nicht unmittelbar dazu geäußert hat (vgl. BVerfGE **100**, 226, 246 f.; *Jarass*, NJW **2000**, 2841, 2842). Da der aufgezeigte Unterschied aber nach wie vor herrschend ist, wird auch vorliegend an ihm festgehalten.

[1613] BGH NVwZ **1996**, 930; BGHZ **121**, 80 und 328; **126**, 379; **128**, 204; BayObLG NVwZ **1999**, 1023.

[1614] Vgl. BVerwGE **84**, 361 zum nordrhein-westfälischen Landschaftsgesetz; BVerwGE **94**, 1 zum bayerischen Naturschutzgesetz (Herrschinger Moos); OVG Münster NWVBl **1996**, 386, 487 zum nordrhein-westfälischen Denkmalschutzgesetz. Vgl. dazu insgesamt *Moench/Otting*, NVwZ **2000**, 515, 521 f. und *Roller*, NJW **2001**, 1003, 1006.

[1615] Vgl. BVerfGE **100**, 226, 246 f.

[1616] BVerfGE **56**, 249, 264; *Jarass* in: Jarass/Pieroth, GG, Art. 14 Rn 73.

[1617] BVerfGE **4**, 229, 237; **46**, 268, 288.

[1618] BVerfGE **24**, 367, 418 (Hamburger Deich); *Schmidt-Preuß*, NJW **2000**, 1524, 1528.

[1619] Vgl. BVerfGE **58**, 300, 323. Dadurch werden das parlamentarische Haushaltsrecht der Legislative und das Verwerfungsmonopol der Verfassungsgerichte für nachkonstitutionelle Parlamentsgesetze gewahrt.

seinem Recht keinen Gebrauch, kann er wegen eines etwaigen, von ihm selbst herbeigeführten Rechtsverlusts nicht anschließend vom Staat Geldersatz verlangen.[1620]

Unter welchen Voraussetzungen er gleichwohl noch einen Entschädigungsanspruch außerhalb des Art. 14 III GG besitzt, wird im Rahmen des enteignungsgleichen Eingriffs erörtert.

916

> **Hinweis für die Fallbearbeitung:** Wegen des Charakters der Junktimklausel als formelle Rechtmäßigkeitsvoraussetzung wird diese bereits an dieser Stelle des Gutachtens geprüft. Stellt sich deren Fehlen oder Fehlerhaftigkeit heraus, muss auf Fragen der materiellen Rechtmäßigkeit in Form eines Hilfsgutachtens eingegangen werden.

## bb. Materielle Rechtmäßigkeit des Gesetzes

### a.) Parlamentsvorbehalt

Der sich aus dem in Art. 20 I GG niedergelegten Demokratieprinzip ergebende Parlamentsvorbehalt besagt, dass alle wesentlichen Entscheidungen vom Parlament selbst getroffen werden müssen.[1621] Dabei gilt, dass je grundrechtssensibler und wesentlicher die Regelung für den Einzelnen und die Allgemeinheit ist, desto detaillierter die Regelung durch das Parlament selbst getroffen werden muss. Obwohl ausschließlich das Parlament unmittelbar demokratisch legitimiert ist, bedeutet das jedoch nicht, dass sämtliche staats- und verfassungsrechtlich relevanten Entscheidungen in allen Einzelheiten vom Parlament selbst getroffen werden müssten. Würde man dies annehmen, liefe das auf einen Totalvorbehalt hinaus, der von einem modernen Demokratieverständnis nicht gefordert wird. Darüber hinaus wäre das Parlament stets überfordert und könnte sich nicht seiner eigentlichen Aufgabe (Repräsentation, Integration, Festlegung von Staatszielen, Erlass von abstrakt-generellen Regelungen) widmen. Daher kann das Parlament die nähere Ausgestaltung einer Materie, vorliegend die Administrativenteignung, der Exekutive überlassen. Denn auch die ausführende Gewalt ist – mittelbar (d.h. über die Wahl des Bundeskanzlers bis hin zum Sachbearbeiter in der Verwaltung) – aufgrund der hierarchischen Organisation institutionell, funktionell und personell demokratisch legitimiert. Insbesondere unterliegt sie der parlamentarischen Kontrolle. In Bezug auf Enteignungsgesetze bedeutet dies, dass der parlamentarische Gesetzgeber alle wesentlichen Enteignungsvoraussetzungen einschließlich der Junktimklausel selbst festlegen muss.

917

### b.) Die Verhältnismäßigkeit

### aa.) Der legitime Zweck (Gemeinwohlerfordernis, Art. 14 III S. 1 GG)

Art. 14 III S. 1 GG bestimmt, dass eine Enteignung **nur zum Wohl der Allgemeinheit** vorgenommen werden darf. Daran fehlt es, wenn die Enteignung *ausschließlich* zugunsten eines Privatinteresses oder des fiskalischen Interesses[1622] eines Trägers öffentlicher Gewalt erfolgt. Eine Enteignung zugunsten eines Privaten (etwa zur Verbesserung der Wirtschaftsstruktur oder zur Arbeitsplatzbeschaffung) ist jedoch verfassungsrechtlich nicht zu beanstanden, wenn sichergestellt ist, dass das verfolgte Ziel (das Wohl der Allgemeinheit) gleichwohl erreicht wird.[1623]

918

---

[1620] BVerfGE **58**, 300, 324.

[1621] Vgl. nur BVerfGE **68**, 1, 109 (auswärtige Beziehungen; Mittelstreckenraketen).

[1622] Vgl. BVerfG NJW **1999**, 1176 (Enteignung eines Grundstücks zum Zwecke der weiteren Nutzung als Sportgelände).

[1623] Vgl. *Peine*, AllgVerwR, § 17 Rn 449; *Jarass*, NJW **2000**, 2841, 2845.

**Beispiel:** Enteignungen zugunsten von Unternehmen der Daseinsvorsorge wie z.B. die der öffentlichen Energieversorgung (§ 45 EnWG), dienen dem Wohl der Allgemeinheit.[1624]

919 Allerdings verlangt das BVerfG[1625] vom Gesetzgeber, die entsprechenden strukturpolitischen Gemeinwohlaspekte ausdrücklich und differenziert als **Enteignungszwecke** zu bezeichnen. Hierzu fordert es differenzierte materiell- und verfahrensrechtliche Regelungen, die sicherstellen, dass den Grundsätzen der Verhältnismäßigkeit und der Gleichheit vor dem Gesetz Rechnung getragen und insbesondere die Erforderlichkeit der Enteignung sorgfältig geprüft wird. Das bedeutet, dass der Enteignungstatbestand grundsätzlich alle Enteignungsvoraussetzungen erfüllen muss. Anders ist es nur, wenn bereits durch vorangegangene Entscheidungen der Verwaltung über die Durchführung bestimmter Projekte diese Rechtmäßigkeitsvoraussetzungen erfüllt wurden und die Zulässigkeit der Enteignung verbindlich festgelegt wird. In diesen Fällen der sog. **enteignungsrechtlichen Vorwirkung** müssen die allgemeinen Voraussetzungen der Enteignung bereits im ersten Verfahren geprüft und über deren Vorliegen entschieden werden.[1626]

**Beispiel:** Durch Planfeststellungsbeschluss (Verwaltungsakt) gem. § 17 FStrG[1627], §§ 74, 75 VwVfG wird festgestellt, dass der Bau einer Bundesstraße zwischen zwei bestimmten Ortschaften zulässig ist. Der Planfeststellungsbeschluss ermächtigt die Straßenbaubehörde zum Bau der Bundesstraße, wirkt sich aber nicht unmittelbar auf die Rechtsverhältnisse an den Privatgrundstücken aus, die für den Straßenbau benötigt werden. Die Straßenbaubehörde hat vielmehr die nötigen Grundstücke zu beschaffen, zunächst durch privatrechtliche Kaufverträge, und wenn dies nicht zum Ziel führt, durch Enteignungen (abgestuftes Verfahren, das sich an dem Grundsatz der Verhältnismäßigkeit orientiert, vgl. auch § 35 BremLStrG). In dem dafür erforderlichen Enteignungsverfahren ist jedoch der Planfeststellungsbeschluss maßgeblich und verbindlich (§ 19 II FStrG). Der betroffene Grundeigentümer kann sich nicht mehr gegen die Enteignung an sich, sondern nur noch gegen die Modalitäten der Enteignung zur Wehr setzen. Voraussetzung dafür ist aber, dass die grundsätzlichen enteignungsrechtlichen Einwendungen, insbesondere das fehlende Gemeinwohlbedürfnis gem. Art. 14 III S. 1 GG, bereits im Planfeststellungsverfahren vorgebracht werden können und dort geprüft und rechtsfehlerfrei entschieden werden müssen.[1628]
Der Bebauungsplan hingegen entfaltet keine entsprechende Bindungswirkung, sodass in diesen Fällen eine enteignungsrechtliche Vorwirkung nicht besteht.[1629]

### bb.) Die Geeignetheit (zwecktaugliches Mittel)

920 Entscheidend ist, ob das Gesetz als solches - abstrakt (d.h. unabhängig von der konkreten Einzelmaßnahme) - geeignet (tauglich) ist, das erwünschte Ziel zu erreichen. Dies wird im Regelfall zu bejahen sein.

### cc.) Die Erforderlichkeit (Gebot des Interventionsminimums)

921 Die Enteignung ist nicht erforderlich, wenn es ein weniger einschneidendes Mittel als die betreffende Enteignungsmaßnahme gibt, um das angestrebte Ziel zu erreichen.

---

[1624] BVerfGE **66**, 248, 257 (Enteignung zugunsten Energieversorgung) zu § 11 EnWG a.F.
[1625] BVerfGE **74**, 264, 284 (Daimler Benz - Teststrecke - Gemeinde Boxberg).
[1626] *Maurer*, AllgVerwR, § 26 Rn 59; vgl. auch BVerwG NVwZ **1998**, 845.
[1627] Vgl. dazu BVerwG NVwZ **2001**, 1154 ff.
[1628] Vgl. zur enteignungsrechtlichen Vorwirkung wegen Straßenbaus BVerwGE **72**, 282, 283; wegen städtebaulicher Unternehmensflurbereinigung BVerfGE **74**, 264, 282.
[1629] BVerwG NVwZ **1991**, 873 (Abwägung hinsichtlich eines Bebauungsplans nach § 1 VII BauGB).

**Beispiele:**

**(1)** Besteht die Möglichkeit, ein Grundstück dinglich zu belasten (etwa durch Bestellung einer Grunddienstbarkeit), ist der Vollentzug des Eigentums mangels Erforderlichkeit unverhältnismäßig.[1630] Ferner wäre es ein milderes Mittel, wenn das fragliche Grundstück zu angemessenen Bedingungen käuflich zu erwerben ist.

**(2)** Möchte der Gesetzgeber den Ausstieg aus der friedlichen Nutzung der Kernenergie erreichen und ordnet diesbezüglich eine Laufzeitbegrenzung bestehender Atomkraftwerke an, ist zur Erreichung des angestrebten Ziels – die Vermeidung von Risiken für Mensch und Umwelt – kein weniger einschneidendes Mittel ersichtlich.[1631]

Stellt die zu untersuchende Enteignungsmaßnahme eine Legislativenteignung dar, kann zu diskutieren sein, ob nicht eine Administrativenteignung (z.B. durch Planfeststellungsbeschluss) das mildere Mittel gewesen wäre, weil sie mehr Rechtsschutzmöglichkeiten bietet (Widerspruch und Anfechtungsklage gegen Enteignungsverwaltungsakt mit grundsätzlich aufschiebender Wirkung! Indessen ist gegen die Legislativenteignung nur die Rechtssatzverfassungsbeschwerde oder die verwaltungsgerichtliche Feststellungsklage, evtl. ergänzt durch einstweiligen Rechtsschutz, möglich). Lassen sich keine Gemeinwohlgründe für die Enteignungsform *Legislativenteignung* finden, ist diese mangels Erforderlichkeit rechtswidrig (= Formenmissbrauch). Nur ausnahmsweise ist die Legislativenteignung verhältnismäßig, etwa wenn Einzelenteignungen in angemessener Zeit nicht durchgeführt werden können und dadurch der Enteignungszweck beeinträchtigt würde.[1632] 922

### dd.) Die Angemessenheit (Verhältnismäßigkeit im engeren Sinne)

Die Enteignung muss unter **gerechter Abwägung** zwischen dem verfolgten Gemeinwohlziel und dem Eigentumsgrundrecht erfolgen. Dabei muss der Gesetzgeber die Wertentscheidung des Art. 14 GG respektieren. Dieser gewährt nicht nur das Innehaben eines Rechtstitels, sondern – aus materieller Sicht – auch die Nutzungs- und Verfügungsbefugnis über das Eigentum. Die damit indizierte hohe Wertigkeit der Eigentumsfreiheit schlägt sich bei der Abwägung mit dem verfolgten Gemeinwohlinteresse nieder. 923

**Beispiel:** Möchte der Gesetzgeber den Ausstieg aus der friedlichen Nutzung der Kernenergie erreichen und ordnet diesbezüglich eine Laufzeitbegrenzung bestehender Atomkraftwerke an, ist bei der Festlegung des Stilllegungszeitpunkts eine Abwägung zwischen dem Erhaltungsinteresse der Atomkraftwerksbetreiber[1633] und dem Stilllegungsinteresse der Allgemeinheit vorzunehmen.

### ee.) Institutsgarantie

Als Schranken-Schranke setzt die Institutsgarantie[1634] des Art. 14 I S. 1 GG den ansonsten verfassungsrechtlich gerechtfertigten Inhalts- und Schrankenbestimmungen sowie der Enteignung letzte Grenzen. Über sie darf sich auch der normgeprägte Schutzbereich des Art. 14 I GG nicht hinwegsetzen. Die Bedeutung der Institutsgarantie ist für die Fallbearbeitung allerdings gering, da das Netz der übrigen Anforderungen einer verfassungsrechtlichen Rechtfertigung eng genug ist.[1635] 924

---

[1630] *Peine*, AllgVerwR, § 17 Rn 450.

[1631] Vgl. dazu *Schmidt-Preuß*, NJW **2000**, 1524, 1527; *Schorkopf*, NVwZ **2000**, 1111 ff.; *Wagner*, NVwZ **2000**, 1140 ff.

[1632] BVerfGE **95**, 1, 22 ff. (Südumfahrung Stendal).

[1633] Immerhin wurden rechtskräftige, regelmäßig unbefristete Betriebsgenehmigungen erteilt.

[1634] Vgl. zum Begriff Rn 27.

[1635] Vgl. dazu auch BVerfGE **24**, 367, 389 (Hamburger Deich).

### ff.) Enteignungsverfahren

925 Eine Enteignung darf schließlich auch nur aufgrund eines Verfahrens erfolgen, das sicherstellt, dass alle wesentlichen rechtlichen und sachlichen Gesichtspunkte, insbesondere auch die Interessen des Betroffenen, ausreichend berücksichtigt und gegeneinander abgewogen werden. Dies ist zwar in Art. 14 III GG nicht ausdrücklich geregelt, ergibt sich aber aus der **verfahrensrechtlichen Dimension der Grundrechte** („Grundrechtsschutz durch Organisation und Verfahren"). Diesen verfassungsrechtlichen Vorgaben entsprechend ist das Enteignungsverfahren streng formalisiert. In der Sache handelt es sich dabei um ein förmliches Verfahren der §§ 63 ff. VwVfG. Diese Vorschriften kommen wegen ihrer Subsidiarität zu den spezialgesetzlichen und detaillierten Regelungen der Enteignungsgesetze allerdings nur bei ausdrücklicher Verweisung zur Anwendung (so z.B. § 105 BBergG). Ein besonders wichtiges und spezialgesetzlich geregeltes Enteignungsverfahren ist das der §§ 104 ff. BauGB; die Regelungen über die Entschädigung sind den §§ 93 ff. BauGB zu entnehmen.

### gg.) Rückübertragung

926 Eine Folge des Erfordernisses der Verhältnismäßigkeit ist auch, dass der Bürger einen Anspruch auf Rückübertragung (Restitution) hat, wenn das Vorhaben, zu dessen Durchführung er enteignet worden ist, nicht verwirklicht oder – soweit es sich um eine Grundstücksenteignung handelt – das Grundstück dazu nicht mehr benötigt wird.[1636] Insofern stellt Art. 14 GG eine Rechtsgrundlage für einen besonderen Folgenbeseitigungsanspruch dar. Der Anspruch besteht aber nur dann, wenn die Enteignung unter der Geltung des GG angeordnet und vollzogen worden ist. Hinsichtlich des in der ehemaligen DDR enteigneten Eigentums gibt es deshalb keinen Rückübertragungsanspruch nach Art. 14 GG.[1637] Gleiches gilt für vorkonstitutionelle Enteignungen.[1638]

### b. Rechtmäßigkeit des Einzelakts (Administrativenteignung)

927 Da gegen Gesetze der Rechtsweg nicht offen steht (vgl. § 90 II BVerfGG) und die Administrativenteignung somit mehr Rechtsschutzmöglichkeiten bietet, ist die Legislativenteignung schon aus diesem Grund verfassungsrechtlich nur unter den bereits genannten engen Voraussetzungen zulässig. Darüber hinaus stellt die Enteignung eine typische Verwaltungsaufgabe dar, die der Gesetzgeber - schon im Hinblick auf die Gewaltenteilung und das Rechtsstaatsprinzip - nicht an sich ziehen, sondern generell-abstrakt bestimmen soll.[1639] Die Legislativenteignung ist daher auch wegen der Gefahr des Formenmissbrauchs nur eingeschränkt verfassungsrechtlich zulässig.

Bei einer (den Regelfall darstellenden) Enteignung durch eine Einzelmaßnahme aufgrund eines förmlichen Gesetzes muss **neben** der Rechtmäßigkeit dieses Gesetzes auch die Einzelmaßnahme auf ihre Rechtmäßigkeit hin überprüft werden. Die Prüfung erfolgt unter den gleichen Gesichtspunkten wie die des Gesetzes, allerdings mit dem (entscheidenden!) Unterschied, dass die Enteignung nun im konkreten Einzelfall gerechtfertigt sein muss. Die Argumentation muss in der Fallbearbeitung also konkret-individuell erfolgen!

---

[1636] BVerfGE **38**, 175, 179 (Rückenteignung); BVerwG NJW **1999**, 1272, 1273.
[1637] BVerfGE **97**, 89, 96 f. (Eigentumsgarantie bei Enteignungen in der früheren DDR).
[1638] BVerfG NVwZ **2000**, 792.
[1639] BVerfGE **24**, 367, 401 ff. (Hamburger Deich); **45**, 297, 330 ff. (Hamburger U-Bahn).

## c. Rechtsfolge: Entschädigung

**928** Ist die Enteignung in rechtmäßiger[1640] Weise erfolgt, ist der Enteignete **angemessen zu entschädigen**. Die Höhe der Entschädigung ist gem. Art. 14 III S. 3 GG unter gerechter Abwägung der Interessen der Allgemeinheit und der Beteiligten zu bestimmen.[1641] Sie orientiert sich daran, inwieweit das enteignete Eigentum dem Äquivalent eigener Arbeit und Leistung und inwieweit es staatlichen Vorkehrungen oder einfach Zufällen zu verdanken ist.[1642]

**929** Die nach Art. 14 III S. 3 GG zu erfolgende Abwägung dürfte i.d.R. zum vollen Wertersatz, d.h. zum Ersatz des Verkehrswertes führen. Eine Entschädigung soll den Betroffenen in die Lage versetzen, eine Sache gleicher Art und Güte zu beschaffen und damit seinen Verlust auszugleichen. In begründeten, freilich eng auszulegenden Ausnahmefällen kann nach unten abgewichen werden. Die Enteignungsgesetze gewähren durchweg volle Entschädigung; vgl. etwa § 93 I BauGB oder die Landesenteignungsgesetze.

Darüber hinaus werden die sog. Folgeschäden oder Folgekosten ersetzt. Entschädigungspflichtig sind aber nur die unmittelbaren Folgekosten wie beispielsweise die Wertminderung des Grundstücks bei Teilenteignung, die Umzugskosten, die Kosten für eine Betriebsverlegung, der Verlust eines bestimmten Kundenkreises oder die Aufwendungen für eine notwendige Rechtsberatung, *nicht* aber mittelbare Folgekosten wie z.B. die Kosten eines Maklers, die bei der Beschaffung eines Ersatzobjekts fällig werden.

**930** Eine **Minderung** des Entschädigungsanspruchs ist möglich, wenn der Betroffene im adäquaten Zusammenhang mit der Entschädigung stehende Vorteile erworben hat (Vorteilsausgleich) oder wenn ihn ein Mitverschulden entsprechend § 254 BGB trifft (vgl. z.B. 93 III S. 2 BauGB). Entschädigungspflichtig ist derjenige Verwaltungsträger, der durch die Enteignung begünstigt wird, subsidiär die eingreifende Körperschaft oder Anstalt. Wird zugunsten eines Privaten enteignet, ist dieser begünstigt und entschädigungspflichtig. Der Anspruch **verjährt** relativ nach **3 Jahren** bzw. absolut nach **10 Jahren** (vgl. §§ 195, 199 I, 199 IV BGB analog).

## d. Rechtsweg

**931** Nach Art. 14 III S. 4 GG entscheiden die ordentlichen Gerichte über die Höhe der Entschädigung. An dieser Stelle sei aber noch einmal darauf hingewiesen, dass **Anspruchsgrundlage** für die Entschädigung **nicht** Art. 14 III GG, sondern nur das **konkrete Enteignungsgesetz** sein kann. Auch aus diesem Grund darf eine Entschädigung nur dann gewährt werden, wenn ein Enteignungsgesetz mit Entschädigungsregelungen vorliegt. Die Zuständigkeit der Zivilgerichte beschränkt sich insoweit auf die Prüfung, ob eine gesetzliche Entschädigungsregelung vorliegt und ob sie im konkreten Fall richtig angewendet worden ist. Liegt eine solche Entschädigungsregelung zwar vor, ist das Gericht aber der Überzeugung (Zweifel genügen nicht!), dass diese Entschädigungsregelung verfassungswidrig sei, muss es das Entschädigungsgesetz - bei Vorliegen der übrigen Voraussetzungen - den Verfassungsgerichten gem. Art. 100 I GG (bzw. vergleichbarer Vorschriften der Landesverfassungen) vorlegen.

---

[1640] Wäre die Eigentumsverkürzung rechtswidrig, läge schon terminologisch keine Enteignung vor. Der Betroffene könnte in diesem Fall nicht einfach den rechtswidrigen Zustand hinnehmen und von der öffentlichen Hand Geldersatz verlangen (kein „dulden und liquidieren"), sondern wäre zunächst gehalten, Primärrechtsschutz zu suchen. Erst wenn dieser nicht möglich oder unzumutbar wäre, käme ein Rückgriff auf das Institut des enteignungsgleichen Eingriffs in Betracht. Vgl. dazu 939 ff.

[1641] Vgl. dazu EGMR NVwZ **1999**, 1325, 1326.

[1642] Vgl. BGH NJW **1999**, 3488: „Ist demnach eine Entschädigung zu leisten, ist die Entschädigung nach der Qualität des Eigentums, d.h. der Gesamtheit der im Enteignungsobjekt liegenden Bewertungsmerkmale zu bemessen, nicht etwa nur nach einem an der ausgeübten bzw. vor der Enteignung zuletzt ausübbaren Nutzung ausgerichteten Ertragswert". Vgl. auch *Brüning*, JuS **2003**, 2, 6.

## 4. Verfassungsrechtliche Rechtfertigung der Inhalts- und Schrankenbestimmung

### a. Allgemeine Rechtmäßigkeitsvoraussetzungen

932 Um verfassungsrechtlich gerechtfertigt zu sein, müssen Inhalts- und Schrankenbestimmungen zunächst **durch Gesetz** erfolgen (Art. 14 I S. 2 GG). Es genügen allerdings Gesetze im **materiellen Sinn**, d.h. neben Gesetzen im formell-materiellen Sinne auch Rechtsverordnungen und Satzungen, die auf formell-gesetzlicher Grundlage beruhen. Gewohnheitsrecht genügt dagegen nicht.[1643]

933 Des Weiteren müssen Inhalts- und Schrankenbestimmungen dem **Grundsatz der Verhältnismäßigkeit** entsprechen. Die Bindung an den Verhältnismäßigkeitsgrundsatz leitet das BVerfG[1644] bei Art. 14 I S. 2 GG insbesondere aus dem Nebeneinander von Art. 14 I S. 1 und Art. 14 II GG her: Es sieht den Gesetzgeber vor der Aufgabe, ein Sozialmodell zu verwirklichen, dessen normative Elemente sich einerseits aus der grundgesetzlichen Anerkennung des Privateigentums durch Art. 14 I S. 1 GG und andererseits aus dem Sozialgebot des Art. 14 II GG ergeben: Der Gebrauch des Eigentums soll zugleich dem Wohle der Allgemeinheit dienen. Der Gesetzgeber muss also beiden Elementen in gleicher Weise Rechnung tragen, muss sie in einen gerechten Ausgleich und in ein ausgewogenes Verhältnis bringen (**Gebot der gerechten Abwägung**).[1645]

**Kriterien für die Abwägung** sind:

- **Bedeutung des vermögenswerten Guts oder Rechts für den Eigentümer** (das Eigentumsrecht genießt einen besonders ausgeprägten Schutz, soweit es um die Funktion des Eigentums als Element der Sicherung der persönlichen Freiheit des Einzelnen geht)[1646]

- Eigenart der schutzfähigen Eigentumsposition, d.h. ihre **Nutzbarkeit**, **Ertragsfähigkeit** und **Verfügungsfähigkeit** für den Eigentümer

- **Intensität**, **Schwere** und **Tragweite** der Eigentumsbeeinträchtigung

- Demgegenüber genießt die Eigentumsfreiheit einen schwächeren Schutz, soweit das Eigentum in einem **sozialen Bezug** und einer **sozialen Funktion** steht[1647]

**Beispiele:**

(1) Das BVerfG hat in seinem Mitbestimmungsurteil entschieden, dass die **Mitbestimmung der Arbeitnehmer** nach dem Mitbestimmungsgesetz in einen Bereich falle, „den das Grundgesetz in Art. 14 I S. 2 GG der Gestaltung durch den Gesetzgeber öffnet"[1648].

(2) Der **Grund und Boden** ist unvermehrbar und unentbehrlich. Es verbietet sich, seine Nutzung dem unübersehbaren Spiel der freien Kräfte und dem Belieben des Einzelnen vollständig zu überlassen.[1649]

(3) **Denkmalschutzrechtliche Regelungen**, die Inhalt und Schranken des Eigentums bestimmen, sind mit Art. 14 I GG unvereinbar, wenn sie unverhältnismäßige Belastungen des Eigentümers nicht ausschließen und keinerlei Vorkehrungen zur Vermeidung derartiger Eigentumsbeschränkungen enthalten. Solche Vorkehrungen

---

[1643] Vgl. *Wieland*, in: Dreier, GG, Art. 14 Rn 78; a.A. *Papier*, in: Maunz/Dürig, GG, Art. 14 Rn 332.
[1644] St. Rspr. vgl. nur BVerfGE **50**, 290, 340 (Mitbestimmung).
[1645] BVerfGE **100**, 226, 244 f. (Denkmalschutz) mit Anm. v. *Ossenbühl*, EuGRZ **1999**, 415 und *Sachs*, JuS **2000**, 399. Vgl. auch BVerwG NVwZ **2001**, 1038 ff.; *Hermanns*, JA **2002**, 26 ff.
[1646] BVerfG EuGRZ **1999**, 690, 697 (Datschen-Beschluss).
[1647] BVerfG a.a.O. Vgl. auch BVerfGE **102**, 1, 20 (Altlasten).
[1648] BVerfGE **50**, 290, 347 (Mitbestimmung).
[1649] BVerfGE **21**, 73, 82 (Grundstücksverkehrsgesetz). Vgl. auch BVerfGE **104**, 1, 12 (Baulandumlegung); BVerwG NVwZ **2001**, 1038 ff.; *Hermanns*, JA **2002**, 26 ff.

sind beispielsweise Härteregelungen (siehe dazu sogleich), die den Bestandsschutz garantieren. Dagegen sind Härteregelungen, die, ohne dass eine Abwägung getroffen wurde, lediglich einen Entschädigungsanspruch statuieren, unzulänglich und mit Art. 14 I GG unvereinbar.[1650] Insbesondere sind salvatorische Klauseln nicht geeignet, verfassungsrechtlich nicht mehr hinnehmbare Inhalts- und Schrankenbestimmungen zu reparieren.[1651]

**(4)** Die Regelung der unentgeltlichen Nutzungsberechtigung von privaten Grundstücken für die **Durchleitung von Telekommunikationslinien** in § 76 TKG stellt eine verfassungsmäßige Inhalts- und Schrankenbestimmung dar, sofern das Grundstück nur unwesentlich beeinträchtigt wird.[1652] Zum Ausgleichsanspruch vgl. § 76 II TKG.

Des Weiteren kann es der Grundsatz der Verhältnismäßigkeit (zusammen mit dem Grundsatz des Vertrauensschutzes) erforderlich machen, dass der Gesetzgeber den Eingriff u.U. durch **Härteklauseln** und **Übergangsregelungen** relativiert. Das BVerfG[1653] sieht Übergangsregelungen besonders bei der Neuordnung eines ganzen Rechtsgebiets sowie dann als notwendig an, wenn von einer nach früherem Recht möglichen Nutzungsbefugnis bereits Gebrauch gemacht worden ist und diese entzogen wird. Würden die Übergangsregelungen nicht getroffen, könnten die bereits gebrauchten Nutzungsbefugnisse u.U. nur durch Enteignungen entzogen werden. **934**

**Beispiel:** Im Zentrum der politischen und rechtlichen Auseinandersetzung mit dem Ausstieg aus der friedlichen Nutzung der Kernenergie stand zum einen die gesetzgeberische Intention, keine neuen Atomenergieanlagen mehr zuzulassen (vgl. § 7 I S. 2 AtomG in der nun am 14.12.2001 verabschiedeten Fassung), und zum anderen die Frage nach dem Schicksal der 19 noch vorhandenen, in Betrieb befindlichen Anlagen. Für diese gelten nun Restlaufzeiten. Damit statuiert der Gesetzgeber zweierlei: Durch die geplante Neuregelung des Atom- und Energierechts bestimmt er zunächst Inhalt und Schranken des Eigentums an Kernenergieanlagen für die Zukunft neu: Es sollen keine neuen Anlagen mehr genehmigt werden. Bezüglich der noch vorhandenen, in Betrieb befindlichen Anlagen will er durch die Festlegung von Restlaufzeiten dem Grundsatz des Vertrauensschutzes gerecht werden.

**Hinweis für die Fallbearbeitung:** Bei der hier im Mittelpunkt stehenden Zumutbarkeitsprüfung muss vor allem darauf abgestellt werden, dass die Zumutbarkeit der fraglichen Regelung u.U. nur dann gegeben ist, wenn die Neubestimmung des Inhalts- und der Schranken mit einer Übergangsregelung eingeführt wird. In Extremfällen kann auch eine Übergangsregelung für sich alleine dem Grundsatz der Verhältnismäßigkeit noch nicht genügen. Zusätzlich kann dann eine Ausnahmeregelung (Härteklausel) erforderlich sein. Beiden Aspekten ist gemeinsam, dass damit der Grundsatz des Vertrauensschutzes gewahrt bleibt. Schließlich kann sogar noch eine Ausgleichspflicht notwendig sein. Hieran wird der fließende Übergang von der Enteignung zur Inhalts- und Schrankenbestimmung deutlich.

## b. Rechtsfolge: Gegebenenfalls Ausgleichspflicht

An sich verfassungsmäßige Inhalts- und Schrankenbestimmungen können sich gleichwohl als unverhältnismäßig erweisen. In einem solchen Fall kann unter bestimmten Voraussetzungen die Verfassungswidrigkeit der betreffenden Maßnahme dadurch **935**

---

[1650] BVerfGE **100**, 226, 244 f. (Denkmalschutz).
[1651] Zum (weitgehenden) Abschied von salvatorischen Klauseln im Denkmal- und Naturschutzrecht vgl. BVerwGE **100**, 226 ff., *Stüer/Thorand*, NJW **2000**, 3737 ff. und *Roller*, NJW **2001**, 1003 ff.
[1652] BVerfG NJW **2000**, 798, 799 (Benutzung eines Grundstücks durch Telekommunikationsanlagen); *Scherer*, NJW **2000**, 772, 784.
[1653] BVerfGE **58**, 300, 338 (Nassauskiesung); **70**, 191, 201 (Fischereirechte); **83**, 201, 211 (Vorkaufsrecht).

verhindert werden, dass sie die unzumutbare Eigentumsbeeinträchtigung durch die Gewährung einer Geldentschädigung quasi „abfedert".

**Beispiel**[1654]**:** Gemäß einer entsprechenden gesetzlichen Regelung müssen Verleger von jedem publizierten Buch ein unentgeltliches Belegstück (Pflichtexemplar) an eine bestimmte staatliche Bibliothek abgeben. Bei dieser Regelung handelt es sich nicht um eine Enteignung, sondern um eine (grundsätzlich entschädigungslos hinzunehmende) Inhalts- und Schrankenbestimmung des Eigentums. Werden jedoch besonders wertvolle (i.S.e. Geldwertes) Bücher von der Abgabepflicht betroffen, stellt sich diese aber nur dann als verfassungsgemäß heraus, wenn für die besonders wertvollen Exemplare ein Geldausgleich vorgesehen ist. Hingegen führt eine Ausnahmeregelung nicht zum gewünschten Ziel.

**936** Eine ausgleichspflichtige Belastung findet sich in neuerer Zeit insbesondere bei stark immittierenden, hoheitlich betriebenen Anlagen oder Einrichtungen sowie bei unverhältnismäßig belastenden Nutzungsbeschränkungen etwa im Bereich des **Denkmalschutzes**[1655] oder des **Natur-, Landschafts- und Gewässerschutzes**[1656]. Da aber eine Inhalts- und Schrankenbestimmung im Grundsatz schon von sich aus dem Grundsatz der Verhältnismäßigkeit entsprechen muss, kann eine Ausgleichsregelung zur Abfederung von unverhältnismäßigen Maßnahmen immer nur eine Ausnahme darstellen. Das BVerfG hat drei spezifische Anforderungen an die Ausgleichsbestimmungen aufgestellt[1657]:

- **Erfordernis einer gesetzlichen Grundlage**
  Die Ausgleichspflicht (nicht die Inhalts- und Schrankenbestimmung selbst!) muss durch den **förmlichen Gesetzgeber** bestimmt werden. Die Gerichte und die Verwaltungsbehörden sind wegen der Grundrechtsrelevanz, des Haushaltsrechts und der Gewaltenteilung nicht befugt, unzumutbare Eigentumsbeeinträchtigungen durch die Gewährung von Geldleistungen zu vermeiden. Fehlt die gesetzliche Bestimmung, ist das inhalts- und schrankenbestimmende Gesetz rechtswidrig und kann nicht Grundlage für Entschädigungsakte sein. Der Betroffene muss einen hierauf gestützten Verwaltungsakt bzw. das Gesetz selbst angreifen, soweit dies möglich und zumutbar ist; er kann die Situation also nicht einfach hinnehmen und Entschädigung verlangen, wie dies noch nach der früheren Rechtsprechung des BGH möglich war (**Vorrang des Primärrechtsschutzes!**). Im Rahmen der Inhalts- und Schrankenbestimmung ist aber grundsätzlich eine **salvatorische Klausel** zulässig.
  Zu beachten ist allerdings, dass eine im Gesetz geregelte Ausgleichsverpflichtung dann nicht erforderlich ist, wenn es sich um atypische und unvorhersehbare Fälle handelt. Hier greift für die Entschädigung das Institut des enteignenden Eingriffs.[1658]

- **Subsidiarität des finanziellen Ausgleichs**
  Grundsätzlich sind Beschränkungen aufgrund von Inhalts- und Schrankenbestimmungen – sofern sie rechtmäßig erfolgen – entschädigungslos hinzunehmen. Nur in Ausnahmefällen, d.h., wenn die Belastung trotz Härteklauseln und Übergangsregelungen nicht mehr vertretbar und damit unzumutbar geworden ist, kann diese übermäßige Belastung durch die Gewährung eines finanziellen Ausgleichs aufgefangen und so dem

---

[1654] BVerfGE **58**, 137 ff. (Pflichtexemplar); dargestellt auch bei *Peine*, AllgVerwR, § 17 Rn 446.

[1655] BVerfGE **100**, 226, 244 f. (Denkmalschutz); BGH BauR **1993**, 307, 309; NVwZ **1996**, 930. Vgl. dazu auch *Roller*, NJW **2001**, 1003, 1006.

[1656] BGH NJW **1993**, 2095, 2096; BGHZ **123**, 242, 245; BGH NJW **1994**, 3283; DVBl **1995**, 234, 235; DÖV **1997**, 125; BVerwGE **94**, 1, 4; BVerwG NVwZ **2001**, 1038 ff.; *Hermanns*, JA **2002**, 26 ff.

[1657] Dies hatte das BVerfG bereits seiner Feldmühle-Entscheidung (E 14, 263) zugrunde gelegt, allerdings ohne den Begriff „ausgleichspflichtige Inhaltsbestimmung" zu verwenden. Daran anknüpfend erkennt das BVerfG in der Pflichtexemplar-Entscheidung (E 58, 137), die für diesen Bereich als Leitentscheidung gilt, eine Ausgleichspflicht ausdrücklich an. Vgl. dazu auch *Roller*, NJW **2001**, 1003, 1006.

[1658] Vgl. dazu Rn 944 ff.

Grundsatz der Verhältnismäßigkeit Rechnung getragen werden (sog. Nachrangigkeit von Geldausgleichsregelungen).

Für den Bereich des **Denkmal- und Naturschutzes** hat das BVerfG die Subsidiarität des finanziellen Ausgleichs konkretisiert und ausgebaut: Ausgleichsregelungen seien nicht zulässig, um verfassungsrechtlich nicht hinnehmbare Inhalts- und Schrankenbestimmungen zu reparieren. Denkmalschutzrechtliche Regelungen, die Inhalt- und Schranken des Eigentums bestimmen, seien danach mit Art. 14 I GG unvereinbar, wenn sie unverhältnismäßige Belastungen des Eigentums nicht ausschlössen und keinerlei Vorkehrungen zur Vermeidung derartiger Eigentumsbeeinträchtigungen enthielten. Auch seien Ausgleichsregelungen, die den Grundsatz der Verhältnismäßigkeit in besonderen Härtefällen mildern sollen, unzulänglich, wenn sie sich darauf beschränkten, dem Betroffenen einen Entschädigungsanspruch in Geld zuzubilligen.[1659]

- **Erfordernis einer einheitlichen Regelung**
  Schließlich muss die Verwaltung über die Maßnahme, die zu der Eigentumsbeeinträchtigung führt, und den ggf. erforderlichen finanziellen Ausgleich *uno actu*, d.h. gleichzeitig entscheiden.

Da der im Rahmen einer Ausgleichspflicht zu gewährende eigentumsrechtliche Ausgleichsanspruch keine Billigkeitsentschädigung darstellt, sondern verfassungsrechtlich geboten ist, darf er auch nicht - im Hinblick auf seine Höhe - nach billigem Ermessen festgesetzt werden. Maßgeblich ist die übermäßige Belastung, für die ein Äquivalent geboten werden muss. Im Übrigen gelten die Grundsätze für die Festsetzung und Bemessung der Enteignungsentschädigung entsprechend. Der Anspruch **verjährt** – wie derjenige bei der Enteignung – nach **3** bzw. **10 Jahren**. 937

## c. Rechtsweg

Der Rechtsweg für den **Ausgleichsanspruch** war lange Zeit umstritten. Unbestritten 938 war zunächst, dass der Ausgleichsanspruch im Rahmen des Art. 14 I S. 2 GG **öffentlich-rechtlicher** Natur ist.[1660] Insbesondere nach der Lit. war für Streitigkeiten um den Ausgleichsanspruch in diesem Rahmen das Verwaltungsgericht gemäß § 40 I S. 1 VwGO zuständig. Begründet wurde diese Auffassung mit der fehlenden Zuweisung an die Zivilgerichte: Art. 14 III GG greife nicht ein, da der Ausgleich gerade keine Enteignungsentschädigung darstelle. Darüber hinaus falle der Ausgleich auch nicht unter die „vermögensrechtlichen Ansprüche aus Aufopferung für das gemeine Wohl" i.S.d. § 40 II S. 1 VwGO, für die ebenfalls der Zivilrechtsweg gegeben sei. In der Rspr. war die Rechtswegfrage insoweit strittig, als es um den Ausgleich für übermäßige Nutzungsbeschränkungen im Bereich des Naturschutzes und des Denkmalschutzes geht. Nach der Auffassung des BVerwG war der Verwaltungsrechtsweg eröffnet[1661], der BGH nahm hingegen den Zivilrechtsweg an[1662]. Dieser Streit hat sich nun mit der am 1.1.2002 in Kraft getretenen Neufassung der VwGO erledigt. Aus der Formulierung des § 40 II S. 1 VwGO n.F. ergibt sich, dass Streitigkeiten über das Bestehen und die Höhe eines Augleichsanspruchs im Rahmen des Art. 14 I S. 2 GG *ausschließlich* vor den **Verwaltungsgerichten** auszutragen sind.[1663]

---

[1659] BVerfGE **100**, 226, 244 f. (Denkmalschutz); mit Anm. v. *Sachs*, JuS **2000**, 399 ff. Vgl. dazu auch *Müggenborg*, NVwZ **2001**, 171. Zum (weitgehenden) Abschied von salvatorischen Klauseln im Denkmal- und Naturschutzrecht vgl. auch *Stüer/Thorand*, NJW **2000**, 3737 ff. und *Roller*, NJW **2001**, 1003, 1006. Vgl. auch BVerwG NVwZ **2001**, 1038 ff.; *Hermanns*, JA **2002**, 26 ff.

[1660] Vgl. nur BVerwGE **94**, 1, 2 (Herrschinger Moos); *Stüer/Thorand*, NJW **2000**, 3737, 3741; *Maurer*, Allg-VerwR, § 27 Rn 115.

[1661] BVerwGE **94**, 1, 2 f. (Herrschinger Moos).

[1662] BGHZ **128**, 207; zustimmend *Kopp/Schenke*, VwGO, § 40 Rn 61. Zum offenen Dissens dieser beiden Gerichte vgl. auch *Lege*, NJW **1995**, 2745 ff.

[1663] Wie hier *Seibert*, NVwZ **2002**, 265, 270.

## 5. Enteignungsgleicher und enteignender Eingriff

### a. Enteignungsgleicher Eingriff

**939** Wie bereits dargelegt, muss eine Enteignung – um verfassungsrechtlich gerechtfertigt zu sein – gem. Art. 14 III S. 2 GG entweder durch formelles Gesetz (Legislativenteignung) oder aufgrund eines formellen Gesetzes (Administrativenteignung) erfolgen, wobei Art und Ausmaß der Entschädigung geregelt sein müssen (sog. Junktimklausel): Ein Enteignungsgesetz ohne Entschädigungsregelung, etwa weil der Gesetzgeber von einer Inhalts- und Schrankenbestimmung ausging, ist verfassungswidrig. Die gem. Art. 14 III S. 4 GG angerufenen Gerichte können eine fehlende Entschädigungsregelung weder direkt aus Art. 14 GG noch im Wege einer Gesetzesanalogie oder einer verfassungskonformen Auslegung ableiten. Vielmehr müssen sie das (nachkonstitutionelle formelle) Gesetz den Verfassungsgerichten vorlegen. Art. 14 III GG gewährleistet also eine Entschädigung, wenn es sich um eine *rechtmäßige* Enteignung handelt. Fehlt die Entschädigungsklausel (oder ist der Eingriff in das Eigentum aus sonst einem Grund rechtswidrig), liegt eine *rechtswidrige* Eigentumsbeeinträchtigung vor, nicht aber eine Enteignung i.S.d. Art. 14 III GG.

**940** Die rechtliche Behandlung rechtswidriger Eigentumsbeeinträchtigungen ist unklar. Der BGH argumentierte in BGHZ 6, 270, 290 mit der Figur des *argumentum a minori ad maius* (Schluss von dem Schwächeren auf das Stärkere): Er nahm bei einem rechtswidrigen Eingriff in das Eigentum einen enteignungsgleichen Eingriff an, der, wenn er rechtmäßig wäre, zu einem Entschädigungsanspruch führen würde. Dieser Entschädigungsanspruch müsse dann erst recht auch für einen rechtswidrigen Eingriff gegeben sein. Als Rechtsgrundlage zog der BGH Art. 14 III GG heran.

Die Ableitung der Ansprüche aus dem Eigentumsschutz des Art. 14 GG ist jedoch verschiedenen Bedenken ausgesetzt, die dazu geführt haben, dass seit dem Nassauskiesungsbeschluss des BVerfG der enteignungsgleiche Eingriff nicht mehr auf den „erst-recht-Schluss" aus Art. 14 III GG gestützt werden kann. Dennoch hat sich der BGH für den Fortbestand des enteignungsgleichen Eingriffs entschieden. Das ist mit der Rechtsprechung des BVerfG durchaus zu vereinbaren, da der BGH das Institut des enteignungsgleichen Eingriffs nicht mehr auf Art. 14 III GG (analog) stützt, sondern die Anspruchsgrundlage aus Aufopferungsgewohnheitsrecht herleitet, namentlich aus dem gewohnheitsrechtlich anerkannten Aufopferungsgedanken der §§ 74, 75 der Einleitung des Preußischen Allgemeinen Landrechts (EinlPrALR) vom 5.2.1794 in seiner richterrechtlich geformten Ausprägung.[1664] Inzwischen hat auch das BVerfG den enteignungsgleichen Eingriff ausdrücklich anerkannt.[1665]

**941** Fraglich ist allerdings, ob der enteignungsgleiche Eingriff nach dem Nassauskiesungsbeschluss überhaupt noch einen nennenswerten Anwendungsbereich hat. Zwar kann im Grundsatz der Anwendungsbereich mit den oben dargestellten Argumenten bejaht werden, zumal das Institut des enteignungsgleichen Eingriffs nunmehr auch vom BVerfG anerkannt wird. Wegen des im Nassauskiesungsbeschluss klargestellten Postulats vom Vorrang des Primärrechtsschutzes sind rechtswidrige hoheitliche Akte aber selbst anzugreifen. Der Betroffene kann nicht ohne weiteres den rechtswidrigen Zustand hinnehmen und von der öffentlichen Hand Geldersatz verlangen. Anderenfalls würde das gesetzliche Regelungssystem dadurch unterlaufen, dass gesetzlich nicht vorgesehene oder gesetzeswidrige Eingriffe als enteignungsgleich gerettet werden mit der Folge einer Entschädigung, obwohl die geschriebene Rechtsordnung Primär-

---

[1664] BGHZ **91**, 20, 27 f.; **102**, 350, 357; **111**, 349, 352; **122**, 76, 77; BGH JZ **1997**, 557; *Peine*, AllgVerwR, § 17 Rn 454; *Detterbeck*, JuS **2000**, 574, 578; *Bull*, AllgVerwR, Rn 1120; *Stüer/Thorand*, NJW **2000**, 3737, 3742; *Roth*, NVwZ **2001**, 34, 36.

[1665] Vgl. zuletzt BVerfG NJW **2000**, 1402 Vgl. dazu auch *Müggenborg*, NVwZ **2001**, 171.

rechtsschutz vorsieht, sog. Sperrwirkung des Primärrechtsschutzes. Diese Sperrwirkung entfällt allerdings dann, wenn die Anfechtung nicht möglich oder nicht zumutbar ist. Der Betroffene erhält zwar in diesen Fällen keine Enteignungsentschädigung nach Art. 14 III GG (denn diese setzt auf der Tatbestandsseite eine *rechtmäßige* Enteignung voraus), aber der Weg für eine Entschädigung nach den Grundsätzen des enteignungsgleichen Eingriffs wird damit frei.[1666] Diese Lösung stellt auch keine Untergrabung des Art. 14 III GG dar. Denn wie gerade aufgezeigt, ist dort nur die rechtmäßige Enteignung geregelt und nicht die Konsequenz einer rechtswidrigen Enteignung.

> **Hinweis für die Fallbearbeitung:** Anspruchsgrundlage für den enteignungsgleichen Eingriff ist somit der Aufopferungsgedanke aus den §§ 74, 75 EinlPrALR. In der Fallbearbeitung ist eine so ausführliche Herleitung der Rechtsgrundlage i.d.R. nicht erwünscht. Es könnte indes etwa so vorgegangen werden: „Der Anspruch aus enteignendem/enteignungsgleichem Eingriff wurde früher aus Art. 14 III GG hergeleitet. Dem hat das BVerfG zwar widersprochen, da eine Wertegarantie im Rahmen des Art. 14 GG nur nach dessen Abs. 3 in den Fällen der rechtmäßigen Enteignung bestehe. Allerdings wird der Anspruch von der Rechtsprechung des BGH nach wie vor anerkannt und nun auf Gewohnheitsrecht bzw. auf den allgemeinen Aufopferungsgedanken aus §§ 74, 75 EinlPrALR in seiner richterrechtlich geformten Ausprägung gestützt."

Da der enteignungsgleiche Eingriff im Rahmen des juristischen Studiums zumeist bei der Lösung verwaltungsrechtlicher, nicht verfassungsrechtlicher Prüfungsarbeiten thematisiert wird, ist er ausführlich bei *R. Schmidt*, AllgVerwR, Rn 1204 ff. erläutert. Im Rahmen der vorliegenden Darstellung soll ein kursorischer Überblick genügen.

---

**Anspruchsvoraussetzungen u. Rechtsfolge des enteignungsgleichen Eingriffs**

**1. Anwendbarkeit**

**2. Anspruchsgrundlage** (§§ 74, 75 EinlPrALR in ihrer richterrechtlichen Ausprägung, sofern keine spezialgesetzliche Regelung besteht)

**3. Voraussetzungen**
   a. Rechtswidriger hoheitlicher Eingriff in eine durch Art. 14 GG geschützte Rechtsposition
      aa. Eingriff in den Schutzbereich des Art. 14 I S. 1 GG
      bb. Hoheitlichkeit des Eingriffs
      cc. Rechtswidrigkeit des Eingriffs
   b. Unmittelbarkeit des Eingriffs
   c. Vorrang des Primärrechtsschutzes

**4. Rechtsfolge: Entschädigung**

**5. Mitverschulden, § 254 BGB analog**

**6. Anspruchsgegner: Begünstigter Hoheitsträger**

**7. Rechtsweg: Zivilgericht**

---

**Beispiele[1667]:**                                                                              942

**(1)** Bei einem Übungsschießen der Bundeswehr in der Lüneburger Heide werden Wochenendhäuser, die sich in der Nähe befinden, vernichtet.[1668]

---

[1666] Vgl. dazu BVerfG NJW **2000**, 1402.
[1667] Vgl. *Maurer*, AllgVerwR, § 26 Rn 93; *Peine*, AllgVerwR, § 17 Rn 462; *Detterbeck*, JuS **2000**, 574 ff.
[1668] Vgl. BGHZ **37**, 44; *Maurer*, AllgVerwR, § 26 Rn 93.

**(2)** Durch die Inbetriebnahme eines Abwasserkanals wird angrenzenden Grundstücken das Grundwasser entzogen. Dadurch wird die Standfestigkeit einiger Häuser beeinträchtigt.[1669]

**(3)** Durch eine nicht ordnungsgemäß betriebene gemeindliche Mülldeponie werden Krähen und Möwen angelockt, die einen Großteil der Aussaat vernichten.[1670]

**943** **Gegenbeispiele:**

**(1)** *Verneint* wurde der Anspruch aus enteignungsgleichem Eingriff bei Wasserschäden auf einem Grundstück infolge eines Rohrbruchs der gemeindlichen Wasserleitung[1671],

**(2)** in dem Fall, dass die Strafverfolgungsbehörde im Rahmen eines strafrechtlichen Ermittlungsverfahrens ein Motorrad als Beweismittel sicherstellte und dieses Motorrad von unbekannten Dritten beschädigt wurde,[1672]

**(3)** sowie in dem Fall, dass ein rechtmäßig geparktes Auto in rechtswidriger Weise von einem von der Polizei beauftragten Abschleppunternehmer abgeschleppt und auf das Polizeigelände verbracht wird, wo es ordnungsgemäß abgestellt und auch bewacht wird. Wird der Wagen dann in der Nacht von unbekannten Tätern aufgebrochen und beschädigt, kommt zwar prinzipiell ein Anspruch aus enteignungsgleichem Eingriff gegen den Träger der Polizei in Betracht. Dieser an sich mögliche Anspruch scheitert aber an der Unmittelbarkeit: Hier haben sich nicht die typischen, im hoheitlichen Handeln der Polizei angelegten Gefahren realisiert. Vielmehr hat sich lediglich das allgemeine Lebensrisiko verwirklicht, dem jeder Eigentümer eines Autos ausgesetzt ist.

## b. Enteignender Eingriff

**944** Während es bei dem **enteignungsgleichen Eingriff** um einen *rechtswidrigen* hoheitlichen Eingriff in eine durch Art. 14 I S. 1 GG geschützte Rechtsposition und bei der **ausgleichspflichtigen Inhalts- und Schrankenbestimmung** um eine *rechtmäßige* und *beabsichtigte* Beeinträchtigung des Eigentums geht, steht beim **enteignenden Eingriff** die Entschädigung aufgrund einer *unbeabsichtigten* atypischen schädigenden Nebenfolge eines an sich *rechtmäßigen* hoheitlichen Verwaltungshandelns im Vordergrund.

**945** Bei der Bestimmung der **Anspruchsgrundlage** gilt das zum enteignungsgleichen Eingriff Gesagte entsprechend. Auch der Anspruch wegen enteignenden Eingriffs wurde ursprünglich auf eine Analogie zu Art. 14 III GG gestützt. Unter Berücksichtigung der Auffassung des BVerfG zum Nassauskiesungsbeschluss, wonach eine Enteignungsentschädigung von den Zivilgerichten nur auf der Grundlage eines Enteignungsentschädigungsgesetzes zugesprochen werden darf, wird er nunmehr wie der enteignungsgleiche Eingriff aus dem allgemeinen Aufopferungsgedanken der §§ 74, 75 EinlPrALR in seiner richterrechtlich geformten Ausprägung abgeleitet.[1673] Zur möglichen Formulierung in einer Klausur sei auf Rn 941 (Klausurhinweis) verwiesen.

**946** Die Anwendbarkeit des enteignenden Eingriffs ist (wie die Anwendbarkeit des enteignungsgleichen Eingriffs) aber ausgeschlossen, soweit Spezialregelungen greifen, welche die gleiche Zielrichtung verfolgen. Zu nennen wäre neben § 51 BundesPolG insbesondere die rechtmäßige Inanspruchnahme eines Nichtstörers nach den Polizeigesetzen der Länder.

---

[1669] BGH NJW **1978**, 1051; *Maurer*, AllgVerwR, § 26 Rn 93.
[1670] BGH NJW **1980**, 770; *Maurer*, AllgVerwR, § 26 Rn 93.
[1671] BGHZ **55**, 229, 231 f.; *Maurer*, AllgVerwR, § 26 Rn 93.
[1672] BGHZ **100**, 335, 337 f.; *Maurer*, AllgVerwR, § 26 Rn 93.
[1673] BGHZ **91**, 20, 28; BGH NJW **1994**, 1006, 1007; *Wilhelm*, JZ **2000**, 905.

In der Fallbearbeitung sollte der enteignende Eingriff folgendermaßen geprüft wer-  **947**
den[1674]:

---

### Anspruchsvoraussetzungen und Rechtsfolge des enteignenden Eingriffs

**1. Anwendungsbereich**

**2. Anspruchsgrundlage** (§§ 74, 75 EinlPrALR in ihrer richterrechtlichen Ausprägung sofern keine spezialgesetzliche Regelung besteht)

**3. Voraussetzungen**
  a. Eingriff in eine durch Art. 14 I GG geschützte vermögenswerte Rechtsposition
  b. Durch eine unbeabsichtigte atypische und unvorhergesehene Nebenfolge eines an sich *rechtmäßigen* hoheitlichen Handelns
  c. Unmittelbarkeit der Beeinträchtigung
  d. Sonderopfer durch die Beeinträchtigung

**4. Vorrang des Primärrechtsschutzes**

**5. Rechtsfolge: Entschädigung**

**6. Anspruchsgegner:** Behörde, der die atypische Nebenfolge zugerechnet wird

**7. Rechtsweg: Zivilgericht**

---

**Beispiele[1675]:**  **948**

**(1)** Das mit einem Mehrfamilienhaus bebaute Grundstück des A befindet sich in der Nachbarschaft einer rechtmäßig errichteten **Windenergieanlage** mit insgesamt 10 Generatoren. Durch die von ihr verursachte Lärmimmission wird das Grundstück des A erheblich in seinem Wert gemindert.

**(2)** Eine ordnungsgemäß genehmigte und betriebene städtische **Mülldeponie** lockt Krähen und Möwen an. Diese vernichten die auf den benachbarten Feldern und Äckern befindliche Aussaat.[1676]

**(3)** E gehört in der Innenstadt eine leer stehende Wohnung. Diese wird von der Ordnungsbehörde beschlagnahmt, um **Obdachlose** einzuweisen. Nach einiger Zeit stellt E fest, dass in der Wohnung erhebliche Schäden aufgetreten sind.[1677]

**(4)** Im Zentrum der Stadt B wird eine **Straßenbahn** gebaut. Dies erfordert die Vollsperrung einer Straße, in der sich auch die Boutique der C befindet. Dadurch wird der Kundenverkehr erheblich eingeschränkt, was dazu führt, dass C nahezu keinen Umsatz mehr zu verzeichnen hat. C fühlt sich in ihrem Recht am eingerichteten und ausgeübten Gewerbebetrieb verletzt. Geht man davon aus, dass der Straßenbahnbau ordnungsgemäß geplant und durchgeführt wird, liegt ein Schaden durch eine an sich rechtmäßige Handlung vor. Das führt zu einem Anspruch aus enteignendem Eingriff.

**(5)** Von der durch die Gemeinde G ordnungsgemäß errichteten und betriebenen **Kläranlage** gehen eigentumsbeeinträchtigende Geruchsbelästigungen aus.

---

[1674] Vgl. dazu im Einzelnen die Ausführungen bei *R. Schmidt,* AllgVerwR, Rn 1235 ff.
[1675] Vgl. *Roth,* NVwZ **2001**, 34, 36; *Bull,* AllgVerwR, Rn 1078; *Maurer,* AllgVerwR, § 26 Rn 93.
[1676] BGH NJW **1980**, 770; *Peine,* AllgVerwR, § 17 Rn 441 (Fall 31) i.V.m. Rn 468.
[1677] BGHZ **131**, 163, 166 f.; *Maurer,* AllgVerwR, § 26 Rn 93.

# R. Schutz vor Ausbürgerung und Auslieferung; Asylrecht – Art. 16, 16a GG

## I. Allgemeines

949 Art. 16 und 16a GG enthalten drei Grundrechtsgarantien:

- den Schutz deutscher Staatsangehöriger vor Ausbürgerung (Art. 16 I GG),
- den Schutz Deutscher vor Auslieferung (Art. 16 II GG) und
- das Recht sonstiger Personen („Jedermann") auf politisches Asyl (Art. 16a GG).

950 Wie der Aufzählung zu entnehmen ist, ist zwischen *deutschen Staatsangehörigen*, *Deutschen* und *sonstigen Personen* („Jedermann") zu unterscheiden. Das Grundgesetz regelt die deutsche Staatsangehörigkeit weder in Art. 16 I noch in Art. 116 I. Maßgeblich ist insofern immer noch das Staatsangehörigkeitsgesetz (StAG) von 1913.[1678]

951 Danach ist **deutscher Staatsangehöriger**, wer der Gebietshoheit und Personalhoheit der Bundesrepublik Deutschland unterliegt und Inhaber eines deutschen Passes ist, also die deutsche Staatsangehörigkeit nach dem Staatsangehörigkeitsgesetz (StAG) besitzt.

952 Demgegenüber umfasst der Begriff des **Deutschen** auch Deutsche ohne deutsche Staatsangehörigkeit nach dem StAG sowie Flüchtlinge und Vertriebene deutscher Volkszugehörigkeit (sog. Status-Deutsche).

953 **Fremder** oder **Ausländer** ist, wer zwar der Gebietshoheit eines Aufenthaltsstaates (hier: der Bundesrepublik Deutschland) unterliegt, nicht aber dessen Personalhoheit, und entweder keinem Staat (sog. Staatenloser) oder einem anderen, dem sog. Heimatstaat, verbunden ist.

954 Wesentliches Merkmal für den Erwerb der deutschen Staatsangehörigkeit ist die Geburt (vgl. § 4 I StAG). In der Bundesrepublik Deutschland gilt damit zunächst das **Abstammungsprinzip** (*ius sanguinis*).

Das Abstammungsprinzip besagt, dass die Staatsbürgerschaft durch Geburt erworben wird. Allerdings erwirbt ein Kind durch die Geburt die Staatsangehörigkeit nur dann, wenn mindestens ein Elternteil Staatsbürger des betreffenden Landes ist. Dieses Prinzip gilt vornehmlich im kontinental-europäischen Rechtskreis und damit auch – wie bereits gesagt – in der Bundesrepublik Deutschland. Vgl. dazu auch Rn 968c.

955 Des Weiteren erwirbt ein Kind ausländischer Eltern die deutsche Staatsangehörigkeit wenn die Voraussetzungen des § 4 III StAG vorliegen. Damit folgt das StAG alternativ dem **Territorialprinzip** (*ius soli*).

956 Das Territorialprinzip besagt, dass die Staatsbürgerschaft erhält, wer auf dem Territorium des Staates, dessen Staatsangehörigkeit erworben werden soll, geboren wird. Dieses Prinzip gilt vornehmlich in den USA und in den meisten Staaten Lateinamerikas. Es ist typisch für Einwanderungsländer, da dadurch gezielt das Staatsvolk vergrößert werden kann.

957 Für Ausländer, die am 1.1.2000 rechtmäßig ihren gewöhnlichen Aufenthalt im Inland und das zehnte Lebensjahr noch nicht vollendet haben, ist ferner in § 40b StAG ein

---

[1678] Das StAG (früher: RuStAG ⇨ Reichs- und Staatsangehörigkeitsgesetz) ist mit Wirkung zum 1.1.2000 teilweise tiefgreifend modifiziert worden. So sind insbesondere das Abstammungsprinzip (§ 4 I StAG) und die Einbürgerung eines Ausländers (§ 8 StAG) zu nennen.

Einbürgerungsanspruch vorgesehen, wenn bei der Geburt des Ausländers die Voraussetzungen des § 40 III StAG (neu) vorgelegen haben und weiter vorliegen.

Die seit dem 1.1.2000 geltende Neufassung des Staatsangehörigkeitsgesetzes verändert die Struktur des deutschen Staatsangehörigkeitsrechts grundsätzlich. Erstmals wird allein aufgrund der Geburt im Inland und des rechtmäßigen Aufenthalts eines Elternteils die deutsche Staatsangehörigkeit erworben, ohne dass weitere Integrationsanforderungen an Eltern und Kind gestellt werden.[1679] Da aber aus der institutionellen Garantie der deutschen Staatsangehörigkeit die prinzipielle Ablehnung des ius soli abgeleitet wird und daher die Prinzipien des ius sanguinis und der Vermeidung mehrfacher Staatsangehörigkeit den verfassungsrechtlichen geschützten, geschichtlich überkommenen Kernbereich der deutschen Staatsangehörigkeit bildeten[1680], wird die Verfassungsmäßigkeit der Neuregelung im Hinblick auf das Demokratieprinzip[1681], den Staatsvolkbegriff sowie das Verbot der Entziehung der deutschen Staatsangehörigkeit in Frage gestellt.[1682]

## II. Schutz vor Ausbürgerung, Art. 16 I GG

### 1. Schutzbereich

Art. 16 I GG regelt die Ausbürgerung.                                      958

**Ausbürgerung** bedeutet den Verlust der deutschen Staatsangehörigkeit.

Die Vorschrift ist folgendermaßen aufgebaut: Art. 16 I S. 1 GG schützt vor dem *Entzug* der deutschen Staatsangehörigkeit. Art. 16 I S. 2 GG nennt die Voraussetzungen, unter denen gesetzlich festgelegte Tatbestände den *Verlust* der deutschen Staatsangehörigkeit herbeiführen dürfen.                959

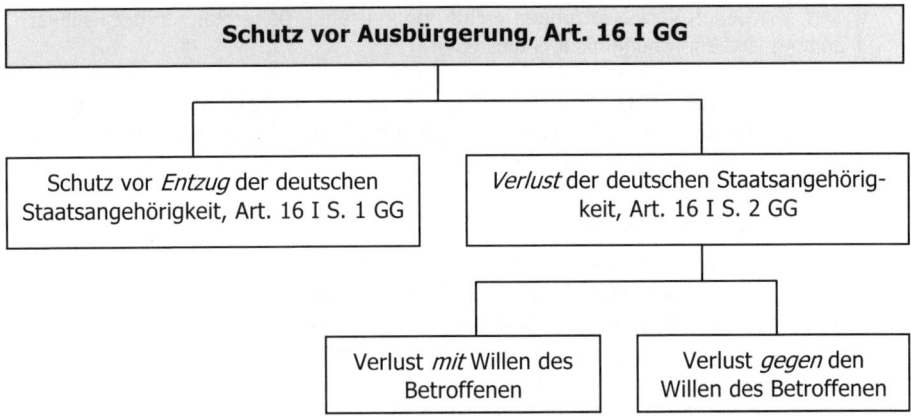

Der Verlust der deutschen Staatsangehörigkeit *mit* dem Willen des Betroffenen (z.B. durch Entlassung, Verzicht und Erklärung, vgl. § 17 Nr. 1, 3, 6 StAG und § 18 StAG) birgt keine rechtlichen Probleme in sich und soll vorliegend nicht weiter behandelt werden.[1683] Klärungsbedürftig ist das Verhältnis zwischen dem Entzug (der Entziehung) der deutschen Staatsangehörigkeit und deren Verlust *gegen* den Willen des Betroffenen, da sich auch der Entzug gegen den Willen des Betroffenen vollzieht.       960

---

[1679] *Hailbronner*, NVwZ **1999**, 1273, 1274.
[1680] *Scholz/Ule*, NJW **1999**, 1510, 1512.
[1681] Bedenken bezüglich des Demokratiebegriffs bestehen deshalb, weil der einfache Gesetzgeber den Begriff des Staatsvolkes bestimmt.
[1682] Vgl. *Hailbronner*, NVwZ **1999**, 1273 ff.
[1683] Vgl. dazu näher *Weber*, DVBl **2000**, 369 ff.

**961**  Unter **Verlust der deutschen Staatsangehörigkeit** ist jede staatliche Maßnahme zu verstehen, durch die jemand seine deutsche Staatsangehörigkeit verliert.

**962**  Der **Entzug der deutschen Staatsangehörigkeit** stellt den Unterfall des Verlusts dar und liegt bei jeder Maßnahme vor, durch die jemand gegen oder ohne seinen Willen seine deutsche Staatsangehörigkeit verliert, und diesen Verlust nicht vermeiden kann.[1684]

> **Beispiele:** Ein unfreiwilliger Verlust der deutschen Staatsangehörigkeit liegt etwa vor, wenn der Betroffene eine ausländische Staatsangehörigkeit erwirbt und dadurch die deutsche Staatsangehörigkeit aufgeben muss (vgl. §§ 17 Nr. 2, 25 StAG). Hier tritt also ein Verlust der deutschen Staatsangehörigkeit gegen den Willen des Betroffenen ein, sobald rechtswirksam die ausländische Staatsangehörigkeit erworben wird. Der Verlust ist aber vermeidbar, denn der Betroffene ist nicht gezwungen, die ausländische Staatsbürgerschaft zu erwerben. Daher hat das BVerfG auch entschieden, dass der auf § 25 I StAG gestützte Verlust der deutschen Staatsangehörigkeit bei Erwerb einer ausländischen Staatsangehörigkeit verfassungsrechtlich nicht zu beanstanden ist.[1685] Demgegenüber stellt die willkürliche Entziehung der Staatsangehörigkeit, besonders die Ausbürgerung und Aberkennung der Staatsangehörigkeit aus politischen Gründen, eine (nicht zu rechtfertigende) Entziehung der Staatsangehörigkeit dar.

> **Hinweis für die Fallbearbeitung:** Die Unterscheidung zwischen *Verlust gegen den Willen des Betroffenen* und *Entziehung* der deutschen Staatsangehörigkeit ist nicht nur akademischer Natur, sondern entscheidend für die verfassungsrechtliche Rechtfertigung. Während Art. 16 I S. 1 GG seinem Wortlaut nach die Entziehung der Staatsangehörigkeit ausnahmslos verbietet, steht der Verlust der Staatsangehörigkeit gem. Art. 16 I S. 2 GG unter einem Gesetzesvorbehalt, ist also unter den dort gegebenen Voraussetzungen rechtfertigungsfähig. Daher kann in der Fallbearbeitung eine Zuordnung nicht dahinstehen.

**963**  **Träger des Grundrechts** sind Deutsche mit deutscher Staatsangehörigkeit, nicht jedoch Deutsche aufgrund deutscher Volkszugehörigkeit.[1686] Das sind Deutsche ohne deutsche Staatsangehörigkeit (vgl. Art. 116 GG).

## 2. Eingriff in den Schutzbereich

**964**  Beeinträchtigt wird das Grundrecht durch Entzug der deutschen Staatsangehörigkeit und durch Verlust gegen den Willen des Betroffenen. Dabei ist es unerheblich, ob die Beeinträchtigung durch Einzelakt, Sammelverfügung oder durch Gesetz erfolgt. Eingriffe stellen auch die Aufhebung einer rechtmäßig erfolgten Einbürgerung (*Widerruf* gem. § 49 VwVfG des betreffenden Bundeslandes) sowie – unabhängig von der Frage der Zulässigkeit – die Aufhebung einer fehlerhaften (z.B. durch Täuschung erschlichen), aber nicht nichtigen Einbürgerung (*Rücknahme* gem. § 48 VwVfG) dar. Vgl. dazu Rn 968a.

## 3. Verfassungsrechtliche Rechtfertigung

**965**  Wie bereits erwähnt, verbietet Art. 16 I S. 1 GG den *Entzug* der deutschen Staatsangehörigkeit ausnahmslos. Ein Entzug ist daher stets rechtswidrig. Demgegenüber steht der *Verlust* der deutschen Staatsangehörigkeit gem. Art. 16 I S. 2 GG unter

---

[1684] Vgl. BVerfG NJW **2007**, 425, 426 f.; BVerfG NVwZ **2006**, 807, 808 ff.; BVerwGE **100**, 139, 145; *Schnapp,* in: von Münch/Kunig, GG, Art. 16 Rn 12; *Hailbronner,* ZAR **1999**, 51, 58; *Becker,* NVwZ **2006**, 304, 305.
[1685] Vgl. dazu BVerfG 8.12.**2006** – 2 BvR 1339/06 (mit Bespr. v. *Muckel,* JA **2007**, 474 ff.).
[1686] BVerwGE **8**, 340, 343.

einem **Gesetzesvorbehalt**, was bedeutet, dass eine diesbezügliche verfassungs-rechtliche Rechtfertigung grundsätzlich möglich ist.

Die Formulierung in Art. 16 I S. 2 GG „auf Grund eines Gesetzes" könnte darauf schließen **966** lassen, dass eine Ausbürgerung „durch Gesetz" nicht möglich ist. Wenn aber eine staatli-che Maßnahme schon aufgrund eines Gesetzes, also durch Rechtsverordnung, Satzung oder Verwaltungsakt ergehen darf, muss dies erst recht für ein formelles Gesetz gelten. Eine Ausbürgerung i.S.d. Art. 16 I S. 2 GG ist daher auch durch ein Parlamentsgesetz möglich.

**Beispiele:**

(1) Gesetze im dargelegten Sinne sind die §§ 17 Nr. 2, 25 StAG (Erwerb einer auslän-dischen Staatsangehörigkeit). Danach ist ein Verlust der deutschen Staatsangehö-rigkeit zulässig, weil er zwar gegen den Willen des Betroffenen erfolgt, dieser da-durch aber nicht staatenlos wird. Denn der Verlust der deutschen Staatsangehö-rigkeit tritt erst mit dem rechtswirksamen Erwerb der ausländischen Staatsangehö-rigkeit ein.[1687]

(2) Auch der Verlust der deutschen Staatsangehörigkeit gem. §§ 17 Nr. 1, 18 StAG (Entlassung auf Antrag) ist zulässig, weil er mit Willen des Betroffenen erfolgt.

Weitere materielle Rechtmäßigkeitsvoraussetzung für den Fall, dass der Verlust der **967** deutschen Staatsangehörigkeit gegen den Willen des Betroffenen erfolgt, ist, dass dieser durch die Ausbürgerung **nicht staatenlos wird** (vgl. Art. 16 I S. 2 GG).

Kommt demnach ein *Verlust* der deutschen Staatsangehörigkeit gem. Art. 16 I S. 2 **968** GG auf entsprechender gesetzlicher Grundlage in Betracht, ist des Weiteren der **Grundsatz der Verhältnismäßigkeit** zu beachten, wie das für jede Grundrechts-beeinträchtigung gilt. Die Regelung muss also einen legitimen Zweck verfolgen und im Hinblick auf das verfolgte Ziel geeignet, erforderlich und angemessen sein.

**Rücknahme einer durch Täuschung erschlichenen Einbürgerung**: Äußerst **968a** problematisch (und damit prüfungsrelevant) ist die Beantwortung der Frage, ob eine durch Täuschung erschlichene Einbürgerung (die Einbürgerung ist ein feststellender Verwaltungsakt) gemäß den Vorschriften der Verwaltungsverfahrensgesetze über die Rücknahme rechtswidriger Verwaltungsakte (§ 48 VwVfG) wieder zurückgenommen werden kann.

- Gegen die Zulässigkeit einer Rücknahme spricht die Regelung des Art. 16 I S. 1 GG, der die Entziehung der deutschen Staatsangehörigkeit verbietet. Daher ist nach einer Minderauffassung in der Literatur die Rücknahme einer fehlerhaften, aber nicht nichti-gen[1688] Einbürgerung gem. § 48 VwVfG auch unzulässig. Die bloß fehlerhafte, aber nicht nichtige Einbürgerung sei gem. § 43 VwVfG verbindlich, begründe also eine Rechtsposition, die wegen Art. 16 I S. 1 GG nicht entzogen werden könne.[1689]

- Die h.M., der sich jüngst das BVerfG angeschlossen hat[1690], bejaht dagegen die Mög-lichkeit einer Rücknahme. Art. 16 I S. 1 GG habe nicht den Zweck, rechtswidrige Ein-bürgerungen in ihrem Bestand aufrechtzuerhalten.

---

[1687] Vgl. dazu BVerfG 8.12.**2006** – 2 BvR 1339/06 (mit Bespr. v. *Muckel*, JA **2007**, 474 ff.).

[1688] Der Unterschied zwischen Rechtswidrigkeit, Rechtswirksamkeit und Nichtigkeit mag dem Studienanfänger noch nicht geläufig sein, weil dieser mit der Systematik der §§ 43, 44 VwVfG zusammenhängt. Interessierte erhalten nähere Informationen bei *R. Schmidt*, AllgVerwR, Rn 503 ff.

[1689] *Lübbe-Wolff*, Jura **1996**, 57, 62; *Masing*, in: Dreier, Art. 16 Rn 74; *Pieroth/Schlink*, Rn 965 (bis zur 21. Aufl.).

[1690] *Kokott*, in: Sachs, GG, Art. 16 Rn 25; *Randelzhofer*, in: Maunz/Dürig, GG, Art. 16 I Rn 53; *Schnapp*, in: v. Münch/Kunig, GG, Art. 16 Rn 14; *Allesch*, in: UC, Art. 16 Rn 12; *Kämmerer*, NVwZ **2006**, 1015, 1016; BVerfG NVwZ **2006**, 807, 808 ff. und nun auch *Pieroth/Schlink*, Rn 965 (seit der 22. Aufl.).

Demzufolge steht Art. 16 I S. 1 GG der Anwendung des § 48 I S. 1 VwVfG (des Landes L) nicht entgegen. Ob die Behörde gegenüber N die Einbürgerung zurücknehmen durfte, richtet sich dann nach den in § 48 I S. 1 und 2 VwVfG genannten Voraussetzungen.

■ Stellungnahme: Da auch ein fehlerhaft Eingebürgerter deutscher Staatsangehöriger ist und die deutsche Staatsangehörigkeit unter keinen Umständen entzogen werden darf, ist die h.M. mit dem Wortlaut des Art. 16 I S. 1 GG schwerlich zu vereinbaren. *Für* die Möglichkeit der Rücknahme einer fehlerhaften Einbürgerung gem. § 48 VwVfG (des Landes L) spricht aber die historisch-teleologische Auslegung. Art. 16 I S. 1 GG stellt eine Reaktion auf die in der Zeit des Nationalsozialismus praktizierte willkürliche Entziehung der Staatsangehörigkeit aus rassistischen, politischen und religiösen Gründen dar. Zudem soll die Vorschrift der Staatenlosigkeit vorbeugen.[1691] Dagegen kann es nicht Zweck der Vorschrift sein, rechtswidrige Einbürgerungen mit einem verfassungsrechtlichen Bestandsschutz auszustatten, und so rechtliche Mängel zu heilen.[1692]

**968b** Die Problematik soll anhand des genannten, vom BVerfG entschiedenen, Falls erläutert werden. Da die Darstellung der gutachterlich ausformulierten Lösung jedoch den Rahmen dieses Buches sprengen würde, wurde sie auf der Internet-Seite des Verlags zum kostenlosen Herunterladen zur Verfügung gestellt.

**Fall[1693]:** N stammt aus Nigeria. Er beantragte unter Vorlage einer auf seinen Namen ausgestellten Bescheinigung, wonach er bei der Firma X beschäftigt ist, seine Einbürgerung in den deutschen Staatsverband. Unter gleichzeitiger Aufhebung der nigerianischen Staatsangehörigkeit wurde N auf der Grundlage des § 8 StAG eingebürgert. Zwei Jahre später erfuhr die Behörde des Bundeslandes L , dass die Bescheinigung über das Arbeitsverhältnis gefälscht war und N mittellos ist. Gleichzeitig wurde bekannt, dass N unmittelbar vor seiner Einbürgerung zahlreiche Delikte unter Verstoß gegen das Betäubungsmittelgesetz (BtMG) begangen hatte und deshalb zu einer Gesamtfreiheitsstrafe von 3 Jahren verurteilt worden war.
Nach Anhörung des N hob die für die Einbürgerung zuständige Behörde von L die Einbürgerung rückwirkend auf. Sie begründete ihre Entscheidung damit, dass das Vertrauen des N angesichts der von ihm begangenen Täuschungshandlung nicht schutzwürdig sei. Das gelte auch dann, wenn N durch die Entscheidung möglicherweise staatenlos werde. Zwar sei dies ein weitgehender Eingriff, andererseits müsse aber auch die Bindung, die das Recht zur Einbürgerung begründe, beachtet werden.

Nachdem N erfolglos durch die Instanzen geklagt hatte, erhob er Verfassungsbeschwerde gegen das letztinstanzliche Urteil. Das BVerfG bestätigte die Entscheidung der Behörde und die sie bestätigenden Urteile der Fachgerichte. Es entschied, dass die Voraussetzungen des § 8 StAG nicht vorgelegen hätten. Die Rücknahme einer erschlichenen Einbürgerung scheitere auch nicht daran, dass der Betroffene dadurch möglicherweise staatenlos werde. Ein anderes Ergebnis liege so eindeutig außerhalb des Sinns und Zwecks des Art. 16 I S. 1 und 2 GG, dass der insoweit überschießende Wortlaut für die Auslegung nicht maßgebend sein könne. Eine Auslegung des Art. 16 I S. 2 GG, nach der das Verbot der Inkaufnahme von Staatenlosigkeit sich auch auf den Fall der erschlichenen Einbürgerung erstreckte, entspreche nicht dem Willen des Verfassungsgebers und liege außerhalb des Schutzzwecks der Norm. (...). Nicht zufällig gewähre das Recht dem missbräuchlich Handelnden für Rechtspositionen, die er in Widerspruch zum geltenden Recht durch Täuschung oder noch schwerwiegendere Missbräuche erwirkt habe, i.d.R. keinen Bestandsschutz. Es handele sich um die nächstliegende Möglichkeit, dem geltenden Recht Nachdruck zu verleihen

---

[1691] *Lübbe-Wolff*, in: Dreier, GG, Art. 16 Rn 5 f.; *Jarass*, in: Jarass/Pieroth, GG, Art. 16 Rn 1; *Schnapp*, in: von Münch/Kunig, GG, Art. 16 Rn 14; diese Argumente sich zu eigen machend BVerfG NVwZ **2006**, 807, 808 ff. und *Kämmerer*, NVwZ **2006**, 1015, 1016.
[1692] So auch *Kokott*, in: Sachs, GG, Art. 16 Rn 24; *Schnapp*, in: von Münch/Kunig, GG, Art. 16 Rn 14; vgl. wiederum nunmehr auch BVerfG NVwZ **2006**, 807, 808 ff. und *Kämmerer*, NVwZ **2006**, 1015, 1016.
[1693] Nach BVerfG NVwZ **2006**, 807.

**Erfolgreiche Vaterschaftsanfechtung**: An die Rücknahme einer durch Täuschung    **968c**
erschlichenen Einbürgerung schließt sich der Fall an, dass die deutsche Staatsangehörigkeit eines Kindes aufgrund erfolgreicher Anfechtung der Vaterschaft (vgl.
§ 1599 BGB) rückwirkend wegfällt. Nach Auffassung des BVerfG stellt auch dies keine
unzulässige Entziehung dar.[1694]

> **Fall[1695]**: Eine in Hamburg lebende albanische Staatsangehörige 1998 hatte ein Kind
> (K) geboren. Da sie zum Zeitpunkt der Geburt mit dem deutschen M verheiratet war,
> galt dieser gem. § 1592 Nr. 1 BGB als Vater. Später bezweifelte M aber die biologische
> Vaterschaft und focht – nach einem Vaterschaftstest – erfolgreich die Vaterschaft an.
> Die zuständige Ausländerbehörde zog daraufhin den Kinderausweis ein, da K nicht
> mehr im Besitz der deutschen Staatsangehörigkeit sei. Dagegen erhob K Klage auf
> Feststellung seiner deutschen Staatsangehörigkeit. Er machte geltend, dass er die
> deutsche Staatsangehörigkeit durch Geburt nach § 4 I StAG erworben habe, da er
> während der Ehe seiner Mutter mit einem deutschen Staatsangehörigen geboren sei.
> Seine deutsche Staatsangehörigkeit habe er auch nicht infolge des auf die Anfechtung
> der Vaterschaft hin ergangenen Urteils wieder verloren. Einer solchen Rechtsfolge
> stehe Art. 16 I S. 1 GG entgegen. Doch K unterlag in allen Instanzen, sodass er
> schließlich Verfassungsbeschwerde gegen das letztinstanzliche Urteil erhob.
>
> Das BVerfG hat die Rechtsauffassung der Behörde und der Fachgerichte bestätigt. Art.
> 16 I GG schütze die durch Geburt erworbene Staatsangehörigkeit nur, soweit und
> solange die von § 4 I StAG geforderten Erwerbsvoraussetzungen vorlägen und insbe-
> sondere nicht durch eine erfolgreiche Anfechtung der Vaterschaft nachträglich und
> rückwirkend entfielen. Der geschiedene Ehemann der Mutter, von dem K seinen
> Staatsangehörigkeitserwerb ableite, sei nicht Elternteil i.S.d. § 4 II StAG, weil mit der
> erfolgreichen Anfechtung der Vaterschaft gem. § 1599 I BGB das Kindschaftsverhältnis
> zu diesem mit Rückwirkung auf den Tag der Geburt des K entfallen sei. Dies bedeute,
> dass die Erwerbsvoraussetzungen des § 4 I StAG für K schon im Zeitpunkt der Geburt
> nicht vorgelegen hätten. Die erfolgreiche Vaterschaftsanfechtung führe somit weder zu
> einer Entziehung noch zu einem Verlust einer erworbenen deutschen Staatsangehörig-
> keit i.S.d. Art. 16 I GG, sondern zu der Feststellung ex post, dass ein Erwerb der
> deutschen Staatsangehörigkeit in Wahrheit nicht stattgefunden habe.

## III. Verbot der Auslieferung, Art. 16 II S. 1 GG

### 1. Schutzumfang

Art. 16 II S. 1 GG schützt das grundsätzliche Recht jedes deutschen Staatsangehöri-    **969**
gen, sich auf dem Gebiet der Bundesrepublik Deutschland aufhalten zu dürfen.[1696]
Geschützt ist demnach der Aufenthalt selbst, nicht die zu diesem Zweck erfolgte Ein-
reise. Insoweit ist Art. 11 GG einschlägig.

### 2. Eingriffe in den Schutzbereich

Einen Eingriff in den Schutzbereich stellt vor allem die Auslieferung dar.    **970**

**Auslieferung** ist die – notfalls zwangsweise – Entfernung eines Deutschen aus dem
Hoheitsbereich der Bundesrepublik Deutschland, verbunden mit der Überführung in
den Bereich einer ausländischen Macht auf deren Ersuchen.[1697]

---

[1694] BVerfG NJW **2007**, 425, 426 f.
[1695] Nach BVerfG NJW **2007**, 425 ff.
[1696] BVerfG NJW **2005**, 2289 ff. (Europäischer Haftbefehl); BVerfGE **29**, 183, 192 f. (Rücklieferung eines
Deutschen); *Jarass*, in: Jarass/Pieroth, GG, Art. 16 Rn 12.
[1697] *Schmidt-Bleibtreu*, in: Schmidt-Bleibtreu/Klein, GG, Art. 16 Rn 9; *Jarass*, in: Jarass/Pieroth, GG, Art. 16 Rn
14; *Kokott*, in: Sachs, GG, Art. 16 Rn 27; *Schnapp*, in: von Münch/Kunig, GG, Art. 16 Rn 18.

**971** Art. 16 II GG verbot zunächst die **Auslieferung eines Deutschen** an das Ausland ausnahmslos. Eine Auslieferung war demnach nicht zu rechtfertigen. Durch die im Jahre 2000 erfolgte Hinzufügung eines zweiten Satzes wird das bisherige Auslieferungsverbot zwar im Grundsatz beibehalten, allerdings in Ausnahmen gelockert. Der neue Satz 2 lautet: „Durch Gesetz kann eine abweichende Regelung für Auslieferungen an einen Mitgliedstaat der Europäischen Union oder an einen internationalen Gerichtshof getroffen werden, soweit rechtsstaatliche Grundsätze gewahrt sind". Dieser hinzugefügte Satz 2 enthält somit die verfassungsrechtliche Grundlage für eine Überstellung eines deutschen Staatsangehörigen an einen Mitgliedstaat der EU sowie an einen internationalen Strafgerichtshof. Er gilt mithin für die schon seit längerem existierenden UN-Tribunale zu Ruanda und Jugoslawien wie auch für den 2002 statuierten Internationalen Strafgerichtshof in Den Haag. Erforderlich ist aber stets ein förmliches Auslieferungsgesetz des Bundes, das sich wiederum am Prüfungsmaßstab des Art. 16 II GG messen lassen muss. Das Gesetz muss nicht nur den qualifizierten Gesetzesvorbehalt des Art. 16 II S. 2 GG, sondern auch die (übrigen) Grundrechte des Grundgesetzes und den allgemeinen Grundsatz der Verhältnismäßigkeit, der bei einem wichtigen Grundrecht wie dem Auslieferungsverbot besondere Bedeutung zukommt, beachten.

**971a** Das **Europäische Haftbefehlsgesetz** v. 21.7.2004[1698] hielt nach Auffassung des BVerfG diesen Kriterien nicht stand. Die im Gesetz vorgesehene Möglichkeit der Auslieferung eines Deutschen wegen einer Tat mit Inlandsbezug auch für den Fall, dass in Deutschland ein entsprechendes Verfahren nicht eröffnet oder noch nicht beendet sei, verstoße gegen Art. 16 II S. 1 GG und sei im Übrigen unverhältnismäßig.[1699] Auch ein Gesetz, das in Umsetzung einer europarechtlichen Vorgabe ergehe, müsse sich an den Grundrechten des Grundgesetzes messen lassen. Daran ändere auch der Anwendungsvorrang des EU-Rechts nichts, da dieser Anwendungsvorrang seine Grenze finde, wenn Verstöße gegen Grundrechte des Grundgesetzes oder andere wichtige Verfassungsgüter vorlägen.[1700] Verfassungswidrig sei es auch, dass der Gesetzgeber nicht die Möglichkeit bzw. die Rechtspflicht geschaffen habe, für Taten mit maßgeblichem Inlandsbezug die Auslieferung Deutscher zu verweigern. Kritisiert wurde schließlich, dass sich nach der Regelung ein bislang vor Auslieferung absolut geschützter Deutscher für Taten in einem Mitgliedstaat der EU habe verantworten müssen, die keinen maßgeblichen Auslandsbezug aufgewiesen hätten und zum Zeitpunkt ihrer Begehung in Deutschland straffrei gewesen seien. Dies sei einer Rückwirkung gleich gekommen, die mit dem Rechtsstaatsprinzip nicht vereinbar sei. Im Minderheitsvotum wurde zudem die Problematik aufgeworfen, ob das EuHbG gegen die in Art. 23 I S. 1 GG festgelegte Integrationsschranke des Subsidiaritätsprinzips verstößt. Denn der Rahmenbeschluss brauche und könne nur soweit in innerstaatliches Recht transformiert werden, als eine Verwirklichung des staatlichen Strafverfolgungsanspruchs durch die deut-

---

[1698] Bei dem EuHbG handelte es sich um ein Bundesgesetz, das in Umsetzung des Rahmenbeschlusses über den europäischen Haftbefehl v. 13.6.2002, der die bei *R. Schmidt*, Staatsorganisationsrecht, bei Rn 332 beschriebene „Dritte Säule" der EU konkretisierte. Danach konnte z.B. auch ein spanisches Amtsgericht einen Haftbefehl zulasten eines Bundesbürgers erlassen; die deutschen Justizbehörden mussten den Betroffenen ausliefern. Ein in Auslieferungshaft befindlicher Deutscher klagte gegen den ihn betreffenden Auslieferungsbeschluss, blieb jedoch in allen Instanzen erfolglos. Mit der sodann erhobenen Verfassungsbeschwerde vor dem BVerfG gegen das letztinstanzliche Urteil griff er mittelbar das EuHbG an. Das BVerfG erklärte das Gesetz mit Urt. v. 18.7.2005 (NJW **2005**, 2289 ff.) für verfassungswidrig und nichtig.
[1699] Der Entscheidung des BVerfG lag der Sachverhalt zugrunde, dass der deutsche Kaufmann Mamoun Darkazanli verdächtigt worden war, die Terrororganisation El Kaida unterstützt zu haben. Ein für seinen Übereifer bekannter spanischer Richter wollte den in Syrien geborenen Mann mit einem Europäischen Haftbefehl vor sein Gericht bringen lassen. Selbst der Generalbundesanwalt hatte aber nach intensiven Ermittlungen festgestellt, dass sich der Verdacht gegen Darkazanli nicht begründen lasse. Nach deutschem Recht habe er sich nicht strafbar verhalten. Alle Ermittlungen deutscher Justizbehörden wurden eingestellt. Aufgrund der Regelungen des EuHbG sollte er dennoch ausgeliefert werden. Dagegen wandte sich Darkazanli und erhob schließlich Verfassungsbeschwerde beim BVerfG.
[1700] Zum Anwendungsvorrang und zu dessen Grenzen vgl. *R. Schmidt*, Staatsorganisationsrecht, Rn 356 ff.

sche Justiz aus tatsächlichen, in der Sache nachvollziehbaren und darüber hinaus auch im Einzelfall hinreichend nachgewiesenen Gründen scheitere.[1701]

**Fazit:** Im Kern hat das BVerfG gefordert, dass ein Deutscher nicht ausgeliefert werden darf, wenn die Tat einen Bezug zum Inland hat. Denn in diesem Fall seien die deutschen Strafverfolgungsbehörden zuständig. Auch dürfe ein Deutscher nicht ausgeliefert werden, wenn Ermittlungen gegen ihn in Deutschland eingestellt wurden. Des Weiteren müsse die Entscheidung zur Auslieferung in einen europäischen Staat gerichtlich (d.h. durch ein deutsches Gericht) überprüfbar sein. Das würde es einem Deutschen, der mit einem EU-Haftbefehl verfolgt wird, möglich machen, gegen seine Auslieferung gerichtlich vorzugehen und letztlich seinen Einzelfall vom BVerfG prüfen zu lassen. Der Gesetzgeber habe diese Vorgaben bei der erforderlichen Neufassung des EuHbG zu berücksichtigen. **971b**

Am 2.8.2006 trat die Neufassung des EuHbG in Kraft. Darin ist zwar nun geregelt, dass ein Deutscher nicht ausgeliefert werden darf, wenn Ermittlungen gegen ihn in Deutschland eingestellt wurden. Allerdings wurden die anderen beiden Vorgaben des BVerfG nicht bzw. nicht hinreichend umgesetzt. **971c**
So ist es nach der aktuellen Gesetzesfassung nach wie vor möglich, dass ein Deutscher auf der Grundlage eines EU-Haftbefehls an einen anderen europäischen Staat überstellt wird, wenn die ihm vorgeworfene Tat einen Bezug zu Deutschland hat. Das sollte nach dem Urteil des BVerfG gerade ausgeschlossen sein.
Äußerst bedenklich ist es aber, wenn es nach wie vor in § 74 b EuHbG heißt, dass die Entscheidung zur Bewilligung der Auslieferung eines Deutschen an einen anderen europäischen Staat auf der Grundlage eines EU-Haftbefehls „nicht anfechtbar" sei. Damit wird der Rechtsschutz derart verkürzt, dass ein Verstoß gegen Art. 19 IV GG unausweichlich ist. Eine erneute Beschäftigung des BVerfG mit dem Gesetz ist daher wahrscheinlich.

Unbeschadet der Verfassungswidrigkeit des EuHbG i.d.F. v. 21.7.2004 und der am 2.8.2006 in Kraft getretenen Neuregelung wird man das Gesetz mit Blick auf die Formulierung „soweit rechtsstaatliche Grundsätze gewahrt sind" in Art. 16 II S. 2 GG eng auslegen müssen. Zwar könnte diese einschränkende Formulierung so verstanden werden, dass sie sich auf das *Auslieferungsverfahren* bezieht. Dann würde es sich aber lediglich um einen überflüssigen Hinweis handeln. Denn in einem Rechtsstaat wie der Bundesrepublik Deutschland sind „rechtsstaatliche Gesichtspunkte" stets einzuhalten. Mit dieser Formulierung wollte der verfassungsändernde Gesetzgeber vielmehr darauf hinweisen, dass *im Empfangsstaat* bzw. *beim betreffenden Internationalen Gerichtshof* ein im Wesentlichen vergleichbarer Grundrechtsschutz gewährleistet sein muss.[1702] Art. 16 II S. 2 GG ist also so zu verstehen, dass eine Auslieferung an einen Mitgliedstaat der Europäischen Union oder an einen internationalen Gerichtshof dann möglich ist, soweit *dort* rechtsstaatliche Grundsätze gewahrt sind. Zu den rechtsstaatlichen Grundsätzen gehört insbesondere ein dem Grundgesetz vergleichbarer Grundrechtsstandard. Das soll nach Auffassung des BVerfG in den Mitgliedstaaten der EU stets der Fall sein.[1703] **971d**

---

**Hinweis für die Fallbearbeitung:** Erhebt ein Betroffener Verfassungsbeschwerde gegen die seine Auslieferung bestätigende Gerichtsentscheidung, ist mittelbarer Beschwerdegegenstand das Gesetz, das die Auslieferung zulässt und vom Fachgericht angewendet wurde. In der Fallbearbeitung sind nach der Feststellung, dass der Schutzbereich des Art. 16 II S. 1 GG eröffnet ist und in denselben durch die Auslieferungsanordnung eingegriffen wurde, in einer getrennten Prüfung zunächst die verfas- **972**

---

[1701] Vgl. auch die Besprechung des Urteils von *Sachs* (JuS **2005**, 931 ff.), der in erster Linie die nicht schulmäßig erfolgte Grundrechtsprüfung des BVerfG kritisiert, dabei jedoch seinerseits jegliche Struktur einer schulmäßigen Prüfung vermissen lässt. Den studentischen Bedürfnissen ebensowenig gerecht wird der im selben Heft publizierte Aufsatz zu diesem Thema von *Hufeld* (S. 1 ff.).
[1702] Vgl. BT-Drs. 14/2668, S. 5. Vgl. auch *Uhle*, NJW **2001**, 1889, 1893.
[1703] BVerfG NJW **2004**, 1858 f.

sungsrechtliche Rechtfertigung der gesetzlichen Regelung und sodann die Auslieferung (also des Einzelakts) zu prüfen. Art. 16 II S. 2 GG enthält einen (qualifizierten) Gesetzesvorbehalt, wonach unter bestimmten Voraussetzungen eine Auslieferung zulässig ist. Hält sich das entsprechende Ausführungsgesetz zu Art. 16 II S. 2 GG an diese Voraussetzungen, d.h. lässt es die Auslieferung nur an einen Mitgliedstaat der EU oder an einen internationalen Strafgerichtshof zu, bei dem rechtsstaatliche Grundsätze (insbesondere die Gewährung eines dem Grundgesetz vergleichbaren Grundrechtsstandards) gewahrt sind, und verfolgt es einen legitimen Zweck und ist im Übrigen geeignet, erforderlich und angemessen, ist es mit Art. 16 II S. 1 GG vereinbar.[1704]

973    Keine Auslieferung ist die **Ausweisung**. Das ist die ohne Ersuchen eines ausländischen Staates ergehende Anordnung, sich aus dem Hoheitsgebiet zu entfernen; gleiches gilt für die Abschiebung als Vollzug der Ausweisung. Insoweit ist Art. 11 GG einschlägig. Fraglich ist dagegen, ob die „**Durchlieferung**" und die „**Rücklieferung**" unter den Schutz des Art. 16 II GG fallen.

974    Bei der **Durchlieferung** handelt es sich um die Überstellung eines Deutschen von einem Staat zu einem anderen unter Durchquerung der Bundesrepublik Deutschland.[1705]

975    Unter **Rücklieferung** versteht man die Auslieferung eines Deutschen ins Ausland, nachdem dieser zuvor nur vorläufig aufgrund einer Rückführungszusage aus dem Ausland in die Bundesrepublik Deutschland verbracht worden ist.[1706]

976    Eine (partielle) Antwort auf diese Problematik liefert ein Judikat des BVerfG. Danach hindert das Auslieferungsverbot die deutschen Staatsorgane an jeglicher Mitwirkung, „wenn ein Deutscher aus dem Bereich deutscher Hoheitsgewalt zwangsweise entfernt und in den Bereich einer nicht deutschen Hoheitsgewalt überführt wird"[1707].

Freilich ist diese Rechtsprechung aufgrund der beschriebenen Grundgesetzänderung (Einführung des Art. 16 II S. 2 GG) nur noch auf Sachverhalte anwendbar, die nicht in den Anwendungsbereich des Art. 16 II S. 2 GG fallen. Es bleibt jedoch auch nach dieser Grundgesetzänderung dabei, dass Durch- und Rücklieferung den Schutzbereich berühren.

977    Die **Durchlieferung** deutscher Staatsangehöriger ist demnach verfassungsrechtlich nur dann nicht zu rechtfertigen, wenn sie außerhalb des Anwendungsbereichs des Art. 16 II S. 2 GG erfolgt.

978    Dagegen ist einer anderen Entscheidung des BVerfG zufolge die **Rücklieferung** mit Art. 16 II S. 1 GG vereinbar (was nach der Grundgesetzänderung erst recht gelten muss). Sie stelle lediglich den Zustand wieder her, der schon vor der vorläufigen Verbringung in das Bundesgebiet bestanden habe. Die Lage des Betroffenen habe sich per saldo also nicht verschlechtert.[1708] Diese Auffassung ist verfassungsrechtlich bedenklich. Dem ausdrücklichen Wortlaut des Art. 16 II S. 1 GG zufolge darf ein Deutscher (ergänze: außerhalb des Anwendungsbereichs des Art. 16 II S. 2 GG) niemals gegen seinen Willen einer anderen Macht zugeführt werden. Das Grundrecht

---

[1704] Dass auch ein Gesetz, das aufgrund eines qualifizierten Gesetzesvorbehalts erlassen wurde, nicht nur die Vorgaben des qualifizierten Gesetzesvorbehalts, sondern auch den allgemeinen Grundsatz der Verhältnismäßigkeit wahren muss, ist eine rechtsstaatliche Selbstverständlichkeit und wurde bereits in der Vorauflage dieses Buches vom Verfasser klargestellt. Es ist also inkorrekt, wenn *Sachs* (JuS **2005**, 931, 934) behauptet, dies sei erst durch das Urteil des BVerfG klargestellt worden.

[1705] *Schnapp*, in: von Münch/Kunig, GG, Art. 16 Rn 19.

[1706] *Schnapp*, in: von Münch/Kunig, GG, Art. 16 Rn 19.

[1707] BVerfGE **10**, 136, 139 (Verbot der Rücklieferung deutscher Staatsangehöriger).

[1708] BVerfGE **29**, 183, 188 ff. (Rücklieferung eines Deutschen). Zust. *Kokott*, in: Sachs, GG, Art. 16 Rn 34; *Randelzhofer*, in: Maunz/Dürig, GG, Art. 16 II Rn 12; *Jarass*, in: Jarass/Pieroth, GG, Art. 16 Rn 14.

unterscheidet nicht zwischen Deutschen, die sich endgültig oder nur vorläufig im Gebiet der Bundesrepublik Deutschland aufhalten. Daher verstößt bereits ein völkerrechtliches Abkommen über die Rücklieferung von Deutschen gegen Art. 16 II S. 1 GG. Falls ein solches Abkommen dennoch getroffen wurde, darf keinesfalls die Auslieferung vollzogen werden. Daran ändern auch die möglichen Konsequenzen einer Vertragsverletzung nichts.[1709] Der sowohl von der Durchlieferung als auch von der Rücklieferung Betroffene hat daher ein subjektives Abwehrrecht gegen die Auslieferung an auswärtige Staaten.

## IV. Asylrecht, Art. 16a GG

### 1. Schutzbereich

Gemäß Art. 16a I GG genießen politisch Verfolgte Asyl. Das Grundgesetz definiert den Begriff des *politisch Verfolgten* nicht. Da sich der Schutzbereich des Art. 16a I GG aber auf solche Personen beschränkt, stellt die Grundrechtsträgereigenschaft das zentrale Auslegungsproblem des Art. 16a GG dar. Die höchstrichterliche Rechtsprechung definiert den Begriff ausgehend von der Genfer Flüchtlingskonvention (GFK) vom 28.6.1951 (BGBl. 1953 II, S. 559) wie folgt: **979**

**Politisch verfolgt** ist, wer wegen seiner Rasse, Religion, Nationalität, Zugehörigkeit zu einer sozialen Gruppe oder wegen seiner politischen Überzeugung Verfolgungsmaßnahmen mit Gefahr für Leib und Leben oder Beschränkungen seiner persönlichen Freiheit *ausgesetzt ist* oder solche Verfolgungsmaßnahmen *begründet befürchtet*.[1710] **980**

Nach einer weiteren Entscheidung des BVerwG treten andere Gründe wie beispielsweise „irreversible, schicksalhafte homosexuelle Prägung" hinzu. Entscheidend sei, dass jemand „Verfolgungsmaßnahmen deshalb befürchten muss, weil er aufgrund unabänderlicher persönlicher Merkmale anders ist, als er nach Ansicht des Verfolgers zu sein hat"[1711]. Das BVerfG hat die Flüchtlingsdefinition der GFK modifiziert, ohne dass es hierdurch zu nennenswerten Unterschieden kommt.[1712] **981**

Wie aus der o.g. Definition hervorgeht, muss der Betroffene der **Verfolgung** ausgesetzt sein oder diese begründet befürchten. Der Begriff der Verfolgung wird eng ausgelegt. Insbesondere reicht ein Eingriff in Rechte, der nach dem Verfassungsverständnis der Bundesrepublik Deutschland unzulässig wäre, noch nicht aus, um von einer Verfolgung i.S.d. Art. 16a GG zu sprechen. Erforderlich ist vielmehr, dass eine Rechtsgutverletzung droht, die in ihrer Art und Schwere eine Verletzung der Menschenwürde zur Folge hätte und den Betroffenen in eine ausweglose Lage brächte. Das ist immer dann der Fall, wenn sog. *Basisgüter* gefährdet sind. Dazu zählen das *Leben*, die *körperliche Unversehrtheit*, die *persönliche* und *religiöse Freiheit* sowie die *wirtschaftliche Existenzgrundlage*. Nicht zu den Basisgütern gehören etwa Armut, Hunger oder die Folgen von Naturkatastrophen. Daher hat sich folgende Definition herausgebildet: **982**

**Verfolgung** ist eine Beeinträchtigung von Leben, körperlicher Unversehrtheit, persönlicher und religiöser Freiheit sowie der wirtschaftlichen Existenzgrundlage. Dabei muss die (drohende) Verletzung der o.g. Rechtsgüter von einer Intensität sein, die **983**

---

[1709] So auch BVerfGE **10**, 136 ff.; *Schnapp*, in: von Münch/Kunig, GG, Art. 16 Rn 19; *Schmidt-Bleibtreu*, in: Schmidt-Bleibtreu/Klein, GG, Art. 16 Rn 11; *Pieroth/Schlink*, Rn 970.

[1710] BVerfGE **76**, 143, 157; BVerwGE **4**, 235, 237; **4**, 38, 241; **77**, 258, 263 f.; BVerwG InfAuslR **1996**, 225, 227; ähnlich auch *Schnapp*, in: von Münch/Kunig, GG, Art. 16a Rn 8.

[1711] BVerwGE **79**, 143, 146.

[1712] Vgl. nur die Definition in BVerfG NVwZ **2000**, 1165, 1166 (Politische Verfolgung durch Bürgerkriegspartei – hier: Afghanistan).

den Betroffenen in eine ausweglose Lage bringt.[1713] **Ausweglos** ist die Lage, wenn der Betroffene keine Fluchtalternative hat.

984 Der Verfolgung **ausgesetzt** ist der Betroffene zunächst nur, wenn die Verfolgung in seinem Staat insgesamt stattfindet oder droht. Existieren sichere Landesteile, ist dem Betroffenen grundsätzlich zuzumuten, zunächst eine Flucht in diese Landesteile in Betracht zu ziehen. Insofern besteht ein subsidiärer Schutz vor politischer Verfolgung in Deutschland. Eine solche inländische Fluchtalternative kommt aber nicht in Betracht, wenn der Betroffene den als sicher angesehenen Landesteil nur mit unzumutbaren Gefährdungen tatsächlich erreichen könnte.[1714] Des Weiteren ist der Betroffene der Verfolgung nur dann ausgesetzt, wenn die Verfolgung **gegenwärtig** ist. Der Begriff der Gegenwärtigkeit wird negativ bestimmt.

985 Die Verfolgung ist nicht **gegenwärtig**, wenn jemand erst mehrere Jahre nach erlittener, aber beendeter Verfolgung seinen Heimatstaat[1715] oder einen von diesem beherrschten Drittstaat[1716] verlässt oder in seinen, inzwischen verfolgungsfreien Heimatstaat wieder zurückkehren kann.

986 Als subjektives Merkmal tritt hinzu, dass die **Furcht vor Verfolgung** begründet und für den Betroffenen der Anlass zur Flucht gewesen sein muss.

987 **Begründet befürchtet** ist die Verfolgung, wenn sie mit beachtlicher Wahrscheinlichkeit droht.[1717]

988 Des Weiteren muss die Verfolgung eine **politische** sein, obwohl die Asylgewährung selbst nicht aus politischen, sondern aus humanitären Gründen, insbesondere aus den Erfahrungen mit dem Nationalsozialismus, erfolgt.[1718] Nach der Rechtsprechung des BVerfG bezeichnet das Adjektiv *politisch* nicht einen abgegrenzten Gegenstandsbereich von Politik. Vielmehr knüpfe der Begriff des politisch Verfolgten an geschichtlich erfahrene politische Verfolgungen und Verfolgungsschicksale an.[1719] Danach ist eine Verfolgung insbesondere dann eine politische Verfolgung, wenn der Betroffene wegen seiner Rasse, Religion, Nationalität, Zugehörigkeit zu einer sozialen Gruppe oder wegen seiner politischen Überzeugung Verfolgungsmaßnahmen ausgesetzt ist oder diese begründet befürchtet.

989 Ferner hat die Rechtsprechung eine politische Verfolgung angenommen, wenn andere irreversible bzw. wesensimmanente Merkmale vorliegen. Dazu zählt etwa die Verfolgung wegen Homosexualität, wegen Heirat eines Menschen mit einer anderen Religionszugehörigkeit oder wegen der Weigerung eines Wehrpflichtigen, sich beschneiden zu lassen.

990 Problematisch ist, ob eine **strafrechtliche Verfolgung** (z.B. wegen Hochverrats, Sabotage oder sonstigen politisch motivierten Terrorismus) durch den Heimatstaat als politische Verfolgung qualifiziert werden kann. Hier stellt sich insbesondere die Frage, ob etwa einem Urheber terroristischer Anschläge, bei denen Menschen ums Leben gekommen sind, Asyl gewährt werden muss. Für den Schutz aus Art. 16a GG ist maß-

---

[1713] BVerfGE **54**, 341, 357 (Asylgewährung); **74**, 51, 64 (Nachfluchtgrund); **76**, 143, 158 (Amyadiyya-Glaubensgemeinschaft); **80**, 315, 335 (Tamilen); BVerfG NVwZ **2000**, 1165, 1166 (Politische Verfolgung durch Bürgerkriegspartei – hier: Afghanistan); *Schnapp*, in: von Münch/Kunig, GG, Art. 16a Rn 10.

[1714] BVerwGE **110**, 74, 77 (Abschiebung in ein Land, in dem nur in bestimmten Regionen eine Gefahr droht). Vgl. auch BVerwG NVwZ **2001**, 815 ff. und BVerwG NVwZ **2001**, 818 ff.

[1715] BVerwGE **87**, 52, 53 f.

[1716] BVerwGE **89**, 171, 175 f.

[1717] *Schnapp*, in: von Münch/Kunig, GG, Art. 16a Rn 10.

[1718] Vgl. BVerfGE **54**, 341, 257 (Asylgewährung).

[1719] So BVerfGE **76**, 143, 157 (Amyadiyya-Glaubensgemeinschaft).

gebend, ob dem Täter im Fall einer Auslieferung gerade aus politischen Gründen eine Verfolgung droht oder ob ausschließlich die bloße Ahndung des kriminellen Unrechtsgehalts der Tat selbst bevorsteht.[1720] Im letzteren Fall ist das Recht auf Asyl zu versagen, auch wenn die Straftaten politisch motiviert waren. Gleiches gilt, wenn der Asylsuchende von der Bundesrepublik Deutschland aus weiterhin terroristische Maßnahmen in seinem Heimatstaat betreibt oder unterstützt. Denn in diesem Fall sucht er nicht den Schutz und Frieden einer übergreifenden staatlichen Friedensordnung, den das Asylrecht gewährleisten will, sondern lediglich eine Plattform für seine terroristischen Maßnahmen.[1721]

Schließlich ist zu beachten, dass eine politische Verfolgung grundsätzlich von **staatlicher Seite** ausgehen muss.[1722] Eine Verfolgung von **privater Seite** (beispielsweise von einer Bürgerkriegspartei) kann demnach grundsätzlich keinen Asylanspruch begründen. Etwas anderes gilt aber dann, wenn die Verfolgungshandlungen dem Staat gleich stehen. Man spricht dann von einer **quasi-staatlichen Verfolgung**. Dem Staat stehen solche Organisationen gleich, die den jeweiligen Staat verdrängt haben oder denen dieser das Feld überlassen hat und die ihn daher insoweit ersetzen.[1723] 991

> **Beispiel:** Die Verfolgung von afghanischen Staatsangehörigen durch die antikommunistischen afghanischen Widerstandskämpfer, die Mudjaheddin, stellt nach Auffassung des BVerwG[1724] eine quasi-staatliche Verfolgung und damit eine politische Verfolgung im Sinne des Art. 16a GG dar, weil die Mujaheddin zumindest in einem „Kernterritorium" ein staatsähnliches Herrschaftsgefüge errichtet hätten und der Staat diesen Zustand tatenlos hinnehme bzw. nicht in der Lage sei, den nötigen Schutz zu gewährleisten.

Eine (verfassungsunmittelbare) **Begrenzung des Schutzbereichs** enthält Art. 16a II S. 1 GG i.V.m. § 26a AsylVfG.[1725] Danach kann sich auf Art. 16a I GG nicht berufen, 992

> „wer aus einem Mitgliedstaat der Europäischen Union oder aus einem Drittstaat einreist, in dem die Anwendung des Abkommens über die Rechtsstellung der Flüchtlinge und der Konvention zum Schutze der Menschenrechte und Grundfreiheiten sichergestellt ist" (sog. **sichere Drittstaaten**).

Dagegen handelt es sich bei der Regelung des Art. 16a II S. 2 GG zwar auch um eine Schutzbereichsbegrenzung, aber um eine Schutzbereichsbegrenzung durch **Gesetzesvorbehalt**: Der einfache Gesetzgeber wird ermächtigt, die Bestimmung von Staaten als sichere Drittstaaten durch grundrechtsausfüllendes Gesetz nach den dafür in Art. 16a II S. 1 GG aufgestellten Prüfkriterien als eigenständige Aufgabe wahrzunehmen.[1726] Der Gesetzgeber kann also die Reichweite des Grundrechtsschutzes durch Gesetz bestimmen. Von dieser Ermächtigung hat er durch das AsylVfG, d.h. dessen § 26a, Gebrauch gemacht. 993

Zu den sicheren Drittstaaten i.S.d. Art. 16a II GG gehören neben den von Verfassungs wegen für sicher erklärten EU-Mitgliedstaaten die Länder Norwegen und die Schweiz (vgl. 994

---

[1720] Vgl. BVerfGE **80**, 315, 339 f. (Tamilen).

[1721] Vgl. BVerfGE **81**, 142, 152 (Kurden).

[1722] BVerwG NVwZ **2001**, 815, 816 (Politische Verfolgung durch Bürgerkriegspartei – hier: Afghanistan).

[1723] Vgl. BVerwG NVwZ **2001**, 815, 816 (Politische Verfolgung durch Bürgerkriegspartei – hier: Afghanistan) und das Parallelverfahren BVerwG NVwZ **2001**, 818, 819. Vgl. auch *Heinhold*, JA **2001**, 64 ff.

[1724] BVerwG a.a.O.

[1725] So BVerwG NVwZ **2000**, 81, 82; BVerfGE **94**, 49, 87 (Sichere Herkunftsstaaten); a.A. *Ipsen*, Grundrechte, Rn 930, der (mit Blick auf Art. 18 GG in nicht nachvollziehbarer Weise) die Regelung des Art. 16a II S. 1 GG nicht als Schutzbereichsbegrenzung, sondern als Verwirkung des Grundrechts versteht.

[1726] BVerfGE **94**, 49, 93 (Sichere Herkunftsstaaten).

Anlage I zu § 26a AsylVfG[1727]). Die Länder Finnland, Schweden, Polen, Österreich und die tschechische Republik sind inzwischen der EU beigetreten, sodass sie bereits unter Art. 16a II S. 1 GG fallen. Danach ist die Bundesrepublik Deutschland ausschließlich von sicheren Drittstaaten umgeben. Asylbewerber haben daher nur dann eine Chance, als Asylsuchende anerkannt zu werden, wenn sie über Luft- oder Seeweg ohne Umweg über einen „sicheren Drittstaat" in die Bundesrepublik Deutschland einreisen.[1728]

## 2. Eingriff in den Schutzbereich

995 Das Grundrecht auf politisches Asyl wird durch beliebige aufenthaltsverweigernde und -beendende Maßnahmen gegenüber dem Betroffenen beeinträchtigt.

> **Beispiele:** Abweisung eines Asylsuchenden an der Grenze, Verweigerung eines für die Einreise gegebenenfalls erforderlichen Sichtvermerks durch eine deutsche Auslandsvertretung, Beschränkung der Asylberechtigung auf das Territorium der Bundesrepublik Deutschland. *Keine* Beeinträchtigung des Grundrechts liegt in der Vorenthaltung von Hilfeleistungen, Unterbringung und Versorgung[1729], da Art. 16a I GG ein Recht des *status negativus*, nicht des *status positivus* enthält[1730].

## 3. Verfassungsrechtliche Rechtfertigung

### a. Sichere Herkunftsstaaten, Art. 16a III GG

996 Nach der hier vertretenen Auffassung stellt Art. 16a II S. 2 GG (wie S. 1) bereits eine Schutzbereichsbegrenzung dar: Der Betroffene kann sich von vornherein nicht auf den Schutz des Art. 16a I GG berufen. Die Frage nach dem Eingriff und der verfassungsrechtlichen Rechtfertigung stellt sich diesbezüglich also nicht. Etwas anderes gilt für **Art. 16a III S. 1 GG** (sichere Herkunftsstaaten). Diese Vorschrift gehört rechtstechnisch zur verfassungsrechtlichen Rechtfertigung und enthält einen qualifizierten Gesetzesvorbehalt. Durch zustimmungsbedürftiges Gesetz können

> „Staaten bestimmt werden, bei denen aufgrund der Rechtslage, der Rechtsanwendung und der allgemeinen politischen Verhältnisse gewährleistet erscheint, dass dort weder politische Verfolgung noch unmenschliche oder erniedrigende Bestrafung oder Behandlung stattfindet".

997 Mit dieser Regelung gibt die Verfassung dem Gesetzgeber bestimmte Prüfkriterien vor, an denen er seine Entscheidung, ob ein Staat die Anforderungen für die Bestimmung zum sicheren Herkunftsstaat erfüllt, auszurichten hat.[1731] Der Bundesgesetzgeber hat von dieser Ermächtigung Gebrauch gemacht und eine Reihe von Staaten benannt, die die Voraussetzungen des Art. 16a III S. 1 GG erfüllen.[1732] Sofern der Gesetzgeber zu Unrecht einen Staat als sicheren Herkunftsstaat bezeichnet, ist die gesetzliche Bestimmung nach entsprechender Prüfung durch das BVerfG verfassungswidrig.[1733] Die Qualifizierung von Staaten als verfolgungsfrei unterliegt damit der verfassungsgerichtlichen Kontrolle.[1734]

998 Bezüglich der vom Gesetzgeber bestimmten sicheren Herkunftsstaaten wird gem. Art. 16a III S. 2 GG vermutet,

---

[1727] Vgl. die (veralteten) Anlagen zu § 26a und 29a II AsylVfG

[1728] Vgl. dazu BVerwG NVwZ **2000**, 81, 82 f.

[1729] BVerwGE **71**, 139, 141.

[1730] Zur Status-Lehre vgl. Rn 13 ff.

[1731] So BVerfGE **94**, 115, 139 (Sichere Herkunftsstaaten).

[1732] Vgl. § 29a II AsylVfG i.V.m. der (veralteten) Anlage II, in der die Staaten genannt sind.

[1733] Vgl. *Lübbe-Wolff*, in: Dreier, GG, Art. 16a Rn 89.

[1734] BVerfGE **94**, 115 (Sichere Herkunftsstaaten). Im zu entscheidenden Fall hat das BVerfG die Bestimmung Ghanas zum sicheren Herkunftsstaat als mit Art. 16a III S. 1 GG vereinbar erklärt (S. 184 ff.).

„dass ein Ausländer aus einem solchen Staat nicht verfolgt wird, solange er nicht Tatsachen vorträgt, die die Annahme begründen, dass er entgegen dieser Vermutung politisch verfolgt wird".

Art. 16a III S. 2 GG begründet damit eine **widerlegbare Rechtsvermutung** zuungunsten des Asylbewerbers. Aus den allgemeinen (politischen) Verhältnissen des Herkunftsstaates wird folglich auf die individuelle Verfolgungsfreiheit geschlossen, wobei es Sache des Asylbewerbers ist, durch substantiierten Vortrag die Rechtsvermutung zu widerlegen.[1735] Die Regelung des Art. 16a III S. 2 GG ist damit keine Beweislastregel, sondern eine Regelvermutung.

**999**

> **Hinweis für die Fallbearbeitung:** Soweit die Vermutung Bestand hat, folgt hieraus die *offensichtliche Unbegründetheit* des Asylantrags und einer eventuell erhobenen Klage (vgl. Art. 16a IV GG). In der Fallbearbeitung ist daher zunächst von der widerlegbaren Rechtsvermutung zuungunsten des Asylbewerbers auszugehen und in einem zweiten Schritt danach zu fragen, ob eine tatsächliche individuelle politische Verfolgung vorliegt. Nur wenn diese Frage bejaht werden kann, sind die widerlegbare Rechtsvermutung entkräftet und der Asylantrag bzw. die gegen die Ablehnung eines solchen Antrags erhobene Klage begründet.

## b. Beschränkungen des gerichtl. Rechtsschutzes, Art. 16a II S. 3, IV GG

Art. 16a IV GG enthält (wie Art. 16a II 2 S. 3 GG) eine scharfe Normierung über die Vollziehung aufenthaltsbeendender Maßnahmen[1736] mit qualifizierten Anforderungen an die Aussetzung der Vollziehung und ermächtigt den Gesetzgeber, sowohl den Prüfungsumfang als auch die Berücksichtigung verspäteten Vorbringens des Asylbewerbers im gerichtlichen Verfahren einzuschränken. Nur wenn ernstliche Zweifel an der Rechtmäßigkeit der aufenthaltsbeendenden Maßnahmen besteht, soll im Wege des vorläufigen Rechtsschutzes die Vollziehung ausgesetzt werden.

**1000**

> **Hinweis für die Fallbearbeitung:** In der Fallbearbeitung sind zunächst die Voraussetzungen des Art. 16a III GG zu prüfen. Liegt ein solcher Fall oder ein anderer Fall, d.h. Asylantrag vor, der offensichtlich unbegründet ist[1737], ist in einem weiteren Schritt auf Art. 16a IV GG einzugehen. Hier ist dann nicht mehr nach der Richtigkeit des Offensichtlichkeitsurteils der über den Asylantrag entscheidenden Behörde zu fragen, sondern nur noch danach, ob an der Richtigkeit des Offensichtlichkeitsurteils ernstliche Zweifel bestehen.[1738] Damit liegt eine Verschärfung an die Anforderungen des vorläufigen Rechtsschutzes gegenüber der sonst einschlägigen Regelung des § 80 V bzw. § 123 VwGO vor.

**Beispiel:** A ist aus Ghana eingereist und stellt einen Antrag auf Gewährung politischen Asyls. Das Bundesamt für die Anerkennung ausländischer Flüchtlinge lehnt den Antrag als offensichtlich unbegründet ab. A komme aus einem sicheren Herkunftsstaat. Er könne nicht substantiiert vortragen, dass er gleichwohl individuell politisch verfolgt werde. Gegen den Ablehnungsbescheid legt er Widerspruch ein. Um die Abschiebung zu verhindern, stellt er gleichzeitig beim Verwaltungsgericht einen Antrag auf Aussetzung der Vollziehung des Ablehnungsbescheids.

Hier richten sich Prüfungsmaßstab und Prüfungsdichte nicht (wie üblich) nach § 80 V bzw. § 123 VwGO, sondern nach Art. 16a IV GG: Das Verwaltungsgericht (und so der Klausurbearbeiter) prüft nicht die Richtigkeit, d.h. die Rechtmäßigkeit des Offensichtlichkeitsurteils der Behörde, sondern fragt nur noch danach, ob an der Richtigkeit des behördlichen Urteils *ernstliche Zweifel* bestehen. Bestehen keine ernstlichen Zweifel, ist der Antrag auf Aussetzung der Vollziehung unbegründet. A darf dann abgeschoben werden.

---

[1735] BVerfGE **94**, 115, 145 (Sichere Herkunftsstaaten).
[1736] Mit Vollziehung aufenthaltsbeendender Maßnahmen ist nichts anderes als die Abschiebung gemeint.
[1737] Zur offensichtlichen Unbegründetheit vgl. § 30 AsylVfG.
[1738] BVerfGE **94**, 166, 190 (Flughafenverfahren).

# S. Grundrechtsgleiche Rechte/Justizgrundrechte

**1001** Da nach Art. 93 I Nr. 4a GG, § 90 I BVerfGG die Verfassungsbeschwerde nicht nur zulässig ist, wenn der Beschwerdeführer behauptet, durch den angegriffenen Akt der öffentlichen Gewalt in einem seiner Grundrechte verletzt zu sein, sondern auch dann, wenn sich die Behauptung auf die Verletzung eines der in Art. 20 IV, 33, 38, 101, 103 und 104 GG genannten Rechte (sog. grundrechtsgleiche Rechte) bezieht, ist zumindest auf die für das Studium relevanten Art. 101 I S. 2 GG und 103 I GG einzugehen.[1739]

## I. Recht auf den gesetzlichen Richter, Art. 101 I S. 2 GG

### 1. Schutzumfang

**1002** Art. 101 GG ist eine wichtige Ausprägung der rechtsstaatlichen Rechtssicherheit[1740] und des rechtsstaatlichen Objektivitätsgebots.[1741] Die Vorschrift soll „der Gefahr vorbeugen, dass die Justiz durch eine Manipulation der rechtsprechenden Organe sachfremden Einflüssen ausgesetzt wird".[1742]

**1003** Art. 101 GG enthält ein einheitliches Grundrecht; Art. 101 I S. 1 und II GG sind Spezialfälle von Art. 101 I S. 2 GG.

- Art. 101 I S. 2 GG (**Recht auf den gesetzlichen Richter**) enthält für den Einzelnen die Garantie, dass nur der durch Gesetz bestimmte, nicht ein auf andere Weise bestimmter Richter über ihn Recht spricht. Art. 101 I S. 2 GG enthält also einen Gesetzesvorbehalt: Die Bestimmung des zuständigen Richters muss durch förmliches Gesetz erfolgen, das die richterliche Zuständigkeit im Voraus abstrakt-generell ausgestaltet.

- Art. 101 I S. 1 GG (**Unzulässigkeit von Ausnahmegerichten**) verbietet Ausnahmegerichte, d.h. Gerichte, die entweder keine gesetzliche Grundlage haben oder zwar eine gesetzliche Grundlage, aber keine abstrakt-generelle Festlegung ihrer Zuständigkeit haben.[1743]

- Art. 101 II GG (**Zulässigkeit von Gerichten für besondere Sachgebiete**) enthält einen Gesetzesvorbehalt für Gerichte für besondere Sachgebiete, z.B. Ehren- und Berufsgerichte.[1744] Mit der Formulierung „durch Gesetz" sind ebenfalls förmliche Gesetze gemeint.

**1004** Art. 101 I S. 2 GG enthält ein Leistungsrecht und ein Abwehrrecht. Als **Leistungsrecht** erstreckt sich sein Schutz auf das Bereitstellen des gesetzlichen Richters; als **Abwehrrecht** ist er gegen Eingriffe des nicht gesetzlich bestimmten Richters gerichtet.

**1005** **Richter** ist jeder zur Entscheidung im Einzelfall staatlich berufene Richter; auch das Gericht als organisatorische Einheit und das Gericht als Spruchkörper gehören dazu.[1745]

---

[1739] Zum **Misshandlungsverbot bei Freiheitsentziehung** gem. Art. 104 I S. 2 GG vgl. Rn 233, zum **Bestimmtheitsgrundsatz** gem. Art. 103 II GG vgl. *R. Schmidt*, StrafR AT, 6. Aufl. **2007**, Rn 26 ff., zum **Rückwirkungsverbot** vgl. *R. Schmidt*, Staatsorganisationsrecht, Rn 281 ff. und zum **Wahlrecht** *R. Schmidt*, Staatsorganisationsrecht, Rn 91 ff.

[1740] BVerfGE **20**, 336, 344.

[1741] BVerfGE **82**, 159, 194.

[1742] BVerfGE **95**, 322, 327.

[1743] BVerfGE **3**, 213, 223.

[1744] BVerfGE **26**, 186, 193; **71**, 162, 178.

[1745] BVerfGE **17**, 294, 298 f., **40**, 356, 361.

**Beispiele[1746]:** Einzelrichter und Kollegialgerichte der Instanzgerichte, des BVerfG und des EuGH[1747], ehrenamtliche Richter, Große und Gemeinsame Senate, Landesverfassungsrichter, Revisionsrichter, Richter in der freiwilligen Gerichtsbarkeit, Schöffen, Untersuchungsführer im förmlichen Disziplinarverfahren, Untersuchungsrichter, Vorprüfungsausschuss des BVerfG und Vorsitzender Richter am Truppendienstgericht; nicht aber parlamentarische Untersuchungsausschüsse und staatliche Prüfer

Als gesetzlicher Richter gilt nur derjenige, der in jeder Hinsicht den Anforderungen des Grundgesetzes entspricht. Dazu gehören in erster Linie die **Unabhängigkeit** gem. Art. 97 GG und die **Unparteilichkeit** gem. Art. 92 GG.[1748] In der Praxis werden damit die Anforderungen aus Art. 92 und 97 GG verfassungsbeschwerdefähig gemacht; entsprechende Verstöße sind zugleich Verstöße gegen Art. 101 GG. **1006**

**Träger** des grundrechtsgleichen Rechts sind die Prozessbeteiligten, gleichgültig ob natürliche oder juristische Personen bzw. Personenmehrheiten[1749], auch juristische Personen des öffentlichen Rechts. Art. 101 I S. 2 GG gilt auch in sog. objektiven Verfahren, in denen es keine Prozessbeteiligten gibt.[1750] Im abstrakten Normenkontrollverfahren, bei dem es am „Gegner" fehlt, haben die Antragsteller das Recht auf den gesetzlichen Richter.[1751] **1007**

## 2. Eingriffe

Da Art. 101 I S. 2 GG ein grundrechtsgleiches Recht darstellt, verpflichtet er folgerichtig alle drei Staatsgewalten. **1008**

⇨ Durch die **Legislative** wird Art. 101 I S. 2 GG beeinträchtigt, wenn sie es unterlässt, die grundlegenden abstrakt-generellen Zuständigkeitsregeln in einem Parlamentsgesetz festzulegen.[1752] Das schließt wegen Art. 80 I GG nicht aus, dass die Bestimmung des zuständigen Richters durch Rechtsverordnung erfolgt, solange nur Inhalt, Zweck und Ausmaß hinreichend in der Ermächtigungsgrundlage bestimmt sind.[1753]

⇨ In der Möglichkeit der Entziehung des gesetzlichen Richters durch die **Exekutive** liegen zwar die geschichtlichen Wurzeln des Art. 101 I S. 2 GG („Kabinettsjustiz"[1754]), nicht jedoch die aktuellen Probleme. So sind die Ernennung und Besoldung der Richter durch die Exekutive in der in der Bundesrepublik Deutschland praktizierten Gewaltenverschränkung keine Entziehung des gesetzlichen Richters. Auch ist die Aufstellung der Geschäftsverteilungspläne der Gerichte nach dem GVG hinreichend gegenüber Einflussnahmen der Exekutive abgesichert.

⇨ Die **Judikative** verstößt gegen Art. 101 I S. 2 GG, wenn sie diesbezügliche einfachrechtliche Verfahrensvorschriften willkürlich unrichtig anwendet, d.h. wenn die gerichtliche Entscheidung „nicht mehr verständlich" erscheint oder „offensichtlich unhaltbar" ist oder wenn das Gericht die „Bedeutung und Tragweite von Art. 101 I S. 2 GG grundlegend verkennt".[1755] Das ist insbesondere der Fall, wenn sich eine Entscheidung bei der Auslegung und Anwendung einer Zuständigkeitsnorm so weit von dem sie beherrschenden verfassungsrechtlichen Grundsatz des gesetzlichen Richters entfernt hat,

---

[1746] Vgl. die Nachweise bei *Jarass*, in: Jarass/Pieroth, GG, Art. 101 Rn 2.
[1747] Vgl. grundlegend BVerfGE **73**, 339, 366 ff.; **82**, 159, 192.
[1748] BVerfGE **3**, 377, 381; **60**, 175, 214; **82**, 286, 298.
[1749] BVerfGE **18**, 441, 447; **64**, 1, 11; **82**, 286, 295; **96**, 231, 244.
[1750] BVerfGE **40**, 356, 361 f, **82**, 286, 296 f.
[1751] BVerfGE **82**, 286, 296 f., a.A. noch BVerfGE **2**, 74, 91.
[1752] BVerfGE **19**, 52, 60; **95**, 322, 328.
[1753] BVerfGE **2**, 307, 326; **24**, 155, 166; **27**, 18, 34 f.; BVerfG-K, NVwZ **1993**, 1080.
[1754] BVerfGE **4**, 412, 416.
[1755] Vgl. BVerfGE **29**, 45, 49; **42**, 237, 241; **75**, 223, 234 ff.; **76**, 93, 96 ff.; **82**, 159, 194; **82**, 286, 299; **87**, 282, 285; BVerfG-K NJW **2002**, 2859 f.; **2003**, 281.

dass sie nicht mehr zu rechtfertigen, also willkürlich ist.[1756] Vgl. dazu auch den Übungsfall bei Rn 1010.

Insbesondere **Vorlagepflichten**: Die Vorlagepflicht an den EuGH wird offensichtlich unhaltbar gehandhabt, wenn sie grds. verkannt wird, wenn bewusst von der Rspr. des EuGH abgewichen oder wenn EU-Recht in unvertretbarer Weise ausgelegt wird.[1757] Ähnliches gilt für die Vorlagepflicht an den Großen Senat eines obersten Bundesgerichts[1758], von Landesverfassungsgerichten an das BVerfG gem. Art. 100 III GG[1759], für Vorlagepflichten nach Art. 100 I GG und für sonstige Vorlagepflichten[1760]. Die Nichtvorlage eines Fachgerichts nach Art. 100 II GG verstößt schon dann gegen Art. 101 I S. 2 GG, wenn hinsichtlich des Bestehens oder der Tragweite einer allgemeinen Regel des Völkerrechts objektiv ernst zu nehmende Zweifel vorliegen.[1761]

> **Hinweis für die Fallbearbeitung:** In Klausuren kann man auf die Konstellation treffen, in der sich der Kläger durch einen Rechtsakt deutscher Behörden in Anwendung von Gemeinschaftsrecht in seinen Grundrechten des Grundgesetzes (etwa durch die bei *R. Schmidt*, Staatsorganisationsrecht, Rn 354 ff., genannte Einfuhrbeschränkung von Dollarbananen oder durch die Versagung der Zulassung zur Praktischen Ärztin) verletzt sieht und hiergegen vor dem zuständigen deutschen Verwaltungsgericht klagt. Da das deutsche Verwaltungsgericht zwar deutsches untergesetzliches Regelwerk (bestimmte Rechtsverordnungen und Satzungen), nicht aber Europäisches Gemeinschaftsrecht für nicht anwendbar erklären kann (hierzu ist nur der EuGH befugt), kann bzw. muss es das Verfahren aussetzen und die fragliche Europarechtsnorm dem EuG/EuGH vorlegen, sog. **Vorabentscheidung** (vgl. Art. 225 III, 234 EG).[1762] Unterlassen das Fachgericht (i.d.R. das VG) oder das BVerfG die gebotene Vorlage zum EuGH, kann der Kläger **Verfassungsbeschwerde** vor dem BVerfG gegen den Beschluss des betreffenden Gerichts erheben mit der Rüge, ihm sei der **gesetzliche Richter entzogen** worden (vgl. Art. 101 I S. 2 GG). Der EuGH ist gesetzlicher Richter i.S. dieser Vorschrift.[1763]

**Gerichtsorganisatorische Maßnahmen** von Gerichtspräsidien und Spruchkörpern, insb. die von diesen zu erstellenden **Geschäftsverteilungspläne**, müssen die Zuständigkeit der Richter im Voraus, d.h. vor Beginn des Geschäftsjahrs für dessen Dauer, vollständig, schriftlich[1764] und nach objektiven Kriterien, d.h. ohne Ansehen der Person und des Einzelfalls[1765], regeln. Die Sache muss „blindlings" an den entscheidenden Richter gelangen.[1766] Ermessensentscheidungen des Vorsitzenden sind grds. unzulässig.[1767] Unvermeidliche Ungenauigkeiten ergeben sich hier besonders aus den Fällen des Ausscheidens, der Krankheit.[1768]

---

[1756] BVerfG NJW **2005**, 1105, 1106.
[1757] BVerfGE **82**, 159, 195 f.; BVerfG-K NJW **2002**, 1487.
[1758] BVerfGE **19**, 38, 42 f.; **38**, 386, 397 f.; BVerfG-K NJW **1995**, 2914; 1996, 513.
[1759] BVerfGE **13**, 132, 143; BVerfG-K NJW **1999**, 1021.
[1760] vgl. BVerfGE **101**, 331, 359 f.
[1761] BVerfGE **96**, 68, 77 f.; **64**, 1, 21.
[1762] Vgl. dazu EuGH NJW **2003**, 1379 (Alexander Dory); BVerfG NJW **2001**, 1267 f.; VG Stuttgart NVwZ **2002**, 1274 ff. Zum Vorabentscheidungsverfahren vgl. auch *R. Schmidt*, Staatsorganisationsrecht, Rn 366, sowie *Pache/Knauff*, NVwZ **2004**, 16 ff.
[1763] Vgl. dazu BVerfG NJW **2001**, 1267, 1268; *Kube*, JuS **2001**, 858, 860.
[1764] BVerfGE **95**, 322, 328; BGHZ **126**, 63, 851.
[1765] BVerfGE **82**, 286, 298; BVerwG NJW **1987**, 2031; **1988**, 1339; *Maunz*, in: Maunz/Dürig, GG, Art. 101 Rn 43; *Kunig*, in: v. Münch/Kunig, GG, Art. 101 Rn 38; *Pieroth*, in: Jarass/Pieroth, GG Art. 101 Rn 14.
[1766] BVerfGE **95**, 322, 329.
[1767] BGHZ **126**, 63, 81; BAGE **81**, 265, 283; **84**, 189, 193 f.; **88**, 344, 354.
[1768] *Pieroth*, in: Jarass/Pieroth, GG Art. 101 Rn 14.

## 3. Verfassungsrechtliche Rechtfertigung

Da Art. 101 I S. 2 GG unter keinem Gesetzesvorbehalt steht, wäre eine verfassungs-  **1009**
rechtliche Rechtfertigung von Eingriffen lediglich unter dem Gesichtspunkt der verfassungsimmanenten Einschränkbarkeit denkbar. Allerdings ist kein anderes und höher-
wertiges Verfassungsgut ersichtlich, das bei einer Abwägung mit dem Recht auf den
gesetzlichen Richter den Vorrang genösse. Daher stellt im Ergebnis jeder Eingriff eine
Verletzung dar.

## 4. Übungsfall

V ist der Vater eines 1999 nicht ehelich geborenen Kindes. Die leibliche Mutter M gab das  **1010**
Kind einen Tag nach der Geburt zur Adoption frei und erklärte ihre Einwilligung zur Adoption durch die Pflegeeltern, bei denen das Kind seit seiner Geburt lebt. Seit Oktober 1999
bemüht sich V in verschiedenen gerichtlichen Verfahren um die Übertragung des Sorgerechts und die Einräumung eines Umgangsrechts. Auf seine Individualbeschwerde gem.
Art. 34 EMRK erklärte eine Kammer der Dritten Sektion des Europäischen Gerichtshofs für
Menschenrechte (EGMR) mit Urteil vom 26.2.2004 einstimmig, dass die Sorgerechtsent-
scheidung und der Ausschluss des Umgangsrechts eine Verletzung von Art. 8 EMRK darstellten. Dennoch versagte der 14. Senat des OLG Naumburg V den Umgang mit seinem
Kind. Die entsprechende Entscheidung hob der 2. Senat des BVerfG mit Beschluss vom
14.10.2004 (2 BvR 1481/04) auf und verwies die Sache an einen anderen Senat des OLG
zurück. Dieser vertrat jedoch die Auffassung, nicht zu einer Sachentscheidung befugt zu
sein. In der Folge hat das Amtsgericht Wittenberg eine einstweilige Anordnung betreffend
das Umgangsrecht des V mit seinem Kind getroffen und ihm das Recht eingeräumt, seinen
Sohn an jedem Sonnabend in der Zeit von 15 bis 17 Uhr zu sehen.
Gegen diese Entscheidung haben sich wiederum das Jugendamt und die Verfahrenspflege-
rin des Kindes mit ihren sofortigen Beschwerden gewandt. Aufgrund dieser Beschwerden
setzte der 14. Senat des OLG Naumburg zunächst mit Beschluss vom 8.12.2004 die Vollziehung der amtsgerichtlichen Entscheidung aus, hob diesen Beschluss aber am
20.12.2004 wieder auf. Mit einem weiteren Beschluss vom 20.12.2004 gab der 14. Senat
des OLG Naumburg dem Amtsgericht auf, das (Hauptsache-)Verfahren zum Umgangsrecht
„mit äußerster Beschleunigung weiterzuführen und zum Abschluss zu bringen". Bis zu einer
abschließenden Entscheidung des Amtsgerichts sei der Umgang des V mit seinem Kind
„zwecks Meidung einer sonst drohenden Gefährdung des Kindeswohls" ausgeschlossen.

Gegen die Entscheidung des OLG erhob V Verfassungsbeschwerde (VB) vor dem BVerfG
und verband diese mit einem Antrag auf Erlass einer einstweiligen Anordnung (e.A.). Er
rügt u.a. die Verletzung seiner verfassungsmäßigen Rechte aus Art. 3 I GG, Art. 6 I, II GG
und Art. 101 I S. 2 GG.

Die **Lösung** steht auf der Internet-Seite des Verlags zum kostenlosen download bereit.

## II. Anspruch auf rechtliches Gehör, Art. 103 I GG

### 1. Schutzumfang

Art. 103 I GG enthält zum einen ein grundrechtsgleiches Recht, das mit der Verfas-  **1011**
sungsbeschwerde geltend gemacht werden kann, zum anderen ein objektiv-
rechtliches Prinzip.[1769] Der Anspruch auf rechtliches Gehör ist Ausprägung des Rechtsstaatsprinzips[1770] und des Menschenwürdeschutzes[1771]. Der Einzelne soll nicht nur
Objekt richterlicher Entscheidung sein, sondern vor einer Entscheidung, die seine
Rechte betrifft, zu Wort kommen, um als Subjekt Einfluss auf das Verfahren und

---

[1769] BVerfGE **70**, 180, 188.
[1770] BVerfGE **9**, 89, 95; **39**, 156, 168; **74**, 220, 224; **107**, 395, 409.
[1771] BVerfGE **55**, 1, 6; **63**, 332, 337; BGHZ **118**, 312, 321.

dessen Ergebnis nehmen zu können.[1772] Daher ist Art. 103 I GG nicht nur ein Abwehrrecht, sondern auch ein Teilhabe- und Leistungsrecht. Besondere Bedeutung entfaltet er im Strafprozess.

**1012**   **Rechtliches Gehör** bedeutet, dass der Betroffene vor Erlass einer Entscheidung in tatsächlicher und rechtlicher Hinsicht grundsätzlich die Möglichkeit hat, sich zur Sache zu äußern.[1773] Da dieses Recht nur dann sinnvoll wahrgenommen werden kann, wenn der Betroffene vollständig über den Verfahrensstoff einschließlich der Auffassungen gerichtlicher Sachverständiger und die Argumente der Gegenseite informiert ist und erkennen kann, worauf es dem Gericht für seine Entscheidung ankommt, setzt rechtliches Gehör zum einen ein entsprechendes Informationsrecht voraus.[1774] Zum anderen ist es mit dem bloßen Äußern-Können nicht getan: Das Gericht muss das Vorbringen auch zur Kenntnis nehmen und in Erwägung ziehen.[1775]

**1013**   Ist das rechtliche Gehör bei vorläufigen und Eilmaßnahmen nicht möglich, weil sonst der Rechtsschutz und die Rechtspflege als solche verfehlt würden, muss es unverzüglich nachgeholt werden.[1776]

**1014**   Fraglich ist, ob Art. 103 I GG die Heranziehung eines **Rechtsanwalts** garantiert. In der Lit. wird diese Frage bejaht. Angesichts der Kompliziertheit des Rechts bestehe die Gefahr, dass einzelne Bürger ohne rechtskundigen Beistand ihr Recht gar nicht zu Gehör bringen könnten. Die Möglichkeit, die Hilfe eines Rechtsanwalts in Anspruch zu nehmen, gehöre daher zum Recht aus Art. 103 I GG.[1777] Demgegenüber gewährt das BVerfG lediglich das Recht, „sich im *Straf*verfahren von einem Rechtsanwalt als gewähltem Verteidiger seines Vertrauens verteidigen zu lassen"[1778]; zudem leitet es dieses Recht aus dem Rechtsstaatsprinzip ab und lehnt eine aus Art. 103 I GG folgende Garantie ansonsten ab[1779].

**1015**   Der Anspruch auf rechtliches Gehör besteht in jedem Verfahren vor **staatlichen Gerichten**. Dagegen gilt Art. 103 I GG weder direkt noch analog gegenüber Verwaltungsbehörden[1780] einschließlich der Disziplinarbehörden[1781] und der Staatsanwaltschaft[1782]. Die Aussagemöglichkeit vor der Polizei entspricht nur dann den Anforderungen des Art. 103 I GG, wenn der Betroffene weiß, dass seine Äußerung für das Gericht bestimmt ist.[1783]

**1016**   **Träger** des grundrechtsgleichen Rechts ist jeder, der an einem gerichtlichen Verfahren als Partei oder in ähnlicher Stellung beteiligt ist oder von dem Verfahren „unmittelbar rechtlich betroffen wird".[1784] Berechtigt sind neben natürlichen Personen, bei denen es nicht auf die Prozessfähigkeit ankommt, auch juristische Personen, juristische Personen des öffentlichen Rechts und teilrechtsfähige Vereinigungen.[1785]

---

[1772] BVerfG NJW **2003**, 1926.
[1773] BVerfGE **69**, 145, 148.
[1774] BVerfGE **55**, 95, 99; **86**, 133, 144 f.
[1775] St. Rspr.; vgl. nur BVerfGE **70**, 288, 293. Vgl. auch *Pieroth/Schlink*, Rn 1076.
[1776] BVerfGE **18**, 399, 404.
[1777] *Pieroth/Schlink*, Rn 1078; *Schmidt-Aßmann*, in: Maunz/Dürig, GG, Art. 103 Rn 103 ff.; *Nolte*, in: v. Mangoldt/Klein, GG, Art. 103 Rn 67.
[1778] BVerfGE **66**, 313, 318 f; **68**, 237, 255; BVerfG NJW **2004**, 1305, 1308.
[1779] BVerfGE **9**, 124, 132; **39**, 156, 168.
[1780] BVerfGE **101**, 397, 404; *Kunig*, in: v. Münch/Kunig, GG, Art. 103 Rn 5.
[1781] BVerfGE **46**, 17, 26.
[1782] BVerfGE **27**, 88, 103; vgl. aber BVerfG-K NJW **2002**, 2772.
[1783] BVerfGE **83**, 24, 36.
[1784] BVerfGE **89**, 381, 390; **92**, 158, 183; **101**, 397, 404.
[1785] Vgl. BVerfGE **61**, 82, 104; **64**, 1, 11; **75**, 201, 215.

## 2. Eingriffe

Grundsätzlich stellt jedes Zurückbleiben hinter den dargestellten Anforderungen einen Eingriff dar. Funktion und Organisation des Rechtsschutzsystems führen allerdings dazu, in folgenden Fällen *keinen* Eingriff anzunehmen[1786]:    **1017**

- Ist das Fehlen des rechtlichen Gehörs für die gerichtliche Entscheidung *unerheblich* oder beruht die gerichtliche Entscheidung nicht auf dem fehlenden rechtlichen Gehör, ist ein Eingriff zu verneinen. Das ist insbesondere dann der Fall, wenn ausgeschlossen werden kann, dass die Gewährung des rechtlichen Gehörs zu einer anderen, für den Betroffenen günstigeren Entscheidung geführt hätte.[1787]

- Auch wenn ein zunächst unterbliebenes rechtliches Gehör in derselben Instanz oder in der Rechtsmittelinstanz, nicht aber in einem neuen gerichtlichen Verfahren, nachgeholt worden ist[1788], ist ein Eingriff zu verneinen.

## 3. Verfassungsrechtliche Rechtfertigung

Wie Art. 101 I S. 2 GG enthält auch Art. 103 I GG keinen Gesetzesvorbehalt. Eine Rechtfertigung ist daher allein in kollidierendem Verfassungsrecht zu suchen. Solches kollidierendes Verfassungsrecht sind die Rechtssicherheit und die Funktionsfähigkeit der Rechtspflege. Allerdings führt die Normgeprägtheit des Art. 103 I GG dazu, diese Gesichtspunkte bereits bei der Bestimmung von Schutzbereich und Eingriff zu berücksichtigen und bei Überwiegen von Rechtssicherheit und Funktionsfähigkeit der Rechtspflege jedenfalls einen Eingriff zu verneinen. Das führt im Ergebnis dazu, dass jeder Eingriff eine Verletzung des grundrechtsgleichen Rechts bedeutet.[1789]    **1018**

---

[1786] Vgl. *Pieroth/Schlink*, Rn 1081.
[1787] BVerfGE **89**, 381, 392 f.
[1788] BVerfGE **5**, 9, 10; **42**, 172, 175.
[1789] *Pieroth/Schlink*, Rn 1082.

# 3. Teil – Die Verfassungsbeschwerde

**1019** Die wichtigste prozessuale Verfahrensart im Zusammenhang mit einer Grundrechtsprüfung ist die Individualverfassungsbeschwerde. Diese ist in Art. 93 I Nr. 4 a GG, §§ 13 Nr. 8 a, 90 ff. BVerfGG geregelt. Es bietet sich folgender Aufbau an:

---

## Zulässigkeit und Begründetheit einer Verfassungsbeschwerde

### I. Zulässigkeit

#### 1. Zuständigkeit des BVerfG

Für die Individualverfassungsbeschwerde ergibt sich die Zuständigkeit des BVerfG aus Art. 93 I Nr. 4a GG, §§ 13 Nr. 8a, 90 ff. BVerfGG.

#### 2. Beschwerdeführer

**a. Beschwerde- bzw. Beteiligtenfähigkeit**

Gemäß Art. 93 I Nr. 4a GG, § 90 I BVerfGG kann „jedermann" mit der Behauptung, durch die öffentliche Gewalt in seinen Grundrechten oder in einem seiner in Art. 20 IV, 33, 38, 101, 103 und 104 GG genannten Rechte (grundrechtsgleiche Rechte) verletzt zu sein, Verfassungsbeschwerde vor dem BVerfG erheben. Mit „jedermann" sind grundsätzlich alle Personen oder Personenmehrheiten gemeint.

**b. Prozessfähigkeit**

Das BVerfGG regelt die Prozessfähigkeit nicht. Daher nimmt das BVerfG eine Teilanalogie zu sonstigem Verfahrensrecht vor. In anderen Gerichtsverfahren bedeutet Prozessfähigkeit die Fähigkeit, Prozesshandlungen selbst oder durch einen Prozessbevollmächtigten vorzunehmen (vgl. § 173 VwGO i.V.m. § 51 ZPO).

#### 3. Beschwerdegegenstand

Möglicher Beschwerdegegenstand einer Verfassungsbeschwerde kann jeder Akt der öffentlichen Gewalt sein, sei es ein Akt der Exekutive, der Judikative oder ein Akt der Legislative.

#### 4. Beschwerdebefugnis

**a. Möglichkeit einer Grundrechtsverletzung**

Nach Art. 93 I Nr. 4a GG, § 90 I BVerfGG ist die Verfassungsbeschwerde nur zulässig, wenn der Beschwerdeführer behauptet, durch den angegriffenen Akt der öffentlichen Gewalt in einem seiner Grundrechte oder grundrechtsgleichen Rechte verletzt zu sein. Für die Bejahung der Beschwerdebefugnis genügt die *Möglichkeit* der Grundrechtsverletzung. „Möglichkeit der Grundrechtsverletzung" bedeutet, dass die geltend gemachte Grundrechtsverletzung lediglich nicht ausgeschlossen sein darf. Eine offensichtlich nicht gegebene Grundrechtsverletzung kann daher i.d.R. nur dann angenommen werden, wenn ein Verhalten der öffentlichen Gewalt *keinerlei Regelungsgehalt* und wenn es *keinerlei Außenwirkung* (sog. Grundrechtsrelevanz) hat.

**b. Betroffenheit des Beschwerdeführers**

Das BVerfG verlangt in ständiger Rechtsprechung, dass der Beschwerdeführer „**selbst, unmittelbar und gegenwärtig**" beschwert bzw. betroffen ist.

**aa. Eigene Beschwer**

Eine eigene Beschwer liegt vor, wenn der Beschwerdeführer geltend macht, in *seinen* Rechten verletzt zu sein, und diese geltend gemachte eigene Rechtsverletzung nicht offensichtlich ausgeschlossen ist (i.d.R. nur bei VB gegen Gesetze relevant).

**bb. Unmittelbare Beschwer**

Unmittelbar betroffen ist ein Beschwerdeführer dann nicht, wenn es noch eines staatlichen Vollzugsaktes bedarf, um eine gesetzliche Regelung greifen zu lassen (i.d.R. nur bei VB gegen Gesetze relevant).

**cc. Gegenwärtige Beschwer**

Gegenwärtig ist die Beschwer, wenn der Beschwerdeführer *schon* oder *noch* betroffen ist (i.d.R. nur bei VB gegen Gesetze relevant).

---

### dd. Spezifische Grundrechtsverletzung

Bei der Urteils-Verfassungsbeschwerde ist die spezifische Grundrechtsverletzung zu prüfen. Der Beschwerdeführer muss behaupten, gerade durch den Richterspruch in einem seiner Grundrechte oder grundrechtsgleichen Rechte verletzt zu sein. Eine spezifische Grundrechtsverletzung wird angenommen, wenn

⇨ durch das gerichtliche Verfahren selbst Grundrechte oder grundrechtsgleiche Rechte (z.B. Art. 103 I GG) verletzt wurden,

⇨ das Gericht seine Entscheidung auf eine grundrechtswidrige Norm gestützt hat

⇨ oder das Gericht bei der Auslegung und Anwendung einfachen Rechts grundrechtliche Wertungen nicht beachtet hat (mittelbare Drittwirkung von Grundrechten).

## 5. Form und Frist

Gemäß § 23 I S. 1 BVerfGG ist die Verfassungsbeschwerde **schriftlich** einzureichen. Möglich ist aber auch die Einreichung mittels **Telefax**. Darüber hinaus ist der Antrag gem. §§ 92, 93 I S. 1 und § 23 I S. 2 BVerfGG innerhalb der Antragsfrist zu **begründen**. Gemäß § 93 I S. 1 BVerfGG beträgt die **Frist** zur Einlegung der Verfassungsbeschwerde gegen ein **Gerichtsurteil einen Monat**. Die Frist beginnt mit der letzten im Rechtsweg zulässigerweise herbeigeführten Entscheidung. Für die Berechnung der Frist gelten die auch sonst üblichen Regeln, also die §§ 187, 188 BGB.

Dagegen ist die Verfassungsbeschwerde gegen ein **Gesetz** oder einen sonstigen Hoheitsakt, gegen den der Rechtsweg nicht offen steht, gem. § 93 III BVerfGG **binnen eines Jahres** zu erheben. Die Frist beginnt mit Inkrafttreten des Gesetzes.

## 6. Rechtsschutzbedürfnis

### a. Rechtswegerschöpfung

Gemäß § 90 II BVerfGG kann die Verfassungsbeschwerde erst nach Erschöpfung des Rechtswegs erhoben werden, sofern ein Rechtsweg überhaupt eingeräumt ist. Das ist bei Parlamentsgesetzen nicht der Fall. **Rechtsweg** ist der Weg, der den Einzelnen mit dem Begehren, die behauptete Rechtsverletzung zu überprüfen und auszuräumen, vor die deutschen staatlichen Gerichte führt. Er beginnt u.U. bei der Verwaltung mit der Erhebung des Widerspruchs und führt zu den verschiedenen Instanzen der staatlichen Gerichtsbarkeit. **Erschöpfung** des Rechtswegs bedeutet, dass der Beschwerdeführer alle zulässigen und ihm zumutbaren prozessualen Möglichkeiten zur Beseitigung der behaupteten Grundrechtsverletzung in Anspruch genommen haben muss.

### b. Subsidiarität

Bei einer Urteils-Verfassungsbeschwerde bleibt dem Beschwerdeführer nach Erschöpfung des Rechtswegs keine andere Möglichkeit, den Rechtssatz anderweitig anzugreifen. Daher ist der Grundsatz der Subsidiarität bei einer Urteils-Verfassungsbeschwerde neben dem Grundsatz der Rechtswegerschöpfung bedeutungslos. Etwas anderes gilt im Hinblick auf die Rechtssatz-Verfassungsbeschwerde, da dort gegen ein Gesetz der Rechtsweg nicht offen steht (s.o.). Der Grundsatz der Subsidiarität besagt hier, dass eine Rechtssatz-Verfassungsbeschwerde trotz unmittelbarer Grundrechtsbetroffenheit durch ein Gesetz dann grundsätzlich unzulässig ist, wenn der Beschwerdeführer noch die Möglichkeit einer fachgerichtlichen Inzidentkontrolle hat.

### c. Ausnahmen von Rechtswegerschöpfung und Subsidiarität

§ 90 II S. 2 BVerfGG nennt zwei Ausnahmen, bei deren Vorliegen die Rechtswegerschöpfung entbehrlich ist: die allgemeine Bedeutung der Verfassungsbeschwerde und den schweren und unabwendbaren Nachteil für den Beschwerdeführer.

### aa. Allgemeine Bedeutung der Verfassungsbeschwerde

Die Verfassungsbeschwerde ist von allgemeiner Bedeutung, wenn sie grundsätzliche verfassungsrechtliche Fragen aufwirft und die zu erwartende Entscheidung über den Einzelfall hinaus Klarheit über die Rechtslage in einer Vielzahl gleich gelagerter Fälle schafft.

### bb. Schwerer und unabwendbarer Nachteil für den Beschwerdeführer

Wann ein schwerer und unabwendbarer Nachteil angenommen werden kann, lässt sich nicht allgemeinverbindlich sagen, sondern ist stets eine Frage des Einzelfalls. Voraussetzung ist jedenfalls, dass gerade das Abwarten einer späteren Entscheidung diesen Nachteil begründet, etwa weil sie zu spät kommt und den Beschwerdeführer damit praktisch schutzlos stellt.

> ### cc. Unzumutbarkeit der Rechtswegerschöpfung bzw. der sonstigen Abhilfe
>
> Neben den o.g. geschriebenen Ausnahmen lässt das BVerfG Ausnahmen von Rechtsweg-erschöpfung und Subsidiarität zu, wenn dem Beschwerdeführer die Erschöpfung des Rechtswegs bzw. das Bemühen um sonstige Abhilfe unzumutbar sind. Es stellt aber strenge Anforderungen an die Unzumutbarkeit.
>
> ### II. Begründetheit
>
> Die Verfassungsbeschwerde ist gem. § 95 I BVerfGG begründet, wenn durch die öffentli-che Gewalt ein Grundrecht oder ein grundrechtsgleiches Recht verletzt ist. Der Aufbau der Begründetheitsprüfung folgt i.d.R. der im 1. u. 2. Teil dargestellten Grundrechtsprü-fung: Zunächst wird der **Schutzbereich** des möglicherweise verletzten Grundrechts fest-gestellt, sodann der **Eingriff** in den Schutzbereich geprüft und schließlich der Frage nach der **verfassungsrechtlichen Rechtfertigung** des Eingriffs nachgegangen.

# I. Zulässigkeit

## 1. Zuständigkeit des BVerfG

1020 Mit Hilfe der Individualverfassungsbeschwerde können Verletzungen von Grundrech-ten oder grundrechtsgleichen Rechten geltend gemacht werden. Die Zuständigkeit des BVerfG ergibt sich aus Art. 93 I Nr. 4a GG, §§ 13 Nr. 8a, 90 ff. BVerfGG.

## 2. Beschwerdeführer

### a. Beschwerde- bzw. Beteiligtenfähigkeit

1021 Gemäß Art. 93 I Nr. 4a GG, § 90 I BVerfGG kann „jedermann" mit der Behauptung, durch die öffentliche Gewalt in seinen Grundrechten oder in einem seiner in Art. 20 IV, 33, 38, 101, 103 und 104 GG genannten Rechte (grundrechtsgleiche Rechte) verletzt zu sein, Verfassungsbeschwerde vor dem BVerfG erheben.

1022 Mit **„jedermann"** sind alle Personen und Personenmehrheiten gemeint. Allerdings ist zu beachten, dass die Beschwerdefähigkeit der **Grundrechtsberechtigung** oder -**fähigkeit** folgt.[1790] **Lebende natürliche Personen** sind daher grundsätzlich be-schwerde- bzw. beteiligtenfähig. Zum **Sonderrechtsverhältnis** vgl. Rn 206 ff., zur Grundrechtsberechtigung oder -fähigkeit von noch **ungeborenem Leben** und von **Verstorbenen** vgl. Rn 49 ff. Zu den sog. Deutschenrechten, die zwar nicht Auslän-dern und Staatenlosen, jedoch **EG-Bürgern** zustehen können, vgl. Rn 44 ff.

1023 Eine Besonderheit gilt für **Bundestagsabgeordnete**, die die Verletzung ihres verfas-sungsrechtlichen Status als Abgeordnete geltend machen. Hier ist zu unterscheiden: Rügt der Abgeordnete die Verletzung einer der Wahlrechtsgrundsätze des Art. 38 I S. 1 GG, kommt zwar – da Art. 38 I S. 1 GG grundrechtsgleiche Rechte begründet – prinzipiell eine Verfassungsbeschwerde in Betracht, allerdings stellt das **Organstreitverfahren** (Art. 93 I Nr. 1 GG, §§ 13 Nr. 5, 63 ff. BVerfGG) gegenüber der Verfassungsbeschwerde den speziel-len Rechtsbehelf dar.[1791] Rügt der Abgeordnete hingegen die Verletzung des Art. 38 I S. 2 GG (freies Mandat), kommt von vornherein ausschließlich das Organstreitverfahren in Betracht, weil – anders als Art. 38 I S. 1 GG – Art. 38 I S. 2 GG keine grundrechtsgleichen Rechte begründet[1792] und es somit kein Konkurrenzverhältnis geben kann. Das Organ-streitverfahren ist auch dann ausschließlicher Rechtsbehelf, wenn der betreffende Abge-ordnete *zugleich* eine Verletzung eines grundrechtsgleichen Rechts oder gar eines Grund-

---

[1790] Zur Grundrechtsberechtigung vgl. ausführlich Rn 39 ff.

[1791] BVerfGE **61**, 1, 32; **60**, 364, 380; **62**, 1, 31 f.; **80**, 188, 208 f.; **94**, 351, 362 ff.; **104**, 310, 325; BVerfG DVBl **2007**, 956, 957 f. Das schließt die Geltendmachung der Verletzung von Rechten des Parlaments aus, vgl. BVerfGE **90**, 286, 342.

[1792] So BVerfGE **6**, 445, 448; *Pieroth*, in: Jarass/Pieroth, GG Art. 38 Rn 25.

rechts rügt.[1793] Lediglich nach Ausscheiden aus dem Bundestag ist wegen der Folgerechte (z.B. Altersversorgung) die Verfassungsbeschwerde statthaft.[1794]

**Juristische Personen des Privatrechts** (z.B. GmbH, AG, KG auf Aktien, eingetragener Verein, Stiftung des Privatrechts) oder sonstige Personenmehrheiten (z.B. OHG, KG, GbR) können grundrechtsfähig und damit beschwerde- bzw. beteiligtenfähig sein. Voraussetzung ist gem. Art. 19 III GG, dass es sich um eine inländische Personenmehrheit handelt, und dass das betreffende Grundrecht seinem Wesen nach auf sie anwendbar ist (*grundrechtstypische Gefährdungslage* der juristischen Person), vgl. Rn 60 ff.

> **Beispiel/Gegenbeispiel:** Die Meinungs- und Pressefreiheit, aber auch die Kunstfreiheit sind nicht ausschließlich auf einen Menschen als Individuum bezogen, sondern können auch kollektiv wahrgenommen werden. Demgegenüber können z.B. das allgemeine Persönlichkeitsrecht oder das Recht auf körperliche Unversehrtheit *nicht* von einer juristischen Person bzw. Personenmehrheit geltend gemacht werden, da diese Grundrechte an natürliche Qualitäten des Menschen anknüpfen und daher nur von natürlichen Personen in Anspruch genommen werden können.

Auch nur **locker zusammenhängende Personengemeinschaften** (etwa Bürgerinitiativen) können sich auf eigene Grundrechte berufen, sofern sie über eine gewisse binnenorganisatorische Struktur (regelmäßige Zusammenkünfte; Existenz eines Vorsitzenden, etc.) verfügen.[1795]

> **Hinweis für die Fallbearbeitung:** Die Frage, ob das jeweilige Grundrecht auf eine juristische Person anwendbar ist, muss nicht zwingend im Rahmen der Beteiligtenfähigkeit geprüft werden, sondern kann auch erst im Rahmen der Beschwerdebefugnis untersucht werden.

Dagegen können sich **juristische Personen des öffentlichen Rechts** grundsätzlich nicht auf Grundrechte berufen. Sie sind in Wahrnehmung von Kompetenzen tätig und nicht in Ausübung von Grundrechtspositionen. Wenn sie durch andere Staatsorgane verletzt werden, geht es der Sache nach um einen **Kompetenzkonflikt**, nicht um einen Eingriff in subjektive (Grund-)Rechte.[1796] Von diesem Grundsatz macht das BVerfG zunächst aber eine Ausnahme im Bereich der **Justiz-** oder **Verfahrensgrundrechte** (Art. 19 IV, 101 I S. 2, 103 I GG). Auf diese können sich auch juristische Personen des öffentlichen Rechts berufen, sofern sie der Justizhoheit unterworfen sind.[1797] Aber auch wenn die betreffende juristische Person des öffentlichen Rechts Grundrechte in einem Bereich verteidigt, in dem sie vom Staat *unabhängig* ist, sich also in der gleichen **grundrechtstypischen Gefährdungslage** befindet wie der Bürger, ist nach der Rechtsprechung des BVerfG von einer Grundrechtsträgereigenschaft auszugehen. Denn dann ist sie zumindest dem durch die Grundrechte geschützten Lebensbereich zuzuordnen.

Nach der Rechtsprechung des BVerfG sind die grundrechtstypische Gefährdungslage und somit eine (partielle) Grundrechtsfähigkeit gegeben bei

1024

1025

1026

1027

---

[1793] BVerfG NJW **1998**, 3042.
[1794] BVerfGE **32**, 157, 162. Zu potentiellen Abgeordneten vgl. BVerfGE **40**, 296, 309; **63**, 230, 241 f.; **64**, 301, 313.
[1795] *Kahl*, JuS **2000**, 1090, 1091.
[1796] BVerfG DVBl **2001**, 63; ebenso BerlVerfGH NVwZ **2000**, 549; BVerwG NJW **2000**, 3150; *Schoch*, Jura **2001**, 201, 204; *Krebs*, in: von Münch/Kunig, GG, Art. 19 Rn 41 ff. und *Ipsen*, Grundrechte, Rn 53; a.A. *Ladeur*, in: Alternativkommentar, Art. 19 Rn 60; *v. Mutius*, in: Bonner Kommentar, Art. 19 Rn 87.
[1797] BVerfGE **6**, 45, 49 f.; **61**, 82, 104; **75**, 192, 200; *Schoch*, Jura **2001**, 201, 205.

- **Rundfunkanstalten** (Rundfunkfreiheit aus Art. 5 I S. 2 GG),
- **Universitäten** bzw. **Fakultäten** (Wissenschaftsfreiheit aus Art. 5 III S. 1 GG)
- und **Religions- und Glaubensgemeinschaften** (Art. 4 I, II und 140 GG i.V.m. Art. 136, 137 WRV).

Diesen drei Personenmehrheiten ist eigentümlich, dass sie außerhalb des Delegationsmodells dezentralisierter staatlicher Aufgabenwahrnehmung liegen und dem durch die Grundrechte geschützten Lebensbereich zuzuordnen sind.

> **Hinweis für die Fallbearbeitung:** Neuerdings wird versucht, die klassische Ausnahme vom materiellen Grundrechtsausschluss der öffentlichen Hand über die drei oben genannten Phänomene (sog. „Ausnahme-Trias") hinaus zu erweitern. So hat das BVerfG auch die Grundrechtsfähigkeit von Landesmedienanstalten in Bezug auf die Rundfunkfreiheit angenommen.[1798] In der Fallbearbeitung muss aber eine Erweiterung der „Ausnahme-Trias" gut begründet werden. Es muss sich geradezu ein grundrechtliches Spannungsverhältnis zeigen, um den grundsätzlichen Ausschluss der juristischen Person des öffentlichen Rechts von der Grundrechtsfähigkeit nicht aufweichen zu lassen. Insbesondere darf nicht von der allgemeinen Rechtsfähigkeit ohne weiteres auf die Grundrechtsfähigkeit geschlossen werden.

### b. Prozessfähigkeit

1028 Das BVerfGG enthält keine Regelungen hinsichtlich der Prozessfähigkeit. Daher nimmt das BVerfG eine Teilanalogie zu sonstigem Verfahrensrecht vor.[1799] In anderen Gerichtsverfahren bedeutet Prozessfähigkeit die Fähigkeit, Prozesshandlungen selbst oder durch einen Prozessbevollmächtigten vorzunehmen (vgl. § 173 VwGO i.V.m. § 51 ZPO). Das ist bei natürlichen Personen, die weder minderjährig noch in ihrer Geschäftsfähigkeit beschränkt sind, i.d.R. der Fall und daher in der Fallbearbeitung nicht zu problematisieren. Etwas anderes gilt hinsichtlich **Minderjähriger** oder unter Betreuungsvorbehalt Stehender. Hier kann i.d.R. der gesetzliche Vertreter (vgl. §§ 1629, 1896 ff. BGB) oder, bei einem Interessenkonflikt zwischen Vertreter und Vertretenem, ein Ergänzungspfleger die Prozesshandlung vornehmen oder den Bevollmächtigten bestimmen[1800]. Allerdings kann der Minderjährige Prozess- und Verfahrenshandlungen selbst ausüben, wenn er über eine hinreichende Einsichtsfähigkeit zur Ausübung des Grundrechts verfügt. Teilweise ist die hinreichende Einsichtsfähigkeit in einfach-gesetzlichen Bestimmungen konkretisiert.

Im Einzelnen sind zum **Beispiel** prozessfähig: Für die Teilnahme am Religionsunterricht u.ä. gem. Art. 4 I GG, § 5 RelKEG Personen ab 14 Jahre; im Verfahren zur Erteilung der Fahrerlaubnis gem. § 10 I Nr. 4 und III FeV Personen ab 16 bzw. 15 Jahre; in Wehrdienstangelegenheiten im Hinblick auf § 16 III WPflG der wehrpflichtige Minderjährige; in sie betreffenden Asylangelegenheiten gem. § 12 AsylVfG und in Ausländerangelegenheiten gem. § 80 AufenthG Personen ab dem vollendeten 16. Lebensjahr.

1029 Sind derartige besondere Vorschriften nicht einschlägig, kann sich die Prozessfähigkeit eines Minderjährigen aus Art. 1, 2 I/II GG bspw. in Angelegenheiten der Freiheitsentziehung oder sonstiger schwerer **Eingriffe in die Persönlichkeitssphäre** ergeben[1801], insbesondere auch bei Eingriffen in die Selbstbestimmung in Angelegenheiten, die eine **höchstpersönliche Wertentscheidung** betreffen[1802].

---

[1798] BVerfG NVwZ-RR **1993**, 550 (Landesmedienanstalt); vgl. dazu ausführlich *Bethge*, NJW **1995**, 558.
[1799] BVerfGE **51**, 405, 407.
[1800] BVerfGE **72**, 122, 135 (Entzug des Sorgerechts); *Pieroth/Schlink*, Rn 1123.
[1801] OVG Lüneburg DVBl **1982**, 218.
[1802] BSG NJW **1994**, 215; OVG Lüneburg DVBl **1982**, 218.

---

**Hinweis für die Fallbearbeitung:** Ob das öffentliche Recht einem Minderjährigen für die Ausübung eines Grundrechts Handlungsfähigkeit und damit Prozessfähigkeit zuerkennt, ist im Zweifel durch **Auslegung des in Frage stehenden Grundrechts** zu beurteilen. Dabei sind vor allem der Zweck der Regelung, die in der betreffenden Angelegenheit zu erwartende Einsichtsfähigkeit, der Schutzzweck einer Beschränkung der Handlungsfähigkeit im Interesse und zugunsten des beschränkt Geschäftsfähigen sowie der Gesichtspunkt der Rechtssicherheit zu berücksichtigen. Die Prozessfähigkeit eines Minderjährigen ist in ungeregelten Fällen somit immer eine Frage des Einzelfalles. Kann die Prozessfähigkeit nicht bejaht werden, muss sich der Betroffene durch den oder die gesetzlichen Vertreter vertreten lassen.

---

**Juristische Personen** sind dagegen von vornherein nicht prozessfähig. Sie müssen ihre Grundrechte bzw. grundrechtsgleichen Rechte durch ihre **Vertreter** geltend machen (vgl. z.B. § 78 AktG, § 35 I GmbHG, § 26 BGB).    **1030**

### 3. Beschwerdegegenstand: Akt der „öffentlichen Gewalt"

Im Rahmen der Verfassungsbeschwerde kann der Beschwerdeführer gem. Art. 93 I    **1031** Nr. 4a GG (und § 90 I BVerfGG) jeden „**Akt öffentlicher Gewalt**" angreifen. Fraglich ist, was unter einem „Akt öffentlicher Gewalt" zu verstehen ist. Man könnte den in Art. 19 IV S. 1 GG verwendeten Begriff der „öffentlichen Gewalt" zugrunde legen. Dort beschränkt sich der Begriff der „öffentlichen Gewalt" nach ganz h.M. auf Maßnahmen der vollziehenden Gewalt.[1803] Beschränkte man aber den Beschwerdegegenstand auf Maßnahmen der vollziehenden Gewalt, würde eine Verfassungsbeschwerde gegen ein Gesetz oder gegen ein Gerichtsurteil nicht möglich sein. Von der Möglichkeit, Verfassungsbeschwerde gegen ein Gesetz oder ein Judikat zu erheben, geht der Gesetzgeber aber offenbar aus, da er in den §§ 93 und 95 BVerfGG zwischen der Verfassungsbeschwerde gegen eine „Entscheidung" (§ 93 I S. 2, § 95 II, III S. 2 BVerfGG) und der Verfassungsbeschwerde gegen ein „Gesetz" (§ 93 III, § 95 III BVerfGG) differenziert. Zwar ist es richtig, dass das Grundgesetz nicht anhand des einfachen Rechts ausgelegt werden darf. Vorliegend gilt aber die Besonderheit, dass die Verfassungsbeschwerde in den §§ 90 ff. BVerfGG schon einfachgesetzlich geregelt war, bevor sie 1969 auch im Grundgesetz verankert wurde.[1804] Der verfassungsändernde Gesetzgeber wollte aber das Institut der Verfassungsbeschwerde durch diese verfassungsgesetzliche Garantie gerade stärken, weshalb die einfachgesetzliche Bestimmung in den §§ 93 und 95 BVerfGG zur Auslegung des in Art. 93 I Nr. 4a GG genannten Begriffs des Akts öffentlicher Gewalt herangezogen werden kann. Im Ergebnis bleibt somit festzuhalten:

---

Möglicher Beschwerdegegenstand einer Individualverfassungsbeschwerde kann jeder    **1032** Akt der öffentlichen Gewalt sein, sei es ein Akt der **Exekutive**, der **Judikative** oder sei es ein Akt der **Legislative**.[1805]

---

Nicht selten liegen **mehrere Akte** der öffentlichen Gewalt in der gleichen Sache vor (etwa    **1033** Verwaltungsakt – Widerspruchsbescheid – Entscheidung des Verwaltungsgerichts – Entscheidung des Oberverwaltungsgerichts/Verwaltungsgerichtshofs – Entscheidung des Bundesverwaltungsgerichts). Hier lässt das BVerfG dem Beschwerdeführer die Wahl, ob er sich nur gegen die letztinstanzliche Gerichtsentscheidung wendet oder ob er auch alle anderen gerichtlichen Entscheidungen bzw. den Verwaltungsakt angreifen möchte.[1806] In jedem Fall liegt nur *eine* Verfassungsbeschwerde vor (**objektive Beschwerdehäu-**

---

[1803] *Jarass*, in: Jarass/Pieroth, GG, Art. 19 Rn 29; *Schmidt-Bleibtreu*, in: Schmidt-Bleibtreu/Klein, GG, Art. 19 Rn 24 ff.; *Ipsen*, Grundrechte, Rn 831 ff.
[1804] Vgl. das 19. Gesetz zur Änderung des Grundgesetzes v. 29.1.1969 (BGBl I S. 97).
[1805] So auch *Frotscher*, JuS **2000**, L 21, 23. Vgl. auch BVerfG NJW **2001**, 1121, 1123.
[1806] Vgl. BVerfGE **19**, 377, 389 (Fall Niekisch); **54**, 53, 64 ff. (Ausgebürgerte Personen in der NS-Zeit).

fung).[1807] Kommt das BVerfG in seinem Urteil zu dem Ergebnis, dass der Beschwerdeführer sowohl durch den Verwaltungsakt als auch durch die (letztinstanzliche) Entscheidung im anschließenden gerichtlichen Verfahren in einem Grundrecht verletzt wird, sind grundsätzlich alle Entscheidungen einschließlich des Verwaltungsakts aufzuheben. Das gilt auch dann, wenn nicht auszuschließen ist, dass der Verwaltungsakt bei Fortsetzung des fachgerichtlichen Ausgangsverfahrens im Ergebnis bestätigt würde.[1808]

> **Hinweis für die Fallbearbeitung:** In der Fallbearbeitung erkennt man diese Konstellation in aller Regel daran, dass der Beschwerdeführer gegen einen Verwaltungsakt nach Erschöpfung des Rechtswegs Verfassungsbeschwerde erhebt. Durch diese Vorgehensweise schränkt der Beschwerdeführer den Beschwerdegegenstand nicht ein, sodass davon auszugehen ist, dass er alle Akte der öffentlichen Gewalt angreift. Dies geschieht mit *einer* Verfassungsbeschwerde.

**1034** Da die Grundrechte und die grundrechtsgleichen Rechte des Grundgesetzes nur die **deutsche** öffentliche Gewalt binden (vgl. Art. 1 III GG), scheiden Maßnahmen etwa der UNO oder der NATO als Beschwerdegegenstand aus. Fraglich ist aber, ob Maßnahmen von **Organen der EU** Gegenstand einer Verfassungsbeschwerde vor dem BVerfG sein können. Die Antwort auf diese Frage ist das Ergebnis einer längeren Rechtsprechungsentwicklung des BVerfG (vgl. „Solange I", „Solange II", „Maastricht", „Bananenmarktordnung" und „Vorlagepflicht nach Art. 234 EG"). Das BVerfG erachtet eine Verfassungsbeschwerde zwar im Grundsatz für zulässig, verlangt aber für die Bejahung der Beschwerdebefugnis, dass der Beschwerdeführer dezidiert eine **Kompetenzüberschreitung durch ein Gemeinschaftsorgan** behauptet oder die Verletzung **fundamentaler Grundrechtsprinzipien** (evidente und generelle Missachtung der Grundrechte durch die Gemeinschaft) geltend macht[1809] (vgl. dazu im Einzelnen die Ausführungen zur Beschwerdebefugnis).

**1035** Beschwerdegegenstand kann auch ein **Unterlassen** sein (vgl. §§ 92, 95 I S. 1 BVerfGG: „Handlung oder Unterlassung"). Daher kann auch die staatliche Schutzpflicht[1810] prozessual durchgesetzt werden.[1811] Bei der Frage der Begründetheit ist allerdings zu beachten, dass das BVerfG dem Gesetzgeber einen weiten Spielraum zubilligt.

### 4. Beschwerdebefugnis

### a. Möglichkeit einer Grundrechtsverletzung

**1036** Nach Art. 93 I Nr. 4a GG, § 90 I BVerfGG ist die Verfassungsbeschwerde nur zulässig, wenn der Beschwerdeführer **behauptet**, durch den angegriffenen Akt der öffentlichen Gewalt in einem seiner Grundrechte oder in einem seiner in Art. 20 IV, 33, 38, 101[1812], 103 und 104 genannten Rechte (grundrechtsgleiche Rechte) verletzt zu sein.[1813] Fraglich ist, wann ein „Behaupten" im Sinne dieser Vorschriften vorliegt. Hier bestehen zwischen der Dogmatik (die insbesondere in der juristischen Ausbildung den Vorrang genießt) und der teilweisen Spruchpraxis des BVerfG zum Teil erhebliche Differenzen.

---

[1807] *Kahl*, JuS **2000**, 1090, 1091; *Pieroth/Schlink*, Rn 1127.
[1808] Vgl. BVerfGE **84**, 1, 3 ff. (Umfang der Verfassungsbeschwerde; Kindergeldkürzung).
[1809] So ausdrücklich BVerfG NJW **2001**, 1267.
[1810] Vgl. dazu Rn 301 ff.
[1811] BVerfGE **77**, 170, 215 (C-Waffen).
[1812] Von Bedeutung ist insbesondere die Rüge des Entzugs des gesetzlichen Richters, wenn das Fachgericht sich weigert, die Sache entweder dem BVerfG (Art. 100 I GG) oder dem EuGH (Art. 234 EG) vorzulegen, vgl. dazu ausführlich BVerfG NJW **2001**, 1267 sowie *R. Schmidt*, Staatsorganisationsrecht, Rn 358 ff.
[1813] Ob die behauptete Grundrechtsverletzung auch tatsächlich vorliegt, ist eine Frage der Begründetheit.

Im Rahmen der juristischen Ausbildung sollte aufgrund des Charakters der Verfassungsbeschwerde als Mittel zur individuellen Rechtsverteidigung und der Formulierung in Art. 93 I Nr. 4a GG („... können von jedermann mit der Behauptung ... erhoben werden") ein „Behaupten" bereits dann angenommen werden, wenn die geltend gemachte Grundrechtsverletzung zumindest möglich erscheint (sog. **Möglichkeitstheorie**).[1814] Möglich ist eine Grundrechtsverletzung immer dann, wenn sie nicht ausgeschlossen werden kann.

**1037**

Demgegenüber legen sowohl die *Kammern* des für Individualverfassungsbeschwerden zuständigen *Zweiten Senats* des BVerfG als auch der *Zweite Senat* selbst dem Begriff „Behaupten" neuerdings teilweise ein strengeres Verständnis zugrunde. Das Gericht fordert in einigen Verfahren, dass der Beschwerdeführer den gerügten Verfassungsverstoß **hinreichend darlegt** und **begründet**.

**1038**

## b. Exkurs: Praxis des BVerfG

Das Stellen strengerer Anforderungen an die Beschwerdebefugnis hat zur Folge, dass das Gericht weniger Verfassungsbeschwerden zur Entscheidung annehmen muss (es braucht in diesen Fällen also keine Begründetheitsprüfung durchzuführen). Insbesondere in der jüngeren Vergangenheit ist das häufiger zu beobachten. So hat die *2. Kammer* des *Zweiten Senats* zwei Verfassungsbeschwerden betreffend die **Verfassungsmäßigkeit der Gewerbesteuer** nicht zur Entscheidung angenommen mit der Begründung, die Beschwerdeführer hätten einen Verfassungsverstoß nicht hinreichend dargelegt.[1815] Auch der *Zweite Senat* tendiert in Fällen, in denen er eine folgenschwere Sachentscheidung vermeiden möchte, dazu, die Beschwerdebefugnis zu verneinen. So betrachtet er eine Vorlage von **sekundärem Gemeinschaftsrecht** (es ging im konkreten Fall um die Vereinbarkeit der Bananenmarktordnung mit dem Grundgesetz) gem. Art. 100 I oder 93 I Nr. 4a GG zwar grundsätzlich für zulässig, knüpft die Zulässigkeit aber an eine dezidierte Begründung des Vorlagebeschlusses bzw. der Verfassungsbeschwerde. Das vorlegende Gericht bzw. der Beschwerdeführer müssten substantiiert darlegen, dass eine **Kompetenzüberschreitung** oder eine **evidente und generelle Missachtung der Grundrechte** durch die Gemeinschaft vorlägen (= besondere Zulässigkeitsvoraussetzung). Beides hat der *Zweite Senat* der Begründung des Vorlagebeschlusses hinsichtlich der Bananenmarktordnung nicht entnommen.[1816] In die gleiche Richtung gehen auch eine Kammerentscheidung hinsichtlich der **Vorlagepflicht nach Art. 234 EG**[1817] und der Senatsbeschluss zur nicht zulässigen Vorlage gem. Art. 100 I GG in Bezug auf die Verfassungsmäßigkeit der **allgemeinen Wehrpflicht**[1818]. Zur Bewertung dieser Rechtsprechung, insbesondere im Hinblick auf die Statuierung dieser besonderen Zulässigkeitsvoraussetzung, die weder vom GG noch vom BVerfGG vorgesehen ist, vgl. *R. Schmidt*, Staatsorganisationsrecht, Rn 358 ff.

**1039**

Als „prominentes" **Beispiel** für die Fortsetzung dieser Linie sei der Fall Magnus G (G) genannt. Dieser wurde wegen der Entführung und Ermordung des 11-jährigen Jakob von Metzler vom Landgericht Frankfurt/M zu lebenslanger Freiheitsstrafe verurteilt. Zu Beginn der Hauptverhandlung hatte das Landgericht festgestellt, dass frühere Aussagen des G, die dieser im Ermittlungsverfahren gemacht hatte, wegen des Einsatzes einer verbotenen Vernehmungsmethode nicht verwertbar seien. Die Verurteilung stützte sich daher maßgeblich auf ein Geständnis, das G erst in der Hauptverhandlung abgelegt hatte. Die gegen das Urteil eingelegte Revision des G blieb ohne Erfolg. Mit seiner von seinem Anwalt gegen die gerichtlichen Entscheidungen erhobenen Verfassungsbeschwerde rügte G, dass die im

**1040**

---

[1814] Vgl. aus der Rspr. BVerfGE **6**, 445, 447; **52**, 303, 327; **102**, 197, 206 f. und aus der Lit. *Frotscher*, JuS **2000**, L 21; *Jeand´Heur/Cremer*, JuS **2000**, 991, 992; *Kahl*, JuS **2000**, 1090, 1091.
[1815] Vgl. BVerfG-K NJW **2001**, 1853 und 1984 mit kritischer Bespr. von *Jachmann*, NJW **2001**, 1840. Auch zwei Vorlagebeschlüsse des FG Nds hat das BVerfG verworfen (NJW **1997**, 3399 und FR **1998**, 1041).
[1816] BVerfGE **102**, 147 ff. (Bananenmarktordnung).
[1817] BVerfG NJW **2001**, 1267.
[1818] BVerfG NVwZ **2002**, 922.

Ermittlungsverfahren angewandten Vernehmungsmethoden unzulässig gewesen seien, was nicht nur ein Verwertungsverbot mit sich gebracht, sondern auch ein Verfahrenshindernis für das Strafverfahren dargestellt habe. Die gleichwohl erfolgte Verurteilung habe daher zur Verletzung seiner Menschenwürde (Art. 1 I GG) sowie des Misshandlungsverbots (Art. 104 I S. 2 GG) geführt.

Die *3. Kammer* des *Zweiten Senats* des BVerfG hat entschieden, dass eine Verfassungsbeschwerde zulässig sei, wenn die Möglichkeit einer Grundrechtsverletzung schlüssig dargetan werde. Eine Verletzung von Grundrechten sei im vorliegenden Fall jedoch nicht denkbar, wenn das von den Fachgerichten angenommene Beweisverwertungsverbot den Verfahrensverstoß der Ermittlungsbehörde bereits vollständig ausgeglichen hätte. Bei dieser Sachlage müsse ein Beschwerdeführer substantiiert darlegen, warum die Annahme eines Verwertungsverbots (das im vorliegenden Fall seine Grundlage in § 136a III StPO findet) ausnahmsweise nicht ausreicht, um die frühere Rechtsverletzung zu kompensieren.

Diesen Anforderungen werde die Verfassungsbeschwerde des G nicht gerecht. G habe nicht genügend begründet, warum der hier vorliegende Verfahrensverstoß verfassungsrechtlich nicht nur ein Verwertungsverbot, sondern zwingend auch ein Verfahrenshindernis nach sich ziehen musste. Die Verfassungsbeschwerde erschöpfe sich in der Wiedergabe des außerhalb der Hauptverhandlung begangenen Verfahrensverstoßes, ohne darzulegen, weshalb gerade die von G angegriffenen Gerichtsentscheidungen, die auf diesen Verfahrensverstoß reagieren, seine Grundrechte verletzten.[1819]

Auch dieser Nichtannahmebeschluss ist mit der verfassungsrechtlichen Garantie des effektiven Rechtsschutzes nicht vereinbar. Gerade wegen Art. 93 I Nr. 4a GG soll „jedermann" Verfassungsbeschwerde erheben können, und nicht nur der juristisch Bewanderte, der genauestens über die vom BVerfG geforderten Zulässigkeitsvoraussetzungen informiert ist und dessen Verfassungsbeschwerde dem vom Grundgesetz nicht vorgesehenen, diesem sogar zuwiderlaufenden Begründungserfordernis gerecht wird.

**1041**

> **Hinweis für die Fallbearbeitung:** Wie die bisherigen Ausführungen gezeigt haben und die folgenden noch zeigen werden, ist die Kreativität des BVerfG bei der Ausdifferenzierung der Zulässigkeitskriterien immens, um nur die Geschäftslast neben dem ohnehin fraglich erscheinenden Annahmeverfahren (dazu Rn 1079) bereits auf prozessualer Ebene zu verringern. Daher ist in der Praxis (trotz der Formulierung in Art. 93 I Nr. 4a GG „jedermann") kaum ein Fall denkbar, bei dem ein nicht anwaltschaftlich vertretener Beschwerdeführer die Hürde der Zulässigkeit überspringt.[1820] Insbesondere vermag er kaum darzulegen, warum der Sache grundsätzliche verfassungsrechtliche Bedeutung zukommt oder die Annahme zur Durchsetzung verfassungsmäßig geschützter Rechte angezeigt ist. Selbst für einen Rechtsanwalt ist eine frist- und formgerechte Verfassungsbeschwerde „ein hartes Stück Arbeit"[1821]. Mit einem Rechtsstaat hat das nichts zu tun. Für die juristische Ausbildung spielen diese praktischen Schwierigkeiten jedoch keine Rolle. Dort sollte man – auch wenn es praxisfern ist – der Möglichkeitstheorie folgen und die Beschwerdebefugnis nur dann verneinen, wenn entweder der Schutzbereich des in Betracht kommenden Grundrechts offensichtlich nicht eröffnet ist oder wenn die behauptete Grundrechtsverletzung nach keiner Betrachtungsweise möglich erscheint. Die Beschwerdebefugnis ist insbesondere dann nicht gegeben, wenn das Verhalten der öffentlichen Gewalt *keinerlei Regelungsgehalt* und *keinerlei Außenwirkung* (sog. Grundrechtsrelevanz) hat.[1822] Keinerlei *Regelungsgehalt* haben behördliche Auskünfte oder Mitteilungen über den Stand der Dinge. Keinerlei *Außenwirkungen* haben Verwaltungsvorschriften, noch nicht in Kraft getretene Gesetze oder bloße Entscheidungsentwürfe von Gerich-

---

[1819] BVerfG NJW **2005**, 656 f.
[1820] Und selbst das war im Fall Magnus G nicht ausreichend.
[1821] *Kreuder*, NJW **2001**, 1243, 1248; *Zuck*, MDR **1999**, 577.
[1822] *Pieroth/Schlink*, Rn 1133.

ten. Bis auf diese Fälle kann aber davon ausgegangen werden, dass die Beschwerdebefugnis vorliegt.

### c. Bei Gesetzen: Betroffenheit des Beschwerdeführers

Um Popularbeschwerden auszuschließen, verlangt das BVerfG in st. Rspr., dass der Beschwerdeführer **„selbst, unmittelbar und gegenwärtig"** beschwert bzw. betroffen ist.[1823] Jedoch ist zu beachten, dass das BVerfG diese Formel nur für Verfassungsbeschwerden **gegen Gesetze** entwickelt hat. Denn wird ein Bürger als Adressat eines Aktes der Exekutive oder Judikative beschwert, ist offensichtlich, dass die genannten Kriterien vorliegen; anderenfalls wäre auch schon (in der Fallbearbeitung) die Möglichkeit einer Grundrechtsverletzung auszuschließen gewesen.

**1042**

**Hinweis für die Fallbearbeitung:** Ist in der Fallbearbeitung eine Maßnahme der Exekutive oder Judikative Beschwerdegegenstand, genügt zur Bejahung der Beschwerdebefugnis die Feststellung, dass eine Grundrechtsverletzung seitens des Beschwerdeführers nicht von vornherein ausgeschlossen sei. Eines Eingehens auf die o.g. Formel des BVerfG bedarf es in diesen Fällen regelmäßig nicht. Eine Auseinandersetzung mit ihr ist aber bei Gesetzen erforderlich.

### aa. Eigene Beschwer

Eine **eigene Beschwer** liegt vor, wenn der Beschwerdeführer geltend macht, in *seinen* Rechten verletzt zu sein.

**1043**

Insbesondere das Kriterium der „eigenen Beschwer" dient dem Ausschluss der Popularbeschwerde: Grundsätzlich soll sich niemand zum Sachwalter anderer machen und fremde Interessen gerichtlich geltend machen dürfen. Daher ist die *gewillkürte* Prozessstandschaft, d.h. die durch Rechtsgeschäft übertragene Geltendmachung fremder Rechte, dem Verfassungsprozessrecht (wie auch dem Verwaltungsprozessrecht) fremd.

**1044**

**Beispiele:**
(1) Eine Organisation (etwa ein Naturschutzverband) darf nicht die Verletzung von Rechten ihrer Mitglieder geltend machen, sondern nur ihre eigenen Rechte (insbesondere Mitwirkungs- und Beteiligungsrechte).[1824]
(2) Eine Verwertungsgesellschaft darf nicht die ihr treuhänderisch übertragenen Urheberrechte der Mitglieder wahrnehmen, es sei denn, die Wahrnehmung von Rechten kann ausschließlich durch die Verwertungsgesellschaft erfolgen.[1825]

Davon zu unterscheiden ist die *gesetzliche* Prozessstandschaft. Diese ist zulässig.

**1045**

**Beispiel:** Die Verfassungsbeschwerde des Testamentsvollstreckers für den Erblasser gem. §§ 2212 f. BGB ist zulässig.

Um eine mögliche *eigene* Rechtsverletzung annehmen zu können, ist es nicht erforderlich, dass der Beschwerdeführer Adressat einer ihn belastenden Maßnahme ist. Vielmehr genügt es, wenn er **Drittbetroffener** ist und gleichwohl in seinen Grundrechten berührt wird. Voraussetzung ist aber, dass eine rechtliche Betroffenheit vorliegt. Eine bloß faktische oder wirtschaftliche Betroffenheit genügt nicht.[1826]

**1046**

---

[1823] Vgl. BVerfGE **1**, 97, 101; **100**, 313 ff.; **102**, 197, 206 f.
[1824] Vgl. etwa §§ 58-61 BNatSchG (dazu *Seelig/Gündling*, NVwZ **2002**, 1033, 1035 f.).
[1825] BVerfGE **77**, 263, 279; *Cornils*, AöR **2000**, 45; *Pieroth/Schlink*, Rn 1138.
[1826] BVerfGE **34**, 338, 340; **51**, 369, 376 f.

**Beispiele:**

**(1)** A wird die gewünschte Baugenehmigung erteilt (die Baugenehmigung ist ein Verwaltungsakt). Nachbar N fühlt sich dadurch in seinen Eigentümerrechten verletzt und möchte gegen die Baugenehmigung vorgehen.

Hier ist N Kläger und greift einen an einen Dritten, hier an den A, gerichteten und diesen begünstigenden Verwaltungsakt an. Um klagebefugt (und nach Erschöpfung des Rechtswegs verfassungsbeschwerdebefugt) zu sein, muss N geltend machen, in drittschützenden, d.h. vorliegend in nachbarschützenden, Normen verletzt zu sein. Neben baurechtlichen Vorschriften kommen die Art. 14 I GG und 2 I GG in Betracht.[1827] Im Rahmen der Verfassungsbeschwerde ist sogar ausschließlich auf die Grundrechte abzustellen.

**(2)** B wird aufgrund eines Subventionsgesetzes eine Beihilfe gewährt. C, ein unmittelbarer Konkurrent des B, erfüllt ebenfalls die Förderungsvoraussetzungen, die das Gesetz an die Leistungsvergabe knüpft. Sein Antrag wird jedoch abgelehnt.

Hier kann C in seiner Berufsfreiheit (Art. 12 I S. 1 GG) betroffen sein.[1828]

## bb. Unmittelbare Beschwer bzw. Betroffenheit

**1047** Weiterhin ist die (Rechtssatz-)Verfassungsbeschwerde nur zulässig, wenn der Beschwerdeführer geltend macht, unmittelbar durch das Gesetz betroffen zu sein.

**1048** Eine **unmittelbare Betroffenheit** liegt vor, wenn die angegriffene Vorschrift ohne einen weiteren vermittelnden Vollzugsakt in den Rechtskreis des Beschwerdeführers eingreift.[1829]

**1049** An der unmittelbaren Betroffenheit fehlt es somit i.d.R. bei Normen, die zum Erlass von Verwaltungsakten, Satzungen oder Rechtsverordnungen ermächtigen. In diesen Fällen ist Beschwerdegegenstand grds. nur die Verwaltungsentscheidung bzw. die Entscheidung des überprüfenden Gerichts. Das BVerfG prüft nach Erschöpfung des Rechtswegs dann inzident die Verfassungsmäßigkeit des Gesetzes. Möchte der Beschwerdeführer dennoch direkt gegen die Norm vorgehen, muss er geltend machen, dass er gerade durch die Norm und nicht erst durch deren Vollzug in seinen Grundrechten betroffen ist. Das wird ihm i.d.R. jedoch kaum gelingen.

**Beispiele:**

**(1)** Nach den Vorschriften der §§ 73 und 101 V SGB V können Internisten ohne Schwerpunktbezeichnung für die hausärztliche Versorgung optieren. Dazu bedarf es aber einer Zulassung. Die Zulassung ist jedoch nicht bedingungslos möglich, sondern richtet sich nach dem Bedarf und ist insoweit einem Fachgebietswechsel gleichgestellt. Die Bedarfsprüfung nehmen die Bundes- bzw. Landesärzteausschüsse der Ärzte und Krankenkassen vor. A ist Internist und wendet sich mit einer Verfassungsbeschwerde gegen diese Regelung.

Hier fehlt es an der erforderlichen unmittelbaren Betroffenheit, weil sich die angegriffene Regelung an die Bundes- bzw. Landesärzteausschüsse der Ärzte und Krankenkassen zur Konkretisierung der ihnen übertragenen Aufgaben im Rahmen der Bedarfsplanung zur Sicherstellung der vertragsärztlichen Versorgung richtet. Ohne diese Konkretisierung entfaltet die Norm für A noch keine Wirkung.[1830]

**(2)** Nach einer Bestimmung des Landespolizei- bzw. Gefahrenabwehrgesetzes darf die Polizei zur vorbeugenden Bekämpfung der grenzüberschreitenden Kriminalität eine auf einer Bundesfernstraße angetroffenen Person kurzzeitig anhalten, befragen

---

[1827] Zum Drittschutz im Baunachbarrecht vgl. ausführlich *R. Schmidt*, BesVerwR I, Rn 427 ff.
[1828] Vgl. dazu BVerwG NVwZ **2001**, 322 ff.; VG Sigmaringen NJW **2001**, 628; *Kluth*, Jura **2001**, 3371 ff.
[1829] BVerfGE **70**, 35, 50 f.; **90**, 128, 135; **97**, 157, 164; BVerfG-K NVwZ **2003**, 467, 468.
[1830] Vgl. BVerfG-K NJW **2001**, 2009.

und verlangen, dass mitgeführte Ausweispapiere zur Prüfung ausgehändigt werden. Mitgeführte Sachen dürfen in Augenschein genommen werden. Berufskraftfahrer B erhebt gegen diese Regelung Verfassungsbeschwerde, weil er der Ansicht ist, in seinen Grundrechten verletzt zu sein.

Hier sieht das Gesetz zunächst eine Entscheidung der Behörde über das Vorliegen der Eingriffsvoraussetzungen und über die konkret anzuwendende Maßnahme vor. Des Weiteren muss die Behörde nach der gesetzlichen Formulierung *vor* der Einzelmaßnahme prüfen, ob sie *überhaupt* eine Verdachtskontrolle durchführt (Einschreitermessen) und welches der möglichen Mittel letztlich in Betracht kommt (Auswahlermessen). Daher betreffen den B erst etwaige aufgrund des Gesetzes konkret erlassene Maßnahmen unmittelbar i.S.d. Verfassungsprozessrechts.[1831]

Ausnahmsweise kann ein Bürger auch von einem vollzugsbedürftigen Gesetz unmittelbar in seinen Grundrechten betroffen sein. So ist nach st. Rspr. des BVerfG die unmittelbare Anfechtung eines Gesetzes vor Erlass eines Vollzugsakts zulässig, wenn das Gesetz den Betroffenen schon vorher zu Dispositionen veranlasst, die er nach späterem Gesetzesvollzug nicht mehr rückgängig machen oder korrigieren kann. Das Gleiche gilt, wenn das Gesetz selbst Rechte und Pflichten begründet (sog. **selbstvollziehende Gesetze**) oder das Verhalten der Bürger auf andere Weise bereits im Vorfeld konkreter Maßnahmen derart beeinflusst, dass diese etwa von der Ausübung grundrechtlich geschützter Betätigungen absehen. In diesem Fall können bereits in den vom Gesetz hervorgerufenen Verhaltenssteuerungen eine Beeinträchtigung der grundrechtlich geschützten Sphäre und damit eine unmittelbare Betroffenheit i.S.d. Verfassungsprozessrechts liegen.[1832]

**1050**

Das ist etwa bei der im InfSchG oder anderen Gesetzen statuierten **Impfpflicht** der Fall, da hier den Bürgern eine Duldungspflicht, nämlich die Pflicht, die Impfung zu dulden, auferlegt wird. Da sich diese Duldungspflicht allein aus den gesetzlichen Bestimmungen ergibt, betrifft dies die Pflichtigen unmittelbar. Eines Verwaltungsakts, der diese Duldungspflicht anordnen könnte, bedarf es nicht. Als weitere Beispiele für selbstvollziehende Gesetze seien die **Festlegung von Flugrouten** nach §§ 27 a II S. 1 LuftVO und die Verpflichtung zur **Erhebung von „Dosenpfand"** nach § 9 II S. 1 VerpackVO genannt (dazu Rn 1069).

**1051**

Vorschriften des **Straf-** oder **Ordnungswidrigkeitenrechts** betreffen den (rechtstreuen) Bürger dagegen nicht unmittelbar. Das heißt jedoch nicht, dass ein Bürger zunächst eine (vermeintliche) Straftat begehen muss, um die in seinen Augen verfassungswidrige Strafnorm durch Einlegen einer Verfassungsbeschwerde gegen die Strafurteile überprüfen zu lassen. Für diesen Fall macht das BVerfG eine Ausnahme. Denn es kann dem Betroffenen wohl kaum zugemutet werden, zunächst eine strafbare Handlung oder eine Ordnungswidrigkeit zu begehen, um sodann im Straf- oder Bußgeldverfahren die Verfassungswidrigkeit der Norm geltend machen zu können.[1833] Daher kann der Betroffene unmittelbar gegen die Straf- oder Ordnungswidrigkeitengesetze Verfassungsbeschwerde erheben.

Schließlich sei das **Luftsicherheitsgesetz** genannt. Nach dessen § 14 III, der vom BVerfG am 15.2.2006[1834] u.a. wegen Verstoßes gegen die Menschenwürde für verfassungswidrig erklärt wurde, durfte ein von Terroristen entführtes Flugzeug, das als Bombe eingesetzt werden sollte, von Einheiten der Bundeswehr abgeschossen werden. Auch hier konnte es den betroffenen Passagieren bzw. Besatzungsmitgliedern wohl kaum zugemutet werden, erst den Abschuss abzuwarten, um sodann (im Überlebensfall, der jedoch als ausgeschlossen gelten kann) den Klageweg zu beschreiten.

---

[1831] SachsAnhVerfG NVwZ **2002**, 1370, 1371 (mit Bespr. v. *Martell*, NVwZ **2002**, 1336).
[1832] BVerfGE **97**, 157, 164; BVerfG-K NVwZ **2003**, 467, 468.
[1833] BVerfGE **81**, 70, 82 f.
[1834] BVerfG NJW **2006**, 751 ff. Vgl. dazu Rn 306.

### cc. Gegenwärtige Beschwer bzw. Betroffenheit

1052 Schließlich muss die Beschwer gegenwärtig sein.

**Gegenwärtig** ist die Beschwer, wenn der Beschwerdeführer *schon* oder *noch* betroffen ist.[1835]

### a.) Vergangene Grundrechtsverletzung

1053 An der Gegenwärtigkeit fehlt es nicht schon dann, wenn der angegriffene Akt öffentlicher Gewalt sich durch Zeitablauf erledigt hat. Insbesondere wenn es um die (nachträgliche) Feststellung der Rechtswidrigkeit einer staatlichen Maßnahme geht, ist das BVerfG mit der Annahme der Gegenwärtigkeit eher großzügig (in erster Linie geht es um den Ausschluss „virtueller", d.h. rein zufälliger Grundrechtsverletzungen) und lässt ein „Noch-Betroffensein" im Sinne der Fortwirkung an sich abgeschlossener staatlicher Maßnahmen genügen.[1836] Voraussetzung sei aber, dass die beeinträchtigende Wirkung noch andauert[1837] oder dass eine Wiederholung der angegriffenen Maßnahme zu befürchten ist[1838].

> **Beispiel:** Wegen eines strafrechtlich relevanten Vorfalls (Behinderung von unbeteiligten Autofahrern an der Weiterfahrt) löst die Polizei die Demonstration einer Bürgerinitiative auf. Der Vorsitzende der Bürgerinitiative ist der Auffassung, die von ihm geleitete Bürgerinitiative sei durch die Auflösung in ihrem Grundrecht aus Art. 8 I GG verletzt, und erhebt für sie Verfassungsbeschwerde. Wenn man davon ausgeht, dass die Bürgerinitiative noch weitere Demonstrationen plant, ist eine Wiederholungsgefahr anzunehmen und somit ein hinreichendes Interesse an der Feststellung der Grundrechtsverletzung zu bejahen.[1839] Die Gegenwärtigkeit der Grundrechtsbetroffenheit liegt vor.

### b.) Künftige Grundrechtsverletzung

1054 An der Gegenwärtigkeit der Beschwer fehlt es aber, wenn der Beschwerdeführer „irgendwann einmal in der Zukunft von der gerügten Gesetzesbestimmung betroffen sein könnte"[1840]. Es genügt jedoch, „wenn ein Gesetz die Normadressaten bereits gegenwärtig zu später nicht mehr korrigierbaren Entscheidungen zwingt oder schon jetzt zu Dispositionen veranlasst, die sie nach dem späteren Gesetzesvollzug nicht mehr nachholen können"[1841].

> **Beispiel (fiktiv):** Durch Änderung des Sozialgesetzbuches wird die Rentenaltersgrenze für Männer von derzeit 65 Jahre auf 60 Jahre herabgesetzt. A, ein 30-jähriger Maschinenschlosser, will aufgrund der mit der Herabsetzung des Rentenalters verbundenen ungünstigen wirtschaftlichen Situation gegen die geplante Neuregelung vorgehen.
>
> In diesem Fall ist noch gar nicht sicher, ob die Regelung bis zu seinem Erreichen der Altersruhegrenze noch existiert. Von einer gegenwärtigen Beschwer kann also nicht gesprochen werden. Etwas anderes würde gelten, wenn A bereits 58 Jahre alt wäre. Ein 58-Jähriger muss zumindest aus wirtschaftlichen Gründen wissen, ob er noch 7 oder nur noch 2 Jahre arbeiten muss bzw. darf.

---

[1835] Vgl. *Pieroth*, in: Jarass/Pieroth, GG, Art. 93 Rn 44.
[1836] Vgl. *Kahl*, JuS **2000**, 1090, 1091.
[1837] BVerfGE **85**, 36, 53.
[1838] BVerfGE **83**, 341, 352 (Verfassungsbeschwerde der Religionsgemeinschaft Baha´i).
[1839] Vgl. *Kahl*, JuS **2000**, 1090, 1091.
[1840] BVerfGE **60**, 360, 371 (Krankenversicherung der Rentner).
[1841] BVerfGE **65**, 1, 37 (Volkszählung); **75**, 78, 95 (Berufs- und Erwerbsunfähigkeitsrente).

## dd. Spezifische Grundrechtsverletzung bei Urteilsverfassungsbeschwerde

Handelt es sich um eine Verfassungsbeschwerde gegen ein Gerichtsurteil, ist die spezifische Grundrechtsverletzung zu prüfen. Der Beschwerdeführer muss behaupten, gerade durch den Richterspruch in einem seiner Grundrechte oder grundrechtsgleichen Rechte verletzt zu sein. Er greift also lediglich *mittelbar* das Gesetz an, das dem unmittelbar angegriffenen Richterspruch zugrunde liegt. Eine spezifische Grundrechtsverletzung wird angenommen, wenn das Gericht

1055

- selbst Grundrechte oder grundrechtsgleiche Rechte (z.B. Art. 103 I GG) verletzt (etwa in seiner Entscheidung das entsprechende Grundrecht unverhältnismäßig beschränkt),
- seine Entscheidung auf eine grundrechtswidrige Norm gestützt hat
- oder bei der Auslegung und Anwendung einfachen Rechts grundrechtliche Wertungen nicht beachtet hat (mittelbare Drittwirkung von Grundrechten).[1842]

## 5. Form und Frist

Gemäß § 23 I S. 1 BVerfGG ist die Verfassungsbeschwerde **schriftlich** einzureichen, möglich ist aber auch die Einreichung per **Telefax**[1843]. Darüber hinaus ist die Beschwerde gem. §§ 92, 93 I S. 1 und § 23 I S. 2 BVerfGG innerhalb der Frist zu **begründen**. Dabei ist es nicht erforderlich, dass das betroffene Grundrecht nach Artikel oder Absatz genannt wird. Vielmehr genügt es, dass es sich hinreichend genau aus der Antragsschrift ergibt. Eine verbale Umschreibung des Grundrechtsinhalts wird diesem Erfordernis gerecht.[1844] In der Verfassungsbeschwerde explizit anzugeben ist aber, inwieweit der Sache grundsätzliche verfassungsrechtliche Bedeutung zukommt oder die Annahme zur Durchsetzung verfassungsmäßig geschützter Rechte angezeigt ist.[1845]

1056

> **Hinweis für die Fallbearbeitung:** Die Begründung der Verfassungsbeschwerde spielt in der Praxis eine sehr große Rolle. Demgegenüber ist in Prüfungsarbeiten des juristischen Studiums i.d.R. davon auszugehen, dass der Beschwerdeführer in der Verfassungsbeschwerde alle Begründungserfordernisse erfüllt hat.

Gemäß § 93 I S. 1 BVerfGG ist die Verfassungsbeschwerde gegen eine **Gerichtsentscheidung** bzw. **Verwaltungsentscheidung** binnen **eines Monats** zu erheben und zu begründen. Die Frist beginnt mit der Verkündung bzw. der Bekanntgabe der Entscheidung.[1846] Für die Berechnung der Frist gelten die auch sonst üblichen Regeln, also die §§ 187, 188 BGB.[1847] Danach muss die Verfassungsbeschwerde am letzten Tag bis 24 Uhr in den Machtbereich des BVerfG gelangt sein.

1057

In diesem Zusammenhang ist die Vorschrift des § 93 II BVerfGG zu beachten, wonach dem Beschwerdeführer **Wiedereinsetzung in den vorigen Stand** zu gewähren ist, sofern er ohne Verschulden verhindert war, die Frist einzuhalten. Eine solche schuldlose Fristversäumnis kommt etwa bei ungewöhnlich langer Postlaufzeit oder einem nicht

1058

---

[1842] Vgl. BVerfGE **105**, 252 ff.; **105**, 279 ff.; **103**, 142, 150 ff.
[1843] BVerfG-K NJW **2001**, 1203; BVerfG NJW **2001**, 3473. Mit der Frage, ob auch eine Einreichung per **E-Mail** möglich ist, hat sich das BVerfG noch nicht beschäftigt. Angesichts der Rechtslage bei den Fachgerichten sollte auch bei der Einreichung der Verfassungsbeschwerde die elektronische Form dem Schriftformerfordernis genügen (wie hier *Hartmann*, NJW **2006**, 1390; a.A. *Klein/Seekamp*, NJW **2007**, 954).
[1844] BVerfGE **59**, 98, 101 (Verwerfung der Revision).
[1845] Vgl. BVerfGE **90**, 22, 24 und *Kreuder*, NJW **2001**, 1243, 1247.
[1846] BVerfGE **28**, 1, 6; *Kreuder*, NJW **2001**, 1243.
[1847] Vgl. dazu ausführlich *R. Schmidt*, AllgVerwR, Rn 266 ff. und 292.

vorhersehbaren Poststreik in Betracht. Der Antrag ist binnen zwei Wochen nach Wegfall des Hindernisses zu stellen, § 93 II S. 2 BVerfGG.[1848]

**1059** Dagegen ist die Verfassungsbeschwerde gegen ein **Gesetz** oder einen sonstigen Hoheitsakt, gegen den der Rechtsweg nicht offen steht, gem. § 93 III BVerfGG **binnen eines Jahres** zu erheben und zu begründen. Die Frist beginnt mit *Inkrafttreten* des Gesetzes[1849] und ist nach den §§ 187 ff. BGB zu berechnen.[1850] Gesetze in diesem Sinne sind Parlamentsgesetze, aber auch Rechtsverordnungen und Satzungen, die nicht der Normenkontrolle nach § 47 VwGO unterstehen.

### 6. Rechtsschutzbedürfnis

**1060** Das Rechtsschutzbedürfnis einer Verfassungsbeschwerde ist in dreierlei Hinsicht zu prüfen: (a) die **Rechtswegerschöpfung**, (b) die **Subsidiarität** und (c) die **zwischenzeitliche Erledigung** des Rechtsstreits.

### a. Grundsatz der Rechtswegerschöpfung

**1061** Gemäß § 90 II BVerfGG kann die Verfassungsbeschwerde erst nach Erschöpfung des Rechtswegs erhoben werden, sofern ein Rechtsweg überhaupt eingeräumt ist. Das ist bei Parlamentsgesetzen und grundsätzlich auch bei Rechtsverordnungen nicht der Fall. Hier kann ohne weiteres Verfassungsbeschwerde erhoben werden. Bei Satzungen und einigen landesrechtlichen Rechtsverordnungen gilt die Besonderheit, dass sie gem. den landesrechtlichen Ausführungsgesetzen zur VwGO regelmäßig durch ein Normenkontrollverfahren nach § 47 VwGO (Prinzipalkontrolle) zu überprüfen sind.[1851] Sieht das landesrechtliche Ausführungsgesetz die Nachprüfung durch das Oberverwaltungsgericht vor, muss zunächst dieses Verfahren erfolglos durchgeführt werden. Bei Exekutivakten steht der Rechtsweg stets offen.

**1062** **Rechtsweg** ist der Weg, der den Einzelnen mit dem Begehren, die behauptete Rechtsverletzung zu überprüfen und auszuräumen, vor die deutschen staatlichen Gerichte führt.[1852]

**1063** Der Rechtsweg beginnt u.U. bei der Verwaltung mit der Erhebung des Widerspruchs und führt zu den verschiedenen Instanzen der staatlichen Gerichtsbarkeit.[1853]

> **Beispiele:** Zum Rechtsweg gehören verwaltungsrechtlicher Widerspruch (§§ 68 ff. VwGO) und Anfechtungsklage (§ 42 I Var. 1 VwGO), die Feststellungsklage (§ 43 VwGO), die (vorbeugende) Unterlassungsklage[1854], das oberverwaltungsgerichtliche Normenkontrollverfahren (§ 47 VwGO) oder die verwaltungsgerichtlichen Verfahren des vorläufigen Rechtsschutzes (§§ 47 VI, 80 V, 80 a, 123 VwGO). Auch Rechtsbehel-

---

[1848] Vgl. näher BVerfG NJW **2001**, 744; *Kreuder*, NJW **2001**, 1243, 1244.
[1849] Tritt das fragliche Gesetz *rückwirkend* in Kraft, beginnt die Frist mit der *Verkündung*, da sonst der gebotene Rechtsschutz verkürzt oder sogar entzogen werden könnte (BVerfGE **58**, 208, 218. Handelt es sich bei dem fraglichen Gesetz nur um eine **Neuverkündung** unter **Beibehaltung des bisherigen Wortlauts**, kommt eine erneute Frist (und damit eine Verfassungsbeschwerde) nur dann in Betracht, wenn die konkrete Bestimmung des Gesetzes durch die Änderung anderer Gesetzesbestimmungen eine **neue belastende Wirkung** erhalten hat (BVerfG DVBl **2002**, 548).
[1850] BVerfG VIZ **2001**, 16.
[1851] Die Normenkontrolle eingeführt haben: **BW:** § 4 AGVwGO, **Bay:** Art. 5 AGVwGO, **Brand:** § 4 I VwGG, **Brem:** Art. 7 AGVwGO, **Hess:** § 11 I AGVwGO, **MeckVor:** § 13 GerOrgG, **Nds:** § 7 VwGG, **RhlPfl:** in beschränktem Umfang (§ 4 AGVwGO), **Saarl:** § 16 AGVwGO, **Sachs:** § 14 I VerfAG und § 18 I SächsJustAG, **SachsAnh:** § 10 AGVwGO, **SchlHolst:** § 5 AGVwGO, **Thür:** § 4 AGVwGO. Keine Regelungen bezüglich einer verwaltungsgerichtlichen Normenkontrolle nach § 47 I Nr. 2 VwGO haben bislang Berlin, Hamburg und Nordrhein-Westfalen getroffen.
[1852] *Pieroth*, in: Jarass/Pieroth, GG, Art. 93 Rn 48.
[1853] *Pieroth/Schlink*, Rn 1150. Der formlose Rechtsbehelf *Gegenvorstellung* gehört grundsätzlich nicht zum Rechtsweg nach § 90 II S. 1 BVerfGG (vgl. BVerfG NJW **2000**, 273).
[1854] Vgl. dazu BVerfG-K NVwZ **2002**, 1230, 1231 (Dosenpfand).

fe, die *keinen* Devolutiveffekt haben, bei denen also die Überprüfung nicht durch die nächsthöhere, sondern durch dieselbe Instanz erfolgt, wie das z.B. beim Einspruch gegen einen Strafbefehl (§§ 409 ff. StPO) oder beim Einspruch gegen ein Versäumnisurteil (§ 338 ZPO) der Fall ist, gehören zum Rechtsweg. Schließlich gehört auch der ordentliche Rechtsweg zum Rechtsweg i.S.d. § 90 II BVerfGG.[1855]

**Erschöpfung** des Rechtswegs bedeutet, dass der Beschwerdeführer alle zulässigen und ihm zumutbaren prozessualen Möglichkeiten zur Beseitigung der behaupteten Grundrechtsverletzung in Anspruch genommen haben muss.[1856]    1064

In diesem Zusammenhang problematisch ist, ob einem Rechtsschutzsuchenden, der ein Verfahren des **vorläufigen Rechtsschutzes** (etwa ein Verfahren nach § 80 V oder § 123 I VwGO) erfolglos durchlaufen hat, zugemutet werden kann, auch das Ergebnis des Hauptsacheverfahrens abzuwarten, bevor er Verfassungsbeschwerde erheben kann. Das BVerfG geht hier davon aus, dass das Hauptsacheverfahren keinen „Rechtsweg" gegen die Entscheidung im vorläufigen Rechtsschutz darstelle, wenn das Hauptsacheverfahren höchstwahrscheinlich den Ausgang des vorläufigen Verfahrens bestätige. Ist also der Instanzenzug des vorläufigen Rechtsschutzes erschöpft und rügt der Beschwerdeführer die Versagung des vorläufigen Rechtsschutzes, hat er mit der letztinstanzlichen Versagung des vorläufigen Rechtsschutzes den Rechtsweg erschöpft und kann Verfassungsbeschwerde erheben.[1857] Voraussetzung ist nur ein prognostizierter gleichartiger Ausgang des Hauptsacheverfahrens.[1858] Allerdings kann es *der Grundsatz der Subsidiarität* erforderlich machen, zunächst den Ausgang des Hauptsacheverfahrens abzuwarten (siehe sogleich).    1065

> **Hinweis für die Fallbearbeitung:** Da gegen ein Parlamentsgesetz und grds. auch gegen eine Rechtsverordnung, sofern hier § 47 VwGO nicht einschlägig ist, der Rechtsweg nicht offen steht (s.o.), kommt dem Grundsatz der Rechtswegerschöpfung bei einer Rechtssatz-Verfassungsbeschwerde keine besondere Bedeutung zu. Bei einer Urteilsverfassungsbeschwerde spielt der Grundsatz der Rechtswegerschöpfung (und auch der Grundsatz der Subsidiarität) schon eher eine Rolle. Zwar liegen in der Fallbearbeitung regelmäßig ein letztinstanzliches Urteil und damit die Rechtswegerschöpfung vor, dennoch ist in der Fallbearbeitung stets festzustellen, dass der Rechtsweg erschöpft wurde.

## b. Grundsatz der Subsidiarität

Zweite Komponente des Rechtsschutzbedürfnisses ist der Grundsatz der Subsidiarität der Verfassungsbeschwerde.    1066

**Subsidiarität der Verfassungsbeschwerde** bedeutet, dass dem Beschwerdeführer keine andere Möglichkeit eröffnet sein darf, den Rechtssatz anderweitig anzugreifen.[1859]    1067

Dieser Grundsatz verpflichtet den Beschwerdeführer, mit seinem Anliegen vor Anrufung des BVerfG grundsätzlich die dafür allgemein zuständigen Gerichte zu befassen. Damit soll sichergestellt werden, dass durch die umfassende fachgerichtliche Vorprüfung der Beschwerdepunkte dem BVerfG regelmäßig in mehreren Instanzen geprüftes Tatsachenmaterial unterbreitet wird und ihm die Fallanschauung und Rechtsauffassung der Gerichte, auch der Bundesgerichte, vermittelt werden.[1860] Denn bei einer Rechtsanwendung durch die    1068

---

[1855] Vgl. BVerfG-K NJW **2002**, 3533.
[1856] BVerfGE **1**, 12, 13; BVerfG-K NVwZ **2002**, 1230, 1231; BVerfG NJW **2002**, 741.
[1857] BVerfG-K NVwZ **2002**, 1230, 1231; BVerfG NJW **2000**, 3195.
[1858] Vgl. BVerfG-K NVwZ **2002**, 1230, 1231 (Dosenpfand); *Ahrens*, NJW **2000**, 3188.
[1859] BVerfG-K NVwZ **2003**, 981 und **2001**, 796; BVerfGE **102**, 197, 206 f.
[1860] BVerfG-K NVwZ **2001**, 796; NJW **2001**, 216, 217.

fachlich zuständigen und insoweit sachnäheren Gerichte können möglicherweise für die verfassungsrechtliche Prüfung erhebliche Tatsachen zutage gefördert werden, die dem BVerfG bei unmittelbarer Anrufung verschlossen blieben.[1861]

**1069** Bei einer **Urteilsverfassungsbeschwerde** bleibt dem Beschwerdeführer nach Erschöpfung des Rechtswegs keine andere Möglichkeit, den Rechtssatz anderweitig anzugreifen. Daher ist der Grundsatz der Subsidiarität bei einer Urteilsverfassungsbeschwerde neben dem Grundsatz der Rechtswegerschöpfung bedeutungslos. Etwas anderes gilt im Hinblick auf die **Rechtssatzverfassungsbeschwerde**, da gegen ein Gesetz der Rechtsweg nicht offen steht (s.o.). Der Grundsatz der Subsidiarität besagt hier, dass eine Verfassungsbeschwerde auch bei unmittelbarer Grundrechtsbetroffenheit durch das angegriffene Gesetz grds. nur dann zulässig ist, wenn der Beschwerdeführer nicht die Möglichkeit einer fachgerichtlichen Inzidentkontrolle hat.[1862] Eine solche Inzidentkontrolle kommt bei allen Klage- und Verfahrensarten in Betracht.

**Beispiele:**

**(1)** Da die Zulässigkeitshürden einer Verfassungsbeschwerde im Hinblick auf selbstvollziehende Gesetze sehr hoch sind, wurde in der Literatur schon seit langem gefordert, zumindest gegen **Bundesrechtsverordnungen** (gegen diese kann nicht gemäß § 47 VwGO vorgegangen werden) als verwaltungsgerichtlichen Rechtsschutz die **Feststellungsklage nach § 43 VwGO** zuzulassen. Diese Forderung hat das BVerfG[1863] nun aufgegriffen und eine grundlegende Wende im Rechtsschutz eingeläutet. Der Rechtsschutz durch die Verwaltungsgerichte gegen eine Rechtsverordnung des Bundes dürfe nicht mit der Erwägung abgeschnitten werden, Rechtsschutz gegen verfassungswidrige Rechtsverordnungen werde durch die Verfassungsbeschwerde gewährleistet. Vielmehr sei eine Inzidentkontrolle durchzuführen. Komme das Verwaltungsgericht zu dem Ergebnis, dass die Rechtsverordnung rechtswidrig sei, dürfe es diese nicht anwenden. Diese Rechtsprechung wurde dann auch vom BVerwG für die Klage eines lärmbetroffenen Grundstückseigentümers gegen eine **Flugroutenverordnung** nach § 27 a II S. 1 Luft-VO zum Flughafen Köln/Bonn bestätigt.[1864] Da wegen Art. 19 IV GG prinzipiell auch Eilrechtsschutz parallel zum Hauptsacheverfahren vor den Verwaltungsgerichten zur Verfügung stehen muss, war es letztlich nur eine Frage der Zeit, bis auch Betroffene im Wege einer einstweiligen Anordnung nach § 123 VwGO versuchen, zumindest vorläufig die Einführung und Umsetzung neuer Flugrouten, von denen sie zusätzliche Lärmimmissionsbelastungen befürchten, zu verhindern. Nun liegen die ersten diesbezüglichen fachgerichtlichen Beschlüsse vor. Der VGH Kassel hatte in einem Verfahren nach § 123 VwGO[1865] über die vorläufige Außervollzugsetzung der Verordnung zur Festsetzung von Flugrouten für den zivilen Luftverkehr am Flughafen Frankfurt a.M. zu entscheiden.[1866] Das Gericht lehnte den Antrag auf Erlass einer einstweiligen Anordnung jedoch ab, weil eine solche die Hauptsache vorwegnehmen würde.[1867] Das VG Düsseldorf hatte im Rahmen einer Feststellungsklage über die Rechtmäßigkeit des § 9 II S. 2 VerpackVO („**Dosenpfand**") zu entscheiden und erklärte diese Vorschrift wegen Fehlens einer Ermächtigungsgrundlage im zu entscheidenden Fall für unbeachtlich.[1868]

---

[1861] BVerfG-K NVwZ **2000**, 1407, 1408.

[1862] Vgl. BVerfG-K NVwZ **2000**, 1407, 1408; BVerfG-K NJW **2000**, 3126; BVerfGE **86**, 382, 387.

[1863] BVerfG NVwZ **1998**, 169, 170 (Lärmbelästigung durch Abflugstrecke eines Flughafens).

[1864] Vgl. BVerwG NJW **2000**, 3584 mit Anm. *Geulen/Klinger*, NJW **2001**, 1038; *Kukk*, NVwZ **2001**, 408.

[1865] Ein Verfahren nach § 47 VI VwGO scheidet aus, weil § 47 VwGO nicht auf Bundesrecht anwendbar ist.

[1866] Vgl. VGH Kassel NVwZ **2001**, 826.

[1867] Vgl. dazu ausführlich *Bohl*, NVwZ **2001**, 764.

[1868] VG Düsseldorf NVwZ **2002**, 1269, 1273 f.; a.A. OVG Münster NVwZ **2003**, 65; BVerwG DÖV **2003**, 864, 865 f.; BVerfG NVwZ **2003**, 187 u. 188.

**(2)** Hinsichtlich des prinzipalen Rechtsschutzes gegen **Landesrechtsverordnungen** gilt im Prinzip dasselbe wie für Bundesrechtsverordnungen. Auch hier ist die Individualverfassungsbeschwerde vor dem BVerfG unter den o.g. Voraussetzungen denkbar. Allerdings ist die vorrangige Möglichkeit der prinzipalen verwaltungsgerichtlichen Normenkontrolle gem. § 47 VwGO zu beachten. Aufgrund der Regelung des § 47 VwGO kann jeder mit der Behauptung, durch die Landesrechtsverordnung in seinen Rechten verletzt zu sein oder in absehbarer Zeit verletzt zu werden, beim Oberverwaltungsgericht seines Landes eine Normenkontrolle beantragen. Einschränkend gilt jedoch, dass die verwaltungsgerichtliche Normenkontrolle nur dann statthaft ist, wenn das Landesrecht dies bestimmt (s.o.). Fehlt eine solche Bestimmung, ist der Betroffene darauf verwiesen, die Gültigkeit der Rechtsverordnung von den Gerichten inzident überprüfen zu lassen, wenn er sich gegen Einzelakte wendet, die aufgrund der Rechtsverordnung ergangen sind.[1869] Als ein solcher inzidenter Rechtsschutz kommen die Anfechtungsklage gem. § 42 I Var. 1 VwGO und die Feststellungsklage gem. § 43 VwGO in Betracht. Da dem Beschwerdeführer aber nicht zugemutet werden kann, sich zunächst bestimmten Sanktionen auszusetzen, die mit der Nichtbeachtung der in der Rechtsverordnung niedergelegten Pflichten verbunden sind (um sodann den Rechtsweg zu den ordentlichen Gerichten zu beschreiten), und die Feststellungsklage regelmäßig unzulässig ist, kann – bei fehlender Möglichkeit der Normenkontrolle nach § 47 VwGO sofort Verfassungsbeschwerde erhoben werden.[1870]

**(3)** Auch hat ein von einer **Landeshundeverordnung** betroffener Hundehalter, dem durch die Verordnung unmittelbar ein Leinen- und Maulkorbzwang auferlegt wird, zunächst das Verwaltungsgericht anzurufen und zu rügen, dass der Leinen- und Maulkorbzwang (auch wenn Ausnahmeregelungen vorhanden sind) gegen das Grundgesetz verstoße.[1871]

Sieht die Regelung, gegen die sich der Beschwerdeführer wendet, **Ausnahmen** vor, verlangt der Grundsatz der Subsidiarität auch, dass der Beschwerdeführer vor Erhebung der Verfassungsbeschwerde versuchen muss, die Beseitigung der Beschwer unter Berufung auf die Ausnahmeregelung zu erwirken, soweit dies nicht offensichtlich aussichtslos ist.

1070

> **Beispiel:** In dem bereits zur unmittelbaren Beschwer genannten Beispiel des Internisten A sieht die Regelung des § 73 I a S. 3 SGB V vor, dass der Zulassungsausschuss für Internisten ohne Schwerpunktbildung eine befristete Ausnahmeregelung treffen kann, wenn anderenfalls eine bedarfsgerechte Versorgung nicht gewährleistet ist. Demnach muss A zunächst beim Zulassungsausschuss einen entsprechenden Antrag stellen.[1872]

Der Grundsatz der Subsidiarität hat auch im fachgerichtlichen **vorläufigen Rechtsschutz** Bedeutung. Zwar erkennt das BVerfG letztinstanzliche Entscheidungen im vorläufigen Rechtsschutz als selbstständigen Rechtsweg i.S.d. § 90 II BVerfGG an, jedoch gebiete der Grundsatz der Subsidiarität, dass die Erschöpfung des Rechtswegs im Eilverfahren dann nicht ausreiche, wenn das Hauptsacheverfahren ausreichende Möglichkeiten biete, der Grundrechtsverletzung abzuhelfen. Daher sei zunächst grundsätzlich das Hauptsacheverfahren abzuwarten. Drohe dem Betroffenen aller-

1071

---

[1869] Vgl. dazu BVerfG NVwZ **1998**, 169 f.
[1870] Zur Überprüfung von Rechtsverordnungen durch das BVerfG vgl. auch *Müller-Terpitz*, DVBl **2000**, 232 ff. (zu BVerfGE **101**, 1 ff.).
[1871] Vgl. BVerfG-K NVwZ **2000**, 1407, 1408.
[1872] Vgl. BVerfG-K NJW **2001**, 2009 (Zulassung eines Internisten zur hausärztlichen Versorgung).

dings dadurch ein irreversibler Schaden, brauche das Hauptsacheverfahren nicht abgewartet zu werden.[1873]

### c. Zwischenzeitliche Erledigung des Rechtsstreites

1072 Es gibt Konstellationen, in denen der Beschwerdeführer während der anhängigen Verfassungsbeschwerde sein Ziel erreicht hat, sei es, dass das über den Rechtsstreit zu befindende ordentliche Gericht den Rechtsstreit zwischenzeitlich zugunsten des Beschwerdeführers entschieden hat, oder sei es, dass sich der Rechtsstreit wegen Fristablaufs erledigt hat. Hier ist das Rechtsschutzinteresse grundsätzlich nicht mehr gegeben (zur Ausnahme siehe Rn 1077).

### d. Ausnahmen von Rechtswegerschöpfung und Subsidiarität

1073 § 90 II S. 2 BVerfGG nennt zwei Ausnahmen, bei deren Vorliegen die Rechtswegerschöpfung entbehrlich ist: die grundsätzliche verfassungsrechtliche („allgemeine") Bedeutung der Verfassungsbeschwerde und den schweren und unabwendbaren Nachteil für den Beschwerdeführer. In diesen Fällen kann das BVerfG über die Verfassungsbeschwerde sofort entscheiden (sog. Vorabentscheidung). Darüber hinaus lässt das BVerfG Ausnahmen von Rechtswegerschöpfung und Subsidiarität zu, wenn dem Beschwerdeführer die Erschöpfung des Rechtswegs bzw. das Bemühen um sonstige Abhilfe unzumutbar sind.

### aa. Grundsätzliche verfassungsrechtliche Bedeutung der Beschwerde

1074 Ist die Verfassungsbeschwerde von grundsätzlicher verfassungsrechtlicher Bedeutung, kann (Ermessensentscheidung) das BVerfG über sie auch ohne Erschöpfung des Rechtswegs entscheiden.[1874] Ob die Verfassungsbeschwerde von grundsätzlicher verfassungsrechtlicher Bedeutung ist, ergibt sich aufgrund einer Abwägung im Einzelfall, bei der *für* und *wider* einer Entscheidung des BVerfG vor Erschöpfung des Rechtswegs gegeneinander abgewogen werden.[1875] So ist die Verfassungsbeschwerde von grundsätzlicher verfassungsrechtlicher Bedeutung, wenn

- sie grundsätzliche verfassungsrechtliche Fragen aufwirft,
- die zu erwartende Entscheidung über den Einzelfall hinaus Klarheit über die Rechtslage in einer Vielzahl gleich gelagerter Fälle schafft[1876],
- eine weitere fachgerichtliche Klärung der Sach- und Rechtslage nicht erreichbar ist
- oder die angegriffene Regelung zu Dispositionen zwingt, die später nicht mehr korrigiert werden können[1877].

**Beispiel:** Die Frage, ob die Mietpreisbindung in den neuen Bundesländern mit Art. 14 GG vereinbar ist, hat weit reichende Auswirkungen für Vermieter und Mieter und ist deshalb von allgemeiner Bedeutung.[1878]

### bb. Schwerer und unabwendbarer Nachteil für den Beschwerdeführer

1075 Des Weiteren kann die Verfassungsbeschwerde auch ohne vorherige Rechtswegerschöpfung bzw. unter Verzicht auf den Grundsatz der Subsidiarität zur Entscheidung angenommen werden, wenn dem Beschwerdeführer anderenfalls ein schwerer und

---

[1873] BVerfGE **80**, 40, 45 (Multiple-Choice-Prüfung); BVerfG-K NVwZ **2002**, 1230, 1231 (Dosenpfand).
[1874] Vgl. BVerfG-K NJW **2000**, 274, 275.
[1875] BVerfG NVwZ **2005**, 79; BVerfGE **86**, 15, 26; **76**, 248, 252; **8**, 222, 226 f.
[1876] BVerfGE **25**, 236, 246.
[1877] BVerfG NVwZ **2005**, 79.
[1878] BVerfGE **91**, 294, 306; *Pieroth/Schlink*, Rn 1158.

unzumutbarer Nachteil entstünde. Wann ein schwerer und unabwendbarer Nachteil angenommen werden kann, lässt sich nicht allgemeinverbindlich sagen, sondern ist stets eine Frage des Einzelfalls.[1879] Voraussetzung ist jedenfalls, dass gerade das Abwarten einer späteren Entscheidung diesen Nachteil begründet, etwa weil sie zu spät käme und den Beschwerdeführer damit praktisch schutzlos stellte.[1880]

**Beispiel:** Wenn einer politischen Partei die Einräumung von Wahlsendezeiten im Rundfunk verweigert wird, sind zwar der Verwaltungsrechtsweg eröffnet und die Möglichkeit des vorläufigen Rechtsschutzes gegeben. Selbst dieser kommt aber möglicherweise zu spät, sodass der Partei der schwere und unabwendbare Nachteil entstehen kann, dass sie vor der Wahl nicht in gleicher Weise wie die anderen Parteien (vgl. § 5 PartG) Rundfunksendezeit in Anspruch nehmen kann.[1881]

### cc. Unzumutbarkeit der Rechtswegerschöpfung bzw. der sonstigen Abhilfe

Neben den o.g. geschriebenen Ausnahmen lässt das BVerfG Ausnahmen vom Grundsatz der Rechtswegerschöpfung und der Subsidiarität zu, wenn dem Beschwerdeführer die Erschöpfung des Rechtswegs bzw. das Bemühen um sonstige Abhilfe unzumutbar sind. Es stellt aber strenge Anforderungen an die Unzumutbarkeit.[1882]    **1076**

**Beispiele:**

**(1)** Die Rechtswegerschöpfung ist unzumutbar, wenn dem Begehren des Beschwerdeführers eine **gefestigte Rechtsprechung** entgegensteht. Denn in diesem Fall ist klar, dass er vor den Fachgerichten keinen Erfolg haben wird.[1883]

**(2)** Gleiches gilt, wenn der Beschwerdeführer bereits in 2 Instanzen erfolglos geblieben und im Hinblick auf die eindeutige **gesetzliche Regelung** auch bei Durchführung eines erneuten Beschwerdeverfahrens kein anderes Ergebnis zu erwarten ist.[1884]

**(3)** Als unzumutbar hat das BVerfG auch das Erfordernis der Rechtswegerschöpfung bei erfolglosen Studienbewerbern angesehen, die die mangelnde Nutzung vorhandener Kapazitäten nur im Verfahren des vorläufigen Rechtsschutzes gerügt hatten. Das Gericht hat die Verfassungsbeschwerden zugelassen, weil „anderenfalls vorhandene Kapazitäten in erheblichem Umfang für längere Dauer ungenutzt geblieben wären" und dass dies objektiv nicht vertretbar und subjektiv nicht zumutbar sei.[1885]

### e. Ausnahmen bei der zwischenzeitlichen Erledigung

Auch bei zwischenzeitlicher Erledigung des Rechtsstreites muss die Verfassungsbeschwerde nicht notwendig am Rechtsschutzinteresse scheitern. Nach der Rechtsprechung des BVerfG ist das Rechtsschutzinteresse nach einem erledigenden Ereignis auch dann noch gegeben, wenn anderenfalls die Klärung einer verfassungsrechtlichen Frage von grundsätzlicher Bedeutung unterbliebe und ein besonders schwerwiegender Grundrechtseingriff nicht gerügt würde.[1886]    **1077**

---

[1879] BVerfGE **9**, 120, 121.
[1880] Vgl. BVerfGE **7**, 99, 105; **14**, 121, 130 f.
[1881] Siehe vorige Fußnote. Zum Gleichbehandlungsanspruch von politischen Parteien *R. Schmidt*, Staatsorganisationsrecht, Rn 380 ff.
[1882] BVerfGE **79**, 1, 24.
[1883] BVerfGE **84**, 59, 72.
[1884] BVerfG NJW **1994**, 2749.
[1885] BVerfGE **51**, 130, 143.
[1886] BVerfGE **91**, 125, 133; **97**, 298, 308.

**Beispiel:** Wenn die Frage noch nicht entschieden wurde, ob sich *private* Rundfunkanbieter auf das Grundrecht der Rundfunkfreiheit (Art. 5 I S. 2 GG) berufen können, besteht nach Ansicht des BVerfG eine verfassungsrechtliche Frage von grundsätzlicher Bedeutung.

## 7. Rücknahme der Verfassungsbeschwerde

1078 Erhobene Verfassungsbeschwerden können grundsätzlich nachträglich zurückgenommen werden. Allerdings kann die Rücknahme u.U. unwirksam sein, sodass das BVerfG dennoch zur Sache entscheidet. Das BVerfG nimmt dies wegen der objektiven Funktion der Verfassungsbeschwerde dann an, wenn die Beschwerde von allgemeiner Bedeutung ist und über sie deswegen mündlich verhandelt wurde.[1887]

## 8. Exkurs: Annahme zur Entscheidung

1079 Gemäß Art. 94 II GG, §§ 93a-d BVerfGG bedarf die Verfassungsbeschwerde der Annahme zur Entscheidung. Angezeigt ist die Annahme (nur) dann, wenn die geltend gemachte Verletzung von Grundrechten oder grundrechtsgleichen Rechten besonderes Gewicht hat oder den Beschwerdeführer in existentieller Weise betrifft. Besonders gewichtig ist eine Grundrechtsverletzung, die auf eine generelle Vernachlässigung von Grundrechten hindeutet oder wegen ihrer Wirkung geeignet ist, von der Ausübung von Grundrechten abzuhalten.[1888] Negativ formuliert ist die Verfassungsbeschwerde gem. § 93a II BVerfGG nicht zur Entscheidung anzunehmen, wenn sie in der Sache keine hinreichende Aussicht auf Erfolg hat. Bemerkenswert daran ist, dass gegen die Entscheidung der Kammer keine Abhilfemöglichkeit mehr besteht, sind doch die Kammerbeschlüsse, wie am Ende einer jeden Entscheidung hervorgehoben wird, gem. § 93 d I S. 2 BVerfGG unanfechtbar.[1889]

> **Hinweis für die Fallbearbeitung:** Im juristischen Studium spielt das Annahmeverfahren gem. §§ 93a ff. BVerfGG für die Frage der Zulässigkeit der Verfassungsbeschwerde zwar keine Rolle, weil es lediglich das Verfahren beim BVerfG regelt und keine Zulässigkeitsvoraussetzung darstellt. Da die Verfassungsbeschwerde aber stets zur Entscheidung von der Kammer angenommen werden muss, wurde das Annahmeverfahren vorliegend dennoch behandelt. In der Fallbearbeitung braucht auf das Annahmeverfahren regelmäßig nicht eingegangen zu werden.

---

[1887] BVerfGE **98**, 218, 242 f. (Verfassungsmäßigkeit der Rechtschreibreform). Nach BVerwG NJW **1999**, 3503 stellen die Schulgesetze eine ausreichende Grundlage für die Neuregelung der Rechtschreibung dar. Einer besonderen gesetzlichen Grundlage bedürfe es nicht.

[1888] So die stereotype Formel des BVerfG, vgl. nur BVerfG-K NVwZ **2002**, 1230, 1231.

[1889] BVerfG-K NJW **2001**, 2323; vgl. auch BVerfG-K NVwZ **2002**, 1230 ff.; *Kreuder*, NJW **2001**, 1243.

## II. Begründetheit

Der richtige Einstieg in die Begründetheitsprüfung und der entsprechende Gutachten-aufbau sind für das Gelingen der Klausurbearbeitung entscheidend. Bezüglich aller Verfassungsbeschwerden ist zunächst zu beachten, dass sie im Falle einer Grund-rechtsverletzung begründet sind. Deshalb sollte im Rahmen einer Begründetheitsprü-fung – anders als im Normenkontrollverfahren – nicht nach formeller und materieller Rechtmäßigkeit (d.h. Verfassungsmäßigkeit) aufgebaut werden, sondern nach den einschlägigen Grundrechten, mit folgendem Obersatz:

**1080**

Die Verfassungsbeschwerde ist gem. § 95 I BVerfGG begründet, wenn durch die öffentliche Gewalt (Legislative bei der Rechtssatzverfassungsbeschwerde, Exekutive und Judi-kative bei der Urteilsverfassungsbeschwerde) ein Grundrecht oder ein grundrechtsgleiches Recht verletzt ist.

**Hinweis für die Fallbearbeitung:** Der Aufbau der Begründetheitsprüfung einer Verfassungsbeschwerde folgt i.d.R. der im 1. und 2. Teil dargestellten Grundrechts-prüfung: Zunächst wird der **Schutzbereich** des möglicherweise verletzten (wenn auch nicht explizit vom Beschwerdeführer gerügten, vgl. Rn 112 ff.) Grundrechts festgestellt und sodann der **Eingriff** in den Schutzbereich geprüft (zu den Beson-derheiten der Gleichheitsrechte vgl. dort):

⇨ Bei der Rechtssatzverfassungsbeschwerde liegt der Eingriff in den Schutzbereich vor, wenn die gesetzliche Regelung freiheitsverkürzend wirkt.

⇨ Bei der Urteilsverfassungsbeschwerde liegt der Eingriff in den Schutzbereich vor, wenn das fachgerichtliche Urteil freiheitsverkürzend wirkt.

Schließlich muss der Frage nach der **verfassungsrechtlichen Rechtfertigung** des Eingriffs nachgegangen werden. Da aber das BVerfG (und somit der Klausurbe-arbeiter) **umfassend** prüft, ob in der Person des Beschwerdeführers (deutsches) Verfassungsrecht verletzt wurde, ist auch die Vereinbarkeit der gerügten Maßnahme mit Normen des sonstigen (objektiven) Verfassungsrechts zu prüfen:

⇨ Bei der Rechtssatzverfassungsbeschwerde ist der Eingriff in den Schutzbereich ver-fassungsrechtlich gerechtfertigt, wenn das Gesetz in formeller und materieller Hin-sicht mit dem Grundgesetz, insbesondere mit den Grundrechten, aber auch mit sonstigem Verfassungsrecht vereinbar ist, vgl. Rn 168 ff.

**Beispiel:** Eine Verletzung des Art. 12 I GG kann auch darin liegen, dass gegen das Rechtsstaatsprinzip (Art. 1 III, 20 III GG) oder die Kompetenzordnung (d.h. gegen die Gesetzgebungskompetenznormen) verstoßen worden ist.

⇨ Bei der Urteilsverfassungsbeschwerde ist der Eingriff in den Schutzbereich verfas-sungsrechtlich gerechtfertigt, wenn das Urteil, gestützt auf die im Sachverhalt an-gegebenen Normen, spezifisches Verfassungsrecht nicht verletzt. Verletzung des spezifischen Verfassungsrechts bedeutet *nicht*, dass das BVerfG (und damit der Klausurbearbeiter) prüft, ob das Gericht die Vorschriften des einfachen Rechts rich-tig angewendet hat („Verletzung einfachen Rechts"). Das BVerfG ist keine Superre-visionsinstanz. Vielmehr liegt eine spezifische Verfassungsverletzung vor, wenn das Fachgericht

⇨ selbst Grundrechte oder grundrechtsgleiche Rechte (z.B. Art. 103 I GG) verletzt (etwa in seiner Entscheidung das entsprechende Grundrecht unverhältnismäßig beschränkt),

⇨ seine Entscheidung auf eine grundrechtswidrige Norm gestützt

⇨ oder bei der Auslegung und Anwendung einfachen Rechts grundrechtliche Wer-tungen nicht beachtet hat (mittelbare Drittwirkung von Grundrechten). Vgl. da-zu insb. Rn 111, 162, 193, 196, 197a, b, 275b, 278, 437 und 517.

Ziffer = Randnummer

# Sachverzeichnis

Ziffer = Randnummer